LA ENCICLOPEDIA **VISUAL**

LA ENCICLOPEDIA **VISUAL**

Publicado originalmente en Gran Bretaña
en 2020 por Dorling Kindersley Limited
DK, One Embassy Gardens, 8 Viaduct
Gardens, London, SW11 7BW

Parte de Penguin Random House

Título original: *The Visual Encyclopedia*
Primera edición 2021

Copyright © 2020 Dorling Kindersley Limited
© Traducción en español 2021 Dorling Kindersley Limited

Servicios editoriales: deleatur, s.l.
Traducción: Montserrat Asensio Fernández
y Antón Corriente Basús

Todos los derechos reservados. Queda prohibida, salvo
excepción prevista en la Ley, cualquier forma de reproducción,
distribución, comunicación pública y transformación de esta
obra sin contar con la autorización de los titulares de la
propiedad intelectual.

ISBN: 978-0-7440-4926-8

Impreso en Emiratos Árabes Unidos

Para mentes curiosas
www.dkespañol.com

ASESORES

Alison Ahearn *Catedrática en la Unidad de Desarrollo Pedagógico del Imperial College London, donde estudia la educación en ingeniería*

Jamie Ambrose *Escritor, editor, investigador y periodista especializado en naturaleza, historia y arte*

Alexandra Black *Escritora y asesora especializada en historia cultural y económica*

Steve Brusatte *Paleontólogo y biólogo evolutivo; explorador científico en la Universidad de Edimburgo*

Jack Challoner *Exprofesor de ciencias y de matemáticas y educador en el Museo de la Ciencia de Londres; autor de más de cuarenta libros sobre ciencia y tecnología*

Giles Chapman *Escritor, asesor y periodista de automovilismo*

Chris Clennett *Horticultor, botánico y autor de libros, artículos de investigación y perfiles de plantas*

Kim Dennis-Bryan *Profesora asociada de ciencias de la vida y del medio ambiente en la Open University*

Chris Hawkes *Escritor y autor de deportes*

Rob Hume *Ornitólogo, escritor, periodista y expresidente del British Birds Rarities Committee*

Hilary Lamb *Escritora y asesora sobre ciencia y tecnología; periodista en plantilla de la revista* Engineering and Technology

David Macdonald *Profesor de vida animal y conservación en la Universidad de Oxford*

Philip Parker *Escritor, asesor y editor especializado en sistemas políticos y militares medievales*

Kristina Routh *Doctora en medicina y especialista en salud pública*

Julius Sen *Director asociado y asesor sénior en la Escuela de Economía y Ciencia Política de Londres*

Marianne Talbot *Directora de estudios de filosofía de Educación Continua de la Universidad de Oxford*

Christopher Thorpe *Profesor de sociología en la Universidad de Exeter*

DK LONDON

Coordinación de edición sénior Hugo Wilkinson
Edición sénior Helen Fewster, Rob Houston y Gill Pitts
Edición del proyecto Miezan van Zyl
Edición Hannah Westlake
Asistencia editorial Michael Clark
Coordinación de producción Rob Dunn
Control de producción sénior Meskerem Berhane
Coordinación editorial Angeles Gavira Guerrero
Subdirección de publicaciones Liz Wheeler
Dirección de publicaciones Jonathan Metcalf

Edición de arte sénior Sharon Spencer y Ina Stradins
Edición de arte del proyecto Shahid Mahmood
Desarrollo de diseño de cubiertas Sophia MTT
Diseño de cubiertas sénior Akiko Kato
Coordinación de arte Michael Duffy
Dirección de arte Karen Self
Dirección de diseño Phil Ormerod

DK DELHI

Edición sénior Anita Kakar
Edición Sonali Jindal, Aishvarya Misra, Priyanjali Narain y Isha Sharma
Coordinación editorial Rohan Sinha
Iconografía Aditya Katyal
Dirección de iconografía Taiyaba Khatoon
Maquetación Syed Mohammad Farhan y Vijay Kandwal
Dirección de producción Pankaj Sharma

Edición de arte sénior Mahua Mandal y Vaibhav Rastogi
Edición de arte Rabia Ahmad, Mridushmita Bose, Shipra Jain y Sonakshi Singh
Asistentes de edición de arte Aarushi Dhawan y George Thomas
Ilustración Anjali Sachar
Coordinación de arte Sudakshina Basu
Maquetación sénior Shanker Prasad
Dirección de preproducción Balwant Singh

DE LA EDICIÓN EN ESPAÑOL

Coordinación editorial Lakshmi Asensio Fernández
Asistencia editorial y producción Malwina Zagawa

Mark Viney *Profesor de zoología y director del Departamento de Evolución, Ecología y Comportamiento de la Universidad de Liverpool*

Karl Warsi *Autor y consultor editorial; exprofesor de matemáticas en educación secundaria*

Philip Wilkinson *Autor de más de cincuenta libros y asesor especializado en arquitectura, historia, mitología y arte*

John Woodward *Autor de más de cuarenta libros sobre la vida animal y el mundo natural*

COLABORADORES

Jamie Ambrose, Roxana Baiasu, Amy-Jane Beer, Alexandra Black, Giles Chapman, Chris Clennett, Kat Day, Clive Gifford, Sophie Gilbert, Derek Harvey, Jeremy Harwood, Rob Houston, Tom Jackson, Hilary Lamb, Philip Parker, Steve Parker, Gill Pitts, Julius Sen, Giles Sparrow, Ann Marie Stanley, Christopher Thorpe, Karl Warsi y Philip Wilkinson

CONTENIDO

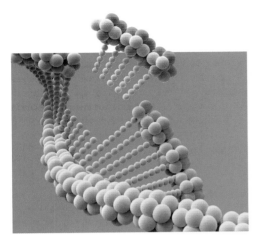
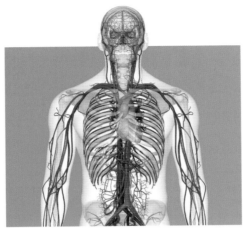

164 CIENCIA Y TECNOLOGÍA

292 HISTORIA

376 CREENCIAS Y SOCIEDAD

410 ARTES Y OCIO

El espacio

El cosmos

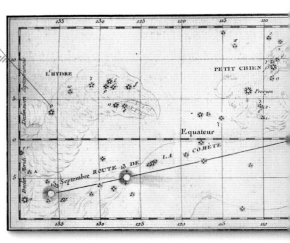

Observar el cielo

Durante miles de años, los seres humanos narraron historias para explicar las luces que brillan en el cielo nocturno. Aunque los primitivos observadores de estrellas ya se dieron cuenta de que muchos de los objetos que veían se comportaban de distinta manera, los primeros en sistematizar la astronomía fueron antiguos griegos, hacia el siglo VI a. C. Elaboraron listas de constelaciones, crearon una escala de magnitud para expresar el brillo de las estrellas e intentaron modelar la trayectoria de los planetas. La invención del telescopio, en 1608, hizo más evidentes las diferencias físicas entre los distintos objetos celestes y desencadenó una explosión de conocimiento científico.

Cartografiar el firmamento

Charles Messier dibujó este mapa celeste para trazar la trayectoria del gran cometa de 1769. En aquella época, las constelaciones no eran más que dibujos que unían las estrellas más brillantes. Luego se definieron como 88 áreas específicas de la esfera celeste alrededor de una figura.

Objetos celestes

El universo está lleno de objetos. Muchos de los más próximos del Sistema Solar (asteroides, planetas y satélites) son visibles gracias a la luz que reflejan y se mueven sobre un fondo aparentemente fijo de objetos lejanos: estrellas luminosas, nebulosas brillantes y galaxias remotas.

Planetas
Cuerpos esféricos que orbitan alrededor de una estrella en una trayectoria casi despejada.

Planetas enanos
También orbitan en torno a una estrella, pero pueden compartir órbita con otros objetos.

Satélites
Objetos que orbitan en torno a planetas. Pueden ser desde rocas pequeñas hasta cuerpos complejos.

Asteroides
Escombros planetarios, por lo general de roca o metal, que orbitan en torno a estrellas, como el Sol.

Cometas
Objetos helados que forman colas de gas y de polvo cuando su órbita los aproxima al Sol.

El Sistema Solar

La región del espacio gobernada por el Sol, y todo lo que contiene, se conoce como Sistema Solar. Comprende ocho planetas principales, al menos cinco planetas enanos y una multitud de cuerpos más pequeños.

Formación del Sistema Solar

El Sistema Solar se formó a partir de un disco de material que orbitaba en torno al joven Sol, hace 4600 millones de años. Poco a poco se formaron los planetésimos, cuerpos de tamaño medio que se convirtieron en los planetas actuales.

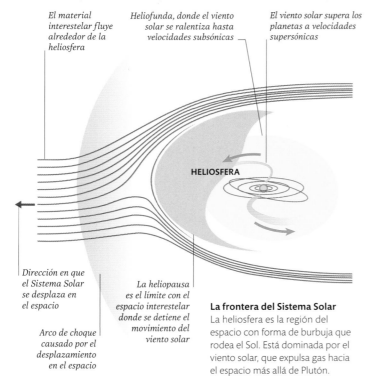

El material interestelar fluye alrededor de la heliosfera

Heliofunda, donde el viento solar se ralentiza hasta velocidades subsónicas

El viento solar supera los planetas a velocidades supersónicas

HELIOSFERA

Dirección en que el Sistema Solar se desplaza en el espacio

Arco de choque causado por el desplazamiento en el espacio

La heliopausa es el límite con el espacio interestelar donde se detiene el movimiento del viento solar

La frontera del Sistema Solar

La heliosfera es la región del espacio con forma de burbuja que rodea el Sol. Está dominada por el viento solar, que expulsa gas hacia el espacio más allá de Plutón.

① Se forman anillos en torno al Sol
El calor y el viento solares expulsan hielo y gas de la región interior dejando atrás partículas de roca y metal.

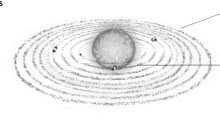

El hielo y el gas permanecen en las regiones exteriores

Región interior rica en polvo

② Se forman núcleos rocosos
La acumulación de gránulos del tamaño de guijarros origina planetésimos con gravedad suficiente para atraer más material.

Las partículas chocan y forman planetésimos poco a poco

Los planetésimos chocan, se fusionan y forman núcleos rocosos

③ Aparecen los planetas gigantes
Lejos del Sol, los núcleos de roca y hielo acumulan gas antes de que pueda escapar del Sistema Solar.

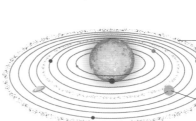

El gas forma grandes corrientes de guijarros

Las corrientes frenan y forman grandes núcleos

Los núcleos atraen al gas que los rodea

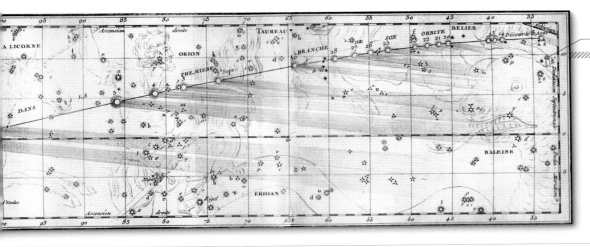

Las diferencias de tamaño de las estrellas reflejan sus diferencias de magnitud, o brillo, en una escala descendente de 1 a 9

En condiciones perfectas es posible **ver unas 4000 estrellas a simple vista** en un momento dado.

Estrellas
Enormes bolas de gas caliente que brillan debido a reacciones nucleares producidas en su núcleo.

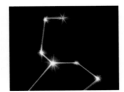

Asterismos
Figuras, como la Hoz (en Leo), que las estrellas forman en el cielo y son la base de las constelaciones.

Cúmulos estelares
Grupos de estrellas que orbitan unas en torno a otras, con una estructura abierta o globular, más densa.

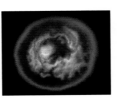

Nebulosas
Nubes interestelares de material que centellean y brillan a la luz de las estrellas próximas.

Agujeros negros
Objetos superdensos formados por las estrellas que mueren y en el centro de las galaxias.

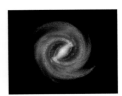

Galaxias
Conjuntos de millones de estrellas y de nubes de gas y polvo que la gravedad mantiene unidas.

Leyes del movimiento planetario de Kepler

Johannes Kepler descubrió entre 1609 y 1619 las leyes que rigen la conducta de los planetas en torno al Sol, o de los objetos que siguen una órbita elíptica alrededor de otro. Reflejan cómo influye la gravedad en función de la distancia.

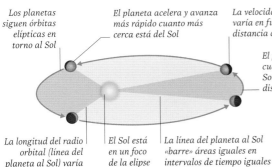

Los planetas siguen órbitas elípticas en torno al Sol

El planeta acelera y avanza más rápido cuanto más cerca está del Sol

La velocidad del planeta varía en función de su distancia al Sol

El planeta avanza más lento cuanto más lejos está del Sol, por lo que recorre menos distancia en el mismo tiempo

La longitud del radio orbital (línea del planeta al Sol) varía

El Sol está en un foco de la elipse

La línea del planeta al Sol «barre» áreas iguales en intervalos de tiempo iguales

EXOPLANETAS

Desde la década de 1990 se han descubierto miles de planetas extrasolares, o exoplanetas (planetas que orbitan en torno a una estrella diferente del Sol). Los júpiteres calientes son gigantes que orbitan cerca de su estrella; otros tienen órbitas muy alargadas o inclinadas. Algunos orbitan en torno a una o a las dos estrellas de un sistema estelar binario (doble).

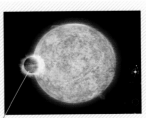

WASP 18b orbita en torno a su estrella, WASP 18, en menos de 23 horas

JÚPITER CALIENTE

Tamaño y escala de los planetas del Sistema Solar

La Tierra es el mayor planeta rocoso del Sistema Solar interior, pero es pequeña en comparación con los gigantes gaseosos de la región exterior. A su vez, estos son diminutos comparados con el Sol.

Los planetas ordenados por tamaño

La anchura de los anillos brillantes de Saturno es de c. 280 360 km

El diámetro de Júpiter mide c. 139 820 km

El diámetro del Sol mide c. 1,4 millones de km

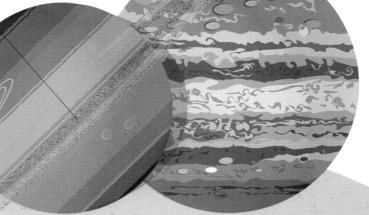

MERCURIO **MARTE** **VENUS** **TIERRA** **NEPTUNO** **URANO** **SATURNO** **JÚPITER** **SOL**

Planetas rocosos

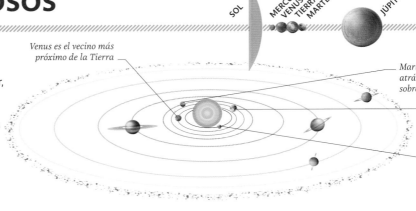

Los planetas interiores

Mercurio, Venus, la Tierra y Marte, los cuatro planetas del centro del Sistema Solar, siguen órbitas relativamente próximas al Sol, separados de los enormes planetas exteriores por los pequeños objetos rocosos que forman el cinturón de asteroides. Los cuatro se formaron en una región cálida y sin hielo del joven Sistema Solar, por lo que sus materiales dominantes son rocas y metales con puntos de fusión elevados.

Venus es el vecino más próximo de la Tierra

Marte parece moverse hacia atrás cuando la Tierra lo sobrepasa por el interior

La Tierra es el único planeta conocido del Sistema Solar donde hay vida

La estrecha órbita de Mercurio hace que este solo sea visible desde la Tierra durante breves períodos de tiempo

Mercurio

Es el planeta más pequeño, con la superficie cubierta de cráteres y apenas atmósfera. Superficialmente se parece a la Luna y conserva las cicatrices de colosales colisiones con asteroides errantes en el pasado remoto y de una actividad volcánica generalizada relativamente reciente.

Cráter Tyagaraja

La llanura Sobkou lleva el nombre de un mensajero de los dioses del antiguo Egipto

Corteza sólida

Núcleo fundido con un centro sólido

Manto de silicato sólido

Interior de Mercurio
El núcleo es enorme respecto al tamaño del planeta, quizá porque este perdió gran parte del manto tras una colisión interplanetaria al principio de su historia.

Vestigios de atmósfera

Diámetro medio	4879 km
Masa (Tierra = 1)	0,055
Gravedad en el ecuador (Tierra = 1)	0,38
Distancia media al Sol (Tierra = 1)	0,39
Inclinación axial	0,01°
Período de rotación (día)	58,6 días terrestres
Período orbital (año)	87,97 días terrestres
Temperatura mínima	−180 °C
Temperatura máxima	430 °C
Satélites	0

Un **solo día** de Mercurio dura **176 días** de la Tierra.

Venus

Es un poco más pequeño que la Tierra y orbita solo un poco más cerca del Sol que esta, pero estas ligeras diferencias han ejercido un efecto enorme. El efecto invernadero causado por el dióxido de carbono ha producido una atmósfera ardiente y superdensa, y los volcanes han sido la clave del modelado de la superficie del planeta.

EL monte Maat es el segundo pico más alto de Venus

El cráter Greenaway tiene una base rugosa y brillante en las imágenes de radar

Los cañones de Diana y Dali forman un sistema de depresiones a lo largo de 7400 m

Diámetro medio	12 104 km
Masa (Tierra = 1)	0,82
Gravedad en el ecuador (Tierra = 1)	0,9
Distancia media al Sol (Tierra = 1)	0,72
Inclinación axial	177,4°
Período de rotación (día)	243 días terrestres
Período orbital (año)	224,7 días terrestres
Temperatura media superficial	462 °C
Satélites	0

Corteza **Núcleo**

Manto **Atmósfera**

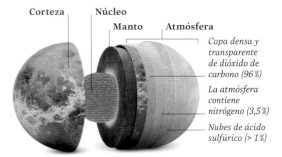

Capa densa y transparente de dióxido de carbono (96%)

La atmósfera contiene nitrógeno (3,5%)

Nubes de ácido sulfúrico (> 1%)

Interior de Venus
La ausencia de agua ha impedido que la corteza se fragmente en placas. El calor queda atrapado en el manto rocoso y provoca erupciones volcánicas que afectan a todo el planeta.

Tierra

Es el planeta rocoso más grande del Sistema Solar. Aunque tiene una estructura similar a la de sus vecinos, su distancia al Sol permite que exista agua en los estados líquido, sólido y gaseoso, lo que da lugar a un complejo entorno fluido sobre la corteza rocosa y a condiciones ideales para la vida.

Diámetro medio	12 742 km
Inclinación axial	23,5°
Período de rotación (día)	23 horas 56 minutos
Período orbital (año)	365,26 días
Temperatura superficial mínima	−89 °C
Temperatura superficial máxima	58 °C
Satélites	1

El océano Pacífico es el mayor cuerpo de agua de la Tierra

Las nubes se forman a partir de vapor de agua, que se precipita y cae en forma de lluvia, nieve, aguanieve o granizo

LA LUNA

Formada hace unos 4500 millones de años tras una colisión interplanetaria, su superficie combina tierras altas iluminadas cubiertas de cráteres y oscuras llanuras de lava volcánica.

El cráter Copérnico tiene altos picos centrales y paredes en terrazas

CARA VISIBLE DE LA LUNA

Las fases lunares

El cambio de dirección de la Luna en su órbita en torno a la Tierra afecta a la cantidad de luz solar que llega a su cara visible y genera un ciclo de fases.

Rotación y traslación

La Luna completa una órbita en torno a la Tierra cada 27,3 días. Las mareas ralentizan su rotación: rota una vez por órbita, y por ello, un hemisferio (la cara visible) está siempre orientado a la Tierra.

Apogeo: 405 000 km

Perigeo: 362 000 km

LUNA NUEVA

LUNA CRECIENTE

CUARTO CRECIENTE

LUNA CRECIENTE

LUNA LLENA

LUNA MENGUANTE

CUARTO MENGUANTE

LUNA MENGUANTE

Núcleo exterior   **Manto**   **Atmósfera**

Núcleo interior

Corteza

Océano

Interior de la Tierra

El metal fundido del núcleo exterior gira y crea un potente campo magnético alrededor del planeta. El calor que asciende por el manto transporta las fuerzas que modelan la corteza.

Marte

Es el planeta más parecido a la Tierra. A pesar de su fina atmósfera y su superficie fría, seca y cubierta de polvo rojizo, tiene casquetes polares, grandes cantidades de agua congelada en el subsuelo y un paisaje marcado por antiguos lechos fluviales y enormes volcanes apagados.

El monte Olimpo es el mayor volcán de Marte

El Valles Marineris (Valle del Mariner) es un sistema de cañones cercano al ecuador

La Noachis Terra (Tierra de Noé) es una gran masa de tierra del hemisferio sur

SATÉLITES MARCIANOS

Fobos y Deimos, los dos satélites de Marte, podrían ser asteroides capturados por la gravedad del planeta o fragmentos de roca procedentes de una antigua colisión.

Marte rota sobre su eje cada 24 horas y 37 minutos

Fobos

Deimos

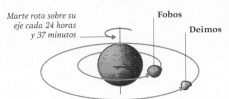

Diámetro medio	6779 km
Masa (Tierra = 1)	0,11
Gravedad en el ecuador (Tierra = 1)	0,38
Distancia media al Sol (Tierra = 1)	1,52
Inclinación axial	25,2°
Período de rotación (día)	24,6 horas
Período orbital (año)	687 días terrestres
Temperatura mínima	−143 °C
Temperatura máxima	35 °C
Satélites	2

Corteza   **Manto**   **Atmósfera**

Núcleo

Interior de Marte

Su núcleo es muy pequeño, por lo que Marte ha perdido calor más rápido que el resto de planetas. Además, su fina atmósfera deja escapar el calor del Sol.

Véase también La Vía Láctea pp. 26–27 ▶   **El universo** pp. 30–33 ▶   **El interior de la Tierra** pp. 46–47 ▶   **Un planeta en evolución** pp. 50–51 ▶   **15**

Planetas gigantes

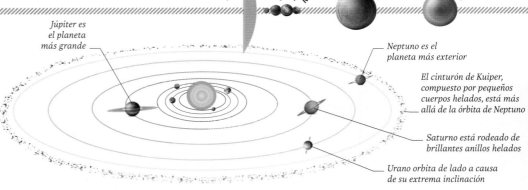

SOL · MERCURIO · VENUS · TIERRA · MARTE · JÚPITER · SATURNO

Los planetas exteriores

Júpiter, Saturno, Urano y Neptuno, los cuatro planetas gigantes del Sistema Solar exterior, se desplazan a lo largo de órbitas muy espaciadas más allá del cinturón de asteroides, que los separa de los planetas interiores. Se llaman gigantes gaseosos y se formaron en una región del joven Sistema Solar donde abundaban el hielo y el gas. La estructura de cada uno depende de su composición.

Júpiter es el planeta más grande

Neptuno es el planeta más exterior

El cinturón de Kuiper, compuesto por pequeños cuerpos helados, está más allá de la órbita de Neptuno

Saturno está rodeado de brillantes anillos helados

Urano orbita de lado a causa de su extrema inclinación

LOS SATÉLITES JOVIANOS

Júpiter tiene al menos 79 satélites, cuatro de los cuales son unos de los más grandes del Sistema Solar. La inmensa gravedad de Júpiter calienta su interior y genera actividad volcánica tanto en Ío como bajo la corteza helada de Europa.

EUROPA

ÍO

CALISTO

GANÍMEDES

Júpiter

Tiene un tamaño equivalente a más de 1300 Tierras y está compuesto sobre todo de hidrógeno, el elemento más ligero y simple. Otras sustancias dan color a las nubes de la atmósfera superior, que la rápida rotación del planeta dispone en bandas paralelas al ecuador.

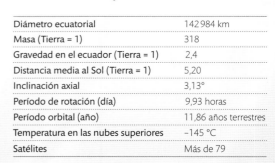

JÚPITER

Júpiter está rodeado por varios anillos de polvo fino

Diámetro ecuatorial	142 984 km
Masa (Tierra = 1)	318
Gravedad en el ecuador (Tierra = 1)	2,4
Distancia media al Sol (Tierra = 1)	5,20
Inclinación axial	3,13°
Período de rotación (día)	9,93 horas
Período orbital (año)	11,86 años terrestres
Temperatura en las nubes superiores	−145 °C
Satélites	Más de 79

Las moléculas de hidrógeno comprimido forman una capa líquida a 1000 km bajo la superficie

El hidrógeno gaseoso domina la atmósfera superior

Capa de hidrógeno metálico líquido formado por la descomposición de moléculas en las profundidades del planeta

Es probable que el núcleo sea muy pequeño (si existe)

La Gran Mancha Roja es una gran tormenta ovalada coloreada por sustancias químicas que ascienden del interior

Las capas superiores también contienen amoníaco, metano, agua y sulfuro de hidrógeno

INTERIOR DE JÚPITER

CICLO DE CONVECCIÓN

Las bandas de nubes de Júpiter constan de «zonas» claras a gran altitud y «cinturones» marrón oscuro en las capas inferiores de la atmósfera. Los colores se deben a sustancias químicas que se condensan a distinta altitud y temperatura.

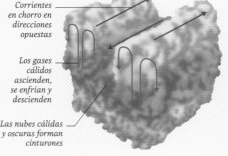

Corrientes en chorro en direcciones opuestas

Los gases cálidos ascienden, se enfrían y descienden

Las nubes cálidas y oscuras forman cinturones

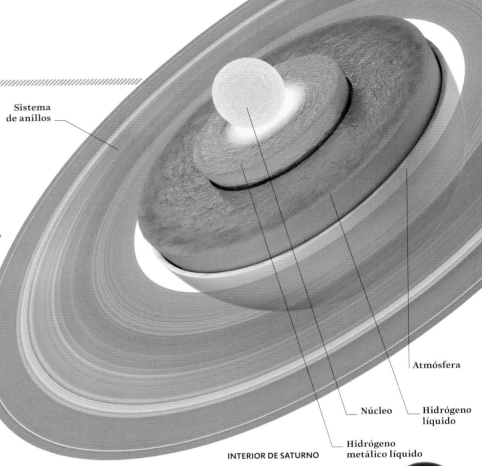

Saturno

Las nubes claras de la atmósfera superior ocultan las tormentas que estallan más abajo. La gravedad, más débil que la de Júpiter, permite la expansión de las capas exteriores y hace que la densidad media del planeta sea inferior a la del agua. Un sistema de finos anillos formados por billones de partículas heladas, con órbita circular propia y dispuestos en bandas amplias, rodea el ecuador.

Sistema de anillos

Atmósfera

Núcleo

Hidrógeno líquido

Hidrógeno metálico líquido

INTERIOR DE SATURNO

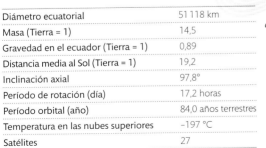

Ambos polos albergan enormes tormentas con forma de torbellino

Los anillos solo tienen 20 m de espesor

SATURNO

Los **rayos de Saturno** son 10 000 veces más potentes que los terrestres.

Diámetro ecuatorial	120 536 km
Masa (Tierra = 1)	95,2
Gravedad en el ecuador (Tierra = 1)	1,02
Distancia media al Sol (Tierra = 1)	9,58
Inclinación axial	26,7°
Período de rotación (día)	10,7 horas
Período orbital (año)	29,46 años terrestres
Temperatura en las nubes superiores	−250 °C
Satélites	Más de 82

LOS SATÉLITES DE SATURNO

Son numerosos y variados, de gigantes complejos como Titán a pequeños como Encélado, que tiene lagos subterráneos de agua líquida.

MIMAS ENCÉLADO TETIS DIONE JAPETO REA TITÁN

Urano

Más pequeño y denso que Júpiter y Saturno, es un gigante helado con un interior compuesto por sustancias químicas heladas, como agua, amoníaco y metano. Su gran inclinación axial, de casi 98° respecto a su órbita, hace que experimente estaciones extremas en su recorrido en torno al Sol.

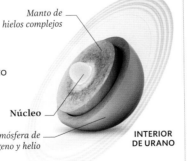

Manto de hielos complejos

Núcleo

Atmósfera de hidrógeno y helio

INTERIOR DE URANO

Diámetro ecuatorial	51 118 km
Masa (Tierra = 1)	14,5
Gravedad en el ecuador (Tierra = 1)	0,89
Distancia media al Sol (Tierra = 1)	19,2
Inclinación axial	97,8°
Período de rotación (día)	17,2 horas
Período orbital (año)	84,0 años terrestres
Temperatura en las nubes superiores	−197 °C
Satélites	27

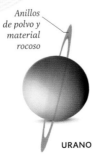

Anillos de polvo y material rocoso

URANO

Neptuno

Es el planeta más alejado del Sol y otro gigante helado. Se parece a Urano, pero tiene más actividad meteorológica, incluidos algunos de los vientos más fuertes del Sistema Solar. La actividad está impulsada por el calor de su interior, producido por cambios químicos alrededor del núcleo.

Núcleo

Manto

Atmósfera

INTERIOR DE NEPTUNO

Diámetro ecuatorial	49 528 km
Masa (Tierra = 1)	17,1
Gravedad en el ecuador (Tierra = 1)	1,1
Distancia media al Sol (Tierra = 1)	30,1
Inclinación axial	28,3°
Período de rotación (día)	16,1 horas
Período orbital (año)	163,7 años terrestres
Temperatura en las nubes superiores	−201 °C
Satélites	14

Nubes tenues de metano congelado

NEPTUNO

Véase también La Vía Láctea pp. 26–27 ▶ El universo pp. 30–33 ▶

Cuerpos pequeños

Entre los planetas principales y más allá de ellos existen innumerables objetos rocosos y helados, desde pedruscos hasta planetas enanos. La mayoría de los asteroides, enanos helados y cometas siguen órbitas casi circulares muy lejos de la gravedad de los planetas principales; los de órbita más elíptica corren el riesgo de ser destruidos o expulsados del Sistema Solar cuando se acercan demasiado a objetos más grandes.

Cinturones de cuerpos

La mayoría de objetos se halla en el cinturón rocoso entre Marte y Júpiter; en el cinturón helado de Kuiper más allá de Neptuno, o en la remota nube de Oort (p. siguiente).

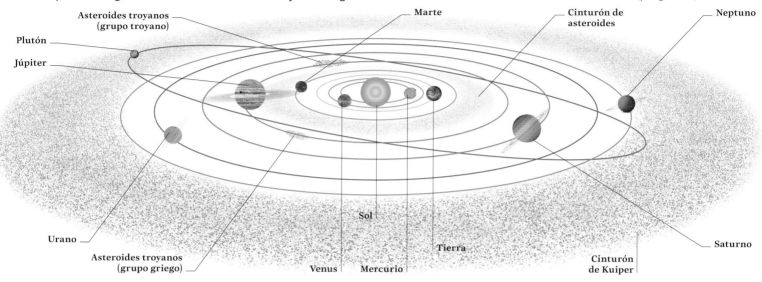

Asteroides troyanos (grupo troyano) · Plutón · Júpiter · Marte · Cinturón de asteroides · Neptuno · Urano · Asteroides troyanos (grupo griego) · Venus · Mercurio · Sol · Tierra · Cinturón de Kuiper · Saturno

Asteroides

Los asteroides son pequeños cuerpos rocosos formados en el Sistema Solar interior a los que la gravedad de sus planetas vecinos impidió convertirse en cuerpos más grandes. Casi todos están confinados en un cinturón entre las órbitas de Marte y Júpiter, y como suelen colisionar, su estructura y su órbita cambian con el tiempo. Varios de los asteroides llamados troyanos (divididos en dos grupos inspirados en la *Ilíada* de Homero), orbitan en torno al Sol en zonas gravitatorias neutras alineadas con la órbita de Júpiter.

Se estima que el **cinturón de asteroides** entre Marte y Júpiter contiene entre **1,1** y **1,9 millones de asteroides.**

ASTEROIDES CERCANOS A LA TIERRA

Las colisiones y los acercamientos pueden empujar a los asteroides a trayectorias que los aproximan al Sol y que, con el tiempo, los acaban destruyendo o expulsando del Sistema Solar. Estos asteroides cercanos a la Tierra se clasifican según su órbita.

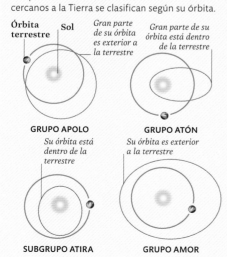

Órbita terrestre · Sol

Gran parte de su órbita es exterior a la terrestre

Gran parte de su órbita está dentro de la terrestre

GRUPO APOLO

GRUPO ATÓN

Su órbita está dentro de la terrestre

Su órbita es exterior a la terrestre

SUBGRUPO ATIRA

GRUPO AMOR

Tipos de asteroides

Hay asteroides de distinto tamaño y composición. Algunos, oscuros y ricos en carbono, apenas han cambiado desde su origen, y otros son ricos en metales o muestran actividad geológica en el pasado. Sabemos más de ellos gracias a los meteoritos que caen a la Tierra.

Evolución de los asteroides

Las colisiones podrían ser la clave de la formación y la composición de los distintos tipos. Los cuerpos pequeños no son lo bastante calientes para que su interior se funda y se diferencie; los más grandes sí, pero los impactos desprenden fragmentos que se pueden convertir en asteroides con distinta cantidad de material del núcleo y del manto.

Superficie oscura rica en carbono

ASTEROIDE CARBONÁCEO Tipo C

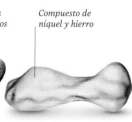

Superficie más clara compuesta de silicatos

ASTEROIDE PÉTREO Tipo S

Compuesto de níquel y hierro

ASTEROIDE METÁLICO Tipo M

Fragmentos del tamaño de guijarros del polvo de la nebulosa solar

❶ ACRECIÓN DE CUERPOS PEQUEÑOS

El interior se separa en corteza, manto y núcleo

❷ LOS ELEMENTOS MÁS PESADOS SE HUNDEN HACIA EL CENTRO

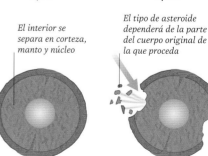

El tipo de asteroide dependerá de la parte del cuerpo original de la que proceda

❸ LOS IMPACTOS DESPRENDEN FRAGMENTOS

El objeto remoto **Sedna** tarda unos **10 700 años** en completar una órbita alrededor del Sol.

Planetas enanos

Estos objetos de tamaño considerable que orbitan en torno al Sol y que no son satélites se considerarían planetas mayores si no fuera porque comparten órbita con cuerpos más pequeños. Clasificados oficialmente como planetas enanos, son objetos cuya gravedad es suficiente para darles forma esférica (que calienta su interior y genera actividad geológica en la superficie), pero demasiado débil para despejar su órbita de objetos más pequeños. Esto los diferencia de los planetas rocosos y de los gigantes gaseosos del Sistema Solar.

EL CINTURÓN DE KUIPER

Se cree que el cinturón de Kuiper, en los confines del Sistema Solar, contiene más de 100 000 objetos de 100 km de diámetro o más. Muchos de estos objetos helados se formaron en las regiones transneptunianas, pero su órbita quedó alterada cuando Urano y Neptuno se desplazaron hacia el exterior al principio de su historia. Aparte de Plutón, Arrokoth, de 36 km y con forma de muñeco de nieve, es el único objeto del cinturón de Kuiper que se ha estudiado de cerca.

Los cinco planetas enanos conocidos

Ceres, el objeto de mayor tamaño del cinturón de asteroides, es un planeta enano, al igual que cuatro cuerpos que orbitan más allá de Neptuno: Plutón, Eris, Makemake y Haumea. Es probable que queden más por descubrir en los bordes del Sistema Solar.

Debe su color rojo a sustancias químicas complejas

Gran protrusión en torno al ecuador

Gran cantidad de metano helado

Forma elipsoidal causada por la gran velocidad de rotación

Manto helado bajo la corteza

Terreno activo y de formación reciente

Superficie brillante y muy reflectante

Debe su forma a que dos objetos colisionaron y quedaron pegados

CERES

PLUTÓN

ERIS

MAKEMAKE

HAUMEA

ARROKOTH

Durante **75 años** (de 1930 a 2006), **Plutón** estuvo clasificado como el **noveno planeta** del Sistema Solar.

Los cometas

Son cuerpos helados generalmente de algunos kilómetros de diámetro. Son visibles cuando se acercan al Sol desde el Sistema Solar exterior, porque se calientan y desarrollan una extensa atmósfera y una cola de hielo desprendido. El borde del Sistema Solar alberga cerca de un billón de cometas invisibles.

Orígenes

La mayoría de los cometas orbita en la nube de Oort, una burbuja esférica de objetos helados, que se encuentra a un año luz del Sol aproximadamente.

El interior se extiende hacia el cinturón de Kuiper

Sol

Los cometas se acercan al Sistema Solar interior desde todas las direcciones

El borde exterior está al límite de la atracción gravitatoria del Sol

Nube densa de escombros helados

NUBE DE OORT

Tipos de cometas

Los cometas se clasifican según la frecuencia con la que vuelven al Sistema Solar interior. Todas sus órbitas se ven alteradas, primero por sus encuentros en la nube de Oort y luego por uno o varios de los planetas gigantes.

COMETA HALLEY

De período corto
Vuelven como máximo cada 200 años. Los repetidos episodios de calentamiento rápido hacen que pierdan hielo, y ello puede reducir su espectacularidad.

Estructura

Un cometa activo consta de un núcleo pequeño y sólido, rodeado de una coma de gas tenue del tamaño de un planeta y con una o más colas largas.

Cola de polvo

Cola de gas

Coma

Núcleo

Dirección al Sol

Dirección del cometa

ANATOMÍA DE UN COMETA

Las colas de los cometas

Las colas de los cometas, formadas por polvo y vapor ionizado, quedan atrapadas en el viento solar y por ello siempre apuntan en dirección opuesta al Sol.

La cola de gas apunta en dirección opuesta al Sol

La cola de polvo se curva a lo largo de la órbita

La superficie se calienta a medida que se acerca al Sol

El paso por el perihelio aproxima el cometa al Sol

Cometa congelado en el Sistema Solar exterior

Las colas se desvanecen a medida que el cometa se aleja

El núcleo se congela de nuevo

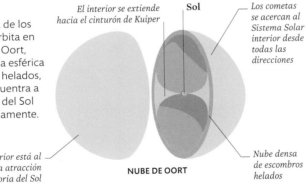
ÓRBITA TÍPICA DE UN COMETA

COMETA HYAKUTAKE

De período largo
Las visitas de estos cometas, que tardan más de 200 años en regresar, suelen ser acontecimientos espectaculares porque retienen más hielo.

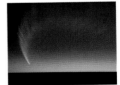
COMETA MACNAUGHT

De aparición única
Estos cometas solo se aproximan al Sol en una ocasión, antes de colisionar con él o ser expulsados del Sistema Solar.

El Sol

El Sol, la estrella más cercana, es una bola gaseosa compuesta principalmente por hidrógeno y helio que brilla con la luz incandescente que genera la fusión nuclear en su núcleo. Su aspecto varía cada año debido a cambios cíclicos, mientras que la radiación electromagnética (p. 188) y las corrientes de partículas que manan de su superficie afectan a todo el Sistema Solar.

2% de otros elementos
27,4% de helio
70,6% de hidrógeno

Composición por masa
El Sol debe la mayor parte de su masa a los dos elementos más ligeros.

El ciclo solar

Los cambios en el campo magnético solar provocan un ciclo de actividad de 11 años de duración que afecta principalmente a las manchas oscuras de la superficie visible del Sol y a las fulguraciones solares que brotan de su atmósfera superior.

Manchas solares

La AR1944, en enero de 2014, fue una de las mayores manchas de los últimos nueve años. (La Tierra se muestra a escala.)

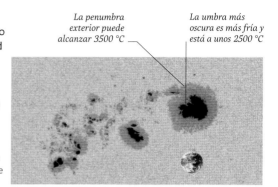

La penumbra exterior puede alcanzar 3500 °C

La umbra más oscura es más fría y está a unos 2500 °C

Eclipses solares

Los eclipses solares ocurren cuando la Luna pasa frente al Sol, pero como la órbita lunar está inclinada respecto a la Tierra, no suceden cada luna nueva. El alineamiento necesario hace que cada eclipse solo sea visible desde una zona muy limitada de la superficie terrestre.

Eclipse total

En un eclipse total, la Luna cubre un área del Sol cada vez mayor hasta cubrir la «totalidad» durante hasta 7 minutos.

Eclipse solar parcial visto cuando la parte exterior y más clara de la sombra de la Luna (penumbra) toca la Tierra

Eclipse solar total visto cuando la parte interior y más oscura de la sombra de la Luna (umbra) toca la Tierra

La parte de la Tierra opuesta al Sol está a oscuras

La Luna empieza a oscurecer la vista del Sol desde la Tierra

La Luna oculta por completo al Sol

La corona del Sol es visible durante el eclipse total

Fin del eclipse

PRIMER CONTACTO · SEGUNDO CONTACTO · TOTALIDAD · TERCER CONTACTO · CUARTO CONTACTO

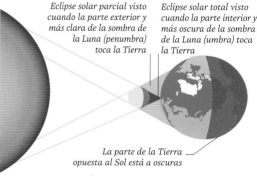

CONFIGURACIÓN DEL SOL, LA LUNA Y LA TIERRA DURANTE UN ECLIPSE TOTAL (LA ESCALA NO ES REAL)

Las capas del Sol

La estructura del Sol se divide en capas en las que dominan procesos distintos. La energía se genera en el núcleo y asciende a través de las zonas radiante y convectiva. La fotosfera es la superficie visible, donde el gas del Sol se vuelve transparente. Sobre ella están la fina cromosfera y una vasta atmósfera exterior, o corona.

CLAVE
- Núcleo
- Zona radiante
- Zona convectiva
- Fotosfera
- Cromosfera
- Corona

Las capas no se muestran a escala

Características del Sol

Los filtros y cámaras especiales que detectan radiaciones más allá de la luz visible revelan detalles de la superficie incandescente del Sol y sobre ella que proporcionan pistas sobre la compleja estructura oculta bajo la fotosfera.

Las espículas son breves chorros de gas de 10 000 km de altura esparcidos sobre toda la superficie

Las prominencias son gigantescas erupciones de gas suspendidas en forma de bucles coronales sobre la superficie durante días o semanas

Las fáculas son áreas de la superficie solar intensamente brillantes asociadas a la aparición de manchas solares

LA FUENTE DE ENERGÍA DEL SOL

En el núcleo del Sol, la temperatura y la presión son tan elevadas que desencadenan la fusión nuclear, o unión forzada de ligeros núcleos de hidrógeno (partículas únicas llamadas protones) durante una serie de reacciones que culminan en la creación de núcleos de helio. En este proceso se liberan partículas más pequeñas (positrones y neutrinos) y energía en forma de rayos gamma.

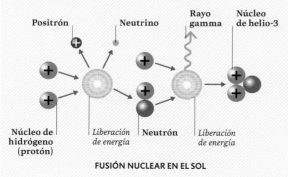

Positrón · Neutrino · Rayo gamma · Núcleo de helio-3

Núcleo de hidrógeno (protón) · Liberación de energía · Neutrón · Liberación de energía

FUSIÓN NUCLEAR EN EL SOL

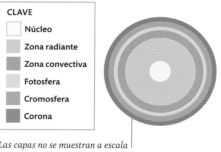

Eyección de masa coronal

Cuando los arcos del campo magnético se rompen en la corona solar exterior se libera una gran energía y vastas nubes de gas son lanzadas al espacio a millones de kilómetros por hora.

Línea de campo magnético del polo sur al polo norte

El Sol rota más lentamente en los polos (35 días)

El Sol rota más rápido en el ecuador (25 días)

Las líneas de campo se rompen y emergen de la superficie en forma de arcos

N N N N

S S S S

Las líneas de campo se deforman

Las líneas de campo se enredan del todo

Rotación diferencial

Como el ecuador del Sol gira a mayor velocidad que los polos, a lo largo de varias rotaciones, las líneas del campo magnético bajo la superficie se enredan y provocan la actividad sobre la superficie.

Manchas solares en el extremo de los arcos

Frecuencia de las manchas solares

El número de manchas alcanza cotas máximas antes de volver a bajar a medida que se rompen las líneas de campo magnético enredadas. Al final de cada ciclo, estas líneas se tienen que regenerar desde el principio.

NÚMERO DE MANCHAS SOLARES

300
250
200
150
100
50
0

CICLO 22   CICLO 23   CICLO 24

1985 1990 1995 2000 2005 2010 2015 2020

AÑO

El viento solar

El borde exterior de la corona solar se funde con el viento solar, corriente de partículas que se alejan del Sol impulsadas por la presión de la radiación. Cuando el viento solar pasa junto a la Tierra, distorsiona el campo magnético terrestre antes de seguir su recorrido hasta que comienza a perder velocidad pasada la órbita de Neptuno.

Dentro del Sol cabrían 1,3 millones de Tierras.

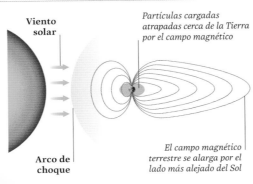

Viento solar

Partículas cargadas atrapadas cerca de la Tierra por el campo magnético

Arco de choque

El campo magnético terrestre se alarga por el lado más alejado del Sol

LA MAGNETOSFERA DE LA TIERRA

Aurora boreal

Sobre los polos terrestres, la magnetosfera atrae partículas del viento solar que cargan las moléculas de gas de la atmósfera superior y crean auroras boreales y australes luminiscentes.

Bucles de plasma a 1 millón de °C o más, asociados a las líneas del campo magnético

ZONA CONVECTIVA

ZONA RADIANTE

NÚCLEO

Diámetro ecuatorial	1,4 millones de km
Masa (Tierra = 1)	333 000
Distancia media a la Tierra	149,6 millones de km
Período de rotación (polar)	35 días terrestres
Período de rotación (ecuatorial)	25 días terrestres
Temperatura en la superficie	5500 °C
Temperatura en el núcleo	15 millones de °C

La corona se extiende por el espacio hasta millones de kilómetros de la cromosfera

La capa irregular de atmósfera sobre la fotosfera se llama cromosfera

El calor y la luz escapan al espacio por la fotosfera, la superficie visible del Sol

La energía transportada por las células de convección en la zona convectiva genera un campo magnético

En la zona radiante, la energía se desplaza en forma de fotones de radiación electromagnética

En el núcleo solar se producen reacciones nucleares

Véase también Luz y materia pp. 188-189 ▶ **21**

Tipos de estrellas

Las estrellas son bolas de gas creadas por la condensación de grandes nubes interestelares y brillan gracias a las reacciones de fusión nuclear que tienen lugar en su núcleo. Aparte de estas dos características comunes, presentan una gran variabilidad en lo que respecta a propiedades como luminosidad, tamaño, color o masa, y pueden ser desde tenues enanas a enormes gigantes luminosas.

Formación de las estrellas
Las estrellas nacen cuando nubes de gas y polvo de varios años luz de anchura se condensan y se escinden en muchas pequeñas regiones llamadas glóbulos de Bok. Cada uno de estos origina una estrella solitaria o un sistema estelar.

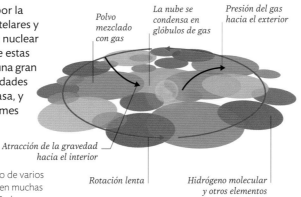

Polvo mezclado con gas

La nube se condensa en glóbulos de gas

Presión del gas hacia el exterior

Atracción de la gravedad hacia el interior

Rotación lenta

Hidrógeno molecular y otros elementos

❶ NUBE MOLECULAR

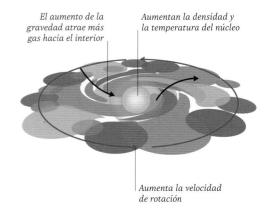

El aumento de la gravedad atrae más gas hacia el interior

Aumentan la densidad y la temperatura del núcleo

Aumenta la velocidad de rotación

❷ CONDENSACIÓN DEL NÚCLEO

Clasificación de las estrellas

El tipo espectral de las estrellas refleja su temperatura y su color, desde las O azules hasta las M rojas. Las de tipos de luminosidad más complejos se suelen dividir en enanas (estrellas de la secuencia principal o más tenues de lo esperado por su color) y gigantes, más brillantes.

TIPO	COLOR APARENTE	TEMPERATURA MEDIA SUPERFICIAL	EJEMPLO
O	Azul	Más de 30 000 °C	Zeta Puppis, también llamada Naos (Popa)
B	Blanco azulado oscuro	20 000 °C	Rigel (Orión)
A	Blanco azulado claro	8500 °C	Sirio A (Can Mayor)
F	Blanco	6500 °C	Proción A (Can Menor)
G	Amarillo-blanco	5300 °C	Sol
K	Naranja	4000 °C	Aldebarán (Tauro)
M	Rojo	3000 °C	Betelgeuse (Orión)

Diagrama de Hertzsprung-Russell
Esta gráfica compara el color y la luminosidad de las estrellas y revela que la mayoría se halla en la banda diagonal llamada secuencia principal.

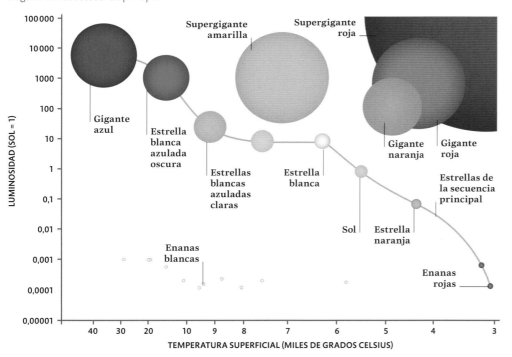

Supergigante amarilla

Supergigante roja

Gigante azul

Estrella blanca azulada oscura

Estrellas blancas azuladas claras

Estrella blanca

Gigante naranja

Gigante roja

Sol

Estrella naranja

Estrellas de la secuencia principal

Enanas blancas

Enanas rojas

LUMINOSIDAD (SOL = 1)

TEMPERATURA SUPERFICIAL (MILES DE GRADOS CELSIUS)

Capas internas de las estrellas

Las estrellas con una masa similar a la del Sol tienen tres capas internas definidas por cómo las atraviesa la energía hasta llegar a la superficie: el núcleo, la zona radiante y la zona convectiva. Las de masa superior o inferior tienen una estructura interna distinta.

Interior de una estrella de alta masa
El gas que rodea el núcleo absorbe la energía y la hace ascender por convección. Al final libera luz que atraviesa la zona radiante hasta la fotosfera transparente.

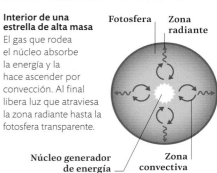

Fotosfera

Zona radiante

Núcleo generador de energía

Zona convectiva

Interior de una estrella de baja masa
El gas que rodea al núcleo absorbe la energía y la transporta a la superficie por convección, donde es liberada en forma de luz en la fotosfera.

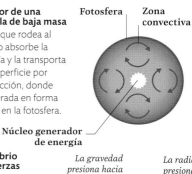

Fotosfera

Zona convectiva

Núcleo generador de energía

Equilibrio de fuerzas
Durante la mayor parte de la vida de la mayoría de estrellas, la gravedad y la presión están equilibradas, y la estrella mantiene su tamaño.

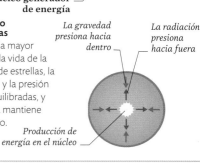

La gravedad presiona hacia dentro

La radiación presiona hacia fuera

Producción de energía en el núcleo

Los astrónomos estiman que **en torno al 80%** de las estrellas de la Vía Láctea son **enanas rojas tenues**; las estrellas brillantes son una pequeña minoría.

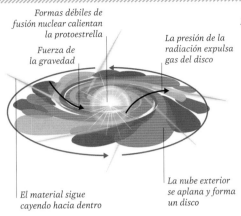

Formas débiles de fusión nuclear calientan la protoestrella

Fuerza de la gravedad

La presión de la radiación expulsa gas del disco

El material sigue cayendo hacia dentro

La nube exterior se aplana y forma un disco

③ FORMACIÓN DE LA PROTOESTRELLA

La estrella expulsa el material sobrante por los polos

Aumenta la presión hacia fuera

Disco de formación planetaria

Empieza la fusión de hidrógeno en el núcleo

④ LA ESTRELLA SE ENCIENDE

ANNIE JUMP CANNON

Esta astrónoma estadounidense (1863–1941) ideó el sistema de clasificación estelar más utilizado. Tras analizar la luz de miles de estrellas, identificó patrones que permiten calcular su brillo real incluso sin saber a qué distancia se encuentran.

Cada año nacen en el universo unos **700 millardos de estrellas**.

Estrellas múltiples

Existe la posibilidad de que se formen sistemas de dos o más estrellas que orbitan una en torno a la otra. Su estudio revela las masas relativas de las estrellas implicadas y demuestra que las que poseen distintas propiedades evolucionan a distinta velocidad.

El **período orbital** más corto de una **estrella binaria** es de **3 horas**; el más largo puede ser de cientos de miles de años.

Baricentro equidistante

Masa equivalente
Si las dos estrellas de un sistema binario tienen la misma masa, orbitan a la misma distancia media de un centro de gravedad común, o baricentro.

Baricentro más cerca de la estrella más masiva

Masa desigual
Si una estrella pesa más que la otra, la más masiva orbita más cerca del baricentro, y la menos masiva, a mayor distancia.

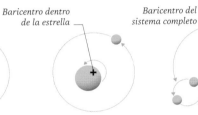

Baricentro dentro de la estrella

Diferencia de masa extrema
A veces, el baricentro está en el interior de la estrella más masiva, que «se bambolea» a su alrededor, mientras la menos masiva orbita más lejos.

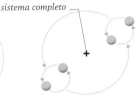

Baricentro del sistema completo

Binaria doble
En algunos sistemas múltiples, dos pares binarios orbitan uno en torno al otro. Cada par orbita en torno a su propio centro de masa, además de al baricentro general.

Nebulosa de formación estelar

La radiación que emiten las primeras estrellas nacidas en una nebulosa carga el gas que las rodea y lo hace brillar. Los fuertes vientos estelares abren un espacio similar a una cueva en la nebulosa, y la presión de la radiación convierte las nubes opacas ricas en polvo en pilares que rodean los lugares donde prosigue la formación estelar y el material denso resiste mejor la erosión.

La Montaña Mística

Los vientos estelares y la radiación modelan esta región de la nebulosa de la Quilla (Carina). Incrustada en la cima, una estrella recién nacida expulsa chorros de material sobrante.

RECICLAJE ESTELAR

Las estrellas transforman elementos ligeros en otros más pesados durante su vida y esparcen los desechos mientras viven y mueren. Los elementos pesados enriquecen las nebulosas ricas en hidrógeno que forman nuevas estrellas y hacen que brillen más y ardan más rápido.

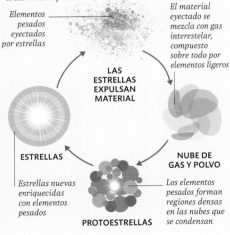

Elementos pesados eyectados por estrellas

El material eyectado se mezcla con gas interestelar, compuesto sobre todo por elementos ligeros

LAS ESTRELLAS EXPULSAN MATERIAL

ESTRELLAS

NUBE DE GAS Y POLVO

Estrellas nuevas enriquecidas con elementos pesados

Los elementos pesados forman regiones densas en las nubes que se condensan

PROTOESTRELLAS

La vida de las estrellas

El brillo de muchas estrellas varía ligeramente a lo largo de ciclos que pueden durar de horas a años, pero los ciclos vitales estelares son tan largos que los astrónomos casi nunca tienen la ocasión de observar cómo una estrella pasa de un tipo a otro. La historia de la evolución estelar se ha confeccionado observando las propiedades de los distintos tipos de estrellas y la cantidad de cada uno que podemos observar en el cielo, y combinando ambas observaciones para modelar los procesos que suceden en los distintos tipos. La masa inicial de la estrella determina su curso vital.

Gas expulsado de una gigante roja

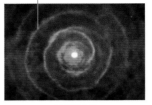

LL PEGASI

Cada elemento brilla con un color distinto

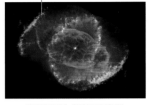

NEBULOSA OJO DE GATO

Vidas diferentes

Por lo general, cuanto mayor es su masa, más intenso es el brillo de una estrella y más corta es su vida. Las estrellas con más de ocho veces la masa del Sol, o más de ocho masas solares, también acaban su vida de un modo mucho más espectacular que las menos masivas.

Protoestrellas
Las estrellas se forman en nubes de gas y polvo que se condensan. Cuando empiezan a brillar experimentan pulsaciones violentas para expulsar material sobrante y adquirir estabilidad.

Las **estrellas con menos masa** pueden brillar débilmente durante **billones de años** antes de agotarse.

La radiación que escapa sostiene las capas externas de la estrella

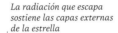

Estrella de masa solar
Las estrellas con una masa relativamente baja queman lentamente su combustible nuclear interno (hidrógeno) y brillan durante miles de millones de años.

Superficie fría, a unos 3000 °C

Gigante roja
Cuando la estrella agota el hidrógeno del núcleo empieza a quemar helio. Así puede seguir brillando; su luminosidad aumenta, y se expande hasta adquirir un tamaño enorme.

El gas expulsado brilla por la radiación del núcleo desnudo

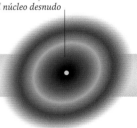

Nebulosa planetaria
Una vez agotado todo el combustible, la gigante roja pierde estabilidad y empieza a pulsar. Su acto final es expulsar una serie de capas que forman una nebulosa planetaria.

Los fuertes vientos estelares lanzan las capas externas al espacio

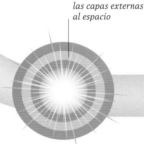

Estrella de alta masa
En las estrellas masivas, las reacciones nucleares son mucho más rápidas que en las estrellas normales. Por ello brillan con mucha más intensidad, pero mucho menos tiempo.

Atmósfera exterior ampliada

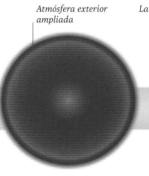

Supergigante
Hacia el final de su vida, las estrellas de alta masa siguen brillando porque desarrollan capas que queman distintos elementos. Así se expanden y se convierten en supergigantes inestables.

La explosión consume el combustible en la capa externa de la estrella

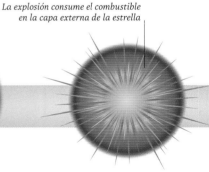

Supernova
Cuando el núcleo de una supergigante se queda sin combustible, las capas que lo rodean se hunden, rebotan y provocan una supernova, una explosión que puede brillar más que toda una galaxia.

SUPERGIGANTES A ESCALA
Las supergigantes son las estrellas más grandes y pueden brillar con la intensidad de un millón o más de Soles, pero la presión de la radiación hincha sus capas externas hasta darles un tamaño enorme. Las supergigantes más grandes son las rojas. Si una supergigante roja como Betelgeuse, por ejemplo, sustituyera al Sol en el centro del Sistema Solar, llegaría casi hasta la órbita de Júpiter.

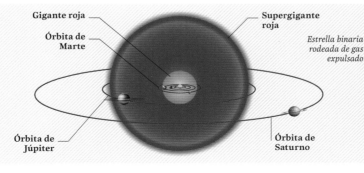

Gigante roja

Órbita de Marte

Supergigante roja

Órbita de Júpiter

Órbita de Saturno

Estrella binaria rodeada de gas expulsado

SUPERGIGANTE MORIBUNDA: ETA CARINAE

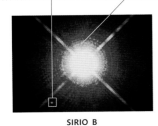

La enana blanca Sirio B tiene la misma masa que el Sol

Sirio tiene dos veces la masa del Sol

Tres etapas finales
Imágenes de la muerte de una estrella similar al Sol: se transforma en una gigante roja cada vez más inestable, se desprende de sus capas externas y forma una nebulosa planetaria, y luego se apaga hasta convertirse en una enana blanca.

SIRIO B

Faros cósmicos
Cuando el núcleo de una supergigante se comprime y se transforma en una estrella de neutrones durante una supernova mantiene el «momento angular» anterior, pero ha de girar a mucha más velocidad a fin de compensar la compresión. Su campo magnético se intensifica, canaliza su radiación en haces y genera una radiobaliza luminosa llamada púlsar.

Nebulosa del Cangrejo
Es el resto de una supernova que se vio desde la Tierra en 1054. Un púlsar gira a gran velocidad emitiendo señales de radio regulares desde su centro.

La enana blanca se mantiene gracias a la presión entre sus partículas subatómicas

El universo aún es demasiado joven para que existan enanas negras

Enana blanca
En el centro de la nebulosa solo queda el núcleo agotado de la estrella. Al carecer de reacciones nucleares que generen energía y la mantengan, la gravedad la comprime hasta el tamaño aproximado de la Tierra.

Enana negra
La enana blanca, al principio incandescente, se enfría y cambia de color a lo largo de miles de millones de años. Al final, se convierte en una enana negra, muerta y fría.

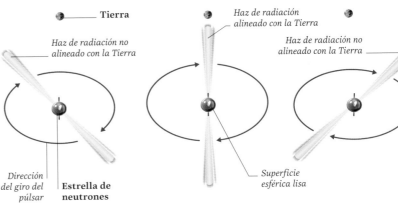

Tierra

Haz de radiación no alineado con la Tierra

Haz de radiación alineado con la Tierra

Haz de radiación no alineado con la Tierra

Dirección del giro del púlsar

Estrella de neutrones

Superficie esférica lisa

Púlsar apagado
La señal del púlsar se alinea con su campo magnético. Si está inclinado hacia el eje de rotación, los haces barren el cielo.

Púlsar encendido
Si uno de los haces del púlsar o ambos se alinean con la Tierra, vemos un breve destello de radiación una vez en cada rotación.

Púlsar apagado
El haz avanza, pero los púlsares giran a tal velocidad que la mayoría tiene un período de rotación de una fracción de segundo.

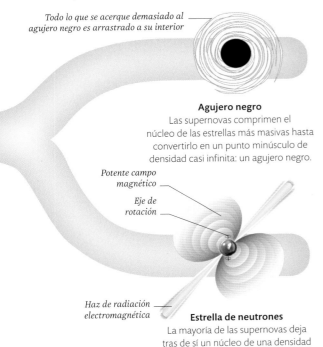

Todo lo que se acerque demasiado al agujero negro es arrastrado a su interior

Agujero negro
Las supernovas comprimen el núcleo de las estrellas más masivas hasta convertirlo en un punto minúsculo de densidad casi infinita: un agujero negro.

Potente campo magnético

Eje de rotación

Haz de radiación electromagnética

Estrella de neutrones
La mayoría de las supernovas deja tras de sí un núcleo de una densidad increíble y del tamaño de una ciudad llamado estrella de neutrones.

Una **cucharadita** del material de una **estrella de neutrones** tendría una masa de **3 millardos de toneladas.**

Las **estrellas de neutrones** que **giran a más velocidad** rotan más de **700 veces por segundo.**

Agujeros negros
Si el núcleo comprimido de una supernova tiene más de 1,4 veces la masa del Sol, su gravedad llega a ser tan grande que nada puede impedir que se convierta en un punto único en el espacio llamado singularidad. Alrededor de la singularidad, una barrera llamada horizonte de sucesos define una región del espacio-tiempo (p. 196) de la que ni siquiera la luz puede escapar, de ahí su nombre de agujero negro.

Rayos de luz

La luz cae en espiral en el agujero negro

La luz se desvía al pasar cerca del horizonte de sucesos

Singularidad

Horizonte de sucesos

La luz atrapada al borde del horizonte de sucesos rodea el agujero negro

La gravedad del agujero negro altera radicalmente la trayectoria de los rayos de luz

LUZ CURVADA

La Vía Láctea

Estructura de la Vía Láctea

La Vía Láctea es una gran galaxia de al menos 150 000 años luz de diámetro, según las estimaciones más recientes, que contiene entre 100 000 y 400 000 millones de estrellas. Aunque desde su interior es difícil determinar su estructura precisa, tiene varios brazos en espiral (la mayoría de los cuales llevan el nombre de las constelaciones donde son más prominentes) anclados a los extremos de una barra central. En cada región de la galaxia dominan distintos tipos de estrella.

Vista desde la Tierra
Visto desde dentro, el disco de la Vía Láctea forma una banda luminosa en el cielo. Brilla más hacia el centro galáctico, en Sagitario.

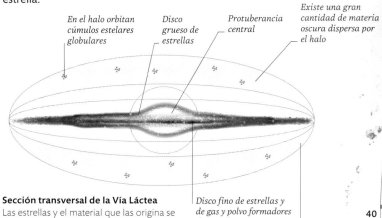

En el halo orbitan cúmulos estelares globulares

Disco grueso de estrellas

Protuberancia central

Existe una gran cantidad de materia oscura dispersa por el halo

Los brazos espirales parecen brillar porque las estrellas más brillantes y de vida más breve nunca consiguen escapar de la región donde nacieron

Sección transversal de la Vía Láctea
Las estrellas y el material que las origina se concentran en un disco aplanado alrededor de una protuberancia central repleta de estrellas sobre todo rojas y amarillas.

Disco fino de estrellas y de gas y polvo formadores de estrellas

Estrellas errantes que orbitan en la región del halo

El **90 %** de las estrellas y los cúmulos globulares de la Vía Láctea están como máximo a **50 000 años luz** del centro.

FORMACIÓN DE BRAZOS ESPIRALES

Se cree que los brazos espirales no son estructuras físicas, sino áreas donde el material en órbita frena y se acumula. La región espiral (onda de densidad) se crea por un alineamiento a gran escala de las órbitas elípticas en las regiones exteriores lentas, bajo la influencia de pequeñas galaxias cercanas.

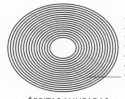

Los objetos siguen órbitas elípticas alrededor del centro de la galaxia

ÓRBITAS ALINEADAS

Las órbitas se alinean en muchas direcciones

ÓRBITAS CAÓTICAS

La gravedad de galaxias cercanas altera las órbitas y les da forma de espiral

ONDA DE DENSIDAD

MIL AÑOS LUZ

40   30   20   1

BRAZO DE PERSEO

BRAZO EXTERIOR

Esta región alberga la supergigante roja V434 Cephei, una de las estrellas más grandes conocidas

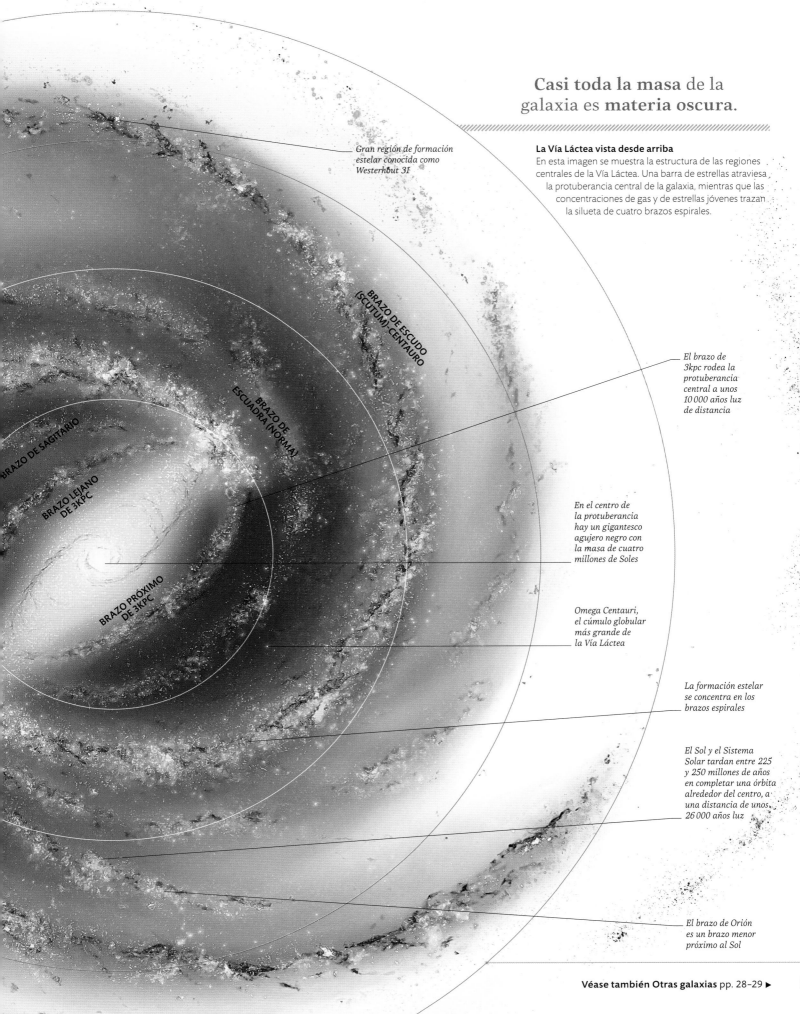

Casi toda la masa de la galaxia es materia oscura.

La Vía Láctea vista desde arriba

En esta imagen se muestra la estructura de las regiones centrales de la Vía Láctea. Una barra de estrellas atraviesa la protuberancia central de la galaxia, mientras que las concentraciones de gas y de estrellas jóvenes trazan la silueta de cuatro brazos espirales.

Gran región de formación estelar conocida como Westerhout 31

BRAZO DE ESCUDO (SCUTUM)-CENTAURO

BRAZO DE ESCUADRA (NORMA)

BRAZO DE SAGITARIO

BRAZO LEJANO DE 3KPC

BRAZO PRÓXIMO DE 3KPC

El brazo de 3kpc rodea la protuberancia central a unos 10 000 años luz de distancia

En el centro de la protuberancia hay un gigantesco agujero negro con la masa de cuatro millones de Soles

Omega Centauri, el cúmulo globular más grande de la Vía Láctea

La formación estelar se concentra en los brazos espirales

El Sol y el Sistema Solar tardan entre 225 y 250 millones de años en completar una órbita alrededor del centro, a una distancia de unos 26 000 años luz

El brazo de Orión es un brazo menor próximo al Sol

Véase también Otras galaxias pp. 28–29 ▶

Otras galaxias

Hasta donde podemos observar, parece que el universo contiene cientos de miles de millones de galaxias de distintas formas y tamaños, desde cúmulos de estrellas dispersas hasta espirales como la Vía Láctea y grandes bolas formadas en colisiones. A veces, su aspecto ha inspirado nombres como el de la galaxia del Cigarro, pero la mayoría se identifica con un número de catálogo y la constelación en que se hallan.

LA CLASIFICACIÓN DE HUBBLE

El diagrama «del diapasón» diseñado por Edwin Hubble en la década de 1920 es uno de los principales sistemas de clasificación de galaxias. Aunque comprende la mayoría de tipos de galaxias, no es un árbol evolutivo: las evidencias sugieren que el desarrollo de las galaxias es más complejo.

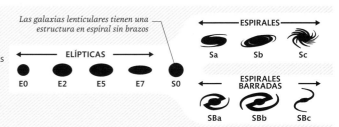

Las galaxias lenticulares tienen una estructura en espiral sin brazos

Espirales

Consisten en una gran bola de estrellas alrededor de la cual orbita un disco aplanado de estrellas, gas y polvo. Las nuevas estrellas se forman en el disco, donde el gas se comprime, y su intensa luz hace resaltar la estructura espiral. La anchura de la espiral define varios subtipos.

GALAXIA DE ANDRÓMEDA M31
Andrómeda

GALAXIA DEL OJO NEGRO M64
Cabellera de Berenice

NGC 1448
Reloj

NGC 6753
Pavo

NGC 7793
Taller del escultor

Espirales barradas

Muchas galaxias, como la Vía Láctea, tienen unos brazos en espiral que surgen de los extremos de una barra central. Como en las espirales normales, tanto la barra como los brazos son regiones densas donde el material del disco pierde velocidad y se agrupa.

NGC 1015
Ballena

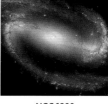
NGC 1300
Erídano

NGC 1365
Horno

NGC 2500
Lince

NGC 6872
Pavo

Lenticulares

Estas curiosas galaxias tienen una protuberancia central en torno a la cual orbita un disco aplanado de estrellas, pero sin brazos espirales. Podrían representar una fase de «recuperación» tras una colisión o una interacción que han alterado la estructura galáctica.

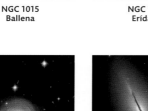
ESO 381-12
Centauro

M102 GALAXIA EJE
Dragón

NGC 4111
Perros de caza

NGC 2787
Osa Mayor

NGC 6861
Telescopio

Elípticas

Tienen forma de bola y se clasifican según su tamaño y su elongación. Las E0, o «elípticas gigantes», son las galaxias más grandes de todas. En ellas predominan las estrellas viejas rojas y amarillas, y apenas hay indicios de que se formen estrellas nuevas.

ESO 325-G004
Centauro

M49
Virgo

M87 VIRGO A
Virgo

NGC 1132
Erídano

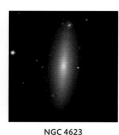
NGC 4623
Virgo

La mayoría de las galaxias tiene un **agujero negro** en el centro, con una masa equivalente a **millones o miles de millones de Soles**.

Irregulares

Muchos creen que estas nebulosas amorfas y ricas en gas forman parte de galaxias más grandes. Suelen albergar regiones de intensa formación estelar, y muchas de las más grandes muestran una estructura espiral incipiente.

IC 4710
Pavo

I ZWICKY 18
Osa Mayor

M82 GALAXIA DEL CIGARRO
Osa Mayor

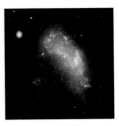

PEQUEÑA NUBE DE MAGALLANES
Tucán/Hidra

NGC 1427A
Erídano

Enanas

A veces desapercibidas si no están en nuestra vecindad cósmica inmediata, son pequeñas y tenues, pero podrían representar la gran mayoría de las galaxias. Van desde las irregulares ricas en gas hasta bolas de estrellas más viejas que forman elípticas y esferoidales enanas.

KISO 5639
Osa Mayor

M110
Andrómeda

PGC 51017
Boyero

SAGDIG
Sagitario

UGC 4459
Osa Mayor

Activas

Muchas galaxias presentan una actividad que las estrellas no pueden explicar por sí solas, como nubes de emisión de radio o un núcleo brillante que cambia con rapidez. Estos fenómenos suelen estar relacionados con el consumo de materia por el gran agujero negro central.

3C 273
Virgo

MESSIER 77
Ballena

NGC 1275 PERSEUS A
Perseo

NGC 5128 CENTAURUS A
Centauro

NGC 6814
Águila

Galaxias que interactúan y colisionan

Muchos objetos que no encajan claramente en ninguna clasificación estándar son en realidad pares de galaxias que colisionan o interactúan mediante la gravedad cuando se aproximan, o sencillamente, están en la misma dirección en el cielo.

Forma de «antenas» creada por dos galaxias espirales en colisión cuyos núcleos se fusionan mientras los brazos se abren

NGC 4038/9 GALAXIAS ANTENAS
Cuervo

ARP 273
Andrómeda

AM 0500-620
Dorado

NGC 1531/2
Erídano

NGC 3314
Hidra

El universo

El universo es todo lo que existe: un volumen enorme, quizá infinito, de espacio en expansión que contiene todas las galaxias, estrellas, planetas y el resto de materia. Su estructura a gran escala consiste en grandes cúmulos galácticos donde la materia se concentra en cadenas y láminas. El único límite a cuán lejos están las galaxias visibles más distantes es la distancia que la luz ha podido recorrer desde el comienzo del universo.

Cúmulos y supercúmulos de galaxias

Aproximadamente la mitad de todas las galaxias conocidas pertenece a cúmulos diferenciados. La Vía Láctea es una de las tres grandes galaxias espirales y las varias decenas de galaxias menores de un cúmulo llamado Grupo Local. Los cúmulos, que contienen desde decenas a cientos de galaxias, se mantienen unidos por la gravedad y se fusionan en los bordes para formar supercúmulos, más grandes.

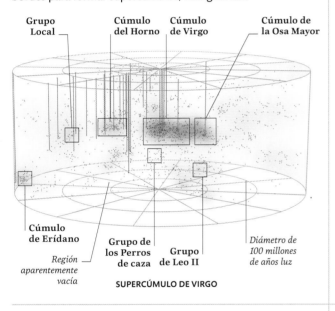

Grupo Local · Cúmulo del Horno · Cúmulo de Virgo · Cúmulo de la Osa Mayor · Cúmulo de Erídano · Región aparentemente vacía · Grupo de los Perros de caza · Grupo de Leo II · Diámetro de 100 millones de años luz

SUPERCÚMULO DE VIRGO

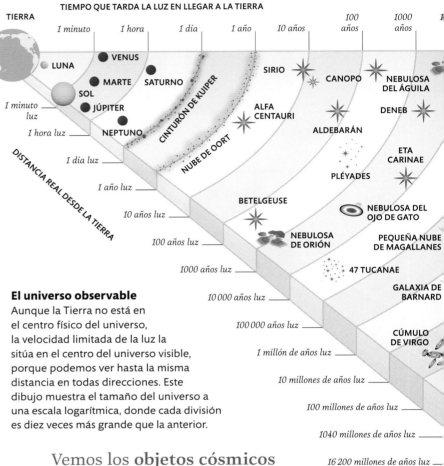

TIEMPO QUE TARDA LA LUZ EN LLEGAR A LA TIERRA

TIERRA · 1 minuto · 1 hora · 1 día · 1 año · 10 años · 100 años · 1000 años

LUNA · VENUS · MARTE · SATURNO · SOL · JÚPITER · NEPTUNO · SIRIO · CANOPO · NEBULOSA DEL ÁGUILA · ALFA CENTAURI · DENEB · ALDEBARÁN · ETA CARINAE · PLÉYADES · BETELGEUSE · NEBULOSA DEL OJO DE GATO · NEBULOSA DE ORIÓN · PEQUEÑA NUBE DE MAGALLANES · 47 TUCANAE · GALAXIA DE BARNARD · CÚMULO DE VIRGO · CINTURÓN DE KUIPER · NUBE DE OORT

DISTANCIA REAL DESDE LA TIERRA

1 minuto luz · 1 hora luz · 1 día luz · 1 año luz · 10 años luz · 100 años luz · 1000 años luz · 10 000 años luz · 100 000 años luz · 1 millón de años luz · 10 millones de años luz · 100 millones de años luz · 1040 millones de años luz · 16 200 millones de años luz · 46 500 millones de años luz

El universo observable

Aunque la Tierra no está en el centro físico del universo, la velocidad limitada de la luz la sitúa en el centro del universo visible, porque podemos ver hasta la misma distancia en todas direcciones. Este dibujo muestra el tamaño del universo a una escala logarítmica, donde cada división es diez veces más grande que la anterior.

Vemos los **objetos cósmicos distantes** como eran hace **miles de millones de años,** cuando su **luz** emprendió el camino hacia la Tierra.

Filamentos y vacíos

Las galaxias de los supercúmulos se concentran en hileras y finas láminas (filamentos) que rodean regiones vacías (vacíos) de cientos de millones de años luz de anchura. Quizá sea un reflejo de la distribución de la materia en el universo primitivo.

Los filamentos de galaxias aparecen en amarillo y rojo · Tierra · El estudio alcanza una distancia de 2000 millones de años luz · El estudio ofrece menos datos a medida que aumenta la distancia · Los vacíos son oscuros · Posiciones de 221 000 galaxias

MAPA DE LAS GALAXIAS DEL ESTUDIO GALÁCTICO 2dF

Lente gravitatoria

En el espacio, las masas muy grandes, como los cúmulos galácticos, pueden desviar y ampliar los rayos de luz procedentes de galaxias que están a su espalda mediante un efecto llamado lente gravitatoria, que nos permite ver imágenes distorsionadas de que se hallan objetos más allá del alcance de los telescopios más potentes.

Curvar la luz
La lente gravitatoria se produce donde grandes concentraciones de materia deforman el flexible «espacio-tiempo» del universo. Entonces, la gravedad altera la trayectoria de los rayos de luz, que carecen de masa.

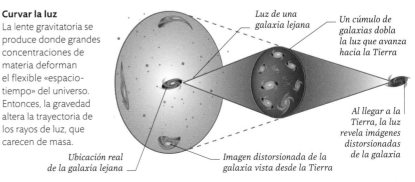

Luz de una galaxia lejana · Un cúmulo de galaxias dobla la luz que avanza hacia la Tierra · Al llegar a la Tierra, la luz revela imágenes distorsionadas de la galaxia · Ubicación real de la galaxia lejana · Imagen distorsionada de la galaxia vista desde la Tierra

La luz de la galaxia más lejana conocida, GN-z11, ha tardado 13 400 millones de años en llegar a la Tierra.

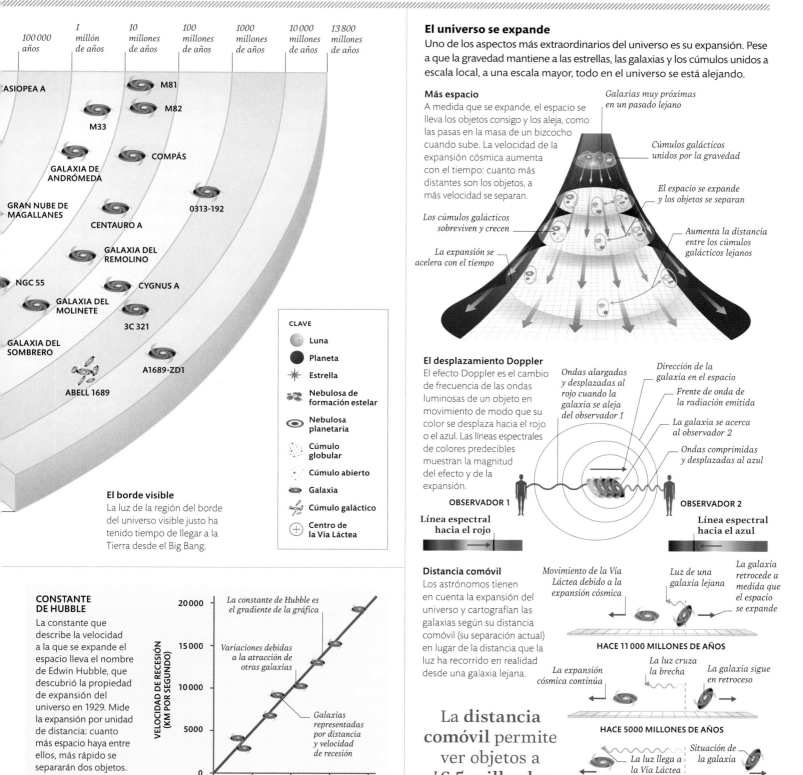

100 000 años | 1 millón de años | 10 millones de años | 100 millones de años | 1000 millones de años | 10 000 millones de años | 13 800 millones de años

CASIOPEA A

M81

M82

M33

COMPÁS

GALAXIA DE ANDRÓMEDA

GRAN NUBE DE MAGALLANES

0313-192

CENTAURO A

GALAXIA DEL REMOLINO

NGC 55

CYGNUS A

GALAXIA DEL MOLINETE

3C 321

GALAXIA DEL SOMBRERO

A1689-ZD1

ABELL 1689

CLAVE

- Luna
- Planeta
- Estrella
- Nebulosa de formación estelar
- Nebulosa planetaria
- Cúmulo globular
- Cúmulo abierto
- Galaxia
- Cúmulo galáctico
- Centro de la Vía Láctea

El borde visible

La luz de la región del borde del universo visible justo ha tenido tiempo de llegar a la Tierra desde el Big Bang.

El universo se expande

Uno de los aspectos más extraordinarios del universo es su expansión. Pese a que la gravedad mantiene a las estrellas, las galaxias y los cúmulos unidos a escala local, a una escala mayor, todo en el universo se está alejando.

Más espacio

A medida que se expande, el espacio se lleva los objetos consigo y los aleja, como las pasas en la masa de un bizcocho cuando sube. La velocidad de la expansión cósmica aumenta con el tiempo: cuanto más distantes son los objetos, a más velocidad se separan.

Galaxias muy próximas en un pasado lejano

Cúmulos galácticos unidos por la gravedad

El espacio se expande y los objetos se separan

Los cúmulos galácticos sobreviven y crecen

Aumenta la distancia entre los cúmulos galácticos lejanos

La expansión se acelera con el tiempo

El desplazamiento Doppler

El efecto Doppler es el cambio de frecuencia de las ondas luminosas de un objeto en movimiento de modo que su color se desplaza hacia el rojo o el azul. Las líneas espectrales de colores predecibles muestran la magnitud del efecto y de la expansión.

Ondas alargadas y desplazadas al rojo cuando la galaxia se aleja del observador 1

Dirección de la galaxia en el espacio

Frente de onda de la radiación emitida

La galaxia se acerca al observador 2

Ondas comprimidas y desplazadas al azul

OBSERVADOR 1

OBSERVADOR 2

Línea espectral hacia el rojo

Línea espectral hacia el azul

Distancia comóvil

Los astrónomos tienen en cuenta la expansión del universo y cartografían las galaxias según su distancia comóvil (su separación actual) en lugar de la distancia que la luz ha recorrido en realidad desde una galaxia lejana.

Movimiento de la Vía Láctea debido a la expansión cósmica

Luz de una galaxia lejana

La galaxia retrocede a medida que el espacio se expande

HACE 11 000 MILLONES DE AÑOS

La expansión cósmica continúa

La luz cruza la brecha

La galaxia sigue en retroceso

HACE 5000 MILLONES DE AÑOS

La luz llega a la Vía Láctea

Situación de la galaxia

Distancia al pasado | Distancia retrocedida

Distancia comóvil

ACTUALIDAD

La distancia comóvil permite ver objetos a 46,5 millardos de años luz en todas direcciones.

CONSTANTE DE HUBBLE

La constante que describe la velocidad a la que se expande el espacio lleva el nombre de Edwin Hubble, que descubrió la propiedad de expansión del universo en 1929. Mide la expansión por unidad de distancia: cuanto más espacio haya entre ellos, más rápido se separarán dos objetos. Se estima que esta constante es de 22 km por segundo por millón de años luz.

La constante de Hubble es el gradiente de la gráfica

Variaciones debidas a la atracción de otras galaxias

Galaxias representadas por distancia y velocidad de recesión

VELOCIDAD DE RECESIÓN (KM POR SEGUNDO)

20 000 | 15 000 | 10 000 | 5000 | 0

30 | 60 | 90 | 120

DISTANCIA DE LA TIERRA (MILLONES DE AÑOS LUZ)

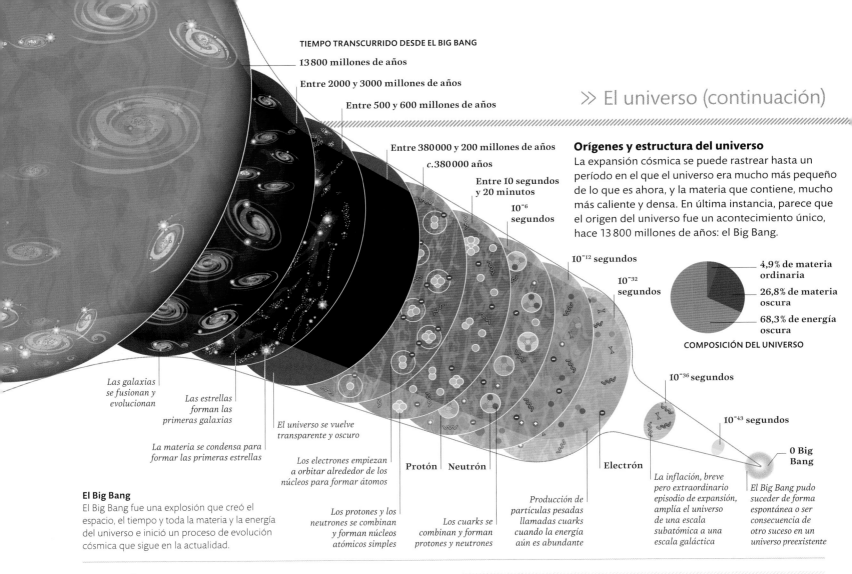

TIEMPO TRANSCURRIDO DESDE EL BIG BANG

13 800 millones de años

Entre 2000 y 3000 millones de años

Entre 500 y 600 millones de años

Entre 380 000 y 200 millones de años

c. 380 000 años

Entre 10 segundos y 20 minutos

10^{-6} segundos

10^{-12} segundos

10^{-32} segundos

10^{-36} segundos

10^{-43} segundos

0 Big Bang

Orígenes y estructura del universo

La expansión cósmica se puede rastrear hasta un período en el que el universo era mucho más pequeño de lo que es ahora, y la materia que contiene, mucho más caliente y densa. En última instancia, parece que el origen del universo fue un acontecimiento único, hace 13 800 millones de años: el Big Bang.

4,9 % de materia ordinaria

26,8 % de materia oscura

68,3 % de energía oscura

COMPOSICIÓN DEL UNIVERSO

Las galaxias se fusionan y evolucionan

Las estrellas forman las primeras galaxias

La materia se condensa para formar las primeras estrellas

El universo se vuelve transparente y oscuro

Los electrones empiezan a orbitar alrededor de los núcleos para formar átomos

Protón Neutrón

Electrón

La inflación, breve pero extraordinario episodio de expansión, amplía el universo de una escala subatómica a una escala galáctica

El Big Bang pudo suceder de forma espontánea o ser consecuencia de otro suceso en un universo preexistente

El Big Bang

El Big Bang fue una explosión que creó el espacio, el tiempo y toda la materia y la energía del universo e inició un proceso de evolución cósmica que sigue en la actualidad.

Los protones y los neutrones se combinan y forman núcleos atómicos simples

Los cuarks se combinan y forman protones y neutrones

Producción de partículas pesadas llamadas cuarks cuando la energía aún es abundante

La materia oscura

La materia ordinaria (estrellas, gas y polvo cósmico que emiten luz y otros tipos de radiación) solo representa un sexto de la masa total del universo. La materia «oscura» restante no es simplemente invisible, sino también transparente, y solo se puede conocer a través de la influencia que ejerce sobre los objetos visibles.

Se cree que más del 99 % de la gigantesca galaxia Libélula 44 es materia oscura.

DETECTOR DE NEUTRINOS

Casi todos los neutrinos atraviesan la materia sin ser detectados. Las cámaras de detección subterráneas bloquean con cientos de metros de roca la interferencia de otras partículas y detectan sus raras interacciones con la materia.

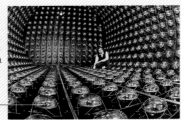

Tubos fotosensibles que detectan los destellos causados por interacciones con neutrinos

Cartografiar la materia oscura

La materia oscura se detecta a partir de sus efectos gravitatorios, pues no refleja, absorbe ni emite luz. Los cúmulos galácticos contienen tanta materia que curvan la luz de objetos distantes por el efecto de lente gravitatoria (p. 30). El estudio de este fenómeno hace posible cartografiar la masa oculta.

El gas caliente (materia ordinaria) emite rayos X, en color rosa

Proyección informática (azul) de la concentración de materia oscura

MAPA COMBINADO DE LUZ VISIBLE, RAYOS X Y GRAVEDAD DEL CÚMULO BALA

Origen de la materia oscura

En 1998 se descubrió que los neutrinos (partículas generadas en las estrellas y las supernovas de las que se pensaba que carecían de masa) tienen una masa considerable, pero aún no definida. Puede que representen al menos parte de la materia oscura. Los procedentes de supernovas como la 1987A llegan a la Tierra antes que la luz de la explosión y pueden detectarse con aparatos especiales (arriba).

Remanente de la supernova 1987A

Los **agujeros negros** superdensos crean combaduras
en el espacio-tiempo de las que ni la **luz** puede escapar.

La gravedad y el espacio-tiempo
La teoría de la relatividad general de Einstein muestra
que las grandes masas, como las estrellas y las galaxias,
distorsionan tanto el espacio como el fluir del tiempo a
su alrededor, lo que da lugar al efecto de la gravedad.
El universo se compone de un «espacio-tiempo»
cuatridimensional, en el que la gravedad extrema
genera distorsiones llamadas pozos gravitatorios.

Curvatura del espacio-tiempo
El Sol deforma el espacio-tiempo como
una bola pesada sobre una lámina de goma.
La trayectoria de la luz y de objetos que se
mueven en línea recta se curva hacia él a causa
de lo que parece una atracción gravitatoria.

LA FORMA DEL UNIVERSO
Igual que estrellas y galaxias curvan las
regiones próximas del espacio-tiempo,
todo el universo es distorsionado por la
masa que contiene. Esto puede dar lugar a
una de tres posibles formas geométricas.
Hoy se cree que el universo es plano.

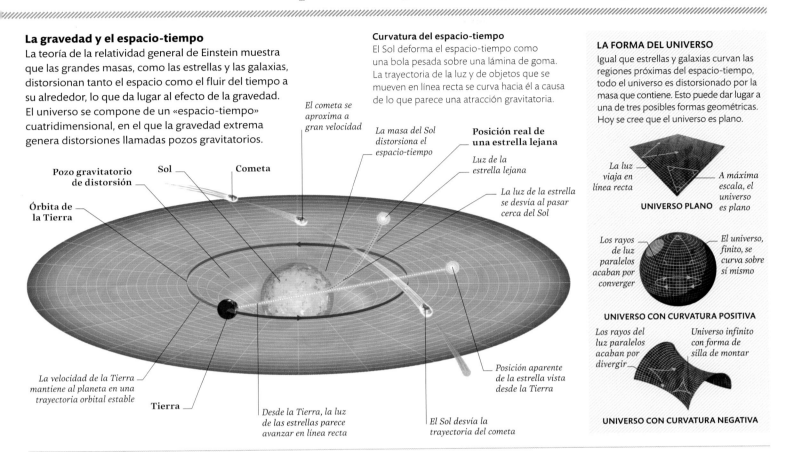

El destino del universo
El equilibrio entre la expansión cósmica y la atracción
gravitatoria hacia el interior de toda la materia del
universo determina si este dejará de crecer y empezará
a contraerse en algún momento o si seguirá creciendo
siempre. Antes se creía que el Big Bang era el único
causante de la expansión y que era inevitable que
esta acabara por ralentizarse. Sin embargo, en la
década de 1990 se descubrió que la expansión se
acelera, impulsada por la misteriosa energía oscura.

Futuros posibles
El destino del universo es objeto de
debate. Las distintas teorías plantean
desde una contracción total hasta que se
enfríe y desaparezca, se desgarre o sea
sustituido por un universo alternativo.

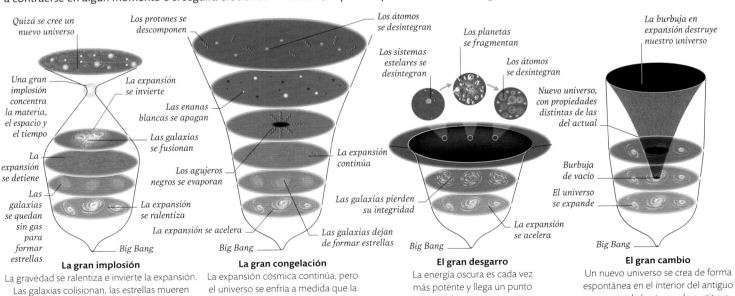

La gran implosión
La gravedad se ralentiza e invierte la expansión.
Las galaxias colisionan, las estrellas mueren
y un Big Bang forma un nuevo universo.

La gran congelación
La expansión cósmica continúa, pero
el universo se enfría a medida que la
formación de estrellas llega a su fin.

El gran desgarro
La energía oscura es cada vez
más potente y llega un punto
en que desgarra la materia.

El gran cambio
Un nuevo universo se crea de forma
espontánea en el interior del antiguo
y se expande hasta que lo sustituye.

Observar el universo

La luz y otras formas de radiación electromagnética (como los rayos gamma y las ondas de radio) son los principales medios de los que disponemos para estudiar y entender otros objetos del universo. Por lo tanto, los telescopios y los instrumentos que recogen y analizan de diferentes maneras la luz distante son esenciales para conocer el cosmos y descubrir, por ejemplo, información sobre el tamaño, la edad y la formación del universo.

Brazos espirales similares a los de la Vía Láctea

Los objetos azules son cúmulos estelares

Una galaxia lejana
La luz de la galaxia NGC 1232 tarda 60 millones de años en llegar a la Tierra y abre a los astrónomos una ventana al pasado.

Telescopios ópticos

El telescopio, inventado a inicios del siglo XVII, captura y enfoca los rayos de luz paralelos procedentes de objetos distantes y genera con ellos una imagen aumentada. Cuanto mayor sea el área de la lente o espejo que recoge la luz (el objetivo), más brillante será y mayor resolución tendrá la imagen generada.

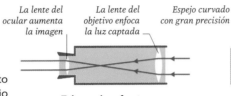

Telescopio refractor
La lente de vidrio del objetivo refracta y enfoca la luz antes de aumentarla con una segunda lente en el ocular.

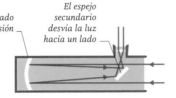

Telescopio reflector
Este modelo tiene un espejo primario curvo para captar y enfocar la luz. Un espejo secundario dirige la luz al ocular.

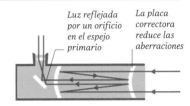

Telescopio compuesto
Los telescopios de este tipo combinan una «placa correctora» frontal semejante a una lente y un espejo para reducir la aberración óptica.

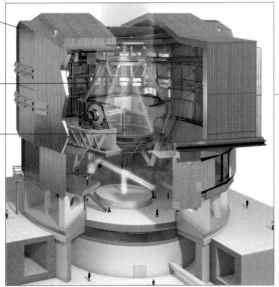

El observatorio tiene estructura de caja con un techo que se cierra para proteger el telescopio

Montura del telescopio controlada por ordenador

Espejo primario de 8,2 m

El VLT fue el primer telescopio que **vio** un exoplaneta directamente.

YEPÚN

Telescopios gigantes

Los modernos telescopios tienen espejos grandes y finos, a menudo construidos con varios segmentos. En el Observatorio Europeo Austral de Paranal (Chile) se usa la interferometría para combinar las observaciones de distintos telescopios en una sola imagen de muy alta resolución.

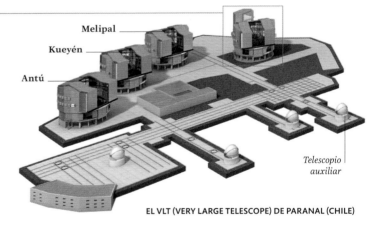

Melipal
Kueyén
Antú
Telescopio auxiliar

EL VLT (VERY LARGE TELESCOPE) DE PARANAL (CHILE)

ÁREAS DE CAPTURA

Los avances en la fabricación y en el control informático desde la década de 1990 han permitido aumentar drásticamente el tamaño de los telescopios de espejo. Estos avances han mejorado las imágenes que pueden capturar los telescopios espaciales y terrestres.

0   10   20 METROS

El mayor refractor del mundo (lente de 1 m de diámetro)

OBSERVATORIO YERKES

El mayor telescopio funcional hasta 1993 (espejo de 5 m)

REFLECTOR HALE

Primer espejo compuesto, luego convertido en lente única

TELESCOPIO MULTIESPEJO

El mayor telescopio óptico espacial

TELESCOPIO ESPACIAL HUBBLE

Futuro telescopio espacial de infrarrojos

TELESCOPIO ESPACIAL JAMES WEBB

Telescopios gemelos con espejos compuestos de 2 m × 10 m

TELESCOPIO KECK

Espejo de 10,4 m con 36 segmentos

GRAN TELESCOPIO DE CANARIAS

4 telescopios de espejo único de 8,2 m

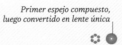

VERY LARGE TELESCOPE (VLT)

Compuesto por 7 espejos de 8,4 m

TELESCOPIO GIGANTE MAGALLANES

Espejo primario de 39,3 m con 798 segmentos

TELESCOPIO EUROPEO EXTREMADAMENTE GRANDE

El **Telescopio Espacial Hubble** tiene el **tamaño aproximado** de un **autobús**.

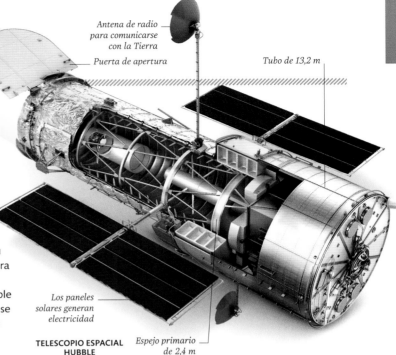

Antena de radio para comunicarse con la Tierra

Puerta de apertura

Tubo de 13,2 m

Los paneles solares generan electricidad

TELESCOPIO ESPACIAL HUBBLE

Espejo primario de 2,4 m

Radiotelescopios terrestres

Observar las ondas de radio es complicado por su gran longitud de onda. Unas enormes antenas parabólicas las enfocan hacia un receptor donde generan débiles corrientes eléctricas. El telescopio barre el cielo para generar mapas de emisión de radio. Combinar varios telescopios mejora la resolución de las imágenes.

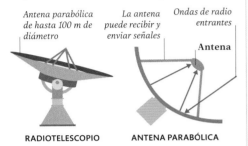

Antena parabólica de hasta 100 m de diámetro

La antena puede recibir y enviar señales

Ondas de radio entrantes

Antena

RADIOTELESCOPIO

ANTENA PARABÓLICA

Observatorios espaciales

Los telescopios que orbitan alrededor de la Tierra o más allá observan el cielo de un modo más o menos continuo, sin los problemas que causan el mal tiempo o la luz diurna. Su ubicación fuera de la atmósfera terrestre garantiza imágenes con la mayor resolución posible y permite observaciones que se bloquearían o desenfocarían antes de llegar a los observatorios terrestres.

Distintas longitudes de onda

Las estrellas emiten sobre todo luz visible, pero otros objetos astronómicos a temperaturas más elevadas o más bajas emiten radiaciones invisibles con longitudes de onda más cortas o más largas. Muy pocas de estas llegan al suelo porque la atmósfera terrestre las bloquea.

LA ESPECTROSCOPIA

Los espectroscopios separan la luz por longitud de onda y la desvían en ángulos diferentes, lo que permite analizar la composición de colores (el espectro de emisión). La luz emitida o absorbida por un objeto se asocia a su composición atómica y molecular.

Espectro de emisión de un gas brillante

Cada línea es una luz con una energía y una longitud de onda específicas

DIRECCIÓN DEL AUMENTO DE LA LONGITUD DE ONDA →

600 KM

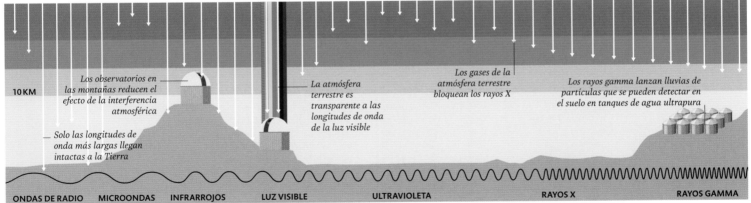

10 KM

Los observatorios en las montañas reducen el efecto de la interferencia atmosférica

Solo las longitudes de onda más largas llegan intactas a la Tierra

La atmósfera terrestre es transparente a las longitudes de onda de la luz visible

Los gases de la atmósfera terrestre bloquean los rayos X

Los rayos gamma lanzan lluvias de partículas que se pueden detectar en el suelo en tanques de agua ultrapura

ONDAS DE RADIO   **MICROONDAS**   **INFRARROJOS**   **LUZ VISIBLE**   **ULTRAVIOLETA**   **RAYOS X**   **RAYOS GAMMA**

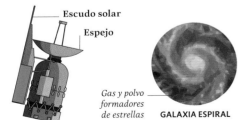

Escudo solar

Espejo

Gas y polvo formadores de estrellas

GALAXIA ESPIRAL

Telescopio de infrarrojos

La radiación infrarroja revela estrellas pequeñas y frías, y polvo interestelar. Aislar y refrigerar los satélites evita que el calor del propio telescopio tape las señales más débiles.

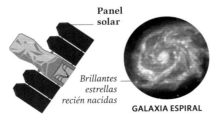

Panel solar

Brillantes estrellas recién nacidas

GALAXIA ESPIRAL

Telescopio de luz ultravioleta

Las estrellas masivas, mucho más calientes que el Sol, brillan sobre todo con luz ultravioleta, pero la capa de ozono de la atmósfera terrestre bloquea casi toda esta radiación.

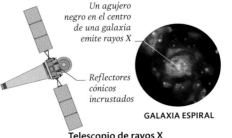

Un agujero negro en el centro de una galaxia emite rayos X

Reflectores cónicos incrustados

GALAXIA ESPIRAL

Telescopio de rayos X

Los rayos X atraviesan los telescopios reflectores, por lo que los observatorios como el Chandra (lanzado en 1999) los enfocan con conos curvos que los hacen rebotar.

Véase también Ondas pp. 186–187 ▶   Luz y materia pp. 188–189 ▶   La historia del universo pp. 294–297 ▶

La exploración espacial

En octubre de 1957, el lanzamiento del primer satélite artificial dio el pistoletazo de salida de la carrera espacial entre la URSS y EE UU que culminó con los alunizajes de las misiones Apolo entre 1969 y 1972. Desde entonces, la exploración espacial se ha centrado más bien en cuestiones científicas. Se han puesto en órbita satélites y telescopios, y se han enviado astronautas a misiones de larga duración, así como sondas espaciales cada vez más sofisticadas a otros objetos del Sistema Solar.

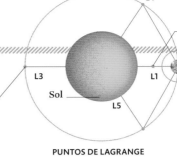

Los observatorios solares orbitan en el punto LI

El punto L3 está frente a la órbita de la Tierra

El punto L2 protege del Sol a un telescopio espacial

Órbita de la Luna alrededor de la Tierra

PUNTOS DE LAGRANGE

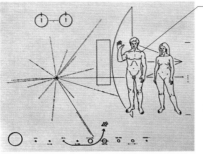

Figuras humanas e información sobre la localización de la Tierra grabadas en la placa

PLACA DE LA PIONEER

Marzo de 1972 La agencia espacial estadounidense (NASA) lanza la sonda Pioneer 10, la primera que viaja más allá de Júpiter y envía unas 500 imágenes.

Antena de comunicaciones

c. década de 1770 L. Euler y J.-L. Lagrange descubren puntos donde la atracción gravitatoria entre dos cuerpos se anula y permite a un tercero permanecer en una órbita estable. Muchos satélites y naves espaciales los usarán en el futuro.

Julio de 1971 La misión estadounidense Apolo 15 lleva a la Luna el primer róver, que permite a los astronautas explorar más superficie del satélite.

Ruedas de malla de acero

Estructura ligera de aluminio

RÓVER LUNAR

Módulo del telescopio

Paneles solares

Estación Skylab

Nave Apolo

Cámara de descompresión y adaptador de acoplamiento

SKYLAB

Etapa de cohete convertida

Mayo de 1973 La NASA lanza el Skylab, la primera estación espacial de EE UU. Durante nueve meses, tres tripulaciones de astronautas la visitan y realizan cientos de experimentos en órbita.

Noviembre de 1973 La NASA lanza la Mariner 10, una sonda no tripulada que sobrevuela el planeta más interior, Mercurio, y prueba maniobras que se usarán en misiones posteriores.

Julio de 1975 Una nave Apolo estadounidense lanzada por un cohete Saturno IB se acopla a una cápsula Soyuz soviética en la órbita terrestre para realizar una misión conjunta que pone fin simbólicamente a la carrera espacial.

Cohete de dos etapas

SATURNO IB

Enero de 2005 La sonda Huygens de la AEE desciende en paracaídas por la nubosa atmósfera de Titán, el gran satélite de Saturno, y envía fotografías desde su superficie.

Antena de radio

Enero de 2004 Los róveres gemelos de la NASA *Spirit* y *Opportunity* tocan suelo en caras opuestas de Marte. Las misiones robóticas exploran la superficie del planeta rojo durante seis y catorce años respectivamente.

Cámaras de navegación y panorámicas

Octubre de 2003 El piloto militar Yang Liwei es lanzado al espacio a bordo de la nave Shenzhou 5. China se convierte de esta forma en el tercer país que desarrolla capacidad propia para lanzar personas al espacio.

Cohete lunar Saturno reducido

La nave pesa 20 820 kg en total

El nuevo motor consume hidrógeno líquido

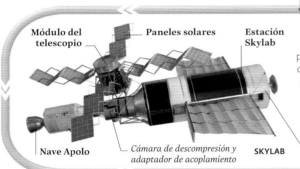

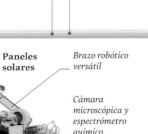

Paneles solares

Brazo robótico versátil

Cámara microscópica y espectrómetro químico

Suspensión todoterreno

RÓVER MARCIANO *SPIRIT*

Enero de 2006 La nave Stardust de la NASA trae a la Tierra una cápsula con material de la cola del cometa Wild 2 tras una misión de siete años. El estudio posterior de este material descubre que contiene fragmentos de polvo interestelar similar al que formó el Sistema Solar.

Octubre de 2007 La sonda japonesa SELENE (o Kaguya) entra en órbita en torno a la Luna. Durante 20 meses envía imágenes de alta resolución de la superficie y confecciona un mapa tridimensional del terreno.

Antena de radio

Masa de 83,6 kg

SPUTNIK 1

Octubre de 1957
La URSS pone en órbita
el primer satélite artificial,
el Sputnik 1, que envía
señales de radio a la Tierra
durante 3 semanas.

Febrero de 1958
El primer satélite de
EE UU, el Explorer 1,
viaja hasta una órbita
superior a la del
Sputnik y descubre
dos cinturones de
radiación creados
por el campo
magnético terrestre.

Abril de 1961 Yuri
Gagarin, a bordo
de la nave soviética
Vostok 1 durante
menos de dos
horas, es la primera
persona que viaja al
espacio y que orbita
en torno a la Tierra.

YURI GAGARIN

*Traje presurizado
oculto*

Marzo de 1965 El
cosmonauta Alexéi
Leonov es la primera
persona en «pasear»
por el espacio: pasa
doce minutos fuera
de su nave espacial,
la Vosjod 2.

**Conexiones de
soporte vital**

1971 La URSS lanza
la primera estación
espacial, Salyut 1.
La segunda misión
a la estación acaba
trágicamente, con
la muerte de tres
cosmonautas.

*Tripulantes de la
Salyut fallecidos*

SELLO DE LA SALYUT 1

Noviembre de 1970 La
URSS ha perdido la carrera
para llevar personas a la
Luna, pero deposita en
ella el Lunojod 1, el primer
róver automatizado que
investiga la superficie.

**Antena
de radio**

Panel solar

*Ocho ruedas
independientes*

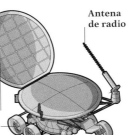

LUNOJOD 1

Julio de 1969
Durante la misión
Apolo 11, Neil Armstrong
y Buzz Aldrin se convierten
en las primeras personas
en caminar sobre la Luna.

*Capa exterior resistente,
pero flexible*

TRAJE ESPACIAL DEL APOLO

*Avión Boeing
747 modificado*

*Diseño similar al
de un planeador*

ENTERPRISE

Septiembre de 1976 La NASA presenta el
Enterprise, transbordador espacial que usará para
pruebas de reentrada de nuevas naves espaciales.

Abril de 1981 El
Columbia es el primero
de los transbordadores
reutilizables que
permitirán a EE UU
acceder al espacio
durante los treinta
años siguientes.

**TRANSBORDADOR
ESPACIAL COLUMBIA**

Abril de 1990 El transbordador
espacial *Discovery* despliega el
telescopio espacial Hubble, que
demuestra ser una herramienta
de investigación vital y es el
primer telescopio óptico de
gran tamaño puesto en órbita.

*Paneles
fotovoltaicos*

*Segmento
estadounidense*

Febrero de 2001 La sonda
NEAR-Shoemaker de la
NASA es la primera que
aterriza en un asteroide
cuando se posa sobre
Eros, un asteroide
próximo a la Tierra.

*Un sensor calcula
el campo magnético
del asteroide*

*Los paneles solares
proporcionan energía
a la nave*

NEAR-SHOEMAKER

*Cuerpo octogonal
de aluminio*

Noviembre de 2000
La llegada de la primera
tripulación residente de
la EEI y el inicio de la
Expedición 1 marcan
el comienzo de casi dos
décadas de presencia
humana permanente
en el espacio.

*Módulo
Zariá*

ESTACIÓN ESPACIAL INTERNACIONAL

Noviembre de 1998 Comienza la construcción
de la Estación Espacial Internacional (EEI) con el
lanzamiento del módulo ruso Zariá, al que se
acopla dos semanas después el módulo Unity,
transportado por el transbordador *Endeavour*.

*Material rico en agua
esparcido tras un impacto*

Octubre de 2008
La Organización de
Investigación Espacial
India envía su primera
misión a la Luna.
La nave cartografía
los minerales de la
superficie durante
diez meses.

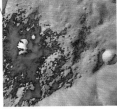

MINERALOGÍA LUNAR

Septiembre de 2011
China lanza la Tiangong 1,
su primera estación
espacial. Durante los dos
años siguientes es visitada
por una nave no tripulada
y por dos misiones
tripuladas, en una de las
cuales participa la primera
astronauta china.

Diciembre de 2013
La Agencia Espacial
Europea (AEE) lanza
la sonda Gaia para
cartografiar la
distancia a miles de
millones de estrellas
mediante diminutos
cambios de dirección
(paralaje).

**MEDICIONES
DE PARALAJE**

*Gaia en
enero*

L2

*Posición aparente de
una estrella en julio*

*Estrellas
lejanas*

**Órbita
terrestre**

Estrella próxima

*Gaia en
julio*

L2

*Posición aparente de
una estrella en enero*

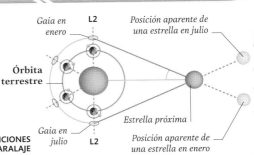

Misiones al Sistema Solar

El Sistema Solar es la única parte del universo que podemos explorar directamente para completar la información obtenida gracias a la luz y otros tipos de radiación que llegan hasta nosotros desde estrellas y galaxias distantes. No obstante, la exploración humana del Sistema Solar no ha ido más allá de la Luna: para explorar otros planetas y cuerpos menores se han desplegado sondas robotizadas y vehículos no tripulados que permiten ahondar en el conocimiento de nuestra vecindad celeste.

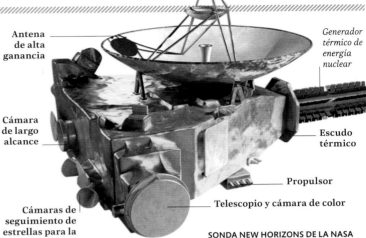

Antena de baja ganancia
Antena de ganancia media
Antena de alta ganancia
Generador térmico de energía nuclear
Cámara de largo alcance
Escudo térmico
Propulsor
Telescopio y cámara de color
Cámaras de seguimiento de estrellas para la navegación

SONDA NEW HORIZONS DE LA NASA

Misiones a la Luna

Uno de los hitos más importantes de la exploración humana fue el alunizaje de los astronautas de la NASA entre 1969 y 1972. El enorme esfuerzo de EE UU para llegar a la Luna antes que la URSS, su rival durante la Guerra Fría, dio fruto solo doce años después del lanzamiento del primer satélite artificial y ocho después de que Yuri Gagarin se convirtiera en el primer hombre en viajar al espacio. Aunque la motivación principal era política, las misiones aportaron datos científicos de gran valor, como muestras de rocas que revelaron información sobre los orígenes y la historia del Sistema Solar.

Laboratorios espaciales

Los viajes tripulados se han limitado a órbitas próximas a la Tierra desde la década de 1970. Para realizar investigaciones en el espacio que rodea a la Tierra y conocer, y explotar, las condiciones de ausencia de gravedad hubo que construir naves mayores capaces de tripulaciones numerosas durante misiones más largas. Al tiempo que la URSS lanzaba varias estaciones espaciales de complejidad creciente, la NASA desarrolló transbordadores espaciales reutilizables. Desde 1998, astronautas de varios países han realizado experimentos en la Estación Espacial Internacional (EEI), gestionada por EE UU, Rusia, Europa, Japón y Canadá.

Módulos de aterrizaje y róveres

Las primeras sondas enviadas a la Luna se limitaban a tocar la superficie y tomar fotografías durante la aproximación final, pero no tardaron en desarrollarse módulos

Cámaras 3D montadas sobre el mástil

EL RÓVER *CURIOSITY* DE LA NASA EN MARTE

de aterrizaje más sofisticados. En la década de 1970, varias misiones similares apuntaron a Venus y Marte con distinta fortuna. Si bien los primeros módulos Venera soviéticos perecieron durante su descenso por la infernal atmósfera venusiana, los posteriores sobrevivieron durante breves períodos de tiempo y enviaron información sobre la atmósfera y el paisaje.

Los módulos Viking de la NASA tuvieron más éxito y aterrizaron en Marte en 1976. Los módulos gemelos recogieron datos hasta 1980 y 1982, mucho más allá de los 90 días que se esperaba que durara la misión. Aún más lejos en el Sistema Solar, la sonda Huygens de la Agencia Espacial Europea transmitió imágenes de la helada superficie de Titán, uno de los satélites de Saturno, durante varias horas en 2005.

Desde finales de la década de 1990, varios de los módulos de aterrizaje que han llegado a Marte han contado con róveres robotizados como el *Curiosity*, que pueden recorrer largas distancias y fotografiar y analizar áreas más amplias de la superficie del planeta.

PASEO ESPACIAL JUNTO A LA ESTACIÓN ESPACIAL INTERNACIONAL

◄ **Explorador lunar**
El astronauta David Scott durante la misión Apolo 15, en 1971. Las misiones Apolo posteriores usaron un róver (al fondo) para ampliar el alcance de la exploración.

Orbitadores

Una de las mejores maneras de conocer los objetos del Sistema Solar es poner en órbita a su alrededor una nave espacial para que realice estudios a largo plazo. Los orbitadores tienen que contar con motores y combustible suficientes para frenar después de su largo viaje a gran velocidad por el espacio y ser capturados por la gravedad del objeto que han de estudiar.

La sonda Mariner 9, lanzada en 1971, reveló los volcanes, cañones y antiguos lechos fluviales de Marte, y las sondas posteriores han podido cartografiar el planeta rojo con más detalle. A principios de la década de 1990 y gracias al radar, la nave Magallanes reveló la superficie de Venus a través de las nubes de su atmósfera. Las misiones Galileo (1989–2003) y Cassini (1999–2017) a Júpiter y Saturno no solo estudiaron estos planetas gigantes, sino también sus familias de satélites, así como el sistema de anillos de Saturno.

Misiones de sobrevuelo

El método del sobrevuelo consiste en lanzar una nave a una trayectoria que la acelerará al pasar junto a un planeta, asteroide o cometa, y le proporcionará un encuentro breve, pero revelador. Ejemplos pioneros son la sonda Luna 3, que obtuvo imágenes de la cara oculta de la Luna en 1959; la Mariner 4, que envió primeros planos de Marte en 1965, y la Mariner 10, que sobrevoló Venus y Mercurio en 1974–1975.

La sonda Pioneer 10 realizó su primer sobrevuelo de Júpiter con éxito en 1973, mientras que la Pioneer 11 aprovechó su encuentro con Júpiter para cambiar de trayectoria y llegar a Saturno en 1979. La Voyager 2 llevó más lejos esta técnica: varias maniobras de asistencia gravitatoria le permitieron sobrevolar Júpiter, Saturno, Urano y Neptuno entre 1979 y 1989. Los sobrevuelos son una solución ideal para misiones ligeras de alta velocidad: en 2015, la sonda New Horizons de la NASA sobrevoló Plutón tras casi diez años de viaje para llegar al borde del Sistema Solar.

> «Estuvimos demasiado tiempo en la orilla del **océano cósmico**. Ahora estamos a punto para zarpar hacia las **estrellas**.»
>
> CARL SAGAN, *Cosmos* (1980)

MISIONES A COMETAS Y A ASTEROIDES

Una flotilla internacional sobrevoló por primera vez el cometa Halley en 1986. En el año 2000, la sonda NEAR- Shoemaker inició una misión de un año de duración para entrar en órbita alrededor del asteroide Eros. Misiones como las de las sondas Dawn (que orbita en torno a los asteroides Vesta y Ceres) y Rosetta, que se unió a un cometa en su viaje alrededor del Sol, han aportado gran cantidad de datos.

Grandes paneles solares
Antena de comunicaciones

LA SONDA ROSETTA DE LA AGENCIA ESPACIAL EUROPEA

◄ Véase también La exploración espacial pp. 36–37

Las constelaciones

Cartografiar el cielo

Los astrónomos llevan uniendo las estrellas en figuras con las que definen las distintas constelaciones desde la Antigüedad. Hoy, el cielo se divide en 88 constelaciones con límites definidos, así que cada estrella se halla en una región celeste concreta. Los asterismos son los dibujos que forman algunas de las estrellas más brillantes de una constelación. Las constelaciones visibles en el cielo nocturno en un momento concreto varían en función de la posición del observador en la Tierra y de la del Sol en su recorrido anual por el cielo.

La esfera celeste

El cielo se representa como el interior de una «esfera celeste» que rota una vez al día porque la Tierra, que ocupa su centro, gira sobre su propio eje. La órbita anual de la Tierra hace que el Sol aparezca en distintas constelaciones a lo largo del año sobre una trayectoria llamada eclíptica.

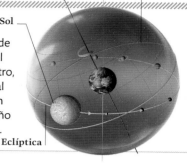

Eje de rotación de la Tierra — Ecuador celeste — Sol — Eclíptica

El cielo polar boreal

Las estrellas que rodean el polo norte son visibles para casi todos los observadores del hemisferio boreal (norte) todo el año. Se denominan circumpolares y no salen ni se ponen, sino que cambian de orientación mientras giran alrededor de un punto central, el polo norte celeste.

La estrella Polar marca la punta de la cola de la Osa Menor (Ursa Minor)

El polo norte celeste es el punto del cielo que se encuentra directamente sobre el polo norte terrestre

La estrella Polar está a medio grado del polo norte celeste

Las siete estrellas más brillantes de la Osa Mayor (Ursa Maior) forman el asterismo del Carro dentro de la constelación

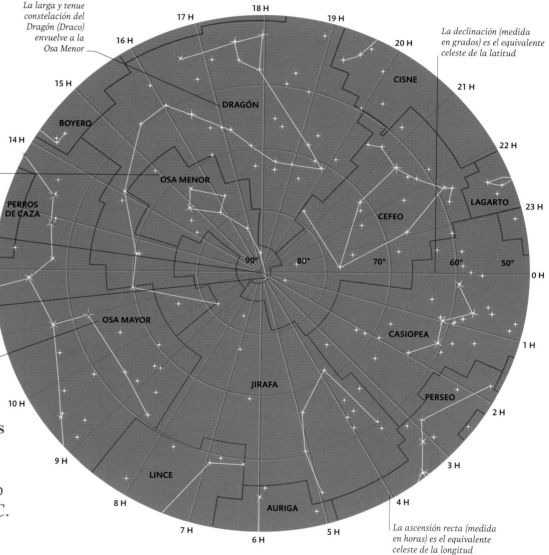

La larga y tenue constelación del Dragón (Draco) envuelve a la Osa Menor

La declinación (medida en grados) es el equivalente celeste de la latitud

La ascensión recta (medida en horas) es el equivalente celeste de la longitud

De las **88 constelaciones actuales**, 48 proceden de una lista creada por el astrónomo helenístico **Tolomeo** en el siglo II a.C.

✳ Las estrellas más brillantes

Constelación	Estrella	Magnitud
Osa Mayor	Alioth	1,77
Osa Mayor	Dubhe	1,79
Osa Mayor	Alkaid	1,86
Osa Mayor	Polar	1,98 prom
Osa Mayor	Mizar	2,04

LOCALIZADOR

MAGNITUDES ESTELARES

La magnitud expresa el brillo de las estrellas en el firmamento. Cuanto más baja es su magnitud, más brilla una estrella. Las estrellas más brillantes son aquellas cuya magnitud es negativa (menor que 0). La de las visibles a simple vista va desde -1,46 (Sirio, la estrella más brillante) hasta aproximadamente 6.

Observar las constelaciones

Debido al tamaño de la Tierra, solo vemos la mitad de la esfera celeste a la vez. En la mayoría de lugares, el área visible cambia durante la noche a medida que la Tierra gira, pero las estrellas que están demasiado al norte o al sur pueden quedar siempre fuera de la vista desde un lugar concreto.

No visible
Parcialmente visible
Totalmente visible

VISIBILIDAD DEL CAN MAYOR DESDE LA TIERRA

Canis Major

El cielo polar austral

Las estrellas circumpolares del sur son siempre visibles para la mayoría de los observadores del hemisferio austral (sur), pero quedan fuera del alcance de los observadores del hemisferio norte. También cambian de orientación durante la noche y el año, pero ni salen ni se ponen.

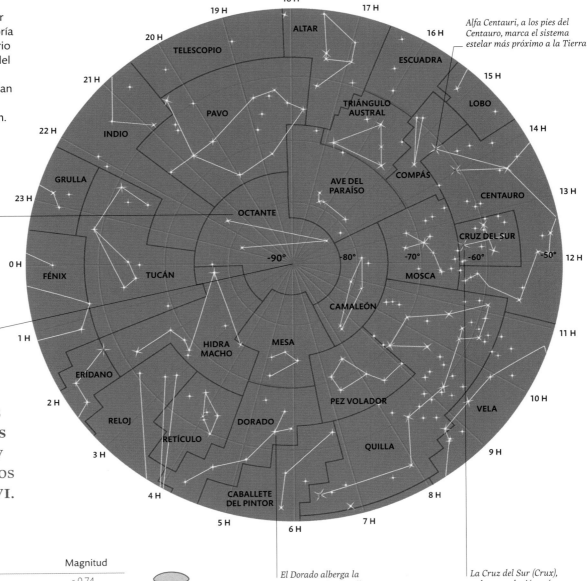

El Octante (Octans), es un triángulo de estrellas que representa el instrumento de navegación homónimo y alberga el polo sur celeste

Cerca de aquí no hay una estrella brillante (como la estrella Polar en el norte)

Alfa Centauri, a los pies del Centauro, marca el sistema estelar más próximo a la Tierra

Casi todas las **constelaciones polares australes fueron inventadas** por exploradores y astrónomos europeos a partir del siglo **XVI**.

El Dorado alberga la Gran Nube de Magallanes, una galaxia satélite de la Vía Láctea

La Cruz del Sur (Crux), es la constelación más brillante y famosa del hemisferio sur

✳ Las estrellas más brillantes

Constelación	Estrella	Magnitud
Quilla	Canopus	- 0,74
Centauro	Alfa Centauri	0,27
Erídano	Achernar	0,46 prom
Centauro	Hadar	0,61
Cruz del Sur	Ácrux	0,76

LOCALIZADOR

Véase también La navegación a lo largo de la historia pp. 280–281 ▶

›› Las constelaciones (continuación)

Cielo ecuatorial: septiembre, octubre, noviembre

El desplazamiento del Sol sobre la eclíptica hace que, dejando a un lado las estrellas circumpolares, distintas constelaciones dominen el firmamento en distintas épocas del año. A finales del año, las constelaciones de Pegaso y la Ballena (Cetus) están en su momento más visible. Para los observadores del hemisferio norte se hallan en lo alto del cielo mirando al sur, mientras que en el hemisferio sur, la figura está invertida sobre el cielo que mira al norte.

Cielo ecuatorial: junio, julio, agosto

Hacia julio, una amplia franja brillante de la Vía Láctea (el plano de nuestra galaxia) recorre el cielo de norte a sur cruzando constelaciones como las del Cisne, el Águila, el Escudo, Sagitario o Escorpión. Estas constelaciones, y otras próximas a ellas, albergan muchos cúmulos estelares y nebulosas de formación de estrellas, mientras que Sagitario contiene las nubes estelares más densas y brillantes de la Vía Láctea, hacia el centro de la galaxia.

Andrómeda, que lleva el nombre de una princesa de la mitología griega, alberga la galaxia de gran tamaño más próxima

La Serpiente (Serpens), es la única constelación dividida en dos partes: la Cabeza (Serpens Caput) y la Cola (Serpens Cauda)

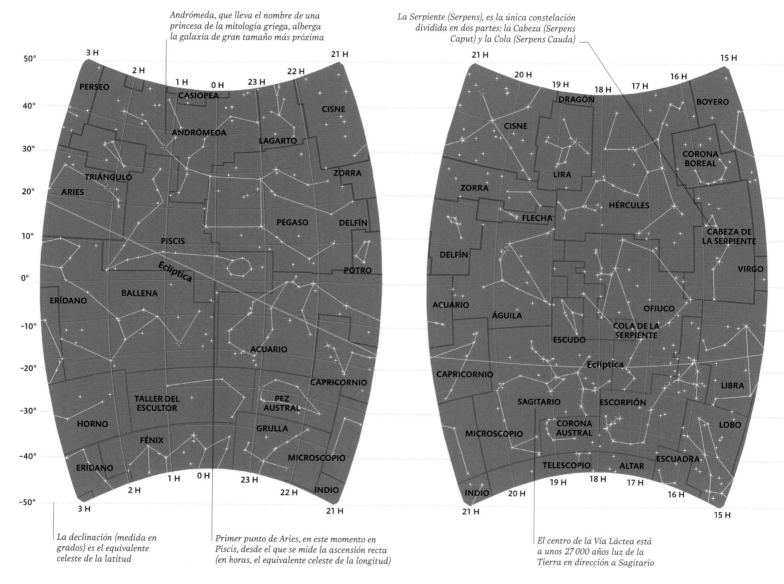

La declinación (medida en grados) es el equivalente celeste de la latitud

Primer punto de Aries, en este momento en Piscis, desde el que se mide la ascensión recta (en horas, el equivalente celeste de la longitud)

El centro de la Vía Láctea está a unos 27 000 años luz de la Tierra en dirección a Sagitario

☀ Las estrellas más brillantes

Constelación	Estrella	Magnitud
Pez Austral	Fomalhaut	1,16
Grulla	Al Nair	1,74
Aries	Hamal	2,00
Ballena	Deneb Kaitos	2,02
Andrómeda	Mirach	2,05 prom

LOCALIZADOR

☀ Las estrellas más brillantes

Constelación	Estrella	Magnitud
Lira	Vega	0,03 prom
Águila	Altair	0,76
Escorpión	Antares	0,96 prom
Cisne	Deneb	1,26 prom
Escorpión	Shaula	1,62

LOCALIZADOR

La constelación de Pegaso se representa tradicionalmente cabeza abajo; solo los **observadores del hemisferio sur** la ven **en pie**.

Cielo ecuatorial: marzo, abril, mayo

Las constelaciones que dominan el cielo nocturno hacia abril ofrecen algunas de las mejores ventanas al espacio intergaláctico. Como los observadores miran lejos del abarrotado plano de la Vía Láctea, el fondo relativo está más despejado y permite ver galaxias a millones de años luz de distancia, mientras que el telescopio puede revelar decenas de galaxias del gran cúmulo galáctico más próximo, en Virgo, y la vecina Cabellera de Berenice (Coma Berenices).

Cielo ecuatorial: diciembre, enero, febrero

Hacia finales del año es visible otra amplia franja de la Vía Láctea repleta de cúmulos estelares y nebulosas. El plano de la galaxia pasa por una serie de constelaciones brillantes, como Perseo, el Auriga, Orión y el Can Mayor. Orión, que representa a un cazador mitológico, se enfrenta a otra constelación brillante, Tauro (el Toro), con sus perros, el Can Mayor y el Can Menor, cerca de él.

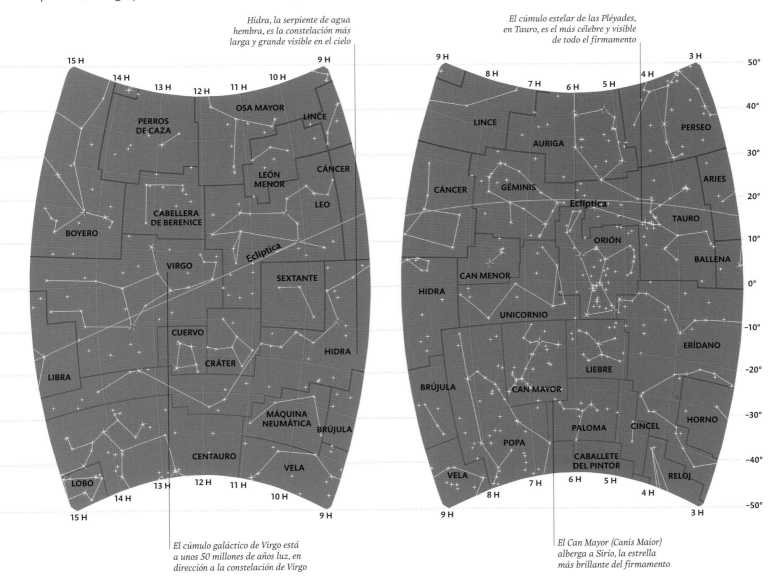

Hidra, la serpiente de agua hembra, es la constelación más larga y grande visible en el cielo

El cúmulo estelar de las Pléyades, en Tauro, es el más célebre y visible de todo el firmamento

El cúmulo galáctico de Virgo está a unos 50 millones de años luz, en dirección a la constelación de Virgo

El Can Mayor (Canis Maior) alberga a Sirio, la estrella más brillante del firmamento

✳ Las estrellas más brillantes

Constelación	Estrella	Magnitud
Boyero	Arturo	- 0,05
Virgo	Espiga	0,97 prom
Leo	Régulo	1,39
Hidra	Alfard	2,00
Leo	Algieba	2,08

LOCALIZADOR

✳ Las estrellas más brillantes

Constelación	Estrella	Magnitud
Can Mayor	Sirio	-1,46
Auriga	Capella	0,08 prom
Orión	Rigel	0,13 prom
Can Menor	Proción	0,34
Orión	Betelgeuse	0,50 prom

LOCALIZADOR

Véase también La navegación a lo largo de la historia pp. 280–281 ▶

La Tierra

El interior de la Tierra

Unos pocos elementos dominan el interior de la Tierra. El oxígeno, el silicio, el aluminio, el hierro, el calcio, el potasio, el sodio y el magnesio son los más relevantes, pero hay otros en menor cantidad. Todo este material procede del polvo y el gas que orbitaban en torno al Sol poco después de la formación de este y a los que 4500 años de procesamiento químico y geológico han transformado en una combinación de rocas y minerales compleja. Las variaciones de calor, presión y composición química otorgan al interior del planeta distintas propiedades en función de la profundidad y dan lugar a una estructura en tres capas: una corteza y un manto rocosos rodean un núcleo metálico parcialmente fundido. Las corrientes eléctricas generadas por el movimiento del hierro en el núcleo externo crean el magnetismo terrestre.

Composición química de la Tierra

Durante la formación de la Tierra, los elementos pesados se hundieron hacia el centro del planeta y los más ligeros ascendieron hacia la corteza. El resultado es que la corteza y el manto son ricos en minerales que contienen silicio y metales ligeros, mientras que en el núcleo dominan los metales pesados.

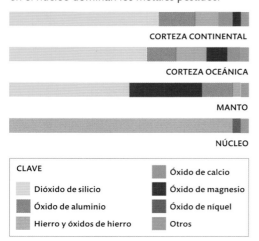

CORTEZA CONTINENTAL

CORTEZA OCEÁNICA

MANTO

NÚCLEO

CLAVE

- Dióxido de silicio
- Óxido de aluminio
- Hierro y óxidos de hierro
- Óxido de calcio
- Óxido de magnesio
- Óxido de níquel
- Otros

LAS ONDAS SÍSMICAS

Analizar la trayectoria de las ondas sísmicas que causan los terremotos en la corteza permite estudiar la estructura interna del planeta. Como las distintas capas tienen propiedades distintas, la velocidad de las ondas cambia a medida que las atraviesan.

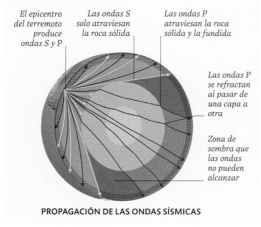

El epicentro del terremoto produce ondas S y P

Las ondas S solo atraviesan la roca sólida

Las ondas P atraviesan la roca sólida y la fundida

Las ondas P se refractan al pasar de una capa a otra

Zona de sombra que las ondas no pueden alcanzar

PROPAGACIÓN DE LAS ONDAS SÍSMICAS

Las capas de la Tierra

La química, el calor y la gravedad han separado a la Tierra en varias capas, desde el núcleo interno sólido hasta el océano líquido y la atmósfera gaseosa.

La corteza está fragmentada en placas tectónicas que se desplazan lentamente sobre la roca de la capa superior del manto

El agua líquida de la Tierra fluye de manera natural hacia los lagos bajos y las cuencas oceánicas

El volumen de la capa de agua terrestre equivale a 1386 millones de km³

La atmósfera alcanza unos 10 000 km de altura, pero la mayor parte del gas se concentra en los 9 a 17 km inferiores

ATMÓSFERA

La temperatura y la presión
debilitan la fuerza mecánica de
la roca del manto, lo que permite a
esta estirarse y fluir en estado sólido

En el núcleo externo
dominan el hierro y el
níquel fundidos

La temperatura
superficial del
núcleo sólido es
de unos 5400 °C

NÚCLEO EXTERNO

**NÚCLEO
INTERNO**

MANTO

Mezcla sólida de hierro y
níquel con otros elementos,
está separado del resto del
planeta por el núcleo externo
líquido y gira a una velocidad
ligeramente superior a la de
la superficie terrestre

El calor de la desintegración
radiactiva calienta el interior
de la Tierra y proporciona
la energía necesaria para
la actividad geológica

Cerca del núcleo, las rocas del
manto se funden y forman un
profundo océano de magma

CORTEZA

Los bloques de corteza
continental son mucho
más gruesos y antiguos
que los de la corteza
oceánica que los separa

Los silicatos, sometidos a
una presión cada vez mayor,
se vuelven más sólidos a partir
de los 500 km de profundidad

OCÉANO

El agua cubre unas dos
terceras partes de la
superficie del planeta

Toda el **agua de la Tierra** cabría en una esfera
de **1385 km** de diámetro, **ligeramente mayor
que el núcleo interno del planeta.**

Véase también Las placas tectónicas pp. 48–49 ▶   Volcanes y terremotos pp. 54–55 ▶   Rocas pp. 62–63 ▶

Las placas tectónicas

Una delgada capa de roca sólida, la corteza, cubre la Tierra. No es una cáscara única y sin fisuras: se compone de fragmentos llamados placas tectónicas, que se desplazan lentamente las unas respecto a las otras. El movimiento de las placas construye el relieve superficial a gran escala, como las fosas oceánicas o las cordilleras montañosas; de ahí que se llame tectónico (del término griego que significa «relativo a la construcción»).

Las placas terrestres

Aunque hay varias decenas de placas tectónicas, las siete principales cubren casi toda la superficie de la Tierra. Las más importantes se muestran a continuación. Las restantes se consideran microplacas, que forman partes inestables de la corteza donde son frecuentes los terremotos, causados por movimientos súbitos en sus límites.

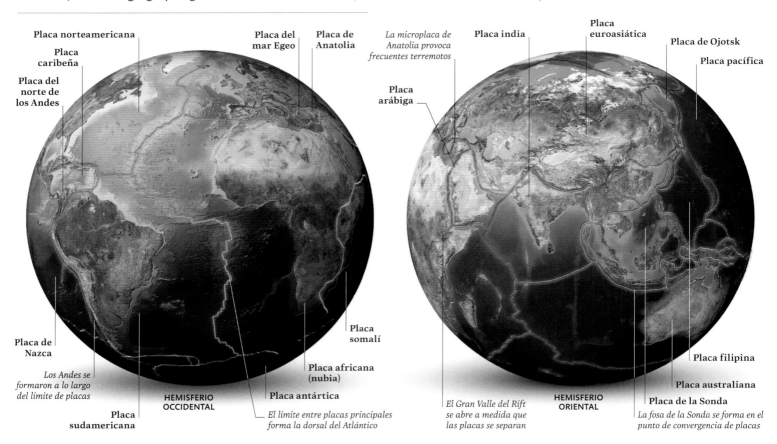

Placa norteamericana

Placa caribeña

Placa del norte de los Andes

Placa del mar Egeo

Placa de Anatolia

La microplaca de Anatolia provoca frecuentes terremotos

Placa india

Placa euroasiática

Placa de Ojotsk

Placa pacífica

Placa arábiga

Placa de Nazca

Los Andes se formaron a lo largo del límite de placas

Placa sudamericana

HEMISFERIO OCCIDENTAL

Placa antártica

Placa somalí

Placa africana (nubia)

El límite entre placas principales forma la dorsal del Atlántico

El Gran Valle del Rift se abre a medida que las placas se separan

HEMISFERIO ORIENTAL

Placa filipina

Placa australiana

Placa de la Sonda

La fosa de la Sonda se forma en el punto de convergencia de placas

Movimiento de las placas

Bajo la corteza sólida yace una capa más profunda, el manto (pp. 46–47). El calor del núcleo mantiene la roca del manto en un estado fluido permanente. Las placas tectónicas flotan sobre este material fluido, transportadas por corrientes que ascienden, descienden y lo atraviesan lentamente.

Corrientes de convección

Las corrientes de convección (p. 185) impulsan el movimiento del manto y transfieren calor del núcleo hasta cerca de la superficie.

Cerca de la **isla de Pascua**, la fosa entre la **placa pacífica** y la de **Nazca** se ensancha unos **15 cm cada año.**

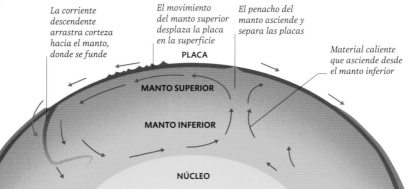

La corriente descendente arrastra corteza hacia el manto, donde se funde

El movimiento del manto superior desplaza la placa en la superficie

El penacho del manto asciende y separa las placas

PLACA

Material caliente que asciende desde el manto inferior

MANTO SUPERIOR

MANTO INFERIOR

NÚCLEO

INTERFEROMETRÍA

Este método de medición permite seguir el desplazamiento de las placas utilizando ondas de radio emitidas por galaxias lejanas para detectar los lentos cambios de la distancia entre radiotelescopios instalados en placas distintas.

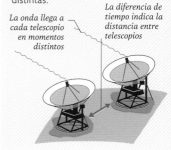

La onda llega a cada telescopio en momentos distintos

La diferencia de tiempo indica la distancia entre telescopios

El sistema de **dorsales oceánicas** constituye la **cadena montañosa más larga** del planeta, con unos **65 000 km** de longitud.

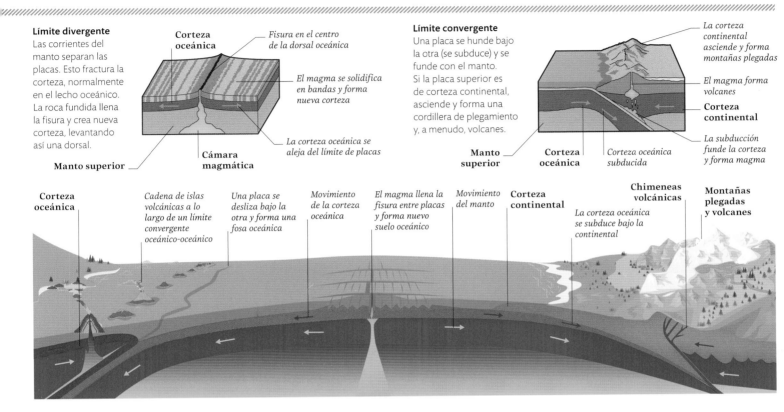

Límite divergente
Las corrientes del manto separan las placas. Esto fractura la corteza, normalmente en el lecho oceánico. La roca fundida llena la fisura y crea nueva corteza, levantando así una dorsal.

Corteza oceánica

Fisura en el centro de la dorsal oceánica

El magma se solidifica en bandas y forma nueva corteza

La corteza oceánica se aleja del límite de placas

Manto superior

Cámara magmática

Límite convergente
Una placa se hunde bajo la otra (se subduce) y se funde con el manto. Si la placa superior es de corteza continental, asciende y forma una cordillera de plegamiento y, a menudo, volcanes.

La corteza continental asciende y forma montañas plegadas

El magma forma volcanes

Corteza continental

La subducción funde la corteza y forma magma

Manto superior

Corteza oceánica

Corteza oceánica subducida

Corteza oceánica

Cadena de islas volcánicas a lo largo de un límite convergente oceánico-oceánico

Una placa se desliza bajo la otra y forma una fosa oceánica

Movimiento de la corteza oceánica

El magma llena la fisura entre placas y forma nuevo suelo oceánico

Movimiento del manto

Corteza continental

La corteza oceánica se subduce bajo la continental

Chimeneas volcánicas

Montañas plegadas y volcanes

Límites de placas

La interacción gradual entre las placas tectónicas modela y remodela constantemente la superficie terrestre. En los límites entre las placas se crea corteza nueva y se destruye la antigua. Además, es allí donde se forman los accidentes del relieve superficial a gran escala, como las montañas o las cadenas de islas (pp. 56–57), y donde se producen con mayor frecuencia fenómenos destructivos como los terremotos y las erupciones volcánicas (pp. 54–55).

Límite transformante
Las placas no siempre divergen o convergen cuando se encuentran. Algunas se deslizan una a lo largo de otra y originan un límite transformante. Este es el caso de la falla de San Andrés, el límite entre las placas pacífica y norteamericana en California.

La deriva continental

El desplazamiento gradual de las placas tectónicas ha modificado la forma y la posición de los continentes a lo largo de millones de años. Este proceso, llamado deriva continental, fue sugerido en el siglo XVI por primera vez, cuando los primeros mapamundis revelaron que los continentes encajaban como las piezas de un rompecabezas que se habrían separado en algún momento.

Un solo supercontinente: Pangea

PANGEA

HACE 270 MILLONES DE AÑOS

Pangea se parte en dos

LAURASIA

GONDWANA

HACE 180 MILLONES DE AÑOS

El Atlántico separa América

AMÉRICA DEL NORTE

ÁFRICA

AMÉRICA DEL SUR

HACE 66 MILLONES DE AÑOS

Colisión continental
El subcontinente indio fue una masa continental independiente hasta que chocó con Asia. Ambas masas continentales siguen empujándose y levantando el Himalaya.

India avanzó hacia el norte desde el hemisferio sur

PLACA EUROASIÁTICA

ECUADOR

INDIA

OCÉANO ÍNDICO

CLAVE
- India hoy
- Hace 10 millones de años
- Hace 38 millones de años
- Hace 55 millones de años
- Hace 71 millones de años

ALFRED WEGENER
La teoría de la deriva continental fue propuesta en 1912 por este científico alemán, que demostró que algunas formaciones rocosas de América y Europa se originaron en el mismo lugar y habrían quedado separadas al escindirse los continentes.

Véase también Rocas pp. 62–63 ▶ **Los océanos** pp. 64–65 ▶ **Termodinámica** pp. 184–185 ▶ **La historia de la Tierra** pp. 298–301 ▶

Un planeta en evolución

En comparación con otros planetas rocosos conocidos, la Tierra posee una superficie cambiante. La tectónica de placas remodela la corteza desde el nacimiento del planeta, hace 4500 millones de años (Ma), y la evolución de la vida ha transformado tanto su superficie como su atmósfera. También debe parte de su variabilidad al agua líquida, el medio en el que tiene lugar la química de la vida y cuya presencia hace que el magma terrestre sea fluido y forme corrientes que impulsan los cambios tectónicos superficiales. Los constantes hallazgos de trazas del período formativo de la Tierra en las rocas obligan a los científicos a revisar las estimaciones cronológicas de los primeros sucesos.

4560 Ma El material más antiguo del Sistema Solar, del cual se formarán la Tierra y el resto de planetas, se distribuye en torno al joven Sol en un disco protoplanetario. Este material incluye rocas, polvo y gas.

4540 Ma La Tierra se forma a partir de la acreción gradual de partículas de polvo, metal y hielo, que luego se fusionan y crean un cuerpo con la gravedad suficiente para atraer objetos cercanos.

El planeta crece con cada colisión

FORMACIÓN DE LA TIERRA

Los cuerpos pequeños son planetésimos

Bandas de óxido de hierro formadas al combinarse el oxígeno con el hierro en las rocas

HIERRO BANDEADO

2400–2100 Ma La acumulación de oxígeno, raro en el aire antes de la evolución de la fotosíntesis, provoca la «gran oxigenación».

Bacterias fotosintetizadoras en colonias filamentosas

CIANOBACTERIAS OSCILLATORIA

3500–3200 Ma Las cianobacterias realizan la fotosíntesis (utilizan la energía de la luz para combinar dióxido de carbono y agua, y producir azúcar), cuyo residuo es el oxígeno.

3500 Ma Formación del campo magnético terrestre (según nuevos estudios podría ser entre 500 y 700 Ma más antiguo). Se cree que lo genera el giro del núcleo interno sólido dentro del núcleo externo de metal líquido.

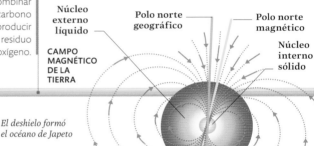

Núcleo externo líquido

CAMPO MAGNÉTICO DE LA TIERRA

Polo norte geográfico

Polo norte magnético

Núcleo interno sólido

Líneas de campo magnético

Polo sur magnético

Polo sur geográfico

1300–750 Ma A partir de hace unos 1300 Ma, casi toda la tierra firme se fusiona y forma Rodinia, el supercontinente del que todos los continentes actuales conservan fragmentos.

Secciones de los continentes actuales

Masa continental antigua

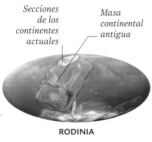

RODINIA

720–635 Ma La Tierra entra en una fase glacial extrema, y el hielo la cubre casi por completo. El enfriamiento pudo deberse a la extracción de dióxido de carbono del aire por la fotosíntesis.

El deshielo formó el océano de Japeto

GLACIACIÓN GLOBAL

Al separarse las placas se forma una dorsal oceánica

Las placas tectónicas se alejan y se forma nuevo lecho oceánico

El calor del núcleo fundido empuja las rocas hacia arriba

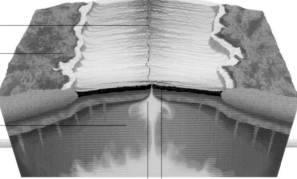

215–175 Ma El mar de Tetis cubre una fosa que divide Pangea en Laurentia, al norte, y Gondwana al sur. El mar Mediterráneo y los yacimientos de petróleo de Oriente Medio son vestigios de ese mar.

FORMACIÓN DEL MAR DE TETIS

252–250 Ma En uno de los mayores episodios volcánicos conocidos, las erupciones fisurales crean coladas basálticas que originan las trampas (colinas escalonadas) siberianas. La actividad volcánica pudo ser una de las causas de la Gran Mortandad, la peor extinción masiva.

HIMALAYA

CRIOLOFOSAURIO

El magma asciende y llena la fisura de la corteza

Bajo el fondo marino se forma petróleo a partir de plancton muerto

201–66 Ma La Tierra es más cálida que hoy y carece de casquetes polares. La Antártida avanza hacia el sur, pero aún tiene bosques y dinosaurios, como el criolofosaurio.

66 Ma Colosales erupciones volcánicas crean gruesos campos de lava en India y, sumadas al impacto de un asteroide en México, provocan rápidos cambios climáticos que llevan a la extinción de los dinosaurios gigantes.

65 Ma La colisión de las placas africana e india con Eurasia desencadena un período de formación de montañas, desde el Atlas y los Alpes al oeste, hasta el Himalaya al este.

55,5 Ma La Tierra alcanza las condiciones más cálidas registradas durante el Máximo Térmico del Paleoceno-Eoceno a causa del dióxido de carbono que expulsan los volcanes.

Posiblemente, los minerales se combinaron y — *formaron protocélulas: el comienzo de la vida*

La protocélula sale al agua marina circundante

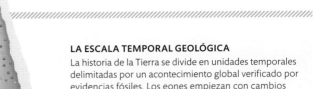

Minerales en el agua de la chimenea

Chimenea hidrotermal

ORIGEN DE LA VIDA

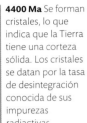

4400 Ma Se forman cristales, lo que indica que la Tierra tiene una corteza sólida. Los cristales se datan por la tasa de desintegración conocida de sus impurezas radiactivas.

Uranio atrapado en el cristal

4,4 MA

2,9 MA

El uranio se convierte en plomo

El contenido de plomo revela la edad

1,48 MA

ACTUALIDAD

DATACIÓN RADIOMÉTRICA

4100 Ma Se forman sustancias químicas asociadas a la vida (grasas, proteínas y los ácidos nucleicos ARN y ADN), quizá durante una intensa actividad química submarina en sedimentos o chimeneas hidrotermales.

LA ESCALA TEMPORAL GEOLÓGICA

La historia de la Tierra se divide en unidades temporales delimitadas por un acontecimiento global verificado por evidencias fósiles. Los eones empiezan con cambios esenciales, y las épocas se definen en función de sucesos secundarios. Así, el eón Fanerozoico comienza con la evolución de los organismos pluricelulares, y el fin de la última glaciación marca el inicio de la época del Holoceno.

Colisión de islas de roca ligera

Continente compuesto de distintas rocas

Corteza más gruesa

Roca comprimida

Corteza oceánica

4100–3900 Ma Se cree que los múltiples asteroides que caen a la Tierra durante el bombardeo intenso tardío evaporan la mayor parte de los océanos y funden parte de la corteza.

Corteza oceánica destruida

ORIGEN DE LOS CONTINENTES

4000–3600 Ma Varias islas volcánicas, creadas al aflorar el material cristalino más ligero a través de los volcanes, se fusionan a causa de los primeros movimientos tectónicos y forman los primeros continentes.

Primeras plantas, simples y pequeñas

ORDOVÍCICO

Plantas posteriores con tallo

SILÚRICO

470–425 Ma A inicios del Ordovícico, algas y animales marinos evolucionan para vivir en tierra. En el Silúrico se diversifican los artrópodos terrestres y las plantas más altas.

Árboles altísimos, de más de 30 m de altura

Vegetación densa con grandes helechos

PERÍODO CARBONÍFERO

EÓN	ERA	PERÍODO	ÉPOCA
Fanerozoico	Cenozoico	Cuaternario	Holoceno
			Pleistoceno
		Neógeno	Plioceno
			Mioceno
		Paleógeno	Oligoceno
			Eoceno
			Paleoceno
	Mesozoico	Cretácico	
		Jurásico	
		Triásico	
	Paleozoico	Pérmico	
		Carbonífero	
		Devónico	
		Silúrico	
		Ordovícico	
		Cámbrico	
Proterozoico			
Arcaico			
Hádico			

Hace 11 700 años
2,58 Ma
5,3
23
34
56
66
145
201
252
299
359
419
444
485
541
2500
4000
4600

Pangea se extiende a través del ecuador, de polo a polo

280 Ma Los precursores de los continentes actuales forman el supercontinente Pangea. El interior es un vasto desierto, pues pocas nubes llegan lejos tierra adentro.

Perfil continental actual

PANGEA

359–299 Ma Los árboles evolucionan durante más de 385 Ma, y en el cálido y húmedo Carbonífero crecen bosques cuyos restos forman muchos de los yacimientos de carbón actuales.

45–34 Ma Comienza una fase fría con una serie de glaciaciones. Se forma un casquete glaciar en la Antártida, que se había desplazado hacia el polo sur unos 100 Ma antes.

El hielo cubre el 98 % del continente

CASQUETE ANTÁRTICO

2,6 Ma Comienza la glaciación cuaternaria, durante la que crecen los casquetes polares. En las praderas próximas vive el mamut lanudo.

El espeso pelaje los protege del intenso frío

MAMUTS LANUDOS

Los estratos (capas) de roca sedimentaria constituyen el registro geológico

REGISTRO GEOLÓGICO

Véase también La era de los dinosaurios pp. 90-91 ▶ **Mamíferos prehistóricos** pp. 92-93 ▶ **La historia de la Tierra** pp. 298-301 ▶

Los continentes

Casi la tercera parte de la superficie terrestre está cubierta por extensas áreas de tierra firme llamadas continentes. Si la corteza rocosa del planeta fuera lisa y de grosor uniforme, un vasto océano cubriría íntegramente la Tierra. Sin embargo, la corteza es mucho más gruesa y flotante en los continentes que en las cuencas oceánicas, por lo que la mayor parte de la corteza continental emerge sobre el mar.

CRATONES

Los continentes se alzan en torno a regiones estables llamadas escudos, que corresponden a antiguos basamentos o zócalos denominados cratones, gruesas porciones de corteza con raíces muy profundas formadas por restos de cordilleras primitivas. La mayoría data de la era Arcaica y ha sobrevivido a 2000 Ma de movimientos tectónicos.

Escudo canadiense

CLAVE
■ Cratones arcaicos

Tipos de corteza

La corteza continental es menos densa que la oceánica; por ello, cuando ambas chocan, queda siempre por encima, y la presión ascendente forma montañas de plegamiento. Esto hace que llegue a ser hasta siete veces más gruesa que la oceánica.

La litosfera terrestre

La corteza flota sobre las rocas fluidas de las profundidades del manto. El manto superior se comporta como un sólido y forma la litosfera junto con la corteza, aunque su composición química es distinta.

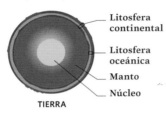

Litosfera continental
Litosfera oceánica
Manto
Núcleo

TIERRA

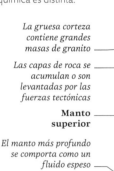

La gruesa corteza contiene grandes masas de granito

Las capas de roca se acumulan o son levantadas por las fuerzas tectónicas

Manto superior

El manto más profundo se comporta como un fluido espeso

LITOSFERA CONTINENTAL

Corteza continental

La corteza continental, menos densa, flota a mayor altura sobre el manto, por lo que sus puntos más elevados están muy por encima del nivel del mar.

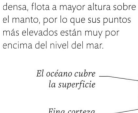

El océano cubre la superficie

Fina corteza basáltica

La capa del manto superior es más fina

El manto caliente está más cerca de la superficie

LITOSFERA OCEÁNICA

Corteza oceánica

Aunque es más fina, la densa corteza basáltica se hunde en el manto y forma cuencas bajas donde se acumula el agua de la superficie.

Cordillera de Brooks
Montañas Rocosas
Grandes Llanuras
Atlas

AMÉRICA DEL NORTE

1

El escudo canadiense es el núcleo del continente norteamericano y una región casi llana que se extiende desde el Ártico hasta los Grandes Lagos

Cuenca del Amazonas

Altiplano de Borborema

Los Andes siguen elevándose: una placa que se desplaza rápidamente presiona desde el oeste y crea aún hoy día una cadena de montañas de plegamiento, nuevos volcanes y terremotos

AMÉRICA DEL SUR

2

Andes

Meseta brasileña

Los siete continentes de la Tierra

La Tierra tiene cuatro masas continentales diferenciadas: América, África-Eurasia, Australia y la Antártida, que se dividen en siete continentes por motivos históricos y culturales, además de geográficos. Las líneas numeradas que aparecen en el mapa corresponden a los cortes transversales de la página siguiente.

Tierra del Fuego

Tierra de Marie Byrd

África es el continente con la **menor proporción** de **costa por superficie**, y **Europa** el continente con la **mayor proporción**.

❶ América del Norte
Es el tercer continente más grande. Se extiende desde el Ártico hasta el istmo de Panamá, en el trópico, formado hace unos tres millones de años.

ALTURA M
Gran Lago Salado
Montañas Rocosas
Montes Apalaches
3000
1500
0

❷ América del Sur
Es el cuarto continente más grande. Contiene la cuenca del Amazonas, la mayor cuenca fluvial del mundo, que ocupa más de un tercio de su superficie.

ALTURA M
Andes
Sierra de Monte Cristo
Altiplano de Borborema
5000
2000
0

❸ Europa
Aunque se define como continente por motivos exclusivamente históricos, en realidad es una península de Eurasia. Tradicionalmente, los montes Urales marcan la frontera oriental.

ALTURA M
Mar Mediterráneo
Alpes
Gran llanura europea
Mar del Norte
2000
0
-2000

❹ África
Es el segundo continente más grande y cubre el 20% de la superficie terrestre. Consiste en una gran meseta salpicada por algunas cordilleras antiguas.

Montes de Cristal
ALTURA M
Cuenca del Congo
Gran Valle del Rift
Cima del Kilimanjaro
4000
2000
0

❺ Asia
Es el continente más grande. Equivale al 80% de Eurasia y alberga el punto más alto de la superficie terrestre (en el Himalaya) y el lago más profundo del planeta, el Baikal, que alcanza los 1187 m bajo el nivel del mar.

ALTURA M
Meseta kazaja
Himalaya
Sri Lanka
Océano Índico
5000
0
-3000

❻ Oceanía
Es el continente más pequeño. Comprende Australia, la masa continental más baja, plana y antigua del planeta, y Nueva Zelanda e islas del Pacífico.

ALTURA M
Cordillera Hamersley
Mar de Tasmania
Alpes Neozelandeses
1000
0
-5000

❼ Antártida
Es el continente más extremo y ostenta los récords de la temperatura más baja, el clima más seco y la altura media más elevada, debido a su grueso casquete glaciar (inlandsis).

ALTURA M
Tierra de Marie Byrd
Plataforma de Ross
Inlandsis de la Antártida Oriental
3500
2000
0

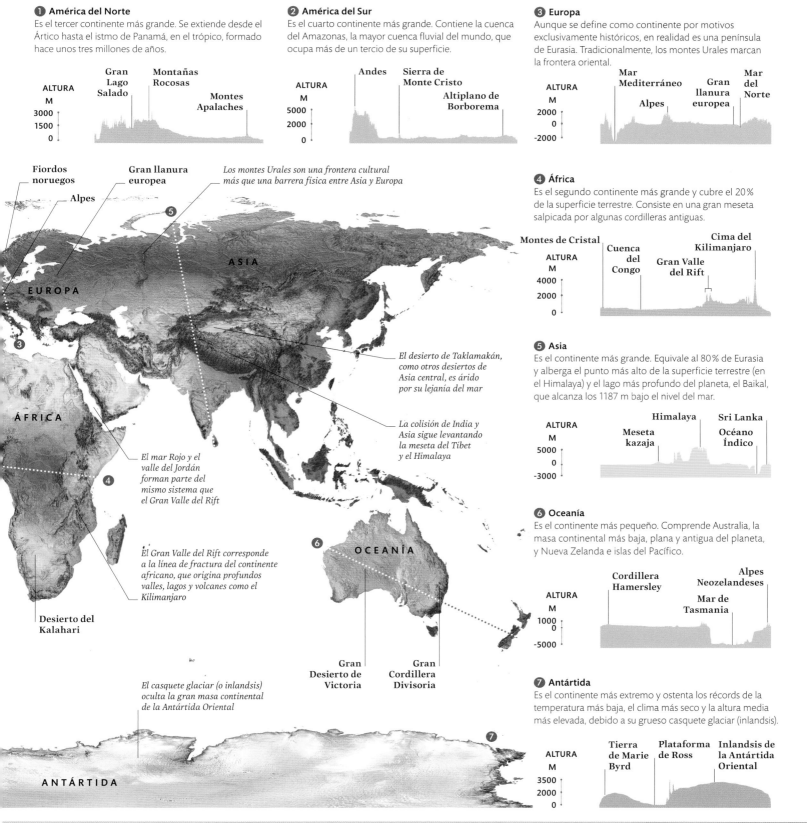

Fiordos noruegos

Gran llanura europea

Alpes

Los montes Urales son una frontera cultural más que una barrera física entre Asia y Europa

ASIA

EUROPA

ÁFRICA

El desierto de Taklamakán, como otros desiertos de Asia central, es árido por su lejanía del mar

La colisión de India y Asia sigue levantando la meseta del Tíbet y el Himalaya

El mar Rojo y el valle del Jordán forman parte del mismo sistema que el Gran Valle del Rift

El Gran Valle del Rift corresponde a la línea de fractura del continente africano, que origina profundos valles, lagos y volcanes como el Kilimanjaro

OCEANÍA

Desierto del Kalahari

Gran Desierto de Victoria

Gran Cordillera Divisoria

El casquete glaciar (o inlandsis) oculta la gran masa continental de la Antártida Oriental

ANTÁRTIDA

Véase también Formación de las montañas pp. 56-57 ▶ **Rocas** pp. 62-63 ▶ **Los océanos** pp. 64-65 ▶ **La historia de la Tierra** pp. 298-301 ▶

Volcanes y terremotos

Las erupciones volcánicas y los terremotos son fenómenos geológicos violentos que liberan una gran cantidad de energía del interior del planeta. Las erupciones expulsan roca fundida y liberan calor desde las profundidades de la Tierra. Las ondas sísmicas de los terremotos se generan cuando placas tectónicas que se desplazan lentamente se rozan, se enganchan y se desprenden bruscamente.

Estructura de los volcanes

Los volcanes descansan sobre bolsas de roca fundida llamadas cámaras magmáticas. El magma asciende por fisuras y sale a la superficie en forma de lava que, cuando se enfría, forma capas de roca. Cada tipo de magma origina distintos tipos de erupciones.

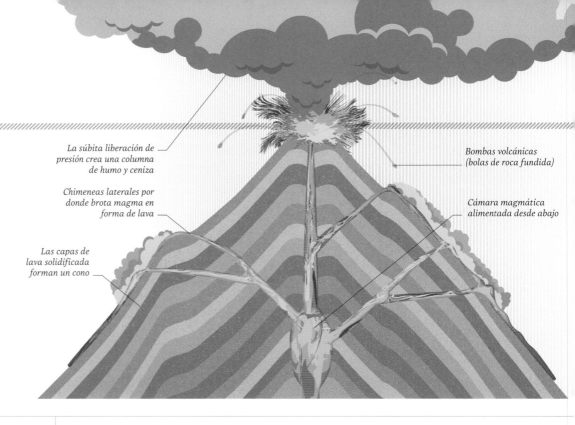

La súbita liberación de presión crea una columna de humo y ceniza

Chimeneas laterales por donde brota magma en forma de lava

Las capas de lava solidificada forman un cono

Bombas volcánicas (bolas de roca fundida)

Cámara magmática alimentada desde abajo

Tipos de erupción

El tipo de erupción depende de su potencia y de las propiedades del material expulsado. Un mismo episodio volcánico puede presentar varios tipos a medida que cambian la presión inferior y la composición, la viscosidad y la cantidad de gas del magma.

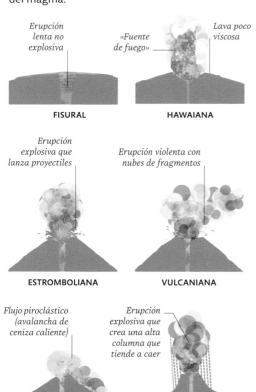

Erupción lenta no explosiva

FISURAL

«Fuente de fuego»

Lava poco viscosa

HAWAIANA

Erupción explosiva que lanza proyectiles

ESTROMBOLIANA

Erupción violenta con nubes de fragmentos

VULCANIANA

Flujo piroclástico (avalancha de ceniza caliente)

PELEANA

Erupción explosiva que crea una alta columna que tiende a caer

PLINIANA

Terremotos

Aunque las placas tectónicas están en constante movimiento, las rocas de los puntos de contacto tienden a engancharse y generan tensión. Cuando esta es demasiado grande, se desprenden y se desplazan de repente, lo que produce ondas sísmicas.

Falla donde las placas se encuentran

Movimiento de las placas tectónicas

Superficie estable

(1) **FALLAS OCULTAS**

Líneas de falla

Casi todos los terremotos se producen cerca de grandes líneas de falla, los límites entre dos placas desplazadas la una respecto a la otra.

Efectos de los terremotos

Cuando la tensión acumulada a lo largo de grandes fallas (donde las placas se deslizan una respecto a otra) se libera, las ondas sísmicas se propagan desde el hipocentro (el punto donde las rocas se fracturan y se desplazan) y alcanzan su máxima potencia en el epicentro, el punto de la superficie justo encima de aquel. Al propagarse por la superficie, pueden sacudir el terreno y alterar el paisaje.

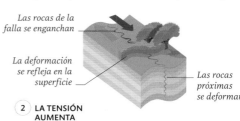

Las rocas de la falla se enganchan

La deformación se refleja en la superficie

Las rocas próximas se deforman

(2) **LA TENSIÓN AUMENTA**

Unos 900 000 terremotos pasan desapercibidos cada año.

La corteza se separa y se hunde

FALLA NORMAL

Un lado se eleva sobre el otro

FALLA INVERSA

Movimiento horizontal

FALLA DE DESGARRE

Movimiento horizontal

Movimiento vertical

FALLA OBLICUA

MAREMOTOS Y TSUNAMIS

Los maremotos (terremotos cuyo epicentro está en el fondo oceánico) empujan el agua hacia arriba y generan una serie radial de olas superficiales largas y bajas, que al llegar a las aguas poco profundas de las plataformas continentales, se acortan y ganan altura hasta convertirse en tsunamis devastadores.

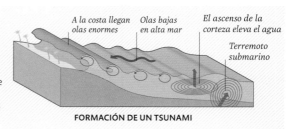

A la costa llegan olas enormes

Olas bajas en alta mar

El ascenso de la corteza eleva el agua

Terremoto submarino

FORMACIÓN DE UN TSUNAMI

El **monte Yasur**, un volcán de Vanuatu, experimenta **erupciones continuas desde 1774.**

Cómo se forman los volcanes

La actividad en el límite entre la corteza y el manto superior puede provocar la formación de una cámara magmática en diferentes lugares cuando se dan las condiciones necesarias.

Tipos de volcán

La forma y la estructura de un volcán dependen de la frecuencia y la naturaleza de las erupciones. Estos son los tipos más habituales.

Capas de depósitos | *Acumulación de material de la nube* | *Cono bajo formado por lava líquida* | *Cráter formado al vaciarse la cámara*

ESTRATOVOLCÁN   **CONO DE ESCORIAS**   **VOLCÁN EN ESCUDO**   **CALDERA**

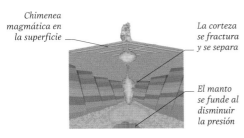

Chimenea magmática en la superficie
La corteza se fractura y se separa
El manto se funde al disminuir la presión

Fosa tectónica

Allí donde dos placas tectónicas se separan, asciende nuevo material para llenar el espacio y se forman volcanes, tanto en zonas continentales como oceánicas.

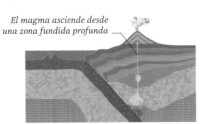

El magma asciende desde una zona fundida profunda

Zona de subducción

Cuando una placa oceánica sumergida se desliza debajo de otra, el agua que lleva consigo contribuye a fundir las rocas del manto, y se crea un arco volcánico.

Roca caliente del manto

Punto caliente

Los penachos térmicos que ascienden por el manto pueden provocar erupciones volcánicas. Si la corteza se desplaza sobre un penacho del manto, crea cadenas de volcanes.

El **terremoto más potente** jamás registrado se produjo el **22 de mayo de 1960** en **Chile**. El **tsunami** que generó **llegó** hasta **Japón** y **Alaska**.

Epicentro en la superficie sobre la fractura
Las rocas que rodean la falla se desplazan con rapidez
Las ondas sísmicas dañan el entorno
La roca ha liberado la tensión
La placa sigue moviéndose

Epicentro

La fractura subterránea libera energía
Signos de desplazamiento en superficie

(3) **TERREMOTO**   (4) **DESPUÉS**

Zonas sísmicas

Los terremotos se producen en los límites tectónicos de todo el mundo, pero la actividad más frecuente se concentra en los bordes de las placas pacífica y de Nazca, una línea conocida como Cinturón de Fuego.

CLAVE
◎ **Grandes terremotos**
— **Cinturón de Fuego**
— **Límites de placas tectónicas**

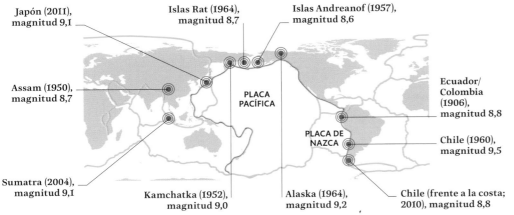

Japón (2011), magnitud 9,1
Islas Rat (1964), magnitud 8,7
Islas Andreanof (1957), magnitud 8,6
Assam (1950), magnitud 8,7
Ecuador/ Colombia (1906), magnitud 8,8
PLACA PACÍFICA
PLACA DE NAZCA
Chile (1960), magnitud 9,5
Sumatra (2004), magnitud 9,1
Kamchatka (1952), magnitud 9,0
Alaska (1964), magnitud 9,2
Chile (frente a la costa; 2010), magnitud 8,8

MEDICIÓN DE LOS TERREMOTOS

La potencia de un terremoto se expresa mediante su «magnitud» en una escala logarítmica. Un incremento de un número entero en esta escala corresponde a 10 veces más perturbaciones en la superficie y a una liberación de energía unas 32 veces mayor. La mayoría de los terremotos son tan débiles que apenas se perciben y solo los registran los sismógrafos.

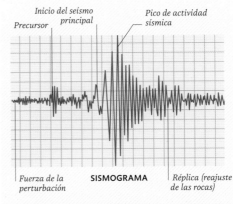

Inicio del seísmo principal
Pico de actividad sísmica
Precursor
Fuerza de la perturbación
SISMOGRAMA
Réplica (reajuste de las rocas)

Magnitudes	Descripción	Efectos
1–1,9	Microseísmo	Indetectable
2–3,9	Menor	Ligera sacudida
4–4,9	Ligero	Temblor perceptible
5–5,9	Moderado	Se percibe en una área pequeña; algunos daños
6–6,9	Fuerte	Se percibe en un área amplia; daños relevantes
7–7,9	Mayor	Daños graves generalizados
8 o más	Épico o cataclismo	Daños graves, cambios permanentes en el paisaje

Formación de las montañas

Las montañas son las áreas más altas de la Tierra. Sus profundas raíces, que llegan hasta las rocas más densas del interior del planeta, las mantienen erguidas frente a la gravedad. El levantamiento de estas colosales masas rocosas requiere la intervención de fuerzas muy poderosas, que se liberan cuando las placas tectónicas de la corteza terrestre chocan entre ellas. Además de plegar y transformar rocas ya existentes, varios tipos de colisiones tectónicas provocan actividad volcánica, que vierte nueva roca ígnea sobre la superficie de la Tierra y construye nuevos picos capa a capa.

Dónde se forman las montañas

La Tierra tiene dos tipos de corteza: la gruesa corteza continental y la más fina y densa corteza oceánica. Las colisiones entre fragmentos de corteza levantan montañas a lo largo de las líneas de contacto.

Límite continente-continente

Cuando dos bloques de corteza continental chocan, su flotabilidad relativa hace que ambos se resistan a subducirse. La colisión frontal crea una amplia zona arrugada donde las rocas se pliegan, empujadas por fuerzas verticales ascendentes y descendentes. A menudo, estas montañas refuerzan una cordillera volcánica formada por la subducción anterior de corteza oceánica durante la aproximación de las dos masas continentales.

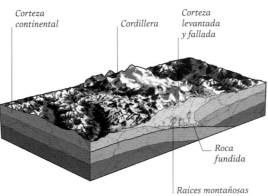

Corteza continental — *Cordillera* — *Corteza levantada y fallada*

Roca fundida

Raíces montañosas

Límite océano-continente

Cuando la fina corteza oceánica y la gruesa corteza continental chocan, la oceánica, más densa, se hunde en la zona de subducción y se abre una fosa, normalmente frente a la costa. El agua de la corteza subducida se libera en la roca superior, modifica la composición química de esta y reduce su punto de fusión. El magma resultante alimenta un vulcanismo constructor de montañas.

Corteza oceánica fina — *Desarrollo de un arco volcánico continental* — *Corteza continental gruesa*

Fosa submarina

Formación de magma

Litosfera oceánica subducida

Capa caliente y deformable del manto superior (astenosfera)

Límite océano-océano

Cuando chocan dos placas oceánicas, una se desliza bajo la otra y crea una fosa submarina en la zona de subducción. El agua liberada a medida que la placa subducida se funde en el manto provoca actividad volcánica en la placa superior. La lava vertida en el mar a lo largo del borde se enfría y se acumula deprisa, y acaba emergiendo en forma de arco insular.

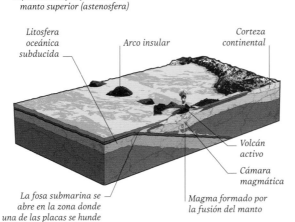

Litosfera oceánica subducida — *Arco insular* — *Corteza continental*

Volcán activo

Cámara magmática

La fosa submarina se abre en la zona donde una de las placas se hunde

Magma formado por la fusión del manto

El **antiguo fondo marino** que forma las faldas del Himalaya **contiene** fósiles de ballenas de **54 Ma.**

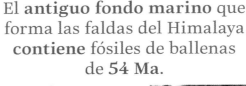

Alpes
Los Alpes, la mayor cordillera europea, se formaron tras la colisión de las placas tectónicas euroasiática y africana.

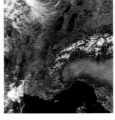

Monte Saint Helens
La subducción de corteza oceánica alimenta este volcán activo de la cordillera de las Cascadas (América del Norte).

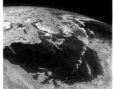

Arco insular aleutiano
Esta cadena volcánica se formó donde la placa pacífica se subduce bajo los restos de corteza oceánica hoy unida a América del Norte.

Cordilleras

Las grandes cordilleras reflejan episodios de construcción de montañas (orogénesis) pasados y presentes a lo largo de límites tectónicos y forman a menudo cadenas lineales llamadas cinturones orogénicos. Los Alpes y el Himalaya aún siguen elevándose, mientras que la mayor parte de los Andes y las Rocosas se formó hace unos 60 millones de años. Otras cordilleras, como los Apalaches, son mucho más antiguas.

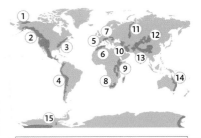

CLAVE

1	Cordillera de Alaska	9	Macizo Etíope
2	Montañas Rocosas	10	Cáucaso
3	Apalaches	11	Urales
4	Andes	12	Tien Shan
5	Pirineos	13	Himalaya
6	Atlas	14	Gran Cordillera Divisoria
7	Alpes	15	Cordillera Transantártica
8	Drakensberg		

Las cordilleras más largas

Aunque el sistema de dorsales oceánicas que recorre el planeta forma una cadena continua de unos 65 000 km de longitud, la mayoría de los geólogos considera que las cordilleras son cadenas de montañas sobre el nivel del mar, unidas por terreno elevado. Según esta definición, los Andes, en el borde occidental de América del Sur, constituyen la cordillera más larga del mundo.

Longitud aproximada de la cordillera

Andes (América del Sur)	7200 km
Montañas Rocosas (América del Norte)	4800 km
Gran Cordillera Divisoria (Australia)	3500 km
Cordillera Transantártica (Antártida)	3200 km
Himalaya (Asia)	2500 km

Impulsado por la colisión entre Asia e India, el Himalaya sigue creciendo a razón de 1 cm anual.

Cómo se forman las montañas

Las montañas son el resultado de procesos tectónicos que deforman la corteza terrestre, normalmente cerca de límites tectónicos. Esos procesos alteran de diversas maneras los bloques de corteza y dejan su impronta en la geología de las montañas que crean. La alteración dependerá del tipo de límite tectónico y de las propiedades de las rocas implicadas.

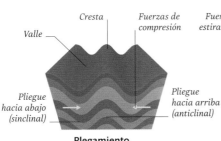

Cresta *Fuerzas de compresión*
Valle
Pliegue hacia abajo (sinclinal) *Pliegue hacia arriba (anticlinal)*

Plegamiento
La presión y el calor hacen que las rocas se vuelvan dúctiles y se comben y plieguen sin fracturarse, formando ondulaciones a distinta escala.

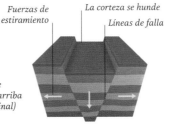

Fuerzas de estiramiento *La corteza se hunde* *Líneas de falla*

Fractura continental
Cuando las placas continentales se separan o se fracturan, la corteza se hunde a lo largo de líneas de falla y forma un valle tectónico (rift) con bordes montañosos.

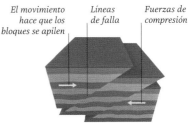

El movimiento hace que los bloques se apilen *Líneas de falla* *Fuerzas de compresión*

Cabalgamiento
En las zonas sometidas a una gran compresión, los bloques de corteza se fracturan a lo largo de líneas de falla (fallas de cabalgamiento), se elevan y se apilan.

Medición del crecimiento

En las montañas, el clima varía con la altura. El estudio de los fósiles permite a los geólogos estimar la altura de una cordillera en el momento en que vivieron las plantas fosilizadas.

Zonas de altitud
Las montañas se dividen en zonas en las que dominan distintos tipos de plantas.

Por encima de 4000 m

3000–4000 m

2000–3000 m

Por debajo de 1000 m

Las cimas más altas del mundo

Las cien montañas más altas del mundo se concentran en el Himalaya y otras cordilleras cercanas, que se formaron cuando el subcontinente indio y Asia chocaron, y la placa india, que se desplazaba hacia el norte, se subdujo bajo la euroasiática. Fuera de Asia, el pico más elevado es el Aconcagua (Argentina), de 6961 m de altura.

Altura aproximada de la montaña

Everest (Himalaya)	8848 m
K2 (Karakórum)	8611 m
Kangchenjunga (Himalaya)	8586 m
Lhotse (Himalaya)	8516 m
Makalu (Himalaya)	8485 m

Montañas submarinas

A lo largo de los arcos insulares se alzan montañas submarinas. Allí donde las placas oceánicas se separan, las erupciones volcánicas vierten lava en el fondo marino y levantan cadenas montañosas a ambos lados de una fisura central. También los puntos calientes del manto pueden crear volcanes localizados en la corteza superior.

ALTURAS OCULTAS
Con sus 8848 m, el Everest es la montaña más alta del planeta sobre el nivel del mar. Sin embargo, si se mide la distancia total de la base a la cima, queda muy por debajo de los 10 207 m del Mauna Kea (Hawái), un volcán extinguido que se formó sobre un punto caliente del manto de la Tierra.

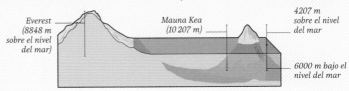

Everest (8848 m sobre el nivel del mar) *Mauna Kea (10 207 m)* *4207 m sobre el nivel del mar* *6000 m bajo el nivel del mar*

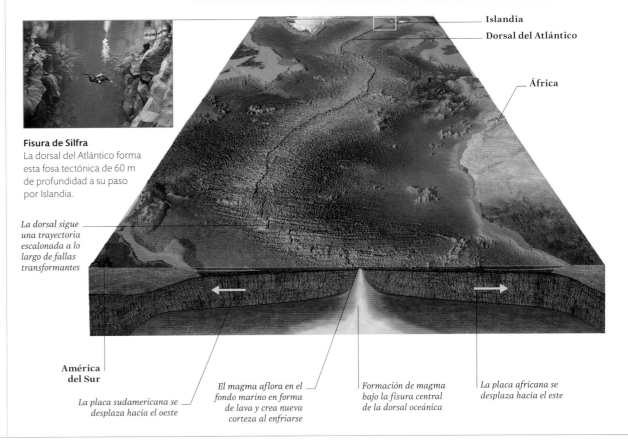

Fisura de Silfra
La dorsal del Atlántico forma esta fosa tectónica de 60 m de profundidad a su paso por Islandia.

Islandia
Dorsal del Atlántico
África

La dorsal sigue una trayectoria escalonada a lo largo de fallas transformantes

América del Sur
La placa sudamericana se desplaza hacia el oeste
El magma aflora en el fondo marino en forma de lava y crea nueva corteza al enfriarse
Formación de magma bajo la fisura central de la dorsal oceánica
La placa africana se desplaza hacia el este

Véase también Rocas pp. 62–63 ▶ **57**

Erosión, meteorización y sedimentación

El vulcanismo y la tectónica de placas son los responsables de la formación y la elevación de nuevas rocas, pero existen otros procesos que modelan la superficie terrestre. La erosión

comprende varios procesos que desgastan, fragmentan y transportan las rocas. La meteorización consiste en la fragmentación de rocas sin transporte inmediato.

La **salpicadura** de una sola gota de lluvia puede **esparcir partículas de suelo** hasta 0,6 m.

Precipitación a gran altura

El río sigue un curso recto

Erosión fluvial
El flujo del agua es uno de los agentes de erosión y sedimentación más poderosos. Muchas formas de erosión terrestre se deben a la acción de ríos presentes y pasados.

Sedimentos depositados donde discurre lento

Meandros en la llanura aluvial

Meandros más pronunciados

El meandro abandonado indica el curso anterior

Deposición de sedimentos lodosos en el delta

El curso de los ríos
La forma de un río cambia a lo largo de su descenso desde el nacimiento hasta el mar, debido a los cambios de velocidad de flujo y de la capacidad de erosión y deposición. Cuando fluye con rapidez, el río arrastra materiales que deposita a medida que pierde velocidad.

CURSO ALTO

CURSO MEDIO

CURSO BAJO

Erosión eólica
El viento puede ser una potente fuerza erosiva si las partículas sueltas de sedimentos se mantienen en el aire mucho tiempo. Por ejemplo, en climas muy secos, como en los

desiertos, donde apenas hay humedad o vegetación que sujeten el suelo, las partículas acarreadas por el viento pueden esculpir la roca. El viento también crea dunas mediante el transporte y la deposición de arena.

Erosión costera
Las olas que rompen contra la costa son una poderosa fuerza erosiva que desgasta las rocas y arrastra los sedimentos de distinta manera según su propia potencia y la naturaleza de las rocas.

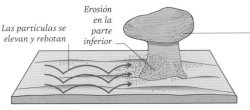

Las partículas se elevan y rebotan

Erosión en la parte inferior

La parte superior queda intacta

CLAVE
→ Vientos dominantes

Rocas con forma de seta
Cuando las partículas transportadas por el viento no superan una altura concreta, la erosión más intensa en las zonas inferiores puede crear rocas con forma de seta, o ventifactos.

Costas rocosas
Cuando rompen contra un acantilado rocoso, las olas erosionan la base antes que la parte más alta, y el acantilado acaba por derrumbarse.

Hendidura bajo el agua

Corriente submarina cargada de rocas

Pavimentos desérticos
Son áreas planas y sólidas de las zonas desérticas compuestas por capas de guijarros y piedras más grandes interconectados. Se forman por el transporte eólico de las partículas más finas (arena).

El viento se lleva la arena

Viento sobre la superficie

① DEFLACIÓN

Piedras grandes intactas

Nivel superficial más bajo

② AFLORAN LAS PIEDRAS

Los guijarros se interconectan

Sedimento subyacente protegido

③ PAVIMENTO

La erosión de rocas blandas forma una bahía

Cabo

Farallón

Las olas rompen contra el cabo

Deposición en las aguas someras de la playa

Dunas
Son grandes depósitos de arena formados por saltación (alzamiento y deposición repetidos) de partículas finas. Su forma depende de los vientos dominantes. Pueden migrar o estabilizarse gracias a la vegetación.

Viento desde varias direcciones

DUNAS PIRAMIDALES

Viento en una sola dirección

BARJANES

El viento sopla desde dos direcciones y canaliza la arena

DUNAS LONGITUDINALES

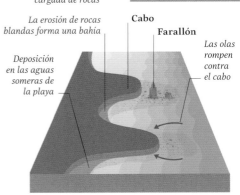

Costa formada por rocas duras y blandas
Las rocas más duras resisten mejor la erosión que las blandas y forman cabos y farallones aislados separados por bahías o golfos. Estos quedan protegidos de la energía de las olas, ya que estas azotan antes los cabos.

El **Gran Cañón** (EE UU) fue **esculpido** por la **erosión** a lo largo de millones de años.

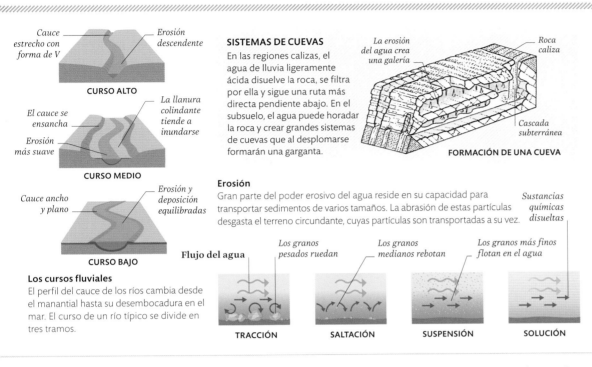

Cauce estrecho con forma de V
Erosión descendente

CURSO ALTO

El cauce se ensancha
La llanura colindante tiende a inundarse
Erosión más suave

CURSO MEDIO

Cauce ancho y plano
Erosión y deposición equilibradas

CURSO BAJO

Los cursos fluviales
El perfil del cauce de los ríos cambia desde el manantial hasta su desembocadura en el mar. El curso de un río típico se divide en tres tramos.

SISTEMAS DE CUEVAS
En las regiones calizas, el agua de lluvia ligeramente ácida disuelve la roca, se filtra por ella y sigue una ruta más directa pendiente abajo. En el subsuelo, el agua puede horadar la roca y crear grandes sistemas de cuevas que al desplomarse formarán una garganta.

Erosión
Gran parte del poder erosivo del agua reside en su capacidad para transportar sedimentos de varios tamaños. La abrasión de estas partículas desgasta el terreno circundante, cuyas partículas son transportadas a su vez.

La erosión del agua crea una galería
Roca caliza
Cascada subterránea

FORMACIÓN DE UNA CUEVA

Flujo del agua

Los granos pesados ruedan
Los granos medianos rebotan
Los granos más finos flotan en el agua
Sustancias químicas disueltas

TRACCIÓN   **SALTACIÓN**   **SUSPENSIÓN**   **SOLUCIÓN**

Meteorización
Consiste en la fragmentación de las rocas sin transporte posterior, normalmente a causa del estrés físico o de una acción biológica. La meteorización química se produce cuando la interacción del agua de lluvia y el dióxido de carbono atmosférico forma ácidos débiles.

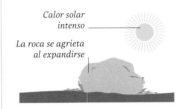

Calor solar intenso
La roca se agrieta al expandirse

Meteorización física o mecánica
Los ciclos repetidos de calentamiento y enfriamiento, los cambios de la presión circundante y otros factores físicos meteorizan las rocas.

Erosión glaciar
Los glaciares son masas de hielo que fluyen lentamente y actúan como unos potentes agentes erosivos. Las rocas que arrancan del suelo se convierten en partículas abrasivas que raspan y pulen el lecho, mientras que la congelación y el deshielo repetidos en sus bordes meteorizan las rocas cercanas.

Ríos de hielo
Los glaciares se forman por la superposición de capas de hielo persistente que empiezan a descender impulsadas por su propio peso, una fuerza lenta pero casi imposible de detener.

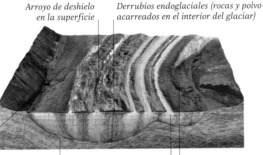

Arroyo de deshielo en la superficie
Derrubios endoglaciales (rocas y polvo acarreados en el interior del glaciar)
Morrenas (rocas transportadas en la superficie)
Lecho de roca alisado por la erosión
Profundas grietas cuneiformes en la superficie del hielo
Derrubios rocosos acarreados y depositados a los lados del glaciar

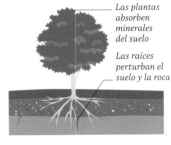

Las plantas absorben minerales del suelo
Las raíces perturban el suelo y la roca

Meteorización biológica
Las plantas y los líquenes alteran las rocas químicamente, que acaban por fragmentarse por el estrés interno. Las raíces también pueden disgregar la roca.

Deposición
La deposición consiste en el asentamiento de los sedimentos transportados al final de su recorrido. Estos se depositan en distintos lugares según su tamaño, forma y masa, y la velocidad del viento o del agua que los transporta, que puede verse afectada por la morfología local. A su vez, la acumulación de sedimentos puede alterar la morfología de la zona.

Clasificación de los sedimentos
La localización de los sedimentos en distintos puntos de la costa refleja la energía del agua que los ha transportado.

LODO   **LIMO**   **ARENA**   **GUIJARROS**   **ROCAS**

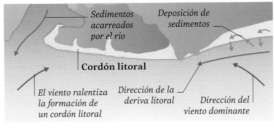

Sedimentos acarreados por el río
Deposición de sedimentos
Cordón litoral
El viento ralentiza la formación de un cordón litoral
Dirección de la deriva litoral
Dirección del viento dominante

Acumulación de sedimentos
La deriva litoral transporta sedimentos a lo largo de la costa y los deposita y arrastra en distintos ángulos. Los sedimentos también se acumulan en aguas estancadas o lentas.

MEANDRO ABANDONADO
En los meandros, el río erosiona el margen exterior de las curvas y deposita material en el interior. Con el tiempo, este proceso estrecha el cuello del meandro, y el río lo corta.

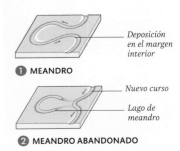

Deposición en el margen interior
❶ MEANDRO

Nuevo curso
Lago de meandro
❷ MEANDRO ABANDONADO

Minerales

Un mineral es una sustancia natural inorgánica, generalmente sólida y con estructura cristalina. Cada mineral tiene una composición química específica, desde los elementos puros, como el oro o el azufre, hasta complejas combinaciones de elementos. Los minerales se clasifican según el anión dominante en su estructura.

FORMA Y ESTRUCTURA DE LOS CRISTALES

La estructura geométrica repetida de los compuestos minerales da lugar a diversas formas de cristales. Estos se dividen en seis sistemas basados en su simetría.

CÚBICO ORTORRÓMBICO HEXAGONAL TETRAGONAL MONOCLÍNICO TRICLÍNICO

Masa de cuarzo — Oro depositado por agua hidrotermal

Elementos nativos
Estos elementos existen como sólidos puros en la corteza terrestre. También se incluyen en esta clase las aleaciones (combinaciones de metales) naturales.

Estructura en racimo (botrioidal)
Cristales ortorrómbicos
Lustre metálico
Aspecto metálico brillante
Superficie redondeada

ARSÉNICO As — AZUFRE S — COBRE Cu — ORO Au

Sulfuros
Abundan en la naturaleza y suelen ser lustrosos y de colores vivos. Se forman cuando metales o semimetales se unen a aniones de azufre.

Compuesto de mercurio de color rojo intenso
Cristales radiales y alargados, como el antimonio
Sulfuro de hierro y cobre iridiscente («mineral pavo real»)
Los cristales cúbicos contienen plomo
Cristales de simetría cúbica

CINABRIO HgS — ESTIBINA Sb_2S_3 — BORNITA Cu_5FeS_4 — GALENA PbS — PIRITA FeS_2

Haluros
Son minerales generalmente blandos que se forman cuando un metal se combina con un anión halógeno, como el cloro, el flúor, el bromo o el yodo.

Debe su color a las impurezas elementales
Sal gema (cloruro de sodio)
Aspecto vítreo translúcido
Depósitos de fluoruro de aluminio y sodio
Cristales ortorrómbicos

FLUORITA CaF_2 — HALITA NaCl — SILVINA KCl — CRIOLITA Na_3AlF_6 — CARNALITA $KMgCl_3·6H_2O$

Óxidos
Son minerales duros que se forman cuando un metal o un semimetal se combina con el oxígeno o con un compuesto aniónico dominado por el oxígeno.

Se suele formar en matrices de roca ígnea o metamórfica
Cristales aciculares semitransparentes
Color gris acero
Color oscuro debido a impurezas de hierro
Color azul por la presencia de hierro y titanio
El cromo aporta el tono rojizo
Color negro metálico
Cristales de óxido de cobre rojo
Óxido de zinc rojo

RUTILO TiO_2 — HEMATITES Fe_2O_3 — CASITERITA SnO_2

ZAFIRO (CORINDÓN) Al_2O_3 — RUBÍ (CORINDÓN) Al_2O_3 — CROMITA $FeCr_2O_4$ — CUPRITA Cu_2O — CINCITA ZnO

Se conocen unos **5500 minerales**, cada uno de ellos con una **composición química** o estructura **única**.

Carbonatos

Minerales blandos y generalmente de colores vivos que se forman cuando un metal se combina con un carbonato compuesto por un átomo de carbono y tres de oxígeno (CO_3).

Cristales de carbonato de calcio azul oscuro

Grandes formaciones cristalinas características

Distintos tonos de verde

Los cristales opacos forman mármol y dolomita

El color varía del rosa al rojo

AZURITA $Cu_3(CO_3)_2(OH)_2$

CALCITA $CaCO_3$

MALAQUITA $Cu_2CO_3(OH)_2$

DOLOMITA $CaMg(CO_3)_2$

RODOCROSITA $MnCO_3$

Sulfatos

Minerales ligeros y blandos formados por la unión de elementos metálicos con un sulfato, una combinación de átomos de azufre y de oxígeno (SO_4).

Cristales incoloros

Cristales prismáticos

Cristales azules de estroncio

Cristales densos y pesados

El color va del verde al negro

ANHIDRITA $CaSO_4$

YESO $CaSO_4 \cdot 2H_2O$

CELESTINA $SrSO_4$

BARITA $BaSO_4$

BROCANTITA $Cu_4SO_4(OH)_6$

Fosfatos

Constituyen un grupo muy numeroso, definido por la presencia de fósforo y oxígeno en una proporción de 1 a 4 (PO_4), que incluye muchos compuestos relativamente raros.

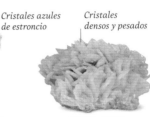

Esquirlas azules similares al vidrio

Depósitos de turquesa incrustados en óxido de hierro

Cristales de fosfato de calcio

Color amarillo fluorescente bajo luz ultravioleta

Cristales aciculares radiales

VIVIANITA $Fe_3(PO_4)_2 \cdot 8H_2O$

TURQUESA $CuAl_6(PO_4)_4(OH)_8 \cdot 4H_2O$

APATITO $Ca_5(PO_4)_3(F,OH,Cl)$

AUTUNITA $Ca(UO_2)_2(PO_4)_2 \cdot 10\text{-}12H_2O$

WAVELLITA $Al_3(PO_4)_2(OH,F)_3 \cdot 5H_2O$

Arseniatos

De estructura similar a la de los fosfatos, estos minerales raros contienen un anión arseniato (AsO_4), basado en el arsénico, un semimetal tóxico.

Estructura botrioidal

Lustre vítreo

Cristales verdeazulados oscuros

Cristales laminares verdes

«Flor de cobalto» de un rosa intenso

MIMETITA $Pb_5(AsO_4)_3Cl$

ESCORODITA $FeAsO_4 \cdot 2H_2O$

CLINOCLASA $Cu_3(AsO_4)(OH)_3$

CALCOFILITA $Cu_{18}Al_2(AsO_4)_3(SO_4)_3(OH)_{27} \cdot 33H_2O$

ERITRITA $CO_3(AsO_4)_2 \cdot 8H_2O$

Silicatos

Contienen metales combinados con silicio y oxígeno. Son el mayor y más abundante de los grupos minerales y constituyen el 90 % de la corteza terrestre.

Cristales elongados

Color azul claro por las impurezas de hierro

Acabado transparente

EPIDOTA $Ca_2Al_2(Fe,Al)(SiO_4)(Si_2O_7)O(OH)$

BERILO $Be_3Al_2Si_6O_{18}$

OLIVINO $(Mg,Fe)_2SiO_4$

La radiación y las impurezas le dan color violeta

Cristales vítreos

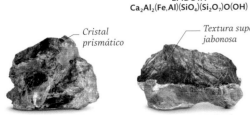
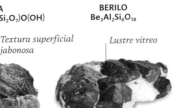

Cristal prismático

Textura superficial jabonosa

Lustre vítreo

DIÓPSIDO $CaMg(Si_2O_6)$

TALCO $Mg_3Si_4O_{10}(OH)_2$

LAZURITA $Na_3Ca(Al_3Si_3O_{12})S$

AMATISTA SiO_2

Véase también Rocas pp. 62-63 ▶

Rocas

Cómo se forman las rocas

Las rocas son acumulaciones de granos de distintos minerales. En su formación intervienen una gran variedad de factores físicos y químicos, que actúan sobre los materiales expulsados por las erupciones de magma caliente. La transformación de las rocas mediante nuevas erupciones, calor, presión, erosión y meteorización química (reacción de los minerales con materiales de su entorno) es un proceso constante e infinito.

Las rocas ígneas se forman al fundirse y enfriarse rocas preexistentes

Intrusión: masa cristalina de magma dentro de la Tierra

El magma es roca líquida caliente con gas disuelto

Levantamiento o movimiento ascendente de masas de roca

Las rocas metamórficas se forman cuando el calor y la presión transforman rocas de un tipo en otro

La subducción se produce cuando las placas oceánicas se desplazan y se hunden bajo otras menos densas

El **ciclo de las rocas** es un **lento** proceso de **millones de años**.

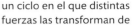

Extrusión: afloramiento de magma por un volcán en forma de lava y ceniza

Glaciares y torrentes erosionan las rocas

Las rocas sedimentarias se forman al fusionarse partículas de sedimentos

El ciclo de las rocas

La «historia» de las rocas se puede representar como un ciclo en el que distintas fuerzas las transforman de distintas maneras.

Las precipitaciones alimentan a glaciares y torrentes

Las partículas de roca transportadas por los ríos se depositan en forma de arena, lodo o guijarros

Sedimentación marina: las partículas de roca se depositan en el fondo del mar

Rocas ígneas

Son las rocas solidificadas a partir de magma (mezcla de roca fundida, minerales y gas disuelto). Los distintos tipos de rocas ígneas se diferencian por su contenido mineral, su composición química y su estructura física.

Formación volcánica

Cuando el magma se enfría y se solidifica sobre la superficie de la Tierra (extrusión) o por debajo (intrusión) origina rocas con distintas propiedades minerales.

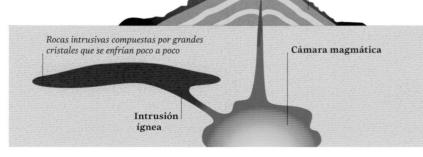

Escorias y ceniza

La matriz de las rocas extrusivas que se enfrían con rapidez puede ser desde vítrea hasta granular fina

Rocas intrusivas compuestas por grandes cristales que se enfrían poco a poco

Cámara magmática

Intrusión ígnea

La Torre del Diablo

Este pico de Wyoming (EE UU) es una intrusión ígnea que se enfrió y se solidificó en el subsuelo, y quedó expuesto tras la erosión del terreno y los sedimentos circundantes.

Granos finos

BASALTO

Cristales de cuarzo

RIOLITA

Textura gruesa

KIMBERLITA

Cristal de turmalina

PEGMATITA

Textura vítrea

OBSIDIANA

DIORITA

LAPILLI (PIEDRA PÓMEZ)

Feldespato rosa

GRANITO

Rocas sedimentarias

El viento, el agua y los cambios de temperatura erosionan las rocas cuyos fragmentos son transportados y se acumulan como sedimentos, en lagos y en el fondo del mar normalmente. Con el tiempo, el peso del material acumulado comprime los sedimentos y crea nuevos tipos de roca.

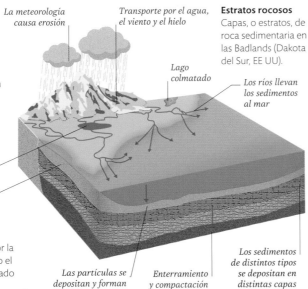

La meteorología causa erosión

Transporte por el agua, el viento y el hielo

Estratos rocosos
Capas, o estratos, de roca sedimentaria en las Badlands (Dakota del Sur, EE UU).

Lago colmatado

Lago de agua dulce

Los ríos llevan los sedimentos al mar

Fondo del mar

Formación a partir de depósitos
Las rocas sedimentarias se forman por la acumulación de restos de roca. Como el tipo y la cantidad de material depositado varían, se forman distintas capas.

Las partículas se depositan y forman sedimentos en el fondo marino

Enterramiento y compactación

Los sedimentos de distintos tipos se depositan en distintas capas

El carbono le da color oscuro

LIMOLITA

Fragmento de cuarzo

CONGLOMERADO

Textura granular fina

ARENISCA

Granos redondeados

CALIZA

Sílice compacta

EVAPORITA

SÍLEX

Bandas rojas ricas en hematites

BRECHA

FORMACIÓN FÉRRICA BANDEADA

Solo el **7,9**% de la **corteza terrestre** está formado por rocas sedimentarias.

Rocas metamórficas

Cuando las rocas están sometidas a temperaturas y presiones elevadas en la corteza, sus componentes y su estructura se transforman, y se convierten en rocas metamórficas. El metamorfismo de impacto se produce cuando el calor y la presión se deben a una colisión, como la de un asteroide.

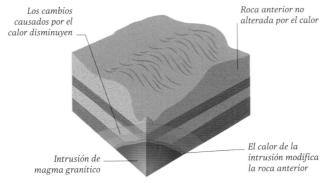

Los cambios causados por el calor disminuyen

Roca anterior no alterada por el calor

Placa tectónica

Roca metamórfica creada por la presión y el calor

Intrusión de magma granítico

El calor de la intrusión modifica la roca anterior

Manto

Subducción de la placa

Metamorfismo de contacto
Las rocas próximas a una cámara magmática pueden experimentar un metamorfismo localizado, porque alcanzan temperaturas de cientos de grados. La introducción de sustancias químicas procedentes de otras rocas (a menudo transportadas por el agua) origina cambios químicos.

Metamorfismo regional
Si las temperaturas elevadas y la presión vertical se combinan en las profundidades de la corteza pueden transformar grandes áreas de roca, que también pueden experimentar fuerzas horizontales cuando los fragmentos de corteza se desplazan y se deforman por la tectónica de placas (pp. 48–49).

Cantera
La pizarra es una roca gris que se separa en múltiples laminillas. Se forma cuando las lutitas sedimentarias se metamorfizan por efecto de un calor y una presión elevados.

Roca de grano fino

PIZARRA

GNEIS

Grano grueso

Granate rojo

ECLOGITA

JADEÍTA

SERPENTINITA

Forma irregular porque la origina un rayo

CORNEANA

FULGURITA

Formado a partir de caliza

MÁRMOL

SKARN

Formada a partir de arenisca

CUARCITA

Los océanos

La Tierra es un planeta de agua: el 71 % de su superficie está cubierta por un océano salado con una profundidad media de 3700 m. Más del 97 % de toda el agua de la superficie del planeta se encuentra en el océano.

Océanos del mundo

Las aguas del océano terrestre se suelen dividir en los océanos Pacífico, Atlántico, Índico y Ártico, y a veces, también el Antártico. Sin embargo, los cinco están interconectados y el agua fluye entre ellos constantemente.

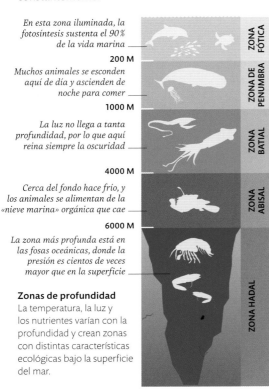

En esta zona iluminada, la fotosíntesis sustenta el 90 % de la vida marina

ZONA FÓTICA

200 M

Muchos animales se esconden aquí de día y ascienden de noche para comer

ZONA DE PENUMBRA

1000 M

La luz no llega a tanta profundidad, por lo que aquí reina siempre la oscuridad

ZONA BATIAL

4000 M

Cerca del fondo hace frío, y los animales se alimentan de la «nieve marina» orgánica que cae

ZONA ABISAL

6000 M

La zona más profunda está en las fosas oceánicas, donde la presión es cientos de veces mayor que en la superficie

ZONA HADAL

Zonas de profundidad

La temperatura, la luz y los nutrientes varían con la profundidad y crean zonas con distintas características ecológicas bajo la superficie del mar.

Chimeneas hidrotermales

En el fondo oceánico también hay fuentes termales. El agua de mar que llena las fisuras del fondo es calentada por la actividad volcánica y sube cargada de sustancias químicas disueltas. Estas sustancias forman una suspensión turbia cuando el agua caliente entra en contacto con el frío océano.

La fumarola negra indica la presencia de azufre

Los depósitos químicos crean una chimenea

La fumarola blanca indica que el agua tiene más calcio

La chimenea puede calentar el agua hasta los 400 °C

Cuencas oceánicas

Los océanos ocupan vastas cuencas creadas por la diferencia de grosor de la corteza terrestre. La corteza oceánica tiene unos 8 km de grosor, mientras que la continental tiene entre 40 y 50 km.

La dorsal del Atlántico se une a dorsales oceánicas similares en los océanos Ártico e Índico

La plataforma continental entre Siberia y Alaska fue tierra firme hasta hace unos 11 000 años

El arco insular aleutiano se formó al norte de la fosa oceánica de las Aleutianas

La cadena hawaiana se formó sobre un punto caliente (una fuente profunda de magma que alimenta volcanes submarinos que emergen como islas)

Las zonas geográficas del océano cercanas a la costa reciben el nombre de mares, como el mar Caribe

El océano Pacífico abarca el 46 % de la superficie oceánica de la Tierra

OCÉANO ÁRTICO

Los arcos insulares se forman donde los volcanes submarinos, creados durante el mismo proceso que originó las fosas oceánicas cercanas, emergen sobre la superficie

OCÉANO ATLÁNTICO

OCÉANO PACÍFICO

Las fosas oceánicas se forman donde la corteza oceánica se hunde bajo otra placa tectónica y arrastra el fondo marino hasta profundidades enormes

El océano Antártico, en torno a la Antártida, no tiene una cuenca diferenciada, y no todos los geógrafos lo reconocen

OCÉANO ANTÁRTICO

Muchas veces, un cabo o un promontorio marcan el límite entre dos océanos, como el cabo de Hornos, que separa el Pacífico y el Atlántico

La **unidad tradicional de medida** de la profundidad del océano es la braza, basada en la **longitud de los brazos extendidos horizontalmente** y hoy establecida en **183 cm**.

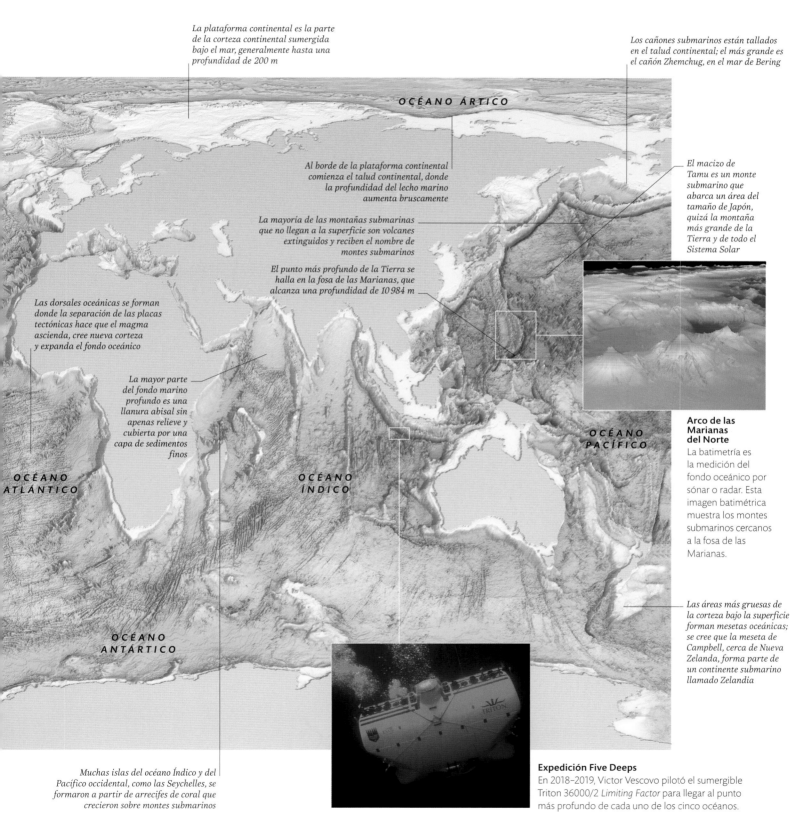

La plataforma continental es la parte de la corteza continental sumergida bajo el mar, generalmente hasta una profundidad de 200 m

Los cañones submarinos están tallados en el talud continental; el más grande es el cañón Zhemchug, en el mar de Bering

OCÉANO ÁRTICO

Al borde de la plataforma continental comienza el talud continental, donde la profundidad del lecho marino aumenta bruscamente

El macizo de Tamu es un monte submarino que abarca un área del tamaño de Japón, quizá la montaña más grande de la Tierra y de todo el Sistema Solar

La mayoría de las montañas submarinas que no llegan a la superficie son volcanes extinguidos y reciben el nombre de montes submarinos

El punto más profundo de la Tierra se halla en la fosa de las Marianas, que alcanza una profundidad de 10 984 m

Las dorsales oceánicas se forman donde la separación de las placas tectónicas hace que el magma ascienda, cree nueva corteza y expanda el fondo oceánico

La mayor parte del fondo marino profundo es una llanura abisal sin apenas relieve y cubierta por una capa de sedimentos finos

OCÉANO PACÍFICO

OCÉANO ATLÁNTICO

OCÉANO ÍNDICO

Arco de las Marianas del Norte
La batimetría es la medición del fondo oceánico por sónar o radar. Esta imagen batimétrica muestra los montes submarinos cercanos a la fosa de las Marianas.

OCÉANO ANTÁRTICO

Las áreas más gruesas de la corteza bajo la superficie forman mesetas oceánicas; se cree que la meseta de Campbell, cerca de Nueva Zelanda, forma parte de un continente submarino llamado Zelandia

Muchas islas del océano Índico y del Pacífico occidental, como las Seychelles, se formaron a partir de arrecifes de coral que crecieron sobre montes submarinos

Expedición Five Deeps
En 2018-2019, Victor Vescovo pilotó el sumergible Triton 36000/2 *Limiting Factor* para llegar al punto más profundo de cada uno de los cinco océanos.

Véase también Corrientes oceánicas, olas y mareas pp. 66-67 ▶ **Los biomas** pp. 76-77 ▶ **El ciclo del carbono** pp. 78-79 ▶ **La historia de la Tierra** pp. 298-301 ▶

Corrientes oceánicas, olas y mareas

El agua del océano está en movimiento constante. En la superficie, sube y baja por efecto de las olas generadas por el viento. A lo largo de la costa, el nivel del agua varía siguiendo el ritmo regular de la marea, un período más prolongado de subida y bajada de nivel debido a la atracción gravitatoria de la Luna. A mayor escala, los océanos se mueven gracias a las corrientes que fluyen a distinta profundidad y mezclan de manera lenta pero continua el agua e influyen en la pauta climática del planeta.

CORRIENTES OCEÁNICAS VISIBLES

La proliferación del plancton permite ver desde el espacio las corrientes del océano. El plancton (fundamentalmente organismos marinos diminutos que flotan a merced de las corrientes oceánicas) prolifera cuando la luz solar se suma a la abundancia de nutrientes.

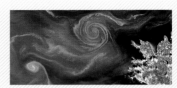

PROLIFERACIÓN DE PLANCTON

Corrientes oceánicas

Son flujos de agua que discurren de manera continua en una dirección constante a unos kilómetros por hora. La compleja relación de la profundidad, la temperatura, la salinidad, la forma de la costa y la rotación terrestre determina su ruta.

Corrientes superficiales

Las corrientes que desplazan el agua superficial, muchas de las cuales tienen nombre propio, influyen en el clima. Las corrientes frías a lo largo de costas tropicales provocan sequía, y las cálidas, lluvia. Las corrientes superficiales conectan con las profundas (p. siguiente).

CLAVE
→ Corriente cálida
→ Corriente fría

La corriente del Golfo cruza el Atlántico llevando agua cálida desde el golfo de México

La corriente del Labrador enfría la costa este norteamericana

La deriva (o corriente) del Atlántico Norte lleva agua cálida desde la corriente del Golfo al noroeste de Europa

La corriente de Oyashio, rica en nutrientes, alimenta los caladeros frente a la costa de Japón

La luz solar intensa y directa calienta el océano cerca del ecuador

En general, las corrientes cálidas se alejan del ecuador

La corriente de Australia Oriental mantiene cálida todo el año la Gran Barrera de Coral

La corriente circumpolar antártica aísla a la Antártida de aguas más cálidas

La corriente de Humboldt, o de Perú, origina un gran afloramiento de nutrientes en el mar y un desierto extremo en tierra

La fría corriente de Benguela crea el desierto del Namib

El agua superficial es más fría en las regiones polares

Olas

Las olas oceánicas se forman por la fricción entre el agua superficial y el viento en un área llamada *fetch*, donde el viento sopla constante en una dirección. Las más grandes se forman cuando el *fetch* es más largo (hasta cientos de kilómetros) y el viento sopla a más velocidad y durante más tiempo. Las olas de viento de más 15 m de altura son raras. Los tsunamis (p. 54), causados por una perturbación repentina del agua, pueden ser más altos.

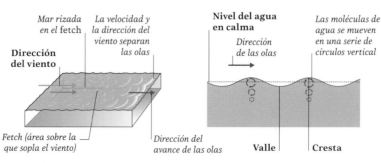

Mar rizado en el fetch

La velocidad y la dirección del viento separan las olas

Dirección del viento

Fetch (área sobre la que sopla el viento)

Dirección del avance de las olas

❶ Formación de las olas
El viento sopla sobre el *fetch* y crea rizaduras, que se unen y forman una única ola con una dirección constante.

Nivel del agua en calma

Las moléculas de agua se mueven en una serie de círculos vertical

Dirección de las olas

Valle **Cresta**

❷ Movimiento del agua
Las moléculas de agua no avanzan; se mueven de arriba abajo en círculos que originan el sube y baja del oleaje (mar de fondo).

La ola gana altura al ralentizarse

La ola se desploma y rompe

Dirección de la ola

La parte inferior se arrastra sobre el fondo

❸ Las olas rompen en la orilla
Cuando la ola llega a aguas poco profundas, su base pierde velocidad, pero la parte superior prosigue hasta que rompe.

El **mayor tsunami registrado** fue causado por un corrimiento de tierra
en la costa de **Alaska** en **1958**: la **pared de agua** alcanzó **520 m** de altura.

EL PLANCTON

Los organismos marinos que no pueden
nadar a contracorriente en el océano, de
bacterias microscópicas a medusas gigantes,
constituyen el plancton. Este se divide en
fitoplancton (organismos similares a las
plantas) y zooplancton (animales y similares),
que se alimenta del primero.

*Los largos apéndices le ayudan a mantenerse
estable en la columna de agua*

*El tejido
contiene
clorofila*

FITOPLANCTON
Diatomea

ZOOPLANCTON
Copépodo

Giros

La rotación de la Tierra desvía de
su ruta los vientos y las corrientes
oceánicas arrastradas por el viento,
sobre todo los que fluyen en dirección
norte y sur. Este fenómeno, conocido
como efecto Coriolis, crea grandes
corrientes oceánicas circulares
llamadas giros.

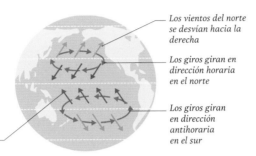

*Los vientos del norte
se desvían hacia la
derecha*

*Los giros giran en
dirección horaria
en el norte*

*Los giros giran
en dirección
antihoraria
en el sur*

*Los vientos del sur se
desvían hacia la izquierda*

La cinta transportadora oceánica

Con este nombre se conoce la circulación termohalina, que enlaza las corrientes
oceánicas superficiales y las profundas alrededor de todo el planeta mediante
un movimiento vertical de hundimiento y afloramiento del agua, impulsado por
las diferencias de temperatura y salinidad.

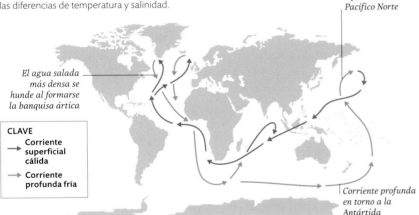

*Afloramiento
difuso en el
Pacífico Norte*

*El agua salada
más densa se
hunde al formarse
la banquisa ártica*

CLAVE
→ Corriente
superficial
cálida
→ Corriente
profunda fría

*Corriente profunda
en torno a la
Antártida*

Mares helados

El agua de mar se congela a –2 °C para formar hielo marino.
Al congelarse, el agua pierde densidad (y la de mar aún más,
porque la sal se queda en el agua restante), por lo que el hielo
flota en la superficie. Alrededor de un octavo de los océanos
del planeta se congela hasta cierto punto cada año, pero la
extensión del mar helado, o banquisa, varía considerablemente
entre verano e invierno, sobre todo en la Antártida, donde se
reduce casi un 85 %. Los icebergs de los mares fríos no proceden
de la banquisa, sino que se desprenden de glaciares.

CLAVE
Extensión de la
banquisa estival
Extensión de la
banquisa invernal
→ Rutas de
los icebergs

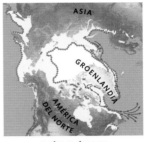
OCÉANO ÁRTICO

OCÉANO ANTÁRTICO

Hielo a la deriva
La banquisa puede consistir en
témpanos que flotan a la deriva en
las corrientes oceánicas, o en hielo
permanente unido a la costa.

Hielo longevo
El hielo marino alcanza 1 o 2 m de
espesor en un invierno, pero las crestas
de presión que desarrolla pueden
permanecer congeladas muchos años.

Mareas

La atracción gravitatoria de la Luna
y del Sol forma en el océano una
protuberancia que avanza por el
globo a medida que la Tierra gira.
En alta mar apenas alcanza 60 cm,
pero cerca de la costa gana altura y
produce una marea alta (pleamar).

Mareas vivas y muertas

Las mareas vivas (la pleamar y la bajamar
máximas) se producen cuando el Sol y la Luna
se alinean. Cuando su atracción se contrapone,
origina mareas muertas (mínimas).

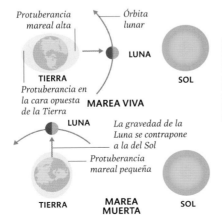

*Protuberancia
mareal alta*

*Órbita
lunar*

LUNA

TIERRA

*Protuberancia en
la cara opuesta
de la Tierra*

MAREA VIVA

SOL

LUNA

*La gravedad de la
Luna se contrapone
a la del Sol*

*Protuberancia
mareal pequeña*

TIERRA

**MAREA
MUERTA**

SOL

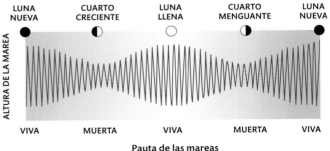

| LUNA NUEVA | CUARTO CRECIENTE | LUNA LLENA | CUARTO MENGUANTE | LUNA NUEVA |

ALTURA DE LA MAREA

| VIVA | MUERTA | VIVA | MUERTA | VIVA |

Pauta de las mareas
La pauta de las mareas vivas y muertas sigue las fases de la Luna.
Las fases lunares son un indicador de las posiciones relativas de la
Luna y el Sol. Durante la luna nueva y la luna llena, el Sol y la Luna
están alineados y originan las correspondientes mareas vivas.

Agua dulce y hielo

La mayor parte del agua de la Tierra es salada, con una gran variedad de minerales disueltos. Solo una pequeña cantidad es dulce, es decir, con una concentración de sal inferior a 500 partes por millón de moléculas de agua. El agua dulce se halla en el subsuelo, lagos y ríos, y congelada, en los casquetes polares y los glaciares.

El ciclo del agua

El agua de la Tierra está en movimiento constante y se desplaza entre la tierra, los océanos y la atmósfera en una cadena de procesos conocida como ciclo del agua. El Sol calienta el agua de ríos, lagos y mares, que se evapora; cuando el vapor se condensa, forma nubes y acaba cayendo en forma de lluvia o nieve; estas precipitaciones redistribuyen el agua por la superficie de la Tierra, y el ciclo vuelve a comenzar.

> Aparte del hielo procedente de impactos de **asteroides y cometas**, el volumen de agua y hielo de la Tierra permanece **inmutable** desde el **nacimiento del planeta**.

La acumulación de gotitas de agua en el aire acaba convirtiéndose en lluvia

El viento empuja las nubes desde el océano cálido hacia tierra firme, más fría

La nieve se suma a la cubierta de hielo en las regiones frías

Los árboles y otras plantas liberan vapor de agua a la atmósfera

El agua se filtra por las rocas y se acumula bajo tierra

La gravedad arrastra el agua ladera abajo y forma torrentes, ríos y lagos

El agua superficial y la subterránea acaban desembocando en el océano

Las sales y otros minerales arrastrados desde tierra firme se acumulan en el océano y le dan su salinidad

Lagos

Los lagos se forman en cuencas rodeadas de terreno más elevado cuando les llega agua, generalmente por varios canales. A diferencia de los ríos, los lagos no suelen tener una corriente constante, aunque la entrada de agua o el viento pueden generar corrientes en algunos.

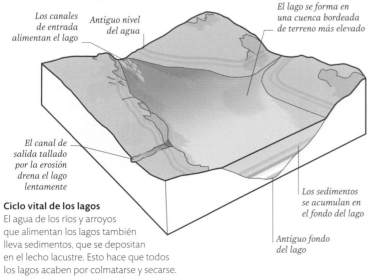

Los canales de entrada alimentan el lago

Antiguo nivel del agua

El lago se forma en una cuenca bordeada de terreno más elevado

El canal de salida tallado por la erosión drena el lago lentamente

Los sedimentos se acumulan en el fondo del lago

Antiguo fondo del lago

Ciclo vital de los lagos

El agua de los ríos y arroyos que alimentan los lagos también lleva sedimentos, que se depositan en el lecho lacustre. Esto hace que todos los lagos acaben por colmatarse y secarse.

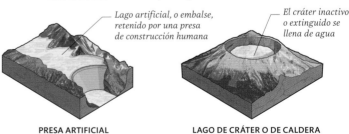

Presa natural formada por depósitos glaciales

El deshielo alimenta el lago

PRESA NATURAL

El agua llena el valle entre masas continentales que se separan

LAGO TECTÓNICO

Lago artificial, o embalse, retenido por una presa de construcción humana

El cráter inactivo o extinguido se llena de agua

PRESA ARTIFICIAL

LAGO DE CRÁTER O DE CALDERA

Tipos de lagos

Estos son cuatro ejemplos de las diversas maneras en que se forman los lagos. Las cuencas lacustres pueden quedar cerradas por presas artificiales, desprendimientos de tierra o glaciares. Los lagos más grandes y profundos, como el Baikal (Rusia), son lagos tectónicos, formados por los movimientos de las placas tectónicas. Los situados a mayor altitud suelen ser lagos de cráter, formados por la acumulación de agua en cráteres de volcanes activos o inactivos.

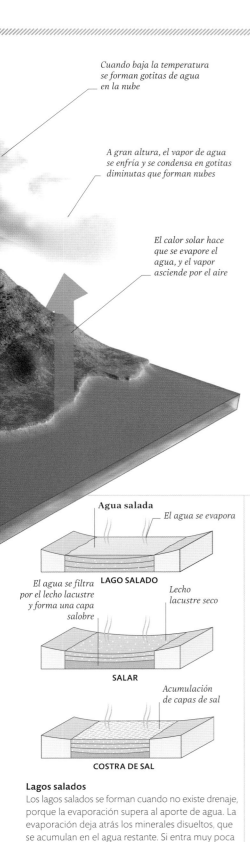

Cuando baja la temperatura se forman gotitas de agua en la nube

A gran altura, el vapor de agua se enfría y se condensa en gotitas diminutas que forman nubes

El calor solar hace que se evapore el agua, y el vapor asciende por el aire

El 97,5 % es agua marina salada

El 2,5 % es agua dulce

El 0,3 % está en ríos y lagos

El 68,9 % está en los casquetes polares y los glaciares

Distribución del agua de la Tierra

La mayor parte del agua de la Tierra es salada y forma los océanos. La mayor parte del agua dulce se encuentra en el hielo o en el subsuelo; los sistemas fluviales solo transportan una mínima fracción del agua dulce del mundo.

El 30,8 % es agua subterránea atrapada en rocas porosas

EL AGUA DE LA TIERRA

El **glaciar de Lambert,** el mayor del mundo, cubre más de **un millón de km²**.

EL RIEGO

El agua fluye pendiente abajo y también se filtra y fluye por el interior de la corteza terrestre a través de capas de roca porosa. Los pozos llamados artesianos permiten acceder a los acuíferos (reservas subterráneas de agua que suele utilizarse para el riego). En estos pozos, el agua asciende hasta la superficie impulsada por la presión natural generada por el flujo bajo tierra.

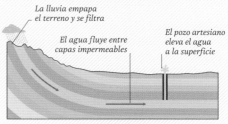

La lluvia empapa el terreno y se filtra

El agua fluye entre capas impermeables

El pozo artesiano eleva el agua a la superficie

POZO ARTESIANO

Desalinización

En los desiertos costeros, donde el agua dulce escasea, es posible eliminar la sal del agua de mar mediante un proceso industrial llamado desalinización. El modo más eficiente de hacerlo es por ósmosis inversa, forzando al agua a pasar por membranas a alta presión.

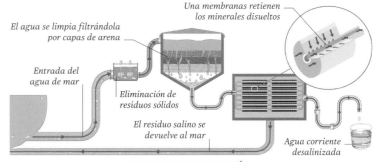

El agua se limpia filtrándola por capas de arena

Una membranas retienen los minerales disueltos

Entrada del agua de mar

Eliminación de residuos sólidos

El residuo salino se devuelve al mar

Agua corriente desalinizada

PROCESO DE DESALINIZACIÓN

Agua salada

El agua se evapora

LAGO SALADO

El agua se filtra por el lecho lacustre y forma una capa salobre

Lecho lacustre seco

SALAR

Acumulación de capas de sal

COSTRA DE SAL

Lagos salados

Los lagos salados se forman cuando no existe drenaje, porque la evaporación supera al aporte de agua. La evaporación deja atrás los minerales disueltos, que se acumulan en el agua restante. Si entra muy poca agua, el lago puede llegar a secarse y formar un salar.

Hielo

La mayor parte del agua dulce está en forma de hielo en las regiones polares y las cumbres de las montañas. El borde de este hielo se funde de forma constante. Los icebergs son trozos de hielo desprendidos de glaciares que flotan sobre el mar.

Casquetes glaciares

Un casquete glaciar, o inlandsis, es una capa de hielo gruesa y permanente sobre tierra firme. El antártico tiene más de 2 km de grosor y contiene el 61 % de toda el agua dulce de la Tierra. El de Groenlandia es el otro casquete glaciar de gran envergadura. En la última glaciación, los casquetes glaciares cubrieron extensas zonas de América del Norte y Europa.

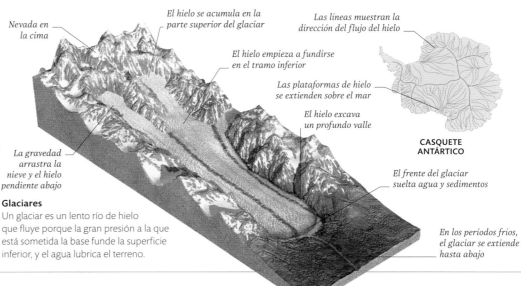

Nevada en la cima

El hielo se acumula en la parte superior del glaciar

El hielo empieza a fundirse en el tramo inferior

Las líneas muestran la dirección del flujo del hielo

Las plataformas de hielo se extienden sobre el mar

El hielo excava un profundo valle

La gravedad arrastra la nieve y el hielo pendiente abajo

El frente del glaciar suelta agua y sedimentos

CASQUETE ANTÁRTICO

En los períodos fríos, el glaciar se extiende hasta abajo

Glaciares

Un glaciar es un lento río de hielo que fluye porque la gran presión a la que está sometida la base funde la superficie inferior, y el agua lubrica el terreno.

La atmósfera terrestre

La Tierra está rodeada por una capa gaseosa llamada atmósfera, que se extiende hacia el espacio varios miles de kilómetros. Sin embargo, la atmósfera se atenúa con la altura, y tres cuartas partes de los gases que contiene se concentran en los once primeros kilómetros desde el suelo. Esta atmósfera inferior y más densa es el medio donde tienen lugar todos los fenómenos meteorológicos, por lo que ejerce un profundo efecto sobre las condiciones de la superficie del planeta.

Composición

La atmósfera contiene una mezcla de gases a la que llamamos aire cuya composición está en equilibrio dinámico. Distintos procesos naturales, la mayoría biológicos, añaden y eliminan constantemente distintos gases. La Tierra es el único planeta del Sistema Solar con una cantidad significativa de oxígeno en su aire.

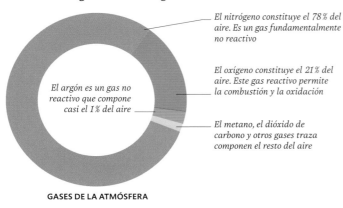

El nitrógeno constituye el 78% del aire. Es un gas fundamentalmente no reactivo

El argón es un gas no reactivo que compone casi el 1% del aire

El oxígeno constituye el 21% del aire. Este gas reactivo permite la combustión y la oxidación

El metano, el dióxido de carbono y otros gases traza componen el resto del aire

GASES DE LA ATMÓSFERA

Retener el calor

El aire es casi transparente a la luz solar que llega desde el espacio y lo atraviesa. (La luz azul se dispersa ampliamente y hace que el cielo parezca de ese color.) En cambio, el calor que irradia la superficie terrestre es retenido por los gases de efecto invernadero de la atmósfera: esto hace que suba la temperatura media del planeta.

Efecto invernadero

El proceso de calentamiento se llama efecto invernadero porque los gases actúan como el cristal de un invernadero: permiten que pase la luz, pero impiden que escape parte del calor.

Parte del calor escapa al espacio

Gases de efecto invernadero

Parte del calor es absorbido por los gases de efecto invernadero

Parte del calor emitido por los gases de efecto invernadero calienta el planeta

Sol **Atmósfera**

El calor irradia de la superficie

La luz del Sol atraviesa el aire

La superficie terrestre se calienta

EL AGUA EN LA ATMÓSFERA

El agua llega al aire en forma de vapor cuando el agua líquida de la superficie terrestre se evapora. La cantidad de vapor de agua del aire, o humedad, tiende a ser mayor en las regiones tropicales cálidas. Cuando el aire se enfría, el vapor se condensa en gotitas que generan nubes y lluvia.

La presión atmosférica

La presión atmosférica es la fuerza que ejerce el aire sobre un objeto. Esta fuerza puede imaginarse como el peso de todo el aire de encima del objeto que lo empuja hacia abajo. A nivel del mar, la atmósfera aplica un peso aproximado de 1 kg por cm² de superficie terrestre. Sin embargo, su valor varía de un lugar a otro y con el tiempo.

Sistemas de presión

El aire frío es más denso y pesado que el caliente y tiende a bajar. Por tanto, la presión atmosférica es mayor bajo las masas de aire frío que bajo las de aire caliente. El aire expulsado de las zonas de alta presión fluye en forma de viento hacia las de baja presión.

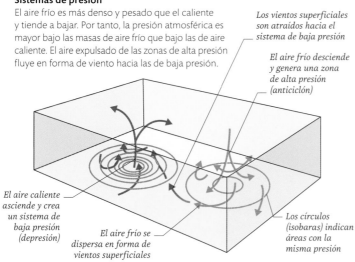

Los vientos superficiales son atraídos hacia el sistema de baja presión

El aire frío desciende y genera una zona de alta presión (anticiclón)

El aire caliente asciende y crea un sistema de baja presión (depresión)

El aire frío se dispersa en forma de vientos superficiales

Los círculos (isobaras) indican áreas con la misma presión

Luces en la atmósfera

Las auroras boreales son el más conocido de los fenómenos que causan perturbaciones luminosas en la atmósfera. Una aurora es una banda de partículas luminosas que se forma en las zonas altas de la atmósfera, normalmente en las regiones polares. En el norte se llama aurora boreal (p. 21) y en el sur, aurora austral.

Los tenues líneas luminosas son meteoros

Las auroras de color verde son las más habituales

AURORAS VISTAS DESDE EL ESPACIO

CÓMO SE PRODUCEN LAS AURORAS

El campo magnético terrestre forma una barrera protectora y empuja al viento solar hacia los polos. Cuando las partículas de alta energía procedentes del Sol chocan con los gases de la atmósfera producen distintos colores luminosos según la altitud y el tipo de átomo que haya sido golpeado.

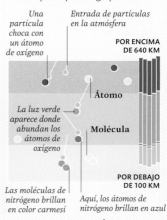

Una partícula choca con un átomo de oxígeno

Entrada de partículas en la atmósfera

POR ENCIMA DE 640 KM

Átomo

La luz verde aparece donde abundan los átomos de oxígeno

Molécula

POR DEBAJO DE 100 KM

Las moléculas de nitrógeno brillan en color carmesí

Aquí, los átomos de nitrógeno brillan en azul

COLISIONES DE ÁTOMOS

El gas de la **atmósfera terrestre pesa 5000 billones de toneladas**, que equivalen a **menos de una millonésima parte** de la **masa total del planeta**.

Un escudo protector

La atmósfera cuenta con una capa de ozono difusa a una altura de entre 15 y 35 km. El ozono es una forma inestable del oxígeno cuyas moléculas se componen de tres átomos de oxígeno en lugar de dos y que absorbe la radiación solar ultravioleta de alta energía. De este modo, el ozono filtra los rayos peligrosos de la luz del Sol.

Pérdida de ozono

La radiación ultravioleta crea ozono y lo destruye de forma natural. También los gases artificiales llamados CFC, que se usan en frigoríficos y aerosoles, lo destruyen y abrieron un agujero en la capa de ozono. Estos gases se prohibieron en la década de 1980.

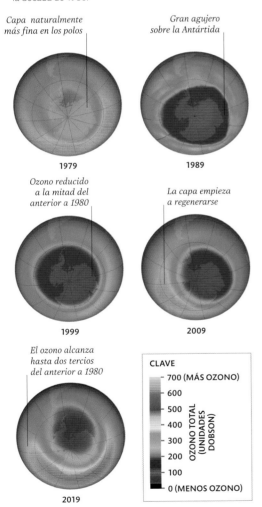

Capa naturalmente más fina en los polos

1979

Gran agujero sobre la Antártida

1989

Ozono reducido a la mitad del anterior a 1980

1999

La capa empieza a regenerarse

2009

El ozono alcanza hasta dos tercios del anterior a 1980

2019

CLAVE

700 (MÁS OZONO)
600
500
400
300
200
100
0 (MENOS OZONO)

OZONO TOTAL (UNIDADES DOBSON)

La **capa de ozono** tiene **10 moléculas de ozono** por millón de moléculas de aire, **30 veces más** que el aire normal.

Las capas de la atmósfera

Con la altura, la presión atmosférica desciende de manera relativamente uniforme, pero la temperatura del aire fluctúa y marca claramente los límites entre las cinco capas de la atmósfera.

Límites

En la troposfera, la capa inferior de la atmósfera, la temperatura desciende con la altura. No obstante, en la estratosfera vuelve a ascender. A continuación, la mesosfera es la parte más fría de la atmósfera, a –85 °C. Por encima de esta, las dos capas superiores alcanzan temperaturas elevadísimas y también se vuelven muy difusas.

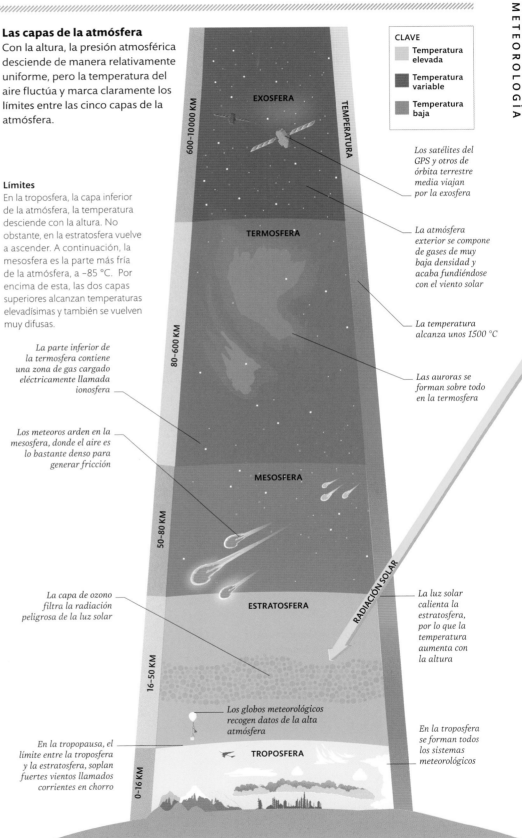

CLAVE

■ Temperatura elevada
■ Temperatura variable
■ Temperatura baja

EXOSFERA

TERMOSFERA

MESOSFERA

ESTRATOSFERA

TROPOSFERA

TEMPERATURA

RADIACIÓN SOLAR

600-10000 KM
80-600 KM
50-80 KM
16-50 KM
0-16 KM

Los satélites del GPS y otros de órbita terrestre media viajan por la exosfera

La atmósfera exterior se compone de gases de muy baja densidad y acaba fundiéndose con el viento solar

La temperatura alcanza unos 1500 °C

Las auroras se forman sobre todo en la termosfera

La parte inferior de la termosfera contiene una zona de gas cargado eléctricamente llamada ionosfera

Los meteoros arden en la mesosfera, donde el aire es lo bastante denso para generar fricción

La capa de ozono filtra la radiación peligrosa de la luz solar

La luz solar calienta la estratosfera, por lo que la temperatura aumenta con la altura

Los globos meteorológicos recogen datos de la alta atmósfera

En la tropopausa, el límite entre la troposfera y la estratosfera, soplan fuertes vientos llamados corrientes en chorro

En la troposfera se forman todos los sistemas meteorológicos

La circulación atmosférica

La atmósfera está en constante movimiento gracias a los vientos que genera el flujo de las masas de aire, a su vez impulsado por el calor del Sol, que calienta la superficie terrestre. La distribución del calor es irregular, y la temperatura del ecuador es muy superior a la de los polos. Cuando el aire cálido y ligero asciende, el más frío y denso desciende, y se forman así células de circulación que generan los vientos que distribuyen el calor por el globo.

Circulación a gran escala

A escala global, el aire circula en zonas tridimensionales llamadas células, que rodean el planeta a latitudes específicas. El aire caliente que asciende cerca del ecuador fluye hacia el norte y hacia el sur. En las células polares la circulación es similar, mientras que en las células que se forman entre las polares y las tropicales, el aire fluye en dirección contraria.

El aire seco desciende en la zona subtropical y crea calma y sequía

La zona de convergencia intertropical, o de calmas ecuatoriales, es célebre por sus cielos plomizos

DESIERTOS POLARES

El aire de las células polares está mucho más frío que el de las demás y también mucho más seco. En las regiones polares, las precipitaciones son raras y sobre todo en forma de nieve. Por ello, estas regiones se consideran desiertos. Casi toda su agua dulce está helada.

BAHÍA DE DISKO (GROENLANDIA)

Los vientos del oeste llevan aire de los subtrópicos

Los vientos polares soplan del este

Zona de alta presión sobre los polos

Los vientos alisios soplan hacia el ecuador

El aire frío desciende y luego fluye hacia el norte

Zona templada

Las células se aplanan en las regiones más frías

Ecuador

Trópicos y subtrópicos

ALTA PRESIÓN

BAJA PRESIÓN

Las altas temperaturas del ecuador hacen que ascienda aire cálido y húmedo

Los vientos superficiales divergen en zonas de alta presión

Los vientos superficiales convergen en zonas de baja presión

El aire frío desciende sobre los polos

Célula polar

Las células de Hadley abarcan la zona tropical

Las células de Ferrell abarcan la zona templada

Células de circulación atmosférica

Estas células se forman cuando el aire caliente asciende y se enfría. El aire frío desciende y sustituye al aire cálido ascendente.

El efecto Coriolis

Los vientos superficiales no fluyen directamente hacia el norte o el sur, sino que se desvían en diagonal y generan los vientos del oeste y del este (alisios). Esto se debe al efecto Coriolis, creado por la rotación de oeste a este del planeta, que desvía los vientos en sentido horario en el hemisferio norte y antihorario en el sur. Este efecto es más intenso en los polos.

Velocidades de rotación

Los puntos que se hallan en el ecuador avanzan hacia el este a mayor velocidad que los de las latitudes superiores. El viento que sopla hacia latitudes altas supera la velocidad de la superficie hacia el este; por eso, al trazarlo sobre un mapa, cambia de trayectoria.

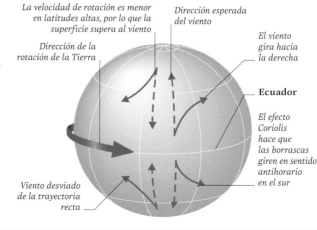

La velocidad de rotación es menor en latitudes altas, por lo que la superficie supera al viento

Dirección de la rotación de la Tierra

Dirección esperada del viento

El viento gira hacia la derecha

Ecuador

El efecto Coriolis hace que las borrascas giren en sentido antihorario en el sur

Viento desviado de la trayectoria recta

GASPARD-GUSTAVE DE CORIOLIS

El efecto Coriolis lleva el nombre de este matemático e ingeniero francés (1792-1843), que explicó en 1835 el fenómeno, observado por primera vez en Italia en 1651 por científicos que se dieron cuenta de que las balas de cañón disparadas a larga distancia se desviaban de su objetivo.

◀ **Véase también Corrientes oceánicas, olas y mareas** pp. 66-67   ◀ **Agua dulce y hielo** pp. 68-69   ◀ **La atmósfera terrestre** pp. 70-71

Los **vientos dominantes** crean **corrientes oceánicas** que utilizan los **barcos mercantes no a vela para acelerar su viaje.**

Vientos dominantes

La circulación a gran escala creada por las células produce zonas de viento en todo el mundo. En cada región de la superficie terrestre predomina un viento que sopla en una dirección previsible. Los vientos más fríos soplan hacia el ecuador, y los más cálidos, hacia los polos. Las «latitudes de los caballos» son zonas subtropicales de alta presión que se caracterizan por su calma y, con frecuencia, ausencia de viento.

Vientos superficiales

La superficie del planeta se divide en zonas de vientos dominantes que suelen llevar el nombre de la dirección de la que proceden.

Corrientes en chorro

Las corrientes en chorro son vientos que soplan a gran altura y a gran velocidad formados donde dos células de circulación convergen. Las principales giran alrededor de los polos y de la zona subtropical siguiendo trayectorias ondulantes y ejercen una gran influencia en el tiempo, ya que crean zonas de alta y baja presión. Las ondas grandes se suelen asociar a condiciones extremas, como sequías e inundaciones.

CLAVE

1. Vientos del oeste
2. Alisios del noreste
3. Alisios del sureste
4. Vientos polares del este

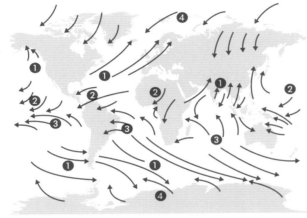

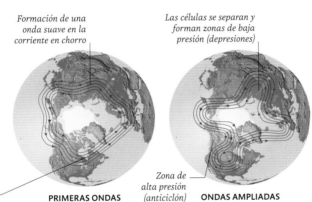

Formación de una onda suave en la corriente en chorro

Las células se separan y forman zonas de baja presión (depresiones)

La corriente en chorro que sopla hacia el sur produce tiempo húmedo

PRIMERAS ONDAS

Zona de alta presión (anticiclón)

ONDAS AMPLIADAS

ESCALA DE BEAUFORT

En 1805, el marino irlandés Francis Beaufort ideó una escala de la fuerza del viento basada en el estado del mar que luego se adaptó para su uso en tierra firme.

N.° DE BEAUFORT	VELOCIDAD DEL VIENTO (KM/H)	DESCRIPCIÓN
0	0-2	Calma; humo recto, el aire parece quieto
1	2-6	Ventolina
2	7-11	Brisa muy débil; algunas hojas se mueven ligeramente
3	12-19	Brisa ligera; hojas y ramitas se mueven
4	20-29	Brisa moderada; los papeles sueltos revolotean
5	30-39	Brisa fresca; árboles pequeños se doblan
6	40-50	Brisa fuerte; es difícil controlar un paraguas
7	51-61	Viento fuerte; árboles grandes se doblan
8	62-74	Temporal; las ramas se rompen, es difícil andar contra el viento
9	75-87	Temporal fuerte; las tejas salen volando
10	88-101	Temporal duro; árboles partidos y arrancados de cuajo
11	102-119	Borrasca; grandes daños, coches volcados
12	>120	Huracán; devastación generalizada

En las **principales corrientes en chorro** se han registrado **vientos** de hasta **400 km/h.**

Variación estacional

Las condiciones atmosféricas varían considerablemente entre estaciones debido a los cambios del calor solar. La causa es la inclinación del eje de la Tierra, que hace que en verano el Sol esté alto en el cielo y los días sean largos, pero que en invierno esté bajo y los días se acorten.

Solsticios y equinoccios

El equinoccio es el día de primavera o de otoño en que el día y la noche duran lo mismo. El solsticio de verano es el momento del año en que el día es más largo, y el de invierno, el momento en que la noche es más larga.

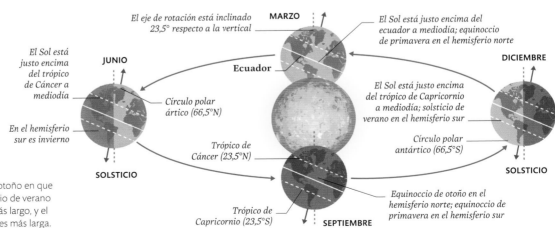

El eje de rotación está inclinado 23,5° respecto a la vertical

MARZO

El Sol está justo encima del ecuador a mediodía; equinoccio de primavera en el hemisferio norte

El Sol está justo encima del trópico de Cáncer a mediodía

JUNIO

Ecuador

DICIEMBRE

El Sol está justo encima del trópico de Capricornio a mediodía; solsticio de verano en el hemisferio sur

Círculo polar ártico (66,5°N)

En el hemisferio sur es invierno

SOLSTICIO

Trópico de Cáncer (23,5°N)

Círculo polar antártico (66,5°S)

SOLSTICIO

Equinoccio de otoño en el hemisferio norte; equinoccio de primavera en el hemisferio sur

Trópico de Capricornio (23,5°S)

SEPTIEMBRE

Véase también El tiempo pp. 74-75 ▶ **Los biomas** pp. 76-77 ▶ **73**

El tiempo

La ciencia que estudia el tiempo se llama meteorología (del griego *meteoros*, que significa «lo que está en lo alto, en la atmósfera o en el cielo»). Casi todos los fenómenos meteorológicos suceden en la troposfera, la capa inferior de la atmósfera, que llega hasta unos 10 km de altura. El tiempo es el estado de la atmósfera en un lugar y un momento concretos y depende de factores como la temperatura, la humedad y la presión del aire.

Masas de aire

La atmósfera se divide en grandes masas de aire. Cada una de ellas se asocia a una región concreta, pero crecen y decrecen con las estaciones. Sus límites son zonas de tiempo variable.

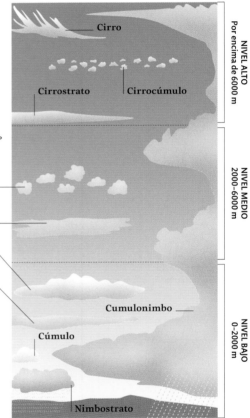

Las masas de aire más frío están cerca de los polos

Sobre los continentes, las masas tienden a ser más secas que el aire marítimo

El aire polar continental es seco y frío

El aire es más cálido cerca del ecuador

Masas cálidas y húmedas sobre aguas tropicales

Sobre el océano, las masas tienden a ser húmedas

REGIONES DE ORIGEN DE LAS MASAS DE AIRE

Frentes meteorológicos

Los cambios de tiempo ocurren cuando masas de aire con características distintas, como la temperatura o la humedad, colisionan. El límite entre las masas de aire se llama frente, y las condiciones concretas a lo largo de este determinan qué sistema meteorológico se desarrollará.

Frentes cálidos

Se forman cuando aire cálido y húmedo se introduce en aire más frío y seco. El aire cálido asciende lentamente sobre el frío y forma una región de lluvia ligera y persistente.

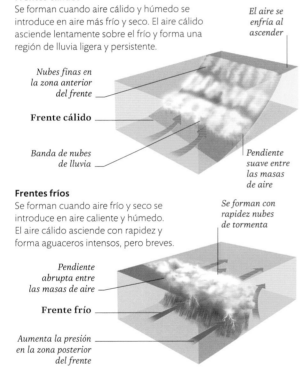

El aire se enfría al ascender
Nubes finas en la zona anterior del frente
Frente cálido
Banda de nubes de lluvia
Pendiente suave entre las masas de aire

Frentes fríos

Se forman cuando aire frío y seco se introduce en aire caliente y húmedo. El aire cálido asciende con rapidez y forma aguaceros intensos, pero breves.

Se forman con rapidez nubes de tormenta
Pendiente abrupta entre las masas de aire
Frente frío
Aumenta la presión en la zona posterior del frente

Frentes ocluidos

Estos frentes se forman por la fusión de un frente frío y un frente cálido. El límite entre las masas de aire se alza del suelo y produce tiempo inestable.

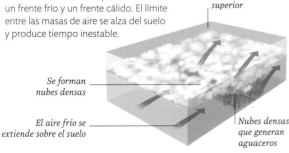

El aire cálido forma una capa superior
Se forman nubes densas
El aire frío se extiende sobre el suelo
Nubes densas que generan aguaceros

Tipos de nubes

Las nubes están formadas por gotitas de agua y cristales de hielo suspendidos en el aire. Hay tres tipos básicos, que a veces se combinan. Los cúmulos son nubes esponjosas, los cirros, deshilachadas, y los estratos forman capas. El término «nimbo» se añade para indicar que se trata de una nube de lluvia, y el prefijo «alto-» alude a formaciones a media altura.

Los altocúmulos indican la formación de una tormenta
Los altostratos crean cielos nublados
Los estratocúmulos son las nubes más habituales
Los estratos son nubes planas que pueden ser tan bajas que forman niebla

Cirro · **Cirrostrato** · **Cirrocúmulo** · **Cumulonimbo** · **Cúmulo** · **Nimbostrato**

NIVEL ALTO Por encima de 6000 m
NIVEL MEDIO 2000-6000 m
NIVEL BAJO 0-2000 m

Cada año caen **505 000 km³** de lluvia y otras **precipitaciones sobre la Tierra.**

Las precipitaciones y sus tipos

Se llama precipitación cualquier forma de agua que cae el cielo. Todas las precipitaciones comienzan como gotitas diminutas que forman nubes y que, cuando crecen tanto que ya no pueden permanecer suspendidas en el aire, caen debido a la gravedad.

Lluvia La precipitación más habitual. Ocurre cuando el vapor de agua se condensa y el aire se enfría.

Nieve Los copos se forman cuando cristales de hielo se unen al ser arrastrados por aire muy frío y húmedo.

Aguanieve Si los copos de nieve empiezan a fundirse mientras caen se forma una mezcla de agua y hielo.

Granizo Si el viento lanza hacia arriba las gotas de agua, estas se hielan y forman bolas (piedras).

Niebla Cuando una nube de gotitas de agua suspendidas toca el suelo, forma niebla y neblina.

En 1979, una tormenta tropical, el **tifón Tip**,
alcanzó un diámetro de aproximadamente **2220 km.**

Sistemas meteorológicos

La predicción de fenómenos meteorólogicos peligrosos, como tornados o huracanes, puede reducir las muertes y los daños que provocan. Para predecir el tiempo es preciso entender cómo se forma y se comporta cada sistema meteorológico. Todos los sistemas se forman por la interacción de aire con distintas temperatura, humedad y presión.

Tornados

Un tornado es una columna de aire giratoria que se forma cuando las nubes de tormenta tocan el suelo. En su borde soplan los vientos más potentes registrados en la Tierra (los mayores tornados pueden girar a 480 km/h), y en su centro hay un área de bajas presiones.

❶ Fase 1
El aire caliente que asciende con rapidez sobre tierra forma una gran nube de tormenta (supercélula).

Se forman cúmulos y luego cumulonimbos
El aire caliente asciende

❷ Fase 2
Parte de la zona superior de la nube empieza a girar. Esto lleva a la formación de una estructura llamada mesociclón.

Empieza a formarse el mesociclón
La rotación se acelera
Corriente creada por la lluvia

❸ Fase 3
El mesociclón se traslada a la base de la nube, toca el suelo y empieza a aspirar aire hacia la tormenta.

La columna de viento toca el suelo
Las corrientes descendentes detienen la ascendente

Los monzones

Un monzón es un viento que cambia de dirección a mitad de año y provoca cambios estacionales. Cuando sopla del mar hacia tierra, transporta humedad y origina una estación de lluvias intensas; cuando la dirección se invierte, el aire se seca. Esto sucede especialmente en las zonas tropicales.

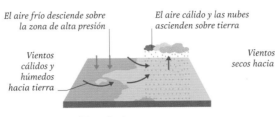

El aire frío desciende sobre la zona de alta presión
El aire cálido y las nubes ascienden sobre tierra
Vientos cálidos y húmedos hacia tierra

Monzón de verano
En verano, el aire cálido asciende con mayor rapidez sobre tierra y atrae aire húmedo del mar. Este aire húmedo asciende y deja caer su agua en forma de lluvia.

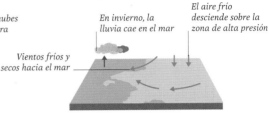

En invierno, la lluvia cae en el mar
El aire frío desciende sobre la zona de alta presión
Vientos fríos y secos hacia el mar

Monzón de invierno
En invierno, el mar está más caliente que la tierra, y la circulación del aire se invierte. El aire frío y seco desciende sobre tierra y avanza hacia el mar.

Tormentas tropicales

El aire caliente que asciende sobre el mar cuando la temperatura superficial del agua de los océanos ecuatoriales supera los 26 °C forma enormes borrascas, o tormentas tropicales.

Una nube circular forma el techo del huracán
Viento en dirección antihoraria en el centro
Las nubes altas giran en dirección contraria a la espiral central

Bandas de lluvia (anillos de nubes de tormenta)

El aire cálido recoge agua y asciende

Los vientos superficiales crean grandes olas

En el ojo, o centro de baja presión, el cielo está despejado

Sección transversal de un huracán
Si los vientos del interior de una tormenta superan los 120 km/h, esta se clasifica como huracán (llamado tifón en Asia). Las tormentas de este tipo pueden ser muy destructivas.

El clima

El tiempo es el estado de la atmósfera en un momento concreto, mientras que el clima es el tipo de tiempo que una región experimenta a lo largo de los años. El tiempo es muy variable, pero el clima solo cambia lentamente a lo largo de décadas. El globo se divide en grandes zonas climáticas estrechamente vinculadas a la latitud.

Cada año se ven **1400 millones de relámpagos** y retumban otros tantos **truenos.**

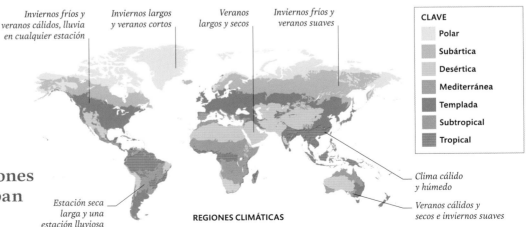

Inviernos fríos y veranos cálidos, lluvia en cualquier estación
Inviernos largos y veranos cortos
Veranos largos y secos
Inviernos fríos y veranos suaves

CLAVE
- Polar
- Subártica
- Desértica
- Mediterránea
- Templada
- Subtropical
- Tropical

Clima cálido y húmedo
Veranos cálidos y secos e inviernos suaves
Estación seca larga y una estación lluviosa

REGIONES CLIMÁTICAS

Véase también Los biomas pp. 76-77 ▶

Los biomas

Un bioma es una comunidad específica de fauna y flora salvajes asociada a un clima concreto. La superficie terrestre se divide en biomas vinculados a las distintas zonas climáticas, pero que no ocupan una región continua, sino que se reparten en varios continentes. Las secciones de un bioma comparten las condiciones medioambientales generales, que sustentan un mismo tipo de vegetación, como el matorral o los bosques tropicales; sin embargo, los animales y las plantas específicos que viven en ellos pueden variar mucho de un continente a otro.

Los biomas del mundo

Este mapa divide la superficie de la Tierra en 16 biomas, casi todos terrestres. Sus condiciones climáticas difieren, y también existen variaciones estacionales. Las zonas polares y boreales son frías casi todo el año; las templadas se caracterizan por las condiciones suaves, y en los trópicos hace calor todo el año. Los arrecifes de coral y los manglares son biomas marinos.

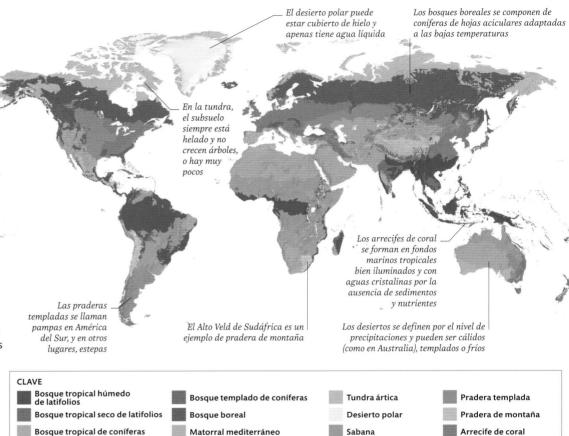

El desierto polar puede estar cubierto de hielo y apenas tiene agua líquida

Los bosques boreales se componen de coníferas de hojas aciculares adaptadas a las bajas temperaturas

En la tundra, el subsuelo siempre está helado y no crecen árboles, o hay muy pocos

Los arrecifes de coral se forman en fondos marinos tropicales bien iluminados y con aguas cristalinas por la ausencia de sedimentos y nutrientes

Las praderas templadas se llaman pampas en América del Sur, y en otros lugares, estepas

El Alto Veld de Sudáfrica es un ejemplo de pradera de montaña

Los desiertos se definen por el nivel de precipitaciones y pueden ser cálidos (como en Australia), templados o fríos

CLAVE

- Bosque tropical húmedo de latifolios
- Bosque tropical seco de latifolios
- Bosque tropical de coníferas
- Bosque templado de latifolios
- Bosque templado de coníferas
- Bosque boreal
- Matorral mediterráneo
- Desierto y matorral seco
- Tundra ártica
- Desierto polar
- Sabana
- Sabana inundable
- Pradera templada
- Pradera de montaña
- Arrecife de coral
- Manglar

Las raíces zancudas sostienen los árboles

Denso dosel arbóreo a 30 m del suelo

Bosque tropical de latifolios
Bosque perenne (selva) de las regiones cálidas y húmedas todo el año. El suelo es delgado, y sus nutrientes se reciclan muy rápido. El bosque monzónico, una variante estacional seca, es caducifolio.

Los árboles de la sabana crecen lentamente y tienen raíces profundas

Las praderas abiertas son idóneas para animales grandes y veloces

Sabana
También llamada pradera tropical, existe donde no llueve lo suficiente para sustentar una gran densidad de árboles, pero más que en el desierto. Cuando llueve, la hierba crece con gran rapidez.

Algunos árboles del desierto desarrollan largas raíces primarias en busca de reservas de agua subterráneas

La lluvia se filtra rápidamente en suelos arenosos

Las plantas crasas retienen el agua

Desierto
Los desiertos se forman en zonas con menos de 250 mm de precipitaciones (si reciben menos de 600 mm anuales son semidesiertos). Con tan poca agua, las plantas y los animales son muy escasos.

Las hojas caídas crean un suelo profundo y fértil

Las hojas amarillean cuando los árboles les retiran la clorofila

Bosque templado de latifolios
Crece en latitudes donde los inviernos son breves y fríos. Para evitar que el frío los dañe, la mayoría de los árboles son caducifolios: pierden sus hojas en otoño y brotan en primavera.

Los **arrecifes de coral** contienen la **cuarta parte** de las
especies marinas, pero solo cubren el 1% del área del océano.

Zonas verticales

Como el clima cambia con la altura, los biomas se escalonan en las montañas (a distinta altura según la latitud). En las zonas más altas hace más frío porque el aire es más tenue y retiene menos calor; además, al haber menos obstáculos, el viento sopla con más fuerza y seca el ambiente.

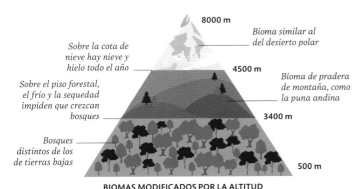

8000 m — Bioma similar al del desierto polar

Sobre la cota de nieve hay nieve y hielo todo el año

4500 m — Bioma de pradera de montaña, como la puna andina

Sobre el piso forestal, el frío y la sequedad impiden que crezcan bosques

3400 m

Bosques distintos de los de tierras bajas

500 m

BIOMAS MODIFICADOS POR LA ALTITUD

ZONAS LATITUDINALES

Las estaciones afectan a los biomas de distinta manera según la latitud. La zona tropical tiene un clima cálido todo el año, con escasa variación estacional. Los inviernos de la región templada son breves y fríos, y los de la región polar, largos y oscuros, con escasa insolación.

Círculo ártico · Región polar · Región templada · Trópico de Cáncer · Ecuador · Región tropical · Trópico de Capricornio · Círculo antártico

LA LATITUD Y LOS BIOMAS

Microhábitats

Un bioma puede contener varios microhábitats, donde las condiciones son distintas. Los organismos que vivan en cada uno de ellos se enfrentarán a retos distintos. En los árboles emergentes de un bosque tropical deberán soportar condiciones mucho más secas, ventosas y soleadas que en el suelo.

Los árboles que emergen del dosel disponen de más luz solar

El dosel está formado por las copas densas de los árboles altos

El sotobosque se compone de arbustos y árboles pequeños que crecen en la penumbra

En el suelo, los retoños esperan a que se abra un claro en el dosel

MICROHÁBITATS DEL BOSQUE TROPICAL

Capas del bosque

Las selvas son ecosistemas muy complejos, con al menos cuatro microhábitats que forman capas, o pisos.

CLAVE
- Árboles emergentes
- Dosel
- Sotobosque
- Suelo

Sucesión ecológica

Un bioma es una comunidad clímax, que aprovecha al máximo el hábitat y su clima. Si surge un terreno nuevo por un corrimiento de tierras, una erupción volcánica o la actividad humana, la comunidad se desarrolla desde cero mediante un proceso llamado sucesión. Muchos factores pueden impedir que alcance el clímax; por ejemplo, un suelo anegado puede convertirse en humedal en lugar de bosque.

Los **límites arbóreos más altos** están a unos **4900 m** en los Andes y en el **sur del Tíbet.**

La sucesión en un bosque templado

El desarrollo de un bosque puede tardar siglos. Cada etapa del proceso prepara el terreno para la siguiente. En cada una de ellas, el hábitat es ocupado por comunidades distintas, que son sustituidas de un modo cada vez más predecible a medida que se acerca el clímax.

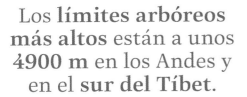

Los árboles altos forman un dosel fragmentado, con plantas más pequeñas en los claros

Un bosque maduro tiene árboles de más de 50 años

Tras unos 25 años aparece un bosque joven

Estas plantas de tallo grueso sobreviven varios años

Los arbustos sustituyen a los pioneros

El suelo desnudo puede ser resultado de la caída de un árbol, que crea un claro

Brotan pioneros especialistas (herbáceas y helechos de crecimiento rápido)

El ciclo del carbono

El carbono es un ingrediente esencial de todas las formas de vida. Todos los seres vivos extraen carbono del medio ambiente de distintas maneras y lo devuelven después. Este y otros procesos físicos constituyen el ciclo del carbono, cuyo equilibrio natural ha sido alterado por la actividad humana.

El carbono en el medio ambiente

Existen compuestos de carbono en el aire, el agua, el suelo y las rocas. Los agentes más rápidos del ciclo son las plantas, que absorben dióxido de carbono (CO_2) del aire para la fotosíntesis, y todos los seres vivos que espiran dióxido de carbono o lo liberan cuando se pudren.

CLAVE
→ Carbono liberado al aire en forma de CO_2 y metano
→ CO_2 absorbido por organismos, el océano y las rocas

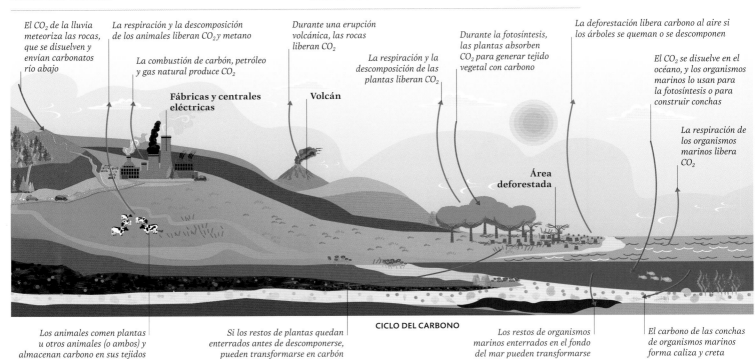

El CO_2 de la lluvia meteoriza las rocas, que se disuelven y envían carbonatos río abajo

La respiración y la descomposición de los animales liberan CO_2 y metano

La combustión de carbón, petróleo y gas natural produce CO_2

Fábricas y centrales eléctricas

Durante una erupción volcánica, las rocas liberan CO_2

Volcán

La respiración y la descomposición de las plantas liberan CO_2

Durante la fotosíntesis, las plantas absorben CO_2 para generar tejido vegetal con carbono

Área deforestada

La deforestación libera carbono al aire si los árboles se queman o se descomponen

El CO_2 se disuelve en el océano, y los organismos marinos lo usan para la fotosíntesis o para construir conchas

La respiración de los organismos marinos libera CO_2

CICLO DEL CARBONO

Los animales comen plantas u otros animales (o ambos) y almacenan carbono en sus tejidos

Si los restos de plantas quedan enterrados antes de descomponerse, pueden transformarse en carbón

Los restos de organismos marinos enterrados en el fondo del mar pueden transformarse en petróleo y gas natural

El carbono de las conchas de organismos marinos forma caliza y creta

Sumideros naturales a largo plazo

Los compuestos del carbono no siempre circulan con rapidez en el medio ambiente. A lo largo del ciclo hay varios desvíos a sumideros donde el carbono se acumula durante largo tiempo y que contienen hasta 30 veces más carbono que el aire, el suelo y los océanos.

Caliza y creta
Las conchas de muchos organismos marinos son de carbonato de calcio, que se deposita en el fondo del mar y forma rocas ricas en carbonato.

Cubierta construida con carbono extraído del agua de mar

COCOLITÓFORO

Cómo se forma el carbón
El carbón es lo que queda de la vegetación sepultada antes de descomponerse del todo. El peso de los sedimentos acumulados encima a lo largo de millones de años comprime los restos y los convierte en una roca rica en carbono.

Plantas prehistóricas se desploman y mueren

La presión de las capas de sedimentos expulsa el agua y el aire

La roca ya es carbón mineral, una roca combustible

En terreno pantanoso, la materia muerta se descompone parcialmente y forma turba

Aumenta la presión de los sedimentos

Los depósitos pierden agua y gas, y aumenta la concentración del carbono

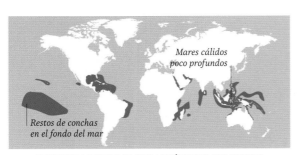

Mares cálidos poco profundos

Restos de conchas en el fondo del mar

REGIONES ACTUALES DE FORMACIÓN DE CALIZA Y CRETA

LOS DIAMANTES
Los diamantes son cristales duros de carbono puro que se forman a presiones y temperaturas colosales. Los impactos de asteroides pueden crear esas condiciones, pero casi todos los diamantes se forman en el manto, bajo regiones donde se forman montañas.

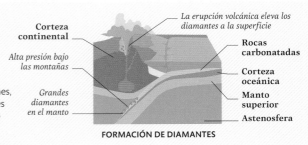

La erupción volcánica eleva los diamantes a la superficie

Corteza continental

Alta presión bajo las montañas

Grandes diamantes en el manto

Rocas carbonatadas

Corteza oceánica

Manto superior

Astenosfera

FORMACIÓN DE DIAMANTES

LA TIERRA

El **carbono** es el **15.º elemento más abundante** en la **Tierra.**

Un ciclo alterado

La actividad humana altera el ciclo del carbono, sobre todo porque añade al aire más CO_2 del que se elimina (p. 82). La mayor parte se libera durante la combustión de combustibles fósiles que han almacenado carbono durante millones de años. El CO_2 es un gas de efecto invernadero (p. 70) que provoca el aumento de la temperatura media de la atmósfera y cambia el clima (p. 83).

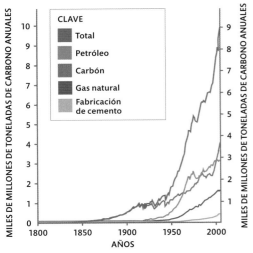

Carbono añadido a la atmósfera
La mayor parte del CO_2 de origen humano se ha añadido a partir de 1950, por la quema de combustibles fósiles y la fabricación de cemento, que requiere calcinar minerales carbonatados.

EXTINCIÓN PAULATINA DEL BOSQUE

Los árboles mueren, y el área de selva disminuye

Los árboles muertos liberan más carbono a la atmósfera

El cambio climático provoca sequía en los bosques tropicales

Los árboles restantes no pueden absorber el carbono adicional

LIBERACIÓN DE METANO DEL FONDO MARINO

El fondo marino se calienta

El metano de los sedimentos del fondo marino se funde

El aumento de la temperatura calienta el agua del mar

El metano (un gas de efecto invernadero) entra en la atmósfera

DESHIELO DEL PERMAFROST

El permafrost (suelo helado) de la tundra se deshiela

Liberación de metano al aire

DESHIELO DEL ÁRTICO

El hielo del Ártico se funde

El agua del océano, más oscura, absorbe el calor

Círculos viciosos
El aumento de la temperatura terrestre crea bucles de retroalimentación en el ciclo del carbono. Algunos, como el aumento de la fotosíntesis de las plantas y el plancton, compensan el cambio climático y ejercen un efecto regulador. En cambio, los de retroalimentación positiva (arriba) son círculos viciosos que provocan la acumulación de más carbono en la atmósfera y el aumento de la temperatura.

Secuestro de carbono

Para reducir la acumulación de CO_2 en la atmósfera y ralentizar el calentamiento global no basta con reducir o detener las emisiones de carbono. Por ello se desarrollan métodos para extraer el CO_2 del aire y secuestrarlo, es decir, aislarlo en una forma inerte que no pueda volver a la atmósfera.

Bosques nuevos y replantados
Los nuevos árboles capturan carbono de la atmósfera a medida que crecen y lo almacenan en forma de biomasa.

Absorción del dióxido de carbono

Almacenamiento en el suelo
El biocarbón obtenido calentando residuos vegetales evita que estos se descompongan. Añadirlo al suelo hace del humus un almacén de carbono a largo plazo.

Fertilización del océano
Verter al océano sustancias químicas ricas en hierro propiciaría la proliferación de algas, cuyos restos se añadirían a los sumideros de carbono naturales.

Bioenergía y secuestro de carbono
Las plantas absorben carbono al crecer. Las centrales eléctricas con tecnología de secuestro de carbono no emiten CO_2 durante la combustión.

Carbono capturado y secuestrado

Meteorización acelerada
Si los minerales que reaccionan con el CO_2 del agua de lluvia se trituran y se esparcen por el suelo, se aceleraría la meteorización, que deposita carbono en el lecho marino.

Captura directa del aire (CDA)
Nuevas tecnologías permitirían extraer el CO_2 del aire, pero aún no se han desarrollado sistemas efectivos a escala industrial.

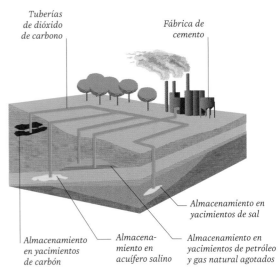
Tuberías de dióxido de carbono
Fábrica de cemento
Almacenamiento en yacimientos de sal
Almacenamiento en yacimientos de carbón
Almacenamiento en acuífero salino
Almacenamiento en yacimientos de petróleo y gas natural agotados

Almacenamiento del carbono capturado
En lugar de liberarlo al aire, el CO_2 producido por las centrales eléctricas y las cementeras se podría capturar, licuar y secuestrar en sumideros de carbono artificiales, como minas y yacimientos de petróleo en desuso.

Véase también Química orgánica pp. 208–209 ▶ **Química ambiental** pp. 212–213 ▶ **Respiración y metabolismo** pp. 222–223 ▶ **Energía** pp. 262–263 ▶

La red de la vida

Ninguna especie puede sobrevivir sin el resto de organismos de su hábitat. Todos los seres vivos están interconectados en una intrincada red de vida. Las conexiones más evidentes entre especies son las cadenas tróficas, en las que una especie se come a otra, pero también existen varios tipos de asociación entre especies no relacionadas para ayudarse a sobrevivir mutuamente.

Hay pocos **superdepredadores:** el territorio de un **leopardo de las nieves** puede abarcar **200 km²**.

Relaciones entre especies

Todos los organismos han de asegurarse los recursos y el espacio vital que necesitan para vivir y reproducirse. Para ello han de competir con miembros de su especie, pero también con especies parecidas de su mismo hábitat, y evitar ser comidos por depredadores o consumidores. Algunos han establecido vínculos sólidos con especies con las que viven en íntimas asociaciones llamadas simbiosis. Una simbiosis (que significa «vivir juntos»), puede beneficiar a ambas partes, o ser neutra e incluso nociva para una de ellas.

CLAVE

→ Se beneficia de la relación   → Perjudicado por la relación

Tipos de relaciones

Las relaciones interespecíficas se clasifican en función del perjuicio y el beneficio relativos que suponen para cada parte. La simbiosis, o relación estrecha entre dos especies, incluye tanto relaciones cooperativas (mutualismo) como parasitarias.

COMPETENCIA

BUITRE — Buitres y hienas son carroñeros y compiten por el mismo tipo de comida. — HIENA

DEPREDACIÓN

TIGRE — Depredadores y presas compiten en una carrera evolutiva. El tigre intenta cazar a la cabra, que intenta huir. — CABRA

PARASITISMO

GARRAPATA — La garrapata chupa la sangre de su huésped, el erizo, que se debilita, pero no muere. — ERIZO

MUTUALISMO

PLANTA CON FLORES — Ambas especies se benefician. La flor proporciona alimento a la abeja, que lleva el polen a otras flores. — ABEJA

EL CICLO DEPREDADOR-PRESA

Las poblaciones de una especie depredadora y de su presa siguen un ciclo. Si la población de presas crece, la de depredadores también, pero la abundancia de depredadores reduce el número de presas. Entonces, la población de depredadores disminuye y la de presas se recupera, y el ciclo vuelve a empezar.

CLAVE

—— Población de liebres   —— Población de linces

Si hay muchas liebres, los linces tienen más crías

Al ser más, los linces devoran más liebres, y la población de estas disminuye

La población de liebres crece antes que la de linces

POBLACIÓN DE LIEBRES (en miles) / POBLACIÓN DE LINCES (en miles)

AÑO

Nichos

Cada especie adapta su anatomía y su conducta a su hábitat específico. En teoría, no hay dos especies que compartan el mismo nicho de alimentación. Así, la dieta de cada ave determina la longitud y la forma del pico.

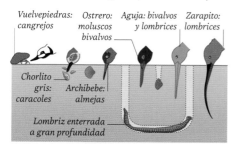

Vuelvepiedras: cangrejos   *Ostrero: moluscos bivalvos*   *Aguja: bivalvos y lombrices*   *Zarapito: lombrices*

Chorlito gris: caracoles   *Archibebe: almejas*

Lombriz enterrada a gran profundidad

REPARTO DE RECURSOS ENTRE AVES LIMÍCOLAS

LA HIPÓTESIS DE GAIA

El químico James Lovelock y la bióloga Lynn Margulis plantearon en la década de 1970 la hipótesis de que la interacción de todas las actividades físicas y biológicas sobre la Tierra crea una biosfera que se autorregula y mantiene las condiciones estables necesarias para la vida.

Niveles ecológicos

El mundo natural se puede entender e investigar a varios niveles, o escalas, desde un organismo o una especie concretos hasta la biosfera al completo (todas la partes de la Tierra que sustentan la vida). Entre ambos extremos hay grupos de organismos de distinta complejidad.

Escala ecológica

Cada nivel ecológico revela distintos fenómenos sobre cómo los seres vivos interactúan, sobreviven y evolucionan, y sobre cómo pueden extinguirse debido al daño al medio ambiente.

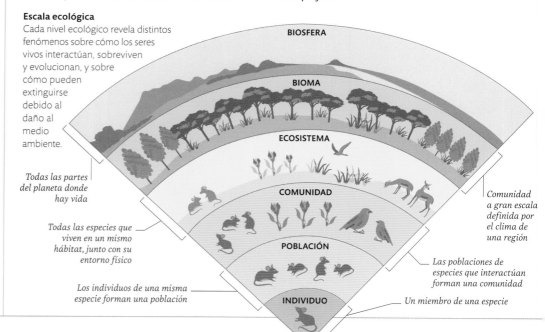

BIOSFERA

BIOMA

ECOSISTEMA

COMUNIDAD

POBLACIÓN

INDIVIDUO

Todas las partes del planeta donde hay vida

Todas las especies que viven en un mismo hábitat, junto con su entorno físico

Los individuos de una misma especie forman una población

Comunidad a gran escala definida por el clima de una región

Las poblaciones de especies que interactúan forman una comunidad

Un miembro de una especie

El pigargo europeo **ocupa** en Eurasia **el mismo nicho ecológico** que el águila calva en América del Norte.

La cadena trófica
En todas las comunidades, unas poblaciones se alimentan de otras y tejen una red de conexiones entre especies. Los organismos fotosintetizadores, como las plantas, no ingieren su alimento: son autótrofos, o productores primarios, y el primer eslabón de la cadena trófica. Los animales son consumidores de comida, o heterótrofos.

Niveles tróficos
La posición de cada organismo en una cadena trófica depende de qué come y de quién se lo come. Los productores primarios y los superdepredadores, que carecen de enemigos naturales, ocupan los extremos.

| PRODUCTORES PRIMARIOS | CONSUMIDORES PRIMARIOS | CONSUMIDORES SECUNDARIOS | CAZADORES | SUPERDEPREDADORES |

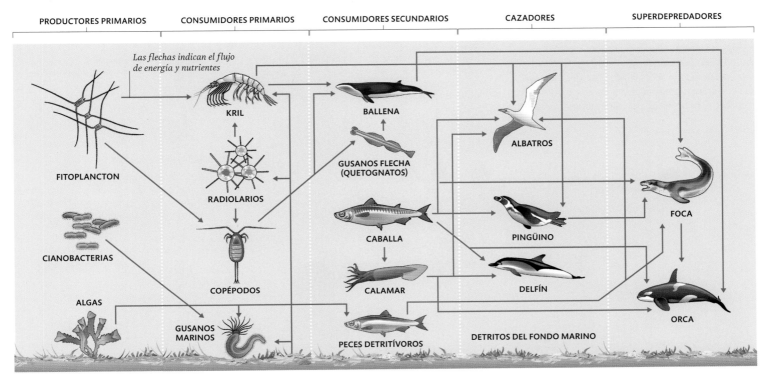

Las flechas indican el flujo de energía y nutrientes

Quimioautótrofos
En torno a una chimenea hidrotermal, en el oscuro fondo marino, la cadena trófica no comienza con un organismo fotosintetizador, sino con quimioautótrofos que extraen energía de las sustancias químicas del agua.

Los cangrejos son consumidores secundarios

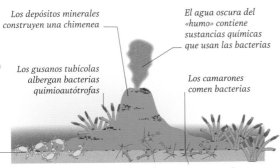

Los depósitos minerales construyen una chimenea
El agua oscura del «humo» contiene sustancias químicas que usan las bacterias
Los gusanos tubícolas albergan bacterias quimioautótrofas
Los camarones comen bacterias

CHIMENEA HIDROTERMAL (FUMAROLA NEGRA)

Detritívoros
En todas las cadenas tróficas hay detritívoros, que ingieren y digieren internamente animales muertos y desechos animales. Hongos y bacterias descomponen y absorben los nutrientes de la materia orgánica mediante procesos químicos externos y biológicos.

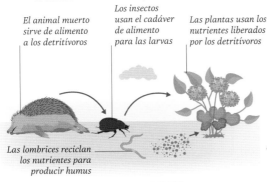

El animal muerto sirve de alimento a los detritívoros
Los insectos usan el cadáver de alimento para las larvas
Las plantas usan los nutrientes liberados por los detritívoros
Las lombrices reciclan los nutrientes para producir humus

RECICLAJE DE NUTRIENTES

Pirámide de energía
Los ecologistas representan la distribución de la energía y la biomasa (materia viva) en una cadena trófica mediante pirámides de energía. Solo una pequeña parte (un 10%) de la energía pasa de un nivel trófico al siguiente. Por eso siempre hay menos depredadores que presas.

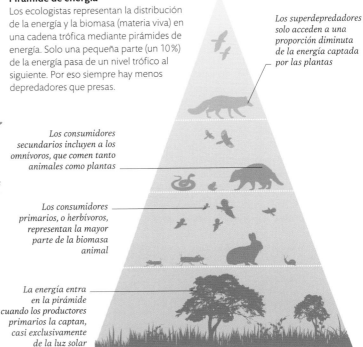

Los superdepredadores solo acceden a una proporción diminuta de la energía captada por las plantas
Los consumidores secundarios incluyen a los omnívoros, que comen tanto animales como plantas
Los consumidores primarios, o herbívoros, representan la mayor parte de la biomasa animal
La energía entra en la pirámide cuando los productores primarios la captan, casi exclusivamente de la luz solar

El impacto ambiental

Con demasiada frecuencia, los cambios artificiales introducidos en los ecosistemas por la actividad humana interfieren con la capacidad de las comunidades salvajes para coexistir del modo en que lo han hecho a lo largo de generaciones de evolución. Algunas especies se benefician, proliferan y se convierten en plagas, pero muchas más corren peligro a causa del ser humano.

La actividad humana ha reducido un 60 % las poblaciones de animales salvajes desde 1970.

Contaminación

Es el resultado de añadir al medio ambiente una cantidad excesiva de algo dañino para el ecosistema. Las sustancias químicas vertidas al suelo, al agua y al aire son los contaminantes más conocidos, pero también el ruido, la luz y el calor pueden contaminar.

Cursos de agua contaminados

Los vertidos de sustancias químicas matan a los animales, pero cualquier sustancia biológicamente activa, como medicamentos y fertilizantes, puede contaminar. El exceso de nutrientes de los fertilizantes favorece la proliferación de algas a costa de la flora natural.

Dióxido de carbono (80 % de las emisiones)
Metano (10 %)
Óxido de nitrógeno (7 %)
Tetrafluoroetano
Tetrafluoruro de carbono
Triclorofluorometano
Gases F (3 %)

GASES DE EFECTO INVERNADERO

Contaminación atmosférica

Algunos gases causan lluvia ácida y esmog, y otros acentúan el efecto invernadero. Los gases artificiales F (fluorados) potencian el efecto invernadero en cantidades ínfimas.

Los campos se abonan con fertilizantes químicos

Los desechos humanos llegan al agua

Los nutrientes hacen que proliferen las algas

Los fertilizantes acaban en el río

Los desechos de animales de granja llegan al río

Ríos y arroyos llevan nutrientes y oxígeno al lago

El agua limpia sustenta una vida silvestre diversa

Las algas bloquean la luz; luego mueren y, al descomponerse, consumen el oxígeno

El agua se vuelve eutrófica (llena de nutrientes), pero queda desoxigenada

Los giros arrastran los plásticos y forman «islas de basura»

Gran isla de basura del Pacífico

CLAVE
→ Giro (corriente circular)
🌀 Isla de basura

Plástico en el mar

Cada año se arrojan al mar más de ocho millones de toneladas de plástico. Los fragmentos entran en la cadena trófica y se acumulan en los sedimentos del fondo marino.

SISTEMA ACUÁTICO EUTROFIZADO

SISTEMA ACUÁTICO LIMPIO

Daños al hábitat

La actividad humana destruye hábitats naturales para sustituirlos por zonas urbanas o agrícolas. La fragmentación y la degradación también perjudican a los hábitats. Esto es evidente sobre todo en hábitats complejos, como la selva, donde las especies especializadas no pueden adaptarse ni siquiera a pequeños cambios.

El ser humano ha talado el 46 % de los hábitats boscosos del planeta.

Bosques quemados para dejar espacio para tierras de cultivo

Destrucción
La selva se tala para ganar tierras de pasto y de cultivo. La vegetación natural y los hábitats animales se pierden.

La carretera es una barrera

El hábitat ya no sustenta a especies que necesitan un territorio amplio

Fragmentación
Las carreteras separan los bosques residuales. El hábitat fragmentado no es tan diverso como un área continua de igual tamaño.

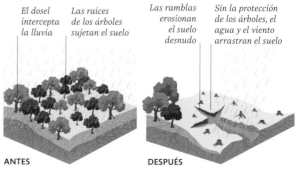

El dosel intercepta la lluvia

Las raíces de los árboles sujetan el suelo

Las ramblas erosionan el suelo desnudo

Sin la protección de los árboles, el agua y el viento arrastran el suelo

ANTES

DESPUÉS

Daños irreversibles
Transformar la selva en campos de cultivo no es sostenible. El suelo de la selva es delgado, y los árboles reciclan con gran rapidez sus nutrientes. Tras solo unos años de cultivo, el terreno queda yermo. Incluso si se abandonaran los cultivos, la selva tardaría siglos en regenerarse a causa de la erosión irreversible del suelo.

Entre 1880 y 2020, el **deshielo de los glaciares** y la **expansión térmica** han **elevado el nivel** medio **del mar unos 24 cm.**

El cambio climático

El cambio climático es más que el calentamiento global: está asociado a cambios de las pautas meteorológicas (observadas y predichas) propiciados por la acumulación de dióxido de carbono y otros gases en la atmósfera (p. 79). Esto intensifica el efecto invernadero (p. 70), que retiene el calor de la Tierra. En el siglo xx, la temperatura media del planeta aumentó 0,8 °C, y se prevé que siga subiendo.

Tiempo extremo

La incidencia de los desastres naturales asociados a la meteorología, como tormentas, inundaciones e incendios forestales, aumentó entre 1980 y 2015. Se cree que se debe al calentamiento global, ya que el aumento de la energía térmica en la atmósfera genera tormentas más potentes y pautas meteorológicas más violentas.

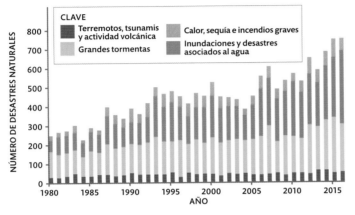

CLAVE
- Terremotos, tsunamis y actividad volcánica
- Grandes tormentas
- Calor, sequía e incendios graves
- Inundaciones y desastres asociados al agua

NÚMERO DE DESASTRES NATURALES — AÑO

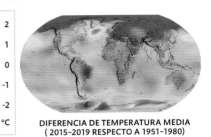

DIFERENCIA DE TEMPERATURA MEDIA (2015–2019 RESPECTO A 1951–1980)

Calentamiento desigual

El calentamiento global es irregular: las regiones más al norte se calientan más. Aunque el aumento de la temperatura media es pequeño, la amplitud térmica también aumenta en esas regiones, que alcanzan máximas mucho más altas.

CLAVE
- 1970
- 1980
- 1990
- 2000
- 2007
- 2012
- 2030

Área prevista

BANQUISA ÁRTICA EN VERANO

El hielo del Ártico

La banquisa del océano Ártico crece en invierno y se reduce en verano. El área del Ártico helada en verano se va reduciendo desde 1970 a medida que sube la temperatura. Se cree que en el verano de 2100 el océano no se helará.

Blanqueamiento del coral

Si la temperatura y la acidez del agua del océano aumentan, el coral se estresa y se blanquea. La acidez se debe al incremento del CO_2 disuelto. Si la situación persiste y se repite, el coral muere.

Las algas viven en el coral y le aportan nutrientes y color

❶ CORAL SANO

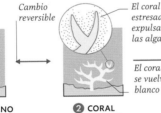

Cambio reversible

El coral estresado expulsa a las algas

El coral se vuelve blanco

❷ CORAL BLANQUEADO

Algas sobre el esqueleto

Sin las algas, el coral muere

❸ CORAL MUERTO

Alimentar al mundo

Un tercio de la superficie terrestre se emplea para cultivar alimentos, cuya demanda crece a la par que la población humana. Para aumentar las cosechas, los agricultores amplían el área cultivada o usan abonos y pesticidas químicos, dos estrategias perjudiciales para el planeta.

1 kg de proteína de soja = *Terreno necesario / Agua consumida*

1 kg de proteína de vacuno =

DIETA VEGETAL   DIETA CÁRNICA   *CO₂ emitido*

El impacto de comer carne

Producir alimentos de origen vegetal es mucho más eficiente. La producción de carne de vacuno requiere 13 veces más terreno, consume 11 veces más agua y emite 10 veces más dióxido de carbono (CO_2) que la de soja.

LA POBLACIÓN HUMANA

Factores del ecosistema como la disponibilidad de alimento y de espacio, y la amenaza que suponen las enfermedades o los depredadores limitan las poblaciones naturales. El ser humano ha logrado mitigar esas limitaciones con la medicina y la tecnología, y la población global ha crecido exponencialmente por ello; no obstante, se cree que a mediados de este siglo se estabilizará.

La población de China alcanza los 1000 millones en 1980

La población mundial alcanza los 1000 millones en la década de 1800

MILES DE MILLONES — AÑO

Biodiversidad

Se cree que en nuestro planeta viven unos nueve millones de especies de organismos, pero podrían ser muchas más. Gran parte de esta diversidad se debe a especies que solo viven en ecosistemas pequeños y aislados. Casi la cuarta parte de las especies evaluadas está en peligro de extinción.

Organismos en peligro

Los animales en peligro de extinción, como estos dos, se conservan protegiendo su hábitat, prohibiendo su caza y ayudándolos a reproducirse.

Hay menos de 250 individuos

En peligro crítico

KAKAPO *(Strigops habroptila)*

ORANGUTÁN DE SUMATRA *(Pongo abelii)*

Extinción

El ser humano ha multiplicado al menos por diez la tasa de extinción. Unas 900 especies vegetales y animales se han extinguido por su causa.

El último conocido murió en 2002

La última se vio en 1941–1943

BAIJI *(Lipotes vexillifer)*

XERCES AZUL *(Glaucopsyche xerces)*

La vida

Historia de la vida

La vida apareció en La Tierra hace más de 4000 millones de años Ma, cuando el planeta tenía una décima parte de su edad actual. El nuevo y caliente planeta se enfrió, y una vez formados los océanos, surgieron las primeras formas de vida, quizá cerca del fondo marino. Pasados unos millones de años, las primeras células vivas se habían convertido en microbios,

que dominaron el mundo durante miles de millones de años más. Las formas de vida más grandes y complejas (pluricelulares) evolucionaron durante los últimos miles de millones de años hasta convertirse en las plantas y los animales que conocemos hoy. Fue entonces cuando la vida superó la etapa microscópica y llenó mares y tierras de verdor y animales veloces.

Antes de la formación tectónica de las montañas, el terreno elevado se limitaba a los bordes de los cráteres

La corteza sigue caliente y es inestable

LA TIERRA HACE UNOS 4400–4200 MA

Es posible que los primeros mares llenaran cráteres

4400–4200 Ma Los primeros océanos permanentes, formados hace más de 4000 Ma (millones de años), son el primer hábitat de la vida.

Púa orientada hacia atrás (una de dos pares)

Antena corta y ancha (una de dos pares)

Veintiséis segmentos, cada uno con un par de patas y ramas branquiales

541–485 Ma La «explosión cámbrica» de vida animal da lugar a una rápida evolución de animales que adoptan muchas formas, como *Marrella*, un artrópodo primitivo.

MARRELLA

635–541 Ma Hace 600 Ma, una oleada de evolución experimental en el océano origina una gran variedad de animales primitivos (fauna de Ediacara). Uno de ellos es *Charnia*, similar a una planta, del fondo marino.

Tal vez las frondas captaban la luz solar

FÓSIL DE *CHARNIA*

Antena larga y fina

Cuerpo rígido, pero flexible

Bloques musculares con forma de V

HAIKOUICHTHYS

530 Ma El vertebrado más antiguo conocido, un pez llamado *Haikouichthys*, deja restos fósiles. Nada gracias al notocordio, una varilla rígida, pero flexible, precursora de la columna vertebral.

Branquia plumosa ramificada

DUNKLEOSTEUS

419–359 Ma En este período, conocido como «era de los peces», aparecen los primeros vertebrados con mandíbula, como el depredador gigante *Dunkleosteus*.

Grandes ojos aptos para la vida nocturna

La posición agachada le ayudaba a saltar para huir

MEGAZOSTRODON

225–201 Ma Los mamíferos evolucionan a partir de sus antepasados reptilianos. Uno de los primeros es *Megazostrodon*, de principios del Jurásico, hace 201 Ma.

Caja torácica amplia

Cuello compuesto por vértebras largas

Cola larga, típica de los saurópodos

Postura erecta

DINOSAURIO SAURÓPODO
Barapasaurus

252–66 Ma Durante la «era de los reptiles», los dinosaurios dominan la tierra; los pterosaurios, el aire, y los ictiosaurios, plesiosaurios, pliosaurios y otros, el océano.

Cola larga y ósea, a diferencia de las aves modernas

Boca dentada, como en los dinosaurios no avianos

ARCHAEOPTERYX

Plumas remeras asimétricas, como en las aves modernas

160–150 Ma Aparecen las primeras aves conocidas, como *Archaeopteryx* (150 Ma) y otros animales emparentados, como *Aurornis* (160 Ma), que evolucionaron a partir de dinosaurios avianos.

66 Ma Extinción masiva de dinosaurios no voladores, pterosaurios y grandes reptiles marinos. La causa pudo ser la caída de un asteroide que dejó trazas de un cráter, hoy enterrado en México.

CRÁTER DE CHICXULUB (MÉXICO)

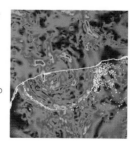

Los **rastros fósiles** indican que **artrópodos no identificados invadieron la tierra firme** hace 530 millones de años.

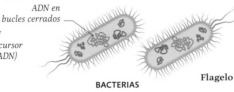

4200-3500 Ma La vida surge de la materia inerte. Unas moléculas autoensamblantes forman las primeras células, que se reproducen dividiéndose en dos.

ARN (precursor del ADN)

DIVISIÓN DE CÉLULA MADRE

Cada una contiene el ARN de la madre

Membrana celular

CÉLULAS HIJAS

ADN en bucles cerrados

BACTERIAS

Flagelo

2900-2600 Ma Las bacterias, los organismos más simples vivos hoy, invaden la tierra firme. Los suelos ricos en materia orgánica datan de hace 2900 Ma, mientras que las primeras bacterias fósiles de la superficie del suelo tienen 2600 Ma.

2200-1500 Ma Aparecen células complejas con el ADN enrollado en un núcleo, tal vez por la combinación de bacterias con otras células simples. Aunque más compleja, la vida aún es unicelular.

Muchos microbios marinos tienen espinas para no hundirse

La diatomea es un alga marina unicelular

CÉLULAS COMPLEJAS

Las diatomeas tienen forma de puro o de balón de rugby

1600-1050 Ma Primeros fósiles de vida pluricelular. Uno de ellos, de hace 1050 Ma, pertenece a *Bangiomorpha*, un alga roja cuyo nombre deriva del de un alga moderna muy similar, *Bangia*.

Células individuales

Las células están conectadas en filamentos

BANGIA

2400-2100 Ma Algunos microbios realizan la fotosíntesis y van llenando el aire de oxígeno, antes ausente en la atmósfera. Muchos se extinguen, pero aparecen otros nuevos.

Oxígeno liberado al aire

Colonias de microbios con forma de seta

El hierro de las rocas reacciona con el oxígeno

DURANTE LA OXIGENACIÓN

Los microbios antiguos se extinguen

El cielo se vuelve azul

Con el oxígeno proliferan nuevos microbios

Evidencias enterradas

TRAS LA OXIGENACIÓN

380-359 Ma Se fosilizan los primeros árboles, que aportan evidencias de los primeros bosques. Uno de ellos era *Archaeopteris*, con una madera densa similar a la de algunas coníferas actuales.

Porte similar al de una conífera

ARCHAEOPTERIS

375 Ma Los primeros vertebrados terrestres, los tetrápodos, evolucionan a partir de peces de aletas lobuladas (o carnosas) con soportes óseos cortos. Los primeros tetrápodos tienen distintos números de dedos, que acabarán siendo cinco.

Húmero
Radio
Cúbito
Radio de la aleta

PEZ DE ALETAS LOBULADAS

Huesos de la pata (antes en la base de la aleta)

Dedos (antes radios de la aleta)

TETRÁPODO TEMPRANO

Cinco dedos

TETRÁPODO POSTERIOR

Ojo compuesto con múltiples facetas

La envergadura alcanzaba los 69 cm

Las alas eran de una sustancia llamada quitina

---

252 Ma En la mayor extinción de la historia de la Tierra, la Gran Mortandad, desaparece el 90% de las especies vegetales, el 70% de los animales terrestres y el 96% de los marinos, como los últimos trilobites. Los reptiles dicinodontos fueron unos de los escasos supervivientes en tierra firme.

El gran pico debía de cascar frutos secos y semillas

Ojo con forma de riñón

TRILOBITES
Ditomopyge

Espinas proyectadas desde la cabeza

El cuerpo redondeado digería vegetales

DICINODONTO
Lystrosaurus

Pico córneo cortante

359-299 Ma El Carbonífero es un período de clima global cálido y húmedo. Los bosques pantanosos se descomponen y forman carbón, mientras que insectos como *Meganeura* (pariente de las actuales libélulas) se vuelven enormes, quizá por el alto nivel de oxígeno de la atmósfera.

Abdomen de 10 segmentos, como las libélulas actuales

MEGANEURA

Cuerpo del mismo tamaño que el de un ave terrorífica carnívora, de 2 m de altura

AVE NO VOLADORA
Gastornis

65-30 Ma Nuevos animales sustituyen a los desaparecidos en la Gran Mortandad. Los primeros grandes depredadores terrestres son aves gigantes terroríficas. Los mamíferos se diversifican en tipos de ungulados y muchos más.

Pezuña con un número par de dedos

MAMÍFERO UNGULADO
Mesoreodon

2,6 Ma La Tierra entra en la glaciación más reciente, conocida como glaciación del Pleistoceno, que duró hasta hace 10 000 años. En los hábitats de tundra junto al hielo viven mamíferos de grueso pelaje.

El largo pelaje cubre una densa capa de pelo inferior

RINOCERONTE LANUDO

Cuerno anterior de 1 m

Véase también El reino vegetal pp. 96-97 ▶ **El reino animal** pp. 106-107 ▶ **Tipos de seres vivos** pp. 216-217 ▶

Plantas prehistóricas

La invasión de tierra firme

Las plantas evolucionaron a partir de algas de agua dulce. Hace al menos 470 Ma (millones de años), las algas desarrollaron esporas resistentes a la sequía con el fin de dispersarse a otras charcas o ríos, o superar períodos sin lluvia. Para convertirse en plantas terrestres tuvieron que llevar a cabo más adaptaciones, como adquirir una cutícula (cubierta impermeable) con estomas (aberturas) que les permitían absorber dióxido de carbono.

Pionera

Aglaophyton evolucionó hace unos 410 Ma y era similar a las primeras plantas terrestres. Quizá tenía cutícula y estomas, pero no tejidos vasculares rígidos (de transporte), como los musgos actuales.

El esporangio produce esporas reproductoras

Tallo erguido

Raicillas

Absorción de agua y soporte

Las plantas terrestres necesitaban absorber agua con rapidez para reponer la que perdían por los estomas y desarrollaron tejidos vasculares (vasos para transportar el agua) reforzados con lignina (la sustancia rígida de la madera) para evitar el desplome.

 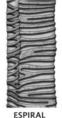  

ANULAR   **ESPIRAL**   **ESCALERIFORME**   **PUNTEADO**

Vasos de sostén

Los vasos que evolucionaron para transportar el agua se engrosaron siguiendo pautas diversas. Al ser rígidos, sostenían a las plantas, que así pudieron crecer hacia arriba.

Cubierta de «hojas» escamosas

Tallo con ramas laterales a intervalos

Hacia el cielo

Algunas de las primeras plantas vasculares fueron licófitas (como los licopodios actuales). Con 50 cm de altura, *Asteroxylon* era una de las plantas más altas hace 410 Ma.

Las frondas, similares a las de los helechos, alcanzaban los 8 m de altura

Cicatrices dejadas por las frondas caídas

CÓMO SE FORMAN LOS FÓSILES

Los fósiles revelan detalles de la estructura de formas de vida ya extinguidas. Se forman cuando las plantas o los animales muertos quedan enterrados antes de descomponerse y sus tejidos se convierten en piedra a lo largo de millones de años. Con frecuencia, las plantas de humedales, manglares o llanuras aluviales quedan enterradas durante crecidas o marejadas ciclónicas.

1 Árbol vivo
Los árboles de llanuras aluviales, humedales o manglares viven en hábitats que se inundan a menudo.

2 Árbol muerto
El árbol muerto cae y queda enterrado bajo el lodo o la arena arrastrados por el agua.

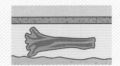

3 Árbol fosilizado
El agua rica en minerales se filtra por los tejidos porosos del árbol enterrado y deposita minerales.

4 Fósil expuesto
El árbol, ya transformado en roca, queda expuesto si la erosión desgasta la roca superficial.

Árboles

Las plantas con un tejido de sostén fuerte incluían los antepasados de los helechos, licopodios y equisetos actuales. Algunas alcanzaron varios metros de altura y se convirtieron en los primeros árboles. También se diversificaron en muchos grupos ya extintos. Las progimnospermas fueron las primeras plantas con madera densa y verdaderas hojas.

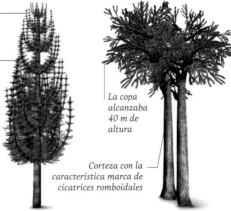

Ramas similares a frondas, algunas con cápsulas de esporas

Tronco de madera densa

Hasta 20 m de altura

La forma recuerda a la de los equisetos actuales

La copa alcanzaba 40 m de altura

Corteza con la característica marca de cicatrices romboidales

Eospermatopteris
Uno de los primeros árboles fue una planta similar a un helecho que vivió hace unos 400 Ma

Archaeopteris
Esta progimnosperma formó los primeros bosques a escala global hace 385 Ma.

Calamites
Este gigantesco equiseto arbóreo creció en el Carbonífero, hace 350 Ma.

Lepidodendron
Este licófito gigante dominó los bosques pantanosos del Carbonífero.

Los árboles de los **primeros bosques carboníferos** no eran coníferas, sino **licófitos gigantes.**

Las plantas han **colonizado la tierra firme una sola vez en toda la historia de la Tierra.**

Órgano de polen de Potoniea, una planta con semillas del Carbonífero

Semillas fósiles de la primitiva planta con semillas Medullosa (300 Ma)

Plantas con semillas

Las semillas supusieron un salto cuántico en la evolución de las plantas. Aparecieron hace unos 360 Ma junto con el polen. Ambas adaptaciones pusieron fin a la dependencia de las plantas de los cuerpos de agua y las liberaron para colonizar la tierra firme.

Polen
Cuando el polen llega a una planta adulta fecunda sus óvulos directamente o mediante un tubo polínico. Algunas plantas con semillas producían polen en órganos especiales.

Semillas
Las semillas son cápsulas resistentes al agua que contienen una planta embrionaria que solo se desarrolla si las condiciones son las adecuadas.

PLANTAS SIN SEMILLAS
Antes del polen, las plantas se reproducían por esporas, como los helechos y los musgos. Las esporas se convierten en gametófitos que liberan gametos masculinos en el agua o el suelo. Si uno de estos fecunda el óvulo de otro gametófito, crece un nuevo helecho.

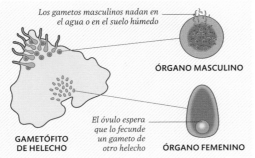

Los gametos masculinos nadan en el agua o en el suelo húmedo

ÓRGANO MASCULINO

El óvulo espera que lo fecunde un gameto de otro helecho

GAMETÓFITO DE HELECHO

ÓRGANO FEMENINO

Primeras plantas con semillas
Las primeras plantas con semillas (llamadas helechos con semillas por la forma de sus hojas, aunque no guardan relación con los helechos actuales) carecían de conos o flores y desarrollaban las semillas en paquetes de óvulos en las hojas.

Óvulo

Cuerpo fructífero

Óvulo

Cúpula con un óvulo

PLUMSTEDIA **LIDGETTONIA** **DENKANIA**

Las coníferas y sus parientes

Las plantas desarrollaron conos (piñas) para proteger las semillas. Las coníferas (plantas con conos) aparecieron hace unos 320 Ma. Durante el Pérmico (299–252 Ma) imperó un clima seco, y las coníferas proliferaron y se diversificaron junto con otros nuevos grupos de gimnospermas.

Escama protectora

Semilla

CONO DE ARAUCARIA FÓSIL

Araucaria
La araucaria, una conífera que sigue viva en la actualidad, fue abundante en el Jurásico (201–145 Ma).

Bráctea similar a un pétalo

Receptáculo central

«FLOR» DE WILLIAMSONIA FÓSIL

Bennettitales
Las bennettitales fueron un grupo de gimnospermas que desarrollaron estructuras muy parecidas a flores. *Williamsonia* es un ejemplo del Jurásico.

Flores

Las flores evolucionaron hace unos 120 Ma, en la segunda mitad de la era de los dinosaurios (pp. 90–91). Las angiospermas (plantas con flores) tenían hojas anchas nervadas y flores que producían polen, semillas (dentro de un fruto) o ambas cosas. Se diversificaron junto con los últimos dinosaurios, pero proliferaron aún más tras la extinción de estos y formaron los primeros bosques de dosel cerrado hace 56 Ma.

Los densos folículos contienen semillas

Perianto similar a un pétalo

Hoja ancha

Nervio central prominente

ARCHAEANTHUS

Flor llamativa
Las flores grandes y vistosas de esta planta de hace 100 Ma parecida a una magnolia demuestran que las angiospermas atraían insectos para la polinización.

Hierbas y herbazales

Las plantas herbáceas aparecieron hace unos 55 Ma (en el Paleógeno), pero los herbazales no llegaron a convertirse en un hábitat extenso hasta que el clima se volvió más fresco y seco hace 15–9 Ma (en el Neógeno). El secreto de su éxito era la polinización de sus flores por el viento y su crecimiento desde la base, que les permitía seguir creciendo y extenderse como una alfombra a pesar de que los animales herbívoros les arrancaban las puntas.

Estambre

Estigma

Bráctea

Ovario

FLOR DE PLANTA HERBÁCEA

Herbazal tropical (1 Ma)
La hierba de los herbazales se convirtió en la base de cadenas tróficas que incluían a herbívoros grandes (mamíferos ungulados) y pequeños (termitas).

El ñu, grande y veloz, es un mamífero típico de herbazal

Las hierbas pastadas cubren el suelo

Los árboles salpican los hábitats de herbazal tropical (sabana)

Termitero

Véase también Plantas con flores pp. 100–103 ▶ Reproducción pp. 226–227 ▶

La era de los dinosaurios

El imperio de los reptiles

En la era Mesozoica (hace 252–66 Ma) dominaron los grandes reptiles, de los que los dinosaurios solo son un grupo. Los reptiles marinos no estaban estrechamente emparentados con ellos e incluían tortugas, plesiosaurios, crocodilios y lagartos gigantes. Los reptiles alados eran parientes de los pterosaurios, un tipo de dinosaurio. En tierra, muchos otros reptiles, como los antepasados de los lagartos y cocodrilos actuales, acompañaron a los dinosaurios.

Puede que tuviera plumas similares a cerdas

Ojos frontales, como es habitual en los depredadores

Las narinas conducían a órganos olfativos muy desarrollados

Evolución de los dinosaurios

A principios del Mesozoico aparecieron muchos tipos de grandes reptiles, como los arcosaurios, que incluyen a los cocodrilos actuales. Algunos evolucionaron en otra dirección y desarrollaron no solo la marcha erecta, sino también la bipedación. Los dinosaurios evolucionaron a partir de un grupo de arcosaurios bípedos avanzados.

POSTURA ERECTA

Algunos arcosaurios se pusieron en pie. A diferencia de las patas abiertas de los lagartos y los cocodrilos, las suyas elevaban su cuerpo del suelo y les permitían correr con agilidad y eficiencia.

La cola hace de contrapeso

Cráneo masivo

Primo de los dinosaurios
Postosuchus fue un arcosaurio pariente de los cocodrilos. Compartía características con los dinosaurios, pero debía la postura erecta a una cadera que había evolucionado de un modo distinto a la de estos.

Normalmente bípedo (sobre las patas traseras)

A veces se apoyaba en las cortas patas delanteras

Cola larga

Primeros dinosaurios
Uno de los primeros dinosaurios conocidos, *Herrerasaurus*, data de hace 231 Ma. La cadera y los huesos de las patas traseras permitían la postura erecta típica de los dinosaurios.

Totalmente bípedo

Patas delanteras muy cortas

Postura plenamente erecta

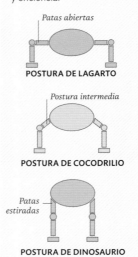

Patas abiertas

POSTURA DE LAGARTO

Postura intermedia

POSTURA DE COCODRILIO

Patas estiradas

POSTURA DE DINOSAURIO

Dientes serrados, como los de la mayoría de los dinosaurios terópodos

El tiranosaurio andaba sobre las puntas de tres dedos

Dedo gordo (espolón)

TYRANNOSAURUS

Reptiles marinos

Los mares mesozoicos estaban poblados por depredadores reptilianos que se extinguieron junto con los dinosaurios, a excepción de las tortugas y los cocodrilos. Los más grandes eran colosales: *Mosasaurus* superaba los 13 m de longitud.

Ophthalmosaurus tenía grandes ojos

Pterosaurios

Estos reptiles de hace unos 228 Ma fueron los primeros vertebrados capaces de volar. Los primeros tenían el cuello corto y la cola larga, pero los posteriores, como los pterodáctilos, ganaron agilidad en el aire gracias a una cola corta y un cuello alargado.

Es probable que la cola de Mosasaurus terminara en una aleta como la de los tiburones

El cuello de Elasmosaurus era muy largo

Ictiosaurios
Estos cazadores hidrodinámicos tenían una cola parecida a la de los tiburones y parían a sus crías en el agua.

Los dientes de Liopleurodon se parecían a los de los cocodrilos

Cuello corto

Cola larga

Extremidades en forma de pala

Mosasaurios
Estos gigantescos lagartos marinos evolucionaron a partir de pequeños lagartos terrestres.

Plesiosaurios
Eran reptiles carnívoros con cuatro aletas. Muchos tenían el cuello largo y el cráneo pequeño.

Pliosaurios
Eran un tipo de plesiosaurios, pero tenían el cuello corto, un cráneo enorme y mandíbulas muy potentes.

RHAMPHORHYNCHUS

Un solo dedo mantiene el ala tensa

La superficie de vuelo es de piel

Cuello largo

QUETZALCOATLUS

Dos cuernos
frontales de hasta
1,3 m de longitud

Elaborada gola
ósea en la nuca

El examen microscópico de fósiles
extraordinariamente bien conservados
permite deducir el color de la piel de
algunos dinosaurios

Pico sin dientes
para ramonear

TRICERATOPS

Se han identificado más de mil especies de dinosaurios.

La diversidad de los dinosaurios

Los primeros dinosaurios se escindieron pronto en dos tipos: saurisquios y ornitisquios. La evolución de los saurisquios dio lugar a los sauropodomorfos herbívoros y a los terópodos depredadores. Los ornitisquios se dividieron en cinco grandes tipos, todos herbívoros: anquilosaurios, estegosaurios, ornitópodos, paquicefalosaurios y ceratopsios.

Ceratopsios

Con cuernos, gola y uno de los cráneos más grandes de la fauna terrestre, comprendían desde pequeños bípedos hasta cuadrúpedos de varias toneladas.

Cuerpo pesado

Cuello largo

Cola larga

DIPLODOCUS

Sauropodomorfos

Las primeras especies (prosaurópodos) eran bípedas, pero casi todos los saurópodos posteriores eran cuadrúpedos, con el cuello y la cola muy largos. Algunos eran gigantescos.

Dos filas de
placas óseas

Patas traseras
más largas

STEGOSAURUS

Estegosaurios

Con placas y púas a lo largo de la espalda y la cola, y a veces también sobre los hombros, estos grandes herbívoros estaban muy bien protegidos.

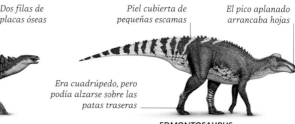

Piel cubierta de
pequeñas escamas

El pico aplanado
arrancaba hojas

Era cuadrúpedo, pero
podía alzarse sobre las
patas traseras

EDMONTOSAURUS

Ornitópodos

Algunos de estos herbívoros tan diversos como exitosos tenían una cresta llamativa y cientos de dientes para machacar plantas. Las especies más pequeñas eran bípedas.

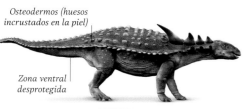

Osteodermos (huesos
incrustados en la piel)

Zona ventral
desprotegida

SAUROPELTA

Anquilosaurios

Múltiples placas y espinas óseas acorazaban el ancho cuerpo de estos herbívoros. Muchas especies también blandían una maza ósea al final de la cola.

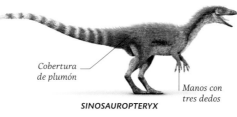

Cobertura
de plumón

Manos con
tres dedos

SINOSAUROPTERYX

Terópodos

Eran bípedos, como los primeros dinosaurios, y abarcaban desde pequeños animales parecidos a aves hasta *Tyrannosaurus rex*. Eran depredadores, pero algunos comían plantas.

Cráneo grueso y
muy abombado

STEGOCERAS

Paquicefalosaurios

El cráneo de estos herbívoros bípedos estaba diseñado para el combate: era plano o abombado y de hasta 25 cm de grosor, para proteger el cerebro de los golpes.

Evolución de las aves

Según los biólogos, las aves son dinosaurios voladores que evolucionaron a partir de terópodos no voladores hace más de 150 Ma. Sus parientes cercanos, como *Velociraptor*, tenían articulaciones basculantes en la muñeca. *Anchiornis*, como *Archaeopteryx* (p. 86), volaba torpemente. *Liaoxiornis* tenía músculos de vuelo más potentes.

EVOLUCIÓN DE LAS PLUMAS

Las plumas comenzaron siendo filamentos o mechones aislantes. Algunas desarrollaron una varilla rígida, o raquis. Algunas tenían barbas o barbillas entrelazadas formando una superficie plana, pero solo las que poseían un borde de ataque más corto tenían las propiedades aerodinámicas idóneas para el vuelo.

Filamento sin
ramificaciones

Mechón
de barbas

Raquis

Barba

Raquis

Barba

Barbillas

Borde de
ataque
corto

Borde de
salida largo

Es probable
que estuviera
cubierto de
plumas aislantes

COMPSOGNATHUS

Probablemente las plumas
servían para el cortejo

Dedos largos y
muñecas flexibles

VELOCIRAPTOR

Plumas
simétricas

Cola ósea

Mandíbulas
dentadas

ANCHIORNIS

Plumas remeras
asimétricas

Pico
dentado

Cola
plumosa,
sin hueso

Patas con garras

LIAOXIORNIS

Véase también Reptiles pp. 126–133 ▶ Aves pp. 134–139 ▶ Clasificación pp. 158–163 ▶

Mamíferos prehistóricos

Cómo evolucionaron los mamíferos

Los mamíferos evolucionaron a partir de los cinodontos, hace unos 230-205 Ma, en el Triásico. Los actuales se definen por tener la piel peluda y glandular, y sobre todo por las glándulas mamarias. No hay registros fósiles directos de estos elementos, pero abundan los de la evolución del cráneo y los dientes.

> Cuando se extinguieron los **dinosaurios**, hacía **140-160 Ma** que existían los **mamíferos**.

Dientes de perro

El cinodonto *Cynognathus* tenía caninos afilados (cinodonto significa «diente de perro»). Los reptiles tienen dentaduras uniformes, pero los mamíferos poseen dientes de varios tipos.

Canino

Molar más pequeño

Cintura marcada, como los mamíferos

Patas bajo el cuerpo, no como en los reptiles

Reptil peludo

Los cinodontos desarrollaron el pelo y la sangre caliente de forma gradual. *Thrinaxodon* se representa con pelo, aunque no es seguro que lo tuviera.

Puede que tuviera pabellones auriculares como los mamíferos

Forma de mamífero

A finales del Triásico había animales muy parecidos a los mamíferos. Algunos creen que *Morganucodon* era un mamífero, y otros que era un mamiferiforme (con forma de mamífero).

DE HUESO MANDIBULAR A HUESO AURICULAR

Los reptiles y otros vertebrados poseen un solo osículo auditivo (el estribo) que transfiere el sonido al oído interno. En los mamíferos, los huesos cuadrado y articular desarrollaron osículos adicionales que, al perder su función en la articulación mandibular, se unieron en una cadena con el estribo y permitieron un oído muy fino.

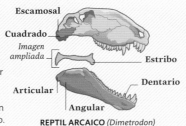

Escamosal

Cuadrado

Imagen ampliada

Estribo

Articular

Dentario

Angular

REPTIL ARCAICO (*Dimetrodon*)

Escamosal

Imagen ampliada

Estribo

Yunque

Martillo

Dentario

Angular

REPTIL MAMIFERIFORME (Cinodonto)

Mamíferos mesozoicos

Muchos mamíferos del Mesozoico, la era de los dinosaurios (períodos Triásico, Jurásico y Cretácico) solo contaban con algunos rasgos de los actuales. Es posible que todos tuvieran pelo, pero también que casi todos pusieran huevos. Por lo general eran diminutos, probablemente nocturnos, y muchos de ellos eran excelentes excavadores o escaladores. La mayoría pertenecía a familias extinguidas hace tiempo.

Hocico fino

Barbilla robusta

Casi, pero no

Como muchos animales mesozoicos, *Sinocodon* tenía rasgos mixtos: osículos del oído de mamífero y dientes que se reponían durante toda la vida, como los de un reptil.

Incisivos como los de los roedores

Dedos con uñas corvas

El comienzo del mordisqueo

Nemegtbaatar era un multituberculado, un tipo de mamífero abundante en el Cretácico, precursor de los roedores por sus incisivos mordedores.

Andaba sobre la planta de los pies

Dientes frontales afilados

Cazador de dinosaurios

La mayoría de los mamíferos que vivieron con los dinosaurios eran diminutos, pero *Repenomamus* tenía el tamaño de un tejón y cazaba crías de dinosaurio.

Mamífero del tamaño de un ratón

Mamífero del tamaño de un tejón

NEMEGTBAATAR   REPENOMAMUS

Vecinos diminutos de los dinosaurios

Repenomamus era mucho más grande que la media de los mamíferos del Mesozoico, que como *Nemegtbaatar*, tenían el tamaño de una ardilla o incluso menor.

Marsupiales y placentarios

Entre los supervivientes del Mesozoico había dos grupos de vivíparos: metaterios, que dieron lugar a los marsupiales, y euterios, de los que evolucionaron los placentarios.

Cabeza como la de las zarigüeyas

Buen sentido del olfato

Marsupiales

Los marsupiales parían crías vivas. *Alphadon* vivió hace al menos 70 Ma, pero el registro fósil marsupial podría remontarse a hace 125 Ma.

Patas largas y delgadas

Hocico largo y estrecho

Mamíferos placentarios

En el Cretácico, los euterios dieron lugar a los mamíferos placentarios que, como *Zalambdalestes*, alimentaban a sus crías nonatas con una placenta.

AMAMANTAMIENTO

Los mamíferos tienen en la garganta un hueso articulado, el hioides, que les aporta la flexibilidad necesaria para mamar. La mayoría de los cinodontos tenía el hioides rígido reptiliano, pero el de los mamiferiformes era como el de los mamíferos, lo que sugiere que producían leche.

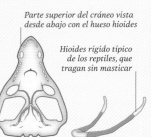

Parte superior del cráneo vista desde abajo con el hueso hioides

Hioides rígido típico de los reptiles, que tragan sin masticar

CINODONTO (*Thrinaxodon*)

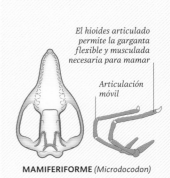

El hioides articulado permite la garganta flexible y musculada necesaria para mamar

Articulación móvil

MAMIFERIFORME (*Microdocodon*)

Las **ballenas evolucionaron** a partir de **mamíferos ungulados** hace entre 50 y 35 Ma.

Después de los dinosaurios

La desaparición de la mayoría de los grandes animales terrestres hace 66 Ma dejó muchos nichos vacíos a disposición de los supervivientes. Los mamíferos marsupiales y placentarios se diversificaron, y los ungulados proliferaron. Unas aves terroríficas (p. 87) y unos mamíferos llamados creodontos fueron los primeros grandes depredadores terrestres en reemplazar a los dinosaurios carnívoros.

La cola, delgada y flexible, le permitiría espantar insectos

Lo que parecen cuernos son excrecencias óseas del cráneo

Canino superior con forma de colmillo probablemente para exhibiciones de fuerza

Pies sostenidos por cuñas de tejido blando detrás de los dedos

MAMÍFERO UNGULADO PRIMITIVO
Uintatherium

Una evolución muy rápida

Los antepasados de mamíferos actuales como los primates, las ballenas, los murciélagos y los roedores, ya existían solo unos 10 Ma después de la muerte de los dinosaurios.

Rasgos que recuerdan a una ardilla

Garras afiladas para trepar a los árboles

ANTEPASADO DE LOS PRIMATES
Plesiadapis

La posición de los ojos y el hocico facilitaba la visión y la respiración al sumergirse

Fuertes patas para andar en tierra

ANTEPASADO DE LAS BALLENAS
Ambulocetus

Los largos dedos sujetan el ala

Uñas en los dos primeros dedos

MURCIÉLAGO PRIMITIVO
Icaronycteris

Patagio (membrana de planeo)

ROEDOR PRIMITIVO
Eomys

Los mamíferos modernos

Hace entre 40 y 10 Ma, los mamíferos eran más parecidos a los actuales. Las ballenas perdieron las patas traseras y vivían en el mar, los caballos solo conservaban el dedo medio, y aparecieron los primeros felinos y simios.

LA MEGAFAUNA PERDIDA

Hace solo 20 000 años, la Tierra era mucho más rica en grandes mamíferos, o megafauna. Muchos, como los armadillos gigantes o los perezosos terrestres americanos, se extinguieron cuando entraron en contacto con el ser humano. Otros sucumbieron al cambio climático cuando la glaciación llegó a su fin.

Caparazón formado por 1000 osteodermos (placas óseas)

ARMADILLO GIGANTE
Glyptodon

Andaba sobre los lados de los pies

Boca con dientes afilados

Uñas enormes para llevarse vegetación a la boca

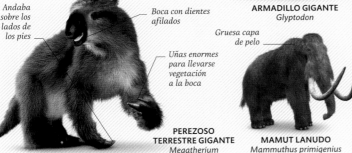

Gruesa capa de pelo

PEREZOSO TERRESTRE GIGANTE
Megatherium

MAMUT LANUDO
Mammuthus primigenius

Brazos largos para colgarse de las ramas

SIMIO PRIMITIVO
Dryopithecus

Patas delanteras convertidas en aletas

Cola terminada en una aleta

BALLENA PRIMITIVA
Basilosaurus

Cuerpo largo, del tamaño de un leopardo

FELINO PRIMITIVO
Eusmilus

Diente de sable

El dedo medio (pezuña) soporta todo el peso

Pie con tres dedos

CABALLO PRIMITIVO
Merychippus

Hitos evolutivos de los mamíferos

Los mamíferos evolucionaron durante millones de años. Algunos de estos hitos solo son indicios del registro fósil. Por ejemplo, las glándulas mamarias no se fosilizan, pero la pauta del desarrollo de ejemplares jóvenes fósiles de *Morganucodon* sugiere que se alimentaban de leche.

225 Ma *Evoluciona* Adelobasileus. *Antes conocido como el primer mamífero por su oído interno mamiferiforme, podría ser un antepasado de todos los mamíferos.*

210 Ma *El mamiferiforme* Morganucodon *nace sin dientes y luego desarrolla «dientes de leche», sustituidos por dientes definitivos.*

165 Ma *Los fósiles de* Microdocodon *presentan el primer hueso hioides articulado, lo que sugiere que mamaban.*

160 Ma *Evoluciona* Juramaia, *el euterio más antiguo conocido en la línea que llevó a los mamíferos placentarios.*

125 Ma *Aparece* Sinodelphys. *Los científicos que lo descubren lo describen como el primer marsupial conocido, pero otros afirman que es un euterio.*

66–63 Ma *Primeros mamíferos placentarios indiscutibles, como el carnívoro* Ravenictis.

La evolución humana

Los homininos se escindieron de los chimpancés hace menos de 10 Ma. La primera diferencia fue que empezaron a andar sobre dos pies en una postura cada vez más erecta, pero algunas especies desarrollaron rasgos más diferenciados, como un cerebro más grande y la capacidad de fabricar y utilizar herramientas de piedra complejas. Más de 20 especies de homininos se extinguieron, pero una, *Homo sapiens*, sobrevivió.

Especies humanas

Sahelanthropus, que vivió en África hace unos 7 Ma, muestra signos de bipedación habitual, y algunos lo consideran el primer hominino. Después hubo una gran variedad de simios bípedos. Algunos contaban con mandíbulas potentes y grandes molares, idóneos para comer alimentos duros y fibrosos. Otros desarrollaron cerebros grandes en relación con el tamaño del cuerpo y mandíbulas y dientes más pequeños. A continuación se muestra una selección de diez especies.

> La especie del **hombre de Denísova**, conocido por **algunos huesos y su ADN**, aún no tiene nombre científico.

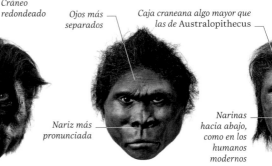

Arco superciliar prominente

Pómulo ancho, hasta más allá de la cuenca ocular

Cráneo con un cerebro algo mayor que el del chimpancé

Pequeña distancia entre los ojos

Cráneo redondeado

Ojos más separados

Caja craneana algo mayor que las de Australopithecus

Nariz ancha y plana, a diferencia de la humana

Nariz más pronunciada

Narinas hacia abajo, como en los humanos modernos

Sahelanthropus
Puede que anduviera sobre dos piernas, lo que lo acercaría más a los homininos que a otros simios.

Australopithecus afarensis
Las especies de *Australopithecus*, del tamaño de un chimpancé, eran bípedas y tenían el cerebro algo más grande.

Australopithecus africanus
Esta especie del sur de África tenía la mandíbula y los molares más grandes, y los brazos más largos que *A. afarensis*.

Homo habilis
El primer miembro conocido del género *Homo*, calificado de «hábil» porque usaba herramientas de piedra.

Homo ergaster
Como el resto de primeros homininos, *H. ergaster*, cuyo nombre significa «trabajador», solo vivió en África.

Bipedación

Muchas de las diferencias anatómicas entre el ser humano y los simios tienen que ver con la locomoción bípeda y la postura erecta de los humanos, que han llevado a modificaciones evolutivas en todo el esqueleto.

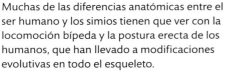
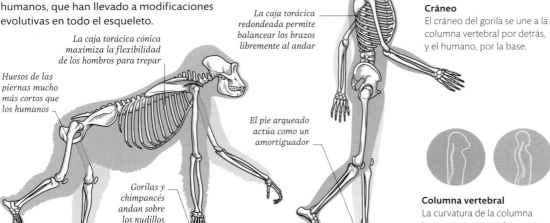

La caja torácica cónica maximiza la flexibilidad de los hombros para trepar

Huesos de las piernas mucho más cortos que los humanos

Gorilas y chimpancés andan sobre los nudillos

GORILA

La médula espinal entra por la base del cráneo

La caja torácica redondeada permite balancear los brazos libremente al andar

El pie arqueado actúa como un amortiguador

SER HUMANO

Cráneo
El cráneo del gorila se une a la columna vertebral por detrás, y el humano, por la base.

Columna vertebral
La curvatura de la columna humana mantiene el torso en equilibrio sobre la pelvis y absorbe el impacto al andar y correr.

Pie
El dedo gordo del pie humano carece de función prensil. Está alineado con los otros dedos y amplía así la plataforma de apoyo.

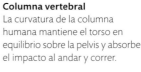

Pelvis
La pelvis humana, ancha y plana, aproxima la base de la columna a la articulación de la cadera, lo que aporta estabilidad a la postura erecta.

FABRICACIÓN DE HERRAMIENTAS

Los arqueólogos identifican fases de producción de herramientas por los homininos cada vez más sofisticadas. Los primeros útiles de piedra que se conocen son los lomekwienses, de hace unos 3,3 Ma, obra de homininos desconocidos. Aunque bastos, son superiores a cualquier herramienta de los chimpancés.

El borde afilado podía tallarse de un solo golpe

Canto olduvayense
Asociadas al *Homo habilis* de hace 2,5 Ma, las herramientas olduvayenses eran simples cantos tallados con un percutor.

Hoja afilada con golpes a ambos lados

Bifaz achelense
Los útiles achelenses, asociados a *Homo ergaster* o a *H. erectus*, son más afilados y de una talla más fina.

Los **cerebros homininos** más grandes han **triplicado su tamaño** desde el de *Australopithecus*, hace **4 millones de años**, al del *Homo sapiens* actual.

CRONOLOGÍA DE LA EVOLUCIÓN

El árbol genealógico de los homininos se actualiza constantemente a medida que se descubren fósiles. Esta tabla plasma los últimos cinco millones de años según los conocimientos actuales. Cada barra indica el alcance temporal de una especie, y su color, a qué género pertenece.

CLAVE

- Ardipithecus
- Australopithecus
- Homo

Australopithecus sediba — Homo sapiens
Australopithecus garhi — Homo neanderthalensis
Homo naledi
Homo heidelbergensis
Homo antecessor
Australopithecus africanus — Homo erectus
Australopithecus bahrelghazali — Homo ergaster
Australopithecus afarensis — Homo georgicus — Homo luzonensis
Australopithecus anamensis — Homo floresiensis
Ardipithecus ramidus — Homo habilis

5 Ma — 4 Ma — 3 Ma — 2 Ma — 1 Ma

Homo erectus
Nariz ancha
Pómulos anchos y planos

Posiblemente lideró la primera expansión de homininos fuera de África y llegó hasta China e Indonesia.

Homo floresiensis
Rostro más pequeño y estrecho que el de homininos anteriores
Labio superior ancho

Esta especie diminuta probablemente descendía de *Homo erectus* y quedó aislada en la isla indonesia de Flores.

Homo heidelbergensis
Frente larga e inclinada
Arco superciliar grueso

Este hominino podría ser el antepasado de los humanos modernos en África y de los neandertales en Europa.

Homo neanderthalensis
Nariz grande y prominente
Cráneo bajo, pero ancho
Pómulo ancho inclinado hacia atrás

Los neandertales vivieron en Asia occidental y en Europa y convivieron y se cruzaron con *H. sapiens* y con los misteriosos denisovanos.

Homo sapiens
Los individuos arcaicos tenían los gruesos arcos superciliares de sus antepasados
Nariz mucho más pequeña que la de los neandertales

Los fósiles más antiguos de la especie tienen rasgos «arcaicos», como la ausencia de un mentón protuberante.

Los humanos colonizan el mundo

Los homininos aparecieron en África, pero a partir de hace 2,1 Ma se dispersaron en oleadas. Se cree que hace 500 000 años vivían varias especies de *Homo* en distintas partes del planeta. Sin embargo, *Homo sapiens* empezó a salir de África hace unos 200 000 años. En algunos lugares cohabitó y se cruzó con especies anteriores, pero finalmente las sustituyó a todas.

CLAVE

- ● Evidencias fósiles de *Homo sapiens*
- ● Evidencias arqueológicas de *Homo sapiens*
- → Ruta migratoria de *Homo sapiens*

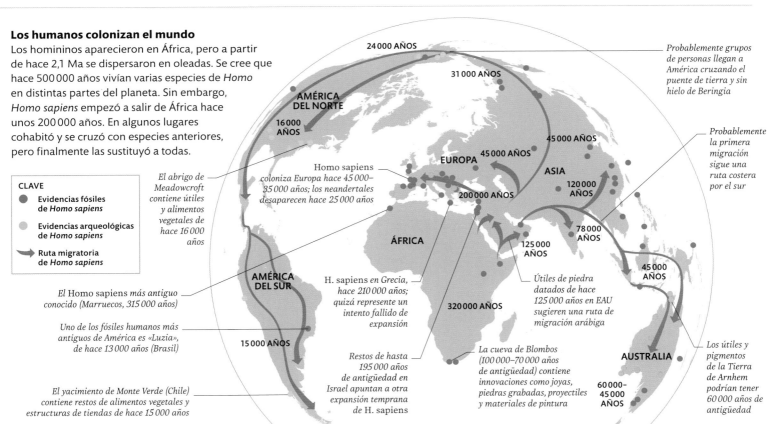

El abrigo de Meadowcroft contiene útiles y alimentos vegetales de hace 16 000 años

El Homo sapiens *más antiguo conocido (Marruecos, 315 000 años)*

Uno de los fósiles humanos más antiguos de América es «Luzia», de hace 13 000 años (Brasil)

El yacimiento de Monte Verde (Chile) contiene restos de alimentos vegetales y estructuras de tiendas de hace 15 000 años

Homo sapiens *coloniza Europa hace 45 000–35 000 años; los neandertales desaparecen hace 25 000 años*

H. sapiens *en Grecia, hace 210 000 años; quizá represente un intento fallido de expansión*

Restos de hasta 195 000 años de antigüedad en Israel apuntan a otra expansión temprana de H. sapiens

La cueva de Blombos (100 000–70 000 años de antigüedad) contiene innovaciones como joyas, piedras grabadas, proyectiles y materiales de pintura

Útiles de piedra datados de hace 125 000 años en EAU sugieren una ruta de migración arábiga

Probablemente grupos de personas llegan a América cruzando el puente de tierra y sin hielo de Beringia

Probablemente la primera migración sigue una ruta costera por el sur

Los útiles y pigmentos de la Tierra de Arnhem podrían tener 60 000 años de antigüedad

24 000 AÑOS — 31 000 AÑOS — 16 000 AÑOS — 45 000 AÑOS — 45 000 AÑOS — 120 000 AÑOS — 200 000 AÑOS — 78 000 AÑOS — 125 000 AÑOS — 320 000 AÑOS — 45 000 AÑOS — 60 000–45 000 AÑOS — 15 000 AÑOS

AMÉRICA DEL NORTE — EUROPA — ASIA — ÁFRICA — AMÉRICA DEL SUR — AUSTRALIA

Véase también El cuerpo humano pp. 230–231 ▶ Sistema esquelético pp. 232–233 ▶ De la Prehistoria a 3000 a. C. pp. 302–303 ▶

El reino vegetal

PLANTAS TERRESTRES

PLANTAS SIN FLORES

PLANTAS CON FLORES

HEPÁTICAS · MUSGOS · ANTOCEROTAS · LICÓFITAS · HELECHOS · GIMNOSPERMAS · ANGIOSPERMAS

MAGNÓLIDAS · MONOCOTILEDÓNEAS · EUDICOTILEDÓNEAS

El mundo de las plantas

Las plantas son organismos muy diversos, desde musgos diminutos hasta majestuosos árboles, que habitan en casi todos los rincones del planeta. Se diferencian de otros seres vivos por la capacidad de producir su propio alimento mediante la clorofila y la fotosíntesis, y se clasifican en función de si tienen flores o no y del tipo de semillas, si las producen.

Partes de una planta

Las angiospermas, los helechos y las gimnospermas son plantas vasculares: contienen tejidos que transportan el agua y el alimento necesarios a lo largo de tallos y ramas, y hasta las raíces, las hojas y las flores.

Las flores contienen los órganos reproductores y suelen ser de colores vivos

La hoja capta la luz solar para producir la energía necesaria y expulsa el agua sobrante mediante la transpiración

El peciolo (tallo de la hoja) puede ser corto, largo o inexistente

La rama aleja las hojas del tallo para que accedan a más luz solar

El tallo sostiene la planta y transporta nutrientes desde las raíces

Las raíces sujetan la planta al suelo, del que extraen agua y nutrientes

Tipos de plantas

Los botánicos y los jardineros dividen las plantas en grupos informales que pueden basarse en el ciclo vital, en el hábito de crecimiento, en si el tallo es leñoso. o en alguna característica, como el bulbo; en la familia botánica de la planta o en las condiciones que necesita para prosperar.

Ramas leñosas duraderas

Se aferran a objetos de soporte

Crecimiento muy ramificado

ÁRBOLES · ARBUSTOS · TREPADORAS

LEÑOSAS

Las hojas de las plantas

Hay hojas de todas las formas y tamaños. Su variedad revela cómo equilibran las plantas las funciones de la fotosíntesis y de la transpiración en distintos hábitats: una hoja ancha captará más luz, pero perderá más agua por evaporación.

Minimizan la pérdida de agua

ESCAMAS

Las agujas desalojan la nieve

AGUJAS

Cae todos los años

HOJA ANCHA CADUCA

La planta siempre tiene hojas verdes

Las hojas carnosas almacenan agua

HOJAS SUCULENTAS

HOJA ANCHA PERENNE

La fotosíntesis

En las hojas, las células del mesófilo, que contienen cloroplastos que absorben la luz, combinan la luz, dióxido de carbono y agua para producir glucosa y transformarla en la sacarosa que las plantas usan como alimento y fuente de energía.

Dióxido de carbono del aire

Luz solar

Oxígeno expulsado como producto de desecho

Capa de células mesofílicas

Los azúcares impulsan el crecimiento

Agua del suelo

Los cloroplastos contienen clorofila, un pigmento verde

CAPA SUPERIOR DE UNA HOJA

◀ Véase también Plantas prehistóricas pp. 88–89   Plantas sin flores pp. 98–99 ▶   Plantas con flores pp. 100–103 ▶

Los científicos han identificado unas **391 000 especies** de plantas vasculares.

PLANTAS Y HONGOS

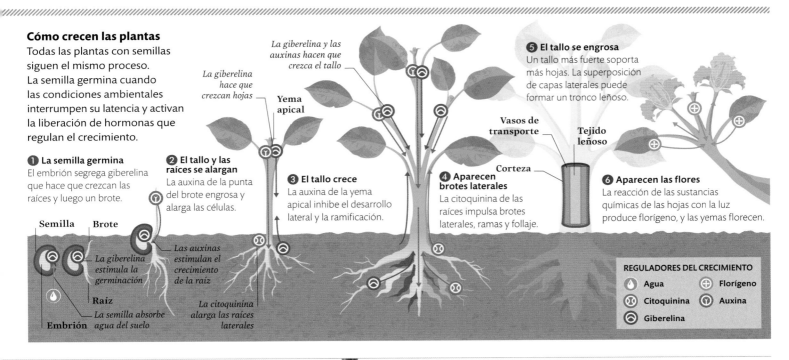

Cómo crecen las plantas

Todas las plantas con semillas siguen el mismo proceso. La semilla germina cuando las condiciones ambientales interrumpen su latencia y activan la liberación de hormonas que regulan el crecimiento.

❶ La semilla germina
El embrión segrega giberelina que hace que crezcan las raíces y luego un brote.

La giberelina hace que crezcan hojas

La giberelina estimula la germinación

Semilla   Brote

Raíz

Embrión   *La semilla absorbe agua del suelo*

❷ El tallo y las raíces se alargan
La auxina de la punta del brote engrosa y alarga las células.

Las auxinas estimulan el crecimiento de la raíz

Yema apical

La citoquinina alarga las raíces laterales

❸ El tallo crece
La auxina de la yema apical inhibe el desarrollo lateral y la ramificación.

La giberelina y las auxinas hacen que crezca el tallo

❹ Aparecen brotes laterales
La citoquinina de las raíces impulsa brotes laterales, ramas y follaje.

❺ El tallo se engrosa
Un tallo más fuerte soporta más hojas. La superposición de capas laterales puede formar un tronco leñoso.

Vasos de transporte   Tejido leñoso

Corteza

❻ Aparecen las flores
La reacción de las sustancias químicas de las hojas con la luz produce florígeno, y las yemas florecen.

REGULADORES DEL CRECIMIENTO
- Agua
- Citoquinina
- Giberelina
- Florígeno
- Auxina

Completa el ciclo vital en un año

Florece el segundo año de un ciclo vital de 2 años

El brote superior muere y vuelve a crecer durante varios años

El bulbo almacena nutrientes

Las flores crecen en espiguillas

Tallos segmentados

Las espinas ayudan a conservar agua

Las hojas absorben agua del aire

ANUAL   BIANUAL   PERENNE   BULBOSA   GRAMÍNEA   BAMBÚ   CACTUS   PLANTA AÉREA

HERBÁCEAS

Partes de una flor

Las flores tienen órganos femeninos o masculinos que pueden estar rodeados por sépalos y pétalos que los protegen y atraen a los polinizadores.

CLAVE
(f) Femenino
(m) Masculino

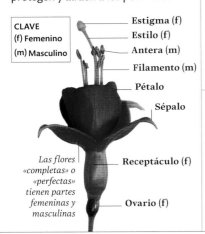

Estigma (f)
Estilo (f)
Antera (m)
Filamento (m)
Pétalo
Sépalo
Receptáculo (f)
Ovario (f)

Las flores «completas» o «perfectas» tienen partes femeninas y masculinas

Polinización y fecundación

La polinización se produce cuando los gametos masculinos (granos de polen) producidos por las anteras llegan al estigma. El polen viaja de una flor a otra gracias a insectos, aves u otros animales, o al viento. Las plantas con múltiples flores se autopolinizan si el polen de una llega a otra.

Fecundación

Los granos de polen producen un tubo que transfiere los gametos masculinos al ovario de la flor, donde se fusionan con los óvulos.

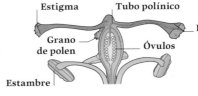

Estigma   Tubo polínico
Grano de polen   Óvulos   Estilo
Estambre

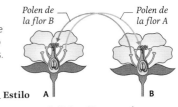

Polen de la flor B   Polen de la flor A
A   B

Polinización cruzada
La polinización entre plantas distintas de la misma especie ayuda a mantener la diversidad genética de la especie.

Semillas y frutos

Las semillas de gimnospermas y angiospermas pueden estar desnudas (no protegidas) o dentro de frutos que desempeñan varias funciones: algunos facilitan la dispersión y otros protegen las semillas hasta que se dan las condiciones idóneas para la germinación.

Las semillas están en la cara superior de las escamas

Los carpelos de la flor forman alas

Cada fruto (drupa) alberga una semilla

Fruto de pared dura con una semilla

CONO   FRUTO SECO   FRUTO CARNOSO   NÚCULA

Plantas sin flores

Cuando las plantas primitivas pasaron del agua a tierra firme, hace unos 500 Ma, tuvieron que desarrollar nuevas adaptaciones. Al principio estaban obligadas a vivir en lugares húmedos, pero con el tiempo, esas adaptaciones redujeron su dependencia del agua y les permitieron crecer y reproducirse en entornos más hostiles. Aún sobreviven ejemplos de la mayoría de estas etapas evolutivas.

Hepáticas

Casi todas son verdes y planas. Carecen de sistemas de transporte de agua o nutrientes, por lo que estos solo pueden pasar de una célula a otra. Para reproducirse, el gameto masculino nada en el agua superficial hasta el femenino, como en los musgos (abajo).

Gametos bajo la estructura estrellada

Planta femenina

HEPÁTICA DE LAS FUENTES
(Marchantia polymorpha)

Antocerotas

Estas parientes de las hepáticas forman plantas planas con forma de roseta y con órganos masculinos y femeninos. Una estructura larga que recuerda a un cuerno alberga las esporas, que se esparcen cuando aquella se abre por arriba.

Esporófito (estructura que alberga las esporas)

Gametófito

ANTOCEROTA
(Anthoceros sp.)

Licófitas

Son más grandes que los musgos y las hepáticas porque tienen células vasculares de transporte. La estructura de producción de esporas es verde. Las antiguas licófitas arborescentes formaron la mayoría de yacimientos de carbón.

Cápsulas de esporas en los brotes verticales

Hojas dispuestas en espiral

LICOPODIO COMÚN
(Lycopodium clavatum)

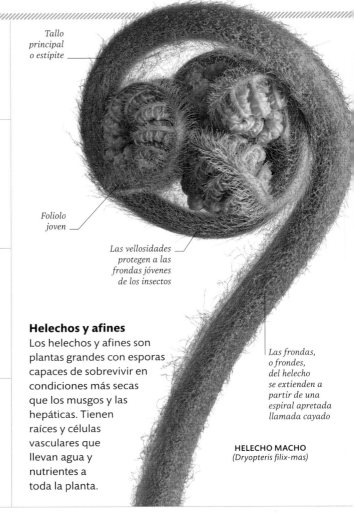

Tallo principal o estípite

Foliolo joven

Las vellosidades protegen a las frondas jóvenes de los insectos

Las frondas, o frondes, del helecho se extienden a partir de una espiral apretada llamada cayado

HELECHO MACHO
(Dryopteris filix-mas)

Helechos y afines

Los helechos y afines son plantas grandes con esporas capaces de sobrevivir en condiciones más secas que los musgos y las hepáticas. Tienen raíces y células vasculares que llevan agua y nutrientes a toda la planta.

Musgos

La mayoría de los musgos son pequeñas plantas que forman masas con forma de cojín, sin verdaderas raíces. Sus esporas son diseminadas por el viento, pero necesitan agua para que sus gametos masculinos lleguen a una planta femenina. Las partes verdes que parecen hojas se llaman gametófitos y producen alimento a partir de la energía solar, pero no tienen venas que transporten agua y nutrientes, por lo que las células los absorben directamente.

> Hace **300 millones de años** que los musgos **crecen en lugares húmedos.**

Ciclo vital del musgo

En este ciclo llamado alternancia de generaciones, las esporas crecen en plantas masculinas o femeninas separadas. Los gametos masculinos nadan hasta los femeninos y después se forma una nueva cápsula con esporas.

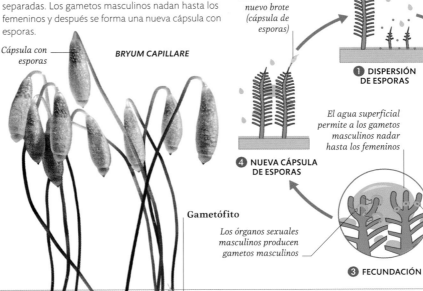

Cápsula con esporas

BRYUM CAPILLARE

Gametófito

La planta femenina desarrolla un nuevo brote (cápsula de esporas)

Cápsula de esporas

Planta masculina

Planta femenina

1 DISPERSIÓN DE ESPORAS

El agua superficial permite a los gametos masculinos nadar hasta los femeninos

4 NUEVA CÁPSULA DE ESPORAS

2 DESARROLLO DE ÓRGANOS SEXUALES

Los órganos sexuales masculinos producen gametos masculinos

Los órganos sexuales y los gametos femeninos están en la punta del brote

3 FECUNDACIÓN

Hoy viven más de 10 500 especies de helecho conocidas.

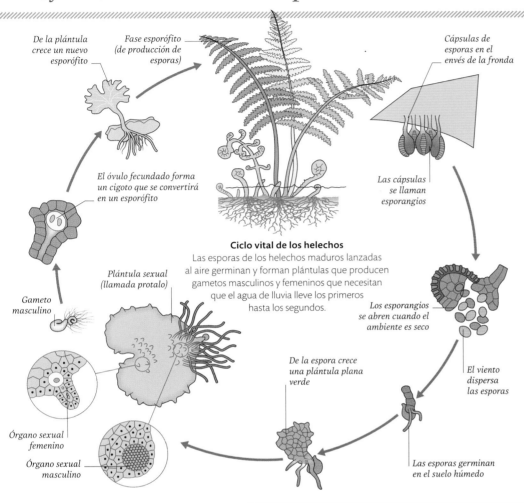

De la plántula crece un nuevo esporófito

Fase esporófito (de producción de esporas)

Cápsulas de esporas en el envés de la fronda

El óvulo fecundado forma un cigoto que se convertirá en un esporófito

Las cápsulas se llaman esporangios

Ciclo vital de los helechos

Las esporas de los helechos maduros lanzadas al aire germinan y forman plántulas que producen gametos masculinos y femeninos que necesitan que el agua de lluvia lleve los primeros hasta los segundos.

Plántula sexual (llamada protalo)

Gameto masculino

Los esporangios se abren cuando el ambiente es seco

De la espora crece una plántula plana verde

El viento dispersa las esporas

Órgano sexual femenino

Órgano sexual masculino

Las esporas germinan en el suelo húmedo

Espirales de brotes verdes en el tallo estéril

Equisetos

Estos parientes de los helechos suelen crecer en suelos húmedos. Producen esporas en unos tallos cortos en primavera, a los que siguen unos tallos verdes que realizan la fotosíntesis.

EQUISETO
(Equisetum sp.)

Esporangios en la hoja fértil

Hoja estéril

Lengua de serpiente

La lengua de serpiente y la escoba son parientes de los helechos. Su fase sexual suele ser subterránea, y la planta que desarrolla las esporas es pequeña.

LENGUA DE SERPIENTE
(Ophioglossum sp.)

CLONES NATURALES

Algunos helechos se reproducen por clonación, produciendo plántulas (bulbilos) a lo largo del nervio de las frondas. Cuando estas maduran y se inclinan hacia el suelo, los bulbilos crecen como plantas nuevas sin pasar por una fase sexual.

Desarrollo de un diminuto cayado verde

Las primeras frondas no están definidas

DIPLAZIUM PROLIFERUM

Gimnospermas

Estas plantas con tallo leñoso, hojas duras y semillas pueden crecer en entornos mucho más duros que otras plantas sin flores, porque la mayoría no necesita agua superficial en ninguna de las fases de reproducción.

Hojas compuestas con foliolos a ambos lados del tallo

Ginkgo

El polen y los gametos femeninos se forman en árboles distintos. Una vez fecundado el árbol femenino, se forma una semilla maloliente que parece un fruto.

GINKGO
(Ginkgo biloba)

Gnetófitas

A diferencia de otras gimnospermas, las plantas de este grupo cuentan con avanzados vasos conductores de agua (como los de las plantas con flores).

Dos hojas perennes

WELWITSCHIA
(Welwitschia mirabilis)

La corona de hojas crece directamente del tronco

Cicas

Son plantas leñosas y resistentes. Los conos masculinos y femeninos están en plantas distintas, y el polen lleva los gametos masculinos a los femeninos.

PALMA DE SAGÚ
(Cycas revoluta)

Coníferas

Dominan los bosques de climas fríos. Sus estrechas hojas (agujas) resisten el frío y la sequía. Las semillas se forman en conos que tardan hasta tres años en madurar.

Brácteas características

Cono denso y leñoso

Semillas entre las escamas

El arilo contiene la semilla

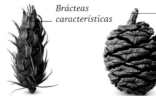

ABETO DE DOUGLAS
(Pseudotsuga menziesii)

SECUOYA GIGANTE
(Sequoiadendron giganteum)

CEDRO DEL ATLAS
(Cedrus atlantica)

PINO DE COULTER
(Pinus coulteri)

TEJO DE ARILO AMARILLO
(Taxus baccata 'Lutea')

◀ Véase también El reino vegetal pp. 96–97   Plantas con flores pp. 100–103 ▶   **99**

Plantas con flores

Las flores utilizan a los insectos como polinizadores, aunque algunas dependen del viento. Hay tres grupos principales de plantas con flores: magnólidas, monocotiledóneas y eudicotiledóneas. Las más avanzadas han desarrollado flores complejas y métodos de crecimiento especializados que garantizan su supervivencia y la producción de semillas para las generaciones futuras.

Raíces

Las raíces sujetan la planta al suelo y absorben el agua y los nutrientes que necesita para crecer. Algunas raíces, como la zanahoria, también almacenan nutrientes.

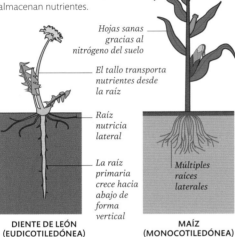

Hojas sanas gracias al nitrógeno del suelo

El tallo transporta nutrientes desde la raíz

Raíz nutricia lateral

La raíz primaria crece hacia abajo de forma vertical

Múltiples raíces laterales

DIENTE DE LEÓN (EUDICOTILEDÓNEA)

MAÍZ (MONOCOTILEDÓNEA)

Semillas

Contienen el embrión y reservas de alimento en endospermos o cotiledones con una cubierta protectora que garantiza su supervivencia hasta que las condiciones le permitan crecer.

Hojas

Son las centrales de energía de las plantas. Las hojas de las monocotiledóneas, cuyos nervios no se ramifican, suelen ser estrechas; las de las eudicotiledóneas suelen ser anchas.

Flores

Contienen los órganos reproductores de la planta. Los estambres son masculinos, y el ovario, el estilo y el estigma son femeninos. El aspecto de la flor depende del método de polinización.

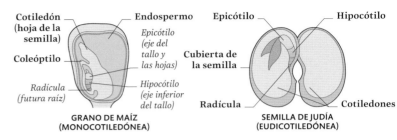

Cotiledón (hoja de la semilla) — *Endospermo*
Epicótilo (eje del tallo y las hojas)
Coleóptilo
Radícula (futura raíz) — *Hipocótilo (eje inferior del tallo)*

GRANO DE MAÍZ (MONOCOTILEDÓNEA)

Epicótilo — *Hipocótilo*
Cubierta de la semilla
Radícula — *Cotiledones*

SEMILLA DE JUDÍA (EUDICOTILEDÓNEA)

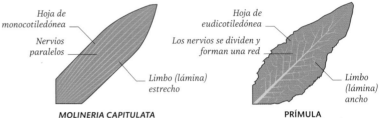

Hoja de monocotiledónea
Nervios paralelos
Limbo (lámina) estrecho

MOLINERIA CAPITULATA (MONOCOTILEDÓNEA)

Hoja de eudicotiledónea
Los nervios se dividen y forman una red
Limbo (lámina) ancho

PRÍMULA (EUDICOTILEDÓNEA)

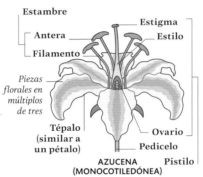

Estambre
Antera
Filamento
Estigma
Estilo
Piezas florales en múltiplos de tres
Tépalo (similar a un pétalo)
Ovario
Pedicelo

AZUCENA (MONOCOTILEDÓNEA) *Pistilo*

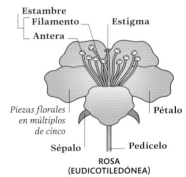

Estambre
Filamento
Antera
Estigma
Piezas florales en múltiplos de cinco
Pétalo
Sépalo
Pedicelo

ROSA (EUDICOTILEDÓNEA)

Magnólidas

Son unas de las plantas con flores más antiguas. Sus flores suelen ser simples, pueden carecer de pétalos y no producen néctar. Muchas magnólidas son árboles o arbustos y se usan para producir aceites esenciales y especias, como canela, pimienta negra o nuez moscada.

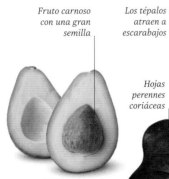

Fruto carnoso con una gran semilla

AGUACATE
(Persea americana)

Estigmas y ovario en una estructura que recuerda un cono

Múltiples tépalos de gran tamaño

Los tépalos atraen a escarabajos

Hojas perennes coriáceas

MAGNOLIA
(Magnolia grandiflora)

ANGIOSPERMAS ARCAICAS

Al principio de la evolución de las plantas con flores, el grupo de las angiospermas arcaicas se separó del resto de angiospermas. Las flores de este grupo tienen múltiples pétalos y otras piezas florales. Aunque algunas plantas son arbustos, muchas son acuáticas, y sus flores emergen del agua para que los polinizadores accedan a ellas. El anís estrellado y los nenúfares son angiospermas arcaicas.

NENÚFAR
(Nymphaea sp.)

◀ Véase también El reino vegetal pp. 96–97

Las primeras **plantas con flores** aparecieron junto con los dinosaurios, **hace 125 millones de años.**

Monocotiledóneas

Las plantas con flores de este grupo se caracterizan porque sus semillas solo tienen un cotiledón. Pertenecen a este grupo plantas de gran importancia económica, como el trigo, la cebada, el arroz, el maíz y el mijo, además de otras herbáceas, palmeras, lirios y orquídeas.

Espata protectora

Flores masculinas sobre las femeninas en el espádice

Aros

Estas plantas tienen las flores sobre un espádice. Las diminutas flores masculinas y femeninas crecen en una densa espiga, a menudo envuelta en una bráctea llamada espata.

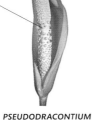

PSEUDODRACONTIUM LACOURII

Tallos leñosos y fuertes

Brotes laterales en los nudos

Bambú

El bambú es una herbácea leñosa que puede alcanzar 25 m de altura y crecer 90 cm en 24 horas. Muchos bambúes mueren tras producir las semillas.

BAMBÚ
(Phyllostachys sp.)

Palmeras

Son las únicas monocotiledóneas con aspecto de árbol. Suelen tener un solo tallo largo, pero fino, que no se engrosa ni se ramifica como el tronco de los verdaderos árboles.

Las barbas (estilos) atrapan el polen

Tallo arqueado (raquis)

Gramíneas

Sus flores no tienen pétalos, porque las poliniza el viento. Sus hojas crecen desde la base, no desde la punta, lo que les permite sobrevivir a los animales de pasto.

La farfolla protege los ovarios

MAÍZ
(Zea mays)

Flores protegidas por glumas (brácteas)

CHASMANTHIUM LATIFOLIUM

Hojas divididas (pinnatisectas)

COCOTERO
(Cocos nucifera)

Foliolos separados por el raquis

Fruto joven en desarrollo

Las bases de las hojas secas protegen el tallo

Espiga floral

Liliáceas y afines

La mayoría son herbáceas, aunque algunas tienen tallos leñosos. Muchas tienen bulbos que les permiten sobrevivir al frío o la sequía. Sus tres pétalos y tres sépalos son indistinguibles y se denominan tépalos.

Orquídeas

Hay más especies de orquídeas que de cualquier otra planta. Son las monocotiledóneas más avanzadas y muchas tienen sistemas de polinización muy especializados que les dan aspectos peculiares.

Algunas **orquídeas** viven **más de 100 años.**

Las flores se abren de forma secuencial

Tépalos multicolores

El sépalo grande y llamativo atrae a los polinizadores

Pétalo

Llamativo sépalo erguido

Tronco estrecho y sin ramas

Tallo de la inflorescencia (pedúnculo)

Pétalo muy modificado

Labelo, o sandalia

Tallo de la flor (pedicelo)

La flor imita a insectos para atraer a los polinizadores

Las cicatrices de hojas antiguas siguen siendo visibles

AZUCENA STARGAZER
(Lilium orientalis 'Stargazer')

TRITOMA
(Kniphofia uvaria)

SANDALIA DE VENUS
(Paphiopedilum sp.)

ORQUÍDEA PERDIZ
(Ophrys scolopax)

◀ **Véase también Plantas sin flores** pp. 98–99   **Plantas con flores** pp. 102–103 ▶   **Clasificación** pp. 158–159 ▶

≫ Plantas con flores (continuación)

Eudicotiledóneas

Casi todos los árboles, flores ornamentales, frutas y verduras son eudicotiledóneas. A diferencia de otras angiospermas, sus granos de polen tienen tres o más poros por los que crece el tubo polínico. Son organismos muy variados y complejos, y aquí solo se muestra una selección de los órdenes de eudicotiledóneas.

Proteas

El orden proteales incluye a las eudicotiledóneas menos avanzadas. La mayoría es del hemisferio sur y tiene flores complejas polinizadas por aves o pequeños mamíferos.

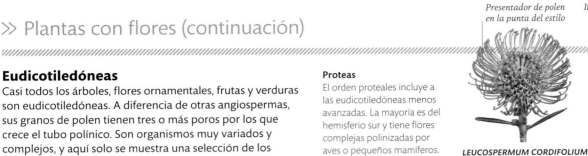

Presentador de polen en la punta del estilo

Inflorescencia compuesta por flores diminutas

LEUCOSPERMUM CORDIFOLIUM

PROTEA GIGANTE
(*Protea cynaroides*)

Cactus y afines

Este grupo incluye a los cactus y muchas plantas crasas (suculentas), que han desarrollado sistemas de almacenamiento de agua para sobrevivir a largas sequías. Las cariofilales también incluyen a trepadoras y anuales, como la quinoa.

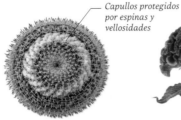

Capullos protegidos por espinas y vellosidades

Gran capítulo compuesto por flores diminutas

Flores blancas con brácteas de colores

Flores de color llamativo agrupadas

MAMMILLARIA PERBELLA

CRESTA DE GALLO
(*Celosia cristata*)

BUGANVILLA
(*Bougainvillea glabra*)

CRASSULA PERFOLIATA
(*Crassula perfoliata* var. Minor)

Robles, abedules y hayas

Este grupo (fagales) se distingue porque suele tener flores femeninas y masculinas separadas, y estas crecen en amentos densos y largos. Suelen ser polinizadas por el viento y florecen antes de que broten las hojas en primavera.

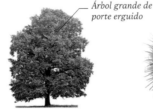

Árbol grande de porte erguido

Dos frutos en una cúpula espinosa (erizo)

Las flores masculinas crecen en amentos colgantes

Grandes hojas caducas

ROBLE COMÚN
(*Quercus robur*)

CASTAÑO
(*Castanea sativa*)

ABEDUL CHINO
(*Betula albosinensis*)

ROBLE DE STRANDHZA
(*Quercus hartwissiana*)

Coles

Aunque las coles y el brócoli tienen flores de cuatro pétalos, otras brasicales son más variadas. Muchas plantas de este grupo son comestibles y contienen glucosinolatos, o aceites de mostaza.

Hojas densamente apretadas

Los vistosos pétalos atraen a polinizadores de lengua larga

Su aroma atrae a los polinizadores

El fruto es una baya con semillas negras

COL SILVESTRE
(*Brassica oleracea*)

CAPUCHINA
(*Tropaeolum majus*)

ALHELÍ ENCARNADO
(*Matthiola incana*)

PAPAYO
(*Carica papaya*)

Ericales

Suelen ser plantas leñosas y longevas. Las plantas del té también pertenecen a este orden. Sin embargo, entre sus parientes figuran herbáceas como la prímula y, curiosamente, carnívoras como las sarracenias norteamericanas.

Flores pequeñas sobre las hojas

Las flores crecen en pequeños racimos

Las hojas atrapan y digieren moscas

El fruto, parecido a la fresa, tarda un año en desarrollarse

BREZO
(*Calluna vulgaris*)

MADROÑO
(*Arbutus unedo*)

AZALEA DE ALBRECHT
(*Rhododendron albrechtii*)

SARRACENIA
(*Sarracenia* sp.)

Apiales

La zanahoria y la mayoría de sus parientes se caracterizan por sus pequeñas flores que crecen en grandes inflorescencias planas llamadas umbelas. La hiedra y el ginseng también pertenecen a este grupo.

Flores pequeñas sobre brácteas

Flores pequeñas en una umbela plana

Flores diminutas en un denso capítulo cónico

El capítulo floral se cierra tras la floración

ZANAHORIA SILVESTRE
(*Daucus carota* 'Dara')

CARDO MARINO
(*Eryngium maritimum*)

SANÍCULA HEMBRA
(*Astrantia major* 'Rubra')

ZANAHORIA
(*Daucus carota*)

Más del 50% de las especies de plantas son **eudicotiledóneas.**

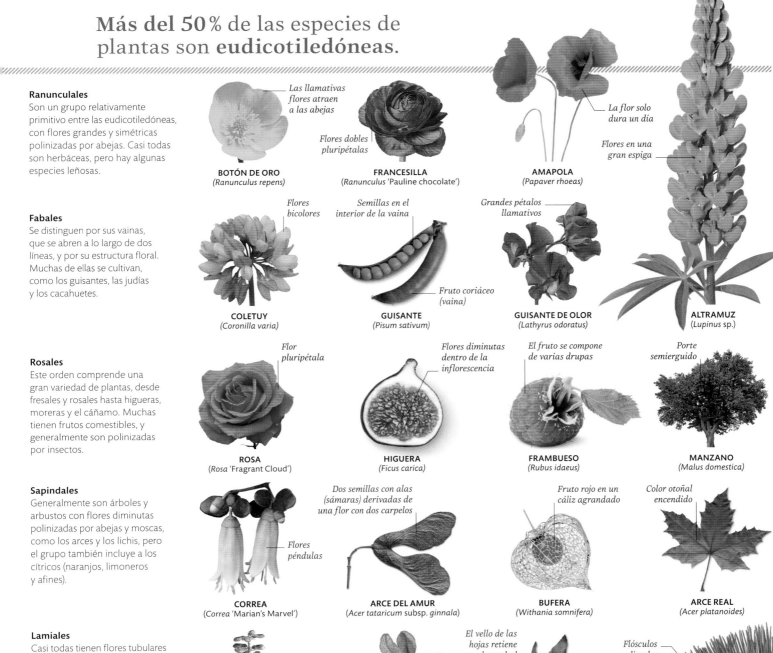

Ranunculales

Son un grupo relativamente primitivo entre las eudicotiledóneas, con flores grandes y simétricas polinizadas por abejas. Casi todas son herbáceas, pero hay algunas especies leñosas.

Las llamativas flores atraen a las abejas

BOTÓN DE ORO
(Ranunculus repens)

Flores dobles pluripétalas

FRANCESILLA
(Ranunculus 'Pauline chocolate')

La flor solo dura un día

Flores en una gran espiga

AMAPOLA
(Papaver rhoeas)

Fabales

Se distinguen por sus vainas, que se abren a lo largo de dos líneas, y por su estructura floral. Muchas de ellas se cultivan, como los guisantes, las judías y los cacahuetes.

Flores bicolores

COLETUY
(Coronilla varia)

Semillas en el interior de la vaina

Fruto coriáceo (vaina)

GUISANTE
(Pisum sativum)

Grandes pétalos llamativos

GUISANTE DE OLOR
(Lathyrus odoratus)

ALTRAMUZ
(Lupinus sp.)

Rosales

Este orden comprende una gran variedad de plantas, desde fresales y rosales hasta higueras, moreras y el cáñamo. Muchas tienen frutos comestibles, y generalmente son polinizadas por insectos.

Flor pluripétala

ROSA
(Rosa 'Fragrant Cloud')

Flores diminutas dentro de la inflorescencia

HIGUERA
(Ficus carica)

El fruto se compone de varias drupas

FRAMBUESO
(Rubus idaeus)

Porte semierguido

MANZANO
(Malus domestica)

Sapindales

Generalmente son árboles y arbustos con flores diminutas polinizadas por abejas y moscas, como los arces y los lichis, pero el grupo también incluye a los cítricos (naranjos, limoneros y afines).

Flores péndulas

CORREA
(Correa 'Marian's Marvel')

Dos semillas con alas (sámaras) derivadas de una flor con dos carpelos

ARCE DEL AMUR
(Acer tataricum subsp. ginnala)

Fruto rojo en un cáliz agrandado

BUFERA
(Withania somnifera)

Color otoñal encendido

ARCE REAL
(Acer platanoides)

Lamiales

Casi todas tienen flores tubulares con un labelo plano, ideal para la polinización por las abejas. Las flores de las plantas de este grupo tienen un único eje de simetría.

Flores tubulares en espiga

DIGITAL
(Digitalis purpurea)

El vello de las hojas retiene humedad

Las brácteas atraen a los polinizadores

LAVANDA
(Lavandula sp.)

SALVIA PÚRPURA
(Salvia officinalis 'Purpurascens')

Flósculos discales

Asterales

Son las eudicotiledóneas más avanzadas. Cada inflorescencia parece una sola flor, aunque en realidad se compone de numerosas flores diminutas (flósculos) con sus pétalos, estambres y carpelos.

Anillo de vistosas lígulas

OSTEOSPERMUM 'STARDUST'

Los flósculos estériles rodean a los fértiles

Disco central de flósculos más oscuros

DALIA
(Dahlia 'Ivanetti')

ACIANO
(Centaurea cyanus)

Brácteas espinosas

CARDO
(Cynara cardunculus)

Véase también Clasificación pp. 158–59 ▶

Hongos

¿Qué son los hongos?

Aunque antes se clasificaron como plantas, hoy se considera que constituyen un reino por sí mismos. Pueden ser sencillos organismos unicelulares, como las levaduras, o formas pluricelulares más sofisticadas, como las setas. Están muy extendidos y viven en la mayoría de hábitats terrestres.

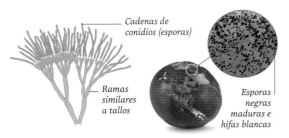

Cadenas de conidios (esporas)

Ramas similares a tallos

Esporas negras maduras e hifas blancas

Penicillium
Algunas especies de este género producen penicilina, un antibiótico; otras se utilizan en la elaboración de queso.

Moho
Como el resto de hongos, los mohos se alimentan de materia orgánica en descomposición, o de plantas o animales vivos.

LÍQUENES
Un liquen consiste en dos o tres organismos (un hongo, un alga o una cianobacteria) que funcionan como uno solo en beneficio mutuo. Los hongos no pueden fijar el nitrógeno ni realizar la fotosíntesis (p. 212), pero las algas y las cianobacterias sí, y proporcionan nutrientes a los hongos a cambio de una estructura protectora, como pigmentos que absorben la radiación UV.

Los lóbulos pueden ser de color verde grisáceo o amarillo anaranjado

Los lóbulos pálidos y foliados pueden ser muy planos o abultados

LIQUEN LOBULADO **LIQUEN FOLIÁCEO**

Setas comestibles y venenosas

Tanto las setas comestibles como las venenosas son los cuerpos fructíferos (esporocarpos) de los hongos, y para la mayoría de las personas son la manifestación más conocida de qué es un hongo.

Anatomía de una seta

Con sus pie y sombrero característicos, la seta es el cuerpo fructífero (estructura donde se forman las esporas, también denominada esporocarpo), la parte visible de lo que en realidad es un hongo enorme. Excepto cuando se reproduce, el hongo permanece oculto en el subsuelo, donde absorbe agua y nutrientes a través de una red de estructuras filamentosas y muy ramificadas llamadas hifas. El conjunto de esta red recibe el nombre de micelio y permanece en estado de latencia hasta que las condiciones, como la temperatura del suelo y unas precipitaciones suficientes, son favorables para la reproducción.

Casi el **90 %** de las setas es agua.

Ciclo vital de una seta

Las setas pueden liberar hasta mil millones de esporas al día, pero muy pocas de estas llegan a germinar. Si hay suficiente humedad y alimento, desarrollan finas hifas filamentosas que se extienden bajo el suelo y forman un micelio. A medida que este crece, las hifas de dos esporas de apareamiento se unen. Las condiciones ambientales activan la emergencia de los cuerpos fructíferos, que se convierten en setas que liberan esporas.

Beneficio mutuo

Las hifas del hongo penetran en las raíces de la planta y la ayudan a absorber agua y nutrientes minerales del suelo. A cambio, el hongo accede a los hidratos de carbono que produce la planta.

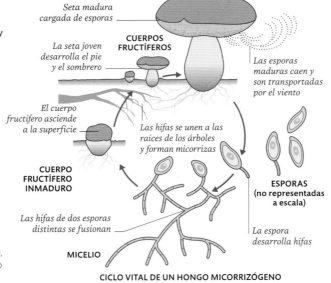

Seta madura cargada de esporas

CUERPOS FRUCTÍFEROS

La seta joven desarrolla el pie y el sombrero

Las esporas maduras caen y son transportadas por el viento

El cuerpo fructífero asciende a la superficie

Las hifas se unen a las raíces de los árboles y forman micorrizas

CUERPO FRUCTÍFERO INMADURO

ESPORAS (no representadas a escala)

Las hifas de dos esporas distintas se fusionan

La espora desarrolla hifas

MICELIO

CICLO VITAL DE UN HONGO MICORRIZÓGENO

HIFAS

Las hifas son la base de todos los hongos. Están formadas por unas células tubulares de paredes rígidas que suelen ser de quitina, un derivado de la glucosa. En algunas hifas, las células están separadas por tabiques porosos, llamados septos. Además de absorber nutrientes, las células de las hifas contienen material genético.

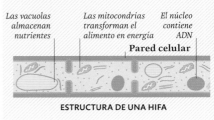

Las vacuolas almacenan nutrientes

Las mitocondrias transforman el alimento en energía

El núcleo contiene ADN

Pared celular

ESTRUCTURA DE UNA HIFA

Cuerpos fructíferos

Las setas con forma de sombrilla son las más conocidas, pero los cuerpos fructíferos adoptan multitud de formas y aparecen aislados o en grupo, desde las colmenillas de aspecto esponjoso hasta los hongos yesqueros superpuestos y los pedos de lobo explosivos.

Forma globosa

Forma de copa u oreja lisa

Los hongos parecen nidos de ave con huevos

Los surcos (ascos) liberan esporas

Los «anillos» concéntricos reflejan los años de crecimiento

BOLA **COPA** **NIDO** **LOBULADO** **SENTADO E IMBRICADO**

Las **micorrizas** conectan bosques enteros en una red apodada *wood wide web*.

Sombreros

Muchos hongos producen cuerpos fructíferos con un sombrero sobre un pie erecto. El sombrero puede tener forma de cúpula, o pliegues que le dan aspecto de panal o de esponja. Su forma permite identificar a muchos hongos, pero puede cambiar durante la maduración del esporocarpo.

Se estrecha hasta un vértice central

CÓNICO

Recuerda una semiesfera

CONVEXO

Forma de colmenilla

PLEGADO

Borde exterior enrollado hacia abajo

INFUNDIBULIFORME

Protuberancia central

MAMELONADO

Sombrero rojo plano o convexo

Agujero donde antes había una verruga

Las verrugas se desprenden a medida que la seta madura

Verruga blanca

FALSA ORONJA
(*Amanita muscaria*)

Pies

El pie de los hongos permite identificar algunas especies. Puede ser largo o corto, grueso o fino, y tener anillos, bulbos u otras estructuras.

Pie largo y fino que se fija directamente al suelo

RADICANTE

La base recuerda una maza

CLAVIFORME

Anillo

El perímetro se reduce en la base

ANILLADO

ATENUADO EN LA BASE

Pie

Las verrugas son restos del velo original

Anillo

Bulbo

CORTE TRANSVERSAL

Láminas y poros

La mayoría de los hongos con pie tienen bajo el sombrero unas láminas llenas de esporas preparadas para dispersarse. El grosor y la separación de las láminas, así como su modo de sujeción al pie, ayudan a identificar especies.

Pie separable del sombrero y las láminas

Láminas paralelas muy juntas

Láminas espaciadas se unen al pie

APRETADAS

ESPACIADAS

Láminas unidas al pie

La longitud de las láminas varía

Láminas del borde del sombrero al pie

LONGITUD DESIGUAL

MISMA LONGITUD

Poros muy anchos y ramificados que parecen láminas

Pequeños orificios bajo el sombrero

RAMIFICADAS

POROS

Crecimiento en forma de costra

PIEL

Las ramificaciones recuerdan un coral

CORAL

Saco que contiene las esporas

ESTRELLA

Sombrero infundibuliforme

Láminas en la parte inferior

TROMPETA

El pie se afina hacia arriba

FALO

Pie fino

MAZA

El sombrero amarillo libera las esporas

Seta con forma de mano de mortero

PERA

El reino animal

Se han descrito cerca de 1,5 millones de especies animales, y podrían quedar millones más por descubrir. Los animales constituyen un reino biológico de organismos pluricelulares distintos de las plantas, hongos, protozoos, cromistas, bacterias y arqueas; presentan una enorme variedad de tamaños, formas y estilos de vida, y sobreviven en algunos de los lugares más hostiles del planeta.

Características de los animales

Los animales son heterótrofos: obtienen la energía necesaria para vivir consumiendo materia orgánica, incluidos los tejidos de otros organismos. Todos, excepto uno, respiran oxígeno. Casi todos son móviles en algún momento de su ciclo vital y se reproducen mediante óvulos y espermatozoides, aunque algunos también pueden reproducirse asexualmente.

Los brazos plumosos atrapan el alimento, que pasa a la boca central para ser digerido

Los brazos también le sirven para nadar o reptar

Aunque parece una planta, esta comátula es un crinoideo, un animal depredador

Los cirros la fijan a modo de raíces cuando se oculta de día o se alimenta de noche

CLASIFICACIÓN ANIMAL

Los animales se clasifican jerárquicamente en función de las características que comparten.

▼ **REINO** División general que contiene organismos que funcionan de manera fundamentalmente similar, como el reino animal.

▼ **FILO** Subdivisión del reino que contiene una o varias clases, como el filo de los cordados.

▼ **CLASE** Subdivisión del filo que contiene uno o varios órdenes, como la clase de los mamíferos (p. 140).

▼ **ORDEN** Subdivisión de la clase que contiene una o más familias, como el orden de los carnívoros (p. 152).

▼ **FAMILIA** Subdivisión del orden que contiene uno o más géneros, como la familia de los cánidos (p. 152).

▼ **GÉNERO** Subdivisión de la familia que contiene una o más especies, como el género *Canis*.

▼ **ESPECIE** Grupo de individuos parecidos que pueden cruzarse entre ellos en estado salvaje, como *Canis lupus*, el lobo gris (p. 152).

▼ **SUBESPECIE** Grupo de individuos significativamente distinto de otros grupos de la misma especie, como *Canis lupus familiaris*, el perro doméstico (p. 153).

▼ **RAZA** Grupo de animales domesticados, criados para que tengan un aspecto y unas características concretas, como el labrador retriever.

El tamaño de los animales va desde el **enorme rorcual azul** hasta las avispas **mimáridas, invisibles** a simple vista.

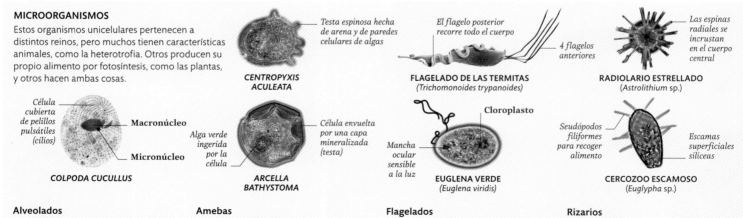

MICROORGANISMOS

Estos organismos unicelulares pertenecen a distintos reinos, pero muchos tienen características animales, como la heterotrofia. Otros producen su propio alimento por fotosíntesis, como las plantas, y otros hacen ambas cosas.

Testa espinosa hecha de arena y de paredes celulares de algas

CENTROPYXIS ACULEATA

El flagelo posterior recorre todo el cuerpo

4 flagelos anteriores

FLAGELADO DE LAS TERMITAS
(*Trichomonoides trypanoides*)

Las espinas radiales se incrustan en el cuerpo central

RADIOLARIO ESTRELLADO
(*Astrolithium* sp.)

Célula cubierta de pelillos pulsátiles (cilios)

Macronúcleo

Micronúcleo

COLPODA CUCULLUS

Alga verde ingerida por la célula

Célula envuelta por una capa mineralizada (testa)

ARCELLA BATHYSTOMA

Cloroplasto

Mancha ocular sensible a la luz

EUGLENA VERDE
(*Euglena viridis*)

Seudópodos filiformes para recoger alimento

Escamas superficiales silíceas

CERCOZOO ESCAMOSO
(*Euglypha* sp.)

Alveolados
Los alveolados poseen una capa flexible de vesículas planas que sostienen la membrana celular. Comprenden los ciliados y los dinoflagelados.

Amebas
El término ameba designa a una gran variedad de organismos unicelulares, desnudos o cubiertos por una testa, que emiten seudópodos tentaculares.

Flagelados
Son organismos unicelulares con apéndices en forma de látigo (flagelos), que les sirven para desplazarse por el agua o crear corrientes de alimentación.

Rizarios
Los radiolarios construyen caparazones vítreos de sílice, y los foraminíferos, de calcita, arena o materia orgánica. También algunos cercozoos tienen caparazón.

Invertebrados

La **almeja gigante**, que llega a pesar **200 kg**, es el **invertebrado más pesado** del mundo.

¿Qué es un invertebrado?

Los invertebrados forman un grupo muy amplio y diverso de más de 30 filos que reúne a la gran mayoría de las especies animales únicamente porque carecen de la columna vertebral o el notocordio que caracterizan a los vertebrados.

ESPECIES ANIMALES

Los invertebrados comprenden la mayoría de los taxones animales, con más de 1,4 millones de especies frente a unas 67 000 de vertebrados.

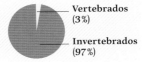

Vertebrados (3%)

Invertebrados (97%)

Esponjas

Las esponjas son sésiles y carecen de órganos especializados y de sistemas circulatorio, digestivo y nervioso. El agua entra y sale del cuerpo por poros y canales gracias a las corrientes creadas por diminutos flagelos pulsátiles. Las células que revisten los canales engullen las partículas de alimento atrapadas.

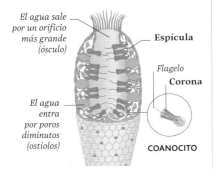

El agua sale por un orificio más grande (ósculo)

Espícula

Flagelo
Corona

El agua entra por poros diminutos (ostiolos)

COANOCITO

SISTEMA CORPORAL DE UNA ESPONJA SIMPLE

Gusanos

Con este nombre se conocen varios animales de cuerpo tubular blando pertenecientes a varios filos no emparentados. Ocupan una gran variedad de hábitats terrestres y acuáticos, y muchos son parásitos.

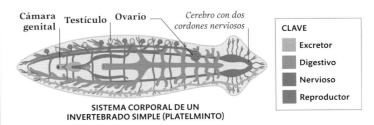

Cámara genital
Testículo
Ovario
Cerebro con dos cordones nerviosos

CLAVE
- Excretor
- Digestivo
- Nervioso
- Reproductor

SISTEMA CORPORAL DE UN INVERTEBRADO SIMPLE (PLATELMINTO)

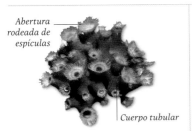

Abertura rodeada de espículas

Cuerpo tubular

ESPONJA SICONOIDE
(*Sycon* sp.)

Esponjas calcáreas

Unas 650 especies de este grupo exclusivamente marino viven en aguas relativamente poco profundas. Un esqueleto de espículas de carbonato de calcio con tres radios protege el cuerpo gelatinoso.

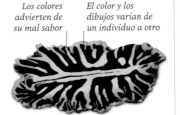

Red de espículas fusionadas

Pedúnculo amarillo intenso

BOLOSOMA SP.

Esponjas vítreas

Su esqueleto se compone de espículas silíceas de cuatro o seis radios fusionadas formando una red robusta. Viven en todo el mundo, normalmente en aguas más profundas que las esponjas calcáreas.

Los colores advierten de su mal sabor

El color y los dibujos varían de un individuo a otro

PLANARIA AMARILLA Y NEGRA
(*Pseudoceros dimidiatus*)

Platelmintos

Los platelmintos, o gusanos planos, (como las duelas y las tenias), carecen de órganos respiratorios o circulatorios y poseen un sistema nervioso simple. Digieren la comida en un saco con una sola abertura.

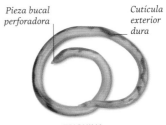

Pieza bucal perforadora

Cutícula exterior dura

TRIQUINA
(*Trichinella spiralis*)

Nematodos

Los nematodos, o gusanos cilíndricos, son la forma animal más abundante y extendida del planeta. Los hay de solo unas micras hasta de más de un metro de largo. Un tercio de las especies conocidas son parásitas.

Ósculo de gran tamaño

El cuerpo, con profundos surcos, puede alcanzar 2 m de altura

Gran racimo de más de 30 tubos

ESPONJA BARRIL
(*Xestospongia testudinaria*)

Demosponjas

Este variado grupo cuenta con más de 7000 especies con forma de costra, de montículo o tubular. Casi todas son marinas, pero unas 150 especies viven en agua salobre o dulce.

APLYSINA ARCHERI

Anélidos

El cuerpo de estos animales, que incluyen a los poliquetos y tubícolas marinos, y a las lombrices y sanguijuelas terrestres, está dividido en segmentos iguales.

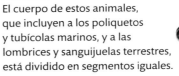

Cola

Cabeza

LOMBRIZ DE TIERRA COMÚN
(*Lumbricus terrestris*)

Los verticilos de tentáculos sirven para filtrar el alimento y respirar

GUSANO ÁRBOL DE NAVIDAD
(*Spirobranchus giganteus*)

Los corales coloniales duros forman **arrecifes de coral**, las **mayores estructuras vivas** del mundo.

Cnidarios

Estos animales acuáticos simples pueden vivir en solitario o en colonias. Su cuerpo, con simetría radial, cuenta con una coraza de células urticantes (cnidocitos) para capturar presas y defenderse. Los individuos de muchas especies alternan las fases de medusa (nadadora) y de pólipo (sésil) a lo largo de su ciclo vital.

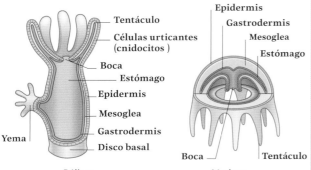

Pólipo
- Tentáculo
- Células urticantes (cnidocitos)
- Boca
- Estómago
- Epidermis
- Mesoglea
- Gastrodermis
- Disco basal
- Yema

Medusa
- Epidermis
- Gastrodermis
- Mesoglea
- Estómago
- Boca
- Tentáculo

Pólipo
Los pólipos viven fijados al fondo del mar u otro sustrato. Un círculo de tentáculos dirige las presas hacia la boca, en el centro y orientada hacia arriba.

Medusa
Las medusas son nadadoras y tienen forma de campana con un fleco de tentáculos con los que atrapan a sus presas y la boca en el centro de la parte inferior.

Anémonas y corales

La clase de los antozoos, exclusivamente marinos, comprende las anémonas de mar y los corales blandos y duros. Las colonias de estos últimos segregan la matriz pétrea de los arrecifes de coral, que sustentan una gran biodiversidad. Los antozoos se dispersan como larvas planctónicas que se convierten en pólipos sésiles. La mayoría se reproduce sexualmente y por gemación.

El pegajoso disco basal la fija al arrecife

El pólipo puede alcanzar 1 m de diámetro

ANÉMONA DE MAR MAGNÍFICA
(Heteractis magnifica)

Colonia con forma de dedos

MANO DE MUERTO
(Alcyonium glomeratum)

Tallo duro y flexible con ramas cargadas de pólipos

ABANICO DE MAR
(Gorgonia ventalina)

Pólipos en ramas laterales

PLUMA DE MAR
(Ptilosarcus gurneyi)

Colonia de coral duro esférica y con surcos

CORAL CEREBRO
(Lobophyllia sp.)

Moluscos

La mayoría de los miembros de este gran grupo de más de 110 000 especies terrestres y de agua dulce y salada tiene una concha protectora externa de carbonato de calcio y proteína. En las babosas y en los cefalópodos, la concha es reducida, está ausente o es interna.

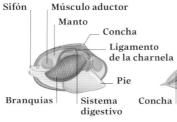

- Sifón
- Músculo aductor
- Manto
- Concha
- Ligamento de la charnela
- Pie
- Branquias
- Sistema digestivo

Bivalvo
La concha tiene dos partes (valvas) unidas por una charnela flexible. Los músculos aductores abren y cierran la concha.

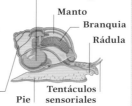

- Sistema digestivo
- Mandíbula
- Rádula
- Tentáculo
- Ojo
- Sifón
- Branquias
- Concha
- Cavidad del manto
- Concha helicoidal

Cefalópodo
Solo los nautilos conservan la concha externa. La de los calamares, sepias y pulpos es interna o inexistente.

- Sistema digestivo
- Manto
- Branquia
- Rádula
- Pie
- Tentáculos sensoriales

Gasterópodo
Los gasterópodos evolucionaron a partir de un antepasado común con una concha y un pie muscular.

Cefalópodos

El calamar colosal, el invertebrado más grande (13 m de longitud), es uno de estos moluscos de color cambiante, ágiles y con tentáculos, depredadores de otros animales marinos.

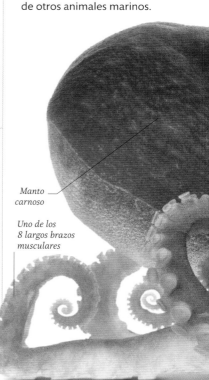

Manto carnoso

Uno de los 8 largos brazos musculares

Bivalvos

Son acuáticos, se alimentan por filtración y pasan por una fase de larva planctónica. La mayoría son sedentarios y viven fijados a un sustrato mediante filamentos pegajosos, pero las vieiras se propulsan con las valvas y el manto.

ALMEJA GIGANTE
(Tridacna gigas)

El sifón absorbe agua

Característica concha en abanico

Ojos simples a lo largo del borde del manto

VIEIRA
(Aequipecten opercularis)

Concha estriada

BERBERECHO
(Cerastoderma edule)

Anillos de crecimiento

PERONAEA MADAGASCARIENSIS

Concha asimétrica

MEJILLÓN ATLÁNTICO
(Mytilus edulis)

Umbela translúcida de hasta 30 cm de diámetro

Medusas

Las medusas verdaderas (escifozoos) tienen una boca central que se abre en cuatro bolsas gástricas. El tejido gelatinoso que las caracteriza es la mesoglea, una sustancia transparente que se halla entre dos capas de células, la epidermis externa y la gastrodermis interna.

¿CÓMO NADAN LAS MEDUSAS?

Las medusas nadan mediante unas fibras musculares dispuestas en bandas alrededor del cuerpo con forma de campana (umbela). Carecen de cerebro, pero poseen órganos sensoriales simples que les permiten responder a la luz y a la gravedad, y muchas especies ascienden de noche a aguas superficiales para alimentarse y se sumergen durante el día.

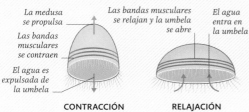

La medusa se propulsa
Las bandas musculares se contraen
El agua es expulsada de la umbela

CONTRACCIÓN

Las bandas musculares se relajan y la umbela se abre
El agua entra en la umbela

RELAJACIÓN

MEDUSA AZUL
(Cyanea lamarckii)

Motas cristalinas reflectantes distribuidas uniformemente

MEDUSA DE MOTAS BLANCAS
(Phyllorhiza punctata)

MEDUSA INVERTIDA
(Cassiopea andromeda)

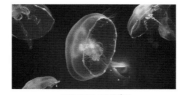

MEDUSA COMÚN
(Aurelia aurita)

Hidrozoos

Muchas especies de este grupo diverso pasan por una fase de pólipo y otra de medusa. La mayoría vive en colonias de decenas a miles de pólipos. La carabela portuguesa es una colonia de cuatro tipos de pólipos que parece un solo animal más complejo.

Yema en el pólipo progenitor

HIDRA COMÚN
(Hydra vulgaris)

Colonia ramificada

CORAL DE FUEGO
(Millepora sp.)

Pólipo en la punta de un tallo ramificado

TUBULARIA SP.

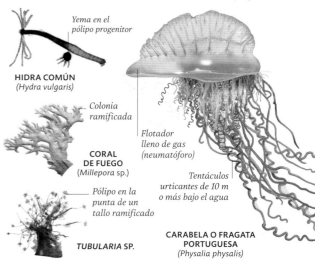

Flotador lleno de gas (neumatóforo)

Tentáculos urticantes de 10 m o más bajo el agua

CARABELA O FRAGATA PORTUGUESA
(Physalia physalis)

Concha externa flotante con cámaras

NAUTILO COMÚN
(Nautilus pompilius)

Ocho brazos y dos tentáculos unidos a la cabeza

SEPIA COMÚN
(Sepia officinalis)

Coloración de advertencia

PULPO DE ANILLOS AZULES
(Hapalochlaena lunulata)

El **pulpo común** tiene unos **500 millones de neuronas**, la mayoría en los **brazos**.

Ojo prominente y sofisticado

PULPO COMÚN
(Octopus vulgaris)

Las ventosas tienen sensores gustativos y táctiles

La piel puede cambiar de color y de textura

Gasterópodos

Forman la clase de moluscos más numerosa, que incluye a las babosas y los caracoles de tierra. Algunos son nadadores ágiles, otros son herbívoros lentos, y los cónidos marinos atrapan a sus presas disparando dardos con neurotoxinas paralizantes.

Concha brillante

Concha con labio extendido

Ojos en los extremos del primer par de tentáculos

CAURI TIGRE
(Cypraea tigris)

CARACOL PALA
(Lobatus gigas)

CARACOL ROMANO O DE BORGOÑA
(Helix pomatia)

Dos pares de tentáculos sensoriales

Orificio respiratorio

CARACOL MANZANA
(Ampulárido)

BABOSA, LIMACO
(Arion distinctus)

Branquias expuestas

Tentáculo (rinóforo) sensible al tacto y a sustancias químicas

Manto

BABOSA DE MAR DE ANNA
(Chromodoris annae)

Véase también Clasificación: invertebrados p. 159 ▶   **Reproducción** pp. 226–227 ▶

>> Invertebrados (continuación)

Equinodermos

Son animales marinos con simetría pentarradial. La mayoría cuenta con espinas o púas móviles, y todos tienen un esqueleto (testa) de placas calcáreas. Carecen de cerebro y utilizan un aparato ambulacral de pies tubulares conectados por un sistema vascular acuífero para desplazarse, conseguir alimento y respirar.

Erizos de mar

El cuerpo de los adultos es globoso o discoidal y espinoso, con una testa rígida con perforaciones por las que salen los pies ambulacrales y un aparato masticador de cinco dientes, la linterna de Aristóteles.

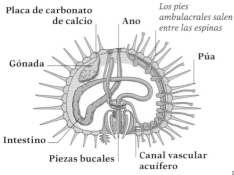

Placa de carbonato de calcio · Ano · Los pies ambulacrales salen entre las espinas · Gónada · Púa · Intestino · Piezas bucales · Canal vascular acuífero

CORTE TRANSVERSAL DE UN ERIZO DE MAR

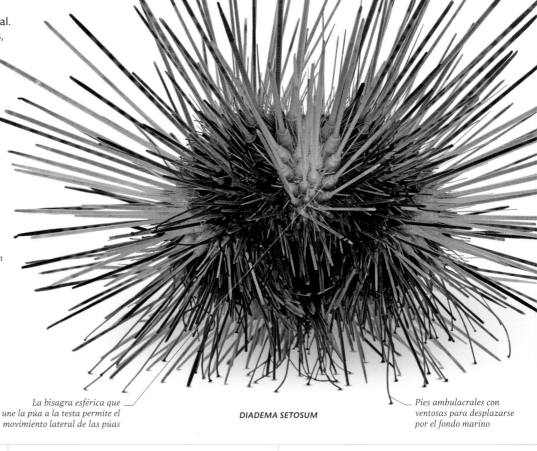

La punta de la espina hueca libera una toxina suave al romperse

La bisagra esférica que une la púa a la testa permite el movimiento lateral de las púas

DIADEMA SETOSUM

Pies ambulacrales con ventosas para desplazarse por el fondo marino

---

Ofiuras

Estas habitantes del fondo del mar parecen delgadas e hiperactivas estrellas de mar con brazos móviles con los que reptan, trepan e incluso nadan en aguas abiertas. Si se les rompe un brazo, lo regeneran.

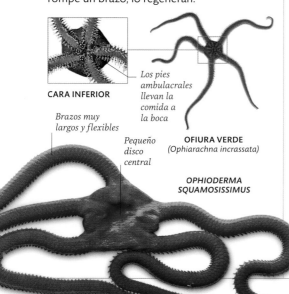

CARA INFERIOR

Los pies ambulacrales llevan la comida a la boca

Pequeño disco central

OFIURA VERDE
(Ophiarachna incrassata)

Brazos muy largos y flexibles

OPHIODERMA SQUAMOSISSIMUS

Estrellas de mar

Habitan desde la zona intermareal hasta el fondo oceánico. La mayoría tiene cinco brazos, pero muchas especies tienen más. Los surcos con los pies ambulacrales y la boca están en la cara inferior. Casi todas son carnívoras y pueden abrir conchas bivalvas.

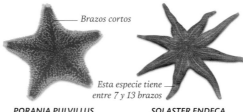

Brazos cortos

Esta especie tiene entre 7 y 13 brazos

PORANIA PULVILLUS

SOLASTER ENDECA

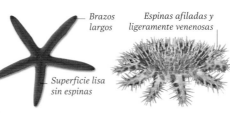

Brazos largos

Espinas afiladas y ligeramente venenosas

Superficie lisa sin espinas

ESTRELLA DE MAR AZUL
(Linckia laevigata)

CORONA DE ESPINAS
(Acanthaster planci)

Holoturias

A pesar de su forma alargada, la simetría pentarradial continúa siendo evidente en la disposición de los tentáculos de alimentación y las hileras de pies ambulacrales en la mayoría de las especies.

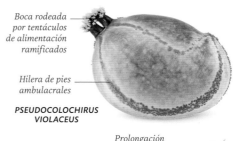

Boca rodeada por tentáculos de alimentación ramificados

Hilera de pies ambulacrales

PSEUDOCOLOCHIRUS VIOLACEUS

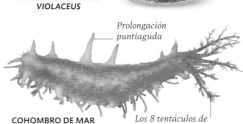

Prolongación puntiaguda

COHOMBRO DE MAR AMARILLO
(Colochirus robustus)

Los 8 tentáculos de alimentación se extienden hacia la corriente

◀ Véase también El reino animal p. 106

En cualquier momento dado hay
10 trillones de insectos vivos en el mundo.

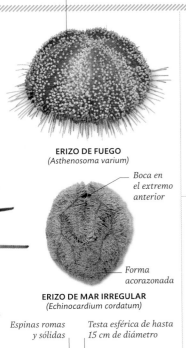

ERIZO DE FUEGO
(Asthenosoma varium)

La testa flexible le permite introducirse en grietas

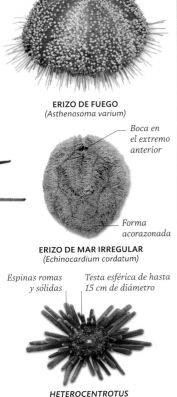

Boca en el extremo anterior

Forma acorazonada

ERIZO DE MAR IRREGULAR
(Echinocardium cordatum)

Espinas romas y sólidas

Testa esférica de hasta 15 cm de diámetro

HETEROCENTROTUS MAMMILLATUS

Crinoideos

Se orientan boca arriba y poseen cinco brazos muy ramificados. Pueden tener pedúnculo, como los lirios de mar, o carecer de él, como las comátulas.

Brazos extendidos para alimentarse

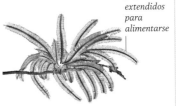

COMÁTULA
(Cenometra emendatrix)

El largo y esbelto pedúnculo lo fija al fondo del mar

LIRIO DE MAR
(Proisocrinus ruberrimus)

Artrópodos

Este filo comprende alrededor del 80 % de las especies animales conocidas. Los artrópodos presentan simetría bilateral, exoesqueleto y el cuerpo segmentado con pares de apéndices multifuncionales, y se han adaptado a hábitats de todo tipo.

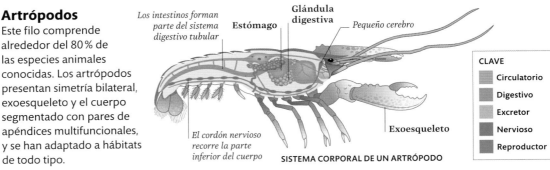

Los intestinos forman parte del sistema digestivo tubular

Estómago

Glándula digestiva

Pequeño cerebro

El cordón nervioso recorre la parte inferior del cuerpo

Exoesqueleto

SISTEMA CORPORAL DE UN ARTRÓPODO

CLAVE
- Circulatorio
- Digestivo
- Excretor
- Nervioso
- Reproductor

Insectos

Nueve de cada 10 artrópodos son insectos. Tienen seis patas y el cuerpo dividido en cabeza, tórax y abdomen. Son el único grupo de invertebrados capaces de volar.

El exoesqueleto de los insectos

Un exoesqueleto rígido y ligero confiere a los insectos una fuerza extraordinaria para su tamaño. Los adultos respiran aire por poros.

Espiráculo (poro respiratorio)

Queta (cerda sensorial)

Cutícula (superficie dura)

Tráquea (tubo respiratorio)

Epidermis

Tórax

Ojos simples (ocelos) sobre la cabeza

En reposo, las alas anteriores cubren en parte las posteriores

Abdomen

Cabeza

Espiráculo

Sacos polínicos en las patas posteriores de algunas especies

Las antenas, móviles y segmentadas, detectan aromas en el aire

Ojo compuesto

Garra

Cuarto segmento de la pata (tibia)

Tercer segmento de la pata (fémur)

Piezas bucales (mandíbulas) para cortar y masticar

Quinto segmento de la pata (metatarso)

Pie (tarso)

ABEJA MELÍFERA
(Apis mellifera)

METAMORFOSIS

La mayoría de los insectos experimenta una transformación de la forma larval a la adulta. Durante una metamorfosis completa, el cuerpo de la larva se destruye y se transforma en adulto dentro de una pupa o crisálida.

La oruga de mariposa monarca se cuelga de hilos de seda pegados a una ramita

La vieja piel se rompe y surge la crisálida verde

La crisálida se arruga para desechar la vieja piel

La envoltura protege el cuerpo mientras se forma la mariposa

1 LISTA PARA EL CAMBIO   **2 APARECE LA CRISÁLIDA**   **3 CRISÁLIDA**   **4 METAMORFOSIS**

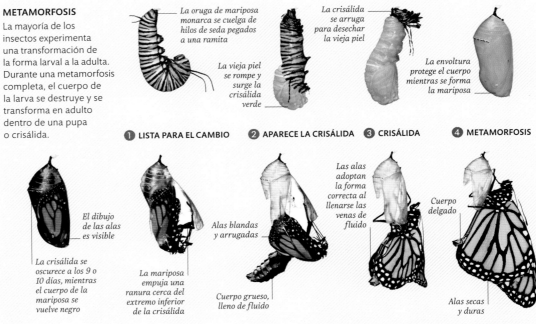

El dibujo de las alas es visible

La crisálida se oscurece a los 9 o 10 días, mientras el cuerpo de la mariposa se vuelve negro

La mariposa empuja una ranura cerca del extremo inferior de la crisálida

Alas blandas y arrugadas

Cuerpo grueso, lleno de fluido

Las alas adoptan la forma correcta al llenarse las venas de fluido

Cuerpo delgado

Alas secas y duras

5 LISTA PARA SALIR   **6 LA CRISÁLIDA SE ABRE**   **7 SIN FORMA**   **8 LAS ALAS SE DESPLIEGAN**   **9 LISTA PARA VOLAR**

Los **insectos voladores más veloces**, las **libélulas**, alcanzan una velocidad máxima de **56 km/h**.

Órdenes de insectos

Los insectos cuentan con más especies que cualquier otra clase animal: se han identificado más de un millón, pero los científicos creen que aún quedan muchos millones por descubrir. Las especies se agrupan en órdenes en función de sus características comunes, desde los insectos simples sin alas, como los pececillos de plata y los piojos y las pulgas parásitos, hasta los más avanzados, las sociales abejas, avispas y hormigas.

PEQUEÑOS Y GRANDES

El título de insecto volador más grande depende de si se mide la longitud del cuerpo o la envergadura de las alas, pero el cuerno del escarabajo Hércules macho hace que sea más largo que una mano humana. El insecto más pequeño, una avispa mimárida, cabría en un punto. Los machos son aún más pequeños que las hembras, pero carecen de alas.

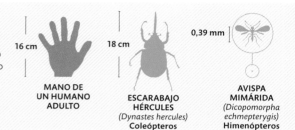

16 cm

MANO DE UN HUMANO ADULTO

18 cm

ESCARABAJO HÉRCULES
(*Dynastes hercules*)
Coleópteros

0,39 mm

AVISPA MIMÁRIDA
(*Dicopomorpha echmepterygis*)
Himenópteros

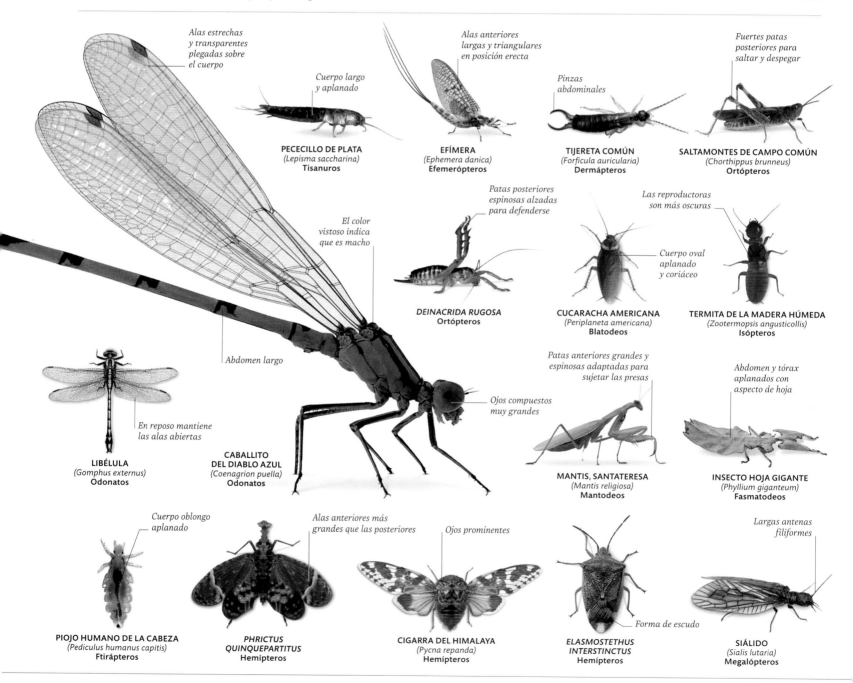

Alas estrechas y transparentes plegadas sobre el cuerpo

Cuerpo largo y aplanado

Alas anteriores largas y triangulares en posición erecta

Pinzas abdominales

Fuertes patas posteriores para saltar y despegar

PECECILLO DE PLATA
(*Lepisma saccharina*)
Tisanuros

EFÍMERA
(*Ephemera danica*)
Efemerópteros

TIJERETA COMÚN
(*Forficula auricularia*)
Dermápteros

SALTAMONTES DE CAMPO COMÚN
(*Chorthippus brunneus*)
Ortópteros

Patas posteriores espinosas alzadas para defenderse

El color vistoso indica que es macho

Las reproductoras son más oscuras

Cuerpo oval aplanado y coriáceo

DEINACRIDA RUGOSA
Ortópteros

CUCARACHA AMERICANA
(*Periplaneta americana*)
Blatodeos

TERMITA DE LA MADERA HÚMEDA
(*Zootermopsis angusticollis*)
Isópteros

Abdomen largo

Ojos compuestos muy grandes

En reposo mantiene las alas abiertas

LIBÉLULA
(*Gomphus externus*)
Odonatos

CABALLITO DEL DIABLO AZUL
(*Coenagrion puella*)
Odonatos

Patas anteriores grandes y espinosas adaptadas para sujetar las presas

Abdomen y tórax aplanados con aspecto de hoja

MANTIS, SANTATERESA
(*Mantis religiosa*)
Mantodeos

INSECTO HOJA GIGANTE
(*Phyllium giganteum*)
Fasmatodeos

Cuerpo oblongo aplanado

Alas anteriores más grandes que las posteriores

Ojos prominentes

Largas antenas filiformes

PIOJO HUMANO DE LA CABEZA
(*Pediculus humanus capitis*)
Ftirápteros

PHRICTUS QUINQUEPARTITUS
Hemípteros

CIGARRA DEL HIMALAYA
(*Pycna repanda*)
Hemípteros

Forma de escudo

ELASMOSTETHUS INTERSTINCTUS
Hemípteros

SIÁLIDO
(*Sialis lutaria*)
Megalópteros

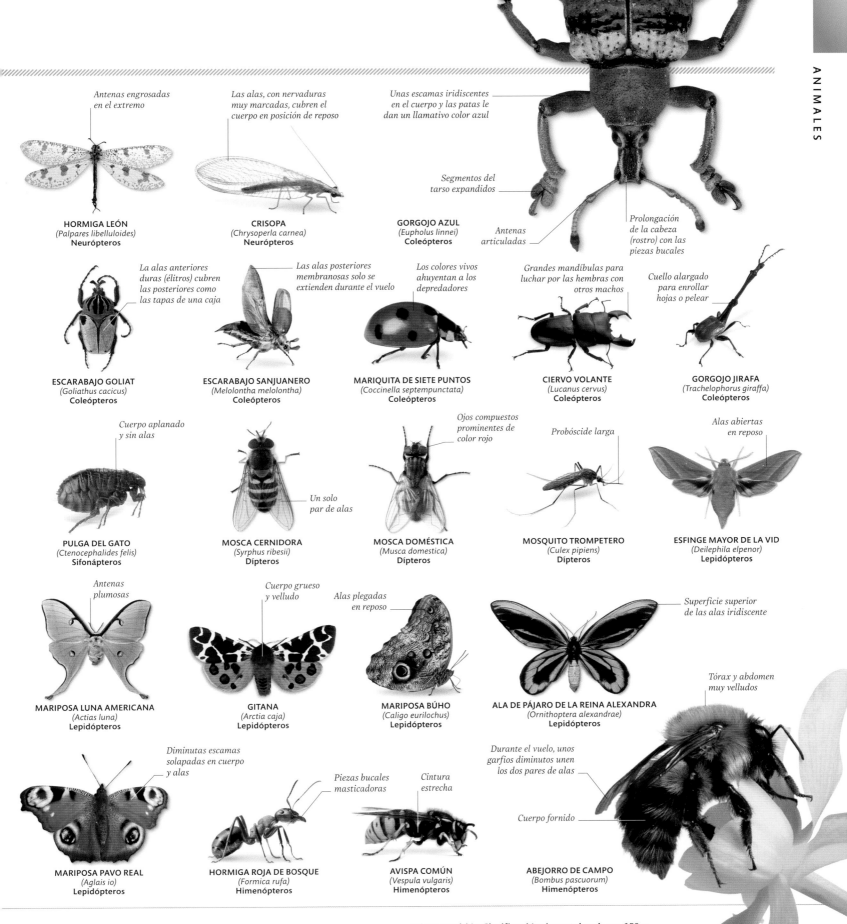

Antenas engrosadas
en el extremo

Las alas, con nervaduras
muy marcadas, cubren el
cuerpo en posición de reposo

Unas escamas iridiscentes
en el cuerpo y las patas le
dan un llamativo color azul

Segmentos del
tarso expandidos

Antenas
articuladas

Prolongación
de la cabeza
(rostro) con las
piezas bucales

HORMIGA LEÓN
(Palpares libelluloides)
Neurópteros

CRISOPA
(Chrysoperla carnea)
Neurópteros

GORGOJO AZUL
(Eupholus linnei)
Coleópteros

La alas anteriores
duras (élitros) cubren
las posteriores como
las tapas de una caja

Las alas posteriores
membranosas solo se
extienden durante el vuelo

Los colores vivos
ahuyentan a los
depredadores

Grandes mandíbulas para
luchar por las hembras con
otros machos

Cuello alargado
para enrollar
hojas o pelear

ESCARABAJO GOLIAT
(Goliathus cacicus)
Coleópteros

ESCARABAJO SANJUANERO
(Melolontha melolontha)
Coleópteros

MARIQUITA DE SIETE PUNTOS
(Coccinella septempunctata)
Coleópteros

CIERVO VOLANTE
(Lucanus cervus)
Coleópteros

GORGOJO JIRAFA
(Trachelophorus giraffa)
Coleópteros

Cuerpo aplanado
y sin alas

Ojos compuestos
prominentes de
color rojo

Probóscide larga

Alas abiertas
en reposo

Un solo
par de alas

PULGA DEL GATO
(Ctenocephalides felis)
Sifonápteros

MOSCA CERNIDORA
(Syrphus ribesii)
Dípteros

MOSCA DOMÉSTICA
(Musca domestica)
Dípteros

MOSQUITO TROMPETERO
(Culex pipiens)
Dípteros

ESFINGE MAYOR DE LA VID
(Deilephila elpenor)
Lepidópteros

Antenas
plumosas

Cuerpo grueso
y velludo

Alas plegadas
en reposo

Superficie superior
de las alas iridiscente

MARIPOSA LUNA AMERICANA
(Actias luna)
Lepidópteros

GITANA
(Arctia caja)
Lepidópteros

MARIPOSA BÚHO
(Caligo eurilochus)
Lepidópteros

ALA DE PÁJARO DE LA REINA ALEXANDRA
(Ornithoptera alexandrae)
Lepidópteros

Tórax y abdomen
muy velludos

Diminutas escamas
solapadas en cuerpo
y alas

Piezas bucales
masticadoras

Cintura
estrecha

Durante el vuelo, unos
garfios diminutos unen
los dos pares de alas

Cuerpo fornido

MARIPOSA PAVO REAL
(Aglais io)
Lepidópteros

HORMIGA ROJA DE BOSQUE
(Formica rufa)
Himenópteros

AVISPA COMÚN
(Vespula vulgaris)
Himenópteros

ABEJORRO DE CAMPO
(Bombus pascuorum)
Himenópteros

Véase también Clasificación: invertebrados p. 159 ▶

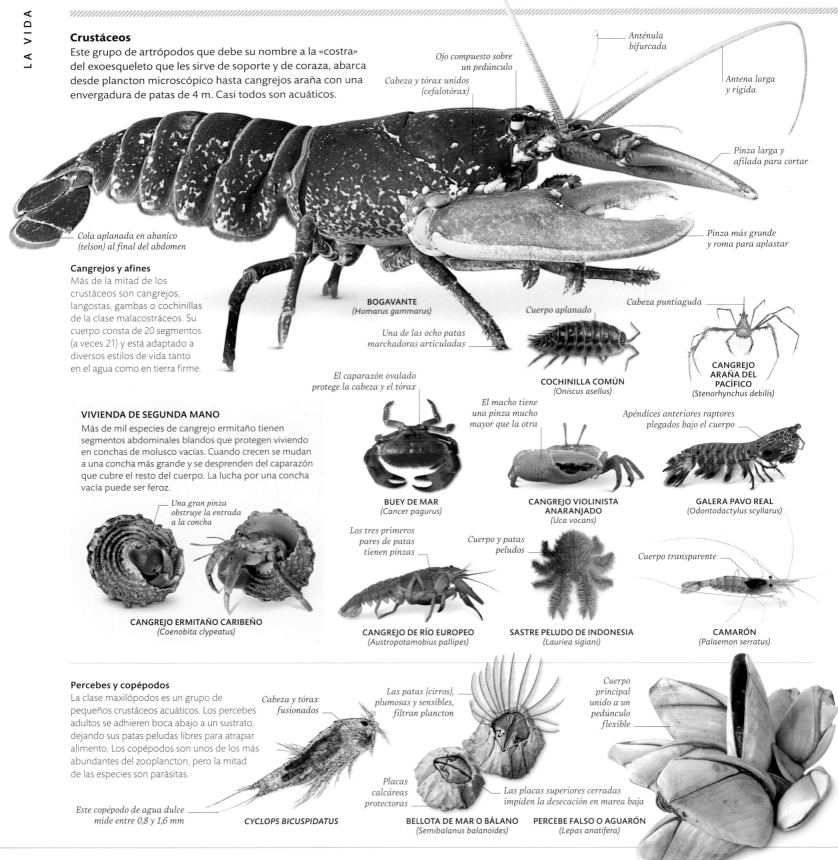

>> Invertebrados (continuación)

La galera puede **golpear** a la **velocidad** de una **bala** del calibre 22.

Crustáceos

Este grupo de artrópodos que debe su nombre a la «costra» del exoesqueleto que les sirve de soporte y de coraza, abarca desde plancton microscópico hasta cangrejos araña con una envergadura de patas de 4 m. Casi todos son acuáticos.

Anténula bifurcada

Ojo compuesto sobre un pedúnculo

Cabeza y tórax unidos (cefalotórax)

Antena larga y rígida

Pinza larga y afilada para cortar

Cola aplanada en abanico (telson) al final del abdomen

Pinza más grande y roma para aplastar

Cangrejos y afines

Más de la mitad de los crustáceos son cangrejos, langostas, gambas o cochinillas de la clase malacostráceos. Su cuerpo consta de 20 segmentos (a veces 21) y está adaptado a diversos estilos de vida tanto en el agua como en tierra firme.

BOGAVANTE
(Homarus gammarus)

Una de las ocho patas marchadoras articuladas

Cuerpo aplanado

Cabeza puntiaguda

COCHINILLA COMÚN
(Oniscus asellus)

CANGREJO ARAÑA DEL PACÍFICO
(Stenorhynchus debilis)

VIVIENDA DE SEGUNDA MANO

Más de mil especies de cangrejo ermitaño tienen segmentos abdominales blandos que protegen viviendo en conchas de molusco vacías. Cuando crecen se mudan a una concha más grande y se desprenden del caparazón que cubre el resto del cuerpo. La lucha por una concha vacía puede ser feroz.

El caparazón ovalado protege la cabeza y el tórax

El macho tiene una pinza mucho mayor que la otra

Apéndices anteriores raptores plegados bajo el cuerpo

Una gran pinza obstruye la entrada a la concha

BUEY DE MAR
(Cancer pagurus)

CANGREJO VIOLINISTA ANARANJADO
(Uca vocans)

GALERA PAVO REAL
(Odontodactylus scyllarus)

Los tres primeros pares de patas tienen pinzas

Cuerpo y patas peludos

Cuerpo transparente

CANGREJO ERMITAÑO CARIBEÑO
(Coenobita clypeatus)

CANGREJO DE RÍO EUROPEO
(Austropotamobius pallipes)

SASTRE PELUDO DE INDONESIA
(Lauriea sigiani)

CAMARÓN
(Palaemon serratus)

Percebes y copépodos

La clase maxilópodos es un grupo de pequeños crustáceos acuáticos. Los percebes adultos se adhieren boca abajo a un sustrato, dejando sus patas peludas libres para atrapar alimento. Los copépodos son unos de los más abundantes del zooplancton, pero la mitad de las especies son parásitas.

Cabeza y tórax fusionados

Las patas (cirros), plumosas y sensibles, filtran plancton

Cuerpo principal unido a un pedúnculo flexible

Este copépodo de agua dulce mide entre 0,8 y 1,6 mm

CYCLOPS BICUSPIDATUS

Placas calcáreas protectoras

Las placas superiores cerradas impiden la desecación en marea baja

BELLOTA DE MAR O BÁLANO
(Semibalanus balanoides)

PERCEBE FALSO O AGUARÓN
(Lepas anatifera)

Arácnidos

Los arácnidos tienen dos segmentos corporales principales, el cefalotórax y el abdomen, y cuatro pares de patas. Los quelíceros y los pedipalpos son apéndices que desempeñan funciones sensoriales, de alimentación, reproductoras y defensivas. Además de las arañas, son arácnidos los escorpiones, opiliones, garrapatas y ácaros.

La seda de araña es una proteína elástica **más resistente a la tensión que el acero.**

Pedipalpo

Grandes colmillos (quelíceros) venenosos

Cuatro ojos grandes en fila

Patas cubiertas de vello sensorial

Cuerpo grande y peludo

ARAÑA SALTADORA MARRÓN
(Evarcha arcuata)

Arañas

Las más de 46 000 especies de araña descritas, salvo una, son depredadoras, y muchas hembras devoran al macho tras la cópula.

TARÁNTULA DE RODILLAS ROJAS MEXICANA
(Brachypelma smithi)

Los colmillos escupen un fluido pegajoso y venenoso a la presa

ARAÑA ESCUPIDORA
(Scytodes thoracica)

UNA TRAMPA DE SEDA

Las arañas tejen con unos apéndices modificados la seda que segregan unas glándulas abdominales. Las telarañas orbiculares están hechas de hilos cubiertos de gotitas pegajosas que atrapan a los insectos.

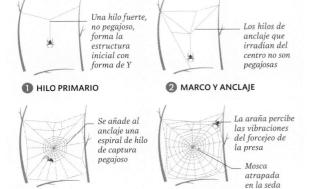

Una hilo fuerte, no pegajoso, forma la estructura inicial con forma de Y

1 HILO PRIMARIO

Los hilos de anclaje que irradian del centro no son pegajosas

2 MARCO Y ANCLAJE

Se añade al anclaje una espiral de hilo de captura pegajoso

3 ESPIRAL

La araña percibe las vibraciones del forcejeo de la presa

Mosca atrapada en la seda pegajosa

4 TERMINADA

Cuerpo aplanado

8 ojos

HETEROPODA VENATORIA

El abdomen del macho es rojo con puntos negros

Cuerpo de 1 cm de longitud

ERESUS KOLLARI

Patas finas

Abdomen redondeado

ARAÑA DE ESPALDA ROJA
(Latrodectus hasseltii)

Proyecciones abdominales puntiagudas

ARAÑA TEJEDORA CANCRIFORME
(Gasteracantha cancriformis)

Adapta su color al de la flor donde espera a su presa

ARAÑA CANGREJO
(Misumena vatia)

Las patas anteriores descansan sobre el agua y detectan la vibración de la presa

DOLOMEDES FIMBRIATUS

Escorpiones y afines

Tienen pinzas en lugar de pedipalpos y un aguijón venenoso para cazar y defenderse al final de la cola, larga y curvada hacia arriba. Hay escorpiones con la cola en forma de látigo y sin aguijón, y los seudoescorpiones tienen un extremo posterior bulboso.

Longitud media de 20 cm

Pinzas (pedipalpos) muy grandes

ESCORPIÓN EMPERADOR
(Pandinus imperator)

El rápido **veneno** del **escorpión de cola gruesa** es muy **peligroso para el ser humano.**

Par de ojos sobre la cabeza

Aguijón al final de una gruesa cola

Cuerpo de 2 mm de longitud

Pinza (pedipalpo) venenosa

CHTHONIUS ISCHNOCHELES

Las glándulas abdominales expulsan ácido como defensa

Las fuertes pinzas (pedipalpos) excavan madrigueras

ALACRÁN LÁTIGO O VINAGRILLO
(Mastigoproctus giganteus)

La parte móvil de la pinza se cierra contra la fija

Sujeta a la presa con la pinza mientras le clava el aguijón

ESCORPIÓN SAHARIANO DE COLA GRUESA
(Androctonus amoreuxi)

Garras en el pie (tarso)

Peces

¿Qué son los peces?

Aunque los primeros vertebrados tenían aspecto de pez, los miembros del grupo de más de 33 000 animales acuáticos denominados peces descienden de varios antepasados distintos. Todos tienen un cerebro rodeado de una caja craneal (cráneo), y casi todos son vertebrados, divididos en óseos (osteíctios), cartilaginosos (condrictios) y sin mandíbulas (agnatos), los más primitivos. Viven exclusivamente en el agua, tienen escamas, son de sangre fría y respiran por branquias.

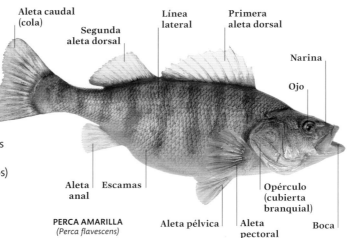

PERCA AMARILLA
(Perca flavescens)

Aleta caudal (cola) · Segunda aleta dorsal · Línea lateral · Primera aleta dorsal · Narina · Ojo · Aleta anal · Escamas · Aleta pélvica · Opérculo (cubierta branquial) · Aleta pectoral · Boca

¿Cómo nadan los peces?

La mayoría de los peces avanza por el agua moviendo la cola de lado a lado y flexionando el cuerpo con ayuda de las aletas. La resistencia del agua al impulso lateral y hacia atrás de la cola y el cuerpo impulsa al pez hacia delante y hacia los lados. Como la cola y el cuerpo se mueven en direcciones opuestas, las fuerzas laterales se anulan, y la suma de las fuerzas hacia delante propulsa al pez.

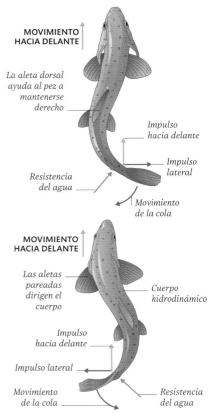

MOVIMIENTO HACIA DELANTE
La aleta dorsal ayuda al pez a mantenerse derecho · Impulso hacia delante · Impulso lateral · Resistencia del agua · Movimiento de la cola

MOVIMIENTO HACIA DELANTE
Las aletas pareadas dirigen el cuerpo · Cuerpo hidrodinámico · Impulso hacia delante · Impulso lateral · Movimiento de la cola · Resistencia del agua

¿Cómo respiran los peces?

La mayoría de los peces obtiene oxígeno a través de las branquias, que filtran el agua ingerida por la boca. Los filamentos branquiales, muy vascularizados, absorben el oxígeno y lo pasan a la sangre, que lo reparte por el cuerpo. Al mismo tiempo se elimina el dióxido de carbono de la sangre, que es vertido al agua.

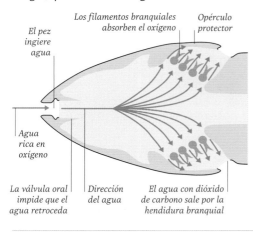

El pez ingiere agua · Los filamentos branquiales absorben el oxígeno · Opérculo protector · Agua rica en oxígeno · La válvula oral impide que el agua retroceda · Dirección del agua · El agua con dióxido de carbono sale por la hendidura branquial

Detección del movimiento

Las líneas laterales ayudan a los peces a navegar. Estos canales que recorren ambos lados del cuerpo pasando sobre la cabeza contienen neuromastos que transforman los sutiles cambios de presión del agua en impulsos eléctricos que alertan al pez para que evite colisiones o esquive a los depredadores.

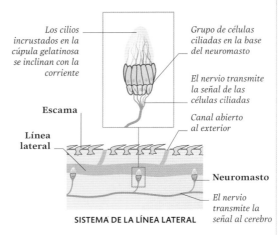

Los cilios incrustados en la cúpula gelatinosa se inclinan con la corriente · Grupo de células ciliadas en la base del neuromasto · El nervio transmite la señal de las células ciliadas · Escama · Canal abierto al exterior · Línea lateral · Neuromasto · El nervio transmite la señal al cerebro

SISTEMA DE LA LÍNEA LATERAL

Peces sin mandíbulas

Las lampreas y los mixinos carecen de mandíbulas, aletas pareadas, escamas y estómago. Los mixinos poseen una caja craneal simple y blanda, pero carecen de vértebras, por lo que en realidad no son vertebrados.

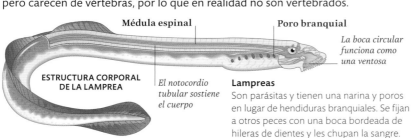

Médula espinal · Poro branquial · La boca circular funciona como una ventosa · **ESTRUCTURA CORPORAL DE LA LAMPREA** · El notocordio tubular sostiene el cuerpo

Lampreas
Son parásitas y tienen una narina y poros en lugar de hendiduras branquiales. Se fijan a otros peces con una boca bordeada de hileras de dientes y les chupan la sangre.

Tres pares de tentáculos sensoriales · Cola con forma de pala · Dientes orientados hacia atrás

Mixinos
Viven en el fondo del mar y se alimentan de peces muertos o moribundos que localizan por el olfato y con tentáculos sensoriales. Para rasparse el moco defensivo del cuerpo se hacen «nudos» de la cabeza a la cola.

MIXINO
(Myxine glutinosa)

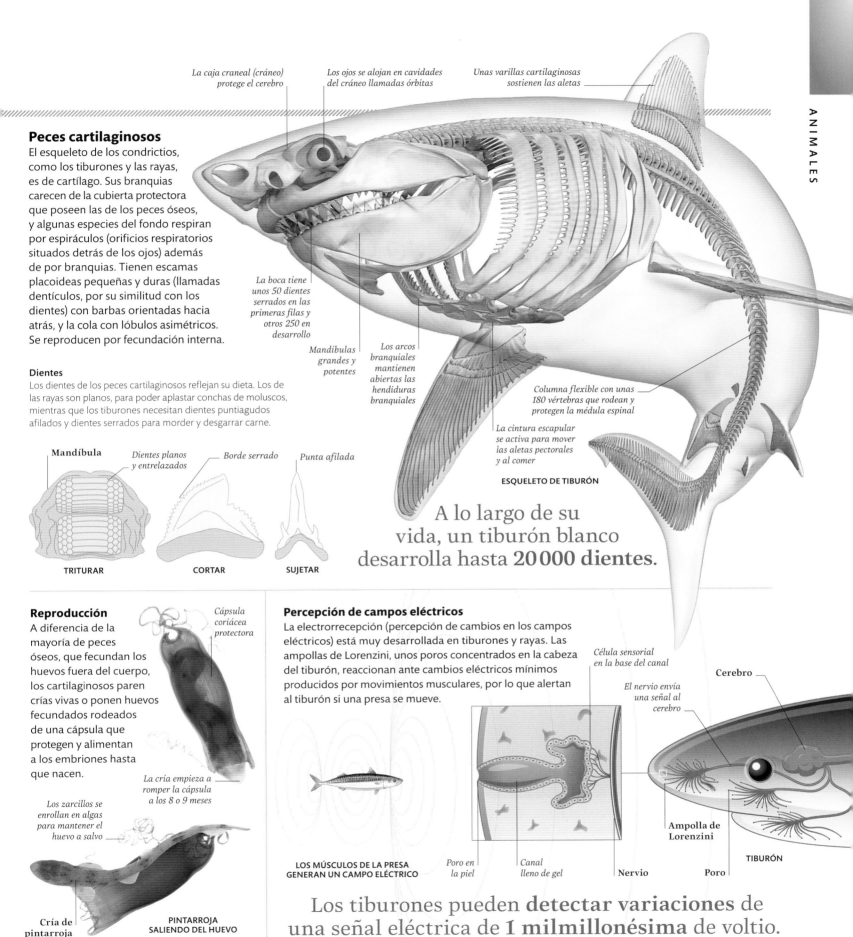

Peces cartilaginosos

El esqueleto de los condrictios, como los tiburones y las rayas, es de cartílago. Sus branquias carecen de la cubierta protectora que poseen las de los peces óseos, y algunas especies del fondo respiran por espiráculos (orificios respiratorios situados detrás de los ojos) además de por branquias. Tienen escamas placoideas pequeñas y duras (llamadas dentículos, por su similitud con los dientes) con barbas orientadas hacia atrás, y la cola con lóbulos asimétricos. Se reproducen por fecundación interna.

La caja craneal (cráneo) protege el cerebro

Los ojos se alojan en cavidades del cráneo llamadas órbitas

Unas varillas cartilaginosas sostienen las aletas

La boca tiene unos 50 dientes serrados en las primeras filas y otros 250 en desarrollo

Mandíbulas grandes y potentes

Los arcos branquiales mantienen abiertas las hendiduras branquiales

Columna flexible con unas 180 vértebras que rodean y protegen la médula espinal

La cintura escapular se activa para mover las aletas pectorales y al comer

ESQUELETO DE TIBURÓN

Dientes

Los dientes de los peces cartilaginosos reflejan su dieta. Los de las rayas son planos, para poder aplastar conchas de moluscos, mientras que los tiburones necesitan dientes puntiagudos afilados y dientes serrados para morder y desgarrar carne.

Mandíbula

Dientes planos y entrelazados

Borde serrado

Punta afilada

TRITURAR

CORTAR

SUJETAR

A lo largo de su vida, un tiburón blanco desarrolla hasta **20 000 dientes**.

Reproducción

A diferencia de la mayoría de peces óseos, que fecundan los huevos fuera del cuerpo, los cartilaginosos paren crías vivas o ponen huevos fecundados rodeados de una cápsula que protegen y alimentan a los embriones hasta que nacen.

Cápsula coriácea protectora

La cría empieza a romper la cápsula a los 8 o 9 meses

Los zarcillos se enrollan en algas para mantener el huevo a salvo

Cría de pintarroja

PINTARROJA SALIENDO DEL HUEVO

Percepción de campos eléctricos

La electrorrecepción (percepción de cambios en los campos eléctricos) está muy desarrollada en tiburones y rayas. Las ampollas de Lorenzini, unos poros concentrados en la cabeza del tiburón, reaccionan ante cambios eléctricos mínimos producidos por movimientos musculares, por lo que alertan al tiburón si una presa se mueve.

Célula sensorial en la base del canal

El nervio envía una señal al cerebro

Cerebro

Ampolla de Lorenzini

TIBURÓN

LOS MÚSCULOS DE LA PRESA GENERAN UN CAMPO ELÉCTRICO

Poro en la piel

Canal lleno de gel

Nervio

Poro

Los tiburones pueden **detectar variaciones** de una señal eléctrica de **1 milmillonésima** de voltio.

Véase también Clasificación p. 158 ▶ Clasificación: peces p. 160 ▶ Tipos de seres vivos p. 217 ▶

>> Peces (continuación)

Tiburones

Fueron unos de los primeros depredadores vertebrados del planeta. Evolucionaron hace más de 400 millones de años, y hoy existen más de 500 especies distribuidas en casi todos los hábitats marinos. Todos menos uno tienen dientes y son carnívoros. El más pequeño mide menos de 30 cm, y el más grande es el tiburón ballena.

Tiburón ballena
El pez más grande del mundo puede alcanzar 20 m de longitud, pero mide 12 m de promedio. No es agresivo y se alimenta de plancton (p. 67).

Cresta dorsal

Tres crestas laterales prominentes

Cada individuo posee un patrón único de manchas y rayas

Grandes hendiduras branquiales por las que expulsa el agua

Las grandes aletas pectorales lo estabilizan y le proporcionan sustentación

La ancha boca abierta succiona agua cargada de plancton

TIBURÓN BALLENA
(Rhincodon typus)

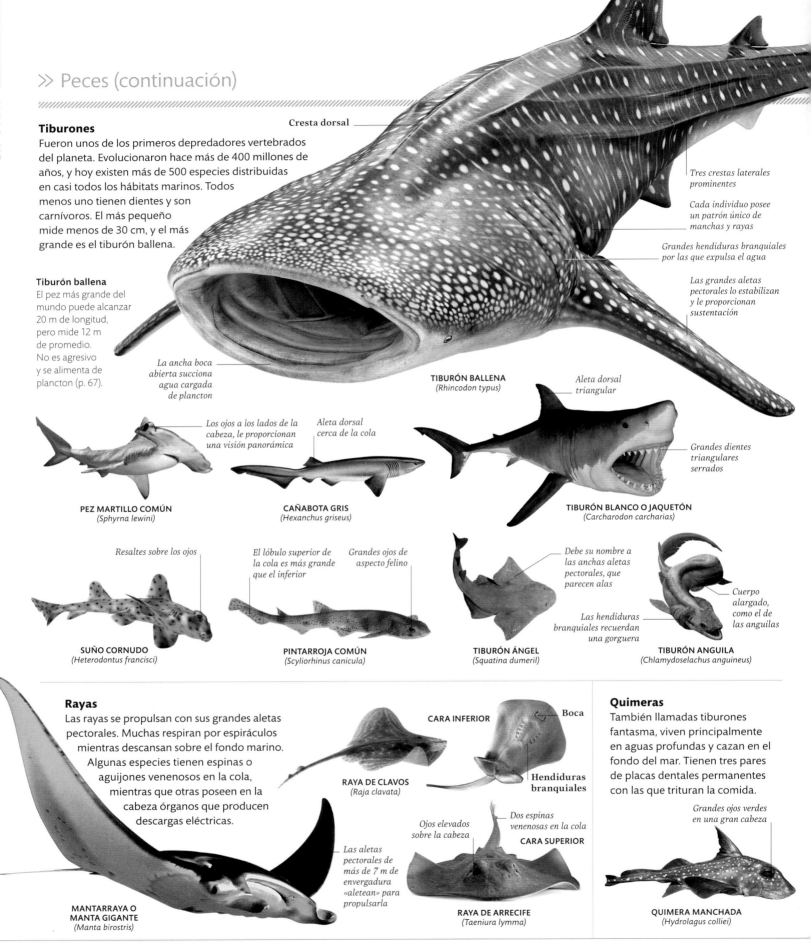

Los ojos a los lados de la cabeza, le proporcionan una visión panorámica

Aleta dorsal cerca de la cola

Aleta dorsal triangular

Grandes dientes triangulares serrados

PEZ MARTILLO COMÚN
(Sphyrna lewini)

CAÑABOTA GRIS
(Hexanchus griseus)

TIBURÓN BLANCO O JAQUETÓN
(Carcharodon carcharias)

Resaltes sobre los ojos

El lóbulo superior de la cola es más grande que el inferior

Grandes ojos de aspecto felino

Debe su nombre a las anchas aletas pectorales, que parecen alas

Las hendiduras branquiales recuerdan una gorguera

Cuerpo alargado, como el de las anguilas

SUÑO CORNUDO
(Heterodontus francisci)

PINTARROJA COMÚN
(Scyliorhinus canicula)

TIBURÓN ÁNGEL
(Squatina dumeril)

TIBURÓN ANGUILA
(Chlamydoselachus anguineus)

Rayas

Las rayas se propulsan con sus grandes aletas pectorales. Muchas respiran por espiráculos mientras descansan sobre el fondo marino. Algunas especies tienen espinas o aguijones venenosos en la cola, mientras que otras poseen en la cabeza órganos que producen descargas eléctricas.

CARA INFERIOR

Boca

RAYA DE CLAVOS
(Raja clavata)

Hendiduras branquiales

Las aletas pectorales de más de 7 m de envergadura «aletean» para propulsarla

Ojos elevados sobre la cabeza

Dos espinas venenosas en la cola

CARA SUPERIOR

MANTARRAYA O MANTA GIGANTE
(Manta birostris)

RAYA DE ARRECIFE
(Taeniura lymma)

Quimeras

También llamadas tiburones fantasma, viven principalmente en aguas profundas y cazan en el fondo del mar. Tienen tres pares de placas dentales permanentes con las que trituran la comida.

Grandes ojos verdes en una gran cabeza

QUIMERA MANCHADA
(Hydrolagus colliei)

Peces óseos

De los tres grupos de peces, los óseos (osteíctios) son los de evolución más reciente y los más avanzados. Con más de 32 000 especies (el 96 % de las especies de peces), representan la clase de vertebrados más numerosa. Se hallan en casi todos los hábitats acuáticos, desde las profundidades oceánicas hasta los lagos alpinos, y casi todos tienen escamas, dos narinas, vejiga natatoria y un par de hendiduras branquiales.

Flotabilidad

La mayoría de los peces óseos tiene vejiga natatoria, un órgano de flotación lleno de gas. Regulando la cantidad de gas (sobre todo oxígeno), el pez puede mantenerse a una profundidad concreta, ascender o descender. Los peces cartilaginosos carecen de este órgano, pero tienen un gran hígado lleno de aceite que es menos denso que el agua y aumenta su flotabilidad. Algunos peces que viven en el fondo carecen de vejiga natatoria.

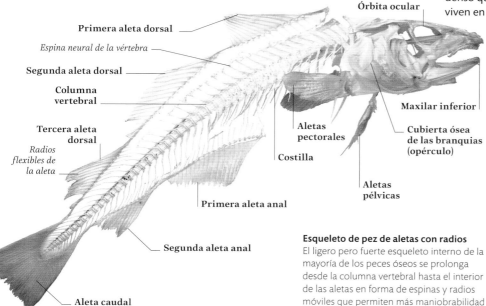

Primera aleta dorsal
Espina neural de la vértebra
Segunda aleta dorsal
Columna vertebral
Tercera aleta dorsal
Radios flexibles de la aleta
Primera aleta anal
Segunda aleta anal
Aleta caudal (cola)
Órbita ocular
Maxilar inferior
Aletas pectorales
Costilla
Cubierta ósea de las branquias (opérculo)
Aletas pélvicas

Esqueleto de pez de aletas con radios
El ligero pero fuerte esqueleto interno de la mayoría de los peces óseos se prolonga desde la columna vertebral hasta el interior de las aletas en forma de espinas y radios móviles que permiten más maniobrabilidad que la de tiburones y rayas.

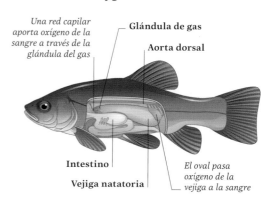

Una red capilar aporta oxígeno de la sangre a través de la glándula del gas
Glándula de gas
Aorta dorsal
Intestino
Vejiga natatoria
El oval pasa oxígeno de la vejiga a la sangre

La concentración de **oxígeno** es mayor en la **vejiga natatoria** de los **peces abisales.**

DE ALETAS A PATAS

En algunas especies de peces, las aletas desempeñan varias funciones locomotoras. Las aletas pectorales alargadas permiten planear a los peces voladores, pero en los saltarines del fango se han acortado hasta convertirse en estructuras para avanzar por tierra. Varias especies, como el pez sapo y algunos escorpénidos utilizan unas aletas especialmente adaptadas para arrastrarse o «andar» sobre el fondo marino. Las aletas pectorales del pez sapo poseen una articulación flexible que les permite doblarse, de modo que el pez puede caminar de un modo más controlado.

La piel verrugosa y colorida le sirve de camuflaje
Las aletas pélvicas presionan hacia abajo para darle más impulso
Las aletas pectorales impulsan al pez hacia delante

Las aletas pectorales largas y musculosas le dan impulso
La piel húmeda absorbe oxígeno
Las aletas pélvicas le proporcionan estabilidad

Pez sapo
El pez sapo usa las aletas inferiores modificadas para «andar» por el fondo del mar, deteniéndose para atraer a sus presas meneando un apéndice móvil entre los ojos.

Saltarín del fango
Pasa la mayor parte de su vida en tierra y ve mejor en el aire que bajo el agua. Las aletas adaptadas y las articulaciones del «hombro» le permiten trepar y reptar.

Peces de aletas carnosas

Se cree que los peces de aletas carnosas, o lobuladas (sarcopterigios), como los celacantos y los peces pulmonados (o dipnoos), comparten un antepasado con los vertebrados terrestres. Se diferencian de otros osteíctios en que sus aletas han perdido los radios o los tienen muy reducidos y están cubiertas de músculos. Los celacantos viven en aguas marinas profundas, y los peces pulmonados, en lagos, ríos y pantanos.

Aleta caudal trilobulada
Cuerpo cubierto de escamas duras
La base de la aleta es carnosa

CELACANTO
(Latimeria chalumnae)

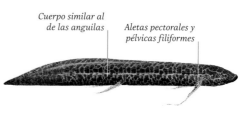

Cuerpo similar al de las anguilas
Aletas pectorales y pélvicas filiformes

PEZ PULMONADO DE MÁRMOL
(Protopterus aethiopicus)

>> Peces (continuación)

Peces de aletas con radios

Un abanico de varillas flexibles, llamadas radios, sostiene las aletas de estos peces óseos, que constituyen la subclase de los actinopterigios. Este es el grupo de peces más numeroso, con unas 32 000 especies, y se divide en más de 10 superórdenes, los más importantes de los cuales se ilustran a continuación. No obstante, la clasificación de estos peces cambia constantemente a medida que se descubren especies nuevas y se averigua más sobre las relaciones entre ellas.

Cinco hileras de escudos óseos a lo largo del cuerpo

Apéndice bucal móvil y sensible

ESTURIÓN EUROPEO
(Acipenser sturio)
Actinopterigios primitivos

PEZ ELEFANTE
(Gnathonemus petersii)
Osteoglosiformes

Aleta dorsal pequeña y plumosa

Cuerpo cilíndrico y alargado

Larga aleta dorsal

Cola dura y puntiaguda

PEZ CUCHILLO
(Chitala chitala)
Osteoglosiformes

ANGUILA EUROPEA
(Anguilla anguilla)
Elopomorfos

MORENA PINTA O JOYA
(Muraena lentiginosa)
Elopomorfos

ANGUILA ARLEQUÍN
(Myrichthys colubrinus)
Elopomorfos

La enorme abertura bucal le permite engullir grandes presas

Cola muy ahorquillada

Cuerpo pequeño e hidrodinámico

Cuerpo y aletas de color anaranjado rojizo metálico

Hocico redondeado

PEZ PELÍCANO
(Eurypharynx pelecanoides)
Elopomorfos

ARENQUE
(Clupea harengus)
Clupeomorfos

BOQUERÓN
(Engraulis encrasicolus)
Clupeomorfos

CARPA DORADA O PEZ ROJO
(Carassius auratus)
Ostariofisos

PIRAÑA DE VIENTRE ROJO
(Pygocentrus nattereri)
Ostariofisos

Esqueleto visible a través del cuerpo transparente

Tres pares de barbillones

Cabeza larga y hocico en forma de pico de pato

Mandíbula inferior ganchuda en el macho en edad reproductora

Banda roja en el macho en edad reproductora

SILURO O PEZ GATO DE CRISTAL
(Kryptopterus bicirrhis)
Ostariofisos

SYNODONTIS CONTRACTUS
Ostariofisos

LUCIO EUROPEO
(Esox lucius)
Protacantopterigios

SALMÓN ROJO
(Oncorhynchus nerka)
Protacantopterigios

TRUCHA ARCOÍRIS
(Oncorhynchus mykiss)
Protacantopterigios

Las largas aletas pectorales baten como unas alas en el agua

Ojos grandes

Largos colmillos transparentes y protuberantes

Las potentes aletas pélvicas lo elevan sobre el lecho marino

PEZ VÍBORA DE SLOANE
(Chauliodus sloani)
Osmeromorfos

PEZ LAGARTO JASPEADO
(Synodus variegatus)
Cicloescamosos

Aleta caudal ligeramente ahorquillada

Cuerpo ovalado

La primera de tres aletas dorsales blandas

Cuerpo delgado

PEZ LUNA REAL
(Lampris guttatus)
Lamprimorfos

BACALAO DEL ATLÁNTICO
(Gadus morhua)
Paracantopterigios

PEZ DE SAN PEDRO
(Zeus faber)
Paracantopterigios

◄ Véase también Historia de la vida p. 86   ◄ Peces pp. 116–119

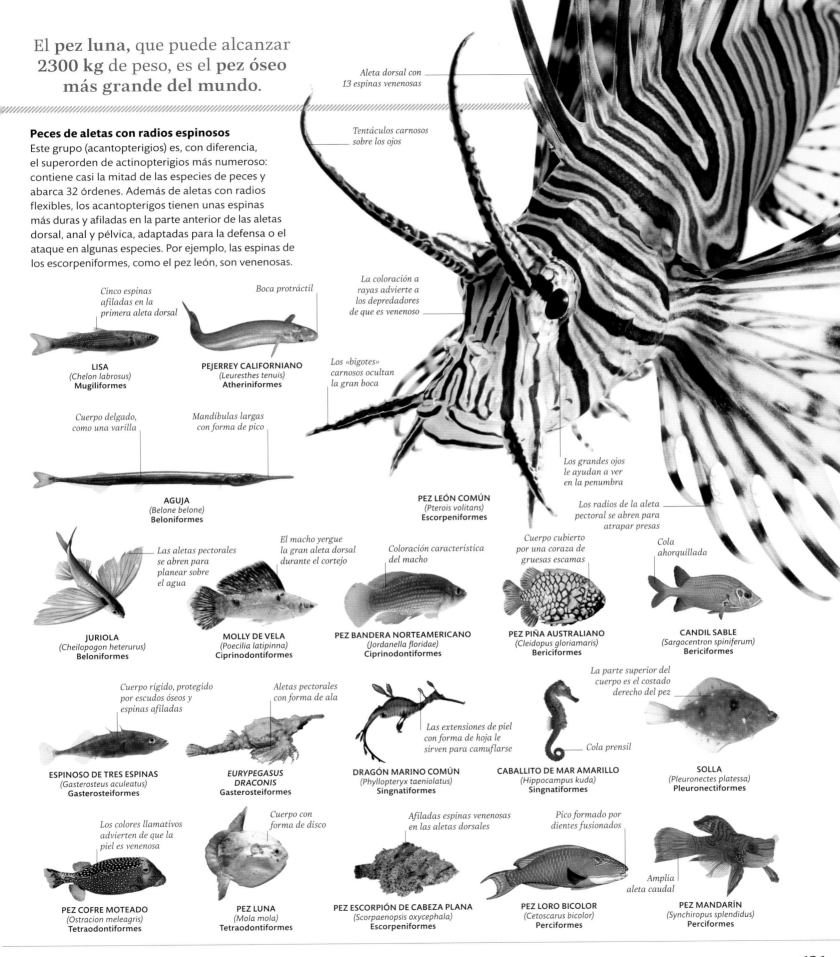

El **pez luna**, que puede alcanzar
2300 kg de peso, es el **pez óseo**
más grande del mundo.

Aleta dorsal con
13 espinas venenosas

Tentáculos carnosos
sobre los ojos

Peces de aletas con radios espinosos

Este grupo (acantopterigios) es, con diferencia,
el superorden de actinopterigios más numeroso:
contiene casi la mitad de las especies de peces y
abarca 32 órdenes. Además de aletas con radios
flexibles, los acantopterigios tienen unas espinas
más duras y afiladas en la parte anterior de las aletas
dorsal, anal y pélvica, adaptadas para la defensa o el
ataque en algunas especies. Por ejemplo, las espinas de
los escorpeniformes, como el pez león, son venenosas.

La coloración a
rayas advierte a
los depredadores
de que es venenoso

Cinco espinas
afiladas en la
primera aleta dorsal

Boca protráctil

Los «bigotes»
carnosos ocultan
la gran boca

LISA
(*Chelon labrosus*)
Mugiliformes

PEJERREY CALIFORNIANO
(*Leuresthes tenuis*)
Atheriniformes

Cuerpo delgado,
como una varilla

Mandíbulas largas
con forma de pico

Los grandes ojos
le ayudan a ver
en la penumbra

AGUJA
(*Belone belone*)
Beloniformes

PEZ LEÓN COMÚN
(*Pterois volitans*)
Escorpeniformes

Los radios de la aleta
pectoral se abren para
atrapar presas

Las aletas pectorales
se abren para
planear sobre
el agua

El macho yergue
la gran aleta dorsal
durante el cortejo

Coloración característica
del macho

Cuerpo cubierto
por una coraza de
gruesas escamas

Cola
ahorquillada

JURIOLA
(*Cheilopogon heterurus*)
Beloniformes

MOLLY DE VELA
(*Poecilia latipinna*)
Ciprinodontiformes

PEZ BANDERA NORTEAMERICANO
(*Jordanella floridae*)
Ciprinodontiformes

PEZ PIÑA AUSTRALIANO
(*Cleidopus gloriamaris*)
Bericiformes

CANDIL SABLE
(*Sargocentron spiniferum*)
Bericiformes

Cuerpo rígido, protegido
por escudos óseos y
espinas afiladas

Aletas pectorales
con forma de ala

La parte superior del
cuerpo es el costado
derecho del pez

Las extensiones de piel
con forma de hoja le
sirven para camuflarse

Cola prensil

ESPINOSO DE TRES ESPINAS
(*Gasterosteus aculeatus*)
Gasterosteiformes

EURYPEGASUS
DRACONIS
Gasterosteiformes

DRAGÓN MARINO COMÚN
(*Phyllopteryx taeniolatus*)
Singnatiformes

CABALLITO DE MAR AMARILLO
(*Hippocampus kuda*)
Singnatiformes

SOLLA
(*Pleuronectes platessa*)
Pleuronectiformes

Los colores llamativos
advierten de que la
piel es venenosa

Cuerpo con
forma de disco

Afiladas espinas venenosas
en las aletas dorsales

Pico formado por
dientes fusionados

Amplia
aleta caudal

PEZ COFRE MOTEADO
(*Ostracion meleagris*)
Tetraodontiformes

PEZ LUNA
(*Mola mola*)
Tetraodontiformes

PEZ ESCORPIÓN DE CABEZA PLANA
(*Scorpaenopsis oxycephala*)
Escorpeniformes

PEZ LORO BICOLOR
(*Cetoscarus bicolor*)
Perciformes

PEZ MANDARÍN
(*Synchiropus splendidus*)
Perciformes

Véase también Clasificación p. 158 ▶   Clasificación: peces p. 160 ▶   **121**

Anfibios

Las ranas y las salamandras **mudan la piel** a intervalos regulares y **se la comen** por sus nutrientes.

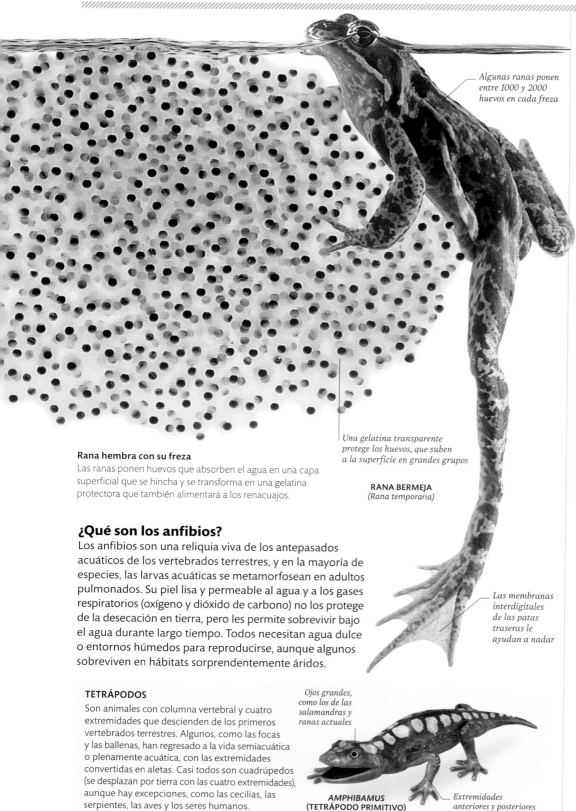

Algunas ranas ponen entre 1000 y 2000 huevos en cada freza

Una gelatina transparente protege los huevos, que suben a la superficie en grandes grupos

RANA BERMEJA
(Rana temporaria)

Las membranas interdigitales de las patas traseras le ayudan a nadar

Rana hembra con su freza

Las ranas ponen huevos que absorben el agua en una capa superficial que se hincha y se transforma en una gelatina protectora que también alimentará a los renacuajos.

¿Qué son los anfibios?

Los anfibios son una reliquia viva de los antepasados acuáticos de los vertebrados terrestres, y en la mayoría de especies, las larvas acuáticas se metamorfosean en adultos pulmonados. Su piel lisa y permeable al agua y a los gases respiratorios (oxígeno y dióxido de carbono) no los protege de la desecación en tierra, pero les permite sobrevivir bajo el agua durante largo tiempo. Todos necesitan agua dulce o entornos húmedos para reproducirse, aunque algunos sobreviven en hábitats sorprendentemente áridos.

TETRÁPODOS

Son animales con columna vertebral y cuatro extremidades que descienden de los primeros vertebrados terrestres. Algunos, como las focas y las ballenas, han regresado a la vida semiacuática o plenamente acuática, con las extremidades convertidas en aletas. Casi todos son cuadrúpedos (se desplazan por tierra con las cuatro extremidades), aunque hay excepciones, como las cecilias, las serpientes, las aves y los seres humanos.

Ojos grandes, como los de las salamandras y ranas actuales

AMPHIBAMUS (TETRÁPODO PRIMITIVO)

Extremidades anteriores y posteriores del mismo tamaño

Cecilias

Es fácil confundirlas con lombrices o serpientes, pero son anfibios sin patas (ápodos). Casi todas las cerca de 200 especies paren crías vivas; solo unas pocas ponen huevos de los que nacen larvas que se metamorfosean en adultos segmentados en anillos que comen pequeños invertebrados, como termitas y gusanos.

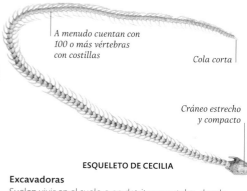

A menudo cuentan con 100 o más vértebras con costillas

Cola corta

Cráneo estrecho y compacto

ESQUELETO DE CECILIA

Excavadoras

Suelen vivir en el suelo o en detritus vegetales, donde excavan túneles mediante movimientos musculares. Sus pequeños ojos solo perciben diferencias de luminosidad, y los cortos tentáculos sensibles del hocico le sirven para buscar presas o pareja.

Anillos bien definidos a lo largo del cuerpo

CULEBRITA TAPIERA
(Siphonops annulatus)

Ojos rudimentarios cubiertos de piel y hueso

CECILIA PÚRPURA
(Gymnopis multiplicata)

Nadadoras

Algunas cecilias son excelentes nadadoras, y hay especies acuáticas que tienen una aleta baja que recorre la parte posterior del cuerpo. Nadan y se entierran en sedimentos acuosos mediante movimientos semejantes a los de las anguilas. La cecilia de Koh Tao desova en tierra, pero sus larvas viven en el agua.

Banda longitudinal amarilla

CECILIA DE KOH TAO
(Ichthyophis kohtaoensis)

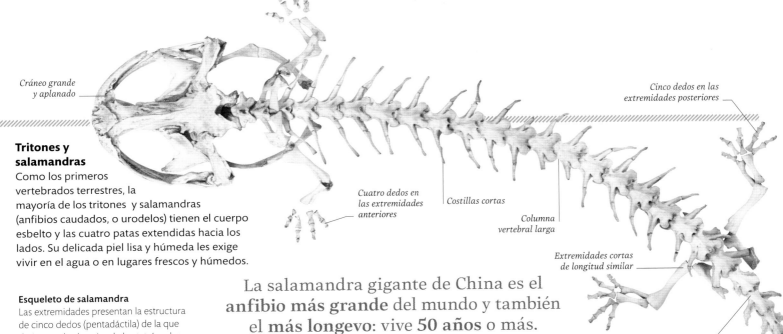

Cráneo grande y aplanado

Cinco dedos en las extremidades posteriores

Cuatro dedos en las extremidades anteriores

Costillas cortas

Columna vertebral larga

Extremidades cortas de longitud similar

Cola larga

Tritones y salamandras

Como los primeros vertebrados terrestres, la mayoría de los tritones y salamandras (anfibios caudados, o urodelos) tienen el cuerpo esbelto y las cuatro patas extendidas hacia los lados. Su delicada piel lisa y húmeda les exige vivir en el agua o en lugares frescos y húmedos.

Esqueleto de salamandra

Las extremidades presentan la estructura de cinco dedos (pentadáctila) de la que derivan todos los pies de los tetrápodos, si bien las anteriores han perdido un dedo.

La salamandra gigante de China es el **anfibio más grande** del mundo y también el **más longevo**: vive **50 años** o más.

Tritones y salamandras europeos

Los tritones son salamandras semiacuáticas cuyo ciclo vital incluye una larva de tipo renacuajo y una forma juvenil terrestre antes de llegar a adulto.

Cresta del macho

TRITÓN CRESTADO
(Triturus cristatus)

La cola con forma de aleta facilita la natación

TRITÓN ALPINO
(Ichthyosaura alpestris)

Las manchas de un amarillo intenso advierten de su toxicidad

SALAMANDRA COMÚN
(Salamandra salamandra)

TRITÓN COCODRILO
(Tylototriton verrucosus)

Hilera de glándulas venenosas

CICLOS VITALES COMPLEJOS

Las larvas de tritón pasan a vivir en tierra tras una fase juvenil de renacuajo; las de salamandra acuática se desarrollan en el agua y las de salamandra terrestre nacen de huevos puestos en tierra, donde maduran.

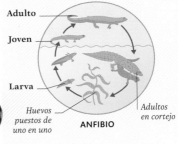

Adulto
Joven
Larva
Huevos puestos de uno en uno
Adultos en cortejo
ANFIBIO

Adulto
Larva
Puesta múltiple
ACUÁTICO

Adulto
Joven
TERRESTRE
Huevos grandes y menos numerosos
La larva se desarrolla en el huevo

Ajolotes y afines

La mayoría de las salamandras de América del Norte permanecen en madrigueras de día y salen por la noche. El ajolote, en peligro crítico de extinción, conserva la forma larval con branquias y plenamente acuática en la fase adulta.

Branquias externas plumosas y muy vascularizadas

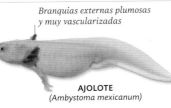

AJOLOTE
(Ambystoma mexicanum)

Hocico redondeado

SALAMANDRA TIGRE
(Ambystoma tigrinum)

Salamandras sin pulmones

Con más de 400 especies, los pletodóntidos son la familia de salamandras más numerosa. No desarrollan pulmones y solo respiran por la piel húmeda. Comen sobre todo pequeños invertebrados y poseen un órgano olfativo adicional situado en una hendidura vertical entre las narinas y la boca.

Unas secreciones pegajosas la protegen de los depredadores

SALAMANDRA VISCOSA DEL MISISIPI
(Plethodon mississippi)

Ojos prominentes

SALAMANDRA ROJA
(Ensatina eschscholtzii)

Pies palmeados

SALAMANDRA ESTRIADA
(Bolitoglossa striatula)

Salamandras gigantes

Las salamandras gigantes de China adultas son acuáticas y alcanzan 1,8 m de longitud y unos 47 kg de peso. La salamandra gigante americana mide entre 30 y 60 cm.

Patas abiertas

SALAMANDRA GIGANTE DE CHINA
(Andrias davidianus)

Cabeza aplanada para cavar

SALAMANDRA GIGANTE AMERICANA
(Cryptobranchus alleganiensis)

Ranas y sapos

Las más de 7000 especies del orden de los anuros (sin cola) son ranas, mientras que los sapos constituyen un subgrupo de piel verrugosa. Ranas y sapos empiezan siendo larvas acuáticas (renacuajos) que se transforman en adultos con pulmones y cuatro patas. Las ranas son depredadoras, y el color de su piel les sirve de camuflaje o de advertencia de que segregan toxinas defensivas.

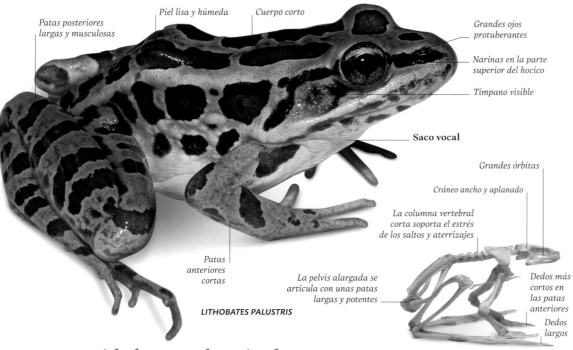

Patas posteriores largas y musculosas

Piel lisa y húmeda

Cuerpo corto

Grandes ojos protuberantes

Narinas en la parte superior del hocico

Tímpano visible

Saco vocal

Patas anteriores cortas

LITHOBATES PALUSTRIS

Lithobates palustris, de **piel tóxica**, es la única **rana venenosa nativa de EE UU.**

Grandes órbitas

Cráneo ancho y aplanado

La columna vertebral corta soporta el estrés de los saltos y aterrizajes

La pelvis alargada se articula con unas patas largas y potentes

Dedos más cortos en las patas anteriores

Dedos largos

Esqueleto de rana
Las ranas adultas carecen de cola. Sus patas se doblan bajo el cuerpo y les permiten reptar, saltar y nadar. El cráneo es plano, con grandes cuencas oculares, una gran amplitud bucal y dientes diminutos.

Comunicación

Las ranas usan una gran variedad de señales auditivas, táctiles y visuales para informar acerca de su estatus, ahuyentar depredadores, intimidar a los rivales y atraer una pareja.

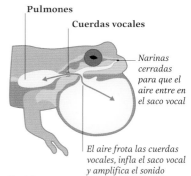

Pulmones

Cuerdas vocales

Narinas cerradas para que el aire entre en el saco vocal

El aire frota las cuerdas vocales, infla el saco vocal y amplifica el sonido

Sonido
La mayoría de las especies emite una voz o canto peculiar. Su croar viaja por el aire y el agua, y puede superar los 100 decibelios y ser tan potente como el motor de una motocicleta.

La hembra acaricia al macho elegido para indicarle que está lista para desovar

Tacto
El tacto es un elemento relevante del cortejo y activa las llamadas y otras conductas. Esta forma de comunicación, descubierta hace muy poco, podría ser generalizada.

Mano alzada para reclamar el territorio ante un macho rival

Gestualidad
Las señales visuales son útiles en especies que viven en entornos ruidosos e incluyen movimientos de las manos, estirar las patas, subir y bajar la cabeza, y balancearse de lado.

Preparación para vivir en tierra

La transición de larvas con branquias a adultos con pulmones y cuatro patas requiere una metamorfosis compleja a lo largo de semanas o meses. Las branquias se absorben a medida que se desarrollan los pulmones; la cola se encoge, y las patas la sustituyen como medio de locomoción, mientras que la conducta alimentaria es cada vez más depredadora.

Grandes aletas en la cola

Las patas traseras se desarrollan antes que las delanteras

La cola empieza a reducirse

Se desarrollan las patas anteriores

Cola reducida a un muñón

RENACUAJO (CABEZÓN)
(8 semanas de edad)

RENACUAJO CON PATAS
(10 semanas de edad)

RANA CASI ADULTA
(12 semanas de edad)

PIES Y MANOS

Las manos y los pies de ranas y sapos están adaptados a su estilo de vida. Los pies palmeados aumentan la eficiencia natatoria, los discos digitales facilitan la adherencia a superficies lisas, y las especies que se arrastran o se entierran desarrollan protuberancias espinosas en los pies.

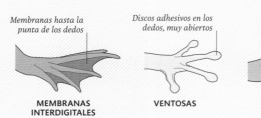

Membranas hasta la punta de los dedos

Discos adhesivos en los dedos, muy abiertos

Gran tubérculo para excavar

MEMBRANAS INTERDIGITALES

VENTOSAS

TUBÉRCULOS

La **rana venenosa dorada** es el **animal más venenoso** del mundo:
su piel contiene veneno suficiente para **matar a 10 personas.**

Ranas

Se caracterizan por su piel lisa, húmeda y permeable. Esta extraordinaria piel es también lo que las hace más vulnerables, porque las expone a una enfermedad fúngica llamada quitridiomicosis. Las selvas tropicales albergan la mayor diversidad de ranas.

Ranas cornudas sudamericanas

Los miembros de la familia ceratófridos se han ganado el apodo de «ranas pacman» por su ancha boca y su voracidad. Algunos tratan de tragar presas casi tan grandes como ellos.

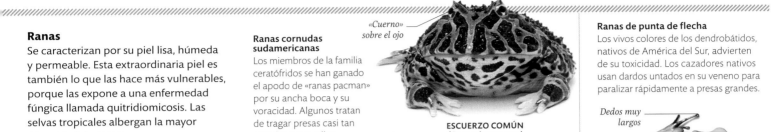

«Cuerno» sobre el ojo

ESCUERZO COMÚN
(Ceratophrys ornata)

Ranas de punta de flecha

Los vivos colores de los dendrobátidos, nativos de América del Sur, advierten de su toxicidad. Los cazadores nativos usan dardos untados en su veneno para paralizar rápidamente a presas grandes.

Mancha oscura característica detrás de los ojos

Boca muy ancha

RANA DE BOSQUE NEÁRTICA
(Lithobates sylvaticus)

Ranas típicas

Los miembros de la familia de ranas arquetípica (ránidos) tienen las patas largas y potentes, su tamaño oscila entre 8 mm y 33 cm, y se encuentran en seis continentes.

Verrugas y surcos en la piel

Boca muy ancha

RANA TORO AFRICANA
(Pyxicephalus adspersus)

Ranas toro

Son especies de distintas familias caracterizadas por su gran tamaño. Las ranas toro africanas pueden vivir hasta 30 años, y los machos llegan a pesar 2 kg.

La secreción pegajosa de la piel lo protege de los depredadores

SAPO TOMATE
(Dyscophus antongilii)

Microhílidos

Estas pequeñas ranas generalmente terrestres tienen el cuerpo rechoncho, el hocico corto y patas traseras robustas. Cazan presas pequeñas, como hormigas.

Dedos muy largos

Grandes ojos adaptados a ver en la penumbra de la selva.

RANA VENENOSA DORADA
(Phyllobates terribilis)

La vistosa coloración advierte de su toxicidad a los depredadores

RANA DE PUNTA DE FLECHA ROJA Y AZUL
(Oophaga pumilio)

Los pies palmeados al final de unas patas muy largas le permiten planear entre árboles muy separados

RANA VOLADORA DE WALLACE
(Rhacophorus nigropalmatus)

Ranas voladoras

Varias especies de ranas arborícolas afroasiáticas tienen unas grandes membranas entre los dedos alargados que transforman los saltos en largos planeos.

La rana se aferra con los discos adhesivos de los dedos

RANA DE OJOS ROJOS
(Agalychnis callidryas)

Ranas arborícolas

Estas ranas desovan, o bien en charcos, o bien en hojas que cuelgan sobre el agua, de modo que los renacuajos caen en ella cuando nacen.

Corazón visible a través de la piel

HIALINOBATRACHIUM VALERIOI

Ranas de cristal

Estas ranas arborícolas deben su nombre a la piel transparente del abdomen. Desovan en hojas, y los machos protegen los huevos hasta que nacen los renacuajos.

Cada individuo tiene manchas distintas

SAPITO MINERO
(Dendrobates leucomelas)

La coloración varía de un individuo a otro

RANA DE PUNTA DE FLECHA AZUL
(Dendrobates tinctorius)

Sapos

Aunque su biología no es distinta de la de las ranas, se suele llamar sapos a los anuros terrestres de movimientos lentos y piel gruesa y verrugosa. Como esta es menos permeable, algunos sapos pueden ocupar hábitats áridos, como los desiertos, donde solo se reproducen después de las lluvias. Las «verrugas» corresponden a glándulas que segregan compuestos fétidos con los que ahuyentan a los depredadores.

Las grandes glándulas parótidas segregan una potente toxina

SAPO DE CAÑA
(Rhinella marina)

Sapos típicos

La mayoría de los miembros de la amplia y diversa familia de los bufónidos tiene el aspecto de sapo típico, con las patas más cortas, que usan para caminar o saltar.

Pupilas verticales

Huevos sobre el dorso del macho

SAPO PARTERO
(Alytes obstetricans)

Sapos parteros

Los sapos parteros macho portan los huevos fecundados sobre la espalda y las ancas para protegerlos de los depredadores.

Cuerpo robusto

SAPO DE ESPUELAS DE COUCH
(Scaphiopus couchii)

Sapos de espuelas americanos

Unas duras protuberancias de los pies ayudan a excavar a este grupo de especies estrechamente emparentadas. Vivir bajo tierra les permite soportar condiciones áridas.

Véase también Clasificación: anfibios p. 160 ▶ **125**

Reptiles

Los reptiles **aparecieron** hace unos **315 millones de años.**

¿Qué son los reptiles?

Los reptiles son vertebrados de sangre fría (ectotermos) que dependen del entorno para regular la temperatura corporal. Aunque muchos pasan gran parte de su vida en el agua, todos son pulmonados. Tienen la piel cubierta en parte o por completo de escamas de queratina o de placas óseas, o de ambas. Todos mudan la piel, ya sea en una sola pieza, como las serpientes, o en fragmentos, como los caimanes.

Ojos grandes

Cuerpo largo y cubierto de pequeñas escamas

El color verde lo camufla entre las ramas de los árboles

Largos dedos en garra

DRAGÓN DE AGUA CHINO
(*Physignathus cocincinus*)

Patas posteriores largas que le permiten correr, nadar y trepar

La cola aplanada le sirve para nadar y defenderse

DINOSAURIOS

Los dinosaurios evolucionaron hace 240 millones de años de unos antiguos reptiles llamados arcosaurios. Los había del tamaño de una gallina y de hasta 40 m de largo, como *Argentinosaurus*. Tenían las patas debajo del cuerpo, por lo que eran más rápidos y resistentes que otros reptiles, y dominaron la Tierra durante 164 millones de años.

Cuello largo para llegar a la copa de los árboles

ARGENTINOSAURUS

Huevos con cáscara

Aunque algunas serpientes y lagartos alumbran crías vivas, la mayoría de los reptiles pone huevos fecundados por fecundación interna en nidos en la tierra o en la arena. La temperatura de incubación es crucial para el desarrollo del embrión y, en algunas especies, determina el sexo de las crías.

Cría precoz totalmente desarrollada

Saco vitelino no absorbido

El caparazón es semiblando y se endurece a los 6 u 8 meses

Cáscara coriácea

TORTUGA LEOPARDO
(*Stigmochelys pardalis*)

Pico con forma de diente

Huevo de reptil

Por lo general, los huevos de reptil están envueltos por una cáscara coriácea y flexible, a diferencia de los de ave. Un saco lleno de fluido (amnios) rodea y protege al embrión, mientras que la yema le proporciona alimento.

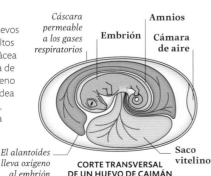

Cáscara permeable a los gases respiratorios

Amnios

Embrión

Cámara de aire

El alantoides lleva oxígeno al embrión

Saco vitelino

CORTE TRANSVERSAL DE UN HUEVO DE CAIMÁN

Temperatura corporal

El metabolismo de los reptiles pequeños depende de la temperatura ambiente: por eso solo están activos durante breves períodos de tiempo. Al sol, la temperatura corporal sube, pero el nivel de actividad baja rápido cuando refresca. De noche, el metabolismo de algunas especies se ralentiza hasta el estupor letárgico.

CLAVE

— Temperatura del aire

— Temperatura de un lagarto

A resguardo del frío

Al sol

Actividad normal

A resguardo del calor

TEMPERATURA (°C): 45, 30, 15, 0

HORA DEL DÍA: 06:00 09:00 12:00 15:00 18:00 20:00

UN FÓSIL VIVIENTE

El tuátara neozelandés es el único superviviente de un antiguo grupo de reptiles. A diferencia de los lagartos, carece de canal auditivo visible, y se cree que un «tercer ojo» sensible a la luz sobre la cabeza le ayuda a percibir las estaciones y la hora. Vive en madrigueras.

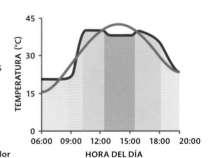

Arco cigomático

Todos los reptiles, excepto las tortugas, tienen una abertura detrás de la órbita

CRÁNEO DE TUÁTARA

Dientes

Cresta dorsal blanda y serrada

Cabeza cubierta de pequeñas escamas

TUÁTARA COMÚN
(*Sphenodon punctatus*)

Patas robustas

MANDÍBULAS SERRADAS

Los dientes del tuátara son prolongaciones de las mandíbulas. La hilera del maxilar inferior encaja entre las dos del superior, una disposición formidable e idónea para desgarrar escarabajos de caparazón duro, sus presas principales.

Tortugas

Las tortugas son unos de los reptiles más primitivos y se encuentran en todo el mundo excepto en el Ártico y el Antártico. Su cuerpo está protegido por un caparazón duro compuesto de placas óseas cubiertas por escudos de queratina o por piel dura y correosa. Las tortugas acuáticas pasan la mayor parte de su vida en el agua, excepto cuando salen a la orilla para desovar o tomar el sol, y las terrestres viven siempre en tierra.

TORTUGA BOBA
(Caretta caretta)

Tortugas de agua dulce

Se hallan en humedales, arroyos y ríos, y la mayoría tienen un caparazón duro donde se refugian cuando se sienten amenazadas. Algunas pasan todo el invierno bajo el agua, de la que obtienen el oxígeno.

JICOTEA NORTEAMERICANA DE SIENES ROJAS
(Trachemys scripta elegans)

Pies palmeados

Patas en forma de aletas

Cuerpo hidrodinámico

Ojos y narinas en la parte superior de la cabeza

El cuello corto le permite introducir la cabeza en el caparazón

Hilera de espinas sobre el caparazón

TORTUGA VERDE
(Chelonia mydas)

Caparazón coriáceo

TORTUGA CAJA ORNADA
(Terrapene ornata)

GALÁPAGO EUROPEO
(Emys orbicularis)

FALSO GALÁPAGO MAPA
(Graptemys pseudogeographica)

TORTUGA LAÚD
(Dermochelys coriacea)

Pico ganchudo para una potente mordida

El cuello se dobla de lado para que la cabeza quede bajo el borde del caparazón

El hocico alargado hace de tubo de buceo

Tortugas marinas

Las siete especies marinas desovan en nidos que cavan en la arena de playas tropicales y subtropicales y vuelven al mar de inmediato. Algunas especies se alimentan de algas y plantas marinas, y otras cazan medusas, esponjas o cangrejos.

TORTUGA CAIMÁN
(Macrochelys temminckii)

TORTUGA DE CUELLO DE SERPIENTE COMÚN
(Chelodina longicollis)

TORTUGA DE CAPARAZÓN BLANDO ESPINOSA
(Apalone spinifera)

Tortugas terrestres

Aunque comparten orden con las acuáticas, pertenecen a una familia distinta (testudínidos). Viven exclusivamente en tierra en hábitats tan diversos como los desiertos y los bosques tropicales. Casi todas son herbívoras y miden desde 8 cm a 2 m.

> Algunas **tortugas de tierra** viven más de **200 años.**

El caparazón con forma de silla de montar le permite ramonear arbustos

El esqueleto de testudínido

El caparazón está formado por la fusión de las vértebras y las costillas de la espalda y el abdomen, junto con partes del hombro y de la pelvis. Unos trozos de hueso que crecen en la cobertura de piel dura lo fijan a los lados.

TORTUGA GIGANTE DE GALÁPAGOS
(Chelonoidis nigra)

Anillos de crecimiento en los escudos

Capa externa de finas placas córneas (escudos)

Capa ósea interna

Costilla fusionada con el caparazón

Parte superior del caparazón (espaldar)

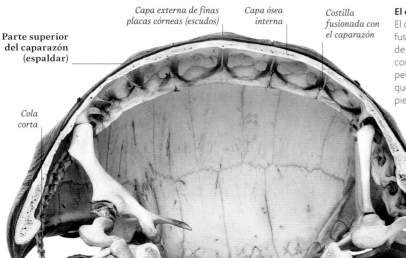

Cola corta

El cráneo carece de aberturas detrás de las órbitas

Cuello flexible

Pies en garra

TORTUGA DEL DESIERTO NORTEAMERICANA
(Gopherus agassizii)

Escudos abovedados

TORTUGA ESTRELLADA INDIA
(Geochelone elegans)

Parte inferior del caparazón (plastrón)

Véase también Tipos de seres vivos p. 217 ▶ **127**

LA VIDA

Serpientes

El tamaño de estos reptiles depredadores sin patas y de piel escamosa oscila entre las serpientes ciegas enanas, tan pequeñas que se enrollan sobre una moneda, y las boas y pitones de más de 6 m de largo capaces de engullir cerdos, ciervos y humanos adultos. Se hallan en todos los continentes excepto la Antártida.

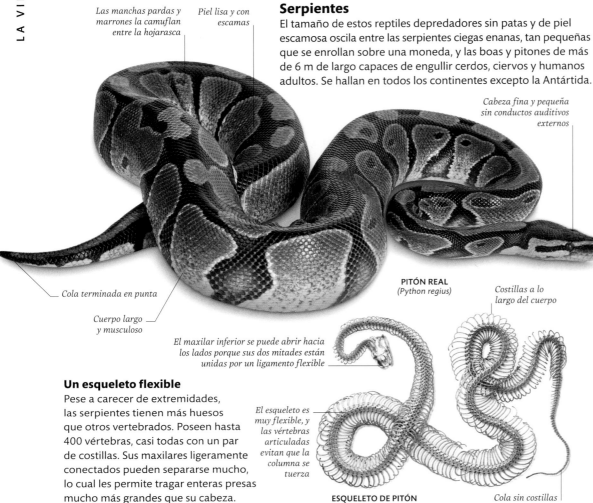

Las manchas pardas y marrones la camuflan entre la hojarasca

Piel lisa y con escamas

Cabeza fina y pequeña sin conductos auditivos externos

Cola terminada en punta

Cuerpo largo y musculoso

PITÓN REAL
(Python regius)

El maxilar inferior se puede abrir hacia los lados porque sus dos mitades están unidas por un ligamento flexible

Costillas a lo largo del cuerpo

Un esqueleto flexible

Pese a carecer de extremidades, las serpientes tienen más huesos que otros vertebrados. Poseen hasta 400 vértebras, casi todas con un par de costillas. Sus maxilares ligeramente conectados pueden separarse mucho, lo cual les permite tragar enteras presas mucho más grandes que su cabeza.

El esqueleto es muy flexible, y las vértebras articuladas evitan que la columna se tuerza

ESQUELETO DE PITÓN

Cola sin costillas

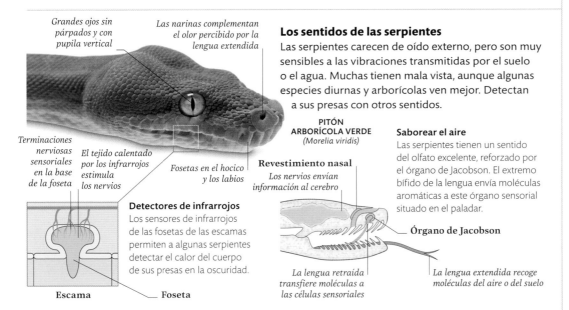

Grandes ojos sin párpados y con pupila vertical

Las narinas complementan el olor percibido por la lengua extendida

Terminaciones nerviosas sensoriales en la base de la foseta

El tejido calentado por los infrarrojos estimula los nervios

Fosetas en el hocico y los labios

Los sentidos de las serpientes

Las serpientes carecen de oído externo, pero son muy sensibles a las vibraciones transmitidas por el suelo o el agua. Muchas tienen mala vista, aunque algunas especies diurnas y arborícolas ven mejor. Detectan a sus presas con otros sentidos.

PITÓN ARBORÍCOLA VERDE
(Morelia viridis)

Detectores de infrarrojos

Los sensores de infrarrojos de las fosetas de las escamas permiten a algunas serpientes detectar el calor del cuerpo de sus presas en la oscuridad.

Escama

Foseta

Revestimiento nasal

Los nervios envían información al cerebro

Saborear el aire

Las serpientes tienen un sentido del olfato excelente, reforzado por el órgano de Jacobson. El extremo bífido de la lengua envía moléculas aromáticas a este órgano sensorial situado en el paladar.

Órgano de Jacobson

La lengua retraída transfiere moléculas a las células sensoriales

La lengua extendida recoge moléculas del aire o del suelo

¿Cómo se desplazan las serpientes?

Lo hacen con agilidad gracias a las anchas escamas ventrales, que les proporcionan adherencia, y han desarrollado estilos de locomoción adaptados a todo tipo de hábitats, incluidas la arena y el agua.

Rectilíneo

Las serpientes grandes se arrastran lentamente impulsándose por medio de contracciones musculares que avanzan a lo largo de la zona ventral elevando sucesivamente las escamas.

Los bordes posteriores de las escamas le dan adherencia

Serpenteo

Es el estilo más habitual, mediante ondulaciones laterales que avanzan por el cuerpo. La serpiente gana tracción presionando sobre rocas, ramas o el agua.

Un lado del cuerpo presiona sobre la roca

Movimiento ondulante

En acordeón

Las serpientes excavadoras avanzan curvándose en una serie de asas y empujando con la parte posterior del cuerpo para estirarse hacia delante y tirando con la frontal para recoger la cola.

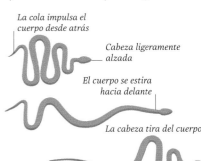

La cola impulsa el cuerpo desde atrás

Cabeza ligeramente alzada

El cuerpo se estira hacia delante

La cabeza tira del cuerpo

Serpenteo lateral

En superficies de materiales sueltos, como la arena, las serpientes avanzan de lado con movimientos ondulantes que elevan del suelo ciertas partes del cuerpo y lo impulsan hacia delante.

Cabeza y parte frontal elevadas

Dirección del desplazamiento

Algunas partes del cuerpo presionan sobre el suelo

Parte del cuerpo elevada

Las serpientes no tienen párpados; por lo tanto, **duermen** con **los ojos abiertos**.

Boas

Estas serpientes, en ocasiones muy grandes, matan por constricción, apretando los anillos con cada espiración de su presa, que luego tragan entera empezando por la cabeza. Todas las especies de boídos excepto una son vivíparas.

BOA CONSTRICTORA
(Boa constrictor)

Lengua bífida

Una escama transparente protege el ojo

BOA ROSADA
(Lichanura trivirgata)

ANACONDA COMÚN O VERDE
(Eunectes murinus)

Usa los potentes anillos para sujetarse y para matar a sus presas

BOA ESMERALDA
(Corallus caninus)

La **anaconda verde**, de hasta **250 kg**, es la **serpiente más pesada del mundo**.

Pitones

Atrapan a sus presas con la boca, pero las matan por constricción. Son ovíparas, y la hembra se enrosca alrededor de los huevos para protegerlos de los depredadores durante los dos o tres meses de incubación.

PITÓN ARBORÍCOLA VERDE
(Morelia viridis)

Su color la ayuda a esconderse entre los árboles

Cuerpo largo y musculoso

Dibujo de punta de flecha en la cabeza

PITÓN DE BIRMANIA
(Python bivittatus)

PITÓN RETICULADA
(Python reticulatus)

La serpiente más larga
La pitón reticulada, que puede alcanzar 9 m de longitud, es la serpiente más larga del mundo. Los informes de ejemplares de hasta 12 m se basan en pieles estiradas.

2 M

9 M

Colúbridos

Esta variada familia abarca el 70 % de las especies de serpientes. Cazan activamente o al acecho, un tercio de las especies son venenosas y el resto mata por constricción. Casi todas son ovíparas.

Los colmillos macizos de la parte posterior de la boca inoculan veneno por capilaridad

SERPIENTE CON COLMILLOS POSTERIORES

Collar amarillo característico

CULEBRA DE COLLAR
(Natrix natrix)

Colores y dibujo de un ejemplar criado en cautividad

SERPIENTE DEL MAÍZ
(Pantherophis guttatus)

Los colores imitan los de algunas serpientes venenosas

FALSA CORALILLO REAL
(Lampropeltis polyzona)

Víboras

Las víboras inyectan un veneno relativamente lento con unos colmillos frontales largos y huecos que pliegan mientras no los utilizan. Casi todos los vipéridos son ovovivíparos. Los crótalos poseen un sistema de detección de calor más avanzado que otras serpientes.

Aviso sonoro
El cascabel consta de segmentos córneos conectados ligeramente que se añaden al final de la cola con cada muda. Cuando la serpiente agita la cola, los segmentos entrechocan y suenan como sonajas.

Pequeña escama «umbilical»

Dos lóbulos de un segmento ocultos en segmentos más antiguos

Lóbulo externo visible de un segmento seco

Segmento reciente con tejido vivo

CASCABEL

Cola corta

Cuerpo grueso

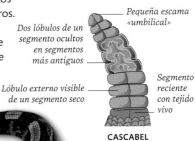

Cobras y afines

Las cobras y sus parientes (elápidos), como las mambas y las serpientes marinas, son venenosas. Muchas producen un veneno neurotóxico letal para el ser humano.

Los colmillos fijos huecos inyectan el veneno

SERPIENTE CON COLMILLOS FRONTALES

Los llamativos colores advierten de que es venenosa

SERPIENTE CORAL CENTROAMERICANA
(Micrurus nigrocinctus)

Capucha extendida en señal de advertencia

COBRA DE MONÓCULO
(Naja kaouthia)

Cascabel alzado y sacudido como advertencia

SERPIENTE DE CASCABEL DIAMANTINA OCCIDENTAL
(Crotalus atrox)

Fosetas detectoras de calor entre los ojos y las narinas

Gran cabeza triangular

VÍBORA DE GABÓN
(Bitis gabonica)

VÍBORA DE FOSETAS MALAYA
(Calloselasma rhodostoma)

Véase también Clasificación: reptiles p. 160 ▶

>> Reptiles (continuación)

Lagartos y lagartijas

Constituyen el grupo de reptiles más grande y exitoso, y se han adaptado a una gran variedad de hábitats, desde bosques y desiertos hasta humedales e incluso el mar. Aunque la mayoría tiene cuatro patas, algunas especies carecen de extremidades. Algunas son vivíparas, pero la mayoría son ovíparas.

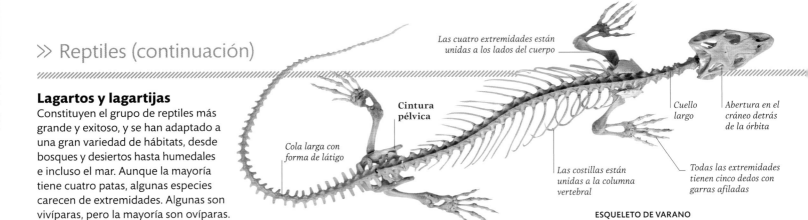

Las cuatro extremidades están unidas a los lados del cuerpo

Cuello largo

Abertura en el cráneo detrás de la órbita

Cintura pélvica

Cola larga con forma de látigo

Las costillas están unidas a la columna vertebral

Todas las extremidades tienen cinco dedos con garras afiladas

ESQUELETO DE VARANO

Camaleones

Son reptiles capaces de cambiar de color que habitan en África y Eurasia. Cazan a sus presas, como insectos y otros animales pequeños, proyectando la lengua, muy elástica y cuya longitud puede duplicar con creces la del cuerpo.

Los ojos se mueven de manera independiente en todas direcciones

La forma y el color se asemejan a los de una hoja seca

CAMALEÓN ENANO DE COLA CORTA
(Rieppeleon brevicaudatus)

CAMALEÓN DE VELO YEMENÍ
(Chamaeleo calyptratus)

Dedos fusionados para asirse a las ramas

Cola prensil

CAMBIO DE COLOR

Los machos cambian de color modificando la distribución de los cristales y pigmentos de las células de la piel. Los colores llamativos indican excitación o agresividad; cuando el animal está relajado, la piel es verde.

CAMALEÓN PANTERA
(Furcifer pardalis)

La piel parece naranja

Luz

La piel parece verde

Capa de pigmento amarillo

Los cristales reflejan la luz azul

Los cristales reflejan la luz roja

CRISTALES JUNTOS

CRISTALES SEPARADOS

Iguanas y afines

Pese a su gran tamaño y su aspecto temible, las iguanas adultas son herbívoras. Las iguanas verdaderas viven en América y en islas del Caribe y del Pacífico. Sus parientes más pequeños, los anolis y los lagartos crestados (coritofánidos), proceden del Nuevo Mundo y casi todos son arborícolas, delgados y ágiles.

El color de la piel cambia con el estado de ánimo o la temperatura

Cola larga y fina

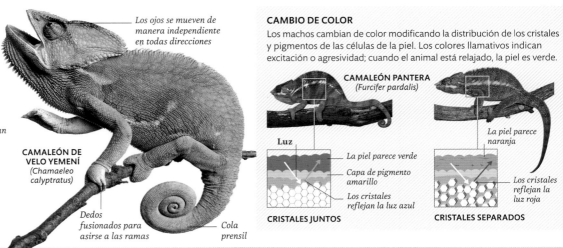

ANOLIS DE CAROLINA
(Anolis carolinensis)

Garras afiladas y almohadillas en los dedos para trepar

El macho hincha la papada (saco gular) como señal para las hembras o los machos rivales

Cola larga a modo de látigo para defenderse

Cresta prominente con forma de casco

Las **iguanas marinas** «estornudan» para **expulsar** la **sal** que filtran de la sangre unas glándulas próximas a la nariz.

IGUANA VERDE O COMÚN
(Iguana iguana)

Las crestas dorsal y caudal lo ayudan a nadar

BASILISCO VERDE
(Basiliscus plumifrons)

Los colores para atraer a las hembras proceden de pigmentos de algas que crecen al sur de las islas Galápagos

La cola aplanada y con forma de remo la impulsa al nadar

Dedos largos con garras para aferrarse a las rocas

Los pies adherentes pueden soportar el peso de un geco de 300 g cabeza abajo.

Gecos y afines

Casi todos los gecónidos tienen la piel suave y fina cubierta de diminutas escamas granulosas, son arborícolas y se pueden aferrar a superficies lisas, incluso cabeza abajo, gracias a sus pies adaptados. Muchos se desprenden de la cola si los atrapa un depredador (luego les crece de nuevo). La cola de algunas especies tiene forma de cabeza para confundir a los agresores.

Dedos largos terminados en garra

GECO DE DEDOS ARQUEADOS DE NUEVA GUINEA
(Cyrtodactylus louisiadensis)

Coloración llamativa

GECO DIURNO DE MADAGASCAR
(Phelsuma madagascariensis)

Los grandes ojos permiten a este geco nocturno ver bien en la oscuridad

Manchas naranjas características

GECO TOKAY
(Gekko gecko)

Pies adherentes
Las almohadillas de los dedos están cubiertas por millones de pelillos microscópicos muy juntos que generan una potente fuerza adhesiva.

El color y los pliegues de la piel lo camuflan sobre la corteza de los árboles

Los pliegues laterales le ayudan a amortiguar la caída al planear

Cola aplanada

Pies palmeados
Los dedos palmeados y los pliegues de piel permiten al geco «volador» convertir los saltos en planeos bastante controlados si se siente amenazado.

GECO VOLADOR DE KUHL
(Ptychozoon kuhli)

Escincos y afines

La mayoría de estos lagartos de cuello grueso y con escamas óseas en la cabeza vive en madrigueras, aunque muchos trepan con agilidad y otros nadan bien. Algunos son ovíparos, otros vivíparos, y al menos una especie es ambas cosas.

Patas cortas

ESCINCO DE LENGUA AZUL
(Tiliqua scincoides)

Cola y cuerpo largos

ESCINCO DE FUEGO
(Lepidothyris fernandi)

El hocico puntiagudo le ayuda a «nadar» por la arena

PEZ DE ARENA
(Scincus scincus)

Cresta dorsal alta en los machos adultos

Los dientes afilados y el hocico chato le permiten raspar algas en rocas sumergidas

IGUANA MARINA
(Amblyrhynchus cristatus)

Patas cortas

Agámidos

Muchos agámidos tienen características espectaculares, como púas en la cola o gorgueras multicolores, que pueden ser tanto armas como métodos para intimidar a depredadores o rivales.

Boca abierta para amenazar

Despliega la gorguera para defenderse o durante el cortejo

LAGARTO DE GORGUERA O CLAMIDOSAURIO
(Chlamydosaurus kingii)

Los colores imitan su hábitat arenoso

«Falsa cabeza» llena de grasa en el cuello

DIABLO ESPINOSO
(Moloch horridus)

Colores del macho durante el cortejo

AGAMA COMÚN
(Agama agama)

Lacértidos y cordílidos

Los lacértidos son depredadores delgados y ágiles; los cordílidos se caracterizan por los anillos de escamas espinosas de la cola.

LAGARTO OCELADO
(Timon lepidus)

LAGARTIJA DE TURBERA
(Zootoca vivipara)

La boca sujeta la cola espinosa para formar un anillo protector

LAGARTO ARMADILLO
(Ouroborus cataphractus)

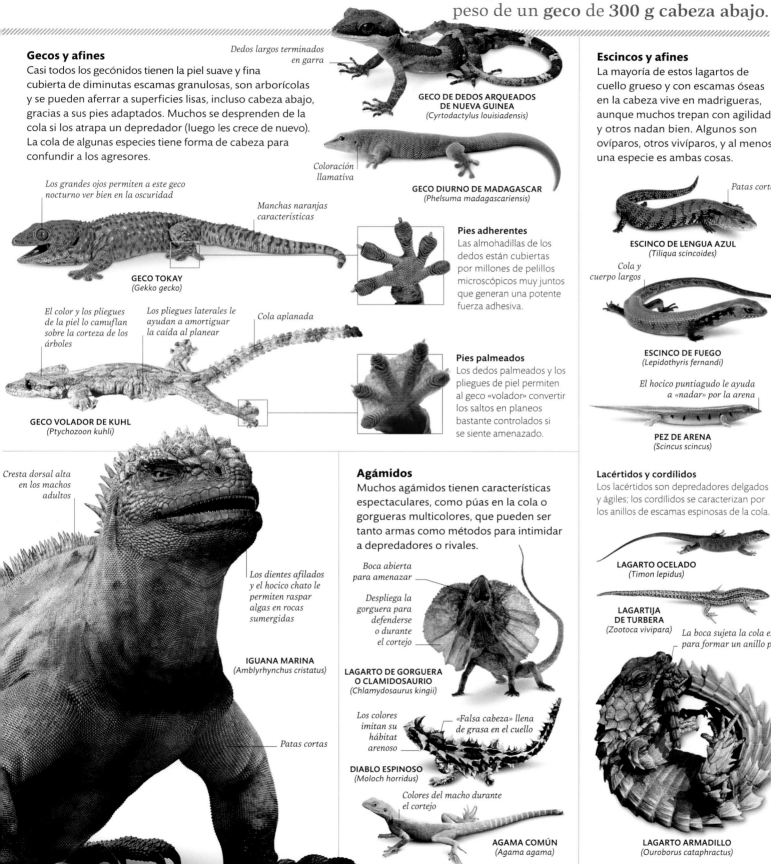

Véase también Reptiles pp. 132-133 ▶   **Clasificación: reptiles** p. 160 ▶   **131**

≫ Reptiles (continuación)

Las potentes mandíbulas y los dientes acanalados asestan mordiscos venenosos

Anguimorfos

Este diverso grupo comprende lagartos venenosos, lagartos sin patas y los lagartos más grandes: los varanos. Con un peso medio de 70 kg en libertad, el dragón de Komodo es también el lagarto más pesado. Muchos anguimorfos son depredadores, pero algunos se alimentan de fruta. Como las serpientes, de las que podrían ser antepasados, todos poseen una lengua sensible para detectar alimentos.

Escamas brillantes que recuerdan abalorios

MONSTRUO DE GILA
(Heloderma suspectum)

Cuerpo voluminoso

Cola larga y musculosa

Cabeza ancha y cuello corto

El color y el dibujo de la piel varían según su hábitat

Larga lengua bífida

VARANO O DRAGÓN DE KOMODO
(Varanus komodoensis)

Patas anteriores potentes para excavar

VARANO DE SABANA
(Varanus exanthematicus)

Cocodrilos y caimanes

Este grupo de 250 millones años de edad apenas ha cambiado en los últimos 66 millones de años. Todos los crocodilios (cocodrilos, caimanes, aligátores y gaviales) se reproducen en tierra, donde pueden recorrer distancias cortas a gran velocidad a pesar de sus patas cortas y abiertas. Cazan una gran variedad de presas en el agua, donde se propulsan con su potente cola, capaz de alzarlos completamente en el aire.

CUIDADOS MATERNOS

Las crías de crocodilios nacen de huevos enterrados en arena, lodo o vegetación y llaman de inmediato a su madre. Las crías recién nacidas son vulnerables ante los depredadores, por lo que la madre las escolta o, con más frecuencia, las lleva en la boca hasta la seguridad relativa del agua. Si percibe peligro, las traslada a menudo y permanece junto a ellas varios meses.

Cocodrilos

Estos reptiles tropicales son unos depredadores semiacuáticos formidables. La mordedura de los cocodrilos marino y del Nilo es la más fuerte de todo el reino animal, pese a que los músculos que abren la boca son sorprendentemente débiles.

Manchas oscuras en la garganta y los flancos

Los crocodilios mudan las grandes escamas óseas enteras o a trozos

Escamas quilladas en la cola

COCODRILO CUBANO
(Crocodylus rhombifer)

Abre la boca para no sobrecalentarse cuando toma el sol

Los crocodilios tienen los ojos y la nariz en lo alto de la cabeza para poder ver y respirar con el cuerpo parcialmente sumergido

Escamas dorsales reforzadas por placas óseas subyacentes

Las cortas patas traseras tienen cuatro dedos; las delanteras tienen cinco

COCODRILO DEL NILO
(Crocodylus niloticus)

◄ Véase también Reptiles p. 126

El **cocodrilo marino o de estuario** pesa hasta **1 tonelada** y es el **reptil vivo más grande.**

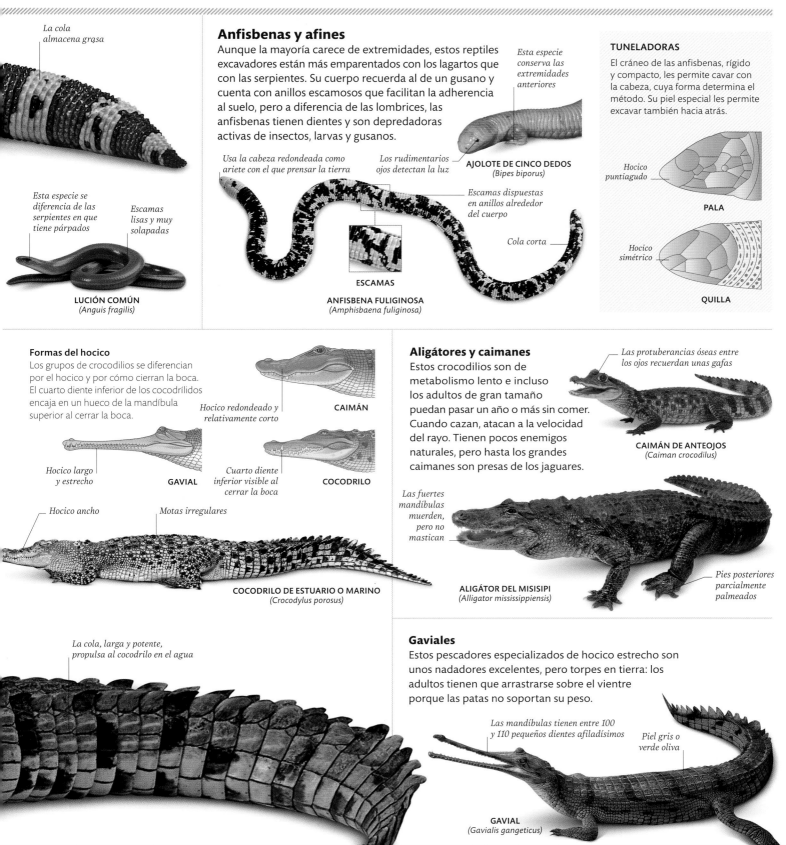

La cola almacena grasa

Esta especie se diferencia de las serpientes en que tiene párpados

Escamas lisas y muy solapadas

LUCIÓN COMÚN
(Anguis fragilis)

Anfisbenas y afines

Aunque la mayoría carece de extremidades, estos reptiles excavadores están más emparentados con los lagartos que con las serpientes. Su cuerpo recuerda al de un gusano y cuenta con anillos escamosos que facilitan la adherencia al suelo, pero a diferencia de las lombrices, las anfisbenas tienen dientes y son depredadoras activas de insectos, larvas y gusanos.

Esta especie conserva las extremidades anteriores

Usa la cabeza redondeada como ariete con el que prensar la tierra

Los rudimentarios ojos detectan la luz

AJOLOTE DE CINCO DEDOS
(Bipes biporus)

Escamas dispuestas en anillos alrededor del cuerpo

Cola corta

ESCAMAS

ANFISBENA FULIGINOSA
(Amphisbaena fuliginosa)

TUNELADORAS

El cráneo de las anfisbenas, rígido y compacto, les permite cavar con la cabeza, cuya forma determina el método. Su piel especial les permite excavar también hacia atrás.

Hocico puntiagudo

PALA

Hocico simétrico

QUILLA

Formas del hocico

Los grupos de crocodilios se diferencian por el hocico y por cómo cierran la boca. El cuarto diente inferior de los cocodrílidos encaja en un hueco de la mandíbula superior al cerrar la boca.

Hocico redondeado y relativamente corto

CAIMÁN

Hocico largo y estrecho

GAVIAL

Cuarto diente inferior visible al cerrar la boca

COCODRILO

Hocico ancho

Motas irregulares

COCODRILO DE ESTUARIO O MARINO
(Crocodylus porosus)

Aligátores y caimanes

Estos crocodilios son de metabolismo lento e incluso los adultos de gran tamaño puedan pasar un año o más sin comer. Cuando cazan, atacan a la velocidad del rayo. Tienen pocos enemigos naturales, pero hasta los grandes caimanes son presas de los jaguares.

Las protuberancias óseas entre los ojos recuerdan unas gafas

CAIMÁN DE ANTEOJOS
(Caiman crocodilus)

Las fuertes mandíbulas muerden, pero no mastican

ALIGÁTOR DEL MISISIPI
(Alligator mississippiensis)

Pies posteriores parcialmente palmeados

La cola, larga y potente, propulsa al cocodrilo en el agua

Gaviales

Estos pescadores especializados de hocico estrecho son unos nadadores excelentes, pero torpes en tierra: los adultos tienen que arrastrarse sobre el vientre porque las patas no soportan su peso.

Las mandíbulas tienen entre 100 y 110 pequeños dientes afiladísimos

Piel gris o verde oliva

GAVIAL
(Gavialis gangeticus)

Véase también Clasificación: reptiles p. 160 ▶ Tipos de seres vivos p. 217 ▶

Aves

¿Qué son las aves?

Son los únicos vertebrados con plumas. Pese a que son parientes muy próximos de los reptiles, estos animales ovíparos, con pico y sin dientes, son de sangre caliente (endotermos) y tienen cuatro cámaras cardiacas, como los mamíferos. Los huesos huecos y las alas aerodinámicas permiten volar a la mayoría de las más de 10 000 especies, todas ellas bípedas (usan las dos extremidades posteriores para saltar, andar, correr, nadar, posarse o capturar presas). Se encuentran en todos los continentes y en muchas islas remotas.

LAS PRIMERAS AVES

Las aves evolucionaron a partir de dinosaurios carnívoros hace unos 150 millones de años. El ave fósil más famosa, *Archaeopteryx*, se descubrió en la década de 1860. Las plumas de las alas y de la cola revelaron que era capaz de un vuelo rudimentario aunque, al igual que los pequeños dinosaurios plumados de la época (terópodos), tenía dientes y una larga cola ósea. Era del tamaño de un cuervo.

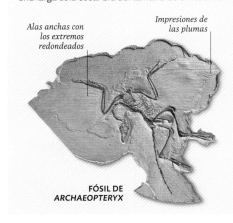

Alas anchas con los extremos redondeados

Impresiones de las plumas

FÓSIL DE ARCHAEOPTERYX

Coberteras inferiores de la cola

Axilares

Pecho

Vientre

Orificio cloacal

Pie

VISTA VENTRAL

Remeras largas (primarias)

Secundarias

Coberteras superiores de la cola

Timoneras

Escapulares

Manto

Nuca

Cuello

Píleo

Frente

Rabadilla

Pico

Garganta

Mentón

Coberteras

Coberteras secundarias

Álula

Coberteras primarias

ÁGUILA CALVA
(*Haliaeetus leucocephalus*)

VISTA SUPERIOR

Esqueleto

El esqueleto de las aves está formado por huesos neumáticos, de paredes finas, pero fuertes y densos, con cámaras de aire. Tiene menos huesos que el de los reptiles o los mamíferos, y muchos de ellos son más pequeños o están fusionados, como los de la muñeca y las falanges de las alas. A diferencia de otros vertebrados, muchas aves pueden mover el maxilar superior además del inferior.

> El **esqueleto** de la mayoría de las aves voladoras **pesa menos** que las **plumas.**

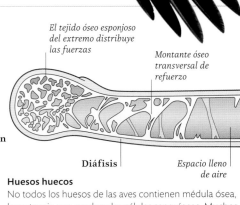

Cubierta córnea

Cráneo ligero, con muchos huesos fusionados

Cuello flexible

Los maxilares (mandíbulas) forman el pico

Columna torácica fusionada

Articulación de la muñeca

Articulación del codo

Cola flexible

El esternón forma una quilla

Rótula oculta

Dedos con garras

Fémur

Articulación del tobillo

ESQUELETO DE CUERVO

El tejido óseo esponjoso del extremo distribuye las fuerzas

Montante óseo transversal de refuerzo

Diáfisis

Espacio lleno de aire

Huesos huecos

No todos los huesos de las aves contienen médula ósea, la sustancia que produce las células sanguíneas. Muchos poseen cámaras de aire y tabiques óseos denominados trabéculas que actúan como los montantes de las alas de los aviones e impiden que sean aplastados por la presión durante el vuelo.

En 2007, una aguja colipinta cubrió volando 11 570 km seguidos en 8 días.

Vuelo

Para volar, las aves usan unos potentes músculos que mueven las alas con movimientos repetitivos. El aire fluye a mayor velocidad sobre la superficie superior curvada del ala que por debajo de esta, generando así una diferencia de presión que eleva al ave, cuyos aleteos la propulsan hacia arriba y hacia delante.

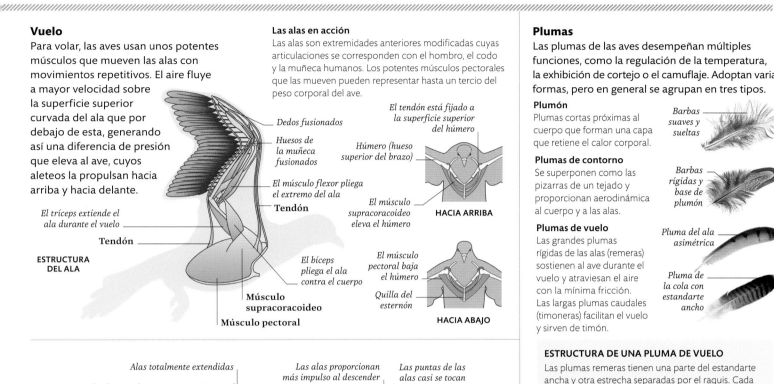

El tríceps extiende el ala durante el vuelo

Tendón

ESTRUCTURA DEL ALA

Dedos fusionados

Huesos de la muñeca fusionados

El músculo flexor pliega el extremo del ala
Tendón

El bíceps pliega el ala contra el cuerpo

Músculo supracoracoideo

Músculo pectoral

Las alas en acción

Las alas son extremidades anteriores modificadas cuyas articulaciones se corresponden con el hombro, el codo y la muñeca humanos. Los potentes músculos pectorales que las mueven pueden representar hasta un tercio del peso corporal del ave.

El tendón está fijado a la superficie superior del húmero

Húmero (hueso superior del brazo)

El músculo supracoracoideo eleva el húmero

HACIA ARRIBA

El músculo pectoral baja el húmero

Quilla del esternón

HACIA ABAJO

Plumas

Las plumas de las aves desempeñan múltiples funciones, como la regulación de la temperatura, la exhibición de cortejo o el camuflaje. Adoptan varias formas, pero en general se agrupan en tres tipos.

Plumón
Plumas cortas próximas al cuerpo que forman una capa que retiene el calor corporal.

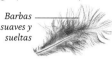
Barbas suaves y sueltas

Plumas de contorno
Se superponen como las pizarras de un tejado y proporcionan aerodinámica al cuerpo y a las alas.

Barbas rígidas y base de plumón

Plumas de vuelo
Las grandes plumas rígidas de las alas (remeras) sostienen al ave durante el vuelo y atraviesan el aire con la mínima fricción. Las largas plumas caudales (timoneras) facilitan el vuelo y sirven de timón.

Pluma del ala asimétrica

Pluma de la cola con estandarte ancho

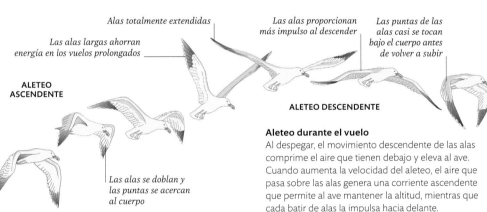

Alas totalmente extendidas

Las alas largas ahorran energía en los vuelos prolongados

ALETEO ASCENDENTE

Las alas se doblan y las puntas se acercan al cuerpo

Las alas proporcionan más impulso al descender

Las puntas de las alas casi se tocan bajo el cuerpo antes de volver a subir

ALETEO DESCENDENTE

Aleteo durante el vuelo
Al despegar, el movimiento descendente de las alas comprime el aire que tienen debajo y eleva al ave. Cuando aumenta la velocidad del aleteo, el aire que pasa sobre las alas genera una corriente ascendente que permite al ave mantener la altitud, mientras que cada batir de alas la impulsa hacia delante.

ESTRUCTURA DE UNA PLUMA DE VUELO

Las plumas remeras tienen una parte del estandarte ancha y otra estrecha separadas por el raquis. Cada parte contiene barbas ramificadas en barbillas que se entrelazan y forman una superficie lisa aerodinámica.

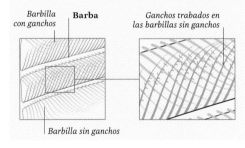

Barbilla con ganchos

Barba

Ganchos trabados en las barbillas sin ganchos

Barbilla sin ganchos

Tipos de pies

La forma y la estructura del pie dependen de cómo se desplaza el ave, de su entorno y de su dieta. Las aves depredadoras tienen uñas corvas (garras) para atrapar a sus presas, mientras que los dedos de las paseriformes están dispuestos de manera que tres miran hacia delante y otro hacia atrás para posarse en ramitas y juncos, y equilibrarse sobre ellos. Las aves acuáticas y otras que nadan tienen los dedos conectados por membranas flexibles.

El avestruz puede correr a una velocidad de hasta 70 km/h.

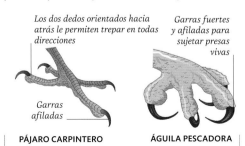

Los dos dedos orientados hacia atrás le permiten trepar en todas direcciones

Garras afiladas

PÁJARO CARPINTERO

Garras fuertes y afiladas para sujetar presas vivas

ÁGUILA PESCADORA

AGARRAR Y SUJETAR

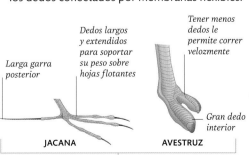

Larga garra posterior

Dedos largos y extendidos para soportar su peso sobre hojas flotantes

JACANA

Tener menos dedos le permite correr velozmente

Gran dedo interior

AVESTRUZ

ANDAR Y CORRER

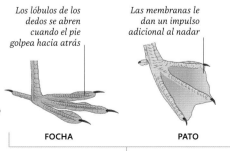

Los lóbulos de los dedos se abren cuando el pie golpea hacia atrás

FOCHA

Las membranas le dan un impulso adicional al nadar

PATO

NADAR

Respiración

Comparados con los de otros vertebrados, los pulmones de las aves son pequeños para su tamaño corporal. Sin embargo, su anatomía lo compensa con nueve sacos situados en distintos lugares del cuerpo que llevan aire fresco directamente y de manera continua a los pulmones, de modo que las aves absorben oxígeno tanto al inspirar como al espirar.

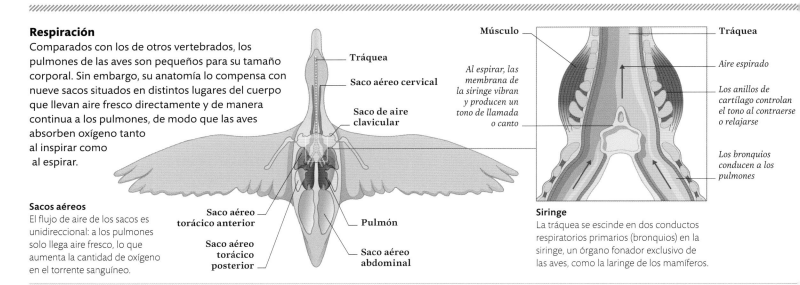

Tráquea

Saco aéreo cervical

Saco de aire clavicular

Saco aéreo torácico anterior

Saco aéreo torácico posterior

Pulmón

Saco aéreo abdominal

Músculo

Tráquea

Al espirar, las membrana de la siringe vibran y producen un tono de llamada o canto

Aire espirado

Los anillos de cartílago controlan el tono al contraerse o relajarse

Los bronquios conducen a los pulmones

Sacos aéreos

El flujo de aire de los sacos es unidireccional: a los pulmones solo llega aire fresco, lo que aumenta la cantidad de oxígeno en el torrente sanguíneo.

Siringe

La tráquea se escinde en dos conductos respiratorios primarios (bronquios) en la siringe, un órgano fonador exclusivo de las aves, como la laringe de los mamíferos.

Alimentación

La gran variedad de picos refleja la adaptación de las aves a su hábitat y sus fuentes de alimento. Muchas especies comen tanto presas vivas como vegetación estacional, pero la mayoría se especializa en un alimento concreto, como peces o insectos.

El pico ganchudo desgarra la carne

ÁGUILA REAL
(Aquila chrysaetos)

El pico serrado atrapa los peces

GARZA REAL
(Ardea cinerea)

El pico curvado barre el agua en busca de crustáceos

GOLONDRINA COMÚN
(Hirundo rustica)

El pico curvado barre el agua en busca de crustáceos

AVOCETA COMÚN
(Recurvirostra avosetta)

Tipos de nido

Todas las aves necesitan un lugar seguro donde poner los huevos, pero sus nidos varían mucho, desde estructuras muy sencillas hasta muy sofisticadas o instaladas en lugares precarios, como acantilados. Algunas especies, como los ostreros, solo cuentan con el camuflaje de la cáscara para la protección de sus huevos.

Nido colgante tejido

Los tejedores macho construyen sus elaborados nidos huecos y con la entrada en la parte inferior tejiendo hierbas y hojas al final de una rama.

El nido cuelga fuera del alcance de la mayoría de los depredadores

Con un revestimiento suave y cálido, es típico de aves pequeñas

DE COPA O CUENCO

Las golondrinas construyen nidos con barro pegajoso y hierbas

ADHERENTE

Los pájaros carpinteros horadan troncos con su pico fuerte y afilado

DE MADRIGUERA

Las cigüeñas construyen nidos enormes en lo alto de árboles o edificios

DE PLATAFORMA

Los somormujos construyen nidos con algas que luego anclan

ACUÁTICO

Algunas aves costeras ponen los huevos en el suelo

SIN NIDO

Sus fuertes pies le facilitan trabajar cabeza abajo

Corta y teje la hierba con el pico

La entrada estará en la parte inferior del nido

TEJEDOR ENMASCARADO
(Ploceus velatus)

La población mundial de **golondrinas comunes come** más de **130 000 millones de insectos** diarios.

Visión

Las especies con los ojos a los lados de la cabeza dependen de la visión monocular para detectar y evitar a los depredadores, y enfocan de manera simultánea cada ojo en objetos distintos. Los ojos frontales de las especies depredadoras les proporcionan visión binocular y se enfocan a la vez sobre la presa.

Las águilas pueden ver una presa del tamaño de un conejo a 3 km.

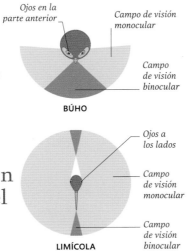

Ojos en la parte anterior

Campo de visión monocular

Campo de visión binocular

BÚHO

Ojos a los lados

Campo de visión monocular

Campo de visión binocular

LIMÍCOLA

Migración

Muchas aves viven en un área concreta, pero que otras migran y cambian de lugar en busca de alimento o zonas de nidificación. Algunas recorren distancias cortas, por ejemplo, de lugares más elevados a otros más bajos; otras recorren volando rutas de miles de kilómetros dos veces al año.

De noche usan la posición de las estrellas y el campo magnético terrestre

De día usan la posición del Sol y el campo magnético terrestre

Cerca de su destino usan referencias visuales

Navegación

Se cree que los campos magnéticos, los objetos celestes, las cordilleras y otros puntos de referencia ayudan a las aves a seguir las rutas migratorias.

Las pistas visuales y olorosas les ayudan a encontrar su hogar

Pico muy largo para buscar gusanos en el barro

ZARAPITO AMERICANO
(*Numenius americanus*)

Pico revestido de cerdas que filtran microorganismos

FLAMENCO ENANO
(*Phoeniconaias minor*)

Pico fino para extraer semillas

JILGUERO
(*Carduelis carduelis*)

Pico fuerte, capaz de cascar nueces

GUACAMAYO
(*Ara ararauna*)

Pico puntiagudo para arrancar bayas

MIRLO COMÚN
(*Turdus merula*)

Pico largo y puntiagudo para llegar al néctar de las flores

COLIBRÍ RUTILANTE
(*Colibri coruscans*)

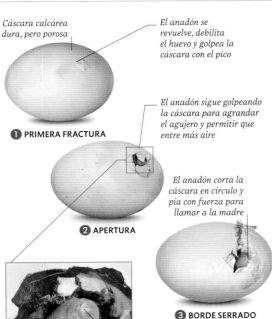

Cáscara calcárea dura, pero porosa

El anadón se revuelve, debilita el huevo y golpea la cáscara con el pico

❶ PRIMERA FRACTURA

El anadón sigue golpeando la cáscara para agrandar el agujero y permitir que entre más aire

❷ APERTURA

El anadón corta la cáscara en círculo y pía con fuerza para llamar a la madre

❸ BORDE SERRADO

Golpea la cáscara con una protuberancia del pico dura y afilada (diente de huevo)

Salir del cascarón

Los pollos pueden tardar horas o días en romper el cascarón. La mayoría tiene un diente de huevo con el que hacen un agujero en la cáscara y la resquebrajan en círculo hasta que se rompe. Casi todos los recién nacidos son ciegos y carecen de plumas, por lo que requieren los cuidados de sus padres; sin embargo, los pollos de las anseriformes y las galliformes nacen con plumón y comen por su cuenta al cabo de unas horas.

Cada año se consume más de un billón de huevos de gallina en el mundo.

El anadón empuja la cáscara con las patas y se revuelve hasta que logra salir

❹ SALIDA EN MARCHA ATRÁS

Al salir, el anadón está débil, pero totalmente alerta y con los ojos abiertos

❺ FUERA

Las patas y los pies aún no tienen fuerza suficiente para soportar su peso

Alas muy cortas y sin plumas remeras

El plumón está húmedo

❻ SECADO

Véase también Clasificación: aves p. 161 ▶ **137**

» Aves (continuación)

Órdenes de aves

Los avances en el análisis de ADN y la comparación de especies han revolucionado la clasificación de las aves, sobre todo por lo que respecta a los órdenes. El sistema usado en este libro divide la clase de las aves en los 40 órdenes que aparecen a continuación, de acuerdo con la conformación genética y las similitudes físicas. Algunos órdenes contienen solo unas pocas especies, como el hoatzin, que es el único miembro de su orden, pero el orden de los paseriformes (pájaros o aves cantoras) incluye a más de 6000.

AVES NO VOLADORAS

Muchas aves han perdido la capacidad de volar y han desarrollado huesos densos, alas pequeñas y cuerpo grande. Algunas, como el kiwi y el avestruz, que reciben el nombre de ratites, tienen el esternón aplanado y carecen de quilla, la prolongación del esternón donde se insertan los músculos de vuelo. Los pingüinos conservan la quilla, pero han desarrollado alas con forma de aletas para «volar» bajo el agua.

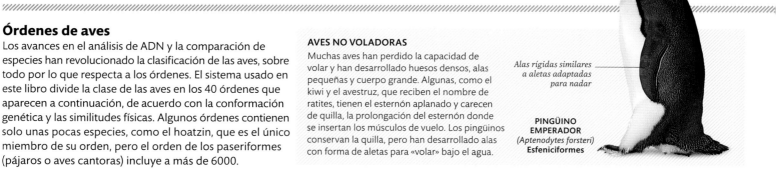

Alas rígidas similares a aletas adaptadas para nadar

PINGÜINO EMPERADOR
(Aptenodytes forsteri)
Esfeniciformes

Cuerpo rechoncho

TINAMÚ ALIRROJO
(Rhynchotus rufescens)
Tinamiformes

Pie con dos dedos

AVESTRUZ
(Struthio camelus)
Estrutioniformes

Pie con tres dedos

ÑANDÚ COMÚN
(Rhea americana)
Reiformes

Plumaje suelto, parecido a pelaje

CASUARIO COMÚN
(Casuarius casuarius)
Casuariformes

Narinas en la punta del pico

KIWI DE LA ISLA NORTE
(Apteryx mantelli)
Apterigiformes

Pico ancho y aplanado

ÁNADE REAL O AZULÓN
(Anas platyrhynchos)
Anseriformes

Plumaje vistoso del macho

PAVO REAL COMÚN
(Pavo cristatus)
Galliformes

Cuerpo hidrodinámico

COLIMBO CHICO
(Gavia stellata)
Gaviformes

Capa gruesa de plumas cortas y rígidas solapadas

PINGÜINO REY
(Aptenodytes patagonicus)
Esfenisciformes

Narinas tubulares

ALBATROS REAL
(Diomedea epomophora)
Procelariformes

Cabeza pequeña y cuello fino

SOMORMUJO LAVANCO
(Podiceps cristatus)
Podicipediformes

FLAMENCO CHILENO
(Phoenicopterus chilensis)
Fenicopteriformes

Pico anguloso

Timoneras largas

RABIJUNCO MENOR
(Phaethon lepturus)
Fetontiformes

Pico con forma de daga

CIGÜEÑA BLANCA
(Ciconia ciconia)
Ciconiformes

Dedos alargados

COROCORO ROJO
(Eudocimus ruber)
Pelecaniformes

Los cuatro dedos están conectados por membranas

PIQUERO CAMANAY
(Sula nebouxii)
Suliformes

Fuerte pico ganchudo

ÁGUILA CALVA
(Haliaeetus leucocephalus)
Accipitriformes

El macho hincha las plumas del cuello durante el cortejo

SISÓN COMÚN
(Tetrax tetrax)
Otidiformes

Alas cortas y redondeadas

MESITO PECHIBLANCO
(Mesitornis variegatus)
Mesitornitiformes

Penacho de plumas en la base del pico

CHUÑA PATIRROJA
(Cariama cristata)
Cariamiformes

Hay **más especies** de aves **paseriformes** que del resto de **órdenes** juntos.

Penacho de plumas rígidas doradas

Pico largo y fino

TIGANA O GARZA DEL SOL
(Eurypyga helias)
Euripigiformes

Pico grande y de colores llamativos

FRAILECILLO ATLÁNTICO
(Fratercula arctica)
Caradriformes

Cabeza pequeña

GANGA CORONADA
(Pterocles coronatus)
Pteroclidiformes

Cuerpo rollizo y pecho ancho

PALOMA BRAVÍA
(Columba livia)
Columbiformes

Plumas de color gris perla en el cuello largo y grueso

Las anchas alas lo ayudan a mantener el equilibrio

HOATZIN
(Opisthocomus hoazin)
Opistocomiformes

Debe el rojo de las remeras a la turacina

TURACO CRESTIRROJO
(Tauraco erythrolophus)
Musofagiformes

Cola larga

CORRECAMINOS GRANDE
(Geococcyx californianus)
Cuculiformes

Ojos grandes orientados hacia delante

LECHUZA COMÚN
(Tyto alba)
Estrigiformes

Pico diminuto y boca enorme flanqueada por cerdas

CHOTACABRAS EUROPEO
(Caprimulgus europaeus)
Caprimulgiformes

Alas muy flexibles

COLIBRÍ RUTILANTE
(Colibri coruscans)
Apodiformes

Piel desnuda alrededor de los ojos

Dedo exterior reversible

PÁJARO RATÓN NUQUIAZUL
(Urocolius macrourus)
Coliformes

COA ELEGANTE
(Trogon elegans)
Trogoniformes

Pies zigodáctilos (dos dedos hacia delante y dos hacia atrás)

CARRACA CUROL
(Leptosomus discolor)
Leptosomiformes

Cabeza y pico grandes

CARRACA LILA
(Coracias caudatus)
Coraciformes

Cresta con forma de abanico

ABUBILLA
(Upupa epops)
Bucerotiformes

Pico enorme y de colores llamativos

TUCÁN TOCO
(Ramphastos toco)
Piciformes

«Diente» tomial en el pico

HALCÓN PEREGRINO
(Falco peregrinus)
Falconiformes

Pico ganchudo y flexible

GUACAMAYO ESCARLATA
(Ara macao)
Psitaciformes

Los pies se enrollan en torno a tallos pequeños

HERRERILLO COMÚN
(Cyanistes caeruleus)
Paseriformes

Patas largas para caminar por herbazales y ciénagas

Dedos traseros muy desarrollados para posarse en árboles

GRULLA CORONADA CUELLIGRÍS
(Balearica regulorum)
Gruiformes

Véase también Clasificación: aves p. 161 ▶   **Tipos de seres vivos** p. 217 ▶

Mamíferos

¿Qué son los mamíferos?

Los mamíferos constituyen un grupo diverso de especies que viven sobre y bajo tierra, en los árboles o en el mar, con características que los diferencian de otros animales. Tienen pelo, un maxilar inferior articulado directamente con el cráneo y tres huesecillos en el oído medio. Las glándulas mamarias de las hembras producen leche para alimentar a las crías, y todos son de sangre caliente, un rasgo que comparten con las aves.

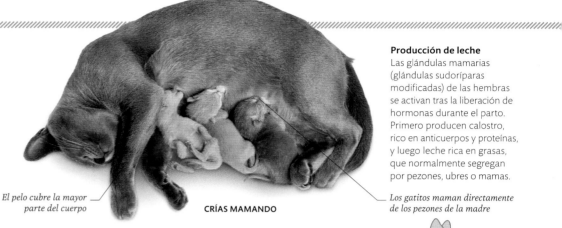

El pelo cubre la mayor parte del cuerpo

CRÍAS MAMANDO

Producción de leche

Las glándulas mamarias (glándulas sudoríparas modificadas) de las hembras se activan tras la liberación de hormonas durante el parto. Primero producen calostro, rico en anticuerpos y proteínas, y luego leche rica en grasas, que normalmente segregan por pezones, ubres o mamas.

Los gatitos maman directamente de los pezones de la madre

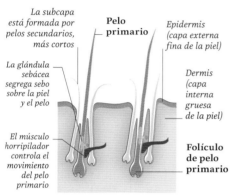

La subcapa está formada por pelos secundarios, más cortos

Pelo primario

Epidermis (capa externa fina de la piel)

La glándula sebácea segrega sebo sobre la piel y el pelo

Dermis (capa interna gruesa de la piel)

El músculo horripilador controla el movimiento del pelo primario

Folículo de pelo primario

Pelo

El pelo de los mamíferos se compone de filamentos de queratina, una proteína. Puede adoptar tres formas: una subcapa aislante de pelos suaves, una capa de cobertura de pelos primarios rígidos, o bigotes sensibles.

SISTEMAS CORPORALES

Como el de todos los vertebrados, el cuerpo de los mamíferos funciona mediante sistemas independientes, de la piel protectora al esqueleto que sostiene los músculos activados por las señales que el cerebro envía a través del sistema nervioso. Ni el cerebro ni el corazón pueden funcionar sin la mayoría del resto de sistemas. A excepción del reproductor, todos los sistemas cooperan para mantener vivo al individuo.

CLAVE

- Reproductor
- Circulatorio
- Nervioso
- Digestivo
- Excretor
- Respiratorio

Los riñones eliminan los productos de desecho de la sangre

El cerebro suele ser más grande que el de los invertebrados

Esqueleto óseo

Intestinos

La sangre fluye por los vasos sanguíneos

Los pulmones llevan oxígeno a la sangre y retiran el dióxido de carbono

El corazón bombea sangre a todo el cuerpo

Monotremas

Los monotremas viven en Australia y Nueva Guinea y ponen huevos en vez de parir crías vivas. Solo hay cinco especies: una de ornitorrinco y cuatro de equidna. Todos tienen un hocico muy modificado con forma de pico y carecen de dientes cuando son adultos.

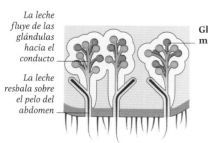

La leche fluye de las glándulas hacia el conducto

Glándulas mamarias

La leche resbala sobre el pelo del abdomen

Glándulas mamarias de los monotremas

Los monotremas no tienen pezones ni mamas: las hembras exudan leche directamente sobre la piel a través de conductos en dos zonas planas y cubiertas de pelo que las crías lamen.

Espinas más largas que el pelaje

Hocico largo y tubular para buscar comida

Pelaje impermeable

Hocico aplanado

La cola aplanada hace de timón

EQUIDNA AUSTRALIANO
(Tachyglossus aculeatus)

ORNITORRINCO
(Ornithorhynchus anatinus)

Pies delanteros totalmente palmeados

Cuando **salen del huevo**, las **crías de equidna** miden unos **12 mm** y solo pesan **0,57 g.**

UN PICO SUPERSENSIBLE

Bajo el agua, el ornitorrinco cierra los ojos, las orejas y la nariz, pero los receptores del pico le permiten cazar crustáceos, insectos y larvas del fondo. Unos 40 000 electrorreceptores detectan las señales eléctricas de las contracciones musculares de sus presas y unos 60 000 mecanorreceptores perciben los cambios de presión y los movimientos del agua.

Electrorreceptores alineados en paralelo a lo largo del pico

Mecanorreceptores dispersos en la superficie del pico

PICO DE ORNITORRINCO

Grandes orejas cubiertas de pelo en ambas caras

Hocico alargado

Los **uombats** son los **únicos animales** del mundo que producen **heces cúbicas**.

Marsupiales

Aunque no todas las especies lo tienen, el marsupio, la bolsa abdominal, da nombre a estos mamíferos, que son vivíparos, pero carecen de placenta. El embrión marsupial se alimenta de su propio saco vitelino y nace tras un período de gestación muy corto. La cría, semejante a un feto y diminuta, ciega e indefensa, repta hasta el marsupio de su madre, donde se engancha a un pezón y completa su desarrollo.

Una potente cola apoya la postura bípeda y mantiene el cuerpo en equilibrio al saltar

La cría pasa hasta 11 meses en el marsupio, orientado hacia delante

CANGURO GRIS ORIENTAL
(Macropus giganteus)

Marsupiales carnívoros australianos

El marsupial carnívoro más grande es el diablo o demonio de Tasmania, que come desde serpientes a carroña. El numbat, mucho más pequeño, se alimenta de termitas.

Fuertes pies con garras para abrir termiteros

NUMBAT
(Myrmecobius fasciatus)

Cabeza y cuello grandes en relación con el cuerpo

DIABLO DE TASMANIA
(Sarcophilus harrisii)

Zarigüeyas americanas y afines

La zarigüeya común es el único marsupial que vive al norte de México y es una de las 103 especies de zarigüeya americana, un omnívoro semiarborícola que se alimenta de huevos, pequeños mamíferos, insectos y fruta. Muchas especies tienen una cola prensil con la que se sujetan a las ramas mientras trepan.

Orejas sin pelo

COMADREJITA PATAGÓNICA
(Lestodelphys halli)

ZARIGÜEYA COMÚN
(Didelphis virginiana)

Cola prensil

MARMOSA COMÚN
(Marmosa murina)

MARMOSA LANUDA
(Marmosa demerae)

Las **crías de canguro** nacen unos **28 días** después de la concepción.

DOBLE ÚTERO

Las hembras marsupiales tienen dos vaginas conectadas a dos úteros y a una tercera vagina central que forma el canal del parto. En los canguros, un embrión se desarrolla en un útero y otro queda latente.

Útero con una cría de 1 mes lista para nacer, no plenamente desarrollada

Trompa de Falopio

Ovario

Segundo útero

Primera vagina

Segunda vagina, usada para la inseminación

Tercera vagina (canal del parto)

Canguros y afines

Los canguros y los ualabíes pertenecen a la familia macropódidos, caracterizada por potentes patas traseras. Los koalas, los uombats, los petauros y las zarigüeyas son parientes de los macropódidos porque todos pertenecen al orden de los diprotodontos.

La madre porta a la espalda a su cría una vez esta abandona el marsupio, orientado hacia abajo

La larga cola equilibra el cuerpo

CANGURO ARBORÍCOLA DE DORIA
(Dendrolagus dorianus)

Cuerpo compacto y patas cortas para excavar

UOMBAT COMÚN
(Vombatus ursinus)

Membranas planeadoras con pelo entre las extremidades anteriores y posteriores

PLANEADOR DEL AZÚCAR
(Petaurus breviceps)

KOALA
(Phascolarctos cinereus)

Topos marsupiales

Solo hay dos especies y ambas viven solo en Australia. A diferencia de los topos verdaderos, al cavar no abren túneles, sino que «nadan» por terreno arenoso y ligero en busca de presas.

Grandes garras en las patas anteriores para excavar y sujetar a las presas

TOPO MARSUPIAL MERIDIONAL
(Notoryctes typhlops)

Véase también Clasificación: mamíferos pp. 162–163 ▶   Tipos de seres vivos p. 217 ▶

>> Mamíferos (continuación)

ÚTERO CON PLACENTA

La placenta es un órgano compuesto por varias capas de tejido que se forma en el útero tras la implantación del embrión. Conecta el feto con el cuerpo materno mediante el cordón umbilical, a través del cual le aporta oxígeno y nutrientes de la madre y retira el dióxido de carbono y el material de desecho.

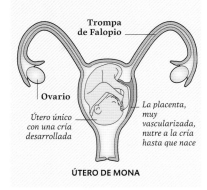

Trompa
de Falopio

Ovario

*Útero único
con una cría
desarrollada*

*La placenta,
muy
vascularizada,
nutre a la cría
hasta que nace*

ÚTERO DE MONA

Mamíferos placentarios

Excepto los monotremas y los marsupiales, todos los mamíferos son placentarios, o euterios. Desde las diminutas musarañas hasta los enormes rorcuales o ballenas azules, todos paren crías vivas que se desarrollan en el útero durante mucho más tiempo que las de los no euterios. La gestación prolongada proporciona más nutrición a los fetos de los euterios.

*La madre carga, alimenta y acicala a
su única cría durante tres o cuatro años*

MADRE CHIMPANCÉ CON SU CRÍA

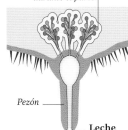

*Las glándulas mamarias
producen leche en respuesta
a hormonas segregadas
durante el parto*

Pezón

Leche

Glándulas mamarias de los placentarios

Son glándulas sudoríparas modificadas que se agrupan y forman mamas, órganos secretores de leche conectados a pezones en los euterios hembra.

> El tenrec común tiene hasta **32 crías por camada**, aunque las hembras tienen un **máximo de 29 pezones.**

Tenrecs y topos dorados

Los topos dorados son excavadores, y los tenrecs se han adaptado a entornos diversos. Estos insectívoros diminutos son endémicos de África y Madagascar, respectivamente.

*Ante una amenaza
se enrosca y forma
una bola espinosa*

TENREC ERIZO CHICO
(Echinops telfairi)

*Pelaje
áspero
sembrado
de púas*

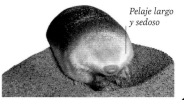

HEMICENTETES SEMISPINOSUS

*Pelaje largo
y sedoso*

TOPO DORADO DEL DESIERTO O DE GRANT
(Eremitalpa granti)

Musarañas elefante

Las musarañas elefante son nativas de África. Aunque son insectívoras, también cazan arañas y lombrices que detectan gracias a su hocico largo y flexible. Tienen las patas traseras muy potentes y corren a gran velocidad.

*Cola y patas
traseras
largas*

M.E. DE OREJAS REDONDAS
(Macroscelides proboscideus)

*Ojos y orejas
grandes*

M.E. DE CUATRO DEDOS
(Petrodromus tetradactylus)

Cerdo hormiguero

Pese a su parecido con el oso hormiguero, el cerdo hormiguero u oricteropo está más emparentado con los elefantes. Vive en África y sale de su madriguera de noche para olfatear hormigas y termitas, que captura con la lengua, larga y pegajosa.

*Cuerpo cubierto
de pelos cortos y
rígidos*

*Al cavar, pliega las
orejas hacia atrás*

*Los pies traseros
despejan la tierra
que cava con los
delanteros*

CERDO HORMIGUERO
(Orycteropus afer)

Dugongo y manatíes

El dugongo y los manatíes son los únicos mamíferos acuáticos herbívoros del planeta y se alimentan fundamentalmente de hierbas marinas. El dugongo vive en aguas costeras poco profundas de la región indopacífica, y los manatíes, en ríos de curso lento, bahías y zonas costeras del este de América, la cuenca amazónica y África occidental.

*Cuerpo hidrodinámico
y piel gruesa*

*Cola aplanada con
forma de aleta*

DUGONGO
(Dugong dugon)

*Espesas barbas
sensoriales*

*Cola con forma
de remo*

*Cierra las
narinas al
sumergirse*

*Extremidades
anteriores con
forma de remo*

MANATÍ ANTILLANO
(Trichechus manatus)

La trompa del elefante africano de sabana termina en dos lóbulos opuestos que funcionan como dedos

Elefantes

Pesan hasta 6,8 toneladas y son los animales terrestres más grandes del planeta. Son gregarios y muy inteligentes, y a veces se les llama jardineros naturales porque abren senderos entre la vegetación, arrancan árboles y arbustos, y replantan bosques al defecar semillas. Los elefantes africanos de sabana y de bosque son autóctonos del África subsahariana, y el elefante asiático, más pequeño, es nativo de India y el Sureste Asiático.

> La trompa de un **elefante africano** contiene **40 000** músculos.

Los colmillos (incisivos superiores) largos, gruesos y curvados hacia arriba de los machos más grandes pesan más de 100 kg

Las grandes orejas vascularizadas disipan el calor corporal

Piel dura, arrugada y colgante

Pestañas de más de 12,7 cm de largo

ELEFANTE AFRICANO DE SABANA
(Loxodonta africana)

Trompa con un solo lóbulo en la parte superior

Orejas más pequeñas

Patas columnares

ELEFANTE ASIÁTICO
(Elephas maximus)

CRÁNEO ALIGERADO

El cráneo del elefante adulto medio pesa 52 kg. Es relativamente ligero para un animal tan grande porque unas diminutas cámaras de aire restan densidad al hueso a la vez que le permiten conservar la masa suficiente para sostener los grandes músculos del cuello.

Cámaras de aire

Incisivos en alveolos profundos y hacia abajo

Grandes molares estriados

PIES ALMOHADILLADOS

Los elefantes son digitígrados, es decir, andan sobre los dedos, apoyándose en las gruesas almohadillas de tejido adiposo de la planta de los pies que hacen de amortiguadores y les dan estabilidad en terrenos desiguales.

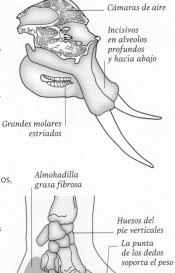

Almohadilla grasa fibrosa

Huesos del pie verticales

La punta de los dedos soporta el peso

Damanes

Nativos de África y del Sureste Asiático, son herbívoros y tienen un par de incisivos superiores similares a colmillos que crecen de forma continua y que usan como defensa. Tienen pesuño en el primer y el tercer dedo de las patas traseras, lo que indica que son parientes lejanos de los ungulados.

Cuerpo rechoncho

DAMÁN ARBORÍCOLA MERIDIONAL
(Dendrohyrax arboreus)

Dedo oponible en la pata trasera

Los pies húmedos actúan como ventosas en superficies duras

DAMÁN DE EL CABO
(Procavia capensis)

Véase también Clasificación: mamíferos pp. 162–163 ▶

Los perezosos **descienden** al suelo de la selva **una vez a la semana** para defecar.

Armadillos

Estos parientes de los perezosos y los osos hormigueros, habitan solamente en América, sobre todo cerca del ecuador. Se alimentan de insectos, plantas y huevos, y las 21 especies se protegen de los depredadores con osteodermos, placas óseas segmentadas y cubiertas de queratina.

Entre seis y ocho bandas acorazadas

GUALACATE
(Euphractus sexcinctus)

Cola desprovista de osteodermos protectores

ARMADILLO ZOPILOTE, CABASÚ NORTEÑO
(Cabassous centralis)

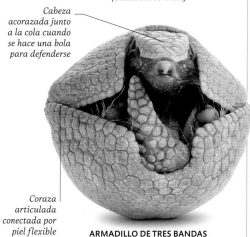

Cabeza acorazada junto a la cola cuando se hace una bola para defenderse

Coraza articulada conectada por piel flexible

ARMADILLO DE TRES BANDAS
(Tolypeutes tricinctus)

Perezosos y osos hormigueros

Las vértebras lumbares adicionales de los perezosos, osos hormigueros y armadillos refuerzan la espalda y la pelvis. Las patas anteriores quedan libres para buscar insectos o recoger hojas, y ahorran energía a estos animales de metabolismo lento.

Dos dedos con uñas ganchudas en el pie anterior (tres en el posterior)

Patas delanteras más largas que las traseras

PEREZOSO DE DOS DEDOS COMÚN
(Choloepus didactylus)

El pelo crece en dirección opuesta al abdomen

Hocico largo tubular

ANATOMÍA DE LA PATA ANTERIOR DE PEREZOSO

Las extremidades de los perezosos son idóneas para colgarse de las ramas, y sus dedos terminan en largas uñas ganchudas. Los músculos flexores son mucho más fuertes en las patas anteriores, mientras que en las posteriores son más grandes los extensores.

Húmero   Radio   Falanges

Cúbito   Carpo   Metacarpo

OSO HORMIGUERO GIGANTE
(Myrmecophaga tridactyla)

Tres dedos en cada pie

Cola prensil

PEREZOSO BAYO
(Bradypus variegatus)

TAMANDÚA MERIDIONAL
(Tamandua tetradactyla)

Conejos, liebres y picas

Estos animales vegetarianos reciben el nombre de lagomorfos. Cuentan con ojos y orejas grandes para detectar el peligro, mientras que las largas patas traseras ayudan a muchos a huir de los depredadores.

Ojos a ambos lados de la cabeza

CONEJO
(Oryctolagus cuniculus)

Las enormes orejas irradian el calor corporal

LIEBRE DE CALIFORNIA
(Lepus californicus)

Pelaje corto y espeso

PICA AMERICANA
(Ochotona princeps)

Largas patas traseras

LIEBRE EUROPEA
(Lepus europaeus)

Orejas peludas por las dos caras

Pelaje pardo, blanco en invierno

LIEBRE DE MONTAÑA
(Lepus timidus)

Colugos

Viven en el Sureste Asiático, son nocturnos y planean a hasta 70 m de distancia entre los árboles gracias a una membrana (patagio) peluda.

COLUGO MALAYO O COMÚN
(Galeopterus variegatus)

Tupayas

Las tupayas, nativas del Sureste Asiático, comen insectos y fruta. Algunas también lamen néctar de plantas insectívoras gigantes y dejan excrementos en el tubo de la planta.

Hocico sin bigotes

TUPAYA COMÚN
(Tupaia glis)

La larga cola le ayuda a mantener el equilibrio al correr, saltar y trepar

Columna vertebral larga y flexible para facilitar el salto

Cráneo y mandíbula adaptados para roer

Amplia separación entre incisivos y molares

Los incisivos largos y curvados crecen durante toda la vida

Dedos con garras afiladas

Las plantas de los pies soportan el peso

Roedores

Viven en todos los continentes, menos la Antártida, y suponen casi la mitad de la población de mamíferos del planeta. Poseen unos músculos masticadores agrandados y dos pares de incisivos superiores e inferiores prominentes y de crecimiento continuo. La mayoría tiene los sentidos del olfato y del oído muy finos, y largos bigotes sensibles (vibrisas).

Esqueleto de ardilla
Las ardillas son arborícolas y tienen dedos con garras, unos maxilares potentes y la larga cola que caracteriza a muchos roedores terrestres. Como saltan y trepan, necesitan unas patas posteriores más largas.

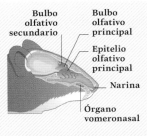

EL OLFATO DE LOS ROEDORES
Las neuronas sensoriales nasales envían información sobre los olores al bulbo olfativo principal del cerebro. El órgano vomeronasal detecta las feromonas de otros animales y está conectado al bulbo olfativo secundario.

Bulbo olfativo secundario

Bulbo olfativo principal

Epitelio olfativo principal

Narina

Órgano vomeronasal

SISTEMA OLFATIVO DE UN RATÓN

Ardillas y afines
Estos cavadores terrestres o arborícolas constructores de nidos habitan desde las selvas tropicales hasta la tundra ártica. La mayoría come plantas, semillas y frutos secos de cáscara.

Cola casi tan larga como el cuerpo

Cola frondosa

ARDILLA ROJA
(Sciurus vulgaris)

ARDILLA LISTADA ORIENTAL
(Tamias striatus)

Orejas pequeñas y pegadas a la cabeza

PERRITO DE LA PRADERA DE COLA NEGRA
(Cynomys ludovicianus)

Grandes ojos negros

LIRÓN AFRICANO
(Graphiurus sp.)

Ratones y afines
Los ratones y afines abundan en los entornos urbanos y son unos de los roedores de menor tamaño. También son los más exitosos, gracias a su alta tasa de natalidad y gran adaptabilidad.

RATA GIGANTE MALGACHE
(Hypogeomys antimena)

Usa la cola para mantener el equilibrio cuando salta

JERBO DE EGIPTO O MENOR
(Jaculus jaculus)

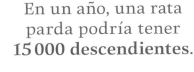

Grandes abazones para almacenar comida

HÁMSTER DORADO
(Mesocricetus auratus)

Cola lampiña

RATA PARDA
(Rattus norvegicus)

En un año, una rata parda podría tener **15 000 descendientes**.

La cola prensil se enrolla en los tallos

Las manos quedan libres para aferrarse a otro tallo

RATÓN ESPIGUERO
(Micromys minutus)

Cobayas y afines
Los histricomorfos como las cobayas, las maras y los capibaras (los roedores más grandes del mundo) solo se encuentran en América del Sur. Se diferencian de otros roedores por tener la cola pequeña, el cuerpo más grande y pesado, y las patas más cortas.

Espinas afiladas

PUERCOESPÍN SUDAFRICANO
(Hystrix africaeaustralis)

Orejas, ojos y nariz en la parte superior de la cabeza

CAPIBARA, CARPINCHO
(Hydrochoerus hydrochaeris)

Pelaje suave y espeso

CHINCHILLA DE COLA LARGA
(Chinchilla lanigera)

Cabeza grande y hocico chato

COBAYA, CONEJILLO DE INDIAS
(Cavia porcellus)

Liebres saltadoras
Las grandes patas traseras hacen de estos roedores unos saltadores excelentes, y las garras de las patas delanteras les permiten cavar madrigueras. Se alimentan sobre todo de tallos, raíces y frutas.

Grandes orejas erectas

Cuando se sienta, usa la cola para apoyarse

LIEBRE SALTADORA DE EL CABO
(Pedetes capensis)

Castores y afines
Los castores son roedores grandes que pesan hasta 30 kg. Construyen grandes presas en humedales y arroyos, con lo que alteran el paisaje. Se agrupan junto con las ratas canguro y las tuzas por la similitud de las mandíbulas y los dientes.

Grandes patas y pies traseros para saltar

RATA CANGURO
(Dipodomys ordii)

CASTOR AMERICANO
(Castor canadensis)

Largos bigotes para orientarse en la oscuridad

Cuerpo voluminoso

La cola plana y escamosa golpea el agua como señal de alarma

Véase también Clasificación: mamíferos pp. 162–163 ▶ **145**

Los tarseros no pueden mover sus enormes ojos, pero giran la cabeza casi 180 grados.

Primates

Son los mamíferos más diversos después de los murciélagos y los roedores. Este orden comprende 480 especies, divididas en estrepsirrinos (o prosimios), y haplorrinos, a los que pertenece el ser humano. Todos tienen el cerebro relativamente grande, cinco dedos en manos y pies, y por lo general, uñas planas.

Además de higiénico, el acicalamiento es relajante

Acicalamiento social
Casi todos los primates viven en grupo. Las sesiones de acicalamiento refuerzan los vínculos entre sus miembros, como estos macacos.

ANATOMÍA DEL BRAZO DE UN MONO

Lémures, loris, monos y grandes simios tienen la misma estructura básica de brazo y mano que el ser humano, aunque con huesos más largos y fuertes para soportar el peso durante la locomoción cuadrúpeda.

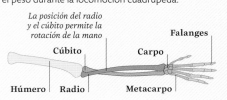

La posición del radio y el cúbito permite la rotación de la mano

Cúbito — Carpo — Falanges

Húmero — Radio — Metacarpo

Prosimios

Los estrepsirrinos reciben este nombre porque son los primates más primitivos. Generalmente arborícolas, tienen el sentido del olfato más desarrollado que los demás primates y se acicalan con la larga uña del segundo dedo.

Lémures

En Madagascar viven más de 100 especies de lémur. Las diurnas viven en grupos familiares y las nocturnas son solitarias. Los lémures más pequeños comen insectos y frutas, y los más grandes son herbívoros.

Cuerpo esbelto, como el de un felino

Rostro estrecho

LÉMUR DE COLA ANILLADA
(Lemur catta)

Usa la cola para transmitir señales a miembros del grupo

Los lémures ratón son los primates más pequeños del mundo.

Grandes orejas móviles

Larga cola para equilibrarse

GÁLAGO DE COLA GRUESA
(Otolemur crassicaudatus)

Ojos grandes

GÁLAGO SUDAFRICANO
(Galago moholi)

Gálagos

Los gálagos son pequeños primates arborícolas nativos del África subsahariana. Debido a su vida arborícola, sus pies tienen los huesos largos y almohadillas gruesas endurecidas que les permiten aferrarse a las ramas. Todos son nocturnos y se alimentan sobre todo de fruta, insectos, resina y néctar.

Loris y potos

Estos pequeños primates se mueven con lentitud entre las ramas, a las que se aferran con pies y manos. Son nativos de Asia y de África, y se untan el pelaje con su saliva ligeramente tóxica para defenderse.

Pies con forma de pinza

LORI PEREZOSO PIGMEO
(Nycticebus pygmaeus)

Ojos frontales para medir distancias

LÉMUR DEL LAGO ALAOTRA
(Hapalemur alaotrensis)

Mancha roja en las mejillas del macho

Pelaje denso y lanudo

Cola larga y peluda

LÉMUR MANGOSTA
(Eulemur mongoz)

Almacena grasa en la cola y las patas traseras

LÉMUR RATÓN PARDO
(Microcebus rufus)

Alza los brazos para equilibrarse

Las musculosas patas le permiten galopar en campo abierto

SIFAKA DE COQUEREL
(Propithecus coquereli)

Grandes orejas peludas

Cola muy corta, de solo 5 cm

INDRI
(Indri indri)

Pelaje áspero con pelos primarios blancos

AYEAYE
(Daubentonia madagascariensis)

Tarseros

Estos haplorrinos son arborícolas insectívoros nocturnos, y nativos del Sureste Asiático. Las largas patas y los tobillos alargados les permiten saltar hasta 3 m, y las almohadillas de las yemas de los dedos, largos y finos, mejoran la adherencia.

El ojo pesa algo más que el cerebro

TARSERO FILIPINO
(Tarsius syrichta)

Monos

Integrado por más de 300 especies, este es el subgrupo de primates más numeroso y está dividido en dos grupos separados geográficamente. Monos y grandes simios son animales inquisitivos y con cerebro grande, pero los monos tienen el cuerpo más pequeño, el torso más estrecho y, muchos, una larga cola.

Monos del Nuevo Mundo

Son platirrinos (con nariz plana y narinas en posición lateral). Se hallan en México, América Central y del Sur, y varían entre los 85 g del tití pigmeo y los 14,5 kg de los monos aulladores. La mayoría carece de pulgares oponibles y muchos tienen cola prensil.

Monos del Viejo Mundo

Nativos de Asia, Oriente Medio, África y Gibraltar, son catarrinos (tienen la nariz estrecha, con las narinas hacia delante). Suelen ser más grandes que los platirrinos y poseen callosidades isquiáticas (almohadillas duras en las nalgas). Muchos tienen pulgares oponibles.

Almohadilla prensil sin pelo en la cara inferior de la cola

Los machos adultos tienen una barba larga y espesa, pero ambos sexos gritan

La cola prensil, muy fuerte, actúa como una quinta extremidad capaz de soportar el peso del cuerpo

Pelaje grueso, suave y rizado

MONO LANUDO GRIS
(Lagothrix cana)

Las uñas aplanadas protegen las sensibles yemas de los dedos

MONO AULLADOR ROJO
(Alouatta seniculus)

La **llamada** del mono aullador rojo alcanza los **90 decibelios** y puede **dañar el oído.**

Característico antifaz blanco en torno a los ojos

El rostro recuerda al de un búho

Cola no prensil: solo la usa para equilibrarse

Grandes almohadillas en manos y pies

MICO NOCTURNO, MARIKIÑÁ NORTEÑO
(Aotus trivirgatus)

MONO ARDILLA COMÚN
(Saimiri sciureus)

Pelo negro en la cabeza

Extremidades relativamente cortas

MONO CAPUCHINO DE CABEZA DURA
(Sapajus apella)

Cola prensil sin partes lampiñas

Hembras y machos adultos tienen un bigote blanco

Pies y manos con garras

TITÍ O TAMARINO EMPERADOR
(Saguinus imperator)

Callosidad isquiática

MONO VERVET
(Chlorocebus pygerythrus)

Característica franja blanca en la frente

Almacena comida en grandes abazones

CERCOPITECO MONA
(Cercopithecus mona)

Rostro lampiño

Dos glándulas mamarias pectorales

MACACO RHESUS
(Macaca mulatta)

La cola corta indica que es un mono terrestre

El cráneo contiene un cerebro grande para el tamaño del cuerpo

Dientes no especializados, indicativos de una dieta omnívora

Brazos tan largos como las piernas, para andar a cuatro patas

Dedos largos

ESQUELETO DE MACACO

Hocico largo de aspecto perruno

Rostro y nalgas lampiños

MANDRIL
(Mandrillus sphinx)

Capa larga y espesa de macho adulto

De gran destreza manual, arranca hierbas sentado

GELADA
(Theropithecus gelada)

Cresta de pelo

La cola es más larga que el cuerpo

HAMADRÍADE
(Papio hamadryas)

LANGUR GRIS
(Semnopithecus priam)

No tiene abazones

Manos con pulgares rudimentarios

Piernas más largas que los brazos, para saltar mejor

GUEREZA
(Colobus guereza)

Véase también Grandes simios p. 148 ▶ Clasificación: mamíferos pp. 162–163 ▶

>> Mamíferos (continuación)

Hominoideos

Todos los primates de este grupo de catarrinos al que pertenece el ser humano son muy inteligentes. Entre otras cosas, se diferencian de otros primates por su cerebro más grande y complejo, y por carecer de cola externa visible.

Grandes simios

Los grandes simios antropomorfos (homínidos) son nativos de las selvas tropicales africanas y del Sureste Asiático. El mayor es el gorila de montaña, que puede alcanzar 1,82 m de altura y 220 kg de peso. Duermen en nidos hechos con hojas y ramas en los árboles o en el suelo.

Los machos adultos tienen la espalda gris

Cráneo muy abovedado

Ojos orientados al frente

Brazos largos y muy fuertes

Los nudillos soportan el peso al caminar

Pulgar oponible

GORILA OCCIDENTAL
(Gorilla gorilla)

Gibones

Los gibones (hilobátidos) viven en los bosques tropicales del Sureste Asiático y son los hominoideos más pequeños, con menos de 1 m de estatura y hasta 8 kg de peso. Básicamente herbívoros, tienen el cerebro más pequeño que los homínidos y forman parejas macho-hembra duraderas, que suelen reforzar cantando a dúo.

Usa los largos dedos como garfios

Brazos hasta 2,5 veces más largos que el cuerpo

El pulgar le permite agarrarse para andar erguido entre ramas

SIAMANG
(Symphalangus syndactylus)

La hembra ulula para iniciar un dueto con el macho

La mayoría de los gibones son dimórficos (el macho es más oscuro)

GIBÓN DE MANOS BLANCAS (HEMBRA Y MACHO)
(Hylobates lar)

Los orangutanes son los mamíferos arborícolas más grandes del mundo.

Pelaje de la subespecie de montaña largo y desgreñado

GORILA ORIENTAL
(Gorilla beringei)

Narinas juntas y orientadas hacia abajo

ORANGUTÁN DE BORNEO
(Pongo pygmaeus)

La piel lampiña del rostro se oscurece con la edad

CHIMPANCÉ
(Pan troglodytes)

Raya central en el pelo de la cabeza

BONOBO
(Pan paniscus)

Características cejas blancas

Ambos sexos tienen la misma coloración

GIBÓN HOOLOCK
(Bunopithecus hoolock)

GIBÓN PLATEADO
(Hylobates moloch)

MANOS DIESTRAS

Cuatro dedos y un pulgar oponible otorgan fuerza y precisión manual a los grandes simios. Al moverse de manera independiente, el pulgar oponible les permite manipular objetos pequeños, como palitos, además de asir objetos grandes, como ramas, para sujetarse.

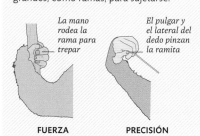

La mano rodea la rama para trepar

El pulgar y el lateral del dedo pinzan la ramita

FUERZA

PRECISIÓN

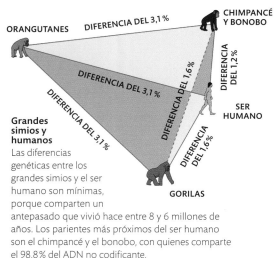

ORANGUTANES

DIFERENCIA DEL 3,1 %

CHIMPANCÉ Y BONOBO

DIFERENCIA DEL 1,2 %

DIFERENCIA DEL 1,6 %

DIFERENCIA DEL 3,1 %

DIFERENCIA DEL 3,1 %

DIFERENCIA DEL 1,6 %

SER HUMANO

GORILAS

Grandes simios y humanos

Las diferencias genéticas entre los grandes simios y el ser humano son mínimas, porque comparten un antepasado que vivió hace entre 8 y 6 millones de años. Los parientes más próximos del ser humano son el chimpancé y el bonobo, con quienes comparte el 98,8 % del ADN no codificante.

BRAQUIACIÓN

La manera en que los gibones se desplazan por los árboles balanceándose con los brazos se denomina braquiación. Los largos brazos y unas articulaciones muy flexibles en hombro, codo y muñeca les permiten desplazarse con eficiencia y un esfuerzo mínimo.

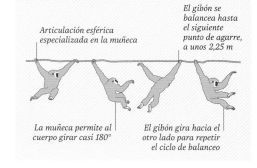

El gibón se balancea hasta el siguiente punto de agarre, a unos 2,25 m

Articulación esférica especializada en la muñeca

La muñeca permite al cuerpo girar casi 180°

El gibón gira hacia el otro lado para repetir el ciclo de balanceo

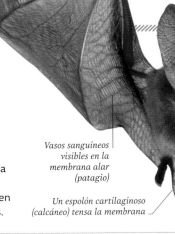

Murciélagos

Son los únicos mamíferos capaces de volar y se hallan en casi todos los hábitats terrestres, excepto los polos y los desiertos extremos. Muchos son insectívoros e ingieren el equivalente a su propio peso en insectos cada noche, pero más de 300 especies de plantas dependen de ellos como polinizadores.

Grandes orejas móviles

Cuerpo peludo

La membrana caudal (uropatagio) sirve de bolsa para llevar a la boca los insectos atrapados

Vasos sanguíneos visibles en la membrana alar (patagio)

Un espolón cartilaginoso (calcáneo) tensa la membrana

M. OREJUDO GRIS O MERIDIONAL
(Plecotus austriacus)

ANATOMÍA DE UN ALA DE MURCIÉLAGO

Los huesos son los mismos que los del antebrazo y la mano humanos, pero muy modificados. Los dedos alargados sostienen el patagio, la membrana de piel estirada entre el brazo y el cuerpo.

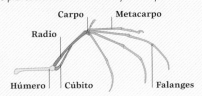

Carpo · Metacarpo · Radio · Húmero · Cúbito · Falanges

Ecolocalización

Aunque algunos tienen una vista excelente y buen olfato, todos los microquirópteros cazan y se orientan en la oscuridad por ecolocalización. Emiten chasquidos por la boca o la nariz que rebotan en los objetos cercanos y crean ecos que, al volver a las orejas del animal, le proporcionan información sobre su forma, tamaño y localización.

La hoja nasal dirige el sonido de las narinas hacia la presa

La gran oreja canaliza el eco hacia el oído interno

El oído interno detecta el eco

La laringe emite un sonido muy agudo

Eco procedente de la presa

Ondas sonoras del murciélago

Las especies sin hoja nasal emiten el sonido por la boca

LOCALIZACIÓN DE PRESAS

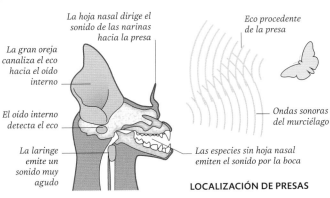

Hibernación

Los murciélagos que habitan en zonas de inviernos fríos y no migran a zonas cálidas, hibernan colgándose cabeza abajo en cuevas o edificios o bien introduciéndose en grietas. Baja su temperatura corporal, y el metabolismo y la respiración se ralentizan mientas duermen durante los meses fríos.

Agua condensada sobre el cuerpo frío durante la hibernación

M. DE PATAGIO ASERRADO O DE NATTERER
(Myotis nattereri)

Megaquirópteros

Son un grupo de murciélagos tropicales y subtropicales que se alimentan de flores y frutas. Suelen ser más grandes que los microquirópteros y tienen los ojos grandes y buena visión nocturna, orejas pequeñas y una garra en el dedo índice. Su rostro de hocico largo carece de las características necesarias para la ecolocalización.

Garras como garfios en los pies

La cara parece de zorro

Las alas coriáceas envuelven al cuerpo en reposo

MURCIÉLAGO CANTOR DE FRANQUET
(Epomops franqueti)

Rodillas orientadas hacia atrás

ZORRO VOLADOR GRANDE
(Pteropus vampyrus)

ZORRO VOLADOR INDIO
(Pteropus giganteus)

Pulgar con garra idóneo para trepar

ZORRO VOLADOR DE LYLE
(Pteropus lylei)

Microquirópteros

La mayoría de los murciélagos son «micromurciélagos», que habitan desde los trópicos hasta las zonas templadas. Casi todos cazan insectos, pero algunos de los más grandes comen pequeños vertebrados, y las tres especies de vampiro se alimentan solo de sangre.

El murciélago abejorro solo pesa 1,5 g y es el mamífero más pequeño del mundo.

Cola casi tan larga como el cuerpo

Alas más bien grandes y oscuras

M. DE COLA DE RATÓN, RINOPOMA
(Rhinopoma sp.)

M. ABEJORRO
(Craseonycteris thonglongyai)

Las amplias alas permiten el vuelo cernido

M. DE HERRADURA PEQUEÑO
(Rhinolophus hipposideros)

Pies contraídos mientras descansa

Alas plegadas mientras duerme

NÓCTULO MEDIANO
(Nyctalus noctula)

Hoja nasal con forma de lanza

M. JASPEADO O FRUTERO COMÚN
(Carollia perspicillata)

VAMPIRO COMÚN
(Desmodus rotundus)

Véase también Clasificación: mamíferos pp. 162–163 ▶ **149**

LA VIDA

Las escamas del pangolín adulto suponen alrededor del 20% de su peso total.

Erizos y gimnuros

Aunque de aspecto muy distinto, los erizos y los gimnuros pertenecen a la misma familia antigua. Los erizos son nativos de Eurasia y África, mientras que los gimnuros viven en el Sureste Asiático. Su dieta abarca desde invertebrados hasta fruta, y son buenos nadadores y trepadores.

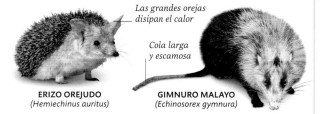

Las grandes orejas disipan el calor

Cola larga y escamosa

ERIZO OREJUDO
(*Hemiechinus auritus*)

GIMNURO MALAYO
(*Echinosorex gymnura*)

Cetáceos

Casi todos los cetáceos actuales son mamíferos marinos que se cree que evolucionaron a partir de mamíferos terrestres hace unos 50 millones de años. Tienen aletas en lugar de extremidades anteriores, una cola ahorquillada en lugar de las posteriores, y las narinas en lo alto de la cabeza. Algunos viven en agua dulce.

Defensa espinosa

Una hora después de nacer, los erizos desarrollan espinas temporales, a las que siguen las permanentes al cabo de uno o dos días. Cuando se enroscan, esas espinas huecas los protegen de la mayoría de los depredadores, mientras que los peludos gimnuros emiten un olor apestoso al sentirse amenazados.

Todas las partes vulnerables están protegidas

Pasado el peligro, surgen la cabeza y las patas delanteras

Espinas (pelos modificados) de 2 a 3 cm de largo

ENROSCADO

DESENROSCÁNDOSE

ERIZO COMÚN O EUROPEO
(*Erinaceus europaeus*)

Cola con dos lóbulos horizontales

Pangolines

Los muy amenazados pangolines usan su larga lengua (de hasta 40 cm) para alimentarse de termitas y hormigas. No tienen dientes, y su estómago musculoso «mastica» la comida. Su cuerpo está casi totalmente cubierto de duras escamas solapadas, y las ocho especies africanas y asiáticas se enroscan al sentirse en peligro.

Las afiladas escamas caudales pueden herir a los depredadores

Anda sobre las muñecas para proteger las largas uñas

PANGOLÍN TERRESTRE O DE TEMMINCK
(*Manis temminckii*)

FORMACIÓN DE LAS ESCAMAS

Las escamas del pangolín son de queratina (como el pelo humano), que se funde y forma placas solapadas que crecen durante toda la vida y acorazan al animal.

Células recién queratinizadas rellenan la superficie exterior desgastada

Superficie plegada de la escama madura

Papila dérmica de la que surgen las células queratinizadas que forman las escamas

En la capa intermedia de la escama se forman nuevas células queratinizadas

Capa inferior de la epidermis, donde se forman células nuevas

Dermis

El zifio o ballenato de Cuvier se puede sumergir a 3 km y permanecer bajo el agua hasta 2 horas y 18 minutos.

Musarañas, topos y almiquíes

Los topos tienen manos grandes para cavar, y los desmanes las tienen semipalmeadas, para cazar bajo el agua. Los almiquíes y las musarañas cazan insectos y otras presas, y la saliva de algunas especies es venenosa.

El pelaje claro se oscurece con la edad

ALMIQUÍ DE LA ESPAÑOLA
(*Solenodon paradoxus*)

El hocico largo y móvil detecta la comida

Los pelos hirsutos de pies y cola facilitan la natación

MUSGAÑO PATIBLANCO
(*Neomys fodiens*)

El pelo oculta las orejas

Ojos pequeños

MUSARAÑA OREJILLAS MÍNIMA
(*Cryptotis parva*)

Cola larga y lampiña

Garras afiladas

El hocico hace de tubo de buceo y busca comida

DESMÁN DE LOS PIRINEOS
(*Galemys Pyrenaicus*)

Las manos apartan la tierra a los lados y hacia atrás

TOPO EUROPEO O COMÚN
(*Talpa europaea*)

ALETA PECTORAL DE DELFÍN

Las aletas pectorales ayudan a los cetáceos a girar bajo el agua e impiden que su cuerpo se voltee. Tienen los mismos huesos que las extremidades anteriores de los mamíferos, pero muy modificados y el número de los del carpo (muñeca) varía según la especie. Algunos cetáceos las usan para el contacto social.

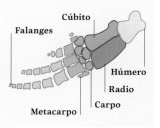

Cúbito

Falanges

Húmero

Radio

Metacarpo

Carpo

La aleta dorsal le da más estabilidad

Cuerpo lampiño e hidrodinámico

Espiráculo

Las mandíbulas alargadas forman un pico

Las aletas dorsales determinan la dirección

Cetáceos barbados

Ballenas y rorcuales (misticetos) poseen unas placas fibrosas, o barbas, para filtrar el agua y retener el plancton y el kril en la boca. Tienen dos espiráculos. El rorcual azul, que mide hasta 32,6 m de longitud, es el animal más grande del planeta.

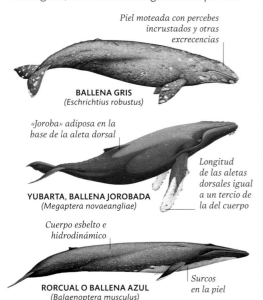

Piel moteada con percebes incrustados y otras excrecencias

BALLENA GRIS
(Eschrichtius robustus)

«Joroba» adiposa en la base de la aleta dorsal

YUBARTA, BALLENA JOROBADA
(Megaptera novaeangliae)

Longitud de las aletas dorsales igual a un tercio de la del cuerpo

Cuerpo esbelto e hidrodinámico

RORCUAL O BALLENA AZUL
(Balaenoptera musculus)

Surcos en la piel

Cetáceos dentados

Los cetáceos dentados (odontocetos), tienen dientes afilados en una o en ambas mandíbulas y un solo espiráculo. Su tamaño varía desde la vaquita marina, de 1,5 m de longitud y en peligro crítico, hasta el cachalote, que alcanza hasta 19,2 m.

Cuerpo muscular

Pico largo y fino

DELFÍN ACRÓBATA DE HOCICO LARGO
(Stenella longirostris)

Cabeza pequeña y redondeada

MARSOPA COMÚN
(Phocoena phocoena)

El hocico recuerda un pico de oca

ZIFIO O BALLENATO DE CUVIER
(Ziphius cavirostris)

DELFÍN COMÚN COSTERO DE HOCICO LARGO
(Delphinus capensis)

Gran cabeza roma equivalente a un tercio de la longitud total

CACHALOTE
(Physeter catodon)

La aleta dorsal del macho puede alcanzar 1,8 m de altura

ORCA
(Orcinus orca)

El incisivo superior crece sin cesar y forma un largo colmillo retorcido

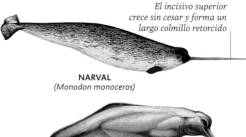

NARVAL
(Monodon monoceros)

DELFÍN ROSADO O DEL AMAZONAS
(Inia geoffrensis)

Cuello flexible para mover la cabeza lateralmente

Mandíbulas y dientes

La boca ancha y la mandíbula inferior flexible permiten a los misticetos absorber una gran cantidad de agua y filtrar mucho alimento de una vez. Los odontocetos tienen la boca más estrecha y unas potentes mandíbulas para atrapar y sujetar a sus presas.

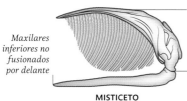

Maxilares inferiores no fusionados por delante

Maxilar superior largo con cientos de barbas

La mandíbula se abre lateralmente y en vertical

MISTICETO

Los dientes cónicos encajan en huecos del maxilar superior

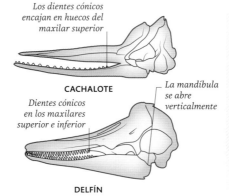

CACHALOTE

Dientes cónicos en los maxilares superior e inferior

La mandíbula se abre verticalmente

DELFÍN

ECOLOCALIZACIÓN

Los cetáceos con dientes emiten chasquidos de alta frecuencia que enfocan con un órgano lleno de grasa (melón) situado en el cráneo. Las ondas sonoras rebotan en los objetos y permiten al animal localizar a sus presas.

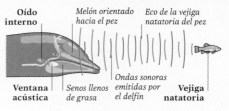

Oído interno

Melón orientado hacia el pez

Eco de la vejiga natatoria del pez

Ventana acústica

Senos llenos de grasa

Ondas sonoras emitidas por el delfín

Vejiga natatoria

TIGRE DE BENGALA
(Panthera tigris tigris)

» Mamíferos (continuación)

Carnívoros

La mayoría de los mamíferos del orden carnívoros han de matar a otros animales o comer carroña para sobrevivir. El tamaño de los carnívoros terrestres va desde la comadreja común, que puede pesar solo 25 g, hasta el oso polar, que puede pesar hasta 650 kg.

Esqueleto

Los carnívoros han de pensar, correr, tener más fuerza y maniobrar mejor que sus presas. Adaptaciones como las extremidades anteriores más cortas y las posteriores más largas y potentes les dan estabilidad y velocidad durante la persecución.

Pelvis estrecha adaptada para correr y saltar

La columna vertebral larga y flexible permite que la espalda se curve al correr

Puntos de inserción de los potentes músculos masticadores

Caninos largos y afilados para acuchillar a sus presas

La larga cola facilita el equilibrio

Huesos del carpo fusionados para una zancada más larga y estable

Radio y cúbito separados para hacer más flexibles las extremidades anteriores

La articulación del tobillo alta hace de amortiguador

ESQUELETO DE TIGRE

Leones marinos, focas y morsas

Los pinnípedos son animales carnívoros marinos con los pies en forma de aletas. Sus presas habituales son peces, cefalópodos y crustáceos, pero la foca leopardo también caza otros pinnípedos.

Las **morsas** usan sus **colmillos** como **picahielos** para trepar a los témpanos o a tierra firme.

Pequeñas orejas

LEÓN MARINO DE CALIFORNIA
(Zalophus californianus)

Las aletas traseras apuntan hacia delante en tierra

LOBO MARINO ANTÁRTICO
(Arctocephalus gazella)

Las aletas traseras no ofrecen apoyo alguno en tierra

FOCA GRIS
(Halichoerus grypus)

El macho tiene una nariz (trompa) carnosa e hinchable

ELEFANTE MARINO DEL SUR
(Mirounga leonina)

Los colmillos del macho adulto pueden medir hasta 1 m

MORSA
(Odobenus rosmarus)

Perros, zorros y afines

La carne constituye al menos el 70 % de la dieta de los hipercarnívoros, como los lobos. La mayoría de los cánidos son mesocarnívoros: consumen entre un 30 y un 70 % de carne, pero también comen vegetales, como bayas, raíces y hongos.

Almohadilla dura en cada dedo

LOBO GRIS O COMÚN
(Canis lupus)

CRÁNEO Y DIENTES DE LOBO

Los carnívoros depredadores tienen grandes molares carniceros (premolares superiores y molares inferiores modificados) que cortan como tijeras.

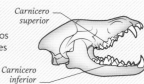

Carnicero superior

Carnicero inferior

Cánidos salvajes

Los cánidos detectan a sus presas mediante el olfato, el oído y la vista. Zorros y coyotes cazan en solitario o en pareja; los lobos y perros salvajes cazan en manada.

Hocico largo y afilado

Las uñas cortas, romas y no retráctiles le proporcionan tracción al correr

COYOTE
(Canis latrans)

Pelaje invernal blanco y dos veces más espeso que el de verano

ZORRO ÁRTICO
(Alopex lagopus)

Cola larga y muy poblada

ZORRO ROJO
(Vulpes vulpes)

Antifaz negro

Pelo corto en las patas

PERRO MAPACHE
(Nyctereutes procyonoides)

Largas orejas erectas

Los dedos soportan el peso al andar y al correr

Patas largas y esbeltas

LOBO DE CRIN, AGUARÁ GUAZÚ
(Chrysocyon brachyurus)

Cinco dedos en los pies delanteros (cuatro en los traseros)

CHACAL DE LOMO NEGRO
(Canis mesomelas)

Su nombre científico, «lobo pintado», alude al pelaje manchado

LICAÓN
(Lycaon pictus)

«Joroba» a la altura de los hombros

El oso se yergue para identificar amenazas o fuentes de alimento

El bambú constituye hasta el 99 % de su dieta

Cara redondeada

Hocico largo

OSO NEGRO AMERICANO
(Ursus americanus)

PANDA GIGANTE
(Ailuropoda melanoleuca)

Pelaje denso, normalmente marrón oscuro, pero también negro o rubio

Pelaje largo e hirsuto

Orejas pequeñas para minimizar la pérdida de calor

OSO PARDO
(Ursus arctos)

Las plantas de las grandes y fuertes zarpas soportan el peso al andar o erguirse sobre las patas traseras

Osos

Son los carnívoros terrestres más grandes, pero todas las especies, excepto una, son hipocarnívoras, ya que la carne constituye menos del 30 % de su dieta. La excepción es el oso polar, un hipercarnívoro que se alimenta sobre todo de focas.

Utiliza las largas uñas no retráctiles para cavar y trepar

OSO BEZUDO
(Melursus ursinus)

OSO POLAR
(Ursus maritimus)

Perros domésticos

Los perros divergieron de los lobos hace entre 15 000 y 40 000 años a partir de una especie de lobo extinta y se domesticaron hace al menos 14 000 años.

Chaser, una **border collie**, aprendió a reconocer el nombre de **1022 objetos.**

Cabeza y pecho anchos

Orejas altas y caídas hacia delante

El pelaje doble impermeable protege el cuerpo atlético y musculoso

Morro grande, repleto de sensores olfativos

Cabeza larga y estrecha

SCHNAUZER
Utilidad

BORDER COLLIE
Pastoreo

SMOOTH-HAIRED DACHSHUND
Rastreo

SALUKI O GALGO PERSA
Lebrel

LABRADOR RETRIEVER
Perdiguero

Patas y zarpas cortas y fuertes para cavar

Cola larga y rizada enroscada sobre el lomo

Muslos potentes y musculosos

JACK RUSSELL TERRIER
Excavador

BICHÓN FRISÉ
Compañía

HUSKY SIBERIANO
Trabajo

TAMAÑO DE LAS RAZAS

A pesar de la larga historia de domesticación, la mayoría de las razas caninas ha aparecido en los últimos siglos, por lo general para llevar a cabo tareas de pastoreo, caza o compañía. Su tamaño va desde los diminutos chihuahuas «de bolsillo» hasta los enormes lebreles irlandeses.

13 cm
CHIHUAHUA

81 cm
LEBREL IRLANDÉS

LA VIDA

Felinos

Las 37 especies de la familia de los félidos, desde el gato doméstico hasta el leopardo o el tigre, son cazadoras muy especializadas. En libertad dependen totalmente de la caza, y su dieta se compone casi exclusivamente de carne.

Felinos salvajes

Los felinos son nativos de todo el mundo, excepto la Antártida y Australia. Su pelaje refleja a menudo el hábitat donde viven, desde el pardo de los leones de la sabana africana hasta el moteado de los jaguares que cazan entre las sombras de la selva.

UN OÍDO MUY FINO

Como casi todos los mamíferos, los félidos tienen oído interno, medio y externo, pero el pabellón auricular (oreja) móvil y triangular canaliza el sonido hasta bien entrado el oído medio, lo que les permite detectar un amplísima gama de sonidos y determinar su origen.

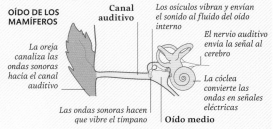

OÍDO DE LOS MAMÍFEROS

La oreja canaliza las ondas sonoras hacia el canal auditivo

Canal auditivo

Los osículos vibran y envían el sonido al fluido del oído interno

El nervio auditivo envía la señal al cerebro

La cóclea convierte las ondas en señales eléctricas

Las ondas sonoras hacen que vibre el tímpano

Oído medio

Melena oscura y densa, símbolo de la fuerza del macho adulto

Las rosetas son únicas de cada individuo y sirven de camuflaje

Cola larga y muy peluda con la que se envuelve el cuerpo para proporcionarle calor

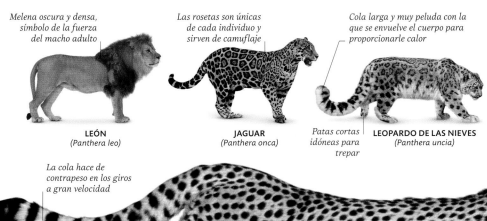

LEÓN
(Panthera leo)

JAGUAR
(Panthera onca)

Patas cortas idóneas para trepar

LEOPARDO DE LAS NIEVES
(Panthera uncia)

La cola hace de contrapeso en los giros a gran velocidad

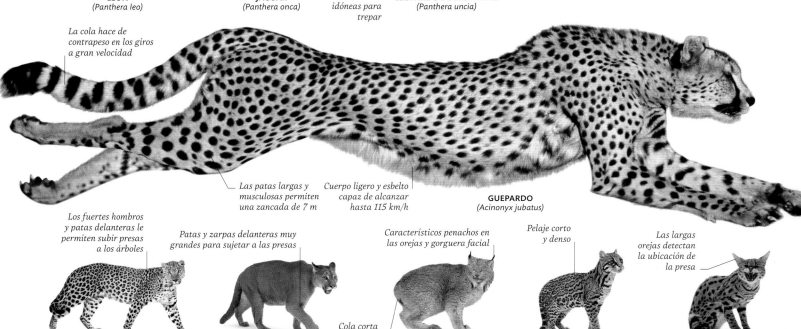

Las patas largas y musculosas permiten una zancada de 7 m

Cuerpo ligero y esbelto capaz de alcanzar hasta 115 km/h

GUEPARDO
(Acinonyx jubatus)

Los fuertes hombros y patas delanteras le permiten subir presas a los árboles

Patas y zarpas delanteras muy grandes para sujetar a las presas

Característicos penachos en las orejas y gorguera facial

Pelaje corto y denso

Las largas orejas detectan la ubicación de la presa

LEOPARDO
(Panthera pardus)

PUMA
(Puma concolor)

Cola corta

LINCE CANADIENSE
(Lynx canadensis)

OCELOTE
(Leopardus pardalis)

SERVAL
(Leptailurus serval)

Gatos domésticos

La cría selectiva en función del tipo de cuerpo y de pelaje, y del carácter ha creado más de cien razas de gato doméstico.

El pelaje atigrado es común a muchas razas

Patas oscuras

BRITÁNICO DE PELO CORTO

SIAMÉS

ANTEPASADO SALVAJE

Se cree que todos los gatos domésticos descienden de un gato salvaje del norte de África o del suroeste de Asia. El proceso pudo comenzar hace unos 12 000 años, cuando el ser humano empezó a cultivar cereales, que atrajeron a roedores, y estos a algunos felinos.

GATO MONTÉS AFRICANO
(Felis silvestris lybica)

Hocico corto

Pelaje denso, lanudo e impermeable

Pelaje corto azulado

PERSA

MAINE COON

KORAT AZUL

Los suricatas **detectan a depredadores aéreos** a más de **300 m** de distancia.

El pelaje oscuro en torno a los ojos los protege del resplandor del sol del desierto

Mangostas y afines

En África, Asia y Europa viven más de 30 especies de mangostas. Aunque pequeñas, son depredadoras formidables de roedores, lagartos e incluso serpientes y escorpiones venenosos.

Pelaje grisáceo hirsuto

Postura erecta mientras vigilan

MANGOSTA RAYADA
(Mungos mungo)

SURICATAS
(Suricata suricatta)

Civetas, ginetas y afines

Aunque parecen félidos, tienen la cola y el cuerpo más largos, las patas más cortas y un hocico más alargado. Comen animales pequeños, huevos y fruta.

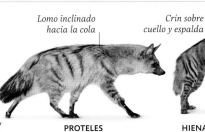

Cuerpo largo y esbelto

Hocico afilado

GINETA O JINETA COMÚN
(Genetta genetta)

Hienas y proteles

El proteles casi solo come termitas, y las hienas son carnívoras con unas mandíbulas capaces de aplastar huesos. Todos ellos son parientes más próximos de los felinos y las ginetas que de los lobos.

Lomo inclinado hacia la cola

Crin sobre cuello y espalda

PROTELES
(Proteles cristata)

HIENA RAYADA
(Hyaena hyaena)

Comadreja y afines

Las especies de la familia de la comadreja (mustélidos) suelen tener el cuerpo largo y las patas cortas, además de glándulas que producen un olor almizclado. Casi todas son terrestres, pero los visones y las nutrias son semiacuáticos o acuáticos.

La cabeza pequeña y aplanada le permite meterse en madrigueras de ratones

Cuello y cuerpo esbeltos

Los pies parcialmente palmeados le permiten cazar en el agua y en tierra

COMADREJA COMÚN
(Mustela nivalis)

VISÓN AMERICANO
(Neovison vison)

BIGOTES

Los bigotes sensitivos, o vibrisas, son pelos sensoriales especializados que transmiten información del entorno al cerebro. El movimiento por contacto, del agua o del aire activa el nervio vibrisal central de cada pelo.

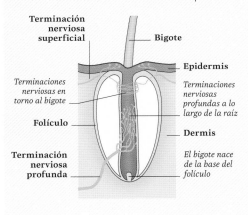

Terminación nerviosa superficial

Bigote

Epidermis

Terminaciones nerviosas en torno al bigote

Terminaciones nerviosas profundas a lo largo de la raíz

Folículo

Dermis

Terminación nerviosa profunda

El bigote nace de la base del folículo

Cola peluda

Pelaje tosco y largo en lomo y flancos

MARTA EUROPEA
(Martes martes)

TEJÓN EUROPEO
(Meles meles)

Cuerpo fornido, parecido al de un oso

Los bigotes rígidos detectan los movimientos de las presas en el agua

NUTRIA PALEÁRTICA
(Lutra lutra)

Mandíbulas potentes

GLOTÓN
(Gulo gulo)

Mapaches y afines

Estos mamíferos pequeños y medianos nativos de los bosques americanos son omnívoros. Comen frutas, frutos secos de cáscara y plantas además de roedores, huevos, insectos, ranas y cangrejos de río.

Característico antifaz negro

Fuerte cola prensil

MAPACHE COMÚN
(Procyon lotor)

KINKAJÚ
(Potos flavus)

Mofetas y afines

Las mofetas americanas y los tejones mofeta asiáticos tienen unas glándulas anales que expelen un líquido fétido cuando se sienten amenazados.

Pelaje blanco y negro de advertencia

MOFETA RAYADA
(Mephitis mephitis)

Panda rojo

El panda rojo es el único miembro vivo de la familia ailúridos. Vive en bosques de montaña de China y el Himalaya, y se alimenta sobre todo de bambú, además de fruta, hongos y proteína animal.

Pelaje denso y suave

PANDA ROJO
(Ailurus fulgens)

›› Mamíferos (continuación)

Ungulados de dedos impares

Los ungulados son los herbívoros terrestres dominantes y muchos están domesticados. Los dedos de los perisodáctilos (con un número impar de dedos) están protegidos por pezuñas queratinizadas, y el central soporta el peso del cuerpo.

PATA DE RINOCERONTE

Las patas de los rinocerontes son delgadas en relación con el volumen del animal, pero soportan hasta 2,3 toneladas de peso entre las cuatro, gracias a unos huesos cortos y fuertes, y a las almohadillas adiposas de los pies.

Húmero
Cúbito
Radio
Carpo
Metacarpo
Falanges

Los dedos abiertos soportan un peso enorme

Rinocerontes

Son unos de los animales terrestres más grandes y están en peligro de extinción porque sus cuernos queratinizados (uno o dos según la especie) los han convertido en objetivo de los cazadores furtivos. Hay dos especies nativas de África y tres de Asia.

Gran boca adaptada para pastar

Labio superior prensil para ramonear

RINOCERONTE BLANCO
(Ceratotherium simum)

RINOCERONTE NEGRO
(Diceros bicornis)

Tapires

Los tapires viven en zonas boscosas y se alimentan de frutas y vegetación. Son excelentes nadadores y se refugian en el agua si se sienten amenazados o para refrescarse.

Cuerpo similar al del cerdo

Puede usar su pequeña trompa como tubo de buceo

TAPIR MALAYO
(Tapirus indicus)

Caballos y afines

Los miembros de la familia de los équidos tienen solo un dedo en forma de pezuña en cada pie. Están diseñados para correr y poseen una gran resistencia. Aunque son animales de pasto, algunas especies comen corteza y hojas de árbol y otras materias vegetales. La mayoría vive en manadas controladas por un solo macho.

Crin enhiesta

CABALLO DE PRZEWALSKI
(Equus caballus przewalskii)

Pelaje largo y áspero

ASNO
(Equus asinus asinus)

Característico pelaje a rayas

CEBRA DE GRANT
(Equus quagga boehmi)

> El caballo y el asno se **domesticaron** hace unos **5500 años.**

PATA DE CABALLO

Las largas patas del caballo facilitan los movimientos rápidos y eficientes, y le permiten alcanzar velocidades de hasta 70 km/h o más durante breves períodos de tiempo si el animal se siente amenazado.

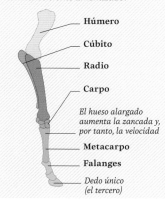

Húmero
Cúbito
Radio
Carpo

El hueso alargado aumenta la zancada y, por tanto, la velocidad

Metacarpo
Falanges

Dedo único (el tercero)

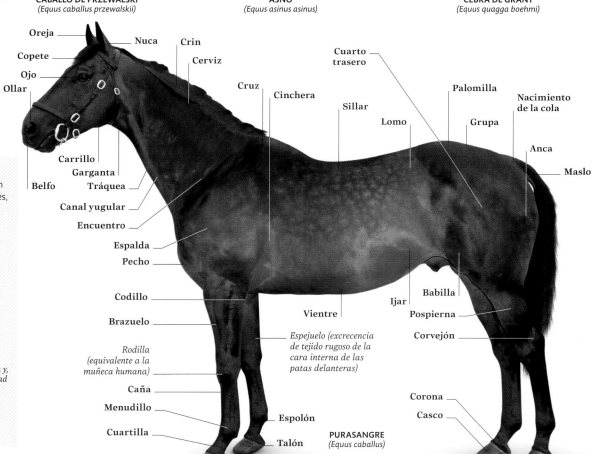

Oreja
Nuca
Crin
Copete
Cerviz
Ojo
Ollar
Cruz
Cuarto trasero
Cinchera
Palomilla
Sillar
Nacimiento de la cola
Lomo
Grupa
Anca
Carrillo
Garganta
Maslo
Belfo
Tráquea
Canal yugular
Encuentro
Espalda
Pecho
Babilla
Codillo
Ijar
Pospierna
Vientre
Brazuelo
Corvejón
Espejuelo (excrecencia de tejido rugoso de la cara interna de las patas delanteras)
Rodilla (equivalente a la muñeca humana)
Caña
Corona
Menudillo
Casco
Cuartilla
Espolón
Talón

PURASANGRE
(Equus caballus)

El color **negro** de la **lengua** de la jirafa la protege
de las **quemaduras del sol** mientras el animal come.

Ungulados de dedos pares

La mayoría de los animales de este grupo
(artiodáctilos) tiene dos o cuatro dedos en
cada pie, cada uno con su pezuña. Menos
los cerdos y los hipopótamos, son rumiantes:
regurgitan y vuelven a masticar la comida y
tienen un estómago con varias cámaras.

Oreja larga con un mechón de pelo

Osiconos (protuberancias óseas) cubiertos de piel

Cerdos

La mayoría de los cerdos
salvajes viven en bosques,
pero los facóqueros viven
en la sabana africana. Todos
tienen un olfato excelente y un
fuerte hocico terminado en un
disco cartilaginoso con el que
hozan en busca de alimento.

POTAMÓQUERO ROJO
(Potamochoerus porcus)

JABALÍ
(Sus scrofa)

Usa el hocico como una pala excavadora para buscar comida

Labios delgados y móviles para ramonear

Cuello de hasta 2,4 m de largo

Camellos y afines

Todos los camélidos
tienen los pies anchos y
almohadillados (para andar
sobre arena o nieve) y dos
grandes dedos protegidos
por uñas en vez de pezuñas.
Los camellos bactrianos
tienen dos jorobas donde
almacenan grasa, y los
dromedarios solo tienen una.

Labio leporino

Pata larga y esbelta

DROMEDARIO
(Camelus dromedarius)

GUANACO
(Lama guanicoe)

Jirafas y okapi

La jirafa, el animal vivo más
alto (hasta 5,5 m), y su pariente
mucho más pequeño, el okapi,
son autóctonos de África. Las
jirafas viven en las sabanas,
y los okapis, en las selvas
tropicales. El pie de la jirafa
mide unos 30 cm de diámetro,
lo que evita que se hunda en
la arena suelta.

JIRAFA RETICULADA
(Giraffa camelopardalis reticulata)

Ciervos y afines

Casi todos los cérvidos
tienen una cornamenta ósea
ramificada que se cae y renueva
anualmente. Las hembras,
menos las de los renos, carecen
de cuernos o tienen solo unas
pequeñas protuberancias. Las
especies sin cuernos suelen tener
caninos a modo de colmillos.

Asta palmeada

Asta ramificada

ALCE
(Alces americanus)

CIERVO COMÚN
(Cervus elaphus)

Hipopótamos

Los hipopótamos pueden
pesar hasta 4,5 toneladas y
pasan la mayor parte del día
en el agua, que les ayuda a
soportar su masa y mantener
la piel húmeda. Pueden abrir
la boca 1,2 m de promedio,
más que cualquier otro
animal terrestre.

Piel prácticamente lampiña

Ojos, orejas y narinas en lo alto de la cabeza

HIPOPÓTAMO
(Hippopotamus amphibius)

Cuernos retorcidos

Pelo largo

GAUR
(Bos gaurus)

CABRA BAGOT
(Capra hircus)

PATA DE BÓVIDO

Todos los bóvidos tienen
las pezuñas divididas
(hendidas), y
los dos dedos
centrales de cada
pie soportan el
con frecuencia
gran peso del
animal. Como
en todos los
mamíferos
ungulados, las
patas se introducen
en el cuerpo hasta
el codo o la rodilla.

- Húmero
- Cúbito
- Radio
- Carpo
- Metacarpo
- Falanges

Los cuernos del macho pueden pesar tanto como el esqueleto

Cuernos del macho largos y espirales

BISONTE AMERICANO
(Bison bison)

Pelaje y barba desgreñados

Bovinos y afines

En la mayoría de las especies de bovinos (ganado vacuno) y otros
bóvidos, ambos sexos tienen cuernos óseos cubiertos de queratina
y sin ramificar, que no mudan nunca. Los bóvidos comprenden
desde el grácil y esbelto antílope hasta los pesados bisontes y gaur.

CARNERO DE LAS ROCOSAS, MUFLÓN CANADIENSE
(Ovis canadensis)

GRAN KUDÚ, KUDÚ MAYOR
(Tragelaphus strepsiceros)

Clasificación

Los principios de la clasificación

Durante siglos, las especies de organismos se han agrupado en series taxonómicas. Cada taxón de la serie es más inclusivo, más amplio y de «jerarquía» superior que el que le sigue. Las especies similares se agrupan en géneros, los géneros en familias, etc., hasta culminar en el taxón de mayor jerarquía, el reino (pp. 106, 216). Desde mediados del siglo XIX , los científicos han analizado las características que comparten los organismos para investigar su historia evolutiva y determinar cuál es su parentesco.

Cladística

La clasificación de los seres vivos es más natural si refleja la historia evolutiva. Para ello, la cladística establece una serie de normas. Cada taxón ha de constituir un clado, un grupo que incluye a todos los descendientes de un antepasado concreto que comparten una o más características únicas que aparecieron por primera vez en ese antepasado. Aplicar la cladística supone reorganizar grupos, y en algunos casos, renunciar a la jerarquía y los rangos de la clasificación tradicional.

Clasificación cladística de los vertebrados
La cladística divide los peces en clados, el último de los cuales (peces de aletas carnosas o lobuladas) abarca a sus miles de descendientes: todos los vertebrados terrestres, o tetrápodos (reptiles, anfibios, mamíferos y aves).

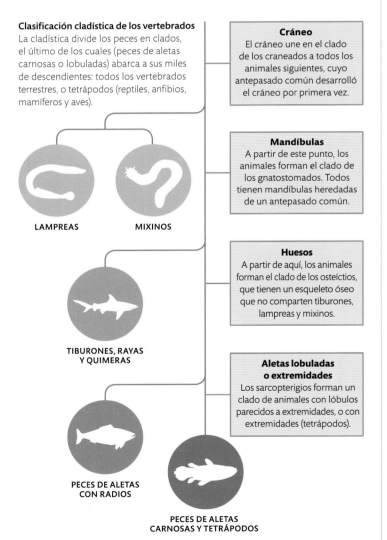

Cráneo
El cráneo une en el clado de los craneados a todos los animales siguientes, cuyo antepasado común desarrolló el cráneo por primera vez.

LAMPREAS   MIXINOS

Mandíbulas
A partir de este punto, los animales forman el clado de los gnatostomados. Todos tienen mandíbulas heredadas de un antepasado común.

Huesos
A partir de aquí, los animales forman el clado de los osteíctios, que tienen un esqueleto óseo que no comparten tiburones, lampreas y mixinos.

TIBURONES, RAYAS Y QUIMERAS

Aletas lobuladas o extremidades
Los sarcopterigios forman un clado de animales con lóbulos parecidos a extremidades, o con extremidades (tetrápodos).

PECES DE ALETAS CON RADIOS

PECES DE ALETAS CARNOSAS Y TETRÁPODOS

Los reinos de la vida

A medida que amplían su conocimiento, los expertos dividen los seres vivos en reinos o en taxones de nivel superior llamados dominios. En este libro se utiliza un sistema de siete reinos. Al igual que las bacterias y las arqueas, la mayoría de los protozoos y cromistas son unicelulares, pero más complejos.

Bacterias
REINO	Bacterias	FILOS	30	ESPECIES	Varios millones

Arqueas
REINO	Arqueas	FILOS	c. 12	ESPECIES	Tal vez millones

Protozoos
REINO	Protozoos	FILOS	c. 7	ESPECIES	c. 50 000

Cromistas
REINO	Cromistas	FILOS	c. 10	ESPECIES	Tal vez 1,65 millones

Hongos
REINO	Hongos	FILOS	5	ESPECIES	Entre 2,2 y 3,8 millones

Plantas
REINO	Plantas	DIVISIONES	c. 10	ESPECIES	c. 400 000

ALGAS ROJAS DIVISIÓN Rodófitas	ESPECIES c. 6400	ANTOCEROTAS DIVISIÓN Antocerotófitas	ESPECIES c. 300
ALGAS VERDES DIVISIÓN Clorófitas	ESPECIES c. 5400	LICOPODIOS DIVISIÓN Licófitos	ESPECIES c. 1200
ALGAS VERDES DE AGUA DULCE DIVISIÓN Carófitas	ESPECIES c. 750	HELECHOS DIVISIÓN Pteridófitos	ESPECIES c. 12 000
HEPÁTICAS DIVISIÓN Marcantiófitas	ESPECIES c. 9000	GIMNOSPERMAS DIVISIÓN Gimnospermófitas	ESPECIES c. 1000
MUSGOS DIVISIÓN Briófitos	ESPECIES c. 12 000	ANGIOSPERMAS DIVISIÓN Angiospermófitas	ESPECIES c. 352 000

Animales
REINO	Animales	FILOS	Más de 30	ESPECIES	c. 1 300 000

Los grupos de animales y sus nombres
Las páginas siguientes presentan el esquema de la clasificación usada en la sección del reino animal (pp. 106–157), que representa el pensamiento actual y un compromiso entre la cladística y la clasificación tradicional. Como en la cladística, los grupos aparecen «encajados» para mostrar sus relaciones: los grupos «tradicionales» informales sin una identidad biológica definitoria, como los peces sin mandíbula de la p. 160, están rodeados por líneas de puntos. Algunos de los números de especies, sobre todo en el caso de los invertebrados, se basan en estimaciones que cambian con rapidez. Aunque se han descrito más de un millón de especies de insectos, se cree que puede haber muchos millones más.

Invertebrados

Los invertebrados forman un conjunto muy diverso de más de 30 filos agrupados informalmente porque todos carecen de la columna vertebral de los vertebrados. Constituyen la inmensa mayoría (el 97 %) de las especies animales conocidas. Este libro solo recoge los filos principales en la sección sobre el reino animal (pp. 106-115). Casi todos los filos menores enumerados a continuación contienen especies marinas o animales de hábitats húmedos.

FILOS MENORES

CTENÓFOROS
FILO Ctenóforos   **ESPECIES** c. 200

SIPUNCÚLIDOS
FILO Sipuncúlidos   **ESPECIES** c. 150

BRIOZOOS
FILO Briozoos   **ESPECIES** c. 6000

ROTÍFEROS
FILO Rotíferos   **ESPECIES** c. 2000

NEMERTINOS
FILO Nemertinos   **ESPECIES** c. 1400

BRAQUIÓPODOS
FILO Braquiópodos   **ESPECIES** c. 400

FORONÍDEOS
FILO Forodíneos   **ESPECIES** c. 20

QUETOGNATOS
FILO Quetognatos   **ESPECIES** c. 150

TARDÍGRADOS
FILO Tardígrados   **ESPECIES** c. 1000

ONICÓFOROS
FILO Onicóforos   **ESPECIES** c. 180

EQUIÚRIDOS
FILO Equiúridos   **ESPECIES** c. 200

HEMICORDADOS
FILO Hemicordados   **ESPECIES** c. 130

OTROS 10 FILOS MENORES DE INVERTEBRADOS

ESPONJAS
FILO Poríferos   **CLASES** 3   **ÓRDENES** 24   **FAMILIAS** 127   **ESPECIES** c. 10 000

CNIDARIOS
FILO Cnidarios   **CLASES** 6   **ÓRDENES** 24   **FAMILIAS** 300   **ESPECIES** c. 11 000

GUSANOS PLANOS
FILO Platelmintos   **CLASES** 6   **ÓRDENES** 41   **FAMILIAS** 424   **ESPECIES** c. 30 000

GUSANOS SEGMENTADOS
FILO Anélidos   **CLASES** 4   **ÓRDENES** 17   **FAMILIAS** 130   **ESPECIES** c. 18 000

GUSANOS CILÍNDRICOS
FILO Nematodos   **CLASES** 2   **ÓRDENES** 17   **FAMILIAS** 160   **ESPECIES** c. 26 000

MOLUSCOS
FILO Moluscos   **CLASES** 7   **ÓRDENES** 53   **FAMILIAS** 609   **ESPECIES** c. 110 000

EQUINODERMOS
FILO Equinodermos   **CLASES** 5   **ÓRDENES** 38   **FAMILIAS** 173   **ESPECIES** c. 7000

CORDADOS INVERTEBRADOS

Los animales con columna vertebral o notocordio (el precursor evolutivo de la columna vertebral), llamados cordados, integran el filo del mismo nombre, dividido en tres subfilos. Uno es el de los vertebrados (p. 160); los otros dos son invertebrados, porque tienen notocordio, pero no columna vertebral. Los anfioxos se parecen a los peces y tienen notocordio durante toda su vida, pero casi todos los tunicados lo tienen durante la fase de larva, cuando parecen renacuajos.

TUNICADOS
SUBFILO Urocordados   **CLASES** 3   **ÓRDENES** 7   **FAMILIAS** 36   **ESPECIES** c. 2900

ANFIOXOS
SUBFILO Cefalocordados   **CLASES** 1   **ÓRDENES** 1   **FAMILIAS** 1   **ESPECIES** 30

ARTRÓPODOS

FILO Artrópodos

MANDIBULADOS
SUBFILO Mandibulados   **CLASES** 16   **ÓRDENES** 109   **FAMILIAS** c. 2230   **ESPECIES** c. 1 200 000

HEXÁPODOS
SUPERCLASE Hexápodos   **CLASES** 4   **ÓRDENES** 32   **FAMILIAS** c. 1047   **ESPECIES** c. 1 100 000

COLÉMBOLOS
CLASE Colémbolos   **ÓRDENES** 1   **FAMILIAS** 32   **ESPECIES** c. 8100

PROTUROS
CLASE Proturos   **ÓRDENES** 1   **FAMILIAS** 7   **ESPECIES** c. 760

DIPLUROS
CLASE Dipluros   **ÓRDENES** 1   **FAMILIAS** 8   **ESPECIES** c. 975

INSECTOS
CLASE Insectos   **ÓRDENES** 29   **FAMILIAS** c. 1000   **ESPECIES** c. 110 000

PECECILLOS DE COBRE
ORDEN Arqueognatos   **ESPECIES** c. 470

PECECILLOS DE PLATA
ORDEN Tisanuros   **ESPECIES** c. 570

EFÍMERAS
ORDEN Efemerópteros   **ESPECIES** c. 3000

CABALLITOS DEL DIABLO Y LIBÉLULAS
ORDEN Odonatos   **ESPECIES** c. 5600

GRILLOS Y SALTAMONTES
ORDEN Ortópteros   **ESPECIES** c. 10,500

PLECÓPTEROS
ORDEN Plecópteros   **ESPECIES** c. 3000

GRILLOBLATODEOS
ORDEN Grilloblatodeos   **ESPECIES** 30

TIJERETAS
ORDEN Dermápteros   **ESPECIES** c. 1900

INSECTOS PALO Y HOJA
ORDEN Fasmatodeos   **ESPECIES** c. 2500

MANTIS
ORDEN Mantodeos   **ESPECIES** c. 2300

CUCARACHAS
ORDEN Blatodeos   **ESPECIES** c. 4600

TERMITAS
ORDEN Isópteros   **ESPECIES** c. 3000

TEJEDORES
ORDEN Embiópteros   **ESPECIES** c. 400

ZORÁPTEROS
ORDEN Zorápteros   **ESPECIES** c. 43

PIOJOS DE LOS LIBROS O DE LA CORTEZA
ORDEN Psocópteros   **ESPECIES** c. 5600

PIOJOS PARÁSITOS
ORDEN Ftirápteros   **ESPECIES** c. 5200

CHINCHES, PULGONES Y AFINES
ORDEN Hemípteros   **ESPECIES** c. 88 000

TISANÓPTEROS
ORDEN Tisanópteros   **ESPECIES** c. 7400

SIÁLIDOS Y AFINES
ORDEN Megalópteros   **ESPECIES** c. 300

RAFIDIÓPTEROS
ORDEN Rafidiópteros   **ESPECIES** c. 200

HORMIGAS LEÓN, CRISOPAS Y AFINES
ORDEN Neurópteros   **ESPECIES** c. 11 000

ESCARABAJOS
ORDEN Coleópteros   **ESPECIES** c. 370 000

ESTREPSÍPTEROS
ORDEN Estrepsípteros   **ESPECIES** c. 580

MECÓPTEROS
ORDEN Mecópteros   **ESPECIES** c. 550

PULGAS
ORDEN Sifonápteros   **ESPECIES** c. 2500

MOSCAS
ORDEN Dípteros   **ESPECIES** c. 150 000

TRICÓPTEROS
ORDEN Tricópteros   **ESPECIES** c. 10 000

MARIPOSAS DIURNAS Y NOCTURNAS
ORDEN Lepidópteros   **ESPECIES** c. 165 000

ABEJAS, AVISPAS, HORMIGAS Y SÍNFITOS
ORDEN Himenópteros   **ESPECIES** c. 198,000

MIRIÁPODOS
SUPERCLASE Miriápodos   **CLASES** 2   **ÓRDENES** 21   **FAMILIAS** 171   **ESPECIES** c. 13 150

CRUSTÁCEOS
SUPERCLASE Crustacea   **CLASES** 7   **ÓRDENES** 56   **FAMILIAS** c. 1000   **ESPECIES** c. 70 000

QUELICERADOS
SUBFILO Quelicerados   **CLASES** 3   **ÓRDENES** 14   **FAMILIAS** 675   **ESPECIES** c. 104 350

ARAÑAS DE MAR
CLASE Picnogónidos   **ÓRDENES** 1   **FAMILIAS** 13   **ESPECIES** c. 1330

CANGREJOS CACEROLA
CLASE Merostomados   **ÓRDENES** 1   **FAMILIAS** 1   **ESPECIES** 4

ARÁCNIDOS
CLASE Arácnidos   **ÓRDENES** 12   **FAMILIAS** 661   **ESPECIES** c. 103 000

Vertebrados

PECES

CUATRO CLASES

Se denominan peces los miembros de un diverso grupo de vertebrados acuáticos que descienden de varios antepasados distintos. En este libro, las más de 30 000 especies de peces actuales se clasifican en las cuatro clases siguientes.

PECES SIN MANDÍBULAS

MIXINOS
CLASE Mixinos   **ÓRDENES** 1   **FAMILIAS** 1   **ESPECIES** 78

LAMPREAS
CLASE Cefalaspidomorfos   **ÓRDENES** 1   **FAMILIAS** 1   **ESPECIES** c. 43

PECES CARTILAGINOSOS
CLASE Condrictios   **ÓRDENES** 14   **FAMILIAS** 54   **ESPECIES** c. 1200

TIBURONES Y RAYAS
SUBCLASE Euseláceos

TIBURONES   **ÓRDENES** 9   **FAMILIAS** 34   **ESPECIES** c. 510

RAYAS   **ÓRDENES** 4   **FAMILIAS** 17   **ESPECIES** c. 650

QUIMERAS
SUBCLASE Holocéfalos   **ÓRDENES** 1   **FAMILIAS** 3   **ESPECIES** 48

PECES ÓSEOS
CLASE Osteíctios   **ÓRDENES** 67   **FAMILIAS** 481   **ESPECIES** c. 31 000

PECES DE ALETAS CARNOSAS O LOBULADAS
SUBCLASE Sarcopterigios   **ÓRDENES** 2   **FAMILIAS** 4   **ESPECIES** 48

PECES DE ALETAS CON RADIOS
SUBCLASE Actinopterigios

ACTINOPTERIGIOS PRIMITIVOS   **ÓRDENES** 4   **FAMILIAS** 5   **ESPECIES** 49

PEZ CUCHILLO, PIRARUCÚ Y AFINES
ORDEN Osteoglosiformes   **ÓRDENES** 1   **FAMILIAS** 5   **ESPECIES** 244

ANGUILAS Y TARPONES
SUPERORDEN Elopomorfos   **ÓRDENES** 4   **FAMILIAS** 24   **ESPECIES** c. 1000

SARDINAS, ARENQUES Y AFINES
SUPERORDEN Clupeomorfos   **ÓRDENES** 1   **FAMILIAS** 5   **ESPECIES** 405

ALEPOCÉFALOS
SUPERORDEN Alepocéfalos   **ÓRDENES** 1   **FAMILIAS** 3   **ESPECIES** 137

SILUROS, CARPAS Y AFINES
SUPERORDEN Ostariofisos   **ÓRDENES** 5   **FAMILIAS** 85   **ESPECIES** c. 10 500

SALMÓN Y AFINES
SUPERORDEN Protacantopterigios   **ÓRDENES** 2   **FAMILIAS** 14   **ESPECIES** 355

EPERLANOS Y AFINES
SUPERORDEN Osmeromorpha   **ÓRDENES** 4   **FAMILIAS** 14   **ESPECIES** c. 600

PEZ LINTERNA Y AFINES
SUPERORDEN Escopelomorfos   **ÓRDENES** 2   **FAMILIAS** 19   **ESPECIES** c. 520
SUPERORDEN Cicloescamosos   **ÓRDENES** 1   **FAMILIAS** 1   **ESPECIES** c. 13

PECES LUNA REAL Y PECES REMO
SUPERORDEN Lamprimorfos   **ÓRDENES** 1   **FAMILIAS** 6   **ESPECIES** c. 22

BACALAO Y AFINES
SUPERORDEN Paracantopterigios   **ÓRDENES** 5   **FAMILIAS** 24   **ESPECIES** c. 667

PECES DE ALETAS CON RADIOS ESPINOSOS
SUPERORDEN Acantopterigios   **ÓRDENES** 32   **FAMILIAS** 284   **ESPECIES** c. 14 800

ANFIBIOS

CLASE Anfibios

Aunque cada año se descubren nuevas especies de ranas, la piel fina y húmeda de los anfibios los hace especialmente vulnerables a la quitridiomicosis, una enfermedad fúngica, y en los últimos 50 años se han extinguido unas 90 especies.

TRITONES Y SALAMANDRAS
ORDEN Caudados   **FAMILIAS** 9   **ESPECIES** 707

CECILIAS
ORDEN Gimnofiones   **FAMILIAS** 10   **ESPECIES** 205

RANAS Y SAPOS
ORDEN Anuros   **FAMILIAS** 56   **ESPECIES** c. 6700

REPTILES

CLASE Reptiles

Los escamosos (serpientes, lagartos y anfisbenas) son, con diferencia, los reptiles de más éxito y suponen el 95 % de las especies actuales. El tuátara es el último superviviente de un antiguo grupo de reptiles.

TORTUGAS ACUÁTICAS Y TERRESTRES
ORDEN Quelonios   **FAMILIAS** 14   **ESPECIES** 346

TUÁTARA
ORDEN Rincocéfalos   **FAMILIAS** 1   **ESPECIES** 1

ESCAMOSOS
ORDEN Escamosos   **FAMILIAS** 52   **ESPECIES** 10 000

SERPIENTES
SUBORDEN Serpientes   **FAMILIAS** 19   **ESPECIES** c. 4500

SERPIENTES NO VENENOSAS VERMIFORMES
SUPERFAMILIA Escolecofidios   **FAMILIAS** 5   **ESPECIES** 441

BOAS, PITONES Y AFINES
SUPERFAMILIA Henofidios   **FAMILIAS** 12   **ESPECIES** 218

COLÚBRIDOS Y AFINES
SUPERFAMILIA Cenofidios   **FAMILIAS** 3   **ESPECIES** 4000
CULEBRAS   **FAMILIA** Colúbridos   **ESPECIES** 3300
VÍBORAS Y CRÓTALOS   **FAMILIA** Vipéridos   **ESPECIES** 337
ELÁPIDOS   **FAMILIA** Elápidos   **ESPECIES** 361

LAGARTOS
SUBORDEN Lacertilios   **FAMILIAS** 37   **ESPECIES** c. 6300

IGUANAS Y AFINES
SUPERFAMILIA Iguanoideos   **FAMILIAS** 14   **ESPECIES** 1840

GECOS Y AFINES
SUPERFAMILIA Gecónidos   **FAMILIAS** 7   **ESPECIES** c. 1700

ESCINCOS Y AFINES
SUPERFAMILIA Escincomorfoideos   **FAMILIAS** 8   **ESPECIES** 2477

LAGARTOS ANGUIMORFOS
SUPERFAMILIA Anguimorfos   **FAMILIAS** 9   **ESPECIES** 250

ANFISBENAS
SUBORDEN Anfisbenios   **FAMILIAS** 6   **ESPECIES** 196

COCODRILOS Y AFINES
ORDEN Crocodilios   **FAMILIAS** 3   **ESPECIES** 25

LA VIDA

Colombia tiene casi 1900 **especies de aves**, más que ningún otro país.

AVES

CLASE Aves

El sistema de clasificación de este libro separa las aves en 40 órdenes en función de su composición genética además de sus similitudes físicas. Los paseriformes (pájaros, aves canoras o pájaros cantores) son el orden más numeroso, con 130 familias.

TINAMÚES
| **ORDEN** Tinamiformes | **FAMILIAS** | 1 | **ESPECIES** | 47 |

AVESTRUCES
| **ORDEN** Estrutioniformes | **FAMILIAS** | 1 | **ESPECIES** | 2 |

ÑANDÚES
| **ORDEN** Reiformes | **FAMILIAS** | 1 | **ESPECIES** | 2 |

CASUARIOS Y EMÚES
| **ORDEN** Casuariformes | **FAMILIAS** | 2 | **ESPECIES** | 4 |

KIWIS
| **ORDEN** Apterigiformes | **FAMILIAS** | 1 | **ESPECIES** | 5 |

ÁNADES, GANSOS Y AFINES
| **ORDEN** Anseriformes | **FAMILIAS** | 3 | **ESPECIES** | 177 |

GALLINAS, PAVOS, PERDICES Y AFINES
| **ORDEN** Galliformes | **FAMILIAS** | 5 | **ESPECIES** | 299 |

COLIMBOS
| **ORDEN** Gaviformes | **FAMILIAS** | 1 | **ESPECIES** | 6 |

PINGÜINOS
| **ORDEN** Esfeniciformes | **FAMILIAS** | 1 | **ESPECIES** | 18 |

ALBATROS Y PETRELES
| **ORDEN** Procelariformes | **FAMILIAS** | 4 | **ESPECIES** | 147 |

ZAMPULLINES Y SOMORMUJOS
| **ORDEN** Podicipediformes | **FAMILIAS** | 1 | **ESPECIES** | 23 |

FLAMENCOS
| **ORDEN** Fenicopteriformes | **FAMILIAS** | 1 | **ESPECIES** | 6 |

RABIJUNCOS
| **ORDEN** Fetontiformes | **FAMILIAS** | 1 | **ESPECIES** | 3 |

CIGÜEÑAS
| **ORDEN** Ciconiformes | **FAMILIAS** | 1 | **ESPECIES** | 19 |

PELÍCANOS, IBIS, GARZAS Y AFINES
| **ORDEN** Pelecaniformes | **FAMILIAS** | 5 | **ESPECIES** | 118 |

ALCATRACES, CORMORANES Y AFINES
| **ORDEN** Suliformes | **FAMILIAS** | 4 | **ESPECIES** | 60 |

GAVILANES, ÁGUILAS Y AFINES
| **ORDEN** Accipitriformes | **FAMILIAS** | 4 | **ESPECIES** | 265 |

SISONES Y AVUTARDAS
| **ORDEN** Otidiformes | **FAMILIAS** | 1 | **ESPECIES** | 26 |

MESITOS
| **ORDEN** Mesitornitiformes | **FAMILIAS** | 1 | **ESPECIES** | 3 |

CHUÑAS
| **ORDEN** Cariamiformes | **FAMILIAS** | 1 | **ESPECIES** | 2 |

KAGÚES Y TIGANAS
| **ORDEN** Euripigiformes | **FAMILIAS** | 2 | **ESPECIES** | 2 |

RASCONES, GRULLAS Y AFINES
| **ORDEN** Gruiformes | **FAMILIAS** | 6 | **ESPECIES** | 189 |

CORRELIMOS, GAVIOTAS, ALCAS Y AFINES
| **ORDEN** Caradriformes | **FAMILIAS** | 19 | **ESPECIES** | 384 |

GANGAS
| **ORDEN** Pteroclidiformes | **FAMILIAS** | 1 | **ESPECIES** | 16 |

PALOMAS
| **ORDEN** Columbiformes | **FAMILIAS** | 1 | **ESPECIES** | 342 |

HOATZIN
| **ORDEN** Opistocomiformes | **FAMILIAS** | 1 | **ESPECIES** | 1 |

TURACOS
| **ORDEN** Musofagiformes | **FAMILIAS** | 1 | **ESPECIES** | 23 |

CUCLILLOS O CUCOS
| **ORDEN** Cuculiformes | **FAMILIAS** | 1 | **ESPECIES** | 149 |

BÚHOS, LECHUZAS Y AFINES
| **ORDEN** Estrigiformes | **FAMILIAS** | 4 | **ESPECIES** | 242 |

CHOTACABRAS Y PODARGOS
| **ORDEN** Caprimulgiformes | **FAMILIAS** | 4 | **ESPECIES** | 123 |

COLIBRÍES Y VENCEJOS
| **ORDEN** Apodiformes | **FAMILIAS** | 4 | **ESPECIES** | 470 |

PÁJAROS RATÓN
| **ORDEN** Coliformes | **FAMILIAS** | 1 | **ESPECIES** | 6 |

COAS Y QUETZAL
| **ORDEN** Trogoniformes | **FAMILIAS** | 1 | **ESPECIES** | 43 |

CARRACA CUROL
| **ORDEN** Leptosomiformes | **FAMILIAS** | 1 | **ESPECIES** | 1 |

MARTINES PESCADORES Y AFINES
| **ORDEN** Coraciformes | **FAMILIAS** | 6 | **ESPECIES** | 160 |

ABUBILLAS Y CÁLAOS
| **ORDEN** Bucerotiformes | **FAMILIAS** | 4 | **ESPECIES** | 74 |

PÁJAROS CARPINTEROS Y TUCANES
| **ORDEN** Piciformes | **FAMILIAS** | 9 | **ESPECIES** | 447 |

HALCONES Y CARACARAS
| **ORDEN** Falconiformes | **FAMILIAS** | 1 | **ESPECIES** | 66 |

LOROS
| **ORDEN** Psitaciformes | **FAMILIAS** | 4 | **ESPECIES** | 397 |

PÁJAROS
| **ORDEN** Paseriformes | **FAMILIAS** | 131 | **ESPECIES** | 6430 |

◀ Véase también Aves pp. 134–139

>> Vertebrados (continuación)

MAMÍFEROS

CLASE Mamíferos

Aunque existen distintos sistemas de clasificación, en este libro los mamíferos se clasifican en 29 órdenes. Los marsupiales se dividen en siete órdenes dentro de la subclase marsupiales, y los monos y grandes simios están divididos en dos grupos.

MONOTREMAS
ORDEN Monotremas	**FAMILIAS**	2	**ESPECIES**	5

MARSUPIALES
SUBCLASE Marsupiales	**FAMILIAS**	19	**ESPECIES**	363

ZARIGÜEYAS AMERICANAS
ORDEN Didelfimorfos	**FAMILIAS**	1	**ESPECIES**	103

MARSUPIALES CARNÍVOROS AUSTRALASIÁTICOS
ORDEN Dasiuromorfos	**FAMILIAS**	2	**ESPECIES**	75

BANDICUTS
ORDEN Peramelemorfos	**FAMILIAS**	3	**ESPECIES**	19

TOPOS MARSUPIALES
ORDEN Notorictemorfos	**FAMILIAS**	1	**ESPECIES**	2

CANGUROS Y AFINES
ORDEN Diprodontos	**FAMILIAS**	11	**ESPECIES**	156

RATONES RUNCHOS
ORDEN Paucituberculados	**FAMILIAS**	1	**ESPECIES**	6

MONITO DEL MONTE
ORDEN Microbioterios	**FAMILIAS**	1	**ESPECIES**	1

MUSARAÑAS ELEFANTE
ORDEN Macroscelídeos	**FAMILIAS**	1	**ESPECIES**	15

TENRECS Y TOPOS DORADOS
ORDEN Afrosorícidos	**FAMILIAS**	2	**ESPECIES**	51

CERDO HORMIGUERO
ORDEN Tubulidentados	**FAMILIAS**	1	**ESPECIES**	1

DUGONGO Y MANATÍES
ORDEN Sirenia	**FAMILIAS**	2	**ESPECIES**	4

ELEFANTES
ORDEN Proboscídeos	**FAMILIAS**	1	**ESPECIES**	3

DAMANES
ORDEN Hiracoideos	**FAMILIAS**	1	**ESPECIES**	5

ARMADILLOS
ORDEN Cingulados	**FAMILIAS**	1	**ESPECIES**	21

PEREZOSOS Y OSOS HORMIGUEROS
ORDEN Pilosos	**FAMILIAS**	4	**ESPECIES**	10

CONEJOS, LIEBRES Y PICAS
ORDEN Lagomofos	**FAMILIAS**	2	**ESPECIES**	92

ROEDORES
ORDEN Roedores	**FAMILIAS**	34	**ESPECIES**	2478

ARDILLAS Y AFINES
SUBORDEN Esciuromorfos	**FAMILIAS**	3	**ESPECIES**	332

CASTORES Y AFINES
SUBORDEN Castorimorfos	**FAMILIAS**	3	**ESPECIES**	109

RATONES Y AFINES
SUBORDEN Miomorfos	**FAMILIAS**	7	**ESPECIES**	1,737

COBAYAS Y AFINES
SUBORDEN Histricomorfos	**FAMILIAS**	18	**ESPECIES**	301

LIEBRES SALTADORAS Y AFINES
SUBORDEN Anomaluramorfos	**FAMILIAS**	2	**ESPECIES**	9

COLUGOS
ORDEN Dermópteros	**FAMILIAS**	1	**ESPECIES**	2

TUPAYAS
ORDEN Escadentios	**FAMILIAS**	2	**ESPECIES**	20

PRIMATES
ORDEN Primates	**FAMILIAS**	12	**ESPECIES**	480

PROSIMIOS
SUBORDEN Estrepsirrinos	**FAMILIAS**	4	**ESPECIES**	139

MONOS Y GRANDES SIMIOS
SUBORDEN Haplorrinos

MONOS	**FAMILIAS**	6	**ESPECIES**	315
GRANDES SIMIOS	**FAMILIAS**	2	**ESPECIES**	26

MURCIÉLAGOS
ORDEN Quirópteros	**FAMILIAS**	18	**ESPECIES**	1,330

ERIZOS Y AFINES
ORDEN Erinaceomorfos	**FAMILIAS**	1	**ESPECIES**	24

MUSARAÑAS, TOPOS Y ALQUIMÍES
ORDEN Soricomorfos	**FAMILIAS**	4	**ESPECIES**	428

PANGOLINES
ORDEN Folidotos	**FAMILIAS**	1	**ESPECIES**	8

Los **mamíferos** son **escasos** en comparación con otros animales: en términos de **biomasa** global, los **artrópodos pesan 143 veces más.**

CARNÍVOROS

ORDEN Carnívoros	FAMILIAS	16	ESPECIES	279
PERROS Y AFINES	FAMILIA	Cánidos	ESPECIES	35
OSOS	FAMILIA	Úrsidos	ESPECIES	8
LEONES Y LOBOS MARINOS	FAMILIA	Otáridos	ESPECIES	34
MORSA	FAMILIA	Odobénidos	ESPECIES	1
FOCAS	FAMILIA	Fócidos	ESPECIES	18
MOFETAS	FAMILIA	Mefítidos	ESPECIES	12
MAPACHES Y AFINES	FAMILIA	Prociónidos	ESPECIES	13
PANDA ROJO	FAMILIA	Ailúridos	ESPECIES	1
COMADREJAS Y AFINES	FAMILIA	Mustélidos	ESPECIES	57
CARNÍVOROS MALGACHES	FAMILIA	Eupléridos	ESPECIES	8
CIVETA DE PALMERA AFRICANA	FAMILIA	Nandínidos	ESPECIES	1
MANGOSTAS Y AFINES	FAMILIA	Herpéstidos	ESPECIES	34
COMADREJAS Y AFINES	FAMILIA	Vivérridos	ESPECIES	34
LINSANGS	FAMILIA	Prionodóntidos	ESPECIES	2
FELINOS	FAMILIA	Félidos	ESPECIES	37
HIENAS Y PROTELES	FAMILIA	Hiénidos	ESPECIES	4

UNGULADOS DE DEDOS IMPARES

ORDEN Perisodáctilos	FAMILIAS	3	ESPECIES	17
CABALLOS Y AFINES	FAMILIA	Équidos	ESPECIES	7
RINOCERONTES	FAMILIA	Rinoceróntidos	ESPECIES	5
TAPIRES	FAMILIA	Tapíridos	ESPECIES	5

UNGULADOS DE DEDOS PARES

ORDEN Artiodáctilos	FAMILIAS	10	ESPECIES	376
CERDOS Y AFINES	FAMILIA	Suidos	ESPECIES	17
PECARÍES	FAMILIA	Tayasuidos	ESPECIES	3
HIPOPÓTAMOS	FAMILIA	Hipopotámidos	ESPECIES	2
CAMELLOS Y AFINES	FAMILIA	Camélidos	ESPECIES	7
CIERVOS Y AFINES	FAMILIA	Cérvidos	ESPECIES	53
CIERVOS RATÓN	FAMILIA	Tragúlidos	ESPECIES	10
CIERVOS ALMIZCLEROS	FAMILIA	Mósquidos	ESPECIES	7
BERRENDO	FAMILIA	Antilocápridos	ESPECIES	1
JIRAFA Y OKAPI	FAMILIA	Jiráfidos	ESPECIES	5
BOVINOS Y AFINES	FAMILIA	Bóvidos	ESPECIES	279

CETÁCEOS

ORDEN Cetáceos	FAMILIAS	4	ESPECIES	89
CETÁCEOS BARBADOS SUBORDEN Misticetos	FAMILIAS	4	ESPECIES	14
CETÁCEOS DENTADOS SUBORDEN Odontocetos	FAMILIAS	10	ESPECIES	75

Murciélagos (21,8%) · Primates (7,9%) · Musarañas y afines (7%) · Ungulados artiodáctilos (6,22%) · Marsupiales (5,9%) · Carnívoros (4,6%) · Conejos, liebres y picas (1,5%) · Cetáceos (1,5%) · Otros grupos de mamíferos (3%) · Roedores (40,6%)

El **roedor más grande del mundo** es el **capibara**, que puede llegar a pesar 65 kg; **el más pequeño** es el **jerbo enano de tres dedos,** de 4 g de peso.

Especies de mamíferos por grupo

Los roedores constituyen el grupo más numeroso de las más de 6000 especies de mamíferos actuales. Con cerca de 2500 especies, son casi la mitad de la población de mamíferos mundial. Al igual que el segundo grupo más numeroso, el de los murciélagos, son nativos de todos los continentes, excepto la Antártida.

Véase también La evolución pp. 228–229 ▶

Ciencia y tecnología

Números

La necesidad de contar

La capacidad de contar se remonta probablemente a la Prehistoria. Parece claro que ciertos mamíferos y otros animales cuentan de alguna manera sin números, pero entre los seres humanos la necesidad de contar de forma numérica surgió cuando la caza y la recolección dieron paso a sociedades sedentarias agrícolas, ganaderas y comerciales.

Números enteros
Los números más simples son todos los números completos (enteros), incluido el cero.

Números negativos
Si el cero es el entero que precede al 1, los números negativos son los menores que cero.

Fracciones
Las fracciones, expresan números «quebrados» como la proporción entre dos números enteros.

Decimales
El sistema decimal, o de base 10, se usa como estándar global para expresar números.

Numeración

Muchas civilizaciones antiguas crearon su propio sistema de símbolos para expresar números. El sistema arábigo (o indoarábigo), universalmente aceptado, evolucionó en las culturas india e islámica.

Sistemas del mundo antiguo

El sistema arábigo se considera el más práctico para hacer cálculos, pero los números romanos aún perduran, por ejemplo, en los relojes.

ARÁBIGO ACTUAL	1	2	3	4	5	6	7	8	9	10
MAYA	•	••	•••	••••	—	⟐	⟐⟐	⟐⟐⟐	⟐⟐⟐⟐	=
CHINO	一	二	三	四	五	六	七	八	九	十
ROMANO	I	II	III	IV	V	VI	VII	VIII	IX	X
EGIPCIO			||	|||	||||	|||||	||||||	|||||||	||||||||	|||||||||	∩
BABILONIO	𒁹	𒁹𒁹	𒁹𒁹𒁹	𒁹𒁹𒁹𒁹	𒁹𒁹𒁹𒁹𒁹	𒁹𒁹𒁹𒁹𒁹𒁹	𒁹𒁹𒁹𒁹𒁹𒁹𒁹	𒁹𒁹𒁹𒁹𒁹𒁹𒁹𒁹	𒁹𒁹𒁹𒁹𒁹𒁹𒁹𒁹𒁹	⟨

Tipos de números

Los números se clasifican en diversos conjuntos. Los números naturales son un subconjunto de los enteros. Enteros, fracciones y decimales forman parte de un conjunto más amplio, el de los números racionales, encuadrados a su vez en el más amplio aún de los números reales. Estos forman parte de los números complejos, que comprenden también los imaginarios. Con el progreso de la ciencia y la tecnología, todos estos tipos han hallado aplicaciones prácticas.

Números naturales

Son los enteros que se usan para contar. Se extienden hasta el infinito en sentido positivo, sin incluir el cero ni los números negativos.

> En matemáticas, el **cero se considera** un **número par.**

Primer número
El uno, primer número de la secuencia de contar, es la unidad básica de nuestro sistema numérico.

Primo par
El dos es especial por ser el único número primo par.

Número triangular
Un número triangular es igual a la suma de enteros consecutivos; por ejemplo, 1 + 2 = 3.

Número compuesto
Este es el primer número compuesto, al ser un entero positivo no primo.

Número primo
El cinco es un número primo porque solo es divisible por 1 y por él mismo.

Número perfecto
Un número perfecto es igual a la suma de sus divisores propios; por ejemplo, 6 = 1+2+3.

No la suma de cuadrados
El siete es el primer entero que no es la suma de los cuadrados de tres enteros.

Número de Fibonacci
En la sucesión de Fibonacci (p. 171), cada número es la suma de los dos anteriores.

El mayor decimal
Este es el dígito de mayor valor por sí mismo del sistema decimal y también un número cuadrado.

Número base
El diez es la base del sistema decimal, también llamado de base 10.

Enteros

Este conjunto de números comprende todos los números naturales junto con el cero y los números enteros negativos.

— Número natural

Números racionales

El conjunto de los números racionales comprende todos los que se pueden expresar como una fracción a/b, en la que a y b son enteros.

$3/2 = 1,5$ — 2 y 3 son enteros

$1/3 = 0,33333...$ — Patrón repetido

Números reales

Comprenden tanto los números racionales como los números irracionales (números no expresables como proporción de dos enteros, como √2 y π).

$\sqrt{2} = 1,14142...$ — Decimales sin patrón recurrente

$\pi = 3,141592...$ — Número de decimales infinito

Números complejos

El conjunto de los números complejos comprende los números reales y los imaginarios, siendo estos las raíces cuadradas de números negativos.

Parte real —
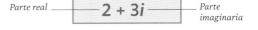
$2 + 3i$ — Parte imaginaria

Cuadrados

La potencia de un número representa cuántas veces se multiplica por sí mismo. Las raíces pueden considerarse la inversa de las potencias.

Número cuadrado
Geométricamente, un número cuadrado representa el área de un cuadrado.

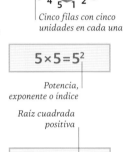

Cinco filas con cinco unidades en cada una

Cuadrado de un número
El pequeño 2 indica «5 elevado al cuadrado» o «a la segunda potencia», es decir, multiplicado por sí mismo una vez.

$$5 \times 5 = 5^2$$

Potencia, exponente o índice

Raíz cuadrada de un número
La raíz cuadrada es el número que, multiplicado por sí mismo, da el número escrito bajo el símbolo

Raíz cuadrada positiva

$$\sqrt{25} = 5$$

Cubos

Al multiplicar un número dos veces por sí mismo se obtiene un número llamado cubo. La potencia de un número cúbico es 3. Una raíz cúbica es el número que multiplicado dos veces por sí mismo es igual a un número dado.

Número cúbico
Un número cúbico puede representarse como un cubo con igual número de unidades en cada lado.

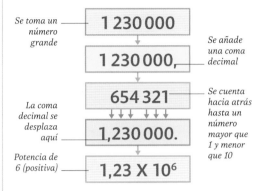

Número de unidades

Cubo de un número
Multiplicar un número por sí mismo dos veces es elevarlo «al cubo».

$$5 \times 5 \times 5 = 5^3$$

Potencia, exponente o índice

Raíz cúbica de un número
La raíz cúbica es el número que, elevado al cubo, da el número de debajo del símbolo.

Símbolo de raíz cúbica *Raíz cúbica*

$$\sqrt[3]{125} = 5$$

Potencias y notación científica

La notación científica se usa para expresar de modo conciso números muy grandes o muy pequeños. Estos se escriben como $a \times 10^n$, siendo a un número entre 1 y 10, y n un entero.

Se toma un número grande — **1 230 000**

Se añade una coma decimal — **1 230 000,**

La coma decimal se desplaza aquí — **654 321** / **1,230 000.** *Se cuenta hacia atrás hasta un número mayor que 1 y menor que 10*

Potencia de 6 (positiva) — **1,23 X 10⁶**

Uso de la notación científica
Los números muy grandes se elevan a una potencia positiva, y los muy pequeños, a una potencia negativa.

Números primos

Los números primos son enteros divisibles solo por 1 y por sí mismos. Esto puede no parecer importante en sí mismo, pero todos los enteros se pueden generar multiplicando números primos. Otro aspecto de los primos es que no se aprecia en ellos patrón regular alguno.

El 1 no es primo ni compuesto

4 es divisible por 2, y por tanto, no es primo

Números primos resaltados en azul

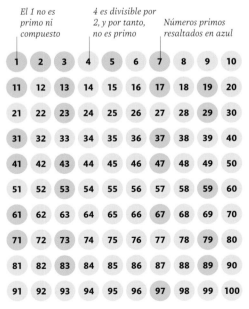

La criba de Eratóstenes
Este método para hallar los primos menores se llama criba de Eratóstenes en honor del matemático griego de este nombre. Para ello se usa el diagrama de la derecha.

Poblar la criba
Este diagrama de flujo sirve para calcular si un entero entre 1 y 100 es primo, comprobando si es divisible por cualquiera de los primos 2, 3, 5 y 7.

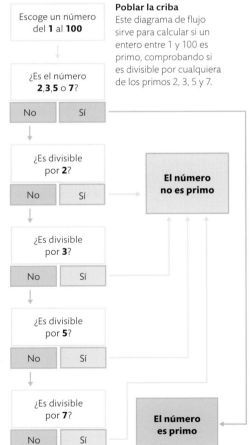

El **mayor** número primo conocido tiene **24 862 068** dígitos.

NÚMEROS PRIMOS Y CIBERSEGURIDAD

El algoritmo conocido como RSA permite encriptar mensajes electrónicos como los *e-mails* usando números primos. El sistema se basa en el principio de que los números muy grandes son el producto de dos primos, y dar con tales factores primos resulta muy difícil.

MARIN MERSENNE

Marin Mersenne (1588–1648) fue un matemático francés que creó la fórmula $2^n - 1$ para generar números primos, al hallar que funcionaba para determinados valores de n. Los números primos de este tipo se conocen como primos de Mersenne.

Véase también Tecnología informática pp. 274–275 ▶

Cálculos

El concepto de los números fue surgiendo a lo largo de milenios, y la consecuencia natural fue combinar dos o más. Los cálculos básicos pudieron aparecer por la necesidad de determinar un total de bienes para el trueque (suma o adición) o comparar dos cantidades de bienes (resta o sustracción), pero los matemáticos ingeniaron problemas y reglas cada vez más complejas para realizar cálculos.

Números y operaciones

Los cálculos consisten habitualmente en tomar uno o más números y operar con ellos de algún modo. Las operaciones más comunes son la suma, la resta, la multiplicación y la división. La operación se suele indicar con un signo situado entre dos números, por ejemplo, 12 x 7.

$$17 - (4 + 6) \div 2 + 36 = 48$$

Suma, resta, multiplicación y división

Estas son las cuatro operaciones básicas y guardan una relación intrínseca entre ellas. La resta, la multiplicación y la división pueden concebirse a partir de la noción de suma. En sus inicios, la aritmética se centró en gran medida en el desarrollo de métodos de cálculo eficaces con estas operaciones, utilizando medios mecánicos como el ábaco.

Multiplicación
Un modo de concebir la multiplicación es como una suma repetida. Así, 5 x 3 es una forma abreviada de 3 + 3 + 3 + 3 + 3. También puede expresarse como 5 + 5 + 5.

Suma o adición
La operación más básica, consiste en reunir dos o más cantidades. Por ejemplo, 1 más 3 da 4.

Resta o sustracción
Es la operación inversa de la suma. El cálculo anterior puede verse de forma distinta, de modo que 4 menos 3 da 1.

División
Dividir es repartir o agrupar algo en partes iguales, pero también puede concebirse como una resta repetida.

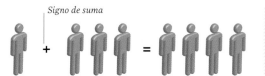

Signo de suma

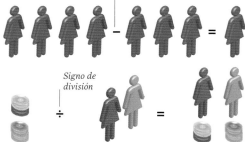

Signo de resta

Signo de división

Signo de multiplicación

JOHN NAPIER
John Napier (1550–1617) se crió en una familia escocesa acomodada. Pese a su evidente talento para las matemáticas, dedicó gran parte de su tiempo a sus propiedades y a la defensa de la teología protestante. Se le conoce sobre todo por haber inventado los logaritmos, creados para permitir cálculos con números grandes. También popularizó el uso del punto decimal.

Orden de las operaciones

Combinar más de una operación puede dar más de un resultado según la secuencia en que se hagan los cálculos. Así, 2 + 3 x 4 podría entenderse como 5 x 4, obteniéndose como resultado 20. Sin embargo, según el orden de prioridad de las operaciones acordado, la respuesta correcta es 14. Este orden es: paréntesis, exponentes (o potencias), multiplicación y división, adición (suma) y sustracción (resta). Se abrevia con el acrónimo PEMDAS (BIDMAS o BODMAS en países de habla inglesa).

$$4 \times (2 + 3) = 20$$

❶ Paréntesis
Cuando hay cálculos entre paréntesis, estos deben resolverse primero. En este caso, primero deben sumarse 2 y 3, y luego multiplicar por 4 el resultado de la suma.

$$5 + 2 \times 3^2 = 23$$

❷ Potencias
Lo siguiente son los exponentes o potencias. En este ejemplo, el exponente 2 indica que el número debe elevarse al cuadrado, es decir, multiplicarse por sí mismo; por tanto, $3^2 = 3 \times 3$.

$$6 + 4 \div 2 = 8$$

❸ División
Dividir y multiplicar son el paso siguiente en el orden de las operaciones. En este ejemplo debe dividirse primero 4 entre 2, y luego sumar el resultado a 6.

$$8 \div 2 \times 3 = 12$$

❹ Multiplicación
La multiplicación tiene el mismo orden de prioridad que la división. Cuando aparecen juntas, como en este ejemplo, se acostumbra a resolver de izquierda a derecha.

$$9 \div 3 + 12 = 15$$

❺ Suma
Las sumas y restas se resuelven en último lugar según el orden de las operaciones. En este ejemplo, primero se divide 9 entre 3, y al resultado se le suma 12.

$$10 - 3 + 4 = 11$$

❻ Resta
La resta tiene el mismo orden de prioridad que la suma. Si ambas aparecen juntas, como en este ejemplo, se acostumbra a resolver de izquierda a derecha.

EL RETO DE LOS CUATRO CUATROS
Usando cuatro cuatros, escriba cálculos con resultados de 0 a 20. Pueden usarse las operaciones +, -, x, y ÷, con paréntesis y raíces cuadradas. Estos ejemplos tienen otras soluciones.

$$4 + 4 - 4 - 4 = 0$$

$$44 \div 44 = 1$$

$$\frac{4}{4} + \frac{4}{4} = 2$$

$$(4 + 4 + 4) \div 4 = 3$$

$$\sqrt{4} + \sqrt{4} + 4 - 4 = 4$$

$$\sqrt{4} + 4 - \frac{4}{4} = 5$$

El matemático francés **Blaise Pascal diseñó** una **calculadora mecánica** en **1642.**

Cálculo de porcentajes

Los porcentajes son fracciones de 100. Por tanto, 35 % es lo mismo que $^{35}/_{100}$. Nos permiten apreciar proporciones de cantidades que aumentan o disminuyen, y resultan muy útiles en ámbitos como el financiero y al presentar grandes cantidades de información.

25 por ciento de

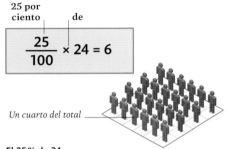

$$\frac{25}{100} \times 24 = 6$$

Un cuarto del total

El 25 % de 24

Un cálculo se puede simplificar empleando fracciones menores. Como 25 de 100 es igual a 1 de 4, el 25 % es un cuarto, y 1/4 de 24 es 24 ÷ 4.

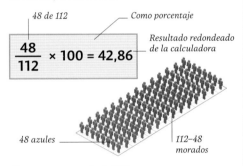

48 de 112 — Como porcentaje

$$\frac{48}{112} \times 100 = 42,86$$

Resultado redondeado de la calculadora

48 azules — 112–48 morados

48 como porcentaje de 112

Calcular una cifra como porcentaje (proporción) del total supone dividir esa cifra entre el total. «De» representa la operación de dividir, en este caso 48 ÷ 112.

Cálculo del interés

Los bancos pagan interés por el dinero invertido en ellos por los ahorradores (capital) y cobran interés por el dinero que prestan. El interés se expresa como porcentaje, y lo hay de dos tipos: simple y compuesto. El número de veces al año que se suma el interés al capital inicial se conoce como frecuencia de capitalización. Si el interés se suma cada mes, la frecuencia compuesta es de 12. El tipo de interés efectivo, o interés efectivo anual, también llamado tasa anual equivalente (TAE) se calcula teniendo en cuenta el número de períodos en que se suma el interés, con el fin de comparar productos con distintas frecuencias compuestas.

Interés simple

El interés simple se aplica a la inversión o el préstamo iniciales a lo largo de una serie de años.

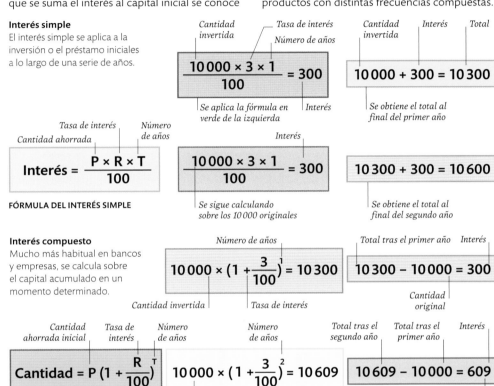

Cantidad invertida — Tasa de interés — Número de años

$$\frac{10\,000 \times 3 \times 1}{100} = 300$$

Se aplica la fórmula en verde de la izquierda | Interés

Cantidad invertida | Interés | Total

$$10\,000 + 300 = 10\,300$$

Se obtiene el total al final del primer año

Tasa de interés — Número de años
Cantidad ahorrada

$$\text{Interés} = \frac{P \times R \times T}{100}$$

FÓRMULA DEL INTERÉS SIMPLE

Interés

$$\frac{10\,000 \times 3 \times 1}{100} = 300$$

Se sigue calculando sobre los 10 000 originales

$$10\,300 + 300 = 10\,600$$

Se obtiene el total al final del segundo año

Interés compuesto

Mucho más habitual en bancos y empresas, se calcula sobre el capital acumulado en un momento determinado.

Número de años

$$10\,000 \times \left(1 + \frac{3}{100}\right)^1 = 10\,300$$

Cantidad invertida | Tasa de interés

Total tras el primer año | Interés

$$10\,300 - 10\,000 = 300$$

Cantidad original

Cantidad ahorrada inicial | Tasa de interés | Número de años

$$\text{Cantidad} = P\left(1 + \frac{R}{100}\right)^T$$

FÓRMULA DEL INTERÉS COMPUESTO

Número de años

$$10\,000 \times \left(1 + \frac{3}{100}\right)^2 = 10\,609$$

Se aplica la fórmula en verde de la izquierda

Total tras el segundo año | Total tras el primer año | Interés

$$10\,609 - 10\,000 = 609$$

Se observa la diferencia entre interés compuesto y simple

Redondeo y estimación

Se recurre a la estimación cada vez que se determina más o menos el tiempo para completar una tarea o la altura de un objeto, es decir, en situaciones prácticas en las que no es necesaria una respuesta exacta. El redondeo es el proceso de sustituir un número por otro que resulta más fácil utilizar.

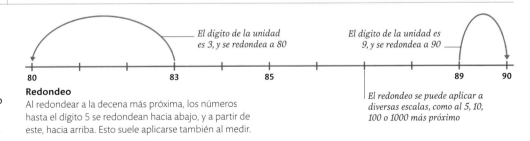

El dígito de la unidad es 3, y se redondea a 80

El dígito de la unidad es 9, y se redondea a 90

Redondeo

Al redondear a la decena más próxima, los números hasta el dígito 5 se redondean hacia abajo, y a partir de este, hacia arriba. Esto suele aplicarse también al medir.

El redondeo se puede aplicar a diversas escalas, como al 5, 10, 100 o 1000 más próximo

Todas las medidas **de longitud** suponen **algún redondeo,** por precisa que sea una regla o una cinta métrica.

$$2847 + 4102 = \boxed{?} \qquad 3000 + 4000 = \boxed{7000} \qquad 2847 + 4102 = \boxed{6949}$$

Estimación

La estimación puede aplicarse a la suma o a la multiplicación. Los números se redondean individualmente y luego se suman o multiplican. Puede comprobarse la estimación comparando con el resultado exacto.

El resultado se estima en aproximadamente 7000

Resultado exacto

Véase también **Álgebra** pp. 170-171 ▶ **Estadística y probabilidad** pp. 176-177 ▶

Álgebra

Al desarrollarse las técnicas para operar con números y la aritmética se fue asentando la noción de reglas que funcionan en todos los casos. Por ejemplo, los números pueden sumarse en cualquier orden para obtener el mismo resultado. La idea de una aritmética generalizada condujo al álgebra, en la que los números y sus relaciones se representan con letras y símbolos. Todos nuestros dispositivos electrónicos se basan en fórmulas algebraicas.

Elementos del álgebra

Todos aprendemos al menos una lengua a temprana edad como medio de comunicación cotidiana. El álgebra es como una lengua , pues permite la comunicación matemática de un modo universalmente comprendido y contiene sus propios elementos («palabras») y reglas («gramática»).

Término
Puede ser una letra, un número o una combinación de ambos.

Operación
La suma, la resta, la multiplicación y la división son operaciones.

Variable o incógnita
El número o la cantidad que se quiere averiguar.

Igual
Indica la equivalencia de los miembros de una ecuación.

Constante
Todo término cuyo valor sea siempre el mismo.

Expresiones
Una expresión es una serie de términos (números, letras, o una combinación de ambos) separados por símbolos (como + o – para la suma y la resta).

Ecuaciones
Una ecuación es un par de expresiones o términos separados por un signo de igualdad. Uno debe ser igual al otro.

Uso del álgebra para resolver ecuaciones
Resolver una ecuación es hallar el valor de una cantidad desconocida. Los eruditos islámicos medievales como Al-Juarismi formalizaron las reglas para resolver ecuaciones. Al aplicarse las ecuaciones a fenómenos cada vez más complejos, los métodos de resolución también se sofisticaron.

> Algunas **ecuaciones** solo pueden resolverse con ayuda de un **ordenador.**

Ecuaciones de primer grado
Son las ecuaciones más simples. En este ejemplo, la solución es x = 4 (3 x 4 = 12; 12 – 2 = 10).

Ecuaciones de segundo grado
Contienen un término al cuadrado, además de una expresión de primer grado, como en este ejemplo. Suelen tener dos soluciones.

Ecuaciones simultáneas
Son pares de ecuaciones que contienen las mismas variables desconocidas (incógnitas), x e y. Se resuelven juntas por eliminación, sustitución o con un gráfico.

DESIGUALDADES
Una desigualdad indica que una cantidad es distinta de otra. Los símbolos de desigualdad (como < , «menor que») indican que los números de cada lado tienen distinto valor. Las desigualdades se utilizan a menudo en los negocios, la programación informática y la ingeniería.

$x > y$ — *Mayor que*

$x \geq y$ — *Mayor o igual que*

$x \neq y$ — *No igual a*

$x < y$ — *Menor que*

$x \leq y$ — *Menor o igual que*

$3x - 2 = 10$ — *Se resuelve usando operaciones inversas*

$3x^2 + 2x - 8 = 0$ — *Las soluciones son $x = \frac{1}{3}$ y $x = -2$*

$4x + 5y = 17$ — *Pueden eliminarse los términos y*

$3x - 5y = 4$ — *Las soluciones son $x = 3$ e $y = 1$*

MUHAMMAD IBN MUSA AL-JUARISMI
En el siglo IX, el mundo islámico era el ámbito más avanzado en el conocimiento matemático. Uno de sus mayores estudiosos fue Al-Juarismi (c. 780–850), cuyo trabajo en la Casa de la Sabiduría de Bagdad puso los cimientos del álgebra actual. Entre sus logros figura un tratado sobre la numeración india que condujo a los números arábigos empleados hoy en todo el mundo.

Usos del álgebra
Suele considerarse que el objetivo principal del álgebra es «despejar la x», o hallar el valor de un número o una cantidad desconocidos. Esto es importante, pero existen otros fines esenciales, como describir el mundo que nos rodea por medio de modelos matemáticos. Esto supone reducir el fenómeno que se trata de estudiar, como los ángulos de un triángulo, a una versión matemática simplificada, cierta en todas las situaciones.

Demostrar los resultados
El álgebra no solo permite articular reglas precisas, sino también demostrar que son ciertas. Uno de los ejemplos más famosos de la época actual es la demostración del último teorema de Fermat por el matemático británico Andrew Wiles, que reúne distintos campos de las matemáticas, como la teoría de números y el álgebra.

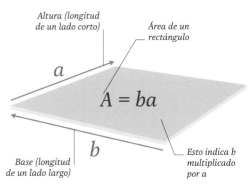
Altura (longitud de un lado corto)
Área de un rectángulo
a
$A = ba$
b
Esto indica b multiplicado por a
Base (longitud de un lado largo)

UN SUELO RECTANGULAR

Fórmulas
Las fórmulas son reglas matemáticas que vinculan variables y pueden usarse para describir fenómenos del mundo real como la velocidad del sonido o el interés de un préstamo. En este dibujo de arriba, la fórmula $A = ba$ sirve para hallar el área de un suelo rectangular.

La **Casa de la Sabiduría** de Bagdad era el centro de los **estudios algebraicos** en el **siglo IX**.

MATEMÁTICAS

Álgebra y secuencias numéricas

Existen muchas pautas ocultas en las secuencias y formas numéricas, que el álgebra permite describir por medio de reglas. Estas permiten a su vez predecir cómo evolucionarán dichas pautas, lo cual tiene múltiples aplicaciones prácticas. Un ejemplo de la vida real es el crecimiento demográfico, un campo en que el álgebra puede usarse para predecir el tamaño de una población en el futuro.

Progresión aritmética

En una progresión aritmética, la diferencia entre los sucesivos números (o términos) es la misma. Es decir, se suma (o resta) la misma cantidad en cada paso.

Se suma 2 cada vez

La secuencia prosigue hasta el infinito

2, 4, 6, 8, 10 ...

Progresión geométrica

En una progresión geométrica, la proporción (pero no la diferencia) entre los sucesivos términos es constante. Por ejemplo, cada término puede ser el doble del precedente.

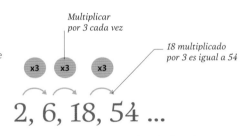

Multiplicar por 3 cada vez

18 multiplicado por 3 es igual a 54

2, 6, 18, 54 ...

Números cuadrados

Un número cuadrado se forma al multiplicar un término por sí mismo. Puede representarse con un cuadrado en el que la longitud de cada lado indica el número que se multiplica por sí mismo.

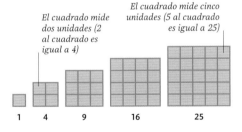

El cuadrado mide dos unidades (2 al cuadrado es igual a 4)

El cuadrado mide cinco unidades (5 al cuadrado es igual a 25)

1   4   9   16   25

Sucesión de Fibonacci

Esta progresión consiste en sumar dos términos sucesivos para obtener el siguiente. Es frecuente en la naturaleza y se encuentra en la forma de conchas marinas, helechos y girasoles.

Cada término es la suma de los dos números anteriores

La secuencia continúa infinitamente

1, 1, 2, 3, 5, 8, 13 ...

Espiral áurea

Si se representan los números de Fibonacci como cuadrados (cuya longitud corresponde a la sucesión) y se traza una curva a través de las esquinas opuestas se obtiene una espiral que se aproxima a formas naturales, como la de esta concha.

La forma de la concha del nautilus sigue la espiral áurea

Las cámaras crecen de un modo que origina la espiral

CONCHA DE NAUTILUS

Álgebra gráfica

El filósofo y matemático francés René Descartes (1596–1650) desarrolló un modo de representar el álgebra por medio de la geometría (y viceversa) en forma de gráfica. A menudo resulta más fácil comprender una imagen que una ecuación: una gráfica permite ver la forma subyacente de la ecuación y resolver esta de modo aproximado.

Lineal

Usada para representar secuencias lineales y ecuaciones de primer grado, presenta una pendiente, o gradiente, uniforme. Se suele emplear para representar relaciones proporcionales.

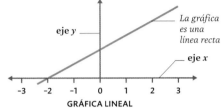

eje y

La gráfica es una línea recta

eje x

GRÁFICA LINEAL

Cuadrática

Esta gráfica representa ecuaciones de segundo grado y tiene forma parabólica con un único vértice (punto máximo o mínimo). Puede servir para modelar la trayectoria de un objeto lanzado al aire.

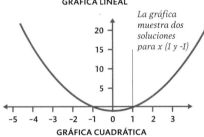

La gráfica muestra dos soluciones para x (1 y -1)

GRÁFICA CUADRÁTICA

Cúbica

Relacionada con ecuaciones de tercer grado, con un término x^3, suele presentar una curva con puntos máximo y mínimo. Las ecuaciones de tercer grado suelen tener tres soluciones, legibles en el gráfico.

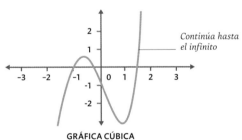

Continúa hasta el infinito

GRÁFICA CÚBICA

Exponencial

La tasa a la que varían las gráficas exponenciales en un punto dado guarda relación con el valor de ese punto. Esta gráfica crece más rápido cuanto mayor es el valor.

La curva aumenta exponencialmente

GRÁFICA EXPONENCIAL

CÁLCULO

Esta potente rama de las matemáticas surgió de los intentos de resolver dos problemas: uno fue la necesidad de modelar y predecir tasas de cambio, y el otro, calcular el área de figuras curvas. Del primero surgió el cálculo diferencial, y del segundo, el integral. El álgebra los representa como procesos recíprocamente inversos.

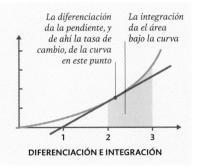

La diferenciación da la pendiente, y de ahí la tasa de cambio, de la curva en este punto

La integración da el área bajo la curva

DIFERENCIACIÓN E INTEGRACIÓN

Geometría

Así como la aritmética se basa en los números, la rama matemática denominada geometría se basa en las figuras y sus propiedades, como líneas, ángulos, simetría y área. El término geometría significa «medición de la tierra» en griego antiguo. Los humanos prehistóricos veían innumerables formas en el mundo que los rodeaba, muchas de ellas irregulares. La geometría se desarrolló para dar sentido a ese mundo por medio de figuras abstractas. Las más comunes de estas y sus propiedades se tratan aquí.

Figuras básicas de dos y tres dimensiones

Nuestro mundo es tridimensional, pero algunas de las figuras geométricas más conocidas tienen solo dos dimensiones, es decir, solo existen en una superficie plana, o plano. La figura bidimensional de lados rectos más simple es el triángulo, una forma muy estable habitualmente utilizada en la arquitectura.

Tres lados
TRIÁNGULO

Cuatro lados iguales y ángulos de 90°
CUADRADO

Un solo borde curvo
CÍRCULO

Sección transversal regular
PRISMA

Acaba en punta
PIRÁMIDE

Todas las caras cuadradas
CUBO

Cuadriláteros

Las figuras planas con varios lados, como los triángulos, cuadriláteros, pentágonos y otras se denominan polígonos. Existen varios tipos de cuadriláteros o figuras de cuatro lados, empleados a menudo en el diseño.

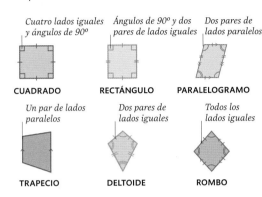

Cuatro lados iguales y ángulos de 90°
CUADRADO

Ángulos de 90° y dos pares de lados iguales
RECTÁNGULO

Dos pares de lados paralelos
PARALELOGRAMO

Un par de lados paralelos
TRAPECIO

Dos pares de lados iguales
DELTOIDE

Todos los lados iguales
ROMBO

Círculos

El círculo es una figura plana cerrada por una sola línea curva (circunferencia) que dista lo mismo a un punto fijo (centro) a lo largo de toda ella. En el mundo real, los círculos perfectos son raros o casi inexistentes.

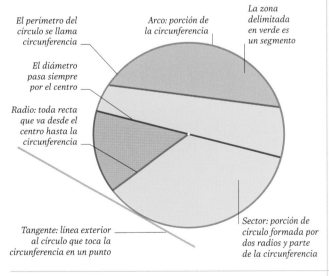

El perímetro del círculo se llama circunferencia

Arco: porción de la circunferencia

La zona delimitada en verde es un segmento

El diámetro pasa siempre por el centro

Radio: toda recta que va desde el centro hasta la circunferencia

Tangente: línea exterior al círculo que toca la circunferencia en un punto

Sector: porción de círculo formada por dos radios y parte de la circunferencia

Ángulos

Un ángulo es la medida del cambio de dirección, o giro, de dos rectas que se cortan en un punto. Los ángulos se miden habitualmente en grados (°), habiendo 360° en un giro completo. Hay cuatro tipos principales de ángulos, denominados en función de su tamaño.

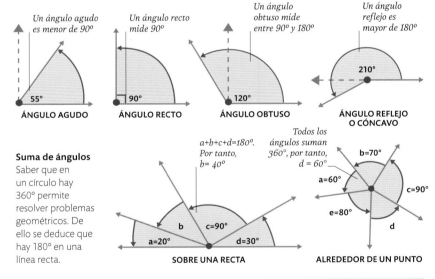

Un ángulo agudo es menor de 90°
55°
ÁNGULO AGUDO

Un ángulo recto mide 90°
90°
ÁNGULO RECTO

Un ángulo obtuso mide entre 90° y 180°
120°
ÁNGULO OBTUSO

Un ángulo reflejo es mayor de 180°
210°
ÁNGULO REFLEJO O CÓNCAVO

Suma de ángulos

Saber que en un círculo hay 360° permite resolver problemas geométricos. De ello se deduce que hay 180° en una línea recta.

$a+b+c+d=180°$. Por tanto, $b= 40°$

$a=20°$ b $c=90°$ $d=30°$
SOBRE UNA RECTA

Todos los ángulos suman 360°, por tanto, $d = 60°$

$a=60°$ $b=70°$ $c=90°$ $e=80°$ d
ALREDEDOR DE UN PUNTO

Esferas, conos y cilindros

Algunas figuras geométricas en tres dimensiones (cuerpos o sólidos) se ven de forma habitual en el mundo real. El cilindro y la esfera se usan con frecuencia en ingeniería, y el cono es la forma que adquiere la luz que emana de fuentes como una linterna.

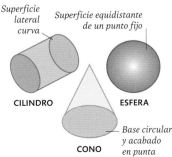

Superficie lateral curva
CILINDRO

Superficie equidistante de un punto fijo
ESFERA

Base circular y acabado en punta
CONO

Geometría de coordenadas

Trazar formas geométricas en una gráfica (coordenadas cartesianas) permite a los matemáticos definir la posición de una figura y calcular los resultados de movimientos como rotaciones y traslaciones (p. siguiente).

Coordenadas

En un sistema bidimensional de coordenadas cartesianas, los puntos se definen por dos coordenadas: su distancia horizontal y vertical desde un punto fijo.

Las coordenadas dan la localización vertical y horizontal

A=(2,2)
D=(-2,1)
C=(1,-2)
B=(-1,-3)
PUNTOS EN UNA CUADRÍCULA

Dos puntos cualesquiera solo pueden unirse con una línea recta, y solo una.

Simetría especular

Las figuras pueden definirse por sus propiedades, y una de las más básicas es la simetría. La mayoría de las plantas y animales tiene simetría especular, o axial, que normalmente se entiende como tener los lados derecho e izquierdo equivalentes.

Ejes de simetría
El triángulo isósceles de la imagen tiene un eje de simetría, y el cuadrado tiene cuatro.

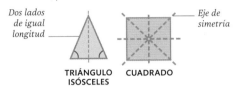

Dos lados de igual longitud

Eje de simetría

TRIÁNGULO ISÓSCELES   **CUADRADO**

Planos de simetría
Las figuras tridimensionales, como las que aquí se muestran, tienen planos de simetría en lugar de ejes.

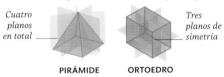

Cuatro planos en total

Tres planos de simetría

PIRÁMIDE   **ORTOEDRO**

Simetría rotacional

Se dice que una figura tiene simetría rotacional cuando puede girar alrededor de un punto central y volver a encajar en su contorno original. El número de veces que encaja en el contorno al rotar se denomina orden de simetría rotacional.

Puntos de simetría
Las figuras planas tienen simetría rotacional en torno a un punto. Un triángulo equilátero (con lados de igual longitud) tiene una simetría rotacional de orden 3, y un cuadrado, de orden 4.

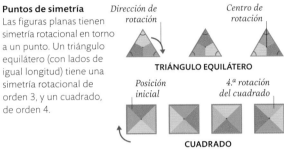

Dirección de rotación   Centro de rotación

TRIÁNGULO EQUILÁTERO

Posición inicial   4.ª rotación del cuadrado

CUADRADO

Ejes de simetría
A diferencia de las figuras planas que rotan en torno a un punto, las tridimensionales lo hacen alrededor de uno o varios ejes.

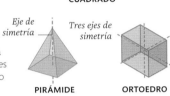

Eje de simetría   Tres ejes de simetría

PIRÁMIDE   **ORTOEDRO**

Teselación

La teselación, o teselado, consiste en encajar con exactitud y de forma repetida una figura. El motivo de hexágonos regulares de abajo se puede prolongar infinitamente en todas direcciones.

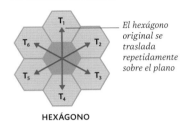

El hexágono original se traslada repetidamente sobre el plano

HEXÁGONO

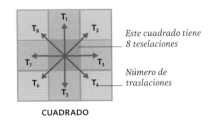

Este cuadrado tiene 8 teselaciones

Número de traslaciones

CUADRADO

Rotación, reflexión, traslación y ampliación

Las figuras se pueden transformar, una idea utilizada habitualmente en el diseño gráfico. Los cuatro tipos principales de transformación en el plano son la rotación, la reflexión, la traslación y la ampliación. La transformación parte de un objeto inicial y genera una imagen.

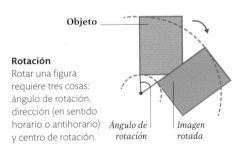

Objeto

Rotación
Rotar una figura requiere tres cosas: ángulo de rotación, dirección (en sentido horario o antihorario) y centro de rotación.

Ángulo de rotación   Imagen rotada

Reflexión
La reflexión se define por tener un eje especular, o eje de reflexión.

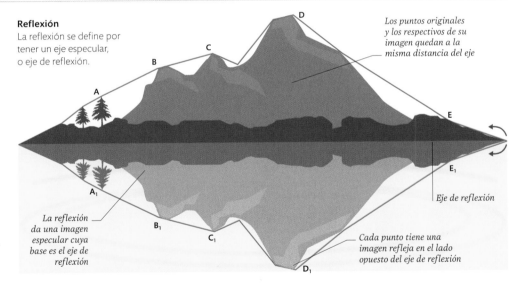

Los puntos originales y los respectivos de su imagen quedan a la misma distancia del eje

La reflexión da una imagen especular cuya base es el eje de reflexión

Eje de reflexión

Cada punto tiene una imagen refleja en el lado opuesto del eje de reflexión

Traslación
La traslación consiste en desplazar un objeto sobre el plano. La figura se puede desplazar en horizontal o en vertical, pero conserva su orientación. En la imagen, todos los puntos del objeto se desplazan a la misma distancia de su posición original.

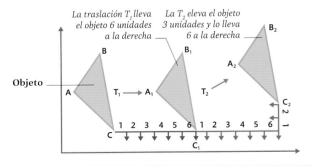

La traslación T₁ lleva el objeto 6 unidades a la derecha

La T₂ eleva el objeto 3 unidades y lo lleva 6 a la derecha

Objeto

Ampliación
Es una transformación que produce una imagen de la misma forma que el objeto, pero de mayor tamaño.

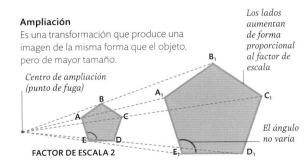

Los lados aumentan de forma proporcional al factor de escala

Centro de ampliación (punto de fuga)

El ángulo no varía

FACTOR DE ESCALA 2

Medición y dibujo técnico

El concepto de medida adquirió importancia al empezar a fabricarse objetos. Para realizar mediciones se crearon unidades estándar de longitud, masa y capacidad. Por medio de mediciones y dibujos técnicos precisos, las reglas de la geometría pueden aplicarse a muchos aspectos de la vida cotidiana. A los arquitectos e ingenieros les sirven para diseñar y crear estructuras seguras, y los sistemas de navegación se valen de ellas para plantear rutas.

Calcular π

Todos los círculos tienen las mismas proporciones. Uno de los mayores retos de la Antigüedad fue determinar la proporción entre la circunferencia y el diámetro del círculo. Esta proporción se conoce por la letra griega π (pi), cuyo valor es 3,141592... (con infinitos decimales).

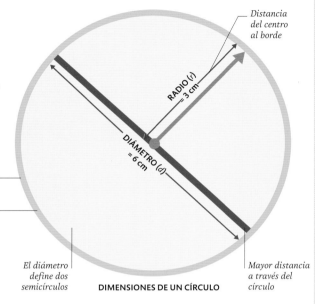

Distancia del centro al borde

RADIO (r) = 3 cm

DIÁMETRO (d) = 6 cm

La circunferencia es la línea del borde (perímetro) del círculo

La circunferencia se calcula como π × diámetro

El diámetro define dos semicírculos

DIMENSIONES DE UN CÍRCULO

Mayor distancia a través del círculo

Se han calculado más de 31 billones de dígitos de π.

Herramientas de la geometría

Muchos instrumentos geométricos derivan de herramientas creadas hace siglos. Los mostrados aquí sirven para medir y dibujar figuras geométricas con precisión.

Compás

Útil sobre todo para trazar circunferencias y arcos de circunferencia con un lápiz a una distancia fija de un punto central.

Regla

Se usa para medir y trazar líneas rectas. Puede incluir distintas escalas, como milímetros y pulgadas.

Escuadra

Ideal para dibujar ángulos de 90° y 45°. Para los ángulos de 90°, 60° y 30° se usa un cartabón.

Calculadora

Sirve para realizar cálculos con las medidas obtenidas o aplicar fórmulas trigonométricas.

Transportador

Se usa para medir y dibujar ángulos. Los transportadores suelen venir marcados de 0° a 180°.

Dibujo técnico

En el dibujo técnico se emplean reglas y compases para obtener la mayor precisión. Este dibujo muestra una bisectriz perpendicular, una línea recta que corta otra línea recta por la mitad.

Línea recta

Bisectriz perpendicular

Ángulo recto (90°)

BISECTRIZ PERPENDICULAR

Gran parte de la geometría procede del filósofo Euclides.

Dibujo a escala

Los arquitectos y los ingenieros emplean el dibujo a escala para crear planos precisos de objetos grandes y pequeños. La escala (proporción) sirve para convertir las medidas reales de objetos grandes, como los puentes, en otras menores, o mayores en el caso de objetos pequeños, como los componentes electrónicos.

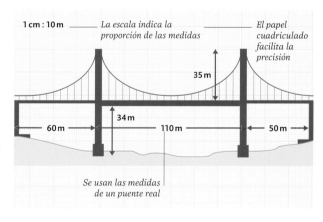

1 cm : 10 m

La escala indica la proporción de las medidas

El papel cuadriculado facilita la precisión

35 m

34 m

60 m

110 m

50 m

Se usan las medidas de un puente real

Lugares

El lugar geométrico es un conjunto de puntos (o segmento de recta entre dos puntos) que cumplen una determinada condición, por ejemplo, encontrarse siempre a la misma distancia de un segmento de recta.

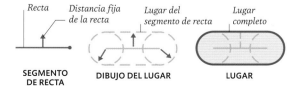

Recta

Distancia fija de la recta

Lugar del segmento de recta

Lugar completo

SEGMENTO DE RECTA

DIBUJO DEL LUGAR

LUGAR

Rumbo

El rumbo indica la dirección en grados, medidos en el sentido de las agujas del reloj desde el norte. Sirve para orientar a barcos y aviones a lo largo de grandes distancias y determinar rutas con cambios de dirección.

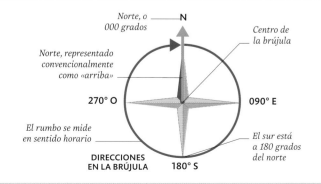

Norte, o 000 grados

N

Centro de la brújula

Norte, representado convencionalmente como «arriba»

270° O

090° E

El rumbo se mide en sentido horario

El sur está a 180 grados del norte

DIRECCIONES EN LA BRÚJULA

180° S

> «A menudo he admirado el **estilo místico de Pitágoras** y la **magia secreta de los números.**»
>
> THOMAS BROWNE, *Religio Medici* (1634)

Perímetro y área de las figuras planas

La medida de una figura bidimensional se centra en dos aspectos: su perímetro (la longitud de sus lados o borde) y su área (el tamaño de la superficie). En el caso de muchas figuras, el perímetro y el área se pueden calcular conociendo algunas de sus dimensiones.

Calcular el perímetro
Para hallar el perímetro de una figura se puede emplear una fórmula o sumar la longitud total de los lados.

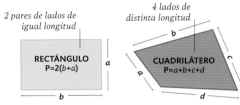

2 pares de lados de igual longitud

RECTÁNGULO
$P=2(b+a)$

4 lados de distinta longitud

CUADRILÁTERO
$P=a+b+c+d$

Calcular el área
Existen fórmulas para calcular el área de figuras estándar, si se conocen sus dimensiones. El área se mide en unidades cuadradas, como cm².

La fórmula emplea la base y la altura

TRIÁNGULO
$A=\dfrac{ba}{2}$

Un cuadrado es un tipo especial de rectángulo

RECTÁNGULO
$A=ba$

Radio del círculo

CÍRCULO
$A=\pi r^2$

2 pares de lados de igual longitud

PARALELOGRAMO
$A=ba$

2 bases de distinta longitud

TRAPECIO
$A=\dfrac{a(b_1+b_2)}{2}$

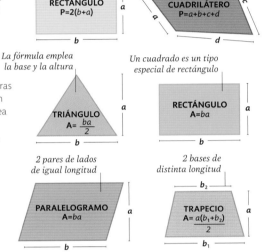

Volumen y área superficial

Nuestro mundo es tridimensional, y sus objetos poseen tanto volumen (V) como área superficial (A). El volumen es la cantidad de espacio que ocupa un objeto, y el área, la suma de las áreas de sus superficies. El volumen se mide en unidades cúbicas, y el área, en unidades cuadradas.

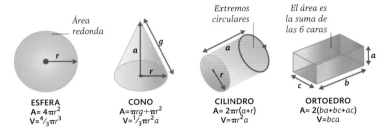

Área redonda

ESFERA
$A=4\pi r^2$
$V=\dfrac{4}{3}\pi r^3$

CONO
$A=\pi rg+\pi r^2$
$V=\dfrac{1}{3}\pi r^2a$

Extremos circulares

CILINDRO
$A=2\pi r(a+r)$
$V=\pi r^2a$

El área es la suma de las 6 caras

ORTOEDRO
$A=2(ba+bc+ac)$
$V=bca$

Masa y densidad

Todos los objetos poseen masa (M), que experimentamos como peso por efecto de la gravedad. La cantidad de masa que cabe en un volumen (V) determinado de una sustancia se llama densidad (D). Conociendo dos de estas medidas es posible calcular la tercera.

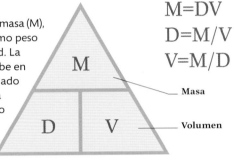

$M=DV$
$D=M/V$
$V=M/D$

Masa

Volumen

Trigonometría

Usa las relaciones (razones) entre la longitud de los lados (catetos) y los ángulos de un triángulo para calcular lados o ángulos desconocidos. Entre sus aplicaciones actuales figuran la ingeniería electrónica y la navegación por satélite.

CATETO OPUESTO

HIPOTENUSA

El ángulo por hallar

Ángulo recto

CATETO ADYACENTE

Fórmula del seno
En un triángulo rectángulo, el seno (sen) es la razón entre el cateto opuesto y la hipotenusa.

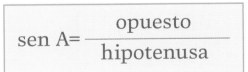

$$\text{sen } A=\frac{\text{opuesto}}{\text{hipotenusa}}$$

Fórmula del coseno
En un triángulo rectángulo, el coseno (cos) es la razón entre el cateto adyacente y la hipotenusa.

$$\cos A=\frac{\text{adyacente}}{\text{hipotenusa}}$$

Fórmula de la tangente
En un triángulo rectángulo, la tangente (tan) es la razón entre el cateto opuesto y el adyacente.

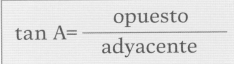

$$\tan A=\frac{\text{opuesto}}{\text{adyacente}}$$

Teorema de Pitágoras

Este célebre teorema describe la relación entre los lados de un triángulo rectángulo. La suma de los cuadrados de los catetos (los lados cortos) es igual al cuadrado de la hipotenusa (el lado largo), lo cual permite calcular longitudes desconocidas. Existe más de una demostración de este teorema.

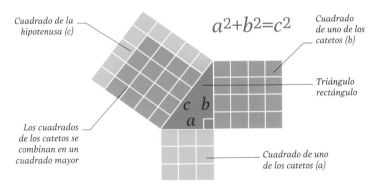

Cuadrado de la hipotenusa (c)

$a^2+b^2=c^2$

Cuadrado de uno de los catetos (b)

Triángulo rectángulo

Los cuadrados de los catetos se combinan en un cuadrado mayor

Cuadrado de uno de los catetos (a)

PITÁGORAS
Pitágoras fue un filósofo griego que vivió en el siglo VI a. C. Famoso sobre todo por su teorema relativo a los triángulos, fundó una escuela en el sur de Italia a la que se deben grandes avances en la comprensión de los números y su relación con la vida real. Su principal creencia era que todo en el universo podía explicarse por medio de reglas matemáticas.

Véase también Símbolos, tablas y medidas pp. 180–181 ▶ Estructuras y construcción pp. 266–267 ▶

Estadística y probabilidad

Las matemáticas se suelen asociar a la certidumbre. Pero en el mundo de hoy, los datos son un bien importante, y para procesarlos es necesaria la estadística. Además, en los últimos cien años los científicos han elaborado un nuevo modelo cuántico del universo basado en la incertidumbre, que requiere una comprensión profunda de la probabilidad.

Datos

En el mundo actual, los datos aumentan a un ritmo sumamente rápido. La estadística trata de darles sentido, y ello suele comenzar por una pregunta, una afirmación o una hipótesis que puede analizarse mediante diversas técnicas.

> «Los **hechos** son **tercos**, pero las **estadísticas** son **flexibles**.»
>
> Frase atribuida a MARK TWAIN

CICLO DE MANEJO DE LOS DATOS

Análisis de datos: valores medios

El análisis de datos empieza a menudo por determinar valores típicos o medios, y observar cómo afectan a estos los valores atípicos del rango.

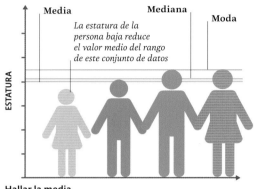

Hallar la media
Los valores medios son tres: la moda es el valor más repetido; la mediana, el valor central del conjunto; y la media, la suma de todos los valores dividida por su número.

Presentación de los datos

Una vez obtenidos los datos de un muestreo o un experimento, o mediante la recolección de datos electrónicos, deben representarse en diagramas para poder evaluar su distribución. Los diagramas dependen del tipo de datos. Estos pueden tener valores numéricos continuos, como la longitud, o valores numéricos discretos, como el número de patas, o cualidades como el color. Sin embargo, en los conjuntos de datos puede contarse la frecuencia de los datos cualitativos en una determinada categoría (datos categóricos) para analizarlos numéricamente, como los continuos y discretos.

CATEGORÍA	FRECUENCIA
VERDE	4
NARANJA	8
AMARILLO	6
AZUL	4
MALVA	5

Tabla de datos
Una tabla es un modo simple de organizar datos. Si es categórica, la frecuencia indica cuánto se repite un valor en una de las categorías.

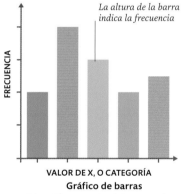

Gráfico de barras
Este gráfico muestra datos con valores discretos de x o categorías. El número de veces que se da cada valor es la frecuencia.

La altura de la barra indica la frecuencia

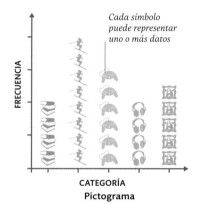

Pictograma
Similar al gráfico de barras, muestra la frecuencia con imágenes y funciona mejor con datos categóricos.

Cada símbolo puede representar uno o más datos

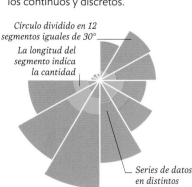

Círculo dividido en 12 segmentos iguales de 30°

La longitud del segmento indica la cantidad

Series de datos en distintos colores

Gráfico circular irregular
Los diagramas de este tipo son como gráficos de barras radiales, útiles para datos con valores cíclicos de x, como los meses del año.

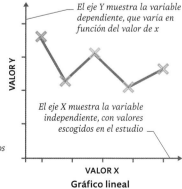

El eje Y muestra la variable dependiente, que varía en función del valor de x

El eje X muestra la variable independiente, con valores escogidos en el estudio

Gráfico lineal
Indicado para datos cuantitativos continuos que pueden tomar cualquier valor, como tendencias a lo largo del tiempo.

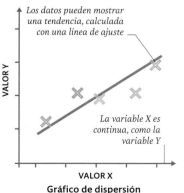

Los datos pueden mostrar una tendencia, calculada con una línea de ajuste

La variable X es continua, como la variable Y

Gráfico de dispersión
Sirve para datos continuos en las variables x e y, y puede revelar un vínculo entre x e y.

Categoría con la mayor proporción

El tamaño de cada sector indica la proporción

Categoría con la menor proporción

Gráfico circular
Muestra los datos como proporciones de un todo, indicando la fracción de datos en cada categoría.

«No sabemos **nada** con **certeza**, sino **todo** con **probabilidad**.»

CHRISTIAAN HUYGENS, *Oeuvres complètes* (1673)

Probabilidad

La rama de la probabilidad estudia la incertidumbre y nos aporta un modo de calcular cuán probable es que ocurra algo. Se emplea en campos tan diversos como la medicina y los seguros.

0
IMPOSIBLE

Copos de nieve idénticos
La probabilidad de que ocurra este suceso es cercana a cero: casi imposible.

IMPROBABLE

Hoyo en uno
Según la habilidad del golfista, conseguir un hoyo en uno es bastante raro.

0,5
IGUALMENTE PROBABLE

Cara o cruz
Si la moneda no está descompensada, uno y otro resultado son igual de probables.

PROBABLE

Ser diestro
La probabilidad de que una persona sea diestra es razonablemente alta.

1
SEGURO

Que la Tierra gire
La probabilidad de que la Tierra siga girando mañana está cerca de 1: es casi seguro.

Escala de probabilidad
La probabilidad se expresa como una fracción, un decimal o a veces como porcentaje. Se puede medir en una escala de 0 (imposible) a 1 (seguro).

Probabilidad teórica

La probabilidad teórica se basa en supuestos que pueden ser o no ser ciertos. Al lanzar un dado, el supuesto principal puede ser que cada resultado (el número que salga) sea igualmente probable.

Resultados posibles de lanzar un dado una vez
Hay 6 resultados posibles para un solo lanzamiento de un dado: 1, 2, 3, 4, 5 y 6. La probabilidad de que salga cada número es la misma, es decir, de $\frac{1}{6}$.

Resultado de lanzar un dos

Probabilidades combinadas

Con frecuencia interesa determinar la probabilidad de que dos sucesos no relacionados, o independientes, ocurran

Anverso de la moneda
CARA
Reverso de la misma moneda
CRUZ

$\frac{1}{2}$ *1 de 2 probabilidades*

Lanzar una moneda
Lanzar una moneda da 2 posibles resultados, cara o cruz, cada uno con una probabilidad de $\frac{1}{2}$.

Obtener un 4

$\frac{1}{6}$ *1 de 6 probabilidades*

Lanzar un dado
Lanzar un dado sin trucar da 6 resultados posibles, cada uno con una probabilidad de $\frac{1}{6}$.

Probabilidad experimental

La probabilidad experimental, como sugiere su nombre, se basa en un experimento. Por ejemplo, lanzando un dado muchas veces puede determinarse la probabilidad de cada resultado.

Resultado de un experimento de probabilidad
Es improbable obtener 1, 2, 3, 4, 5 y 6 en solo 6 lanzamientos, pero a lo largo de 1000 intentos, el número de veces que saldrá cada número será más o menos el mismo.

Resultado de lanzar tres seises, seguidos de tres cincos

a la vez, o la probabilidad de que ocurra uno u otro de esos sucesos. Estas probabilidades combinadas se pueden calcular empleando la aritmética.

Multiplicar para calcular la probabilidad de obtener cruz y un 4

$\frac{1}{2}$ **X** $\frac{1}{6}$ **=** $\frac{1}{12}$ *$\frac{1}{2} \times \frac{1}{6}$*

Ambos sucesos
La probabilidad de un resultado combinado de cruz y un 4 puede calcularse multiplicando.

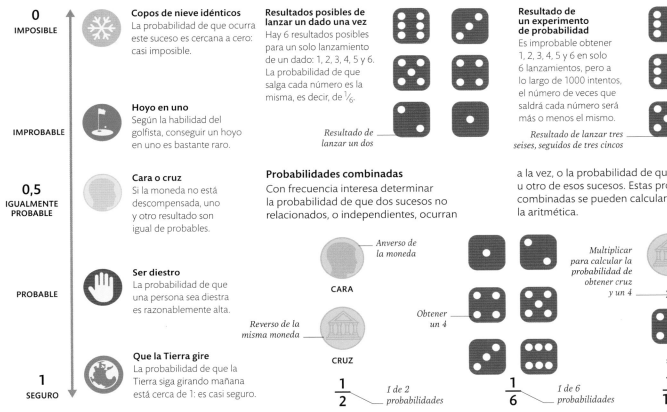

Sucesos dependientes

Muchos sucesos combinados no son independientes uno de otro. Por ejemplo, una enfermedad puede afectar a una proporción conocida de la población. El resultado de una prueba diagnóstica depende de si el individuo tiene la enfermedad, y su fiabilidad puede estimarse con probabilidad usando los resultados y la incidencia conocida de la enfermedad.

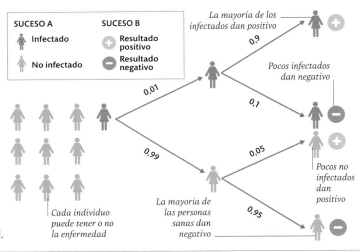

TEOREMA DE BAYES

El teorema de Bayes permite calcular probabilidades condicionadas como las descritas a la izquierda. En el caso de la prueba diagnóstica se puede calcular, por ejemplo, la probabilidad de dar positivo (suceso B) dado que se ha contraído la enfermedad (suceso A). El teorema se expresa en la siguiente fórmula:

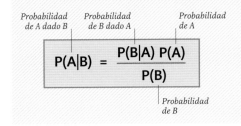

$$P(A|B) = \frac{P(B|A)\,P(A)}{P(B)}$$

Matemática moderna

La llegada del siglo XX marcó un punto de inflexión en las matemáticas. En ello tuvo un papel esencial el matemático alemán David Hilbert (1862-1943), cuya obra en el siglo XIX desarrolló el enfoque axiomático moderno de la geometría. Los 23 grandes problemas por resolver planteados por Hilbert en 1900 contribuyeron a orientar los estudios matemáticos posteriores en direcciones como la lógica y teoría de conjuntos, y la teoría del caos.

Topología

La topología tiene sus raíces en el trabajo del matemático suizo del siglo XVIII Leonhard Euler sobre los poliedros (cuerpos de varias caras). Su finalidad es el estudio de las figuras atendiendo a las propiedades invariables de una forma, sin considerar sus límites, proporciones o ángulos.

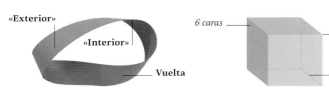

«Exterior» «Interior» Vuelta

6 caras 8 vértices 12 artistas

Cinta de Moebius
Una cinta de Moebius es una figura geométrica con una sola superficie. Se puede crear con una tira de papel, girando un extremo y uniéndolo al otro.

Fórmula de Euler
Para todo poliedro, como este cubo, la fórmula de Euler relaciona el número de vértices (V), aristas (A) y caras (C): $V + C - A = 2$.

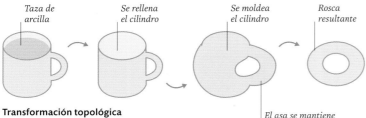

Taza de arcilla | Se rellena el cilindro | Se moldea el cilindro | Rosca resultante

Transformación topológica
En términos topológicos, una taza es equivalente a una rosca, pues una puede moldearse o transformarse en la otra.

El asa se mantiene para formar la rosca (llamada toro)

«La **topología** es la ciencia del **patrón fundamental** y las **relaciones estructurales** de constelaciones de acontecimientos.» BUCKMINSTER FULLER (1963)

MATEMÁTICAS Y ASTRONÁUTICA
Antes de los ordenadores, eran los matemáticos quienes debían realizar los complejos cálculos necesarios para los vuelos espaciales. Mary Jackson (1921-2005) fue pionera del empleo de ordenadores para calcular trayectorias, ventanas de lanzamiento y rutas de regreso seguras para las naves del programa Mercury.

MARY JACKSON EN EL CENTRO DE INVESTIGACIÓN DE LA NASA DE LANGLEY

Teoría del caos

Esta teoría fue popularizada por el llamado efecto mariposa, basado en la idea de que el aleteo de una mariposa en un lugar del mundo pudiera originar un huracán en otro. Muchos fenómenos dinámicos, como la órbita de los planetas, son predecibles. Sin embargo, en cuanto se introduce una mayor complejidad aparece un alto grado de impredecibilidad, en la que la teoría del caos trata de encontrar patrones.

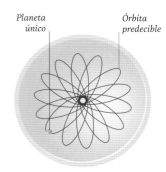

Planeta único | Órbita predecible

ÓRBITAS PREDECIBLES

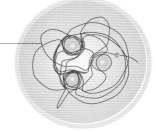

La trayectoria del planeta se vuelve impredecible

Línea geodésica
La línea geodésica (órbita) que sigue un planeta hipotético se vuelve altamente impredecible cuando otros cuerpos influyen en su campo gravitatorio.

ÓRBITAS ENMARAÑADAS

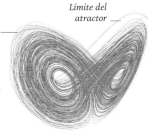

Las trayectorias individuales nunca se repiten | Límite del atractor

Interacción de variables
El matemático estadounidense Edward Lorenz trabajó sobre modelos climáticos y creó una representación gráfica de la relación de tres variables climáticas. Aunque un cambio minúsculo en una puede causar grandes diferencias en las otras, el sistema total resultante, o atractor de Lorenz, es estable y tiene una forma definida.

ATRACTOR DE LORENZ

No hay tramos lisos | Se elimina el tercio central de cada segmento | Segunda iteración | Tercera iteración

FUNCIÓN DE WEIERSTRASS | **CONJUNTO DE CANTOR** | **COPO DE NIEVE DE KOCH**

Se construye el triángulo exterior | Se añaden triángulos menores | Motivos autosemejantes | Detalle ampliado

TRIÁNGULO DE SIERPINSKI | **CONJUNTO DE JULIA** | **CONJUNTO DE MANDELBROT**

Fractales
A fines del siglo XIX, a los matemáticos les intrigaron las propiedades de las figuras que poseen autosemejanza, de modo que al ampliarlas se encuentra una réplica menor. El fractal más conocido es el conjunto de Mandelbrot.

«Para el ojo de la mente, un **fractal** es un modo de ver el **infinito**.» JAMES GLEICK (2011)

«Ahora **existe** una **geometría** capaz de **incluir** las **montañas** y las **nubes**.»

BENOÎT MANDELBROT, *A Lecture on Fractals* (1990)

Teoría de grafos

Muchos problemas del mundo real pueden interpretarse matemáticamente modelándolos en forma de redes, por ejemplo, la manera más eficiente de distribuir mercancías en un almacén. La teoría de grafos establece reglas y algoritmos (secuencias de reglas) que relacionan puntos (nodos) en una red con bordes (arcos) que los conectan. Tiene aplicaciones en campos como la informática y la biología.

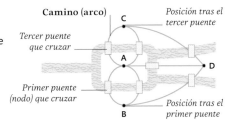

Camino (arco)

Tercer puente que cruzar

Posición tras el tercer puente

Primer puente (nodo) que cruzar

Posición tras el primer puente

Los puentes de Konigsberg

En este problema es imposible encontrar un camino (arco) que cruce cada puente (nodo) una sola vez y vuelva al punto de partida (A).

Matemática social

La matemática social se ocupa del concepto de conectividad y de encontrar modos de cuantificarla o representarla. Relacionada con la teoría de grafos, ha adquirido relevancia en la época actual de las redes sociales, pero se aplica en campos tan diversos como la psicología, la sociología y la epidemiología matemática.

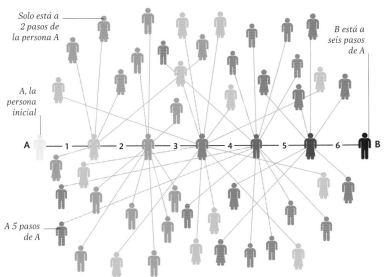

Solo está a 2 pasos de la persona A

B está a seis pasos de A

A, la persona inicial

A 5 pasos de A

Seis grados de separación

La conectividad se ha popularizado por medio de la idea de que cada persona está a solo seis pasos (grados) de media de conocer a cualquier otra persona del mundo.

Los seis grados de separación también se conocen como los seis apretones de manos.

Teorema de los cuatro colores

Los mapas políticos del mundo suelen colorearse de manera que ningún país sea del mismo color que otro adyacente. Esto plantea la pregunta: ¿cuál es el mínimo número de colores necesario para colorear un mapa? Según este teorema, demostrado por ordenador en 2005, bastan cuatro colores para que no haya dos regiones adyacentes del mismo color.

Área azul separada de todas las demás áreas azules

El mapa se entiende como cualquier plano dividido en regiones contiguas (en contacto)

Lógica y teoría de conjuntos

Creada al buscar los matemáticos un nuevo enfoque axiomático de los números, la teoría de conjuntos se basa en aplicar el álgebra de Boole (cuyos valores son verdadero o falso) a conjuntos de números o elementos y estudiar sus propiedades.

Puertas lógicas

Las puertas lógicas aportan los medios para manipular el código informático binario (compuesto de ceros y unos). Las distintas puertas lógicas se clasifican por las órdenes booleanas, como AND, OR, NOT (Y, O, NO) o una combinación de estas.

Puerta NOT

Una puerta NOT tiene una sola entrada A. La salida es lo contrario de la entrada e invierte la señal.

Entrada única, 0 o 1

ENTRADA	ENTRADA
1	0
0	1

Puerta AND

Una puerta AND tiene dos entradas: A y B, pero la salida solo puede ser 1 cuando tanto A como B son 1.

Dos entradas

ENTRADA		SALIDA
A	B	A Y B
0	0	0
0	1	0
1	0	0
1	1	1

Puerta OR

Una puerta OR tiene también dos entradas: A y B. Su salida es 1 si A, B, o ambas, son 1.

ENTRADA		SALIDA
A	B	A Y B
0	0	0
0	1	1
1	0	1
1	1	1

Puerta NAND

Una puerta NAND (NO Y) es una puerta AND (que resulta en 0, 0, 0, 1) seguida de una puerta NOT. Su salida es 1 a no ser que ambas entradas sean 1.

Representa la puerta NOT

ENTRADA		SALIDA
A	B	A Y B
0	0	1
0	1	1
1	0	1
1	1	0

Puerta NOR

Una puerta NOR es una puerta OR seguida por otra NOT. Su salida solo es 1 cuando ambas entradas son 0.

ENTRADA		SALIDA
A	B	A Y B
0	0	1
0	1	0
1	0	0
1	1	0

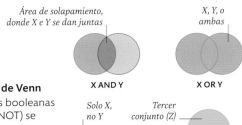

Área de solapamiento, donde X e Y se dan juntas

X, Y, o ambas

X AND Y

X OR Y

Solo X, no Y

Tercer conjunto (Z)

X NOT Y

(X AND Y) OR Z

Diagramas de Venn

Las órdenes booleanas (AND, OR, NOT) se pueden representar en diagramas de Venn. Estos suelen usarse para dos o tres conjuntos, como se muestra aquí.

Véase también Contagio y control de la enfermedad pp. 254–255 ▶

Símbolos, tablas y medidas

Las matemáticas son un campo muy amplio que abarca el estudio de números, cantidades, patrones y figuras, así como las relaciones entre entidades y las operaciones entre ellas. Aunque gran parte de las matemáticas pueda parecer complicada, muchos símbolos, cálculos, medidas y conversiones tienen utilidad práctica en la vida cotidiana. Parte de esta información se presenta aquí resumida.

Cuadrados, cubos y raíces

Los números cuadrados son 1 × 1 = 1, 2 × 2 = 4, y así sucesivamente; a la inversa, la raíz cuadrada de 9 es 3, pues 3 × 3 = 9. Estos datos pueden abreviarse: $3^2 = 9$ y $\sqrt{9} = 3$, respectivamente. Análogamente, 4 al cubo, o 4^3, es 4 × 4 × 4, o 64; y a la inversa, $\sqrt[3]{64} = 4$.

Nº	CUADRADO	CUBO	RAÍZ CUADRADA	RAÍZ CÚBICA
1	1	1	1,000	1,000
2	4	8	1,414	1,260
3	9	27	1,732	1,442
4	16	64	2,000	1,587
5	25	125	2,236	1,710
6	36	216	2,449	1,817
7	49	343	2,646	1,913
8	64	512	2,828	2,000
9	81	729	3,000	2,080
10	100	1000	3,162	2,154

Números primos

Un número primo es un número entero que tiene solo dos divisores, el 1 y el propio número. Por ejemplo, el 17 es un número primo porque solo es divisible por 1 y 17 sin dejar resto. Con arreglo a esta definición, el 1 no es primo. Estos son los primeros cien números primos.

2	3	5	7	11	13	17	19	23	29
31	37	41	43	47	53	59	61	67	71
73	79	83	89	97	101	103	107	109	113
127	131	137	139	149	151	157	163	167	173
179	181	191	193	197	199	211	223	227	229
233	239	241	251	257	263	269	271	277	281
283	293	307	311	313	317	331	337	347	349
353	359	367	373	379	383	389	397	401	409
419	421	431	433	439	443	449	457	461	463
467	479	487	491	499	503	509	521	523	541

«Si los **números** no son **bellos**, entonces **nada lo es**».

Atribuido a PAUL ERDŐS

Tablas de multiplicar

La aritmética mental puede ser útil en el día a día. Una serie de cálculos que se pueden aprender de memoria son las tablas de multiplicar, que ayudan a consolidar conocimientos numéricos básicos. La tabla de abajo contiene los múltiplos de los números del 1 al 12, útiles a la hora de adaptar recetas de cocina o calcular el material necesario para una obra.

	1	2	3	4	5	6	7	8	9	10	11	12
1	1	2	3	4	5	6	7	8	9	10	11	12
2	2	4	6	8	10	12	14	16	18	20	22	24
3	3	6	9	12	15	18	21	24	27	30	33	36
4	4	8	12	16	20	24	28	32	36	40	44	48
5	5	10	15	20	25	30	35	40	45	50	55	60
6	6	12	18	24	30	36	42	48	54	60	66	72
7	7	14	21	28	35	42	49	56	63	70	77	84
8	8	16	24	32	40	48	56	64	72	80	88	96
9	9	18	27	36	45	54	63	72	81	90	99	108
10	10	20	30	40	50	60	70	80	90	100	110	120
11	11	22	33	44	55	66	77	88	99	110	121	132
12	12	24	36	48	60	72	84	96	108	120	132	144

Signos y símbolos matemáticos

Las matemáticas son como un lenguaje, con su propio conjunto de notaciones universalmente aceptadas, aunque existen variantes, como expresar la multiplicación con • o con ×. Las ramas matemáticas tienen su notación especializada, pero estos son los símbolos más comunes.

SÍMBOLO	DEFINICIÓN
+	Más; positivo
−	Menos; negativo
±	Más o menos; positivo o negativo
∓	Menos o más; negativo o positivo
×	Multiplicado por (6 × 4)
·	Multiplicado por (6 · 4)
÷	Dividido por (6 ÷ 4)
/	Dividido por; proporción de ($^6/_4$)
—	Dividido por; proporción de ($\frac{6}{4}$)
=	Igual
≠	No igual a
≡	Idéntico a; congruente con
≢	No idéntico a
≙	Corresponde a
:	Proporción de (6:4)
::	Proporcionalmente igual (1:2 ::2:4)
≈, ≐, ≗	Aproximadamente igual a; equivalente a; semejante a
≅	Congruente con; idéntico a
>	Mayor que
≫	Mucho mayor que
≯	No mayor que

SÍMBOLO	DEFINICIÓN
<	Menos que
≪	Mucho menos que
≮	No menos que
≥ ≧ ≩	Igual o mayor que
≤ ≦ ≨	Igual o menor que
∝	Directamente proporcional a
()	Paréntesis, puede significar multiplicar
—	Vínculo: división w(a-b); cuerda de círculo o longitud de recta (AB);
$\overrightarrow{AB}$	Vector
$\overline{AB}$	Segmento de recta
$\overleftrightarrow{AB}$	Recta
∞	Infinito
n^4	Potencia, índice, exponente
$\sqrt[2]{\ }, \sqrt[3]{\ }$	Raíz cuadrada, raíz cúbica, etc.
%	Porcentaje; por ciento
°	Grados (°C); grados de arco (90°)
∠, $∠^s$	Ángulo(s)
π	(pi) = 3,141592...
⊥	Perpendicular
∟	Ángulo recto
‖	Paralela
$\underline{m}$	Medido por

Entre 1889 y 1960, el **metro** se **definió como la distancia** entre dos líneas marcadas en una **barra prototipo** de aleación de platino e iridio.

Unidades de medida

A lo largo de la historia, distintos pueblos han tratado de crear unidades de medida estándar para cuantificar o comparar longitudes, masas y temperaturas. El sistema internacionalmente reconocido, el Sistema Internacional de Unidades (SI), se desarrolló a partir del sistema métrico francés. Las medidas basadas en el sistema imperial británico aún se usan en el ámbito anglosajón.

TEMPERATURA

	FAHRENHEIT	CELSIUS	KELVIN
Ebullición del agua	212°	100°	373°
Congelación del agua	32°	0°	273°
Cero absoluto	-459°	-273°	0°

VOLUMEN LÍQUIDO

MÉTRICO

1000 mililitros (ml)	=	1 litro (l)
100 litros (l)	=	1 hectolitro (hl)
10 hectolitros (hl)	=	1 kilolitro (kl)
1000 litros (l)	=	1 kilolitro (kl)

IMPERIAL

8 onzas líquidas	=	1 *cup*
20 onzas líquidas	=	1 pinta
4 *gills*	=	1 pinta
2 pintas	=	1 cuarto
4 cuartos	=	1 galón

LONGITUD

MÉTRICO

10 milímetros (mm)	=	1 centímetro (cm)
100 centímetros (cm)	=	1 metro (m)
1000 milímetros (mm)	=	1 metro (m)
1000 metros (m)	=	1 kilómetro (km)

IMPERIAL

12 pulgadas	=	1 pie
3 pies	=	1 yarda
1760 yardas	=	1 milla
5280 pies	=	1 milla
8 *furlongs*	=	1 milla

MASA

MÉTRICO

1000 miligramos (mg)	=	1 gramo (g)
1000 gramos (g)	=	1 kilogramo (kg)
1000 kilogramos (kg)	=	1 tonelada (t)

IMPERIAL

16 onzas	=	1 libra
14 libras	=	1 *stone*
112 libras	=	1 *hundredweight*
20 *hundredweight*	=	1 tonelada larga

TIEMPO

MÉTRICO E IMPERIAL

60 segundos	=	1 minuto
60 minutos	=	1 hora
24 horas	=	1 día
7 días	=	1 semana
52 semanas	=	1 año

ÁREA

MÉTRICO			IMPERIAL		
100 milímetros cuadrados (mm^2)	=	1 centímetro cuadrado (cm^2)	144 pulgadas cuadradas	=	1 pie cuadrado
10 000 centímetros cuadrados (cm^2)	=	1 metro cuadrado (m^2)	9 pies cuadrados	=	1 yarda cuadrada
10 000 metros cuadrados (m^2)	=	1 hectárea (ha)	1296 pulgadas cuadradas	=	1 yarda cuadrada
100 hectáreas (ha)	=	1 kilómetro cuadrado (km^2)	43 560 pies cuadrados	=	1 acre
1 kilómetro cuadrado (km^2)	=	1 000 000 metros cuadrados (m^2)	640 acres	=	1 milla cuadrada

Tablas de conversión

Las medidas métricas son las más utilizadas en todo el mundo, pero en ocasiones resulta útil la conversión entre métricas e imperiales. Conocer las proporciones entre medidas comunes facilita las conversiones entre sistemas cuando es necesario.

ÁREA

MÉTRICO		IMPERIAL	IMPERIAL		MÉTRICO
1 centímetro cuadrado (cm^2)	=	0,155 pulgadas cuadradas	1 pulgada cuadrada	=	6,4516 centímetros cuadrados (cm^2)
1 metro cuadrado (m^2)	=	10,764 pies cuadrados	1 pie cuadrado	=	0,0929 metros cuadrados (m^2)
1 metro cuadrado (m^2)	=	1,196 yardas cuadradas	1 yarda cuadrada	=	0,8361 metros cuadrados (m^2)
1 hectárea (ha)	=	2,4711 acres	1 acre	=	0,4047 hectáreas (ha)
1 kilómetro cuadrado (km^2)	=	0,3861 millas cuadradas	1 milla cuadrada	=	2,59 kilómetros cuadrados (km^2)

LONGITUD

MÉTRICO		IMPERIAL
1 milímetro (mm)	=	0,03937 pulgadas
1 centímetro (cm)	=	0,3937 pulgadas
1 metro (m)	=	1,0936 yardas
1 kilómetro (km)	=	0,6214 millas

IMPERIAL		MÉTRICO
1 pulgada	=	2,54 centímetros (cm)
1 pie	=	0,3048 metros (m)
1 yarda	=	0,9144 metros (m)
1 milla	=	1,6093 kilómetros (km)
1 milla náutica	=	1,853 kilómetros (km)

MASA

MÉTRICO		IMPERIAL
1 miligramo (mg)	=	0,0154 granos
1 gramo (g)	=	0,0353 onzas
1 kilogramo (kg)	=	2,2046 libras
1 tonelada métrica (t)	=	0,9842 toneladas largas

IMPERIAL		MÉTRICO
1 onza	=	28,35 gramos (g)
1 libra	=	0,4536 kilogramos (kg)
1 *stone*	=	6,3503 kilogramos (kg)
1 *hundredweight*	=	50,802 kilogramos (kg)
1 tonelada larga	=	1,016 toneladas métricas

VOLUMEN

MÉTRICO		IMPERIAL
1 centímetro cúbico (cm^3)	=	0,061 pulgadas cúbicas
1 decímetro cúbico (dm^3)	=	0,0353 pies cúbicos
1 metro cúbico (m^3)	=	1,308 yardas cúbicas
1 litro (l)/1 dm^3	=	1,76 pintas

IMPERIAL		MÉTRICO
1 pulgada cúbica	=	16,387 centímetros cúbicos (cm^3)
1 pie cúbico	=	0,0283 metros cúbicos (m^3)
1 onza líquida	=	28,413 mililitros (ml)
1 pinta/20 onzas líquidas	=	0,5683 litros (l)
1 galón/8 pintas	=	4,5461 litros (l)

◄ Véase también Geometría pp. 172–173   ◄ Medición y dibujo técnico pp. 174–175

Mecánica clásica

La mecánica clásica es la rama de la física que describe el movimiento de los objetos físicos. Puede aplicarse a cualquier actividad, desde el atletismo hasta la exploración espacial, y se basa en el principio de que usar energía para aplicar fuerzas a objetos produce cambios en el movimiento de estos (o en su forma). La estableció hace siglos Isaac Newton, y sigue siendo válida para predecir el movimiento de objetos conocidos o determinar sus movimientos en el pasado.

Tipos de energía
Para cambiar el movimiento de un objeto aplicándole una fuerza (en decir, para realizar lo que en física se denomina trabajo) se requiere transferir energía a dicho objeto. La energía se almacena y se transfiere de muchas formas para producir cambios.

Energía radiante
Se desplaza como fluctuaciones en campos magnéticos y eléctricos, como la luz visible.

Energía térmica
Se debe al movimiento (o vibración) de los átomos de un objeto.

Energía química
La que producen las reacciones químicas al romperse los enlaces entre los átomos.

Energía nuclear
Los núcleos atómicos contienen grandes cantidades de energía, que puede liberarse.

Energía acústica
La que transporta una onda sonora comprime y estira el aire (u otro medio).

Potencial gravitatoria
Los objetos levantados contra la gravedad tienen el potencial de acelerar al caer.

Potencial elástica
Los objetos estirados o comprimidos pueden tener el potencial de recuperar su forma original.

Potencial eléctrica
Una pila tiene el potencial de mover cargas por un circuito y generar corriente.

Energía eléctrica
Es la transportada por un flujo de cargas eléctricas (corriente), que hace funcionar aparatos.

Energía cinética
Es la que tienen todos los objetos asociada a su movimiento.

Conservación de la energía
La energía ni se crea ni se destruye, sino que se transfiere constantemente de unas formas a otras. Un proceso tan sencillo como subir una carga de ladrillos por una pendiente supone transferir energía entre varias de ellas.

Se transfiere energía cinética a la carretilla

AUMENTA LA ENERGÍA POTENCIAL GRAVITATORIA

La energía potencial química almacenada en el cuerpo disminuye

La energía potencial gravitatoria empieza a convertirse en cinética

① Movimiento
Utilizando la energía química almacenada en su cuerpo, una persona realiza un trabajo sobre la carretilla llena de ladrillos. Esta empieza a moverse y gana energía cinética.

② Ascenso
Al ascender la carretilla y los ladrillos por la cuesta, su energía cinética y la energía química almacenada en el cuerpo se transfieren a la energía potencial gravitatoria.

③ Liberación de energía potencial
Cuando se vuelcan los ladrillos de la carretilla, su energía potencial gravitatoria se transfiere a la energía cinética mientras caen hacia el suelo.

Al caer los ladrillos, su energía cinética aumenta y su energía potencial gravitatoria disminuye

Al dejar de caer los ladrillos, su energía cinética se convierte en calor y energía acústica

Trabajo
En física, aplicar una fuerza para cambiar el movimiento de los objetos es efectuar un trabajo. Por ejemplo, cuando al golpear una pelota de tenis se le aplica una fuerza que la envía en una nueva dirección.

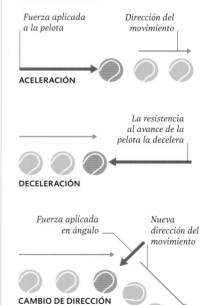

Fuerza aplicada a la pelota — *Dirección del movimiento*
ACELERACIÓN

La resistencia al avance de la pelota la decelera
DECELERACIÓN

Fuerza aplicada en ángulo — *Nueva dirección del movimiento*
CAMBIO DE DIRECCIÓN

Una fuerza mayor la deforma más
DEFORMACIÓN

Las fuerzas son iguales

INERCIA
El movimiento de un objeto no cambia a menos que este experimente una fuerza externa neta; por ejemplo, un patinador sigue deslizándose por el hielo hasta que el rozamiento y la resistencia del aire lo paren. Esto se conoce como inercia. La gravedad y otras fuerzas de resistencia ocultan en parte los efectos de la inercia, haciendo que parezca que los objetos tienden a decelerarse.

La cesta y las pelotas se desplazan con movimiento uniforme

Movimiento uniforme
La cesta y las pelotas mantienen su velocidad en la misma dirección mientras no se aplique una fuerza.

La pelota continúa hacia delante
Barrera

Cambio inercial
Una barrera ejerce una fuerza sobre la cesta, que se detiene, pero las pelotas continúan avanzando.

Isaac Newton escribió a lo largo de
su vida unos **10 millones de palabras**.

FÍSICA

Leyes del movimiento de Newton

Las tres leyes del movimiento de Newton describen cómo las fuerzas que actúan sobre un objeto masivo influyen en su movimiento. Constituyen el núcleo de la mecánica clásica y sirven para predecir y explicar una serie de fenómenos físicos, como el lanzamiento de un cohete al espacio. Para que un cohete despegue se requiere que una fuerza cambie su estado de movimiento estacionario. La aceleración del cohete depende de la masa y del empuje que aporta la combustión, y se ve reducida por la oposición que ejerce la existencia del aire.

> «Si he **visto más allá**, ha sido por estar **subido** a los **hombros de gigantes**.»

ISAAC NEWTON, en una
carta a Robert Hooke (1675)

ISAAC NEWTON

Isaac Newton (1642–1727) fue un polímata inglés reconocido como uno de los científicos más influyentes de la historia. Estrechamente vinculado a la Universidad de Cambridge y la Royal Society, además de postular las leyes de la mecánica y la gravitación, hizo importantes aportaciones a la óptica, la astronomía, la dinámica de fluidos y las matemáticas, y desarrolló el cálculo independientemente de su contemporáneo Gottfried Leibniz.

MOVIMIENTO HACIA ARRIBA

Primera ley de Newton
Todo objeto permanecerá en reposo o en movimiento uniforme a menos que actúe sobre él una fuerza externa.

Segunda ley de Newton
La aceleración de un objeto depende de su masa y de la fuerza que actúe sobre él.

Tercera ley de Newton
Para toda acción en la naturaleza hay una reacción igual y opuesta.

FUERZA HACIA ABAJO

Newton escribió su obra *Principia* en **18 meses**.

Ley de la gravitación de Newton

La ley de la gravitación universal planteada por Isaac Newton en su obra *Principia* afirma que todo objeto masivo ejerce una fuerza de atracción sobre todo otro objeto masivo. La intensidad de esta fuerza depende de la masa de los objetos y de la distancia que los separa.

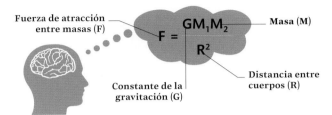

Fuerza de atracción entre masas (F)

$$F = \frac{GM_1M_2}{R^2}$$

Masa (M)

Distancia entre cuerpos (R)

Constante de la gravitación (G)

Gravedad y masa
La fuerza gravitatoria (F) entre dos objetos es directamente proporcional a su masa (M); doblar la masa de uno de los objetos dobla la fuerza entre ambos.

Gravedad y distancia
La atracción gravitatoria es inversamente proporcional al cuadrado de la distancia (D) entre los objetos; doblar la separación entre ellos reduce la atracción en un factor de cuatro.

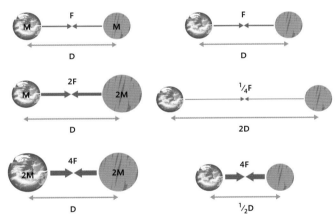

Masa y peso

El peso de un objeto es la gravedad ejercida sobre él. En la Tierra, el peso se experimenta como fuerza que tira hacia el suelo. La masa de un objeto es la medida de la cantidad de materia que contiene. Aunque los objetos masivos experimentan más peso, todos los objetos caen al suelo a la misma velocidad.

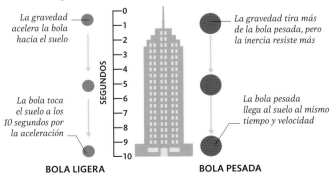

La gravedad acelera la bola hacia el suelo

La bola toca el suelo a los 10 segundos por la aceleración

SEGUNDOS

La gravedad tira más de la bola pesada, pero la inercia resiste más

La bola pesada llega al suelo al mismo tiempo y velocidad

BOLA LIGERA

BOLA PESADA

Termodinámica

La termodinámica es la parte de la física que trata del calor, la temperatura y ciertas propiedades de la materia. Se ocupa de cómo se transfiere la energía en forma de calor entre distintas formas de materia y de uno a otro lugar, y se fundamenta en cuatro leyes que describen la entropía y cómo se comporta el calor en un sistema cerrado.

La termodinámica surgió del **esfuerzo por mejorar** la eficiencia de las primeras **máquinas de vapor.**

Teoría cinética de los gases

La teoría cinética define los gases como un conjunto de partículas diminutas que se mueven al azar, chocando continuamente entre ellas y con las paredes del recipiente que las contenga. Aunque simplificado, este ejemplo sirve para comprender propiedades observables como la temperatura, la presión y el volumen. Calentar un gas añade energía cinética a sus partículas, haciendo que se muevan más rápido y colisionen con más frecuencia y energía. Esto hace que el gas se expanda o, si está en un recipiente, ejerza mayor presión al chocar con más frecuencia sus partículas con las paredes del recipiente.

Presión y temperatura
La teoría cinética de los gases explica por qué un gas, incluso dentro de un recipiente a presión, se expande al ascender hacia la superficie del agua.

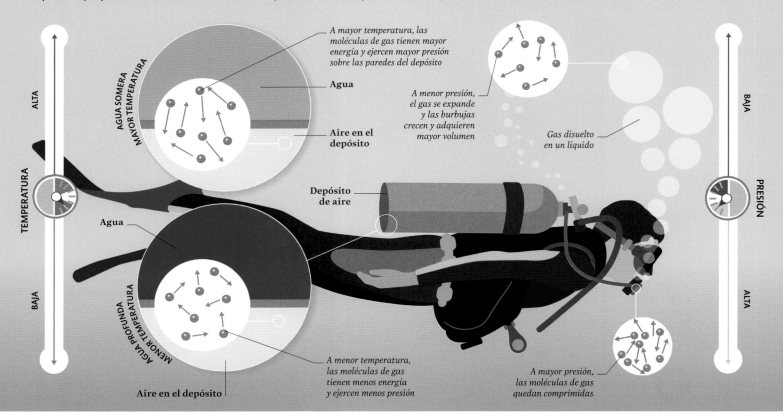

A mayor temperatura, las moléculas de gas tienen mayor energía y ejercen mayor presión sobre las paredes del depósito

Agua

Aire en el depósito

ALTA

AGUA SOMERA
MAYOR TEMPERATURA

TEMPERATURA

BAJA

A menor presión, el gas se expande y las burbujas crecen y adquieren mayor volumen

Gas disuelto en un líquido

BAJA

PRESIÓN

ALTA

Depósito de aire

Agua

AGUA PROFUNDA
MENOR TEMPERATURA

Aire en el depósito

A menor temperatura, las moléculas de gas tienen menos energía y ejercen menos presión

A mayor presión, las moléculas de gas quedan comprimidas

Leyes de la termodinámica

Las cuatro leyes de la termodinámica describen el comportamiento de la energía térmica en un sistema. Los conceptos esenciales son que la energía ni se crea ni se destruye, y que el calor se desplaza de forma natural en una dirección, de lo caliente a lo frío. Estos principios son unos de los más importantes de la ciencia. Su orden no es convencional, pues la primera ley fue la última en formularse.

Ley cero
Dos sistemas en equilibrio térmico por separado con un tercero también lo están entre sí.

2.ª ley
La entropía (desorden o aleatoriedad) en un sistema aislado aumenta con el tiempo.

1.ª ley
La energía puede cambiar de forma, pero no crearse ni destruirse.

3.ª ley
Existe una temperatura mínima, pero en realidad no es posible llegar al cero absoluto.

El destino del universo

La entropía, una medida del desorden molecular en todo sistema cerrado, aumenta siempre con el tiempo. En consecuencia, el universo alcanzará un estado de entropía máxima en el que no podrá realizarse más trabajo.

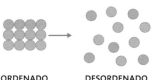

ORDENADO   DESORDENADO

El agua puede existir en forma de **hielo sólido, agua líquida y vapor gaseoso** a +0,01 °C.

Energía y temperatura

La energía térmica, llamada también calor, es la energía interna total de una muestra de una sustancia y depende de su masa, del tipo de sus partículas y de la velocidad de estas. La temperatura es la energía media de sus partículas. Las chispas de una bengala tienen una temperatura alta, pero no mucho calor, debido a su tamaño.

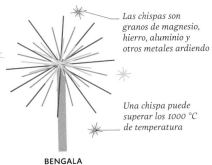

Las chispas son granos de magnesio, hierro, aluminio y otros metales ardiendo

Una chispa puede superar los 1000 °C de temperatura

BENGALA

Medir la temperatura

Las temperatura se mide mediante las escalas Kelvin (K), Celsius (°C) y Fahrenheit (°F). Ciertos fenómenos naturales se dan a determinada temperatura en estas escalas (el agua hierve a 100°C). Los físicos suelen emplear la escala Kelvin, que empieza por la mínima temperatura posible: el cero absoluto.

CLAVE

°C Grados Celsius   **K** Kelvins

°F Grados Fahrenheit

Escalas de temperatura

Las temperaturas a las que se producen ciertos fenómenos naturales sirvieron a los científicos de puntos de referencia para crear escalas.

WILLIAM THOMSON

William Thomson (1828–1907), conocido como Lord Kelvin, calculó que si un objeto perdiera toda su energía térmica hasta que sus partículas se detuvieran, su temperatura sería de –273°C, llamada cero absoluto.

ESCALAS DE TEMPERATURA

Un fuego de leña basta para fundir metales

Gases de escape de los motores de aviación

El punto de fusión del plomo es más bajo que el de otros metales

La temperatura máxima que suelen alcanzar los hornos domésticos es 250°C

El punto de ebullición del agua se escogió como marca de los 100°C

Una de las máximas temperaturas del aire registradas en la Tierra

Temperatura normal del cuerpo humano

El punto de congelación del agua es el 0 en la escala Celsius

La temperatura más baja registrada en la Tierra

La mayoría de los gases del aire se vuelven líquidos

La temperatura más baja registrada en el espacio

El cero absoluto es la temperatura mínima (teórica)

Transferencia de calor

El calor se transfiere entre objetos mediante tres procesos: convección, conducción y radiación. El modo en que se transfiere depende de las propiedades de los objetos. Los sólidos, por ejemplo, son buenos conductores debido a su densa estructura atómica.

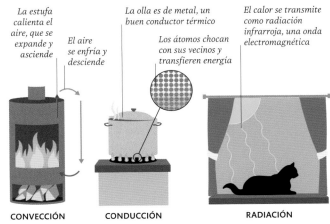

La estufa calienta el aire, que se expande y asciende

El aire se enfría y desciende

La olla es de metal, un buen conductor térmico

Los átomos chocan con sus vecinos y transfieren energía

El calor se transmite como radiación infrarroja, una onda electromagnética

CONVECCIÓN   **CONDUCCIÓN**   **RADIACIÓN**

Equilibrio térmico

El calor se desplaza espontáneamente de los objetos calientes a los fríos. Este proceso continúa hasta que los objetos alcanzan la misma temperatura, es decir, están en equilibrio térmico.

La energía térmica se difunde hasta repartirse de forma uniforme

Se alcanza el equilibrio térmico

CALIENTE   **FRÍO**   **CALIENTE Y FRÍO**   **TIBIO**

Transiciones de fase y calor latente

La materia existe en distintos estados, como sólido, líquido y gaseoso. Añadir energía a la materia hace que sus partículas vibren más, hasta que finalmente se rompen los enlaces entre ellas, y cambia su estado. En estas transiciones de fase, la energía funciona como calor latente, el cual no eleva la temperatura de la materia.

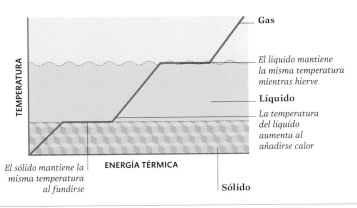

TEMPERATURA

Gas

El líquido mantiene la misma temperatura mientras hierve

Líquido

La temperatura del líquido aumenta al añadirse calor

El sólido mantiene la misma temperatura al fundirse

ENERGÍA TÉRMICA

Sólido

Ondas

Las ondas son oscilaciones (fluctuaciones) regulares y repetidas alrededor de un punto medio fijo. Adoptan diversas formas, pudiendo permanecer inmóviles o transferir energía al propagarse a través de una sustancia o un vacío, pero todas se caracterizan por una serie de comportamientos comunes. La luz, el sonido y las ondas mecánicas, como las del agua, son unas de las ondas más conocidas.

Naturaleza de las ondas

Las ondas transfieren energía de un lugar a otro por medio de oscilaciones. Estos movimientos se dan de varias maneras, y sus propiedades dependen de la sustancia que atraviesan. Las ondas sonoras, por ejemplo, son oscilaciones de presión que viajan por una sustancia.

DIRECCIÓN DE LA ONDA

Oscilación perpendicular a la dirección

Ondas mecánicas

En las ondas mecánicas, como el sonido o las olas de un cuerpo de agua, la propia materia oscila adelante y atrás sobre una posición de equilibrio.

Sirena

DIRECCIÓN DE LA ONDA

Moléculas de aire dispersas en una zona de baja presión

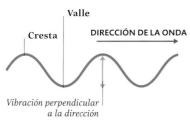

Valle

Cresta

DIRECCIÓN DE LA ONDA

Vibración perpendicular a la dirección

Onda transversal

Las oscilaciones de una onda transversal son perpendiculares a la dirección de avance. Un ejemplo son las ondas electromagnéticas, como la luz.

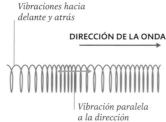

Vibraciones hacia delante y atrás

DIRECCIÓN DE LA ONDA

Vibración paralela a la dirección

Onda longitudinal

Las oscilaciones de una onda longitudinal van en la misma dirección que el avance de la onda. Un ejemplo de onda longitudinal es el sonido.

Propiedades de las ondas

Las ondas pueden definirse de forma cuantitativa midiendo propiedades comunes a todas ellas. La frecuencia de una onda es el número de oscilaciones completas por segundo, y la longitud de onda es la distancia que cubre una oscilación. El tamaño o «altura» –la amplitud– de una onda indica su potencia.

Amplitud medida desde la línea en torno a la que oscila la onda

La longitud es la distancia entre picos sucesivos

Las ondas más cortas suponen frecuencias más altas

DISTANCIA

0

TIEMPO 1 SEGUNDO

El sonido y la luz débiles tienen ondas de baja amplitud

1,5 ondas por segundo (frecuencia más baja)

3 ondas por segundo (frecuencia más alta)

Difracción

Cuando las ondas atraviesan un hueco, se doblan y extienden: esto se llama difracción. La difracción solo se da si el hueco es pequeño comparado con la longitud de la onda; si es demasiado grande, la difracción es casi imperceptible.

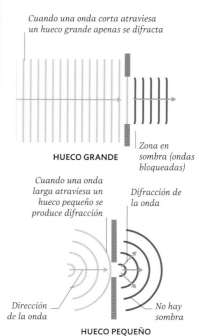

Cuando una onda corta atraviesa un hueco grande apenas se difracta

HUECO GRANDE

Zona en sombra (ondas bloqueadas)

Cuando una onda larga atraviesa un hueco pequeño se produce difracción

Difracción de la onda

Dirección de la onda

No hay sombra

HUECO PEQUEÑO

Reflexión

Cuando las ondas impactan en un obstáculo o límite se reflejan de este en el mismo ángulo (ángulo de reflexión) en el que lo alcanzaron (o ángulo de incidencia). La forma de una onda refleja depende de la forma de la onda incidente y de la del obstáculo con el que se haya encontrado.

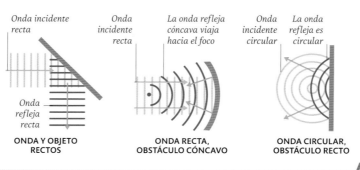

Onda incidente recta

Onda refleja recta

ONDA Y OBJETO RECTOS

Onda incidente recta

La onda refleja cóncava viaja hacia el foco

ONDA RECTA, OBSTÁCULO CÓNCAVO

Onda incidente circular

La onda refleja es circular

ONDA CIRCULAR, OBSTÁCULO RECTO

Refracción

Las ondas viajan a distinta velocidad al atravesar medios diferentes. La luz, por ejemplo, es más lenta en el agua que en el aire. Al atravesar límites entre sustancias, la velocidad y el ángulo de las ondas varían: esto se llama refracción.

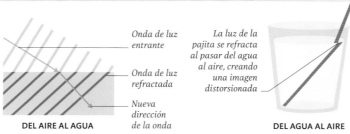

Onda de luz entrante

Onda de luz refractada

Nueva dirección de la onda

DEL AIRE AL AGUA

La luz de la pajita se refracta al pasar del agua al aire, creando una imagen distorsionada

DEL AGUA AL AIRE

Las ondas **no transfieren** materia, sino **energía**.

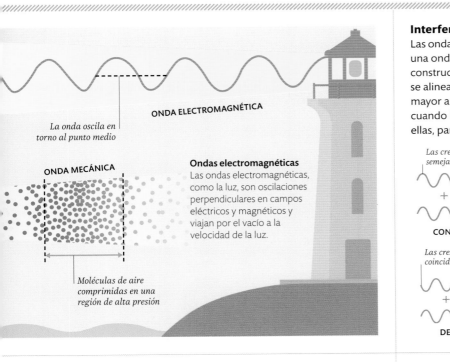

ONDA ELECTROMAGNÉTICA

La onda oscila en torno al punto medio

ONDA MECÁNICA

Moléculas de aire comprimidas en una región de alta presión

Ondas electromagnéticas
Las ondas electromagnéticas, como la luz, son oscilaciones perpendiculares en campos eléctricos y magnéticos y viajan por el vacío a la velocidad de la luz.

Interferencia
Las ondas pueden combinarse y formar una onda resultante. La interferencia constructiva se da cuando las crestas se alinean para formar una onda de mayor amplitud, y la destructiva, cuando las ondas se anulan entre ellas, parcialmente o por completo.

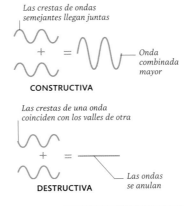

Las crestas de ondas semejantes llegan juntas

Onda combinada mayor

CONSTRUCTIVA

Las crestas de una onda coinciden con los valles de otra

Las ondas se anulan

DESTRUCTIVA

OLAS MARINAS
Las olas que recorren un cuerpo de agua son ondas de un tipo conocido como ondas superficiales. Cuando el viento sopla sobre el mar, el agua de la superficie adquiere forma de picos (crestas) y valles. El punto medio entre una cresta y un valle es el nivel del agua cuando esta se encuentra en calma.

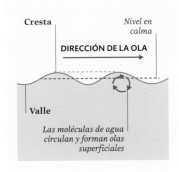

Cresta *Nivel en calma*

DIRECCIÓN DE LA OLA

Valle

Las moléculas de agua circulan y forman olas superficiales

Efecto Doppler
Incluso a las ondas rápidas, como las del sonido, les afecta el movimiento de su fuente. Al aproximarse un vehículo ruidoso, las ondas sonoras se comprimen, y aumenta su frecuencia; cuando el vehículo pasa y se aleja, las ondas se alargan. Esto se denomina efecto Doppler.

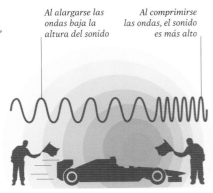

Al alargarse las ondas baja la altura del sonido

Al comprimirse las ondas, el sonido es más alto

Cómo transfieren energía las ondas
Al propagarse, las ondas transfieren energía, no materia. Las ondas mecánicas perturban localmente la materia al pasar, aunque esta no se mueva con el agua. Esto hace que se mezclen los objetos flotantes al pasar una ola.

La ola perturba la superficie formando crestas y valles

Objeto flotante

❶ **LA OLA SE ACERCA AL PATO**

El pato se mece en una posición fija

Dirección de la ola

❷ **EL PATO CABALGA LA OLA**

El pato sigue en su lugar al pasar la ola

❸ **LA OLA PASA**

Equilibrio
Las oscilaciones no se dan solo en las ondas, sino también en muchos otros fenómenos naturales. Un péndulo, por ejemplo, se mueve en torno a su posición de equilibrio (cuando cuelga recto), con una oscilación conocida como movimiento armónico simple. Este supone que cuanto más se aleje el péndulo del equilibrio, mayor es la fuerza restauradora que lo devuelve a este.

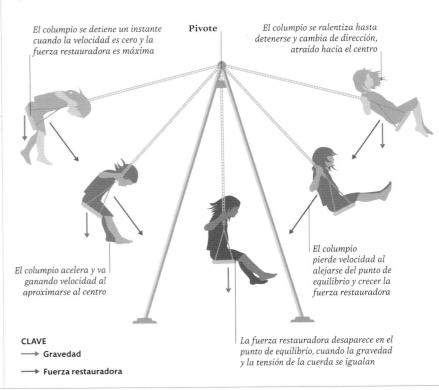

El columpio se detiene un instante cuando la velocidad es cero y la fuerza restauradora es máxima

Pivote

El columpio se ralentiza hasta detenerse y cambia de dirección, atraído hacia el centro

El columpio acelera y va ganando velocidad al aproximarse al centro

El columpio pierde velocidad al alejarse del punto de equilibrio y crecer la fuerza restauradora

CLAVE
→ Gravedad
→ Fuerza restauradora

La fuerza restauradora desaparece en el punto de equilibrio, cuando la gravedad y la tensión de la cuerda se igualan

Luz y materia

La física de la luz y sus interacciones con la materia se conoce como óptica. La luz visible es una onda del centro del espectro electromagnético. Cada tipo de onda electromagnética tiene distintas propiedades, que dependen de su longitud. Todas las ondas interactúan con la materia, pero de distinta forma según su energía (longitud de onda). Muchas interacciones entre luz y materia se pueden comprender considerando la luz como una onda, pero a inicios del siglo XX, otros fenómenos movieron a los físicos a desafiar esta convención y describir la luz también como una partícula, llamada fotón.

Espectro de la luz
El espectro electromagnético es la gama de vibraciones sincronizadas de los campos eléctricos y magnéticos. Va desde las ondas largas de baja energía hasta las ondas cortas de alta energía.

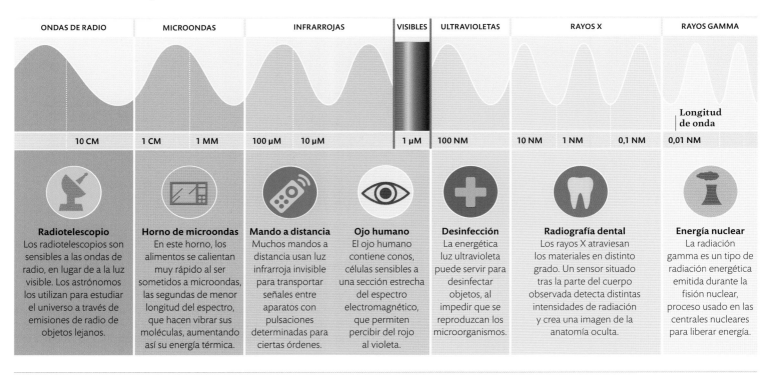

ONDAS DE RADIO	MICROONDAS	INFRARROJAS	VISIBLES	ULTRAVIOLETAS	RAYOS X	RAYOS GAMMA

Longitud de onda

| 10 CM | 1 CM | 1 MM | 100 μM | 10 μM | 1 μM | 100 NM | 10 NM | 1 NM | 0,1 NM | 0,01 NM |

Radiotelescopio
Los radiotelescopios son sensibles a las ondas de radio, en lugar de a la luz visible. Los astrónomos los utilizan para estudiar el universo a través de emisiones de radio de objetos lejanos.

Horno de microondas
En este horno, los alimentos se calientan muy rápido al ser sometidos a microondas, las segundas de menor longitud del espectro, que hacen vibrar sus moléculas, aumentando así su energía térmica.

Mando a distancia
Muchos mandos a distancia usan luz infrarroja invisible para transportar señales entre aparatos con pulsaciones determinadas para ciertas órdenes.

Ojo humano
El ojo humano contiene conos, células sensibles a una sección estrecha del espectro electromagnético, que permiten percibir del rojo al violeta.

Desinfección
La energética luz ultravioleta puede servir para desinfectar objetos, al impedir que se reproduzcan los microorganismos.

Radiografía dental
Los rayos X atraviesan los materiales en distinto grado. Un sensor situado tras la parte del cuerpo observada detecta distintas intensidades de radiación y crea una imagen de la anatomía oculta.

Energía nuclear
La radiación gamma es un tipo de radiación energética emitida durante la fisión nuclear, proceso usado en las centrales nucleares para liberar energía.

La luz como onda y partícula
La luz tiene propiedades de onda y de partícula. Una manera sencilla de mostrar su comportamiento como onda es el experimento de la doble ranura. Este modelo ondulatorio de la luz fue dominante en la ciencia durante mucho tiempo, pero impedía a los físicos explicar la emisión electromagnética en relación con la temperatura. Sus observaciones solo podían explicarse si la luz también se caracterizase como pequeños paquetes discretos de energía (fotones).

La luz viaja a casi 300 000 000 m/s en el vacío.

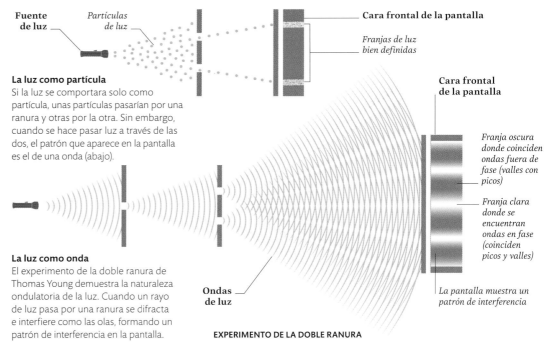

Fuente de luz

Partículas de luz

Cara frontal de la pantalla

Franjas de luz bien definidas

La luz como partícula
Si la luz se comportara solo como partícula, unas partículas pasarían por una ranura y otras por la otra. Sin embargo, cuando se hace pasar luz a través de las dos, el patrón que aparece en la pantalla es el de una onda (abajo).

Cara frontal de la pantalla

Franja oscura donde coinciden ondas fuera de fase (valles con picos)

Franja clara donde se encuentran ondas en fase (coinciden picos y valles)

Ondas de luz

La pantalla muestra un patrón de interferencia

La luz como onda
El experimento de la doble ranura de Thomas Young demuestra la naturaleza ondulatoria de la luz. Cuando un rayo de luz pasa por una ranura se difracta e interfiere como las olas, formando un patrón de interferencia en la pantalla.

EXPERIMENTO DE LA DOBLE RANURA

El **impulso de las partículas de luz** del Sol puede **propulsar naves espaciales** con velas solares.

Luz y materia

El modo en que vemos las propiedades de un material depende de cómo interactúa este con la luz; por ejemplo, un material transparente deja pasar mucha luz, mientras que uno opaco no deja pasar casi nada. El color de un objeto depende de qué longitudes de onda de la luz refleja y cuáles absorbe.

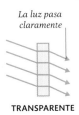

La luz pasa claramente

TRANSPARENTE

La luz se dispersa al pasar

TRASLÚCIDO

La luz se refleja y se dispersa

OPACO (MATE)

La luz se refleja en un solo rayo

OPACO (BRILLANTE)

Refracción

La luz cambia de velocidad al pasar de una sustancia a otra, cambiando en muchos casos de dirección. Cuando atraviesa un prisma, la luz blanca (mixta) se separa en distintos colores al tomar cada longitud de onda un ángulo diferente.

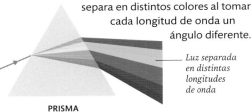

Luz separada en distintas longitudes de onda

PRISMA

Espejos

La mayoría de los objetos tienen irregularidades superficiales que reflejan la luz en todos los ángulos (dispersión). Los espejos tienen una superficie muy lisa, que permite reflejar los haces luminosos en su alineación original, generando así imágenes virtuales claras.

La luz da en el objeto y se refleja en el espejo

Imagen especular

Un espejo crea una imagen virtual que aparece invertida y que parece encontrarse detrás de él.

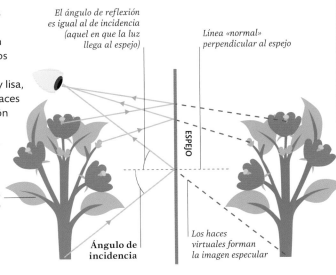

El ángulo de reflexión es igual al de incidencia (aquel en que la luz llega al espejo)

Línea «normal» perpendicular al espejo

ESPEJO

Ángulo de incidencia

Los haces virtuales forman la imagen especular

OBJETO

IMAGEN ESPECULAR

Lentes

Una lente es un objeto transparente que manipula la luz por refracción. Como tiene dos superficies curvas, la luz incide y sale en ángulos diferentes y se refracta en distinto grado. Los dos tipos principales de lentes son las convexas (que concentran la luz) y las cóncavas (la dispersan).

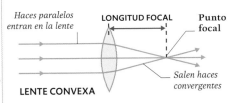

Haces paralelos entran en la lente

LONGITUD FOCAL

Punto focal

Salen haces convergentes

LENTE CONVEXA

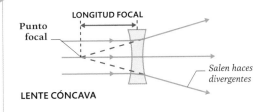

LONGITUD FOCAL

Punto focal

Salen haces divergentes

LENTE CÓNCAVA

Cómo emiten luz los átomos

Los átomos absorben y emiten energía en forma de luz cuando los electrones se mueven entre sus capas energéticas.

Cuando un electrón absorbe un fotón pasa a una capa más alta y, cuando cae a una capa energética más baja, libera la diferencia de energía en forma de un fotón.

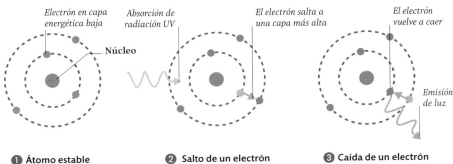

Electrón en capa energética baja

Núcleo

Absorción de radiación UV

El electrón salta a una capa más alta

El electrón vuelve a caer

Emisión de luz

❶ **Átomo estable**
Los electrones ocupan los niveles (capas) de energía que rodean el núcleo.

❷ **Salto de un electrón**
Al absorber un fotón, un electrón se excita y salta a un nivel energético superior.

❸ **Caída de un electrón**
El electrón vuelve rápidamente a un nivel inferior y libera el exceso de energía en forma de luz.

La fluorescencia

La fluorescencia es una de varias maneras en que se emite luz. Los objetos fluorescentes absorben fotones y luego los liberan, normalmente en una longitud de onda más larga (de menor energía) que la de la luz absorbida. Por ejemplo, pueden absorber luz ultravioleta y emitir luz visible.

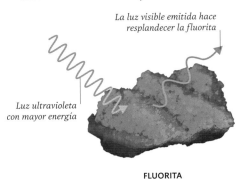

La luz visible emitida hace resplandecer la fluorita

Luz ultravioleta con mayor energía

FLUORITA

Electricidad y magnetismo

El electromagnetismo es la física de los objetos con carga eléctrica y sus interacciones, que tienen lugar en campos eléctricos y magnéticos. La electricidad y el magnetismo se consideraron fuerzas distintas hasta que James Clerk Maxwell (1831–1879) las describió como aspectos de una sola. La fuerza electromagnética, la más conocida de las cuatro fuerzas fundamentales después de la gravedad, activa los aparatos eléctricos y origina las ondas electromagnéticas, como la luz.

La electricidad estática

Los átomos contienen un núcleo con carga positiva rodeado de electrones con carga negativa que pueden fluir libremente hacia otros objetos. Un objeto con un excedente de electrones adquiere carga negativa y atrae objetos con carga positiva, que tienen un déficit de electrones.

Excedente de electrones

CLAVE
● Electrón   ⊕ Carga positiva

3 Calambre
Al saltar los electrones a la manilla metálica conductora, la persona nota un pequeño calambre y puede producirse un chispazo visible.

Manilla neutra

Los electrones saltan a la manilla y causan un pequeño calambre

Carga negativa del cuerpo

2 Descarga
Al acercarse la mano a la manilla, algunos electrones se transfieren a esta, quedando el cuerpo eléctricamente neutro.

Todo el cuerpo adquiere una pequeña carga negativa

Se transfieren electrones al cuerpo

Alfombra neutra

1 Carga por fricción
Al rozar el pie las fibras de la alfombra se transfieren electrones del suelo al cuerpo de la persona, que adquiere una ligera carga negativa.

Crear una corriente eléctrica

Una corriente eléctrica es un flujo de carga eléctrica, como el que recorre los cables de un circuito. Las partículas cargadas son atraídas hacia una carga opuesta, y en una corriente como la que produce una pila, la diferencia de carga eléctrica entre dos electrodos mantiene el flujo. Los materiales que transportan bien la corriente se llaman conductores, y los que la bloquean, aislantes.

CLAVE
— Cable
→ Dirección de los electrones

Electrodo positivo

Separador hecho de material aislante

Fuente de átomos de metal

Pasta electrolítica

Funda

Los electrones se reúnen en el electrodo negativo

Los átomos de metal adquieren carga positiva

Electrodo negativo

Energía química
Una reacción química libera electrones de los átomos de metal, que son atraídos a una pasta electrolítica de electrolito.

Electrones empujados a volver hacia los átomos de metal

La pasta electrolítca gana electrones

La corriente enciende una bombilla

Los átomos de metal pierden electrones y adquieren carga positiva

La pasta electrolítica pierde electrones

Fuente de energía externa

El metal gana electrones

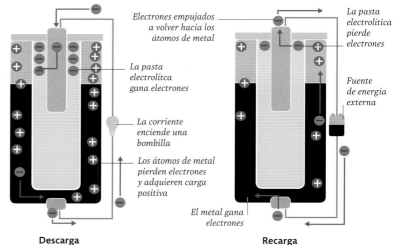

Descarga
Los electrodos se separan, obligando a los electrones a recorrer el cable de conexión al electrodo positivo.

Recarga
Algunas pilas pueden recargarse obligando a los electrones a fluir de vuelta al electrodo negativo.

Campos y fuerzas magnéticos

Un imán tiene dos polos (norte y sur) y está rodeado por un campo que ejerce fuerzas de atracción y repulsión sobre otros materiales magnéticos. Un campo magnético se extiende en todas direcciones, pero se debilita con la distancia. El comportamiento de las partículas de los materiales origina imanes de distinto tipo.

El campo magnético es más intenso en los polos

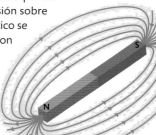

Las líneas de fuerza representan el campo

Dirección del campo de fuerza

LOS OPUESTOS SE ATRAEN

LOS POLOS IGUALES SE REPELEN

La Tierra tiene su **propio campo magnético**, que la protege de la peligrosa meteorología espacial.

FÍSICA

El electromagnetismo

La electricidad y el magnetismo son aspectos de un solo fenómeno, el electromagnetismo. Este describe las relaciones entre campos eléctricos y magnéticos, como la dirección de un campo magnético respecto a un campo eléctrico.

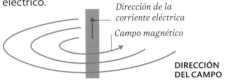

Dirección de la corriente eléctrica

Campo magnético

DIRECCIÓN DEL CAMPO

Inducción

Un campo magnético cambiante puede interactuar con un circuito para generar una corriente cuya intensidad y dirección varían con el campo. Esto se conoce como inducción magnética.

Inducir una corriente

Un generador eléctrico induce una corriente moviendo rápidamente un alambre por un campo magnético.

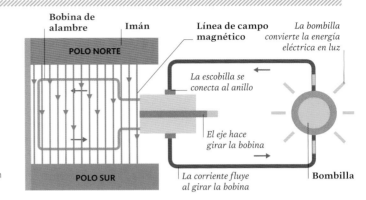

Bobina de alambre · Imán · *Línea de campo magnético* · *La bombilla convierte la energía eléctrica en luz*

POLO NORTE

La escobilla se conecta al anillo

El eje hace girar la bobina

POLO SUR

La corriente fluye al girar la bobina · **Bombilla**

Electroimanes

Un electroimán es un imán creado al pasar una corriente eléctrica por una bobina de alambre (llamada solenoide). El campo del electroimán puede controlarse variando la intensidad de la corriente que atraviesa el imán.

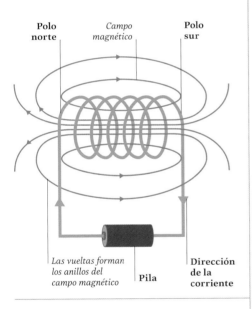

Polo norte · *Campo magnético* · **Polo sur**

Las vueltas forman los anillos del campo magnético · **Pila** · **Dirección de la corriente**

Las ondas electromagnéticas

Las ondas electromagnéticas, como la luz visible, son oscilaciones en campos eléctricos y magnéticos, perfectamente sincronizadas y perpendiculares unas a otras.

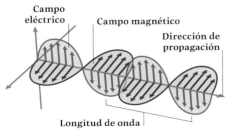

Campo eléctrico · **Campo magnético** · **Dirección de propagación**

Longitud de onda

Motores eléctricos

La inducción es el fundamento de numerosos aparatos eléctricos. Un motor es como un generador a la inversa, donde una bobina (llamada inducido) rota en un campo magnético atravesada por la corriente.

Regla de la mano izquierda

La regla de la mano izquierda de Fleming representa la dirección del movimiento en un motor eléctrico con tres dedos.

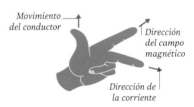

Movimiento del conductor · *Dirección del campo magnético* · *Dirección de la corriente*

Interior de un taladro

Un taladro es un ejemplo de aparato con un motor para generar movimiento rotatorio a partir de una corriente eléctrica.

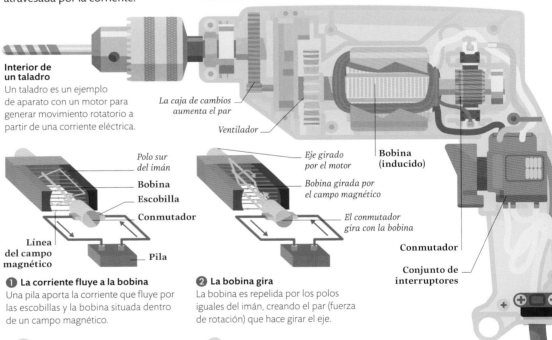

La caja de cambios aumenta el par · *Ventilador* · *Eje girado por el motor* · **Bobina (inducido)** · *Bobina girada por el campo magnético* · *El conmutador gira con la bobina* · **Conmutador** · **Conjunto de interruptores** · **Fuente de energía**

Polo sur del imán · **Bobina** · **Escobilla** · **Conmutador** · **Línea del campo magnético** · **Pila**

1 La corriente fluye a la bobina
Una pila aporta la corriente que fluye por las escobillas y la bobina situada dentro de un campo magnético.

Eje girado por el motor

2 La bobina gira
La bobina es repelida por los polos iguales del imán, creando el par (fuerza de rotación) que hace girar el eje.

Polos de la bobina repelidos por el imán · *El conmutador invierte la corriente de la bobina*

3 Inversión de la corriente
El componente llamado conmutador invierte la dirección de la corriente eléctrica cada vez que la bobina da una vuelta.

La bobina sigue girando

4 Los polos se repelen
Los polos de la bobina se invierten en cada giro, y la sucesiva atracción y repulsión por el imán la mantiene rotando en la misma dirección.

Véase también Mecánica cuántica pp. 192–193 ▶   Física nuclear y de partículas pp. 194–195 ▶

Mecánica cuántica

CIENCIA Y TECNOLOGÍA

¿Qué es un cuanto?

Un cuanto es la menor cantidad posible de una cantidad física, sea energía, tiempo o momento angular. Por ejemplo, la menor cantidad posible de energía electromagnética (como la luz visible) es un fotón. La cuantización es el fundamento de la mecánica cuántica, el campo de la física que se ocupa de cómo se comporta la naturaleza a escala atómica y subatómica.

Principio de incertidumbre

A escala cuántica existe un límite a la precisión con la que pueden medirse ciertos pares de propiedades físicas, ya que el acto de medir una partícula puede perturbarla, haciendo así menos precisas otras medidas. Uno de esos pares es la posición y la velocidad: cuanto más precisamente se conoce la posición de una partícula, más incierta es su velocidad.

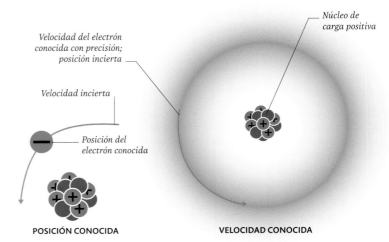

Capa electrónica de alta energía

El electrón parte de la capa inferior

Un fotón impacta en el electrón

El electrón absorbe energía y salta a una capa energética superior

El centro del átomo es el núcleo denso de carga positiva

Salto cuántico
Los electrones de un átomo pueden absorber energía y saltar de una capa energética a otra, en un salto cuántico.

Capa electrónica de baja energía

Velocidad del electrón conocida con precisión; posición incierta

Velocidad incierta

Posición del electrón conocida

Núcleo de carga positiva

POSICIÓN CONOCIDA

VELOCIDAD CONOCIDA

Efecto túnel

A escala cuántica, los objetos pueden atravesar barreras energéticas tomando momentáneamente prestada energía de sus alrededores. Este efecto túnel es fundamental para comprender la fusión nuclear y ciertos aspectos de la electrónica.

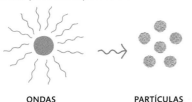

ONDAS　　**PARTÍCULAS**

«Las **partículas** tienen propiedades **de onda**.»

ERWIN SCHRÖDINGER,
físico austríaco-irlandés (1887-1961)

Planteamiento clásico

En la mecánica clásica, los objetos requieren una cantidad mínima de energía para superar una barrera. Un electrón, por ejemplo, requiere cierta cantidad de energía para superar un campo de carga negativa; si carece de dicha energía, será rechazado por la barrera.

Planteamiento cuántico

En la mecánica cuántica, por el principio de incertidumbre, no hay posición segura ni imposible para una partícula subatómica como un electrón. Por tanto, es posible que una partícula exista al otro lado de una barrera como un campo eléctrico.

Un electrón se dirige a un campo eléctrico (barrera energética)

Barrera energética

ACERCAMIENTO A LA BARRERA

Sin energía suficiente para atravesar la barrera, el electrón es rechazado

Dirección del movimiento

RECHAZO

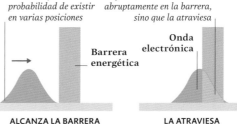

La función de onda del electrón representa su probabilidad de existir en varias posiciones

La función de onda no decae abruptamente en la barrera, sino que la atraviesa

La probabilidad de que un electrón atraviese una barrera es de no cero

Barrera energética

Onda electrónica

ALCANZA LA BARRERA　　**LA ATRAVIESA**　　**LA ONDA CONTINÚA**

Cronología

La mecánica cuántica nació a inicios del siglo XX, cuando se comprobó que la física clásica no podía explicar determinados fenómenos. La revolución cuántica supuso una ruptura con los modelos predecibles «de mecanismo de relojería» del universo.

1900 *Max Planck propone que la luz se puede cuantizar.*

1913 *Niels Bohr presenta el modelo atómico con niveles de energía discretos.*

1926 *Erwin Schrödinger publica una ecuación vital que describe los sistemas cuánticos.*

1850

1930

1905 *Albert Einstein explica el efecto fotoeléctrico usando el concepto de fotones.*

1924 *Louis de Broglie propone que la materia tiene propiedades de onda.*

1927 *Werner Heisenberg formula el principio de incertidumbre de los estados cuánticos.*

La mecánica cuántica tiene **aplicaciones** en electrónica, informática e imagenología médica.

FÍSICA

La ecuación de Schrödinger

La ecuación de Schrödinger predice el desarrollo en el tiempo del estado de un sistema mecánico cuántico (su función de onda), dadas ciertas condiciones iniciales. Puede servir para calcular la probabilidad de hallar una partícula en cierto punto, y los físicos la han aplicado a modelos de fenómenos como la desintegración alfa (la pérdida natural de dos protones y dos neutrones por un elemento para convertirse en otro).

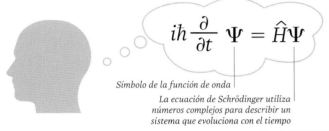

$$i\hbar \frac{\partial}{\partial t}\Psi = \hat{H}\Psi$$

Símbolo de la función de onda

La ecuación de Schrödinger utiliza números complejos para describir un sistema que evoluciona con el tiempo

Superposición cuántica

Es la combinación de múltiples estados cuánticos en la que existen las partículas hasta que se observan y adoptan un estado definido, causando la destrucción de aquella.

ESTADO INDECISO

Interpretación del multiverso

Otra interpretación de la mecánica cuántica propone que, durante los acontecimientos cuánticos, el universo se divide en todas las cronologías alternativas para cada resultado posible.

MUNDOS PARALELOS

El gato de Schrödinger

La superposición cuántica tiene implicaciones extrañas. Así, un átomo radiactivo puede estar en los estados superpuestos «desintegrado» y «no desintegrado». En el experimento mental de Schrödinger, la desintegración libera un veneno que mata a un gato encerrado en una caja. La única forma de saber si el gato está vivo o muerto es mirar dentro de la caja, y hasta entonces, está tanto vivo como muerto.

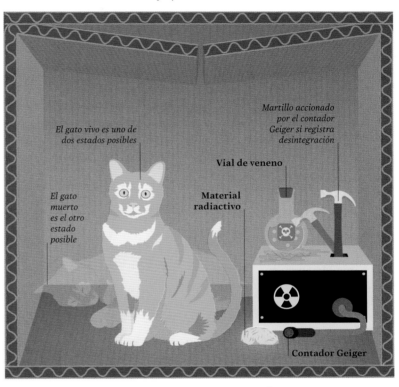

El gato vivo es uno de dos estados posibles

El gato muerto es el otro estado posible

Martillo accionado por el contador Geiger si registra desintegración

Vial de veneno

Material radiactivo

Contador Geiger

EXPERIMENTO MENTAL DEL GATO DE SCHRÖDINGER

Entrelazamiento cuántico

El entrelazamiento cuántico se da al vincularse dos partículas, con el resultado de que el estado de una de ellas no puede describirse independientemente de la otra. Esto supone que al manipular una de las partículas se altera instantáneamente la otra, aunque estén separadas por una distancia enorme.

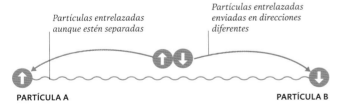

Partículas entrelazadas aunque estén separadas

Partículas entrelazadas enviadas en direcciones diferentes

PARTÍCULA A

PARTÍCULA B

El **principio de incertidumbre** contempla que **surjan y dejen de existir partículas «virtuales».**

Ordenadores cuánticos

Un ordenador cuántico utiliza en sus cálculos fenómenos cuánticos, como la superposición. Los ordenadores de este tipo se encuentran en las fases iniciales de su desarrollo, pero serían muchísimo más potentes que los ordenadores al uso.

Valor binario de un bit

Bit tradicional
Un bit (la unidad básica de los datos en la informática clásica) puede adoptar uno de dos valores cada vez: 0 o 1.

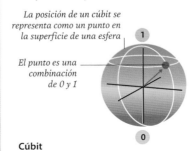

La posición de un cúbit se representa como un punto en la superficie de una esfera

El punto es una combinación de 0 y 1

Cúbit
Un cúbit (bit cuántico) no está limitado a dos estados: puede representar 0, 1 o una superposición de ambos. Esto incrementa la cantidad de información que contiene.

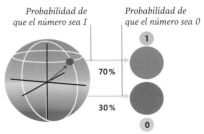

Probabilidad de que el número sea 1

Probabilidad de que el número sea 0

70%

30%

Medir un cúbit
Un ordenador cuántico mide el estado de cada cúbit (la probabilidad de que sea 0 y de que sea 1) para producir un resultado al uso, 0 o 1.

Física nuclear y de partículas

Durante milenios, científicos y filósofos trataron de conocer los componentes fundamentales de la materia y cómo actúan. Durante mucho tiempo se creyó que los átomos (que significa «indivisibles») eran los menores objetos posibles, pero la física del siglo XX reveló una gran variedad de partículas aún menores ocultas en ellos.

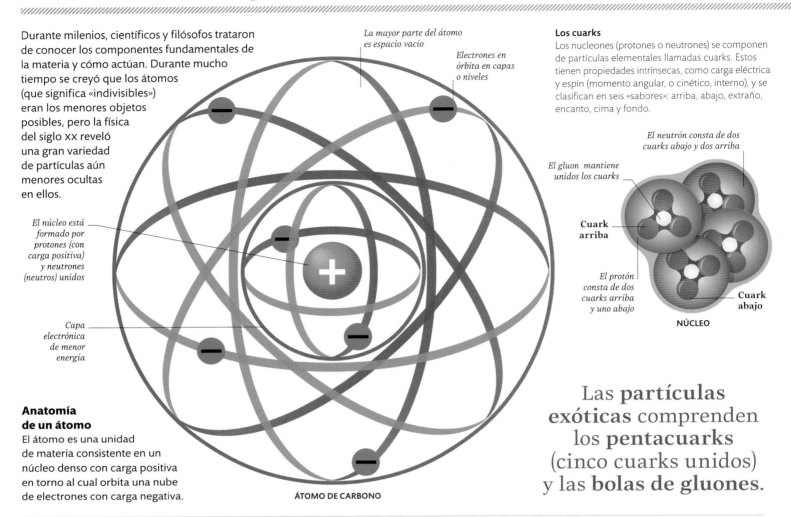

La mayor parte del átomo es espacio vacío

Electrones en órbita en capas o niveles

El núcleo está formado por protones (con carga positiva) y neutrones (neutros) unidos

Capa electrónica de menor energía

ÁTOMO DE CARBONO

Anatomía de un átomo
El átomo es una unidad de materia consistente en un núcleo denso con carga positiva en torno al cual orbita una nube de electrones con carga negativa.

Los cuarks
Los nucleones (protones o neutrones) se componen de partículas elementales llamadas cuarks. Estos tienen propiedades intrínsecas, como carga eléctrica y espín (momento angular, o cinético, interno), y se clasifican en seis «sabores»: arriba, abajo, extraño, encanto, cima y fondo.

El neutrón consta de dos cuarks abajo y dos arriba

El gluon mantiene unidos los cuarks

Cuark arriba

El protón consta de dos cuarks arriba y uno abajo

Cuark abajo

NÚCLEO

> Las **partículas exóticas** comprenden los **pentacuarks** (cinco cuarks unidos) y las **bolas de gluones.**

El mundo subatómico
En la escala subatómica existe un «zoo de partículas» dotadas de propiedades de todo tipo. Muchos fenómenos naturales pueden atribuirse a las interacciones entre estas partículas.

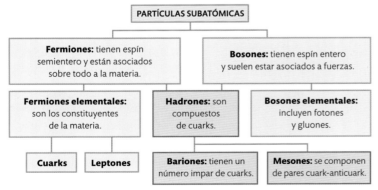

PARTÍCULAS SUBATÓMICAS

Fermiones: tienen espín semientero y están asociados sobre todo a la materia.

Bosones: tienen espín entero y suelen estar asociados a fuerzas.

Fermiones elementales: son los constituyentes de la materia.

Hadrones: son compuestos de cuarks.

Bosones elementales: incluyen fotones y gluones.

Cuarks **Leptones**

Bariones: tienen un número impar de cuarks.

Mesones: se componen de pares cuark-anticuark.

El zoológico de partículas
Las partículas subatómicas pueden dividirse generalmente en fermiones y bosones, que obedecen a distintos conjuntos de reglas. Algunas partículas subatómicas son elementales y otras son compuestas.

Fermiones			Bosones	
U arriba	**C** encanto	**t** cima	**g** gluon	**H** Bosón de Higgs
d abajo	**s** extraño	**b** fondo	**γ** fotón	
e electrón	**μ** muón	**τ** tau	**Z** bosón Z	
ν_e neutrino electrónico	ν_μ neutrino muónico	ν_τ neutrino tauónico	**W** bosón W	

CLAVE
- Cuarks
- Bosones de gauge
- Leptones
- Bosón de Higgs

Modelo estándar
El modelo estándar es un marco de clasificación de las partículas elementales conocidas, divididas según sus propiedades en fermiones (constituyentes de la materia) y bosones (partículas portadoras de fuerza).

La gravedad es la más débil de las cuatro fuerzas fundamentales.

Fuerzas fundamentales

Las interacciones fundamentales de la naturaleza pueden reducirse a cuatro tipos: las fuerzas nucleares fuerte y débil, la electromagnética y la gravitatoria (o gravedad), casi todas transportadas por partículas portadoras.

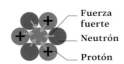

Fuerza nuclear fuerte
Mantiene unidos los cuarks (y nucleones). Sus portadores son los gluones.

Fuerza fuerte
Neutrón
Protón

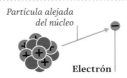

Partícula alejada del núcleo
Electrón

Fuerza nuclear débil
Causa algunos tipos de desintegración radiactiva. Sus portadores son los bosones W y Z.

Electrones en órbita alrededor del núcleo
Fuerza electromagnética

Fuerza electromagnética
Es la responsable de las interacciones entre partículas cargadas. Sus portadores son los fotones.

Sol
Fuerza gravitatoria
Tierra

Gravedad
La gravedad causa la atracción entre objetos masivos. No tiene portador conocido.

El modelo del bosón de Higgs

Las partículas adquieren masa al interactuar con el campo de Higgs, un campo energético invisible. Algunas lo hacen con fuerza y se ralentizan, como si caminaran por arenas movedizas, y adquieren mucha masa; otras lo hacen débilmente y adquieren menos, y otras, como los fotones, no lo hacen en absoluto. La existencia del bosón de Higgs (el portador de la interacción) fue confirmada por los físicos en 2012.

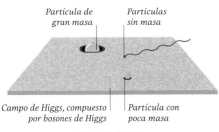

Partícula de gran masa
Partículas sin masa
Campo de Higgs, compuesto por bosones de Higgs
Partícula con poca masa

CAMPO DE HIGGS

Aceleradores de partículas

Los aceleradores de partículas usan campos eléctricos para acelerar haces de partículas cargadas con alta energía para hacerlas chocar. Permiten a los físicos crear condiciones extremas (como los momentos posteriores al Big Bang) y descubrir nuevos fenómenos y partículas entre los restos de las colisiones.

El Gran Colisionador de Hadrones

El acelerador de partículas HLC (Gran Colisionador de Hadrones) es la mayor máquina del mundo. Los físicos lo emplean para una amplia gama de experimentos, entre ellos la exitosa búsqueda del bosón de Higgs.

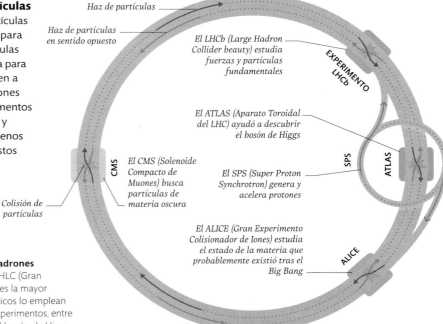

Haz de partículas
Haz de partículas en sentido opuesto
El LHCb (Large Hadron Collider beauty) estudia fuerzas y partículas fundamentales
El ATLAS (Aparato Toroidal del LHC) ayudó a descubrir el bosón de Higgs
El CMS (Solenoide Compacto de Muones) busca partículas de materia oscura
El SPS (Super Proton Synchrotron) genera y acelera protones
Colisión de partículas
El ALICE (Gran Experimento Colisionador de Iones) estudia el estado de la materia que probablemente existió tras el Big Bang

Radiactividad

Algunos núcleos atómicos son radiactivos, es decir, propensos a desintegrarse con el tiempo. Estos núcleos inestables tienen un número de neutrones distinto de los estables del mismo elemento. Hay tres maneras principales en que un núcleo emite radiación: alfa, beta y gamma.

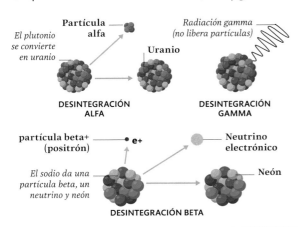

El plutonio se convierte en uranio
Partícula alfa
Uranio
Radiación gamma (no libera partículas)

DESINTEGRACIÓN ALFA
DESINTEGRACIÓN GAMMA

partícula beta+ (positrón) • e+
El sodio da una partícula beta, un neutrino y neón
Neutrino electrónico
Neón

DESINTEGRACIÓN BETA

Fisión y fusión nuclear

La fisión nuclear es la rotura de un núcleo pesado, y la fusión nuclear, la unión de núcleos más ligeros. Ambos procesos liberan grandes cantidades de energía.

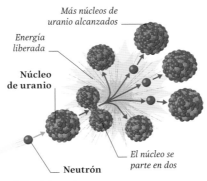

Más núcleos de uranio alcanzados
Energía liberada
Núcleo de uranio
El núcleo se parte en dos
Neutrón

Fisión del uranio

Un neutrón impacta en un núcleo y lo parte en dos núcleos menores y varios neutrones de alta velocidad que golpean otros núcleos.

Las centrales nucleares explotan la fisión nuclear (del uranio-238) para generar energía, pero los científicos esperan poder usar la fusión nuclear como fuente limpia y sostenible de producción energética.

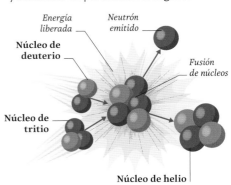

Energía liberada
Neutrón emitido
Núcleo de deuterio
Fusión de núcleos
Núcleo de tritio
Núcleo de helio

Formación de helio

El helio se crea por la fusión de dos núcleos de hidrógeno (deuterio y tritio), el proceso que sustenta las estrellas durante la mayor parte de su vida.

Véase también Energía pp. 262–263 ▶

La relatividad y otras grandes teorías

En el siglo XX, el físico Albert Einstein transformó la concepción del universo con sus teorías de la relatividad especial y general, que describen el espacio y el tiempo maleables y profundamente vinculados, y predicen fenómenos como los agujeros negros y las ondas gravitatorias. Quizá el mayor reto de la física sea unificar la relatividad con el otro gran pilar —la mecánica cuántica— en una sola «teoría del todo».

Equivalencia de masa y energía

La célebre ecuación E = mc² describe la relación intercambiable entre masa y energía. Una consecuencia de esta equivalencia es el aumento de la masa de los objetos acelerados a una velocidad cercana a la de la luz.

Masa → Energía ← Velocidad de la luz

$$E = mc^2$$

ECUACIÓN DE EINSTEIN

Relatividad especial

La relatividad especial explica, entre otras cosas, las contradicciones en las observaciones de la velocidad de la luz, que es constante sea cual sea el sistema de referencia: los objetos que se desplazan más rápido por el espacio lo hacen más lentamente por el tiempo.

> «La distinción entre **pasado, presente y futuro** no significa más que una **ilusión**».
>
> ALBERT EINSTEIN, en una carta privada

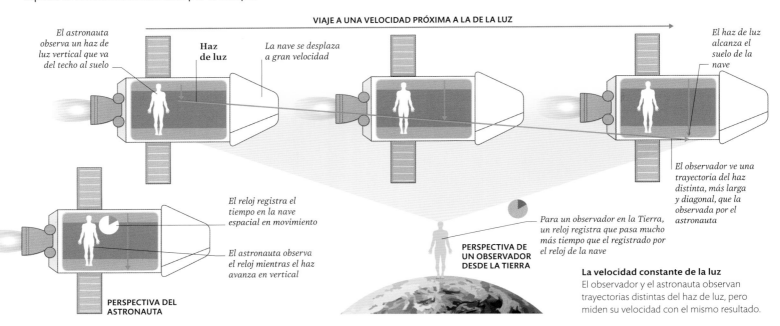

VIAJE A UNA VELOCIDAD PRÓXIMA A LA DE LA LUZ

El astronauta observa un haz de luz vertical que va del techo al suelo

Haz de luz

La nave se desplaza a gran velocidad

El haz de luz alcanza el suelo de la nave

El reloj registra el tiempo en la nave espacial en movimiento

El astronauta observa el reloj mientras el haz avanza en vertical

PERSPECTIVA DEL ASTRONAUTA

PERSPECTIVA DE UN OBSERVADOR DESDE LA TIERRA

Para un observador en la Tierra, un reloj registra que pasa mucho más tiempo que el registrado por el reloj de la nave

El observador ve una trayectoria del haz distinta, más larga y diagonal, que la observada por el astronauta

La velocidad constante de la luz
El observador y el astronauta observan trayectorias distintas del haz de luz, pero miden su velocidad con el mismo resultado.

Relatividad general

La teoría de la relatividad general de Einstein remodeló la gravedad para hacerla compatible con la relatividad especial, que vincula estrechamente el espacio y el tiempo. Esta teoría concibe el espacio-tiempo como un continuo deformado por objetos masivos, con efectos gravitatorios.

La gravedad curva la luz

Además de afectar a objetos como las estrellas, el espacio-tiempo deformado cambia la trayectoria de la luz. La relatividad general se demostró en 1919, cuando la posición aparente de una estrella cambió al situarse el Sol entre ella y la Tierra.

La gravedad del Sol deforma el espacio-tiempo

Estrella

Trayectoria de la luz desde la estrella

LUZ DEFORMADA

Posición aparente de la estrella

El espacio-tiempo

Espacio y tiempo se combinan en un concepto cuatridimensional en el que los objetos se mueven en las tres dimensiones del espacio más la del tiempo. Esto puede representarse apilando instantáneas sucesivas del espacio.

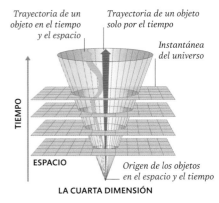

Trayectoria de un objeto en el tiempo y el espacio

Trayectoria de un objeto solo por el tiempo

Instantánea del universo

TIEMPO

ESPACIO

Origen de los objetos en el espacio y el tiempo

LA CUARTA DIMENSIÓN

Principio de equivalencia

Un principio importante de la relatividad general es la equivalencia de los efectos de la aceleración y la gravedad. Estas serían indistinguibles para alguien dentro de un ascensor en ascenso acelerado o en un campo gravitatorio. Aplicando este principio, Einstein comprendió que la gravedad afecta a la luz del mismo modo que la aceleración y que lo hace deformando el espacio-tiempo.

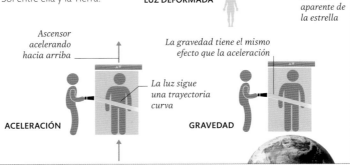

Ascensor acelerando hacia arriba

La luz sigue una trayectoria curva

La gravedad tiene el mismo efecto que la aceleración

ACELERACIÓN

GRAVEDAD

CIENCIA Y TECNOLOGÍA

En el centro de la Vía Láctea hay un **agujero negro millones de veces** más masivo que el **Sol**.

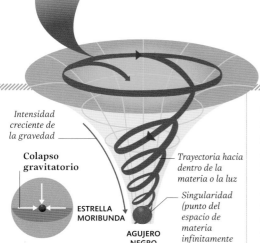

Intensidad creciente de la gravedad

Colapso gravitatorio

ESTRELLA MORIBUNDA

AGUJERO NEGRO

Trayectoria hacia dentro de la materia o la luz

Singularidad (punto del espacio de materia infinitamente densa)

Agujeros negros

Según la relatividad general, una estrella gigante colapsada deforma el espacio-tiempo hasta un pozo sin fondo, formando un objeto infinitamente denso, o agujero negro. A cierta distancia de este (el horizonte de sucesos), nada escapa a su gravedad.

Ondas gravitatorias

Las ondas gravitatorias son perturbaciones del espacio-tiempo causadas por fenómenos astronómicos extremos, como colisiones de agujeros negros. Einstein las predijo en 1916, y se detectaron un siglo después.

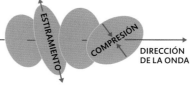

ESTIRAMIENTO

COMPRESIÓN

DIRECCIÓN DE LA ONDA

Cómo se generan las ondas

Cuando dos agujeros negros orbitan uno alrededor de otro pierden energía orbital mediante ondas gravitatorias. Al caer el uno hacia el otro emiten ondas gravitatorias más intensas.

Cómo viajan las ondas por el espacio

Las ondas hacen que la distancia entre objetos fluctúe con su frecuencia. Esto solo se puede detectar con instrumentos muy sensibles.

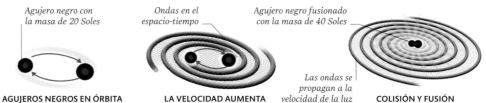

Agujero negro con la masa de 20 Soles

AGUJEROS NEGROS EN ÓRBITA

Ondas en el espacio-tiempo

LA VELOCIDAD AUMENTA

Agujero negro fusionado con la masa de 40 Soles

Las ondas se propagan a la velocidad de la luz

COLISIÓN Y FUSIÓN

Teorías del todo

Los físicos sospechan que las cuatro fuerzas fundamentales del universo fueron originalmente una sola fuerza que quedó dividida en la primera fracción de segundo tras el Big Bang. Aún no comprenden como sucedió. Si pudieran describir la gravedad en el mismo marco teórico que las otras tres fuerzas, que se explican mediante la mecánica cuántica, darían con el santo grial de la física: una teoría del todo.

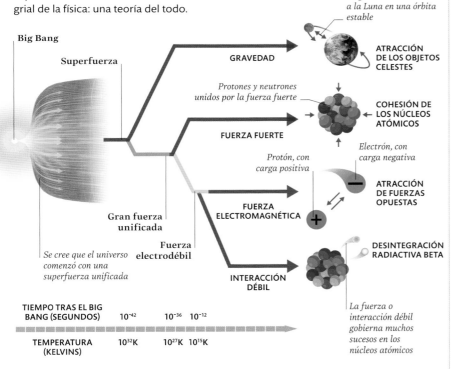

Big Bang

Superfuerza

Gran fuerza unificada

Fuerza electrodébil

Se cree que el universo comenzó con una superfuerza unificada

GRAVEDAD

La gravedad mantiene a la Luna en una órbita estable

ATRACCIÓN DE LOS OBJETOS CELESTES

Protones y neutrones unidos por la fuerza fuerte

COHESIÓN DE LOS NÚCLEOS ATÓMICOS

FUERZA FUERTE

Protón, con carga positiva

Electrón, con carga negativa

FUERZA ELECTROMAGNÉTICA

ATRACCIÓN DE FUERZAS OPUESTAS

INTERACCIÓN DÉBIL

DESINTEGRACIÓN RADIACTIVA BETA

La fuerza o interacción débil gobierna muchos sucesos en los núcleos atómicos

TIEMPO TRAS EL BIG BANG (SEGUNDOS)	10^{-42}	10^{-36}	10^{-12}
TEMPERATURA (KELVINS)	10^{32}K	10^{27}K	10^{15}K

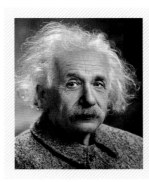

ALBERT EINSTEIN

El físico de origen alemán Albert Einstein (1879–1955) fue uno de los mayores científicos de la historia. En su juventud se trasladó a Suiza para estudiar y después se instaló en EE UU. Además de sus teorías de la relatividad, Einstein realizó aportaciones a la mecánica cuántica y estadística. En 1921 fue galardonado con el premio Nobel de física.

La teoría de cuerdas

Esta teoría concibe las partículas como «cuerdas» unidimensionales que vibran a distintas frecuencias, como las de un instrumento. Es una candidata a teoría del todo, pero ha sido criticada por su falta de falsabilidad: parece imposible desmentirla.

Filamentos de energía

Las cuerdas de la teoría son filamentos casi de la menor longitud posible. Pueden ser abiertas o cerradas (como un anillo), y sus propiedades están determinadas por sus vibraciones multidimensionales.

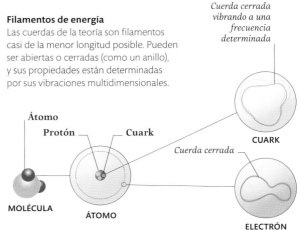

Cuerda cerrada vibrando a una frecuencia determinada

Átomo

Protón

Cuark

CUARK

Cuerda cerrada

MOLÉCULA

ÁTOMO

ELECTRÓN

La **relatividad** nos muestra el **vínculo** entre las **diferentes descripciones** de una única **realidad**.

Estados de la materia

Una sustancia puede existir en tres estados: sólido, líquido y gaseoso. El agua, por ejemplo, puede estar en forma líquida, de hielo o de vapor, y el paso de una a otra no altera su fórmula química. A temperatura ambiente, el agua es líquida, pero otros elementos o compuestos pueden ser sólidos o gaseosos.

Añadir sal al hielo reduce ligeramente su **punto de fusión.**

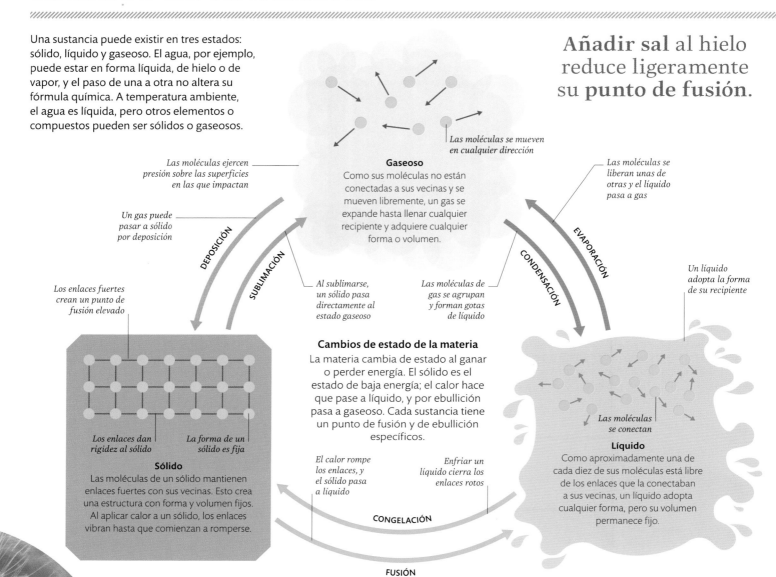

Las moléculas se mueven en cualquier dirección

Gaseoso
Como sus moléculas no están conectadas a sus vecinas y se mueven libremente, un gas se expande hasta llenar cualquier recipiente y adquiere cualquier forma o volumen.

Las moléculas ejercen presión sobre las superficies en las que impactan

Un gas puede pasar a sólido por deposición

Las moléculas se liberan unas de otras y el líquido pasa a gas

DEPOSICIÓN

SUBLIMACIÓN

EVAPORACIÓN

CONDENSACIÓN

Al sublimarse, un sólido pasa directamente al estado gaseoso

Las moléculas de gas se agrupan y forman gotas de líquido

Un líquido adopta la forma de su recipiente

Los enlaces fuertes crean un punto de fusión elevado

Cambios de estado de la materia
La materia cambia de estado al ganar o perder energía. El sólido es el estado de baja energía; el calor hace que pase a líquido, y por ebullición pasa a gaseoso. Cada sustancia tiene un punto de fusión y de ebullición específicos.

Las moléculas se conectan

Los enlaces dan rigidez al sólido

La forma de un sólido es fija

Sólido
Las moléculas de un sólido mantienen enlaces fuertes con sus vecinas. Esto crea una estructura con forma y volumen fijos. Al aplicar calor a un sólido, los enlaces vibran hasta que comienzan a romperse.

El calor rompe los enlaces, y el sólido pasa a líquido

Enfriar un líquido cierra los enlaces rotos

Líquido
Como aproximadamente una de cada diez de sus moléculas está libre de los enlaces que la conectaban a sus vecinas, un líquido adopta cualquier forma, pero su volumen permanece fijo.

CONGELACIÓN

FUSIÓN

Estados exóticos de la materia

Las sustancias pueden adoptar estados exóticos de la materia, pero al hacerlo, su naturaleza tanto química como física cambia. Calentar un gas puede crear plasma, y enfriar sustancias a una temperatura muy baja crea extraños condensados en los que todos los átomos se funden en una sola entidad.

El resplandor corresponde a plasma creado por gases electrizados

BOLA DE PLASMA

Gas a temperatura ambiente
Los átomos de gas no están cargados. Ejercen muy poca fuerza unos sobre otros y no son conductores.

Átomo

Electrones en órbita en torno al núcleo

Átomos eléctricamente neutros

Plasma cargado
A alta temperatura, los átomos se descomponen en iones con carga positiva y electrones con carga negativa, formando un plasma conductor.

Átomo

Electrón no vinculado al núcleo

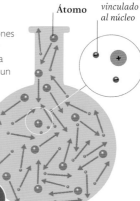

Electrones e iones se mueven libremente

◀ **Véase también Luz y materia** pp. 188–189 ◀ **Física nuclear y de partículas** pp. 194–195

Leyes de los gases

La temperatura, el volumen y la presión de un gas están relacionados entre sí. Si un valor varía y otro permanece constante, el tercero variará siempre en proporción con el primero. Las tres leyes que describen esta relación llevan el nombre de sus descubridores.

CALOR Y GAS

A nivel atómico, el calor (medido como temperatura) es el movimiento de los átomos, que se acelera al calentarse un material. En un gas, las moléculas calientes se mueven más rápido, se dispersan y chocan más con las superficies.

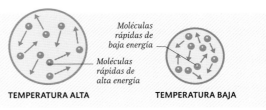

Moléculas rápidas de baja energía

Moléculas rápidas de alta energía

TEMPERATURA ALTA   TEMPERATURA BAJA

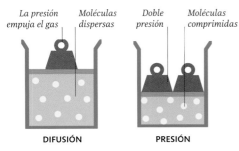

La presión empuja el gas   *Moléculas dispersas*   *Doble presión*   *Moléculas comprimidas*

DIFUSIÓN   PRESIÓN

Ley de Boyle-Mariotte

La presión de un gas es inversamente proporcional a su volumen. Doblar la presión reduce el volumen a la mitad, si la temperatura es constante.

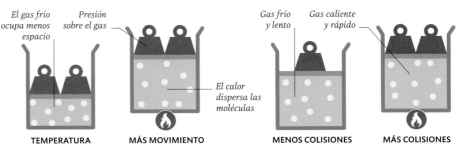

El gas frío ocupa menos espacio   *Presión sobre el gas*

El calor dispersa las moléculas

TEMPERATURA   MÁS MOVIMIENTO

Ley de Charles

Calentar un gas aumenta su volumen. El calor hace que las moléculas se muevan más rápido, y si la presión es constante, estas requieren mayor espacio.

Gas frío y lento   *Gas caliente y rápido*

MENOS COLISIONES   MÁS COLISIONES

Ley de Gay-Lussac

Si el volumen permanece constante, la presión de un gas es proporcional a su temperatura. Cuando la temperatura aumenta, también aumenta la presión.

Sólidos cristalinos y amorfos

Los átomos de un sólido están enlazados formando una estructura rígida. Cuando esta sigue un orden regular repetido en tres dimensiones, el sólido se clasifica como cristal. Los sólidos no cristalinos o amorfos carecen de una estructura atómica regular.

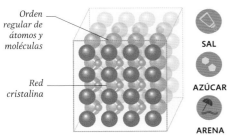

Orden regular de átomos y moléculas

Red cristalina

SAL

AZÚCAR

ARENA

Sólidos cristalinos

Son ejemplos de sólidos cristalinos los granos de sal, azúcar y arena, todos ellos formados por unidades repetidas en una red cristalina.

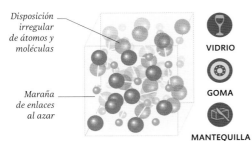

Disposición irregular de átomos y moléculas

Maraña de enlaces al azar

VIDRIO

GOMA

MANTEQUILLA

Sólidos amorfos

A diferencia de los cristalinos, los sólidos amorfos carecen de estructura ordenada. La goma puede estirarse o comprimirse, pero no adopta la forma de su recipiente ni fluye.

Viscosidad de los líquidos

La capacidad de fluir de un líquido se denomina viscosidad. Un líquido muy viscoso fluye despacio de forma cohesionada. Uno poco viscoso fluye con rapidez y salpica y gotea con facilidad. La viscosidad depende de propiedades como el tamaño de las moléculas y la fuerza de sus enlaces.

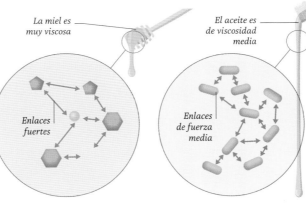

El agua es poco viscosa

La miel es muy viscosa

El aceite es de viscosidad media

Enlaces débiles

Enlaces fuertes

Enlaces de fuerza media

Moléculas pequeñas

VISCOSIDAD ALTA   VISCOSIDAD MEDIA   VISCOSIDAD BAJA

La **brea**, un líquido altamente viscoso, tarda **varios años** en **formar una sola gota** a temperatura ambiente.

FLUIDOS NO NEWTONIANOS

Son fluidos extraños de viscosidad variable, que depende de la fuerza que se les aplique. Son ejemplos la pasta de dientes, las suspensiones de almidón de maíz en agua, las arenas movedizas e incluso el plasma sanguíneo.

El líquido sin comprimir es poco viscoso

Un objeto rápido rebota

La fuerza lo vuelve viscoso

Un objeto lento se hunde

LÍQUIDO NO NEWTONIANO

La tabla periódica

La tabla periódica muestra todos los elementos químicos ordenados según un sistema que permite a los químicos predecir las propiedades probables de cada sustancia a partir de su posición en ella. Las propiedades físicas y químicas de un elemento dependen de la estructura de sus átomos. Los elementos se disponen en orden por su número atómico, que va creciendo junto con la complejidad estructural de los átomos de cada uno. Esta tabla es el resultado de muchas aportaciones a lo largo de los últimos 230 años, aunque su creador fue el químico ruso Dmitri Mendeléiev, que publicó su versión en 1869.

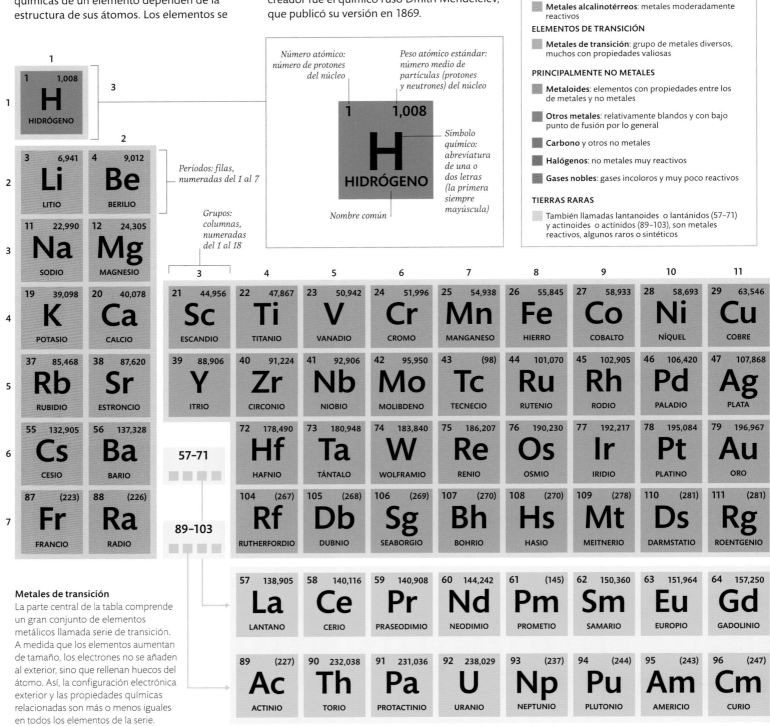

Metales de transición

La parte central de la tabla comprende un gran conjunto de elementos metálicos llamada serie de transición. A medida que los elementos aumentan de tamaño, los electrones no se añaden al exterior, sino que rellenan huecos del átomo. Así, la configuración electrónica exterior y las propiedades químicas relacionadas son más o menos iguales en todos los elementos de la serie.

Hidrógeno: un gas reactivo

METALES REACTIVOS

Metales alcalinos: metales blandos y muy reactivos

Metales alcalinotérreos: metales moderadamente reactivos

ELEMENTOS DE TRANSICIÓN

Metales de transición: grupo de metales diversos, muchos con propiedades valiosas

PRINCIPALMENTE NO METALES

Metaloides: elementos con propiedades entre los de metales y no metales

Otros metales: relativamente blandos y con bajo punto de fusión por lo general

Carbono y otros no metales

Halógenos: no metales muy reactivos

Gases nobles: gases incoloros y muy poco reactivos

TIERRAS RARAS

También llamadas lantanoides o lantánidos (57–71) y actinoides o actínidos (89–103), son metales reactivos, algunos raros o sintéticos

Número atómico: número de protones del núcleo

Peso atómico estándar: número medio de partículas (protones y neutrones) del núcleo

Símbolo químico: abreviatura de una o dos letras (la primera siempre mayúscula)

Nombre común

Períodos: filas, numeradas del 1 al 7

Grupos: columnas, numeradas del 1 al 18

200 ◄ Véase también Física nuclear y de partículas pp. 194–195

Períodos y grupos

Los elementos se ordenan por su número atómico, el número creciente de protones del núcleo, y con este aumenta también el de electrones. Los electrones están en capas con un espacio fijo. Al llenarse una capa se forma otra nueva. Las filas o períodos representan los elementos con un número semejante de capas electrónicas en sus átomos. El período 1 solo tiene dos elementos, pues en la capa interior solo caben dos electrones. En el período 2 empieza a llenarse una capa nueva en la que caben ocho, mientras que el período 7 tiene 32 elementos. Una vez en sus filas, los elementos forman también columnas o grupos, que contienen elementos con el mismo número de electrones exteriores. Estos electrones son los responsables de los enlaces químicos, y por tanto, los miembros de un mismo grupo reaccionan de modo similar.

DMITRI MENDELÉIEV
Este químico ruso (1834–1907) creó la tabla periódica en 1869 sin conocimiento de la estructura atómica, ordenando los elementos según su valencia o capacidad combinatoria.

Una versión ampliada de esta tabla reconoce **elementos sintéticos** con **números atómicos** hasta **118**.

13	14	15	16	17	18
					2 4,003 **He** HELIO
5 10,810 **B** BORO	6 12,011 **C** CARBÓN	7 14,007 **N** NITRÓGENO	8 15,999 **O** OXÍGENO	9 18,998 **F** FLÚOR	10 20,180 **Ne** NEÓN
13 226,982 **Al** ALUMINIO	14 28,085 **Si** SILICIO	15 30,974 **P** FÓSFORO	16 32,060 **S** AZUFRE	17 35,450 **Cl** CLORO	18 39,948 **Ar** ARGÓN

12	13	14	15	16	17	18
30 65,380 **Zn** ZINC	31 69,723 **Ga** GALIO	32 72,630 **Ge** GERMANIO	33 74,922 **As** ARSÉNICO	34 78,971 **Se** SELENIO	35 79,904 **Br** BROMO	36 83,798 **Kr** KRIPTÓN
48 112,414 **Cd** CADMIO	49 114,818 **In** INDIO	50 118,710 **Sn** ESTAÑO	51 121,760 **Sb** ANTIMONIO	52 127,600 **Te** TELURIO	53 126,904 **I** YODO	54 131,293 **XE** XENÓN
80 200,592 **Hg** MERCURIO	81 204,380 **Tl** TALIO	82 207,200 **Pb** PLOMO	83 208,980 **Bi** BISMUTO	84 (209) **Po** POLONIO	85 (210) **At** ASTATO	86 (222) **Rn** RADÓN
112 (285) **Cn** COPERNICIO	113 (286) **Nh** NIHONIO	114 (289) **Fl** FLEROVIO	115 (289) **Mc** MOSCOVIO	116 (293) **Lv** LIVERMORIO	117 (294) **Ts** TENESO	118 (294) **Og** OGANESÓN

65 158,925 **Tb** TERBIO	66 162,500 **Dy** DISPROSIO	67 164,930 **Ho** HOLMIO	68 167,259 **Er** ERBIO	69 168,934 **Tm** TULIO	70 173,055 **Yb** ITERBIO	71 174,967 **Lu** LUTECIO
97 (247) **Bk** BERKELIO	98 (251) **Cf** CALIFORNO	99 (252) **Es** EINSTENIO	100 (257) **Fm** FERMIO	101 (258) **Md** MENDELEVIO	102 (259) **No** NOBELIO	103 (262) **Lr** LAWRENCIO

ALÓTROPOS DEL CARBONO

Los átomos de algunos elementos simples se combinan de distintas maneras para crear formas alternativas llamadas alótropos. El carbono tiene cuatro alótropos principales (abajo). Todos ellos son carbono puro, pero su distinta estructura les confiere distintas propiedades.

Diamante

Cada átomo de carbono se une a cuatro de sus vecinos formando así una estructura tetraédrica repetida, muy rígida e igualmente resistente en todas direcciones, que hace del diamante la sustancia más dura conocida.

Solo otro diamante puede cortar estos enlaces

Grafito

Los átomos se disponen en capas de hexágonos débilmente unidas. Cada átomo tiene solo tres enlaces; el cuarto electrón vaga por la capa, lo cual convierte al grafito en semiconductor eléctrico.

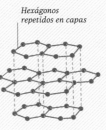

Hexágonos repetidos en capas

Grafeno

Hecho de una sola capa de grafito, es increíblemente fino, pero muy resistente, y puede enrollarse en forma de fibras. Los ingenieros químicos lo están desarrollando para su uso en electrónica y nanotecnología.

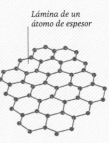

Lámina de un átomo de espesor

Fullerenos

El fullereno básico contiene 60 átomos de carbono dispuestos como la superficie de un balón de fútbol. Formas de 72, 76, 84 y hasta 100 átomos son posibles, pero menos estables.

Estructura rígida en forma de jaula

Moléculas, iones y enlaces

Una molécula consta de dos o más átomos unidos por al menos dos electrones compartidos, es decir, por un enlace covalente. Los átomos pueden ser iguales, como en el caso del cloro (Cl_2) o el oxígeno (O_2), o distintos, como en el agua (H_2O) o el etanol (CH_3CH_2OH). También pueden perder y ganar electrones para formar iones y enlaces iónicos. Las sustancias así formadas, como la sal común (NaCl), no son moléculas, sino compuestos iónicos.

Capas electrónicas

Los electrones se disponen en capas alrededor del núcleo de un átomo. Excepto en los gases nobles, la capa electrónica más alejada del núcleo no está completa, y sus electrones pueden compartirse para formar enlaces covalentes, o ganarse o perderse para formar iones.

CLAVE
● Electrón

Capas electrónicas del magnesio
Las primeras dos capas electrónicas de un átomo de magnesio están llenas; la exterior tiene solo dos electrones.

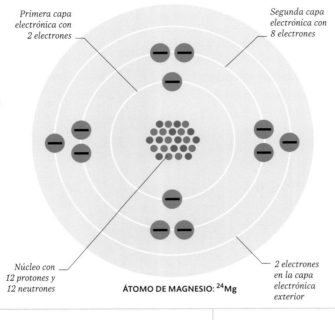

Primera capa electrónica con 2 electrones

Segunda capa electrónica con 8 electrones

Núcleo con 12 protones y 12 neutrones

ÁTOMO DE MAGNESIO: ^{24}Mg

2 electrones en la capa electrónica exterior

Enlaces covalentes

Un enlace covalente es el que une un par de electrones compartidos entre átomos, cada uno de los cuales completa la capa exterior.

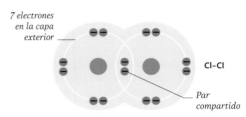

7 electrones en la capa exterior

Cl–Cl

Par compartido

Enlace simple
Cada átomo de cloro tiene siete electrones en la capa exterior. Al compartir un par, ambos participan de ocho (una capa completa).

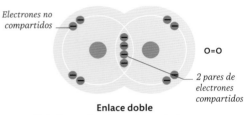

Electrones no compartidos

O=O

2 pares de electrones compartidos

Enlace doble
Cada átomo de oxígeno tiene seis electrones en la capa exterior. Compartir cuatro (dos pares) forma un enlace doble.

¿Qué es un ion?

Los iones tienen carga positiva o negativa. Se forman cuando los átomos ganan o pierden electrones. Como el número de electrones (negativos) ya no es igual al de protones (positivos), la carga se desequilibra. Cuando hay más electrones, el resultado es un ion negativo; cuando hay menos electrones que protones, se forma un ion con carga positiva.

Ion de sodio
Un átomo de sodio neutro tiene 11 electrones en total, pero solo un electrón en la capa electrónica exterior. Este se pierde fácilmente, formándose un ion de sodio de carga positiva, representado Na^+.

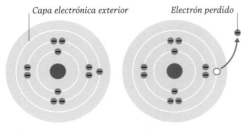

Capa electrónica exterior

Electrón perdido

ÁTOMO DE SODIO: Na

IÓN DE SODIO: Na^+

Ion de cloro
Un átomo de cloro neutro tiene siete electrones en la capa electrónica exterior. Esta tiene capacidad para ocho electrones, y por ello, el cloro gana con facilidad un electrón para formar un ión de carga negativa (Cl^-).

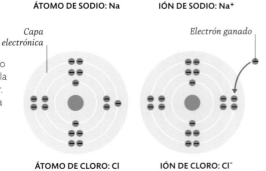

Capa electrónica

Electrón ganado

ÁTOMO DE CLORO: Cl

IÓN DE CLORO: Cl^-

Enlace iónico

Los enlaces iónicos se forman por la interacción entre iones positivos y negativos, a menudo metálicos (positivos) y no metálicos (negativos). Los iones positivos y negativos se atraen, formando así una red de enlaces iónicos. Romper todas estas atracciones requiere mucha energía, y por ello los compuestos iónicos tienen puntos de fusión elevados.

❶ Transferencia electrónica
El compuesto iónico cloruro sódico (NaCl) se forma al ceder los átomos de sodio su electrón exterior para formar iones de sodio (Na^+), y ganarlo los átomos de cloro para formar iones de cloro (Cl^-).

Capa exterior

Electrón transferido

IÓN DE SODIO: Na^+

IÓN DE CLORO: Cl^-

❷ Red iónica
Un enlace iónico es una atracción electrostática entre iones positivos y negativos, que forman una red o estructura tridimensional muy ordenada. La fórmula de un compuesto iónico representa la unidad mínima.

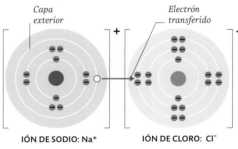

Red iónica cristalina

Ion de cloro

Ion de sodio

CLORURO SÓDICO: NaCl

El **hierro** es el **elemento más abundante** de la Tierra **por su masa** (más del **30 %**) pero el **aluminio** es el metal **más abundante** en la corteza (**8 %**).

Enlace metálico

Los átomos de los elementos metálicos pierden fácilmente electrones. En un metal sólido, los electrones se deslocalizan y pertenecen a todos los átomos a la vez. Los iones metálicos resultantes mantienen su lugar entre un mar de electrones deslocalizados. Este tipo de enlace da a los metales sus propiedades.

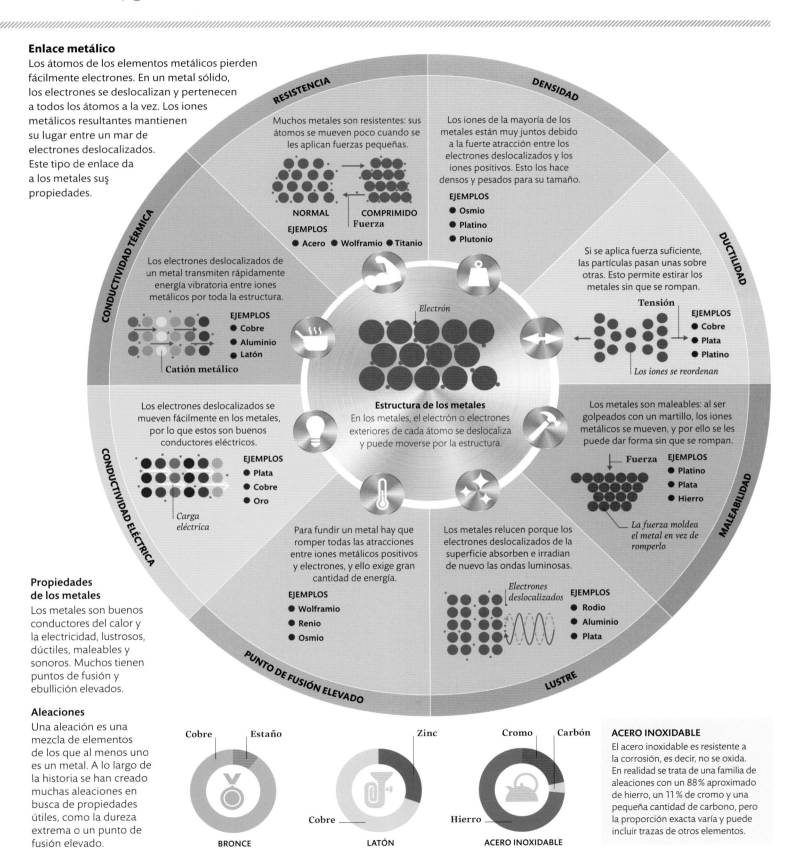

RESISTENCIA

Muchos metales son resistentes: sus átomos se mueven poco cuando se les aplican fuerzas pequeñas.

NORMAL   COMPRIMIDO
Fuerza
EJEMPLOS
● Acero ● Wolframio ● Titanio

DENSIDAD

Los iones de la mayoría de los metales están muy juntos debido a la fuerte atracción entre los electrones deslocalizados y los iones positivos. Esto los hace densos y pesados para su tamaño.

EJEMPLOS
● Osmio
● Platino
● Plutonio

CONDUCTIVIDAD TÉRMICA

Los electrones deslocalizados de un metal transmiten rápidamente energía vibratoria entre iones metálicos por toda la estructura.

EJEMPLOS
● Cobre
● Aluminio
● Latón

Catión metálico

Electrón

Estructura de los metales
En los metales, el electrón o electrones exteriores de cada átomo se deslocaliza y puede moverse por la estructura.

DUCTILIDAD

Si se aplica fuerza suficiente, las partículas pasan unas sobre otras. Esto permite estirar los metales sin que se rompan.

Tensión
EJEMPLOS
● Cobre
● Plata
● Platino

Los iones se reordenan

CONDUCTIVIDAD ELÉCTRICA

Los electrones deslocalizados se mueven fácilmente en los metales, por lo que estos son buenos conductores eléctricos.

EJEMPLOS
● Plata
● Cobre
● Oro

Carga eléctrica

MALEABILIDAD

Los metales son maleables: al ser golpeados con un martillo, los iones metálicos se mueven, y por ello se les puede dar forma sin que se rompan.

Fuerza   EJEMPLOS
● Platino
● Plata
● Hierro

La fuerza moldea el metal en vez de romperlo

PUNTO DE FUSIÓN ELEVADO

Para fundir un metal hay que romper todas las atracciones entre iones metálicos positivos y electrones, y ello exige gran cantidad de energía.

EJEMPLOS
● Wolframio
● Renio
● Osmio

LUSTRE

Los metales relucen porque los electrones deslocalizados de la superficie absorben e irradian de nuevo las ondas luminosas.

Electrones deslocalizados   EJEMPLOS
● Rodio
● Aluminio
● Plata

Propiedades de los metales

Los metales son buenos conductores del calor y la electricidad, lustrosos, dúctiles, maleables y sonoros. Muchos tienen puntos de fusión y ebullición elevados.

Aleaciones

Una aleación es una mezcla de elementos de los que al menos uno es un metal. A lo largo de la historia se han creado muchas aleaciones en busca de propiedades útiles, como la dureza extrema o un punto de fusión elevado.

Cobre   Estaño

BRONCE

Zinc

Cobre

LATÓN

Cromo   Carbón

Hierro

ACERO INOXIDABLE

ACERO INOXIDABLE

El acero inoxidable es resistente a la corrosión, es decir, no se oxida. En realidad se trata de una familia de aleaciones con un 88 % aproximado de hierro, un 11 % de cromo y una pequeña cantidad de carbono, pero la proporción exacta varía y puede incluir trazas de otros elementos.

Véase también Mezclas, compuestos, solventes y soluciones pp. 204–205 ▶   Reacciones químicas pp. 206–207 ▶   **203**

Mezclas, compuestos, solventes y soluciones

Las sustancias que nos rodean rara vez se componen de un solo elemento. Distintos átomos se combinan para formar compuestos, y distintos compuestos (y a veces elementos) pueden combinarse para formar mezclas. Muchas de las sustancias líquidas más conocidas son en realidad soluciones, en las que una sustancia está disuelta en otra. El agua del grifo, por ejemplo, suele contener iones de sodio, calcio y cloro.

DOROTHY HODGKIN
Esta química británica (1910–1994) usó la cristalografía de rayos X para determinar la estructura de moléculas biológicas. Confirmó la estructura de la penicilina, descubrió la de la insulina, y fue galardonada con el premio Nobel de química en 1964.

Mezclas
Una mezcla contiene sustancias que no tienen enlaces químicos entre ellas. Por ejemplo, si se mezcla hierro con azufre a temperatura ambiente, uno no se enlaza químicamente con el otro: las partículas se disponen al azar, y resulta fácil separar una sustancia de otra con ayuda de un imán.

LIMADURAS DE HIERRO   AZUFRE   MEZCLA

MEZCLA DE HIERRO Y AZUFRE

Elementos en una mezcla
El azufre forma moléculas que contienen ocho átomos (S_8). Estos átomos tienen enlaces covalentes entre ellos (comparten un par de electrones), pero en una mezcla de hierro y azufre no hay enlaces entre uno y otro.

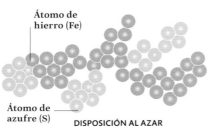

Átomo de hierro (Fe)

Átomo de azufre (S)

DISPOSICIÓN AL AZAR

MEZCLAS COTIDIANAS
La atmósfera de la Tierra es una mezcla de nitrógeno, oxígeno, argón, dióxido de carbono y otros gases, así como cantidades variables de agua, según las condiciones meteorológicas. Las nubes, un tipo de coloide (abajo), se forman al dispersarse gotas de agua líquida en el aire.

Compuestos
Un compuesto contiene dos o más elementos combinados químicamente. Por ejemplo, si se calienta una mezcla de hierro y azufre se produce una reacción y se forma el compuesto sulfuro de hierro (II), con enlaces químicos entre hierro y azufre. Separar este compuesto en hierro y azufre puros requiere mucha energía.

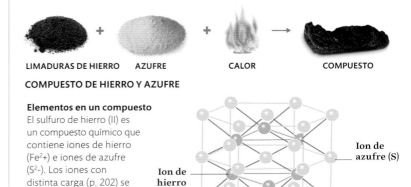

LIMADURAS DE HIERRO   AZUFRE   CALOR   COMPUESTO

COMPUESTO DE HIERRO Y AZUFRE

Elementos en un compuesto
El sulfuro de hierro (II) es un compuesto químico que contiene iones de hierro (Fe^{2+}) e iones de azufre (S^{2-}). Los iones con distinta carga (p. 202) se atraen electrostáticamente y forman un patrón repetido cuya fórmula es FeS.

Ion de azufre (S)

Ion de hierro (Fe)

PATRÓN REGULAR

Cuando **los huevos se cuecen de más,** la superficie de la **yema** se vuelve **verdosa** debido a la formación de **sulfuro de hierro (II).**

Tipos de mezclas
En una mezcla, las sustancias pueden estar ligeramente dispersas una en otra, como en el barro, o estrechamente asociadas, como en una solución. Un coloide es un estado intermedio. El tipo de mezcla se puede identificar con una luz potente, que atravesará una solución si el soluto está bien disuelto. En los coloides y suspensiones, las partículas en suspensión la dispersan.

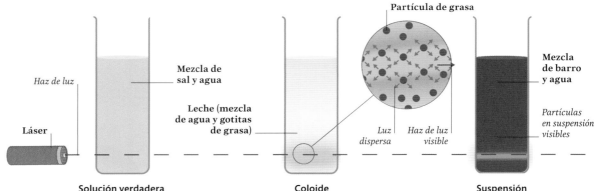

Haz de luz

Mezcla de sal y agua

Láser

Leche (mezcla de agua y gotitas de grasa)

Partícula de grasa

Luz dispersa   Haz de luz visible

Mezcla de barro y agua

Partículas en suspensión visibles

Solución verdadera
Si el soluto (sal, en este caso) está disuelto por completo en el solvente (en este caso agua), la solución es transparente, es decir, la luz la atraviesa.

Coloide
Los coloides, como la leche, tienen pequeñas partículas dispersas en un fluido, pero no disueltas. Las partículas reflejan la luz al iluminar la mezcla.

Suspensión
Las partículas más grandes en suspensión en un líquido tienden a separarse con el tiempo, y la mezcla puede ser opaca, es decir, impide el paso de la luz.

En la limpieza en seco, las prendas se sumergen en un disolvente apolar que disuelve las manchas de grasa (apolares).

Tipos de soluciones

Una solución es una sustancia (el soluto) disuelta en otra (el solvente). Que un soluto se disuelva bien en un solvente depende de si este es polar o no. Los solventes polares, como el agua, se componen de moléculas con carga eléctrica parcial. Los solventes apolares, como el hexano, contienen moléculas sin carga parcial.

Átomo de oxígeno
Carga parcial negativa
Átomo de hidrógeno
Carga parcial positiva

MOLÉCULA DE AGUA

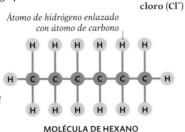

Átomo de hidrógeno enlazado con átomo de carbono

MOLÉCULA DE HEXANO

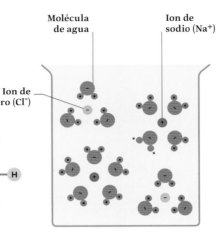

Molécula de agua
Ion de sodio (Na+)
Ion de cloro (Cl-)

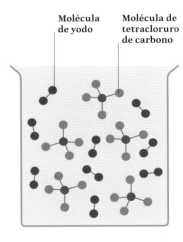

Molécula de yodo
Molécula de tetracloruro de carbono

Solvente polar
El agua es polar: el oxígeno atrae más electrones enlazantes que el hidrógeno, y por ello el oxígeno tiene carga parcial negativa, y los hidrógenos, carga parcial positiva.

Solvente no polar
El hexano es no polar: los átomos tienen electronegatividad (tendencia a atraer electrones enlazantes) similar, y por ello no hay cargas parciales.

Soluto iónico en solvente polar
Un soluto iónico, como la sal común (NaCl), se disuelve bien en un solvente polar. Las cargas parciales de las moléculas de agua atraen los iones.

Soluto no polar en solvente no polar
Las moléculas no polares no se disuelven en solventes polares como el agua, al no haber cargas eléctricas que el agua atraiga, pero se disuelven bien en solventes no polares.

Solubilidad

Las sustancias sólidas, líquidas y gaseosas (solutos) se pueden disolver en otras sustancias (solventes): esta propiedad se llama solubilidad y depende de varias condiciones, como la temperatura y la presión. Los sólidos suelen ser más solubles en líquidos calientes, mientras que los gases lo son en líquidos más fríos. La cantidad máxima de soluto que se disolverá en una cantidad determinada de solvente a una presión y temperatura específicas es el punto de saturación.

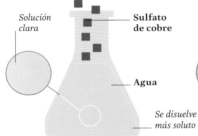

Solución clara
Sulfato de cobre
Agua
Se disuelve más soluto

Sulfato de cobre visible
Se añade más soluto
No se disuelve más soluto

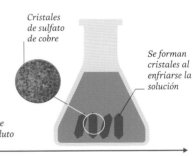

Cristales de sulfato de cobre
Se forman cristales al enfriarse la solución

CONCENTRACIÓN CRECIENTE

Solución no saturada
Cuando se añade al agua una pequeña cantidad de soluto, en este caso sulfato de cobre sólido, este se disuelve por completo, es decir, la solución no está saturada.

Solución saturada
Si se añade más sulfato de cobre, este acaba por dejar de disolverse, y se ven partículas sólidas. Esta es una solución saturada.

Solución sobresaturada
Si se calienta la solución se disolverá más soluto: esto se llama sobresaturación. Al enfriarse la solución se forman cristales de soluto solidificado.

Metales de transición

Los metales de transición son un gran grupo de elementos situados en el centro de la tabla periódica. Por sus estados de oxidación variables forman iones con distintas cargas positivas y también compuestos iónicos solubles en agua que producen distintos colores. Tienen diversas propiedades y usos, y algunos son buenos catalizadores (p. 206). El vanadio es un metal de transición particularmente interesante por su amplia gama de estados de oxidación y colores.

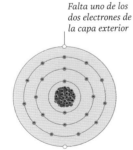

Falta uno de los dos electrones de la capa exterior

Vanadio 2+
El color de la solución depende de cuántos electrones pierda el átomo. Las soluciones con iones de vanadio 2+ son de color violeta.

Faltan dos electrones de la capa exterior y uno de la siguiente

Vanadio 3+
El modo en que interactúa la luz con el número variable de electrones causa los distintos colores. En este caso, la solución es verde.

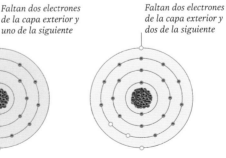

Faltan dos electrones de la capa exterior y dos de la siguiente

Vanadio 4+
Las soluciones con iones de vanadio 4+ son azules. Los óxidos de vanadio sirven para teñir el vidrio de azul o verde.

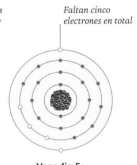

Faltan cinco electrones en total

Vanadio 5+
El pentóxido de vanadio se usa como catalizador para fabricar ácido sulfúrico y cerámica. Las soluciones con iones de vanadio 5+ son amarillas.

Reacciones químicas

Una reacción química es el proceso por el que dos o más sustancias químicas cambian y producen otras nuevas. Las sustancias presentes antes y después de una reacción pueden ser elementos o compuestos, y en toda reacción se rompen o crean enlaces entre átomos. El número de átomos, y por lo tanto, la masa total de la sustancia, no varía.

El cesio es tan reactivo que explota en contacto con el agua.

Reactivos y productos
Los materiales de partida de una reacción química son los reactivos. La reacción los transforma en una nueva sustancia llamada producto. La reacción no crea átomos, ni los destruye.

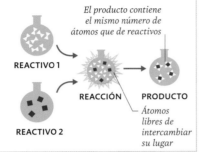

El producto contiene el mismo número de átomos que de reactivos

REACTIVO 1

REACCIÓN → PRODUCTO

REACTIVO 2

Átomos libres de intercambiar su lugar

Energía de las reacciones químicas
Las reacciones químicas requieren un aporte de energía, llamada energía de activación, que suele aplicarse en forma de calor. La creación de enlaces entre los reactivos también libera energía en forma de calor.

Reacción exotérmica
Mezclar los reactivos para crear un producto libera más energía de la que se absorbe en este tipo de reacción.

Reacción endotérmica
Descomponer el reactivo requiere absorber más energía de la que se libera en este tipo de reacción.

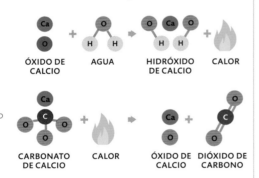

ÓXIDO DE CALCIO + AGUA → HIDRÓXIDO DE CALCIO + CALOR

CARBONATO DE CALCIO + CALOR → ÓXIDO DE CALCIO + DIÓXIDO DE CARBONO

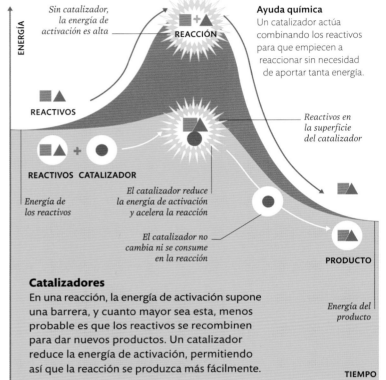

Sin catalizador, la energía de activación es alta

REACCIÓN

Ayuda química
Un catalizador actúa combinando los reactivos para que empiecen a reaccionar sin necesidad de aportar tanta energía.

REACTIVOS

ENERGÍA

REACTIVOS CATALIZADOR

Reactivos en la superficie del catalizador

Energía de los reactivos

El catalizador reduce la energía de activación y acelera la reacción

El catalizador no cambia ni se consume en la reacción

PRODUCTO

Energía del producto

Catalizadores
En una reacción, la energía de activación supone una barrera, y cuanto mayor sea esta, menos probable es que los reactivos se recombinen para dar nuevos productos. Un catalizador reduce la energía de activación, permitiendo así que la reacción se produzca más fácilmente.

TIEMPO

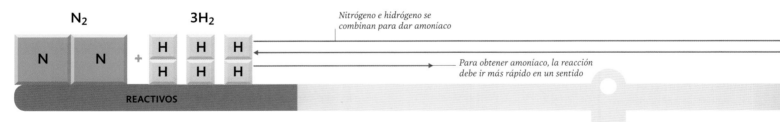

N_2 $3H_2$

N N + H H H / H H H

Nitrógeno e hidrógeno se combinan para dar amoníaco

Para obtener amoníaco, la reacción debe ir más rápido en un sentido

REACTIVOS

Equilibrio dinámico
En principio, todas las reacciones químicas son reversibles: los productos pueden reaccionar y rehacer los reactivos, puesto que todos los átomos continúan presentes. Muchas reacciones simples se producen fácilmente en uno u otro sentido; sin embargo, hay un punto de equilibrio en el que se producen a la misma velocidad en ambos. Este equilibrio es dinámico: puede cambiar según condiciones como la temperatura, la presión, y la concentración de reactivos y productos.

El equilibrio solo se alcanza en un sistema cerrado: un refresco con gas en lata está en equilibrio hasta que se abre la lata.

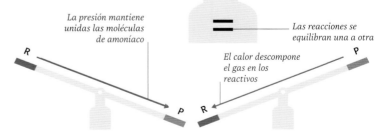

La presión mantiene unidas las moléculas de amoníaco

Las reacciones se equilibran una a otra

El calor descompone el gas en los reactivos

Aumento de presión
Un aumento de presión inclina la balanza hacia una mayor formación de amoníaco.

Aumento de temperatura
Añadir más calor reduce la cantidad de amoníaco al permitir la energía extra una mayor descomposición.

Una **enzima** es un **potente catalizador biológico** que **acelera una reacción química específica** un **millón de veces o más.**

Tipos de reacciones

Los químicos clasifican las reacciones en distintos tipos según los cambios que producen. Las reacciones químicas pueden crear, o sintetizar, nuevos compuestos, o reducir un compuesto a elementos simples.

Síntesis

En esta reacción, dos o más reactivos se combinan para obtener un solo producto, y la energía de activación suele ser baja.

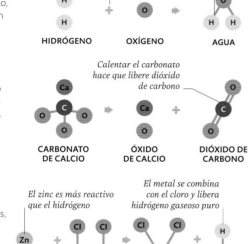

Hidrógeno y oxígeno se combinan en una proporción de 2 a 1

Los gases se combinan en una molécula de agua

HIDRÓGENO   OXÍGENO   AGUA

Descomposición

En esta reacción, un solo reactivo se descompone en dos o más productos. Lograrla con frecuencia requiere calor.

Calentar el carbonato hace que libere dióxido de carbono

CARBONATO DE CALCIO   ÓXIDO DE CALCIO   DIÓXIDO DE CARBONO

Desplazamiento

En esta reacción, determinados elementos, más reactivos que otros, expulsan átomos más débiles de los compuestos y toman su lugar.

El zinc es más reactivo que el hidrógeno

El metal se combina con el cloro y libera hidrógeno gaseoso puro

ZINC   ÁCIDO CLORHÍDRICO   CLORURO DE ZINC   HIDRÓGENO

A diferencia del hidrógeno, los **poco reactivos gases nobles** no forman compuestos fácilmente.

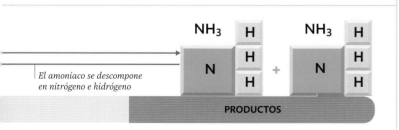

El amoníaco se descompone en nitrógeno e hidrógeno

NH_3 H   H   N   H   + NH_3 H   H   N   H

PRODUCTOS

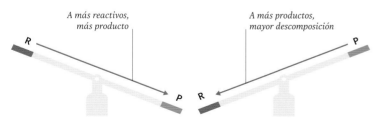

A más reactivos, más producto

A más productos, mayor descomposición

Aumento de la concentración de reactivos
Al añadir más reactivos, estos se imponen al producto y hacen avanzar la reacción en un sentido.

Aumento de la concentración del producto
Permitir al producto imponerse a los reactivos hace que predomine la reacción inversa.

Ácidos y álcalis

Un ácido es un compuesto que libera iones de hidrógeno (H+) al disolverse en agua. Los iones son altamente reactivos. Lo opuesto a un ácido es un álcali o base, que al disolverse en agua libera un ión de hidróxido (OH⁻) igualmente reactivo.

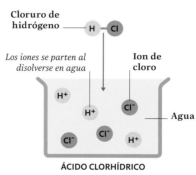

Cloruro de hidrógeno — H   Cl

Los iones se parten al disolverse en agua

Ion de cloro

Agua

ÁCIDO CLORHÍDRICO

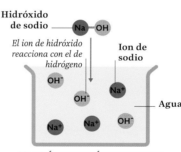

Hidróxido de sodio — Na   OH

El ion de hidróxido reacciona con el de hidrógeno

Ion de sodio

Agua

SOLUCIÓN DE HIDRÓXIDO DE SODIO

ÁCIDO (HCL)   ÁLCALI (NaOH)   SAL (NaCL)   AGUA (H_2O)

Neutralización

Al reaccionar un ácido y un álcali, sus iones reactivos se combinan en moléculas de agua neutras. Los demás iones forman una sal, un compuesto no reactivo (en este caso cloruro sódico o sal común).

ESCALA DEL pH

El pH indica el grado de acidez o alcalinidad, relacionado con el número de iones de hidrógeno presente en una solución. El agua pura, ni ácida ni alcalina, tiene un pH de 7.

pH	
0	ÁCIDO DE BATERÍA
1	ÁCIDO ESTOMACAL
2	ZUMO DE LIMÓN
3	ZUMO DE NARANJA
4	ZUMO DE TOMATE
5	CAFÉ SOLO
6	LECHE DE VACA
7	AGUA PURA
8	AGUA DE MAR
9	BICARBONATO
10	PASTILLA DE ANTIÁCIDO
11	AMONÍACO
12	LEJÍA
13	LIMPIAHORNOS
14	DESATASCADOR DE TUBERÍAS

Electrólisis

El agua conduce la electricidad porque algunas moléculas se parten en iones de hidrógeno de carga positiva (H+) e iones de hidróxido de carga negativa (OH⁻). Cuando pasa una corriente por el agua, estos iones ganan y pierden respectivamente electrones y se convierten en hidrógeno y oxígeno gaseosos.

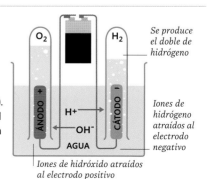

O_2 H_2 *Se produce el doble de hidrógeno*

ÁNODO +   CÁTODO –

H+   OH⁻

AGUA

Iones de hidrógeno atraídos al electrodo negativo

Iones de hidróxido atraídos al electrodo positivo

Química orgánica

La química orgánica estudia los compuestos basados en el carbono, que forma las largas cadenas moleculares que son la base de la vida, como proteínas y almidones. Los hidrocarburos, los compuestos orgánicos más simples, solo contienen hidrógeno y carbono. Son los componentes clave de combustibles como la gasolina y sirven también para fabricar plásticos.

Los alcoholes y ácidos carboxílicos son moléculas orgánicas que también contienen oxígeno. Los fullerenos, el grafeno y los nanotubos de carbono son materiales descubiertos hace relativamente poco y solo contienen átomos de carbono. Los dos últimos tienen una alta tensión de rotura y son buenos conductores eléctricos.

Hidrocarburos

Los hidrocarburos son moléculas con enlaces covalentes entre átomos de hidrógeno y carbono. Se utilizan mucho como combustibles porque liberan mucha energía al reaccionar con el oxígeno (en la combustión). Un ejemplo es el metano (CH_4), o gas natural.

Carbono — Hidrógeno

Enlace simple
El hidrocarburo más simple es el metano (CH_4). Cuatro enlaces covalentes simples unen el átomo de carbono central a cuatro de hidrógeno.

Cadena molecular
Los hidrocarburos pueden formar largas cadenas de átomos de carbono. Cada uno de estos forma cuatro enlaces, y los átomos de hidrógeno, uno cada uno.

Cada átomo de carbono forma cuatro enlaces covalentes

Cada átomo de hidrógeno forma un enlace covalente

Fórmula desarrollada
Una fórmula química puede mostrarse desarrollada, con los enlaces representados con líneas rectas, y los átomos identificados por sus símbolos.

Una sola línea representa un enlace simple

Isómeros

Son compuestos que tienen la misma fórmula (mismo número y tipo de átomos), pero dispuesta de otra forma. Los isómeros tienen propiedades químicas y físicas diferentes. Los químicos usan nombres sistemáticos para la estructura exacta de distintos isómeros.

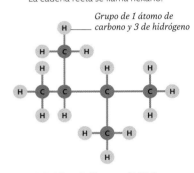

Hexano (C_6H_{14})
El compuesto con la fórmula C_6H_{14} puede disponerse de varias maneras distintas. La cadena recta se llama hexano.

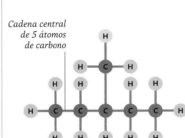

Cadena central de 5 átomos de carbono

3-metilpentano (C_6H_{14})
En este isómero, un grupo CH_3 se une al átomo de carbono central de una cadena de cinco. Sigue siendo C_6H_{14}, pero se llama 3-metilpentano.

Grupo de 1 átomo de carbono y 3 de hidrógeno

2,3-Dimethylbutane (C_6H_{14})
Aquí la cadena más larga contiene cuatro carbonos, con dos ramas de grupos CH_3. También es C_6H_{14}, pero se llama 2,3-dimetilbutano.

Alcanos, alquenos y alquinos

Los átomos de carbono pueden formar enlaces dobles y triples. Una cadena de hidrocarburos con solo enlaces simples es un alcano. Los alquenos tienen al menos un enlace doble (C=C), y los alquinos, al menos uno triple (C≡C). Las moléculas con enlaces múltiples son menos estables, y por tanto, más reactivas que las que tienen enlaces simples.

REACTIVIDAD CRECIENTE

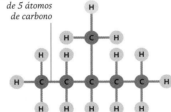

Los alcanos contienen solo enlaces C-C

Etano (C_2H_6)
Los nombres de los alcanos acaban en «ano». Su fórmula general es C_nH_{2n+2}, es decir, con el doble de hidrógenos que de carbonos, más dos.

Los alquenos tienen al menos un enlace C=C

Eteno (C_2H_4)
Los nombres de los alquenos acaban en «eno». Su fórmula general es C_nH_{2n}, es decir, con el doble de hidrógenos que de carbonos.

Los alquinos tienen al menos un enlace C≡C

Etino (C_2H_2)
Los nombres de los alquinos acaban en «ino». Su fórmula general C_nH_{2n-2}, es decir, con el doble de hidrógenos que de carbonos, menos dos.

POLIMERIZACIÓN Y FABRICACIÓN DE PLÁSTICOS
El petróleo crudo es una mezcla de hidrocarburos que se separa en sus partes constituyentes, o fracciones. Algunas de estas se usan como combustibles, y otras, para fabricar plásticos, fármacos u otras sustancias químicas. Los hidrocarburos de molécula larga se descomponen (fraccionan) en compuestos más simples.

❶ Petróleo crudo
La mayoría de los hidrocarburos procede del crudo, una mezcla de hidrocarburos de distinta longitud molecular que se deben separar en fracciones con una composición y un punto de ebullición propios.

Las plataformas extraen petróleo crudo

EXTRACCIÓN DE CRUDO

El crudo pasa a un horno

Horno

CALENTAMIENTO DEL CRUDO

❷ Destilación
El crudo se calienta y las fracciones se separan por el punto de ebullición. Las que lo tienen elevado se acumulan en el fondo.

Torre de destilación fraccionada

- GAS NATURAL
- GASOLINA
- PETROQUÍMICOS
- QUEROSENO
- COMBUSTIBLES DIÉSEL
- ACEITES Y LUBRICANTES
- ALQUITRÁN/BITUMEN

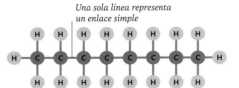

Los ácidos carboxílicos contienen un grupo de átomos COOH

Ácidos carboxílicos

Son moléculas basadas en el carbono que contienen un C=O conectado a un O-H (normalmente escrito COOH). Son ácidos débiles y en agua se ionizan parcialmente y liberan iones H+.

Ácido metanoico
El menor de los ácidos carboxílicos es el metanoico, o fórmico. Muchas especies de hormigas lo producen.

Ácido etanoico
El ácido etanoico (CH$_3$COOH), o acético, es la sustancia química que da su olor y sabor característicos al vinagre.

Alcoholes

Los alcoholes son moléculas orgánicas que contienen un grupo O-H unido a un átomo de carbono. Son buenos combustibles que liberan mucha energía y producen menos hollín que los hidrocarburos, y algunos también son buenos disolventes (sustancias químicas capaces de disolver otras sustancias). El alcohol más conocido es el etanol.

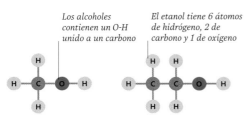

Los alcoholes contienen un O-H unido a un carbono

El etanol tiene 6 átomos de hidrógeno, 2 de carbono y 1 de oxígeno

Metanol
El menor alcohol es el metanol (CH$_3$OH), alcohol de madera o metílico. Se utiliza como precursor para producir otras sustancias químicas.

Etanol
El etanol (C$_2$H$_5$OH) es el alcohol que se encuentra en las bebidas alcohólicas. También se usa como desinfectante y conservante.

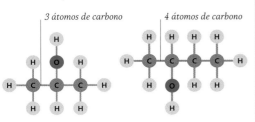

3 átomos de carbono

4 átomos de carbono

Propan-2-ol
El propan-2-ol (C$_3$H$_7$OH), isopropanol o alcohol isopropílico es de uso común en antisépticos y detergentes domésticos.

Butan-2-ol
El butan-2-ol (C$_4$H$_9$OH) es un alcohol que se utiliza principalmente para la producción del disolvente industrial butanona.

Monómeros y polímeros

Los polímeros son cadenas largas de moléculas formadas por otras moléculas menores, denominadas monómeros. El tipo más común de polímero es el polímero de adición. Los polímeros de adición están compuestos por alquenos, y uno de los más comunes es el polietileno, formado por moléculas de eteno (C$_2$H$_4$).

enlace C=C (doble)

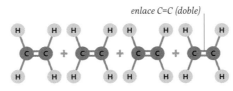

Monómeros
El eteno se compone de monómeros. En la polimerización se rompe un enlace de cada C=C y los monómeros se unen a una cadena de enlaces C-C.

enlace C-C (simple)

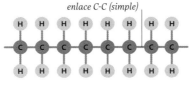

Polímero
El polietileno se forma uniendo o sumando muchas moléculas de eteno. Las moléculas de los polímeros, muy grandes, se llaman a veces macromoléculas.

PROTEÍNA

ALMIDÓN

CELULOSA

ADN

Polímeros naturales
Todos los polímeros de origen natural son de condensación: liberan una molécula pequeña (normalmente agua) al unirse los monómeros en una cadena.

FULLERENOS Y GRAFENO

Los alótropos son distintas formas de un mismo elemento (p. 201), cada una con distintas estructura y propiedades. El buckminsterfullereno (C$_{60}$) es un alótropo del carbono con los átomos dispuestos en una esfera. En el grafeno, los átomos de carbono forman una capa de hexágonos. Las capas de fullerenos y grafenos sirven para fabricar tubos denominados nanotubos de carbono, unas 10 000 veces más finos que un cabello humano.

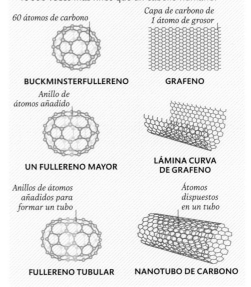

60 átomos de carbono

Capa de carbono de 1 átomo de grosor

BUCKMINSTERFULLERENO

GRAFENO

Anillo de átomos añadido

UN FULLERENO MAYOR

LÁMINA CURVA DE GRAFENO

Anillos de átomos añadidos para formar un tubo

Átomos dispuestos en un tubo

FULLERENO TUBULAR

NANOTUBO DE CARBONO

El **polietileno**, un polímero basado en el carbono, es el **tipo de plástico más común** del mundo.

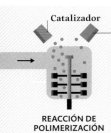

Catalizador

Monómero

3 Polimerización
El enlace C=C de los alquenos puede romperse, permitiendo así a muchas moléculas unirse en cadenas largas llamadas polímeros, o plásticos. Un catalizador acelera y controla la reacción.

REACCIÓN DE POLIMERIZACIÓN

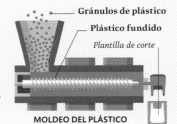

Gránulos de plástico

Plástico fundido

Plantilla de corte

MOLDEO DEL PLÁSTICO

4 Moldeo del plástico
El plástico puede adoptar muchas formas diferentes. Los gránulos de plástico se funden, comprimen y moldean. Esto se puede hacer por inyección en un molde o a partir de láminas, que luego se cortan.

Bolsa de plástico

5 Producto final
Distintos plásticos tienen distintas propiedades: los termoplásticos se funden a temperaturas relativamente bajas; los termoestables no se funden una vez moldeados, solo se queman, y el plástico usado para hacer bolsas es impermeable y ligero.

Técnicas químicas

Separar sustancias y luego averiguar qué son es una parte esencial de la química. Los químicos emplean muchas y diversas técnicas para separar mezclas e identificar compuestos y elementos específicos, así como para comprobar la cantidad exacta de las sustancias presentes en una mezcla o compuesto.

Filtración

La filtración es un modo de separar un líquido de un sólido no disuelto en él. Para ello se usan filtros como el papel de filtro, un papel especial que resiste la humedad y deja pasar el líquido, pero retiene los sólidos. En el caso del agua de mar con arena, esta es insoluble y se puede filtrar, mientras que retirar la sal disuelta requiere otros métodos.

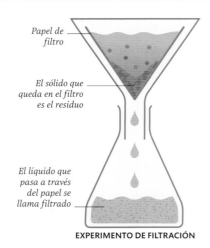

Papel de filtro

El sólido que queda en el filtro es el residuo

El líquido que pasa a través del papel se llama filtrado

EXPERIMENTO DE FILTRACIÓN

En la primera planta de **tratamiento de aguas** se utilizó la **filtración** para obtener **agua potable**.

Cromatografía

La primera parte de la palabra cromatografía procede del término griego que significa «color», ya que esta técnica fue desarrollada en origen para separar pigmentos vegetales. La cromatografía implica una fase estacionaria (como el papel) y una fase móvil (como el agua). Una mezcla se disuelve en la fase móvil y se separa al pasar por la fase estacionaria. Para los gases se usa una técnica similar.

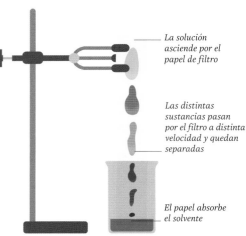

La solución asciende por el papel de filtro

Las distintas sustancias pasan por el filtro a distinta velocidad y quedan separadas

El papel absorbe el solvente

SEPARACIÓN DE PIGMENTOS

CROMATOGRAFÍA DE GASES

En la cromatografía de gases (CG), la fase móvil es un gas y la fase estacionaria es un recubrimiento microscópico sobre un soporte sólido en un fino tubo de vidrio o metal (llamado columna). La CG revela el número de compuestos presentes en una mezcla y sus respectivas cantidades. A menudo se combina con la espectrometría de masas en pruebas forenses y farmacológicas.

VIALES DE MUESTRA EN CROMATOGRAFÍA DE GASES

Indicadores de pH

El tornasol, uno de los más antiguos indicadores de pH (sustancias que cambian de color en presencia de ácidos o álcalis), pasa del rojo (ácido) al azul (álcali o base). El papel de tornasol sirve para pruebas rápidas de soluciones y gases.

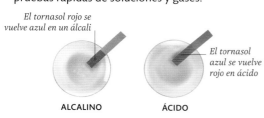

El tornasol rojo se vuelve azul en un álcali

El tornasol azul se vuelve rojo en ácido

ALCALINO　　**ÁCIDO**

JUSTUS VON LIEBIG

Este químico alemán (1803–1873) fue uno de los primeros químicos dedicados al estudio empírico (basado en la observación y la medición). Liebig diseñó aparatos para determinar la cantidad de hidrógeno, carbono y oxígeno de sustancias orgánicas, y fue un pionero de la enseñanza práctica de la química.

Valoración

Esta técnica se utiliza para determinar la concentración. A un volumen conocido de una solución se añade otro de concentración conocida; se mide el volumen necesario para que reaccionen y se calcula la concentración desconocida.

Solución de concentración conocida

Una llave controla el flujo con precisión

Bureta marcada con medidas de capacidad precisas

Volumen preciso de una solución de concentración desconocida

EXPERIMENTO DE VALORACIÓN

Precipitación

Una solución puede contener una mezcla de iones, uno de los cuales forma un precipitado insoluble (sólido) al añadirse otra sustancia. Por ejemplo, al mezclar iones de plomo con una solución con iones de yoduro se forma yoduro de plomo, de color amarillo.

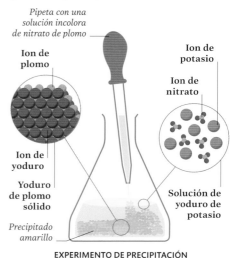

Pipeta con una solución incolora de nitrato de plomo

Ion de plomo

Ion de yoduro

Yoduro de plomo sólido

Precipitado amarillo

Ion de potasio

Ion de nitrato

Solución de yoduro de potasio

EXPERIMENTO DE PRECIPITACIÓN

Espectrometría de masas

Este método se usa para determinar qué compuestos están presentes en una mezcla. Un espectrómetro de masas bombardea una muestra con electrones que, al separar algunos electrones de las moléculas, producen iones. Los iones se aceleran hacia un detector y, debido a la acción de un campo magnético, siguen una trayectoria curva. Como los que tienen menos masa se desvían más, los iones se separan por su masa.

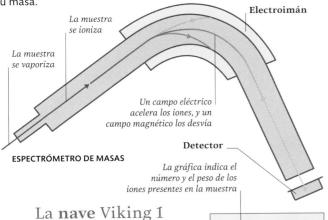

La muestra se ioniza

La muestra se vaporiza

Electroimán

Un campo eléctrico acelera los iones, y un campo magnético los desvía

ESPECTRÓMETRO DE MASAS

Detector

La gráfica indica el número y el peso de los iones presentes en la muestra

La **nave** Viking 1 de la NASA empleó un **espectrómetro de masas** para buscar **compuestos orgánicos** en Marte.

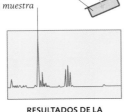

RESULTADOS DE LA ESPECTOMETRÍA DE MASAS

Centrifugación

Una centrifugadora hace girar una mezcla de sustancias a gran velocidad alrededor de un eje fijo. La gran fuerza centrífuga (hacia fuera) aplicada a la mezcla hace que las sustancias densas y las partículas grandes se desplacen hacia fuera, y las sustancias menos densas, en sentido contrario. Esta técnica separa rápidamente sustancias insolubles que se separarían lentamente de manera natural.

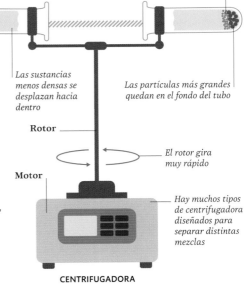

Las sustancias más densas se desplazan hacia fuera

Las sustancias menos densas se desplazan hacia dentro

Las partículas más grandes quedan en el fondo del tubo

Rotor

El rotor gira muy rápido

Motor

Hay muchos tipos de centrifugadora diseñados para separar distintas mezclas

CENTRIFUGADORA

Evaporación

Esta técnica separa un sólido soluble de un solvente. La mayor parte del solvente se retira aplicando calor, pero una parte se deja evaporar naturalmente para evitar la descomposición del residuo sólido.

Sólido disuelto en un solvente

El solvente se evapora

Se deja al sólido formar cristales

SE CALIENTA LA SOLUCIÓN

SE FORMA VAPOR

SOLUTO

Destilación

Es un método para separar líquidos con diferente punto de ebullición. Al calentar suavemente una mezcla de esos líquidos, la sustancia que tiene el punto de ebullición más bajo será la primera en evaporarse. El gas resultante asciende hasta un condensador donde el contacto con superficies frías lo vuelve líquido, separándolo así de la mezcla original.

El agua sale del condensador por aquí

La sustancia con punto de ebullición más bajo se evapora

La sustancia se condensa y se licúa

La mezcla se calienta suavemente

Entrada de agua fría

❶ CALENTAMIENTO Y EVAPORACIÓN

Condensador

El líquido sale del condensador

La sustancia con punto de ebullición más alto no sale

La sustancia pura se acumula aquí

❷ SEPARACIÓN COMPLETA

Ensayo a la llama

Este método identifica metales en los compuestos. Los electrones de los átomos calentados se excitan y emiten luz visible de un color característico de cada elemento. Las sales de bario, por ejemplo, producen una llama verde.

Verde claro

Rojo vivo

Naranja rojizo

BARIO

ESTRONCIO

CALCIO

Lila

Amarillo anaranjado

Rojo

POTASIO

SODIO

LITIO

MECHERO BUNSEN

El mechero o quemador Bunsen, diseñado en el siglo XIX por el químico alemán Robert Bunsen para generar una llama muy caliente, sin hollín y no luminosa, facilita la observación de los colores que producen los metales de diferentes compuestos. Este instrumento, que aún se usa en los laboratorios, mezcla el gas con aire antes de quemarlo.

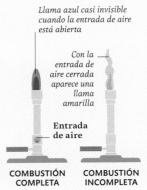

Llama azul casi invisible cuando la entrada de aire está abierta

Con la entrada de aire cerrada aparece una llama amarilla

Entrada de aire

COMBUSTIÓN COMPLETA

COMBUSTIÓN INCOMPLETA

Química ambiental

La química ambiental estudia los procesos químicos que tienen lugar en la Tierra, tanto los naturales como los causados por la actividad humana. Abarca la química del aire, del agua y del suelo, y está vinculada a la «química verde», o sostenible, orientada específicamente a reducir la contaminación causada por los procesos químicos.

Metales pesados

Estos metales, como el arsénico, el mercurio y el plomo, que se acumulan a causa de la explotación minera y la eliminación de residuos, son tóxicos: a altos niveles causan envenenamiento, y la exposición regular a bajos niveles provoca enfermedades.

Aguas residuales

Las aguas residuales son aquellas que han sido contaminadas por el uso humano. Incluyen las del alcantarillado, las procedentes de la minería y la industria, y la escorrentía de las áreas urbanas.

Contaminantes del aire

Además de vapor de agua, la atmósfera contiene un 78% de nitrógeno (N_2), un 21% de oxígeno (O_2), casi el 1% de argón (Ar), el 0,04% de dióxido de carbono (CO_2) y trazas de otros gases. La industria añade otras sustancias.

CLAVE
- Energía
- Combustible
- Edificios
- Transporte
- Industria
- Agricultura

El 80% de la contaminación de los océanos procede de fuentes terrestres.

CONTAMINANTES PRIMARIOS

DIÓXIDO DE AZUFRE
Este gas lo producen al arder ciertos combustibles fósiles y también la actividad volcánica. Causa problemas respiratorios y lluvia ácida.

ÓXIDOS DE NITRÓGENO
Se forman cuando se queman combustibles a altas temperaturas. Sus emisiones causan problemas respiratorios, esmog y lluvia ácida.

PARTÍCULAS EN SUSPENSIÓN
Las partículas microscópicas sólidas o líquidas de diverso origen suspendidas en el aire se han relacionado con cánceres y otras enfermedades.

MONÓXIDO DE CARBONO
Este gas inodoro se forma cuando se queman combustibles fósiles con un aporte limitado de oxígeno. Es letal inhalado en grandes cantidades.

COMPUESTOS ORGÁNICOS VOLÁTILES
Hay muchos tipos de estos compuestos perjudiciales para la salud. Un ejemplo es el formaldehído, que se evapora de algunos tipos de pintura.

AMONÍACO
La mayor fuente de amoníaco, utilizado para fabricar abonos, es la agricultura. Causa problemas respiratorios y afecta a la química del suelo.

Ciclo del oxígeno

Este ciclo explica los cambios químicos que experimenta el oxígeno atmosférico a causa de la fotosíntesis que realizan plantas verdes, algas y algunas bacterias, y la respiración, el proceso por el que todos los seres vivos obtienen energía a partir de glucosa.

Noche y día

Las plantas fabrican alimento por fotosíntesis durante las horas de exposición a la luz solar, emitiendo oxígeno como producto de desecho.

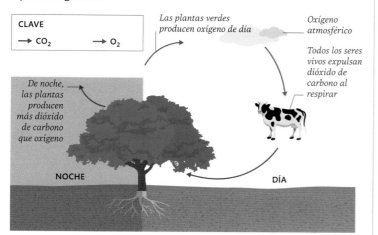

CLAVE
→ CO_2 → O_2

Las plantas verdes producen oxígeno de día

Oxígeno atmosférico

Todos los seres vivos expulsan dióxido de carbono al respirar

De noche, las plantas producen más dióxido de carbono que oxígeno

NOCHE

DÍA

Ciclo del nitrógeno

Este ciclo explica los cambios químicos del nitrógeno atmosférico antes de ser devuelto de nuevo a la atmósfera. El nitrógeno es un componente clave de los ácidos nucleicos (como el ADN) y las proteínas, necesario para el crecimiento de todos los seres vivos.

Fijación del nitrógeno

El nitrógeno es un gas inerte (N_2). La fijación es el proceso por el que se forma amoníaco (NH_3) u otros compuestos, como nitratos (NO_3^-).

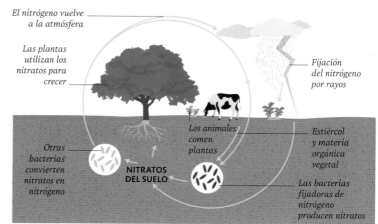

El nitrógeno vuelve a la atmósfera

Las plantas utilizan los nitratos para crecer

Fijación del nitrógeno por rayos

Otras bacterias convierten nitratos en nitrógeno

Los animales comen plantas

NITRATOS DEL SUELO

Estiércol y materia orgánica vegetal

Las bacterias fijadoras de nitrógeno producen nitratos

Cuando cae **un rayo** se nota un **olor particular** porque **produce ozono** (O_3).

QUÍMICA

Pesticidas y herbicidas

Los pesticidas y herbicidas eliminan plagas de animales y plantas. Sin ellos sería imposible la agricultura a gran escala, pero tienen repercusiones nocivas para el medio ambiente, como el daño a insectos polinizadores, plantas acuáticas e incluso seres humanos cuando se emplean sin control.

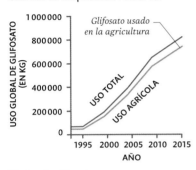

Ventas de glifosato
El uso global de pesticidas se ha reducido desde la década de 1970, pero ha aumentado el de herbicidas como el glifosato.

BIOMAGNIFICACIÓN

Si un animal grande come muchos organismos pequeños contaminados por una toxina, absorberá una gran cantidad de esta con el tiempo. Este efecto es mayor a medida que se asciende en la cadena trófica: en esto consiste la biomagnificación.

Acidificación de los océanos

Los océanos absorben dióxido de carbono directamente de la atmósfera. Al aumentar el nivel de CO_2 atmosférico debido a la quema de combustibles fósiles, los océanos absorben más, lo cual reduce el pH del agua y daña a organismos como corales y moluscos.

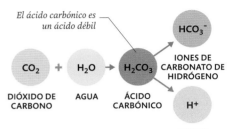

Química de la acidificación
Cuando el CO_2 se disuelve en agua forma ácido carbónico, que a su vez libera iones de hidrógeno (H^+) y reduce el pH de la solución.

Contaminación por plástico

Los desechos plásticos pueden tardar años en descomponerse. Las partículas procedentes de piezas mayores pueden entrar en la cadena trófica y causan daños, por contener toxinas o por su acumulación.

Exceso de desechos plásticos
Cada año se producen millones de toneladas de desechos plásticos, incluidos los materiales sintéticos creados por la industria textil.

Lluvia ácida

La lluvia ya es ligeramente ácida (~ pH 5,5), pero al combinarse la humedad atmosférica con emisiones de dióxido de azufre (SO_2) u óxidos de nitrógeno (NO_x), lo es aún más y daña a los seres vivos y causa erosión.

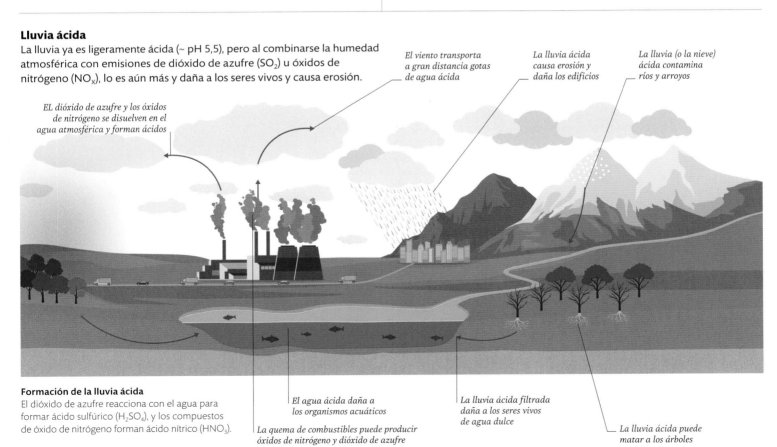

Formación de la lluvia ácida
El dióxido de azufre reacciona con el agua para formar ácido sulfúrico (H_2SO_4), y los compuestos de óxido de nitrógeno forman ácido nítrico (HNO_3).

¿Qué está «vivo»?

«Biología» significa estudio de la vida, pero definir con exactitud qué es la vida ha resultado imposible hasta para los biólogos. Durante milenios, teólogos, filósofos y científicos de campos tan diversos como la química, la biología, la física y la robótica han propuesto más de cien definiciones de la vida, pero ninguna ha llegado a ser aceptada universalmente, y además, cuanto mayor es el progreso de la ciencia, menos acuerdo hay. Hoy, el único modo de distinguir lo vivo de lo no vivo es estudiar las funciones básicas comunes a todos los seres vivos.

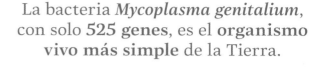

La bacteria *Mycoplasma genitalium*, con solo **525 genes**, es el **organismo vivo más simple** de la Tierra.

Las siete características de la vida

Pese a la enorme variedad de la vida en la Tierra, todas las numerosísimas especies tienen en común una serie de rasgos. No todos son exclusivos –los programas informáticos y los cristales, por ejemplo, crecen y se replican–, pero si algo reúne siete características se considera vivo.

Nutrición
Para vivir, los organismos deben ingerir o producir alimento que aporte la energía y los nutrientes necesarios para mantener todas las otras funciones, como el crecimiento, el movimiento y la respiración.

Reproducción
La reproducción consiste en la creación de un ser vivo por otro, ya sea de modo asexual (por simple división celular, por ejemplo), o sexual, mediante la combinación del material genético de dos individuos.

Movimiento
Todos los seres vivos se mueven en alguna medida. Las plantas no se desplazan, pero sus raíces avanzan a través del suelo y sus hojas y flores pueden volverse hacia el sol.

Crecimiento
El aumento de tamaño de un organismo es posible cuando dispone de energía para producir nuevas células o para que estas crezcan. Esto permite a algunos organismos alcanzar un gran tamaño, como las ballenas.

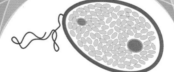

Organismo vivo
Euglena viridis es un organismo unicelular que consume alimento, como los animales, y realiza la fotosíntesis, como las plantas.

Excreción
Los seres vivos deben eliminar materiales de desecho cuya acumulación podría producir toxinas letales. Incluso las bacterias unicelulares excretan, en forma líquida, gaseosa o sólida.

Sensibilidad
La capacidad de un organismo para percibir y responder a cambios del entorno, ya sean químicos, de luz o temperatura, es vital para su supervivencia. Cada estímulo activa un conjunto específico de respuestas coordinadas.

Respiración
Para sobrevivir, los seres vivos necesitan la energía que aporta la descomposición del alimento mediante reacciones químicas. Los organismos pluricelulares complejos utilizan oxígeno para descomponer glúcidos.

El **carbono** constituye el **20 %** del **peso** del **cuerpo humano**, mientras que en las **plantas** supone el **45 %**.

NO VIVO

Algunos entes no vivos pueden parecer dotados de vida por tener una o más de las siete características de esta. Sin embargo, si no reúnen el conjunto completo –y a no ser que puedan morir–, no son seres vivos.

Motor de combustión interna

Un motor consume combustible y expulsa productos de desecho, pero no puede considerarse vivo, al carecer de sensibilidad y no reproducirse ni crecer.

Cristales

Los cristales presentan algunos rasgos de la vida, ya que crecen en respuesta a cambios químicos e incluso a la luz, pero no se reproducen.

Ordenador

Los ordenadores están programados para responder a su entorno y almacenar información, y algunos replican programas, pero no independientemente.

Virus

Los virus se encuentran entre lo vivo y lo no vivo. Responden al entorno por adaptación y se replican en organismos vivos, pero no se alimentan, respiran o crecen.

Ingredientes de la vida

La mayoría de los seres vivos de la Tierra se compone de los mismos elementos esenciales: hidrógeno, oxígeno, nitrógeno y carbono, además de fósforo y azufre. Estos átomos se combinaron para crear el agua, el amoníaco y el metano necesarios para formar una atmósfera rudimentaria y océanos, y estas moléculas simples se enlazaron para producir aminoácidos, poniendo así los cimientos de proteínas complejas o azúcares simples.

INGREDIENTES SIMPLES

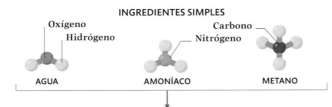

Oxígeno
Hidrógeno
AGUA

Carbono
Nitrógeno
AMONÍACO

METANO

MOLÉCULAS ORGÁNICAS SIMPLES: AMINOÁCIDOS

Los átomos de carbono enlazados forman el esqueleto del aminoácido

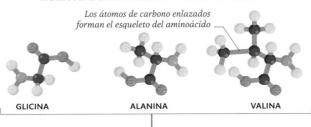

GLICINA

ALANINA

VALINA

MOLÉCULAS ORGÁNICAS COMPLEJAS: AMINOÁCIDOS ENLAZADOS

Grupos específicos de cada tipo de aminoácido (en color vivo)

Tirosina

Fenilalanina

Arginina

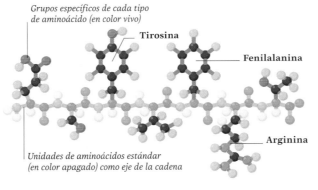

Unidades de aminoácidos estándar (en color apagado) como eje de la cadena

Creación de compartimentos

Las cadenas de moléculas basadas en el carbono no equivalen a células vivas, que requieren una membrana que concentre y proteja su contenido. Esta la proporcionan los fosfolípidos, unas moléculas oleosas que se agregan para formar membranas en el agua, donde comenzó la vida.

Cabeza hidrófila de fosfato

Cola hidrófoba de lípido

FOSFOLÍPIDO

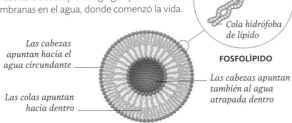

Las cabezas apuntan hacia el agua circundante

Las colas apuntan hacia dentro

Las cabezas apuntan también al agua atrapada dentro

FORMACIÓN DE UNA MEMBRANA ESFÉRICA

Condiciones para la vida

En 1952, Stanley Miller y Harold Urey, de la Universidad de Chicago, pusieron a prueba la hipótesis de la formación de moléculas orgánicas complejas a partir de materiales inorgánicos simples. Simularon las condiciones de la Tierra primitiva aplicando una chispa a una mezcla inorgánica y lograron formar aminoácidos simples, básicos para la vida.

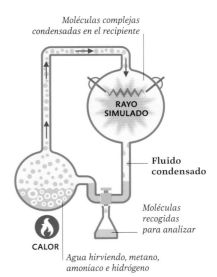

Moléculas complejas condensadas en el recipiente

RAYO SIMULADO

Fluido condensado

Moléculas recogidas para analizar

CALOR

Agua hirviendo, metano, amoníaco e hidrógeno

EXPERIMENTO MILLER–UREY

¿PUEDE ALGO VIVIR POR SIEMPRE?

Los seres vivos tienen una vida limitada, excepto la medusa *Turritopsis dohrnii*, que es inmortal. Las medusas empiezan siendo pólipos fijados al lecho marino que liberan medusas que nadan libremente, maduran, engendran larvas que se convierten en pólipos y luego mueren, pero *T. dohrnii* puede pasar de medusa a una bola de tejidos que se convierte en pólipo y «reiniciarse».

MEDUSA INMORTAL

Tipos de seres vivos

Los seres vivos habitan desde los gélidos polos y los tórridos desiertos hasta las chimeneas hidrotermales del fondo oceánico. Los científicos estudian su anatomía y su ADN para descubrir su parentesco y los clasifican en un sistema de grupos progresivamente menores a partir de los reinos con el fin de comprender la diversidad y las formas a menudo sorprendentes de la vida de la Tierra.

Todos los organismos, vivos o extintos, se consideran genéticamente relacionados.

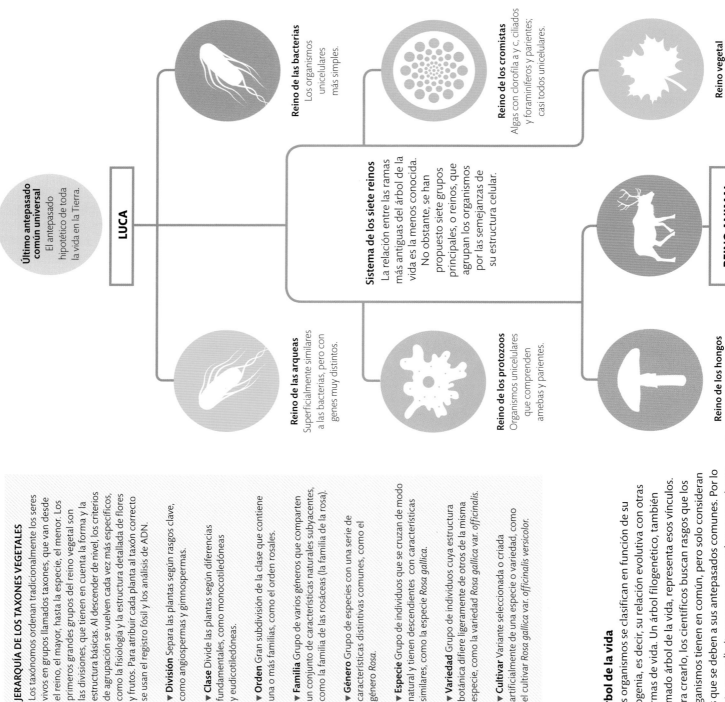

JERARQUÍA DE LOS TAXONES VEGETALES

Los taxónomos ordenan tradicionalmente los seres vivos en grupos llamados taxones, que van desde el reino, el mayor, hasta la especie, el menor. Los primeros grandes grupos del reino vegetal son las divisiones, que tienen en cuenta la forma y la estructura básicas. Al descender de nivel, los criterios de agrupación se vuelven cada vez más específicos, como la fisiología y la estructura detallada de flores y frutos. Para atribuir cada planta al taxón correcto se usan el registro fósil y los análisis de ADN.

▼ **División** Separa las plantas según rasgos clave, como angiospermas y gimnospermas.

▼ **Clase** Divide las plantas según diferencias fundamentales, como monocotiledóneas y eudicotiledóneas.

▼ **Orden** Gran subdivisión de la clase que contiene una o más familias, como el orden rosales.

▼ **Familia** Grupo de varios géneros que comparten un conjunto de características naturales subyacentes, como la familia de las rosáceas (la familia de la rosa).

▼ **Género** Grupo de especies con una serie de características distintivas comunes, como el género Rosa.

▼ **Especie** Grupo de individuos que se cruzan de modo natural y tienen descendientes con características similares, como la especie Rosa gallica.

▼ **Variedad** Grupo de individuos cuya estructura botánica difiere ligeramente de otros de la misma especie, como la variedad Rosa gallica var. officinalis.

▼ **Cultivar** Variante seleccionada o criada artificialmente de una especie o variedad, como el cultivar Rosa gallica var. officinalis versicolor.

Árbol de la vida

Los organismos se clasifican en función de su filogenia, es decir, su relación evolutiva con otras formas de vida. Un árbol filogenético, también llamado árbol de la vida, representa esos vínculos. Para crearlo, los científicos buscan rasgos que los organismos tienen en común, pero solo consideran los que se deben a sus antepasados comunes. Por lo tanto, no se limitan a agrupar organismos semejantes, sino los que están estrechamente emparentados.

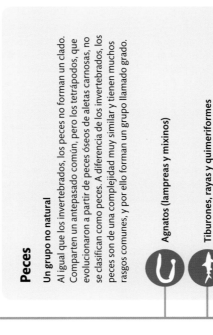

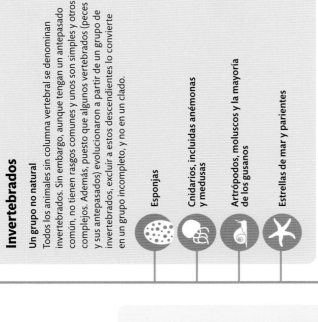

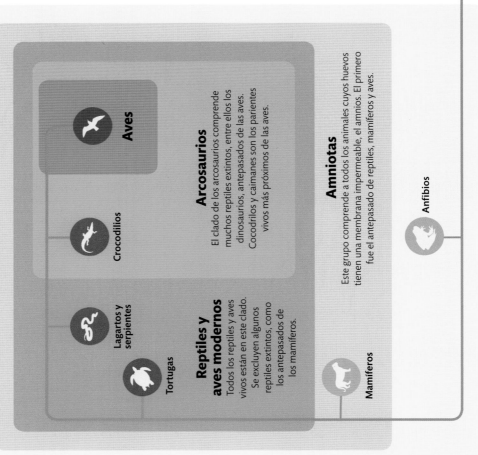

«Las **afinidades** de todos los **seres de la misma clase** se han **representado** alguna vez con un **gran árbol**. Creo que el símil es en gran medida **acertado**». CHARLES DARWIN, *El origen de las especies* (1859)

Invertebrados

Un grupo no natural

Todos los animales sin columna vertebral se denominan invertebrados. Sin embargo, aunque tengan un antepasado común, no tienen rasgos comunes y unos son simples y otros complejos. Además, puesto que algunos vertebrados (peces y sus antepasados) evolucionaron a partir de un grupo de invertebrados, excluir a estos descendientes lo convierte en un grupo incompleto, y no en un clado.

Esponjas

Cnidarios, incluidas anémonas y medusas

Artrópodos, moluscos y la mayoría de los gusanos

Estrellas de mar y parientes

Peces

Un grupo no natural

Al igual que los invertebrados, los peces no forman un clado. Comparten un antepasado común, pero los tetrápodos, que evolucionaron a partir de peces óseos de aletas carnosas, no se clasifican como peces. A diferencia de los invertebrados, los peces son de una complejidad muy similar y tienen muchos rasgos comunes, y por ello forman un grupo llamado grado.

Agnatos (lampreas y mixinos)

Tiburones, rayas y quimeriformes

Peces óseos de aletas con radios espinosos

Peces óseos de aletas carnosas

Grupos naturales y no naturales

La clasificación moderna evita dos tipos de grupos no naturales: los de organismos no emparentados y los incompletos. Si se agrupan aves e insectos por tener alas, por ejemplo, no sería natural, pues sus alas evolucionaron de distinta manera y no están emparentados. Los grupos incompletos se evitan incluyendo a todos los descendientes conocidos de un antepasado común. Un grupo completo se llama clado. Muchos grupos, como los peces y los invertebrados, de hecho no son clados.

Tetrápodos

Un grupo natural

Los tetrápodos forman un clado porque el grupo comprende a todos los descendientes del primer animal con cuatro extremidades. Algunos tetrápodos, como las ballenas y las serpientes, han perdido las patas, pero se incluyen por su parentesco. La clasificación de todos los seres vivos en clados dificulta atenerse a los taxones tradicionales, ya que unos grupos aparecen dentro de otros en lugar de unos junto a otros.

Aves

Crocodilios

Lagartos y serpientes

Tortugas

Reptiles y aves modernos

Todos los reptiles y aves vivos están en este clado. Se excluyen algunos reptiles extintos, como los antepasados de los mamíferos.

Arcosaurios

El clado de los arcosaurios comprende muchos reptiles extintos, entre ellos los dinosaurios, antepasados de las aves. Cocodrilos y caimanes son los parientes vivos más próximos de las aves.

Amniotas

Este grupo comprende a todos los animales cuyos huevos tienen una membrana impermeable, el amnios. El primero fue el antepasado de reptiles, mamíferos y aves.

Anfibios

Mamíferos

Bacterias y virus

Bacterias y virus son dos entidades muy distintas. Los virus no sobreviven sin una célula huésped y, por tanto, no suelen considerarse «vivos», mientras que las células bacterianas viven en muchos medios diferentes. Algunos virus, llamados bacteriófagos, infectan las células bacterianas.

Tipos de bacterias

Las bacterias han evolucionado para vivir en muchos hábitats distintos. Sus células pueden tener forma esférica (cocos), de bastoncillo (bacilos), curva o espiral (espiroquetas).

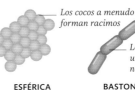

Los cocos a menudo forman racimos

Los bacilos se unen en cadenas no ramificadas

Una de muchas variantes

ESFÉRICA · BASTONCILLO · CURVA

Bacterias

Las bacterias son microorganismos unicelulares con un solo anillo de ADN cromosómico (pp. 224-225). Algunas tienen pequeños anillos adicionales de ADN (plásmidos) con genes que les confieren ventajas como la resistencia a los antibióticos. Se han hallado bacterias en toda la Tierra, desde la nieve helada del Ártico hasta las calientes chimeneas hidrotermales submarinas, y en un cuerpo humano hay más células bacterianas que células humanas. Las bacterias que viven en el suelo o en la materia vegetal muerta ayudan a devolver nutrientes al medio y también fabrican la esencial vitamina B_{12} que necesitan todas las formas de vida para construir ADN y proteínas.

Estructura celular bacteriana

Las bacterias son procariotas: el interior de la célula es un solo gran compartimento, a diferencia de las células animales o vegetales (eucariotas). Una serie de elementos les ayudan a sobrevivir.

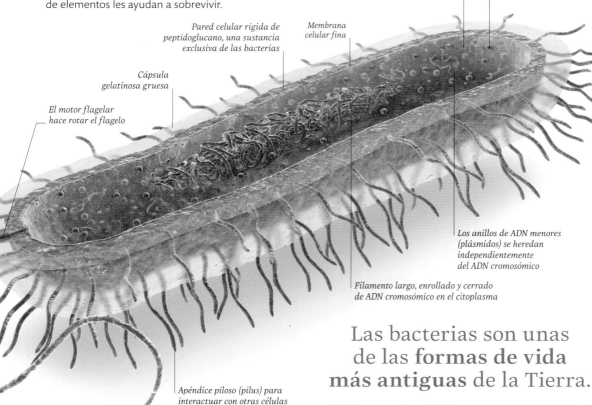

El citoplasma fluido con proteínas, metabolitos y otras estructuras llena la célula

Unas máquinas moleculares (ribosomas) fabrican proteínas para la célula

Pared celular rígida de peptidoglucano, una sustancia exclusiva de las bacterias

Membrana celular fina

Cápsula gelatinosa gruesa

El motor flagelar hace rotar el flagelo

Los anillos de ADN menores (plásmidos) se heredan independientemente del ADN cromosómico

Filamento largo, enrollado y cerrado de ADN cromosómico en el citoplasma

Apéndice piloso (pilus) para interactuar con otras células o fijarse a superficies

Cola larga con forma de látigo (flagelo) para moverse por el fluido

Las bacterias son unas de las **formas de vida más antiguas** de la Tierra.

NUTRICIÓN BACTERIANA

Como otros organismos, las bacterias necesitan nutrientes para vivir y crecer. Muchas son autótrofas y usan la luz (fotosíntesis) o la energía química (quimiosíntesis) para convertir dióxido de carbono en hidratos de carbono. Algunas se asocian con otros organismos o los infectan para obtener nutrientes.

Cómo se replica una bacteria

Las bacterias suelen reproducirse por fisión binaria, o bipartición, una forma de reproducción asexual durante la cual una célula copia su ADN y se divide en dos células «hijas» idénticas. Este proceso puede darse cada veinte minutos.

El ADN contiene información genética

1 Célula progenitora
Si las condiciones son adecuadas y la célula dispone de energía suficiente, activa la maquinaria de la división celular.

Se copia el material genético

2 El ADN se replica
Primero la célula debe hacer una copia completa e idéntica de su ADN, en un proceso llamado replicación.

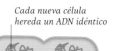

Cada nueva célula hereda un ADN idéntico

3 La célula empieza a dividirse
Al comenzar a dividirla célula, las dos copias idénticas de ADN se separan hacia cada extremo.

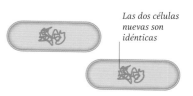

Las dos células nuevas son idénticas

4 Células hijas
Al completarse la división celular se crean dos células nuevas, copias genéticamente idénticas (clones) de la original.

El **virus de la viruela mató a entre 300 y 500 millones de personas**
en sus 12 000 años de existencia, hasta que fue declarado **erradicado en 1980.**

Tipos de virus

Los virus tienen diversas formas
y tamaños, y pueden codificar su
información genética mediante
ADN o ARN (un ácido relacionado
con el ADN).

*Capa protectora
(cápside) de
dos tipos de
proteína*

POLIÉDRICO

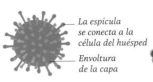

*La espícula
se conecta a la
célula del huésped*

*Envoltura
de la capa*

CON ENVOLTURA

*Subunidad
proteica de
la cápside
(capsómero)*

HELICOIDAL

**Cabeza
(cápside)**

Lámina

**Fibras
de la cola**

COMPLEJO

Cómo se replica un virus

Los virus son, en esencia,
fragmentos de código genético
protegidos por una capa exterior.
Esta capa tiene elementos que les
facilitan invadir una célula huésped.
Al carecer de una célula propia, los
virus no pueden fabricar sus propias
proteínas y deben secuestrar la
maquinaria de la célula huésped
tanto para replicar su material
genético como para fabricar
nuevas proteínas. Por lo tanto,
todos los virus son parásitos.

1 El virus se fija
Las proteínas de la capa del virus han
evolucionado para fijarse a elementos
específicos de la célula huésped. La
capacidad de reconocerlos le garantiza
que infecta una célula adecuada para
replicarse.

2 El virus penetra en la célula
Los virus entran en la célula por fusión
de la membrana o abriendo en ella un
poro. Si al entrar un virus queda envuelto
por la membrana celular, descompone
la «burbuja» de la membrana una vez
dentro de la célula.

3 La capa del virus se abre
Ya en la célula huésped, el virus debe
liberar su material genético. El proceso
por el que se desprende de su capa se
llama desenvolvimiento.

4 Los genes víricos se replican
Para crear nuevas partículas víricas, el
código genético del virus debe replicarse
y usarse a sí mismo para dar instrucciones
de fabricar nuevas proteínas víricas al
huésped, unas para su capa y otras que
alteran la célula huésped.

**5 El virus sabotea la maquinaria
de la célula huésped**
Algunos virus bloquean la síntesis de
proteínas del huésped para que su
maquinaria dedique más tiempo a
fabricar proteínas víricas. Algunos
incluso cambian el comportamiento
del huésped para aumentar sus
posibilidades de infectar al siguiente.

6 Se ensamblan nuevos virus
Una vez los ribosomas del huésped
han fabricado nuevas proteínas víricas
y replicado el código genético del virus,
se ensamblan nuevas partículas víricas
con ayuda de la maquinaria del huésped.

7 Se liberan nuevas partículas víricas
Las nuevas partículas víricas salen
desde la superficie celular, listas para
infectar nuevas células. Este proceso
puede matar a la célula original.

ROSALIND FRANKLIN

Esta científica británica (1920–
1958), conocida por su papel en el
descubrimiento de la estructura del
ADN, aplicó también la difracción
de los rayos X al estudio del virus del
mosaico del tabaco, el primer virus
descubierto, un trabajo pionero que
permitió conocer la estructura de
virus humanos como el de la polio.

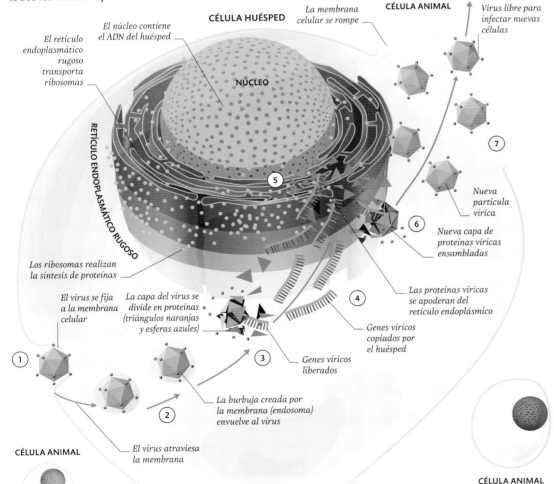

*El retículo
endoplasmático
rugoso
transporta
ribosomas*

*El núcleo contiene
el ADN del huésped*

CÉLULA HUÉSPED

*La membrana
celular se rompe*

CÉLULA ANIMAL

*Virus libre para
infectar nuevas
células*

NÚCLEO

RETÍCULO ENDOPLASMÁTICO RUGOSO

*Los ribosomas realizan
la síntesis de proteínas*

*El virus se fija
a la membrana
celular*

*La capa del virus se
divide en proteínas
(triángulos naranjas
y esferas azules)*

*La burbuja creada por
la membrana (endosoma)
envuelve al virus*

CÉLULA ANIMAL

*El virus atraviesa
la membrana*

*Nueva
partícula
vírica*

*Nueva capa de
proteínas víricas
ensambladas*

*Las proteínas víricas
se apoderan del
retículo endoplásmico*

*Genes víricos
copiados por
el huésped*

*Genes víricos
liberados*

CÉLULA ANIMAL

Véase también ¿Cómo funcionan las células? pp. 220–221 ▶ **¿Cómo funcionan los genes?** pp. 224–225 ▶ **Medicina moderna** pp. 252–253 ▶

¿Cómo funcionan las células?

La célula es la unidad básica de la vida. Los organismos pueden consistir en una sola célula, o en muchas células especializadas que trabajan juntas. Cada una tiene su propia copia de ADN (p. 224) que usa para fabricar la maquinaria de proteínas que necesita para sobrevivir. Existen dos categorías principales de células: procariotas (por ejemplo, las bacterias, p. 218) y eucariotas. Estas tienen compartimentos rodeados por membranas llamados orgánulos que llevan a cabo diversas funciones, como el núcleo, que contiene el ADN, y las mitocondrias, encargadas de la respiración. Las células animales y vegetales son eucariotas.

> En un milímetro cuadrado de una hoja hay hasta **500 000** cloroplastos.

Estructura y funciones de las células vegetales

Las células vegetales han evolucionado hasta adquirir muchos rasgos especializados. Tienen una pared celular que les da rigidez para mantener su forma e impide que revienten al absorber agua, y también orgánulos y cloroplastos. En estos se realiza la fotosíntesis, mediante la cual la energía solar se convierte en energía química almacenable. Los cloroplastos contienen clorofila, un pigmento que refleja la luz verde y da a las plantas su color.

① Recepción de instrucciones
El núcleo contiene el ADN de la planta, el código de las instrucciones para fabricar cada proteína que necesita para vivir. La molécula llamada ARN mensajero (ARNm) sirve de plantilla de las instrucciones y las transfiere fuera del núcleo.

② Manufactura
El ARNm contiene las instrucciones para fabricar proteínas, y por tanto, debe ser «traducido». Se transfiere a los ribosomas, que traducen el código genético y construyen la proteína. Los ribosomas se concentran en el retículo endoplasmático rugoso, al que dan su aspecto peculiar.

③ Empaquetado
Una vez fabricada la proteína, viaja por el citoplasma en una pequeña burbuja membranosa llamada vesícula hasta el aparato de Golgi. Aquí, las proteínas se reordenan y pueden modificarse con la adición de otras moléculas que las asisten en sus funciones, como azúcares o grasas.

④ Envío
Una vez lista la proteína, el aparato de Golgi la envía a donde se necesite, dentro o fuera de la célula. La proteína se empaqueta en vesículas con un etiquetado molecular para su destino (a modo de código postal). Las vesículas que transportan proteínas fuera de la célula se fusionan con la membrana celular para liberarlas.

Diagrama de la célula vegetal (etiquetas)

El núcleo contiene el ADN, el libro de instrucciones para fabricar proteínas

Nucleolo, donde se fabrican los ribosomas

Retículo endoplasmático (RE) rugoso, donde se construyen y ensamblan las proteínas

Los ribosomas fabrican proteínas

El retículo endoplasmático (RE) liso fabrica lípidos y hormonas esteroides

Pared celular de celulosa, un hidrato de carbono complejo que aporta rigidez estructural

La vacuola almacena agua y nutrientes, y aporta presión interna para mantener la forma de la planta

La mitocondria aporta energía a la célula

Los cloroplastos realizan la fotosíntesis

Las vesículas transportan productos

Citoplasma, fluido contenido en la membrana celular

El aparato de Golgi procesa y modifica proteínas y otras moléculas luego repartidas por la célula

La membrana celular forma una barrera controlada

Las vesículas pueden transportar proteínas y otras sustancias fuera de la célula

El lisosoma contiene enzimas que digieren productos de desecho

NÚCLEO · ARNm · NUCLEOLO · RE RUGOSO · RIBOSOMAS · RE LISO · VACUOLA · PARED CELULAR · MITOCONDRIA · VESÍCULA · APARATO DE GOLGI · CLOROPLASTO · LISOSOMA · MEMBRANA CELULAR

Tipos de células vegetales

Las plantas tienen muchas células especializadas en funciones específicas: los pelos radicales absorben agua y minerales del suelo; las células del xilema transportan agua de las raíces a las hojas; las del floema, glucosa y otros nutrientes; y las del mesófilo, en las hojas, contienen los cloroplastos que realizan la fotosíntesis.

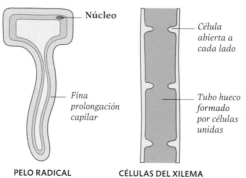

Núcleo

Fina prolongación capilar

PELO RADICAL

Célula abierta a cada lado

Tubo hueco formado por células unidas

CÉLULAS DEL XILEMA

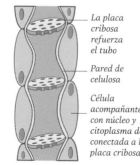

La placa cribosa refuerza el tubo

Pared de celulosa

Célula acompañante, con núcleo y citoplasma denso, conectada a la placa cribosa

CÉLULAS DEL FLOEMA

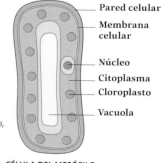

Pared celular

Membrana celular

Núcleo

Citoplasma

Cloroplasto

Vacuola

CÉLULA DEL MESÓFILO

La **célula humana más pequeña** es el **espermatozoide**, de 0,05 mm de largo; el **óvulo**, con 0,1 mm de diámetro, es la **más grande**.

Estructura y funciones de las células animales

Las células animales difieren de las vegetales en que carecen de pared celular, por lo que su forma es mucho más flexible, y de cloroplastos para fabricar azúcares. Por ello, los animales desarrollaron sistemas de soporte para mantener estable la forma del cuerpo -internos, como los esqueletos hidrostáticos u óseos, o externos, como conchas o exoesqueletos– y deben alimentarse de azúcares producidos por las plantas o de otros organismos. Sin embargo, al igual que las vegetales, tienen núcleo, mitocondrias, retículo endoplasmático y aparatos de Golgi que realizan las mismas funciones.

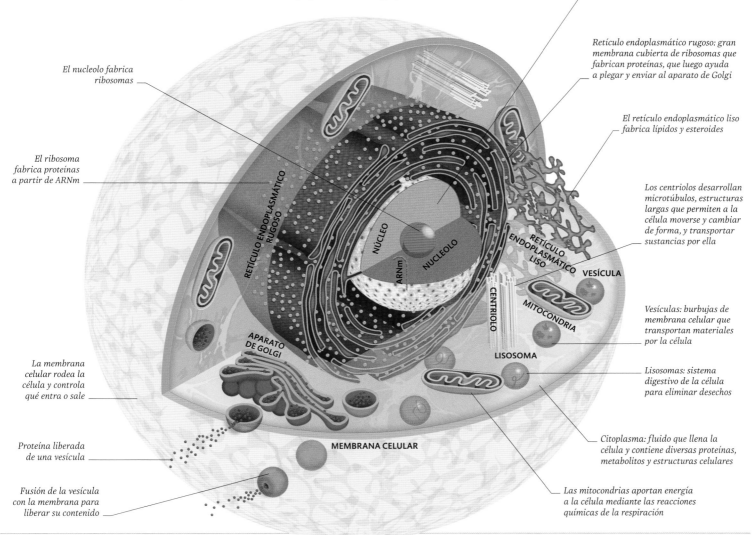

El nucleolo fabrica ribosomas

El ribosoma fabrica proteínas a partir de ARNm

El núcleo almacena y protege el ADN y está rodeado por una membrana que solo permite entrar o salir a ciertas sustancias

Retículo endoplasmático rugoso: gran membrana cubierta de ribosomas que fabrican proteínas, que luego ayuda a plegar y enviar al aparato de Golgi

El retículo endoplasmático liso fabrica lípidos y esteroides

Los centriolos desarrollan microtúbulos, estructuras largas que permiten a la célula moverse y cambiar de forma, y transportar sustancias por ella

Vesículas: burbujas de membrana celular que transportan materiales por la célula

Lisosomas: sistema digestivo de la célula para eliminar desechos

Citoplasma: fluido que llena la célula y contiene diversas proteínas, metabolitos y estructuras celulares

Las mitocondrias aportan energía a la célula mediante las reacciones químicas de la respiración

La membrana celular rodea la célula y controla qué entra o sale

Proteína liberada de una vesícula

Fusión de la vesícula con la membrana para liberar su contenido

RETÍCULO ENDOPLASMÁTICO RUGOSO
NÚCLEO
NUCLEOLO
ARNm
RETÍCULO ENDOPLASMÁTICO LISO
VESÍCULA
CENTRIOLO
MITOCONDRIA
APARATO DE GOLGI
LISOSOMA
MEMBRANA CELULAR

Tipos de células animales

Como las vegetales, las células animales se especializan en diversas funciones. Un ejemplo extremo son las neuronas, que transmiten información y en algunos animales miden varios metros. Otros son las células musculares, con numerosas mitocondrias para aportar energía, y los glóbulos rojos, que transportan oxígeno por el cuerpo.

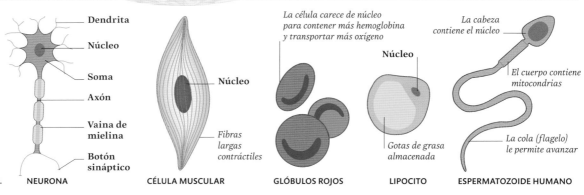

Dendrita
Núcleo
Soma
Axón
Vaina de mielina
Botón sináptico
NEURONA

Núcleo
Fibras largas contráctiles
CÉLULA MUSCULAR

La célula carece de núcleo para contener más hemoglobina y transportar más oxígeno
GLÓBULOS ROJOS

Núcleo
Gotas de grasa almacenada
LIPOCITO

La cabeza contiene el núcleo
El cuerpo contiene mitocondrias
La cola (flagelo) le permite avanzar
ESPERMATOZOIDE HUMANO

Véase también Respiración y metabolismo pp. 222-223 ▶ ¿Cómo funcionan los genes? pp. 224-225 ▶ **221**

Respiración y metabolismo

La respiración y el metabolismo son las reacciones químicas que tienen lugar en la célula para aportarle la energía y las moléculas que necesita para vivir. La respiración celular consiste en una serie de reacciones que liberan energía de la glucosa para fabricar moléculas de adenosintrifosfato (ATP), que la célula utiliza para mantener en marcha su maquinaria. El conjunto de procesos químicos de la célula, de la respiración a la construcción de proteínas y la eliminación de desechos tóxicos, constituyen el metabolismo.

HANS KREBS
Mientras trabajaba en la Universidad de Sheffield, este científico germano-británico (1900–1981) estudió el mecanismo por el que las células descomponen la glucosa y utilizan el oxígeno para obtener energía y descubrió la secuencia de reacciones químicas que tienen lugar en las mitocondrias, llamada ciclo de Krebs.

Energía y combustible
La mayor parte de la vida de la Tierra la sostienen organismos que usan la energía solar para producir glucosa por fotosíntesis. Los organismos incapaces de realizar la fotosíntesis deben ingerir otros organismos capaces de hacerlo, como las plantas, o que se alimentan de plantas. La glucosa sirve de combustible para obtener energía.

Respiración en la célula animal
En las células animales, la mayoría de las reacciones químicas de la respiración se producen en las mitocondrias, que usan oxígeno para liberar energía mediante un proceso llamado respiración aerobia. A falta de oxígeno, la célula puede recurrir a la respiración anaerobia, mucho menos eficiente.

❶ Suministro de combustible
En los animales grandes, los nutrientes –incluida la glucosa– de los alimentos se absorben en el sistema digestivo y son transportados a los tejidos por la sangre. El oxígeno se absorbe por la piel, los pulmones o las branquias, donde se une a la hemoglobina en los glóbulos rojos.

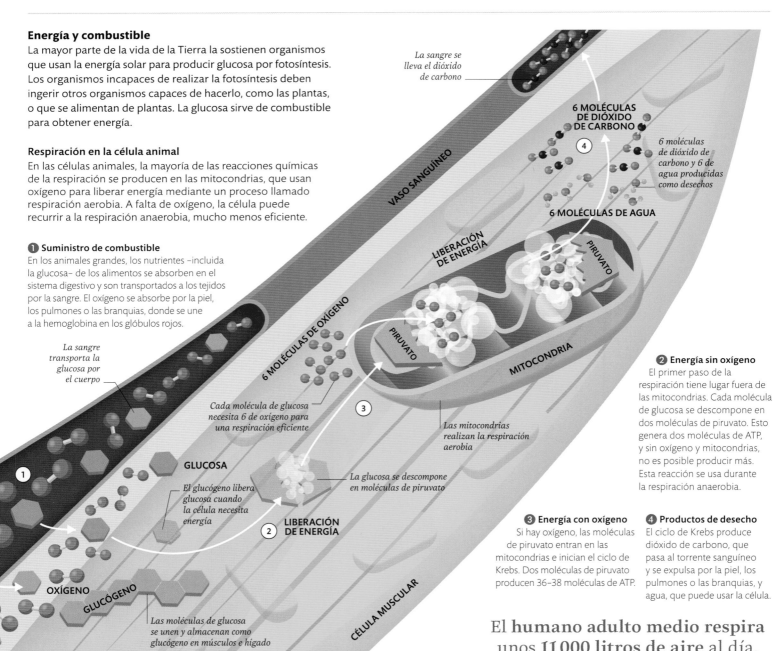

La sangre se lleva el dióxido de carbono

6 MOLÉCULAS DE DIÓXIDO DE CARBONO

6 moléculas de dióxido de carbono y 6 de agua producidas como desechos

6 MOLÉCULAS DE AGUA

VASO SANGUÍNEO

LIBERACIÓN DE ENERGÍA

PIRUVATO

PIRUVATO

6 MOLÉCULAS DE OXÍGENO

MITOCONDRIA

La sangre transporta la glucosa por el cuerpo

Cada molécula de glucosa necesita 6 de oxígeno para una respiración eficiente

Las mitocondrias realizan la respiración aerobia

GLUCOSA

El glucógeno libera glucosa cuando la célula necesita energía

La glucosa se descompone en moléculas de piruvato

LIBERACIÓN DE ENERGÍA

OXÍGENO

GLUCÓGENO

Las moléculas de glucosa se unen y almacenan como glucógeno en músculos e hígado

CÉLULA MUSCULAR

❷ Energía sin oxígeno
El primer paso de la respiración tiene lugar fuera de las mitocondrias. Cada molécula de glucosa se descompone en dos moléculas de piruvato. Esto genera dos moléculas de ATP, y sin oxígeno y mitocondrias, no es posible producir más. Esta reacción se usa durante la respiración anaerobia.

❸ Energía con oxígeno
Si hay oxígeno, las moléculas de piruvato entran en las mitocondrias e inician el ciclo de Krebs. Dos moléculas de piruvato producen 36–38 moléculas de ATP.

❹ Productos de desecho
El ciclo de Krebs produce dióxido de carbono, que pasa al torrente sanguíneo y se expulsa por la piel, los pulmones o las branquias, y agua, que puede usar la célula.

El humano adulto medio respira unos 11 000 litros de aire al día.

El metabolismo en reposo supone la mayor parte del gasto energético de una persona.

BIOLOGÍA

Respiración aerobia y fotosíntesis

La respiración aerobia emplea oxígeno y glucosa para producir energía. Al consumir energía solar, las plantas invierten esta reacción en la fotosíntesis. El proceso de conversión de CO_2 en glucosa se denomina fijación del carbono.

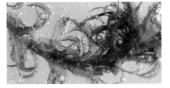

ELODEA CANADIENSIS

Burbujas de oxígeno liberadas al realizar la fotosíntesis

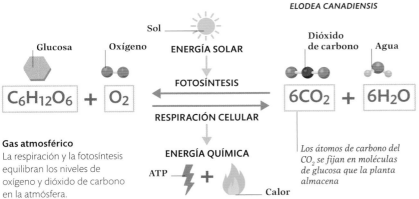

Sol — ENERGÍA SOLAR
Glucosa   Oxígeno
Dióxido de carbono   Agua
FOTOSÍNTESIS
$C_6H_{12}O_6$ + O_2 $6CO_2$ + $6H_2O$
RESPIRACIÓN CELULAR
ENERGÍA QUÍMICA
ATP + Calor

Gas atmosférico
La respiración y la fotosíntesis equilibran los niveles de oxígeno y dióxido de carbono en la atmósfera.

Los átomos de carbono del CO_2 se fijan en moléculas de glucosa que la planta almacena

Respiración anaerobia

Si se acaba el oxígeno, las células se mantienen vivas pasando a la respiración anaerobia. Esta no requiere oxígeno, pero es muy ineficiente y genera productos de desecho tóxicos como el ácido láctico, que provoca agujetas.

Ejercicio intenso
Durante un ejercicio intenso, el oxígeno no llega a tiempo a los músculos, y estos pasan a la respiración anaerobia. Una vez en reposo, el ácido láctico de desecho se descompone en dióxido de carbono y agua.

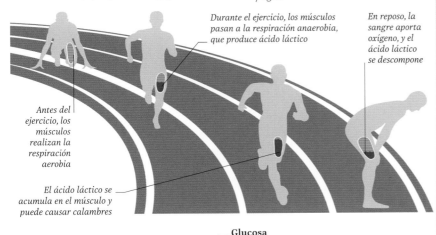

Antes del ejercicio, los músculos realizan la respiración aerobia

El ácido láctico se acumula en el músculo y puede causar calambres

Durante el ejercicio, los músculos pasan a la respiración anaerobia, que produce ácido láctico

En reposo, la sangre aporta oxígeno, y el ácido láctico se descompone

Respiración anaerobia en los animales
La respiración anaerobia consiste en descomponer una molécula de glucosa en dos de piruvato que se convierten en ácido láctico.

Glucosa   Ácido láctico
$C_6H_{12}O_6$ → $2C_3H_6O_3$

Respiración anaerobia en plantas y levaduras
En plantas y levaduras, la respiración anaerobia produce como producto de desecho etanol, que es tóxico y acaba matándolas.

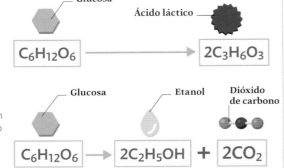

Glucosa   Etanol   Dióxido de carbono
$C_6H_{12}O_6$ → $2C_2H_5OH$ + $2CO_2$

¿Qué es el metabolismo?

El metabolismo es el conjunto de reacciones químicas que tienen lugar en una célula o un organismo. Comprende procesos tales como la digestión, la contracción muscular, la producción de calor, la construcción de proteínas, la replicación del ADN y la eliminación de desechos, muchos de ellos impulsados por enzimas.

Enzimas
Las enzimas son proteínas que actúan como catalizadores biológicos de las biorreacciones químicas. Reducen la energía necesaria para estas reacciones y las hacen más eficientes.

Las enzimas de la célula catalizan las reacciones químicas

SUSTANCIA 1   SUSTANCIA 2

Una enzima específica se une a la molécula o sustancia inicial

La enzima convierte la sustancia en una segunda molécula intermedia

ENZIMA 1   REACCIÓN 1

ENZIMA Y REACTIVO

La enzima 2 convierte la molécula intermedia en el producto final

La segunda molécula puede quedarse o pasar a otra parte de la célula

SUSTANCIA 2   PRODUCTO FINAL

Una segunda enzima se une a la molécula intermedia

ENZIMA 2   REACCIÓN 2

PRODUCTO FINAL CREADO

¿Cómo se emplea la energía?

La energía de la respiración (como ATP) es usada por las enzimas para impulsar las reacciones químicas celulares que mantienen vivo el organismo. Para crecer o moverse, este precisa energía adicional.

Planta
Las plantas necesitan la energía de la respiración para mantener y crear células, y para crecer y reproducirse.

De día, las plantas crean y almacenan energía a partir de la luz solar

Serpiente (animal de sangre fría)
Los animales de sangre fría se calientan tomando el sol, pero continúan necesitando energía para moverse.

La mayoría de los animales gasta mucha energía al moverse

Ratón adulto (animal de sangre caliente)
Los animales de sangre caliente mantienen el calor con su propia energía y no dependen tanto del sol.

Estos animales gastan mucha energía para controlar su temperatura corporal

CLAVE		
Metabolismo	Reproducción	Crecimiento
	Movimiento	Generación de calor

Véase también Sistema muscular pp. 234–237 ▶ Sistemas respiratorio y cardiovascular pp. 240–241 ▶

¿Cómo funcionan los genes?

CIENCIA Y TECNOLOGÍA

¿Qué son los genes?

Los genes son secuencias cortas de ADN que suelen codificar instrucciones para construir una proteína. Todo cambio en un gen produce cambios en la proteína y en el modo en que funciona. La variación de las secuencias de genes hace que los individuos tengan distinto aspecto aun teniendo el mismo conjunto de genes. Las mutaciones (nuevos cambios de la secuencia genética) suelen impedir el funcionamiento de la proteína y pueden causar enfermedades, pero algunas resultan beneficiosas.

Así construyen proteínas los genes

El código del ADN se compone de cuatro unidades químicas llamadas bases: adenina (A), timina (T), citosina (C) y guanina (G). Estas se leen como «palabras» de tres letras llamadas codones, cada uno de los cuales corresponde a un aminoácido específico. Los aminoácidos forman las proteínas, y el orden de las bases determina el orden de los aminoácidos en una proteína.

ESTRUCTURA DE DOBLE HÉLICE DEL ADN

Estructura de azúcar y fosfato
Adenina
Guanina
Citosina
Timina

❶ Estructura del ADN
Las cuatro bases forman los «peldaños» de la escalera del ADN, emparejándose siempre A con T y C con G.

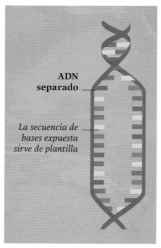

ADN separado

La secuencia de bases expuesta sirve de plantilla

❷ El ADN se separa
Para que se lea un gen, los dos filamentos del ADN deben separarse por un lugar específico para exponer las bases a lo largo de un filamento.

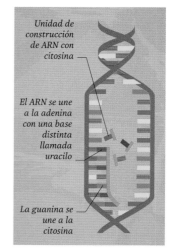

Unidad de construcción de ARN con citosina

El ARN se une a la adenina con una base distinta llamada uracilo

La guanina se une a la citosina

❸ Transcripción
Las bases de ARN se unen a las bases de ADN expuestas para formar una copia temporal del gen en la transcripción.

Genes y genomas

Los seres humanos tienen más de 25 000 genes en 3000 millones de pares de bases de ADN, compuesto por 46 filamentos individuales o cromosomas. La secuencia completa del ADN es el genoma. Cada especie tiene un genoma de distinto tamaño.

Genes reguladores

Una función principal de los tramos de ADN entre genes es la de actuar a modo de interruptor que apaga y enciende genes para construir proteínas solo cuando sea necesario.

Si todo el **ADN de un cuerpo humano** se desenrollara y uniera por los extremos, mediría unos **80 000 millones de kilómetros.**

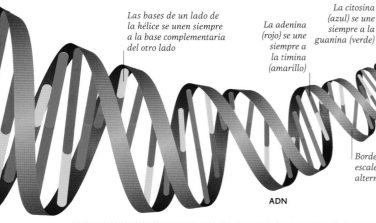

Las bases de un lado de la hélice se unen siempre a la base complementaria del otro lado

La adenina (rojo) se une siempre a la timina (amarillo)

La citosina (azul) se une siempre a la guanina (verde)

Hélice de ADN enrollada con muchas vueltas

Borde exterior de la escalera de unidades alternas de azúcar y fosfato

ADN

Empaquetado del ADN

Casi todas las células contienen una copia completa del genoma. En el ser humano, esto supone 2 m de ADN por célula. Para caber en el núcleo, el ADN está enrollado muy prieto, y aún más en el superenrollamiento durante la división celular.

Los cromosomas forman una X durante la división celular

CÉLULA HUMANA

CROMOSOMA

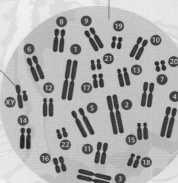

El núcleo contiene 23 pares de cromosomas

Cromosomas masculinos X (largo) e Y (corto)

Cromosomas sexuales

Un par de cromosomas sexuales (X e Y en el ser humano) determina el sexo del individuo. Generalmente, las hembras tienen dos X, y los machos un X y un Y.

LA DOBLE HÉLICE DE ADN

En 1953, los científicos James Watson y Francis Crick, estadounidense y británico respectivamente, publicaron lo que hoy día es la estructura biológica más famosa de todos los tiempos. Basándose en el trabajo de Rosalind Franklin (p. 219), Watson y Crick comprendieron que si se separaban los dos filamentos de la hélice del ADN, cada uno servía de plantilla para construir el otro lado de la hélice, permitiendo así copiar el ADN.

Maqueta de chapa EEEH y alambre

JAMES WATSON

El animal con el **menor** número de cromosomas es la **hormiga saltadora** australiana, con un solo par; la **mariposa atlas azul**, con 452 (226 pares), tiene **el mayor** número de cromosomas.

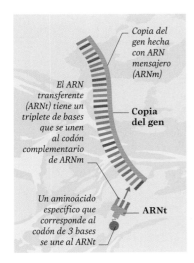

Copia del gen hecha con ARN mensajero (ARNm)

El ARN transferente (ARNt) tiene un triplete de bases que se unen al codón complementario de ARNm

Copia del gen

Un aminoácido específico que corresponde al codón de 3 bases se une al ARNt

ARNt

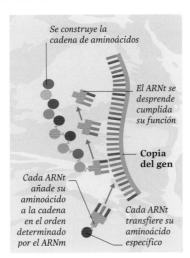

Se construye la cadena de aminoácidos

El ARNt se desprende cumplida su función

Copia del gen

Cada ARNt añade su aminoácido a la cadena en el orden determinado por el ARNm

Cada ARNt transfiere su aminoácido específico

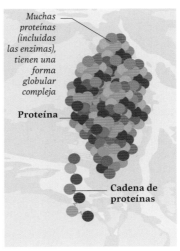

Muchas proteínas (incluidas las enzimas), tienen una forma globular compleja

Proteína

Cadena de proteínas

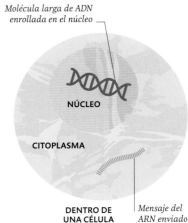

Molécula larga de ADN enrollada en el núcleo

NÚCLEO

CITOPLASMA

DENTRO DE UNA CÉLULA

Mensaje del ARN enviado al citoplasma

④ El ARN sale del núcleo
El filamento terminado de ARN mensajero sale del núcleo al citoplasma, donde se emparejan moléculas de ARN transferente a cada codón.

⑤ Traducción a la cadena de aminoácidos
Cada molécula de ARNt se une a un aminoácido específico para formar una cadena de proteínas. De este modo, la secuencia de bases se traduce a aminoácidos.

⑥ Los aminoácidos forman una proteína
Una vez completa la cadena de proteínas, se pliega en una estructura tridimensional cuya forma está determinada por el orden de los aminoácidos de la cadena.

El lugar donde ocurre todo
El ADN queda protegido dentro del núcleo. El ARN transmite el código a la maquinaria que fabrica proteínas en el citoplasma.

Cómo se heredan los genes
Los genes se transfieren de los progenitores a la descendencia, formando las unidades de la herencia. El monje Gregor Mendel descubrió las leyes de la herencia en el siglo XIX. Estudiando los guisantes, comprendió que los individuos heredan una copia de cada gen de ambos progenitores, pero no sabía que cuál era la molécula responsable de esta herencia.

Herencia mendeliana
Las distintas versiones de cada gen se llaman alelos. Al heredar un individuo alelos distintos de su madre y padre, uno suele ser dominante (se expresa siempre) y el otro recesivo. Para que se exprese un rasgo recesivo, el individuo debe heredar el alelo recesivo de ambos padres.

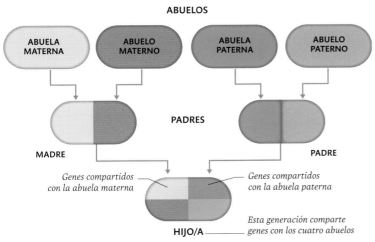

ABUELOS

| ABUELA MATERNA | ABUELO MATERNO | ABUELA PATERNA | ABUELO PATERNO |

PADRES

MADRE

PADRE

Genes compartidos con la abuela materna

Genes compartidos con la abuela paterna

Esta generación comparte genes con los cuatro abuelos

HIJO/A

Genes en las familias
Repartidos por el genoma –y la población de individuos–, nietos y nietas comparten la mitad aproximada de sus genes con cada progenitor y un cuarto con cada abuelo y abuela.

La **tasa de nuevas mutaciones** en seres humanos es de **1 por cada 10 millones de pares de bases** por generación.

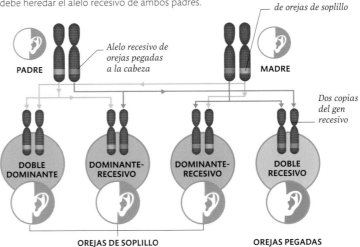

Alelo dominante de orejas de soplillo

PADRE

Alelo recesivo de orejas pegadas a la cabeza

MADRE

Dos copias del gen recesivo

DOBLE DOMINANTE

DOMINANTE-RECESIVO

DOMINANTE-RECESIVO

DOBLE RECESIVO

OREJAS DE SOPLILLO

OREJAS PEGADAS

Rasgos poligénicos
Muchas características, como la estatura humana, no son determinadas por un solo gen o un alelo de este, sino que contribuyen muchos otros genes, y de las muchas combinaciones distintas resultan muchas estaturas diferentes.

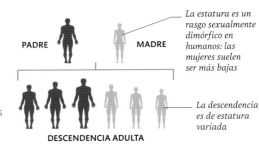

PADRE

MADRE

La estatura es un rasgo sexualmente dimórfico en humanos: las mujeres suelen ser más bajas

La descendencia es de estatura variada

DESCENDENCIA ADULTA

Véase también Reproducción pp. 226–227 ▶ La evolución pp. 228–229 ▶ Avances médicos pp. 260–261 ▶

Reproducción

Un rasgo definitorio de los seres vivos es la capacidad de reproducirse. Las estrategias para ello han evolucionando desde los inicios de la vida y han dado lugar a diversos métodos. Sin embargo, la mayoría de ellos pertenece a dos categorías: la reproducción asexual, en la que el material genético de un individuo sirve para crear un nuevo organismo, o la reproducción sexual, en la que dos individuos aportan ADN para crear un nuevo organismo. La reproducción asexual produce nuevos individuos rápidamente, mientras que la sexual introduce la variabilidad genética que hace más robusta la especie.

Reproducción asexual

Es el proceso por el que se crean nuevos individuos a partir del material genético de uno solo, por lo que la descendencia tiene el mismo ADN que el progenitor. Como los organismos creados mediante reproducción asexual tienen el mismo ADN, existe muy poca diversidad genética entre la población, de manera que si el medio ambiente cambia o aparece un nuevo depredador, todos los individuos son igualmente vulnerables ante la nueva amenaza.

Hacer copias

La reproducción asexual da como resultado la producción de clones, todos con el mismo ADN exactamente. Organismos unicelulares como las amebas se reproducen de este modo.

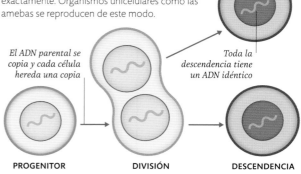

El ADN parental se copia y cada célula hereda una copia

Toda la descendencia tiene un ADN idéntico

PROGENITOR **DIVISIÓN** **DESCENDENCIA**

Reproducción sexual

Mediante la reproducción sexual, dos individuos aportan ADN a la descendencia. Esta hereda una mezcla de los rasgos de ambos progenitores que mantiene la diversidad genética y mejora sus probabilidades de sobrevivir a los cambios.

Para reproducirse sexualmente, los progenitores deben producir células especializadas, llamadas gametos, mediante un proceso llamado meiosis. Los gametos contienen la mitad del ADN de cada progenitor, y cuando se unen, el nuevo individuo obtiene un conjunto de ADN completo.

> En la **secuencia del ADN de dos humanos** cualesquiera **hay unos 6 millones de diferencias.**

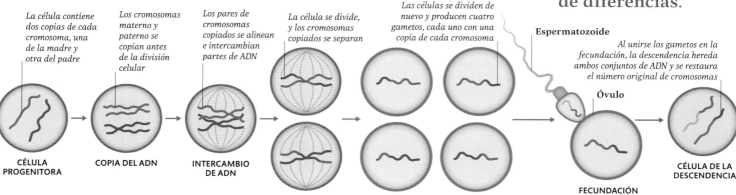

La célula contiene dos copias de cada cromosoma, una de la madre y otra del padre

Los cromosomas materno y paterno se copian antes de la división celular

Los pares de cromosomas copiados se alinean e intercambian partes de ADN

La célula se divide, y los cromosomas copiados se separan

Las células se dividen de nuevo y producen cuatro gametos, cada uno con una copia de cada cromosoma

Espermatozoide

Al unirse los gametos en la fecundación, la descendencia hereda ambos conjuntos de ADN y se restaura el número original de cromosomas

Óvulo

CÉLULA PROGENITORA **COPIA DEL ADN** **INTERCAMBIO DE ADN** **PRIMERA DIVISIÓN** **SEGUNDA DIVISIÓN** **FECUNDACIÓN (CIGOTO)** **CÉLULA DE LA DESCENDENCIA**

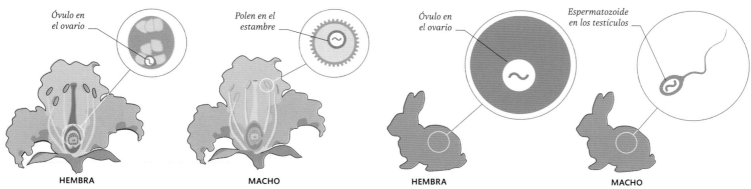

Óvulo en el ovario

Polen en el estambre

Óvulo en el ovario

Espermatozoide en los testículos

HEMBRA **MACHO** **HEMBRA** **MACHO**

Sexo de las plantas con flores
El órgano sexual de las plantas con flores es la flor. En su base se encuentra el ovario, que contiene los óvulos, los gametos femeninos, y los estambres que lo rodean producen granos de polen, los gametos masculinos.

Sexo de los animales
En los animales, el gameto femenino es el óvulo, y los gametos masculinos son los espermatozoides. Estos tienen una larga cola o flagelo con la que nadan hacia el óvulo, mucho más grande, gracias a la energía que les aportan sus muchas mitocondrias.

En condiciones óptimas, una **célula bacteriana** puede dividirse **cada 20 minutos, y cada bacteria puede tener 69 000 millones de descendientes en 12 horas.**

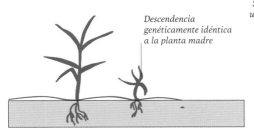

Descendencia genéticamente idéntica a la planta madre

PLANTA CON ESTOLONES

Reproducción vegetativa

Algunas plantas, como la fresa, el frambueso y la cinta, se reproducen asexualmente por medio de estolones que crecen sobre el suelo, o justo por debajo, antes de producir sus propias raíces y hojas.

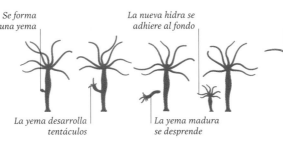

Se forma una yema

La nueva hidra se adhiere al fondo

La yema desarrolla tentáculos

La yema madura se desprende

GEMACIÓN DE LA HIDRA

Gemación

Las hidras, unos pequeños animales acuáticos, son capaces de reproducirse sexualmente, pero cuando el alimento abunda lo hacen por gemación. El progenitor desarrolla una yema que se desprende y se convierte en un nuevo individuo.

Hembra de áfido adulta

Descendencia a partir de células sexuales femeninas únicamente

REPRODUCCIÓN ASEXUAL DE LOS ÁFIDOS

Partenogénesis

La partenogénesis es el desarrollo de un óvulo no fecundado hasta formar un nuevo individuo. Algunas plantas e invertebrados, como los nematodos y los áfidos, y hasta peces, anfibios y reptiles pueden reproducirse así.

Conducta de apareamiento

Escoger la pareja adecuada es crucial para el éxito de la reproducción. Muchos animales han desarrollado comportamientos complejos para exhibir su aptitud reproductiva a la pareja o parejas potenciales.

Cortejo y competencia

Muchos animales realizan complejos rituales de cortejo para seducir a una pareja potencial. El éxito del cortejo determinará si se reproducen. A menudo son los machos los que tratan de atraer a las hembras cantando, danzando o realizando piruetas. Los machos o hembras de algunas especies acceden a sus parejas por medio del combate.

Flexibilidad reproductiva

La reproducción sexual es la mejor manera de mantener un rico patrimonio genético. Sin embargo, algunos animales han desarrollado estrategias para producir descendencia en ausencia de machos. Uno de ellos es el dragón de Komodo, cuyas hembras se han reproducido por partenogénesis en cautividad.

El chochín común canta para atraer pareja

CANTO

La araña pavo real macho atrae a las hembras bailando

DANZA

Los gamos macho luchan por el derecho a aparearse

COMBATE

Los somormujos se vinculan mediante elaborados rituales

VINCULACIÓN

DRAGÓN DE KOMODO

Estrategias reproductivas

La reproducción consume mucha energía. La producción de descendencia, así como el cuidado de unas crías vulnerables, exige al cuerpo una gran inversión de energía. Equilibrar ambas exigencias da a los organismos más posibilidades de transmitir sus genes, y para ello, los animales han desarrollado distintas estrategias.

El pingüino emperador macho pierde casi la mitad de su peso incubando un solo huevo durante el invierno antártico.

OSKAR HERTWIG

Este embriólogo y anatomista alemán (1849–1922) descubrió cómo fecunda un espermatozoide al óvulo. En la época, los científicos aún no sabían si los espermatozoides simplemente tocaban el óvulo o entraban en él. Al estudiar la fecundación de los huevos transparentes del erizo de mar, Hertwig observó que el espermatozoide entraba en el óvulo y que, una vez que esto ocurría, ya no podía entrar ninguno más.

PEZ → **HUEVOS DE PEZ**

Descendencia numerosa

Los peces ponen cientos –o millones– de huevos en cada freza (puesta). La mayoría no sobrevivirá, pero su gran número garantiza que algunos lleguen a convertirse en peces adultos.

CÓNDOR → **HUEVO DE CÓNDOR**

Descendencia escasa

La hembra del cóndor solo pone un huevo cada dos años. Así, ambos padres crían al pollo hasta la puesta siguiente, lo cual aumenta las probabilidades de que sobreviva.

La evolución

La evolución, una de las teorías más importantes de la biología, es el proceso por el que las especies cambian con el tiempo y que explica que surjan otras nuevas. El mecanismo que impulsa la evolución es la selección natural, por la que los individuos con rasgos hereditarios favorables tienen más probabilidades de sobrevivir y transmitirlos a su descendencia; en consecuencia, estos rasgos se difunden entre la población, adaptándola mejor a su medio.

Selección natural

En toda población surgen mutaciones del genoma al azar que producen la variabilidad genética. Algunas resultan ventajosas, al dotar al organismo de un rasgo que incrementa sus probabilidades de sobrevivir. Luego, los organismos transmiten este rasgo a la generación siguiente. Este proceso, llamado selección natural, impulsa la evolución.

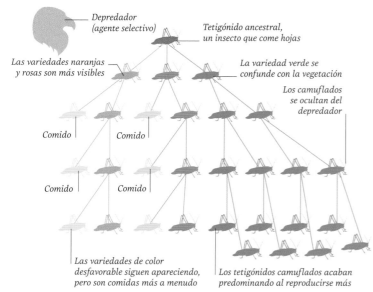

Depredador (agente selectivo)

Tetigónido ancestral, un insecto que come hojas

Las variedades naranjas y rosas son más visibles

La variedad verde se confunde con la vegetación

Los camuflados se ocultan del depredador

Comido

Comido

Comido

Comido

Las variedades de color desfavorable siguen apareciendo, pero son comidas más a menudo

Los tetigónidos camuflados acaban predominando al reproducirse más

La supervivencia del más apto

La selección natural es el resultado de diversas presiones ejercidas sobre las poblaciones. Los organismos con rasgos que les confieren una ventaja selectiva, como el camuflaje, tienen más probabilidades de sobrevivir y reproducirse. Esto se conoce comúnmente como «supervivencia del más apto», una expresión inspirada en la obra de Darwin.

CHARLES DARWIN

El naturalista británico Charles Darwin (1809-1882) dio la vuelta al mundo en el *Beagle*, capitaneado por Robert FitzRoy, y llevó a Inglaterra numerosas muestras de las distintas especies que encontró durante el viaje. En septiembre de 1835, la nave llegó a las islas Galápagos, donde Darwin realizó observaciones de las aves que pusieron los cimientos de su revolucionaria teoría de la evolución, que publicó en 1859 en su obra *El origen de las especies*.

Especiación

La especiación es la evolución de dos o más especies a partir de una especie ancestral. Puede deberse a la separación geográfica de diferentes poblaciones de la especie ancestral que hace que sigan una ruta evolutiva distinta, o a la especialización de algunos miembros de la especie original en comer diferentes alimentos, por ejemplo.

Aislamiento geográfico

Los individuos de una sola población pueden quedar separados por una barrera geográfica, como una cordillera. Las dos subpoblaciones siguen evolucionando independientemente y con el tiempo se convierten en especies distintas.

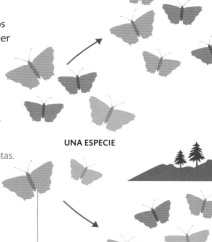

En las distintas poblaciones surgen mutaciones al azar

UNA ESPECIE

Población original separada en dos subpoblaciones

> La **mayoría de las especies** que han evolucionado están **extintas**, pero sus **genes sobreviven** en sus descendientes.

Radiación adaptativa

La radiación adaptativa es el proceso por el que una especie evoluciona en varias direcciones a la vez. Esto ocurre al quedar disponibles nuevas fuentes de alimento, o si los cambios del medio dan lugar a nuevos hábitats.

Los pinzones de las Galápagos

Darwin observó las distintas características de los pinzones de las Galápagos: los que comían frutos secos y semillas grandes tenían el pico grande y ancho, mientras que los que comían insectos lo tenían más pequeño y afilado. De ello dedujo que cada población había evolucionado en una dirección distinta, dando lugar así a nuevas especies.

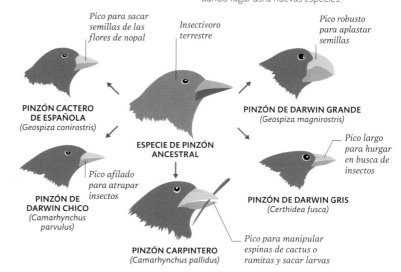

Pico para sacar semillas de las flores de nopal

Insectívoro terrestre

Pico robusto para aplastar semillas

PINZÓN CACTERO DE ESPAÑOLA (Geospiza conirostris)

PINZÓN DE DARWIN GRANDE (Geospiza magnirostris)

ESPECIE DE PINZÓN ANCESTRAL

Pico largo para hurgar en busca de insectos

Pico afilado para atrapar insectos

PINZÓN DE DARWIN CHICO (Camarhynchus parvulus)

PINZÓN DE DARWIN GRIS (Certhidea fusca)

Pico para manipular espinas de cactus o ramitas y sacar larvas

PINZÓN CARPINTERO (Camarhynchus pallidus)

CIENCIA Y TECNOLOGÍA

La mayoría de los **espinosos** son de **agua salada**; los de **agua dulce** evolucionaron a partir de peces que quedaron **confinados en lagos** durante la **última glaciación**.

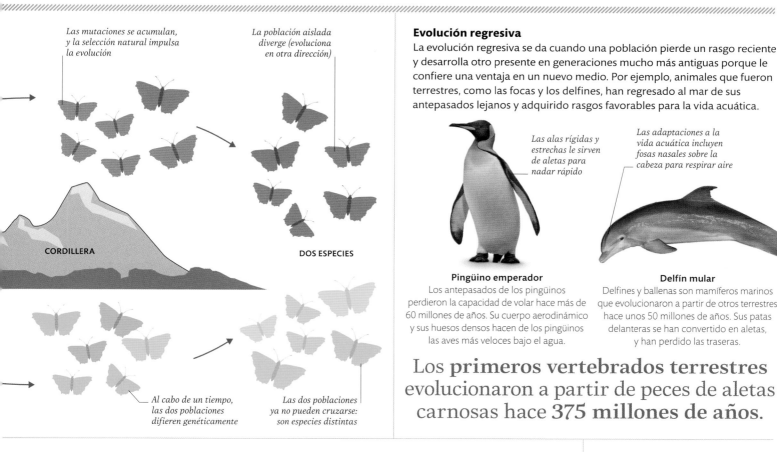

Las mutaciones se acumulan, y la selección natural impulsa la evolución

La población aislada diverge (evoluciona en otra dirección)

CORDILLERA

DOS ESPECIES

Al cabo de un tiempo, las dos poblaciones difieren genéticamente

Las dos poblaciones ya no pueden cruzarse: son especies distintas

Evolución regresiva

La evolución regresiva se da cuando una población pierde un rasgo reciente y desarrolla otro presente en generaciones mucho más antiguas porque le confiere una ventaja en un nuevo medio. Por ejemplo, animales que fueron terrestres, como las focas y los delfines, han regresado al mar de sus antepasados lejanos y adquirido rasgos favorables para la vida acuática.

Las alas rígidas y estrechas le sirven de aletas para nadar rápido

Las adaptaciones a la vida acuática incluyen fosas nasales sobre la cabeza para respirar aire

Pingüino emperador
Los antepasados de los pingüinos perdieron la capacidad de volar hace más de 60 millones de años. Su cuerpo aerodinámico y sus huesos densos hacen de los pingüinos las aves más veloces bajo el agua.

Delfín mular
Delfines y ballenas son mamíferos marinos que evolucionaron a partir de otros terrestres hace unos 50 millones de años. Sus patas delanteras se han convertido en aletas, y han perdido las traseras.

Los **primeros vertebrados terrestres** evolucionaron a partir de peces de aletas carnosas hace **375 millones de años**.

Evolución divergente

La especiación reiterada a lo largo de millones de años produce nuevas especies claramente diferentes de su antepasado común: esto se conoce como evolución divergente. Todos los seres vivos terrestres, por ejemplo, han divergido de sus antepasados acuáticos, y todas las especies de mamíferos actuales divergieron de un mamífero parecido a una musaraña que vivió hace unos 210 millones de años.

Linaje compartido

Aunque la pata de un caballo parezca muy diferente del ala de un murciélago, la secuencia de los huesos revela que todos los mamíferos descienden de un antepasado común.

Cúbito

Radio

Carpo

Metacarpo

Falanges

ALETA DE DELFÍN   **ALA DE MURCIÉLAGO**   **BRAZO DE MONO**   **PATA DE CABALLO**

Coevolución

La coevolución se da en organismos estrechamente asociados que desarrollan adaptaciones recíprocas. Puede ocurrir si uno aporta una función necesaria al otro, que a su vez aporta al primero recursos como alimento o refugio. Así, las abejas, los colibríes y algunos murciélagos polinizan ciertas flores mientras se alimentan del néctar.

Evolución convergente

La evolución convergente se da cuando organismos diferentes desarrollan un rasgo o un aspecto semejante por vivir en el mismo medio. Por ejemplo, los murciélagos, las aves y las mariposas tienen alas y vuelan, pero no están estrechamente emparentados, y a diferencia de las patas de los mamíferos (arriba), sus alas no se deben a un origen común, sino a la convergencia.

Cuerpo similar

Los ictiosaurios fueron unos reptiles marinos carnívoros que vivieron hace 250-90 millones de años, con rasgos de peces depredadores actuales como los tiburones.

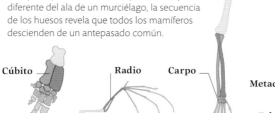

Aletas pareadas

Aleta dorsal

Cola definida

ICTIOSAURIO

Cuerpo aerodinámico y veloz

La fuerte cola proporciona impulso

La aleta dorsal le da estabilidad

Las aletas pareadas le ayudan a girar

TIBURÓN

Cuerpo cubierto de polen de otras plantas de agave

La larga lengua alcanza el néctar de la base de la flor

Mientras se alimenta, poliniza la planta

MURCIÉLAGO MAGUEYERO MENOR
(Leptonycteris yerbabuenae)

◀ Véase también ¿Cómo funcionan los genes? pp. 224-225   ◀ Reproducción pp. 226-227   **229**

El cuerpo humano

Los componentes del cuerpo humano conforman una estructura jerárquica de complejidad creciente en la que cada nivel contribuye al conjunto. Las sustancias químicas se combinan para crear células, que se unen para formar tejidos, y estos forman órganos que a su vez se asocian para llevar a cabo las funciones básicas del organismo.

ADN y cromosomas

Los genes (las instrucciones para construir y mantener un organismo) se almacenan químicamente en el ADN. Cada gen contiene el código para fabricar una sustancia del cuerpo (una proteína). El ADN se almacena en largas moléculas muy enrolladas, los cromosomas.

El genoma humano

El ADN se halla en cada célula, en los 46 cromosomas dispuestos en 23 pares que constituyen el genoma humano. Un gen de cada par procede de la madre y el otro del padre. Las bandas que se ven bajo el microscopio indican grupos de genes.

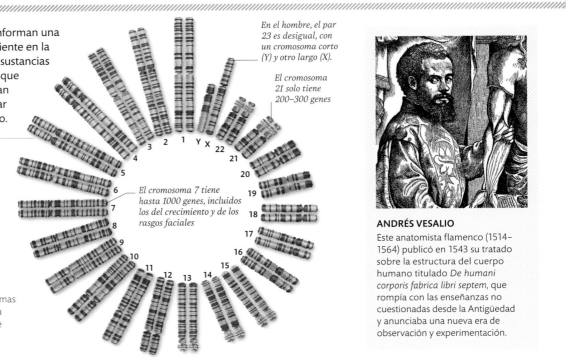

En el hombre, el par 23 es desigual, con un cromosoma corto (Y) y otro largo (X).

El cromosoma 21 solo tiene 200–300 genes

El cromosoma 7 tiene hasta 1000 genes, incluidos los del crecimiento y de los rasgos faciales

ANDRÉS VESALIO
Este anatomista flamenco (1514-1564) publicó en 1543 su tratado sobre la estructura del cuerpo humano titulado *De humani corporis fabrica libri septem*, que rompía con las enseñanzas no cuestionadas desde la Antigüedad y anunciaba una nueva era de observación y experimentación.

Organización del cuerpo

Las unidades básicas del cuerpo son entre 30 y 40 billones de células microscópicas. Células de tipo similar constituyen distintos tipos de tejidos, y varios tipos de tejidos forman las principales unidades funcionales, llamadas órganos.

Tipos de células y tejidos

Hay más de cien tipos de células, cada cual con una forma y una estructura adecuadas a su tarea. Los cuatro tipos básicos de células y tejidos son el epitelial, el conjuntivo, el muscular y el nervioso.

Nervioso
Las prolongaciones largas y finas de las células nerviosas (neuronas) transportan pequeños pulsos eléctricos.

Células interconectadas

TEJIDO   CÉLULA

Soma (cuerpo celular)

Muscular
Sus células son grandes y largas, especializadas en contraerse para mover el cuerpo.

Células en haces

Forma de cuerda

TEJIDO   CÉLULA

Epitelial
Forma el revestimiento externo e interno de muchas partes y órganos corporales.

Las células forman una barrera

Algunas tienen microcilios

TEJIDO   CÉLULA

De las células a los sistemas

Las células forman tejidos, que forman órganos, y los órganos que cooperan para llevar a cabo funciones básicas, como la digestión, constituyen un sistema. La salud general y la eficiencia del cuerpo dependen de la coordinación de sus sistemas.

Los órganos que se coordinan para descomponer el alimento forman el sistema digestivo

La piel supone **un sexto del peso corporal** de un adulto medio.

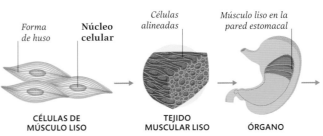

Forma de huso

Núcleo celular

Células alineadas

Músculo liso en la pared estomacal

CÉLULAS DE MÚSCULO LISO   TEJIDO MUSCULAR LISO   ÓRGANO   SISTEMA

CÉLULAS MADRE

Al comenzar la vida, el óvulo fecundado (cigoto) se divide repetidamente para formar células similares llamadas células madre, con el potencial de convertirse en cualquier tipo de célula. Luego estas células pierden esa capacidad y se diferencian en tipos especializados.

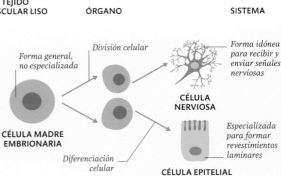

Forma general, no especializada

División celular

Forma idónea para recibir y enviar señales nerviosas

CÉLULA NERVIOSA

CÉLULA MADRE EMBRIONARIA

Diferenciación celular

Especializada para formar revestimientos laminares

CÉLULA EPITELIAL

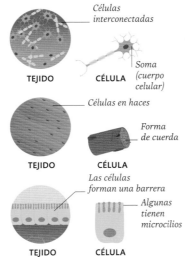

La epidermis se renueva cada mes y
pierde unos **4 kg** de células muertas **al año**.

La piel y el pelo

El mayor órgano humano, la piel de un adulto, cubre entre
1,6 y 1,8 m². Detecta el tacto, protege las partes internas de
daños físicos y mantiene la humedad. Su capa superficial
de células muertas con aspecto de escamas se renueva
rápidamente a medida que se desprende. La piel también
produce vitamina D al recibir luz solar. El cabello
y el vello corporal ayudan a retener el calor y
están muertos, menos en la raíz.

Protección ultravioleta

La piel naturalmente oscura protege mejor
de los rayos solares ultravioletas, que pueden
dañar los tejidos. El color de la piel se debe a
la melanina, un pigmento producido por unas
células llamadas melanocitos. La piel clara se
adapta produciendo más melanina de la habitual.

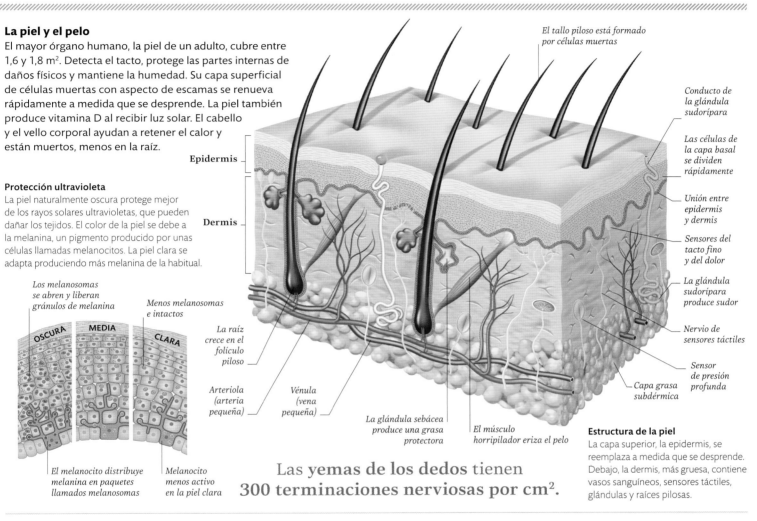

El tallo piloso está formado
por células muertas

Conducto de
la glándula
sudorípara

Las células de
la capa basal
se dividen
rápidamente

Unión entre
epidermis
y dermis

Sensores del
tacto fino
y del dolor

La glándula
sudorípara
produce sudor

Nervio de
sensores táctiles

Sensor
de presión
profunda

Capa grasa
subdérmica

Epidermis

Dermis

Los melanosomas
se abren y liberan
gránulos de melanina

Menos melanosomas
e intactos

OSCURA   MEDIA   CLARA

El melanocito distribuye
melanina en paquetes
llamados melanosomas

Melanocito
menos activo
en la piel clara

La raíz
crece en el
folículo
piloso

Arteriola
(arteria
pequeña)

Vénula
(vena
pequeña)

La glándula sebácea
produce una grasa
protectora

El músculo
horripilador eriza el pelo

Estructura de la piel

La capa superior, la epidermis, se
reemplaza a medida que se desprende.
Debajo, la dermis, más gruesa, contiene
vasos sanguíneos, sensores táctiles,
glándulas y raíces pilosas.

Las **yemas de los dedos** tienen
300 terminaciones nerviosas por cm².

Termorregulación

La piel mantiene constante la
temperatura del cuerpo. Si este se
recalienta, los vasos sanguíneos de
la piel se ensanchan para atraer más
sangre, cuyo calor se disipa al exterior.
También se pierde calor con el sudor,
que se evapora de la superficie de la
piel, mientras que los pelos quedan
planos para retener menos aire
aislante. El frío invierte estos procesos.

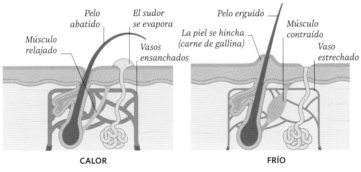

Pelo
abatido

El sudor
se evapora

Músculo
relajado

Vasos
ensanchados

CALOR

Pelo erguido

La piel se hincha
(carne de gallina)

Músculo
contraído

Vaso
estrechado

FRÍO

LAS UÑAS

Están compuestas por queratina, la
misma sustancia dura que forma los
pelos y se encuentra en las células
de la capa superior de la epidermis.
Crecen sin cesar desde su raíz, bajo
la piel, y se extienden sobre el lecho
ungueal hasta el extremo de los dedos.

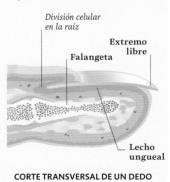

División celular
en la raíz

Extremo
libre

Falangeta

Lecho
ungueal

CORTE TRANSVERSAL DE UN DEDO

Reparación de la piel

Una rotura de la piel se sella con rapidez
al estrecharse los vasos sanguíneos y
espesarse la sangre hasta formar una
masa gelatinosa (coágulo) que se endurece
y cierra el paso a los gérmenes
infecciosos mientras las células se
multiplican en torno a la zona dañada.

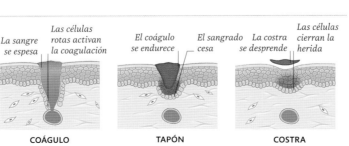

La sangre
se espesa

Las células
rotas activan
la coagulación

COÁGULO

El coágulo
se endurece

El sangrado
cesa

TAPÓN

La costra
se desprende

Las células
cierran la
herida

COSTRA

Sistema esquelético

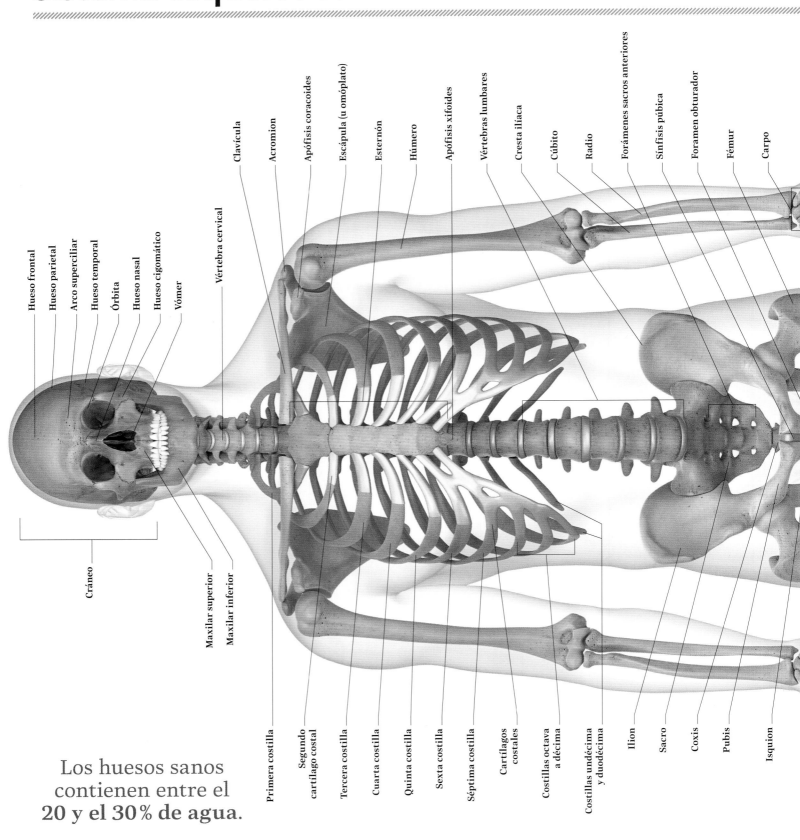

Hueso frontal
Hueso parietal
Arco superciliar
Hueso temporal
Órbita
Hueso nasal
Hueso cigomático
Vómer
Cráneo
Vértebra cervical
Clavícula
Acromion
Apófisis coracoides
Escápula (u omóplato)
Esternón
Húmero
Apófisis xifoides
Vértebras lumbares
Cresta ilíaca
Cúbito
Radio
Forámenes sacros anteriores
Sínfisis púbica
Foramen obturador
Fémur
Carpo
Maxilar superior
Maxilar inferior
Primera costilla
Segundo cartílago costal
Tercera costilla
Cuarta costilla
Quinta costilla
Sexta costilla
Séptima costilla
Cartílagos costales
Costillas octava a décima
Costillas undécima y duodécima
Ilion
Sacro
Coxis
Pubis
Isquion

Los huesos sanos contienen entre el **20 y el 30 % de agua.**

El esqueleto supone la **séptima parte** del **peso corporal.**

Los 206 huesos del esqueleto forman una estructura interna robusta y móvil que sostiene las partes blandas del cuerpo y también las protege (el cráneo, por ejemplo, envuelve el cerebro). Más de la mitad de los huesos (106) se hallan en muñecas, manos, tobillos y pies, y otros 28 en la cabeza. El eje central del esqueleto, que comprende el cráneo, la columna vertebral y las costillas, se llama esqueleto axial, mientras que caderas, piernas, hombros y brazos constituyen el esqueleto apendicular. Todos los huesos tienen un nombre anatómico, al igual que cada una de sus partes, huecos, agujeros y bultos (apófisis), y muchos también un nombre común, como la apófisis maxilar del hueso cigomático, conocida como pómulo.

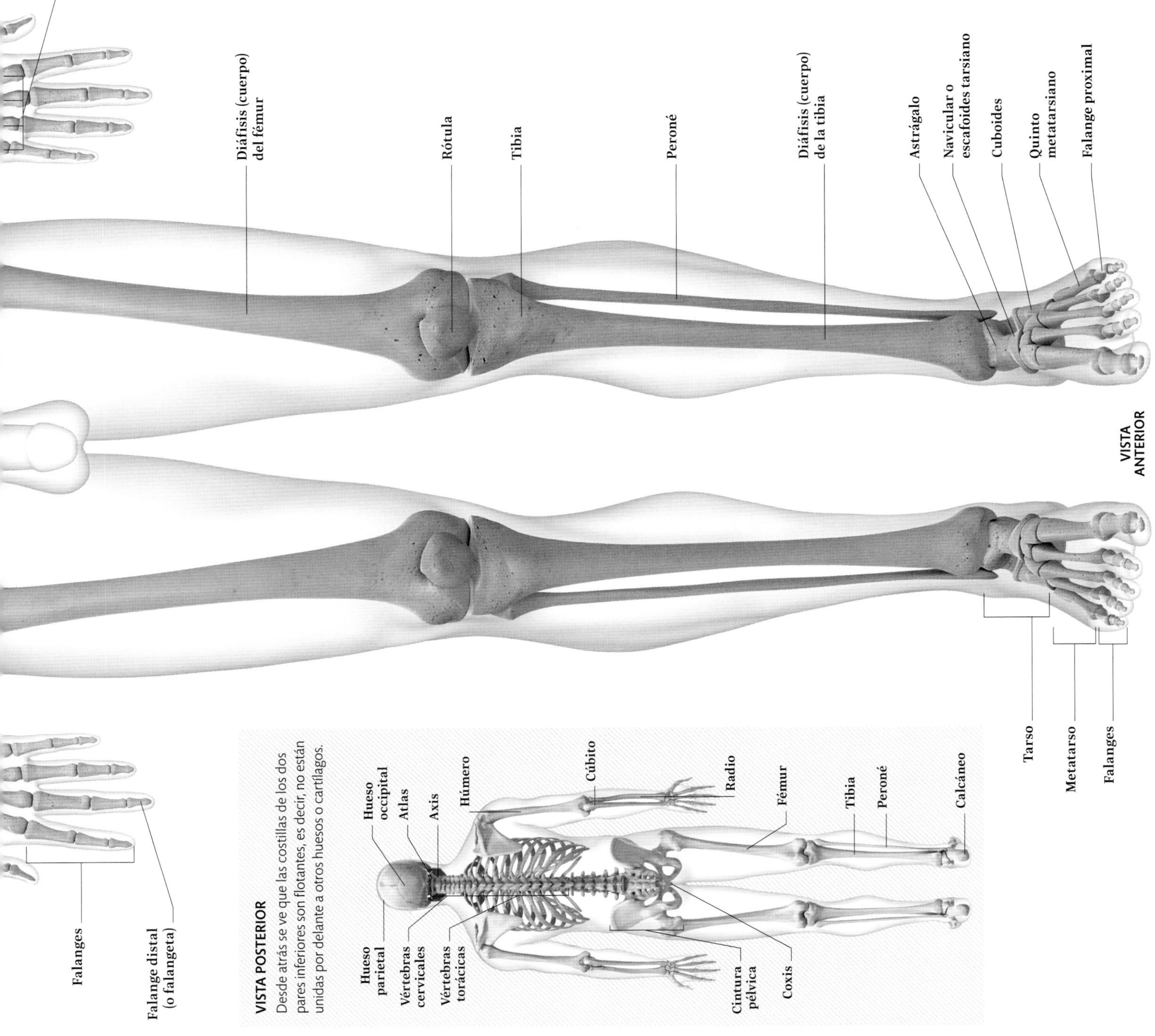

Metacarpo

Diáfisis (cuerpo) del fémur

Rótula

Tibia

Peroné

Diáfisis (cuerpo) de la tibia

Astrágalo

Navicular o escafoides tarsiano

Cuboides

Quinto metatarsiano

Falange proximal

VISTA ANTERIOR

Tarso

Metatarso

Falanges

Falanges

Falange distal (o falangeta)

VISTA POSTERIOR

Desde atrás se ve que las costillas de los dos pares inferiores son flotantes, es decir, no están unidas por delante a otros huesos o cartílagos.

Hueso occipital

Atlas

Axis

Húmero

Cúbito

Radio

Fémur

Tibia

Peroné

Calcáneo

Hueso parietal

Vértebras cervicales

Vértebras torácicas

Cintura pélvica

Coxis

Sistema muscular

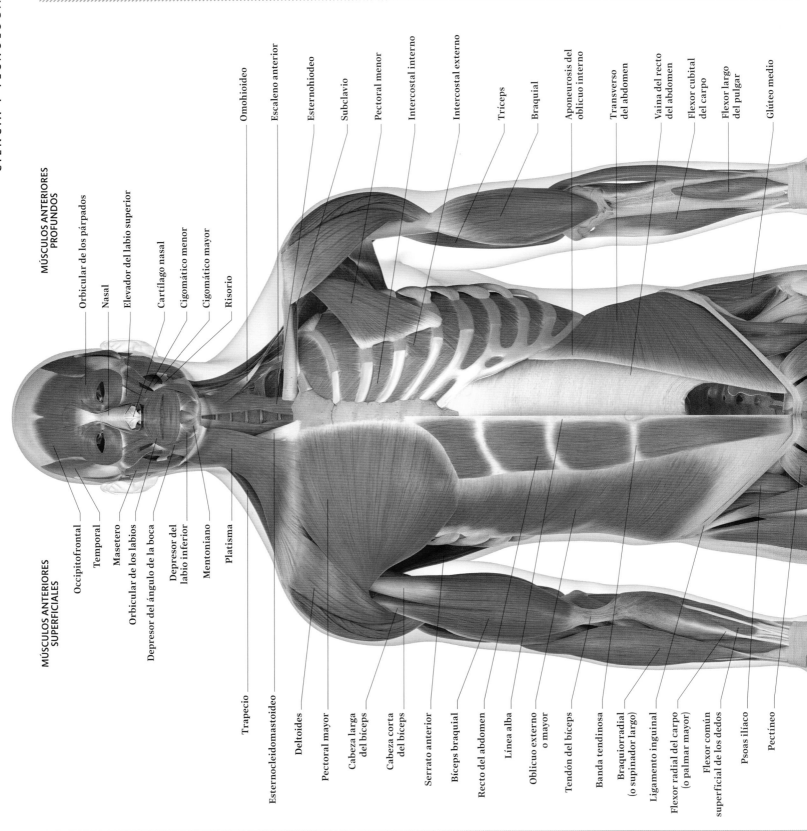

MÚSCULOS ANTERIORES
PROFUNDOS

- Orbicular de los párpados
- Nasal
- Elevador del labio superior
- Cartílago nasal
- Cigomático menor
- Cigomático mayor
- Risorio
- Omohioideo
- Escaleno anterior
- Esternohioideo
- Subclavio
- Pectoral menor
- Intercostal interno
- Intercostal externo
- Tríceps
- Braquial
- Aponeurosis del oblicuo interno
- Transverso del abdomen
- Vaina del recto del abdomen
- Flexor cubital del carpo
- Flexor largo del pulgar
- Glúteo medio

MÚSCULOS ANTERIORES
SUPERFICIALES

- Occipitofrontal
- Temporal
- Masetero
- Orbicular de los labios
- Depresor del ángulo de la boca
- Depresor del labio inferior
- Mentoniano
- Platisma
- Trapecio
- Esternocleidomastoideo
- Deltoides
- Pectoral mayor
- Cabeza larga del bíceps
- Cabeza corta del bíceps
- Serrato anterior
- Bíceps braquial
- Recto del abdomen
- Línea alba
- Oblicuo externo o mayor
- Tendón del bíceps
- Banda tendinosa
- Braquiorradial (o supinador largo)
- Ligamento inguinal
- Flexor radial del carpo (o palmar mayor)
- Flexor común superficial de los dedos
- Psoas ilíaco
- Pectíneo

El **menor** de nuestros **músculos**, el **estapedio**
del oído, mide menos de 2 mm de largo.

Músculos anteriores

Los músculos esqueléticos están conectados a huesos o entre ellos para mover partes del cuerpo. Se han identificado más de 650 músculos, que suman dos quintos del peso corporal, aunque su número exacto varía (algunas personas carecen de platisma, una lámina muscular del cuello, por ejemplo), y se disponen en capas: los externos o

superficiales están justo debajo de la piel; los intermedios se encuentran bajo estos, y los internos o profundos, sobre los huesos. Los músculos solo ejercen fuerza acortándose y tirando; no son capaces de empujar activamente y por ello actúan en grupos, tirando unos de un hueso en un sentido y otros en sentidos opuestos.

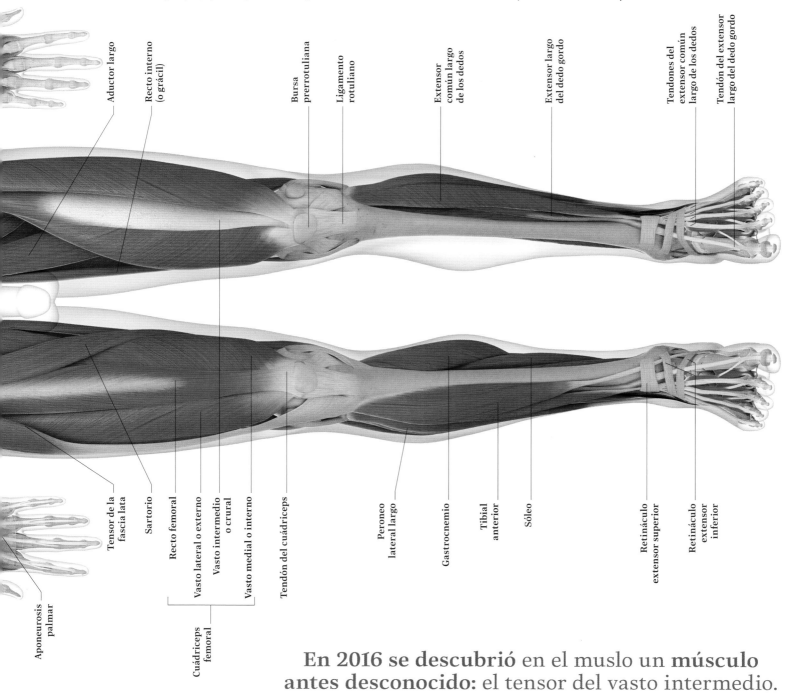

Aductor largo

Recto interno (o grácil)

Bursa prerrotuliana

Ligamento rotuliano

Extensor común largo de los dedos

Extensor largo del dedo gordo

Tendones del extensor común largo de los dedos

Tendón del extensor largo del dedo gordo

Aponeurosis palmar

Tensor de la fascia lata

Sartorio

Recto femoral

Vasto lateral o externo

Vasto intermedio o crural

Vasto medial o interno

Cuádriceps femoral

Tendón del cuádriceps

Peroneo lateral largo

Gastrocnemio

Tibial anterior

Sóleo

Retináculo extensor superior

Retináculo extensor inferior

En 2016 se descubrió en el muslo un **músculo antes desconocido:** el tensor del vasto intermedio.

≫ Sistema muscular (continuación)

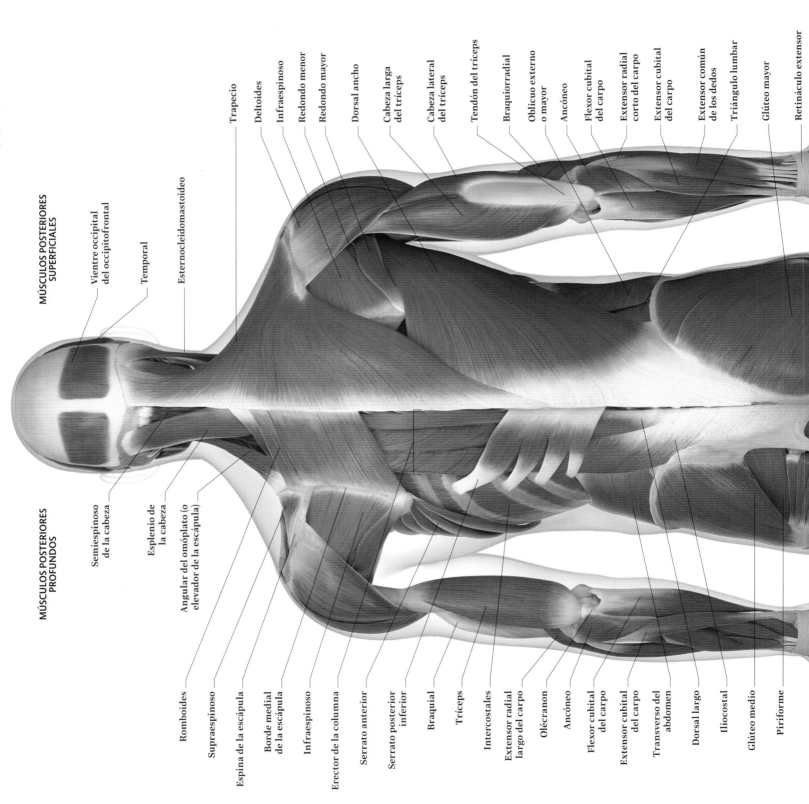

MÚSCULOS POSTERIORES SUPERFICIALES

- Vientre occipital del occipitofrontal
- Temporal
- Esternocleidomastoideo
- Trapecio
- Deltoides
- Infraespinoso
- Redondo menor
- Redondo mayor
- Dorsal ancho
- Cabeza larga del tríceps
- Cabeza lateral del tríceps
- Tendón del tríceps
- Braquiorradial
- Oblicuo externo o mayor
- Ancóneo
- Flexor cubital del carpo
- Extensor radial corto del carpo
- Extensor cubital del carpo
- Extensor común de los dedos
- Triángulo lumbar
- Glúteo mayor
- Retináculo extensor

MÚSCULOS POSTERIORES PROFUNDOS

- Semiespinoso de la cabeza
- Esplenio de la cabeza
- Angular del omóplato (o elevador de la escápula)
- Romboides
- Supraespinoso
- Espina de la escápula
- Borde medial de la escápula
- Infraespinoso
- Erector de la columna
- Serrato anterior
- Serrato posterior inferior
- Braquial
- Tríceps
- Intercostales
- Extensor radial largo del carpo
- Olécranon
- Ancóneo
- Flexor cubital del carpo
- Extensor cubital del carpo
- Transverso del abdomen
- Dorsal largo
- Iliocostal
- Glúteo medio
- Piriforme

El ejercicio vigoroso aumenta hasta **cinco veces** el **flujo sanguíneo** a los **músculos**.

Músculos posteriores

La vista posterior o dorsal muestra el mayor músculo del cuerpo, el glúteo mayor (en la nalga), fijado a la pelvis (hueso de la cadera) y al fémur, que mantiene alineados la espalda y el muslo al estar de pie y tira del muslo hacia atrás al caminar, correr y saltar. También se aprecia el tendón mayor y más grueso del cuerpo, el tendón calcáneo o tendón de Aquiles, que une el gastrocnemio y otros músculos de la pantorrilla al calcáneo (hueso del talón) por abajo, y destaca más al ponerse de puntillas. Varios tendones más largos y mucho más finos pasan desde los músculos del antebrazo bajo una tira fibrosa de la muñeca, el retináculo extensor, para mantener rectos los dedos.

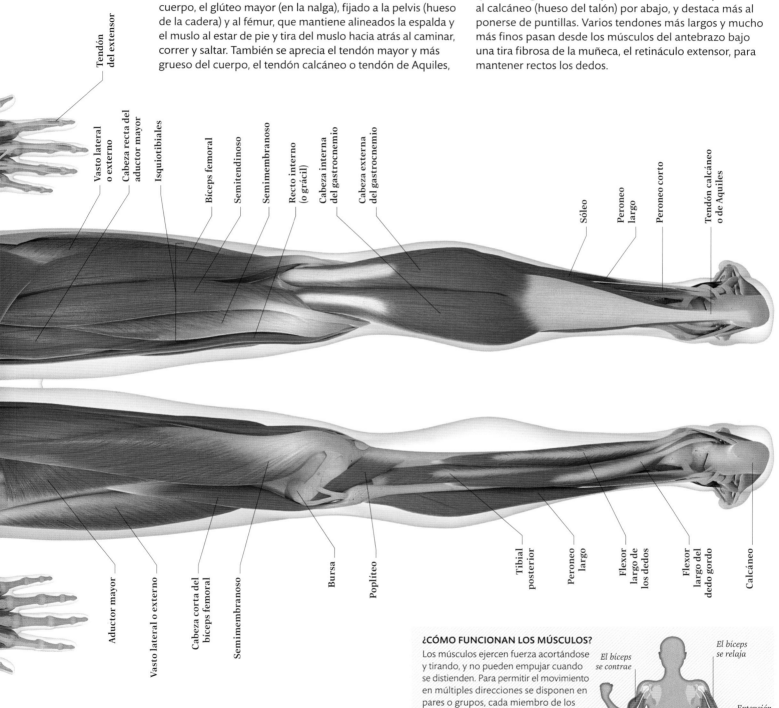

Tendón del extensor

Vasto lateral o externo

Cabeza recta del aductor mayor

Isquiotibiales

Bíceps femoral

Semitendinoso

Semimembranoso

Recto interno (o grácil)

Cabeza interna del gastrocnemio

Cabeza externa del gastrocnemio

Sóleo

Peroneo largo

Peroneo corto

Tendón calcáneo o de Aquiles

Aductor mayor

Vasto lateral o externo

Cabeza corta del bíceps femoral

Semimembranoso

Bursa

Poplíteo

Tibial posterior

Peroneo largo

Flexor largo de los dedos

Flexor largo del dedo gordo

Calcáneo

Si **todos los músculos esqueléticos** tiraran en el mismo sentido, una persona **podría** levantar más de 22 toneladas.

¿CÓMO FUNCIONAN LOS MÚSCULOS?

Los músculos ejercen fuerza acortándose y tirando, y no pueden empujar cuando se distienden. Para permitir el movimiento en múltiples direcciones se disponen en pares o grupos, cada miembro de los cuales tira en un sentido diferente. Por ejemplo, el bíceps se contrae para flexionar el codo, y el tríceps se contrae para extenderlo mientras el bíceps se relaja y alarga.

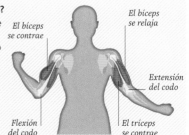

El bíceps se contrae

El bíceps se relaja

Extensión del codo

Flexión del codo

El tríceps se contrae

Sistema nervioso

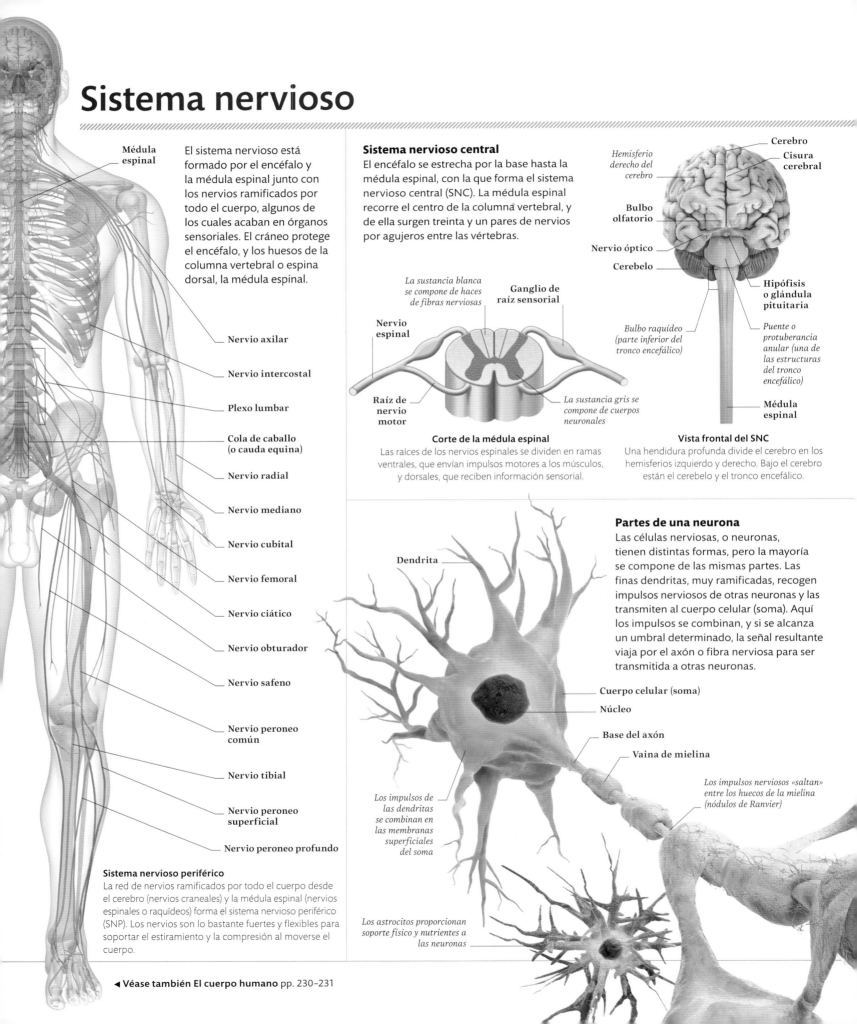

Médula espinal

El sistema nervioso está formado por el encéfalo y la médula espinal junto con los nervios ramificados por todo el cuerpo, algunos de los cuales acaban en órganos sensoriales. El cráneo protege el encéfalo, y los huesos de la columna vertebral o espina dorsal, la médula espinal.

Nervio axilar

Nervio intercostal

Plexo lumbar

Cola de caballo (o cauda equina)

Nervio radial

Nervio mediano

Nervio cubital

Nervio femoral

Nervio ciático

Nervio obturador

Nervio safeno

Nervio peroneo común

Nervio tibial

Nervio peroneo superficial

Nervio peroneo profundo

Sistema nervioso periférico
La red de nervios ramificados por todo el cuerpo desde el cerebro (nervios craneales) y la médula espinal (nervios espinales o raquídeos) forma el sistema nervioso periférico (SNP). Los nervios son lo bastante fuertes y flexibles para soportar el estiramiento y la compresión al moverse el cuerpo.

Sistema nervioso central
El encéfalo se estrecha por la base hasta la médula espinal, con la que forma el sistema nervioso central (SNC). La médula espinal recorre el centro de la columna vertebral, y de ella surgen treinta y un pares de nervios por agujeros entre las vértebras.

La sustancia blanca se compone de haces de fibras nerviosas

Ganglio de raíz sensorial

Nervio espinal

Raíz de nervio motor

La sustancia gris se compone de cuerpos neuronales

Corte de la médula espinal
Las raíces de los nervios espinales se dividen en ramas ventrales, que envían impulsos motores a los músculos, y dorsales, que reciben información sensorial.

Hemisferio derecho del cerebro

Cerebro

Cisura cerebral

Bulbo olfatorio

Nervio óptico

Cerebelo

Hipófisis o glándula pituitaria

Bulbo raquídeo (parte inferior del tronco encefálico)

Puente o protuberancia anular (una de las estructuras del tronco encefálico)

Médula espinal

Vista frontal del SNC
Una hendidura profunda divide el cerebro en los hemisferios izquierdo y derecho. Bajo el cerebro están el cerebelo y el tronco encefálico.

Partes de una neurona
Las células nerviosas, o neuronas, tienen distintas formas, pero la mayoría se compone de las mismas partes. Las finas dendritas, muy ramificadas, recogen impulsos nerviosos de otras neuronas y las transmiten al cuerpo celular (soma). Aquí los impulsos se combinan, y si se alcanza un umbral determinado, la señal resultante viaja por el axón o fibra nerviosa para ser transmitida a otras neuronas.

Dendrita

Cuerpo celular (soma)

Núcleo

Base del axón

Vaina de mielina

Los impulsos nerviosos «saltan» entre los huecos de la mielina (nódulos de Ranvier)

Los impulsos de las dendritas se combinan en las membranas superficiales del soma

Los astrocitos proporcionan soporte físico y nutrientes a las neuronas

◄ **Véase también El cuerpo humano** pp. 230–231

Cada **neurona** de la corteza puede conectarse a más de otras **10 000**.

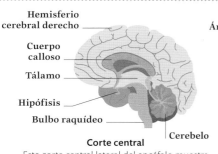

Corte central — Hemisferio cerebral derecho — Cuerpo calloso — Tálamo — Hipófisis — Bulbo raquídeo — Cerebelo

Corte central
Este corte central lateral del encéfalo muestra que los hemisferios cerebrales están unidos por un haz de fibras nerviosas, el cuerpo calloso.

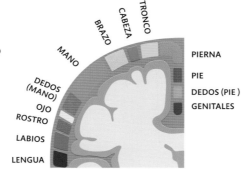

Área motora — Región frontal — El área de Broca produce el habla — Corteza auditiva — Área somatosensorial — El área de Wernicke interpreta el habla — Corteza visual

La corteza cerebral
La corteza es la capa exterior de 2–3 mm del cerebro. Las áreas corticales trabajan juntas, pero algunas tienen funciones específicas, como procesar imágenes y palabras.

El cerebro representa el **2 % del peso del cuerpo**, pero consume el **20 %** de su energía.

Procesamiento de la información del tacto
El área somatosensorial de la corteza recibe información de la piel de todo el cuerpo. A las regiones más sensibles, como las manos, los labios y la lengua, les corresponden mayores áreas corticales.

TRONCO — CABEZA — BRAZO — MANO — DEDOS (MANO) — OJO — ROSTRO — LABIOS — LENGUA — PIERNA — PIE — DEDOS (PIE) — GENITALES

ENVÍO DE UNA SEÑAL A LA SIGUIENTE NEURONA

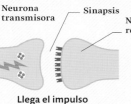

Neurona transmisora — Sinapsis — Neurona receptora

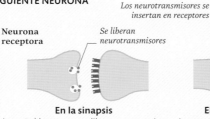

Se liberan neurotransmisores — Los neurotransmisores se insertan en receptores — Señal activada en la neurona receptora

Llega el impulso
Una minúscula señal nerviosa del axón de la célula precedente llega a una sinapsis.

En la sinapsis
La señal hace que se liberen sustancias químicas (neurotransmisores) que atraviesan un espacio microscópico, la hendidura sináptica.

El impulso continúa
Las sustancias activan receptores en la neurona receptora, alterando así su membrana y estimulando la siguiente señal eléctrica.

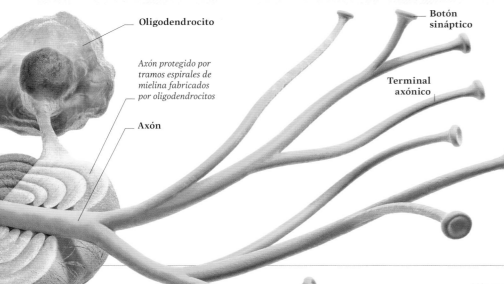

Oligodendrocito — Axón protegido por tramos espirales de mielina fabricados por oligodendrocitos — Axón — Botón sináptico — Terminal axónico

Los sentidos
Los principales sentidos son la vista, el oído, el olfato, el gusto y el tacto, pero también incluyen la información interna de la posición de las partes del cuerpo y la dirección de la gravedad.

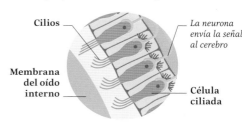

Cilios — Membrana del oído interno — La neurona envía la señal al cerebro — Célula ciliada

Oídos
En el oído interno, los sonidos causan vibraciones que sacuden una membrana en la que se anclan los cilios de unas células que generan y transmiten impulsos nerviosos.

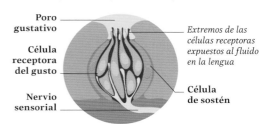

Poro gustativo — Célula receptora del gusto — Nervio sensorial — Extremos de las células receptoras expuestos al fluido en la lengua — Célula de sostén

Lengua
Hasta 10 000 papilas microscópicas detectan en distintas zonas de la superficie de la lengua los cinco sabores principales: dulce, salado, amargo, ácido y umami.

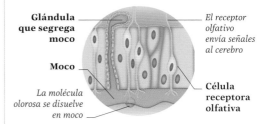

Glándula que segrega moco — Moco — La molécula olorosa se disuelve en moco — El receptor olfativo envía señales al cerebro — Célula receptora olfativa

Nariz
Como la lengua, la nariz responde a sustancias químicas específicas que detectan los 50 millones de células receptoras olfativas del techo de la cavidad nasal.

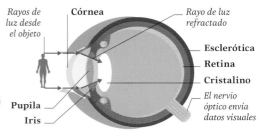

Rayos de luz desde el objeto — Córnea — Rayo de luz refractado — Esclerótica — Retina — Cristalino — El nervio óptico envía datos visuales — Pupila — Iris

Ojos
La córnea refracta los rayos de luz, que pasan por la pupila del iris y son enfocados por el cristalino adaptable sobre la retina, sensible a la luz.

Véase también Sistemas reproductor y endocrino pp. 246–247 ▶

Sistemas respiratorio y cardiovascular

CIENCIA Y TECNOLOGÍA

La respiración y la circulación de la sangre son los procesos más vitales e inmediatos del cuerpo: si uno de ellos se detiene solo unos minutos, la vida cesa. La respiración aporta el oxígeno esencial para el organismo obtenido del aire y elimina el dióxido de carbono, letal si se acumula. El sistema cardiovascular, compuesto por el corazón, los vasos sanguíneos y la sangre, distribuye oxígeno, nutrientes y cientos de otras sustancias por el cuerpo, además de recoger el dióxido de carbono y otros desechos.

Sistema respiratorio

La nariz, la faringe y la laringe son las vías respiratorias altas. Estas conducen a la tráquea, que se ramifica en dos conductos, los bronquios, que desembocan cada uno en un pulmón donde se ramifican en bronquiolos, más estrechos.

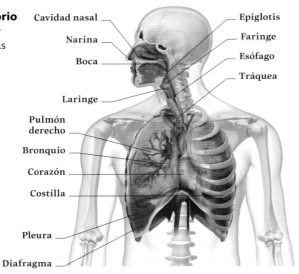

Cavidad nasal · Narina · Boca · Laringe · Pulmón derecho · Bronquio · Corazón · Costilla · Pleura · Diafragma · Epiglotis · Faringe · Esófago · Tráquea

Inspirar y espirar

Al inspirar (o inhalar) se contrae y aplana el diafragma, un músculo abombado, y los músculos intercostales se contraen para expandir el pecho. Estos movimientos estiran el tejido esponjoso pulmonar para atraer aire. Al relajarse esos músculos, los pulmones se encogen, y se espira o exhala.

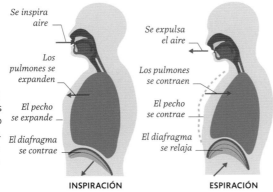

Se inspira aire · Los pulmones se expanden · El pecho se expande · El diafragma se contrae

Se expulsa el aire · Los pulmones se contraen · El pecho se contrae · El diafragma se relaja

INSPIRACIÓN — ESPIRACIÓN

Del aire a la sangre

En los pulmones, los bronquiolos acaban en unos sacos de aire microscópicos, los alvéolos, rodeados por una red de minúsculos capilares. El oxígeno pasa del aire alveolar, donde está más concentrado, a la sangre pobre en oxígeno, y el dióxido de carbono (CO_2), más concentrado en la sangre, sigue el camino contrario.

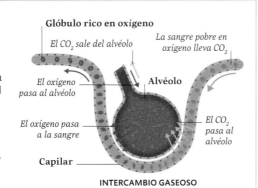

Glóbulo rico en oxígeno · El CO_2 sale del alvéolo · La sangre pobre en oxígeno lleva CO_2 · El oxígeno pasa al alvéolo · Alvéolo · El oxígeno pasa a la sangre · El CO_2 pasa al alvéolo · Capilar

INTERCAMBIO GASEOSO

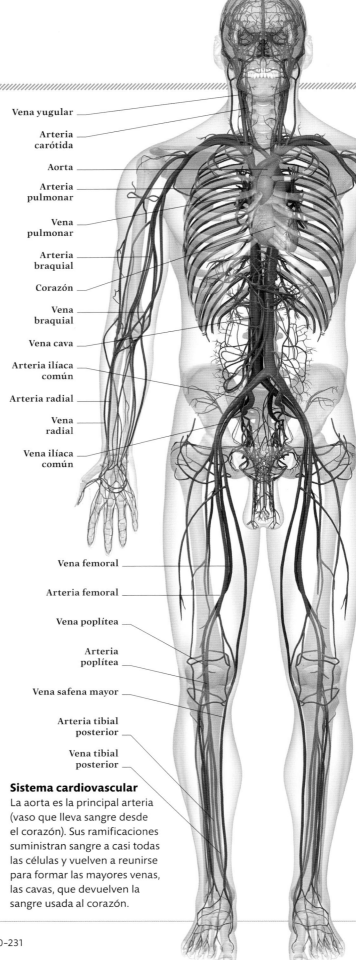

Vena yugular · Arteria carótida · Aorta · Arteria pulmonar · Vena pulmonar · Arteria braquial · Corazón · Vena braquial · Vena cava · Arteria ilíaca común · Arteria radial · Vena radial · Vena ilíaca común · Vena femoral · Arteria femoral · Vena poplítea · Arteria poplítea · Vena safena mayor · Arteria tibial posterior · Vena tibial posterior

Sistema cardiovascular

La aorta es la principal arteria (vaso que lleva sangre desde el corazón). Sus ramificaciones suministran sangre a casi todas las células y vuelven a reunirse para formar las mayores venas, las cavas, que devuelven la sangre usada al corazón.

Los **vasos sanguíneos** de una persona unidos **uno tras otro** darían la **vuelta al mundo casi tres veces.**

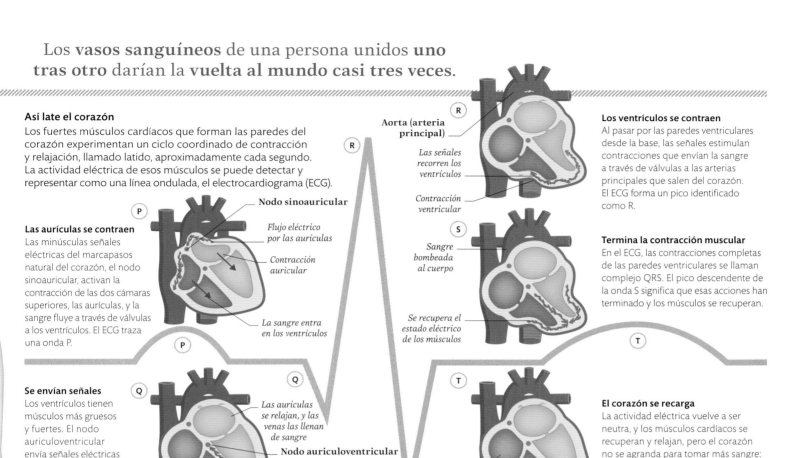

Así late el corazón

Los fuertes músculos cardíacos que forman las paredes del corazón experimentan un ciclo coordinado de contracción y relajación, llamado latido, aproximadamente cada segundo. La actividad eléctrica de esos músculos se puede detectar y representar como una línea ondulada, el electrocardiograma (ECG).

Las aurículas se contraen

Las minúsculas señales eléctricas del marcapasos natural del corazón, el nodo sinoauricular, activan la contracción de las dos cámaras superiores, las aurículas, y la sangre fluye a través de válvulas a los ventrículos. El ECG traza una onda P.

Nodo sinoauricular

Flujo eléctrico por las aurículas

Contracción auricular

La sangre entra en los ventrículos

Se envían señales

Los ventrículos tienen músculos más gruesos y fuertes. El nodo auriculoventricular envía señales eléctricas por fibras conductoras de las paredes de los ventrículos hasta su base.

Las aurículas se relajan, y las venas las llenan de sangre

Nodo auriculoventricular
La electricidad recorre la pared entre ventrículos

Aorta (arteria principal)

Las señales recorren los ventrículos

Contracción ventricular

Sangre bombeada al cuerpo

Se recupera el estado eléctrico de los músculos

Aurículas llenas de sangre

Los ventrículos se contraen

Al pasar por las paredes ventriculares desde la base, las señales estimulan contracciones que envían la sangre a través de válvulas a las arterias principales que salen del corazón. El ECG forma un pico identificado como R.

Termina la contracción muscular

En el ECG, las contracciones completas de las paredes ventriculares se llaman complejo QRS. El pico descendente de la onda S significa que esas acciones han terminado y los músculos se recuperan.

El corazón se recarga

La actividad eléctrica vuelve a ser neutra, y los músculos cardíacos se recuperan y relajan, pero el corazón no se agranda para tomar más sangre: la presión de las grandes venas empuja la sangre a las aurículas para iniciar el siguiente ciclo.

¿Cómo circula la sangre?

Las fuertes paredes de las arterias cambian de diámetro para controlar el flujo de sangre del corazón a todo el cuerpo. Las arterias se dividen en arteriolas, más estrechas, y luego en capilares, diez veces más finos que un cabello, donde se intercambian gases. Los capilares se conectan a través de las vénulas a las venas principales, cuyas válvulas aseguran la vuelta de la sangre al corazón.

PRESIÓN SANGUÍNEA

ARTERIAS — Sistólica — Diastólica

PRESIÓN SANGUÍNEA (MMHG): 120, 100, 80, 60, 40, 20, 0

LATIDO

CAPILARES

La presión nunca llega a cero

VENAS

Cada contracción cardíaca, o sístole, crea un flujo a alta presión que remite durante la fase de relajación, o diástole. La presión se reduce aún más en capilares y venas.

Doble circulación

El corazón es el nexo de la doble circulación. La sangre pobre en oxígeno fluye del lado derecho del corazón a los pulmones para oxigenarse (circulación pulmonar) y vuelve al lado izquierdo para ser bombeada por el cuerpo hasta las células y tejidos (circulación sistémica) antes de regresar al lado derecho.

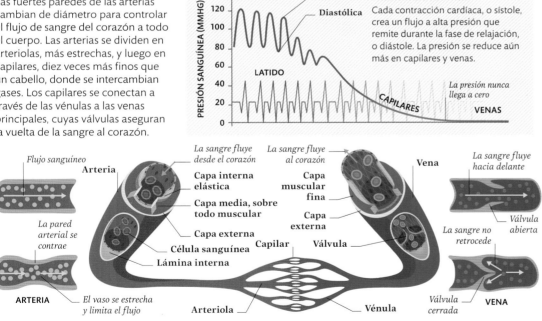

Flujo sanguíneo
Arteria
La sangre fluye desde el corazón
Capa interna elástica
Capa media, sobre todo muscular
Capa externa
Célula sanguínea
Lámina interna
La pared arterial se contrae
ARTERIA
El vaso se estrecha y limita el flujo
Capilar
Arteriola

La sangre fluye al corazón
Vena
Capa muscular fina
Capa externa
Válvula
Vénula

La sangre fluye hacia delante
Válvula abierta
La sangre no retrocede
Válvula cerrada
VENA

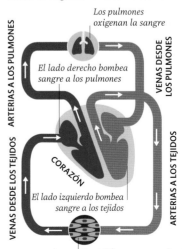

Los pulmones oxigenan la sangre

ARTERIAS A LOS PULMONES

VENAS DESDE LOS PULMONES

VENAS DESDE LOS TEJIDOS

ARTERIAS A LOS TEJIDOS

El lado derecho bombea sangre a los pulmones

CORAZÓN

El lado izquierdo bombea sangre a los tejidos

Los tejidos consumen el oxígeno

En todo momento, el **80% de la sangre** se halla en las **venas,** el 10% en las arterias, el 5% en los capilares y el 5% en el corazón.

Sistemas linfático e inmunitario

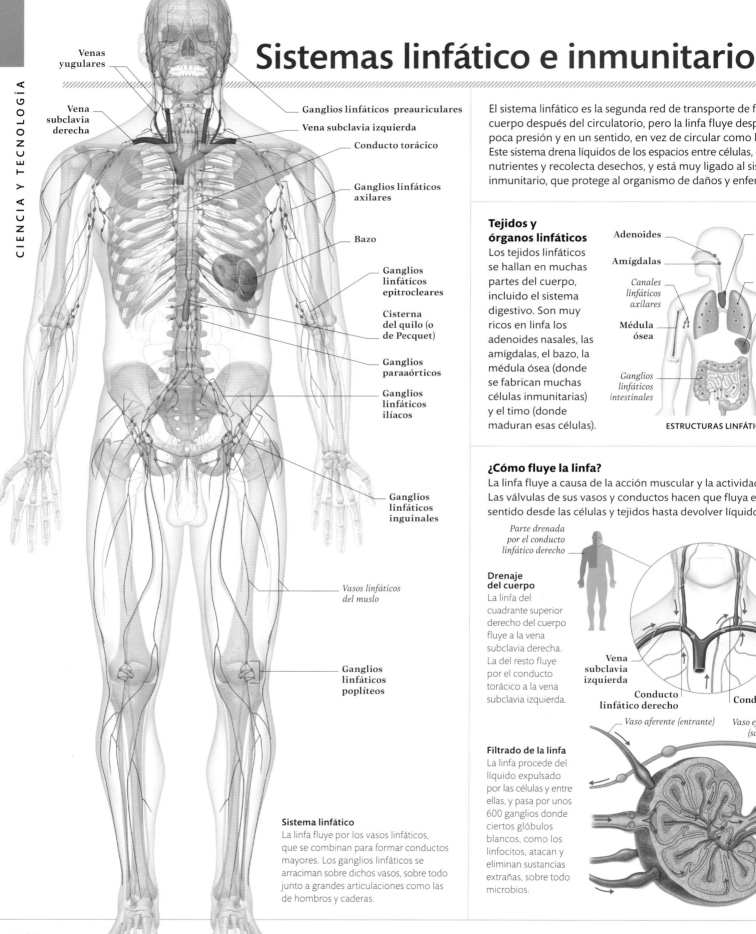

Venas yugulares

Vena subclavia derecha

Ganglios linfáticos preauriculares

Vena subclavia izquierda

Conducto torácico

Ganglios linfáticos axilares

Bazo

Ganglios linfáticos epitrocleares

Cisterna del quilo (o de Pecquet)

Ganglios paraaórticos

Ganglios linfáticos ilíacos

Ganglios linfáticos inguinales

Vasos linfáticos del muslo

Ganglios linfáticos poplíteos

Sistema linfático
La linfa fluye por los vasos linfáticos, que se combinan para formar conductos mayores. Los ganglios linfáticos se arraciman sobre dichos vasos, sobre todo junto a grandes articulaciones como las de hombros y caderas.

El sistema linfático es la segunda red de transporte de fluidos del cuerpo después del circulatorio, pero la linfa fluye despacio, con poca presión y en un sentido, en vez de circular como la sangre. Este sistema drena líquidos de los espacios entre células, distribuye nutrientes y recolecta desechos, y está muy ligado al sistema inmunitario, que protege al organismo de daños y enfermedades.

Tejidos y órganos linfáticos

Los tejidos linfáticos se hallan en muchas partes del cuerpo, incluido el sistema digestivo. Son muy ricos en linfa los adenoides nasales, las amígdalas, el bazo, la médula ósea (donde se fabrican muchas células inmunitarias) y el timo (donde maduran esas células).

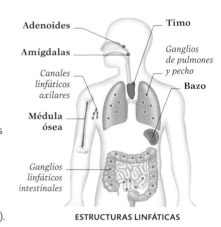

Adenoides

Amígdalas

Canales linfáticos axilares

Médula ósea

Timo

Ganglios de pulmones y pecho

Bazo

Ganglios linfáticos intestinales

ESTRUCTURAS LINFÁTICAS

¿Cómo fluye la linfa?

La linfa fluye a causa de la acción muscular y la actividad corporal. Las válvulas de sus vasos y conductos hacen que fluya en un solo sentido desde las células y tejidos hasta devolver líquido a la sangre.

Parte drenada por el conducto linfático derecho

Drenaje del cuerpo
La linfa del cuadrante superior derecho del cuerpo fluye a la vena subclavia derecha. La del resto fluye por el conducto torácico a la vena subclavia izquierda.

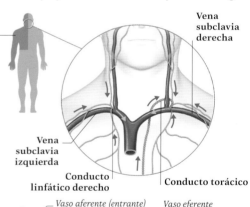

Vena subclavia derecha

Vena subclavia izquierda

Conducto linfático derecho

Conducto torácico

Filtrado de la linfa
La linfa procede del líquido expulsado por las células y entre ellas, y pasa por unos 600 ganglios donde ciertos glóbulos blancos, como los linfocitos, atacan y eliminan sustancias extrañas, sobre todo microbios.

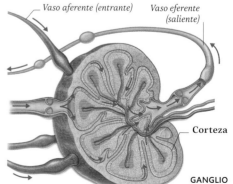

Vaso aferente (entrante)

Vaso eferente (saliente)

Corteza

GANGLIO LINFÁTICO

◀ Véase también Bacterias y virus pp. 218–219   ◀ ¿Cómo funcionan las células? pp. 220–221

Algunos **macrófagos** pueden consumir más de
200 bacterias antes de autodestruirse por «**sobrealimentación**».

Sistema inmunitario

Es una red de órganos, tejidos y células repartidos por el cuerpo cuya principal tarea es reconocer y neutralizar amenazas para la salud como microbios invasores.

Células inmunitarias

Muchas son tipos de leucocitos, como los fagocitos que engullen partículas como las bacterias.

Aspecto granular

NEUTRÓFILO
(fagocito)

MACRÓFAGO
(fagocito)

Superficie extensa

Gran núcleo

C. ASESINA NATURAL **C. DENDRÍTICA** **LINFOCITO B**

Respuesta inflamatoria

Además de repeler invasores, el sistema inmunitario reconoce y repara daños con la participación de diversos leucocitos. En una herida, los mastocitos liberan histamina, que ensancha los vasos sanguíneos para que acudan muchos defensores. La zona se enrojece, calienta e hincha, y puede doler: los cuatro signos de la inflamación.

Defensas de primera línea

Al abrirse una brecha en la piel, los capilares próximos se vuelven más anchos y porosos para que acudan leucocitos a la zona de combate.

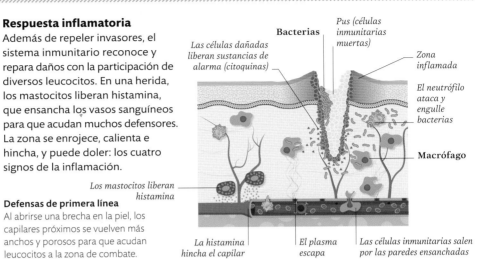

Las células dañadas liberan sustancias de alarma (citoquinas)

Bacterias

Pus (células inmunitarias muertas)

Zona inflamada

El neutrófilo ataca y engulle bacterias

Macrófago

Los mastocitos liberan histamina

La histamina hincha el capilar

El plasma escapa

Las células inmunitarias salen por las paredes ensanchadas

Respuestas inmunitarias adaptativas

La reacción general a casi cualquier tipo de daño o invasión es la respuesta inmunitaria innata. La respuesta adaptativa es una fase posterior, una reacción más específica, destinada, por ejemplo, a combatir un tipo de bacteria infecciosa concreta.

Respuesta mediada por anticuerpos

Cuando el sistema inmunitario reconoce antígenos ajenos o invasores, los leucocitos llamados B (o células B) fabrican anticuerpos que se unen a esos antígenos para neutralizarlos y destruirlos.

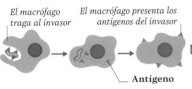

El macrófago traga al invasor

El macrófago presenta los antígenos del invasor

Antígeno

❶ Presentación de antígenos
Los macrófagos inician el proceso tragando invasores y presentando sus antígenos a otras células inmunitarias.

La célula B se une al antígeno

Proliferan las células B de memoria específicas para uso posterior

CÉLULA B DE MEMORIA

Se producen y liberan anticuerpos

El macrófago traga al invasor dañado

Los anticuerpos desactivan al invasor

CÉLULA B **PLASMOCITO B** **ANTICUERPOS**

❷ Producción de anticuerpos
Una célula B se une al antígeno ajeno y se clona para fabricar células B de memoria y plasmocitos B productores de anticuerpos.

❸ Liberación de anticuerpos
Los anticuerpos entran en la sangre y se pegan a los invasores, marcándolos así para el ataque de otras células inmunitarias

Respuesta mediada por células

Como la mediada por anticuerpos, genera células de memoria que inician un ataque más rápido la segunda vez.

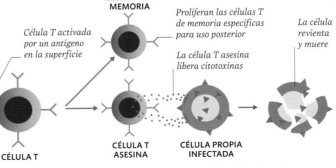

El macrófago traga al invasor

El macrófago presenta los antígenos del invasor

MACRÓFAGO

Antígeno

❶ Presentación de antígenos
De nuevo, las células inmunitarias, como los macrófagos o las células dendríticas, tragan a los invasores y presentan los antígenos ajenos.

Célula T activada por un antígeno en la superficie

CÉLULA T DE MEMORIA

Proliferan las células T de memoria específicas para uso posterior

La célula T asesina libera citotoxinas

La célula revienta y muere

CÉLULA T **CÉLULA T ASESINA** **CÉLULA PROPIA INFECTADA**

❷ Células T en acción
Activada por el antígeno ajeno, una célula o linfocito T se clona y produce células T de memoria y asesinas.

❸ Células T asesinas
Estas células citotóxicas atacan directamente al material indeseable. Las células T de memoria se guardan para el próximo ataque.

Reconocer lo propio y lo ajeno

Las células corporales están cubiertas de proteínas marcadoras, o antígenos, propias de cada individuo. Los antígenos son señales para que las células inmunitarias las reconozcan y toleren.

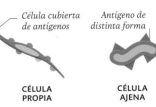

Célula cubierta de antígenos

Antígeno de distinta forma

CÉLULA PROPIA **CÉLULA AJENA**

En una **gota de sangre** hay **375 000 células inmunitarias.**

INMUNIZACIÓN

Tras haber combatido contra un invasor específico, como un virus, el sistema inmunitario puede organizar otro ataque con rapidez gracias a las células de memoria. Si se introduce en el cuerpo un virus debilitado, o partes de él, mediante una vacuna, este no causa una enfermedad, sino una respuesta inmunitaria a sus antígenos que se activará en contactos futuros.

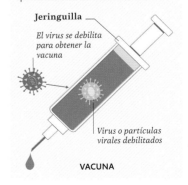

Jeringuilla

El virus se debilita para obtener la vacuna

Virus o partículas virales debilitados

VACUNA

◀ Véase también Sistemas respiratorio y cardiovascular pp. 240–241 Medicina moderna pp. 252–253 ▶ Contagio y control de la enfermedad pp. 254–255 ▶

Sistemas digestivo y urinario

El abdomen alberga dos sistemas que se ocupan de la entrada de alimentos y la retirada de residuos. La digestión descompone los alimentos y extrae su energía y sus nutrientes, que la sangre distribuye por el cuerpo. La excreción elimina sustancias no deseadas recogidas por la sangre de células y tejidos, y su principal producto es la orina.

El **hígado**, el **mayor órgano** interno del **cuerpo**, tiene más de **500 funciones**.

Los dientes

La digestión empieza en la boca, con los labios, la lengua y los dientes. Estos tienen raíces en las mandíbulas; una corona cubierta de esmalte, la sustancia más dura del cuerpo; bajo esta se halla la dentina, que absorbe los impactos, y en el centro, la pulpa, con nervios y vasos sanguíneos.

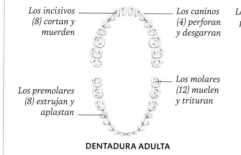

Los incisivos (8) cortan y muerden

Los caninos (4) perforan y desgarran

Los premolares (8) estrujan y aplastan

Los molares (12) muelen y trituran

DENTADURA ADULTA

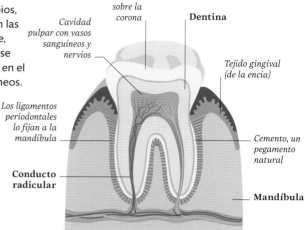

Esmalte sobre la corona

Cavidad pulpar con vasos sanguíneos y nervios

Dentina

Tejido gingival (de la encía)

Los ligamentos periodontales lo fijan a la mandíbula

Cemento, un pegamento natural

Conducto radicular

Mandíbula

CORTE TRANSVERSAL DE UN MOLAR

El sistema digestivo

La digestión inicial en la boca es un proceso sobre todo físico (masticación), pero también químico, pues las enzimas de la saliva atacan los hidratos de carbono. El estómago aplica compresión física, pero añade también potentes ácidos y enzimas. La digestión intestinal es principalmente química.

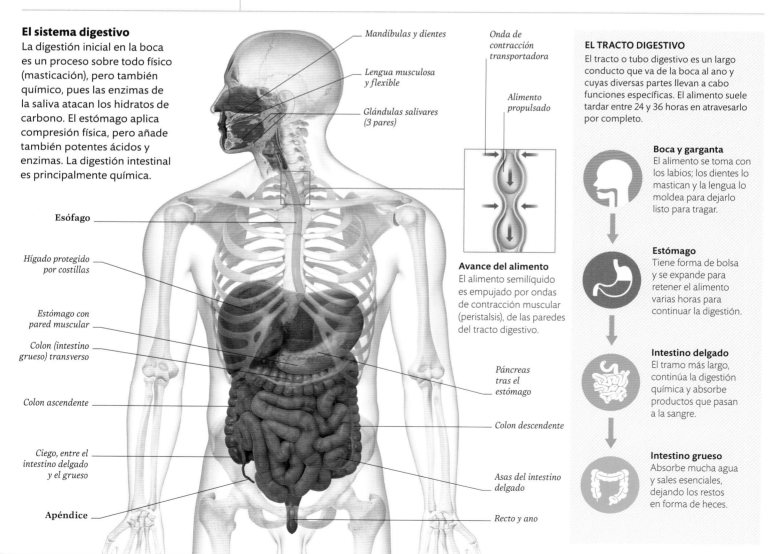

Esófago

Hígado protegido por costillas

Estómago con pared muscular

Colon (intestino grueso) transverso

Colon ascendente

Ciego, entre el intestino delgado y el grueso

Apéndice

Mandíbulas y dientes

Lengua musculosa y flexible

Glándulas salivares (3 pares)

Onda de contracción transportadora

Alimento propulsado

Páncreas tras el estómago

Colon descendente

Asas del intestino delgado

Recto y ano

Avance del alimento

El alimento semilíquido es empujado por ondas de contracción muscular (peristalsis), de las paredes del tracto digestivo.

EL TRACTO DIGESTIVO

El tracto o tubo digestivo es un largo conducto que va de la boca al ano y cuyas diversas partes llevan a cabo funciones específicas. El alimento suele tardar entre 24 y 36 horas en atravesarlo por completo.

Boca y garganta
El alimento se toma con los labios; los dientes lo mastican y la lengua lo moldea para dejarlo listo para tragar.

Estómago
Tiene forma de bolsa y se expande para retener el alimento varias horas para continuar la digestión.

Intestino delgado
El tramo más largo, continúa la digestión química y absorbe productos que pasan a la sangre.

Intestino grueso
Absorbe mucha agua y sales esenciales, dejando los restos en forma de heces.

Los dos riñones suponen **menos del 1%** del peso corporal, pero reciben **más de un quinto** de la **sangre que bombea el corazón.**

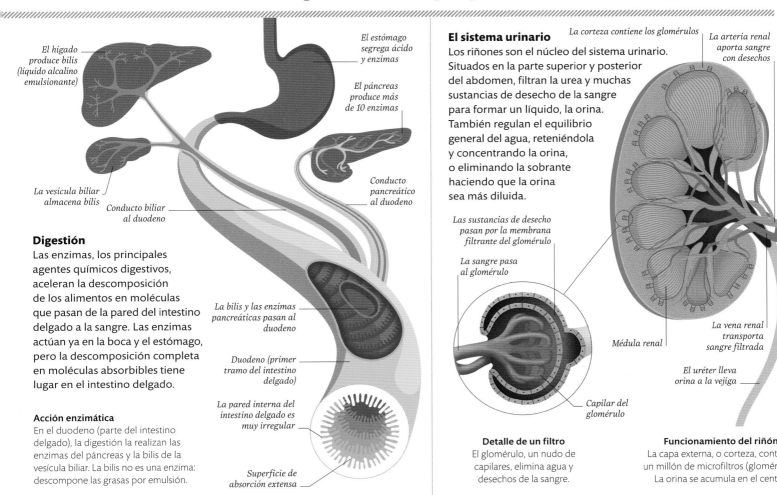

El hígado produce bilis (líquido alcalino emulsionante)

El estómago segrega ácido y enzimas

El páncreas produce más de 10 enzimas

La vesícula biliar almacena bilis

Conducto biliar al duodeno

Conducto pancreático al duodeno

Digestión

Las enzimas, los principales agentes químicos digestivos, aceleran la descomposición de los alimentos en moléculas que pasan de la pared del intestino delgado a la sangre. Las enzimas actúan ya en la boca y el estómago, pero la descomposición completa en moléculas absorbibles tiene lugar en el intestino delgado.

La bilis y las enzimas pancreáticas pasan al duodeno

Duodeno (primer tramo del intestino delgado)

La pared interna del intestino delgado es muy irregular

Acción enzimática

En el duodeno (parte del intestino delgado), la digestión la realizan las enzimas del páncreas y la bilis de la vesícula biliar. La bilis no es una enzima: descompone las grasas por emulsión.

Superficie de absorción extensa

El sistema urinario

Los riñones son el núcleo del sistema urinario. Situados en la parte superior y posterior del abdomen, filtran la urea y muchas sustancias de desecho de la sangre para formar un líquido, la orina. También regulan el equilibrio general del agua, reteniéndola y concentrando la orina, o eliminando la sobrante haciendo que la orina sea más diluida.

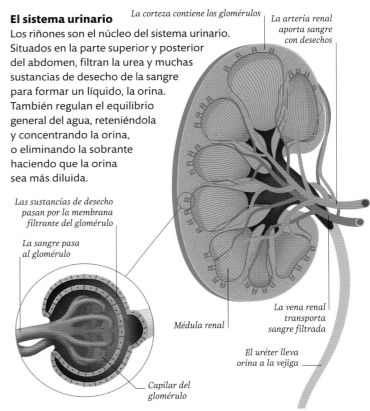

La corteza contiene los glomérulos

La arteria renal aporta sangre con desechos

Las sustancias de desecho pasan por la membrana filtrante del glomérulo

La sangre pasa al glomérulo

La vena renal transporta sangre filtrada

Médula renal

El uréter lleva orina a la vejiga

Capilar del glomérulo

Detalle de un filtro

El glomérulo, un nudo de capilares, elimina agua y desechos de la sangre.

Funcionamiento del riñón

La capa externa, o corteza, contiene un millón de microfiltros (glomérulos). La orina se acumula en el centro.

Nutrición

Un cuerpo sano necesita cantidades equilibradas de cinco nutrientes principales: hidratos de carbono, proteínas, grasas, vitaminas y minerales. Las vitaminas y los minerales son esenciales, pero solo en pequeña cantidad comparados con los hidratos de carbono, proteínas y grasas.

Hidratos de carbono

Azúcares y almidones son los principales proveedores de energía, descompuestos en las células para sustentar los procesos vitales.

Proteínas

Se dividen en subunidades de aminoácidos y se reconstruyen como moléculas estructurales en los tejidos.

Grasas

Necesarias en cantidad limitada para los nervios y otros tejidos, y como aporte energético.

Vitaminas

Los procesos orgánicos, como renovar la piel y digerir, requieren unas 13 vitaminas.

Minerales

Sustancias químicas simples principalmente, incluyen el calcio para dientes y huesos.

Agua

La mayor parte del metabolismo tiene lugar en fluidos acuosos en y entre las células.

Tracto urinario masculino y femenino

La orina fluye desde los riñones por unos túbulos, llamados uréteres, hasta una bolsa muscular elástica, la vejiga. En la mujer, la uretra, el tubo que por el que se vacía de orina la vejiga, se abre en la zona genital; en el hombre es cinco veces más larga y desemboca en el extremo del aparato genital masculino.

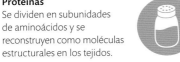

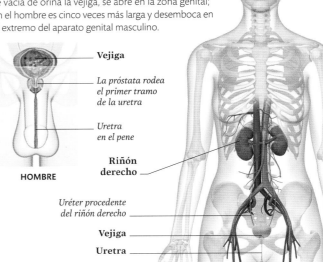

Vejiga

La próstata rodea el primer tramo de la uretra

Uretra en el pene

HOMBRE

Riñón derecho

Uréter procedente del riñón derecho

Vejiga

Uretra

MUJER

Sistemas reproductor y endocrino

Existen muchos y estrechos vínculos entre el sistema reproductor y el endocrino u hormonal, que controla y coordina muchos procesos, como la digestión, la excreción, la formación de sangre, el ritmo cardíaco y la presión sanguínea, el ciclo de sueño y vigilia, el crecimiento y la maduración sexual. También son los dos únicos sistemas con diferencias importantes entre mujeres y hombres.

Funcionamiento del sistema masculino

La rápida división celular de la espermatogénesis produce espermatozoides en los conductos seminíferos de los testículos. Los espermatozoides maduran, desarrollan cola y se almacenan en un tubo de unos 6 m muy enrollado, el epidídimo, junto a los testículos.

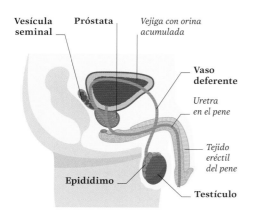

Vesícula seminal · **Próstata** · *Vejiga con orina acumulada* · **Vaso deferente** · *Uretra en el pene* · *Tejido eréctil del pene* · **Epidídimo** · **Testículo**

Recorrido de los espermatozoides

En la eyaculación, los espermatozoides pasan por el vaso deferente. La próstata y las vesículas seminales añaden fluido nutritivo para formar el semen que sale por la uretra.

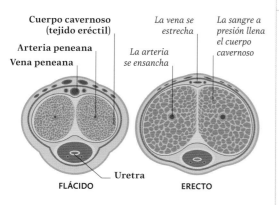

Cuerpo cavernoso (tejido eréctil) · **Arteria peneana** · **Vena peneana** · *La vena se estrecha* · *La arteria se ensancha* · *La sangre a presión llena el cuerpo cavernoso* · **Uretra** · **FLÁCIDO** · **ERECTO**

Estructura del pene

Para dar rigidez al pene durante el acto sexual, sus arterias se ensanchan y atraen más sangre, y las venas se estrechan. La sangre bajo presión hincha los tejidos esponjosos del cuerpo cavernoso.

Sistemas reproductores

Los sistemas reproductores masculino y femenino difieren en gran medida debido al papel que desempeñan en su función conjunta. Además de los ovarios y el útero, donde se desarrolla el feto hasta que nace, el femenino incluye las glándulas mamarias, que producen leche para el recién nacido.

Los dos testículos producen más de 1500 espermatozoides por segundo.

Sistema masculino

A diferencia de los femeninos, los órganos sexuales masculinos están principalmente fuera del bajo abdomen, donde la menor temperatura permite producir espermatozoides válidos.

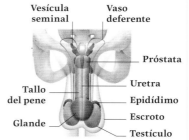

Vesícula seminal · **Vaso deferente** · **Próstata** · **Uretra** · **Tallo del pene** · **Epidídimo** · **Glande** · **Escroto** · **Testículo**

Funcionamiento del sistema femenino

El sistema reproductor femenino se prepara cada mes para un posible embarazo. En ambos ovarios hay miles de óvulos latentes, uno de los cuales comienza a madurar en un folículo, mientras que el endometrio, la pared del útero, se engrosa a fin de prepararse para nutrir al óvulo fecundado.

Ovulación

Los óvulos crecen, maduran y se desprenden del ovario durante el ciclo menstrual, controlado por hormonas (p. siguiente).

Sistema femenino

Sus partes principales son los ovarios, que producen los óvulos y donde estos maduran; las trompas de Falopio, donde el óvulo puede ser fecundado por un espermatozoide; el útero, donde crece el embrión, y la vagina o canal del parto.

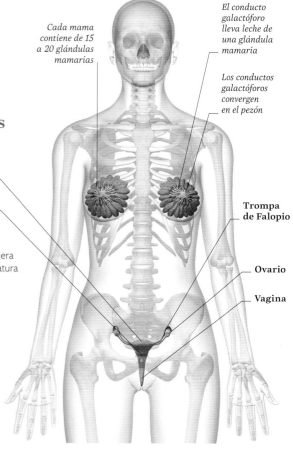

Cada mama contiene de 15 a 20 glándulas mamarias · *El conducto galactóforo lleva leche de una glándula mamaria* · *Los conductos galactóforos convergen en el pezón* · **Útero** · *Cérvix o cuello del útero* · **Trompa de Falopio** · **Ovario** · **Vagina**

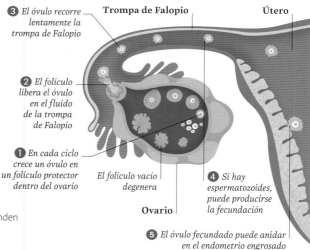

❸ *El óvulo recorre lentamente la trompa de Falopio* · **Trompa de Falopio** · **Útero** · **❷** *El folículo libera el óvulo en el fluido de la trompa de Falopio* · **❶** *En cada ciclo crece un óvulo en un folículo protector dentro del ovario* · *El folículo vacío degenera* · **❹** *Si hay espermatozoides, puede producirse la fecundación* · **Ovario** · **❺** *El óvulo fecundado puede anidar en el endometrio engrosado*

Las niñas nacen provistas de **todos sus óvulos,**
entre **500 000 y 1 millón,** a la espera en los **ovarios.**

Sistema endocrino

Las hormonas, producidas por las glándulas o tejidos endocrinos, circulan en la sangre y afectan a órganos o tejidos determinados. Algunas producen efectos en todo el cuerpo: la insulina del páncreas controla el consumo de glucosa como fuente de energía por todas las células del organismo. Otras son muy específicas: la aldosterona de las glándulas suprarrenales controla el equilibrio hídrico a través de los riñones.

Principales glándulas endocrinas

Las glándulas suelen ser multifuncionales. Entre las numerosas hormonas tiroideas están las que regulan el metabolismo. Las glándulas suprarrenales también segregan muchas, como la adrenalina.

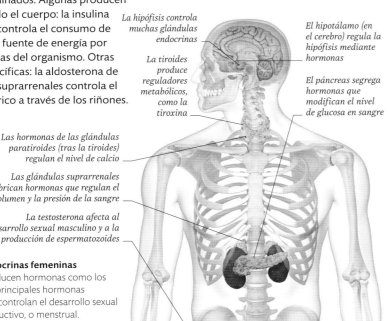

La hipófisis controla muchas glándulas endocrinas

La tiroides produce reguladores metabólicos, como la tiroxina

El hipotálamo (en el cerebro) regula la hipófisis mediante hormonas

El páncreas segrega hormonas que modifican el nivel de glucosa en sangre

Las hormonas de las glándulas paratiroides (tras la tiroides) regulan el nivel de calcio

Las glándulas suprarrenales fabrican hormonas que regulan el volumen y la presión de la sangre

La testosterona afecta al desarrollo sexual masculino y a la producción de espermatozoides

Glándulas endocrinas femeninas

Los ovarios producen hormonas como los estrógenos, las principales hormonas femeninas, que controlan el desarrollo sexual y el ciclo reproductivo, o menstrual.

Ovario

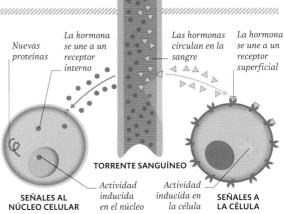

Nuevas proteínas

La hormona se une a un receptor interno

Las hormonas circulan en la sangre

La hormona se une a un receptor superficial

TORRENTE SANGUÍNEO

Actividad inducida en el núcleo

Actividad inducida en la célula

SEÑALES AL NÚCLEO CELULAR

SEÑALES A LA CÉLULA

¿Cómo actúan las hormonas?

Algunas hormonas pasan directamente al núcleo celular para estimular la producción de la sustancia objetivo. En otras células activan un receptor en la membrana.

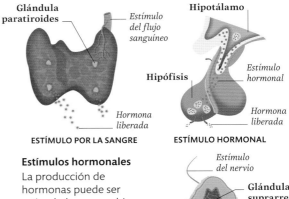

Glándula paratiroides

Estímulo del flujo sanguíneo

Hormona liberada

ESTÍMULO POR LA SANGRE

Hipotálamo

Hipófisis

Estímulo hormonal

Hormona liberada

ESTÍMULO HORMONAL

Estímulos hormonales

La producción de hormonas puede ser estimulada por cambios del nivel de una sustancia en la sangre, por señales nerviosas del cerebro y por otras hormonas o factores liberadores.

Estímulo del nervio

Glándula suprarrenal

Hormona liberada

ESTÍMULO NERVIOSO

Ciclo hormonal

Los estrógenos estimulan el crecimiento del endometrio, cuyo máximo libera nuevas hormonas, que causan la ovulación en torno al día 14. La progesterona estimula aún más el crecimiento endometrial, pero si no se implanta un óvulo fecundado, su nivel baja, con lo que se reduce el aporte de sangre al endometrio y este se desprende de su capa exterior.

CLAVE	
Estrógeno	Hormona luteinizante
Progesterona	Hormona estimulante del folículo (FSH)

Desprendimiento del endometrio y sangrado (período)

Nuevo crecimiento endometrial

Niveles máximos de estrógeno, FSH y hormona luteinizante

El endometrio sigue engrosándose con sangre y nutrientes

El descenso del nivel de progesterona causa el siguiente período

MENSTRUACIÓN   **LA MUCOSA CRECE**   **AUMENTO HORMONAL**   **EL CRECIMIENTO CONTINÚA**

CICLO MENSTRUAL

El ciclo menstrual dura unos 28 días, pero puede ser muy irregular. El día 1 comienza el período, cuando el endometrio (la mucosa del útero) lleno de sangre se desprende y se pierde por la vagina.

El ovario cicatriza

Menstruación

El folículo se agranda

El folículo se desarrolla

El folículo madura

Ovulación

El folículo degenera

El ciclo vital humano

El desarrollo de un ser humano empieza con la unión del ADN del padre y de la madre dentro de un óvulo, continúa cuando este se implanta en la mucosa del útero y normalmente a lo largo de la infancia hasta la madurez, pero la esperanza de vida humana es inevitablemente limitada.

Fecundación

El cuerpo humano se desarrolla a partir de un óvulo de unos 0,1 mm de diámetro fecundado por un espermatozoide mucho menor, de 0,05 mm de largo. El cigoto (óvulo fecundado) se divide en dos células, luego en cuatro y así sucesivamente. Estas células se multiplican y especializan, y forman distintos tejidos y órganos.

El semen sano contiene entre 40 y 300 millones de espermatozoides por ml.

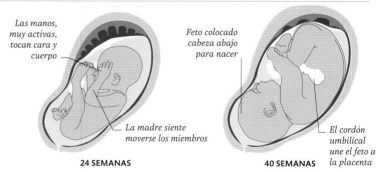

❶ El espermatozoide se fija a la capa externa del óvulo

❷ Las enzimas de la cabeza disuelven las capas externas

❻ El ADN masculino y el femenino se fusionan

❸ La cabeza alcanza la membrana del óvulo

Membrana del óvulo

❺ La cabeza es atraída hacia el ADN femenino

❹ La cabeza, con el ADN masculino, entra en el óvulo

Células foliculares

Zona pelúcida (capa externa gelatinosa)

EL ESPERMATOZOIDE EN EL ÓVULO

Gestación

El embarazo dura unos 9 meses desde la fecundación. Los primeros órganos del embrión en formarse son el corazón, que late a las 3 semanas, el cerebro y la médula espinal. A las 8 semanas están presentes todos los órganos principales, y el embrión se denomina feto.

Cabeza y cara formados

Pared del útero (matriz)

10 SEMANAS

Placenta en la pared uterina

Brazos y piernas en formación

14 SEMANAS

Las manos, muy activas, tocan cara y cuerpo

La madre siente moverse los miembros

24 SEMANAS

Feto colocado cabeza abajo para nacer

El cordón umbilical une el feto a la placenta

40 SEMANAS

Parto

El parto puede tardar menos de una hora o más de un día, y suele ser más breve en el segundo embarazo y los siguientes. La principal hormona del parto es la oxitocina, producida en el hipotálamo (en el encéfalo; p. 247) y liberada a la sangre por la hipófisis, que estimula las contracciones de los músculos de la pared del útero. Unas contracciones más fuertes y frecuentes ensanchan el cérvix y empujan al bebé por el canal del parto.

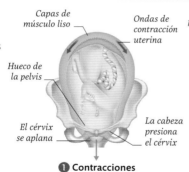

Capas de músculo liso

Ondas de contracción uterina

Hueco de la pelvis

El cérvix se aplana

La cabeza presiona el cérvix

❶ **Contracciones**
Los músculos de la pared del útero se acortan periódicamente para que la cabeza presione el cérvix, que se aplana.

La cabeza es la parte más ancha

La abertura cervical se ensancha

Canal vaginal

❷ **Dilatación del cérvix**
Las contracciones uterinas se vuelven más largas, intensas y frecuentes. La abertura del cérvix se ensancha, o dilata, gradualmente.

El bebé puede girar

La cabeza suele salir primero

❸ **Nacimiento**
El cérvix se dilata más, y las contracciones hacen salir la cabeza del bebé. El resto del cuerpo suele seguir rápidamente.

LA PLACENTA

El feto recibe oxígeno, nutrientes y energía de la madre a través de la placenta, un órgano formado conjuntamente por la madre y el feto. Dentro de la placenta, los vasos sanguíneos fetales están rodeados por cámaras o lagunas de sangre materna, y las sustancias pasan a través de las membranas que los separan.

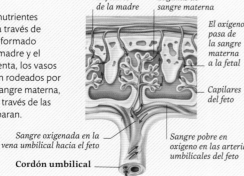

Capilares de la madre

Lagunas de sangre materna

El oxígeno pasa de la sangre materna a la fetal

Capilares del feto

Sangre oxigenada en la vena umbilical hacia el feto

Sangre pobre en oxígeno en las arterias umbilicales del feto

Cordón umbilical

GEMELOS

Dos procesos pueden originar dos bebés que se desarrollan juntos y nacen con minutos de diferencia. Los gemelos son monocigóticos (idénticos) si el óvulo fecundado se divide en dos células y cada una de estas completa su desarrollo, y dicigóticos si proceden de dos óvulos liberados a la vez y fecundados por dos espermatozoides.

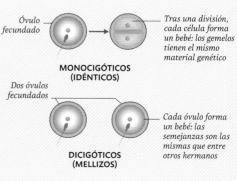

Óvulo fecundado

Tras una división, cada célula forma un bebé: los gemelos tienen el mismo material genético

MONOCIGÓTICOS (IDÉNTICOS)

Dos óvulos fecundados

DICIGÓTICOS (MELLIZOS)

Cada óvulo forma un bebé: las semejanzas son las mismas que entre otros hermanos

El cerebro de un recién nacido tiene un cuarto de su tamaño adulto.

Recién nacido

En los primeros segundos y minutos, el recién nacido experimenta grandes cambios. La respiración comienza al hincharse los pulmones y absorber oxígeno; los vasos sanguíneos pulmonares se ensanchan y los umbilicales hacia la placenta se estrechan y degeneran, y el sistema digestivo se prepara para la primera ingesta de leche materna.

DENTICIÓN DE LECHE

El conjunto completo de los 20 dientes temporales, o de leche, que salen de delante atrás, se completa a los 24–26 meses. Se caerán, también de delante atrás, a partir de los 6 años.

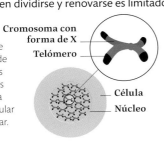

Incisivo lateral   Primer molar

DIENTES SUPERIORES

DIENTES INFERIORES

Canino, o cúspide   Segundo molar

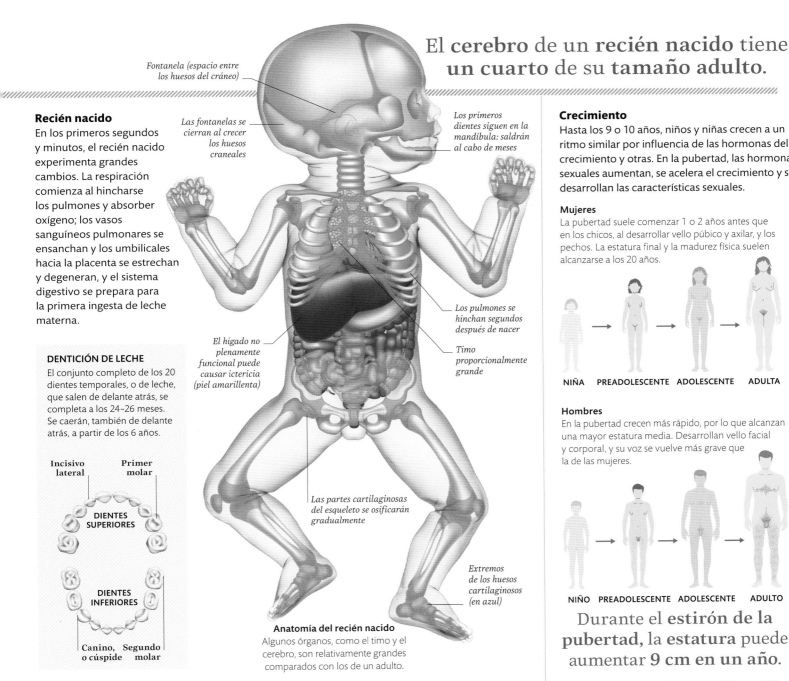

Fontanela (espacio entre los huesos del cráneo)

Las fontanelas se cierran al crecer los huesos craneales

Los primeros dientes siguen en la mandíbula: saldrán al cabo de meses

Los pulmones se hinchan segundos después de nacer

Timo proporcionalmente grande

El hígado no plenamente funcional puede causar ictericia (piel amarillenta)

Las partes cartilaginosas del esqueleto se osificarán gradualmente

Extremos de los huesos cartilaginosos (en azul)

Anatomía del recién nacido
Algunos órganos, como el timo y el cerebro, son relativamente grandes comparados con los de un adulto.

Crecimiento

Hasta los 9 o 10 años, niños y niñas crecen a un ritmo similar por influencia de las hormonas del crecimiento y otras. En la pubertad, las hormonas sexuales aumentan, se acelera el crecimiento y se desarrollan las características sexuales.

Mujeres

La pubertad suele comenzar 1 o 2 años antes que en los chicos, al desarrollar vello púbico y axilar, y los pechos. La estatura final y la madurez física suelen alcanzarse a los 20 años.

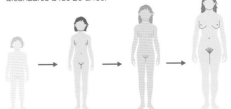

NIÑA   PREADOLESCENTE   ADOLESCENTE   ADULTA

Hombres

En la pubertad crecen más rápido, por lo que alcanzan una mayor estatura media. Desarrollan vello facial y corporal, y su voz se vuelve más grave que la de las mujeres.

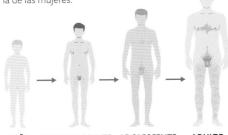

NIÑO   PREADOLESCENTE   ADOLESCENTE   ADULTO

Durante el estirón de la pubertad, la estatura puede aumentar 9 cm en un año.

Envejecimiento

La rapidez con que envejece el cuerpo depende de factores como los genes, la dieta, la actividad y el estilo de vida, las enfermedades y las condiciones ambientales. Parece que el número de veces que las células pueden dividirse y renovarse es limitado.

Los telómeros

Son las regiones de ADN protectoras de los extremos de los cromosomas en las que se ensambla la maquinaria molecular de la división celular.

Cromosoma con forma de X

Telómero

Célula

Núcleo

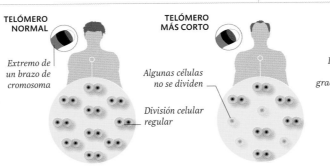

TELÓMERO NORMAL

Extremo de un brazo de cromosoma

División celular regular

TELÓMERO MÁS CORTO

Algunas células no se dividen

TELÓMERO AUSENTE

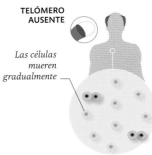

Las células mueren gradualmente

❶ Renovación celular normal
Las moléculas se fijan a los telómeros para controlar la copia del ADN durante la división celular. Al final, la última parte del telómero no se copia.

❷ Telómeros acortados
La continua división celular va acortando los telómeros, y la fijación de las moléculas resulta cada vez más difícil.

❸ Pérdida de telómeros
Con el tiempo, los telómeros se acortan tanto que las moléculas ya no pueden fijarse, y la célula muere sin poder replicarse.

◄ Véase también El cuerpo humano pp. 230–231   ◄ Sistemas reproductor y endocrino pp. 246–247   Diagnosis pp. 256–259 ►   **249**

Historia de la medicina

Los orígenes de la medicina se remontan a hace milenios. Los primeros médicos pudieron ser personas que querían ayudar a enfermos y heridos y comprendieron que podían desarrollarse técnicas para ello. Durante gran parte de su historia, la práctica médica estuvo vinculada a las creencias y las religiones. Ya en la Europa del siglo XV, en el Renacimiento, surgieron nuevos enfoques basados en la razón, la observación, la experimentación y los registros. El método científico se desarrolló en el siglo XIX, y en los siglos XX y XXI se extendió el uso de la tecnología.

Incisiones circulares con trépano

c. 5000 a. C. Se practica la trepanación (perforación del cráneo del paciente) para tratar desde fracturas hasta enfermedades mentales.

CRÁNEO TREPANADO

Jenner vacunó a su hijo de 11 meses contra la viruela para demostrar que era seguro

1796 El cirujano británico Edward Jenner infecta a un niño con viruela bovina y después con viruela humana para poner a prueba el potencial protector de un virus frente al otro. Con ello populariza la vacunación y establece los principios de la inmunización.

EDWARD JENNER VACUNANDO CONTRA LA VIRUELA

1628 Tras años de estudio, el médico británico William Harvey publica *De motu cordis*, la primera descripción completa del sistema circulatorio.

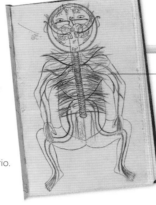

Representación del sistema nervioso, con cerebro, médula espinal y nervios

600–1500 La medicina islámica vive una edad de oro gracias a médicos eminentes, como Ibn Sina (Avicena), que estudian los detalles del funcionamiento de los diversos sistemas del cuerpo, como el nervioso y el circulatorio.

ILUSTRACIÓN DEL *CANON DE MEDICINA* DE AVICENA (1025)

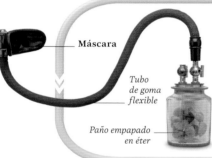

Máscara

Tubo de goma flexible

Paño empapado en éter

Década de 1840 Los avances en el campo de los anestésicos inhalados permiten a los cirujanos administrar óxido nitroso, éter o cloroformo.

INHALADOR DE ÉTER LETHEON

1870 El químico francés Louis Pasteur descubre bacterias nocivas y demuestra la teoría microbiana, según la cual son los microbios (o gérmenes), y no los desequilibrios del organismo, los causantes de muchas enfermedades.

LOUIS PASTEUR

1895 El médico alemán Wilhelm Roengten descubre los rayos X, que permiten obtener las primeras imágenes del interior del cuerpo.

El anillo metálico bloquea los rayos X

PRIMERA RADIOGRAFÍA

Década de 1970 El ingeniero británico Godfrey Hounsfield combina imágenes de rayos X desde distintos ángulos para crear la imagen tridimensional de la tomografía computarizada (TAC).

GODFREY HOUNSFIELD

1953 El estadounidense James Watson y el británico Francis Crick descubren la estructura helicoidal del ADN (ácido desoxirribonucleico). Esto abre la vía a numerosos avances en la biología y la medicina.

ESTRUCTURA DE DOBLE HÉLICE DEL ADN

Estructura de doble hélice

Puentes de bases que portan el código genético

Década de 1950 La invención de componentes electrónicos miniaturizados, como los transistores, permite el uso de marcapasos cardíacos, al principio externos y después implantados en la zona pectoral.

Cables conectados al corazón

MARCAPASOS CARDÍACO IMPLANTABLE (1958)

Década de 1980 La OMS declara erradicada la viruela dos décadas después del inicio del plan de erradicación por inmunización en 1959.

FRANÇOISE BARRÉ-SINOUSSI

1983 Los virólogos franceses Françoise Barré-Sinoussi y Luc Montaigner hallan un retrovirus luego llamado virus de la inmunodeficiencia humana (VIH).

El cirujano controla el robot desde la consola de mando

Monitor quirúrgico

Brazos robóticos con instrumentos quirúrgicos

1998 La robótica y las comunicaciones electrónicas casi instantáneas hacen posible la primera cirugía robótica y la telecirugía.

Asistencia manual, si fuera necesario

CIRUGÍA ROBÓTICA

Manuscrito en hojas de palmera del Sushruta samhita, uno de los textos fundacionales del ayurveda

TRATADO DE MEDICINA AYURVÉDICA

3000 a. C. El ayurveda se centra en el equilibrio de las fuerzas vitales (*doshas*) y la constitución corporal (*prakriti*). Tiene una larga historia oral y debe al médico indio Sushruta un tratado esencial sobre medicina y cirugía escrito hacia 800 a. C.

Estatua de Imhotep con un papiro en el regazo

c. 2650 a. C. Imhotep, máximo funcionario al servicio del faraón Zoser y también médico y sacerdote, establece prácticas médico-religiosas que perduraron 3000 años.

ESTATUA DE IMHOTEP

c. 2200 a. C. La medicina china incorpora la diagnosis basada en la toma del pulso, así como el uso de hierbas y de acupuntura para equilibrar el flujo de la energía vital (*chi*).

Los puntos indican dónde insertar las agujas para tratar una enfermedad

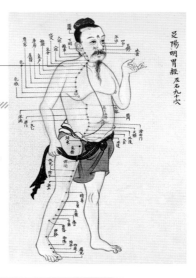

TABLA DE ACUPUNTURA

27 a. C.–410 d. C. En la antigua Roma, la cirugía avanza a causa de la necesidad de tratar a los soldados heridos en combate y a los gladiadores que sufren heridas terribles en nombre del espectáculo.

Tijeras para cortar tejidos

INSTRUMENTOS QUIRÚRGICOS

Asociada al hígado y al verano

CALIENTE — SECO
BILIS AMARILLA (FUEGO)
SANGRE (AIRE) — **BILIS NEGRA (TIERRA)**
HÚMEDO — **FLEMA (AGUA)** — FRÍO

Asociada al corazón y a la primavera
Asociada al cerebro y al agua
Asociada al bazo y al otoño

400 a. C. Los médicos griegos, como Hipócrates, afirman que el cuerpo humano contiene cuatro líquidos o humores cuyo desequilibrio causa enfermedades. Cada humor se asocia a un elemento, un órgano y una estación del año.

LOS CUATRO HUMORES

Circuito eléctrico y pila en resina artificial transparente

1901 En Austria, el inmunólogo Karl Landsteiner clasifica la sangre en tres grupos (A, B y O), lo cual permite realizar transfusiones seguras.

Jeringuilla para extraer la sangre

El embudo recoge la sangre

Tubo para inyectar la sangre

TRANSFUSIÓN DE SANGRE

1922 Para tratar la diabetes, el médico canadiense Frederick Banting y el científico estadounidense Charles Best administran un extracto pancreático que contiene la hormona llamada insulina.

1947 Los bioquímicos checo-estadounidenses Gerty y Carl Cori son premiados con el Nobel por descubrir el ciclo de descomposición de la glucosa en ácido láctico, que el hígado recicla y se almacena como glucógeno.

1928 En Escocia, el científico Alexander Fleming descubre que un hongo del género *Penicillium* produce una sustancia bactericida, la penicilina. Esto lleva a la creación del primer antibiótico moderno.

Colonias de bacterias
Se añade un hongo Penicillium
El hongo mata las bacterias

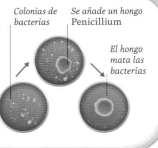

DESTRUCCIÓN DE BACTERIAS POR *PENICILLIUM*

2000 El primer borrador del Proyecto Genoma Humano (iniciativa para identificar y secuenciar todos los genes del genoma humano típico) abre la vía al tratamiento de cientos de enfermedades, hereditarias y otras.

Pares de cromosomas humanos

Los cromosomas contienen instrucciones genéticas

GENOMA HUMANO

2019–2020 Surge en Wuhan (China) un nuevo coronavirus (llamado SARS-CoV-2) que se propaga rápidamente y causa la pandemia de covid-19 con numerosos casos y muertes.

Coronavirus, así llamado por sus espículas

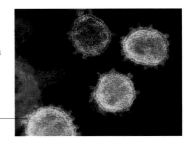

CORONAVIRUS SARS-CoV-2

Véase también **Medicina moderna** pp. 252-253 ▶ **Contagio y control de la enfermedad** pp. 254-255 ▶

Medicina moderna

La medicina general se divide en numerosos campos especializados y también se considera una especialidad en sí misma. Las causas de pérdida de la salud comprenden infecciones, accidentes y heridas deliberadas, deficiencias como una dieta inadecuada y la falta de higiene, la contaminación medioambiental, el abuso de sustancias, condiciones como la diabetes, el cáncer y los fallos de sistemas como el nervioso o el circulatorio, y trastornos hereditarios y degenerativos, desde la artrosis hasta las demencias.

Enfermedades infecciosas

Las infecciones y enfermedades relacionadas se deben a la presencia en el interior o en la superficie del cuerpo de patógenos (virus o microorganismos nocivos como bacterias, hongos y parásitos), que luego se multiplican. Las infecciones contagiosas (p. 254) son las que se propagan por contacto directo o próximo entre individuos, por medio de sangre o esputos, o de objetos o superficies contaminados.

Bacterias
Una bacteria típica es unas 100 veces menor que una célula humana. Existe una gran variedad de formas de bacterias, muchas con largos apéndices con forma de látigo (flagelos). Las infecciones bacterianas se tratan con antibióticos.

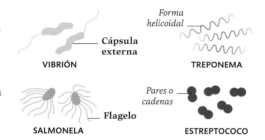

Cápsula externa
VIBRIÓN
Forma helicoidal
TREPONEMA
Flagelo
SALMONELA
Pares o cadenas
ESTREPTOCOCO

Virus
Mucho menores incluso que las bacterias, no se reproducen por sí mismos. Invaden células huésped para poder replicarse, y al hacerlo, las destruyen. La mejor protección contra un virus es la vacunación.

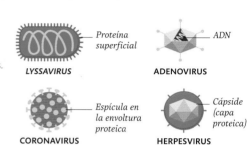

Proteína superficial
LYSSAVIRUS
ADN
ADENOVIRUS
Espícula en la envoltura proteica
CORONAVIRUS
Cápside (capa proteica)
HERPESVIRUS

Protistas y animales parásitos
Los protistas (organismos unicelulares) suelen propagarse por el agua contaminada. Los animales parásitos comprenden gusanos, duelas y larvas de insectos. La tenia puede medir 20 m.

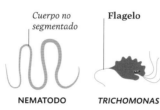

Núcleo celular
GIARDIA
Cuerpo no segmentado
NEMATODO
Flagelo
TRICHOMONAS

Hongos
Parientes de las setas, los hongos parásitos se propagan mediante esporas. Disuelven tejidos como el cutáneo y el pulmonar, y absorben los nutrientes.

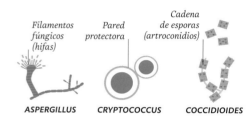

Filamentos fúngicos (hifas)
ASPERGILLUS
Pared protectora
CRYPTOCOCCUS
Cadena de esporas (artroconidios)
COCCIDIOIDES

Accidentes y traumatismos
El tratamiento urgente de heridas, fracturas óseas y otras lesiones, generalmente accidentales, es competencia de departamentos especializados que también tratan las fases iniciales de urgencias como ataques cardíacos, asma grave o abuso de sustancias.

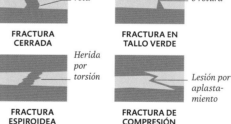

El hueso rompe la piel
FRACTURA ABIERTA
Piel no rota
FRACTURA CERRADA
Fisura o rotura
FRACTURA EN TALLO VERDE
Varios trozos
FRACTURA CONMINUTA
Herida por torsión
FRACTURA ESPIROIDEA
Lesión por aplastamiento
FRACTURA DE COMPRESIÓN

Salud mental
Los problemas de salud mental pueden afectar a la conciencia de sí mismo y de los demás, perturbar la conducta y las relaciones sociales, o causar ansiedad grave y estados depresivos, así como respuestas al estrés físico y emocional que ponen en peligro la vida. Pueden estar implicadas varias partes del cerebro.

Tipos de medicina
La medicina actual se divide en muchas especialidades o ramas. Algunas se ocupan de partes o sistemas corporales, como la cardiología, y otras de fases vitales, como la obstetricia, la pediatría y la geriatría (relativa al envejecimiento). A menudo concurren varias.

Los médicos de la antigua Roma se especializaban en campos concretos.

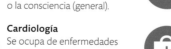

Anestesia
Supresión de la sensibilidad, sea la percepción del dolor (local) o la consciencia (general).

Cardiología
Se ocupa de enfermedades del corazón y del aparato circulatorio.

Odontología
Especializada en los dientes, las encías y la boca, incluida la higiene lingual y oral.

Dermatología
Tratamiento de los problemas de piel, cabello, uñas y afecciones estéticas.

Medicina de urgencias
Diagnóstico y tratamiento de estados agudos (repentinos) y posiblemente letales.

Medicina general
Cuidados médicos generales, sobre todo de afecciones que implican a varios sistemas.

Genética médica
Estudio y diagnóstico del material genético (ADN) y enfermedades hereditarias.

Neurología
Se ocupa del cerebro, el sistema nervioso y las enfermedades neuromusculares.

Obstetricia y ginecología
Órganos reproductores femeninos y relacionados, fertilidad, embarazo y parto.

Oncología
Diagnóstico, estudio y tratamiento de tumores, sobre todo cancerosos.

Oftalmología
Problemas de los ojos y partes asociadas, cómo glándulas lacrimales y párpados.

Ortopedia
Corrección de problemas de huesos, articulaciones, músculos y tendones.

Las **fibras A más rápidas** transmiten las señales del dolor a más de **100 m por segundo**, y las **más lentas**, a menos de **1 m por segundo**.

MEDICINA

¿Cómo actúan los fármacos?

Los fármacos son sustancias que pueden curar o paliar enfermedades, o aliviar los síntomas o el dolor. Algunos, sobre todo los analgésicos, interfieren en el modo en que las señales nerviosas se generan y recorren las sinapsis y las fibras nerviosas hasta el cerebro.

Sensación de dolor

La sensación de dolor suele deberse a tejidos dañados, en los que las células rotas liberan sustancias químicas que estimulan terminaciones nerviosas, las cuales envían señales al cerebro.

Tipos de fármacos

Las células tienen receptores especializados a las que se unen sustancias químicas del cuerpo que controlan sus procesos. Los fármacos agonistas se unen a receptores específicos, y los antagonistas los bloquean.

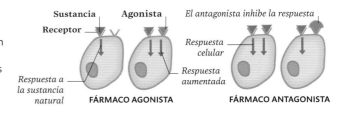

Sustancia · Agonista · El antagonista inhibe la respuesta
Receptor · Respuesta celular · Respuesta aumentada
Respuesta a la sustancia natural
FÁRMACO AGONISTA · **FÁRMACO ANTAGONISTA**

❹ **Conexión neuronal**
Las señales atraviesan como neurotransmisores el espacio entre fibras nerviosas periféricas y medulares.

Algunos analgésicos bloquean aquí las señales químicas

❺ **Llegada al cerebro**
Las fibras medulares se unen a neuronas del tálamo, que envía las señales a las áreas del cerebro adecuadas, sobre todo táctiles.

El tálamo envía señales de dolor a diversas partes de la corteza cerebral

CEREBRO

Mensaje químico del dolor

SINAPSIS

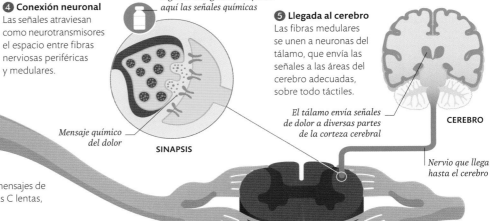

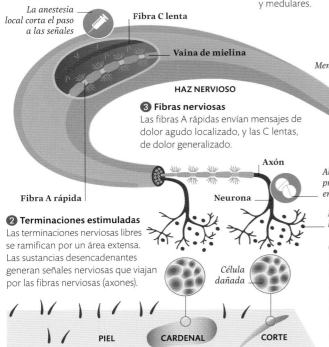

La anestesia local corta el paso a las señales

Fibra C lenta

Vaina de mielina

HAZ NERVIOSO

❸ **Fibras nerviosas**
Las fibras A rápidas envían mensajes de dolor agudo localizado, y las C lentas, de dolor generalizado.

Fibra A rápida

Axón

Neurona

Algunos analgésicos bloquean la producción de prostaglandinas en la lesión

Molécula de prostaglandina liberada por la célula

❷ **Terminaciones estimuladas**
Las terminaciones nerviosas libres se ramifican por un área extensa. Las sustancias desencadenantes generan señales nerviosas que viajan por las fibras nerviosas (axones).

Célula dañada

PIEL · **CARDENAL** · **CORTE**

❶ **Desencadenantes**
La prostaglandina liberada por las células rotas activa los mensajes nerviosos del dolor y también la inflamación al aumentar el flujo de sangre y fluido a la zona.

Nervio que llega hasta el cerebro

MÉDULA ESPINAL

Nervio conectado a la médula espinal

PROCEDIMIENTOS QUIRÚRGICOS

La cirugía se utiliza para eliminar, reparar o reemplazar tejidos dañados del organismo, y también para implantar dispositivos artificiales, como los marcapasos. Las operaciones van de las más invasivas a las mínimamente invasivas, como la laparoscopia, y los avances tecnológicos han mejorado la seguridad, la eficacia y la tasa de éxito de los procedimientos quirúrgicos, y acortado los períodos de convalecencia.

Pediatría
Cuidado de niños y adolescentes, a menudo incluidos los cambios de la pubertad.

Patología
Estudio de la enfermedad en general y en particular de sus efectos en células, tejidos y fluidos.

Farmacología
Desarrollo, evaluación, control y regulación de medicamentos en beneficio de los pacientes.

Fisioterapia
Terapias físicas que incluyen el ejercicio para tratamiento y rehabilitación.

Podología
Tratamiento de afecciones de los dedos y las uñas de los pies, los tobillos y estructuras de la pierna relacionadas.

Psiquiatría
Tratamiento de enfermedades mentales cognitivas, perceptivas y emocionales.

Radiología
Uso de rayos X, ultrasonidos y resonancia magnética nuclear para diagnóstico y tratamiento.

Cirugía
Tratamiento de heridas o enfermedades que implica incisión o manipulación de instrumental.

MEDICINAS TRADICIONALES

Entre los métodos milenarios de diagnóstico y tratamiento se cuentan el ayurveda, en Asia meridional, y la herbología y la adivinación en África. En China, la teoría de los cinco elementos hace hincapié en las relaciones entre el cuerpo y el universo.

Equilibrio del yin y el yang

MADERA · AGUA · FUEGO · METAL · TIERRA

CLAVE
→ **Relación generadora**
→ **Relación destructora**

TEORÍA DE LOS CINCO ELEMENTOS

Contagio y control de la enfermedad

A lo largo de la historia, las enfermedades infecciosas (las que pasan de persona a persona entre una población) han tenido efectos devastadores. La epidemiología es el estudio de sus causas, de cómo y por qué se propagan, y de cómo controlarlas o limitarlas.

Requisitos
Las enfermedades infecciosas requieren ciertos elementos para propagarse: los patógenos deben estar presentes y tener condiciones favorables, y los huéspedes deben carecer de inmunidad u otro tipo de resistencia.

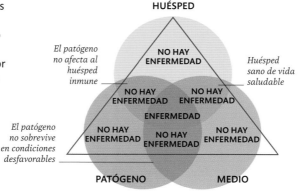

HUÉSPED

El patógeno no afecta al huésped inmune

NO HAY ENFERMEDAD

Huésped sano de vida saludable

NO HAY ENFERMEDAD — NO HAY ENFERMEDAD

ENFERMEDAD

El patógeno no sobrevive en condiciones desfavorables

NO HAY ENFERMEDAD — NO HAY ENFERMEDAD — NO HAY ENFERMEDAD

PATÓGENO — MEDIO

TÉRMINOS EPIDEMIOLÓGICOS
- **Infección** Invasión del cuerpo por organismos que viven y se reproducen en él y causan enfermedades.
- **Patógeno** Organismo que causa la enfermedad.
- **Vector** Organismo que transmite patógenos de persona a persona.
- **Transmisible** Capaz de pasar de persona a persona.
- **Contagioso** Que solo se propaga por contacto próximo.
- **Brote** Aumento repentino y localizado de la incidencia de una enfermedad infecciosa.
- **Epidemia/Pandemia** Enfermedad que afecta a muchos miles o millones de personas en una región geográfica extensa o en muchos países.

Estudio de los brotes
Los epidemiólogos estudian patrones de contagio, como por dónde se propaga una enfermedad, por ejemplo, una zona urbana particular, y a quién infecta, por ejemplo, a grupos de cierta edad o con ocupaciones específicas.

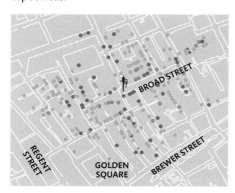

El brote de cólera de Londres en 1854
Al marcar en un mapa las muertes por cólera en Londres, John Snow vio que su centro era una fuente pública de Broad Street. Cerrar la fuente redujo drásticamente el brote (p. 365).

CLAVE

- 1–4 muertes
- 5–9 muertes
- 10–15 muertes
- Fuente de Broad Street

JOHN SNOW
El análisis del brote de cólera de 1854 por el médico inglés John Snow (1813–1858) contribuyó a la fundación de la epidemiología y propició avances en el tratamiento de residuos, la higiene y otros aspectos de la salud pública.

Enfermedad y sociedad
Los patrones de infección y enfermedad difieren a menudo en función de la cultura y la tradición, y también han variado a lo largo del tiempo.

Enfermedades de la pobreza
La falta de higiene es una de las causas históricas de mala salud. La educación, una mayor conciencia pública y medidas políticas reducen sus efectos.

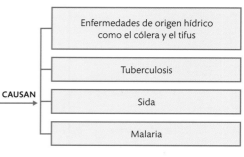

La malnutrición por una dieta escasa		Enfermedades de origen hídrico como el cólera y el tifus
La falta de agua potable y alcantarillado	CAUSAN	Tuberculosis
La falta de acceso a la atención y la información sanitarias		Sida
		Malaria

Según la Organización Mundial de la Salud, el factor ambiental más importante de reducción de la enfermedad es el suministro de agua potable para beber y cocinar, y agua limpia para lavar.

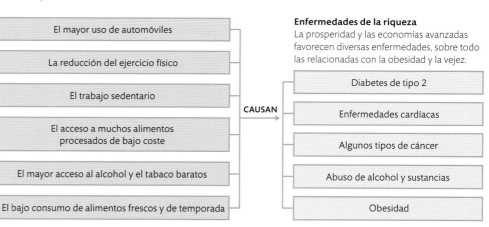

Enfermedades de la riqueza
La prosperidad y las economías avanzadas favorecen diversas enfermedades, sobre todo las relacionadas con la obesidad y la vejez.

El mayor uso de automóviles		Diabetes de tipo 2
La reducción del ejercicio físico		Enfermedades cardíacas
El trabajo sedentario	CAUSAN	Algunos tipos de cáncer
El acceso a muchos alimentos procesados de bajo coste		Abuso de alcohol y sustancias
El mayor acceso al alcohol y el tabaco baratos		Obesidad
El bajo consumo de alimentos frescos y de temporada		

¿Cómo se propagan las enfermedades?
Las enfermedades transmisibles siguen distintas rutas de persona a persona. Una de las más contagiosas es el sarampión, que se transmite por microgotas al toser y estornudar y por contacto directo y con objetos contaminados.

INSECTO U OTRO VECTOR
CONTACTO DIRECTO
AIRE
CONTACTO INDIRECTO
ALIMENTOS
PERSONA INFECTADA — PERSONA SANA

El **ébola**, una **enfermedad vírica**, tiene un **índice de letalidad medio del 50 %**, pero en **algunos brotes** alcanzó el **90 %**.

Tipos de vacuna

Las vacunas contienen patógenos desactivados, o partes o productos tóxicos de estos que son inofensivos, pero activan el sistema inmunitario para defender el organismo y repeler la enfermedad, como ocurre en una infección natural.

Patógenos infecciosos

Los distintos patógenos se tratan de distinta manera para fabricar vacunas eficaces con pocos efectos secundarios. Para la vacuna de la peste bubónica, por ejemplo, el patógeno se desactiva.

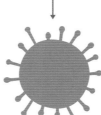
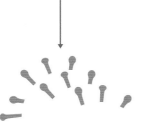

Partes del patógeno
Los fragmentos, en lugar del patógeno entero, inician la respuesta inmunitaria. Se usan para el papiloma humano y la hepatitis B.

Material genético del patógeno
Inyectado, hace que las células produzcan sustancias patógenas que activan el sistema inmunitario. Se usa para la encefalitis japonesa.

Patógeno desactivado
El patógeno muere por calor, radiación o sustancias químicas, pero continúa desencadenando la respuesta inmunitaria. Se usa para la gripe y el cólera.

Organismo emparentado
La vacuna contiene un patógeno que causa una enfermedad similar en otra especie, pero no síntomas humanos (o pocos). Se usa para la tuberculosis.

Patógeno atenuado
El patógeno está vivo, pero faltan o no están activas sus partes nocivas. Se usa para el sarampión, las paperas y la rubeola.

Toxinas neutralizadas
Las sustancias nocivas que produce el patógeno se desactivan mediante radiación, calor o sustancias químicas. Se utilizan para el tétanos y la difteria.

Prevención o contención de enfermedades infecciosas

La inmunización mediante vacunas es el método más eficaz para impedir la propagación de numerosas infecciones. Las defensas alertadas y prevenidas de los inmunizados atacan al patógeno tan rápido que este no tiene tiempo de multiplicarse e infectar a otros.

Inmunización cero
La enfermedad se propaga sin trabas por una población, aunque algunos individuos puedan tener algún tipo de inmunidad natural. La viruela mató a entre 300 y 500 millones de personas hasta ser erradicada por una campaña de vacunación.

Inmunización minoritaria
La transmisión de la enfermedad se mantiene entre la población al seguirla contagiando los individuos infectados, pero estos no son tan numerosos como serían de no haberse vacunado a parte de la población.

Inmunización mayoritaria
Con más del 80 % aproximado de la población vacunada puede lograrse la inmunidad de grupo, pues el patógeno no se extiende al no propagarlo los vacunados. Sin huéspedes a los que infectar, el patógeno no prolifera.

Inmunización

Ninguna vacuna es eficaz al 100 %, y algunas tienen efectos secundarios, generalmente leves, pero más graves para algunos individuos. Sin embargo, en conjunto, los inconvenientes son preferibles al riesgo de no vacunarse.

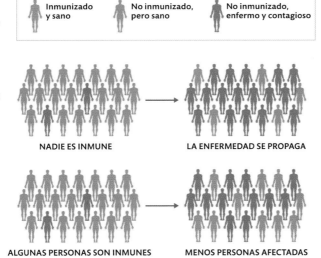

CLAVE
- Inmunizado y sano
- No inmunizado, pero sano
- No inmunizado, enfermo y contagioso

NADIE ES INMUNE → LA ENFERMEDAD SE PROPAGA

ALGUNAS PERSONAS SON INMUNES → MENOS PERSONAS AFECTADAS

LA MAYORÍA ES INMUNE → SE CONTIENE EL CONTAGIO

El fin de la viruela

Después de una campaña mundial masiva de 20 años a base de vacunas altamente eficaces y con escasos efectos secundarios, la viruela se declaró erradicada en 1980.

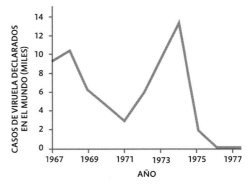

Exploración preventiva

Buscar indicios tempranos de enfermedades potencialmente graves es importante en el caso de enfermedades no transmisibles como las cardíacas o el cáncer.

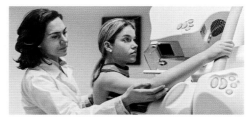

MAMOGRAFÍA PARA DETECTAR CÁNCER

Véase también Avances médicos pp. 260–261 ▶ La lucha contra la enfermedad pp. 364–365 ▶ La salud contemporánea pp. 372–373 ▶

Diagnóstico

Antes de poder tratar y curar las enfermedades, es preciso identificar su causa. En esto consiste el diagnóstico, a veces definido como un ejercicio de lógica científica y una forma médica de arte. Los médicos reúnen y evalúan pruebas a partir de fuentes potencialmente muy numerosas, desde observaciones iniciales del paciente durante los exámenes físicos, clínicos o médicos hasta las imágenes más complejas y los análisis de muestras.

CIENCIA Y TECNOLOGÍA

Examen clínico

Un examen clínico consta de varios elementos. Uno es el historial, que incluye el relato del paciente y sus datos médicos. Otro es la exploración física, como la inspección visual de partes del cuerpo como los ojos, la lengua o la piel. También pueden realizarse pruebas básicas, como tomar la presión o auscultar el tórax.

Presión sanguínea

La presión que ejerce la sangre al recorrer los vasos, o tensión arterial, es un indicador de muchos problemas de salud. Se mide con un esfigmomanómetro. El brazalete se infla lo suficiente para detener el flujo arterial y se afloja para medir la presión máxima. La mínima se toma con el brazalete desinflado.

Examen ocular
El oftalmoscopio ilumina el globo ocular para obtener una visión aumentada de la retina y otras partes a fin de detectar problemas.

Examen del oído
Al tirar suavemente de la oreja se endereza el canal auditivo, lo cual permite al médico ver el tímpano aumentado con ayuda de un otoscopio.

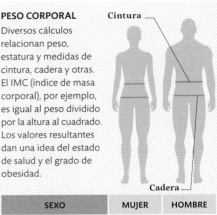

PESO CORPORAL
Diversos cálculos relacionan peso, estatura y medidas de cintura, cadera y otras. El IMC (índice de masa corporal), por ejemplo, es igual al peso dividido por la altura al cuadrado. Los valores resultantes dan una idea del estado de salud y el grado de obesidad.

SEXO	MUJER	HOMBRE
SANO	<0,8	<0,9
RIESGO MODERADO	0,8-0,89	0,9-0,99
ALTO RIESGO	≥0,9	≥1,0

ÍNDICE CINTURA/CADERA

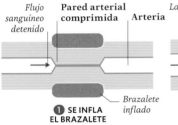

Flujo sanguíneo detenido / **Pared arterial comprimida** / **Arteria** / *Brazalete inflado*
❶ SE INFLA EL BRAZALETE

La sangre fluye de nuevo / *Brazalete parcialmente desinflado*
❷ SE MIDE LA PRESIÓN SISTÓLICA

La sangre fluye libremente / *Brazalete desinflado* / *Arteria abierta*
❸ SE MIDE LA PRESIÓN DIASTÓLICA

Lectura de la presión sanguínea
La cifra superior es la presión sistólica, la mayor ejercida cuando se contrae el corazón. La inferior corresponde a la presión diastólica, que es menor por ser la ejercida cuando el corazón está relajado.

Presión sistólica

120 / 80

Presión diastólica

Endoscopio rígido

Este instrumento se fabrica en diámetros desde 1 mm hasta más de 10 mm. Para ver el interior de la nariz (rinoscopia), la vejiga (cistoscopia) y el abdomen (laparoscopia) se usan diferentes tipos.

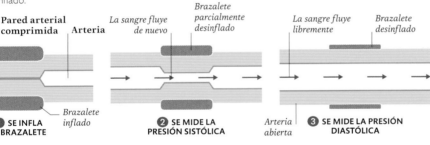

Ocular y ajuste / *Puerto de la fuente de luz* / *Unas lentes cilíndricas de vidrio óptico transmiten la imagen por el tubo*

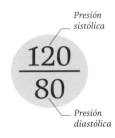

ENDOSCOPIA CAPSULAR
La cápsula, del tamaño de una píldora grande, alberga una cámara y componentes para la comunicación inalámbrica. Suele tragarse para obtener imágenes del intestino delgado y transmitirlas.

Un anillo de ledes aporta luz a la cámara

CÁPSULA ENDOSCÓPICA

Endoscopio flexible

Este dispositivo se puede doblar para pasar a lo largo de partes del cuerpo como el tracto digestivo o grandes vasos sanguíneos.

Examen interno

Los endoscopios obtienen imágenes internas, toman muestras de tejido o líquidos para biopsias y llevan a cabo intervenciones menores como sellar vasos sanguíneos. Su nombre indica la parte a la que acceden, como el broncoscopio, que permite ver los pulmones.

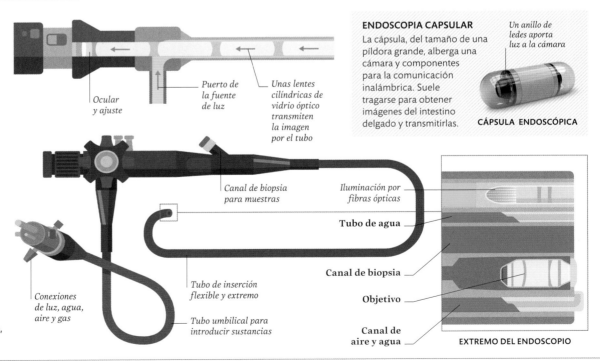

Conexiones de luz, agua, aire y gas / *Canal de biopsia para muestras* / *Iluminación por fibras ópticas* / **Tubo de agua** / **Canal de biopsia** / *Tubo de inserción flexible y extremo* / **Objetivo** / *Tubo umbilical para introducir sustancias* / **Canal de aire y agua** / **EXTREMO DEL ENDOSCOPIO**

El **electroimán** de un equipo **de resonancia magnética** genera un campo **40 000 veces más potente** que el campo magnético **terrestre**.

Imagenología

Desde las primeras placas de rayos X para uso médico en 1895, los procedimientos de diagnóstico por la imagen no invasivos han experimentado un auge enorme. En la década de 1970, los ordenadores comenzaron a combinar radiografías en imágenes tridimensionales desde todos los ángulos. Hoy día son más de veinte las técnicas para ver el cuerpo por dentro, mediante ondas sonoras, magnetismo, rayos X y otras ondas electromagnéticas, y sustancias que bloquean los rayos X o emiten radiación de otro tipo. Una especialidad médica relacionada emplea máquinas similares para el tratamiento, como la radioterapia para eliminar tumores.

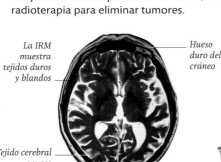

Clavícula

El tejido pulmonar se ve oscuro

Vías aéreas poco visibles, debido al cartílago

Corazón tras el esternón

Radiografía estándar
Las radiografías muestran en tonos claros los tejidos duros, sobre todo huesos, cartílagos y dientes, que no dejan pasar los rayos X. La inyección de sustancias radioopacas, que los absorben, realza el contorno de las partes blandas donde se acumulan.

La IRM muestra tejidos duros y blandos

Hueso duro del cráneo

Tejido cerebral acuoso

Imagen por resonancia magnética (IRM)
Un campo magnético potente alrededor del cuerpo alinea sus átomos de hidrógeno. Cuando cesa, los átomos vuelven a la normalidad y emiten pequeños pulsos de ondas de radio que son registrados por detectores.

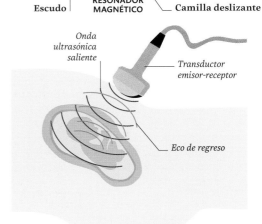

Las bobinas superconductoras crean el campo magnético

Bobinas detectoras de radiofrecuencia

Escáner incorporado

Bobinas alrededor del paciente

Escudo

RESONADOR MAGNÉTICO

Camilla deslizante

El marcador radiactivo se une al neurotransmisor en el cerebro

Imagen en 3D a partir de varios cortes

El naranja indica actividad intensa

Tomografía por emisión de positrones (TEP)
Se inyecta, traga o inhala un tinte que contiene un marcador radiactivo. Según cuál sea este, es absorbido por determinados tejidos con mayor actividad química, que aparecen en colores más luminosos en la imagen.

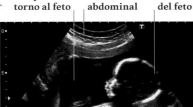

Líquido en torno al feto

Pared abdominal

Cabeza del feto

Pared del útero

Ecografía
Los tejidos reflejan las ondas sonoras de muy alta frecuencia (ultrasonidos) de distintas maneras. Un receptor detecta los ecos, que se disponen en imágenes cambiantes en tiempo real. Esta técnica, habitual en el embarazo, no emplea radiación.

Onda ultrasónica saliente

Transductor emisor-receptor

Eco de regreso

ECOGRAFÍA DEL FETO

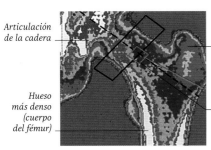

Articulación de la cadera

Hueso menos denso (cabeza del fémur)

Hueso más denso (cuerpo del fémur)

Herramienta de medida en pantalla

Absorciometría de rayos X de energía dual (DEXA)
También llamada densitometría ósea, analiza la densidad de los huesos mediante dosis bajas de rayos X. Se utiliza, por ejemplo, para medir la pérdida ósea en determinadas condiciones o durante ciertos tratamientos.

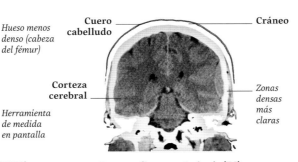

Cuero cabelludo

Cráneo

Corteza cerebral

Zonas densas más claras

Tomografía computarizada (TC)
La imagen se obtiene mediante rayos X de una fuente que rota alrededor del cuerpo junto con detectores a cada lado. Como en todas las técnicas radiológicas, la cantidad de radiación debe ajustarse para minimizar los efectos adversos.

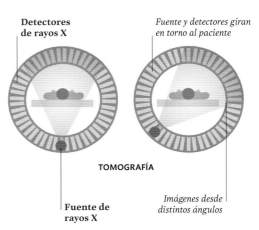

Detectores de rayos X

Fuente y detectores giran en torno al paciente

TOMOGRAFÍA

Fuente de rayos X

Imágenes desde distintos ángulos

◄ **Véase también Sistema esquelético** pp. 232–233   ◄ **Sistemas respiratorio y cardiovascular** pp. 240–241   ◄ **Historia de la medicina** pp. 250–251

≫ Diagnóstico (continuación)

Electrodiagnóstico

El cuerpo está naturalmente repleto de pequeñas señales eléctricas, en especial el cerebro, los nervios, el corazón y los músculos. Sus impulsos son detectables por electrodos colocados sobre la piel, o por sensores insertos en órganos y tejidos, y su registro en pantalla o sobre papel revela la salud de la fuente de la que proceden.

El marcapasos del corazón regulariza el ritmo

Línea de la actividad cardíaca

LATIDO NORMAL

Electrodos incorporados a un gorro flexible

El cable lleva la señal a un amplificador

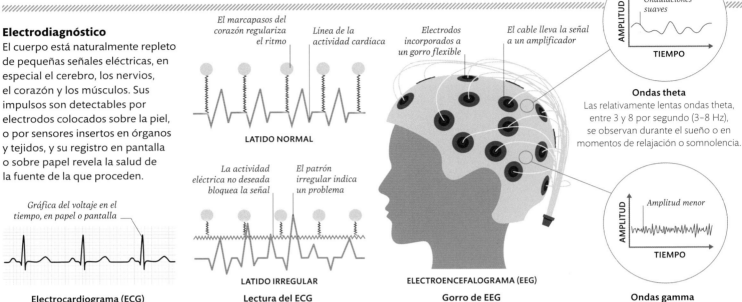

Ondulaciones suaves

AMPLITUD / TIEMPO

Ondas theta
Las relativamente lentas ondas theta, entre 3 y 8 por segundo (3–8 Hz), se observan durante el sueño o en momentos de relajación o somnolencia.

Gráfica del voltaje en el tiempo, en papel o pantalla

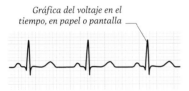

La actividad eléctrica no deseada bloquea la señal

El patrón irregular indica un problema

LATIDO IRREGULAR

ELECTROENCEFALOGRAMA (EEG)

Amplitud menor

AMPLITUD / TIEMPO

Ondas gamma
Las ondas gamma, de 30 a más de 100 por segundo, indican un cerebro ocupado en la atención consciente y la formación de recuerdos.

Electrocardiograma (ECG)
Los electrodos aplicados sobre el pecho y las extremidades captan la actividad eléctrica cardíaca al atravesar las señales los tejidos hacia la piel.

Lectura del ECG
La línea del ECG muestra el ritmo cardíaco (latidos por minuto) y la manera en que las señales eléctricas estimulan la contracción de las paredes musculares para impulsar la sangre.

Gorro de EEG
Un gorro garantiza que los electrodos estén en el lugar correcto para que el EEG muestre la actividad eléctrica cerebral, que se da en forma de ondas coordinadas.

Toma de muestras y análisis

Pueden extraerse pequeñas cantidades de casi cualquier sustancia del cuerpo para evaluar el estado de salud. Fluidos como esputos u orina, o las heces, son relativamente fáciles de obtener, y la sangre es uno de los que se extraen más a menudo. Una biopsia requiere retirar células o tejidos, por ejemplo de la piel, o de la pared intestinal o el pulmón en una endoscopia (p. 256).

Tipos de análisis
Algunos análisis químicos son inmediatos, como los de glucosa en sangre para la diabetes, y otros pasan por el laboratorio. Los análisis genéticos estudian el ADN para detectar genes defectuosos.

ANÁLISIS DE CÉLULAS Y TEJIDOS

ANÁLISIS DE MICROORGANISMOS

ANÁLISIS DE ESTRUCTURA Y FUNCIÓN DE LA SANGRE

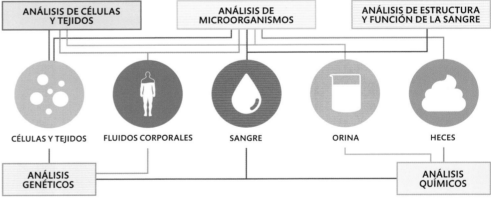

CÉLULAS Y TEJIDOS   FLUIDOS CORPORALES   SANGRE   ORINA   HECES

ANÁLISIS GENÉTICOS

ANÁLISIS QUÍMICOS

El émbolo se retira lentamente

La muestra se etiqueta

Los análisis suelen requerir 2,5–3 ml

Puede contener anticoagulante

Papel absorbente con sustancias reactivas

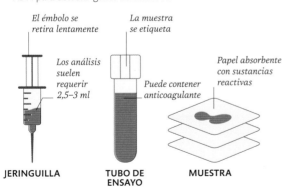

JERINGUILLA   **TUBO DE ENSAYO**   **MUESTRA**

Muestras de sangre
La sangre suele extraerse de una vena del brazo con una jeringuilla. Las cantidades grandes se guardan en bolsas o matraces. Para muestras menores basta una punción de la piel.

Tejido graso entre las glándulas

Tejido de glándulas mamarias

Se evitan los vasos sanguíneos

Bulto en la mama

La aguja extrae células y fluido

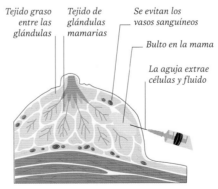

Biopsias
La extracción de muestras para biopsia de los tejidos blandos y flexibles próximos a la superficie, como la mama, se realiza por aspiración mediante una jeringuilla con una aguja muy fina.

AUTOPSIA
Desde la época medieval se realizan autopsias para determinar las causas de muerte. Estas pueden relacionarse con los síntomas y la afección del paciente en vida para mejorar futuros tratamientos.

UNA AUTOPSIA EN EL SIGLO XVI

El electroencefalograma permite evaluar la **actividad cerebral** de **pacientes en coma.**

Pruebas *in vitro*

Las pruebas in vitro («dentro del vidrio») se realizan en recipientes y equipo de laboratorio en lugar de en el cuerpo (*in vivo*). Los análisis de sangre y orina son las más comunes. Generalmente la sangre se separa primero en sus principales componentes: glóbulos y plasma.

La sangre puede analizarse para detectar más de **100 sustancias.**

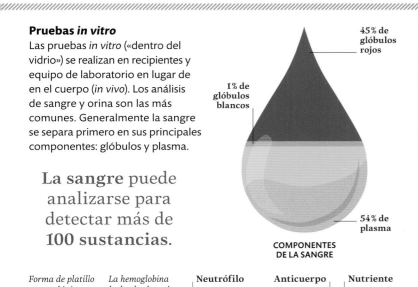

45% de glóbulos rojos

1% de glóbulos blancos

54% de plasma

COMPONENTES DE LA SANGRE

Ácido úrico

Iones de bicarbonato

CREATININA

IONES DE POTASIO

IONES DE SODIO

IONES DE CLORO

UREA

Patología

La patología estudia las causas y efectos de la enfermedad mediante el examen y análisis de fluidos, células, tejidos y microbios con fines diagnósticos y de control del tratamiento. Gran parte de estas tareas se lleva a cabo en laboratorios patológicos y requieren el uso del microscopio previa tinción de los tejidos con sustancias colorantes.

Citopatología
Estudia la enfermedad a nivel celular. Con el microscopio se identifican células ajenas, o en número, forma o disposición anormales, típicas sobre todo de muchos cánceres.

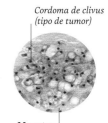

Cordoma de clivus (tipo de tumor)

Muestra teñida de azul

Histopatología
Su fin es el examen de tejidos y grupos de tejidos, observados al microscopio en busca de anomalías de las células y estructuras que las rodean.

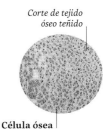

Corte de tejido óseo teñido

Célula ósea

Forma de platillo biconcavo

La hemoglobina le da el color rojo

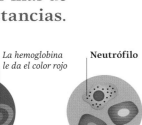

Glóbulos rojos
Contienen hemoglobina, que capta oxígeno en los pulmones y lo lleva a las células del cuerpo.

Neutrófilo

Glóbulos blancos
Los principales tipos de glóbulos blancos (p. 243) defienden al cuerpo de la infección y eliminan sustancias nocivas.

Anticuerpo   Nutriente

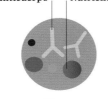

Plasma
El plasma transporta cientos de sustancias, incluidos nutrientes, hormonas, anticuerpos y coagulantes.

Sustancias en la orina
La acidez de la orina o la presencia de sangre o glucosa en ella sirven para diagnosticar muchas enfermedades, como la diabetes.

COMPONENTE	OBJETIVO DE LAS PRUEBAS
Glóbulos rojos	Número, forma y tamaño afectados por trastornos genéticos y otros
Glóbulos blancos	Células afectadas por una infección y cánceres de la sangre
Hemoglobina	Los niveles bajos indican anemia o pérdida grave de sangre
Plasma	Las pruebas pueden indicar inflamación o enfermedades autoinmunes

Hasta la década de 1960, las **pruebas de embarazo** consistían en inyectar orina de la mujer a la **rana de uñas africana** para ver si esta **ovulaba.**

Glucosa en sangre

Medir la concentración de glucosa en la sangre sirve para diagnosticar y controlar la diabetes. La glucosa es la principal fuente de energía de todas las células del cuerpo, y su nivel en sangre es controlado por dos hormonas pancreáticas (p. 247): insulina y glucagón. La insulina activa el consumo de glucosa por las células, lo cual hace que descienda su nivel, y el glucagón activa la liberación de glucosa almacenada.

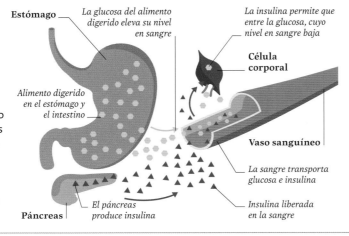

Estómago

La glucosa del alimento digerido eleva su nivel en sangre

La insulina permite que entre la glucosa, cuyo nivel en sangre baja

Célula corporal

Alimento digerido en el estómago y el intestino

Vaso sanguíneo

La sangre transporta glucosa e insulina

Páncreas   *El páncreas produce insulina*

Insulina liberada en la sangre

PATOLOGÍA FORENSE
Esta especialidad se dedica al estudio de los cadáveres y elementos como su sangre, cabellos o saliva. Las pruebas incluyen la extracción de ADN y proteínas para observar el detalle molecular. El fin es determinar la causa de la muerte y hallar pruebas para aportar en juicios.

INTERPRETACIÓN DE GEL DE ADN

◀ Véase también Sistemas linfático e inmunitario pp. 242-243   ◀ Sistemas digestivo y urinario pp. 244-245   ◀ Medicina moderna pp. 252-253

Avances médicos

Casi todos los años se realizan grandes avances en el diagnóstico y los tratamientos y cuidados médicos. Algunos derivan de otras áreas de investigación, como la informática, la robótica, la microscopía, la nanotecnología o los estudios genéticos, y otros se generan en el propio ámbito médico, como las técnicas de microcirugía innovadoras, o las nuevas vacunas y fármacos para combatir enfermedades y trastornos nuevos o ya conocidos. No obstante, todo avance médico debe ser lento y concienzudo, ya que las falsas esperanzas causan dolor y sufrimiento, y en último término, hay vidas en juego.

Impresión tridimensional

La impresión en 3D se está aplicando en medicina de diversas maneras. Las estructuras impresas a partir de materiales biocompatibles pueden ser colonizadas por células para obtener elementos como hueso, cartílago y músculo, y las células pueden ser organizadas por una impresora para crear órganos multitejido, como las orejas.

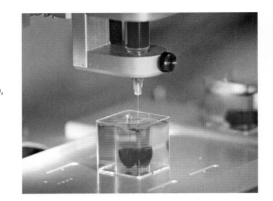

Tejido humano impreso
La investigación sobre la impresión de organoides ha dado como resultado un minicorazón humano, con sus vasos, cámaras musculares y válvulas.

Manipulación genética

El genoma humano completo con sus instrucciones genéticas en forma de ADN se determinó en 2003. Una de sus principales aplicaciones es identificar secuencias defectuosas que causan problemas, como enfermedades hereditarias y ciertos tipos de cáncer, y repararlas o reemplazarlas mediante la manipulación genética.

Edición genética
Es posible fabricar moléculas a medida para reemplazar una secuencia de ADN defectuosa. Unas enzimas y otras sustancias cortan la secuencia problemática y la sustituyen por la versión corregida para conseguir el funcionamiento celular normal.

Nueva secuencia de bases de ADN

Las bases corregidas se unen a sus complementarias

Las secuencias sanas quedan intactas

Prótesis de alta tecnología

A la vez que la parte más compleja y misteriosa del cuerpo, el cerebro, revela gradualmente los secretos de su funcionamiento, los dispositivos electrónicos son cada vez más pequeños y más complejos. Ello permite a la microtecnología suplir e incluso mejorar funciones cerebrales.

Señal enviada desde el control

Los electrodos llegan hasta el tronco encefálico

Los cables alimentan los electrodos

Pila, neuroestimulador y control

CHIPS DE MEMORIA
Para mejorar el aprendizaje y la memoria se pueden implantar microprocesadores y chips de memoria en distintas regiones del cerebro, como el hipocampo, involucrado en la conversión de experiencias a corto plazo en recuerdos a largo plazo.

Parche cutáneo de alimentación inalámbrica y monitoreo

Microprocesador y chips de memoria

IMPLANTE HIPOCÁMPICO

Estimulación cerebral profunda
Consiste en colocar electrodos en partes de la base del cerebro, generalmente en aquellas que controlan el movimiento. Los pulsos eléctricos controlados enviados a los electrodos alteran los patrones de las señales nerviosas circundantes.

Terapia con células madre

Las células madre son las que aún no se han especializado (diferenciado) en nerviosas, sanguíneas u otras, y tienen la capacidad de convertirse en células de todo tipo. En la terapia se emplean células no diferenciadas producidas por la transformación de células adultas, como las hematopoyéticas de la médula, que se introducen en ciertas partes del cuerpo para que se especialicen y formen nuevos tejidos.

Las células madre podrían **restaurar** cierta **movilidad** tras una **lesión medular.**

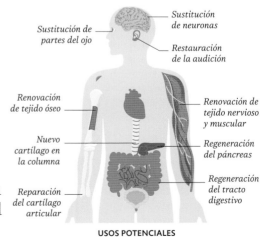

Sustitución de partes del ojo

Sustitución de neuronas

Restauración de la audición

Renovación de tejido óseo

Renovación de tejido nervioso y muscular

Nuevo cartílago en la columna

Regeneración del páncreas

Reparación del cartílago articular

Regeneración del tracto digestivo

USOS POTENCIALES

Existen **tratamientos de inmunoterapia** para unos **20 tipos de cáncer.**

Medicina personalizada

Es sabido que todas las personas no responden de la misma manera a la misma medicación. El análisis de determinadas secuencias del genoma puede mostrar si un fármaco resultará más o menos eficaz, de modo que el tratamiento pueda adecuarse al individuo.

Inmunoterapia

La inmunoterapia refuerza las defensas contra el cáncer. Un tipo de inmunoterapia consiste en producir una vacuna que prepara a las células T para atacar células cancerosas específicas. Como estas han sido creadas por el cuerpo, las células T pueden no reconocerlas como una amenaza.

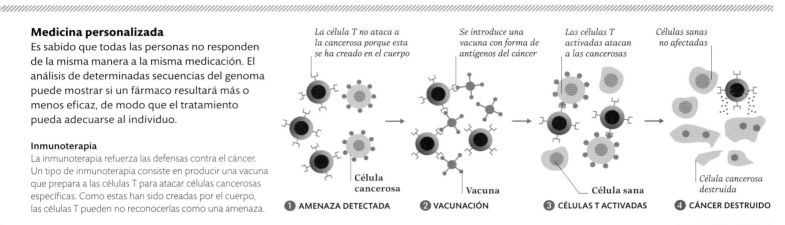

La célula T no ataca a la cancerosa porque esta se ha creado en el cuerpo

Célula cancerosa

① AMENAZA DETECTADA

Se introduce una vacuna con forma de antígenos del cáncer

Vacuna

② VACUNACIÓN

Las células T activadas atacan a las cancerosas

Célula sana

③ CÉLULAS T ACTIVADAS

Células sanas no afectadas

Célula cancerosa destruida

④ CÁNCER DESTRUIDO

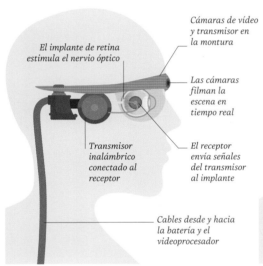

El implante de retina estimula el nervio óptico

Cámaras de vídeo y transmisor en la montura

Las cámaras filman la escena en tiempo real

Transmisor inalámbrico conectado al receptor

El receptor envía señales del transmisor al implante

Cables desde y hacia la batería y el videoprocesador

Implantes sensoriales

Las versiones electrónicas de ojos y oídos mejoran de año en año. Existe un sistema en el que una cámara capta la escena mientras se envían señales a un relé externo, que las transmite al implante de retina.

Hace 3000 años ya se utilizaban **prótesis** en Egipto.

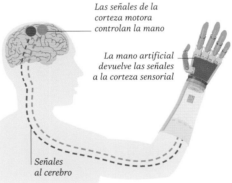

Las señales de la corteza motora controlan la mano

La mano artificial devuelve las señales a la corteza sensorial

Señales al cerebro

Mano protésica

Las últimas prótesis funcionan en dos sentidos: el cerebro envía señales para controlar su movimiento, y la prótesis está dotada de receptores para percibir el tacto y la presión, y transmitir señales al cerebro.

NANOMEDICINA

El prefijo «nano-» indica el siguiente menor nivel después de micro, menor que las células y a la escala de las moléculas y hasta los átomos. Las nanomáquinas terapéuticas podrían recorrer el organismo, programadas para destruir microbios, células cancerosas o sustancias tóxicas; los robots nanoelectrónicos, curar células enfermas o dañadas, y las nanopartículas, liberar fármacos directamente en los tejidos afectados.

Nanorrobot   **Vaso sanguíneo**

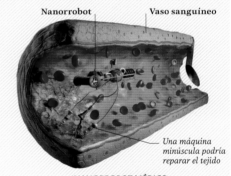

Una máquina minúscula podría reparar el tejido

NANORROBOT MÉDICO

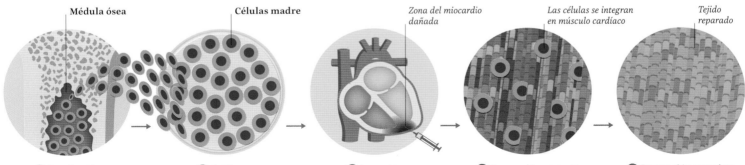

Médula ósea

Células madre

Zona del miocardio dañada

Las células se integran en músculo cardíaco

Tejido reparado

① **Recolección**
Ciertos tipos de células madre se obtienen de médula de un adulto. Estas células hematopoyéticas fabrican células sanguíneas de distinto tipo.

② **Cultivo**
Las células se introducen en soluciones de nutrientes especializadas, con sustancias que fomentan su potencial de convertirse en otras células.

③ **Inyección**
Las células madre se introducen en la parte dañada del corazón, un entorno adecuado para que se diferencien en células musculares cardíacas.

④ **Reparación en curso**
Las células madre se multiplican, y algunas experimentan cambios para producir células especializadas (cardiomiocitos).

⑤ **Reparación completa**
La pared muscular del corazón dañada, tal vez por un infarto de miocardio, se restaura gradualmente.

◄ Véase también El cuerpo humano pp. 230–231   ◄ Sistemas linfático e inmunitario pp. 242–243   ◄ Historia de la medicina pp. 250–251

Energía

La energía es lo que hace que las cosas ocurran. No se crea ni se destruye, sino que se convierte constantemente en una u otra de sus muchas formas. La energía eléctrica es muy valiosa para la humanidad por su fácil almacenamiento, transporte y conversión en otros tipos de energía. La energía se mide en julios (J). El ritmo al que se convierte en otras formas se denomina potencia y se mide en vatios (W).

El **carbón** empezó a formarse hace cientos de millones de años a partir de **materia orgánica en descomposición**.

¿Cómo funciona una central eléctrica?
Las centrales eléctricas generan electricidad a partir de fuentes de energía como el petróleo o el combustible nuclear. La mayoría de ellas contiene generadores que convierten la energía cinética (del movimiento) en eléctrica, que se transfiere a los edificios a través de la red eléctrica.

Central térmica de carbón
En una central térmica convencional, la energía química que libera el carbón al arder calienta y hace hervir agua. El vapor mueve una turbina, que alimenta un generador eléctrico.

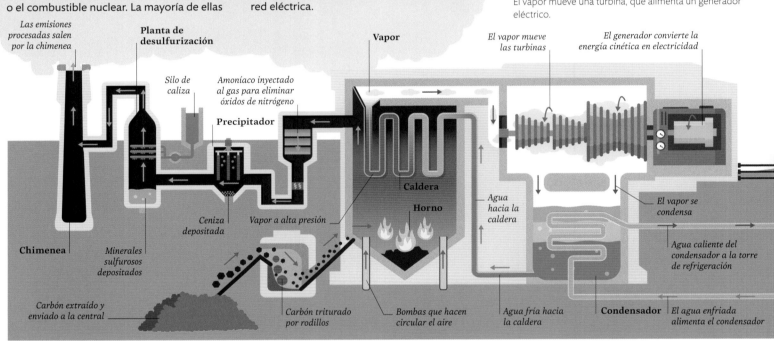

Las emisiones procesadas salen por la chimenea

Planta de desulfurización

Silo de caliza

Amoníaco inyectado al gas para eliminar óxidos de nitrógeno

Precipitador

Vapor

El vapor mueve las turbinas

El generador convierte la energía cinética en electricidad

Caldera

Horno

Agua hacia la caldera

El vapor se condensa

Ceniza depositada

Vapor a alta presión

Chimenea

Minerales sulfurosos depositados

Agua caliente del condensador a la torre de refrigeración

Carbón extraído y enviado a la central

Carbón triturado por rodillos

Bombas que hacen circular el aire

Agua fría hacia la caldera

Condensador

El agua enfriada alimenta el condensador

Energía hidráulica
El agua en movimiento permite generar electricidad. Para ello se aprovecha la energía cinética de saltos de agua o de las mareas (energía mareomotriz). Estas fuentes son limpias y renovables, aunque no dejan de tener impacto sobre el medio ambiente local.

Energía hidroeléctrica
Consiste en captar la energía del agua que fluye con rapidez o cae desde gran altura. A menudo el agua se retiene en un embalse y, cuando la demanda es alta, se libera y mueve turbinas y alimenta generadores.

Energía geotérmica
La energía térmica natural generada y almacenada en la Tierra puede aprovecharse accediendo a pozos subterráneos de agua caliente, o bombeando agua a través de zonas calientes del suelo.

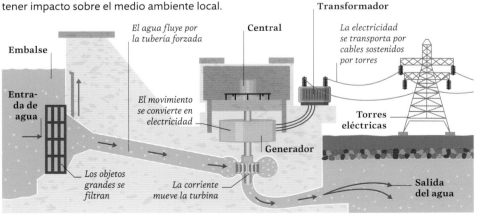

El agua fluye por la tubería forzada

Central

Transformador

La electricidad se transporta por cables sostenidos por torres

Embalse

Entrada de agua

El movimiento se convierte en electricidad

Torres eléctricas

Los objetos grandes se filtran

La corriente mueve la turbina

Generador

Salida del agua

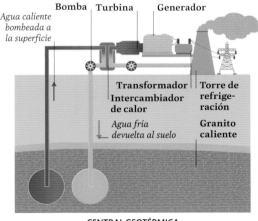

Agua caliente bombeada a la superficie

Bomba

Turbina

Generador

Transformador Intercambiador de calor

Torre de refrigeración

Agua fría devuelta al suelo

Granito caliente

CENTRAL GEOTÉRMICA

A principios del **siglo XXI**, alrededor de las **cuatro quintas partes de la energía mundial** procedían de **combustibles fósiles**.

LIMPIEZA DE GASES

El gas producido en el horno se procesa para retirar la mayoría de los contaminantes. Aun así, las centrales de combustión de carbón continúan emitiendo dióxido de azufre, entre otros.

Gas saliente con menos contaminantes

Los contaminantes se fijan a una placa con carga eléctrica

Gas de combustión entrante

Contaminantes filtrados — **PRECIPITADOR**

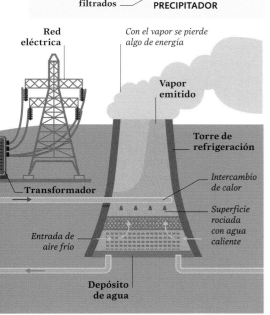

Red eléctrica

Con el vapor se pierde algo de energía

Vapor emitido

Torre de refrigeración

Transformador

Intercambio de calor

Superficie rociada con agua caliente

Entrada de aire frío

Depósito de agua

Energía nuclear

Las centrales nucleares generan electricidad a partir de la energía liberada al escindir núcleos atómicos (fisión). Las reacciones se controlan para lograr un aporte regular de energía. En el futuro también se podrá generar mediante la fusión de núcleos.

El **primer reactor nuclear** se construyó en **1942** bajo un estadio de fútbol americano en Chicago (EE UU).

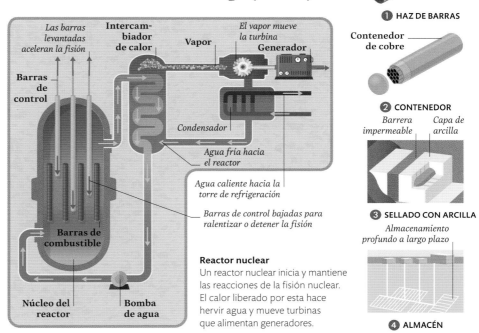

Las barras levantadas aceleran la fisión

Intercambiador de calor

Vapor

El vapor mueve la turbina

Generador

Barras de control

Condensador

Agua fría hacia el reactor

Agua caliente hacia la torre de refrigeración

Barras de control bajadas para ralentizar o detener la fisión

Barras de combustible

Núcleo del reactor

Bomba de agua

Reactor nuclear

Un reactor nuclear inicia y mantiene las reacciones de la fisión nuclear. El calor liberado por esta hace hervir agua y mueve turbinas que alimentan generadores.

Gestión de residuos radiactivos

Algunos residuos de las centrales nucleares son radiactivos y deben procesarse y almacenarse con cuidado para evitar fugas.

Las barras de combustible se enfrían

❶ HAZ DE BARRAS

Contenedor de cobre

❷ CONTENEDOR

Barrera impermeable *Capa de arcilla*

❸ SELLADO CON ARCILLA

Almacenamiento profundo a largo plazo

❹ ALMACÉN

Energía eólica

Los aerogeneradores usan la energía cinética del viento para alimentar generadores y producir electricidad. Aunque el viento es una fuente de energía limpia y renovable, al producir electricidad solo cuando sopla, no resulta adecuada para todos los entornos.

VIENTO

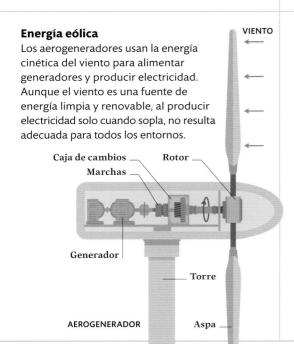

Caja de cambios **Rotor**

Marchas

Generador

Torre

AEROGENERADOR **Aspa**

Energía solar

El Sol genera electricidad directamente al hacer hervir agua para mover turbinas o por medio de paneles compuestos por células fotovoltaicas que generan una corriente continua a partir de la luz solar incidente. La producción de energía solar, limpia y renovable, está creciendo rápidamente.

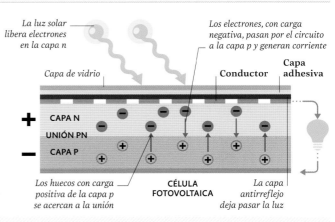

La luz solar libera electrones en la capa n

Los electrones, con carga negativa, pasan por el circuito a la capa p y generan corriente

Capa de vidrio **Conductor** **Capa adhesiva**

+ **CAPA N**

UNIÓN PN

− **CAPA P**

Los huecos con carga positiva de la capa p se acercan a la unión

CÉLULA FOTOVOLTAICA

La capa antirreflejo deja pasar la luz

BIOENERGÍA

Quemar biomasa, como madera, o biogás extraído de aguas residuales, libera energía química. Es renovable, pero emite dióxido de carbono y requiere terreno para producir combustible.

RESIDUOS INDUSTRIALES **RESIDUOS ANIMALES** **AGUAS RESIDUALES** **RESIDUOS AGRÍCOLAS** **RESIDUOS FORESTALES**

◀ **Véase también El tiempo** pp. 74–75 ◀ **El ciclo del carbono** pp. 78–79 **El automóvil** pp. 286–287 ▶

Materiales

Todos los objetos están hechos de materiales (es decir, sustancias o combinaciones de ellas) con distintas propiedades, que los hacen adecuados para diversas aplicaciones. Algunos son de origen natural; otros, como el acero o el nailon, se procesan o sintetizan para fines determinados. Crear materiales con propiedades nuevas es esencial para el avance de la tecnología.

Hormigón

El hormigón es un material artificial utilizado en la construcción desde hace miles de años. Es resistente y duradero como la piedra, pero también barato y fácil de producir. El hormigón húmedo se vierte en moldes de casi cualquier forma en los que se endurece al secarse (fragua).

Composición del hormigón

El hormigón se compone de un aglomerante y áridos. El primero es una pasta semilíquida de agua y cemento, y los segundos, gravilla o arena.

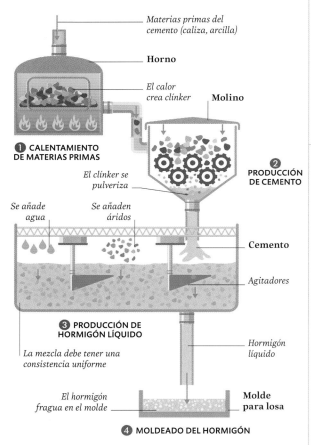

Materias primas del cemento (caliza, arcilla)

Horno

El calor crea clínker

Molino

① CALENTAMIENTO DE MATERIAS PRIMAS

El clínker se pulveriza

② PRODUCCIÓN DE CEMENTO

Se añade agua

Se añaden áridos

Cemento

Agitadores

③ PRODUCCIÓN DE HORMIGÓN LÍQUIDO

La mezcla debe tener una consistencia uniforme

Hormigón líquido

El hormigón fragua en el molde

Molde para losa

④ MOLDEADO DEL HORMIGÓN

El **hormigón** era un material **popular** en el **Imperio romano** y se usó en el **Coliseo** y el **Panteón.**

Metales

Los metales, una familia de materiales que incluyen ciertos elementos y combinaciones de elementos, se utilizan ampliamente en el mundo actual en todos los ámbitos, desde la joyería hasta la electrónica. Debido a sus propiedades (p. 203), son buenos conductores del calor y la electricidad, y resistentes, pero maleables.

Fabricación del acero

El acero es una aleación de hierro con una pequeña cantidad de carbono y, en ocasiones, trazas de otros elementos. Se puede fabricar fundiendo mineral de hierro en un alto horno, o chatarra de acero en un horno de arco eléctrico.

ALEACIONES
Una aleación es una combinación de metales (o metales y otros elementos) que conserva propiedades metálicas. Combinar metales permite crear materiales con propiedades distintas de las del metal puro. El acero, por ejemplo (aleación de hierro y carbono) es más duro y resistente que el hierro puro, y el oro rosa (oro y cobre) es apreciado en joyería por su color. Algunas aleaciones se dan en la naturaleza, como el electro (aleación de plata y oro), pero la mayoría es fruto del artificio humano.

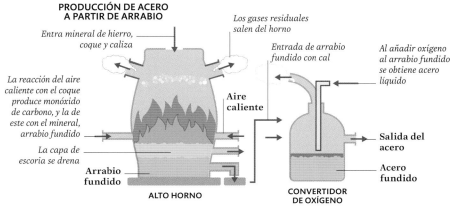

PRODUCCIÓN DE ACERO A PARTIR DE ARRABIO

Entra mineral de hierro, coque y caliza

Los gases residuales salen del horno

Entrada de arrabio fundido con cal

Al añadir oxígeno al arrabio fundido se obtiene acero líquido

La reacción del aire caliente con el coque produce monóxido de carbono, y la de este con el mineral, arrabio fundido

Aire caliente

La capa de escoria se drena

Arrabio fundido

Salida del acero

Acero fundido

ALTO HORNO

CONVERTIDOR DE OXÍGENO

Conformación de metales

Los átomos metálicos forman estructuras cristalinas que se descomponen al calentarse, quedando el metal blando y maleable. En algunos casos se le puede dar forma sin necesidad de calor.

La **primera aleación** artificial fue el **bronce.**

Metal vertido en el molde por el canal de colada

Pistón
Metal fundido
Canal de colada

FUNDICIÓN — **Cavidad**

Metal comprimido entre prensas

Prensa superior
Metal calentado
Prensa inferior

FORJA

Metal forzado en la cavidad para cambiar su forma

Chapa
Matriz

DOBLADO

La fresa retira el metal sobrante

Fresadora

FRESADO

Matriz Metal blando empujado a través de una matriz

EXTRUSIÓN

Los rodillos reducen el grosor del metal

Rodillo
Metal aplanado

LAMINADO

Métodos en caliente
El metal calentado y blando se puede moldear para darle una nueva forma. Al enfriarse, los átomos recristalizan y se vuelve a endurecer.

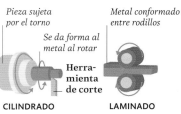

Pieza sujeta por el torno

Se da forma al metal al rotar

CILINDRADO

Metal conformado entre rodillos

Herramienta de corte

LAMINADO

Métodos en frío
Los metales también pueden conformarse sin aplicar calor, recurriendo a la tensión mecánica.

El **kevlar** es una fibra compuesta cinco veces **más resistente que el acero.**

Vidrio

El vidrio, un material sólido por lo general transparente y quebradizo, se obtiene enfriando sustancias fundidas (como arena de sílice) tan rápido que los átomos quedan atrapados en una estructura desordenada, amorfa.

La **arena** puede vitrificarse naturalmente si la **alcanza** un **rayo.**

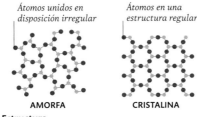

Átomos unidos en disposición irregular

Átomos en una estructura regular

AMORFA **CRISTALINA**

Estructura
El vidrio es amorfo: sus átomos no se ordenan formando una estructura regular al enfriarse, como ocurre en los sólidos cristalinos.

PROPIEDADES DEL VIDRIO
El vidrio suele ser transparente o translúcido gracias a su estructura amorfa. Al ser impermeable y resistente a la corrosión es ideal como aislante y para recipientes, pero es quebradizo y debe ser reforzado para utilizarlo en vehículos y pantallas de teléfono.

FRAGILIDAD

TRANSPARENCIA

RESISTENCIA AL AGUA

RESISTENCIA A LA CORROSIÓN

Plásticos

Los plásticos son materiales sintéticos hechos de polímeros, cadenas largas de moléculas repetidas. Extremadamente versátiles y con propiedades muy diversas, son baratos y fáciles de producir.

Termoplásticos
El calor rompe los enlaces entre polímeros, que se restablecen al enfriarlos.

Fuerza atractiva débil

Plásticos termoestables
El calor crea enlaces reticulares, y con ello un endurecimiento permanente.

Enlace reticular fuerte

Fabricación de polietileno
El polietileno se fabrica enlazando etileno en cadenas de polímeros. Distintos procesos producen polietileno de baja densidad (usado para bolsas y envoltorios) o de alta densidad (usado para botellas y tuberías).

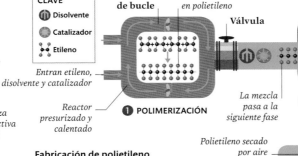

CLAVE
- Disolvente
- Catalizador
- Etileno

Reactor de bucle

El etileno se convierte en polietileno

Válvula

Entran etileno, disolvente y catalizador

Reactor presurizado y calentado

1 POLIMERIZACIÓN

La mezcla pasa a la siguiente fase

Se aplica calor

El disolvente se evapora

2 RETIRADA DEL DISOLVENTE

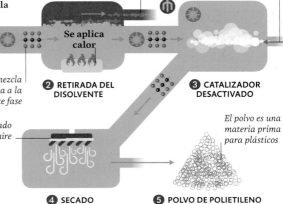

El vapor retira el catalizador, y queda polietileno húmedo

3 CATALIZADOR DESACTIVADO

El polvo es una materia prima para plásticos

Polietileno secado por aire

4 SECADO

5 POLVO DE POLIETILENO

Compuestos

Un material compuesto está hecho de materiales que al combinarse le dan propiedades distintas de las que poseen por separado. Hay compuestos naturales y también fabricados por sus propiedades útiles, como la fibra de carbono.

Compuestos naturales
Muchos materiales del mundo natural, como la madera y la piedra, son compuestos. También contiene numerosos compuestos el cuerpo humano, como las uñas y los huesos. Estos se componen sobre todo de hidroxiapatita con colágeno blando y flexible, que les confiere las propiedades necesarias para sostener el cuerpo.

Los cristales de hidroxiapatita dan rigidez a los huesos

Molécula de colágeno

HUESO

Molécula de lignina

Celulosa con otros materiales

MADERA

Fabricación de polímero de fibra de carbono
Este polímero extraordinariamente ligero y resistente se produce mediante procesos que implican muchas fases y sustancias diversas.

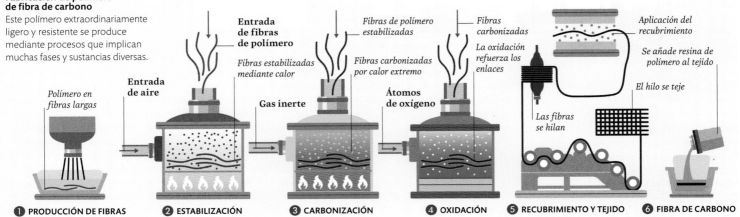

Polímero en fibras largas

Entrada de aire

Entrada de fibras de polímero

Fibras estabilizadas mediante calor

Gas inerte

Fibras de polímero estabilizadas

Fibras carbonizadas por calor extremo

Átomos de oxígeno

Fibras carbonizadas

La oxidación refuerza los enlaces

Aplicación del recubrimiento

Se añade resina de polímero al tejido

El hilo se teje

Las fibras se hilan

1 PRODUCCIÓN DE FIBRAS **2 ESTABILIZACIÓN** **3 CARBONIZACIÓN** **4 OXIDACIÓN** **5 RECUBRIMIENTO Y TEJIDO** **6 FIBRA DE CARBONO**

◀ Véase también Moléculas, iones y enlaces pp. 202–203   ◀ Reacciones químicas pp. 206–207   Estructuras y construcción pp. 266–267 ▶

Estructuras y construcción

La vida de la humanidad transcurre en y entre entornos construidos: el mundo creado por el ser humano está lleno de estructuras como casas, puentes, carreteras y sistemas de alcantarillado, diseñadas por ingenieros para cumplir su cometido con seguridad y construidas con diversos materiales usando maquinaria pesada, como grúas y excavadoras.

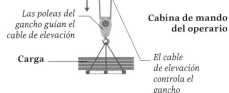

Tirante que sujeta la pluma
Eje de giro
El cable del carro traslada a este por la pluma
Pluma
Carro
Tirante de contrapluma
El tambor mueve el cable del carro

Grúas

Las estructuras se componen de cargas pesadas cuya colocación requiere maquinaria pesada. En muchos casos esto se consigue por medio de una grúa, una combinación de máquinas simples que multiplican la fuerza necesaria para levantar, desplazar y depositar esas cargas. Existen muchos tipos de grúa para fines diversos.

Corona de giro

Permite a la pluma de la grúa girar y colocar cargas en un amplio círculo, de radio igual a la longitud de dicha pluma.

Carro

Se desplaza por la pluma sujeto por un cable. Sostiene el gancho y los cables que controla el tirante de pluma.

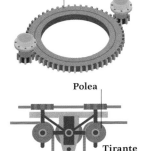

Anillo giratorio
Motor

Polea

Tirante de pluma

Las poleas del gancho guían el cable de elevación

Cabina de mando del operario

Carga

El cable de elevación controla el gancho

El contrapeso da estabilidad a la grúa

Parte superior desmontable para añadir otra sección

La torre contiene escaleras para el operador

Anatomía de una grúa torre

Las grúas torre se usan para construir estructuras elevadas. Constan de un mástil (torre) y un brazo horizontal (pluma o flecha) con una polea en un carro móvil. La contrapluma carga un contrapeso de hormigón, mecanismos de cable y motores.

Maquinaria de movimiento de tierras

Una tarea básica de la construcción es excavar, trasladar y depositar tierra con el fin de poner los cimientos de los edificios. Máquinas como las excavadoras, los *bulldozers* y las palas cargadoras emplean palancas y sistemas hidráulicos para manejar grandes volúmenes de tierra.

PALANCAS

Una palanca es una máquina que amplifica la fuerza o el movimiento ejercidos en distintas direcciones. Las palancas pueden dividirse en tres clases según la situación relativa del esfuerzo y la resistencia en relación con el fulcro.

Esfuerzo
Fulcro
Resistencia
PRIMERA CLASE

Fulcro
Resistencia entre el esfuerzo y el fulcro
SEGUNDA CLASE

Fulcro
Esfuerzo entre el fulcro y la resistencia
TERCERA CLASE

Excavadora

Las excavadoras están diseñadas para recoger grandes cantidades de material. Un motor mueve las orugas y la bomba (que a su vez acciona los cilindros hidráulicos).

El motor mueve orugas y cilindros
Cilindro hidráulico
Cuchara
Cabina del conductor
Tren de rodaje con oruga

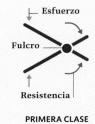

La bomba genera presión
Válvula de control
El pistón retrocede y tira del brazo
Los conductos llevan fluido al pistón

❶ Extensión del brazo
La bomba genera presión hidráulica aplicando fuerza al fluido en un conducto hermético. Esta fuerza hace retroceder el pistón, lo cual hace que se adelante el brazo que sostiene la cuchara.

El pistón se adelanta
La válvula sube
El brazo retrocede
Conductos en conexión invertida

❷ Retroceso del brazo
Una válvula controlada por el operador invierte el flujo hidráulico dentro de los conductos, ejerciendo así presión sobre el extremo opuesto del pistón. Este se mueve en sentido opuesto y hace que el brazo retroceda.

Hidráulica

Los líquidos no se pueden comprimir, y en consecuencia, una fuerza aplicada a un líquido se transfiere a través de este. Al aplicar fuerza a un extremo del líquido dentro de un cilindro hermético, pasa al otro extremo y puede amplificarse en gran medida cambiando la anchura relativa del pistón y el cilindro.

❶ Multiplicar una fuerza
La fuerza aplicada por un pistón en un cilindro estrecho se multiplica con un cilindro y un pistón más anchos en el otro extremo, aunque la presión del líquido sea igual.

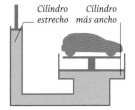

Cilindro estrecho
Cilindro más ancho

❷ A doble fuerza, mitad de distancia
Un pistón ancho con un área doble de la del estrecho dobla la fuerza ejercida, pero solo a la mitad de la distancia.

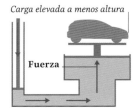

Carga elevada a menos altura
Fuerza

En 1884, **21 elefantes desfilaron** por el **puente de Brooklyn** (Nueva York) para demostrar que era seguro.

TECNOLOGÍA E INGENIERÍA

Puentes

Un puente es una estructura que salva un obstáculo que sería largo, peligroso o imposible cruzar de otra manera. Tanto si el puente atraviesa un curso de agua como si conecta dos países, es fundamental que pueda soportar y transferir las fuerzas de tensión y compresión de su peso y su carga.

CLAVE
→ Tensión
→ Compresión

Cable principal
Consta de alambres de acero de alta resistencia retorcidos y envueltos en alambre de acero enrollado.

Alambre trenzado

La torre transfiere la carga a los cimientos

Cable principal

Los cables transfieren la tensión a los anclajes y la torre

Los anclajes aportan una fijación sólida

Los tirantes transfieren la tensión del tablero a los cables principales

Nivel inferior con vías férreas

Nivel superior

El arriostramiento cruzado transfiere la carga entre torres

Los cimientos transfieren la carga al suelo

Puentes colgantes

En los puentes colgantes, los cables principales que conectan las torres a los anclajes sostienen el tablero mediante tirantes verticales. Esto permite salvar grandes distancias.

TIPOS DE PUENTES

Los muchos puentes que existen en el mundo son variantes de un número limitado de tipos básicos. Los puentes de arco y de armadura salvan distancias relativamente cortas. Los diseños atirantados y colgantes permiten la construcción de puentes mucho más largos.

De arco
Al menos un arco bajo el tablero soporta el puente, trasladando las fuerzas de compresión a los pilares.

El pilar soporta el tablero

Atirantado
Múltiples cables conectados a una o más torres verticales soportan el tablero.

Los cables soportan el tablero

De armadura
Una estructura de vigas con barras diagonales soporta las fuerzas de compresión y proporciona apoyo adicional al tablero.

Armadura de carga

De voladizo
Un par de «balancines» proyectados en horizontal se anclan en los extremos y se encuentran en el centro del puente.

Punto de anclaje

Edificios modernos

Desde las pequeñas casas rurales de piedra hasta los imponentes rascacielos con cientos de pisos, quizá las estructuras artificiales más importantes son las habitadas. Las estructuras habitacionales modernas deben ser seguras, proporcionar protección ante el clima extremo y contar con servicios básicos como agua y electricidad.

Los pilotes bajo los cimientos sostienen el edificio

Rascacielos

Los edificios de gran altura ofrecen gran cantidad de espacio ocupando un área relativamente pequeña, siendo por ello idóneos para ciudades densamente pobladas. Los avances tecnológicos han permitido construir rascacielos más altos.

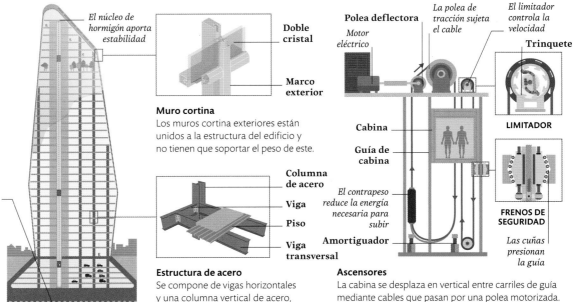

El núcleo de hormigón aporta estabilidad

Doble cristal

Marco exterior

Muro cortina
Los muros cortina exteriores están unidos a la estructura del edificio y no tienen que soportar el peso de este.

Columna de acero

Viga

Piso

Viga transversal

Estructura de acero
Se compone de vigas horizontales y una columna vertical de acero, reforzadas por vigas transversales.

Polea deflectora

Motor eléctrico

La polea de tracción sujeta el cable

El limitador controla la velocidad

Trinquete

Cabina

Guía de cabina

El contrapeso reduce la energía necesaria para subir

Amortiguador

LIMITADOR

FRENOS DE SEGURIDAD

Las cuñas presionan la guía

Ascensores
La cabina se desplaza en vertical entre carriles de guía mediante cables que pasan por una polea motorizada. En el otro extremo de los cables hay un contrapeso.

Tecnología doméstica

En las viviendas de hoy es omnipresente la tecnología, desde sistemas mecánicos relativamente simples hasta complejos ordenadores. Esto incluye máquinas de todo tipo para calentar, refrescar, limpiar y mantener el hogar, muchas de las cuales dependen de servicios como la electricidad, el agua y la conexión a internet, que requieren infraestructuras como tuberías y cableado de fibra óptica.

Frigoríficos

Un frigorífico enfría su interior expulsando energía hacia el exterior por medio de la circulación de un refrigerante en un sistema de conductos cerrado. El refrigerante se comprime y expande, pasando de líquido a gas, y al hacerlo extrae calor del interior del frigorífico.

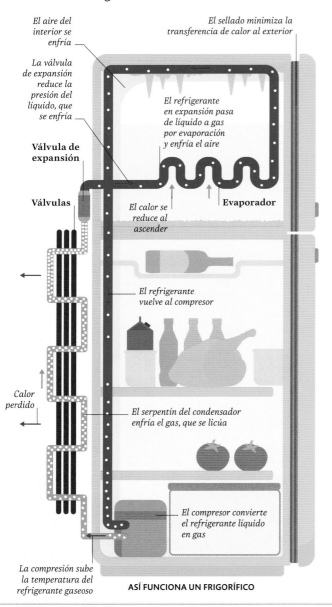

El aire del interior se enfría

El sellado minimiza la transferencia de calor al exterior

La válvula de expansión reduce la presión del líquido, que se enfría

El refrigerante en expansión pasa de líquido a gas por evaporación y enfría el aire

Válvula de expansión

Válvulas

El calor se reduce al ascender

Evaporador

El refrigerante vuelve al compresor

Calor perdido

El serpentín del condensador enfría el gas, que se licúa

El compresor convierte el refrigerante líquido en gas

La compresión sube la temperatura del refrigerante gaseoso

ASÍ FUNCIONA UN FRIGORÍFICO

Hornos de microondas

Estos hornos generan microondas, un tipo de ondas electromagnéticas, que penetran en los alimentos y excitan sus moléculas de agua y grasa. Estas emiten energía, y los alimentos se cuecen mucho más rápido que en un horno convencional.

Plato giratorio   Distribuidor   Guía de ondas

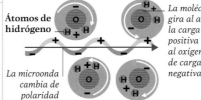

El condensador controla el voltaje

ASÍ FUNCIONA UN MICROONDAS

El magnetrón genera microondas

Átomos de hidrógeno

La molécula gira al atraer la carga positiva al oxígeno de carga negativa

La microonda cambia de polaridad

Generación de calor

Las moléculas de agua se alinean con el campo eléctrico de las microondas, que cambia rápidamente de polaridad. Esto agita las moléculas, que emiten calor por fricción.

Hervidores

Al conectar un hervidor, la corriente eléctrica recorre la resistencia, que se calienta y transfiere energía térmica al agua. Cuando el termostato detecta que el agua ha alcanzado el punto de ebullición, interrumpe la corriente. Los termostatos bimetálicos están hechos de metales que se doblan con el calor; cuando alcanza la temperatura deseada, se deforman y cortan el circuito eléctrico.

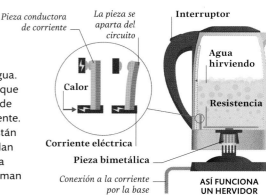

Pieza conductora de corriente

La pieza se aparta del circuito

Interruptor

Calor

Agua hirviendo

Resistencia

Corriente eléctrica

Pieza bimetálica

Conexión a la corriente por la base

ASÍ FUNCIONA UN HERVIDOR

Lavadoras

Las lavadoras contienen un tambor exterior, sujeto por muelles y amortiguadores, que contiene a su vez un tambor interior. Un motor eléctrico hace girar el tambor interior con la ropa, el agua y el detergente.

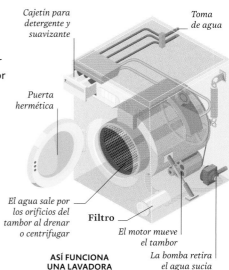

Cajetín para detergente y suavizante

Toma de agua

Puerta hermética

El agua sale por los orificios del tambor al drenar o centrifugar

Filtro

El motor mueve el tambor

La bomba retira el agua sucia

ASÍ FUNCIONA UNA LAVADORA

ASÍ ACTÚA UN DETERGENTE

Las moléculas de los detergentes para lavadora tienen un extremo hidrófilo (atraído por moléculas de agua) y otro que es atraído por las moléculas de grasa. Esto permite eliminar manchas de aceite de los tejidos.

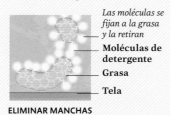

Las moléculas se fijan a la grasa y la retiran

Moléculas de detergente

Grasa

Tela

ELIMINAR MANCHAS

Algunas **lavadoras giran** a **1800 revoluciones** por minuto.

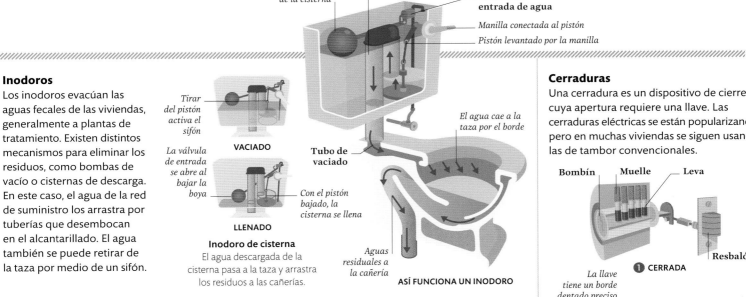

La boya sube y baja con el nivel del agua de la cisterna

El sifón vacía el agua de la cisterna en la taza

Válvula de entrada de agua

Manilla conectada al pistón

Pistón levantado por la manilla

Inodoros

Los inodoros evacúan las aguas fecales de las viviendas, generalmente a plantas de tratamiento. Existen distintos mecanismos para eliminar los residuos, como bombas de vacío o cisternas de descarga. En este caso, el agua de la red de suministro los arrastra por tuberías que desembocan en el alcantarillado. El agua también se puede retirar de la taza por medio de un sifón.

Tirar del pistón activa el sifón

VACIADO

La válvula de entrada se abre al bajar la boya

Con el pistón bajado, la cisterna se llena

LLENADO

Inodoro de cisterna
El agua descargada de la cisterna pasa a la taza y arrastra los residuos a las cañerías.

Tubo de vaciado

El agua cae a la taza por el borde

Aguas residuales a la cañería

ASÍ FUNCIONA UN INODORO

Cerraduras

Una cerradura es un dispositivo de cierre cuya apertura requiere una llave. Las cerraduras eléctricas se están popularizando, pero en muchas viviendas se siguen usando las de tambor convencionales.

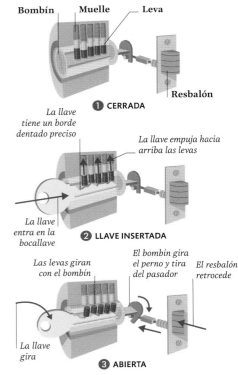

Bombín · Muelle · Leva

Resbalón

❶ CERRADA

La llave tiene un borde dentado preciso

La llave empuja hacia arriba las levas

La llave entra en la bocallave

❷ LLAVE INSERTADA

Las levas giran con el bombín

El bombín gira el perno y tira del pasador

El resbalón retrocede

La llave gira

❸ ABIERTA

Termostato

Los termostatos controlan la temperatura de viviendas y otros edificios. Cuando la temperatura interior desciende de un punto determinado por el usuario, el termostato completa un circuito que envía una señal para que el calentador se encienda y genere más calor. Los termostatos se usan también en sistemas de aire acondicionado para mantener la temperatura por debajo de un nivel dado, o entre determinados márgenes en incubadoras.

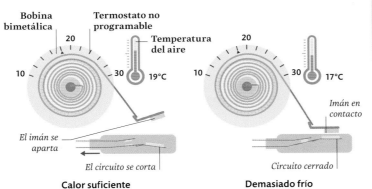

Bobina bimetálica

Termostato no programable

Temperatura del aire

20

10 — 30

19°C

El imán se aparta

El circuito se corta

Calor suficiente
Si el calor es suficiente, la bobina se estira, apartando así el imán del contacto, con lo que se interrumpe el circuito y el calentador se detiene.

20

10 — 30

17°C

Imán en contacto

Circuito cerrado

Demasiado frío
Al bajar la temperatura, la bobina se contrae y el imán se aproxima al contacto. Esto cierra el circuito, y el calentador se pone en marcha.

Cerraduras de tambor
Estas cerraduras se abren cuando rota el bombín que tienen dentro. Una serie de cámaras con levas de distinta longitud impiden que rote si no se inserta la llave correcta.

En un **yacimiento neolítico** de **Corea del Norte** se descubrió un sistema de **calefacción bajo el suelo.**

Asistentes virtuales

Los altavoces inteligentes, pequeños ordenadores activados por el sonido, usan el reconocimiento de voz para convertir órdenes habladas en instrucciones. Sirven para hacer búsquedas en la red, reproducir música o dar órdenes a dispositivos domésticos inteligentes, como sistemas de apertura de puertas, termostatos o frigoríficos.

Así funciona un altavoz inteligente
Los altavoces inteligentes captan el audio y lo transfieren a servidores vía internet para recibir una respuesta.

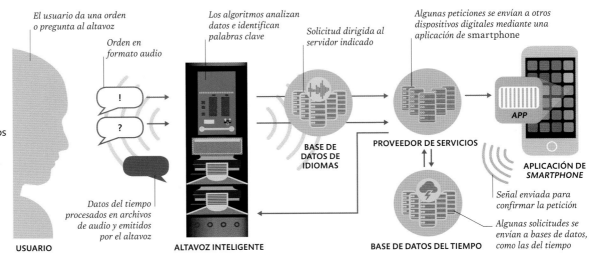

El usuario da una orden o pregunta al altavoz

Orden en formato audio

Los algoritmos analizan datos e identifican palabras clave

Solicitud dirigida al servidor indicado

Algunas peticiones se envían a otros dispositivos digitales mediante una aplicación de smartphone

APP

Datos del tiempo procesados en archivos de audio y emitidos por el altavoz

USUARIO

ALTAVOZ INTELIGENTE

BASE DE DATOS DE IDIOMAS

PROVEEDOR DE SERVICIOS

APLICACIÓN DE SMARTPHONE

Señal enviada para confirmar la petición

BASE DE DATOS DEL TIEMPO

Algunas solicitudes se envían a bases de datos, como las del tiempo

Véase también Tecnología informática pp. 274-275 ▶ Globalización y crecimiento económico pp. 370-371 ▶ Comienzos del siglo XXI pp. 374-375 ▶

Tecnología de la imagen, el sonido y la luz

Los avances tecnológicos realizados durante siglos permiten registrar, guardar, manipular y producir luz y sonido para aplicaciones que abarcan desde la cirugía hasta el espectáculo en directo. Hoy, cualquiera que tenga un *smartphone* puede grabar y reproducir información audiovisual, codificada y almacenada como una secuencia de dígitos binarios a partir de los cuales se reconstruyen imágenes y sonidos.

Prismáticos

Los prismáticos producen imágenes aumentadas de objetos lejanos. Consisten en dos telescopios en una montura con prismas que dan la vuelta a la imagen invertida y doblan la luz sobre sí misma, permitiendo así una distancia focal larga (p. 493) pese al pequeño tamaño de los prismáticos.

La rueda de enfoque corrige la diferencia de visión entre los ojos del usuario

Corte transversal de un prismático

La luz que entra en los prismáticos pasa por una serie de lentes y prismas que enfocan, aumentan e invierten la imagen antes de llegar al ojo.

Ojo · Eje

Las lentes (y todo el vidrio de los prismáticos) llevan una capa antirreflectante

Imagen aumentada por las lentes del ocular

Los prismas invierten la luz refleja

El mecanismo de enfoque adelanta y retrasa oculares y lentes

Luz entrante enfocada por el objetivo

Iluminación eléctrica

Las lámparas fluorescentes, de incandescencia y led (diodo emisor de luz) utilizan la corriente eléctrica para emitir luz. Los tubos fluorescentes están revestidos por dentro de sustancias luminiscentes (fósforos).

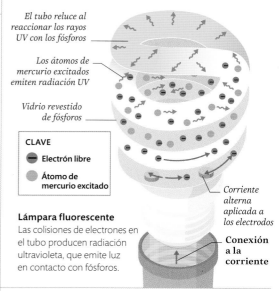

El tubo reluce al reaccionar los rayos UV con los fósforos

Los átomos de mercurio excitados emiten radiación UV

Vidrio revestido de fósforos

CLAVE
- ⊖ Electrón libre
- ◯ Átomo de mercurio excitado

Corriente alterna aplicada a los electrodos

Conexión a la corriente

Lámpara fluorescente

Las colisiones de electrones en el tubo producen radiación ultravioleta, que emite luz en contacto con fósforos.

Altavoces

Un altavoz es un dispositivo que convierte una señal de audio (señal eléctrica que representa datos de sonido) en sonido. La corriente eléctrica que lleva la señal se aplica a una bobina en un electroimán. La inducción electromagnética (p. 191) mueve la bobina, que hace vibrar un diafragma. Esto mueve el aire ante el altavoz, produciendo ondas sonoras que corresponden al patrón de la señal.

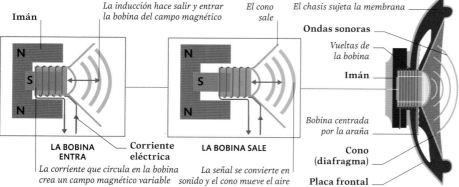

Imán

La inducción hace salir y entrar la bobina del campo magnético

LA BOBINA ENTRA · **Corriente eléctrica**

La corriente que circula en la bobina crea un campo magnético variable

LA BOBINA SALE

La señal se convierte en sonido y el cono mueve el aire

El cono sale · *El chasis sujeta la membrana*

Ondas sonoras

Vueltas de la bobina

Imán

Bobina centrada por la araña

Cono (diafragma)

Placa frontal

SONIDO DIGITAL

El sonido puede almacenarse como una secuencia de dígitos binarios. Un micrófono traduce las ondas sonoras en señales eléctricas representadas en forma binaria. Estos dígitos binarios sirven para reconstruir la señal de audio original y reproducirla mediante un altavoz.

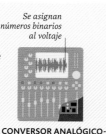

Se asignan números binarios al voltaje

CONVERSOR ANALÓGICO-DIGITAL (CAD)

Un disco duro almacena información digital

DISPOSITIVO DE ALMACENAMIENTO

Los números binarios recrean la señal audio

CONVERSOR DIGITAL-ANALÓGICO (CDA)

Impresoras

Son dispositivos que permiten representar un documento almacenado en un ordenador como un objeto físico, generalmente con tinta sobre papel. Las más comunes son las de inyección de tinta y las láser.

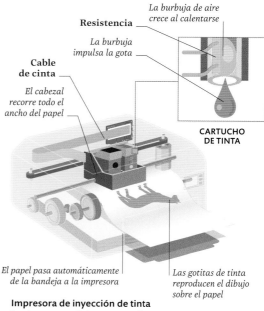

La burbuja de aire crece al calentarse

Resistencia

La burbuja impulsa la gota

Cable de cinta

El cabezal recorre todo el ancho del papel

CARTUCHO DE TINTA

El papel pasa automáticamente de la bandeja a la impresora

Las gotitas de tinta reproducen el dibujo sobre el papel

Impresora de inyección de tinta

Las impresoras de inyección aplican minúsculas gotitas de tinta usando un código binario como guía. Los cartuchos combinan pigmentos amarillo, magenta, cian y negro, rociando el papel con tinta mientras se desplaza bajo ellos.

Un **láser** potente puede hacerse **rebotar** en la Luna y **volver a la Tierra**.

Proyectores

Estos dispositivos proyectan sobre una superficie una serie rápida de imágenes, o fotogramas, almacenadas en un archivo digital o un rollo de película.

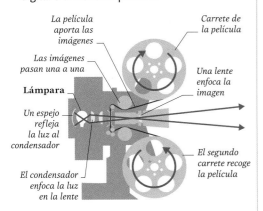

La película aporta las imágenes

Las imágenes pasan una a una

Lámpara

Un espejo refleja la luz al condensador

El condensador enfoca la luz en la lente

Carrete de la película

Una lente enfoca la imagen

El segundo carrete recoge la película

Proyector cinematográfico

Este proyector contiene un obturador rotatorio que permite a la luz atravesar brevemente cada imagen fija (fotograma) de la película antes de pasar a la siguiente.

Cámaras digitales

Las cámaras digitales captan y almacenan imágenes digitalmente, en vez de en una película. La luz entra por una lente que enfoca la imagen dentro de la cámara. Un sensor mide el color y brillo de cada parte de la imagen y un procesador convierte estos detalles en una sucesión de dígitos binarios. A menudo las cámaras digitales se miniaturizan e incorporan en otros dispositivos, como *smartphones* y tabletas.

Cámara réflex digital (DSLR)

Una cámara DSLR contiene un espejo que dirige la luz de la lente principal al objetivo. Al accionar el obturador, el espejo se levanta y la luz alcanza el sensor.

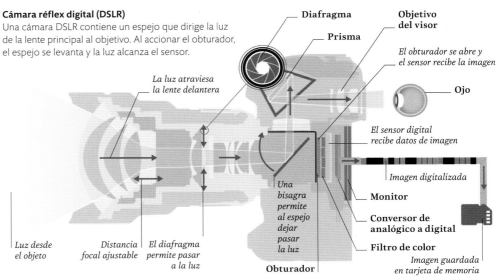

Diafragma

Prisma

Objetivo del visor

El obturador se abre y el sensor recibe la imagen

Ojo

La luz atraviesa la lente delantera

El sensor digital recibe datos de imagen

Imagen digitalizada

Monitor

Una bisagra permite al espejo dejar pasar la luz

Conversor de analógico a digital

Filtro de color

Imagen guardada en tarjeta de memoria

Luz desde el objeto

Distancia focal ajustable

El diafragma permite pasar a la luz

Obturador

Láser

Un láser (acrónimo de «luz amplificada por emisión de radiación estimulada», en inglés) produce un intenso haz luminoso. La luz láser se caracteriza por ser colimada (sus rayos son paralelos) y coherente (todas las ondas están alineadas y tienen la misma frecuencia).

IMPRESORA LÁSER

Un láser pasa sobre un tambor giratorio haciendo que ciertas zonas adquieran carga negativa. El tóner con carga positiva se adhiere al rodillo en dichas zonas, y del rodillo pasa al papel.

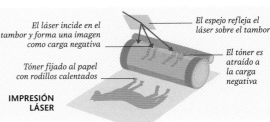

El láser incide en el tambor y forma una imagen como carga negativa

El espejo refleja el láser sobre el tambor

Tóner fijado al papel con rodillos calentados

El tóner es atraído a la carga negativa

IMPRESIÓN LÁSER

Pilas

Interruptor

Corriente aportada al láser desde los circuitos

Haz centrado y estrechado por una lente colimadora

Rayo láser

Diodo

Puntero láser

Los punteros láser contienen una lente colimadora y componentes electrónicos, entre ellos un diodo láser que convierte la energía eléctrica en fotones (partículas luminosas) que se emiten.

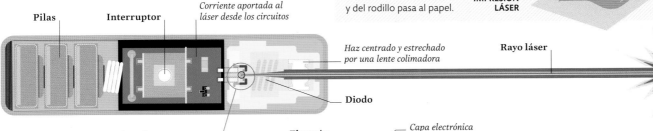

Fotones reflejados por el espejo del dorso

Átomos excitados por la corriente eléctrica

Semiconductor

Corriente eléctrica

Fotón emitido por un átomo excitado

DIODO LÁSER

Láser de estado sólido

Este tipo de láser produce luz mediante capas de materiales semiconductores.

Rayo láser

Electrón

Núcleo

Capa electrónica de baja energía

ÁTOMO

Capas electrónicas

Los electrones de un átomo están en capas de distinto nivel energético. Las de baja energía están cerca del núcleo.

Capa electrónica de alta energía

La energía excita el electrón

Nivel de alta energía

1 ELECTRÓN EXCITADO

El electrón desciende un nivel

Fotones emitidos

2 SE PRODUCE UN FOTÓN

Efecto de la energía en los electrones

Una corriente eléctrica excita los electrones a un nivel energético superior. Al regresar a un nivel inferior liberan energía extra en forma de fotones, produciendo así la luz láser.

Véase también Tecnología de comunicaciones pp. 272-273 ▶ Tecnología informática pp. 274-275 ▶ Fotografía pp. 492-495 ▶

Tecnología de comunicaciones

Muchas actividades actuales, como las llamadas telefónicas o las emisiones de televisión, dependen de poder enviar y recibir información rápidamente. Algo que parece simple, como un mensaje de texto requiere múltiples niveles de infraestructura de comunicaciones, como aplicaciones de mensajería móvil, cables de fibra óptica por los que viajan los datos como pulsos de luz, y transmisores y receptores de la información codificada en ondas de radio.

Emisiones de televisión

Las emisiones televisivas permiten a cualquiera que tenga un televisor ver contenidos de vídeo transmitidos por las emisoras. Cámaras de vídeo y micrófonos captan escenas de la vida real en forma de señales eléctricas, que se modulan y transmiten a los hogares por antenas terrestres, satélites o cables.

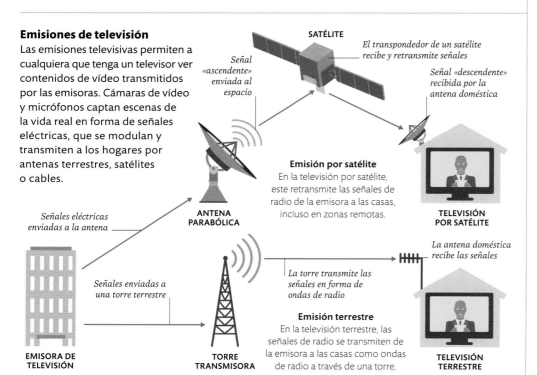

SATÉLITE

Señal «ascendente» enviada al espacio

El transpondedor de un satélite recibe y retransmite señales

Señal «descendente» recibida por la antena doméstica

Señales eléctricas enviadas a la antena

ANTENA PARABÓLICA

Emisión por satélite
En la televisión por satélite, este retransmite las señales de radio de la emisora a las casas, incluso en zonas remotas.

TELEVISIÓN POR SATÉLITE

Señales enviadas a una torre terrestre

La torre transmite las señales en forma de ondas de radio

La antena doméstica recibe las señales

EMISORA DE TELEVISIÓN

TORRE TRANSMISORA

Emisión terrestre
En la televisión terrestre, las señales de radio se transmiten de la emisora a las casas como ondas de radio a través de una torre.

TELEVISIÓN TERRESTRE

Señales de radio

En telecomunicaciones, emisiones de radio y navegación, las ondas de radio se comparten sin cables. Los datos se codifican en ondas de radio modificando características de la onda. Las antenas envían y reciben las señales, que luego se descodifican para extraer los datos.

❶ Emisión de radio
En el estudio, un locutor habla al micrófono, que transforma los sonidos de la voz en una corriente eléctrica.

❷ Radioenlace transmisor (STL)
Un STL recibe la señal de audio del estudio y la transmite a una antena por enlaces de microondas o cables de fibra óptica.

❸ Señal de transmisión
En la antena, la corriente hace vibrar los electrones, generando así campos eléctricos y magnéticos variables e irradiando ondas electromagnéticas.

❹ Emisión de radio recibida
Una antena reconvierte las ondas en corriente. Esta hace vibrar el cono de un altavoz, que emite ondas sonoras, y se reconstruye la voz del locutor.

La World Wide Web

La World Wide Web es una vasta red de información accesible por internet. La forman miles de millones de páginas web interconectadas, formateadas en un lenguaje común, en millones de servidores, cada uno de ellos identificado por una dirección única. Se navega y descarga por medio de un programa, llamado navegador.

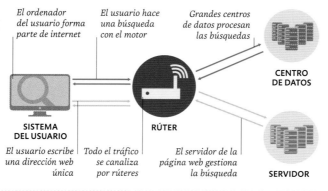

El ordenador del usuario forma parte de internet

El usuario hace una búsqueda con el motor

Grandes centros de datos procesan las búsquedas

CENTRO DE DATOS

SISTEMA DEL USUARIO

RÚTER

El usuario escribe una dirección web única

Todo el tráfico se canaliza por rúteres

El servidor de la página web gestiona la búsqueda

SERVIDOR

Redes de telecomunicaciones

Las redes de telecomunicaciones permiten intercambiar información. Consisten en nodos conectados que envían señales a través de la red eléctrica, cables, satélites y otras infraestructuras para llegar a su destino.

Telefonía móvil
Una llamada por teléfono móvil comienza por la transmisión de señales de radio desde el teléfono (o terminal) con información del destino.

TELÉFONO MÓVIL

ESTACIÓN BASE

Telefonía fija
Las llamadas salientes transmiten señales eléctricas por teléfonos conectados físicamente por cables a una central telefónica local.

Llamada por un teléfono conectado a cables

Los cables elevados son más fáciles de mantener

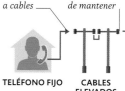

TELÉFONO FIJO

CABLES ELEVADOS

Señales wifi
El wifi usa ondas de radio en frecuencias establecidas para que dispositivos próximos intercambien datos sin cables. Los canales específicos por los que se transmiten los datos son compartidos por múltiples dispositivos y si se solapan, como en la banda de 2,4 GHz, puede haber interferencias. Esto no ocurre en la banda de 5 Ghz, la más eficiente.

CANALES EN LA BANDA DE 2,4 GHZ

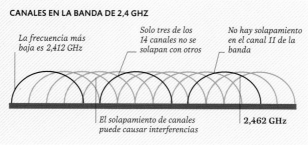

La frecuencia más baja es 2,412 GHz

Solo tres de los 14 canales no se solapan con otros

No hay solapamiento en el canal 11 de la banda

El solapamiento de canales puede causar interferencias

2,462 GHz

El **GPS** es solo uno de los **sistemas de navegación por satélite.**

Navegación por satélite

Los sistemas de navegación por satélite informan de la situación geográfica. Un receptor calcula su propia posición midiendo el tiempo que tardan en llegar las señales de radio desde los satélites.

Los satélites transmiten repetidamente señales de radio a la Tierra con datos precisos de situación y tiempo

CLAVE
→ **Intercambio de datos** → **Tiempo**

SATÉLITE 3

SATÉLITE 2

Las señales de radio viajan a la velocidad de la luz entre satélites y receptores

El centro de mando calcula las posiciones de los satélites y les envía instrucciones de navegación

SATÉLITE 1

SATÉLITE 4

El receptor calcula su distancia a los satélites a partir de lo que tarda la señal y calcula la posición por trilateración

Las estaciones de tierra reúnen datos que envían al centro de mando

RECEPTOR DEL GPS

ESTACIÓN EN TIERRA   **CENTRO DE MANDO**   **ESTACIÓN EN TIERRA**

Satélites del GPS

Los satélites de los sistemas de navegación por satélite completan dos órbitas diarias a la Tierra. El GPS cuenta con cuatro satélites en cada uno de seis planos. Así, al menos cuatro se detectan en todo momento desde cualquier lugar.

Satélites en órbita terrestre baja   *Satélites dispuestos en planos*

TIERRA

SATÉLITES EN ÓRBITA

Trilateración

Un receptor halla su propia posición calculando la distancia a varios satélites. De los resultados enviados por cada uno de estos se obtiene una gran esfera, pero la situación del receptor cae dentro de la pequeña intersección de localizaciones posibles, y cada satélite la concreta más.

Distancia del receptor al satélite 1

Tierra

Satélite 1
El cálculo de la distancia a un satélite sitúa al receptor en el área de intersección de una esfera enorme.

Localización reducida a dos puntos

Situación en un punto

Satélite 2
La distancia hasta dos satélites reduce la posición posible a entre uno de dos puntos de intersección de las esferas.

Satélite 3
Al hallar la distancia a un tercer satélite, la posición del receptor se reduce a un solo punto posible.

Posición precisa confirmada

Satélite 4
Un cuarto satélite corrige las imprecisiones causadas por no estar sincronizados los relojes del receptor y los satélites.

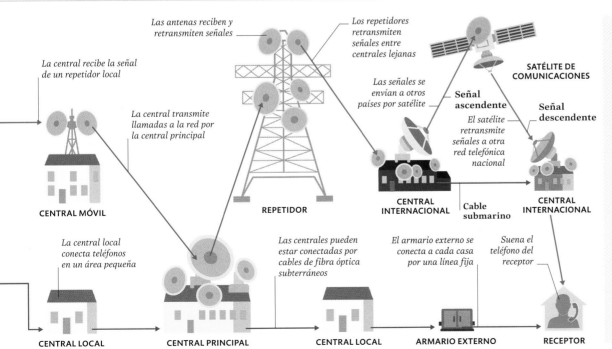

Las antenas reciben y retransmiten señales

Los repetidores retransmiten señales entre centrales lejanas

La central recibe la señal de un repetidor local

SATÉLITE DE COMUNICACIONES

La central transmite llamadas a la red por la central principal

Las señales se envían a otros países por satélite

Señal ascendente

Señal descendente

El satélite retransmite señales a otra red telefónica nacional

CENTRAL MÓVIL

La central local conecta teléfonos en un área pequeña

REPETIDOR

Las centrales pueden estar conectadas por cables de fibra óptica subterráneos

CENTRAL INTERNACIONAL

El armario externo se conecta a cada casa por una línea fija

Cable submarino

CENTRAL INTERNACIONAL

Suena el teléfono del receptor

CENTRAL LOCAL   **CENTRAL PRINCIPAL**   **CENTRAL LOCAL**   **ARMARIO EXTERNO**   **RECEPTOR**

INTERNET POR TELÉFONO

Actualmente millones de personas siguen usando la red telefónica para acceder a internet. El ordenador del usuario envía información por línea telefónica a internet a través del proveedor de servicios de Internet (ISP). Esto requiere un módem para codificar y descodificar las señales de audio enviadas por la línea.

El módem descodifica señales de audio

Señales de audio enviadas al módem por línea telefónica

Cable ethernet

CONEXIÓN POR LÍNEA CONMUTADA

Véase también Tecnología informática pp. 274–275 ▶ **273**

Tecnología informática

Los ordenadores son máquinas que ejecutan automáticamente secuencias de comandos (programas). Los ordenadores modernos, como los portátiles y *smartphones*, usan innumerables programas que permiten realizar un número de tareas solo limitado por el *hardware* y el rendimiento. Los ordenadores son esenciales para gestionar muchos aspectos del mundo actual.

Ordenadores portátiles

El cerebro del portátil es la unidad central de procesamiento (CPU), que ejecuta los comandos de los programas. El resto del *hardware* se ocupa de la entrada, salida y almacenamiento de datos.

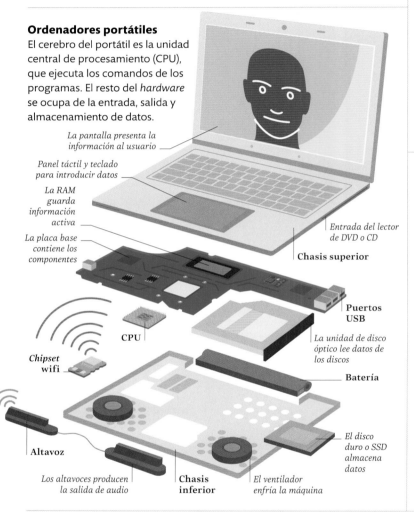

La pantalla presenta la información al usuario

Panel táctil y teclado para introducir datos

La RAM guarda información activa

La placa base contiene los componentes

Chipset wifi

CPU

Altavoz

Los altavoces producen la salida de audio

Chasis inferior

El ventilador enfría la máquina

Entrada del lector de DVD o CD

Chasis superior

Puertos USB

La unidad de disco óptico lee datos de los discos

Batería

El disco duro o SSD almacena datos

Almacenamiento

Los ordenadores almacenan y manipulan datos. Los datos que requieren los programas se guardan en la RAM (memoria de acceso aleatorio) para acceso instantáneo, y los inactivos (como documentos y fotos), en un disco que retiene información con el ordenador apagado.

Circuito de control

Conector USB

El chip de memoria almacena datos

Numerosos chips de memoria

Circuitos de control

Memoria USB
Este dispositivo de almacenamiento extraíble permite transferir una cantidad limitada de datos.

Unidad de estado sólido (SSD)
Acceder a los datos guardados en una SSD y reescribirlos es mucho más rápido que en un disco duro.

Tecnología móvil táctil

Los dispositivos móviles son ordenadores portátiles. La mayoría puede conectarse a otros dispositivos y a internet. Algunos, como los libros electrónicos, realizan pocas tareas; otros, como los *smartphones*, son mucho más versátiles.

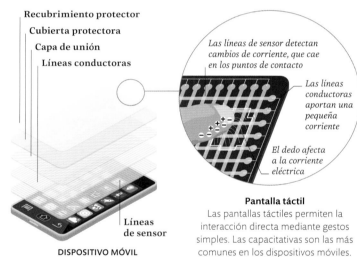

Recubrimiento protector

Cubierta protectora

Capa de unión

Líneas conductoras

Las líneas de sensor detectan cambios de corriente, que cae en los puntos de contacto

Las líneas conductoras aportan una pequeña corriente

El dedo afecta a la corriente eléctrica

Líneas de sensor

DISPOSITIVO MÓVIL

Pantalla táctil
Las pantallas táctiles permiten la interacción directa mediante gestos simples. Las capacitativas son las más comunes en los dispositivos móviles.

¿Cómo funcionan los ordenadores?

La CPU ejecuta los programas y se comunica con el resto del ordenador recibiendo entradas (como las del teclado y el ratón), manipulando la memoria y generando salidas (como las de la pantalla o los altavoces).

La placa base

La CPU y otros componentes se disponen en una placa de circuitos impresos llamada placa base.

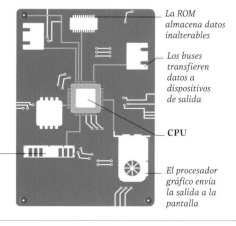

La ROM almacena datos inalterables

Los buses transfieren datos a dispositivos de salida

CPU

La RAM almacena datos activos

El procesador gráfico envía la salida a la pantalla

Dentro de la CPU

Una unidad de control dirige las operaciones de la CPU, y una unidad aritmética lógica (ALU) las realiza. Los resultados se guardan provisionalmente en registros.

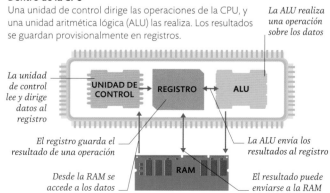

La ALU realiza una operación sobre los datos

La unidad de control lee y dirige datos al registro

UNIDAD DE CONTROL

REGISTRO

ALU

El registro guarda el resultado de una operación

Desde la RAM se accede a los datos

RAM

La ALU envía los resultados al registro

El resultado puede enviarse a la RAM

La **World Wide Web** se inventó en 1989 para que los científicos **compartieran información**.

Software

El *software* es una colección de comandos y recursos que dicen al ordenador qué hacer. A diferencia del *hardware*, es intangible, ya que solo existe como señales eléctricas. Se escribe en diversos lenguajes de máquina, representando las instrucciones mediante secuencias binarias (de ceros y unos).

Algoritmos

Un algoritmo es una secuencia de pasos, o instrucciones precisas para que el ordenador haga una tarea específica. Los programas informáticos son colecciones de algoritmos.

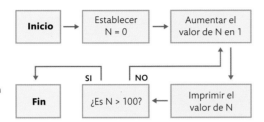

Programas y código

Los programas son instrucciones (código fuente) escritas en lenguaje de alto nivel manejable por humanos. Deben traducirse a lenguaje de máquina (binario) para que un ordenador las ejecute.

Interacción con el programa en pantalla

El ordenador tiene programas instalados para diversas tareas

Programa escrito en lenguaje de alto nivel

El compilador traduce el código fuente en binario

LENGUAJE DE ALTO NIVEL

COMPILADOR

La máquina puede leer el archivo resultante

Internet

La red global de ordenadores que intercambian datos con arreglo a reglas comunes (la familia de protocolos de internet) es fundamental para las comunicaciones modernas y el soporte de aplicaciones como la World Wide Web y el correo electrónico.

Intercambio de datos

Las capas de *software* se encargan de dividir los datos en paquetes para su envío por la infraestructura de internet hasta su destino.

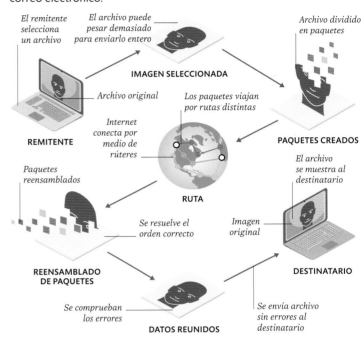

El remitente selecciona un archivo

El archivo puede pesar demasiado para enviarlo entero

Archivo dividido en paquetes

IMAGEN SELECCIONADA

Archivo original

REMITENTE

Los paquetes viajan por rutas distintas

Internet conecta por medio de rúteres

PAQUETES CREADOS

El archivo se muestra al destinatario

Paquetes reensamblados

RUTA

Se resuelve el orden correcto

Imagen original

REENSAMBLADO DE PAQUETES

Se comprueban los errores

DATOS REUNIDOS

Se envía archivo sin errores al destinatario

DESTINATARIO

Inteligencia artificial (IA)

La inteligencia de las máquinas va desde la capacidad de realizar tareas limitadas como el texto predictivo hasta otras más generales, como conducir un automóvil. Gran parte de los estudios sobre la IA se centran en el aprendizaje de las máquinas, en que estas aprendan a realizar tareas sin ser programadas por un ser humano.

Redes neuronales artificiales

El aprendizaje de las máquinas se puede lograr mediante redes neuronales artificiales. Como las biológicas, estas producen valores de salida basados en la información recibida, procesados por múltiples capas ocultas de neuronas, que «aprenden» al procesar más información.

La neurona recibe, procesa y transmite información

Salida de la neurona

Entrada a la neurona

La información pasa a la red

Capa de entrada

La capa de salida presenta la solución más probable

Capas ocultas

Cifra escrita a mano

El ordenador lee la cifra en píxeles

APLICACIONES DE LA IA

El transporte, la medicina y las finanzas son unas de las muchas aplicaciones de la inteligencia artificial. Esta no puede competir con la humana en general, pero sí aprender a llevar a cabo tareas concretas con gran velocidad y precisión.

Sugerencias musicales
La inteligencia artificial identifica preferencias musicales y en función de ellas sugiere temas.

Diagnósticos médicos
Una herramienta entrenada con historiales médicos podría sugerir diagnósticos a partir de síntomas.

Vehículos autónomos
Estos vehículos usan información en tiempo real procedente de diversos sensores para conducir con seguridad.

Reconocimiento de imagen
Un ordenador puede aprender a reconocer objetos en imágenes digitales a partir de patrones de píxeles.

Impresión tridimensional y robótica

Constantemente se inventan nuevas máquinas para facilitar tareas. Las impresoras 3D permiten crear casi cualquier objeto a partir de un diseño digital en vez de por un proceso de manufactura. Los robots son máquinas que realizan tareas como el montaje en una fábrica con una mínima supervisión humana.

El cabezal se desplaza de izquierda a derecha

Filamento sólido calentado

Bobina de filamento

Filamento fundido extruido

Datos del ordenador

Cabezal vertical

La placa base se mueve de delante atrás

IMPRESORA 3D

Impresión tridimensional

La impresión convencional crea imágenes planas con tinta, mientras que la impresión 3D construye estructuras capa a capa guiada por diseños digitales para producir objetos de casi cualquier forma imaginable de manera barata y eficiente, aunque los más complejos requieren más tiempo.

Pueden imprimirse en 3D objetos de hormigón, chocolate y células vivas.

Proceso de impresión 3D

Una impresora 3D crea estructuras a partir de un filamento (a menudo plástico), ablandado por calor y extruido por una boquilla para formar capas.

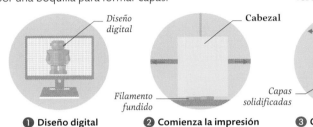

Diseño digital

Cabezal

El objeto se pinta con aerosol

Filamento fundido

Capas solidificadas

1 Diseño digital
Un diseñador crea un modelo en 3D de la estructura deseada en un ordenador.

2 Comienza la impresión
El cabezal se desplaza a través de la placa fundiendo y extruyendo filamento.

3 Capas acumuladas
El objeto se va formando gradualmente por capas de abajo arriba.

4 Acabado
Los objetos granulosos y monocolores pueden pulirse y pintarse.

¿Cómo funcionan los robots?

Un robot es una máquina que ejecuta acciones guiadas por ordenador. En medicina y en muchas industrias se utilizan robots de diversas formas y tamaños. La mayoría de los robots son capaces de desplazarse en y por su entorno, moviendo sus partes por medio de activadores.

EFECTORES FINALES

La «mano» de un brazo robótico se conoce como efector final. Pueden acoplarse herramientas para que el robot realice distintas tareas, como perforar, sujetar, soldar o manipular objetos.

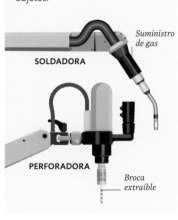

Suministro de gas

SOLDADORA

PERFORADORA

Broca extraíble

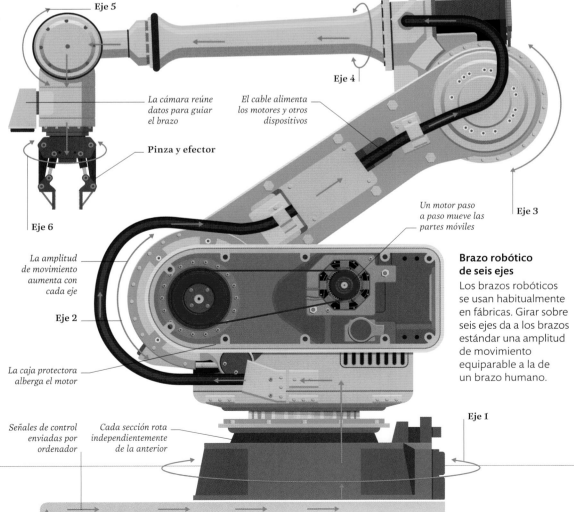

Eje 5

Eje 4

La cámara reúne datos para guiar el brazo

El cable alimenta los motores y otros dispositivos

Pinza y efector

Eje 6

La amplitud de movimiento aumenta con cada eje

Un motor paso a paso mueve las partes móviles

Eje 3

Eje 2

La caja protectora alberga el motor

Brazo robótico de seis ejes

Los brazos robóticos se usan habitualmente en fábricas. Girar sobre seis ejes da a los brazos estándar una amplitud de movimiento equiparable a la de un brazo humano.

Señales de control enviadas por ordenador

Cada sección rota independientemente de la anterior

Eje 1

La palabra «robot» fue acuñada en la obra teatral checa *R.U.R.* (1920) sobre la explotación obrera.

Usos de las impresoras 3D

La impresión en 3D no se utiliza en general en la fabricación en masa, sino para producir artículos a medida para industrias como la sanitaria, el *catering* o la deportiva.

Pastillas
Con la impresión en 3D se pueden crear pastillas rápidamente solubles con una combinación precisa de sustancias.

Calzado deportivo
Algunos atletas usan calzado hecho por impresión en 3D, diseñado para ser ligero y perfectamente a la medida.

Prótesis
Un hueso perdido puede sustituirse por prótesis sintéticas o de titanio impreso en 3D como réplica del original.

Instrumentos musicales
Instrumentos como guitarras o flautas pueden imprimirse en 3D totalmente o en parte. Su sonido es algo distinto.

Motores paso a paso

Los motores paso a paso se componen de un rotor, consistente en un imán rodeado por un anillo de electroimanes (estátor). Al activar distintos conjuntos de estos se alinean y desalinean los polos, haciendo girar el rotor por pasos.

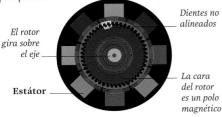

El rotor gira sobre el eje

Dientes no alineados

Estátor

La cara del rotor es un polo magnético

Motor parado
En el estátor hay un rotor magnético, compuesto por un anillo de electroimanes estáticos pares. Tanto el rotor como el estátor son dentados.

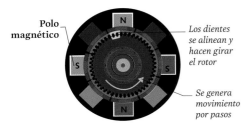

Polo magnético

Los dientes se alinean y hacen girar el rotor

Se genera movimiento por pasos

Motor en marcha
Activar los pares de electroimanes por turno hace que se alineen los dientes con polos opuestos, mientras que los polos iguales se desalinean, haciendo que gire el motor.

Autonomía e inteligencia artificial

Algunos robots toman decisiones y ejecutan acciones de forma autónoma con datos recibidos por sensores. Los robots autónomos y los semiautónomos usan la inteligencia artificial, aprendiendo a realizar tareas sin haber sido programados.

Robot semiautónomo

Los robots semiautónomos obedecen órdenes de un operador remoto y tienen un ordenador interno que les asiste para ejecutar sus tareas.

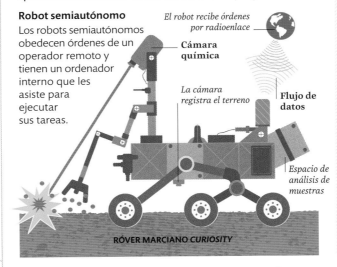

El robot recibe órdenes por radioenlace

Cámara química

La cámara registra el terreno

Flujo de datos

Espacio de análisis de muestras

RÓVER MARCIANO *CURIOSITY*

Robot autónomo

Los robots funcionan bien en entornos controlados y no tanto en el mundo real. Los plenamente autónomos requieren ordenadores potentes, inteligencia artificial entrenada y sensores sofisticados para tomar decisiones.

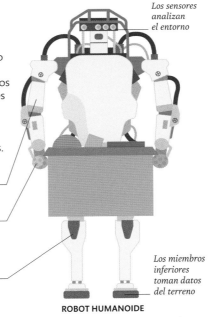

Los sensores analizan el entorno

Miembros hidráulicos

El robot manipula objetos de diverso tamaño con herramientas

Sensores de fuerza-par miden la tensión articular

Los miembros inferiores toman datos del terreno

ROBOT HUMANOIDE

Datos sensoriales

Los robots autónomos recopilan datos del entorno con cámaras, radar y otros sensores, y toman decisiones basadas en ellos. Así, un coche autónomo se detendrá al detectar a un peatón.

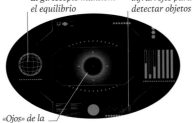

El giroscopio mantiene el equilibrio

Sensores de infrarrojos para detectar objetos

«Ojos» de la cámara óptica

ENTRADA DE DATOS

TIPOS DE ROBOT

Los robots se diseñan para todo tipo de tareas, desde el montaje de automóviles a la cirugía, pero cada robot solo es capaz de realizar un número limitado de ellas, según su diseño y programación.

AUTÓNOMOS	SEMI-AUTÓNOMOS
COCHE AUTÓNOMO	ROBOT DE RESCATE
ASPIRADOR	MISIL
ROBOT INDUSTRIAL	ROBOT QUIRÚRGICO

ELEMENTOS DE LA ACCIÓN ROBÓTICA

La CPU (el «cerebro») de un robot escoge acciones guiada por los datos sensoriales que va reuniendo, las ejecuta basándose en instrucciones preprogramadas y recopila nuevos datos al ejecutarlas.

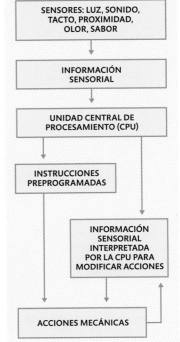

SENSORES: LUZ, SONIDO, TACTO, PROXIMIDAD, OLOR, SABOR

↓

INFORMACIÓN SENSORIAL

↓

UNIDAD CENTRAL DE PROCESAMIENTO (CPU)

↓

INSTRUCCIONES PREPROGRAMADAS

↓

INFORMACIÓN SENSORIAL INTERPRETADA POR LA CPU PARA MODIFICAR ACCIONES

↓

ACCIONES MECÁNICAS

Los orígenes del transporte moderno

En la Prehistoria, caminar, montar caballos y otros animales, y remar en embarcaciones simples eran las únicas opciones de transporte disponibles: se viajaba poco y generalmente a poca distancia. El desarrollo del transporte por tierra, mar y aire permitió a personas, bienes y materias primas viajar rápido y más lejos. Las innovaciones en la tecnología del transporte propiciaron las migraciones masivas, el comercio mundial y la exploración de la Tierra y del espacio.

De caminos a carreteras

Para reforzar los caminos y convertirlos en calzadas se usaron tierra compactada, troncos y piedra. Los romanos mejoraron su construcción con hormigón, capas de distintos materiales y peraltes para facilitar el drenaje y crearon una red de unos 400000 km de calzadas, algunas aún en uso. El asfalto, utilizado por primera vez para cubrir calles en Babilonia c.625 a.C., se reintrodujo en la década de 1820 y en la actualidad reviste la mayoría de las carreteras.

Exploración de los mares

Los primeros navegantes se embarcaron en simples balsas y canoas talladas en troncos, y las primeras velas para aprovechar la fuerza del viento se desplegaron hace más de 5000 años. A partir del siglo XV, en la edad de oro de la exploración, las naves europeas descubrieron tierras y establecieron rutas comerciales hacia África, Asia y América. En el siglo XIX, los motores de vapor y diésel hicieron más fiable la navegación a larga distancia.

Rueda de madera con llanta de hierro

VELOCÍPEDO FRANCÉS MICHAUX DE 1869

La invención de la bicicleta

En 1817, el alemán Karl Drais montó dos ruedas de madera en un cuadro con silla y manillar. Su *Laufmaschine* (máquina de correr), o draisiana, no tenía pedales y se impulsaba con los pies sobre el suelo. En la década de 1860 se instalaron pedales directamente en la rueda delantera en velocípedos. En 1885, en Gran Bretaña, John Kemp Starley inventó la precursora de la bicicleta moderna, la bicicleta de seguridad, con pedales que movían una cadena que accionaba la rueda trasera.

HENRY FORD Y EL MODELO T

En EE UU, Henry Ford popularizó la cadena de montaje, donde se ensamblaba la carrocería a lo largo de cintas transportadoras. Esto aceleró la producción, redujo los costes y abarató el Modelo T, del que se fabricaron más de 15 millones de unidades entre 1908 y 1927.

AUTOMÓVILES FORD T EN LA FÁBRICA DE MICHIGAN

Trenes y ferrocarriles

La máquina de vapor, que originalmente se empleó para extraer agua de las minas, se adaptó para impulsar locomotoras sobre raíles a principios del siglo XIX. Las locomotoras de vapor arrastraron vagones de pasajeros y carga por primera vez en las décadas de 1820 y 1830, reduciendo de manera considerable la duración de los viajes. Se construyeron decenas de miles de kilómetros de vías férreas por todo el mundo, y en 1863 se inauguró en Londres el primer ferrocarril subterráneo, el Metropolitan Railway, con vagones de madera iluminados por gas y tirados por locomotoras de vapor. Seis años más tarde se completó el primer ferrocarril transcontinental que cruzaba EE UU de este a oeste. En el siglo XX, locomotoras eléctricas y diésel sustituyeron al vapor, y los trenes de alta velocidad crearon enlaces rápidos entre grandes ciudades, superando los 270 km/h.

Llegada del vehículo motorizado

Los automóviles a vapor fueron los primeros vehículos motorizados en las carreteras, pero eran lentos, pesados y poco seguros. En 1876, el ingeniero alemán Nikolaus Otto perfeccionó un motor adecuado para impulsar vehículos en tierra: su motor de combustión interna de cuatro tiempos mezclaba y comprimía gasolina y aire, que ardían en un cilindro y expandían gases que movían un pistón (p. 286). En 1885, Karl Benz produjo el primer vehículo impulsado por un motor similar, el Benz Patent Motorwagen de tres ruedas, que alcanzaba una velocidad máxima de unos 16 km/h.

La industria del automóvil avanzó a gran velocidad en Europa y EE UU, donde el primer automóvil producido en masa fue el Oldsmobile Curved Dash de Ransom Olds en 1901, del que se construyeron 19000 unidades. Luego se fabricaron por millones automóviles icónicos como el Ford Modelo T (1908), el Volkswagen Escarabajo (1938) y el BMC Mini (1959). A continuación llegaron las innovaciones en la seguridad, como el cinturón de seguridad de tres puntos (1959), el airbag (década de 1970) y las zonas de deformación (década de 1950), que desvían la fuerza de un impacto del conductor y los pasajeros. A principios del siglo XXI, la preocupación por el uso de combustibles fósiles condujo a un número mayor de vehículos eléctricos.

Surcar los cielos

El sueño de volar es muy anterior al vuelo del primer globo aerostático de aire caliente tripulado de los hermanos Montgolfier en 1783. Los experimentos de planeo de pioneros como el aviador alemán Otto Lilienthal fueron aprovechados por dos hermanos estadounidenses, Orville y Wilbur Wright, que en 1903 consiguieron hacer volar

El **vuelo más largo** del **Flyer** de los hermanos **Wright** en su primer día duró **59 segundos**.

el primer aeroplano más pesado que el aire.

La hazaña llevada a cabo por los hermanos Wright propició el despegue de la aviación en las décadas siguientes. Los aviones de pasajeros a reacción permitieron los viajes rápidos y económicos entre continentes en cuestión de horas, cuando antes los viajes en barco o en aviones de hélice tardaban semanas o días, con múltiples escalas. El mayor avión de pasajeros del mundo, el Airbus A380, entró en servicio en 2007. Gracias a su capacidad máxima de 853 pasajeros, más de 190 millones de personas habían volado en ellos hasta 2019.

Cronología

Durante milenios, el transporte dependió de la fuerza humana, animal o natural (eólica). A partir del siglo XVIII, los motores alimentados con madera, carbón o derivados del petróleo permitieron a los vehículos ir más rápido y lejos que nunca antes.

4000 a.C.

c.3500 a.C. Se inventa la rueda en el valle del Tigris y el Éufrates, en Asia occidental.

3000-1500 a.C. Algunos pueblos austronesios colonizan la región del Indo-Pacífico usando primitivos catamaranes.

1492 Cristóbal Colón llega a América con tres carabelas partiendo de Palos (Huelva).

c.300 a.C. Las primeras calzadas romanas conectan ciudades y bases militares.

c.800 d.C. Los vikingos construyen naves de casco trincado para explorar y saquear.

c.década de 1500 El funicular más antiguo conocido funciona en Austria.

L'ARMENIE SOVIETIQUE

◀ **Una nueva era de movilidad**
Un estilizado cartel soviético de la década de 1930 celebra la libertad que da viajar en un rápido tren de vapor o en automóvil.

Hacia el espacio

Escapar de la gravedad terrestre para viajar al espacio requiere una enorme cantidad de energía. Un cohete mezcla y quema combustible y oxígeno u oxidante (sustancia que libera oxígeno) para funcionar fuera de la atmósfera terrestre baja y rica en oxígeno. En la década de 1950 se reconvirtieron misiles de largo alcance en los primeros vehículos de lanzamiento que llevaron satélites artificiales y otras máquinas al espacio, comenzando por el Sputnik soviético en 1957. Doce años después, el mayor y más potente vehículo de lanzamiento construido, el cohete Saturno v, de 110,6 m de altura, llevó a la misión Apolo 11 y a los primeros humanos a la Luna.

El águila representa el nombre del módulo lunar del Apolo 11

RÉPLICA DE LA INSIGNIA DE LA MISIÓN APOLO 11

El **Saturno V** consumió más de **13 toneladas** de **combustible y oxígeno** por segundo al despegar.

1804 *El inventor británico Richard Trevithick construye la primera locomotora de vapor funcional.*

1886 *El ingeniero alemán Karl Benz construye el primer automóvil de serie, el Benz Patent-Motorwagen.*

1905 *Los hermanos Wright construyen el Flyer III, el primer aeroplano más pesado que el aire capaz de operar sobre tres ejes.*

1997 *El fabricante japonés Toyota presenta el Prius, el primer automóvil eléctrico de serie.*

2000

1816 *El ingeniero escocés John Loudon McAdam diseña las primeras carreteras modernas.*

1817 *El inventor alemán Karl Drais construye la «máquina de correr», o draisiana, precursora de la bicicleta.*

1903 *Se celebra el primer Tour de Francia.*

1952 *Entra en servicio el primer avión de pasajeros a reacción, el de Havilland Comet.*

1961 *El cosmonauta Yuri Gagarin realiza el primer viaje espacial.*

Véase también El automóvil pp. 286-287 ▶   La aviación a lo largo de la historia pp. 288-289 ▶   El transporte en el siglo XXI pp. 290-291 ▶   **279**

La navegación a lo largo de la historia

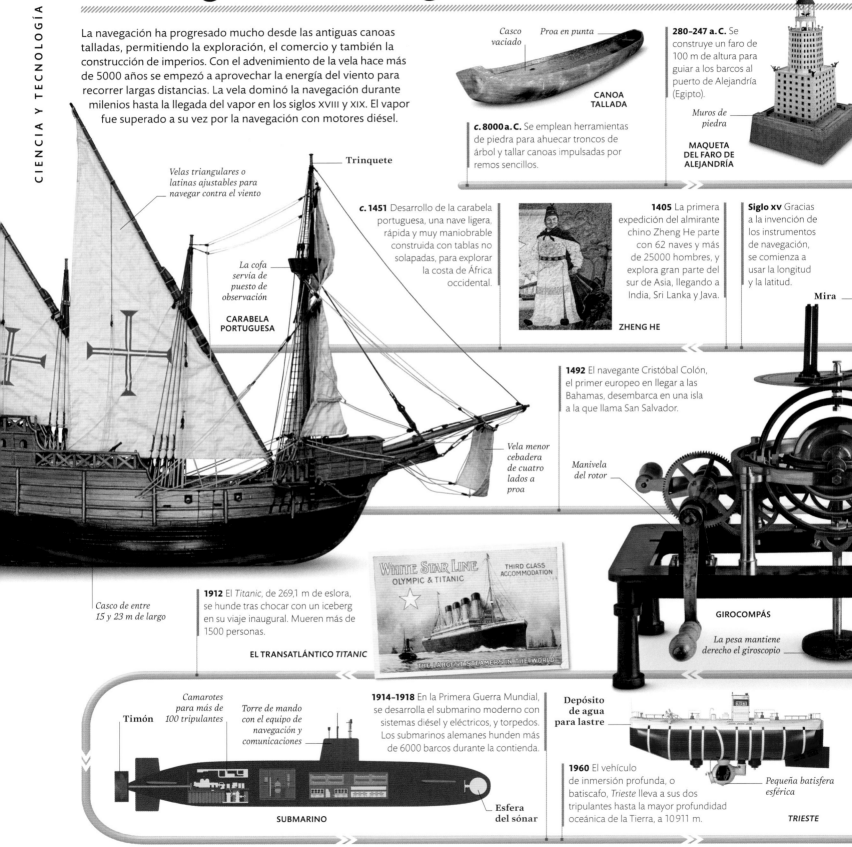

La navegación ha progresado mucho desde las antiguas canoas talladas, permitiendo la exploración, el comercio y también la construcción de imperios. Con el advenimiento de la vela hace más de 5000 años se empezó a aprovechar la energía del viento para recorrer largas distancias. La vela dominó la navegación durante milenios hasta la llegada del vapor en los siglos XVIII y XIX. El vapor fue superado a su vez por la navegación con motores diésel.

Una hoguera de noche y un espejo reflectante de día guían a los barcos

Casco vaciado

Proa en punta

CANOA TALLADA

c. **8000 a.C.** Se emplean herramientas de piedra para ahuecar troncos de árbol y tallar canoas impulsadas por remos sencillos.

280–247 a.C. Se construye un faro de 100 m de altura para guiar a los barcos al puerto de Alejandría (Egipto).

Muros de piedra

MAQUETA DEL FARO DE ALEJANDRÍA

Velas triangulares o latinas ajustables para navegar contra el viento

Trinquete

La cofa servía de puesto de observación

CARABELA PORTUGUESA

c. **1451** Desarrollo de la carabela portuguesa, una nave ligera, rápida y muy maniobrable construida con tablas no solapadas, para explorar la costa de África occidental.

1405 La primera expedición del almirante chino Zheng He parte con 62 naves y más de 25000 hombres, y explora gran parte del sur de Asia, llegando a India, Sri Lanka y Java.

ZHENG HE

Siglo XV Gracias a la invención de los instrumentos de navegación, se comienza a usar la longitud y la latitud.

Mira

1492 El navegante Cristóbal Colón, el primer europeo en llegar a las Bahamas, desembarca en una isla a la que llama San Salvador.

Manivela del rotor

Vela menor cebadera de cuatro lados a proa

Casco de entre 15 y 23 m de largo

1912 El *Titanic*, de 269,1 m de eslora, se hunde tras chocar con un iceberg en su viaje inaugural. Mueren más de 1500 personas.

EL TRANSATLÁNTICO *TITANIC*

WHITE STAR LINE
OLYMPIC & TITANIC
THIRD CLASS ACCOMMODATION
THE LARGEST STEAMERS IN THE WORLD

GIROCOMPÁS

La pesa mantiene derecho el giroscopio

Timón

Camarotes para más de 100 tripulantes

Torre de mando con el equipo de navegación y comunicaciones

1914–1918 En la Primera Guerra Mundial, se desarrolla el submarino moderno con sistemas diésel y eléctricos, y torpedos. Los submarinos alemanes hunden más de 6000 barcos durante la contienda.

Depósito de agua para lastre

Esfera del sónar

SUBMARINO

1960 El vehículo de inmersión profunda, o batiscafo, *Trieste* lleva a sus dos tripulantes hasta la mayor profundidad oceánica de la Tierra, a 10911 m.

Pequeña batisfera esférica

TRIESTE

220-150 a.C. El matemático griego Apolonio de Perga crea el astrolabio, que permite navegar determinando la latitud de la nave (la distancia al norte o al sur del ecuador) basándose en la posición del Sol y las estrellas.

Disco exterior fijo, o mater, con la escala de grados y horas

Esfera celeste y posiciones estelares en la placa de latón

La vela de popa, o mesada, aporta estabilidad, más que propulsión

Palo mayor

Trinquete

JUNCO CHINO

Puntero estelar

ASTROLABIO

c. 87 a.C. El mecanismo griego de Anticitera (un primitivo ordenador mecánico) pudo ser utilizado en la navegación para predecir la posición de las estrellas.

c. 220 d.C. Las naves extranjeras llegadas a China inspiran el junco, una nave con casco de madera blanda y velas múltiples en forma de abanico, reforzadas con varillas de bambú o madera.

---

c. 1280 Navegando por el Pacífico sur en grandes canoas, los polinesios orientales llegan a Nueva Zelanda y se asientan allí.

El doble casco aporta estabilidad

CANOA POLINESIA

Siglo XI En China, primer uso documentado de la brújula, que señala el norte magnético, para la navegación. Esto reduce la dependencia de la navegación astronómica. Llegará a Europa en el siglo XII.

Escala de grados

Indicador del norte

BRÚJULA ANTIGUA

c. 1000 El explorador islandés Leif Erikson es el primer europeo en visitar América del Norte al llegar a Vinlandia, que se cree es la costa de Terranova (Canadá).

Siglo IX Los vikingos cruzan el Atlántico en *drakkar*, una nave larga y estrecha de escaso calado y velas cuadradas, y saquean y colonizan tierras lejanas.

Casco trincado o de tingladillo (con tablas solapadas)

DRAKKAR

Disco montado en la estructura

Rotor del giroscopio

c. 1514 La ballestilla o vara de Jacob, desarrollada siglos antes, se mejora para utilizarla en la navegación marítima. Mide el ángulo entre el horizonte y el Sol o una estrella para determinar la latitud.

Listón deslizante para alinear con el horizonte en un extremo y con una estrella en el otro

Estrella

Escala

Superficie del mar

Horizonte

Navegante

BALLESTILLA PARA NAVEGACIÓN MARÍTIMA

1519-1522 El portugués Fernando de Magallanes zarpa desde España para un viaje alrededor del mundo. Únicamente sobreviven 18 de los más de 260 tripulantes.

FERNANDO DE MAGALLANES

1729 El médico e inventor inglés John Allen obtiene la primera patente para un barco con máquina de vapor.

---

c. 1908 El girocompás lleva un disco giratorio en lugar de agujas imantadas para indicar el norte, sin que le afecte el hierro o acero, para una navegación más precisa.

1906 El explorador noruego Roald Amundsen navega por primera vez con éxito por el paso del Noroeste, la ruta al Pacífico a través del Ártico.

EXPEDICIÓN DE FRANKLIN

1848 Muere toda la tripulación en la expedición del oficial naval inglés John Franklin en busca de una ruta al Pacífico por el Ártico.

Siglo XVIII Se extiende el uso del sextante como instrumento de navegación. Sus espejos permiten el cálculo preciso de ángulos para determinar la latitud con mayor exactitud.

El espejo refleja la luz de una estrella o del Sol

Ocular

Escala con ángulos

Brazo móvil

SEXTANTE

Balcones de los camarotes de pasajeros

Botes salvavidas

Camarotes de la tripulación

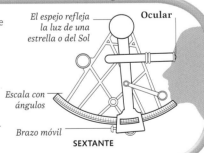

Década de 1980 Botadura de los primeros megacruceros. El mayor del mundo, el *Symphony of the Seas*, tiene 361 m de eslora y capacidad para 6680 pasajeros.

Proa

CRUCERO

1994 Queda plenamente operativo el Sistema de Posicionamiento Global (GPS). Las señales de ida y vuelta a una red de 27 satélites proporcionan localizaciones exactas para la navegación.

Satélite en órbita a 20 000 km de altura

Tierra

CONSTELACIÓN DE SATÉLITES GPS

Véase también China: las dinastías Tang, Song y Ming pp. 322-323 ▶ Comercio y exploración pp. 340-341 ▶

Barcos de vela

Exploración y comercio

Hacía ya miles de años que los barcos de vela recorrían ríos y aguas costeras cuando empezaron a construirse, a partir del siglo XIV, naves de madera grandes, estables, con varios mástiles y velas, y bodegas de capacidad suficiente para salir a alta mar. Zarpando de China, el almirante y diplomático Zheng He inauguró una era de exploración generalizada visitando Asia y África, y poco después, naves procedentes de Portugal y España viajaron a islas y continentes nunca antes vistos por los europeos.

Tipos de vela

Antes de que se usaran tejidos robustos como la lona, se hicieron velas de fibras vegetales batidas y aplanadas. A lo largo de los siglos se desarrollaron formas y diseños con distintas cualidades, que permitieron la navegación por todo el mundo.

Cuadrada

Las primeras velas, eficientes para navegar rápido con viento a favor, eran rectangulares o cuadradas y colgaban de vergas horizontales.

Verga perpendicular al mástil

Cebadera

Tendida del bauprés –el mástil proyectado a partir de la proa–, la cebadera se empleaba en la mayoría de las carracas.

Verga de la cebadera en ángulo con el bauprés

Latina

Esta vela triangular, desarrollada en época romana, permitía a los barcos navegar de bolina (contra el viento) en zigzag.

El borde trasero es el grátil

Una verga en ángulo la sujeta por arriba

Bermudiana

Vela triangular sujeta al mástil solo por el borde delantero. Se emplea aún como vela principal en algunos yates.

Borde inferior de la vela (pujamen)

Travesía del océano

En 1492, el navegante probablemente de origen italiano Cristóbal Colón atravesó el Atlántico desde España hasta las Antillas en la nao (nave similar a una carraca) *Santa María*, que embarrancó en La Española en diciembre de 1492.

Verga de mesana

Banderín

Bandera de los patronos de la expedición

Brandal de mesana

Amantillo, el cabo de la gavia

Cabos o estays que estabilizan los mástiles

Verga principal de gavia (la vela superior)

Estay principal del mastelero

Puesto de observación o del vigía (cofa)

Verga mayor, que sujeta la vela mayor

Estay de proa

Palo de mesana

Falconete basculante

La vela mayor es la más extensa del barco

Palo mayor

Por los flechastes se escalaba a lo alto del mástil

El castillo de popa sobre el camarote del capitán domina la nave

Bote para el desembarco

Camarote del capitán

El alcázar aloja la caña del timón e instrumentos de navegación

Alcázar

El timón unido a la caña desvía el flujo para girar la nave

La bodega contenía velas y cabos de repuesto, provisiones y piedras de lastre

Se estima que el **explorador chino Zheng He**
navegó **200 000 km** en sus siete **viajes de descubrimiento.**

Velas modernas

Las velas modernas suelen estar hechas de materiales artificiales resistentes y flexibles como nailon, dacrón y kevlar. Las velas grandes suelen confeccionarse por secciones, cosidas o pegadas, y en ocasiones reforzadas por listones horizontales. Al desplegarse, las velas forman un perfil alar y funcionan de un modo similar a las alas de un avión, generando empuje mediante las diferencias de la presión del aire al fluir sobre sus dos caras. Los marineros pueden variar el tipo y la posición de las velas para maximizar el empuje generado, pudiendo navegar de bolina (avanzando en zigzag) con el viento en contra.

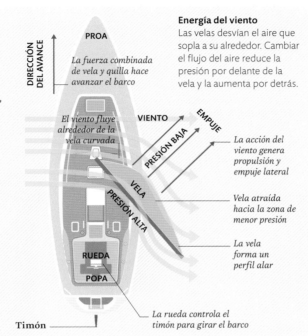

DIRECCIÓN DEL AVANCE

PROA

La fuerza combinada de vela y quilla hace avanzar el barco

El viento fluye alrededor de la vela curvada

VIENTO

PRESIÓN BAJA

EMPUJE

PRESIÓN ALTA

VELA

RUEDA

POPA

Timón

La rueda controla el timón para girar el barco

Energía del viento

Las velas desvían el aire que sopla a su alrededor. Cambiar el flujo del aire reduce la presión por delante de la vela y la aumenta por detrás.

La acción del viento genera propulsión y empuje lateral

Vela atraída hacia la zona de menor presión

La vela forma un perfil alar

Quillas hidrodinámicas

El desarrollo de la quilla, una pieza plana o lámina que sobresale desde el fondo del casco de una nave, transformó la navegación. La quilla genera un empuje propio al surcar el agua y permite así navegar no solo con el viento principalmente a favor, sino continuar avanzando con viento en contra o lateral, que produce una fuerza lateral considerable llamada escora.

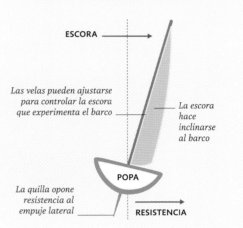

ESCORA

Las velas pueden ajustarse para controlar la escora que experimenta el barco

La escora hace inclinarse al barco

POPA

La quilla opone resistencia al empuje lateral

RESISTENCIA

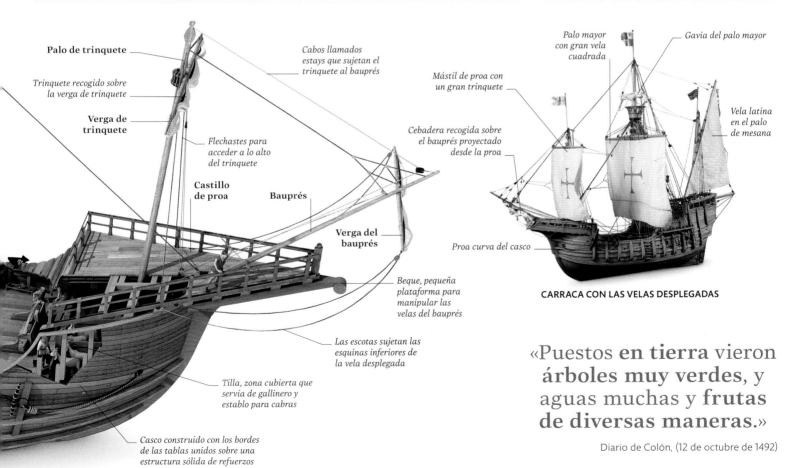

Palo de trinquete

Trinquete recogido sobre la verga de trinquete

Verga de trinquete

Flechastes para acceder a lo alto del trinquete

Castillo de proa

Bauprés

Cabos llamados estays que sujetan el trinquete al bauprés

Verga del bauprés

Beque, pequeña plataforma para manipular las velas del bauprés

Las escotas sujetan las esquinas inferiores de la vela desplegada

Tilla, zona cubierta que servía de gallinero y establo para cabras

Casco construido con los bordes de las tablas unidos sobre una estructura sólida de refuerzos

Palo mayor con gran vela cuadrada

Gavia del palo mayor

Mástil de proa con un gran trinquete

Vela latina en el palo de mesana

Cebadera recogida sobre el bauprés proyectado desde la proa

Proa curva del casco

CARRACA CON LAS VELAS DESPLEGADAS

«Puestos **en tierra** vieron **árboles muy verdes,** y aguas muchas y **frutas de diversas maneras.**»

Diario de Colón, (12 de octubre de 1492)

Trenes y ferrocarriles

Los trenes y ferrocarriles se desarrollaron a partir de las locomotoras de vapor empleadas en minas y fundiciones. Las vías férreas se extendieron a partir de la década de 1820, primero por Gran Bretaña y luego por Europa y otras partes del mundo. En EE UU, la red ferroviaria tuvo una enorme expansión en el siglo XIX, desde 4506 km en 1840 hasta 263 000 km 50 años después.

Las locomotoras de vapor que tiraban de múltiples vagones de pasajeros o de carga acortaron de forma drástica el tiempo de viaje entre ciudades y países en todo el mundo. En el siglo XX se impusieron las locomotoras diésel y eléctricas, que no tenían que detenerse para cargar combustible o agua, y hoy en día los trenes de alta velocidad viajan a velocidades jamás antes alcanzadas.

Los gases de combustión salían de la locomotora por una alta chimenea

LA *ROCKET* DE STEPHENSON

1830 La locomotora *Rocket* de Stephenson recorre la primera vía interurbana del mundo, de Liverpool a Manchester (RU).

Los trenes transportan el 40% de la carga de mercancías del mundo.

1896 Los trenes del Snowdon Mountain Railway (Gales, RU) salvan grandes pendientes con el mecanismo de piñón y cremallera.

FERROCARRIL DE SNOWDON

1879 La primera locomotora eléctrica, inventada por el ingeniero alemán Werner von Siemens, se exhibe en una vía circular de 300 m en la Exposición Industrial de Berlín.

WERNER VON SIEMENS

Década de 1900 Se añaden luces eléctricas con código de color a los postes de señalización ferroviaria, que indican marcha o parada mediante brazos alzados o abatidos.

Ambos brazos en posición horizontal indican «peligro: stop»

SEÑAL SEMAFÓRICA

El balcón trasero permite acceder al techo

1913 Durante el auge del ferrocarril en América del Norte, se enganchan a los trenes furgones de cola usados como oficina y alojamiento para los empleados.

FURGÓN DE COLA N.º 16

1961 Construida para probar vagones de alta velocidad, la N.º 18.201 alemana alcanza una velocidad máxima de 182,4 km/h. Aún operativa, se usó por última vez en 2005.

Caja de humos con característica puerta cónica

N.º 18.201

1955 Se inventa el medio pantógrafo, que suministra electricidad a trenes de alta velocidad desde un cable elevado (catenaria).

Hilo de contacto

El pantógrafo toma corriente del cable

Techo del vagón

MEDIO PANTÓGRAFO

LOCOMOTORA ELÉCTRICA

El transformador reduce el voltaje

Década de 1960 Se electrifican miles de kilómetros de vías. La locomotora eléctrica es menos ruidosa y contaminante que las de vapor o diésel.

Ruedas movidas por motor eléctrico

1964 El primer ferrocarril de alta velocidad del mundo, el tren bala o Shinkansen, reduce el tiempo de viaje entre Tokio y Osaka a menos de la mitad.

SHINKANSEN

El **tren más rápido** del mundo, el **Maglev L0** japonés, alcanza los **603 km/h**.

Década de 1860 El industrial estadounidense Cornelius Vanderbilt construye varias vías férreas, entre ellas las de Hudson River y New York Central.

CORNELIUS VANDERBILT

1863 La Clase B n.º 147, o *Thatcher Perkins*, funciona a base de madera en las mayores pendientes de la línea de Baltimore y Ohio (B&O). Se usó para transportar tropas durante la guerra de Secesión y estuvo en servicio 29 años.

Chimenea equipada con apagachispas

Campana accionada desde la cabina del maquinista

El faro delantero iluminaba la vía

CLASE B N.º 147 *THATCHER PERKINS* DE LA B&O

1869 El ingeniero estadounidense George Westinghouse inventa el potente y eficaz freno de aire comprimido de triple válvula.

Depósito de aire comprimido

La válvula deslizante triple libera aire

Apartavacas (deflector de obstáculos de la vía)

El freno detiene la rueda

El aire comprimido fluye al cilindro

FRENO DE AIRE

Década de 1920 Al popularizarse los viajes de ocio y vacaciones en tren en Europa y EE UU, las compañías ferroviarias se anuncian con llamativos carteles en color para atraer pasajeros.

CARTEL FERROVIARIO

1930 Las potentes locomotoras King Class, con nombres de reyes británicos, arrastran pesados expresos, principalmente entre Londres y el oeste de Inglaterra.

La chimenea rematada en cobre emite gases del fogón de carbón

KING EDWARD II

1931 Comienzan a circular las unidades múltiples (MU) eléctricas de Reading en Filadelfia (EE UU). Cada vagón mide 22,2 m de largo y tiene capacidad para 86 pasajeros.

READING MU n.º SW800

1938 La A4 *Mallard* alcanza 203 km/h, un récord mundial para un tren de vapor. Permanecerá en servicio en RU hasta 1963, recorriendo un total de 2,4 millones de km.

Caldera a alta presión de 5,5 m de largo

La forma aerodinámica reduce la resistencia del aire

MALLARD

1933 Entra en servicio el Clase SVT 877, o *Fliegender Hamburger*, el primer rápido diésel alemán. Su velocidad máxima de 160 km/h no será superada en la línea Hamburgo-Berlín hasta 1997.

FLIEGENDER HAMBURGER

1982 Entra en servicio el lujoso *Palace on Wheels* en India. Entre sus 23 vagones para un máximo de 104 pasajeros, hay dos vagones restaurante, un spa y un bar cafetería.

VAGÓN RESTAURANTE DEL *PALACE ON WHEELS*

Suelo del tren

Los imanes guía mantienen la distancia

El tren levita al repelerse las bobinas electromagnéticas de la vía y los imanes del tren

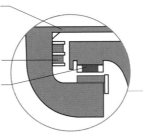

2004 Entra en servicio el maglev de Shanghái, tren de levitación magnética suspendido por imanes sobre la vía, con una velocidad máxima récord de 431 km/h.

TREN MAGLEV

Véase también El transporte en el siglo XXI pp. 290-291 ▶

El automóvil

La creación del motor de combustión interna alimentado por gasolina marcó un hito en la historia del transporte individual. La producción en serie abarató drásticamente el automóvil, un mero juguete para ricos no muy fiable en sus inicios, y las mejoras de la infraestructura viaria determinaron su predominio como medio de transporte a lo largo del siglo XX.

El desarrollo de los coches deportivos y de carreras aportó innovaciones como frenos y neumáticos mejores, además de mayor velocidad. La seguridad y los efectos de los combustibles fósiles se convirtieron en cuestiones clave desde la década de 1970, y en el siglo XXI, la ciencia aportó combustibles alternativos, mientras la inteligencia artificial automatizaba la conducción.

SEGURIDAD

En la década de 1920 se introdujo el vidrio laminado (la primera innovación orientada a la seguridad). Las zonas de deformación llegaron en la década de 1950, pero las principales aportaciones a la seguridad de los ocupantes fueron el cinturón de seguridad, los frenos antibloqueo y el airbag.

AIRBAG EN UNA PRUEBA DE CHOQUE

Dentro del automóvil

El fin primordial de todo automóvil es transportar pasajeros sentados. Requiere un motor que genere propulsión, un sistema de frenado, un mecanismo de marchas para circular en distintos grados de pendiente, un sistema de suspensión para absorber el impacto de las carreteras y un control preciso de la dirección. El conjunto de estos elementos constituye el tren de potencia.

Para combinar estas facetas se han aplicado considerables conocimientos de ingeniería, y hoy día el conductor está desligado de muchas funciones mecánicas. Los sistemas eléctricos llegaron en la década de 1920, en un principio para automatizar el arranque, y más tarde los faros y la calefacción. Los avances posteriores incluyen los elevalunas automáticos, el aire acondicionado, el entretenimiento y la comunicación digital.

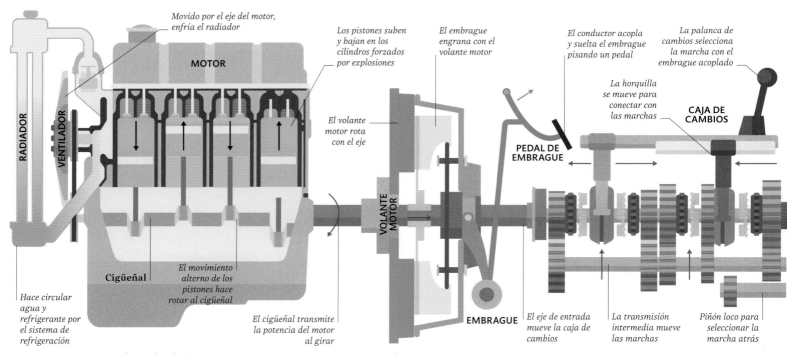

Movido por el eje del motor, enfría el radiador

Los pistones suben y bajan en los cilindros forzados por explosiones

El embrague engrana con el volante motor

El conductor acopla y suelta el embrague pisando un pedal

La palanca de cambios selecciona la marcha con el embrague acoplado

MOTOR

RADIADOR

VENTILADOR

El volante motor rota con el eje

La horquilla se mueve para conectar con las marchas

CAJA DE CAMBIOS

PEDAL DE EMBRAGUE

VOLANTE MOTOR

Cigüeñal

El movimiento alterno de los pistones hace rotar al cigüeñal

Hace circular agua y refrigerante por el sistema de refrigeración

El cigüeñal transmite la potencia del motor al girar

EMBRAGUE

El eje de entrada mueve la caja de cambios

La transmisión intermedia mueve las marchas

Piñón loco para seleccionar la marcha atrás

Motor de combustión interna
El motor usa la energía que produce la ignición de una mezcla de combustible y aire. Unas pequeñas explosiones hacen subir y bajar los pistones que mueven el cigüeñal.

Embrague
El embrague desconecta la salida de la potencia del motor al cambiar de marcha. Puede ser automático o manual.

Caja de cambios
La caja de cambios permite ajustar la velocidad del motor a lo que requieran las condiciones de la carretera. Hoy, los vehículos tienen al menos cinco marchas para elegir.

Cronología

Cientos de empresas se han dedicado a la fabricación de automóviles, pero en la actualidad solo una docena domina la industria de la automoción global. En 2009, China superó a EE UU como mayor mercado automovilístico del mundo.

1850

1885 *Primer automóvil con motor de combustión interna, el Patent Motor-Wagen de tres ruedas de Karl Benz.*

1902 *El Oldsmobile Curved Dash es el primer automóvil fabricado en serie en una cadena de montaje.*

1908 *Henry Ford lanza el Modelo T; tras reducir el precio, se fabrican 15 millones de unidades.*

1934 *Presentación del Citroën Traction Avant (tracción delantera) con chasis unido a la carrocería.*

«Puede ser del **color** que **quieran**, con tal de que sea **negro**.»

HENRY FORD, sobre el Modelo T (1909)

Diferenciales

Cuando un automóvil toma una curva, las ruedas exteriores deben girar a más revoluciones que las interiores. Esto es lo que permite el diferencial, repartiendo el par por igual. En vehículos de tracción trasera, el diferencial forma parte del eje trasero; en los de tracción delantera va incorporado a la caja de cambios.

Diseño

Algunos automóviles antiguos tenían los asientos sobre el motor. La introducción del motor delantero redujo la altura y mejoró la estabilidad. Después llegaron las técnicas de soldadura de acero, y a finales de la década de 1930, el estilo sedán y la aerodinámica. Con la llegada de la tracción delantera en la década de 1960, los automóviles se volvieron más espaciosos y versátiles.

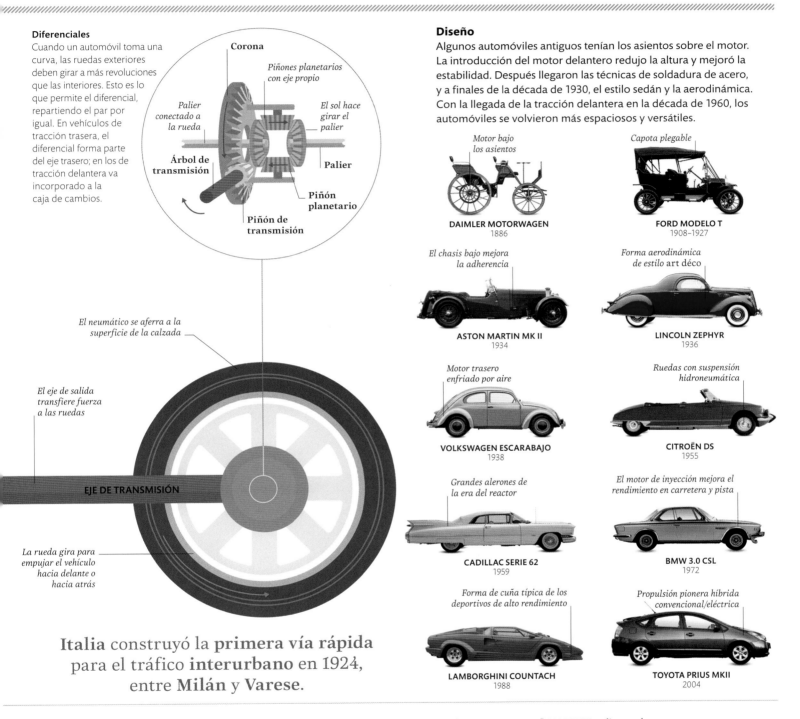

Corona

Piñones planetarios con eje propio

Palier conectado a la rueda

El sol hace girar el palier

Árbol de transmisión

Palier

Piñón planetario

Piñón de transmisión

El neumático se aferra a la superficie de la calzada

El eje de salida transfiere fuerza a las ruedas

EJE DE TRANSMISIÓN

La rueda gira para empujar el vehículo hacia delante o hacia atrás

Italia construyó la **primera vía rápida** para el tráfico **interurbano** en 1924, entre **Milán** y **Varese**.

Motor bajo los asientos

DAIMLER MOTORWAGEN
1886

Capota plegable

FORD MODELO T
1908–1927

El chasis bajo mejora la adherencia

ASTON MARTIN MK II
1934

Forma aerodinámica de estilo art déco

LINCOLN ZEPHYR
1936

Motor trasero enfriado por aire

VOLKSWAGEN ESCARABAJO
1938

Ruedas con suspensión hidroneumática

CITROËN DS
1955

Grandes alerones de la era del reactor

CADILLAC SERIE 62
1959

El motor de inyección mejora el rendimiento en carretera y pista

BMW 3.0 CSL
1972

Forma de cuña típica de los deportivos de alto rendimiento

LAMBORGHINI COUNTACH
1988

Propulsión pionera híbrida convencional/eléctrica

TOYOTA PRIUS MKII
2004

1959 *El Mini de British Motor Corporation (BMC) con motor transversal transforma el diseño global.*

1987 *El Ferrari F40 es el primer automóvil para la carretera que supera los 322 km/h.*

2005 *BMW realiza pruebas con éxito de automóviles con pilas de combustible de hidrógeno.*

2020

1964 *Lanzamiento del Ford Mustang; se vende un millón de unidades en los primeros dos años.*

2012 *Se presenta la berlina de lujo Tesla Model S, con gran impacto en la industria convencional.*

Véase también El transporte en el siglo XXI pp. 290–291 ▶ Deportes ecuestres y de carreras pp. 486–487 ▶ **287**

La aviación a lo largo de la historia

El sueño de volar es tan antiguo como la propia humanidad. Numerosos intentos con planeadores fracasaron y causaron muertes, hasta que se comprendieron mejor los principios del vuelo en los siglos XVIII y XIX. Globos y dirigibles se elevaron mediante aire caliente o gases más ligeros que el aire, y a los planeadores siguieron las aeronaves propulsadas. En el siglo XX llegó el despegue de la aviación con el desarrollo de aviones militares, helicópteros, reactores y grandes aviones de carga y pasajeros.

Sistema de poleas de madera para batir las alas

Alas con estructura de madera cubierta de tela

MAQUETA DE LA MÁQUINA VOLADORA DE LEONARDO

c. siglo XVI El científico y artista italiano Leonardo da Vinci diseña máquinas voladoras inspiradas en los movimientos de murciélagos y aves.

MANFRED VON RICHTHOFEN

1914–1918 La aviación militar progresa durante la Primera Guerra Mundial, gracias a ases como el alemán Von Richthofen.

CARTEL DE LA SEMANA DE LA AVIACIÓN

1909 El primer encuentro internacional de aviación en Reims (Francia) contribuye al prestigio del avión como medio de transporte.

1907 El aviador francés Henri Farman realiza el primer vuelo de un minuto o más en Europa en un biplano Voisin. Gracias a la fama lograda con ello, se construyen más de 60 biplanos de este tipo.

Timón para girar a derecha o izquierda

1903 Los hermanos Orville y Wilbur Wright construyen y hacen volar el primer aparato más pesado que el aire en Carolina del Norte. El vuelo propulsado y controlado a 3 m de altura dura 12 segundos.

1929 El hidroavión Dornier DO X, el avión más pesado del mundo, requiere 12 motores para elevar sus 49 000 kg cargado.

Fuselaje de metal de tres pisos

DORNIER DO X

1932 La estadounidense Amelia Earhart es la primera aviadora en realizar un vuelo transatlántico en solitario, de Terranova (Canadá) a Irlanda del Norte, en un Lockheed Vega 5B.

AMELIA EARHART

1937 El dirigible gigante de pasajeros alemán LZ 129 *Hindenburg* se incendia durante el amarre en una base naval de EE UU. Mueren 36 personas.

DESASTRE DEL *HINDENBURG*

1974 Primer vuelo del F-16 Fighting Falcon. Más de 4600 de estos versátiles cazas supersónicos entrarán en servicio en más de 20 países.

Difusión de la onda de choque

BARRERA DEL SONIDO

Explosión sónica al superar la velocidad del sonido

1969 Primer vuelo del avión de pasajeros francobritánico Concorde, a casi dos veces la velocidad del sonido. Estará en servicio desde 1976 hasta 2003.

Fuselaje ligero de aleación de aluminio

HARRIER GR 3

1967 Primer vuelo del Harrier, el primer avión operativo con la capacidad de empuje vectorial para despegar y aterrizar en vertical, desarrollado por la corporación británica Hawker Siddeley.

Envergadura de 9,9 m

F-16 FIGHTING FALCON

Los ruddervators combinan las funciones de timón y elevador

Las superficies facetadas impiden la detección por radar

1983 Entra en servicio el Lockheed F-117 en EE UU. Es el primer avión militar diseñado con tecnología que lo hace indetectable por radar.

1986 El primer avión en dar la vuelta al mundo sin aterrizar ni repostar, el biplaza Rutan Model 76 Voyager, despega de Mojave (California, EE UU).

LOCKHEED F-117 NIGHTHAWK

SELLO DEL VOYAGER

◀ Véase también Los orígenes del transporte moderno pp. 278–279

Globo forrado de tafetán

EL GLOBO DE LOS MONTGOLFIER

El aviador alemán **Otto Lilienthal** realizó más de **2000 vuelos** en **planeador** entre 1890 y 1896.

1783 En París, el primer globo aerostático tripulado –diseñado y construido por los hermanos fabricantes de papel franceses Montgolfier– alcanza los 910 m y vuela 25 minutos.

1849 Un planeador de alas múltiples inventado por el británico George Cayley realiza un breve vuelo con un niño a bordo.

Ala superior
Cola
Fuselaje con forma de barco

PLANEADOR DE CAYLEY

1891 Ferdinand von Zeppelin deja el ejército alemán para dedicarse al diseño de dirigibles. El primero, el LZ1, vuela en 1900.

FERDINAND VON ZEPPELIN

1896 El científico estadounidense Samuel P. Langley hace volar un modelo de aeroplano hasta 1460 m, lanzándolo con una catapulta.

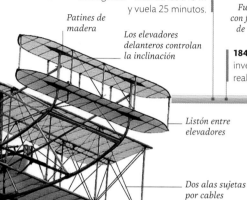

Patines de madera
Los elevadores delanteros controlan la inclinación
Listón entre elevadores
Dos alas sujetas por cables

REPRODUCCIÓN MODERNA DEL MODELO A DE LOS HERMANOS WRIGHT

c. década de 1900 El alemán Martin Kutta y el ruso Nikolái Zhukovski desarrollan un teorema para calcular la sustentación de un perfil alar como la generada al moverse un ala por el aire.

TEOREMA DE KUTTA-ZHUKOVSKI

El aire se mueve más rápido por arriba
Menor presión del aire sobre el ala
La sustentación supera al peso
El ala dirige el flujo hacia abajo
El empuje del motor crea propulsión
Mayor presión del aire bajo el ala
El peso del ala tira hacia abajo

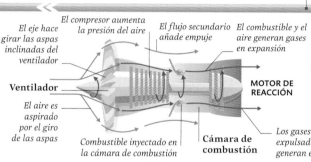

El eje hace girar las aspas inclinadas del ventilador
El compresor aumenta la presión del aire
El flujo secundario añade empuje
El combustible y el aire generan gases en expansión
Ventilador
El aire es aspirado por el giro de las aspas
Combustible inyectado en la cámara de combustión
Cámara de combustión
Los gases expulsados generan empuje
MOTOR DE REACCIÓN

1939 Primer vuelo del primer avión a reacción, el Heinkel He 178, con fuselaje de metal y motor turborreactor del diseñador alemán Hans von Ohain.

Cinta del arnés

PARACAÍDAS T5

1939–1945 Uso a gran escala de paracaídas en la Segunda Guerra Mundial para salvar a los tripulantes de aviones y a las tropas aerotransportadas.

1942 Debut del Messerschmitt Me 262 alemán. Los motores gemelos a reacción le permiten alcanzar una velocidad máxima de 900 km/h.

1952 Debut del Boeing B-52 Stratofortress, gran bombardero estratégico de largo alcance capaz de cargar hasta 31 500 kg de bombas.

c. década de 1950 Avances en la tecnología de los trajes de vuelo en EE UU. Los presurizados y antigravedad permiten volar a gran altitud con seguridad.

TRAJE PRESURIZADO

1949 Vuelo inaugural del prototipo del de Havilland Comet 1, el primer avión de pasajeros a reacción del mundo. Vuela más rápido y alto que los de hélice.

1945 Entra en servicio el primer helicóptero producido en serie, el Sikorsky R-4 estadounidense, de dos plazas.

Las aspas del rotor generan sustentación
El rotor se inclina para avanzar

DINÁMICA TÍPICA DE UN HELICÓPTERO

Los estabilizadores ayudan a avanzar

2005 Vuelo inaugural del mayor avión de pasajeros del mundo, el Airbus A380. En los dos pisos de su fuselaje de 72,7 m de largo caben 853 pasajeros.

Las alerones reducen la turbulencia
Envergadura de 79,8 m

AIRBUS A380

2015 El Solar Impulse 2 establece un récord mundial al volar 117 horas con energía solar, desde Nagoya (Japón) hasta Hawái (EE UU).

El timón controla el movimiento lateral

Más de 17 000 células solares cubren la superficie

SOLAR IMPULSE 2

El transporte en el siglo XXI

La población mundial se ha vuelto cada vez más móvil en las primeras dos décadas del siglo XXI. La demanda de opciones de transporte rápido, seguro y económico por tierra, mar y aire ha crecido enormemente, junto con el comercio global y el transporte de mercancías y materias primas. Con el aumento incesante de la población mundial y de la preocupación por los problemas medioambientales, el futuro del transporte plantea muchos retos.

Trenes maglev

Los sistemas de levitación magnética (maglev) debutaron comercialmente en 1984 con un transbordador de baja velocidad desde el aeropuerto de Birmingham (RU) a una estación ferroviaria próxima. Desde entonces se han construido contadas líneas, pero se esperan muchas más. El sistema sustituye las ruedas y los raíles tradicionales por potentes electroimanes que mantienen suspendido el tren sobre la guía y lo propulsan. Al no haber rozamiento, los trenes maglev prometen menos ruido, vibración y desgaste, así como un consumo de combustible más eficiente. Su rapidez eclipsa la de los trenes de alta velocidad convencional: en 2015, un maglev japonés L0 alcanzó los 603 km/h.

TREN MAGLEV

Vehículos eléctricos

El primer vehículo eléctrico fue construido en la década de 1830 por el inventor escocés Robert Anderson. Sin embargo, solo en el siglo XXI han llegado a ser una alternativa práctica a los de combustión interna, que queman combustibles fósiles y causan contaminación localizada. Los vehículos eléctricos prometen un transporte más silencioso y limpio, y pueden viajar cada vez más lejos entre recargas gracias a mejoras de las baterías recargables y el diseño de sus motores eléctricos. En 2019 había quince veces más vehículos eléctricos en las carreteras del mundo que en 2013, más del 40 % en China. Podrían reducir el calentamiento global si usan energía renovable.

Automóviles híbridos

Los híbridos con motores de gasolina y eléctrico se han popularizado en el siglo XXI desde la salida del Toyota Prius en 1997. Los vehículos híbridos eléctricos (VHE) utilizan un pequeño motor de gasolina para recargar la batería y circular; la batería también se recarga mediante frenos regenerativos, que convierten la energía cinética en eléctrica. Los híbridos eléctricos enchufables (VHEE) se recargan enchufándolos a una fuente externa. Además de reducir las emisiones nocivas, los híbridos ahorran combustible, ya que consumen hasta 2,5 l menos por 100 km que los convencionales.

Vehículos autónomos

La investigación sobre robótica en la década de 2000 condujo a la adopción de sistemas avanzados de asistencia al conductor y al control de crucero adaptativo. En la conducción autónoma, el conductor humano es sustituido por un sistema de control informático que recibe datos de una serie de sensores sofisticados, como el radar, que detecta la velocidad y la distancia a los objetos cercanos, y el lidar, cuyos pulsos de luz láser construyen una imagen tridimensional detallada del entorno del vehículo.

Zona de detección — **CÁMARA**

Ondas de radio emitidas — *Las ondas detectan objetos* — **RADAR**

Emisión de pulsos láser — *Los pulsos rebotan* — **LiDAR**

Viajes aéreos en el siglo XXI

En 2018, más de 4200 millones de personas viajaron en avión. Nuevos aviones más eficientes, drones de carga sin piloto y la mayor automatización en los aeropuertos contribuyen a satisfacer esta demanda, que se ha doblado entre 2000 y 2020. Aunque muchos aeropuertos están al límite de su capacidad, no hay previstos aviones de mayor tamaño: el fin de la producción del Airbus A380 con capacidad para 853 pasajeros se anunció en 2019, y los reactores bimotores de menor tamaño parecen marcar el camino. A comienzos de 2020, la ruta programada sin escalas más larga del mundo era Newark–Singapur, de Singapore Airlines, que cubre una distancia de 15 344 km.

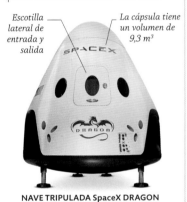

Escotilla lateral de entrada y salida

La cápsula tiene un volumen de 9,3 m³

NAVE TRIPULADA SpaceX DRAGON

Turismo espacial

En la actualidad, no todas las personas que viajan al espacio tienen que ser astronautas entrenados. En 2001, el empresario estadounidense Dennis Tito fue el primer turista espacial. Pagó más de 20 millones de dólares por una estancia de 7 días y 22 horas a bordo de la Estación Espacial Internacional, a la que le llevó la nave Soyuz TM que le devolvió a la Tierra. Desde entonces, varias empresas han empezado a desarrollar naves espaciales privadas propias, que se espera sean capaces de llevar pasajeros en viajes cortos suborbitales al espacio, o a órbita terrestre baja. Entre ellas están el proyecto Starliner de Boeing, Virgin Galactic y SpaceX del empresario estadounidense Elon Musk.

Hyperloop

Las cápsulas de *hyperloop*, un medio de transporte terrestre rápido en desarrollo

▶ Tren de alta velocidad moderno

Un tren de alta velocidad CRH380 llega a la estación de Pekín (China). La línea Pekín-Shanghái transporta 160 millones de viajeros al año, a velocidades de hasta 350 km/h.

en el siglo XXI, están diseñadas para flotar sobre «esquís» aéreos (cojinetes neumáticos) como los discos de hockey de mesa, o por levitación magnética. Las cápsulas viajan por un largo tubo del que un ventilador extrae la mayor parte del aire. Este se expulsa por detrás o por debajo de la cápsula y la hace avanzar. Al tener que superar una resistencia del aire mucho menor, las cápsulas se desplazan de modo eficiente, usando menos energía que los trenes convencionales, y pueden alcanzar 1200 km/h. Los proyectos de *hyperloop* propuestos en EEUU, España e India tienen como objetivo reducir los tiempos de viaje interurbano a la cuarta parte o más.

Transporte y medio ambiente

Hoy es mayor que nunca la conciencia de los efectos de la quema de combustibles fósiles sobre el medio ambiente, sobre todo la contaminación del aire y el cambio climático. Aunque las mejoras de la eficiencia de los motores y la aerodinámica permitan ahorrar combustible, los vehículos de motor y los aviones siguen produciendo gran parte de las emisiones de dióxido de carbono (CO_2), óxidos nitrosos y otros gases nocivos. Para cumplir los objetivos de emisiones serán necesarios cambios importantes, con soluciones basadas en combustibles más limpios, energía renovable y mejor transporte público, como los sistemas de bicicletas compartidas.

BICICLETAS URBANAS DE ALQUILER

En 2019, el transporte fue la causa de un cuarto de las emisiones de CO_2 mundiales.

Historia

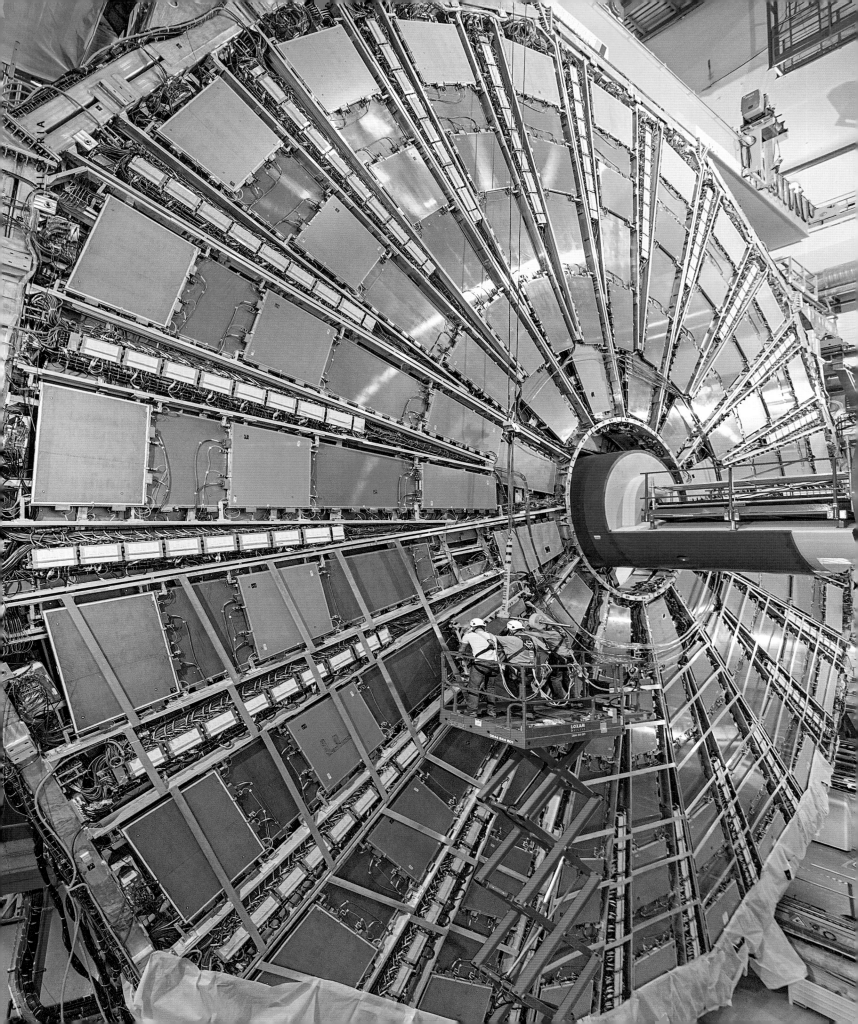

La historia del universo

El universo nació hace unos 13 800 millones de años tras el Big Bang, una colosal explosión expansiva. El inmenso flujo de energía vino acompañado del nacimiento de cuatro dimensiones, tres espaciales y una temporal; por ello no tiene sentido preguntarse qué había «antes» del Big Bang. Durante los primeros minutos, la energía se fundió en grandes cantidades de materia muy densa, la materia prima de todo el material que contiene el universo actual.

¿Cómo lo sabemos?

El concepto de Big Bang parte de la observación de que el universo se expande: por tanto, antes tuvo que ser más pequeño. La idea surgió en la década de 1920, cuando Edwin Hubble descubrió que casi todas las galaxias se alejan de nosotros.

En 1931, el sacerdote y cosmólogo belga Georges Lemaître rastreó la historia del universo actual en expansión hasta un estado compacto, denso y a temperaturas superiores a todas las conocidas al que llamó «átomo primigenio» (la expresión «Big Bang» se acuñó más tarde).

En 1948, los físicos demostraron que el átomo primigenio en expansión podría haber transformado la energía en los átomos de los elementos más simples y en las proporciones exactas halladas en el universo primitivo. En 1964, los astrónomos detectaron la radiación remanente del Big Bang. Hoy en día, la teoría se sigue ampliando gracias a las observaciones del universo distante y a los experimentos con aceleradores de partículas que recrean las condiciones energéticas de hace 13 800 millones de años.

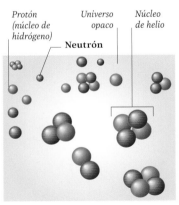

Protón (núcleo de hidrógeno)   *Universo opaco*   *Núcleo de helio*

Neutrón

PROTONES Y NEUTRONES FORMAN LOS PRIMEROS NÚCLEOS ATÓMICOS

◀ **Un acelerador de partículas colosal**
El Gran Colisionador de Hadrones del CERN, cerca de Ginebra (Suiza), permite llevar a cabo experimentos de física de partículas a temperaturas próximas a las del Big Bang con el fin de ampliar los conocimientos sobre el origen del universo.

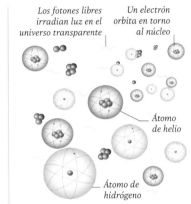

Los fotones libres irradian luz en el universo transparente   *Un electrón orbita en torno al núcleo*

Átomo de helio

Átomo de hidrógeno

FORMACIÓN DE LOS PRIMEROS ÁTOMOS

El principio

El Big Bang comenzó con un estallido instantáneo de energía con las condiciones idóneas para desencadenar una expansión en lugar de una concentración. Durante los primeros 10^{-43} segundos, conocidos como época de Planck, y en unas condiciones tan extremas que no se cumplían las leyes físicas tal como las conocemos, la energía inundó el recién nacido universo.

Al final de la época de Planck, y a medida que el universo se expandía y se enfriaba a partir de temperaturas casi infinitas, empezaron a instaurarse las leyes físicas, como el electromagnetismo. A los aproximadamente 10^{-32} segundos de historia cósmica, la Inflación multiplicó la escala del espacio por 10^{28} en una diminuta fracción de segundo y transformó las fluctuaciones submicroscópicas de la densidad de la materia en el germen de vastos cúmulos de galaxias.

El nacimiento de la materia

El universo recién nacido estaba tan caliente que, según la ecuación de Einstein $E = mc^2$ (p. 196), la masa y la energía eran intercambiables. Las partículas de materia (cuarks muy pesados y leptones más ligeros, como los electrones) existían y dejaban de existir de manera intermitente, por lo general emparejadas con una «antipartícula» de carga opuesta. En el primer microsegundo, las temperaturas bajaron tanto que la producción de cuarks cesó, aunque la de los leptones más

estables (electrones y neutrinos electrónicos) prosiguió durante unos 10 segundos más.

Protones y neutrones

Los cuarks formaron tríos y crearon así los protones y los neutrones (y sus antipartículas) de los núcleos atómicos actuales. Aunque casi todas las partículas y antipartículas se destruyeron entre sí al entrar en contacto, una parte (siete protones por cada neutrón) sobrevivió. El descenso de la temperatura durante los dos a veinte minutos que siguieron al Big Bang permitió que los protones y los neutrones se unieran y generaran los núcleos de los elementos más simples, como el helio y el litio.

Hacia los primeros átomos

Cuando la creación de materia llegó a su fin, la mayor parte de la energía del universo existía en forma de fotones de rayos gamma de alta energía. Sin embargo, la materia era tan densa que los rayos solo podían recorrer pequeñísimas distancias antes de chocar con partículas de materia o ser desviados por ellas. Esto hacía que se calentaran las partículas y esparcía los fotones en nuevas direcciones y con algo menos de energía. La presión ejercida por esa radiación tan abundante e intensa impedía que la gravedad agrupara la materia. El universo era opaco, una bola de fuego y niebla incandescente en expansión.

El equilibrio de la energía cósmica fue cambiando a medida que la dispersión de fotones reducía la energía de la radiación. Los rayos gamma se transformaron en rayos X con menos energía y luego en radiación ultravioleta. Al cabo de unos

47 000 años, la materia había absorbido la mayor parte de la energía de la radiación. Mientras, el universo se enfriaba de forma inexorable a medida que se expandía.

Al cabo de 380 000 años, las temperaturas habían bajado lo suficiente (unos 3000 °C) para que los núcleos y los electrones pudieran combinarse y formar átomos, lo que redujo de repente la cantidad de

Todos los **núcleos atómicos** del universo se formaron en menos de **una hora**.

partículas libres. Una vez despejada la niebla, los fotones, ya en forma de luz visible, avanzaron a la velocidad de la luz desde los bordes de la bola de fuego y crearon la radiación visible más antigua del universo, que aún llega a la Tierra desde todas las direcciones y recibe el nombre de radiación de fondo de microondas (RFM). El registro de sus fluctuaciones en el cielo aún revela detalles del universo primitivo.

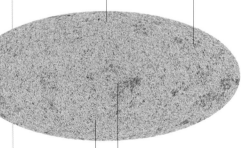

En las zonas rojas, la temperatura es 0,0002 °C superior a la media   *La temperatura de las zonas azules es 0,0002 °C inferior a la media*

La materia es más densa en las zonas más cálidas   *La materia es menos densa en las zonas más frías*

VARIACIÓN DE LA RFM EN EL CIELO

EL DESCUBRIMIENTO DE LA RFM

La RFM es un vestigio de la radiación que emitieron los primeros fotones, debilitada y convertida en microondas por su recorrido de 13 800 millones de años. Aunque se había predicho en 1948, no se descubrió hasta 1964 y por casualidad, cuando Arno Penzias y Robert Wilson, que habían construido una gran antena de microondas para realizar experimentos con satélites de comunicaciones, descubrieron interferencias de una señal persistente que llegaba desde todas las direcciones del espacio.

LA ANTENA DE PENZIAS Y WILSON

>> La historia del universo (continuación)

Si bien el Big Bang generó toda la materia y la energía del universo y sentó las bases de las fuerzas fundamentales que rigen su funcionamiento, el período que le siguió también fue vital para el universo que hoy conocemos. La materia se agrupó en las primeras estrellas y galaxias, y los elementos más ligeros empezaron a convertirse en otros más pesados que permitieron reacciones químicas complejas y la formación de planetas rocosos.

De la oscuridad a la luz

El momento en que la luz se liberó de la materia, 380 000 años después del Big Bang (p. 295), se llama desacoplamiento y fue un punto de inflexión en la historia del cosmos. El universo se volvió transparente de pronto, pero fue quedándose a oscuras a medida que se desvanecía la radiación de la bola de fuego primigenia.

Durante esta era de oscuridad cósmica actuaron otras fuerzas. La gravedad pudo agregar partículas de materia, que la radiación ya no dispersaba. En realidad, el proceso ya había empezado antes: la materia oscura (pp. 32–33), que equivale al 85 % de toda la materia y a la que no le afecta la radiación, había empezado a concentrarse en regiones más densas mucho antes del desacoplamiento.

Entre 150 y 300 millones de años después del Big Bang, algunos cúmulos de materia habían alcanzado una densidad y una temperatura tales que se encendieron y se convirtieron en la primera generación de estrellas. Compuestas por materias primas formadas en el Big Bang, contenían casi exclusivamente hidrógeno y helio puros y alcanzaron una masa cientos de veces mayor que la del Sol. Consumieron su hidrógeno con rapidez (en solo unos millones de años), iluminaron el universo y produjeron elementos más pesados, como oxígeno y carbono en su núcleo, igual que las estrellas masivas actuales.

Las semillas del universo

Las primeras estrellas murieron en explosiones llamadas supernovas (p. 25). Los modelos teóricos plantean que una oleada de fusión nuclear recorría la estrella y expulsaba al espacio grandes cantidades de elementos pesados sin dejar remanente alguno. Puede que la intensa radiación de estas supernovas energizara las nubes de hidrógeno que ocupaban el universo

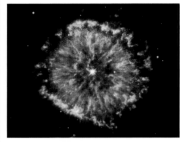

ESTRELLA MORIBUNDA

primordial, dividiera sus moléculas y les arrebatara los electrones en un episodio llamado reionización, que originó el tenue plasma que compone el espacio interestelar actual, que puede ser atravesado por casi toda la radiación.

La vida y la muerte de la primera generación de estrellas desencadenaron

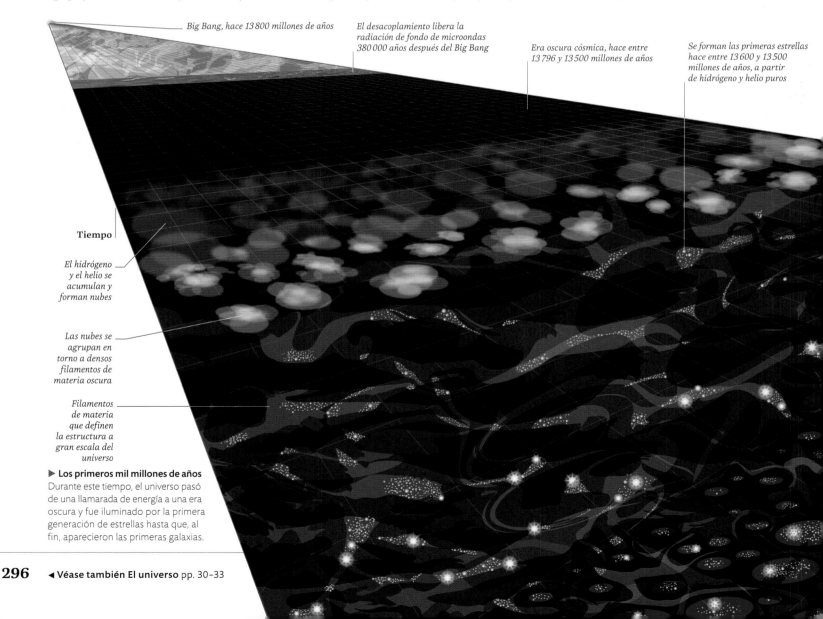

Big Bang, hace 13 800 millones de años

El desacoplamiento libera la radiación de fondo de microondas 380 000 años después del Big Bang

Era oscura cósmica, hace entre 13 796 y 13 500 millones de años

Se forman las primeras estrellas hace entre 13 600 y 13 500 millones de años, a partir de hidrógeno y helio puros

Tiempo

El hidrógeno y el helio se acumulan y forman nubes

Las nubes se agrupan en torno a densos filamentos de materia oscura

Filamentos de materia que definen la estructura a gran escala del universo

▶ Los primeros mil millones de años

Durante este tiempo, el universo pasó de una llamarada de energía a una era oscura y fue iluminado por la primera generación de estrellas hasta que, al fin, aparecieron las primeras galaxias.

◀ Véase también El universo pp. 30–33

Las primeras **galaxias, llamadas cuásares**, brillan con tal **intensidad** que son visibles a **13 000 millones de años luz** de distancia.

un proceso que sigue hoy y que enriqueció el cosmos con elementos pesados, cuya presencia hizo que las estrellas de la segunda generación ardieran con más rapidez y brillaran más, pero también que no fueran tan masivas. Cuando las estrellas gigantes de esta generación agotaron su combustible, unos millones de años después, explotaron como las supernovas de hoy, generando pequeñas cantidades de elementos pesados y dejando como remanente sus núcleos colapsados: diminutas y densas estrellas de neutrones y agujeros negros de densidad infinita.

Las primeras galaxias

Se formaron en las mismas regiones de materia concentrada que las primeras estrellas, aunque probablemente algo después. Según las teorías actuales, las primeras galaxias eran pequeñas y amorfas, y combinaban hidrógeno del espacio intergaláctico con elementos más pesados forjados en las estrellas de las primeras generaciones. Las colisiones y acercamientos entre galaxias generaron ondas que desencadenaron nuevas oleadas de formación estelar. Las galaxias

también albergaron agujeros negros, dejados por estrellas de la segunda generación y posteriores. A medida que chocaban y se fusionaban, muchas galaxias desarrollaron en su centro agujeros negros que actuaban como anclas gravitatorias y las mantenían juntas, propiciando el crecimiento de sistemas más grandes y complejos. Estos agujeros negros de estas galaxias en colisión también se fusionaban y engullían su entorno próximo. El disco supercaliente de materia que los rodeaba y caía en ellos brillaba como intensos haces de radiación llamados cuásares.

NACIMIENTO DE UNA ESTRELLA

Hacia la Tierra

Al crecer las galaxias, las fusiones fueron menos frecuentes y los agujeros negros centrales se volvieron tranquilos y oscuros. Las grandes galaxias que sobrevivieron, como la Vía Láctea, desarrollaron brazos espirales a medida que las nubes de gas y polvo que orbitaban en torno a su centro se amontonaban en espirales que la gravedad dirigió hacia la formación de nuevas estrellas. Las más grandes de estas solo vivieron millones de años y volvieron a esparcir elementos pesados en el medio interestelar al transformarse en supernovas.

El Sol se formó a partir de este medio interestelar, donde la gravedad lo concentró en un disco giratorio de gas y polvo, hace 4600 millones de años. Como ya habían pasado varias generaciones de estrellas y supernovas, su materia prima contenía los elementos necesarios para crear materia sólida y planetas rocosos. Cuando nuestra longeva estrella emergió de su lugar de nacimiento y se unió a la población general del disco galáctico, llevaba consigo un recién nacido Sistema Solar.

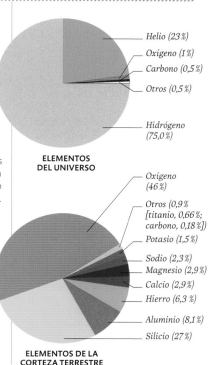

ELEMENTOS DEL UNIVERSO
- Helio (23 %)
- Oxígeno (1 %)
- Carbono (0,5 %)
- Otros (0,5 %)
- Hidrógeno (75,0 %)

ELEMENTOS DE LA CORTEZA TERRESTRE
- Oxígeno (46 %)
- Otros (0,9 % [titanio, 0,66 %; carbono, 0,18 %])
- Potasio (1,5 %)
- Sodio (2,3 %)
- Magnesio (2,9 %)
- Calcio (2,9 %)
- Hierro (6,3 %)
- Aluminio (8,1 %)
- Silicio (27 %)

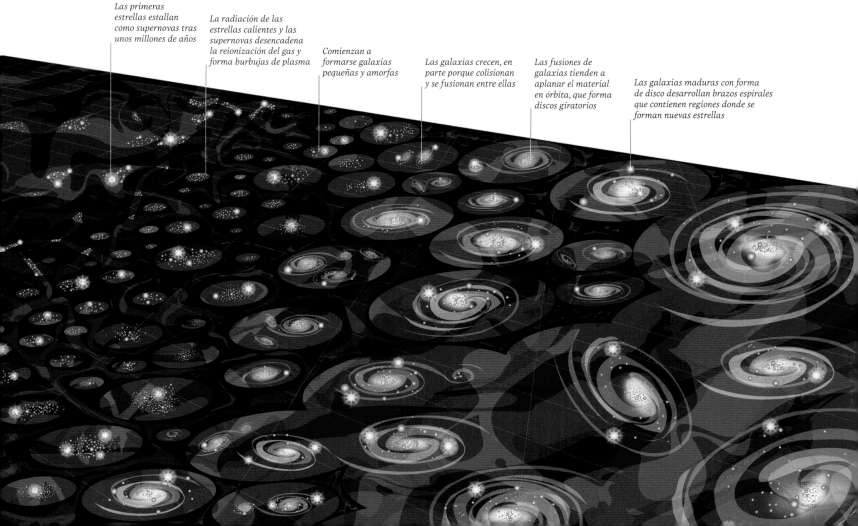

Las primeras estrellas estallan como supernovas tras unos millones de años

La radiación de las estrellas calientes y las supernovas desencadena la reionización del gas y forma burbujas de plasma

Comienzan a formarse galaxias pequeñas y amorfas

Las galaxias crecen, en parte porque colisionan y se fusionan entre ellas

Las fusiones de galaxias tienden a aplanar el material en órbita, que forma discos giratorios

Las galaxias maduras con forma de disco desarrollan brazos espirales que contienen regiones donde se forman nuevas estrellas

La historia de la Tierra

La Tierra nació de una nube interestelar de gas y polvo que se acabó convirtiendo en un planeta complejo con un clima idóneo para la vida. Durante este tiempo, las interacciones de los procesos geológicos, la atmósfera, los océanos y la vida la hicieron pasar por distintas fases. Pese a que casi todas las evidencias más antiguas han sido destruidas por unos 4500 millones de años de cambio continuo, los científicos han podido reconstruir lo que sucedió a partir del material conservado en meteoritos, la superficie de otros planetas menos activos y los modelos informáticos.

Cuerpos del tamaño de asteroides formados por acreción

Al principio, el planetésimo formado por acreción estaba frío

Deriva de guijarros en formación

Nacimiento del Sistema Solar

El Sistema Solar surgió de la misma nebulosa interestelar que el Sol mediante un proceso iniciado hace 4600 millones de años, quizá por las ondas expansivas de una supernova cercana que la enriqueció con elementos radiactivos.

El proceso empezó cuando la gravedad creó acumulaciones de gas que formaron nubes opacas, o glóbulos de Bok (pp. 22–23) dentro de la nebulosa. Cuando su masa se concentró cerca del centro, el glóbulo que originó el Sol comenzó a girar más deprisa. Las colisiones entre acumulaciones de gas y partículas de polvo en distintas órbitas aplanaron la nube y la convirtieron en un amplio disco de material que giraba en espiral hacia el centro.

Al final, la temperatura y la densidad en el centro de la nube llegaron a ser tan altas que desencadenaron reacciones de fusión nuclear: había nacido el Sol. La presión hacia el exterior de la radiación y el viento solares redujo la cantidad de material que caía hacia el Sol, dejando una amplia rosquilla de materia en la región que hoy día ocupa el Sistema Solar. El calor cerca del Sol hizo que los materiales volátiles que se funden fácilmente se evaporaran y fueran expulsados al Sistema Solar exterior, así que solo quedaron partículas de polvo con un punto de fusión elevado.

La formación de los planetas

Los planetas se formaron por acreción en el disco protoplanetario que orbitaba en torno al Sol. En la parte del Sistema Solar que ocupa la Tierra comenzaron a acumularse granos de polvo, atraídos probablemente por fuerzas electrostáticas débiles. Al crecer, estas acumulaciones empezaron a ejercer una influencia gravitatoria sobre su entorno y atrajeron cada vez más material hasta crear un enjambre de cuerpos de un tamaño entre el de la Luna y el de Marte, o planetésimos, que chocaron entre ellos y formaron los planetas. Según una teoría actual, una de

1 **Acreción**

A lo largo de millones de años, las partículas de polvo se unieron y formaron cuerpos del tamaño de guijarros, primero por fuerzas electrostáticas débiles y luego por la gravedad.

2 **Primeros planetésimos**

Los planetésimos eran cuerpos esféricos de tamaño variable que se formaron poco a poco, o quizá al concentrarse súbitamente las agregaciones de guijarros sueltos.

Los **vestigios más antiguos** de la corteza tienen **4400 millones de años** y están en **cristales de circonio**.

las últimas colisiones fue la de la proto-Tierra y Tea, un cuerpo del tamaño de Marte, hace entre 4400 y 4500 millones de años, que destruyó a Tea y lanzó al espacio tanto su material como un fragmento del manto terrestre. Aunque gran parte del material cayó otra vez sobre la Tierra o escapó al espacio, una nube sustancial permaneció en órbita y se fue fusionando a lo largo de décadas hasta convertirse en la Luna.

La frecuencia de los impactos disminuyó tras la colisión con Tea, porque los planetas «absorbían» los residuos a la deriva en el Sistema Solar interior. Hace 3900 millones de años tuvo lugar otro pico de actividad, el bombardeo intenso tardío, cuando los cambios de las órbitas de los planetas gigantes enviaron material rico en hielo hacia el Sistema Solar interior.

Separación en capas

Se cree que la Tierra primitiva estaba muy caliente, porque las colisiones que contribuían a la formación de los planetas también calentaban los materiales. Incluso antes de que la Tierra acabara de formarse, el calor interno desencadenó el proceso de diferenciación que distribuyó los materiales en capas esféricas determinadas por la gravedad. El calor residual, sumado al emitido por los materiales radiactivos de la nebulosa solar, fundió y separó el interior del planeta: los elementos pesados se hundieron hacia el centro y los más ligeros formaron las capas superiores.

Con el tiempo, el interior desarrolló capas parecidas a las actuales. La distribución de

◄ Una Tierra infernal

El período entre la formación de la Tierra y hace unos 4000 millones de años se conoce como eón Hádico, por el dios griego Hades. La Luna estaba más cerca que hoy, y la lava cubría la superficie terrestre.

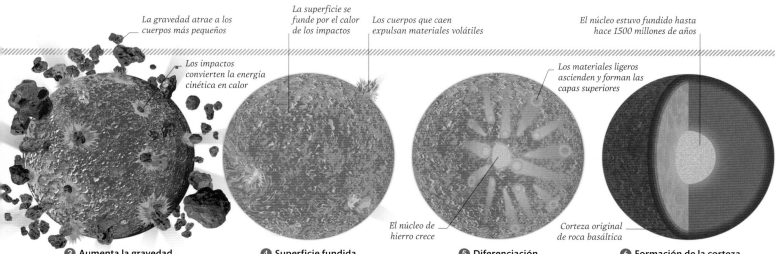

La gravedad atrae a los cuerpos más pequeños

Los impactos convierten la energía cinética en calor

La superficie se funde por el calor de los impactos

Los cuerpos que caen expulsan materiales volátiles

El núcleo estuvo fundido hasta hace 1500 millones de años

Los materiales ligeros ascienden y forman las capas superiores

El núcleo de hierro crece

Corteza original de roca basáltica

❸ Aumenta la gravedad
La gravedad de los planetésimos más grandes atrajo a otros objetos. Al final, los planetésimos chocaron, se fusionaron y formaron planetas, como la Tierra.

❹ Superficie fundida
El calor generado por las colisiones y los elementos radiactivos elevó la temperatura de la Tierra, cuya superficie estaba fundida sobre un interior móvil.

❺ Diferenciación
La fluidez del interior de la Tierra permitió que los materiales se separaran en capas: los elementos metálicos se hundieron y los ligeros ascendieron.

❻ Formación de la corteza
Cuando la Tierra se enfrió, se formó una corteza sobre el manto. El calor siguió escapando al exterior a tal velocidad que los volcanes eran generalizados.

los elementos dependió de su densidad relativa y de la tendencia a reaccionar químicamente entre sí. La formación de un núcleo de hierro arrastró a la mayoría de los elementos siderófilos (con tendencia a combinarse con el hierro) como el oro, el platino, el cobalto y el níquel. Los que reaccionan con facilidad con el oxígeno y otros elementos ligeros (litófilos y calcófilos, respectivamente) ascendieron hacia la superficie y formaron un grueso manto

se cree que es posible que los océanos aparecieran hace al menos 4400 millones de años. Una explicación de ello sería que los impactos de cuerpos ricos en hielo en las fases posteriores de la formación de la Tierra expulsaron vapor de agua a la atmósfera; otra es que, incluso mientras las temperaturas fueron máximas, la presión dejó agua atrapada en los minerales terrestres, un agua que solo escapaba por los volcanes. Puede que ambos procesos se

Los primeros continentes
La corteza terrestre original era una cáscara sólida de una pieza, marcada por episodios volcánicos. Hace 4000 millones de años se fragmentó en placas que empezaron a desplazarse e iniciaron el ciclo llamado tectónica de placas (pp. 48-49). Puede que el bombardeo intenso tardío iniciara este proceso cuando pulverizó la superficie de la Tierra. El desplazamiento de las placas obligó a algunas a subducirse bajo

continental. El terreno, cada vez más elevado, era erosionado por el viento y el agua que, además de producir las primeras rocas sedimentarias, comenzó a transformar la atmósfera. El dióxido de carbono empezó a reaccionar con las rocas ricas en silicatos y acabó transformándolas en carbonatos. Hace millones de años que el equilibrio entre rocas silicatadas y carbonatadas regula el nivel de dióxido de carbono.

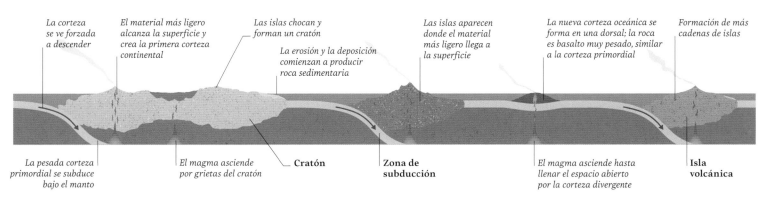

La corteza se ve forzada a descender

El material más ligero alcanza la superficie y crea la primera corteza continental

Las islas chocan y forman un cratón

La erosión y la deposición comienzan a producir roca sedimentaria

Las islas aparecen donde el material más ligero llega a la superficie

La nueva corteza oceánica se forma en una dorsal; la roca es basalto muy pesado, similar a la corteza primordial

Formación de más cadenas de islas

La pesada corteza primordial se subduce bajo el manto

El magma asciende por grietas del cratón

Cratón

Zona de subducción

El magma asciende hasta llenar el espacio abierto por la corteza divergente

Isla volcánica

coronado por una corteza sólida, pero inestable, compuesta por los elementos más ligeros. La corteza inicial era delgada y relativamente carente de relieve.

Los primeros océanos y atmósfera
Sobre las rocas de la Tierra primitiva había capas de agua y de gas: los océanos y la atmósfera. El origen del agua de la Tierra sigue sin estar claro. Antes se creía que las regiones interiores de la nebulosa solar eran tan secas y que la Tierra estaba tan caliente que esta se formó en un estado árido y que el agua de los océanos tuvo que llegar después de que se enfriara. Hoy

combinaran y se sumaran al agua de los cometas. También parece que los episodios cataclísmicos durante la historia temprana del planeta provocaron al menos una evaporación total de los océanos, a la que siguió una recondensación.

La atmósfera terrestre también se transformaba. Al principio estaba compuesta por los ligeros hidrógeno y helio, pero cuando el viento solar se los llevó, las erupciones volcánicas la transformaron en una mezcla de gases caliente, densa y rica en dióxido de carbono que provocó un efecto invernadero muy potente.

otras, y esto generaba calor que fundía las rocas de las capas superiores y originaba volcanes que expulsaban a la superficie las rocas más ligeras. La flotabilidad de esta nueva corteza le permitió apilarse hasta alcanzar mayores alturas y formar islas volcánicas. Cuando las placas se rozaban, se resistían a la subducción. La corteza primordial siempre se subducía, por lo que la corteza continental siguió apilándose encima. Las islas formaron masas de tierra más grandes (cratones), los núcleos de los continentes. La Tierra aún desprendía calor a más velocidad que hoy, lo que aceleró el proceso de formación

▲ Formación de los continentes
Los núcleos continentales se formaron en las primeras fases de la tectónica de placas por la colisión y la fusión de cadenas de islas de rocas relativamente ligeras.

En **Groenlandia** aún hay **rocas** del inicio de la tectónica de placas, hace **3800 millones de años.**

›› La historia de la Tierra (continuación)

Mares someros llenan los cráteres

Vulcanismo intenso y generalizado

❼ Hádico
Hace unos 4000 millones de años, la primera corteza basáltica de la Tierra seguía marcada por los cráteres de impacto del «bombardeo intenso tardío».

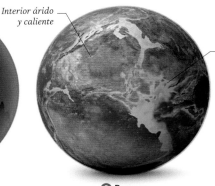

El hielo llega a latitudes tropicales

❽ Glaciación global
Hace unos 800 millones de años, con los continentes concentrados en los trópicos, una combinación de factores enfrió la Tierra y desencadenó una glaciación casi global.

Interior árido y caliente

Costas tropicales

❾ Pangea
El supercontinente más reciente, Pangea, se formó hace 300 millones de años. Aisladas de las precipitaciones costeras, grandes áreas se volvieron desérticas.

La colisión de placas a lo largo de la costa pacífica de América del Norte levanta las Montañas Rocosas

Hace unos **55,5 millones de años**, la temperatura media de la Tierra **ascendió 8 °C** por el **dióxido de carbono** que los volcanes lanzaban a la atmósfera.

Aparición de la vida
El comienzo de la tectónica de placas hace 4000 millones de años marcó el fin del eón Hádico y el inicio del Arcaico, que duró 1500 millones de años. Aunque la tectónica de placas posterior ha destruido o enterrado las evidencias de este período, algunos de los hallazgos han revelado lo que sucedía en el interior y en la superficie del planeta. Como la corteza continental nueva se añadía a las masas de tierra ya existentes a mayor velocidad que a la que se erosionaba,

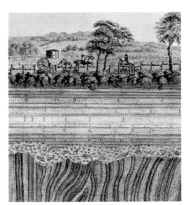

La antigüedad de la Tierra
La investigación de formaciones rocosas complejas, como se ve en este dibujo de 1787 de estratos rocosos en Escocia, motivó a los primeros geólogos. James Hutton escribió acerca de un mundo «sin vestigios del principio ni expectativas de final».

levantó la superficie terrestre. Al final del Arcaico, el área de tierra seca equivalía al 80% de la actual. El campo magnético de la Tierra se intensificó, y aumentó su capacidad para desviar la radiación del viento solar. Casualmente, también durante el Arcaico se generalizó la vida. Las primeras evidencias fósiles datan de hace 3500 millones de años. Estos fósiles eran cianobacterias, unas bacterias que viven en colonias, obtienen la energía de la luz solar y construyen sustancias bioquímicas complejas a partir de dióxido de carbono.

Nueva atmósfera y nueva vida
El eón Proterozoico empezó hace 2500 millones de años. Las rocas de esa época revelan cómo cambió el planeta. Parece que el Proterozoico temprano se caracterizó por la actividad tectónica, que separaba y reunía a los continentes. En algunos momentos, casi toda la masa terrestre del planeta formó un supercontinente, mientras que en otros estuvo fragmentada. Los cambios de la atmósfera terrestre y de la vida del planeta ejercieron un impacto permanente.
Tras un millón de años de fotosíntesis llevada a cabo por las cianobacterias, el nivel de dióxido de carbono en la atmósfera descendió y el planeta se enfrió: las primeras evidencias de glaciaciones se remontan a principios de este período. Mientras, la naturaleza reactiva del oxígeno, un producto de desecho de la fotosíntesis de estas primeras formas de vida, produjo nuevos minerales en la corteza terrestre. A

lo largo de cientos de millones de años, el oxígeno se acumuló en estos «sumideros» minerales mediante reacciones con el hierro y con otras sustancias químicas en los océanos terrestres.
Hace 2400 millones de años, los sumideros se llenaron, rebosaron, y el oxígeno empezó a acumularse en los océanos y en la atmósfera. Esto supuso un apocalipsis para la mayoría de las formas de vida que, desacostumbradas al oxígeno, murieron envenenadas por su propio producto de desecho. Los organismos que sobrevivieron a la «gran oxigenación» habían evolucionado y se habían convertido en consumidores de oxígeno. Es posible que la necesidad de vivir en un medio oxigenado desencadenara los cambios que originaron formas de vida más complejas (pp. 220–221).

Ciclos de vida
Existen evidencias de que hace 775 millones de años, hacia el final del Proterozoico, varias glaciaciones prolongadas cubrieron de hielo la mayor parte del planeta, en un período llamado glaciación global. Cuando la Tierra emergió de la última glaciación prosperaron nuevos tipos de vida pluricelular, incluidos los primeros animales. Esto marca el inicio del eón Fanerozoico (o de la vida visible), iniciado hace unos 541 millones de años y que llega hasta hoy. Durante este eón, la geología, el clima y la vida se han entretejido. La diversidad de especies ha aumentado y disminuido durante varias extinciones masivas, asociadas a cambios climáticos

América del Sur avanza hacia el norte

❿ Un período cálido
Hace 55 millones de años, un período cálido global fundió los casquetes polares, y el océano inundó muchas tierras bajas. Los continentes se desplazaban despacio hacia las posiciones que ocupan hoy.

Gran parte de la
Europa actual
estaba sumergida
bajo mares someros

El casquete de
hielo laurentino (de
América del Norte) en
su máxima extensión

El casquete de hielo eurasiático
en el punto álgido de la glaciación

Hielo oceánico
a la deriva

El istmo de Panamá
corta la circulación
entre el Atlántico
y el Pacífico

⑪ Glaciación

Hace unos 2,6 millones de años, la unión de
América del Norte y del Sur transformó la
circulación oceánica y provocó una glaciación,
cuyo máximo ocurrió hace 20 000 años.

La región del Sáhara
del norte de África
está inundada

drásticos. Las causas de las extinciones son
complejas y variadas. Algunas pudieron
tener desencadenantes físicos, como un
vulcanismo generalizado, impactos de
objetos celestes o cambios del equilibrio
térmico global asociados a la distribución
de la tierra firme y a las corrientes oceánicas.
Parece que la propia vida provocó otras,
cuyas causas van desde la retirada de gases
de efecto invernadero de la atmósfera
cuando las plantas colonizaron la tierra
firme hasta la liberación de esos gases por
la actividad humana en el pasado reciente.
La relación entre la atmósfera, las rocas,
los océanos y los seres vivos ha dictado
el pasado del planeta y dictará su futuro.

CHARLES LYELL

Este geólogo escocés (1797–1875)
propuso el principio del uniformismo,
que afirma que la Tierra fue modelada
por las mismas fuerzas que actúan
hoy sobre ella y a un ritmo similar. La
lenta formación de las capas rocosas
demostraba que la edad de la Tierra
era muy superior a los miles de años
que se le atribuían hasta entonces.

ANTES DE LA HUMANIDAD

De la Prehistoria a 3000 a. C.

La Prehistoria empezó con los primeros antepasados humanos y terminó con la aparición de la escritura millones de años después. Durante la Edad de Piedra, dividida en los períodos Paleolítico, Mesolítico y Neolítico, el ser humano pasó de ser cazador-recolector a agricultor y ganadero. Siguió la Edad del Bronce, cuando el ser humano descubrió cómo trabajar el metal. En la Edad del Hierro, pueblos de toda Europa, Asia y parte de África empezaron a fabricar herramientas y armas de hierro y de acero.

3,3–1,76 Ma Los homininos tallan los primeros útiles de piedra. Hace 1,76 Ma, los pueblos paleolíticos empiezan a tallar hachas de mano (bifaces) y otros útiles cortantes.

Se desprende la primera lasca de la piedra

Se sacan más lascas a lo largo de la primera

Se tallan las dos caras para dar forma al bifaz

Bordes y punta finamente acabados

TALLA DE UN BIFAZ

Decoración impresa con forma de cuerda

c. 13000 a. C. Cazadores-recolectores chinos producen las primeras piezas de alfarería. Hacia 13000 a. C., los primeros japoneses, los jomon, producen vasijas de arcilla cocida.

CERÁMICA JOMON AVANZADA

c. 14000 a. C. El perro es el primer animal domesticado por el hombre. En Eynan, o Ain Mallaha, (Israel) se halló el esqueleto de un perro junto a los restos de una mujer.

Esqueleto de un cachorro de 28 semanas

MOLDE DE UNA MUJER ENTERRADA JUNTO A UN PERRO

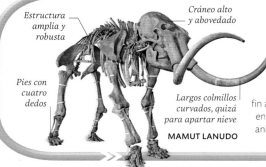

Estructura amplia y robusta

Cráneo alto y abovedado

Pies con cuatro dedos

Largos colmillos curvados, quizá para apartar nieve

MAMUT LANUDO

c. 9700 a. C. Un calentamiento global drástico, causado tal vez por cambios de las corrientes oceánicas y el aumento de dióxido de carbono en la atmósfera, pone fin a la glaciación. Los cambios del entorno provocan la extinción de animales como el mamut lanudo.

c. 10500–9500 a. C. Aparece la agricultura en el Creciente Fértil, que abarca desde Egipto hasta parte de Irak pasando por la actual Turquía. Uno de los cultivos es un antepasado silvestre del trigo moderno.

Espiga fina con granos pequeños

Cascabillo muy adherido

Espiga intacta hasta la trilla

Espiga más grande y gruesa

TRIGO SILVESTRE → **ESCANDA SILVESTRE** → **FARRO DOMESTICADO** → **TRIGO CANDEAL MODERNO**

Jarra con pitorro de aleación de cobre

c. 4000 a. C. Primeras ciudades del mundo, como Uruk, en Mesopotamia (Irak y Kuwait actuales). Estas ciudades prosperan y empiezan a comerciar entre ellas.

JARRA DE URUK

c. 4000 a. C. Comienza el cultivo del arroz en campos arados e inundados en los valles del curso bajo y medio del río Yangtsé, y el alto del Huang He (China).

↑ N

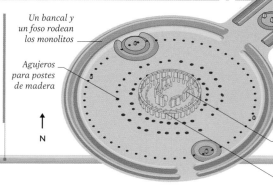

Un bancal y un foso rodean los monolitos

Agujeros para postes de madera

Arco de tres piedras, o trilito

Círculo compuesto por 30 piedras erectas

c. 4500 a. C. Los pueblos neolíticos de Europa construyen monumentos funerarios y en lugares donde se celebran ritos religiosos. Se cree que Stonehenge (RU) es uno de estos lugares.

STONEHENGE

BUEY   **SOL**   **PEZ**

SIGNOS CUNEIFORMES

c. 3300–2900 a. C. En Mesopotamia, los sumerios utilizan la escritura cuneiforme, la primera forma de escritura conocida, que otras civilizaciones de la región adoptan rápidamente.

c. 3200 a. C. Uso generalizado del carro (el primer medio de transporte rodado) en la guerra. El estandarte de Ur (2600 a. C.) contiene algunas de las primeras representaciones.

ESTANDARTE DE UR

Carro de guerra sumerio con ruedas macizas y tirado por asnos salvajes

c. 210 000 años Los primeros *Homo sapiens*, ya dispersados por gran parte de África, migran a Europa por Oriente Medio y llegan hasta Asia central y oriental.

H. sapiens comienza a migrar de África

El ser humano comienza la lenta y difícil travesía a Australia

MIGRACIÓN HUMANA

58 000–38 000 a. C. Algunos navegantes cruzan de Indonesia al norte de Australia cuando el nivel del mar es relativamente bajo. El ser humano se extiende por el continente.

c. 44 000 a. C. Los pueblos de la Edad de Piedra crean pinturas rupestres. Una de las más antiguas descubiertas muestra una cacería de cerdos y búfalos en una cueva de la isla de Célebes (Indonesia).

Un anoa, pariente pequeño del búfalo de agua

PINTURA RUPESTRE DE CÉLEBES

c. 26 000–19 000 a. C. En Europa, los primeros pueblos paleolíticos crean estatuillas femeninas, denominadas venus, talladas en piedra blanda, hueso o marfil, o modeladas en arcilla, luego cocida al horno.

c. 28 000–14 000 a. C. Durante la última glaciación, el descenso del nivel del mar crea un puente de tierra por el que humanos y animales cruzan de Asia a América del Norte. Cuando el hielo se retira, miles de años después, los humanos avanzan hacia el sur.

c. 38 000 a. C. Los neandertales desaparecen de Europa. Quizá tuvieron dificultades a causa del cambio climático y les fue imposible competir por los recursos con los primeros *H. sapiens*.

c. 43 000 a. C. En la cueva de Cro-Magnon (Francia), en 1868, se hallan evidencias de la presencia de los primeros humanos modernos europeos (cromañones) en Europa occidental.

Cráneo redondeado

Frente alta, casi vertical

CRÁNEO DE CROMAÑÓN

Peinado o tocado complejo

VENUS

Pocos rasgos faciales, o ninguno

c. 9000 a. C. Se erigen los colosales pilares de piedra en círculos de Göbekli Tepe (Turquía), en el que se considera el primer templo de la historia.

Pilares con forma de T insertos en muros de piedra seca

SANTUARIO NEOLÍTICO

c. 8000 a. C. Jericó (Palestina) es el primer lugar protegido con un muro defensivo de piedra . Sus torres son aún más antiguas.

Las escaleras llevan a la torre

Muralla defensiva

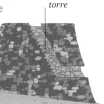

PRIMER ASENTAMIENTO AMURALLADO

Región fértil a lo largo del Nilo

Menfis

ALTO EGIPTO

BAJO EGIPTO

c. 5000 a. C. En América del Sur, domesticación de las llamas a partir de los guanacos en los Andes peruanos. Los incas sobre todo las utilizan de animales de carga.

c. 5000 a. C. La metalurgia del cobre para fabricar herramientas, armas y adornos llega a Egipto a través de Mesopotamia.

Borde afilado

Cavidad para encajar el mango de madera

AZUELA DE COBRE

ANTIGUO EGIPTO

Disco solar ceremonial con dos toros y un ciervo

c. 3000 a. C. En Asia occidental se combina el estaño y el cobre para obtener bronce, un metal aún más resistente, ideal para fabricar desde armas hasta adornos. Comienza la Edad del Bronce.

Énfasis en caderas y pechos, quizá para simbolizar la fecundidad

c. 3100 a. C. El rey del Alto Egipto, posiblemente Menes o Narmer, invade el Bajo Egipto, unifica los dos reinos y establece la capital en Menfis.

ARTEFACTO DE BRONCE (TURQUÍA)

Véase también Las primeras civilizaciones pp. 304–305 ▶ **Egipto antiguo** pp. 310–311 ▶ **Historia de la escritura** pp. 462–463 ▶ **303**

Las primeras civilizaciones

HISTORIA

A medida que el clima se volvía más templado tras la última glaciación y aumentaba la población, los pueblos prehistóricos fueron abandonando la caza-recolección en favor de la agricultura, y los asentamientos devinieron aldeas y ciudades. Las primeras ciudades se fundaron en las llanuras fluviales de Mesopotamia hacia 4000 a.C. Pronto siguieron otras, como Menfis y Tebas en Egipto, y Harappa y Mohenjo-Daro en el valle del Indo.

Comercio

Aunque es habitual asociar la práctica del intercambio de bienes con la vida urbana, los hallazgos arqueológicos sugieren la existencia de un próspero comercio de armas y herramientas de obsidiana (vidrio volcánico duro y negro) muy anterior a los primeros asentamientos y ciudades. Los objetos de obsidiana que datan de hace unos 396000 años hallados en la cuenca de Olorgesailie (Kenia), donde ese material no aparece de forma natural, tuvieron que ser transportados e

Asentamientos

No se sabe con seguridad por qué los pueblos de la Edad de Piedra empezaron a trabajar la tierra hacia 10000 a.C. Puede que les resultara cómodo trasplantar las plantas silvestres cerca de lo que se convertiría en su nuevo hogar o quizá descubrieron la posibilidad de hacer germinar las semillas para obtener alimento. Lo que sí se sabe es que los pueblos de cada región desarrollaron cultivos específicos adaptados al clima local. En Mesoamérica, el maíz ya se cultivaba hacia 7000 a.C. En Mesopotamia

Cuenta de lapislázuli tallada

Cuenta de cornalina bicónica

CINTURÓN DE CUENTAS MESOPOTÁMICO

intercambiados por personas de lugares distantes. Se cree que la obsidiana de las herramientas y armas halladas en Franchthi (Grecia) procede de la isla de Minos y que se transportó al otro lado del Egeo hace más de 15000 años. También se comerciaba con joyas de cornalina y lapislázuli, sobre todo entre el valle del Indo y Mesopotamia, y en la península Ibérica, con objetos de ámbar procedentes de Sicilia hacia 4000 a.C.

se cultivaba trigo desde unos 2000 años antes, y en China y el sur de Asia se empezó a cultivar arroz entre 8000 y 7000 a.C.

Los animales se domesticaron antes que las plantas en algunas partes del mundo. Es posible que ya se hubiera domesticado ganado vacuno en África hacia 8500 a.C., pero los cereales, como el mijo y el sorgo, no se cultivaron hasta 4500–3500 a.C. En Europa, cerdos, ovejas y cabras también se domesticaron hacia 8500 a.C. Las primeras evidencias de caballos domesticados datan de 3500 años después.

Excedentes

La agricultura revolucionó la vida prehistórica. Cultivar plantas y criar ganado exigía permanecer en el mismo lugar durante el tiempo suficiente para obtener los beneficios. Proporcionaba una fuente de alimento razonablemente fiable y que podía satisfacer las necesidades inmediatas, y si la cosecha era abundante, se podía almacenar el excedente en previsión de tiempos peores. En Mesopotamia, la construcción de graneros permitió almacenar los excedentes de forma segura.

Antes se suponía que la agricultura provocó cambios repentinos y drásticos, pero hoy se cree que el proceso fue más lento y gradual.

Arcilla decorada con pigmentos

Asa

VASIJA NEOLÍTICA CHINA (C. 2350 A.C.)

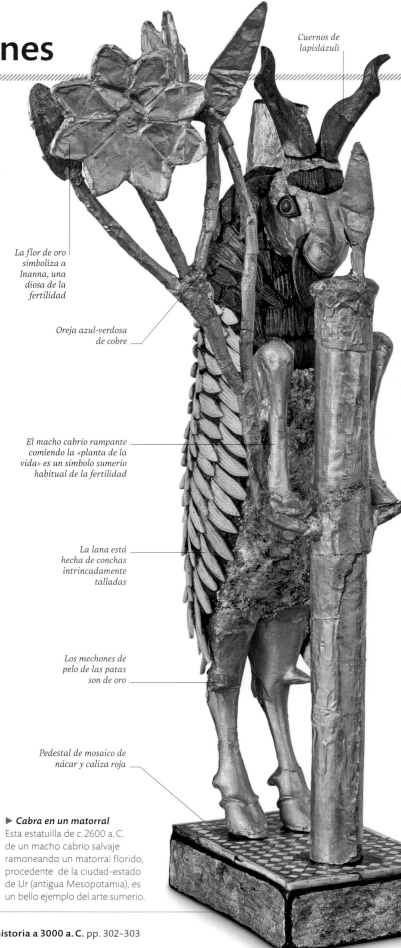

Cuernos de lapislázuli

La flor de oro simboliza a Inanna, una diosa de la fertilidad

Oreja azul-verdosa de cobre

El macho cabrío rampante comiendo la «planta de la vida» es un símbolo sumerio habitual de la fertilidad

La lana está hecha de conchas intrincadamente talladas

Los mechones de pelo de las patas son de oro

Pedestal de mosaico de nácar y caliza roja

▶ **Cabra en un matorral**
Esta estatuilla de c.2600 a.C. de un macho cabrío salvaje ramoneando un matorral florido, procedente de la ciudad-estado de Ur (antigua Mesopotamia), es un bello ejemplo del arte sumerio.

Hojas o capullos siempre acompañan a las flores en la «planta de la vida»

Las ramas y el tronco están cubiertos de pan de oro

Estatua de alabastro traslúcido

Ojos de lapislázuli y concha

EBIH-IL, SUPERINTENDENTE DE MARI (MESOPOTAMIA, C. 2400 A. C.)

> «Cuando la **labranza** comienza, **otras artes** le siguen. Los **agricultores** son los **fundadores de la civilización.**»

DANIEL WEBSTER, *On the Agriculture of England* (1840)

Especialización

La adopción de la agricultura aumentó la disponibilidad de alimentos, y la población creció. Se construyeron asentamientos permanentes, que se expandieron y se convirtieron en las primeras aldeas y ciudades. Los obreros especializados aprovecharon el desarrollo de herramientas más avanzadas, sobre todo hacia el final del Neolítico (c. 10000–2500 a. C.), cuando se empezaron a usar herramientas de cobre en vez de piedra. Entre estos especialistas neolíticos había constructores que cocían ladrillos de arcilla para levantar viviendas más sólidas. Se construyeron también murallas defensivas para protegerse.

Uno de los elementos que caracterizó el nuevo estilo de vida sedentario fue la alfarería, utilizando la misma arcilla con la que se construían viviendas para crear recipientes de almacenamiento. Otros artesanos confeccionaban joyas y obras de arte, como extraordinarias estatuillas talladas en piedra o hueso. Aprendieron a tejer y produjeron tejidos que eran tanto útiles como artísticos.

Los avances tecnológicos también transformaron las armas: se luchaba con dagas, hachas y puntas de flecha de cobre montadas en mangos y astiles de madera.

Las primeras ciudades

Se cree que Chatal Huyuk (Turquía central), en el extremo occidental del Creciente Fértil de Mesopotamia (el territorio a lo largo de los ríos Éufrates, Tigris y Nilo donde aparecieron los primeros asentamientos al principio del Neolítico), es una de las ciudades más antiguas del mundo. Fundada hace 9500 años, llegó a contar con hasta 8000 habitantes que cultivaban trigo, cebada, lentejas, guisantes y otras legumbres, y criaban ovejas y cabras.

Las viviendas de Chatal Huyuk eran adosadas, sin puertas ni ventanas. Se accedía a ellas a través de una abertura en el techo por una escalera manual que llevaba a una estancia principal que contenía un hogar, un horno y plataformas para dormir. Dos salas auxiliares se usaban para almacenamiento y tareas domésticas.

En otros lugares de Mesopotamia, Egipto, el valle del Indo y China, las poblaciones como Chatal Huyuk siguieron creciendo y se convirtieron en grandes ciudades. Hasta hace poco se creía que la urbanización a esta escala era exclusiva del Viejo Mundo, pero la civilización de Caral-Supe, o Norte Chico (Perú) alcanzó una escala y una complejidad similares en ciudades como Caral. Situada en el Altiplano andino, en el valle de Supe, esta ciudad se fundó hacia 2600 a. C., aproximadamente al mismo tiempo que se construían las pirámides de Egipto, y llegó a ser una próspera metrópoli con seis pirámides de piedra, un «anfiteatro», plazas ornamentadas y calles.

Religiones antiguas

Es difícil determinar el comienzo de la religión. Al parecer, cada cultura desarrolló sus propias creencias en entidades sobrenaturales para explicar los fenómenos naturales (la noche o las estaciones) o dar sentido a la vida humana. La mayoría de las primeras religiones fueron politeístas (adoraban a varios dioses), pero algunas eran henoteístas: adoraban a un solo dios que adoptaba varias formas.

En Mesopotamia, los primeros registros de prácticas religiosas se remontan a 3500 a. C. Las deidades incluían a Marduk, que derrotó a Tiamat y a las fuerzas del caos para crear el mundo, e Inanna, la diosa del amor, el sexo y la guerra. Ahura Mazda (Ormuz) era el dios supremo de los indoiranios y recibía la ayuda de otras deidades, como Anahita, la diosa de la fertilidad, la salud, la curación, el agua y la sabiduría. Los antiguos egipcios veneraban a muchos dioses, pero consideraban deidades también a sus faraones. En Mesoamérica, los mayas adoraban a más de 250 dioses, cada uno con su propia esfera de influencia.

Los templos estaban repletos de objetos y estatuas decorativas. Los hallazgos de Mari (Siria actual) incluyen estatuas votivas de los propios fieles, una práctica que permitía a los miembros destacados de la sociedad, como Ebih-II (arriba) estar siempre presentes ante su dios.

Ciudades-estado

De entre los factores que contribuyeron a la evolución de la civilización, el acceso al agua fue uno de los más importantes. Sin duda esto fue así en Mesopotamia, donde Uruk (Sumeria) se considera la primera ciudad-estado. Hacia 2800 a. C. tenía entre 40 000 y 80 000 habitantes protegidos por 10 km de murallas defensivas.

Hacia 1500 a. C., las ciudades-estado también habían florecido en la cuenca del río Huang He (China) y en el valle del Indo. En este, la cultura de Harappa prosperó entre 3300 y 1900 a. C., cuando se hundió súbitamente, o bien por la invasión de los arios, o porque los cambios tectónicos afectaron a los ríos de los que dependía.

CIUDAD SAGRADA DE CARAL-SUPE (PERÚ)

LA INVENCIÓN DE LA ESCRITURA

Llevar registros precisos se convirtió en una prioridad cuando las sociedades se volvieron más complejas. Los pictogramas sumerios de c. 3400 a. C., luego simplificados en los caracteres cuneiformes, son la primera forma de escritura conocida. Los egipcios crearon la escritura jeroglífica, una forma pictórica en la que los símbolos representan ideas, sonidos y sílabas. También aparecieron textos escritos en China, Mesoamérica y, posiblemente, el valle del Indo. La primera escritura china conocida se grabó en huesos de oráculo hacia 1200 a. C.

Los jeroglifos representan el nombre de Ramsés II

El cartucho ovalado indica que contiene un nombre real

AZULEJO EGIPCIO CON JEROGLIFOS

Véase también El mundo antiguo pp. 306–307 ▶ Religiones del mundo pp. 378–381 ▶ Historia de la escritura pp. 462–463 ▶

El mundo antiguo (3000 a. C.–600 d. C.)

A principios del IV milenio a. C. se establecieron estados complejos en el norte de África y en Oriente Medio, y luego en China y América. Este es el primer período del que se tienen registros escritos significativos, que han permitido a los historiadores reconstruir el auge de los imperios del Egipto faraónico, la Persia aqueménida y Roma. Además de maravillas arquitectónicas como las pirámides y los templos de Teotihuacán (México), este período de gran fermentación religiosa vio nacer el confucianismo, el budismo, el judaísmo, el hinduismo clásico y el cristianismo.

c. 2580 a. C. Se erige la gran pirámide de Guiza para albergar el cuerpo del faraón Keops. Construida con grandes bloques de caliza tallada, su altura original era de 147 m.

Cámara del rey
Gran galería
Conducto de ventilación
Conducto de ventilación
Cámara de la reina
Entrada
Cámara subterránea

GRAN PIRÁMIDE DE GUIZA

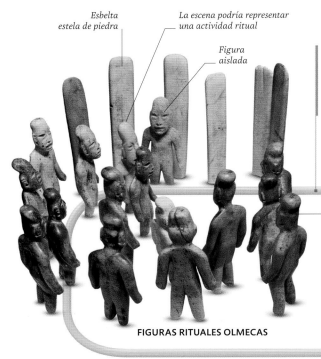

Esbelta estela de piedra

La escena podría representar una actividad ritual

Figura aislada

Figura de jade

FIGURAS RITUALES OLMECAS

1274 a. C. Los ejércitos del faraón Ramsés II y el rey hitita Muwatalli II se enfrentan en la batalla de Qadesh, una ciudad siria clave para el comercio. Ambos se declaran vencedores.

La «victoria» de Ramsés inscrita en las paredes de un templo

RELIEVE EGIPCIO DE PRISIONEROS DE GUERRA DE QADESH

1500–1200 a. C. Se escriben los Vedas (literatura religiosa, espiritual y no espiritual) en sánscrito arcaico, unos de los primeros textos literarios de los pueblos del noroeste de India.

1200 a. C. Los olmecas fundan el centro de San Lorenzo, en el sureste de México. Es la primera gran cultura mesoamericana, célebre por sus cabezas esculpidas en basalto de 3 m de altura.

Mortero poco hondo para moler plantas

900 a. C. En Perú florece la cultura chavín, que culmina en un colosal complejo de bloques de piedra llamado Chavín de Huántar.

MORTERO DE PIEDRA CHAVÍN CON FORMA DE JAGUAR

PÍXIDE (CAJA) GRIEGA DE TERRACOTA

27 a. C. Tras el asesinato de Julio César, Octavio se convierte en Augusto, el primer emperador romano. A su muerte, en 14 d. C., el Imperio romano abarca desde el canal de la Mancha hasta Egipto.

Frontera oriental

Frontera occidental

EL IMPERIO ROMANO EN 14 D. C.

■ Imperio romano

221 a. C. Tras siglos de guerras entre estados feudales, el estado de Qin (en la provincia de Shaanxi actual) invade los estados vecinos. Shi Huangdi unifica el imperio chino resultante.

Torana (puerta monumental)

322 a. C. Chandragupta Maurya destrona a la dinastía nanda del reino de Magadha, en el este de India, y funda el Imperio maurya panindio, que acabará gobernando casi todo el subcontinente.

GRAN ESTUPA DE SANCHI, TEMPLO BUDISTA

220 d. C. La poderosa e innovadora dinastía Han, que había abierto la Ruta de la Seda entre Oriente y Occidente, se hunde, y China se sume en la división política.

La montaña central conecta con el cielo

VASIJA HAN

300–600 El reino de Aksum (en el norte de la Etiopía actual) alcanza su apogeo. Sus reyes se enriquecen gracias al comercio de oro y marfil, y son los primeros gobernantes del África subsahariana que acuñan moneda.

ESTELA DEL REY EZANA

378 Las tribus godas occidentales vencen al ejército romano y matan al emperador Valente en la batalla de Adrianópolis. El Imperio romano se tambalea.

El emperador Valente

MONEDA DE ORO ROMANA

 ◄ **Véase también** De la Prehistoria a 3000 a. C. pp. 302–303   ◄ Las primeras civilizaciones pp. 304–305   Historia de la escritura pp. 462–463 ►

Pequeño gato sentado sobre el tocado

Tablilla cuadrada

Altorrelieve

Imágenes en altorrelieve de animales, personas y plantas

Texto sin descifrar

Talla en piedra blanda

c. 2500 a. C. En su momento álgido, la civilización del Indo, o de Harappa, abarca casi un millón de km² de India, Pakistán y Afganistán.

Una serpiente en cada mano

Cabello cubierto por un tocado decorativo

Brillo producido por una capa de cuarzo

Piedra cocida para que dure más

SELLOS DEL INDO

c. 1650 a. C. Fundación de la dinastía Shang en el noreste de China, la primera dinastía china que deja registros escritos, además de un calendario muy desarrollado y una sofisticada metalurgia del bronce.

Shamash, dios babilonio de la justicia

c. 1775 a. C. Hammurabi, rey de Babilonia, ordena grabar en una gran estela de piedra negra un código que contiene 282 leyes comerciales, multas y otras.

Cinturón con tiras verticales muy ceñido

c. 2000 a. C. Los soberanos minoicos de la isla de Creta construyen lujosos palacios, algunos con capacidad para cientos de personas y con sistemas de agua corriente y alcantarillado.

Inscripciones

GU (VASO) DE BRONCE SHANG

ESTELA DE HAMMURABI

«DIOSA» DE LAS SERPIENTES

c. 800 a. C. Tras una era oscura, la población griega aumenta. En esta época arcaica, que precede a la clásica, surgen las polis, ciudades-estado griegas definidas por su centralización administrativa y religiosa.

509 a. C. Después de siglos gobernados por monarcas, los romanos fundan la República e instituyen un gobierno de magistrados electos.

Siglas de «El senado y el pueblo romano»

Motivos geométricos

EMBLEMA DE LA REPÚBLICA ROMANA

334 a. C. Alejandro III de Macedonia (Alejandro Magno), invade Persia en una campaña que lo llevará a conquistar casi todo el mundo conocido.

c. 450 a. C. La cultura celta de la Edad del Hierro de La Tène (en la Suiza actual) alcanza su apogeo.

ÓSTRACON ANTIGUO

Atuendo ceremonial

ALEJANDRO MAGNO

508 a. C. Clístenes, líder de la ciudad griega de Atenas, instaura un sistema de reformas políticas llamado *demokratía*, o «gobierno del pueblo», la primera democracia.

Falda con volantes hasta el suelo

c. siglo v El budismo se establece en China, introducido por mercaderes indios. Algunos monjes budistas chinos, como Fa Xian en 399, viajan a India en busca de textos budistas y otros llevan la religión a otras regiones.

Decoración esculpida en piedra

476 El caudillo germánico Odoacro depone al emperador Rómulo Augústulo y se proclama rey de Italia, poniendo fin al Imperio romano de Occidente. Luego es destronado por el ostrogodo Teodorico.

Retrato de Odoacro (xilografía)

531 Comienza a reinar Cosroes I, el rey más relevante de la dinastía persa sasánida. Reforma el sistema fiscal, limita el poder de la aristocracia provincial y lanza campañas militares exitosas. Las fronteras del imperio se expanden hacia el este.

RELIEVE CHINO DE BUDA (C. 420-589)

ODOACRO Y TEODORICO

China antigua

Hacia 4500 a. C., las culturas neolíticas a lo largo de los ríos Yangtsé y Huang He (Amarillo), prósperas gracias al excedente de los cultivos de mijo y arroz, habían empezado a convertirse en estados. Varias dinastías imperiales lucharon por el poder hasta 221 a. C., cuando el país fue unificado bajo los Qin y entró en un largo período de prosperidad durante el que proyectó su poder sobre las áreas vecinas de Asia central y del Sureste Asiático.

El comienzo de China

A partir de *c.* 4500 a. C. aparecieron en China varias culturas neolíticas complejas. Los hongshan del noreste eran artesanos del jade y tallaban tortugas y dragones, mientras que parece que los yangshao del valle del río Amarillo tenían un sistema religioso chamánico y construyeron una ciudad protegida por un foso en Banpo. Hacia 3000 a. C. fueron sustituidos por los longshan, que usaban tornos de alfarero para producir una delicada cerámica negra. Hacia 1900 a. C. se convirtieron en la cultura de Erlitou, la primera civilización china de la Edad del Bronce y cuyas suntuosas tumbas indican una sociedad más jerárquica, quizá relacionada con los xia, a los que suele considerar la primera dinastía gobernante de China.

Motivos geométricos pintados en rojo y marrón **Asa**

VASIJA NEOLÍTICA MAJIAYAO

La dinastía Shang

Llegado 2000 a. C. (un período llamado *wan guo*, o de los «diez mil estados») habían aparecido muchos estados pequeños. Los shang instauraron la capital en Zhengzhou (Henan) *c.* 1650 a. C. y se convirtieron en la primera dinastía china documentada. La capital contaba con enormes murallas de adobe y en su interior se han hallado huesos de oráculo (huesos de animales utilizados para la adivinación) con inscripciones en la primera forma de escritura china. También se elaboraban objetos de bronce de alta calidad destinados a los rituales religiosos. En Anyang se han encontrado tumbas reales muy lujosas: la de la reina Fu Hao contenía 468 objetos de bronce, 755 de jade y varios cuencos de marfil.

Empuñadura con una decoración muy elaborada   *Hoja ancha*

HACHA-DAGA RITUAL SHANG

La China Zhou

Según la tradición china, el último rey Shang fue un hombre cruel y hedonista que descuidó el gobierno y provocó una revuelta en el reino súbdito de Zhou, al oeste. Hacia 1046 a. C., su gobernante, Wu, tomó la capital Shang e inició su propia dinastía Zhou, con la capital en Fenghao, cerca de la actual Xi'an. Los Zhou adoptaron muchas de las prácticas Shang, pero también introdujeron un sistema diseñado para controlar sus dominios, el *fengjian*, por el que grandes áreas eran gobernadas de modo semiautónomo por familiares del rey. El sistema se derrumbó en 771 a. C., cuando los rebeldes se aliaron con bárbaros invasores desde el norte y obligaron a los Zhou a retirarse a un área más pequeña.

Los Reinos Combatientes

Durante el período de Primaveras y Otoños (771–481 a. C.) cada vez más estados se escindieron del gobierno Zhou, y las guerras entre ellos eran frecuentes. Sin embargo, fue un período de gran riqueza cultural, con teóricos políticos y filósofos como Confucio y Laozi, los fundadores del confucianismo y el taoísmo, respectivamente. Durante el período de los Reinos Combatientes (481–221 a. C.), los estados se fueron consolidando de forma gradual hasta 300 a. C., cuando ya solo quedaban siete. El más occidental, Qin, inició reformas que reforzaron sus ejércitos antes de emprender la conquista de los otros seis.

El primer emperador y el ejército de terracota

Unos 25 años después de ascender al trono de Qin en 246 a. C., el príncipe Zheng había conquistado el resto de los estados y se había convertido en Shi Huangdi, el primer emperador de la China unificada. Shi Huangdi llevó a cabo una rígida política de centralización: trasladó a las familias de los estados vencidos a la capital real, Xianyang, y quemó sus registros dinásticos, abolió los feudos, impuso pesos uniformes y una escritura unificada, y construyó la primera versión de la Gran Muralla como defensa ante los bárbaros. El final de su reinado se vio empañado por su búsqueda de elixires de la inmortalidad, y cuando lo enterraron, lo acompañaron 8000 guerreros de terracota de tamaño real para servirle en el otro mundo.

Los Han y la Ruta de la Seda

En 202 a. C., Liu Bang, uno de los muchos rebeldes contra el hijo de Shi Huangdi, Er Shi, salió victorioso y se proclamó Gaozu, el primer emperador de la dinastía Han. Desde su capital, Chang'an, las caravanas comerciales podían penetrar en Asia central por una red de rutas que recibió el nombre de Ruta de la Seda, transportando productos chinos hacia el Imperio romano, al oeste, y oro, plata y otros bienes muy apreciados, como caballos del centro de Asia, en dirección opuesta. La Ruta de la Seda contribuyó a consolidar el poder chino en una serie de ciudades oasis a lo largo del trayecto y permitió que llegaran a China ideas nuevas, como el budismo.

La tecnología Han

La larga dinastía Han (202 a. C.–220 d. C.) presenció muchos avances tecnológicos, como un arado con vertedera mejorado, una bomba de cadena impulsada por ruedas hidráulicas para el regadío y una primera versión de la brújula con una cucharilla metálica imantada. En el siglo I a. C. se desarrolló una especie de carretilla para transportar cargas a distancias cortas, mientras que la invención del papel en 105 d. C. abarató los registros. Y hasta el erudito Zhan Heng presentó en 132 d. C. un sismógrafo en el que unas bolas que caían de la boca de dragones de metal indicaban la dirección de un temblor de tierra.

> «Es **despiadado** [...] si logra **conquistar el imperio, todos** nos convertiremos en sus **prisioneros**.»
>
> WEI LIAO, sobre el emperador Qin Shi Huangdi (*c.* 220 a. C.)

◀ El emperador Wudi

Wudi (141 a. C.–87 a. C.) sale de palacio en esta historia ilustrada de los emperadores chinos pintada sobre seda.

Expansión hacia Asia central y el Sureste Asiático

El estado de los Han pronto empezó a ampliar las fronteras chinas. El imperio alcanzó su apogeo bajo el gobierno del emperador Wudi (141–87 a. C.), cuyas batallas en la frontera contra los xiongnu norte le permitieron conquistar el corredor de Hexi en 121 a. C. para avanzar hacia la cuenca del Tarim y controlar gran parte de Asia central, a la que China llamaba regiones occidentales. Wudi también conquistó el norte de Vietnam en 111 a. C., ocupó parte de Corea en 128 a. C. y amplió el control del estado sobre el sur de China.

El brazo hace de chimenea y atrapa el humo en el cuerpo

Criada arrodillada

LÁMPARA DE ACEITE HAN

El declive de los Han

En 9 d. C., los Han fueron depuestos por un oficial usurpador, y aunque recuperaron el poder el año 25, nunca consiguieron recuperar su prestigio. Su nueva capital oriental, Luoyang, fue objeto de cada vez más intrigas palaciegas, y la corte estaba dominada por ministros-eunucos. Una serie de emperadores niños fueron incapaces de impulsar reformas, mientras que los ministros corruptos robaban ingresos, y varias sequías e inundaciones atizaron el malestar rural. En 184–186, una revuelta de los Turbantes Amarillos, una secta religiosa, aplastó el poder de los eunucos. Tras la deposición del último emperador Han en 220, China volvió a fragmentarse en múltiples reinos enfrentados.

Véase también China: las dinastías Tang, Song y Ming pp. 322–323 ▶ Comercio y exploración pp. 340–341 ▶ Grandes filósofos pp. 386–387 ▶ **309**

Egipto antiguo

Egipto fue la cuna de la civilización más longeva del mundo antiguo. A lo largo de 3000 años, 32 dinastías de faraones gobernaron un reino centrado en el río Nilo y construyeron templos, palacios y tumbas fastuosas (incluidas las pirámides) donde dejaron inscripciones jeroglíficas que documentaban sus logros y ensalzaban a sus muchos dioses. El período de prosperidad y continuidad cultural que crearon solo concluyó con la conquista de Egipto por el Imperio romano el año 30 d. C.

La tierra y el Nilo

Se decía que Egipto era un «regalo del Nilo», pues la crecida anual del río depositaba lodo fértil a lo largo de sus riberas y aumentaba así el potencial agrícola del terreno, lo que propició el desarrollo temprano de técnicas de regadío. Todos los centros urbanos principales de Egipto se concentraban en una estrecha franja de tierra cerca del río. Esta *kemet*, o «tierra negra», presentaba un crudo contraste con la *deshret*, o «tierra roja», del desierto oriental y occidental, cuyo único incentivo era un puñado de oasis y de minas.

La unificación de Egipto

El Egipto temprano estaba dividido en dos reinos: el Alto Egipto, al sur, y el Bajo Egipto, al norte. Hacia 3100 a. C., el rey del Alto Egipto conquistó el norte y unificó el país, uniendo simbólicamente la *deshret*, o «corona roja», a su *hedjet*, o «corona blanca». Aunque se desconoce su identidad, las historias posteriores lo llamaron Menes, pero pudo ser el Narmer representado en una paleta de limolita de la época, o Aha, el fundador de la dinastía I.

El Imperio Antiguo

Durante el Imperio Antiguo (2686–2181 a. C.) se constituyó un estado centralizado en torno a la capital, Menfis. Los faraones dividieron el territorio en regiones llamadas nomos, cada una con su nomarca (gobernador), y empezaron a erigir grandes monumentos de piedra. También extendieron el poder de Egipto más allá de sus fronteras y lanzaron expediciones militares a Canaán, al este, y Nubia, al sur.

La época de las pirámides

Los primeros faraones fueron enterrados en tumbas rectangulares de adobe, pero hacia 2650 a. C., Zoser ordenó a su primer ministro, Imhotep, que dispusiera varios niveles de ladrillos de adobe, uno sobre otro, y creó así una pirámide escalonada. Bajo la dinastía IV (2613–2494 a. C.) se erigieron verdaderas pirámides de piedra. La más grande fue la de Keops, en Guiza, cuya construcción requirió más de dos millones de bloques de piedra y el trabajo de miles de obreros.

> «Soy el polvo bajo las sandalias del rey [...] **Mi señor es el sol** que recorre mis tierras a diario.»
>
> REY DE TIRO, Carta a Amenhotep IV (*c.* 1417 a. C.)

Religión y creencias sobre la muerte

El panteón egipcio se componía de muchos dioses, los principales de los cuales eran Horus, el dios del cielo; Ra, el dios del sol; Isis y Osiris, el señor de los muertos. Muchos se representaban con cabeza de animal, como el rey de los dioses, Amón (un carnero) o el dios del inframundo, Anubis (un chacal).

Los egipcios momificaban el cadáver de los nobles y realizaban rituales para garantizar la supervivencia del alma tras la muerte. Las paredes de las tumbas se cubrían de conjuros para ayudar a los difuntos a llegar al inframundo y superar pruebas como el peso de sus pecados con el contrapeso de una pluma.

El Imperio Medio

El Imperio Antiguo terminó con un período de hambre y la división de Egipto en reinos regionales. Hacia 2050 a. C., Mentuhotep II, el rey de Tebas, al sur, reunificó Egipto e inició así el Imperio Medio, que se prolongó hasta 1640 a. C. Se volvió a instaurar un gobierno central fuerte, y Egipto envió expediciones comerciales al país de Punt, al sur de Nubia. Los nomarcas vieron muy mermado su poder, lo que impidió que surgieran regiones independientes como las que habían desestabilizado al Imperio Antiguo. Los faraones del Imperio Medio reanudaron la construcción de pirámides en Lisht y Dashur. Durante la dinastía XII (1991–1786 a. C.), los egipcios lucharon en Siria, Palestina y Nubia, pero el Imperio Medio había perdido vigor, y cuando los hicsos (invasores de Asia occidental) se instalaron en el delta del Nilo en torno a 1725 a. C., Egipto volvió a fragmentarse en estados rivales.

El Imperio Nuevo

Egipto alcanzó su máximo poder y prosperidad durante el Imperio Nuevo (1567–1085 a. C.). En 1330 a. C., Tutankamón (r. 1334–1325 a. C.) empezó a restaurar los templos de Amón, durante el reinado de su padre. Luego, el faraón de reinado más largo, Ramsés II (r. 1290–1223 a. C.), construyó un templo colosal en Abu Simbel, en el sur de Egipto.

Barba ceremonial

MÁSCARA FUNERARIA DE TUTANKAMÓN

El Imperio egipcio en Oriente Próximo

Aunque Egipto había hecho incursiones en Oriente Próximo durante el Imperio Medio, sus ejércitos profundizaron en el territorio durante el Imperio Nuevo. Tutmés III (r. 1504–1450 a. C.) lanzó casi veinte expediciones a Siria y a Palestina, llegó hasta el Éufrates y obligó al reino de Mitanni a aceptar el gobierno egipcio. Tras la derrota de Ramsés II por los hititas en Qadesh en 1274 a. C., el poder de Egipto en la región se desvaneció.

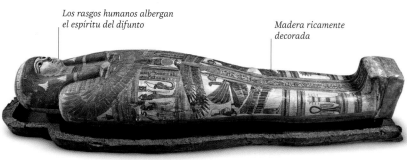

Los rasgos humanos albergan el espíritu del difunto

Madera ricamente decorada

SARCÓFAGO DE LA DINASTÍA XXII

CIENCIA Y MEDICINA

Los egipcios inventaron el arado tirado por bueyes *c.* 4000 a. C. y el *shaduf,* una máquina que facilitaba el riego. Los matemáticos resolvían ecuaciones de segundo grado (cuadráticas) y, aunque desconocían el funcionamiento de los órganos internos, los médicos practicaban una cirugía básica.

OFTALMÓLOGO CON UN PACIENTE

Templos y el Valle de los Reyes

Casi todas las ciudades egipcias contaban con santuarios dedicados a las deidades locales. Uno de los más grandes es el templo de Amón-Ra de Karnak (*c.* 1250 a. C.). Los faraones del Imperio Nuevo fueron enterrados en opulentas tumbas en el Valle de los Reyes.

El Egipto tardío y los tolomeos

Tras la caída del Imperio Nuevo, Egipto atravesó un período de fragmentación durante el cual fue gobernado por dinastías libias y nubias. La restauración del gobierno egipcio nativo bajo Psamético I en 664 a. C. marcó el último período de prosperidad del Egipto antiguo. Aun así, sufrió un siglo de gobierno persa (525–404 a. C.) y luego Tolomeo, uno de los antiguos generales de Alejandro Magno, impuso una última dinastía macedonia en 323 a. C.

Durante la era tolemaica (323–30 d. C.), la mayoría de los faraones se casaron con sus hermanas para mantener un linaje puramente macedonio. La victoria de Tolomeo III (r. 264–221 a. C.) en 241 a. C. sobre los seléucidas, dinastía helenística, reforzó el poder egipcio, pero las luchas entre sus líderes y la creciente influencia romana hicieron tambalearse a Egipto, que perdió su independencia cuando el Imperio romano lo conquistó en 30 d. C.

◀ **Fresco funerario**
El faraón Ramsés I (izda.) ante Ptah, dios que concedía a los difuntos la capacidad de comer y beber en el más allá.

Grecia antigua

La isla de Creta albergó la primera civilización europea desarrollada hace unos 4000 años. Las pequeñas ciudades-estado de la Grecia continental también desarrollaron una cultura brillante, colonizaron el Mediterráneo y e impulsaron avances en los campos de la ciencia, la filosofía y la democracia. Sin embargo, las disputas internas las debilitaron y, aunque rechazaron los ataques de Persia, acabaron sucumbiendo ante la Macedonia de Alejandro Magno.

Minoicos
La cultura minoica floreció en torno a 2000 a.C. en las ciudades cretenses, que se enriquecieron comerciando en el Mediterráneo oriental. Sus gobernantes vivían en palacios fastuosos, como los de Cnosos y Festo, y eran líderes políticos y religiosos. Los minoicos crearon administraciones sofisticadas, con registros escritos en lineal A, una escritura aún por descifrar. No eran belicosos, y un terremoto y las invasiones de los micénicos acabaron con ellos hacia 1450 a.C.

Micénicos
La cultura micénica surgió en el Peloponeso, en el sur de Grecia, hacia 1600 a.C. Los micénicos construyeron enclaves fortificados como Micenas, Pilos y Tirinto, con colosales murallas de piedra; enterraban a sus reyes en tumbas de fosa con lujosos ajuares y dejaron muchos registros escritos en lineal B. Su cerámica decorada y sus frescos multicolores acusan la influencia minoica. La mayoría de los centros palaciegos micénicos sufrió una destrucción catastrófica hacia 1200 a.C., posiblemente a manos de saqueadores.

Aparición de las polis
Tras la caída de la civilización micénica, Grecia entró en una edad oscura de la que no se conservan registros escritos. Poco a poco, los pequeños centros crecieron y se convirtieron en polis (ciudades-estado) que controlaban aldeas circundantes. Al principio, casi todas fueron monarquías, pero hacia 650 a.C. los tiranos asumieron el poder en muchas de ellas. Las luchas entre los hoplitas, o ciudadanos soldados, de las polis eran muy frecuentes, y hacia 600 a.C., Tebas, Corinto, Esparta y Atenas eran las ciudades-estado dominantes.

La colonización griega
A partir de finales del siglo IX a.C., las ciudades-estado griegas enviaron colonizadores por el Mediterráneo y al oeste de Asia Menor, donde fundaban asentamientos que establecían alianzas con la ciudad de origen. Uno de los primeros fue Siracusa, fundada en Sicilia oriental hacia 733 a.C. La densidad de la colonización en el sur de Italia era tan alta que la región llegó a llamarse Magna Grecia y se convirtió en un conducto de la influencia griega sobre la cultura romana emergente.

> «Habitamos [...] a orillas del mar, como [...] ranas alrededor de una laguna.»
>
> SÓCRATES en *Fedón*, de Platón

Detalles grabados con una herramienta punzante

Rostro martillado en una sola lámina de oro

MÁSCARA FUNERARIA DE ORO (SIGLO XVI A.C.)

La democracia ateniense
La ciudad-estado de Atenas desarrolló una forma temprana de democracia, en la que los ciudadanos (excepto las mujeres, los esclavos y los extranjeros) tenían más voz que bajo la tiranía. En 508 a.C., el arconte Clístenes (570–507 a.C.) concibió una nueva constitución por la que 140 demos (distritos electorales) elegían cada año a un consejo compuesto por 500 miembros. Cualquier varón que pudiera acceder a la ciudadanía ateniense podía asistir a una reunión de la *ekklesía* (la asamblea principal de Atenas), que se convocaba para votar cuestiones importantes, como la estrategia militar o la elección de líderes militares. También se votaba para exiliar a los políticos mediante un método especial llamado ostracismo.

Religión y templos griegos
El panteón griego contenía muchos dioses, liderados por Zeus y su esposa Hera, que se suponía que vivían en el monte Olimpo junto a otros inmortales como Atenea, diosa de la sabiduría y patrona de Atenas. La mayoría de las ciudades contaba con muchos templos dedicados a los dioses. Los oráculos, como el del dios Apolo en Delfos, atraían a visitantes que acudían en busca de consejo, y un ciclo anual de fiestas y ceremonias, como los Juegos Panatenaicos de Atenas, honraba a los dioses.

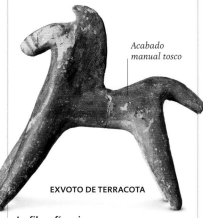

Acabado manual tosco

EXVOTO DE TERRACOTA

La filosofía griega
Es posible que la griega fuera la primera civilización que reflexionó sobre la naturaleza del mundo más allá de considerarlo un juguete de los dioses. Entre los siglos VI y III a.C., los filósofos estudiaron geometría y ética, y especularon acerca de la materia prima del universo. Tales de Mileto (624–546 a.C.) creía que era el agua. Sus sucesores, como Sócrates (469–399 a.C.) y Aristóteles (384–322 a.C.), aportaron un nuevo rigor a la filosofía, y su influencia ha perdurado hasta hoy.

▶ Cerámica griega de figuras rojas
Decoración del fondo de un quílice (especie de copa) de 490 a.C. que muestra a un comensal reclinado en un banquete, mientras un músico toca el *aulós*.

Las guerras médicas
En 499 a.C., Atenas ayudó a las ciudades griegas de Asia Menor occidental en su revuelta contra el gobierno persa. Como represalia, el rey persa Darío (550–487 a.C.) invadió Atenas en 490 a.C. Contra todo pronóstico, los atenienses lo vencieron en Maratón. Diez años después, Jerjes (519–465 a.C.), hijo de Darío, lanzó una invasión aún mayor. Algunas polis se rindieron, pero la inexorable resistencia espartana en las Termópilas y la victoria naval ateniense en Salamina cambiaron las tornas de la guerra.

La guerra del Peloponeso
La rivalidad entre Atenas y Esparta se intensificó a medida que Esparta intentaba exportar su modelo de una élite militar, mientras que Atenas promovía la democracia. En 432 a.C. estalló la guerra entre ambas cuando la ciudad de Potidea, aliada de Atenas, intentó aliarse con Esparta. En 415 a.C., Siracusa, aliada de Esparta, rechazó a Atenas que, asediada, acabó por rendirse a los espartanos en 404 a.C.

El mundo helenístico
Alejandro Magno heredó los estados griegos que su padre, Filipo II de Macedonia (382–336 a.C.), había conquistado y emprendió la conquista del Imperio persa y más allá. Tras la muerte de Alejandro, el imperio se fragmentó en estados sucesores, como el de los tolomeos de Egipto. Las colonias griegas que había ordenado fundar se convirtieron en centros desde los que la cultura griega (helenística) se difundió hacia el este hasta lo que hoy son India y Afganistán.

ALEJANDRO MAGNO
En 336 a.C., Alejandro (356–323 a.C.) ascendió al trono de Macedonia al suceder a su padre Filipo, que ya había conquistado la mayor parte de Grecia. En 334 a.C. invadió el Imperio persa aqueménida y derrotó a su soberano, Darío III (381–330 a.C.) en varias batallas pese a su notable inferioridad numérica. En 331 a.C. era el dueño de Persia, pero continuó avanzando hasta India. Solo la amenaza de amotinamiento de sus soldados, que añoraban su hogar, y su prematura muerte en 323 a.C., pusieron fin a sus campañas militares.

Véase también Historia de la escritura pp. 462–463 ▶ Sistemas de escritura pp. 464–465 ▶

Roma antigua

Desde una anodina aldea en una colina del centro de Italia a mediados del siglo VIII a.C., Roma creció hasta dominar primero Italia y luego el sur y la mayor parte del oeste de Europa, el norte de África y grandes franjas de Oriente Próximo. Las ciudades romanas, con sus templos y anfiteatros, salpicaban todo el imperio y estaban defendidas por un ejército de gran eficacia. El imperio romano siguió siendo la potencia dominante hasta su caída tras las invasiones bárbaras de los siglos IV y V d.C.

Los orígenes de Roma

La tradición romana posterior relataba que Rómulo, uno de los hijos de Marte, el dios de la guerra, había fundado la ciudad en 753 a.C. En realidad, el primer asentamiento, que databa de inicios del siglo VIII a.C., se formó sobre el límite de influencia entre las tribus latinas locales y los sofisticados estados etruscos del norte y estuvo gobernado por siete reyes, algunos de origen etrusco. Se dice que el segundo, Numa Pompilio, instauró muchas de las tradiciones religiosas romanas, y el penúltimo, Servio Tulio, erigió la primera muralla de la ciudad a mediados del siglo VI a.C. Aunque todos los reyes ampliaron el territorio de Roma en Italia central, el último, Tarquinio el Soberbio, fue un tirano cruel, y una revuelta aristocrática logró expulsarlo del territorio romano en 510 a.C.

Rómulo y Remo amamantados por la loba

LA LOBA CAPITOLINA

50 000 personas: **aforo** aproximado del **Coliseo** de Roma, el **mayor anfiteatro** del imperio.

La República

Tras la caída de la monarquía, Roma se convirtió en una república gobernada por un senado y dos cónsules elegidos cada año y cuyo deber principal era liderar el ejército. La nueva república sufrió tensiones entre los terratenientes ricos (patricios) y los más numerosos plebeyos sin tierras hasta 494 a.C., cuando se instauró la figura del tribuno de la plebe para proteger los intereses de los segundos.

La conquista de Italia

Los romanos fueron ganando terrenos a partir de 499 a.C., tras las victorias contra la Liga Latina, una alianza de ciudades vecinas. Las tres guerras contra los samnitas del centro de la península (343–290 a.C.) acabaron con la anexión de la Italia central. En 264 a.C., tras vencer a los griegos en el sur y a los etruscos en el norte, los romanos dominaban toda la península italiana.

Aníbal y las guerras púnicas

Las tres guerras púnicas contra Cartago, pueblo marinero con un imperio en el norte de África, parte de la península Ibérica y Sicilia, fueron el mayor reto militar al que se enfrentó Roma. Durante la segunda, el general cartaginés Aníbal invadió Italia e infligió terribles derrotas a los romanos antes de retirarse. La amenaza no remitió hasta la destrucción de Cartago en 146 a.C.

Julio César

Al final de la República, el poder de Roma se había concentrado en líderes militares. En 49 a.C. estalló una guerra civil entre Pompeyo, un general popular, y Julio César, que había alcanzado la gloria con la conquista de Galia. Este obtuvo una victoria clave y fue nombrado dictador vitalicio, pero fue asesinado por tradicionalistas que temían que se proclamara rey.

El ejército romano

El ejército del primer imperio era una fuerza formidable, constituida por unas 28 legiones, cada una con 5000 legionarios auxiliados por soldados no ciudadanos y unidades especializadas de caballería y de arqueros. Los disciplinados legionarios eran letales contra enemigos menos entrenados.

El guardanuca inclinado proporciona más protección

CASCO DE LEGIONARIO (RÉPLICA)

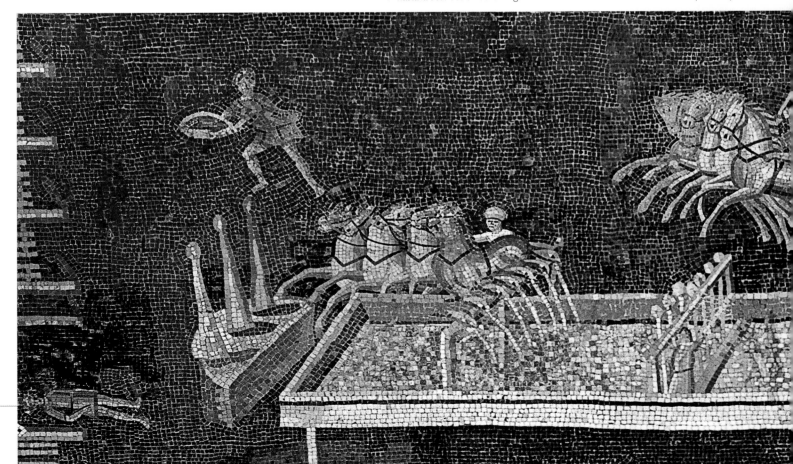

«Tras haber **extinguido las guerras civiles** [...] **fui llamado Augusto** por decisión del Senado.»

Res gestae divi Augusti (texto autobiográfico de Augusto, 14 d. C.)

El comienzo del sistema imperial

Tras el asesinato de Julio César en 44 a. C., sus aliados vencieron a los asesinos y luego empezaron a luchar entre ellos. En 31 a. C., Octavio venció a Marco Antonio, que había sido su aliado, en la batalla naval de Actium. Cuatro años después logró que el Senado le otorgara poderes extraordinarios y se convirtió en el primer emperador de Roma con el título de Augusto. Antes de dejar el imperio a Tiberio en 14 d. C., conquistó territorios a lo largo del Danubio y en Germania.

El cénit del Imperio

El ritmo de expansión se ralentizó después de Augusto. El hispano Trajano, el primer emperador no italiano, llevó el imperio hasta su máxima extensión al conquistar Dacia (Rumanía actual) y gran parte de Mesopotamia, en Asia occidental. Su hijo adoptivo y sucesor, Adriano, se centró en estabilizar las fronteras del imperio y ordenó construir el Muro de Adriano en la frontera norte de Britania.

La anarquía militar

Los emperadores sucesivos tuvieron dificultades para gobernar tan vasto territorio, y el sistema se derrumbó tras el asesinato de Alejandro Severo en 235. Medio siglo de gobernantes breves, casi todos soldados, desestabilizó el imperio, y Galia y Britania se escindieron, seguidas de gran parte del este liderado por Zenobia, reina de Palmira (Siria) en la década de 260. En 273, Aureliano reunificó el imperio, ya muy debilitado.

Diocleciano y la reorganización

En 284, el ejército nombró emperador a Diocleciano, un jefe militar, que eligió a Maximiano, antiguo compañero suyo, para que compartiera el trono imperial con él. Diocleciano gobernó el Imperio romano de Oriente, y Maximiano, el de Occidente. En 293, cada uno de ellos eligió a otro emperador más joven (césar) para que le ayudara. La tetrarquía (gobierno de cuatro emperadores) funcionó al principio, pero se hundió cuando Diocleciano abdicó en 305.

Constantino y el cristianismo

En 306, el ejército nombró emperador de Occidente a Constantino, que seis años después derrotó a su rival Majencio (hijo de Maximiano) en las afueras de Roma. Fue el primer emperador que legalizó el cristianismo y prohibió la persecución religiosa. Otras victorias hicieron que en 324 fuera el emperador indiscutible y pudiera realizar reformas de la administración y separar los cargos militares y civiles, así como convocar en 325 el Concilio (reunión de obispos) de Nicea, que estableció la primera doctrina cristiana uniforme.

LA DONACIÓN DE CONSTANTINO

Invasión de los bárbaros

La presión sobre las fronteras imperiales aumentó a partir del siglo III, a medida que las federaciones de bárbaros germánicos ganaban fuerza y hacían cada vez más incursiones en el imperio. En 378, los visigodos atacaron y destruyeron un gran ejército romano en Adrianópolis. En 406, un numeroso ejército bárbaro cruzó el Rin, arrasó Galia, ocupó la mayor parte de Hispania y cruzó al norte de África.

Caída y supervivencia

Con cada vez más provincias romanas en manos de los bárbaros, el imperio no podía recaudar los impuestos necesarios para mantener el ejército. La ciudad de Roma fue saqueada en 410 y 455, y los emperadores se convirtieron en títeres de los caudillos germánicos. Finalmente, en 476, uno de estos, Odoacro, destronó al emperador de Occidente Rómulo Augústulo. Otro linaje de emperadores sobrevivió hasta 1453 en el Imperio de Oriente, cuya capital era Constantinopla, antes llamada Bizancio.

▼ Juegos imperiales

Este mosaico de finales del siglo II d. C. muestra una carrera de cuadrigas, uno de los espectáculos preferidos de la época.

América antigua

En 1000 a.C., de las aldeas cultivadoras de maíz de América habían surgido varias culturas avanzadas en torno a grandes centros ceremoniales. Los olmecas en México y los chavín en Perú alzaron ciudades con templos y palacios, mientras que en América del Norte, los asentamientos, menos densos, formaban parte de una gran red comercial. En América Central, los sistemas de escritura documentaron luchas entre las ciudades-estado mayas que quizá contribuyeron al hundimiento de su civilización hacia 900 d.C.

que usaban con fines funerarios y ceremoniales. Pintaban el cuerpo de los difuntos con ocre y otros pigmentos vistosos, y los enterraban en tumbas forradas de madera junto con ajuares que comprendían hojas líticas, pipas de arcilla, brazaletes de cobre, conchas marinas y tablillas de piedra grabadas con motivos animales. Es posible que los túmulos también fueran marcas territoriales.

La falta de orificios para los ojos indica que no era para ponérsela

Cráneo hendido típico de las tallas olmecas

MÁSCARA OLMECA

Olmecas

Fecha	1500–400 a.C.
Localización	México

Los olmecas crearon la primera civilización de América Central y construyeron ciudades como La Venta y San Lorenzo, con sistemas de alcantarillado, piscinas para rituales religiosos y baños, plazas y templos. Esculpían cabezas colosales en bloques de basalto de hasta 50 toneladas que tal vez representen a poderosos gobernantes. Su arte representa jaguares y seres híbridos humanos–animales, y es posible que ya en 900 a.C. hubieran desarrollado un sistema de escritura, que sería el primero del hemisferio occidental.

Mayas

Fecha	750 a.C.–1697 d.C.
Localización	México, Guatemala, Honduras, Belice

Los mayas vivieron en varias ciudades-estado unidas por redes comerciales y que prosperaron a partir de 750 a.C. Tenían plazas centrales, grandes templos de piedra, pirámides, edificios para observaciones astronómicas y canchas para un juego de pelota ritual. Se ignora por qué se hundieron las ciudades de los mayas, de los que unos ocho millones de descendientes siguen viviendo en su territorio de origen en Mesoamérica.

Cultura chavín

Fecha	500–300 a.C.
Localización	Perú

Una de las primeras culturas avanzadas de América del Sur fue la de los chavín, que cultivaban maíz y construyeron un enorme complejo ceremonial en Chavín de Huántar, en cuyo centro se halla el Lanzón, una estela de granito de 5 m de altura que muestra a una deidad híbrida jaguar-humana frecuente en el arte chavín y que podría ser anterior a la construcción que la rodea. El complejo ceremonial supervisaba la convergencia y la diseminación de la ideología, la cultura y la religión. Entre sus dioses figuran una deidad sonriente, un dios cocodrilo y una figura divina que porta dos báculos.

Las narinas abiertas expresan ira

Colmillos felinos

DIOS SONRIENTE

Cultura adena

Fecha	1000–100 a.C.
Localización	Centro del valle del Ohio

Los adena vivían en asentamientos a lo largo del río Ohio (EE UU), cazaban y cultivaban calabazas y tabaco, y levantaron enormes túmulos de tierra

Rostro de Cocijo, el dios del rayo

Lengua serpentina bífida

URNA DE ARCILLA QUE REPRESENTA A UN DIOS ZAPOTECA

Zapotecas

Fecha	500 a.C.–900 d.C.
Localización	Valle de Oaxaca (México)

Desde la colina de Monte Albán, los zapotecas dominaron y unificaron casi todo el valle de Oaxaca (México). Ampliaban el territorio mediante conquista y colonización, integraban en su imperio a los asentamientos vencidos y usaban el botín para construir pirámides y canchas para el juego de pelota ritual. En uno de sus templos, los denominados frisos de los danzantes muestran a jefes rivales cautivos en poses grotescas. Los glifos esculpidos de los frisos de Monte Albán revelan la existencia de un sistema de escritura y un calendario sofisticados. Los zapotecas eran politeístas, y muchas de sus deidades estaban asociadas a la agricultura y a la fertilidad, aunque también adoraban a dioses de otras culturas mesoamericanas. Monte Albán fue abandonado en 900 d.C. por motivos que se desconocen y siguió deshabitado durante siglos.

> El **cacao** se cultivó por primera vez en **América Central**. La élite gobernante ya consumía una **bebida espesa hecha con habas de cacao** en 1900 a.C.

◀ **Mural funerario zapoteca**
Los arqueólogos descubrieron en Monte Albán (sur de México) 170 tumbas repletas de objetos preciosos y decoradas con pinturas murales de vivos colores.

Nazca

Fecha	100 a.C.–800 d.C.
Localización	Sur de Perú

El pueblo nazca vivía en pueblos y se dedicaba a la agricultura, la caza y el trabajo del metal. Contaba con un centro ceremonial en Cahuachi y producía cerámica policromada con imágenes de seres míticos humanizados. También crearon geoglifos, unos enormes dibujos trazados sobre el desierto que representan diversas formas animales y abstractas. Son muy elaborados, como el de un colibrí libando néctar, y solo se pueden ver desde el aire. La civilización desapareció súbitamente hacia 800 d.C.

Tumi (cuchillo ceremonial) para decapitar   *Deidad «decapitadora» medio humana, medio jaguar*

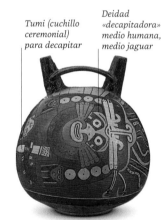

VASIJA NAZCA

Hopewell

Fecha	100 a.C.–500 d.C.
Localización	Medio Oeste de EE UU

Centrada en el valle del Ohio, la cultura hopewell cultivaba maíz y calabazas, cazaba y producía objetos de cobre batido de alta calidad. Los hopewell alzaban elaborados túmulos funerarios, como el de la Serpiente, de 380 m de largo, en el sur de Ohio, donde enterraban a su élite en tumbas forradas de troncos con ajuares funerarios que incluían delicadas vasijas de cerámica decoradas con motivos de aves. El uso de materias primas exóticas en sus artefactos sugiere que habían tejido redes comerciales que llegaban hasta las Montañas Rocosas, Carolina del Norte y del Sur, y el golfo de México.

Nómadas y tribus

En la Antigüedad, Asia central albergó una serie inestable de reinos, federaciones tribales y grupos nómadas. Cuando se fragmentaban, oleadas de personas debían migrar y a menudo desplazaban a pueblos ya asentados, como los celtas y los godos europeos. La vida nómada producía hábiles guerreros, sobre todo arqueros a caballo, lo que permitió a grupos como los hunos y los mongoles forjar grandes imperios que se extendían por varios continentes.

Las culturas de Hallstatt y La Tène

Surgida en Europa central hacia 1250 a. C. a partir de la cultura de los campos de urnas de la Edad del Bronce tardía, es probable que la cultura de Hallstatt fuera antepasada de la celta. Con una gran tradición guerrera, una estructura tribal y veneración por los caballos, en 500 a. C. se había convertido en la cultura de La Tène de la Edad del Hierro, cuyos integrantes vivían en asentamientos autosuficientes en Francia y se extendieron hacia el este. La cultura de La Tène se caracteriza por los motivos en espiral de sus joyas y piezas de metal.

CASCO DE HALLSTATT

Dos piezas de bronce laminado unidas

Los celtas en las islas Británicas

No se sabe si los celtas migraron en gran número a Gran Bretaña o si los británicos nativos adoptaron la cultura celta. En todo caso, la cultura de Hallstatt llegó a Gran Bretaña (y luego a Irlanda) hacia 800 a. C. y la de La Tène poco después de 500 a. C. Los reinos tribales celtas prosperaron durante siglos y dominaron Inglaterra, Gales y el sur de Escocia hasta la conquista romana en 43 d. C.; en Irlanda sobrevivieron hasta el siglo XII.

Vaina decorada con tiras de bronce

DAGA CELTA ENVAINADA

Enterramientos pazyryk

Hacia los siglos VI-II a. C., el pueblo pazyryk de los valles de los montes de Altái (Siberia) enterraba a sus difuntos en enormes túmulos, o kurganes, junto con tejidos con dibujos de jinetes que se han conservado perfectamente. Los hallazgos arqueológicas sugieren que los pazyryk eran ganaderos nómadas que se desplazaban a caballo. Los hombres enterrados tenían tatuajes de seres mitológicos.

Los escitas

Los escitas eran guerreros temibles que vivieron en el sur de Rusia y en Ucrania a partir del siglo IX a. C. Luchaban a caballo con arcos, flechas y hachas, y llegaron a saquear Babilonia y Asiria. Se enriquecieron gracias al comercio con las ciudades griegas cerca del mar Negro, que les permitió producir maravillosos objetos de oro, como discos con forma de aves de presa. En torno a 300 d. C. sucumbieron a las oleadas de ataques de las tribus germánicas que avanzaban hacia el oeste.

Heftalíes y sakas

El pueblo saka, de etnia irania, gobernó una serie de reinos en las estepas a partir del siglo VI a. C. antes de atacar el norte de India hacia 88 a. C. Allí instauró reinos que duraron un par de siglos. Los heftalíes (o hunos blancos) dominaron Asia central desde mediados del siglo VI d. C. hasta mediados del siglo VII d. C. y ejercieron una gran presión sobre el Imperio persa sasánida, al que debilitaron gravemente.

Los xiongnu

Los xiongnu fueron ganaderos nómadas que, a partir del siglo III a. C., construyeron un imperio en las estepas mongolas. Su caballería ligera, armada con arcos compuestos, asaltaba las fronteras del Imperio chino Han, que envió a sus princesas para que se casaran con los caudillos xiongnu en un intento de detener los ataques. Los xiongnu controlaron un sector clave de la Ruta de la Seda entre China y Occidente hasta que en torno a 90 d. C. fueron sustituidos por los xianbei, otra confederación nómada.

La era de los hunos

Los hunos irrumpieron desde Asia central en la década de 370 d. C. y atacaron a los imperios romano, persa y gupta (en el norte de India). Luego, en la década de 430, Atila unificó a todos los hunos y atacó al Imperio romano durante casi dos décadas de guerra destructiva hasta su muerte en 453. El Imperio huno se desplomó poco después.

Los godos se separan

A fines del siglo IV d. C., los godos (pueblo germánico asentado alrededor del mar Negro) lanzaron una serie de ataques contra el Imperio romano. Se dividieron en dos grupos, ostrogodos y visigodos, e instauraron reinos en Italia, el sur de Francia y la península Ibérica.

MONEDA OSTROGODA

Nacimiento de Hungría

Los magiares eran jinetes guerreros nómadas que migraron desde Asia central y llegaron al sur de las estepas rusas a principios del siglo IX d. C. En la década de 860 asaltaron el centro de Europa y ocuparon desde Constantinopla, al este, hasta Bremen, al oeste. En la década de 890, liderados por Árpád, conquistaron territorios a lo largo del Danubio y sometieron a los habitantes eslavos y hunos de la zona. Allí adoptaron el cristianismo e instauraron el reino de Hungría unos cien años después.

El Imperio mongol

En 1206, Gengis Kan (1162–1227) unió a las tribus nómadas mongolas en una poderosa confederación con una estructura militar muy disciplinada. Él y sus sucesores lideraron a los arqueros montados mongoles y conquistaron grandes franjas de Asia central, Rusia, Irán y China. En su momento álgido, el Imperio mongol fue el imperio de territorios contiguos más extenso de la historia, pero en 1294 ya se había fragmentado en múltiples kanatos que perdieron poder y acabaron desapareciendo.

▶ Escena de caza
Esta silla de montar pazyryk de cuero, fieltro, pelo animal, cabello humano y oro muestra a grifos atacando a cabras montesas.

Casco adornado con una pluma

Lujosa túnica dorada

ESTATUA DE ÁRPÁD

En su cénit, en 1279, el Imperio mongol se extendía a lo largo de **23 millones de km²**.

De la Edad Media a 1750

Tras la caída del Imperio romano, Europa occidental atravesó un largo período de desunión antes de que volvieran a aparecer estados centralizados. Por el contrario, en China prosperó un estado reunificado bajo las dinastías Tang, Song y Ming, mientras que un Imperio islámico dominó gran parte de Oriente Medio y el norte de África durante tres siglos. Hacia el final del período medieval, la tecnología militar había avanzado en Europa, y los exploradores empezaron a llegar a otras partes del globo, donde se acabó imponiendo la supremacía europea.

618 Se instaura la dinastía Tang en China. Sus primeros emperadores, Gaozu y Taizong, unifican el país e inauguran una era de prosperidad. Los Tang mantienen el control hasta 907.

EL EMPERADOR TAIZONG

622 En Arabia occidental, el profeta Mahoma huye de La Meca a Medina. El año de la hégira, o migración, marca el inicio del calendario islámico.

Victoria clave de los ingleses, con sus arcos largos, sobre la fragmentada oposición francesa

1337 Estalla la guerra de los Cien Años cuando Eduardo III de Inglaterra reclama el trono francés. A su fin, en 1453, Inglaterra ha perdido casi todo su territorio francés.

BATALLA DE CRÉCY (1346)

Santuario del dios de la lluvia
Santuario del dios de la guerra

Los gobernantes construían sobre templos anteriores

1325 Los aztecas migran y construyen Tenochtitlán en una isla del lago Texcoco, que será el centro de su imperio en México.

MAQUETA DE TEMPLO AZTECA

1347 La peste bubónica mata a una tercera parte de la población europea, lo que acarrea cambios sociales y económicos.

EUROPA ASIA

ÁFRICA

CLAVE

▬ Áreas afectadas ⟶ Avance de la peste

1368 Hongwu, antiguo monje budista, expulsa a los mongoles e instaura la dinastía Ming en China, restaura un gobierno fuerte y trae prosperidad económica.

ESPEJO MING (ENVÉS)

1508-1512 El artista italiano Miguel Ángel pinta los frescos del techo de la Capilla Sixtina del Vaticano, una de las obras maestras del Renacimiento.

DETALLE DEL TECHO DE LA CAPILLA SIXTINA

Los motivos naturales simbolizan la gloria de la dinastía Ming

1517 El monje alemán Martín Lutero publica sus 95 tesis, en las que condena las prácticas corruptas de la Iglesia católica. Esto impulsa la Reforma y contribuye a la división de Europa por motivos religiosos.

MARTÍN LUTERO

La técnica del esmalte alveolado consiste en crear celdillas con finos alambres y rellenarlas con esmalte

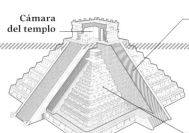

Cámara del templo

Los 365 escalones representan los 365 días del año solar maya

Templo más pequeño y antiguo bajo el actual

TEMPLO DE KUKULKÁN DE CHICHÉN ITZÁ

c. **600** Las ciudades mayas, como Tikal o Chichén Itzá, crecen y se convierten en centros regionales. Chichén Itzá sigue siendo importante hasta el siglo XIII.

793 Ataque de los vikingos escandinavos a la isla monasterio de Lindisfarne (Inglaterra), el primero de más de dos siglos de saqueos en el norte de Europa.

Minarete construido por Qutb ud-Din Aibak como símbolo de victoria

800 El papa León III corona emperador en Roma al rey franco Carlomagno y funda así el Sacro Imperio Romano.

Acabado en bronce

ESTATUILLA DE UN NOBLE CAROLINGIO

988 Vladimiro I de Kíev se alía con el Imperio bizantino y adopta el cristianismo ortodoxo griego, religión que introduce en Rusia.

1235 Sundiata Keita funda el Imperio de Malí, que dominará gran parte de África occidental durante más de 300 años.

ESTATUILLA MALIENSE DE SOLDADO A CABALLO

1215 Los mongoles liderados por Gengis Kan toman Zhongdu (actual Pekín), la capital de la dinastía yurchena Jin, y se convierten en la potencia dominante en el norte de China.

1206 Qutb ud-Din Aibak funda el Sultanato de Delhi, musulmán. Pese a la inestabilidad inicial, en el siglo XIV el sultanato llega hasta el sur de India.

QUTB MINAR (DELHI)

1099 La primera de las cruzadas, campañas militares europeas para recuperar los Santos Lugares cristianos de manos musulmanas, toma Jerusalén.

1066 Guillermo de Normandía conquista Inglaterra tras derrotar al rey anglosajón Haroldo II en Hastings y reparte la mayor parte del territorio entre sus seguidores normandos.

Hecho con hierro laminado

CASCO NORMANDO

1438 El inca Pachacútec amplía su imperio en el centro y el sur de los Andes y en la costa de Perú. El complejo de Machu Picchu es construido en su honor *c.* 1450.

MACHU PICCHU

c. **1440** Johannes Gutenberg, impresor alemán, construye en Maguncia la primera imprenta con tipos móviles de Europa, que permite producir libros en serie.

Estructura de madera

IMPRENTA

1453 El sultán turco otomano Mehmet II toma Constantinopla tras un asedio de siete semanas y pone fin al Imperio bizantino. Convierte a la ciudad en su capital.

La Santa María, nave insignia de Colón

1492-1493 El navegante Cristóbal Colón cruza el Atlántico en busca de una ruta marítima por el oeste hasta Asia oriental y encuentra América.

GRABADO DE LA FLOTA DE COLÓN

1480 El gran príncipe de Moscú Iván III derrota a la Gran Horda mongola y pone fin a la dominación mongola en Rusia. Empieza el auge de Moscú, que acabará dominando la región.

EL GRAN PRÍNCIPE IVÁN III

Protector nasal

1467 En Japón, la guerra Onin entre daimios (señores feudales) rivales inaugura un siglo de guerra civil y desunión.

1521 El conquistador español Hernán Cortés toma Tenochtitlán con sus soldados y aliados locales, pone fin al Imperio azteca e impone el dominio español en México.

1526 El príncipe Baber, de Asia central, derrota al sultán de Delhi en Panipat y funda el Imperio mogol. En 1700, los mogoles dominan casi todo el subcontinente Indio.

BATALLA DE PANIPAT

1600 En Japón, la victoria del sogún (líder militar) Tokugawa Ieyasu en Sekigahara pone fin al período de los Estados Combatientes y lleva a la reunificación del país.

TOKUGAWA IEYASU

Véase también Gobernantes de India pp. 326–327 ▶   **Fe y feudalismo** pp. 330–331 ▶   **El nacimiento de Rusia** pp. 336–337 ▶

China: las dinastías Tang, Song y Ming

Durante el milenio entre 600 y 1600, tres grandes dinastías gobernaron China. Las dinastías Tang, Song y Ming aportaron continuidad cultural y burocrática con el pasado y facilitaron largos períodos de estabilidad política y económica. No obstante, también fueron víctimas de rivalidades entre facciones, la corrupción y la presión de tribus nómadas en la frontera, que dieron lugar a períodos de inestabilidad entre el fin de una dinastía y la instauración de la siguiente.

La reunificación de China
Después de la caída de la dinastía Han en 221, China vivió siglos de desunión y se fragmentó en hasta 20 estados. Los Zhou del Norte se unificaron en 577, y en 588, Wendi, el primer emperador de la dinastía Sui, invadió el sur, derrocó a la dinastía Chen y reunificó China bajo un solo emperador. Sus ambiciosas obras públicas y costosas campañas en el extranjero provocaron una oposición popular creciente a los impuestos necesarios para financiarlas, y en 617 los Sui fueron derrocados por Li Yuan, un exgeneral que, como emperador Gaozu, instauró la dinastía Tang.

Los Tang en Asia central
Gaozu, el primer emperador Tang, y sus sucesores, como Taizong (626–649)

Vidriado sancai (de tres colores) verde, ámbar y crema

El platillo superior recoge las gotas de cera

PALMATORIA DE LA DINASTÍA TANG

inauguraron una edad de oro china con un imperio unido, al que la riqueza aportada por la recién abierta Ruta de la Seda y una burocracia eficiente garantizaron paz y prosperidad. Los Tang lanzaron campañas para recuperar el territorio perdido desde la era de los Han y conquistaron varias ciudades a lo largo de la Ruta de la Seda en Asia central, como Jotán. Sin embargo, los ataques de las tribus nómadas exigían mantener grandes guarniciones para defenderlas, lo que sometió a una gran presión a las finanzas.

La rebelión de An Lushan y el declive de los Tang
Las fronteras chinas seguían amenazadas a mediados de la dinastía Tang. La derrota por un ejército árabe musulmán en el río Talas en 751 y el poder creciente de los generales fronterizos impulsaron a uno de estos, An Lushan, a rebelarse en 755, iniciando una década de guerra civil durante la cual fue devastado el norte de China y saqueada la capital oriental, Luoyang. A pesar de la derrota de An Lushan, los Tang jamás se recuperaron del todo. Perdieron muchas áreas fronterizas, y los emperadores se convirtieron en títeres de los comandantes militares y los burócratas eunucos. Finalmente, Aidi, el último emperador Tang, fue derrocado en 907.

Las capitales imperiales
Los emperadores fundadores de dinastías solían construir ciudades nuevas (aunque normalmente cerca de centros imperiales ya existentes). Los Sui refundaron Chang'an (actual Xi'an), que había sido la capital de los Han, y levantaron edificios magníficos. Más al este, Luoyang, la capital de los últimos Han en los siglos I y II, fue recuperada brevemente a fines del siglo VII por Wu Zetian, la única emperatriz china reinante. Aún más al este, Kaifeng se convirtió en la capital de los Song en 960, hasta que estos perdieron el norte de China ante los nómadas en 1126 y fundaron una nueva capital en Hangzhou, al sur.

> «El **estado se destruye**, las montañas y los **ríos permanecen**.»
>
> DU FU, poeta de la dinastía Tang (712–770), *Visiones de primavera*

La economía Song
Tras otro período de desunión después de la caída de los Tang, Taizu, el primer emperador de la dinastía Song, reunificó China en 960. Una serie de emperadores longevos restauró el gobierno civil y llevó estabilidad y prosperidad económica a China. La población se duplicó con creces hasta alcanzar unos cien millones de habitantes en 1100, y el comercio por el sistema de canales chino prosperó. A medida que crecía la economía monetaria aumentó la demanda de efectivo, y en 1120, los Song crearon el primer papel moneda emitido por un gobierno. La industria china también alcanzó un alto nivel de sofisticación técnica, con manufacturas sederas públicas y la producción a gran escala de cerámica, papel y hierro.

RETRATO DE QUBILAY KAN

Las invasiones nómadas y la caída de los Song
Las luchas internas y la burocracia entorpecían cada vez más al gobierno Song. En 1068, el primer ministro del emperador Shenzong, Wang Anshi, intentó implantar reformas y recaudar impuestos de un modo más eficiente, pero fracasó ante la oposición de los tradicionalistas, y la dinastía acabó debilitada. Incapaces de defender la crucial frontera norte, en 1126 los Song sucumbieron a una invasión de los nómadas yurchenos (que adoptaron el nombre de Jin cuando gobernaron), que capturaron tanto Kaifeng, la capital, como al emperador Huizong. El gobierno Song en el norte de China se desplomó, pero los lealistas se reagruparon en el sur, donde gobernaron como la dinastía Song del Sur hasta 1279.

La china mongola
En 1234, Ogodei, hijo de Gengis (p. 318), conquistó el norte de China. Qubilay, el nieto de Gengis, trasladó la capital mongola a Pekín y en 1275 envió a sus ejércitos al sur del río Yangtsé, donde al cabo de cuatro años conquistaron a los Song del Sur. Qubilay y sus sucesores, la dinastía Yuan, se mantuvieron alejados de los chinos, conservaron sus costumbres y emplearon a burócratas chinos en la administración. Aún así, la necesidad de recompensar a los seguidores mongoles y jin provocó ineficiencia y corrupción, y en la década de 1350 la ya debilitada dinastía Yuan se enfrentó a varias revueltas de rebeldes chinos.

Hongwu y el auge de los Ming
Zhu Yuanzhang, un campesino que había ascendido hasta liderar a los Turbantes Rojos, uno de los grupos rebeldes contra los Yuan, tomó Pekín y destronó al último emperador Yuan en 1368. Tras autoproclamarse Hongwu, el primer emperador de la dinastía Ming, reformó el ejército, devolvió la responsabilidad fiscal a las comunidades locales y reforzó la burocracia. Los emperadores Ming restauraron la influencia china en el Sureste Asiático y entre 1405 y 1433 enviaron varias expediciones al océano Índico y a África oriental lideradas por el eunuco Zheng He (p. 341).

El declive de los Ming
Los Ming, aunque reconstruyeron la Gran Muralla (p. 308), aún sufrían los ataques de las tribus mongolas en la frontera norte. La captura del emperador Yingzong en 1449 durante una campaña contra ellos y su reclusión durante ocho años debilitaron la dinastía. Los emperadores Ming posteriores, como Wanli (1572–1620) desatendieron el gobierno y derrocharon tanto en ocio palaciego que casi llevan a la quiebra al tesoro. Las malas cosechas de la década de 1620 provocaron alzamientos rurales, uno de cuyos líderes, Li Zicheng, tomó Pekín en 1644 y puso fin a la dinastía Ming.

Portavelas

Vidriado verde sobre gres

FIGURA DE LEÓN DE LA DINASTÍA MING

▶ **Panel lacado Ming**
El complejo diseño de este panel de la década de 1430 con la imagen de un dragón, aves fénix y flores, demuestra la sofisticación y la maestría técnica de los artesanos del período Ming intermedio.

La **dinastía Song** era célebre por la **altura de sus edificios**: la **pagoda más alta** construida en esa época alcanzaba los **110 m**.

La laca endurecida de la superficie
se aplicaba con pincel sobre una
base de madera o de tela

El dragón simbolizaba la buena
suerte, y los emperadores chinos
también lo usaban para
representar el poder imperial

En el folclore chino, el fénix alado era un
ave mítica y un presagio de la ascensión
armoniosa de un nuevo emperador

Aves fénix más pequeñas usadas
como motivos decorativos

Japón: de Nara a Tokugawa

Aunque Japón se convirtió en un estado centralizado muy al principio de su historia, sus emperadores fueron marionetas de una serie de sogunes, o caudillos militares, apoyados por sus samuráis. Las guerras civiles periódicas entre facciones rivales fragmentaron el país en varios dominios regidos por señores feudales rivales hasta su reunificación a finales del siglo XVII. Tras promover brevemente el comercio internacional, Japón se aisló de nuevo, y los avances tecnológicos se detuvieron, pero a cambio disfrutó de estabilidad social y política.

Difusión del budismo

El budismo llegó a Japón a mediados del siglo VI desde el reino de Baekje de Corea. Fue adoptado por el poderoso clan de Soga, y la emperatriz Suiko (592-628) lo reconoció oficialmente en 594. A mediados del siglo VII ya había decenas de templos budistas repartidos por Japón. Durante siglos, el budismo supuso una amenaza para el sintoísmo, la religión dominante en la corte. También chocaba con el ideal confuciano de estado burocrático, originado durante la dinastía Tang en China y convertido en ley en 701.

Buda Amida (de la secta de la Tierra Pura)

Acabado en laca dorada

ESTATUA JAPONESA DE BUDA

El período Nara

En el siglo V surgió un estado japonés centralizado conocido como Wa o Yamato. En 710, la emperatriz Genmei (707-715) trasladó la capital a Nara, una ciudad nueva inspirada en Chang'an, la capital Tang china. La influencia china permeó la religión, el gobierno y el arte, y se adoptaron los caracteres chinos para escribir el idioma japonés. Los emperadores Nara, sobre todo Kanmu (781-806), ampliaron significativamente el territorio mediante guerras contra el pueblo emishi, al norte.

◄ **Batalla de Nagashino (1575)**
En esta ilustración de 1857 de Utagawa Yoshikazu, las fuerzas de Takeda Katsuyori se enfrentan a las de Oda Nobunaga y Tokugawa Ieyasu frente al asediado fuerte de Nagashino.

El período Heian y la ascendencia Fujiwara

En 794, la corte se trasladó a Heian (Kioto) para escapar del creciente poder de las instituciones budistas. En 801, el emperador Kanmu nombró *seii taishogun* («gran general subyugador de bárbaros») a Sakanoue no Tamuramaro, que había derrotado a los emishi. Este título fue adoptado por los líderes militares posteriores abreviado como *shogun* (sogún). En 858, Fujiwara Yoshifusa, regente del emperador niño Seiwa, fue el primero del linaje de sogunes Fujiwara que gobernó durante más de 300 años. La práctica de los emperadores enclaustrados, que abdicaban en favor de un menor de edad y dejaban el poder real en manos de un sogún, redujo aún más el poder imperial a partir de 1086.

Rivalidad entre clanes y las guerras Gempei

Mientras la autoridad del emperador se desvanecía y el conflicto entre clanes rivales se intensificaba, surgió la clase de los samuráis, sirvientes militares vinculados por un código de honor a los líderes de los clanes. Cuando los Fujiwara perdieron influencia, estalló una lucha entre los Taira y los Minamoto, que apoyaban a distintos aspirantes al trono. Las guerras Gempei (1180-1185) acabaron con la victoria naval de los Minamoto en Dan-no-ura.

El sogunado Kamakura

Después de las guerras Gempei, el sogún Minamoto Yoritomo trasladó la corte a Kamakura, donde instauró una nueva capital. Desde allí, los sogunes rechazaron invasiones mongolas en 1274 y 1281, esta última aniquilada por un gran tifón, o *kamikaze* («viento divino»). El último sogún Kamakura fue derrocado en 1333

cuando el emperador Go-Daigo intentó asumir el poder. Durante el sogunado Ashikaga (1338-1573) el poder recayó en daimios regionales.

La cultura literaria japonesa

La literatura japonesa surgió a principios del siglo VIII, durante el período Nara, en forma de crónicas históricas y colecciones de poesía. La era clásica de la literatura japonesa fue el período Heian, cuando una refinada cultura cortesana produjo una poesía elegante y una rica prosa, como *La historia de Genji* (c. 1010), escrita por la cortesana Murasaki Shikibu. Cuando el poder de la corte declinó, los relatos populares y épicos, como el *Cantar de Heike* (c. 1240), se volvieron más habituales, aunque la poesía, como *Shin kokinshu* (c. 1205) de Fujiwara Sadaie, continuó siendo popular.

El período Sengoku

En 1467, una disputa por la sucesión en el sogunado desembocó en la guerra Onin, que duró 11 años y quebró la autoridad central. La lucha entre los daimios y sus ejércitos samuráis se volvió endémica durante un período de cien años llamado Sengoku («período de los Estados Combatientes»). Los sogunes Ashikaga que siguieron fueron meras marionetas de los daimios, cuyos dominios eran reinos virtuales, y casi todos acabaron destronados y exiliados. Los ejércitos samuráis recorrían el territorio, y en todo Japón se alzaron castillos para consolidar los enclaves de los daimios.

La unificación de Japón

En 1568, Oda Nobunaga, un daimio menor que había comenzado a expandir su territorio en el centro de Japón en 1560, tomó Kioto. Acumuló poder de manera progresiva y, cuando fue asesinado en 1582, era señor de casi todo Japón. Uno de los generales de Nobunaga, Toyotomi Hideyoshi, recogió el testigo y completó la unificación de Japón en 1590. Cuando murió, en 1598, estalló otra lucha por el poder entre los daimios, de la que Tokugawa Ieyasu salió victorioso tras la batalla de Sekigahara en 1600.

XILOGRAFÍAS

Las reformas y la cultura Tokugawa

En 1603, Tokugawa Ieyasu instaló una nueva corte en Edo (Tokio) y ordenó a los daimios que construyeran palacios y residieran allí todo el año, en un intento de someterlos a su autoridad. Para garantizar la estabilidad social, instauró una jerarquía de cuatro clases (samuráis, artesanos, mercaderes y agricultores) y limitó la movilidad entre las clases. También alentó el comercio internacional, y los mercaderes portugueses y holandeses que llegaron a Japón llevaron consigo el cristianismo.

Celosía alrededor del compartimento central

Base diseñada para montarlo en un poste de madera

FAROL DEL PERÍODO EDO

El período aislacionista

A partir de 1630, los sogunes Tokugawa, temerosos de la influencia extranjera sobre Japón, decretaron la expulsión de los misioneros cristianos e impusieron restricciones a los japoneses conversos. A partir de 1633 se prohibió a los súbditos japoneses comerciar con el extranjero. En 1639, el único comercio exterior permitido era con los holandeses, en una isla cerca de Nagasaki. Japón permaneció aislado durante más de 200 años, hasta la llegada en 1853 de una expedición marítima estadounidense.

Hoja de metal afilada

Empuñadura de piel de raya

SABLE CORTO DE SAMURÁI

Véase también Comercio y exploración pp. 340-341 ▶ Religiones del mundo pp. 378-381 ▶ ¿Qué es la filosofía? pp. 382-383 ▶ **325**

Gobernantes de India

HISTORIA

Tras el hundimiento del Imperio gupta en el siglo VI, India se sumió en varios siglos de división política. Aunque surgieron múltiples estados pequeños, entre ellos el Sultanato de Delhi, ninguno logró imponerse como potencia dominante hasta la aparición del Imperio mogol en el siglo XVI. Con sede en Delhi, su combinación de poder militar, tolerancia religiosa y mecenazgo de las artes mantuvo unida una coalición potencialmente inestable de potentados musulmanes e hindúes y originó una de las grandes épocas de la historia india.

Gobernantes de la India medieval

Fecha	606-1015
Localización	Norte de India

Tras la caída del Imperio gupta (c. 250-543), India se reunificó brevemente bajo el emperador Harsa en el siglo VII, pero pronto se fragmentó en reinos más pequeños. Dinastías como la de los Chola dominaron el sur en el siglo IX, pero no pudieron extender su poder hacia el norte, donde el islam se consolidó gradualmente tras una serie de invasiones lideradas por Mahmud de Gazni entre 1001 y 1025.

Círculo de llamas

Shiva danza sobre un pedestal de loto

ESTATUA CHOLA DE SHIVA

El Sultanato de Delhi

Fecha	1206-1526
Localización	Delhi y norte de India

En 1193, otro invasor musulmán del centro de Asia, Muhammad de Gur, tomó Delhi y conquistó los principados rajputas hindúes. Cuando murió, su mano derecha, Qutub-ud-din, se proclamó sultán y fundó el Sultanato de Delhi. Al principio, este fue inestable: cinco de los primeros once sultanes fueron asesinados, y solía haber disputas entre las facciones turcas y afganas, pero se estabilizó a inicios del siglo XIV y conquistó parte del sur. En la década de 1320, bajo el sultán Muhammad ibn Tughluq, la capital se trasladó a Daulatabad. La invasión de Tamerlán, descendiente del mongol Gengis Kan, en 1398 debilitó el sultanato, cuyo territorio se había reducido significativamente cuando la dinastía Lodi ascendió al poder en 1451.

Baber y la fundación del Imperio mogol

Fecha	1526-1555
Localización	Norte de India

Baber, un descendiente de Tamerlán (que no había conseguido instaurar un imperio en Asia central), invadió el norte de India en 1526. Usando artillería, venció en Panipat a Ibrahim, el último sultán de Delhi, y luego tomó Agra, la capital de la dinastía Lodi. Su victoria sobre el caudillo rajputa Mewar Singh el año siguiente persuadió a sus seguidores para permanecer en India, pero el Imperio mogol que instauró allí casi se hundió cuando Sir Sah Sur, un caudillo afgano, expulsó de Delhi a su hijo Humayun en 1540.

El reinado de Akbar

Fecha	1556-1605
Localización	Norte y centro de India

Tras la muerte de Humayun en 1555, poco después de su restauración, el casi medio siglo de reinado de su hijo Akbar fue el apogeo del Imperio mogol, que creció hasta Cachemira, al norte, y

AKBAR EL GRANDE

La destreza militar del emperador mogol Akbar (r. 1556-1605) le valió el apodo de «el Grande». Sus reformas del ejército, como un uso más efectivo de la caballería, junto con su apoyo a las nuevas tecnologías y su liderazgo personal en el campo de batalla, fueron clave para la creación de una fuerza de combate sin rival en el subcontinente indio. Akbar también fomentó el debate religioso y el cultivo del arte y la cultura en su corte.

Bengala, al este. Akbar, un gobernante enérgico, participó en muchas campañas, reforzó la administración e instauró un sistema centralizado dirigido por guerreros-aristócratas, los mansabdares, un cargo no hereditario que se obtenía por lealtad. Liberal en cuestiones religiosas, se casó con una princesa rajputa hindú y suprimió la yizia, el impuesto a los no musulmanes. En 1571 trasladó la capital a la recién construida Fatehpur Sikri, al oeste de Agra, donde presidió una corte esplendorosa y promovió la din i-ilahi («fe divina»), una religión sincrética de todas las religiones existentes en India.

Vijayanagar

Fecha	1336-1565
Localización	Sur de India

El fracaso inicial de los mogoles a la hora de conquistar el sur de India se debió en parte a la fundación en 1336 de Vijayanagar («la ciudad de la victoria»), una vasta ciudad fortificada que se convirtió en un bastión regional del hinduismo bajo la dinastía Sangama. Para consolidar el poder de los Sangama, cada año se celebraba una fiesta de reconsagración (mahanavami) que duraba diez días, mientras que un sistema de najaka, o comandantes militares locales, recaudaba los impuestos. Los sultanes bahmaníes del Decán frustraron los esfuerzos de los Sangama para expandirse hacia el norte. En el siglo XVI, los Sangama fueron sustituidos por los Tuluva y luego por los Aravidi, que fueron derrotados en 1565 por cabecillas musulmanes locales que destruyeron Vijayanagar, y el imperio se derrumbó.

El reinado de Sah Yahan

Fecha	1628-1658
Localización	Norte y centro de India

La muerte de Akbar en 1605 precipitó una guerra civil de la que su hijo Yahangir salió victorioso. Cuando este murió en 1627, estalló un sangriento conflicto entre sus cuatro hijos. Jurram, el vencedor, adoptó el nombre de Sah Yahan como emperador mogol y construyó una nueva capital en Delhi (incluido el Fuerte Rojo), a la que renombró Sahyahanabad. Su principal legado fue el Taj Mahal, el mausoleo de su esposa Mumtaz Mahal, que murió al dar a luz en 1631. Sus tropas avanzaron hacia el sur, anexionaron Ahmednagar y sometieron a Golconda y Bijapur; sin embargo, fue depuesto por sus hijos cuando enfermó de gravedad en 1657 y pasó sus últimos nueve años prisionero en su propio palacio.

Aurangzeb y el declive del Imperio mogol

Fecha	1658-1707
Localización	India

El emperador Aurangzeb, el vencedor de la guerra civil entre los hijos de Sah Yahan, sometió agresivamente a las provincias rebeldes en Bengala y en la frontera afgana, y expandió el imperio hasta casi el extremo sur de India, al mismo tiempo que se enfrentaba a la amenaza del auge del reino Maratha y a la rebelión de su propio hijo. Aurangzeb reinstituyó las limitaciones legales a los no musulmanes. Esto, sumado a que llevó a sus recursos al límite, debilitó al imperio, que se derrumbó después de su muerte en 1707. A finales del siglo XIX, el imperio se había reducido a un pequeño enclave alrededor de Delhi.

El arte y la cultura mogoles

Fecha	1526-1707
Localización	India

Los emperadores mogoles fueron grandes mecenas de las artes. Akbar promovió la excelencia arquitectónica con proyectos a gran escala como Fatehpur Sikri y fundó un taller real donde los pintores ilustraban manuscritos con miniaturas exquisitas. Su hijo Yahangir también promocionó el arte mogol, como el de Abu al-Hasan, conocido como «la Maravilla de la Época». Pero bajo los emperadores posteriores y a medida que el imperio se reducía, el arte se fue volviendo más formal y rígido.

Posiciones de las estrellas marcadas sobre el globo

La franja muestra el zodíaco

Marcas de longitud

ESFERA CELESTE MOGOLA

▶ **Akbar detiene a Sah Abu'l-Maali**
En esta página del Akbarnama, la crónica oficial de Akbar, sus soldados apresan al hombre que había asesinado a su madrastra para gobernar Kabul.

326 ◀ Véase también Nómadas y tribus pp. 318-319

La cuchilla curva podía perforar la cota de malla

Peto con forma de elefante

Púas afiladas enroscadas en una esfera metálica

MAZA MOGOLA

MARTILLO DE ARMAS

El auge de los marathas

Fecha	*c.* 1650–1818
Localización	Centro de India occidental

El reino Maratha apareció en la década de 1640, cuando el aristócrata Sivaji Bhonsle empezó a hacerse con un territorio independiente en la costa oeste central de India. Al principio, los mogoles, liderados por Aurangzeb, lo contuvieron, pero volvió a rebelarse en 1670 y se proclamó rey en 1674. Los marathas se hicieron fuertes en enclaves en las montañas y a los mogoles les resultó imposible someterlos incluso después de la gran campaña que Aurangzeb lanzó en la década de 1680. La confederación maratha resurgió a inicios del siglo XVIII, liderada por el nieto de Sivaji, Shahu, y a partir de entonces, sus *peshwas*, o ministros, dominaron gran parte del centro de India occidental hasta su derrota definitiva por la Compañía Británica de la Indias Orientales en la tercera guerra anglo-maratha.

«Si existe un **paraíso en la tierra**, es este, es este, **es este.**»

SAADULLAH KHAN,
verso inscrito en la sala de audiencias privadas del Fuerte Rojo de Delhi (*c.* 1648)

327

La remodelación de Europa

La disolución del Imperio romano de Occidente a finales del siglo V dejó gran parte de su antiguo territorio en poder de reinos germánicos sucesores, cuyos gobernantes iniciaron un largo proceso de reconstrucción con ayuda de los elementos de la administración romana que habían sobrevivido en algunas zonas. Pese a la devastación causada por saqueadores durante los siglos IX y X, estos reinos sobrevivieron y formaron el núcleo de muchos países europeos modernos.

La Galia merovingia
y la Hispania visigoda

El grupo germánico de los francos avanzó hasta la Galia romana en el siglo V. Tras matar a sus rivales, Clodoveo reunió a los francos en un solo reino, venció a los últimos restos del Imperio romano y se convirtió al catolicismo hacia 496. Sus descendientes, los merovingios, crearon una cultura francorromana híbrida que preservaba gran parte del conocimiento romano y promulgaron códigos legales al estilo romano. La tradición merovingia de repartir el reino entre varios herederos provocó guerras civiles y debilitó la dinastía hasta tal punto que, en 768, Pipino el Breve, su mayordomo de palacio (un alto funcionario), depuso al último merovingio y se proclamó rey. Los visigodos, otro grupo germánico, se asentaron inicialmente en el sur de Galia, pero una derrota ante los francos en 507 los obligó a avanzar hacia Hispania, donde instalaron su capital en Toledo y unieron a toda la península bajo su gobierno hasta que la invasión de un ejército árabe-bereber musulmán en 711 destruyó un reino visigodo ya debilitado por la guerra civil.

Los reinos anglosajones

Tras el hundimiento del Imperio romano en Britania en 411 una serie de invasores germánicos (jutos, anglos y sajones), conocidos colectivamente como anglosajones, invadieron Gran Bretaña. Hacia el año 500 habían fundado varios pequeños reinos en el este, desde donde avanzaron hacia el oeste y a finales del siglo VI ya ocupaban la mayor parte de Inglaterra. Los principales estados anglosajones eran Wessex, en el sur y el oeste; Mercia, en el centro, y Northumbria en el norte. Las guerras entre ellos por la supremacía no cesaron hasta que los vikingos aplastaron a los rivales de Alfredo el Grande de Wessex, que a su vez derrotó a los invasores y logró que su reino se convirtiera en el germen de una Inglaterra unificada en el siglo X.

Ostrogodos, lombardos y bizantinos

Los ostrogodos llegaron a Italia desde los Balcanes en 488 invitados por Zenón, el emperador romano de Oriente, que quería vengarse de Odoacro por haber depuesto al emperador romano de Occidente. Su rey, Teodorico, instauró un reino estable y empleó a numerosos romanos en su administración. Sin embargo, en 533, el emperador bizantino (romano de Oriente) Justiniano emprendió una guerra de reconquista que se prolongó hasta 554. Aunque los bizantinos recuperaron la mayor parte de Italia, la península quedó arrasada, y en 568, los lombardos, otro grupo germánico, la invadieron e instauraron varios ducados que acabaron uniéndose en un reino que en 774 fue conquistado por los francos.

Los carolingios y el
Sacro Imperio Romano

Carlomagno (m. en 814), hijo de Pipino el Breve, reforzó la nueva dinastía carolingia y amplió sus fronteras hasta abarcar parte de la península Ibérica, Sajonia e Italia. Promovió un florecimiento cultural al que luego se llamó renacimiento carolingio y la reforma de la iglesia franca y de los sistemas administrativos del reino. En 800 se hizo coronar emperador de los romanos, resucitando simbólicamente al Imperio romano de Occidente. Pero sus sucesores

Hecho de
oro y esmalte

Cruz
cristiana
en el centro

**COLGANTE
ANGLOSAJÓN**

no lograron mantener la unidad, y en 840 sus tres nietos se repartieron el reino, que perdió su vigor. Los gobernantes de la región oriental, predecesora de la Alemania moderna, heredaron y recuperaron el título imperial a partir de Otón I en 962.

La difusión el cristianismo

El cristianismo, que había prosperado en el oeste y el sur de Europa durante el final del Imperio romano, sobrevivió a la caída de este. A pesar de que la mayoría de los

> «Temed a la **discordia** y a la **guerra civil** que os está **barriendo**, a **vosotros** y a los **vuestros**.»
>
> SAN GREGORIO DE TOURS,
> *Historia de los francos*, Libro V (594)

▲ **Tapiz de Bayeux**
Este lienzo bordado de casi 70 m de largo es un relato visual de la batalla de Hastings que precedió a la conquista de Inglaterra por Guillermo de Normandía, luego llamado el Conquistador, en 1066.

soberanos de los reinos germánicos que sustituyeron al Imperio eran paganos, a inicios del siglo VI ya habían empezado a convertirse al cristianismo. Algunos, como en la Hispania visigoda, adoptaron primero el arrianismo, una forma herética. Poco después, de este núcleo cristiano partieron misioneros para evangelizar regiones donde el cristianismo había desaparecido o a las que no había llegado nunca. En 597 llegó a Inglaterra un monje romano llamado Agustín (san Agustín de Canterbury), enviado por el papa León II para iniciar un proceso de conversión que terminó en medio siglo. En el siglo VIII, el cristianismo llegó a Frisia (Países Bajos) y desde allí se extendió hacia el norte y el este. Dinamarca y Polonia se convirtieron en la década de 960, y los últimos grandes enclaves paganos en Europa (Suecia y Lituania), entre los siglos XI y XIV.

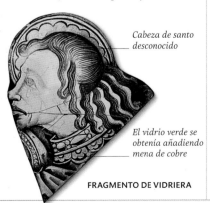

Cabeza de santo desconocido

El vidrio verde se obtenía añadiendo mena de cobre

FRAGMENTO DE VIDRIERA

El Imperio búlgaro
En el siglo VII d.C., los invasores eslavos conquistaron gran parte de los Balcanes controlados por Bizancio. En la década de 680, el grupo de los búlgaros instauró en el bajo Danubio un reino que a principios del siglo IX y bajo el kan Krum duplicó su territorio y se convirtió para los bizantinos en una seria amenaza. Bulgaria alcanzó el cénit de su poder en los siglos IX y X, y su conversión al cristianismo en 864 cimentó su posición como el principal centro cultural de los eslavos del sur. El kan Simeón obtuvo varias victorias sobre los bizantinos, adoptó el título de emperador e incluso asedió Constantinopla en 922. Sin embargo, los bizantinos se recuperaron, y una derrota aplastante en Kleidion en 1014 puso fin al Imperio búlgaro, que se recuperó en los siglos XII y XIII cuando el poder de Bizancio en los Balcanes se derrumbó de nuevo.

Los vikingos
A finales del siglo VIII zarparon de Escandinavia unos saqueadores marítimos que sembraron el terror durante dos siglos en las costas del noroeste europeo a bordo de sus barcos largos (drakkares) cuya hidrodinámica y bajo calado les permitían atacar objetivos de todo tipo. Movidos por la superpoblación, la inestabilidad política y la ausencia de oportunidades en su tierra, los vikingos empezaron atacando Inglaterra e Irlanda y después Francia, e incluso llegaron hasta Constantinopla. En el norte de Inglaterra, este de Irlanda,

En 1012, el rey Etereldo II pagó **22 000 kg de plata** a los vikingos para que dejaran de **saquear Inglaterra.**

Escocia, Normandía y Sicilia establecieron estados propios que sobrevivieron hasta los siglos X y XI. Más lejos, los vikingos exploraron nuevas tierras en el Atlántico norte y se asentaron en Islandia hacia 870 y en Groenlandia en 980, y llegaron a América del Norte hacia el año 1000.

Los normandos
Los normandos («hombres del norte») eran vikingos que se asentaron en el norte de Francia después de que su caudillo, Rollón, firmara un tratado con el rey francés Carlos el Simple para proteger la región de otros saqueadores. En el siglo XI sus tierras abarcaban toda Normandía. El duque Guillermo, descendiente de Rollón, logró anexionar Inglaterra tras su victoria en Hastings sobre el rey anglosajón Haroldo en 1066. A partir de la década de 1030, los mercenarios normandos también intervinieron en las disputas entre facciones en los estados del sur de Italia. Liderados por Roberto Guiscardo y su hermano Roger, crearon allí y en Sicilia estados normandos que sobrevivieron hasta el final del siglo XII.

MINIATURA DE UN MANUSCRITO DEL SIGLO XII

Véase también Fe y feudalismo pp. 330-331 ▶ **El nacimiento de Rusia** pp. 336-337 ▶ **El Renacimiento** pp. 338-339 ▶

Fe y feudalismo

El germen de los estados europeos modernos ya existía en el siglo XI, pero el deseo de los monarcas de ampliar sus territorios sumió al continente en conflictos bélicos. Las ciudades crecían y el comercio enriquecía a los mercaderes, pero el feudalismo era un sistema muy conservador que ataba a los siervos a sus tierras e impedía el progreso económico. Aunque los gobernantes fueran laicos, la verdadera potencia dominante era la Iglesia cristiana.

La Iglesia medieval: el papado y las reformas

Al principio, el papado medieval tuvo dificultades para imponer su autoridad sobre los obispos más allá de Italia. El papa Gregorio VII (r. 1073–1085) impulsó un proceso de reformas e insistió en la supremacía del papado sobre la Iglesia. En 1074 prohibió que los sacerdotes se casaran y proclamó que solo el papa (y no los soberanos laicos) tenía potestad para investir obispos.

La querella de las investiduras

En 1075 estalló una disputa entre Gregorio VII y el emperador alemán Enrique IV, que reclamaba el derecho a investir obispos. Enrique IV intentó deponer a Gregorio, que lo excomulgó. El emperador vio dañada su autoridad y se vio obligado a llevar a cabo una penitencia humillante en 1077.

Las nuevas órdenes monásticas

Llegado el siglo XI, la vida monástica había entrado en declive porque las abadías y los monasterios habían dejado de ser centros de oración y se habían convertido en depositarios de riqueza. El deseo de renovación espiritual llevó a la fundación de nuevas órdenes religiosas, como la cartuja (1084) o la cisterciense (1098). Estas nuevas órdenes insistían en la importancia del trabajo y la oración, y fueron seguidas por órdenes de frailes como los franciscanos (1212), que practicaban la pobreza absoluta y predicaban directamente al pueblo llano.

SAN BENITO, FUNDADOR DEL MONACATO

El Sacro Imperio Romano

En 800 el rey franco Carlomagno se había coronado emperador en una recuperación simbólica del Imperio romano de Occidente. A partir de 962, el título fue utilizado por dinastías con sede en Alemania. En el siglo XI, el poder del emperador (sacro emperador a partir de 1157), que gobernaba a través de una jerarquía de príncipes y duques, dependió de la personalidad de quien ostentara el título.

Las cruzadas

Tras el llamamiento del emperador bizantino Alejo I, en 1095 el papa Urbano II predicó una cruzada, una peregrinación armada, para liberar la ciudad santa de Jerusalén del gobierno musulmán. El ejército de esta cruzada (la primera de nueve entre 1095 y 1271) tomó la ciudad en 1099 e instauró una serie de estados cristianos que sobrevivieron hasta 1291.

Venecia y Génova

Muy bien situadas para explotar el comercio en el Mediterráneo, Génova y Venecia se enriquecieron cada vez más a partir del siglo XII. Después de que un ejército veneciano tomara Constantinopla en 1214, las dos ciudades monopolizaron el comercio en el antiguo Imperio bizantino. En 1381, Venecia venció a Génova y se convirtió en la primera potencia comercial del Mediterráneo hasta el siglo XVI.

La Reconquista

Tras la invasión árabe de la Hispania visigoda en 711, la región del norte que había quedado bajo dominio cristiano se fue expandiendo en un proceso llamado Reconquista, que la debilidad del emirato musulmán de Córdoba aceleró en el siglo XI. La victoria cristiana en las Navas de Tolosa en 1212 dejó en manos musulmanas solo el reino de Granada hasta 1492.

La guerra de los Cien Años

La guerra estalló en 1337, cuando el rey inglés Eduardo III invadió Francia para reclamar su derecho al trono francés, heredado de su abuelo. Una primera victoria en Crécy (1346) le permitió conquistar gran parte del norte de Francia, pero los franceses lograron recuperarla. Enrique V reanudó la guerra, derrotó a los franceses en Azincourt (1415) y ocupó el territorio francés al norte del Loira. Sin embargo, la recuperación francesa inspirada por una joven campesina, Juana de Arco, solo dejó a los ingleses Calais cuando la guerra terminó en 1453.

BALLESTA MEDIEVAL   Canal

El feudalismo y la economía medieval

En la Alta Edad Media (c. 500–1000) surgió un sistema de propiedad de las tierras llamado feudalismo por el que los nobles obtenían tierras del rey a cambio de proporcionar efectivos al ejército real. A su vez, los siervos estaban obligados a trabajar la tierra de su señor y normalmente no podían abandonarla nunca.

La peste bubónica y sus consecuencias

En 1348, una epidemia asoló Europa, propagada por las pulgas de las ratas. La enfermedad, llamada peste negra, se caracterizaba por la aparición de bubas, o inflamaciones, en cuello e ingles. Apareció en Italia en 1347 y se extendió rápidamente, hasta matar a un tercio y medio de la población europea. La escasez de mano de obra consiguiente dio más poder de negociación a los siervos y contribuyó a debilitar el feudalismo.

Polonia-Lituania

Tras la destrucción de Kíev, la capital del Rus de Kíev, por los mongoles en 1240, el Gran Ducado de Lituania emergió como

> «De la gente **baja**, y tal vez la mediana [...] **enfermaban a millares** a diario, y al no ser atendidos [...] **morían** todos.»
>
> GIOVANNI BOCCACCIO,
> *Decamerón* (1353)

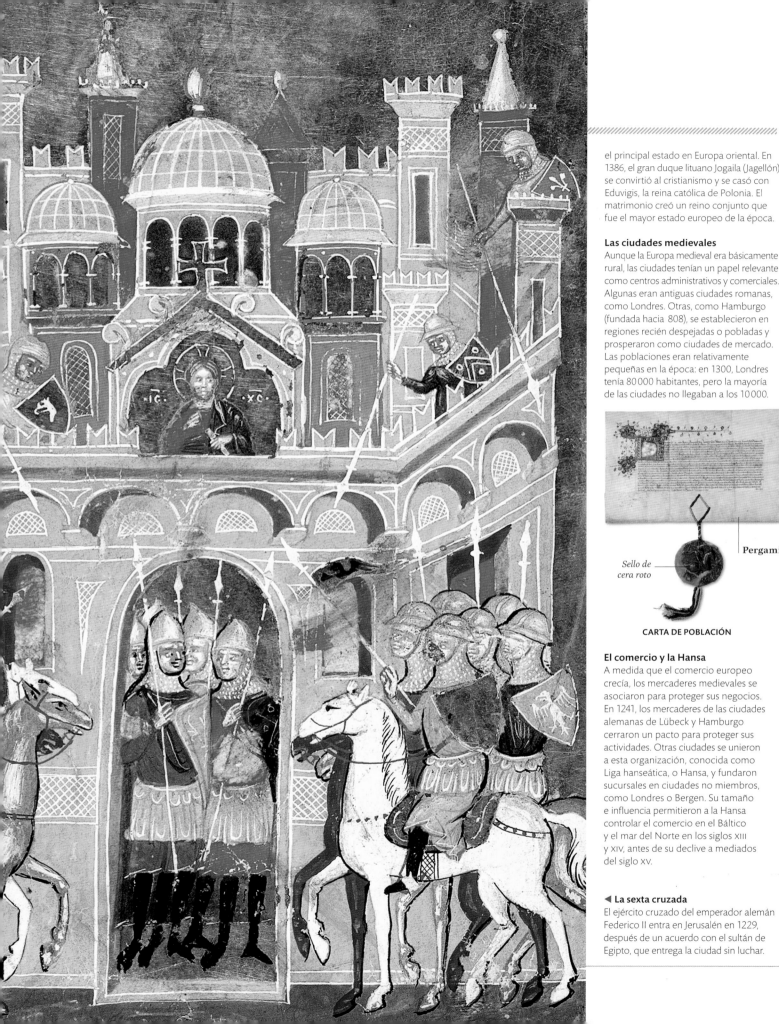

el principal estado en Europa oriental. En 1386, el gran duque lituano Jogaila (Jagellón) se convirtió al cristianismo y se casó con Eduvigis, la reina católica de Polonia. El matrimonio creó un reino conjunto que fue el mayor estado europeo de la época.

Las ciudades medievales

Aunque la Europa medieval era básicamente rural, las ciudades tenían un papel relevante como centros administrativos y comerciales. Algunas eran antiguas ciudades romanas, como Londres. Otras, como Hamburgo (fundada hacia 808), se establecieron en regiones recién despejadas o pobladas y prosperaron como ciudades de mercado. Las poblaciones eran relativamente pequeñas en la época: en 1300, Londres tenía 80 000 habitantes, pero la mayoría de las ciudades no llegaban a los 10 000.

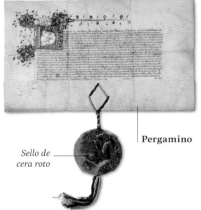

Sello de cera roto | Pergamino

CARTA DE POBLACIÓN

El comercio y la Hansa

A medida que el comercio europeo crecía, los mercaderes medievales se asociaron para proteger sus negocios. En 1241, los mercaderes de las ciudades alemanas de Lübeck y Hamburgo cerraron un pacto para proteger sus actividades. Otras ciudades se unieron a esta organización, conocida como Liga hanseática, o Hansa, y fundaron sucursales en ciudades no miembros, como Londres o Bergen. Su tamaño e influencia permitieron a la Hansa controlar el comercio en el Báltico y el mar del Norte en los siglos XIII y XIV, antes de su declive a mediados del siglo XV.

◄ **La sexta cruzada**
El ejército cruzado del emperador alemán Federico II entra en Jerusalén en 1229, después de un acuerdo con el sultán de Egipto, que entrega la ciudad sin luchar.

El mundo islámico

El Imperio islámico surgió en el centro de Arabia y se extendió rápidamente a partir del siglo VII hasta abarcar desde la península Ibérica hasta Afganistán. En este enorme territorio, cuyo centro era la capital califal de Bagdad, floreció una rica cultura que propició grandes logros en arquitectura, astronomía y medicina. Aunque el imperio empezó a disgregarse ya en el siglo X, la emergencia de grandes estados islámicos en Turquía, Irán e India en el siglo XVI restauró parcialmente su unidad.

El nacimiento del islam

En el siglo VI, Arabia estaba dividida entre creyentes en dioses paganos y comunidades cristianas y judías. Hacia 610, el profeta Mahoma, nacido en el seno de una próspera familia de mercaderes de La Meca, tuvo una revelación y empezó a predicar una nueva religión, el islam, que enseñaba la sumisión a un dios único. Ante la oposición de los tradicionalistas, en 622 huyó a la cercana Medina, desde donde sus fieles conquistaron casi toda la península Arábiga antes de su muerte en 632.

Las conquistas árabes y los omeyas

Los sucesores de Mahoma (o califas) derrotaron con facilidad a los imperios bizantino y persa, debilitados por varias décadas de guerra. En 637, las fuerzas del califa Omar tomaron la ciudad santa de Jerusalén y en 642 derrotaron a los persas sasánidas. Los ejércitos musulmanes avanzaron hacia el norte de África y Asia central, pero se vieron entorpecidos por guerras civiles entre aspirantes rivales al trono. En 661, la dinastía omeya se impuso y reinstauró un califato unido con capital en Damasco.

El califato abasí

Los omeyas se enfrentaban a la división entre los suníes, que eran mayoritarios y reconocían el gobierno omeya, y los chiíes, que creían que los únicos gobernantes legítimos eran los descendientes de Alí, primo de Mahoma. En 750, un alzamiento chií derrocó al último omeya e instaló la dinastía abasí. Al-Mansur, su segundo califa, construyó una nueva capital en Bagdad en 762 e inauguró un período de prosperidad. Sin embargo, gobernar un imperio tan extenso resultó una tarea imposible, y durante los siglos IX y X muchos territorios empezaron a independizarse.

El puntero indica la posición de estrellas específicas

Alidada (regla giratoria)

ASTROLABIO ISLÁMICO

Bagdad y la ciencia islámica

Los primeros califas abasíes fueron grandes mecenas de la ciencia. Al-Mansur (r. 754–775) fundó la Bayt al-Hikmah (Casa de la Sabiduría) en su nueva capital para promover la traducción al árabe de obras científicas griegas y persas. Eruditos como el astrónomo Al-Biruni (973–1052) y el médico Avicena (980–1037) ampliaron las fronteras del conocimiento, y sus obras se estudiaron durante siglos.

Los fatimíes y los ayubíes

Cuando el Imperio abasí se desplomó, en sus antiguos territorios aparecieron dinastías nuevas. En 969, los fatimíes chiíes conquistaron Egipto, donde fundaron El Cairo, una nueva capital. Se declararon califas en oposición a los abasíes y libraron largas guerras contra sus rivales: tomaron Yemen, Siria y, en 1058, incluso Bagdad. Sin embargo, dependían en exceso de mercenarios turcos, y en 1169, el último fatimí fue derrocado y sustituido por los ayubíes bajo Saladino, un kurdo iraquí.

El Imperio selyúcida se extiende

En 1038, Tugril Beg, jefe de los turcos selyúcidas basados en Nishapur (noreste de Irán actual), se proclamó sultán. Los selyúcidas se expandieron y en 1060 tomaron Bagdad. En 1071 aplastaron a un ejército bizantino en Manzikert y se apoderaron de gran parte de Asia Menor. Una revuelta en 1086 hizo que el sultanato selyúcida se fragmentara y perdiera poder.

El auge de los otomanos

Los otomanos comenzaron como un pequeño emirato turco en la frontera del Imperio bizantino en Anatolia occidental. En 1324, el sultán otomano Orján tomó la ciudad de Bursa, a la que convirtió en su capital. Desde allí, los otomanos tomaron la mayoría de las ciudades bizantinas en Asia Menor y en 1354 pasaron a Europa.

La toma de Constantinopla

En 1402, una invasión mongola estuvo a punto de destruir el Imperio otomano, pero este se recuperó y ganó el territorio perdido en Asia Menor y los Balcanes. El sultán Mehmet II sitió Constantinopla en 1453, la capital y la última gran posesión del Imperio bizantino. A pesar de que los defensores resistieron durante dos meses, los otomanos capturaron la ciudad, que Mehmet convirtió en su nueva capital.

La edad dorada de Solimán I

El Imperio otomano alcanzó su máxima extensión entre 1520–1566, bajo Solimán el Magnífico. Su padre, Selim I, había conquistado Egipto en 1517 y él tomó Rodas y la mayor parte de Hungría, que anexionó en 1529. Luego asedió Viena, la capital de los Habsburgo, pero no logró conquistarla. Conocido como *Kanun* («el Legislador»), codificó las leyes otomanas, financió instituciones de enseñanza y apoyó las artes (él mismo escribía poesía).

▶ Corte otomana (siglo XVI)

En esta miniatura de un manuscrito, Solimán el Magnífico es atendido por los cortesanos de su palacio mientras legisla.

El sah Ismaíl I y el Imperio safaví

Los safavíes, una orden de místicos sufíes, se habían instalado en Ardebil (noroeste de Persia) en el siglo XIV. En el siglo XV aprovecharon el estallido de una guerra civil para expandirse. El sah Ismaíl I tomó Tabriz en 1501, la convirtió en su capital y resistió los ataques otomanos a partir de 1514–1517, creando así una frontera estable en el oeste.

El auge del poder safaví

En 1598, el sah Abbas trasladó la capital safaví a la ciudad persa de Isfahán, que embelleció con lujosas mezquitas, madrasas, mercados y una gran plaza pública. Durante su reinado reinstauró la autoridad central, reforzó el gobierno y recuperó el territorio perdido ante los uzbecos y los otomanos. Tras la muerte de Abbas en 1629, el imperio empezó a declinar hasta hundirse en 1722.

Tapa de cobre

JARRÓN DE CERÁMICA SAFAVÍ

MEHMET II

Mehmet (1432–1481) gobernó dos veces. Durante su primer reinado, después de que su padre, Murat II, fuera depuesto, derrotó a la última gran cruzada cristiana en Varna en 1444. Volvió a ser sultán en 1451, y su toma de Constantinopla en 1453 le valió tanto el apodo de «el Conquistador» como un prestigio que le impulsó a intentar otras conquistas. Sus tropas llegaron hasta Belgrado, que asediaron en 1456. Mehmet recuperó el resto de los territorios bizantinos en Grecia en 1460–1461, conquistó Albania en 1478–1479 y ocupó brevemente Otranto, en el sur de Italia, en 1480.

> «En **Bagdad** soy el **sah**, en **tierras bizantinas** soy el **césar** y en **Egipto** el **sultán**.»
>
> SOLIMÁN EL MAGNÍFICO, inscripción en la ciudadela de Bender (Moldavia) (1588)

Historia de la pólvora

Compuesto químico que surgió como una curiosidad médica en China, la pólvora transformó la guerra e inauguró una nueva era de armas con proyectiles. Las armas de fuego se difundieron de China al mundo islámico y a Europa, y la artillería, pistolas y arcabuces se utilizaron en conflictos de todo el mundo. Los mecanismos de disparo fueron mejorando, y los cañones manuales de un solo tiro medievales fueron sustituidos en el siglo XX por ametralladoras capaces de lanzar 6000 proyectiles por minuto. En ese mismo período, el alcance aumentó desde unas docenas de metros hasta los 3,5 km de los rifles modernos.

PÓLVORA

Siglo IX El alquimista chino Chao Nai-an descubre por casualidad un tipo primitivo de pólvora al intentar crear un elixir de la inmortalidad.

960–1279 Los chinos desarrollan *pao-chang* (petardos de bambú con pólvora) y luego añaden detonadores y humo de colores para crear fuegos artificiales.

FUEGOS ARTIFICIALES

Tapa de la rueda

El gatillo hace girar una rueda dentada cuya fricción con un trozo de pirita hace saltar una chispa

LLAVE DE RUEDA

Diosa hindú

c. 1530 Se inventa la llave de rueda, con un mecanismo de ignición ideal para las armas de caballería, de cañón más corto.

Frasco de pólvora

Siglo XVI La bandolera, una correa con recipientes para la pólvora y las balas que se lleva cruzada sobre el cuerpo, facilita la recarga de las armas.

Bolsa para balas de mosquete

BANDOLERA

Siglo XVI Aparecen en Europa cartuchos de papel precargados con una bala y una medida de pólvora. Hay que abrirlos con los dientes antes de cargarlos en el arma.

La bala está en un extremo

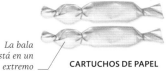

CARTUCHOS DE PAPEL

Siglo XVI Los mercaderes portugueses llevan arcabuces de llave de mecha a Japón en la década de 1550. El Imperio otomano los lleva a India, donde ayudan a los mogoles a ascender al poder.

CUERNO DE PÓLVORA DE ARCABUZ INDIO

Siglo XVII En Italia se usan barriles de pólvora como explosivo en las minas y para ampliar los caminos de montaña. Su uso se extiende por Europa.

Azufre (10%)
Salitre (75%)
Carbón (15%)

COMPOSICIÓN DE LA PÓLVORA

Década de 1620 En las armas de llave de chispa, un pedernal golpea una placa de metal para prender la carga. Son más fáciles de fabricar que las de llave de rueda y se pueden disparar con una mano.

Rastrillo

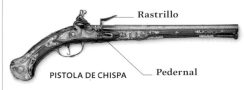

PISTOLA DE CHISPA

Pedernal

1884 La ametralladora mejorada de Hiram Maxim aprovecha el retroceso para cargar, disparar y expulsar los casquillos mientras se mantiene apretado el gatillo.

HIRAM MAXIM

Década de 1880 El químico francés Paul Vieille usa fulmicotón (algodón tratado con salitre) para producir una pólvora que no genera humo.

PÓLVORA SIN HUMO

1862 La ametralladora del estadounidense Richard Gatling se utiliza por primera vez en la guerra de Secesión. Tiene múltiples cañones que giran en torno a un eje central, funciona con una manivela y dispara 600 balas por minuto.

Asiento abatible

AMETRALLADORA GATLING

El martillo empuja el percutor hacia el cartucho

Cañón

El gatillo activa el martillo

Balas

PISTOLA SEMIAUTOMÁTICA

1891 Los armeros austrohúngaros adaptan la acción del retroceso de la ametralladora de Maxim y fabrican pistolas con alta cadencia de tiro.

1919 El estadounidense John Thompson crea el primer subfusil, con un mecanismo de retroceso de fricción en el que la energía del cartucho gastado recarga el siguiente y una cadencia de tiro de hasta 700 dpm.

Palanca del cerrojo

Aleta de refrigeración

SUBFUSIL Y CARGADOR DE TAMBOR THOMPSON

Disparo simultáneo de varias flechas

Lanzador cónico de bambú

969 En la China Song, Yo I-fang añade pólvora a los astiles de las flechas. Los ejércitos usan estas «flechas de fuego» para asaltar ciudades, pues pueden superar las murallas.

FLECHAS DE FUEGO

1132 Los chinos usan un lanzallamas de pólvora que lanza un chorro de fuego desde un tubo de bambú con un alcance de hasta 3,5 m. También se cargaba con trozos de cerámica para maximizar el daño.

LANZA DE FUEGO

Tubo de bambú fijado a una lanza

1326 Llegan a Europa las primeras armas de fuego portátiles, que consisten en un cañón fijado a una culata de madera. La pólvora del cañón se prende directamente con una mecha.

Fogón (orificio para la mecha)

Culata de madera

CAÑÓN DE MANO

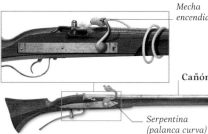

Mecha encendida

Cañón

Serpentina (palanca curva)

LLAVE DE MECHA

c. 1450 Con una palanca que hace girar un detonador que inflama la carga, la llave de mecha facilita el disparo de las armas de fuego portátiles. Su uso se extiende por Europa desde el Imperio otomano.

c. 1431 Los tubos de cañón, más fuertes, permiten lanzar bolas de hierro colado en vez de piedras. El duque de Borgoña Felipe el Bueno pulveriza murallas cuando los utiliza por primera vez en la guerra de los Cien Años.

Oído o fogón **Carga de pólvora** **Bala** **Atacador**

CAÑÓN NAVAL

c. 1431 Las armadas europeas montan pesados cañones de avancarga que infligen daños devastadores a las naves de madera de la época.

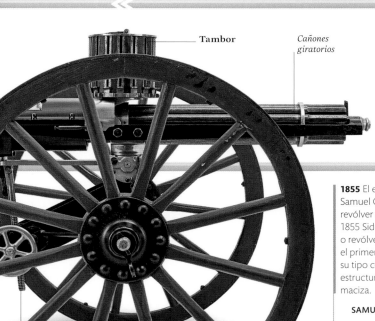

Tambor

Cañones giratorios

Rueda de elevación

Rueda de madera

Vaina de latón

CARTUCHOS DE METAL

Siglo xix Se empiezan a usar cartuchos de metal que contienen el fulminante, el propelente y el proyectil en una vaina.

1814 Creadas en Gran Bretaña, las cápsulas fulminantes contienen sustancias químicas que estallan al ser golpeadas e inflaman la carga en cualquier condición meteorológica.

CÁPSULAS FULMINANTES

1855 El estadounidense Samuel Colt fabrica el revólver Colt Modelo 1855 Sidehammer, o revólver Root, el primero de su tipo con estructura maciza.

SAMUEL COLT

SMITH AND WESSON MODELO 3

Tambor

1852 La empresa Smith and Wesson fabrica una pistola de repetición rápida con un tambor totalmente integrado en la estructura.

Desde 1947 El AK-47, o Kalashnikov, diseñado para satisfacer la necesidad del ejército soviético de un fusil de asalto barato y fiable, se ha usado en todo el mundo.

Cargador extraíble

AK-47

Punto de mira

Década de 1990 La munición embutida sin vaina, cuyo propelente es una masa sólida, resulta más ligera y elimina la necesidad de expulsar los cartuchos vacíos.

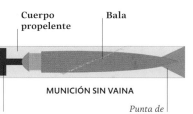

Cuerpo propelente

Bala

MUNICIÓN SIN VAINA

Cebo combustible

Punta de plástico

Véase también La revolución industrial pp. 354–355 ▶ **La era de los conflictos globales** pp. 360–363 ▶

El nacimiento de Rusia

Durante siglos, diversas tribus nómadas migraron hacia el oeste a través del territorio de la Rusia actual hasta que, hacia el siglo IX, empezaron a aparecer estados bajo la influencia de los invasores vikingos. El más poderoso de ellos, el Rus de Kíev, dominaba la región cultural y políticamente hasta que se dividió en principados más pequeños y fue destruido por los invasores mongoles en el siglo XIII. De sus ruinas surgió el principado de Moscovia, a su vez germen del estado moderno de Rusia.

Los pueblos de Rusia

La historia étnica de Rusia es compleja debido a su situación geográfica, en la ruta que seguían los pueblos nómadas cuando cruzaban las estepas desde Asia central. Al sur, los escitas, que dominaban la región desde el siglo VIII a.C., fueron reemplazados por sármatas, godos, hunos, ávaros, jazares y grupos turcos como los pechenegos. En el norte, las tribus ugrofinesas rivalizaban con los eslavos, cuyo origen quizá fuera el centro de la cuenca del Dniéper. A partir del siglo VIII d.C., los vikingos suecos empezaron a migrar hacia el sur desde la costa báltica y fundaron asentamientos comerciales que fueron el núcleo de los futuros estados medievales rusos.

Fundación del Rus de Kíev

En un primer momento, el objetivo de los vikingos era comerciar desde bases como Stáraia Ladoga (cerca de la actual San Petersburgo). Según la tradición, en 862, el pueblo de Nóvgorod solicitó protección a un grupo de vikingos liderados por el caudillo Riúrik. Veinte años después, Oleg, el hijo de Riúrik, tomó la ciudad de Kíev, al sur, y la convirtió en el centro de un reino vikingo conocido como Rus. La progenie de Oleg transformó al Rus de Kíev en un poderoso principado que abarcaba gran parte de la actual Ucrania y Rusia occidental.

Rusia y Bizancio

Constantinopla, a la que los vikingos llamaban Miklagard («la Gran Ciudad»), era la capital del Imperio romano de Oriente. Los vikingos la atacaron en 860 y 907, y en 911 forzaron un tratado que establecía las condiciones en que los vikingos comerciarían con ella. Cada año llegaban con una flota y pasaban el invierno en la desembocadura del Dniéper. El comercio con los vikingos quedó restringido tras los posteriores ataques de 940 y 944, pero la conversión del Rus al cristianismo a finales del siglo trajo por fin la paz.

Conversión al cristianismo

Tanto los vikingos como los eslavos entre los que se asentaron eran paganos y adoraban a un amplio panteón de dioses. En cambio, la vecina Polonia se volvió cristiana tras la conversión de su monarca en 960. Cuando el cristianismo empezó a extenderse hacia el corazón del territorio vikingo en Escandinavia, Vladimiro, el gran príncipe de Kíev, se vio cada vez más aislado y en 988 se bautizó en el seno del cristianismo griego ortodoxo bizantino e inauguró así la era cristiana de la historia rusa.

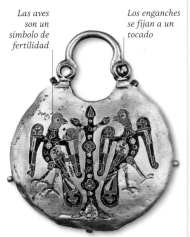

Las aves son un símbolo de fertilidad

Los enganches se fijan a un tocado

COLGANTE DEL SIGLO XII

Yaroslav el Sabio

Yaroslav (980–1054), hijo de Vladimiro, libró una guerra civil de 20 años contra sus hermanos. En la década de 1030 se aseguró el dominio sobre todo el Rus de Kíev, que alcanzó el cénit de su poder bajo su gobierno. Tres de sus hijas se convirtieron en reinas en Europa occidental (en Francia, Noruega y Hungría), mientras que él proporcionó nuevas defensas a Kíev y promulgó el primer código legal escrito de Rusia. Ordenó la construcción de la catedral de Santa Sofía para promover el cristianismo y para que rivalizara con su homónima de Constantinopla, y nombró a Hilarión obispo metropolitano de Kíev, el primero no griego. Pero no tuvo tanto éxito en sus campañas militares: grupos nómadas como los pechenegos comenzaron a presionar desde el sur, y una expedición contra Bizancio en 1043 acabó en derrota.

Nóvgorod y los principados rusos

Tras la muerte de Yaroslav en 1054, el Rus de Kíev se fragmentó en una docena de principados, entre ellos el del propio Kíev. Vladimiro Monómaco los reunió entre 1113 y 1125, pero la presión de saqueadores polovtsianos en el sur aisló a Kíev del comercio con Constantinopla y forzó su declive. Con Rusia fracturada de nuevo, el estado de Nóvgorod, al norte, creció en importancia. Estaba gobernado por una asamblea ciudadana, los príncipes eran

cargos electos en lugar de hereditarios y rivalizaba por la supremacía con el principado vecino de Vladímir-Súzdal, que atraía a emigrantes del de Kíev, sumido en la anarquía. Hacia 1147 se fundó allí Moscú, la futura capital de Rusia.

Las invasiones mongolas

Los ejércitos mongoles de Gengis Kan atacaron el sur de Rusia por primera vez en 1223 e infligieron una grave derrota a un ejército combinado de varios principados. Los mongoles (llamados tártaros en Rusia) volvieron a atacar en 1237 y saquearon Riazán, Moscú y Vladímir-Súzdal. Tres años después asolaron el sur de Rusia, incluido Kíev. Rusia se convirtió así en el enclave más occidental del Imperio mongol, gobernado por los kanes de la Horda de Oro. Los mongoles conservaron a muchos gobernantes locales, que tenían que recaudar enormes tributos para sus señores mongoles y proporcionar reclutas para el ejército mongol. El resentimiento ruso creció a lo largo de la ocupación mongola, que duró hasta el siglo XV y que recibió el nombre de «Yugo Tártaro».

El auge de Moscú

Originalmente, Moscú (o Moscovia) fue un asentamiento menor en Vladímir-Súzdal. Los príncipes moscovitas, relativamente protegidos de los rigores del Yugo Tártaro, prosperaron, y a principios del siglo XIV, el príncipe Daniel amplió sus tierras hacia el sur, el noreste y el oeste, hasta duplicar con creces el territorio del principado. Las tierras moscovitas se expandieron aún más bajo Demetrio Donskói y Basilio I a finales del siglo XIV e inicios del XV. Moscú eclipsó el poder de estados como Vladímir-Súzdal y Tver, y se convirtió en la sede del obispo metropolitano de la Iglesia rusa.

Iván III fue el primero que llevó esta corona

Sencillo crucifijo de oro

GORRO DE MONÓMACO

Instauración del zarato

Iván III se convirtió en gran príncipe de Moscú en 1462 y gobernó durante más de 40 años. Derrotó al kan mongol Ahmed en 1480, retuvo el tributo de Moscú y, a continuación, se dedicó a ampliar el territorio moscovita, destruyendo el poder de Nóvgorod y deportando a miles de sus habitantes, a los que sustituyó por moscovitas. Introdujo un código legal y concedió territorios a la nobleza en función de sus servicios militares, en lugar de hacerlos hereditarios. Sin apenas oposición, Iván se proclamó «zar» (derivado de «césar») y «autócrata».

Iván el Terrible

Iván IV (1530–1584) ascendió al poder siendo un niño pequeño, y su infancia estuvo dominada por los boyardos, la nobleza militar cuyas rivalidades casi destrozaron Moscú. Ya adulto, envió a los ejércitos de Moscú al este, donde tomaron el kanato de Astracán, y hacia el oeste hasta el Báltico, donde se apoderaron de casi toda Livonia. Coronado formalmente zar en 1547, instauró una fuerza militar permanente llamada *streltsi*. Posteriormente, su gobierno fue mucho más duro y usó a la *opríchnina*, una milicia privada que

«Nuestra tierra es grande y rica, pero carece de orden. Venid a gobernarnos y reinad sobre nosotros.»

NÉSTOR EL CRONISTA, relato de la llamada de Nóvgorod a los varegos en el siglo IX, *Crónica de Néstor* (1113)

Papel deteriorado y manchado

CÓDIGO DEL ZAR IVÁN IV

saqueó Nóvgorod en 1570 y asesinó a gran parte de la oposición a Iván, como los boyardos. Su crueldad y el modo en que trataba a los siervos le valieron el apodo de «el Terrible».

▼ Procesión de guerreros

En este icono de la década de 1550 aparecen Alejandro Nevski (príncipe de Nóvgorod) y san Jorge al frente de una hueste de guerreros celestiales.

Véase también Revoluciones políticas pp. 352–353 ▶ La era de los conflictos globales pp. 360–363 ▶ **337**

El Renacimiento

A partir del siglo XIV, los pensadores europeos empezaron a liberarse de las ataduras de la tradición medieval y buscaron inspiración en los antecedentes clásicos. Este movimiento, conocido como Renacimiento, comenzó en Italia y se extendió hacia el norte y el oeste de Europa, donde se tejió una red de eruditos. La creatividad floreció en las artes, y gracias a la imprenta se hicieron grandes avances en campos tan diversos como la medicina, la astronomía y la cartografía.

Las llaves cruzadas simbolizan el papado

El escudo de armas tiene seis bolas

Inscripción en latín

BLASÓN DE LOS MÉDICIS

rivalizaban por el poder. Los mercaderes de estas ciudades constituyeron un amplio abanico de casas gobernantes con dinero que ofrecer a artistas cuyas obras mejoraban su reputación. Los Médicis de Florencia, que se enriquecieron gracias a la banca, fueron mecenas de muchos artistas, como Miguel Ángel (1483–1520) y Botticelli (1445–1510).

Universidades medievales y escolasticismo

En la Edad Media empezaron a surgir instituciones dedicadas a la enseñanza superior. Conocidas como estudios generales o universidades, las primeras aparecieron en Bolonia (Italia) en 1088 y luego se extendieron a Francia, Alemania, Gran Bretaña y toda Europa. Su programa se centraba en el *trivium* (lógica, retórica y gramática), el *quadrivium* (aritmética, astronomía, geografía y música) y en estudios avanzados de teología, derecho canónico y medicina. El escolasticismo (una gran escuela de pensamiento crítico) aspiraba a reconciliar las contradicciones de las fuentes clásicas como Aristóteles, cuyas obras sobre lógica se redescubrieron en el siglo XII. Aunque eruditos como santo Tomás de Aquino (1224–1274) escribieron obras de una influencia extraordinaria, como su *Summa Theologica*, la rigidez del escolasticismo limitaba la apertura a nuevas ideas.

Bala para entintar de cuero rellena de crin

PRENSA DE IMPRENTA

La invención de la imprenta

En 1455, Johannes Gutenberg (*c.*1400–1468), un orfebre de Maguncia, introdujo en Europa una prensa con tipos móviles que permitía imprimir grandes tiradas de libros en papel como alternativa al lento proceso de copia manuscrita. La mayoría de los primeros libros fueros impresos en latín, pero a partir del siglo XVI empezaron a imprimirse obras en lenguas vernáculas.

Artistas y mecenas

A partir del siglo XIV, los artistas italianos crearon un estilo nuevo al abandonar la rigidez formal de la Edad Media. Comenzando por Giotto di Bondone (1267–1337), empezaron a experimentar sobre la perspectiva, una técnica que se había perdido desde la época romana. Pintores como Piero della Francesca (1412–1492) y Leonardo da Vinci (1452–1519), escultores como Donatello (1386–1466) y Miguel Ángel (1475–1564), y arquitectos como Leon Battista Alberti (1404–1472) crearon obras que encarnaban el espíritu del Renacimiento y se vieron beneficiados por el carácter competitivo de la política del norte de Italia, donde varias ciudades

Brunelleschi y la arquitectura

Filippo Brunelleschi (1377–1446), un orfebre florentino, comenzó trabajando como escultor, pero alcanzó la fama como arquitecto. En 1418 le encargaron que acabara la catedral de la ciudad, que seguía sin cúpula desde mediados del siglo XIV. En su

> «Por nuestro **arte** podríamos ser llamados **nietos de Dios**.»
>
> LEONARDO DA VINCI, *Códice Atlántico* (*c.*1478–1519)

El auge del humanismo

A partir del siglo XIV, y sobre todo en Italia, eruditos como Petrarca (1304–1374), que compiló una versión completa de las obras del historiador romano Tito Livio, descubrieron cada vez más manuscritos de la Grecia y la Roma antiguas. El humanismo, un nuevo movimiento intelectual, presentaba el conocimiento como algo humano, no divino, e insistía en los beneficios de recuperar y reinterpretar las obras antiguas, muchas de las cuales se habían perdido, malinterpretado o reformulado durante la Edad Media. En el siglo XV, humanistas como el secretario papal Poggio Bracciolini difundieron los ideales humanistas por Europa, donde eruditos como Erasmo de Rotterdam (1466–1536) publicaron versiones nuevas del Antiguo Testamento en griego y en latín, y obras teológicas polémicas.

Entre 1450 y 1500 se imprimieron unos dos millones y medio de ejemplares solo en Venecia. Este aumento colosal de la difusión del conocimiento propició el rápido avance de las ciencias.

CÚPULA DE LA CATEDRAL DE FLORENCIA

grandiosa cúpula de ladrillo, Brunelleschi usó un aparejo en espinapez que repartía el peso y añadió una cúpula secundaria interior para reforzarla. Aunque los arquitectos renacentistas diseñaron una gran variedad de iglesias y edificios públicos, la cúpula de Brunelleschi sigue siendo la mayor hazaña arquitectónica de su época y, con sus 115 m de altura, la mayor cúpula de ladrillo de la historia.

La astronomía renacentista

En 1543, el astrónomo polaco Nicolás Copérnico publicó *De revolutionibus orbium coelestium*, donde afirmaba que el Sol no giraba alrededor de la Tierra (la teoría imperante desde el siglo I d.C.), sino al contrario. La teoría heliocéntrica ayudaba a explicar anomalías como el movimiento retrógrado de los planetas. En 1597, el astrónomo alemán Johannes Kepler mejoró el modelo copernicano y calculó que las órbitas de los planetas alrededor del Sol eran elípticas, no circulares. En 1609, el polímata italiano Galileo Galilei descubrió los cráteres de la Luna y cuatro satélites de Júpiter gracias al recién inventado

telescopio. Cuando la Iglesia católica condenó a Galileo por herejía en 1633 por su defensa del modelo heliocéntrico, este ya había sido aceptado de manera generalizada.

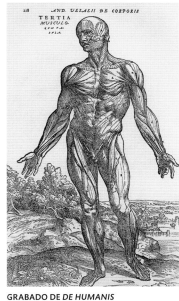

GRABADO DE *DE HUMANIS CORPORIS FABRICA*

Vesalio y la medicina

Hasta bien entrado el siglo XVI, la ciencia médica seguía influida por la teoría de los humores (p. 251) del médico griego Galeno (c. 130–216). No obstante, cuando las universidades italianas comenzaron a hacer disecciones públicas en el siglo XIV y permitieron a los alumnos observar los órganos internos, se hicieron algunos avances prácticos. El anatomista Andrés Vesalio publicó en 1543 *De humanis corporis fabrica* con dibujos detallados de huesos,

> «Cual monarca sentado en un trono, **el Sol** gobierna la familia de planetas que **giran a su alrededor.**»
>
> NICOLÁS COPÉRNICO, *De revolutionibus orbium coelestium* (1543)

músculos, arterias y órganos, una obra que se convirtió en una herramienta clave para que los cirujanos pudieran entender el cuerpo humano. Este nuevo conocimiento permitió al médico inglés William Harvey (1578-1657) desarrollar una teoría precisa de la circulación de la sangre por el cuerpo a través del corazón, lo que promovió aún más los métodos de observación y alejó a la medicina de los conceptos teóricos del mundo antiguo.

El Renacimiento y la Reforma

Las ideas humanistas y la difusión de la imprenta debilitaron el monopolio de la Iglesia católica sobre las ideas religiosas, ya tocado por los cismas del siglo XIV que habían provocado la instauración de papas rivales en Roma y Aviñón. El estudio de filósofos clásicos como Aristóteles y Platón abrió la vía a modos de pensar novedosos, y las nuevas traducciones de la Biblia hicieron accesibles sus enseñanzas al vulgo. Esta tendencia se acentuó con la aparición de traducciones en lenguas vernáculas, la del Nuevo Testamento en francés en 1523 y otra en inglés en 1525. Este contexto permitió que las ideas de religiosos como Martín Lutero (1483-1546) impulsaran la Reforma, un movimiento de alcance europeo que pedía la reforma de la Iglesia. Aunque la Iglesia católica reaccionó aplastando a los disidentes, también promovió sus propias reformas (o Contrarreforma), incluida la creación de órdenes religiosas como la de los jesuitas (fundada en 1540) para contrarrestar la propagación del protestantismo.

Cartografía y descubrimientos

A finales del siglo XIV, el redescubrimiento de la obra *Geografía* de Tolomeo, del siglo II d.C., que dividía el mundo en una cuadrícula de latitudes y longitudes, fomentó el interés por cartografiar el globo. Los navegantes portugueses que exploraban África llegaron en 1488 al cabo de Buena Esperanza, el extremo más meridional del continente, y Cristóbal Colón arribó a América en 1492. Para cartografiar esas regiones se precisaban técnicas nuevas. En 1533, el cartógrafo neerlandés Gemma Frisius (1508-1555) describió una técnica de triangulación que permitía medir la distancia entre dos puntos, y en 1569, su ayudante Gerardus Mercator (1512-1594) elaboró un mapamundi con una proyección que representaba la superficie curva de la Tierra en un formato bidimensional plano. Este método facilitaba la navegación y era más preciso que todos los anteriores.

MIGUEL ÁNGEL

Nacido en Florencia, Miguel Ángel Buonarotti (1475-1564) fue aprendiz del pintor Domenico Ghirlandaio a los 14 años y estudió en la academia humanista de los Médicis. Aun no tenía 30 años cuando esculpió dos de sus obras maestras, la *Piedad* (1499) y *David* (1501). Sus pinturas del techo de la Capilla Sixtina (1508-1512) se consideran una de las mayores obras de arte de la historia. Murió en Roma y fue enterrado en Florencia.

Los **frescos** del techo de la **Capilla Sixtina** del Vaticano contienen unas **300 figuras.** Fueron un encargo del **papa Julio II** en 1508 y necesitaron **cuatro años** de trabajo.

Comercio y exploración

El comercio y la exploración fueron de la mano desde la Antigüedad. La primera ruta comercial a larga distancia entre la antigua Mesopotamia y el valle del Indo se abrió hacia 3000 a.C. Posteriormente, China prosperó comerciando con jade, especias y seda a lo largo de rutas terrestres que unían Oriente y Occidente. Cuando la Turquía otomana del siglo XV las cerró y negó estos lujos a Occidente, los europeos buscaron otras rutas a Oriente e inauguraron así una nueva era de exploración marítima global.

Exploración polinesia del Pacífico
Los antepasados de los polinesios, originarios del Sureste Asiático, fueron un pueblo marinero que comenzó a extenderse hacia el sur y hacia el este por el océano Pacífico alrededor de 3000 a.C. En el siglo I d.C. habían llegado a las islas Tonga y Samoa, y desde allí se aventuraron hasta Hawái, al norte; la isla de Pascua, al este, y Nueva Zelanda en el suroeste. Sus embarcaciones, formadas por dos canoas de balancín unidas a un casco central, podían transportar hasta 24 personas, plantas para cultivar y cerdos que criar en las islas que descubrían.

FERDINAN. MAGALA.

Canoa de balancín a un lado

Casco central entre las canoas

EMBARCACIÓN POLINESIA

La Ruta de la Seda

Establecida por la dinastía Han en China en torno a 130 a. C., la llamada Ruta de la Seda era una red de rutas comerciales terrestres que unía varias partes del mundo antiguo. El comercio era bidireccional: una gran variedad de bienes, como metales preciosos, pieles y mantas y alfombras de lana, viajaba de oeste a este, mientras que en dirección contraria viajaban artículos de lujo como especias, té, porcelana, jade y, sobre todo, seda. La seda era especialmente codiciada en la antigua Roma, incluso después de que varios emperadores, como Augusto, intentaran prohibirla por indecente.

La expansión vikinga en el Atlántico

Los vikingos de Escandinavia iniciaron sus exploraciones en el Atlántico Norte hacia 800 d. C., cuando se asentaron en las islas Feroe. Desde allí, sus barcos se dirigieron hacia el oeste y avistaron Islandia en la década de 830. Erik el Rojo descubrió Groenlandia en 986, y su segundo hijo, Leif Erikson, llegó a la costa de América del Norte poco después de 1000. Allí, descubrió la isla de Baffin, a la que llamó Helluland; una región boscosa con playas de arena blanca a la que llamó Markland y, finalmente, un área al suroeste a la que llamó Vinlandia por las vides silvestres que encontró allí. En 1961 se hallaron en Terranova artefactos que confirmaron la presencia vikinga en América del Norte.

La exploración china

Entre 1405 y 1433, China vivió una edad de oro de expansión marítima gracias sobre todo a Zheng He, un eunuco al servicio de Yongle, el tercer emperador Ming. En el primero de sus siete viajes visitó Vietnam, Java, Sumatra y Malaca antes de rodear el extremo sur de India y llegar a Cochín y a Calcuta. Posteriormente

◀ El viaje de Magallanes

Esta calcografía coloreada del siglo XVI, obra de Théodore de Bry, muestra una visión fantástica del viaje de Fernando de Magallanes a bordo de la nao *Victoria*, la única de las cinco naves de la flota original que completó la circunnavegación.

viajó hasta el golfo Pérsico y la costa de África oriental, pero cuando murió, Xuande, el sucesor de Yongle, detuvo las exploraciones abruptamente alegando que el coste era exorbitante.

Los portugueses y África occidental

Financiados por el príncipe Enrique el Navegante, los marinos portugueses empezaron a explorar en sus pequeñas y ágiles carabelas la costa oeste africana durante la primera mitad del siglo XV.

> ## «Y de que vimos cosas tan admirables, no sabíamos qué decir.»
> BERNAL DÍAZ DEL CASTILLO, conquistador español, al avistar Tenochtitlán,
> *Historia verdadera de la conquista de la Nueva España* (1565)

Luego llegaron a Cabo Verde en 1456, Bartolomeu Dias dobló el cabo de Buena Esperanza en 1488 y Vasco da Gama circunnavegó África para cruzar el océano Índico hasta llegar a India en 1497. Allí, los portugueses hicieron de Goa su principal enclave comercial, mientras que en África occidental comerciaban con oro, marfil, pimienta y esclavos en Ghana, Malí, Benín y otros reinos tribales.

Colón y el Nuevo Mundo

Después de convencer a los Reyes Católicos para que financiaran su expedición, el navegante genovés Cristóbal Colón zarpó de Palos de la Frontera en agosto de 1492, convencido de que si cruzaba el océano Atlántico hacia el oeste hallaría una ruta nueva a China y Oriente, y sobre todo, a las islas de las Especias (Molucas). Con sus tres naves, la *Pinta*, la *Niña* y la *Santa María*, llegó el 12 de octubre a una isla de las Bahamas a la que llamó San Salvador. En sus tres viajes posteriores, en 1493, 1498 y 1502, se adentró en el Caribe, donde fundó una colonia en La Española (Haití), y en la costa suramericana. Sin embargo, y a pesar de las evidencias, se negó a aceptar que había descubierto un nuevo continente y se aferró a la creencia de que había llegado a India y de que tenía que existir un paso marítimo que lo llevara a su objetivo original.

El comercio de las especias e India

Cuando los otomanos cerraron las rutas terrestres por las que durante siglos habían llegado especias de Oriente a Europa, los portugueses encabezaron la búsqueda de una ruta marítima directa a las regiones productoras de especias de India. En 1501, Pedro Álvares Cabral fue el primero que llevó especias de India a Europa pasando por el cabo de Buena Esperanza, y Francisco Serrão llegó a las islas de las Especias once años después. Durante esos años, los portugueses fueron la potencia dominante en la exploración europea de Oriente. Pero su control del comercio de las especias solo duró hasta 1602, cuando les sustituyeron mercaderes de la que luego se llamaría Compañía Neerlandesa de las Indias Orientales y que monopolizó el comercio de especias durante los dos siglos siguientes.

Exploración de América del Norte

Aunque los españoles fueron los primeros europeos que fundaron un asentamiento permanente en EE UU, en San Agustín (Florida) en 1565, quienes lideraron la exploración del país y de Canadá fueron los franceses y los ingleses. En Canadá, el navegante francés Jacques Cartier exploró el río San Lorenzo entre 1534 y 1542, y los franceses fundaron su primer asentamiento en 1605 en Port Royal (Nueva Escocia). También reclamaron una vasta franja de territorio a lo largo del Misisipi a la que llamaron Luisiana. Jamestown, el primer asentamiento inglés, se fundó en 1607 en la que luego sería la colonia de Virginia. Pronto siguieron más asentamientos ingleses a lo largo de la costa atlántica, y al final del siglo XVII, Inglaterra ya contaba con 13 colonias.

MARCO POLO

A finales del siglo XIII, el mercader veneciano Marco Polo (*c.* 1254–1324) recorrió la Ruta de la Seda y llegó a China, donde pasó 17 años al servicio del emperador mongol Qubilay. Cuando regresó a Venecia, los relatos de sus viajes se publicaron en *El libro de las maravillas* o *Los viajes de Marco Polo*. Aunque esta obra es una ventana de valor incalculable a la vida de Asia oriental en la época, pocos de sus coetáneos creyeron las aventuras que narraba.

La circunnavegación del globo

En 1519, el navegante portugués Fernando de Magallanes, al servicio de España, se propuso circunnavegar el mundo. La expedición logró llevar a cabo su cometido, pues su subordinado español Juan Sebastián Elcano terminó el viaje en 1522. Magallanes había muerto el año anterior durante un conflicto con nativos filipinos; sin embargo, como antes había viajado a Filipinas desde el oeste, se le considera el primer navegante que dio la vuelta al mundo. Luego, Francis Drake fue la segunda persona que circunnavegó el globo. Su viaje a bordo del *Golden Hind* entre 1577 y 1580 fue extraordinariamente rentable. Drake llevó a Inglaterra enormes cantidades de oro y plata arrebatadas a los españoles frente a la costa de Perú, además de clavo de las islas de las Especias.

La inscripción dice «Rey de las Españas»

MONEDAS ESPAÑOLAS DE 1770

Escudo real

La América española y el comercio de plata

México quedó bajo dominio español cuando Hernán Cortés aplastó a los aztecas en 1519–1521, mientras que Francisco Pizarro venció a los soberanos incas de Perú entre 1531–1535. La riqueza que España obtuvo de estos imperios de América Central y del Sur alimentó su economía. En 1545 se descubrió plata en Potosí, en los Andes, donde la extraían 160 000 peruanos y esclavos africanos, y un año después en Zacatecas (México). Esta plata se enviaba a España cada año en grandes flotas y se utilizó para acuñar pesos, o reales de 8, la primera moneda aceptada globalmente.

La Edad Media en América

La cultura de Teotihuacán, que prosperó entre los años 1 y 750 d.C., fue una de las culturas más influyentes de Mesoamérica, del centro de México al norte de Costa Rica. Al sur, en los Andes, florecieron varias culturas a lo largo de la costa. Siglos después aparecieron dos poderosos imperios, el azteca en México y el inca en Perú. En América del Norte, las sociedades nómadas se asentaron, construyeron viviendas en acantilados y poblados fortificados y establecieron redes comerciales de largo alcance.

Teotihuacán

Entre los siglos I y VII, Teotihuacán fue uno de los centros culturales más poderosos y extensos de Mesoamérica. La ciudad, situada en el valle de México, alcanzó su máximo esplendor en torno a 500-550, con una población de 200 000 habitantes. Sus extraordinarias ruinas, sobre todo las pirámides del Sol y de la Luna, atestiguan la importancia de esta cultura, que producía cerámica y tejidos, y esculpía relieves multicolores.

Tiahuanaco

Tiahuanaco (en la actual Bolivia) está a casi 4000 m sobre el nivel del mar. Se sabe muy poco de su historia temprana, pero se convirtió en un centro religioso precolombino importante. En el cénit de su poder, su influencia se extendía por el sur de los Andes y llegaba a Perú, Chile y Argentina. Pese a que fue abandonado en torno al año 1000, probablemente por un cambio climático que afectó a los cultivos de los que dependía, conservó su relevancia religiosa. Los incas aseguraban que era el lugar de nacimiento de la humanidad.

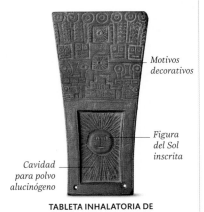

Motivos decorativos

Figura del Sol inscrita

Cavidad para polvo alucinógeno

TABLETA INHALATORIA DE PIEDRA DE TIAHUANACO

◀ *Códice borbónico*
Página de un códice escrito e ilustrado por sacerdotes aztecas poco antes o poco después de la conquista española. Detalla los ciclos de dos calendarios.

Los toltecas

Es muy probable que los primeros toltecas fueran migrantes que llegaron al centro de México desde el desierto del noroeste. La civilización que fundaron allí prosperó desde el siglo X hasta mediados del siglo XII. Eran guerreros feroces que libraban guerras frecuentes para difundir el culto a Quetzalcóatl, el dios más importante de su panteón. Tula, la capital, se hizo célebre por sus edificios suntuosos, y sus artesanos destacaron en la cerámica y en el trabajo del metal. Se desconoce por qué la civilización tolteca se hundió de repente. Quizá fuera a consecuencia de la sequía o de invasiones de pueblos del norte.

El asa con forma de estribo conecta la cabeza y la espalda de una figura femenina

Pico tubular en el asa

Las formas se obtenían en moldes

VASIJA CHIMÚ TEMPRANA

Los chimúes

La civilización chimú floreció a lo largo de la costa norte de Perú entre 1100 y 1470, cuando fue conquistada por el Imperio inca en expansión. Los chimúes fueron hábiles agricultores que diseñaron complejos sistemas de regadío para aumentar la productividad. Chan Chan, en el estado de Chimor, era su capital, que en la cima de su poder tuvo hasta 40 000 habitantes. Muchos chimúes eran excelentes artesanos y producían bellas obras de metal, piezas de arcilla monocromáticas y tejidos multicolores.

Las culturas del Misisipi y de Cahokia

La cultura del Misisipi apareció hacia el año 1000 y se extendió por gran parte del Medio Oeste y el sureste de EE UU. Debía su prosperidad a la eficiencia de sus cultivos, y constituyó una sociedad compleja cuyos jefes gobernaban desde centros urbanos fortificados con grandes templos. Cahokia, cerca de la actual San Luis, fue el mayor de ellos. Prosperó entre 1050 y 1350, cuando fue abandonado, probablemente a causa del agotamiento de las tierras o de la inestabilidad política.

Pueblos del suroeste de EE UU

El cultivo del maíz propició que los pueblos nómadas del suroeste se asentaran y habitaran viviendas excavadas a poca profundidad y agrupadas cerca de arroyos montanos o a lo largo de cordilleras. Entre 400 y c. 1200 construyeron poblados en la pared de riscos rocosos o a lo largo de cañones y mesas (mesetas). Los indios pueblo, como se les conoce, idearon sistemas de regadío que les permitían cultivar incluso en condiciones áridas. Sus descendientes se convirtieron en alfareros y cesteros, y algunos extraían turquesa, con la que comerciaban con los toltecas.

EL INTERCAMBIO COLOMBINO

Se llama intercambio colombino a la transferencia de metales preciosos, animales, tecnología, cultura, plantas, población y enfermedades entre el Viejo Mundo, América y África occidental que siguió a la llegada de Colón a América. El contacto y el comercio en los siglos XV y XVI llevaron al intercambio de muchos de estos factores, con consecuencias positivas y negativas.

Los aztecas

Hacia 1325, los aztecas (o mexicas) fundaron la ciudad de Tenochtitlán en México, sobre el terreno pantanoso del lago Texcoco. Solo un siglo después, su rey, Izcóatl, amplió el poder azteca mediante una alianza con otras dos poderosas ciudades-estado, Texcoco y Tlacopan. Cuatro reyes aztecas sucesivos lideraron una rápida expansión y llegaron a dominar casi todo el norte de México. Tenochtitlán se convirtió en una de las ciudades más grandes de la América precolombina, con al menos 200 000 habitantes. Pero la continuidad del

> ## La **pirámide del Sol** de Teotihuacán es la **tercera pirámide más grande** del mundo.

Los incas

Desde su territorio natal del valle de Cuzco (Perú), los incas construyeron un vasto y rico imperio en América del Sur a partir de 1438. En 1500 llegaba desde Ecuador hasta Chile, muy al sur. Su soberano, cuyo título era sapa inca, llegó a gobernar hasta 12 millones de personas desde Cuzco, la capital del imperio, situada en el centro de una red de caminos de 40 000 km que la conectaba con el resto de ciudades importantes. Un eficiente sistema fiscal y administrativo permitió a los sapa inca consolidar su poder sobre el que fue el mayor imperio precolombino.

Diseño realista

Oro martillado

ESTATUILLA INCA DE LLAMA

dominio azteca sobre la región dependía de su capacidad para controlar a sus vasallos. Los pueblos conquistados debían enviar tributos regulares, que se registraban con meticulosidad. Los guerreros aztecas emprendían guerras con el objetivo de capturar prisioneros, ya que la religión de Tenochtitlán exigía sacrificios humanos regulares para aplacar a los dioses.

Los españoles en América

Cuando Hernán Cortés llegó a México en 1519 se alió con ciudades-estado vasallas de los aztecas que estaban descontentas con el emperador Moctezuma II. Cortés apenas encontró resistencia cuando entró en Tenochtitlán y apresó a Moctezuma. La ciudad cayó en 1521 y, con ella, el Imperio azteca.

En Perú, el Imperio inca ya se estaba desintegrando cuando Francisco Pizarro llegó en 1531. Pizarro capturó a Atahualpa, el sapa inca reinante, en una sangrienta emboscada en Cajamarca y lo ejecutó. La ciudad de Cuzco cayó sin necesidad de más combate, y la resistencia inca fue aplastada definitivamente en 1572.

Véase también Imperios coloniales pp. 356-357 ▶ **343**

La Reforma

En 1517, décadas de descontento con la Iglesia católica y con los papas que la dirigían culminaron con la publicación de las 95 tesis de Martín Lutero, un teólogo alemán que condenaba muchas de las prácticas de la Iglesia y en concreto la venta de indulgencias (el perdón de los pecados a cambio de dinero). Las disensiones subsiguientes llevaron al nacimiento de una nueva fe que se extendió por el norte de Europa. Siguieron años de amargos conflictos religiosos entre católicos y protestantes.

Lolardos y husitas

A finales del siglo XIV, los primeros en cuestionar la autoridad papal fueron el teólogo inglés John Wycliffe y sus seguidores, los lolardos, nombre derivado del término holandés medieval *lollaert* («murmurar oraciones»), probablemente en alusión a la importancia que otorgaban a la lectura de las escrituras bíblicas. Además de a la corrupción de la Iglesia, que consideraban endémica, se oponían también a algunas de sus enseñanzas religiosas. Al principio se les toleró, pero durante los reinados de Enrique IV y Enrique V de Inglaterra fueron perseguidos y tras un alzamiento fallido en 1414 tuvieron que pasar a la clandestinidad. No obstante, su ejemplo influyó a otros en Europa, sobre todo al teólogo checo Jan Hus que, junto con sus seguidores, los husitas, también fue perseguido por sus opiniones radicales. Condenado por herejía, Hus murió en la hoguera en 1415.

Presiones y desunión en la Iglesia católica

La Iglesia católica había quedado debilitada tras el cisma provocado por la decisión del papa Clemente VII en 1378 de trasladar la sede papal a Aviñón (Francia), donde ya había estado anteriormente durante gran parte del siglo. Esto dio lugar a que hubiera dos papas, uno en Roma y otro en Aviñón, y después, en 1409, un tercero en Pisa que afirmaban ser la autoridad suprema de la Iglesia. La brecha no se cerró hasta 1417, cuando el concilio de Constanza nombró papa único a Martín V. En respuesta a las críticas que recibía la Iglesia, algunos de sus principales intelectuales defendieron su reforma. Dos de ellos fueron el cardenal español Francisco Jiménez de Cisneros, arzobispo de Toledo y, sobre todo, el humanista holandés Erasmo de Rotterdam.

Las tesis de Martín Lutero

Aunque es probable que la anécdota de que Martín Lutero clavó sus 95 tesis en la puerta de la iglesia del castillo de Wittenberg sea un mito, no cabe duda del impacto que ejerció la publicación de las mismas. El texto afirmaba que la Biblia era la autoridad religiosa definitiva y que la salvación solo podía alcanzarse por la fe, y no los por actos. Lutero también atacó las prácticas corruptas de la Iglesia, cuya venta de indulgencias había recibido el apoyo de un decreto, o bula, papal.

GRABADO SATÍRICO ANTILUTERANO

La proliferación de las iglesias reformadas

El mensaje de Lutero atrajo a seguidores de toda Europa. En 1525, el duque Alberto de Prusia se declaró luterano y se convirtió en el primer gobernante europeo en instaurar el protestantismo como religión oficial. Poco después le siguieron otros, como los príncipes de Sajonia, Hesse y Schleswig-Holstein. En Escandinavia, el rey de Suecia Gustavo Vasa renunció al catolicismo en 1536, mientras que Dinamarca y Noruega se hicieron protestantes en 1537.

El calvinismo

En la década de 1540, el teólogo francés Juan Calvino se instaló en Ginebra (Suiza), desde donde envió a sus pastores a enseñar los preceptos de una nueva rama protestante. Estos fundaron el presbiterianismo en Escocia y contribuyeron a inspirar el movimiento puritano en Inglaterra y los Países Bajos, y en 1562 ya había dos millones de calvinistas en Francia. Calvino era más radical que Lutero y, sobre todo en su obra *Institución de la religión cristiana*, predicaba la soberanía única de Dios y el concepto de predestinación, según el cual Dios elige a los destinados a la salvación.

Traducciones de la Biblia

Según los protestantes, el pueblo tenía derecho a leer la Biblia en su propio idioma. Aunque John Wycliffe había traducido la Biblia al inglés en 1382 y Jan Hus la tradujo al checo en 1406, el acceso generalizado a traducciones nuevas no fue posible hasta la invención de la imprenta, décadas más tarde. La primera de estas traducciones fue la de William Tyndale, cuya traducción al inglés del Nuevo Testamento (1526) llegó a Inglaterra de contrabando desde Alemania. Tyndale fue ejecutado en 1536, pero para entonces la Biblia de Lutero, en alemán, ya se había convertido en una obra de referencia.

> «**Detesto la disensión** [...] Va contra las **enseñanzas de Cristo** y contra una **inclinación secreta** de la naturaleza.»
>
> ERASMO DE ROTTERDAM, filósofo y erudito holandés, carta a Marcus Laurinus (1523)

Péndola
(pluma de ave
para escribir)

Vidriera que representa
al pensador contrario a
la Reforma protestante

TOMÁS MORO

Guerras en Alemania y Francia

Carlos V, el emperador del Sacro Imperio, intentó reprimir el luteranismo desde el principio, pero la resistencia de los príncipes protestantes a partir de 1530 hizo que la guerra se prolongara durante décadas. En 1555 se firmó en Augsburgo (Alemania) una paz que concedía libertad de culto a los protestantes, pero solo en los estados que ya lo eran. En Francia, los católicos y los protestantes, conocidos como hugonotes, libraron varias guerras de religión a partir de 1562. Los conflictos acabaron en 1598, cuando Enrique IV, un antiguo hugonote reconvertido al catolicismo, concedió a los hugonotes la tolerancia religiosa.

La Reforma en Gran Bretaña

Las ideas protestantes apenas prosperaron en Inglaterra hasta que Enrique VIII, ante la negativa del papa a anular su matrimonio, rompió con Roma en 1534 e instauró la Iglesia de Inglaterra con él mismo a la cabeza. El canciller Tomás Moro lo criticó y fue decapitado. La reforma protestante prosperó durante el reinado de Eduardo VI, pero su hermanastra católica, María, anuló sus cambios. Más tarde, Isabel I reinstauró el *statu quo* protestante. En Escocia, la rivalidad entre católicos y calvinistas casi desembocó en una guerra civil cuando María Estuardo subió al trono, pero su huida a Inglaterra garantizó la victoria protestante.

> «**Creíamos** que el clero [...] era **nuestro súbdito plenamente** [...] pero solo es la **mitad de un súbdito**.»
>
> ENRIQUE VIII DE INGLATERRA, contra la lealtad al papa del clero inglés (1532)

La Contrarreforma

En 1545, el Concilio de Trento, que se prolongó hasta 1563, puso en marcha La Contrarreforma, una serie de medidas para demostrar que el catolicismo reconocía sus errores y estaba dispuesto a cambiar. En este período, el concilio confirmó la supremacía del papa, aclaró el dogma de la Iglesia y corrigió abusos como la venta de indulgencias. Se elaboró una lista de libros prohibidos, se recuperó la Inquisición, fundada en 1542 para castigar la herejía, y la Compañía de Jesús recibió el encargo de reconvertir al catolicismo a quienes se habían convertido al protestantismo.

La guerra de los Treinta Años

Provocada por una rebelión protestante en Bohemia, en 1618, contra el emperador católico Fernando II, la guerra de los Treinta Años se extendió por el Sacro Imperio y se prolongó hasta 1648, cuando la paz de Westfalia dio a todos los protestantes libertad de culto. España y la Liga Católica combatieron en el bando imperial, mientras que Dinamarca, Suecia y Francia apoyaron a los protestantes. Millones de personas murieron durante el conflicto.

Guarda cruzada con
gavilanes curvos

Ambos bordes
están afilados

Punta para
derribar y apuñalar

**DAGA DE LA ÉPOCA DE LAS
GUERRAS DE LA REFORMA**

◀ **El «peso» de la Biblia**
En esta alegoría de la Reforma, la balanza sopesa los méritos relativos de cada parte, y la Biblia protestante supera con creces las riquezas terrenales de la Iglesia católica.

La Ilustración

La Ilustración, también llamada Edad de la Razón o Siglo de las Luces, comenzó a mediados del siglo XVII, cuando una revolución científica alimentó maneras de pensar y métodos de investigación nuevos. A continuación, los pensadores sociales y políticos aplicaron esos mismos métodos a sus estudios sobre la naturaleza de la humanidad. El resultado fue una explosión de actividad científica y pensamiento filosófico que cuestionó muchos supuestos, dogmas y creencias aceptados desde hacía tiempo.

René Descartes y la filosofía

El filósofo francés René Descartes (1596–1650), considerado el padre de la filosofía moderna, fue el fundador del racionalismo, una manera de entender el mundo partiendo de la razón como medio de adquisición del conocimiento. Propuso que la deducción era la única manera de conseguirlo, idea que sintetizó en la frase *cogito ergo sum* («pienso, luego existo»), y afirmó que las enseñanzas de filósofos clásicos como Aristóteles eran erróneas porque no eran racionales.

Galileo y la nueva astronomía

El astrónomo italiano Galileo Galilei (1564–1642) contribuyó a revolucionar la comprensión del universo utilizando un telescopio diseñado por él mismo. Sus observaciones confirmaron que los planetas orbitan alrededor del Sol, una idea que el astrónomo polaco Nicolás Copérnico había planteado en el siglo XVI. Esto llevó a que la Inquisición lo condenara por herejía, y vivió sus últimos años bajo arresto domiciliario. Otros astrónomos notables fueron Johannes Kepler (1571–1630), que formuló las leyes del movimiento planetario, y Giovanni Cassini (1625–1712), que midió la duración de la rotación de Júpiter y de Marte.

Rousseau, Locke y la filosofía ilustrada

Dos filósofos políticos, el británico John Locke (1632–1704) y el suizo Jean-Jacques Rousseau (1712–1778), fueron claves para el pensamiento ilustrado. Locke defendía un contrato social que ayudara a las personas a proteger sus derechos y un gobierno representativo, aunque estipulaba que únicamente los terratenientes varones adultos deberían votar. Rousseau pensaba que el ser humano era bueno por naturaleza, pero que la sociedad lo corrompía: para vivir en paz, debía anteponer el bien colectivo a la voluntad individual.

Newton y la gravedad

El matemático inglés Isaac Newton (1642–1727) sentó las bases de la física moderna en su obra *Principia mathematica*, publicada en 1687. Tardó más de dos años

en escribirlo y compendiaba más de veinte años de pensamiento y experimentación. En él, Newton presentaba su teoría del cálculo, las tres leyes del movimiento y, lo más importante, la teoría de la gravitación universal. Nadie cuestionó sus observaciones sobre la gravedad hasta principios de la década de 1900, cuando el físico alemán Albert Einstein presentó su teoría general de la relatividad.

Ocular a un lado del tubo principal

Pie con forma de globo terráqueo

EL TELESCOPIO REFLECTOR DE NEWTON

Robert Boyle y la química

Cuando el científico británico Robert Boyle (1627–1691) y su ayudante Robert Hooke (1635–1703) diseñaron la bomba de aire (o máquina neumática, para crear un vacío) sentaron las bases de un nuevo enfoque de la investigación científica, según el cual la experimentación era la única forma de verificar una teoría. Boyle demostró que se necesitaba aire para transmitir el sonido, para mantener viva una llama y para la propia vida, y formuló la ley denominada de Boyle-Mariotte: la presión ejercida por

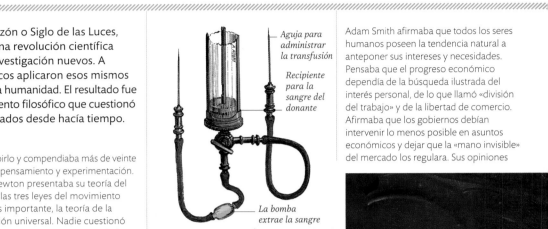

Aguja para administrar la transfusión

Recipiente para la sangre del donante

La bomba extrae la sangre

APARATO DE TRANSFUSIÓN DE SANGRE (1876)

un gas es inversamente proporcional al volumen que ocupa.

Avances médicos

Este período presenció grandes avances en el ámbito médico. En 1628, el británico William Harvey (1578–1657) demostró que el corazón bombea la sangre al resto del cuerpo. En 1676, el holandés Antonie van Leeuwenhoek (1632–1723) descubrió las células sanguíneas y observó bacterias vivas con su nuevo microscopio. A finales del siglo XVIII, los hermanos escoceses John y William Hunter (1728–1793 y 1718–1783) hicieron avances en anatomía, y Edward Jenner (1749–1823) fue un pionero de la vacunación.

Las sociedades científicas

Durante los siglos XVII y XVIII aparecieron las sociedades científicas. En 1603, Galileo era miembro de la nueva Accademia dei Lincei de Roma; en Francia, Luis XIV fundó la Académie Royale des Sciences en 1666, y la Royal Society de Londres se fundó en 1660. Se fundaron instituciones similares en toda Europa y en América del Norte. En 1743 se inauguró en Filadelfia la Sociedad Americana de Filosofía.

Adam Smith y *La riqueza de las naciones*

En *La riqueza de las naciones*, publicada en 1776, el pensador y economista escocés

ADAM SMITH

Adam Smith (1723–1790) fue una figura clave de la Ilustración escocesa. Considerado el padre de la economía y del capitalismo, alcanzó la fama después de ser nombrado profesor de la Universidad de Glasgow en 1751. Su primer libro, *La teoría de los sentimientos morales*, se publicó en 1759, y *La riqueza de las naciones* consolidó su reputación.

Adam Smith afirmaba que todos los seres humanos poseen la tendencia natural a anteponer sus intereses y necesidades. Pensaba que el progreso económico dependía de la búsqueda ilustrada del interés personal, de lo que llamó «división del trabajo» y de la libertad de comercio. Afirmaba que los gobiernos debían intervenir lo menos posible en asuntos económicos y dejar que la «mano invisible» del mercado los regulara. Sus opiniones

«**Mi país** es el **mundo** y **mi religión** es **hacer el bien.**»

THOMAS PAINE, *Los derechos del hombre* (1792)

ejercieron un gran impacto sobre las clases medias en auge en toda Europa y en los recién independizados EE UU.

Diderot y la *Enciclopedia*

El filósofo francés Dennis Diderot (1713–1784), el matemático Jean Le Rond D'Alembert (1717–1783) y más de 140 colaboradores quisieron reunir todo el saber existente en una obra, la *Enciclopedia*, cuyo primer volumen se publicó en 1751.

Al final constaba de 17 volúmenes de texto, 11 de láminas y 6 suplementos. Aunque el texto se terminó en 1765, hubo que esperar hasta 1772 para que todas las láminas auxiliares estuvieran listas para su publicación. La obra fue tan influyente como controvertida. Diderot y sus colegas enciclopedistas fueron el blanco de un ataque sostenido de los poderes establecidos religiosos y seculares por las ideas liberales que manifestaban.

Despotismo ilustrado

Algunos pensadores influyentes del siglo XVIII, como el francés Voltaire (1694–1778) y Rousseau pensaban que solo sería posible llevar a cabo las reformas sociales, económicas y educativas necesarias si se instauraba un nuevo tipo de monarca, al que denominaron déspota ilustrado. El emperador prusiano Federico el Grande pidió consejo a Voltaire acerca de cómo convertirse en un gobernante de este tipo.

En Rusia, Pedro el Grande intentó modernizar su país, y en Austria, la emperatriz María Teresa y luego su hijo José II se convirtieron en importantes reformistas.

▼ *Experimento con un ave en la bomba de aire*, **de Joseph Wright (1768)**
Este óleo muestra un experimento en el que se priva de aire a una paloma.

Reinos africanos

Durante la Edad Media, y al igual que en Europa, Asia y América del Sur, en África florecieron imperios cuyo poder habría podido rivalizar con la Roma o la Persia antiguas. En el oeste del continente, Ghana, Malí y Songay se convirtieron en poderosos centros comerciales que controlaban el flujo de oro, sal y otras mercancías entre el norte de África y el África subsahariana. Su riqueza también los convirtió en centros de cultura y conocimiento.

El Imperio de Ghana

El Imperio de Ghana, sólidamente establecido en África occidental entre los siglos VI y XII, controlaba el comercio regional de oro, marfil, plumas de avestruz, cuero y esclavos en el norte de África. A diferencia de la Ghana moderna, abarcaba los actuales Malí y Mauritania, en la sabana de Sudán occidental, y estaba controlado por un ejército formidable que contaba con caballería. Su capital, Kumbi Saleh, una de las ciudades africanas más grandes de la época, se convirtió en la ciudad más rica de África occidental. Albergaba a unos 20 000 habitantes y a los reyes de Ghana, de los que se dice que atesoraban pepitas de oro.

Caligrafía árabe *Decoración pintada a mano*

Las figuras tienen rasgos faciales exagerados

CORÁN DE TOMBUCTÚ

Tombuctú y la difusión del islam

Cuando los árabes musulmanes se hicieron con el norte de África en el siglo VII, los comerciantes, eruditos y misioneros llevaron el islam a África occidental. Al principio fue un proceso pacífico, pues los gobernantes africanos toleraban o abrazaban el islam, pero en el este chocó con la resistencia de reinos cristianos como Nubia o Aksum, donde se impuso. El islam contribuyó a difundir en África el arte de la caligrafía, que floreció en ciudades como Tombuctú. En el siglo XIV, esta ciudad contaba con varias mezquitas y universidades.

El reino de Kanem

Kanem, cuyo centro estaba en la orilla oriental del lago Chad, dominó la región que rodea el lago entre los siglos IX y XIV. Aunque su rey se convirtió al islam a finales del siglo XI, la región no adoptó esta religión de manera generalizada hasta el siglo XIII. La situación de Kanem al final de una ruta de caravanas sahariana lo convirtió en un centro comercial natural que facilitaba el intercambio entre los mercaderes del centro y del norte de África y los de África central y el valle del Nilo. Su riqueza financió una eficiente caballería que permitió su expansión hacia el norte, hasta el interior del Sáhara.

El Imperio songay

Se remonta como mínimo al siglo IX. Tras superar las pérdidas de territorio ante el Imperio de Malí en el siglo XIV, se convirtió en el imperio más poderoso de África occidental desde c. 1460 hasta c. 1591. Alcanzó su cénit bajo el rey Sonni Ali-Ber (1464–1492), conocido como «Sonni el Inmisericorde», hábil estratega que rechazó a sus atacantes y aseguró los territorios del imperio hacia 1468. Además de una caballería con armadura, Songay poseía uno de los escasos barcos de África del Norte, que Sonni Ali-Ber usó para conquistar parte del debilitado Imperio de Malí.

Etiopía (Zagwe y salomónidas)

A finales del siglo IX, los agaw de la meseta etíope habían derrocado a los aksumitas que antaño habían dominado la costa del mar Rojo e instauraron la dinastía cristiana Zagwe, que gobernó Etiopía durante los siglos XII y XIII. Los Zagwe son conocidos sobre todo por la construcción de 11 iglesias esculpidas en roca maciza en la capital, Lalibela, y a finales del siglo XIII fueron sustituidos por la dinastía salomónida, que afirmaba descender del rey Salomón y que permaneció en el poder hasta 1974, cuando Haile Selassie I fue derrocado.

 ◄ **Véase también** Egipto antiguo pp. 310–311   ◄ El mundo islámico pp. 332–333   ◄ Comercio y exploración pp. 340–341

Ayudante real de la ciudad de Edo, la capital, con tocado tradicional

---

Ayudante real de la ciudad de Edo, la capital, con tocado tradicional

Gran Zimbabue

Gran Zimbabue, el supuesto lugar de origen de la reina de Saba, fue la capital del reino de Zimbabue. Mitos aparte, el lugar fue ocupado por el pueblo shona en el siglo XI y en su apogeo albergó numerosos edificios y monumentos de granito (Zimbabue significa «edificios de piedra» en bantú). Aunque su economía se basaba en la ganadería y la agricultura, fue el centro de un vasto imperio entre los siglos XI y XV, durante los cuales comerciaba con oro en la costa índica. En su momento álgido, la ciudad tuvo hasta 20 000 habitantes. Sus ruinas contienen el Gran Recinto, el monumento de piedra circular más grande del África subsahariana.

El Imperio de Malí

Fundado por Sundiata Keita (r. 1230-1255), el imperio de Malí duró cuatro siglos. En su apogeo, bajo el mansa (rey) Musa I (r. 1312-1337), fue el mayor imperio que África había visto jamás y llegaba del Atlántico al centro comercial e intelectual de Tombuctú y el Sáhara. Debía su riqueza a recursos naturales como el oro y la sal, así como al control y al gravamen de las rutas comerciales que pasaban por la región. Cuando Musa, ferviente musulmán, emprendió su peregrinación (hayy) a La Meca en 1324, llevó consigo ingentes cantidades de oro y decenas de miles de soldados y esclavos.

El Imperio uolof

El Imperio uolof, o wolof, surgió a mediados del siglo XIV entre los ríos Senegal y Gambia, en África occidental, en la que antaño había sido una región agrícola del Imperio de Malí. Se enriqueció comerciando con oro, marfil, cuero, tejidos y esclavos, entre otros bienes, en transacciones que a menudo

Acabado metálico

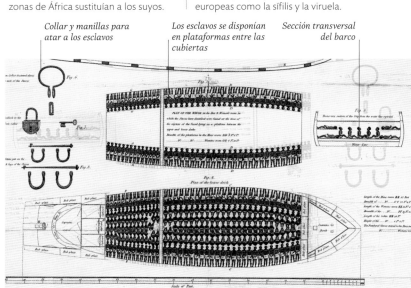

Figura de Cristo con rasgos africanos

Manos unidas en oración

CRUCIFIJO CONGOLEÑO (SIGLOS XVI Y XVII)

Figura arrodillada en la base

El reino del Congo

Situado al sur del río Congo en la costa occidental africana, el reino del Congo se formó a fines del siglo XIV tras una alianza de varios principados y se convirtió en un imperio comercial que debía gran parte de su riqueza al comercio de esclavos. Llegó a tener más de dos millones de habitantes. Aunque estaba gobernado por un monarca que adoptó el catolicismo en el siglo XVI, contaba con un consejo de ancianos, gobernadores y funcionarios, además de un ejército de hasta 20 000 esclavos.

Presencia europea y trata de esclavos

Los ricos imperios africanos atrajeron el comercio con mercaderes europeos. En el siglo XVI, el interés se desplazó de los artículos de lujo a los esclavos: se estima que se enviaron 12,5 millones de esclavos al otro lado del Atlántico. Como resultado, las guerras proliferaron, los saqueos en busca de esclavos eran habituales, y solo los que disponían de armas de fuego europeas podían resistir. Las explotaciones agrícolas quedaron destruidas, lo que provocó hambre, y se propagaron enfermedades europeas como la sífilis y la viruela.

> **«África no nació después [...] que ninguna otra área geográfica del globo.»**
>
> HAILE SELASSIE, emperador de Etiopía (1930-1974)

Ifé y Benín

Las esculturas más antiguas halladas en el África subsahariana son las de Nok (Nigeria) que muestran los inicios de una cultura que floreció en los reinos de Ifé y de Benín, que comenzaron en los siglos XI y XIII respectivamente. En la región se forjaba hierro desde el siglo IX para elaborar aperos agrícolas y obras de arte. Los artistas de Ifé dominaban la fundición del bronce y crearon bellas esculturas de cabezas humanas. La técnica llegó a Benín, que fue un importante centro comercial durante siglos y donde las esculturas y las placas de latón se convirtieron en una especialidad que se vendía a Portugal a finales del siglo XV.

implicaban a mercaderes europeos de Francia y Portugal. Los esclavos suponían la tercera parte de la «mercancía» uolof hasta 1600, pero la proporción se redujo a medida que los capturados en otras zonas de África sustituían a los suyos.

◀ **Bronces de Benín**
Unas placas elaboradas con la técnica de la cera perdida decoraban el palacio del oba, o rey, de Benín. Muchas representan al rey y a sus ayudantes.

Ajorcas

Collar y manillas para atar a los esclavos

Los esclavos se disponían en plataformas entre las cubiertas

Sección transversal del barco

PLANO DE BARCO NEGRERO QUE MUESTRA CÓMO SE TRANSPORTABAN LOS ESCLAVOS (1823)

El mundo moderno (desde 1750)

El lema reza «Gloria y patria»

Los tres últimos siglos han visto cambios sin precedentes: las revoluciones han redibujado fronteras, los imperios han caído, han nacido naciones nuevas, y el colonialismo y la esclavitud han ido quedado atrás. La rapidez de la industrialización y el crecimiento de las economías capitalistas generaron disputas, algunas de las cuales desembocaron en conflictos civiles (y luego globales) cuando las sociedades agrícolas e industriales, y después las capitalistas y las comunistas, chocaron. Estallan conflictos étnicos y religiosos en todo el mundo, la economía sube y baja, y aunque la ciencia creó un arma terrible que puso fin a una guerra mundial, la lucha por el territorio, el poder y los recursos continúa.

1754 Estalla en Europa la guerra de los Siete Años. Las nuevas alianzas alimentan hostilidades ya existentes, como la guerra entre británicos y franceses y sus aliados indígenas (1754–1763) en América del Norte.

ESTANDARTE DE GUERRA PRUSIANO

Águila imperial

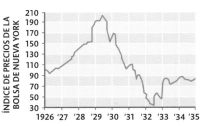

ÍNDICE DE PRECIOS DE LA BOLSA DE NUEVA YORK

Octubre de 1929 La Bolsa de Nueva York se hunde cuando el pánico desploma el precio de las acciones. Los bancos quiebran a principios de la década de 1930, y comienza la Gran Depresión.

1922 La marcha sobre Roma eleva a Benito Mussolini a primer ministro de Italia y sitúa al fascismo en la escena mundial.

Benito Mussolini

MARCHA DE MUSSOLINI SOBRE ROMA

15 de marzo de 1917 En Rusia, siglos de gobierno zarista Romanov llegan a su fin cuando Nicolás II abdica después de que los manifestantes de Petrogrado exijan reformas socialistas.

El eslogan dice: «15 años de lucha por la Línea General del Partido»

CARTEL DE PROPAGANDA RUSO

Cañón principal de 90/105 mm

Visor del cañón principal

La torreta alberga a uno de los tres tripulantes

Década de 1930 La sobreexplotación y la sequía agotan la tierra de EE UU. Las tormentas de polvo asolan los estados agrícolas, cuya población emigra en busca de trabajo.

TRABAJADORA EMIGRANTE DE EE UU (1936)

TANQUE AMX-13, USADO EN LA GUERRA DE LOS SEIS DÍAS

Alemanes del Este y del Oeste sentados sobre el Muro de Berlín celebran el fin de la Guerra Fría

Soldados estadounidenses ayudan a las fuerzas survietnamitas en la batalla de Khe Sanh

SOLDADOS DE EE UU EN VIETNAM

Junio de 1967 En la guerra de los Seis Días, Egipto, Siria y Jordania se enfrentan a Israel, que obtiene el control sobre el Sinaí, la franja de Gaza, Jerusalén oriental y los altos del Golán.

8 de marzo de 1965 EE UU entra en la guerra entre el Vietnam del Norte comunista y el del sur independiente, y envía dos batallones de marines a Da Nang.

1979 El sah de Irán, Mohamed Reza Pahlevi, huye del país después de que un alzamiento islámico impulsado por el líder religioso Ruhollah Jomeini lo obligue a renunciar al poder.

EL SAH MOHAMED REZA PAHLAVI

Muro de hormigón y alambre de espino de 155 km

9 de noviembre de 1989 En Alemania Oriental se anuncia el libre movimiento entre Berlín Este y Berlín Oeste. Comienza la demolición del Muro de Berlín, después de 28 años.

CAÍDA DEL MURO DE BERLÍN

Entre los signatarios está Benjamin Franklin, que también ayudó a redactar la declaración

En octubre de 1789, las parisinas marcharon a Versalles en protesta por la subida del precio del pan

4 de julio de 1776 Tras quince meses de escaramuzas entre las tropas británicas y norteamericanas, el Congreso Continental firma una declaración que corta los vínculos de las colonias con Gran Bretaña.

DECLARACIÓN DE INDEPENDENCIA DE EE UU

Sello del estado de Pensilvania

4 de julio de 1789 En Francia, una turba de parisinos toma la Bastilla, arsenal, prisión y símbolo de la opresión del rey Luis XVI. Comienza la Revolución francesa.

ESCENA DE LA REVOLUCIÓN FRANCESA

28 de junio de 1914 El asesinato del archiduque austríaco Francisco Fernando y su esposa por el nacionalista serbio Gavrilo Princip provoca la Primera Guerra Mundial.

FRANCISCO FERNANDO

DIBUJO SATÍRICO DE LA GUERRA DE SECESIÓN

Abril de 1865 Al cabo de cuatro años, la guerra de Secesión de EE UU concluye con la rendición del Sur confederado a la Unión.

IMPERIO DE NAPOLEÓN (1812)

CLAVE
- Imperio francés
- Estados clientelares
- Aliados independientes
- Oposición a Napoleón

1815 Las tropas británicas y aliadas al mando del duque de Wellington derrotan a Napoleón en Waterloo y ponen fin a 23 años de guerra.

1807 Se aprueba la ley que prohíbe el comercio de esclavos en todas las colonias británicas.

Imagen de un esclavo rompiendo sus cadenas

MEDALLA CONMEMORATIVA DE LA LEY DE ABOLICIÓN

INSIGNIA NAZI

Esvástica

1 de septiembre de 1939 Las fuerzas alemanas del *Führer* Adolf Hitler atacan Polonia por tierra y aire: empieza la Segunda Guerra Mundial.

Agosto de 1945 Bombarderos de EE UU lanzan sendas bombas atómicas sobre Hiroshima y Nagasaki, y matan a unas 120 000 personas. La rendición incondicional de Japón el día 15 pone fin a la Segunda Guerra Mundial.

Explosivo rápido · *Explosivo lento* · *Manipulador de implosión* · *Núcleo de plutonio* · *Iniciador de neutrones*

CORTE TRANSVERSAL DE UNA BOMBA ATÓMICA

15 de agosto de 1947 La Ley de la independencia de India pone fin a 200 años de gobierno británico en India y Pakistán, reconocidas como naciones independientes.

JAWAHARLAL NEHRU (IZDA.) Y MOHAMED ALÍ JINNAH

1960 Diecisiete territorios africanos se independizan del gobierno europeo. El presidente de Ghana Kwame Nkrumah proclama una «nueva era» en la Asamblea de la ONU.

Toma de aire del motor montada en el morro

25 de junio de 1950 Con apoyo soviético, las fuerzas comunistas de Corea del Norte invaden Corea del Sur y desatan tres años de sangría con el comienzo de la guerra de Corea.

Ala inclinada hacia atrás

MIG-15

1 de octubre de 1949 El líder comunista Mao Zedong es el presidente de la República Popular China, con Zhou Enlai como primer ministro.

14 de mayo de 1948 Se crea en Tel Aviv el primer estado judío en 2000 años de historia cuando David Ben Gurion proclama el estado de Israel y se convierte en su primer ministro.

Estrella de David de seis puntas

Las 12 estrellas representarían las tribus de Israel

PROPUESTA DE DISEÑO DE LA BANDERA (1918)

16 de enero de 1991 El presidente de EE UU George H. W. Bush anuncia la operación Tormenta del Desierto para expulsar a los invasores iraquíes de Kuwait. Empieza la primera guerra del Golfo.

El texto insta a las fuerzas iraquíes a rendirse

OCTAVILLA DE LA GUERRA DEL GOLFO (1991-1992)

11 de septiembre de 2001 Dos aviones secuestrados por terroristas islámicos se estrellan contra las torres gemelas del World Trade Center de Nueva York y las destruyen.

2008 Entidades financieras, como el banco de inversiones Lehman Brothers, se hunden y provocan la peor crisis financiera global desde la Gran Depresión.

CALENTAMIENTO GLOBAL

Década de 2000 En todo el mundo se registran temperaturas máximas que ponen en primera línea el problema del calentamiento global.

2011 Tras la inmolación del vendedor ambulante tunecino Mohamed Bouazizi en diciembre de 2010, una serie de protestas en favor de la democracia provocan cambios de régimen en países árabes como Túnez, Egipto y Libia.

enté par le Sr cholats lun des Vainqueur de la Bastille   Siene de la

Revoluciones políticas

A finales del siglo XVIII, la revolución de las colonias británicas de América del Norte y la Revolución francesa alimentaron las demandas de libertades sociales y políticas que acabaron transformando el mundo. Durante el siglo XIX, en Europa prosperaron movimientos nacionalistas que se extendieron a otras partes del mundo, llevando de la mano el intento de entregar la soberanía al pueblo. Sin embargo, no llevaron consigo necesariamente la democracia, como se vio en Rusia y en China.

Esmalte rojo

Arado y martillo

INSIGNIA DE GORRA DEL EJÉRCITO ROJO (1919)

La revolución en América del Norte
La tensión entre británicos y colonos en América del Norte, agravada por el empeño británico de exigir más impuestos, culminó en un conflicto armado en 1775. La declaración de independencia de las 13 colonias británicas en 1776 fue seguida por siete años de guerra entre patriotas por un lado y británicos y lealistas por otro. Cuando Francia se unió a los patriotas en 1778, la balanza se inclinó en su favor. La derrota británica en Yorktown en 1781 fue decisiva, y Gran Bretaña reconoció la independencia de sus colonias americanas en 1783.

Tela pintada con la palabra «Libertad» bordada

Insignia de la compañía

MOCHILA DE LA 4.ª COMPAÑÍA INDEPENDIENTE DE MARYLAND (1776)

La Revolución francesa de 1789-1799
La revolución estalló en 1789, cuando la Asamblea Nacional abolió el feudalismo y adoptó la *Declaración de los derechos del hombre*. En 1791 aprobó una monarquía constitucional, y desde 1792, las facciones más extremistas se hicieron con el poder, proclamaron la república y ejecutaron al rey Luis XVI. El Comité de Salvación Pública asumió el poder y ejecutó a 20 000 contrarrevolucionarios. Luego gobernó un régimen más moderado hasta 1799, cuando Napoleón (p. 361) tomó el poder.

◀ La caída de la Bastilla
El 14 de julio de 1789, los parisinos tomaron la Bastilla, a la que consideraban un símbolo de la opresión de la monarquía.

Gran Bretaña y Francia
Aunque la Revolución Gloriosa de 1688 había instituido una monarquía constitucional en Inglaterra, el país distaba mucho de ser una democracia parlamentaria: en 1800, solo un 10 % de los varones adultos tenía derecho a voto, y aunque las reformas de 1832, 1867 y 1884 lo ampliaron, el sufragio universal no se alcanzó hasta 1928. Sin embargo, los británicos al menos tenían un parlamento. En Francia, los Estados Generales, que ni siquiera se reunieron entre 1614 y 1789, carecían de poder legislativo. Los tres estados, que representaban al clero, a la nobleza y al pueblo solo podían asesorar al rey.

> «Una **revolución** es una **lucha** a muerte entre el **futuro** y el **pasado**.»
>
> FIDEL CASTRO, líder revolucionario cubano (1959)

La unificación italiana
Tras las guerras napoleónicas de 1799-1815, Italia quedó dividida en un mosaico de pequeños estados independientes, con la mayor parte del país bajo el dominio de los Borbones españoles o los Habsburgo austríacos (pp. 344-345). Sin embargo, el deseo de unidad nacional no remitía. Giuseppe Mazzini y Giuseppe Garibaldi lideraron la causa a partir de 1815, pese al fracaso de sus primeros intentos. El conde de Cavour, primer ministro de Piamonte-Cerdeña, firmó una alianza con la Francia de Napoleón III y arrastró a Austria a la guerra en 1859, con el resultado de que Cerdeña ganó Lombardía. Italia central votó unirse a Cerdeña, Garibaldi liberó Sicilia y Nápoles, y en 1861 se proclamó una Italia unificada. Austria tuvo que entregar Venecia al nuevo reino en 1866, y Roma le siguió en 1871.

Las revoluciones europeas de 1848
En 1848, gran parte de Europa estaba a punto de estallar debido al creciente descontento con el orden establecido. Las primeras revoluciones estallaron en Sicilia y en Francia, donde el rey Luis Felipe I fue derrocado. Las revueltas se extendieron

al resto de Italia y al Imperio austríaco, mientras que en Alemania, las asambleas nacionalistas de Berlín y Fráncfort llamaban a la unión del país bajo el gobierno prusiano. El éxito fue efímero. Menos en Francia, donde Luis Napoleón (luego Napoleón III) asumió el poder, el *statu quo* se reinstauró en todos los territorios.

La unificación alemana
A principios de la década de 1850, Alemania aún era una confederación de estados dominados por Austria; sin embargo, en la de 1860 Prusia asumió el liderazgo en la búsqueda de la unificación alemana. El primer ministro prusiano, Otto von Bismarck, provocó una guerra con Austria en 1866 y la ganó en solo siete semanas, lo que dio lugar a la Confederación Alemana del Norte. Cuatro años después, otra guerra, esta vez con Francia, llevó a que los estados alemanes del sur se aliaran con los del norte, y en 1871 se proclamó el Imperio alemán, con Bismarck como su primer canciller.

La Revolución rusa
En Rusia no hubo una, sino dos revoluciones en 1917, cuando los rusos, cansados de guerras, se alzaron para derrocar al zar Nicolás II, poniendo fin a 304 años de gobierno Romanov. La primera revolución, en febrero, forzó la abdicación del zar y la instauración de un débil gobierno democrático. En la segunda, en octubre, los bolcheviques liderados por Lenin, que había regresado del exilio, tomaron el poder. Después de derrotar a la oposición en una cruenta guerra civil, en 1922 fundaron la Unión

Soviética, o Unión de Repúblicas Socialistas Soviéticas (URSS), federación comunista de partido único que devino una superpotencia hasta 1991, cuando la caída del comunismo llevó a su disolución.

La Revolución china
El Partido Comunista de China (PCC) se fundó en Shanghái en 1921. En 1927, el Kuomintang, su rival nacionalista, obligó a los comunistas a retirarse al sur. En 1934, Mao Zedong condujo al PCC en la Larga Marcha hacia el norte que recorrió en un año los 6000 km hasta Shaanxi. La cruenta guerra civil tras la Segunda Guerra Mundial terminó en 1949, cuando Mao proclamó la República Popular China.

La Revolución cubana
El alzamiento contra el régimen de Fulgencio Batista comenzó en 1953, cuando Fidel Castro lideró un asalto fallido al cuartel de Moncada. En 1958, Cuba estaba sumida en una guerra de guerrillas; en 1959 Batista huyó y Castro tomó el poder. Su objetivo de librar a la economía cubana del control de EE UU lo llevó a aliarse con la URSS. En 1961, el intento soviético de instalar una base de misiles en Cuba puso al mundo al borde de la guerra nuclear.

La Revolución iraní
En 1978, la oposición al gobierno autocrático del sah Mohamed Reza Pahlevi desembocó en alzamientos que exigían el regreso del ayatolá Ruhollah Jomeini, líder religioso chií. En 1979 el sah se exilió y Jomeini instauró la República Islámica, con unas estrictas normas religiosas y sociales.

CHE GUEVARA
Ernesto (llamado Che) Guevara (1928-1967) fue un revolucionario argentino que alcanzó la fama durante la Revolución cubana que llevó a Fidel Castro al poder. Tras ejercer el cargo de ministro en el gobierno de Castro, abandonó la isla en 1965 para promover revoluciones en otras partes del mundo en vías de desarrollo, primero en el Congo y más tarde en Bolivia, donde fue capturado y ejecutado.

La revolución industrial

Iniciada en Gran Bretaña a finales del siglo XVIII, la revolución industrial se extendió gradualmente por Europa y EE UU. Se caracterizó por la innovación tecnológica y el crecimiento de la industria a gran escala, impulsada por nuevas máquinas, como la máquina de vapor, la hiladora Jenny y el telar mecánico. El crecimiento económico resultante propició a su vez una explosión demográfica y transformó la vida de las personas en todo el mundo.

Los orígenes de la revolución

La revolución industrial comenzó en Gran Bretaña, impulsada por varios factores. Los avances en la agricultura permitieron que aumentara la población de potenciales trabajadores. La riqueza en recursos minerales, sobre todo mena de hierro y carbón, facilitó la producción de hierro y acero, y alimentó las máquinas de vapor. Los avances tecnológicos realizados por genios como James Watt, el inventor de una máquina de vapor mejorada, o Richard Arkwright, que diseñó una hiladora que mejoró la producción textil, también llevaron a un crecimiento de la industria. La situación geográfica de Gran Bretaña y su dominio sobre el mar facilitaron las exportaciones.

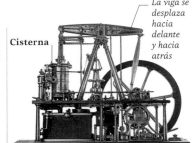

La viga se desplaza hacia delante y hacia atrás

Cisterna

MÁQUINA DE VAPOR DE WATT

James Watt y la máquina de vapor

Aunque se suele atribuir la invención de la máquina de vapor a James Watt, fabricante de instrumentos matemáticos escocés, en realidad no la inventó él. Consciente de lo poco eficientes que eran las máquinas de vapor existentes (el enfriado y calentamiento repetidos de los cilindros desperdiciaba mucho vapor útil), diseñó un cilindro condensador independiente que resolvió el problema. Watt diseñó la cámara de condensación en 1765, pero no la patentó hasta 1769. En 1774 empezó a colaborar con Matthew Boulton, propietario de una fundición en Birmingham. Las máquinas que fabricaron revolucionaron la minería y las industrias siderúrgica, textil y manufacturera en Gran Bretaña y el resto del mundo.

Las industrias del hierro y el acero

Abraham Darby I revolucionó la siderurgia en 1709 cuando empezó a utilizar coque como combustible en vez del tradicional carbón vegetal. En la década de 1780, Henry Cort diseñó un modo más rápido de fabricar hierro forjado, y durante los 20 años siguientes la producción de hierro aumentó el 400 %. Por el contrario, el acero continuó siendo muy caro hasta 1856, cuando Henry Bessemer inventó un convertidor que hizo que la producción de acero fuera rápida y barata por primera vez en la historia.

La industria textil

Fue una de las más beneficiadas por la revolución industrial. En Gran Bretaña, inventos como la hiladora Jenny de husos múltiples transformaron una actividad doméstica en industrial. En EE UU, la desmotadora de algodón agilizó el proceso de eliminar las semillas. Las importaciones de algodón de América del Norte e India proporcionaban la materia prima necesaria para abastecer un mercado de masas para los tejidos de algodón que se producían en las fábricas que proliferaron para satisfacer la demanda.

FÁBRICA DE TELAS DE ALGODÓN

> «Era una ciudad de **máquinas y de altas chimeneas,** por las que salían interminables **serpientes de humo.**»

CHARLES DICKENS, descripción de Coketown, *Tiempos difíciles* (1854)

Canales y vías férreas

La propagación de la revolución industrial exigía una mejora del transporte. Pese a que los canales permitían transportar mercancías pesadas de un modo rápido y eficiente, en 1850 competían con el ferrocarril (pp. 284–285) para sobrevivir. A finales de siglo, las vías férreas cruzaban toda Gran Bretaña. La ingeniería británica respaldó la construcción de líneas ferroviarias en Europa, Asia y América del Sur. En EE UU, el tendido de vías de ferrocarril alcanzó cotas máximas tras la guerra de Secesión (p. 359).

La industrialización

Aunque la industrializada Gran Bretaña fuera bautizada por sus contemporáneos como el «taller del mundo», solo pasaron unos cincuenta años antes de que otros países se pusieran a la par. En Europa, Bélgica abrió el camino, seguida poco después por Alemania y Francia. En EE UU, la revolución industrial comenzó en el noreste, cuando Samuel Slater, un emprendedor inmigrante británico, fundó la primera fábrica de tejidos de algodón del país, y progresó a un ritmo acelerado tras la guerra de Secesión (1861–1865).

La urbanización

A medida que avanzaba la revolución industrial, las ciudades crecieron deprisa, alimentadas por el éxodo rural. En la Gran Bretaña preindustrial, más del 80 % de la población vivía en áreas rurales; en 1850, más del 50 % vivía en ciudades. A medida que la industrialización se extendía por Europa y América del Norte, estas se fueron urbanizando también. En la segunda mitad del siglo XIX, Chicago se convirtió en la ciudad con el crecimiento más rápido del mundo: entre 1860 y 1890 su población pasó de 112 000 a 1 698 000 habitantes.

Fábricas y poblaciones modelo

El propósito fundamental de las fábricas era lograr una productividad y unos beneficios máximos; por eso solían estar abarrotadas, sucias y mal iluminadas, y ser poco seguras. Hombres, mujeres y niños trabajaban en ellas entre 12 y 16 horas diarias, seis días a la semana. La situación apenas cambió hasta principios de la década de 1800, cuando el empresario y socialista utópico Robert Owen emprendió la mejora de las condiciones laborales en su fábrica de New Lanark (Escocia). En EE UU, George Pullman fundó una ciudad para sus empleados.

La nueva clase obrera y los sindicatos

Durante la revolución industrial, los trabajadores tenían pocos derechos (o ninguno) y los gobiernos hacían muy poco por protegerlos. En Gran Bretaña, por ejemplo, las Combination Acts ilegalizaron las huelgas y prohibieron los sindicatos. Aunque estas leyes se revocaron en 1824, la ardua lucha de los sindicatos no empezó a dar fruto hasta 1850. El proceso fue similar en EE UU, donde la población en aumento constante competía por empleos limitados, y los empresarios podían dictar cuánto, o cuán poco, pagaban.

La segunda revolución industrial

Entre 1870 y 1914, los rápidos avances en la producción de acero y la llegada de la electricidad propulsaron la producción industrial hasta nuevas cotas. Las innovaciones técnicas y de fabricación, y sobre todo las herramientas mecánicas, permitieron producir en masa todo tipo de productos. El telégrafo y el teléfono transformaron las comunicaciones. El transporte también experimentó una revolución con el desarrollo del motor de combustión interna (pp. 286–287). A finales del siglo XIX, la producción industrial de Alemania superaba a la de Gran Bretaña, mientras que EE UU se convirtió en una primera potencia industrial.

LAS CONDICIONES SOCIALES Y LA FILANTROPÍA

Inspirada por las pésimas condiciones sociales consecuencia de la industrialización, la filantropía moderna tomó forma entre 1885 y 1914, cuando algunas personas acaudaladas buscaban utilizar su riqueza en beneficio de la sociedad. Las donaciones solían destinarse a hospitales, a los pobres o a instituciones educativas.

NIÑA OBRERA EN UNA FÁBRICA TEXTIL

◄ **Sheffield (Inglaterra) en la década de 1800**
Las chimeneas de las acerías de esta ciudad industrial británica expulsan humo en este grabado sobre madera coloreado contemporáneo.

Imperios coloniales

El colonialismo consiste en el ejercicio del dominio político sobre territorios extranjeros, generalmente para explotarlos económicamente y con frecuencia mediante el sometimiento de su población por la violencia. Surgió en el siglo XVI, iniciado por varias potencias europeas que, en 1900, habían colonizado gran parte del mundo y casi todo el continente africano. Al suprimir el gobierno local, la colonización anuló la autonomía y la identidad de regiones y sociedades enteras.

Las raíces del colonialismo moderno

En el siglo XVI, los viajes de los exploradores europeos pusieron en contacto a algunos imperios y países por primera vez en la historia. Al principio, los exploradores eran enviados por sus monarcas respectivos para encontrar nuevas rutas a los lugares productores de especias como la pimienta y el clavo. Con el tiempo, los beneficios económicos que reportaban el comercio y la explotación de esos territorios atrajeron a cada vez más aventureros, que empezaron a asentarse y desplazaron a la población local, a menudo por la fuerza. Esto ocurrió en un momento en el que la rivalidad política había creado en Europa un sistema de estados fuertes y centralizados, superiores desde el punto de vista tecnológico y militar a las sociedades que invadían, muchas veces debilitadas por la división política, la guerra civil o la enfermedad.

El auge de los imperios

En América, el imperio portugués ocupó el Brasil actual a partir del siglo XVI, mientras que en 1533, España ya había destruido los imperios azteca e inca y controlaba territorios del sur de América del Norte. En el resto del continente, Gran Bretaña y Francia fundaron colonias, la primera de las cuales fue la británica Jamestown en 1607.

A lo largo del siglo XVI, Europa había consolidado en África occidental enclaves que le servían de puntos de embarque para el envío de esclavos a América. El comercio de esclavos se aceleró en el siglo XVII, y los trabajos forzados alimentaron el crecimiento de los nuevos territorios coloniales. Dos siglos después, la «carrera por el reparto de África» (1881-1914) volvió a acelerar el ritmo de la colonización, y casi todo el continente quedó ocupado por potencias europeas.

EL SULTÁN TIPU

Resistencia

Los pueblos indígenas se resistieron a la colonización europea. En América del Norte, los nativos lucharon desde inicios del siglo XVII contra la ocupación de sus tierras por los colonos, mientras que, en 1775, los colonos de las 13 colonias británicas se rebelaron e instauraron unos Estados Unidos independientes en 1783. En India, los gobernantes locales, como el sultán Tipu de Mysore, se enfrentaron a los británicos, pero fracasaron (y Mysore fue conquistada en 1799). En Australia, los pueblos aborígenes vieron erradicadas comunidades enteras cuando fueron vencidos en sus escaramuzas contra los colonos británicos. Entre 1845 y 1872, los maoríes neozelandeses libraron guerras que les permitieron conservar parte de sus tierras y su modo de vida. En algunos casos, la resistencia adoptó un cariz religioso, como en Sudán en la década de 1880, cuando el autoproclamado Mahdi encabezó un alzamiento islámico para expulsar a los británicos, que en India consiguieron encolerizar tanto a los soldados musulmanes como a los hindúes que servían en su ejército. La rebelión de los Cipayos de 1857 casi acabó con el dominio británico en la región.

SAMUEL MAHARERO

En enero de 1904, Maharero (m. en 1923), un jefe herero de África Suroccidental Alemana (actual Namibia) lideró un alzamiento contra los ocupantes. Las pérdidas fueron colosales. Murió en torno al 75 % de los hereros, y Maharero tuvo que exiliarse a Bechuanalandia, bajo gobierno británico, donde murió en 1923. En Namibia se le considera un héroe nacional.

Entre 1872 y 1921, **bajo el gobierno británico,**
la esperanza de vida en India cayó en un **20 %.**

El colono aparece como
garante del orden

ILUSTRACIÓN FRANCESA (1923)

Los efectos de la colonización

La colonización eliminó a los gobernantes locales y costó la independencia a muchos pueblos. Los pueblos colonizados casi nunca gozaban de los mismos derechos que los ciudadanos del país invasor. A lo largo de tres siglos, el comercio de esclavos envió a 12,5 millones de africanos a través del Atlántico para trabajar en plantaciones de América. Las colonias eran explotadas en beneficio de los colonos, sin que los pueblos indígenas se beneficiaran en absoluto. Por ejemplo, la plata de Bolivia y los diamantes de Sudáfrica acababan en manos europeas.

Las colonias se consideraban productoras de riqueza mineral o agrícola, por lo que tras la revolución industrial no se las alentó a que desarrollaran su propia industria, que podría haber rivalizado con la de las potencias coloniales. Incluso países que habían conservado su independencia, como China, vieron muy limitada su capacidad para actuar con libertad: los británicos libraron dos guerras contra China en las décadas de 1840 y 1850 por el derecho a exportar opio allí y luego ocuparon puertos desde los que comerciaban sin someterse a la jurisdicción china.

◄ **Almacén de opio**
Trabajadores embalando opio en Patna (noreste de India). Gran parte de la producción estaba destinada a China.

El colonialismo en la actualidad

Aunque la mayoría de las colonias vuelven a ser independientes, algunos territorios considerados demasiado pequeños para ser viables como estados independientes continúan bajo control colonial, como la isla de Santa Elena (británica). Otros son motivo de conflictos internacionales, como las Malvinas. Algunas antiguas colonias, como la Guayana Francesa, continúan integradas en la estructura política de la metrópolis europea.

No obstante, las antiguas colonias aún sufren el impacto de la colonización. En muchas de ellas, la economía se especializó en exceso, como ciertos países caribeños que dependen de la producción de azúcar o bananas. Tras independizarse, muchas sufrieron por la falta de escuelas, hospitales y otras infraestructuras básicas, y del acceso a los recursos económicos necesarios para construirlas.

A menudo, las fronteras, definidas por las potencias coloniales, no coincidían con la distribución de los grupos étnicos, lo que provocó guerras civiles, mientras que el apoyo poscolonial a regímenes dictatoriales impidió el desarrollo de una sociedad civil en muchos países. El legado del colonialismo se caracteriza por la pobreza, que ha impedido el desarrollo de una economía moderna en países con una población en aumento y unos recursos cada vez más limitados.

GUERRA DE LAS MALVINAS

«Lo **peor** que hizo el
colonialismo fue **enturbiar
nuestra visión** del pasado.»

BARACK OBAMA,
Los sueños de mi padre: una historia de raza y herencia (1995)

Véase también La era de los conflictos globales pp. 360–363 ► Autodeterminación y derechos civiles pp. 366–367 ► La lucha por la independencia pp. 368–369 ►

Guerras civiles modernas

A lo largo de la historia ha habido guerras civiles, que siguieron estallando en el mundo moderno, desencadenadas por movimientos políticos, luchas por la independencia o tensiones raciales y otras. A fines del siglo xx eran casi endémicas: se cree que desde 1945 las guerras civiles han causado hasta 25 millones de muertos y el desplazamiento o el empobrecimiento de millones de personas más. A continuación se enumeran algunos de los principales conflictos de las eras moderna y contemporánea.

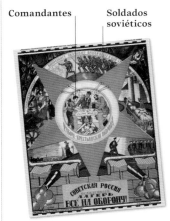

Comandantes · Soldados soviéticos

CARTEL PROBOLCHEVIQUE

La guerra de Secesión de EE UU
Se gestó durante décadas de tensión entre los estados del norte y del sur por la esclavitud de la población negra y por los derechos de los estados. La elección del abolicionista Abraham Lincoln como presidente en 1860 llevó a que los estados del sur se escindieran del norte y formaran la Confederación. En 1861 estalló la guerra con el resto de los Estados Unidos, o la Unión, que se prolongó durante cuatro años y se cobró más de 700 000 vidas. En 1863, la victoria de la Unión en la batalla de Gettysburg puso fin a las incursiones confederadas en el territorio de la Unión; finalmente, en abril de 1865 se rindieron las debilitadas fuerzas confederadas.

La guerra civil mexicana
Comenzó en 1910 cuando el liberal Francisco Madero derrocó al dictador Porfirio Díaz. A su vez, Madero fue depuesto por un golpe de estado militar a principios de 1913, pero el general Victoriano Huerta, el líder golpista, no consiguió reinstaurar un régimen dictatorial. Emiliano Zapata y Pancho Villa lideraron una guerra de guerrillas que luchaba por los derechos de los campesinos sin tierras y de la mayoría mestiza. En 1917 fue nombrado presidente el acaudalado terrateniente Venustiano Carranza, pero no redistribuyó la tierra entre los pobres. México no logró la estabilidad hasta 1920, cuando Álvaro Obregón fue nombrado presidente.

La guerra civil rusa
Tras la revolución de octubre de 1917 (p. 353), el poder bolchevique no estaba consolidado en absoluto, y en junio de 1918 estalló la guerra civil con los rusos blancos, de derechas. Al principio, el ejército blanco recibió el apoyo de Gran Bretaña, Francia, Italia, EE UU y Japón, pero le fue retirado en 1919. La guerra terminó a finales de 1920 con la victoria de los comunistas, que habían logrado controlar el corazón industrial y la mayor parte de la red ferroviaria del país. También contaban con líderes carismáticos, sobre todo Lenin y León Trotski, y supieron convencer a los rusos de que su victoria les procuraría un nivel de vida mejor que si volvían al represivo régimen zarista.

La guerra civil china
Los comunistas de Mao Zedong y el Partido Nacionalista, liderado por Chiang Kai-shek, se disputaron el control de China entre 1927 y 1949. Al principio, los comunistas, que querían acabar con el poder de los terratenientes y redistribuir la tierra con el fin de ponerla bajo el control colectivo del campesinado, tuvieron que retirarse primero al sur del país y luego, en la Larga Marcha (p. 353), al norte, donde establecieron una base. En 1937, la guerra con Japón condujo a una tregua inestable, pero en 1945, tras la Segunda Guerra Mundial, la guerra civil estalló de nuevo. En 1949, las fuerzas de Mao vencieron, y más de un millón de seguidores de Chiang Kai-shek huyeron a la isla de Taiwán, a 100 km de la costa.

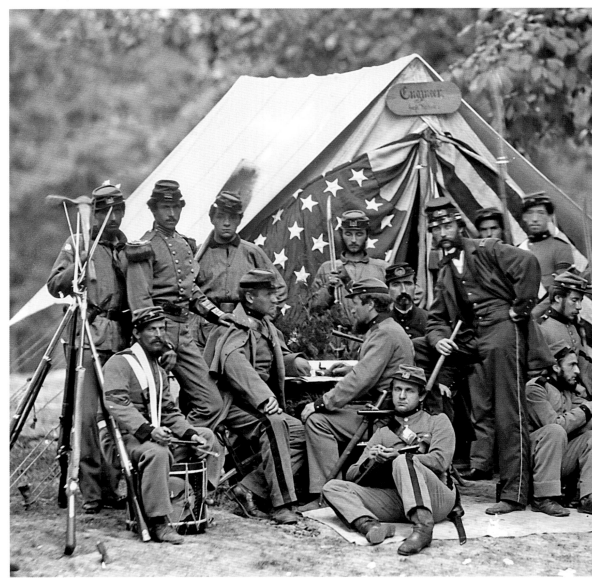

▶ **Soldados en la guerra de Secesión**
Unos Ingenieros de la milicia del estado de Nueva York descansan antes de pasar a la acción contra las fuerzas confederadas.

La guerra civil española

En julio de 1936, los generales Emilio Mola y Francisco Franco encabezaron un alzamiento nacional con el fin de derrocar al gobierno republicano español, elegido de manera democrática. Este alzamiento desencadenó el conflicto más sangriento de Europa occidental desde el fin de la Primera Guerra Mundial. Comenzó en el territorio español en Marruecos y se extendió al sur de España. Sin embargo, Madrid consiguió resistir el ataque de los nacionales.

El punto de inflexión llegó a finales de 1938, cuando las fuerzas de Franco ganaron las batallas de Teruel y del Ebro, y marcharon sobre Barcelona. Entraron en la ciudad en enero de 1939 y a continuación ocuparon toda Cataluña. La guerra terminó cuando Madrid se rindió a los nacionales el 27 de marzo. Franco logró la victoria en parte gracias a la ayuda militar tácita de la Italia fascista y la Alemania nazi.

Nigeria y Biafra

En mayo de 1967, Biafra, un estado del sureste de Nigeria, declaró su independencia tras la matanza de miles de igbos locales por soldados nigerianos. En julio, las fuerzas nigerianas atacaron el estado y estalló la guerra civil. Aunque al principio los biafreños mantuvieron sus posiciones, el ejército nigeriano se introdujo gradualmente en el territorio y logró tomar los campos petrolíferos de los que Biafra dependía económicamente. Sin dinero con el que pagar alimentos

SOLDADOS BIAFREÑOS EN 1968

importados, se estima que la hambruna que siguió mató a entre 500 000 y tres millones de biafreños. La guerra terminó en enero de 1970, cuando el gobierno de Biafra se rindió tras la pérdida de su último enclave.

la Independencia Total de Angola (UNITA), que contaban con el apoyo de Sudáfrica. El FNLA se fue debilitando, pero la UNITA creció y en 1992 controlaba dos tercios del país. Los repetidos intentos de llegar a un acuerdo lograron la paz en 2002.

> «Hay ocasiones en las que **vale más luchar y ser vencido** que **no luchar** en absoluto.»
>
> GEORGE ORWELL, *Homenaje a Cataluña* (1938)

Las guerras civiles yugoslavas

La guerra civil estalló en Yugoslavia, una federación de seis repúblicas, en 1991, después de que Croacia y Eslovenia declararan su independencia. Serbia envió soldados a ambos territorios, y los eslovenos vencieron relativamente pronto; en cambio, Croacia no recuperó el control sobre su territorio hasta 1995. En 1992, Bosnia declaró la independencia; no obstante, los serbobosnios se resistieron y expulsaron a más de un millón de musulmanes y croatas de sus hogares. El conflicto en la región se prolongó hasta 2001.

La guerra civil de Angola

Cuando en 1975 Angola se independizó de Portugal, las tensiones entre tres grupos políticos provocaron una guerra civil que se prolongó hasta 2002. El Movimiento Popular de Liberación de Angola (MPLA), apoyado por Cuba y la URSS, se enfrentaba al Frente Nacional para la Liberación de Angola (FNLA) y a la Unión Nacional para

La guerra civil de Argelia

Argelia había sido gobernada por el Frente de Liberación Nacional (FLN) desde que se independizó de Francia en 1962, pero en 1992 los argelinos votaron por mayoría al Frente Islámico de Salvación (FIS). En vez de aceptar los resultados, el FLN organizó un golpe militar contra el FIS, que huyó a las montañas y lanzó una campaña de guerrillas. Se escindió en varias facciones, algunas de las cuales asesinaron a civiles. Los rebeldes fueron derrotados en 2002.

La guerra civil yemení

En 2021, las protestas provocaron la caída del presidente Alí Abdalá Salé, pero el nuevo régimen tuvo dificultades para mantener el control. En 2014 se intensificaron los enfrentamientos entre el gobierno, dominado por los suníes y apoyado por Arabia Saudí y otros países árabes, y los hutíes, defensores de la minoría musulmana chií de Yemen y apoyados por Irán. La guerra provocó una crisis humanitaria.

CONFLICTOS EN AFGANISTÁN

Tras la retirada soviética de Afganistán en 1988, los rebeldes asumieron el control de la mayor parte del país. En 1992 tomaron Kabul y derrocaron al gobierno laico. Facciones rivales, a menudo definidas por grupos étnicos, se disputaron la supremacía hasta que la milicia islamista talibán llegó al poder en 1996. Después de los atentados terroristas contra EE UU en 2001 (p. 374), el ejército estadounidense invadió el territorio para derrocar a los talibanes.

Lanzamisiles Stinger

SOLDADO AFGANO

La era de los conflictos globales

La guerra de los Siete Años (1756–1763), en la que Francia, España, Austria, Rusia y sus aliados se enfrentaron a Gran Bretaña y a Prusia en su territorio y en las colonias, fue el primer conflicto armado realmente global. Con ella se inauguró una era de guerras en la que grandes alianzas se enfrentaban por el territorio y por el poder. Las guerras napoleónicas (1803–1815) y la guerra franco-prusiana (1870–1871), que acabó con la emergencia de la Alemania unificada como potencia mundial, se libraron en todo el territorio europeo. El recién industrializado Japón también saltó al escenario mundial con su victoria sobre Rusia en la guerra ruso-japonesa de 1904-1905.

La guerra de los Siete Años

El conflicto estalló en 1756 cuando Austria reclamó Silesia a Prusia. Las potencias europeas formaron dos alianzas: Francia, Austria, Sajonia, Suecia y Rusia por un lado, y Prusia, Hannover y Gran Bretaña por el otro. Prusia luchó en el continente, mientras que Gran Bretaña reanudó los ataques a las colonias francesas en América del Norte (que ya había iniciado en la guerra contra los franceses y los indios norteamericanos) y apuntó también a las posesiones coloniales francesas en India y el Caribe. La paz se restauró en 1763.

▼ El triunfo de Japón en el mar

Esta pintura japonesa muestra al almirante Togo diezmando la flota rusa en la batalla de Tsushima en mayo de 1905.

Cronología

La guerra global es una consecuencia relativamente reciente de los avances tecnológicos y armamentísticos, así como de la intensificación de las campañas de expansión colonial. Estos conflictos prepararon el terreno para las dos guerras mundiales del siglo xx.

1750

13 de septiembre de 1759
La batalla de Quebec, durante la guerra de británicos contra franceses e indios, dura una hora.

10 de febrero de 1763 *La paz de París pone fin a la guerra de británicos contra franceses e indios.*

26 de agosto de 1789
Publicación de la Declaración de los derechos del hombre y del ciudadano.

17 de mayo de 1756
Estalla la guerra de los Siete Años en Europa.

15 de febrero de 1763
El tratado de Hubertusburg pone fin a la guerra de los Siete Años.

14 de julio de 1789
Toma de la Bastilla.

22 de septiembre de 1792
Instauración de la Primera República francesa.

Durante la **campaña de Napoleón en Egipto**, un soldado francés descubrió
la **piedra de Rosetta**, un fragmento de una estela del antiguo Egipto.

La guerra franco-india
En América del Norte, el conflicto que enfrentaba a Gran Bretaña y Francia, sus colonos y sus respectivos aliados nativos desde 1754 pasó a formar parte de la guerra de los Siete Años. Tras sufrir varias derrotas, en 1759 Gran Bretaña conquistó el Canadá francés. En 1763, Francia cedió sus territorios en América del Norte.

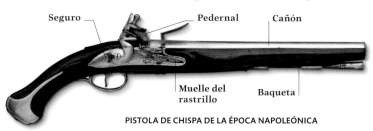

PISTOLA DE CHISPA DE LA ÉPOCA NAPOLEÓNICA

Seguro — Pedernal — Cañón — Muelle del rastrillo — Baqueta

Las guerras revolucionarias francesas
Tras la Revolución francesa (p. 353), Francia entró en guerra cuando Austria y Prusia intervinieron en 1792 para restaurar la monarquía. Ante la inminencia de la derrota, el gobierno francés ordenó un reclutamiento masivo. El nuevo ejército revolucionario expulsó a los invasores y tomó la ofensiva en Italia, donde los éxitos de Napoleón Bonaparte obligaron a Austria a firmar la paz.

Las guerras napoleónicas
El éxito de Napoleón lo convirtió en el líder de Francia cuando Austria, Rusia, Gran Bretaña y el Imperio otomano formaron

otra coalición en 1799. Tras asumir el poder, obligó a abandonar la guerra a Austria y a Rusia. Gran Bretaña también firmó una paz, que se quebró en 1803 cuando los británicos volvieron a declarar la guerra. Napoleón obtuvo victoria tras victoria, firmó la paz con Rusia y logró que Austria y Rusia se convirtieran en aliadas reticentes. En 1809 gobernaba sobre toda Europa continental.

Napoleón a raya
Napoleón renunció a invadir Gran Bretaña y decidió imponer un bloqueo comercial para obligar a los británicos a capitular, pero solo consiguió que Rusia se volviera en su contra de nuevo. Su invasión de Rusia en 1812 terminó con una retirada catastrófica, y Rusia y otros países formaron la Cuarta Coalición contra él. También la financiaba Gran Bretaña, que ya había derrotado a Francia en el mar y que empezó a obtener victorias en tierra en Portugal y en España durante la guerra de la Independencia española (1808–1814).

Los Cien Días y la derrota de Napoleón
En abril de 1814, Napoleón fue obligado a abdicar por las potencias europeas aliadas y exiliado a la isla de Elba, de donde huyó en febrero de 1815. Una vez en Francia, al cabo de un mes había derrocado a la restaurada monarquía borbónica. Los aliados lo declararon proscrito y decidieron poner fin a su gobierno de una vez por todas. Tras su derrota en Waterloo en junio de 1815, Napoleón abdicó de nuevo. Esta vez lo exiliaron a la remota isla de Santa Elena, en el Atlántico Sur, donde murió en 1821, posiblemente por las malas condiciones de vida, de cáncer o envenenado.

La guerra franco-prusiana
El conflicto de 1870–1871 entre Prusia y sus aliados de la Confederación Alemana del Norte por un lado y Francia por el otro fue el último eslabón de la forja de una nueva Alemania unificada. Una intriga diplomática urdida por el primer ministro prusiano, Otto von Bismarck, provocó que Napoleón III declarara la guerra a Prusia, lo que llevó a que los estados del sur de Alemania se aliaran con la Confederación, que obtuvo una rápida victoria. El nuevo Imperio alemán se proclamó en Versalles en 1871, unos días antes de que empezaran las negociaciones de paz con Francia.

La guerra hispano-estadounidense
Provocada por el inexplicado hundimiento del acorazado estadounidense *Maine* en el puerto de La Habana (Cuba), la guerra hispano-estadounidense fue muy breve. La lucha empezó en mayo de 1898 en Filipinas, y en junio, los estadounidenses desembarcaban en Cuba. Por el tratado de París, que puso fin a la guerra en diciembre de ese año, España renunció a Cuba, cedió a EE UU Guam y Puerto Rico, y le vendió Filipinas por 20 millones de dólares. Fue el final del Imperio español.

REGIMIENTO AFROAMERICANO DE EE UU

CARICATURA DEL KÁISER GUILLERMO I

Pickelhaube, *casco alemán de origen prusiano, exagerado*

Sable de caballería

La guerra ruso-japonesa
Las tensiones entre Rusia y Japón por los territorios que se disputaban en Manchuria y Corea culminaron en la guerra que estalló en febrero de 1904, cuando Japón atacó por sorpresa Port Arthur. En tierra, los japoneses tomaron Port Arthur y derrotaron a los rusos en el río Yalu y en Mukden; en el mar obtuvieron una victoria decisiva en Tsushima. En la paz que siguió y en el resultante tratado de Portsmouth (1905), Rusia accedió a evacuar Manchuria y cedió a Japón Port Arthur y Corea.

Guerra de guerrillas
Las fuerzas armadas irregulares, o guerrillas, han participado en guerras a lo largo de toda la historia. Desempeñaron un papel clave en la guerra de los Siete Años, cuando los irregulares croatas, húngaros y serbios acosaron a los prusianos de Federico el Grande en Bohemia y Moravia. Durante las guerras napoleónicas, el ejército francés invasor tuvo que enfrentarse a los guerrilleros españoles durante la guerra de la Independencia española y a los ataques de grupos de campesinos y de cosacos durante su larga retirada de las ruinas de Moscú.

> «Nada, excepto una **derrota**, puede ser tan triste como una **victoria**.»
>
> DUQUE DE WELLINGTON, comandante británico, carta después de Waterloo (1815)

---

18 de mayo de 1804 *Napoleón Bonaparte se corona a sí mismo emperador de los franceses.*

19 de julio de 1870 *Estalla la guerra franco-prusiana.*

10 de mayo de 1871 *El tratado de Fráncfort pone fin a la guerra franco-prusiana.*

10 de diciembre de 1898 *Un tratado pone fin a la guerra hispano-estadounidense.*

1910

18 de junio de 1815 *La batalla de Waterloo marca la derrota definitiva de Napoleón, que será condenado al exilio.*

18 de enero de 1871 *Guillermo I funda el Imperio alemán.*

20 de abril de 1898 *Estalla la guerra hispano-estadounidense en Cuba.*

8 de febrero de 1904 *Comienza la batalla de Port Arthur.*

27-28 de mayo de 1905 *Batalla de Tsushima.*

Véase también La lucha por la independencia pp. 368–369 ▶

❯❯ La era de los conflictos globales (continuación)

La Primera Guerra Mundial, que debía resolverse en unos meses, se convirtió en una guerra de trincheras que duró cuatro años. Las nuevas armas, como las ametralladoras y los gases tóxicos, segaron millones de vidas. La Segunda Guerra Mundial fue aún más destructiva. EE UU y la URSS salieron de ella convertidos en las potencias mundiales dominantes y mantuvieron un conflicto ideológico durante décadas, hasta que la caída del comunismo en Europa y en la URSS dejó a EE UU como la superpotencia militar sin rival.

Estalla la Primera Guerra Mundial

A principios del siglo XX se forjaron nuevas alianzas en Europa. Francia y Rusia se aliaron en secreto para ejercer de contrapeso de la Triple Alianza entre Alemania, Austria-Hungría e Italia. En 1904, Gran Bretaña acordó la *Entente cordiale* con Francia y, tres años después, Rusia se alió con Francia. Tras el asesinato del archiduque Francisco Fernando de Austria por un nacionalista serbio en 1914, Viena declaró la guerra a Serbia. Alemania apoyó a Austria-Hungría, Rusia apoyó a Serbia, y Francia respaldó a Rusia. Cuando Alemania violó la neutralidad de Bélgica, Gran Bretaña le declaró la guerra el 4 de agosto de 1914. Italia se sumó a la *Entente* en 1915.

La batalla del Somme

Al cabo de unos meses, las tropas vivían en trincheras en Bélgica y Francia. El combate también llegó a Prusia, los Balcanes, Italia, Egipto y más lejos. La batalla del Somme, entre el 1 de julio y el 18 de noviembre de 1916, fue una de las más duras de la guerra. Los comandantes aliados querían dar un «gran empujón» para salir del punto muerto, pero lo convirtieron en una guerra de desgaste con un coste terrible para ambos bandos. Los británicos avanzaron un total de 11 km, y el primer día de la batalla murieron 19 240 soldados. Una campaña en Passchendaele, en 1917, provocó pérdidas similares.

Las últimas ofensivas y la paz

EE UU se unió a los Aliados en 1917. En marzo de 1918, Alemania lanzó varias ofensivas a gran escala para aprovechar su superioridad numérica antes de que los estadounidenses pudieran desplegarse.

Estrella de 1914

Medalla de Guerra Británica, concedida a soldados

Medalla de la Victoria Aliada

MEDALLAS DE LA PRIMERA GUERRA MUNDIAL

Obtuvo victorias abrumadoras, pero las contraofensivas aliadas en la segunda batalla del Marne el 18 de julio y en Amiens el 8 de agosto obligaron a los agotados alemanes a retirarse. La derrota coincidió con una revolución en Alemania, y los delegados del nuevo gobierno alemán firmaron un armisticio el 11 de noviembre.

Estalla la Segunda Guerra Mundial

Decidido a convertir a Alemania en la potencia europea dominante, Adolf Hitler, líder del partido nazi, reinstauró el servicio militar, creó la Luftwaffe (fuerza aérea) y reunió un ejército colosal. El Tercer Reich emprendió una campaña de ataques breves, rápidos y potentes llamada *Blitzkrieg* (guerra relámpago) para hacer realidad sus ambiciones. La táctica tuvo éxito cuando Alemania invadió Polonia en 1939 y provocó el inicio de la Segunda Guerra Mundial. A partir de 1940, Dinamarca, Noruega, Países Bajos, Francia, Grecia y Yugoslavia fueron objetivos de la *Blitzkrieg*.

La batalla de Inglaterra

La URSS, Francia y Gran Bretaña se aliaron contra Alemania, que ocupó Francia en junio de 1940. Gran Bretaña rechazó las propuestas de paz de Hitler, y el alto mando alemán empezó a planear su invasión. Los ataques aéreos alemanes comenzaron en julio contra objetivos en la costa y barcos mercantes. A partir del 13 de agosto, el ataque avanzó hacia el interior y se concentró en los campos de aviación de la Royal Air Force (RAF) y en los centros de comunicaciones hasta que Hermann Goering, el comandante de la Luftwaffe, decidió atacar Londres en septiembre. La RAF sufrió bajo la presión, pero no se rompió. El 17 de septiembre, la fecha límite impuesta por Goering, era evidente que Alemania no lograría la superioridad aérea, y los planes de invasión se abandonaron.

La Operación Barbarroja

La invasión alemana de la URSS el 22 de junio de 1941 cogió a los soviéticos por sorpresa. A mediados de julio, los alemanes habían avanzado más de 640 km y se hallaban a solo 320 km de Moscú. Sin embargo, perdieron semanas discutiendo sobre qué dirección tomar a continuación y cuando reanudaron el avance ya era demasiado tarde. El 5 de diciembre, el contraataque soviético obligó a los alemanes a retirarse y retroceder 240 km. Las tropas alemanas tuvieron que detener su avance hasta la primavera siguiente.

BOMBARDERO ALEMÁN HEINKEL HE111

El desembarco de Normandía

EE UU se había incorporado a la guerra tras el ataque de Japón a su flota del Pacífico en Pearl Harbor en diciembre de 1941. El 6 de junio de 1944, los Aliados lanzaron un colosal asalto por tierra, mar y aire a la Francia ocupada por los nazis. Esto marcó el inicio del último esfuerzo para liberar el noroeste de Europa del dominio nazi. Aunque Alemania esperaba la invasión, la elección de los puntos de desembarco fue una sorpresa. Al final del día, los Aliados habían consolidado su presencia en la costa, aunque tardaron casi tres meses en salir de las cabezas de playa y empezar a adentrarse en Francia.

LOS PRIMEROS TANQUES

Diseñados para pasar sobre alambradas de espino y trincheras, los tanques fueron un invento británico. Debutaron en la ofensiva del Somme de 1916, pero no fueron clave hasta que 460 Mark IV cruzaron las líneas alemanas en Cambrai el otoño siguiente. Aunque los primeros eran toscos y poco fiables, su uso se ha generalizado en la guerra terrestre moderna.

La fajina se soltaba sobre las trincheras para ayudar al tanque a cruzarlas

TANQUE MARK IV

Uno de los dos cañones de seis libras

1910

Septiembre de 1914 *Francia detiene el avance de Alemania en la primera batalla del Marne.*

28 de junio de 1919 *Firma del tratado de paz de Versalles.*

31 de octubre de 1940 *Fin de la batalla de Inglaterra.*

7 de diciembre de 1941 *Japón ataca Pearl Harbor.*

8 de mayo de 1945 *Alemania se rinde.*

25 de junio de 1950 *Corea del Norte invade Corea del Sur y comienza la guerra de Corea.*

11 de noviembre de 1918 *Firma del armisticio de la Primera Guerra Mundial.*

Marzo de 1933 *El partido nazi de Adolf Hitler asciende al poder en Alemania.*

1 de septiembre de 1939 *Estalla la Segunda Guerra Mundial.*

6 de junio 1944 *Comienza el desembarco de Normandía.*

2 de septiembre de 1945 *Japón se rinde después de ser atacado con bombas atómicas.*

La derrota de Alemania

En diciembre de 1944, con los Aliados a punto de entrar en Alemania, Hitler lanzó una contraofensiva en las Ardenas (Francia). El mal tiempo había obligado a las fuerzas aéreas aliadas a permanecer en tierra, pero el avance alemán se tornó en retirada total cuando el tiempo mejoró. Los Aliados cruzaron el Rin en marzo de 1945, el Frente Oriental se hundió ante una gran ofensiva soviética a principios de 1945, y Berlín cayó ante los soviéticos el 2 de mayo. Alemania se rindió de forma oficial el 8 de mayo.

La guerra en el Pacífico

En diciembre de 1941, Japón lanzó ataques en el Sureste Asiático y contra la flota estadounidense del Pacífico en Pearl Harbor. Hong Kong, Malasia y Singapur cayeron, seguidos de las Indias Orientales Neerlandesas, Filipinas y Birmania, pero una victoria naval estadounidense en Midway en junio de 1942 puso fin a la expansión japonesa. La toma de Iwo Jima y Okinawa en 1945 proporcionó a EE UU bases aéreas desde las que lanzar bombardeos que culminaron con el lanzamiento de bombas atómicas sobre Hiroshima y Nagasaki el 6 y el 9 de agosto. La rendición de Japón el 2 de septiembre puso fin a la guerra.

La Guerra Fría: Corea y Vietnam

El primer conflicto bélico entre el oeste capitalista y el este comunista después de la Segunda Guerra Mundial estalló en el Sureste Asiático. En junio de 1950, la Corea del Norte comunista invadió la del Sur, respaldada por EE UU y la ONU. Las fuerzas de la ONU se vieron obligadas a retirarse hacia el sur cuando intervinieron soldados de la China comunista. La guerra terminó en tablas en julio de 1953.

La guerra de Vietnam fue una larga guerra de guerrillas entre el norte comunista y el sur apoyado por EE UU. Las fuerzas estadounidenses y de Vietnam del Sur tuvieron dificultades para enfrentarse al bien organizado Vietcong comunista, y EE UU se retiró en 1973. El sur cayó ante las fuerzas comunistas en 1975.

Guerras en Oriente Medio y Próximo

Estas regiones han sido el escenario de numerosos conflictos desde el fin de la Segunda Guerra Mundial, algunos con la intervención declarada o encubierta de potencias extranjeras. Tras su fundación en 1948, Israel luchó para sobrevivir y entró en guerra con sus vecinos árabes en 1948, 1956, 1967 y 1973. En el golfo Pérsico se han librado tres grandes

▲ Guerra del Golfo

Aviones estadounidenses y saudíes patrullan el cielo sobre Kuwait mientras las fuerzas de tierra avanzan hacia la capital. Las columnas de humo proceden de campos de petróleo que los iraquíes han incendiado durante su retirada.

guerras, la más larga de las cuales fue la de Irán contra Irak entre 1980 y 1988. En 1990, el dictador iraquí Saddam Hussein invadió Kuwait para hacerse con su petróleo y provocó la guerra del Golfo, en la que una coalición liderada por EE UU expulsó a los iraquíes. Una segunda guerra derrocó a Hussein. En 2011 estalló en Siria una guerra civil entre el gobierno y facciones rebeldes.

---

27 de julio de 1953 *Firma del armisticio de Corea, que pone fin a la guerra.*

22 de septiembre de 1980 *Irak invade Irán y comienza la guerra.*

20 de agosto de 1988 *Las negociaciones de paz ponen fin a la guerra entre Irán e Irak.*

11 de septiembre de 2001 *Cuatro atentados terroristas contra EE UU.*

18 de diciembre de 2011 *Las fuerzas estadounidenses se retiran de Irak.*

2015

8 de marzo de 1965 *Los soldados estadounidenses desembarcan en Vietnam del Sur.*

30 de abril de 1975 *La caída de Saigón marca el fin de la guerra de Vietnam.*

2 de agosto de 1990 *Estalla la guerra del Golfo.*

28 de febrero de 1991 *Un alto el fuego pone fin a la guerra del Golfo.*

20 de marzo de 2003 *Estalla la guerra de Irak.*

La lucha contra la enfermedad

Hasta el siglo XIX, los médicos no disponían de medios para combatir las enfermedades infecciosas aparte de intentar mantener al paciente cómodo y aislado. Luego, avances como la comprensión de cómo los gérmenes transmiten las enfermedades, la inmunización mediante vacunas y el tratamiento con antibióticos, eliminaron la amenaza de infecciones que mataban a millones de personas. Los avances de los procedimientos médicos, sobre todo la anestesia y la antisepsia, también ayudaron a salvar la vida a muchos pacientes.

Malthus y el maltusianismo

En su *Ensayo sobre el principio de la población* (1798), Thomas Malthus planteó que la producción de alimentos aumenta en progresión aritmética, mientras que la población lo hace en progresión geométrica, por lo que la escasez de alimentos es inevitable. Los maltusianos sugerían que la combinación de guerras, hambrunas y enfermedades ayudaba a mantener el equilibrio entre los alimentos disponibles y la población, y que la única manera de evitar la escasez de alimentos era adoptar medidas como el control de la natalidad.

Las epidemias de cólera

El cólera, una enfermedad intestinal que causa diarreas y vómitos tan graves que son mortales, se propagó a partir de 1817 desde India al resto del mundo en una serie de epidemias que causaron cientos de miles de muertes. En 1854, John Snow concluyó que se transmitía por el agua al detectar una concentración de casos alrededor de una bomba de agua de Londres. El descubrimiento de la bacteria del cólera por el alemán Robert Koch en 1883 contribuyó a reforzar medidas como la construcción de sistemas de alcantarillado modernos para contener la enfermedad. Aun así, los brotes de cólera se repitieron, y el séptimo y más reciente comenzó en 1961.

◀ **Louis Pasteur**

El «padre de la microbiología» examina la médula espinal de un conejo infectado de rabia. En 1885 desarrolló una vacuna contra el virus causante de esta enfermedad.

Pasteur y la teoría microbiana

Antes de mediados del siglo XIX, las teorías más habituales sobre la propagación de las enfermedades eran que las causaban «gérmenes», animales diminutos (microbios) que aparecían espontáneamente o en los miasmas (vapores nocivos presentes en el aire). En 1861, Louis Pasteur observó que si separaba los gérmenes de un gel nutriente, en este no crecía moho aunque estuviera en contacto con el aire, lo cual refutaba la teoría de los miasmas. Concluyó que los transmisores de las enfermedades eran los gérmenes, una teoría que acabó consolidándose. En 1876, Robert Koch descubrió la bacteria causante del carbunco: fue la primera vez que se asociaba un microorganismo específico a una enfermedad concreta. Cinco años después, Pasteur hizo una demostración pública de su vacuna contra el carbunco. Koch prosiguió su propia investigación e identificó las bacterias de la tuberculosis (en 1882) y del cólera.

ALCANTARILLADO DE LONDRES (1859)

Antisépticos e higiene

Desde Hipócrates, en el siglo IV a. C., se sabía que las heridas empeoraban si no se mantenían limpias. En 1865, Joseph Lister descubrió que aplicar ácido carbólico (fenol) a una fractura abierta impedía que se infectara. Cuatro años después desarrolló un espray antiséptico que redujo las muertes durante las intervenciones quirúrgicas y permitió realizar operaciones más complejas. En la década de 1870, el cirujano escocés William Macewen empezó a esterilizar el instrumental quirúrgico con vapor.

Esponjas empapadas en éter en un tarro de vidrio — *Una válvula controla el flujo del éter por el tubo de goma*

El paciente inhala el éter a través de la máscara

PRIMITIVO INHALADOR DE ÉTER ANESTÉSICO (1847-1848)

Anestesia

Los primeros cirujanos apenas podían hacer nada para aliviar el dolor de los pacientes. En 1846, William Morton usó un pañuelo impregnado en éter para reducir el dolor durante una extracción dental. Luego refinó el procedimiento y diseñó una máscara para administrarlo. El dispositivo pronto se utilizó en intervenciones más complejas, como las amputaciones. En la década de 1850, el éter fue sustituido por el cloroformo, un gas de acción más rápida.

La sanidad pública

El aumento de la población urbana durante la revolución industrial puso en evidencia la necesidad de programas de salud pública centralizados. En Reino Unido, Edwin Chadwick impulsó la notificación obligatoria de enfermedades infecciosas en 1889. En EE UU, la médica Sara Josephine Baker lanzó en 1907 una campaña para enseñar prácticas de higiene básica a las familias pobres que redujo a la mitad la mortalidad infantil en Nueva York.

La penicilina y los antibióticos

Incluso después de que Pasteur y Koch hubieran descubierto el papel de las bacterias en la transmisión de las enfermedades, los médicos contaban con pocas herramientas para tratarlas. En 1928, Alexander Fleming dejó por accidente un cultivo de bacterias expuesto durante semanas y descubrió que el moho había retrasado la proliferación bacteriana. La sustancia antibacteriana producida por este moho se llamó «penicilina», el primer antibiótico. En la década de 1940, Edward Florey y Ernst Chain, de la Universidad de Oxford, diseñaron un procedimiento para producirla en masa, y los antibióticos se convirtieron en un tratamiento rutinario para enfermedades hasta entonces incurables.

La vacuna

En 1776, Edward Jenner descubrió que si inyectaba a pacientes un material infectado con viruela bovina adquirían inmunidad contra la viruela humana. Años después, Pasteur desarrolló vacunas contra el cólera aviar (1879), el carbunco (1881) y la rabia (1885). El desarrollo de una vacuna contra la poliomielitis en 1955 en EE UU contribuyó a controlar un virus que dejaba paralíticos a decenas de miles de niños cada año, y una serie de programas de vacunación internacional logró erradicarla en todo el mundo a excepción de unos pocos países. En 1980 se confirmó oficialmente la erradicación total de la viruela.

CARTEL ITALIANO PROVACUNACIÓN (1962)

LA ENFERMERÍA MODERNA

Convencida de la necesidad de profesionalizar la enfermería a raíz de su experiencia en los hospitales militares durante la guerra de Crimea de 1854-1856, la británica Florence Nightingale fundó en 1860 una escuela para la formación de enfermeras en el hospital Saint Thomas de Londres. En EE UU, otra enfermera, Clara Barton, introdujo reformas similares y fue nombrada superintendente de enfermería del ejército de la Unión durante la guerra de Secesión.

CARTEL DE RECLUTAMIENTO DE ENFERMERAS (PRIMERA GUERRA MUNDIAL)

> «Parece sorprendente tener que enunciar que **la primera obligación** de un **hospital** es **no causar daño a los enfermos.**»
>
> FLORENCE NIGHTINGALE, *Notes on Hospitals* (1863)

◀ **Véase también Bacterias y virus** pp. 218-219   ◀ **Contagio y control de la enfermedad** pp. 254-255   ◀ **Avances médicos** pp. 260-261 ▶   **365**

Autodeterminación y derechos civiles

La autodeterminación es el derecho de los pueblos a determinar su destino, reconocido por la ONU en el Artículo 1 de la Carta de las Naciones Unidas de 1945 y en el Pacto Internacional de Derechos Civiles y Políticos de 1996, que afirma: «Todos los pueblos tienen el derecho de libre determinación. [...] establecen libremente su condición política y proveen asimismo a su desarrollo económico, social y cultural». Los derechos civiles garantizan la igualdad de todas las personas ante la ley, independientemente de la raza, el sexo, la religión o cualquier otro rasgo individual.

La independencia latinoamericana

Entre 1791 y 1826, las colonias francesas, españolas y portuguesas de América Latina (menos Cuba y Puerto Rico) se convirtieron en naciones independientes después de tres siglos de gobierno imperial. Haití se liberó del dominio francés en 1804, y los conflictos que siguieron convirtieron en repúblicas a las colonias españolas desde Argentina hasta México. Brasil se independizó de Portugal en 1826.

La guerra de Independencia griega

La guerra comenzó oficialmente el 25 de marzo de 1821, cuando los revolucionarios de la península del Peloponeso e islas próximas instigaron revueltas contra las fuerzas del Imperio otomano. Grecia declaró su independencia en enero de 1822; sin embargo, los combates y la negociación se prolongaron hasta la firma del tratado de Constantinopla en 1832.

La cuestión irlandesa

Con este nombre se aludía al nacionalismo irlandés cuando Irlanda pasó a formar parte del RU en 1801. Tras la guerra anglo-irlandesa de 1919–1921, seis condados mayoritariamente protestantes del noroeste de la isla se convirtieron en Irlanda del Norte, bajo soberanía británica, mientras que los otros 26 condados católicos se convirtieron en la República de Irlanda en 1937.

El verde y el naranja proceden de la bandera irlandesa

Año en el dorso

MEDALLA CONMEMORATIVA DEL ALZAMIENTO DE LOS REPUBLICANOS IRLANDESES (1916)

Estados nuevos

La Primera Guerra Mundial redefinió las fronteras europeas. Territorios controlados por las antiguas Rusia, Austria-Hungría y Alemania se convirtieron en Austria, Hungría, Checoslovaquia y Yugoslavia; Polonia recuperó la independencia, y se crearon Finlandia, Estonia, Letonia, Lituania y la Gran Rumanía. El antiguo Imperio otomano solo conservó Turquía.

El sufragio femenino en Europa y EE UU

Votar en las elecciones nacionales había sido un privilegio masculino y, por lo general, dependiente de la propiedad de tierras. Durante la década de 1800, las británicas y estadounidenses lucharon para conseguir el derecho a votar. La mayoría de las británicas mayores de 30 años lo consiguieron en 1918, y en 1920 les siguieron las estadounidenses.

Ta moko *(tatuaje facial)*

El tewhatewha (hacha de combate) decorada con un paua (abulón) indica su estatus

«Si no **aprendemos a vivir juntos** como hermanos, pereceremos juntos como necios.» MARTIN LUTHER KING JR. (1964)

JEFE MAORÍ TAMATI WAKA NENE

Derechos de los pueblos nativos
Las luchas por los derechos humanos que los colonos habían arrebatado a los pueblos nativos lograron que Nueva Zelanda, EE UU y Canadá reconocieran los derechos de estos a algunas tierras y recursos entre finales del siglo XVIII y finales del XIX. La lucha por el reconocimiento constitucional de la población aborigen de Australia aún no ha concluido.

Defensa de los derechos civiles en EE UU
Muchos esclavos siguieron oprimidos pese a la libertad conseguida tras la guerra de Secesión. Un movimiento masivo de manifestaciones, boicots y actos de desobediencia civil que empezó en el sur en la década de 1950 consiguió que entre 1964 y 1968 se prohibieran la segregación y la discriminación racial en aspectos como la educación o la vivienda.

Dictadores y derechos civiles: Uganda
Una vez que se hacen con el poder, los dictadores suprimen rápidamente derechos humanos como la libertad de expresión o de religión. Idi Amin ascendió progresivamente en el ejército de Uganda hasta que en 1971 derrocó a Milton Obote y se proclamó presidente. Durante sus ocho años de gobierno ordenó ejecutar a unas 300 000 personas.

La Primavera Árabe
En enero de 2010 y durante la primavera de 2011 se sucedieron los alzamientos en países musulmanes de África y Oriente medio, como Marruecos, Siria, Túnez, Libia, Egipto y Bahréin, contra la opresión y la violación de los derechos humanos por sus respectivos gobiernos. Aunque no todos tuvieron éxito, se produjeron cambios de régimen en Túnez, Libia y Egipto. Mohamed Bouazizi, un vendedor ambulante tunecino que se inmoló para protestar por el acoso al que lo sometía la policía local, fue el catalizador de lo que se conoció como Primavera Árabe.

▼ Los derechos de las mujeres
Unas integrantes de la recién creada Women's Freedom League se manifiestan contra las leyes británicas «hechas por los hombres» en las calles de Londres en 1907.

MARTIN LUTHER KING JR.
Tras doctorarse en teología en Boston (EE UU), King (1929–1968) regresó al sur para trabajar en el movimiento en defensa de los derechos civiles. Premiado con el Nobel de la Paz y célebre por sus discursos elocuentes y sus protestas no violentas, fue asesinado en 1968.

La lucha por la independencia

A principios del siglo XX, unos pocos países (casi todos del norte de Europa) gobernaban sobre la mayor parte de África y Asia. Durante la primera mitad del siglo surgieron organizaciones que se convirtieron en movimientos de masas que exigían la independencia de las colonias. Algunos de estos movimientos recurrieron a métodos pacíficos y otros se decantaron por la lucha violenta. En 1980 se habían creado casi 80 países independientes.

Pioneros norteamericanos
Los primeros alzamientos exitosos contra las potencias coloniales tuvieron lugar en América del Norte, donde las 13 colonias británicas se liberaron del control de la metrópoli en 1776 y crearon los Estados Unidos de América. Las ideas inspiradas en la Revolución francesa de 1789 alentaron la revolución de Haití en 1791, mientras que el dominio español y portugués sobre América del Sur llegó a su fin entre 1809 y 1833. A principios del siglo XX también se consolidaron en Asia y África organizaciones que exigían el autogobierno o la independencia.

India y Pakistán
Inspirado por el carismático Mahatma Gandhi, el Congreso Nacional Indio lanzó en 1915 una campaña nacional de desobediencia civil no violenta contra el gobierno británico. El Congreso era fundamentalmente hindú y exigía una sola India independiente, mientras que la Liga Musulmana pedía un estado musulmán separado: Pakistán. India y Pakistán lograron la independencia en 1947. La violencia que siguió hizo que más de 10 millones de hindúes, sijs y musulmanes huyeran a través de las nuevas fronteras. Murieron al menos un millón de ellos.

◄ **La libertad argelina**
Una multitud jubilosa celebra en las calles de Argel la independencia del país en julio de 1962.

MAHATMA GANDHI
Mohandas Gandhi (1869-1948), conocido como Mahatma («Alma Grande»), fue el líder más inspirador del Congreso Nacional Indio. Los movimientos pacíficos que Gandhi preconizó hicieron de él una figura internacional. Durante la Segunda Guerra Mundial, su exigencia de que Reino Unido abandonara India llevó a las negociaciones que condujeron a la independencia. Sin embargo, fracasó en su intento de reconciliar todas las religiones y fue asesinado en 1948.

Israel y Palestina
Reino Unido tuvo dificultades para cumplir las promesas que había hecho tanto a árabes como a judíos: había apoyado a los nacionalistas árabes durante la Primera Guerra Mundial y en 1917 respaldó la fundación de una nación judía en Palestina. En 1936, los árabes de Palestina se alzaron en una revuelta que duró tres años para protestar contra el gobierno británico y por la llegada de judíos que huían de Europa. Después de la Segunda Guerra Mundial llegaron a Palestina muchos judíos más, que organizaron una guerra de guerrillas contra los británicos. En 1948 se creó el Estado de Israel, y unos 250 000 palestinos se vieron obligados a abandonar su país natal.

La independencia de Kenia
El descontento con el gobierno británico en Kenia culminó en 1952, cuando los Mau Mau empezaron a atacar propiedades de los colonos blancos, así como a keniatas leales a Reino Unido. La represión británica provocó más de 10 000 muertos entre los Mau Mau y el encarcelamiento de otros 20 000. El alzamiento y su represión avivaron el deseo de independencia, que se hizo realidad en 1963.

La guerra de Argelia
La oposición al gobierno francés en Argelia explotó tras la Segunda Guerra Mundial, cuando los argelinos árabes exigieron los mismos derechos que los argelinos franceses. En 1954, el Frente de Liberación Nacional (FLN) lideró un alzamiento al que siguió una sangrienta guerra por la independencia. Los franceses reprimieron con dureza a los rebeldes, y ambos bandos sufrieron miles de muertos. El presidente francés Charles de Gaulle negoció la independencia con el FLN en 1962, y un millón de colonos franceses huyeron de Argelia.

Ho Chi Minh, victorioso líder del Viet Minh

PROPAGANDA DEL VIETMINH

Conflictos en el Sureste Asiático
En la Indochina francesa, la creciente oposición al gobierno colonial a principios del siglo XX culminó en un motín militar fallido en 1930. Entonces, los nacionalistas vietnamitas liderados por Ho Chi Minh se inspiraron en el comunismo. Tras la derrota de Japón en 1945, Francia no logró recuperar el control de Indochina y se enfrentó a los nacionalistas vietnamitas durante ocho años antes de admitir la derrota en Dien Bien Phu, en 1954 (p. 363).

África Occidental Francesa
La transición a la independencia de las colonias francesas en África occidental fue relativamente fácil, en parte gracias a las cuidadosas negociaciones entre la élite gobernante francesa y los líderes políticos africanos. En 1958 lograron el autogobierno interno, y dos años después, la independencia plena.

El año de las independencias
En 1960, un «viento de cambio», según el primer ministro británico Harold MacMillan, recorrió África. Diecisiete naciones del África subsahariana, incluidas 14 colonias francesas, se independizaron de los gobiernos europeos.

Sudáfrica y el *apartheid*
En 1948, el gobierno de Sudáfrica, liderado por el Partido Nacional, introdujo una política de *apartheid* que impuso con violencia la segregación racial y el gobierno de la minoría blanca. Los grupos de la oposición, como el Congreso Nacional Africano (CNA), organizaron un movimiento de resistencia, pero con escaso éxito. En 1960, El CNA y el Congreso Panafricano (PAC) fueron ilegalizados, y sus líderes, encarcelados. El CNA siguió operando desde la clandestinidad y lanzó ataques de guerrilla contra objetivos asociados al *apartheid*. A finales de la década de 1980, las sanciones internacionales y las protestas continuadas habían debilitado al régimen. En 1990 se volvió a legalizar el CNA, que en 1994 ganó las primeras elecciones libres, y Nelson Mandela fue nombrado presidente.

> «La idea de que el **Imperio británico** pudiera terminar era **inconcebible**.»
>
> DORIS LESSING, escritora británica-zimbabuense, sobre su infancia colonial antes de la guerra (2003)

TEMORES DURANTE LA GUERRA FRÍA
Aunque EE UU simpatizó al principio con la causa anticolonialista, el temor a que los nuevos países se volvieran comunistas lo llevó a apoyar a Vietnam del Sur contra la invasión comunista del Norte (p. 363). Justificó sus intervenciones con la teoría del «efecto dominó» y consideraba a Cuba una puerta por la que el comunismo podía propagarse por América Latina y el Caribe (p. 353).

Globalización y crecimiento económico

En el siglo XX, dos guerras mundiales y una depresión desbarataron las relaciones comerciales internacionales y costaron millones de vidas, lo que frenó la expansión económica. A pesar de sus trágicas secuelas, la guerra también propició la creación de nuevas tecnologías que, una vez adaptadas a la vida civil, se unieron a las nuevas y sofisticadas redes de comunicación y permitieron que el comercio prosperara y preparara el terreno para la economía global actual.

La recuperación de posguerra

Tras la Segunda Guerra Mundial, el comercio representaba el 5 % del producto interior bruto (PIB) mundial, el porcentaje más bajo desde hacía un siglo. No obstante, EE UU, que había escapado a la destrucción y disponía de vastos recursos naturales, emergió como la nueva superpotencia económica. Los automóviles y los aviones que habían transportado armas durante la guerra empezaron a transportar mercancías, y el comercio mundial prosperó, al principio controlado por EE UU y Europa en el oeste, y por la URSS en el este.

El Fondo Monetario Internacional (FMI), fundado en 1945, instauró un sistema de divisas que facilitaba las transacciones entre los estados miembros. Una de las claves de la política de EE UU era promover la estabilidad internacional mediante el crecimiento económico. A mediados de la década de 1950, varias corporaciones estadounidenses tenían ya fábricas en el extranjero, y las empresas multinacionales empezaron a proliferar, creando nuevos mercados que les daban acceso a mano de obra barata.

CARTEL DE LA CRISIS DEL PETRÓLEO

Sorry... NO GAS

Las gasolineras de EE UU tuvieron que usar carteles como este al no poder servir a los conductores

La crisis del petróleo

Las economías industriales dependen del petróleo, y cualquier cambio súbito de su distribución puede desestabilizarlas. En 1973, como represalia por el apoyo de Occidente a Israel en las guerras árabe-israelíes (p. 363), los miembros árabes de la Organización de Países Exportadores de Petróleo (OPEP) cuadriplicaron el precio del crudo y prohibieron su venta a EE UU, Japón y Europa occidental, con lo que provocaron una recesión durante la década de 1970. La Revolución iraní de 1979 redujo la producción de petróleo, y los precios volvieron a aumentar.

Los tigres asiáticos

Entre 1950 y 1970, Hong Kong, Singapur, Corea del Sur y Taiwán mantuvieron un alto nivel de crecimiento gracias a una industrialización rápida y al comercio de exportación. Los llamados «tigres asiáticos» se han especializado en áreas concretas: Hong Kong y Singapur son centros financieros globales, y Corea del Sur y Taiwán lideran la producción y exportación de componentes de automoción y electrónicos, además de tecnología de la información. Han mantenido la estabilidad durante las crisis financieras y crediticias, y figuran en las listas del FMI de las 39 economías más avanzadas.

La crisis financiera global

Entre 2007 y 2009, una crisis financiera arrasó los mercados mundiales, en parte como consecuencia de la adopción de riesgos excesivos en la que había sido una economía estadounidense en expansión, cuando los bancos concedieron hipotecas próximas, e incluso superiores, al valor de las viviendas hipotecadas. Los bancos se endeudaron en exceso (a menudo con bancos e inversores extranjeros) para financiar los préstamos que concedían. En 2006, el precio de la vivienda en EE UU se desplomó, miles de prestatarios dejaron de pagar, los bancos sufrieron grandes pérdidas y las bolsas de todo el mundo se sumieron en el pánico cuando empresas de servicios financieros, como Lehman Brothers, quebraron.

Los BRICS

BRIC es el acrónimo con el que el banco de inversiones Goldman Sachs se refiere a Brasil, Rusia, India y China, cuatro países que crecen con gran rapidez y que, según el banco, en 2050 serán los principales proveedores de materias primas, servicios y bienes manufacturados. En 2010, Sudáfrica se convirtió en la quinta de estas economías emergentes, y el acrónimo pasó a ser BRICS. La predicción de crecimiento de los BRICS se basa en sus bajos costes de mano de obra y producción en relación con las economías occidentales. En 1990, los BRIC originales representaban el 11 % del PIB mundial; en 2014, la cifra había ascendido a casi el 30 %.

HISTORIA

Nuevas industrias globales

La inteligencia artificial (IA) surgió como campo de estudio en 1956, pero la creación de máquinas capaces de imitar la inteligencia humana avanzó lentamente. Se detuvo en varias ocasiones hasta finales de la década de 1990, cuando el ordenador Deep Blue de IBM derrotó al campeón de ajedrez Garry Kaspárov. En la actualidad, el aprendizaje automatizado es intrínseco a

ROBOT DE MONTAJE

muchos servicios en línea y alimenta el auge de la robótica en campos como la investigación médica y la industria de la automoción o la espacial. La manipulación genética despegó cuando se sumó a sistemas de procesamiento informático y a inventos como el microscopio electrónico.

La tecnología de la información (TI)

La TI empezó a crecer rápidamente el 22 de mayo de 1973, cuando Bob Metcalfe, del centro de investigación de Xerox de California, señaló la posibilidad de usar una «Ethernet» para conectar ordenadores y compartir datos. La actividad informática se limitaba a interacciones entre una persona y un ordenador hasta que, en 1989, Tim Berners-Lee, que trabajaba en el CERN (Suiza), inventó la World Wide Web. El auge de las redes de conectividad local y global y el invento del teléfono inteligente en la década de 1990 inauguraron la era de la «minería de datos», además de contar con innumerables aplicaciones en la industria. La TI ha dejado de ser una mera herramienta y se ha convertido en un elemento intrínseco de la mayoría de las empresas, donde sirve de engranaje en los mercados bursátiles y financieros.

> «El **objetivo** último **de la Red** es **apoyar y mejorar** nuestra **existencia** interconectada en el mundo.»
>
> TIM BERNERS-LEE, *Tejiendo la Red* (1999)

Cinturones de óxido y desindustrialización

Mientras las tecnologías digital y de la información se consolidaban, la industria tradicional empezó a declinar, sobre todo en regiones concretas de EE UU. La producción de carbón y de acero, y la manufactura habían dominado en el territorio comprendido entre Nueva York y el Medio Oeste. Cuando estas actividades empezaron a declinar en la década de 1970, las fábricas cerraron y se deterioraron, y la región se ganó el nombre de Rust Belt (Cinturón de Óxido). Hoy en día, el término se aplica a las regiones industriales sumidas en la crisis económica debido al aumento de los costes laborales y a la naturaleza intensiva en capital de la fabricación: la industria automovilística es un caso paradigmático.

Globalización y comercio internacional

La TI y el auge de los ordenadores han facilitado el comercio internacional y abierto oportunidades de negocio más allá de las fronteras del país de origen. El comercio internacional no solo ha favorecido el crecimiento y la expansión de empresas, sino también una enorme expansión de sectores relacionados, sobre todo el transporte, la propia TI y las comunicaciones. La internacionalización creciente del comercio ha hecho que los países dependan unos de otros, ya que cada vez están más interconectados. El comercio global se ha convertido en la norma para las empresas que desean superar un tamaño determinado.

Cambios del equilibrio económico

Tras la Segunda Guerra Mundial, EE UU, Japón, Alemania, RU, Francia e Italia emergieron como economías avanzadas y formaron un foro político conocido como G6, que se convirtió en G7 en 1976 con Canadá, y en G8 entre 1996 y 2014 con la breve incorporación de Rusia. En el año 2000, la economía china apenas equivalía a una décima parte de la estadounidense; en 2010, la situación había cambiado considerablemente: la economía china equivalía a la mitad de la estadounidense, Japón se había ralentizado, y los BRICS crecían deprisa. Es posible que la potencia conjunta de los BRICS supere pronto a la del G7.

◀ Puerto de Singapur
Los buques mercantes llevan contenedores a puertos de todo el mundo. El comercio internacional ha alcanzado tal escala que coordinarlo sin internet sería imposible.

La salud contemporánea

La medicina ha avanzado mucho en los siglos XX y XXI a medida que se entendía mejor el papel de la nutrición y se desarrollaban terapias avanzadas y antibióticos. Aun así, persisten grandes retos: la población crece por encima de las posibilidades de los países para proporcionarle un entorno saludable y han surgido enfermedades nuevas asociadas a los cambios de estilo de vida. El mundo se enfrenta a la amenaza de pandemias ante las que el ser humano tiene escasa o ninguna resistencia.

Nutrición

El papel de la alimentación en la salud humana apenas se conocía hasta 1747, cuando James Lind observó que si los marineros consumían cítricos no padecían escorbuto. Luego se descubrió que esto se debía a las vitaminas. La vitamina B_1 se sintetizó en 1926 y en 1928 se aisló la vitamina C. La vitamina D_2 se describió en 1936, y la A, en 1947. En la actualidad se sabe que, para mantener la salud, hay que lograr un equilibrio entre estas vitaminas, lo que permite tratar muchas enfermedades mediante una dieta adecuada.

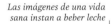
Las imágenes de una vida sana instan a beber leche

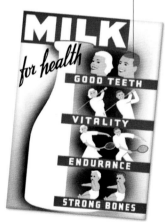
CARTEL ESTADOUNIDENSE (1948)

Sistemas de salud

En el siglo XIX surgieron sistemas complejos de asistencia sanitaria, y la escuela que Florence Nightingale fundó en 1860 tras sus experiencias en la guerra de Crimea (pp. 364–365), impulsó la enfermería moderna. Pero la asistencia sanitaria carecía de financiación centralizada, y

◄ **Enfermeras en prácticas**
Una estudiante de la Escuela Nacional de Formación de Matronas de Londres sostiene a un recién nacido en 1948. Este año se fundó el NHS, el sistema británico de asistencia sanitaria universal y gratuita.

los hospitales dependían de donaciones o del pago de los propios pacientes. En 1948, Reino Unido fundó el National Health Service (NHS), un sistema de asistencia sanitaria universal financiado con los impuestos. Otros países, como EE UU, optaron por los seguros privados, o por un seguro gubernamental, como Singapur.

La revolución verde

En 1950, la población mundial llegó a los 2500 millones de personas, y los países en vías de desarrollo apenas tenían capacidad para producir alimentos suficientes. En la década de 1940 se desarrollaron variedades de trigo más resistentes a la enfermedad y más productivas. La tecnología de esta «revolución verde» llegó a India, donde una nueva variedad de arroz aumentó la productividad. Sin embargo, la revolución verde ha sido criticada por el empleo de fertilizantes a gran escala, su dependencia de unas pocas variedades de plantas y por la incapacidad de repetir el éxito en África.

La crisis del sida

En 1981 se detectó en Los Ángeles el síndrome de inmunodeficiencia adquirida (sida), una enfermedad que atacaba al sistema inmunitario. En 1983 se supo que lo causaba el virus de la inmunodeficiencia humana (VIH). Se transmitía por los fluidos corporales, sobre todo durante el contacto sexual, y se extendió por todo el mundo. Aunque hoy se puede tratar con fármacos antirretrovirales, aún no tiene cura. Se han infectado unos 70 millones de personas y han muerto unos 35 millones.

Biotecnología y modificación genética

La biotecnología, o modificación de organismos naturales para usos específicos, tiene su origen en las prácticas de hibridación del pasado. El desarrollo de técnicas de ADN recombinante, que ensamblan hebras de ADN de distintos organismos, permitió en la década de 1970 obtener alimentos modificados genéticamente. En 1987 se empezaron a cultivar plantas modificadas genéticamente en EE UU. Aunque esto ha aumentado la productividad, cada vez halla más resistencia por temor a que no se hayan evaluado debidamente las consecuencias a largo plazo para la salud.

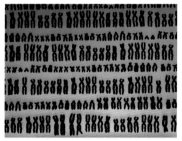
CROMOSOMAS HUMANOS

El genoma humano

El descubrimiento en 1953 de la estructura del ácido desoxirribonucleico (ADN), que contiene las instrucciones genéticas que determinan la forma de los seres vivos, impulsó la investigación para secuenciar el genoma (el código genético completo) de los organismos. En 1995 se logró secuenciar el genoma de una bacteria, y en 2000, el de la mosca del vinagre. En 1990 se lanzó el Proyecto Genoma Humano, cuyo propósito era coordinar un esfuerzo internacional para secuenciar el genoma humano, del que en 2001 se publicó un primer borrador, que abrió la puerta a terapias genéticas para algunas enfermedades congénitas.

La población y el uso de la tierra

Entre 1900 y 2020, la población mundial pasó de 1500 millones de personas a 7800 millones. La presión demográfica sobre los países con infraestructuras limitadas ha aumentado mucho y ha llevado a la sobreexplotación de tierras marginales. Los barrios de chabolas en torno a grandes ciudades apenas tienen acceso al agua potable o a instalaciones médicas, y suponen el riesgo de que se cree una clase marginada sanitariamente, privada de los avances de la sanidad pública del último siglo.

Envejecimiento y riqueza

A medida que aumenta la esperanza de vida, los países industrializados cuentan con una población cada vez más envejecida (en 2017 había 962 millones de mayores de 60 años). El índice de mortalidad por enfermedades que aparecen en la vejez aumenta, y los sistemas sanitarios deben atender cada vez más pacientes con demencia. La vida sedentaria y los cambios de hábitos alimentarios han provocado el aumento de la diabetes, que padecían más de 450 millones de personas en 2018.

PANDEMIAS DE HOY

En la era contemporánea han aparecido tanto enfermedades nuevas, a menudo transmitidas por contacto estrecho con animales enfermos, como la amenaza de su propagación global incontrolada. El ébola, que causa hemorragias graves y la muerte en la mitad de los casos, mató a 11 000 personas en África occidental en 2013–2016. El SARS, una infección respiratoria que apareció en el sur de China en 2002, se extendió a 26 países y mató a 774 personas. A finales de 2019 se identificó en Wuhan (China) un nuevo coronavirus, el SARS-CoV-2, causante de la covid-19, que se propagó rápidamente y ha causado millones de muertes y una grave recesión económica.

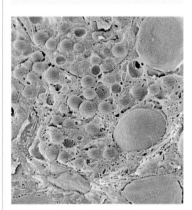
TEJIDO PANCREÁTICO

Las nuevas tecnologías

Los avances tecnológicos han abierto nuevas oportunidades para la medicina. Los ordenadores permiten gestionar con más eficiencia los sistemas de salud, y en 1971 se usó por primera vez un escáner de tomografía computarizada (TC), que crea una imagen tridimensional mediante haces de rayos X, para detectar un tumor cerebral. La cirugía por laparoscopia, que se realiza practicando una incisión por la que se inserta un fino tubo con una cámara e instrumentos para realizar la intervención, redujo el impacto sobre los pacientes. En 2020 se empezó a usar inteligencia artificial para interpretar los resultados de las TC y las resonancias magnéticas a fin de ayudar al médico a establecer el diagnóstico.

«La forma de **desigualdad** más **perturbadora** es la de la **atención sanitaria**.»
MARTIN LUTHER KING JR.,
discurso ante trabajadores sanitarios (marzo de 1966)

◄ **Véase también Contagio y control de la enfermedad** pp. 254–255   ◄ **Avances médicos** pp. 260–261   ◄ **La lucha contra la enfermedad** pp. 364–365 **373**

Comienzos del siglo XXI

La caída del bloque comunista a principios de la década de 1990 abrió la puerta a la esperanza de una nueva era de paz y prosperidad. Sin embargo, la guerra y la inestabilidad en Oriente Medio y en África, una crisis financiera global, el resurgir de los nacionalismos, el aumento de la población, el cambio climático y el deterioro del medio ambiente han acabado con el optimismo y han dado paso a una época de creciente inestabilidad política. Incluso nuevas tecnologías liberadoras como internet han tenido consecuencias sociales inesperadas.

La guerra contra el terrorismo

El 11 de septiembre de 2001, el grupo islámico Al Qaeda perpetró en EE UU varios atentados que mataron a casi 3000 personas, la mayoría de ellas en el World Trade Center de Nueva York. En respuesta, el presidente George W. Bush declaró la «guerra al terrorismo» y lanzó ataques contra el régimen talibán en Afganistán, que acogía a células de Al Qaeda. La guerra se extendió a Irak, Somalia, Libia, Filipinas y Malí, pero los resultados fueron irregulares y las intervenciones se alargaron. La inestabilidad favoreció la aparición de más grupos islamistas, como el ISIS.

Logo de las torres gemelas

INSIGNIA HALLADA EN EL WORLD TRADE CENTER

Consecuencias de la Primavera Árabe

En enero de 2011, las manifestaciones a raíz del suicidio de un vendedor que protestaba contra la corrupción llevaron a la caída del presidente de Túnez Ben Alí. Pronto estallaban protestas en otros países árabes contra sus propios gobiernos. En Egipto, Hosni Mubarak dimitió en febrero, y en Libia, Muamar al Gadafi fue depuesto y asesinado en octubre. La esperanza de un futuro democrático quedó frustrada cuando la vieja guardia de Egipto recuperó el poder en 2014, mientras en Libia, Yemen y Siria estallaban guerras civiles.

Rusia, Ucrania y Siria

Hacía tiempo que el presidente ruso Vladímir Putin deseaba recuperar el estatus mundial de su país, reducido desde la disolución de la URSS en 1990, y cuando el gobierno prorruso de Ucrania fue derrocado en 2014, envió al ejército ruso para ocupar y anexionar Crimea, de etnia mayoritariamente rusa. En 2015 envió tropas rusas para ayudar al presidente Bashar al Asad a recuperar el territorio perdido durante la guerra civil siria.

Globalización y populismo

La crisis financiera internacional de 2007-2008, que sumió a países enteros en la recesión y minó la confianza en los mercados financieros, alimentó la sensación de que la globalización había dejado atrás a gran parte de la población de los países industrializados. Los partidos populistas, como el Frente Nacional francés, aprovecharon el descontento para atraer votantes y, al mismo tiempo, culpar a los inmigrantes de muchos de sus problemas económicos.

Corea del Norte

El régimen norcoreano ha mantenido al país aislado y practica la autosuficiencia desde 1948. En 2006 había avanzado lo suficiente para empezar a probar armas nucleares. Tras los ensayos se emprendieron varias iniciativas diplomáticas, incluida una cumbre en 2018 entre el presidente de EE UU Donald Trump y el líder norcoreano Kim Jong-un, pero ninguna convenció al país para que abandonara sus ambiciones nucleares.

La rivalidad entre Irán y Arabia Saudí

El régimen laico que ascendió al poder en Irán tras la revolución de 1979 trató de ampliar su influencia sobre Oriente Medio y crear una «Media Luna chií» que abarcara los países con una gran población musulmana chií, como Irak, Siria y Líbano. Esto chocaba con la ambición paralela de Arabia Saudí, predominantemente suní, de lograr el control regional. Las relaciones se deterioraron más todavía cuando Irán y Arabia Saudí financiaron a grupos rivales durante la guerra civil siria a partir de 2011. Arabia Saudí también acusó a Irán de apoyar a la milicia hutí en la guerra civil de Yemen y de desestabilizar las provincias saudíes orientales, con una minoría chií considerable.

▶ Orgullo nacional
Escolares de Corea del Norte dibujan con pizarras alzadas la imagen de un soldado durante los Juegos Masivos Arirang de 2008.

> «Somos [...] la **última generación** que puede **tomar medidas** para evitar lo peor del **cambio climático**.»
>
> BAN KI-MOON, secretario general de la ONU, discurso en Lovaina (Bélgica) (28 de mayo de 2015)

La Unión Europea y el Brexit

Tras la incorporación de Croacia a la Unión Europea (UE) como su 28.º miembro en 2013, el futuro y la fuerza de la organización parecían consolidados. Sin embargo, la incertidumbre acerca de si la UE debía integrarse más en áreas como la defensa, el auge de partidos populistas que defendían políticas nacionalistas y la llegada de un gran número de refugiados que huían de los conflictos de Oriente Medio provocaron una grave crisis. En RU, reticente a profundizar en la integración, se celebró un referéndum en 2016 en el que se aprobó abandonar la UE. Aunque las negociaciones culminaron con la salida de RU, denominada Brexit, en 2020, aún no está claro cómo han de ser las relaciones entre la UE y su antiguo miembro.

América del Sur

Tras la elección de Hugo Chávez en Venezuela en 1999, muchos países de América del Sur optaron por gobiernos que rechazaban las políticas conservadoras y la economía de libre mercado del pasado reciente. Líderes carismáticos, como Chávez, Luiz Inácio Lula da Silva en Brasil y Evo Morales en Bolivia, desplegaron políticas de izquierdas que se oponían a la influencia de EEUU y que dominaron el continente durante casi dos décadas.

Inteligencia artificial

En la economía global del siglo XXI, cada vez son más las tareas que antes desempeñaban personas y que ahora pueden llevar acabo máquinas o algoritmos complejos. Las aplicaciones potenciales de los sistemas de inteligencia artificial (IA) en áreas como el examen clínico, la asesoría legal y la contabilidad dejan en una situación incierta la mano de obra de los países desarrollados.

DRON AUTÓNOMO CON CÁMARA

El auge de África

Entre 2000 y 2020, las condiciones de vida en muchos países africanos han mejorado drásticamente. La población ha aumentado, y se espera que el África subsahariana represente más de la mitad del crecimiento demográfico mundial en 2050. Sudáfrica se ha consolidado como una democracia moderna; sin embargo, otros países, como Zimbabue o la República Democrática del Congo, sufren por el desgobierno o la guerra civil.

ANTE EL CAMBIO CLIMÁTICO

El cambio climático es una cuestión política clave en el siglo XXI. Desde 2005 se han dado nueve de los 10 años más cálidos registrados. Activistas como Greta Thunberg (abajo) luchan para detener el daño irreversible al medio ambiente.

HUELGA POR EL CLIMA

◀ **Véase también Globalización y crecimiento económico** pp. 370–371 **Teoría política** pp. 396–397 ▶ **375**

Creencias y sociedad

Religiones del mundo

La creencia en un ámbito espiritual que gobierna la existencia humana es común a casi todo el mundo. Si bien cada una de las fes más profesadas del mundo tiene una identidad singular, hay elementos comunes entre ellas, tales como la reencarnación. El judaísmo, el cristianismo y el islam se llaman religiones abrahámicas porque las tres reconocen al profeta Abraham como fundador espiritual. Tales aspectos compartidos se deben a la proximidad geográfica en la que evolucionaron, así como a los textos sagrados que difundieron sus ideas, tras inventarse la escritura alrededor de 3200 a. C.

SÍMBOLO DEL OM

Hinduismo

Fecha	2300–1500 a. C.
Lugar	Valle del Indo (cerca del actual Pakistán)

Las principales creencias del hinduismo, tercera mayor religión tras el cristianismo y el islam, son que el principio supremo Brahman está presente en todo (también en los animales), y que la vida es un ciclo de nacimiento, muerte y renacimiento. Brahman adopta tres formas principales: Brahma, el creador; Vishnu, que mantiene el equilibrio entre el bien y el mal; y Shiva, que destruye el universo para recrearlo. Los principales textos sagrados son los *Vedas* (c. 1500–1000 a. C.), en sánscrito.

FARAVAHAR

Zoroastrismo

Fecha	Siglo VI a. C.–637 d. C.
Lugar	Persia (actual Irán)

Considerada una de las religiones más antiguas cuya práctica continúa, el zoroastrismo, centrado en el culto del dios único Ahura Mazda, debe su nombre al profeta Zaratustra, o Zoroastro. Fue la religión oficial de Persia hasta el siglo VII, cuando los invasores musulmanes convirtieron o persiguieron a sus practicantes. Muchos huyeron a Gujarat (India), donde se les llamó parsis. Esta religión se transmite por la línea paterna, y no se permite la conversión al zoroastrismo.

ESTRELLA DE DAVID

Judaísmo

Fecha	*c.* siglo XIX a. C.
Lugar	Mesopotamia (actual Irak)

El judaísmo, religión del pueblo judío, es una de las más antiguas religiones monoteístas (que veneran a un solo dios). Sus creencias y su historia antigua se recogen en el *Tanaj*, la Biblia hebrea, que conforman los mismos libros que el Antiguo Testamento cristiano. Estos textos relatan el pacto de Yahvé con Abraham, por el cual este sería líder de una nueva nación, Israel, a cambio de su obediencia a Dios.

MANO DE LA AHIMSA

Jainismo

Fecha	Siglos VI–V a. C.
Lugar	India

«Jain» deriva del sánscrito *jina* («camino de victoria»), que supone una vida de pureza ética y espiritual para escapar del *karma* y liberar el alma. A diferencia de en muchas otras religiones, en el jainismo no hay dioses, seres espirituales ni sacerdotes. En los escritos de Mahavira está la base de las creencias jainistas, siendo la principal vivir sin violencia *(ahimsa)*. Como esto incluye no dañar a los animales, los jainistas son vegetarianos.

RUEDA DE LA LEY

Budismo

Fecha	Siglos VI–IV a.C.
Lugar	Nepal

Las enseñanzas de Siddharta Gautama subyacen al budismo y sus tres verdades universales: nada se pierde en el universo; todo cambia; y por toda acción hay una reacción (el concepto del karma). Los budistas procuran seguir cinco preceptos: abstenerse de matar (animales incluidos), de robar, de la mala conducta sexual, de la mentira y de la ebriedad. Como en el hinduismo, del que surgió, en el budismo se practica la meditación para alcanzar la iluminación.

SÍMBOLO DEL AGUA

Confucianismo

Fecha	Siglos VI–V a.C.
Lugar	China

Fundado por el erudito Confucio como sistema de ética y filosofía social, el confucianismo concibe la vida como fusión de cielo, naturaleza y humanidad. No se ocupa de la creación ni de nociones de un dios personal, e incide en la importancia de la historia y las relaciones familiares, la necesidad de una sociedad jerárquica y el papel de la educación en el enriquecimiento del individuo, la sociedad y la política. No es un religión organizada, y se difundió desde China a otras partes de Asia a través de la literatura.

El yoga tiene sus raíces en el hinduismo.

◀ **Gran Buda de Leshan**
Esta estatua de 71 m de altura, del próximo Buda, Maitreya, fue tallada en un barranco de arenisca cerca de Leshan, en la provincia china de Sichuan, en 713–803.

» Religiones del mundo (continuación)

YIN YANG

Taoísmo

Fecha	Siglo VI a. C.
Lugar	China oriental

Enseñanza filosófica y modo de vida, el taoísmo se basa en el principio de vivir conforme al fluir de la naturaleza, de forma desinteresada, sencilla y espontánea, aceptando el paso del tiempo, el cambio, la ganancia y la pérdida. El fin último de seguir el *tao* («camino, vía», en chino) es liberarse de las convenciones y la sociedad humana y alcanzar la unión con la naturaleza. Fue influido por el sabio Laozi (o Lao Tsé), también venerado por los confucianos.

CRUZ CRISTIANA

Cristianismo

Fecha	Siglo I
Lugar	Palestina

El nombre de la religión más profesada del mundo deriva de Cristo, o Jesús, a quien se venera como hijo de Dios y Mesías, o salvador. Jesús ofreció a los creyentes el perdón por los malos pensamientos y actos, así como la vida eterna en el Cielo a cambio de la confesión a través de la oración. Según el texto sagrado del cristianismo, la Biblia, Jesús fue crucificado, y a los tres días resucitó. Se reunió con Dios en el cielo, y su espíritu guía a los creyentes.

TORII

Sintoísmo

Fecha	Siglo VI
Lugar	Japón

La fe autóctona de Japón, el sintoísmo, se basa en la creencia en seres espirituales, los *kami*, que intervienen en la vida diaria para ayudar a cambio de devoción y culto ritual. Sus rituales tienen lugar en santuarios, sobre todo en Año Nuevo, pero también en ocasiones como la oración por el éxito en exámenes o para pedir la bendición en el matrimonio. Los *kami* se consideran parte del mundo humano, y las artes como la poesía son aspectos religiosos relevantes.

CRECIENTE Y ESTRELLA

Islam

Fecha	Siglo VII
Lugar	La Meca (actual Arabia Saudí)

Los seguidores del islam se llaman musulmanes, y creen en un solo Dios, Alá, quien transmitió sus enseñanzas al profeta Mahoma a través del arcángel Gabriel. Las revelaciones están escritas en el Corán, que establece cinco pilares: la *shahada* o profesión de fe; el *salat*, las cinco oraciones diarias; el *sawm*, o ayuno durante el Ramadán; el *zakat*, la limosna; y el *hajj*; la peregrinación a La Meca.

EL KHANDA

Sijismo

Fecha	Siglo XV
Lugar	Punyab

Basado en las enseñanzas de diez gurús, empezando por el fundador Guru Nanak, el sijismo rechaza el sistema de castas hinduista, proclama un solo Dios y vela por la igualdad, el servicio a la comunidad, el trabajo y las buenas obras para liberarse del ciclo de reencarnaciones. Su libro sagrado, el *Gurú Granth Sahib Ji*, contiene las palabras de los diez gurús y de santos sijs, hindúes e islámicos. Los sijs no se cortan el pelo por respeto a la creación divina.

ESTRELLA DE NUEVE PUNTAS

Bahaísmo

Fecha	Siglo XIX
Lugar	Irán

Fundada por Baha Allah, hijo de un ministro del gobierno iraní, la fe bahaí surgió del movimiento babí por el cambio social y los derechos de las mujeres. Por apoyar este, Baha Allah fue encarcelado y, luego, exiliado a Bagdad, donde proclamó ser manifestación de Dios y fundó la fe bahaí. Predicó la paz mundial, y defendió la igualdad racial y de género y la educación para todos. Sus escritos constituyen la base del bahaísmo.

EL OJO DIVINO

Caodaísmo

Fecha	1926
Lugar	Vietnam

El Cao Dai, que incorpora ideas procedentes de otras religiones como el budismo y el taoísmo, fue fundado por Ngô Văn Chiêu, espiritualista que afirmó haber recibido el mandato para fundar una nueva religión de una entidad divina llamada Cao Dai. Los caodaístas veneran a un dios creador del universo, pero también a una diosa madre de todas las cosas del universo. Practican la oración en templos tres veces al día.

Más de **ocho de cada diez** personas en el mundo se identifican con un **grupo religioso**.

▼ Mezquita del sultán Ahmed
Llamada también mezquita Azul por los azulejos que adornan el interior, este lugar de culto islámico se construyó en 1609–1616 en Estambul (actual Turquía).

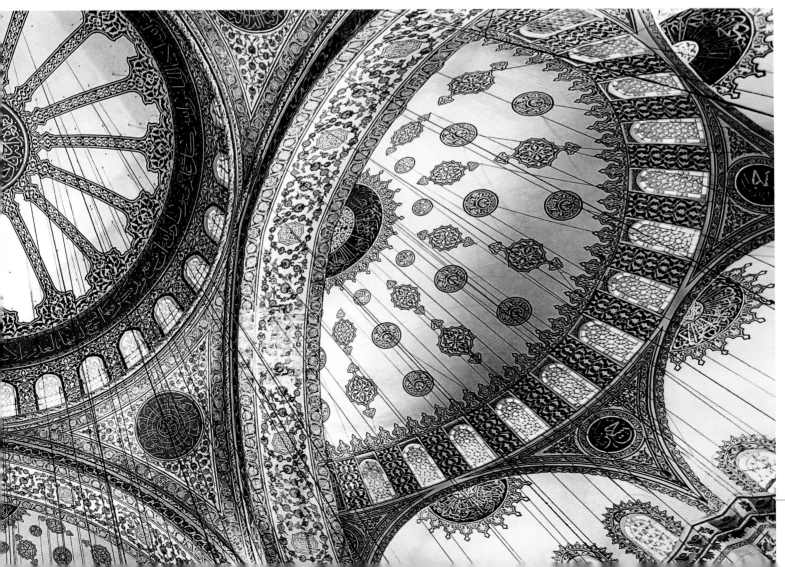

¿Qué es la filosofía?

La filosofía, como práctica, trata de hallar sentido al mundo y a nuestro lugar en él. Los antiguos filósofos griegos le dieron su nombre, que significa «amor a la sabiduría». La filosofía plantea grandes preguntas acerca de todo lo que hay, como: ¿quiénes somos?, ¿cuál es la naturaleza fundamental de la realidad?, ¿qué es tener mente y conciencia?, ¿qué da sentido a todo?, ¿qué podemos saber?, ¿podemos conocer a Dios?, ¿cuál es el sentido de la vida y de nuestra presencia aquí?, ¿cómo vivir? o ¿cómo comprender valores como la bondad o la belleza?

¿Qué hacen los filósofos?

Los filósofos tratan de responder a preguntas fundamentales acerca de la humanidad y del mundo, y para ello emplean métodos filosóficos. Basándose en la argumentación, desarrollan sus ideas por medio del pensamiento lógico y el análisis de los conceptos y la experiencia. Los filósofos emplean el pensamiento crítico para desarrollar y defender sus posturas, así como para apoyar, criticar o refutar las de otros. Habitualmente presentan sus ideas por medio de escritos, ya sea en libros o en artículos, y también lo hacen en charlas en foros públicos o debates con otros filósofos, en conferencias o en otros eventos. Entre los desarrollos recientes fuera del ámbito académico, se cuentan la enseñanza de la filosofía a profesionales, la consultoría filosófica y los festivales de filosofía.

Filosofía y ciencia

En el mundo antiguo, la filosofía y la ciencia no estaban separadas: la ciencia se llamó durante mucho tiempo «filosofía natural». Con el desarrollo de la ciencia moderna, muchos científicos conciben la ciencia y la filosofía como disciplinas diferentes, con métodos y objetos distintos. Otros creen que aún tienen mucho en común, y que se complementan una a otra.

La Academia de Platón
Platón, discípulo de Sócrates, fundó la Academia en 387 a. C., en las afueras de Atenas. La Academia se considera la primera universidad del mundo occidental. Aristóteles fue uno de los alumnos de Platón en la Academia antes de fundar su propia escuela, el Liceo, en 334 a. C.

Filosofía de la religión

La filosofía de la religión es el estudio filosófico de los conceptos de las principales tradiciones religiosas (pp. 378–381). Se ocupa sobre todo de los conceptos de Dios y de los atributos divinos. La filosofía de la religión abarca también los debates acerca de la existencia del universo, así como el problema del mal, la naturaleza última de la realidad, la experiencia religiosa y los milagros.

Metafísica y ontología

Hay definiciones diferentes de la ontología y la metafísica, pero la primera se considera parte de la última. Desde una perspectiva tradicional, la ontología es el estudio de lo que es (lo que existe), o del ser en general. La metafísica es el estudio de ámbitos particulares del ser (la naturaleza de lo que existe), tales como la mente (la conciencia), los cuerpos, la libertad o Dios. Los debates metafísicos se ocupan de conceptos fundamentales como ser, existencia, esencia, identidad, posibilidad, objeto, propiedad, relación, hecho, libertad, mundo y los métodos relevantes para enfocar estos.

Epistemología

La epistemología es la teoría del conocimiento. Desde una perspectiva tradicional, para tener conocimiento, debemos formarnos una opinión o creencia, tener alguna justificación para la misma, y que sea verdad. Pero ¿es esta una explicación adecuada del conocimiento?, ¿qué es la justificación?, ¿qué es la verdad? Estas son cuestiones que tratan y debaten teorías del conocimiento enfrentadas.

Filosofía de la mente

La filosofía de la mente investiga la idea misma de la mente: la naturaleza y la estructura de la mente humana y su relación con el cerebro, el cuerpo y el resto del mundo físico. Entre sus cuestiones centrales están el problema mente-cuerpo –si mente y cuerpo son distintos, ¿cómo interactúan?– y la de nuestra experiencia vivida, subjetiva: ¿cómo, si es que puede, puede nuestra experiencia subjetiva del color o del sabor explicarse en términos de procesos físicos del cerebro?

«Pues los hombres comienzan y comenzaron siempre a filosofar movidos por la admiración.»

ARISTÓTELES, *Metafísica* (siglo IV a. C.)

Estética

La estética es el estudio filosófico de la naturaleza de la belleza, del arte y de sus obras. Incluye teorías sobre la belleza y el gusto, la ontología del arte, su significado y valor, la creación y apreciación del arte y la belleza y su relación con otros aspectos importantes de la vida humana, como la política, la economía y los valores morales.

Lógica

En la tradición filosófica occidental, la lógica es un medio para investigar que se ocupa de los procedimientos y las reglas del razonamiento correcto. La inferencia, por ejemplo, es una forma de razonamiento que parte de proposiciones, llamadas premisas, para llegar a una conclusión. Una inferencia es válida si las premisas efectivamente apoyan la conclusión. La lógica ofrece herramientas para establecer la validez de los argumentos, y describe la forma lógica de diversos argumentos y falacias (argumentos no válidos).

◄ Aristóteles

Considerado uno de los mayores pensadores, Aristóteles escribió y enseñó sobre cuestiones filosóficas muy diversas.

Filosofía moral

¿Cómo deberíamos vivir nuestra vida? ¿Cómo podemos distinguir el bien del mal? La filosofía moral se ocupa de los principios morales de la conducta humana y de valores morales como la bondad, la felicidad y la justicia. Teorías éticas enfrentadas debaten estas cuestiones, y se aplican también a otras prácticas, como los derechos de los animales, la eutanasia y el aborto.

Filosofía política

En la tradición occidental, entre los temas centrales de la filosofía política están la justificación del Estado, la propiedad privada y el mercado, la naturaleza del derecho, la libertad, la justicia y los derechos humanos. La teoría política ocupa la intersección entre la filosofía, la política, la historia, la sociología y otros campos relacionados, y trata cuestiones interdisciplinares referentes, por ejemplo, al poder, la raza, la identidad, el cambio climático y la religión.

Filosofía india

Las tradiciones de pensamiento indias incluyen los sistemas llamados ortodoxos (como el hinduismo) y no ortodoxos (como el budismo y el jainismo).

Entre los conceptos fundamentales de la filosofía india se hallan el ego o alma *(atman)*, los actos u obras *(karma)* entendidos según su significado moral y eficacia, y la liberación *(moksha)*, el ideal más importante de la existencia.

Filosofía budista

El budismo evolucionó a partir de las enseñanzas de Siddharta Gautama (quien vivió en India entre mediados del siglo VI y mediados del siglo IV a. C.), cuyo desarrollo dio lugar a una serie de escuelas y doctrinas. Animan el núcleo del budismo el ideal de liberarse de las limitaciones, los engaños y el sufrimiento, así como de alcanzar la iluminación para superar la transitoriedad y la ignorancia características de la condición humana.

Filosofía china

Un rasgo importante de la filosofía china a lo largo de la historia es su atención a la naturaleza humana. Algunos conceptos fundamentales en relación con esta, y de modo más general con el universo, son los del *tao* (el camino o vía) y sus dos aspectos opuestos, el *yin* y el *yang*, los elementos del reposo y de la actividad. En el ser humano, el *tao* da lugar a la virtud *(de,* o *te)*. Las virtudes más importantes son el *ren* (humanidad, benevolencia) y el *yi* (rectitud).

En el período antiguo, la filosofía china clásica desarrolló este marco filosófico en distintas escuelas de pensamiento, siendo dos de las más importantes las fundadas por Confucio (551–479 a. C.) y Laozi (siglo VI a. C.).

Filosofía japonesa

La filosofía japonesa se fue desarrollando a lo largo del tiempo al interactuar las perspectivas religiosas y espirituales propias (en particular la tradición sintoísta) con la influencia exterior, sobre todo del budismo, el confucianismo y, desde la Edad Moderna, la filosofía occidental. A lo largo de su historia, tanto se ha centrado en la metafísica como se ha alejado de ella para ocuparse de cuestiones sociales, morales y políticas. Distintas escuelas de pensamiento han tratado de integrar tradiciones diversas, y la filosofía japonesa contemporánea abraza la filosofía occidental y trata de integrarla en el pensamiento asiático.

> «Aprender sin pensar es inútil. Pensar sin aprender es peligroso.»
>
> CONFUCIO, *Analectas* (siglo V a. C.)

Véase también La filosofía a través de la historia pp. 384–385 ▶ **383**

La filosofía a través de la historia

La historia de la filosofía tal como se presenta aquí refleja tradiciones con registros escritos, así que las regiones del mundo en las que predominó la tradición oral están infrarrepresentadas; y también lo están muchas mujeres filósofas cuya obra no se ha conservado, y que en muchos casos fueron excluidas del ámbito académico. La filosofía occidental tiene su origen en las enseñanzas y el pensamiento de la antigua Grecia, y suele dividirse en cuatro períodos:

antiguo, medieval, moderno y siglo XX. La filosofía de Oriente Próximo se remonta al año 3000 a. C. Incluye las escuelas islámica, egipcia antigua y hebrea, y se desarrolló sobre todo a partir de filosofías centradas en orientaciones prácticas para la vida y la especulación acerca del universo. Las tradiciones principales de la filosofía india pueden definirse según su postura en relación con los *Vedas*, los textos religiosos más antiguos de India.

c. **624–546 a. C.** Tales de Mileto, uno de los primeros pensadores griegos que adoptó un enfoque racional y científico para explicar la naturaleza, propone que todo es agua, o que procede de ella.

EL AGUA ES EL PRINCIPIO DE TODO

1265–1273 El filósofo italiano Tomás de Aquino escribe *Summa theologica*, donde combina filosofía aristotélica y enseñanzas cristianas para desarrollar doctrinas que son parte integral de la teología católica romana.

1207–1273 El místico persa Rumi propone que toda la vida existe en un continuo, y expresa sus creencias en poemas.

YALAL AD DIN MUHAMMAD RUMI

1126–1198 El polímata islámico Averroes publica comentarios y resúmenes de obras de Aristóteles que dan a conocer su trabajo entre los eruditos medievales.

426 d. C. El pensador cristiano Agustín de Hipona publica *La ciudad de Dios*, donde describe la visión de un Estado conforme a los principios cristianos.

GRABADO DE *LA CIUDAD DE DIOS*, DE SAN AGUSTÍN

1509 El humanista neerlandés Erasmo de Rotterdam escribe su famosa sátira *Elogio de la locura*, donde critica la corrupción de la Iglesia católica y defiende una vida basada en principios morales estrictos.

ERASMO Y SU SECRETARIO GILBERT COUSIN (COGNATUS)

1620 Francis Bacon publica en Inglaterra *Novum organum*, cuya defensa del empirismo y de la importancia de la experimentación pone los cimientos del método científico moderno.

Naves explorando más allá de columnas legendarias donde acaba el mundo conocido

PORTADA DE *NOVUM ORGANUM*

Siete compartimentos en los que se ejercitan las virtudes cristianas para prepararse para el cielo

1883–1885 En su tratado en cuatro partes *Así habló Zaratustra*, el filósofo alemán Friedrich Nietzsche enfrenta una filosofía afirmadora de la vida, basada en la voluntad de poder –el esfuerzo por realizarse plenamente–, a la falta de sentido de la vida moderna.

EDICIÓN DE 1908 DE *ASÍ HABLÓ ZARATUSTRA*

1848 Los filósofos alemanes Karl Marx y Friedrich Engels publican *El manifiesto comunista*, escrito que contribuye al desarrollo de la ideología comunista y a su realización como sistema político.

CARTEL MARXISTA SOVIÉTICO

1739 El filósofo ilustrado escocés David Hume defiende el empirismo en el *Tratado de la naturaleza humana*. Como Locke, considera los sentidos y la experiencia, y no la razón, como las fuentes del conocimiento.

Decoración simétrica abstracta en borgoña y oro del pintor belga Henry van de Velde

Primera página del frontispicio elaborado a doble página

1910–1913 Los filósofos ingleses Alfred North Whitehead y Bertrand Russell colaboran en la redacción de las tres partes de *Principia mathematica*, que analiza los fundamentos lógicos de las matemáticas.

1943 En *El ser y la nada*, el francés Jean-Paul Sartre formula la idea existencialista de que «la existencia precede a la esencia», denuncia el concepto de la predestinación e insta a las personas a forjarse un destino propio.

1949 Simone de Beauvoir publica la influyente obra feminista *El segundo sexo*, sobre cómo se define a las mujeres en función de los hombres, y que cuestiona las nociones predominantes de feminidad al servicio de intereses masculinos.

JEAN-PAUL SARTRE Y SIMONE DE BEAUVOIR

PITÁGORAS

c. 569–495 a. C. Pitágoras, filósofo y matemático griego, cree que principios matemáticos, morales y divinos gobiernan el orden del universo. Entre sus seguidores se cuentan filósofos como Platón y Aristóteles.

EL ÓCTUPLE SENDERO

- Atención correcta
- Comprensión correcta
- Acción correcta
- Palabra correcta
- Pensamiento correcto
- Concentración correcta
- Medio de vida correcto
- Esfuerzo correcto

c. 563–483 a. C. Nacido en el actual Nepal, Siddharta Gautama practica la meditación para acceder a percepciones fundamentales de la realidad y la naturaleza humana. Después conocido como Buda, propuso el sendero óctuple (o noble camino óctuple) a la iluminación.

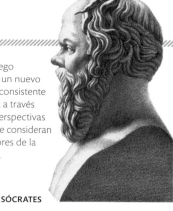

SÓCRATES

469–399 a. C. El griego Sócrates desarrolla un nuevo método dialéctico consistente en examinar la vida a través del diálogo entre perspectivas opuestas. Muchos le consideran uno de los fundadores de la filosofía occidental.

EQUILIBRIO EN LA NATURALEZA

c. 332–265 a. C. El griego Zenón de Citio, fundador de la escuela estoica, enseña que la felicidad reside en comprender y vivir conforme al lugar de uno en la naturaleza.

387 a. C. El filósofo griego Platón funda la Academia, la primera institución de enseñanza superior de Occidente. En 365 a. C., Platón conoce a su discípulo más famoso, Aristóteles, cuyo pensamiento dará forma al desarrollo de la filosofía posterior.

MOSAICO QUE REPRESENTA LA ACADEMIA DE PLATÓN

La figura central que apunta al globo con un palo suele identificarse con Platón

Olivo sagrado asociado a Atenea, diosa de la sabiduría

Muros de la acrópolis de Atenas al fondo

1637 En su *Discurso del método*, el racionalista francés René Descartes aplica la duda metódica (tratar como falsa toda creencia de la que no se tenga certeza). Pudo dudar de todas sus creencias acerca del mundo exterior, pero no de la verdad de «pienso, luego existo».

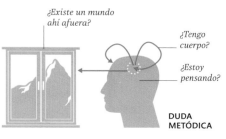

¿Existe un mundo ahí afuera?

¿Tengo cuerpo?

¿Estoy pensando?

DUDA METÓDICA

Mosaico compuesto por teselas, pequeñas piezas de colores

Teoría

Experiencia

1689 En *Ensayo sobre el entendimiento humano*, John Locke describe la mente al nacer como una *tabula rasa* (tablilla sin inscripciones), que luego interactúa con el mundo y forma ideas a partir de la teoría y la experiencia.

FORMACIÓN DEL CONOCIMIENTO

1961 El historiador y filósofo francés Michel Foucault publica su tesis doctoral *Locura y civilización*, centrada en un enfoque histórico y cultural de la demencia y cómo se percibe y trata en Europa.

MICHEL FOUCAULT

1967 El pensador posmoderno francés Jacques Derrida usa el término «deconstrucción» en *La escritura y la diferencia*, *La voz y el fenómeno* y *De la gramatología*, referido a una metodología para enfocar críticamente la tradición de la metafísica.

CUBIERTA DE DE LA GRAMATOLOGÍA

La traducción inglesa de este texto a cargo de la teórica feminista Gayatri Spivak le dio mayor difusión aún

1989 La primera obra en inglés del teórico cultural esloveno Slavoj Žižek, *El sublime objeto de la ideología*, capta la atención internacional. Expresa ideas políticas y filosóficas con referencias a la cultura popular.

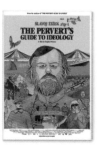

CARTEL DEL DOCUMENTAL DE 2012 DE ŽIŽEK

Grandes filósofos

CREENCIAS Y SOCIEDAD

A lo largo de su historia, la humanidad ha tratado de responder a preguntas sobre la naturaleza del mundo y su lugar en él. La filosofía se desarrolló a medida que pensadores extraordinarios usaron la razón para responder tales preguntas. Esto tuvo implicaciones de amplio alcance, ya que la difusión de nuevas ideas alentó a otros a desarrollarlas o a cuestionarlas. A su vez, las nuevas concepciones sobre el saber, el poder, la realidad y el papel de las creencias contribuyeron a dar forma al desarrollo de las sociedades. Sin embargo, los filósofos también reflejan su tiempo y lugar en la historia, ya que se basan en las creencias y la cultura que los rodean. A continuación se reseñan solo algunos de los muchos filósofos importantes e influyentes cuya obra ha contribuido a nuestra comprensión del mundo.

Retrato basado en descripciones, pues no se conoce ninguno contemporáneo suyo

Indumentaria tradicional china

CONFUCIO

Tales de Mileto

Grecia (*c.* 624–*c.* 546 a. C.)

Considerado el primer filósofo, trató sobre todo la metafísica y la cosmología (creía que el agua era el origen de todo lo que existe).

Siddharta Gautama (Buda)

Nepal/India (*c.* siglos VI–IV a. C.)

Maestro espiritual en cuyas ideas sobre el no ser, el sufrimiento, el *karma* y el *nirvana* se fundamenta la filosofía budista.

Confucio

China (551–479 a. C.)

Maestro venerado que trató el camino de los sabios, el humanismo, el cultivo personal, la psicología de los rituales y el Estado.

Zenón de Elea

Italia/Grecia (490–430 a. C.)

Filósofo presocrático, conocido sobre todo por ser el autor de una serie de paradojas filosóficas.

Grabado en cobre coloreado

AVICENA

Sócrates

Grecia (469–399 a. C.)

Uno de los fundadores de la filosofía occidental. Áreas de interés: el alma, la ignorancia, las virtudes, el método socrático.

Mozi

China (470–391 a. C.)

Fundador del moísmo, movimiento social y filosófico influyente. Teorías/intereses: ética, espiritualidad y orden político.

Platón

Grecia (*c.* 427–*c.* 347 a. C.)

Uno de los pensadores más influyentes de la filosofía occidental. Teorías/intereses: inmortalidad del alma, reyes filósofos.

Aristóteles

Grecia (384–322 a. C.)

Considerado uno de los mayores filósofos. Teorías/intereses: esencialismo, causación, felicidad y virtud, lógica formal.

Mencio

China (372–289 a. C.)

Filósofo confuciano cuya obra trató la naturaleza humana, el corazón-mente y los conceptos del bien y del mal.

Zhuangzi

China (finales del siglo IV a. C.)

Filósofo influyente que se ocupó del taoísmo, el naturalismo, el relativismo ético, el escepticismo y el utilitarismo pragmático.

Nagarjuna

India (siglo II a. C.)

Figura clave en el desarrollo de la filosofía india y el camino medio budista, basado en la noción de vacuidad.

Hipatia

Egipto (355–415 d. C.)

Filósofa neoplatónica, célebre como matemática, astrónoma y líder de la escuela de filosofía de Alejandría.

Al Kindi

Irak (*c.* 808–870)

Llamado a veces padre de la filosofía árabe. Teorías/intereses: eternidad del mundo; simplicidad divina; el alma humana.

Avicena (Ibn Sina)

Persia (980–1037)

Polímata autor de aportaciones vitales a la filosofía y la medicina. Teorías/intereses: el islam, aristotelismo, el alma racional, Dios.

Ramanuja

India (1017–1137)

Teólogo y filósofo influyente. Teorías/intereses: hinduismo, no dualidad cualificada de materia y alma.

Abelardo

Francia (1074–1142)

Filósofo brillante que se ocupó del nominalismo, la lógica, el conocimiento y la fe y la cuestión de la responsabilidad moral.

Averroes (Ibn Rusd)

Al Ándalus (1126–1198)

Filósofo andalusí integrador de la filosofía islámica y las tradiciones griegas del platonismo y el aristotelismo.

Yalal ad Din Muhammad Rumi

Oriente Medio (1207–1273)

Erudito, místico y poeta aclamado que reflejó sus creencias en forma poética. Interés clave: sufismo (misticismo islámico).

Santo Tomás de Aquino

Italia (1225–1274)

Teólogo y filósofo cristiano que escribió sobre la existencia y los atributos de Dios, la inmortalidad y la virtud, y el derecho natural.

«Una **vida no sujeta a examen no merece ser vivida.**»

SÓCRATES, cita atribuida en la *Apología* de Platón (*c.* 399 a. C.)

FILOSOFÍA

Francis Bacon
Inglaterra (1561–1626)

Empirista importante en el desarrollo del método científico. Teorías/intereses: filosofía natural, inducción.

René Descartes
Francia (1596–1650)

Filósofo racionalista influyente. Teorías/intereses: racionalismo, innatismo, el *cogito*, dualismo mente-cuerpo, Dios.

Isabel de Bohemia
Inglaterra/Sacro Imperio (1618–1680)

Conocida por su correspondencia filosófica con Descartes. Intereses clave: interacción mente-cuerpo, forma de gobierno.

Wang Fuzhi
China (1619–1692)

Importante pensador neoconfuciano nacido hacia el final de la dinastía Ming. Teorías/intereses: materialismo, acción, ética.

Margaret Lucas Cavendish
Inglaterra (1623–1673)

Autora prolífica sobre temas diversos. Teorías/intereses: naturalismo; materialismo; teoría vitalista de la causación; libre albedrío.

Gabrielle Suchon
Francia (1632–1703)

Defensora destacada de los derechos de la mujer. Áreas de interés: filosofía militante; educación, autonomía y libertad femeninas.

John Locke
Inglaterra (1632–1704)

Pensador empirista y uno de los filósofos políticos más influyentes. Teorías/intereses: contrato social, identidad personal.

Mary Astell
Inglaterra (1666–1731)

Protofeminista también conocida por su crítica de Locke. Teorías/intereses: educación femenina, metafísica dualista.

George Berkeley
Irlanda (1685–1753)

Uno de los grandes empiristas del siglo XVIII. Teorías/intereses: empirismo, idealismo subjetivo (inmaterialismo), religión.

David Hume
Escocia (1711–1776)

Pensador influyente de la Ilustración. Teorías/intereses: empirismo, escepticismo, causación, inducción, no cognitivismo ético.

Immanuel Kant
Prusia (1724–1804)

Figura clave en el desarrollo de la filosofía moderna. Teorías/intereses: derecho y autonomía moral, idealismo trascendental.

Mary Wollstonecraft
Inglaterra (1759–1797)

Filósofa moral y política defensora de la igualdad entre los sexos y del derecho de las mujeres a la educación.

John Stuart Mill
Inglaterra (1806–1873)

Uno de los pensadores ingleses más influyentes del siglo XIX. Teorías/intereses: liberalismo, utilitarismo, empirismo.

Karl Marx
Alemania/Reino Unido (1818–1883)

Pensador revolucionario que ha tenido un impacto profundo en el mundo. Áreas de interés: materialismo histórico, comunismo.

Friedrich Nietzsche
Alemania (1844–1900)

Filósofo y feroz crítico cultural. Teorías/intereses: perspectivismo; nihilismo; voluntad de poder; superhombre; muerte de Dios.

Edmund Husserl
Alemania (1859–1938)

Su obra sobre la estructura de la experiencia y la conciencia influyó en muchas otras disciplinas. Teoría/interés: fenomenología.

Miguel de Unamuno
España (1864–1936)

Escritor y filósofo que se inscribe dentro del existencialismo cristiano. Teorías/intereses: el sentido de la vida humana.

Kitarō Nishida
Japón (1870–1945)

Combinó filosofía occidental y tradición espiritual oriental. Teorías/intereses: conciencia, experiencia, la nada.

Bertrand Russell
Reino Unido (1872–1970)

Un fundador de la filosofía analítica moderna. Teorías/intereses: logicismo; atomismo lógico; teoría del lenguaje.

José Ortega y Gasset
España (1883–1955)

Filósofo inscrito dentro del movimiento español del novecentismo. Teorías/intereses: perspectivismo; razón vital e histórica.

Ludwig Wittgenstein
Austria/Reino Unido (1889–1951)

Considerado uno de los filósofos más destacados del siglo XX. Teorías/intereses: lenguaje; significado; certeza.

Martin Heidegger
Alemania (1889–1976)

Figura influyente en la filosofía europea contemporánea. Teorías/intereses: ontología, existencialismo, fenomenología hermenéutica.

Rudolf Carnap
Austria/EE UU (1891–1970)

Miembro destacado del Círculo de Viena. Teorías/intereses: empirismo lógico, lógica inductiva, verificación y confirmación.

Jean-Paul Sartre
Francia (1905–1980)

Destacado intelectual francés. Teorías/intereses: existencialismo, ontología, la nada, mala fe, autenticidad.

Hannah Arendt
Alemania/EE UU (1906–1975)

Teórica política destacada. Intereses clave: la fenomenología de la existencia política; el juicio; la ciudadanía; el totalitarismo.

Simone de Beauvoir
Francia (1908–1986)

Intelectual y activista influyente cuya obra fue clave en el desarrollo del existencialismo y la teoría feminista.

Willard Van Orman Quine
EE UU (1908–2000)

Pensador destacado en la filosofía angloamericana del siglo XX. Intereses clave: epistemología naturalizada, metafísica.

Michel Foucault
Francia (1926–1984)

Filósofo e historiador controvertido. Teorías/intereses: postestructuralismo, poder y conocimiento, sexualidad, demencia.

Graciela Hierro
México (1928–2003)

Filósofa feminista notable especializada en ética. Teorías/intereses: ética feminista del placer, concepto de género.

Jacques Derrida
Francia (1930–2004)

Conocido sobre todo por la deconstrucción como forma de análisis. Teorías/intereses: el Otro, posmodernidad, deconstruccionismo.

Sandra Harding
EE UU (n. en 1935)

Teórica destacada del punto de vista. Teorías/intereses: poscolonialismo, epistemología del punto de vista feminista, objetividad fuerte.

Chung-Ying Cheng
China/EE UU (n. en 1935)

Pionero de la filosofía china en EE UU. Teorías/intereses: ontohermenéutica, lo interno y lo externo, filosofía de la gestión.

María Lugones
Argentina/EE UU (n. en 1948)

Filósofa y activista de la resistencia a la opresión. Teorías/intereses: feminismo descolonial, la pluralidad de «yoes».

bell hooks (Gloria Jean Watkins)
EE UU (n. en 1952)

Escritora y activista social cuya obra se ocupa de cuestiones de identidad feminista y opresión, raza, clase y género.

BELL HOOKS

Mitología

CREENCIAS Y SOCIEDAD

Los mitos, un intento de comprender conceptos como la vida y la muerte, el mundo natural, la estructura del universo y cuestiones morales como el bien y el mal, son comunes a todas las culturas de la Tierra. Transmitidos al principio oralmente de generación en generación, la invención de la escritura en Mesopotamia (Asia occidental) en 3300 a.C. los conservó para la posteridad. Además de relatos transformados de personajes históricos, los mitos presentan magia, dioses, diosas, seres de otro mundo y héroes humanos con poderes sobrenaturales.

Mesopotámica

Cada ciudad-estado de Mesopotamia (p. 304) tenía creencias propias, pero todas veneraban a dioses similares, entre ellos, el supremo An (Anu); la diosa madre, Ninhursaga; el dios de las tormentas, Enlil; y el de las artes y oficios, Enki. Controlaban todo, desde las cosechas hasta los demonios del inframundo. La figura mitológica más conocida, sin embargo, fue Gilgamesh, rey histórico de la ciudad sumeria de Uruk que en los mitos aparece como guerrero con poderes sobrehumanos. Además de luchar contra leones, toros y monstruos, Gilgamesh conoció y combatió a Enkidu, quien sería después su mejor amigo y hermano. Al enfermar y morir Enkidu, Gilgamesh emprendió un viaje de descubrimiento que concluyó con la aceptación de su mortalidad.

ENKIDU Y GILGAMESH

«¿Quién pudiera rivalizar con él en soberanía?»

Epopeya de Gilgamesh (c. 2100–1400 a.C.)

Egipcia

Desde *c.* 4000 a.C. hasta 30 a.C., las ideas egipcias sobre la vida después de la muerte y unos dioses benevolentes influyeron en todos los aspectos de la sociedad egipcia, y también en las creencias de otras, como la griega y romana. Las deidades egipcias empezaron como dioses tribales en forma animal, pero en la época del Imperio Antiguo tenían forma humana. Entre cientos de deidades, las primeras en ser veneradas fueron los primeros hijos de Geb (la Tierra) y Nut (el Cielo): Isis, Set, Neftis, Horus y Osiris. Osiris fue asesinado por Set, pero fue resucitado por Isis, y se convirtió en juez de las almas y señor del inframundo, fase ulterior de la existencia para todos los antiguos egipcios.

Griega

Como los de Mesopotamia y Egipto, los mitos griegos describen la creación del mundo a partir de un vacío (el Caos) y un panteón de dioses, en el Olimpo, la montaña más alta de Grecia. De aspecto humano, se convertían en animales a voluntad, y muchos mostraban flaquezas humanas. Los dioses olímpicos eran doce,

entre ellos, el rey Zeus y la reina Hera; Apolo, dios del Sol; Afrodita, diosa de la belleza y el amor; y otros dioses vinculados a cosas como el fuego, las aguas o el vino. Los mortales, semidioses y seres como los sátiros abundan en los mitos griegos, y leyendas como la de la Atlántida, mencionada por el filósofo ateniense Platón, servían como relatos aleccionadores.

LA LEYENDA DE LA ATLÁNTIDA

«En **un día y una noche** terribles [...], la isla de **Atlántida desapareció** [...] en el mar.»

PLATÓN,
Timeo (*c.* 360 a. C.)

Romana

Los dioses romanos y griegos están tan estrechamente vinculados que algunos, como Apolo, comparten incluso el nombre. La influencia griega en Italia estaba presente ya en la fundación de Roma en el siglo VIII a. C., pero Roma imprimió un sello propio a sus creencias, comenzando por la leyenda de la creación de su ciudad, según la cual la hija de un rey tuvo a los gemelos Rómulo y Remo con Marte, dios de la guerra. Arrojados a un río por un rey rival, fueron rescatados y criados por una loba, y acabaron fundando Roma. Rómulo mató a Remo para reinar él solo. Como las deidades griegas, los dioses romanos eran temperamentales, y con frecuencia violentos, pero se les podía aplacar con rituales, por medio de los cuales los dioses concedían dones y recompensas.

Los sátiros eran criaturas del bosque   *Los sátiros romanos tenían cuernos y orejas de cabra*

SÁTIRO EN UN MOSAICO ROMANO (*c.* 138–192 d. C.)

Celta

Los antiguos celtas (p. 307), que eran pueblos diversos y no un Estado, crearon cientos de mitos también diversos, transmitidos oralmente, hasta que los monjes medievales pusieron algunos por escrito. Registros hasta hoy conservados reflejan sobre todo las mitologías de Gales, Irlanda y Escocia, y también de Bretaña y la Galia. Cada tribu tenía un dios protector propio, pero la mayoría reconocía a Lug, dios de la luz, la curación y las artes, y a Cernunnos, dios con cuernos asociado a los animales y la fertilidad. Las diosas eran muy importantes, sobre todo las de la guerra, como Morrigan, la diosa de la sabiduría y la sanación, Brígida, y la diosa de los caballos, Epona. Tienen un papel importante en la mitología celta la magia, los magos, el renacimiento y un mundo sobrenatural al que los humanos podían acceder por los *sidhe* (túmulos, o montículos).

◀ **Las jinetes de los *sidhe***
Las sobrenaturales *aos sí (sidhe)*, o hadas de las leyendas irlandesas y escocesas, pintadas por John Duncan en 1911.

≫ Mitología (continuación)

Anillo en forma de cabeza de águila

Bandas entrelazadas típicas del arte nórdico

COLGANTE DEL MARTILLO DE THOR, DEL SIGLO X

Nórdica

Los pueblos nórdicos, o germánicos septentrionales, habitaron en Escandinavia en los siglos VIII–XI. A los que emprendían expediciones de saqueo y comercio se les llamó vikingos. En los mitos a menudo brutales del frío norte de Europa, los dioses hermanos Odín, Vili y Ve crearon el universo a partir del cuerpo de un gigante, dispuesto en varios ámbitos o mundos, comunicados por Yggdrasil, el gran árbol de la vida. Los humanos vivían en Midgard, la «Tierra del Medio», y los dioses (los Aesir y los Vanir), en el nivel celestial llamado Asgard. Los Aesir, dioses del cielo y la guerra, eran Odín, el rey; su esposa Frigg; los hijos de estos, el dios del trueno Thor, Baldr y Tyr; y el embaucador Loki. Entre los Vanir, dioses del amor, la fertilidad y la prosperidad, se contaban Freya (que lloraba lágrimas de oro) y Freyr. Niflheim, el submundo, era gobernado por Hel, hija de Loki. Los dioses pasaban la mayor parte del tiempo en guerra unos con otros, o con gigantes del hielo, diversos monstruos, enanos y elfos. Una de las versiones acaba en el fin del mundo (Ragnarök) y la destrucción del universo; en otra, de la destrucción surge un mundo nuevo de dioses y humanos.

Maorí

Los maoríes se asentaron en Nueva Zelanda alrededor del siglo XIII. Según la mitología maorí, el dios del cielo Ranginui y la diosa de la tierra Papatuanuku estaban unidos en un estrecho abrazo, y sus muchos hijos vivían en la oscuridad entre ellos. El mundo nació cuando los hijos los apartaron para ver la luz y tener espacio donde vivir. Uno de ellos, Tane, dios de los bosques, intentó crear seres vivientes con ocre rojo, pero solo logró crear árboles, hasta que de su aliento sobre el ocre surgió Hina, la primera mujer. Nueva Zelanda fue creada cuando el semidiós maestro del engaño, Maui, furioso con sus hermanos por haber ido a pescar sin él, salió en la canoa de estos, y con la ayuda de un anzuelo mágico atrapó un pez monstruoso que resultó ser una isla, la actual Isla Norte.

Relatos tradicionales indios

Los relatos épicos tradicionales de India se atribuyen a un pasado lejano. El *Mahabharata*, compuesto entre 400 a.C. y 300 d.C., cuenta la historia de la lucha dinástica entre dos grupos de primos de la estirpe del rey Bharata, los Kaurava y los Pandava. Esta comienza cuando Dhritarashtra, padre de los Kaurava, es relegado de la herencia del trono de Hastinapura por su ceguera, y sus descendientes tratan de arrebatarlo a la familia de su hermano Pandu. Repleto de peripecias, entre ellas una partida de dados en la que los Pandava pierden el trono y lo recuperan los Kaurava, el *Mahabharata* acaba en una batalla épica que marca el inicio de la época actual de la historia.

▶ Aparición mítica

El pintor japonés del siglo XIX Utagawa Kunisada se especializó en escenas del teatro kabuki. En esta, un espectro femenino *yokai* surge de una linterna.

TIPOS DE MITOS

Además de mitos sobre divinidades, la mayoría de las culturas tienen mitos de la creación para explicar la vida y el universo. Entre los aztecas (p. 343), por ejemplo, Oxomoco y Cipactónal (dcha.) eran los antepasados de todos los humanos. También abundan los mitos de inundaciones que destruyen civilizaciones. Los animales tienen un papel destacado en la mitología céltica y de los indígenas americanos, mientras que en otras predominan los héroes humanos, como el griego Heracles (Hércules).

Oxomoco   Cipactónal

CÓDICE AZTECA DEL SIGLO XV

Japonesa

En el folclore japonés, el campo está poblado de *yokai*, monstruos, espectros y demonios que asaltan a los viajeros desprevenidos. Adoptan muchas formas, muy a menudo de animales, pero también de plantas y objetos inanimados. Los *obake* son capaces de transformarse en zorros o tejones; el monstruoso Itsumade, de cabeza humana, cuerpo de serpiente y garras afiladas, aparecía en época de peste; y los *kappa*, con aspecto de salamandra gigante, ahogaban a los niños que se acercaban a los ríos. Los *rokurokubi* son *yokai* con aspecto humano, pero cuya cabeza se desprende de noche para vagar en busca de víctimas. Era importante apaciguar a los *yokai*, y por ello se les hacían ofrendas, como la de los pepinos arrojados a los ríos para sosegar a los *kappa*.

China

La mitología china explica la creación del mundo como obra de Pangu, gigante formado en un huevo cósmico nacido mágicamente del caos primordial. Cuando Pangu salió del huevo, las partes más ligeras del mismo flotaron y formaron el cielo, mientras que las más pesadas se hundieron y formaron la tierra. En los cuatro puntos cardinales de la Tierra, cuatro criaturas mitológicas montaban guardia: el dragón azul del este, la tortuga negra del norte, el tigre blanco del oeste y el ave bermellón del sur. Muchos aspectos de la sociedad se consideraban obra de soberanos legendarios como Huangdi, el Emperador Amarillo, a quien se atribuyen el calendario chino y la escritura.

Masái

Los relatos del pueblo masái de Kenia están estrechamente vinculados al ganado vacuno, cuya cría preside su modo de vida. La deidad principal, Enkai, tiene naturaleza dual: como Enkai-Narok, el dios negro, trae lluvia y prosperidad; y como Enka-na-Nyokie, el dios negro, castiga con el hambre a quienes le ofenden. Se cuenta que Enkai regaló a los masáis el ganado en la época en que se separaron la tierra y el cielo, enviando vacas por una cuerda hecha de corteza de la higuera salvaje *oreti*. Todas las vacas fueron para los masáis, pero Enkai envió también miel y animales salvajes a los torrobos, un grupo de cazadores, y semillas a los kikuyus, que se convirtieron en agricultores. También se cuenta que Enkai creó estos grupos dividiendo un árbol en tres partes que se convirtieron en seres humanos, y, con lo que sobró, dio a los masáis una vara para pastorear, a los kikuyus una pala para remover la tierra, y a los cazadores torrobos, un arco y una flecha.

> «Os daré algo llamado ganado.»
>
> LEYENDA ORAL DE LOS MASÁIS

Inca

Los incas de Perú creían que el mundo comenzó a existir cuando Viracocha, el dios del agua, surgió del lago Titicaca. Después creó a los otros dioses, a los humanos, el Sol, la Luna y las estrellas. Su hijo, Inti, dios del Sol, era hermano y marido de la diosa lunar, Mama Quilla, la deidad más reverenciada por los incas. Los eclipses solares se interpretaban como señales de la ira de Inti, considerado el antepasado de los Sapa inca, los emperadores. La mayoría de los dioses vivían en Hanan Pacha, el «mundo de arriba», adonde esperan ir tras morir quienes han vivido una vida digna. El castigo a la maldad era ir a Uku Pacha, el mundo de Supay, dios de los muertos, quien exigía también sacrificios humanos para poblarlo.

> «En el **principio,** y antes de crearse este mundo, había un ser llamado **Viracocha.**»
>
> PEDRO SARMIENTO DE GAMBOA, *Historia de los incas* (1572)

◄ Véase también Religiones del mundo pp. 378–381 **391**

¿Qué es la política?

La política son los medios utilizados en las sociedades para tomar decisiones relativas al gobierno, ya sean sobre la guerra y la paz o de alcance menor (como la gestión de residuos a nivel local). Hallar soluciones a esos asuntos requiere compromisos y adaptabilidad. Los procesos políticos formales se suelen atener a procedimientos constitucionales o legales, sobre todo en el caso de normas exigibles por ley. Decisiones como aumentar o reducir impuestos locales o nacionales, por tanto, siguen un proceso acordado.

Moralidad política

La moralidad política concierne al modo en que creencias, ética y moralidad dan forma a cómo piensan las comunidades, e influyen por tanto en las decisiones políticas. Tales creencias pueden dar lugar a sistemas que perjudican los intereses de minorías étnicas o religiosas, y los grupos que comparten creencias pueden formar partidos políticos para lograr sus fines. Hoy, los organismos gubernamentales suelen excluir las medidas que benefician a un sistema de creencias particular, pero el sesgo aún se da en el mundo y la política.

Realismo político

La idea de que la política consiste en usar el poder para lograr determinados fines es un rasgo dominante de la política nacional e internacional desde hace siglos, y uno de los motivos por los que la política se percibe como algo cínico y amoral. La política, en este contexto, no consiste tanto en el compromiso y el consenso como en explotar las ventajas de los desequilibrios económicos o militares para imponerse en una situación dada. El realismo político favorece a los grupos con poder económico o social sobre otros desfavorecidos o marginales.

Consejo de sabios

En las sociedades y culturas tradicionales, la idea de que la sabiduría y el buen juicio se adquieren con la edad y la experiencia suele chocar con las nociones modernas de democracia e igualdad de derechos. Suele buscarse el equilibrio, pero esto es a menudo difícil en sociedades con tradiciones de deber filial (de los hijos hacia los padres). Hoy, en la mayoría de los países existe un sistema de consulta pública antes de tomar decisiones, y este proceso da tiempo y espacio a los expertos o las personas con experiencia para asesorar y dar consejo.

◀ **Parlamento Europeo**
El Parlamento Europeo, en Estrasburgo (Francia), es la institución legislativa de elección directa de la Unión Europea (UE).

Representaciones de las industrias de los obreros

CARTEL DEL PARTIDO LABORISTA NORUEGO (1930)

Pensamiento ideológico

A partir del siglo XVIII, las formas representativas de gobierno fueron sustituyendo a los sistemas tradicionales, pero faltaban aún nuevas concepciones de la identidad nacional más allá de lo religioso o tradicional.

En el siglo XX se dio un crecimiento del comunismo y un auge del fascismo; ambas eran ideologías seculares, aunque muy diferentes. Conservando ciertos aspectos del programa modernizador de las sociedades industriales, se centraron en la organización social y económica, normalmente con un objetivo definido, dentro de Estados autocráticos.

SISTEMAS DE GOBIERNO

Cada forma de gobierno tiene características propias. En las dictaduras o monarquías tradicionales, el poder se concentra en manos de un solo individuo. Las democracias tienen representantes electos responsables de sus decisiones. Hay casos en que un grupo reducido controla el poder (oligarquía), aunque sean formalmente democracias, y otros en los que las creencias religiosas determinan las políticas (teocracia). Donde no hay estructuras de gobierno, la situación puede describirse como anárquica.

Socialismo

El socialismo es una filosofía política en la que los trabajadores controlan la generación de la riqueza. Muchos han visto el socialismo y el comunismo como intercambiables, y antidemocráticos en lo fundamental, pero existe el socialismo democrático, que combina objetivos socialistas con procesos democráticos. La forma tradicional de socialismo (como en la antigua Unión Soviética) establece al Partido Comunista como único representante del pueblo. Los miembros del partido no son electos, y a tales sistemas se les denomina de partido único.

Nacionalismo

El nacionalismo se da en contextos diferentes: en el contexto colonial, es un medio para lograr la independencia o autodeterminación. India, Nigeria, Indonesia y Egipto tuvieron movimientos nacionales por la independencia en las décadas de 1940 y 1950. En otros contextos, es un factor polarizador y peligroso que busca la subordinación de los intereses de los individuos a objetivos nacionales concretos. El fascismo y el nazismo fueron productos extremos de esta forma de nacionalismo, que persiguió violentamente a minorías y grupos marginales.

Atatürk, fundador y primer presidente de la república de Turquía

KEMAL ATATÜRK, LÍDER NACIONALISTA

> «Se dice que la **democracia** es la **peor forma de gobierno,** si se exceptúan todas las **demás formas.**»

WINSTON CHURCHILL, discurso en la Cámara de los Comunes británica (1947)

Democracia

La democracia consiste en el recurso periódico a las elecciones como forma de elegir gobiernos, y se usa en la mayor parte del mundo. Una democracia eficaz, sin embargo, requiere también límites al poder ejecutivo del Estado, con poderes y derechos definidos en un sistema constitucional. En la práctica, hay una gran diversidad de mecanismos democráticos, desde el plebiscito (voto abierto a todo el electorado) o la elección directa o indirecta de funcionarios hasta las votaciones restringidas a electores determinados (como las circunscritas a un territorio).

Instituciones políticas del mundo

Cada país desarrolla sus propios sistemas y formas de gobierno, aplicando principios propios. Esto da lugar a sistemas diversos en todo el mundo: federaciones, confederaciones, monarquías constitucionales, Estados confesionales (como Irán), dictaduras y varios tipos de gobierno autocrático. La mayoría de los países se basan en principios democráticos y liberales, y otros, en principios socialistas. Las ideas sobre la importancia de la cooperación constructiva internacional llevaron a la creación de la Organización de las Naciones Unidas en 1945.

	GOBIERNO DE UNO SOLO	GOBIERNO DE UNOS POCOS	GOBIERNO DE MUCHOS
SISTEMAS DE GOBIERNO	MONARQUÍA	TEOCRACIA	DEMOCRACIA
	DICTADURA	OLIGARQUÍA	ANARQUÍA

La política a través de la historia

Desde el principio de los tiempos, en todas las civilizaciones y culturas se han desarrollado ideas sobre cómo gobernar a los pueblos para garantizar la seguridad y la prosperidad y ofrecer liderazgo espiritual y ético. Entre guerras, rivalidades y otras formas de conflicto, fue surgiendo un modelo europeo dominante de gobierno que se extendió por el mundo por medio de la expansión imperial y el colonialismo. Firmemente arraigado en las tradiciones griega y romana, este modelo –modificado por valores principalmente cristianos y la evolución de los derechos políticos, civiles y humanos– dio forma a sistemas y prácticas diversos, en muchos casos en conflicto con las tradiciones y creencias tradicionales.

508 a.C. El estadista ateniense Clístenes reforma la estructura y los procesos políticos de Atenas, creando con ello la primera democracia. Los hombres libres de Atenas pueden asistir a la asamblea, y tienen derecho a votar.

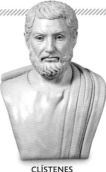

CLÍSTENES

c. 500 a.C. El filósofo chino Confucio propone un sistema de gobierno basado en los valores tradicionales del deber y la virtud, administrado por eruditos en una monarquía.

1789 La Revolución francesa establece una república. La *Declaración de los derechos del hombre y del ciudadano* es un documento precursor de los derechos humanos.

La guillotina, introducida en 1792 como medio más humanitario de ejecución

RÉPLICA DE UNA GUILLOTINA FRANCESA

EE UU INDEPENDIENTES

CLAVE
- ■ Territorio del oeste
- ■ Trece estados

1783 Espoleadas por diferencias políticas, las Trece Colonias de América del Norte, las primeras en sacudirse el dominio europeo, vencen a Gran Bretaña, adquieren territorio y establecen los Estados Unidos.

PAZ DE WESTFALIA

1648 La paz de Westfalia, una serie de tratados, pone fin a treinta años de conflictos en Europa. Nace con ello el sistema moderno de Estados nación y se establece el principio de soberanía.

1804 Tras una revolución que dura catorce años, Haití se independiza de Francia. Es el primer Estado de América gobernado por afroamericanos, y el primero en abolir la esclavitud.

Uniforme de miembro de la Convención Nacional francesa

EL REVOLUCIONARIO HAITIANO JEAN-BAPTISTE BELLEY

1819 El estadista venezolano Simón Bolívar declara la independencia de las colonias de la Gran Colombia (actuales, Ecuador, Colombia, Panamá y Venezuela).

SIMÓN BOLÍVAR

Bolívar, representado con uniforme militar

1833 La esclavitud es abolida en todo el imperio colonial británico. A esta seguirá la abolición por Francia, en 1848, y por EE UU, en 1865.

1930 Mohandas Gandhi (el Mahatma) viola el monopolio de la sal e inicia una campaña de desobediencia civil no violenta en India, en la que los indios se niegan a obedecer al gobierno imperial británico.

1922 En Rusia, Stalin toma el control del Partido Comunista e inicia políticas radicales de confiscación de tierras, industrialización forzada y purgas masivas.

STALIN

1918 Un armisticio pone fin a la Primera Guerra Mundial. Le sigue el tratado de Versalles, que impone reparaciones y grandes pérdidas territoriales a Austria y Alemania.

1917 Las derrotas militares contra Alemania y los disturbios civiles obligan a abdicar al zar Nicolás II de Rusia. Vladímir Lenin establece un Estado comunista.

CARTEL PROPAGANDÍSTICO SOVIÉTICO

Bandera con el año de la revolución

1939 Tras la llegada al poder en 1933 de Adolf Hitler en Alemania, el fascismo amenaza la paz acordada en Versalles, formando alianzas, anexionándose Austria e invadiendo Polonia.

ESTADO FASCISTA

1945 Los líderes aliados se reúnen en Yalta (Crimea), para decidir el futuro de Alemania y Japón tras la guerra. Más tarde, el mismo año, se funda la ONU para preservar la paz mundial.

1960 Sirimavo Bandaranaike, primera ministra de Sri Lanka, es la primera mujer elegida para encabezar un gobierno. La participación de las mujeres en la política va en aumento.

c. 380–360 a. C. El filósofo griego Platón escribe su obra más conocida, *República*, en la que defiende el gobierno por reyes filósofos capaces de usar su conocimiento de las realidades eternas para trazar el curso del buen gobierno.

380 d. C. El emperador Teodosio I establece como religión oficial del Imperio romano el cristianismo, empezando de esta forma su predominio institucional en Europa. En este momento histórico, religión y política son indistinguibles.

Teodosio presenta la carta de nombramiento a un funcionario

Guardias de palacio

RÉPLICA DE UN *MISSORIUM* (PLATO CEREMONIAL) DE TEODOSIO

622 La Carta de Medina del profeta Mahoma para las tribus musulmanas y judías defiende la consulta y la tolerancia, y prohíbe la guerra para resolver conflictos, en un ejemplo temprano de práctica de la tolerancia religiosa.

Siglos VIII–XVIII La tradición política europea adopta la idea del derecho divino como justificación de los monarcas para gobernar. Negarla puede constituir sacrilegio.

1513 El diplomático italiano Nicolás Maquiavelo escribe *El príncipe*, tratado sobre el arte de gobernar que funda el análisis político moderno. Se centra en los hombres, y prescinde de lo divino.

Caballero cristiano

1095–1492 Las cruzadas inician un prolongado conflicto entre cristianos y musulmanes por el control de Tierra Santa. La hostilidad resultante tendrá consecuencias durante siglos en Europa y Tierra Santa.

EJÉRCITO CRUZADO

802–1463 Los reinos del Sureste Asiático adoptan preceptos budistas en su ética de gobierno, con elementos propios del hinduismo y el confucianismo. Comercian solo con India y China.

TEMPLO DE ANGKOR WAT (CAMBOYA)

Dedicatoria a Lorenzo de Médicis, señor de Florencia

PORTADA DE EL PRÍNCIPE

1871 Unificación de Alemania en un Estado único, como Imperio Alemán, bajo el káiser Guillermo I, tras la guerra franco-prusiana y la anexión alemana de las regiones de Alsacia y Lorena.

El pincho indica que este pickelhaube prusiano es de infantería

CASCO PRUSIANO

1893 Nueva Zelanda es el primer país autogobernado con derecho al voto para la mayoría de las mujeres en elecciones parlamentarias, pero no podrán ser candidatas hasta 1919.

SUFRAGIO FEMENINO

1914 El asesinato del heredero al trono austrohúngaro Francisco Fernando activa las alianzas europeas, marca un cambio en la política global y conduce a la Primera Guerra Mundial.

Pistola semiautomática

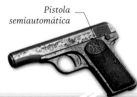

ARMA USADA PARA MATAR A FRANCISCO FERNANDO

Casco de cuero

1912 Después del derrocamiento de la última dinastía imperial en China, el líder del Kuomintang Sun Yat-sen pone fin a la monarquía absoluta y se convierte en presidente de la república.

SUN YAT-SEN

1968 Asesinato de Martin Luther King Jr. Como resultado de la tragedia, el Congreso de EE UU consagra el programa de derechos civiles en la Ley de Derechos Civiles, que inspira muchas otras luchas por la igualdad de derechos en todo el globo.

1989 La caída del Muro de Berlín inicia revoluciones en toda Europa del Este, y genera el colapso del comunismo y la reunificación alemana. La Unión Europea añade 11 nuevos Estados miembros.

EL PRESIDENTE DE EE UU Y EL LÍDER DE LA URSS, EN 1991

1990 En Sudáfrica, el activista contra el *apartheid* Nelson Mandela es liberado de prisión. En 1994, las primeras elecciones democráticas pondrán fin a la segregación racial institucional.

NELSON MANDELA

2016 La elección de Donald Trump como presidente imprime a EE UU un giro unilateralista en el que la política exterior atiende solo a los intereses del propio país.

Véase también Teoría política pp. 396–397 ▶ **Sociología** pp. 406–409 ▶   **395**

Teoría política

CREENCIAS Y SOCIEDAD

El debate político, los sistemas políticos y el modo en que se gobiernan los países se han visto influidos por pensadores diversos, entre ellos filósofos y líderes religiosos, militares y políticos. Las creencias personales,

las obligaciones y los deberes sociales y cómo deben funcionar los sistemas políticos dominan el debate político. Aquí se presentan solo algunas de las muchas teorías propuestas a lo largo de la historia.

Confucianismo

La postura moral de Confucio (551–479 a. C.) está arraigada en las virtudes tradicionales chinas de la lealtad, el deber y el respeto, determinadas por la categoría social y reflejadas en el *junzi* (hombre ideal) como ejemplo de rectitud. El confucianismo volvió más profunda una tradición en la que la armonía social resulta de la conducta adecuada de todos en su lugar asignado.

El soberano debe dar buen ejemplo a los súbditos

Los ministros median entre el soberano y los súbditos

El pueblo se comportará correctamente si se le da buen ejemplo

LEALTAD · DEBER · RESPETO

EL TRIÁNGULO DE CONFUCIO

TEORÍA SOCIAL FEMINISTA

Aunque las mujeres hayan sido históricamente privadas de los derechos a la propiedad, legales y políticos, la interpretación feminista de los problemas políticos ha supuesto una aportación importante a la teoría política. El feminismo de la primera ola de principios del siglo XX se centró en la igualdad política. El de la década de 1960, la llamada segunda ola, apuntó a los derechos reproductivos y al trabajo femenino. La tercera ola del feminismo contemporánea está centrada en las mujeres no occidentales, así como en el racismo, la homofobia, la transfobia y el eurocentrismo.

Guerras justas

Las ideas actuales sobre la guerra justa pueden remontarse a santo Tomás de Aquino (1225–1274). Aunque el cristianismo predique la paz, santo Tomás creía que en ocasiones era necesario luchar para restaurarla.

Restaurar la paz
Aquino creía que restaurar la paz es la única razón justa para hacer la guerra.

Autoridad del soberano
Solo con la autoridad del soberano puede emprenderse una guerra justa. Toda otra guerra es injusta.

Beneficio del pueblo
La guerra requiere una causa justa que beneficie al pueblo, como la autodefensa o evitar la invasión.

El contrato social

En el contrato social, los individuos renuncian a ciertas libertades a cambio de seguridad. Según Jean-Jacques Rousseau (1712–1778), esto causaba desigualdades, pero ofrecía libertad dentro de la ley. Para Thomas Hobbes (1588–1679), esto aseguraba la paz, pero no la verdadera libertad.

	SIN SOCIEDAD	EL CONTRATO SOCIAL	LA LIBERTAD
HOBBES	HAY DISCORDIA	GARANTIZA LA PAZ	EXISTE FUERA DE LA LEY
ROUSSEAU	LA GENTE ES FELIZ	MANTIENE LA DESIGUALDAD	SE DA BAJO LA LEY

Responsabilidad individual

La ley garantiza los derechos y las libertades, pero de los individuos se espera que asuman su responsabilidad personal, y están obligados a cumplir la ley.

Imperativo categórico de Kant

El imperativo categórico (aquello éticamente necesario en sí mismo) de Kant (1724–1804) establece que la persona debe obrar siempre según una máxima tal que pueda considerarse una regla universal, y no un medio.

Saltarse un semáforo en rojo es malo si lo hacen todos

Comunismo

Aunque muchos consideren que el capitalismo es un sistema económico eficiente, el filósofo del siglo XIX Karl Marx (1818–1883) mantuvo que contiene las semillas de su propia destrucción, que los dueños acaparan los beneficios y explotan a los trabajadores, y que el único modo de cambiar esto es eliminar la propiedad privada e instaurar una dictadura del proletariado.

Capitalismo y alienación

En el momento en que el trabajador entrega el producto de su trabajo al empresario, queda desconectado del mismo, y Marx afirmaba que esto causa la alienación que experimenta.

A los trabajadores se les da una tarea

Los trabajadores invierten esfuerzo en el producto

Idealmente, el producto encarna el esfuerzo del trabajador

MATERIA PRIMA → **CREACIÓN DEL PRODUCTO**

SISTEMA IDEAL

Bajo el capitalismo, los bienes son objetos ajenos

SISTEMA CAPITALISTA

REYES FILÓSOFOS

Platón defendió que una vida pública virtuosa requería soberanos que la garantizaran, lo cual, en su opinión, únicamente podían hacer los filósofos con conocimiento de la ética y la moralidad. En consecuencia, solo ellos debían detentar el poder.

UN SOBERANO INTELECTUAL

«**Conoce a tu enemigo y** conócete **a ti mismo;**
en cien batallas, nunca saldrás derrotado.»

SUN TZU, *El arte de la guerra* (siglo VI a. C.)

El arte de la guerra

El general chino Sun Tzu (544–496 a. C.) aportó un marco a la estrategia militar también aplicable a los desafíos políticos. Sus principios incluyen aspectos como las estaciones, el terreno, la influencia moral del soberano, la capacidad y las cualidades del general y la organización y disciplina de los hombres.

Terreno variable

Terreno
El estratega debe tener en cuenta el terreno, sus distancias, zonas seguras y expuestas, espacios abiertos o estrechos, y también la probabilidad de vivir o morir.

Los soldados obedecen al general

El *tao*
En el tao (el camino), el acuerdo de los soldados con el soberano es completo, y le seguirán siempre.

La jerarquía crea orden

Disciplina
El ejército debe contar con las subdivisiones apropiadas y organizarse por rango para infundir disciplina.

Equilibrio de opuestos

Cielo
El cielo (yin y yang) representa el ciclo de las estaciones, la noche y el día y el paso del tiempo.

Mando
El general debe encarnar virtudes como la sabiduría, la sinceridad, el valor y la benevolencia.

Sufragio universal

El sufragio universal es el derecho al voto de todos los adultos, salvo excepciones menores, con independencia de su riqueza, sexo, raza, etnia, posesiones u otras condiciones cualesquiera.

Desequilibrio entre ricos y pobres

El igual derecho al voto restaura el equilibrio

DERECHO AL VOTO SEGÚN LA RIQUEZA   **SUFRAGIO UNIVERSAL**

Separación de poderes

La división de los poderes del Estado en poder ejecutivo (encargado de la administración), poder legislativo (encargado de aprobar leyes) y poder judicial (encargado de aplicar leyes) impone un límite al abuso de poder por parte de individuos o grupos.

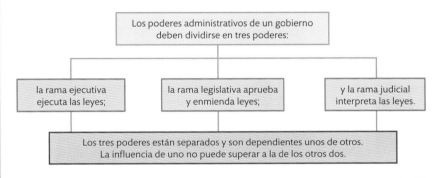

Los poderes administrativos de un gobierno deben dividirse en tres poderes:

la rama ejecutiva ejecuta las leyes;

la rama legislativa aprueba y enmienda leyes;

y la rama judicial interpreta las leyes.

Los tres poderes están separados y son dependientes unos de otros. La influencia de uno no puede superar a la de los otros dos.

Justicia social

La idea de justicia social emana del principio de que todos deben disfrutar de sus derechos individuales. Para ello, los sistemas legales y las instituciones deben corregir las desigualdades históricas o exclusiones, pero también tiene un papel en este proceso el principio de la responsabilidad democrática.

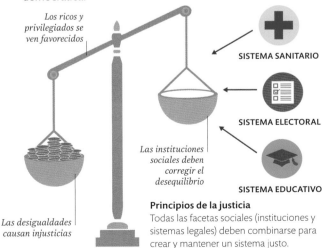

Los ricos y privilegiados se ven favorecidos

SISTEMA SANITARIO

SISTEMA ELECTORAL

Las instituciones sociales deben corregir el desequilibrio

SISTEMA EDUCATIVO

Las desigualdades causan injusticias

Principios de la justicia
Todas las facetas sociales (instituciones y sistemas legales) deben combinarse para crear y mantener un sistema justo.

Libertad individual

El filósofo John Stuart Mill (1806–1873) se ocupó del equilibrio entre intervención gubernamental y libertades individuales. Defendió tres libertades básicas (abajo), y que el gobierno solo debe intervenir para evitar que se perjudique a otros.

Libertad de opinión
La persona debe ser libre de tener opiniones y expresarlas oralmente y por escrito.

Libertad de acción
Mientras no perjudique a otros, la persona puede hacer lo que le guste y como le guste.

Libertad de reunión
Las personas pueden reunirse y unirse para cualquier fin que no cause daño.

El imperio de la ley

John Locke (1632–1704) defendió los principios liberales del gobierno. Su cometido principal debe ser proteger la vida, la libertad y la propiedad, y trabajar por el bien público. En esta concepción, legislar es el papel y la responsabilidad esencial de un gobierno.

Buenas leyes
Legislar es el fin principal y una de las funciones más importantes de un gobierno.

Derechos del pueblo
Las leyes deben proteger los derechos del pueblo al que el gobierno representa.

Aplicar las leyes
Con el bien público como fin, el gobierno debe aplicar las leyes que ha creado.

Véase también La economía a través de la historia pp. 400-401 ▶   Sociología pp. 406-409 ▶   **397**

¿Qué es la economía?

La economía estudia cómo se administran los recursos y se organiza la producción y distribución de bienes y servicios. Se sirve de otras disciplinas, como el derecho, la psicología y la sociología, para explicar cómo toman decisiones los consumidores y los productores y cómo conciliar una demanda ilimitada con los limitados recursos del mundo. Hay muchas teorías acerca de cómo funciona la economía, y los economistas mantienen una intensa disputa sobre la mejor explicación.

Tomar decisiones racionales
Cada vez que un consumidor sopesa el coste y el beneficio de las opciones que tiene –para maximizar los beneficios y minimizar el coste– y toma una decisión basada en sus preferencias, lo que está haciendo, según los microeconomistas, es tomar una decisión racional. Los economistas usan esta premisa para predecir el comportamiento de los consumidores, suponiendo que este se basa en maximizar el propio interés.

Propiedad y derechos de propiedad
La función económica del intercambio mercantil –la acción de producir, vender y comprar– se basa en el principio de que los recursos tienen un propietario, conforme a la noción de derechos de propiedad. Tales derechos intentan que la competencia por los recursos no sea violenta, sino pacífica. Un derecho de propiedad puede consistir, por ejemplo, en ser dueño de una casa. El dueño está autorizado para delegar, alquilar o vender sus derechos a otra parte que esté dispuesta a cumplir los términos acordados en cuanto al precio y plazo del intercambio.

¿Qué es el dinero?
El dinero es un medio de intercambio, y solo tiene valor en la medida en que las personas crean que representa un valor determinado: no es lo mismo que la riqueza. Históricamente, los primeros medios de intercambio fueron bienes

◀ Mercado flotante
El intercambio de bienes a cambio de dinero se produce a muchas escalas en la sociedad, desde la venta en mercados locales hasta el comercio internacional.

como granos de cereal, cacao o sal, considerados valiosos por ser generalmente demandados. A lo largo de los siglos se pasó de este sistema al de monedas y billetes valorados según el precio del oro. Pero en la década de 1970 se abandonó el patrón oro, y se adoptó el dinero *«fiat»*, moneda no respaldada con oro, pero declarada de curso legal por los gobiernos.

El proceso de oferta y demanda
La cantidad de bienes o servicios disponibles en el mercado se llama oferta, y la cantidad de los mismos deseada por los consumidores en cualquier momento dado es la demanda. La interacción entre la oferta y la demanda es lo que establece el precio de los bienes o servicios. Según la ley de la oferta y la demanda, por ejemplo, si hay diez contables cualificados por cada puesto de contable ofertado, no es probable que cambien los salarios ofrecidos. Y lo mismo a la inversa: si solo hay dos contables por cada diez puestos anunciados, las empresas aumentarán el salario ofrecido para así atraer a los escasos candidatos.

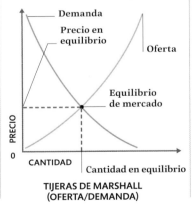

TIJERAS DE MARSHALL (OFERTA/DEMANDA)

MONOPOLIO FRENTE A COMPETENCIA PERFECTA

La competencia en el mercado
Como factor clave que impulsa la economía y como rasgo definitorio del capitalismo, la competencia es la rivalidad entre empresas del mismo sector por incrementar su cuota de mercado. Para lograrlo, los productores o vendedores tratan de hacerse con los clientes de las otras empresas variando el precio, presentando ofertas o cambiando el lugar del punto de venta. La competencia puede determinar el precio de mercado: cuanto mayor es la demanda de un producto, mayor es el precio que estarán dispuestos a pagar los consumidores. Los monopolios se dan cuando un vendedor tiene la posesión plena del mercado, y en tal caso puede vender al precio que desee. La competencia perfecta se da cuando hay múltiples vendedores y una gran cantidad de compradores, lo cual lleva los precios al equilibrio.

Microeconomía
Estudia el comportamiento de los consumidores individuales y de los proveedores de bienes y servicios. Tal estudio aborda varios factores: los mecanismos del mercado, o el análisis de la dinámica clave de oferta y demanda, ilustrada por el diagrama de las tijeras de Marshall (izda.); la distribución de los

JOHN MAYNARD KEYNES
El economista británico John Maynard Keynes (1883–1946) revolucionó el pensamiento económico en la década de 1930 al proponer que el gasto público es fundamental para lograr el pleno empleo; el cual, a su vez, estimula la economía al aumentar la demanda.

bienes; la eficiencia de la producción; la asignación del trabajo; y el efecto de la normativa gubernamental y los impuestos sobre el proceso. También estudia por qué individuos y productores responden de un modo determinado a los precios, y a qué nivel de precios cambia su comportamiento.

Macroeconomía
Se ocupa del comportamiento y el rendimiento de los sistemas económicos a gran escala, estudiando su funcionamiento a escala regional, nacional o internacional. Se centra en los cambios en el comportamiento económico analizando indicadores como el desempleo, la tasa de crecimiento, el producto interior bruto (PIB) y la inflación. Relaciona elementos como el gobierno, la banca y la industria, que contribuyen al total de la actividad económica de un país, y analiza los factores microeconómicos que influyen en ellos. Gobiernos y empresas usan modelos macroeconómicos para formular sus políticas y estrategias económicas.

> «La **deuda nacional**, si no es excesiva, será una **bendición nacional**».
>
> ALEXANDER HAMILTON, padre fundador de EE UU, en una carta al financiero Robert Morris (30 de abril de 1781)

TIPOS DE ECONOMÍAS
La teoría económica identifica cuatro tipos de economías en función de cómo asignan los recursos. En la economía agrícola tradicional, la oferta solo satisface la demanda; en la planificada (ilustrada aquí), una autoridad o gobierno central toma las decisiones; en un mercado libre no hay intervención estatal o del gobierno; y en una economía mixta la hay en algún grado.

Idea de un producto

DEMANDA

Los planificadores estiman la demanda

PLANIFICACIÓN CENTRAL

El fabricante recibe instrucciones

PRODUCCIÓN

El consumidor no tiene opciones

OFERTA

La economía a través de la historia

Del trueque a las criptomonedas, la economía ha evolucionado desde los intercambios simples hasta algoritmos financieros y mecanismos de mercado complejos en las transacciones globales. La economía, como forma en que se concibe la producción y el consumo de bienes y servicios, se desarrolló ya en la antigua Grecia. Pero no fue hasta el siglo XVIII cuando teóricos como Adam Smith comenzaron a analizar cómo las operaciones de compra y venta de los individuos contribuían a conformar la economía de un país. Otros pensadores clave, como Karl Marx, John Keynes y Milton Friedman, determinaron cómo funcionan las economías en la práctica, y con ello influyeron en las decisiones tomadas por empresarios y gobiernos.

Trigo cultivado por una persona

Intercambio directo de una vaca por trigo

10 000–3000 a. C. Las transacciones económicas más antiguas eran trueques entre individuos, intercambios directos de bienes o servicios de un valor similar y acordado. El dinero no interviene en el trueque.

Vaca propiedad de otra persona

SISTEMA DE TRUEQUE

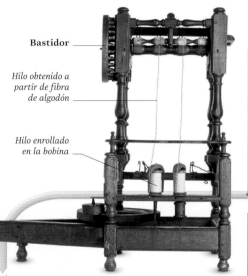

Bastidor

Hilo obtenido a partir de fibra de algodón

Hilo enrollado en la bobina

HILADORA HIDRÁULICA

Estatua de bronce de Hume, vestido con toga de filósofo

1752 El filósofo escocés David Hume publica su influyente ensayo «On the balance of trade», donde defiende que los gobiernos deben costear bienes públicos como el alumbrado urbano y la defensa nacional, que benefician al pueblo.

DAVID HUME

1637 La gran demanda de tulipanes exóticos entre las clases adineradas neerlandesas hace que los bulbos lleguen a negociarse en bolsa por grandes sumas. Los precios no tardan en desplomarse, y se produce la primera burbuja especulativa documentada.

TULIPÁN *SEMPER AUGUSTUS*

1771 El inventor Richard Arkwright construye una hiladora hidráulica en Derbyshire (Reino Unido), iniciando el paso del taller doméstico a la industria centralizada en fábricas.

1776 En *La riqueza de las naciones*, el economista escocés Adam Smith describe los mecanismos de la emergente sociedad industrial capitalista basada en la división del trabajo, criticando los monopolios y la excesiva intervención estatal.

1844 Reino Unido adopta el patrón oro, estableciendo los billetes del Banco de Inglaterra como divisa oficial y vinculando el valor de la libra británica a una cantidad determinada de oro.

PATRÓN ORO

El gobierno guarda las reservas de oro y emite billetes y monedas

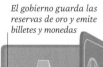

1867 El filósofo alemán Karl Marx publica *El capital*, donde critica los medios de producción capitalistas y propone un sistema centralizado en que el Estado tiene un papel mayor en el bienestar de los trabajadores.

1960 Catorce países grandes productores de crudo fundan la Organización de Países Exportadores de Petróleo (OPEP) para regular la oferta y controlar los precios.

BOMBA DE VARILLA

La bomba extrae petróleo del subsuelo

1958–1960 Se instituye en China el Gran Salto Adelante para industrializar el país, pero el proyecto se ve frustrado por problemas organizativos y desastres naturales.

1957 Seis países europeos firman el Tratado de Roma que establece la Comunidad Económica Europea, y acuerdan el fin de las tarifas aduaneras y una política agraria común.

TRATADO DE ROMA

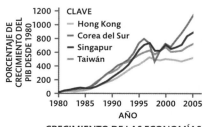

1971 Bajo el presidente Richard Nixon, EE UU abandona el patrón oro para proteger el dólar sobrevalorado por la especulación extranjera, poniendo fin al tipo de cambio fijo.

Pozo perforado en la roca

1989 La economista política Alice Amsden describe el auge de los cuatro tigres asiáticos, y atribuye su éxito a la industrialización promovida por el Estado, el control de los precios y la reducción de las importaciones.

CLAVE
— Hong Kong
— Corea del Sur
— Singapur
— Taiwán

PORCENTAJE DE CRECIMIENTO DEL PIB DESDE 1980

1200 1000 800 600 400 200 0

1980 1985 1990 1995 2000 2005

AÑO

CRECIMIENTO DE LAS ECONOMÍAS

Papel moneda válido por tres años

Socios locales menores, no empleados, gestionaban las once sucursales del Banco de los Médicis

600 a. C.–1100 d. C. Las primeras monedas como medio de intercambio se usan en Lidia (en la actual Turquía). El valor de cada moneda depende de su contenido en metales preciosos.

Moneda de electro, aleación de oro y plata

Moneda acuñada a mano, con una cabeza de león

MONEDA LIDIA

Década de 1120 El primer papel moneda de emisión gubernamental se introduce en China, por ser más ligero para ser transportado.

BILLETE DE LA DINASTÍA SONG

1397 En Florencia (Italia), la familia Médicis funda un banco privado especializado en inversiones, institución que usa innovaciones como la doble contabilidad, las cartas de crédito y las sociedades gestoras (*holdings*).

BANCO DE LOS MÉDICIS

El lema «Juventud comunista, ¡a los tractores!» alude a la disponibilidad de recursos para todos bajo la colectivización

1492 El navegante Cristóbal Colón reclama las Indias Occidentales para la corona castellana. La abundancia de oro y, sobre todo, plata de las minas americanas devaluará la moneda de la Monarquía Hispánica y causará una revolución (inflación) de los precios.

COLÓN EN EL CARIBE

c. década de 1400 La letra de cambio, una garantía de pago escrita por un notario, se populariza como forma de pago sin metálico entre comerciantes europeos.

1929 El gobierno soviético de Stalin decreta la colectivización de las granjas, y los propietarios deben entregar sus tierras y unirse a granjas colectivas de propiedad estatal.

CAMPAÑA DE COLECTIVIZACIÓN

1929-1940 El desplome de la bolsa en octubre de 1929 y los subsiguientes pánicos bancarios contribuyen a la Gran Depresión, la más severa y prolongada de la historia a nivel global.

PROTESTA DURANTE LA GRAN DEPRESIÓN

1951 La teoría de juegos –el estudio del comportamiento en situaciones competitivas– del matemático estadounidense John Nash contribuye a la comprensión de los modelos económicos.

Tijeras vencen al papel

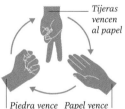

Piedra vence a tijeras   *Papel vence a la piedra*

PIEDRA, PAPEL O TIJERA

1945 Se funda el Fondo Monetario Internacional (FMI) para promover la cooperación económica global y un nuevo sistema de tasas de cambio vinculado al dólar.

1999 Los once Estados miembros de la Unión Económica y Monetaria adoptan el euro (€) como divisa de la Unión Europea. Grecia se incorpora a la misma dos años después.

Bandera europea símbolo de la Unión Europea

BILLETES DE EURO

La escasa oferta causa un ciclo de recesión

Oferta de dinero

Rueda de la economía

EL PODER DEL DINERO

2008 La venta excesiva de hipotecas basura en EE UU desencadena la peor crisis financiera desde la Gran Depresión y una gran recesión.

2009 Un programador o grupo anónimo conocido como Satoshi Nakamoto crea la primera moneda plenamente digital (criptomoneda), llamada *bitcoin*.

BITCOIN

Véase también Teoría económica pp. 402–405 ▶ **401**

Teoría económica

Desde hace siglos, teóricos como Adam Smith o Karl Marx han ofrecido explicaciones de cómo funcionan –o deberían funcionar– las economías. Algunas teorías han sido adoptadas o adaptadas por gobiernos y empresas, y han influido en sus decisiones sobre gasto, impuestos, préstamos y otros aspectos de la vida económica.

La mano invisible

Concebida en 1759 por Adam Smith, la teoría de la mano invisible es una metáfora de las fuerzas que se ponen en marcha cuando una persona actúa movida por su propio interés (al comprar un producto, por ejemplo), beneficiando a toda la sociedad como resultado.

Cambios en la oferta y la demanda

Smith usó la mano invisible para apoyar la idea de que la oferta y la demanda se equilibran naturalmente en el libre mercado. En este caso, la fábrica de paraguas tendrá mayores beneficios hasta que haya otras empresas en el mercado.

Llega la lluvia y se predice que continuará

La demanda de paraguas crece

Cae la demanda de gafas de sol

Sube el precio de los paraguas, y los beneficios

Cae el precio de las gafas, y los beneficios

Los trabajadores cambian de empleo

La fábrica de paraguas aumenta la producción y contrata más personal

La fábrica de gafas reduce la producción y despide personal

El monetarismo de Friedman

El economista estadounidense Milton Friedman propuso que los gobiernos pueden manipular los tipos de interés para controlar la oferta de dinero circulante en una economía. Reducirlos abarata el crédito para los consumidores, animándoles a gastar más. A la inversa, aumentarlos incentiva el ahorro.

INTERÉS BAJO

EL EMPLEADO COBRA 100 € — GASTA 100 € — EL SUPERMERCADO ENCARGA MÁS AL PROVEEDOR — EL PROVEEDOR PAGA MÁS AL PERSONAL

INTERÉS ALTO

EL EMPLEADO COBRA 100 € — AHORRA 50 € Y GASTA 50 € — EL SUPERMERCADO ENCARGA MENOS AL PROVEEDOR — EL PROVEEDOR PAGA MENOS AL PERSONAL

El efecto de los tipos de interés

Con tipos de interés bajos, la cantidad de dinero circulante en la economía aumenta. Los consumidores gastan más, lo cual estimula los negocios y la creación de empleo. Lo contrario sucede con tipos altos: se ahorra más, se consume menos y no se estimula el empleo.

> «No es **por la benevolencia** del carnicero, el cervecero o el panadero por lo que esperamos nuestra cena, sino por la **consideración de sus propios intereses**.»
>
> ADAM SMITH, *La riqueza de las naciones* (1776)

El efecto multiplicador

Desarrollado por Keynes (p. 399) a partir de la obra del economista británico Richard Kahn en 1931, el efecto multiplicador alude a cómo aumentará el producto interior bruto (PIB) si se inyecta dinero en la economía mediante el gasto, o bien cómo caerá si no hay gasto.

La teoría general del dinero de Keynes

Keynes mantuvo que los efectos de la recesión y la depresión se pueden compensar con mayor gasto público y menores impuestos.

Infraestructura de transportes

Construcción: vivienda, escuelas y hospitales

Defensa

Policía, educación, sanidad y bienestar

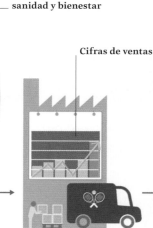

Cifras de ventas

Gobierno
La economía se puede estimular hacia el pleno empleo si el gobierno inyecta más dinero (gasto público) y reduce impuestos.

Inversión
El mayor gasto en obras públicas y programas crea empleo en muchos sectores de la sociedad.

Estímulo de la demanda
Al haber más trabajadores empleados, gastan dinero que de otro modo no tendrían.

Aumenta la producción
Al gastar más los consumidores, crece la venta de bienes y servicios, y aumenta así la producción.

«La economía [...] hace patente ese **conflicto de elección** que es **característica permanente de la existencia humana.**»

LIONEL ROBBINS, *Ensayo sobre la naturaleza y significación de la ciencia económica* (1932)

Teoría de la habilitación

En 1976, el economista indio Amartya Sen afirmó que el hambre no era el mero resultado de la escasez, y que sobrevendría si los trabajadores no pueden intercambiar sus «habilitaciones» *(entitlements)* –recursos a su disposición– por alimentos.

> Las familias **trabajan por dinero**, con el cual compran alimentos para sobrevivir.

↓

> Si **cambia el precio** del trabajo o de los alimentos...

↓

> ... y los salarios **son demasiado bajos** para comprar los mínimos alimentos necesarios,...

↓

> ... la familia **pasará hambre**, aunque se produzcan alimentos de sobra.

↓

> **El hambre puede darse con buenas cosechas.**

Bienes públicos

Un bien público es un producto o servicio aportado por el Estado a toda la población, sin la expectativa de obtener beneficios. Ejemplos de ello son las fuerzas armadas, los parques públicos, el alumbrado público, la sanidad e incluso el aire limpio.

ALUMBRADO PÚBLICO

PUENTE

FARO

SISTEMA LEGAL

EDUCACIÓN

DEFENSA NACIONAL

Coste de oportunidad

El coste de oportunidad es el beneficio perdido al escoger una actividad en lugar de otra. Una empresa, por ejemplo, debe decidir entre dedicar recursos a fabricar frenos o baterías. Si escoge los frenos, el coste de oportunidad es el beneficio que habría podido obtener con las baterías.

Frontera de posibilidad de producción

La FPP (frontera de posibilidad de producción) compara cuánto de dos bienes distintos podría producirse dada la misma cantidad de recursos limitados. Suele plantearse como una curva.

CONSUMO OSTENTOSO

En 1899, el economista estadounidense Thorstein Veblen acuñó la expresión *conspicous consumption* («consumo ostentoso») para referirse al gasto llamativo por la clase media emergente –en artículos de precio elevado, o en gran cantidad de artículos– para mostrar su poder económico y categoría social.

COMPRADORES EN TOKIO

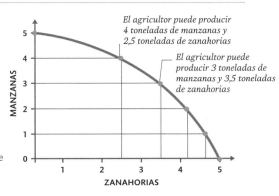
El agricultor puede producir 4 toneladas de manzanas y 2,5 toneladas de zanahorias

El agricultor puede producir 3 toneladas de manzanas y 3,5 toneladas de zanahorias

MANZANAS / ZANAHORIAS

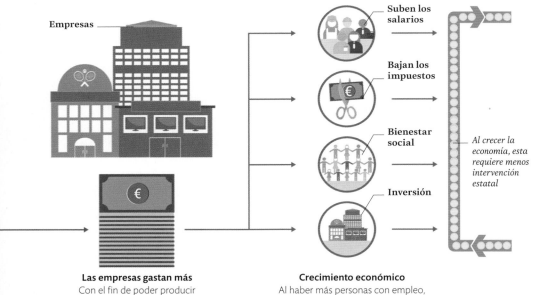

Empresas

Suben los salarios

Bajan los impuestos

Bienestar social

Inversión

Al crecer la economía, esta requiere menos intervención estatal

Las empresas gastan más
Con el fin de poder producir más, las empresas gastan más en personal, instalaciones y equipo.

Crecimiento económico
Al haber más personas con empleo, el gasto total aumenta y se estimula el crecimiento económico.

ECONOMÍA MARXISTA

Marx mantuvo que el capitalismo divide a la humanidad entre pocos dueños de los medios de producción y muchos que venden su fuerza de trabajo. Unos se quedan con los beneficios a expensas de los otros.

1 PAR DE ZAPATOS = 2 HORAS DE TRABAJO A 10 €/HORA = 20 €

1 VESTIDO = 10 HORAS DE TRABAJO A 10 €/HORA = 100 €

Teoría del valor-trabajo de Marx

El valor de un bien puede medirse objetivamente calculando la media de las horas de trabajo necesarias para producirlo.

>> Teoría económica (continuación)

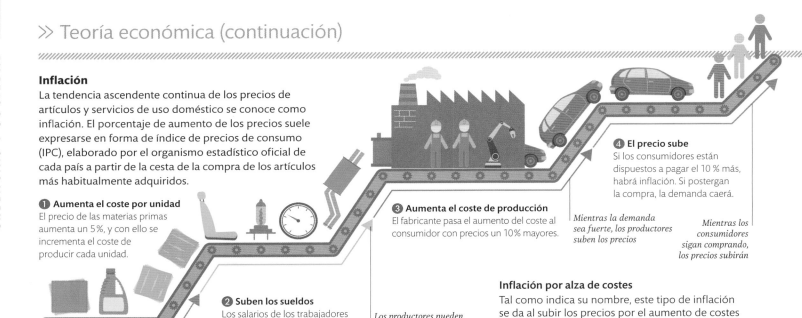

Inflación

La tendencia ascendente continua de los precios de artículos y servicios de uso doméstico se conoce como inflación. El porcentaje de aumento de los precios suele expresarse en forma de índice de precios de consumo (IPC), elaborado por el organismo estadístico oficial de cada país a partir de la cesta de la compra de los artículos más habitualmente adquiridos.

1 Aumenta el coste por unidad
El precio de las materias primas aumenta un 5%, y con ello se incrementa el coste de producir cada unidad.

2 Suben los sueldos
Los salarios de los trabajadores fabriles suben un 5%, al escasear los trabajadores.

Los productores pueden asumir los mayores costes por tiempo limitado

3 Aumenta el coste de producción
El fabricante pasa el aumento del coste al consumidor con precios un 10% mayores.

Mientras la demanda sea fuerte, los productores suben los precios

4 El precio sube
Si los consumidores están dispuestos a pagar el 10% más, habrá inflación. Si postergan la compra, la demanda caerá.

Mientras los consumidores sigan comprando, los precios subirán

Inflación por alza de costes

Tal como indica su nombre, este tipo de inflación se da al subir los precios por el aumento de costes de producción, como la materia prima y los salarios, costes que se trasladan a los consumidores.

Crisis financieras

Hay varios desencadenantes de una crisis financiera: la rápida venta de activos sobrevalorados; la retirada masiva de depósitos bancarios; los impagos masivos de deuda; y las caídas del valor de activos financieros o reales. El resultado es una recesión o una depresión.

BURBUJAS ECONÓMICAS

Si los inversores compran frenéticamente un activo, su precio sube espectacularmente. Cuando no quedan inversores dispuestos a comprar, comienza la venta masiva, y el precio se desploma.

VALOR DE LAS EMPRESAS DE COMERCIO EN LÍNEA

1994   1998   2002   2006   2008
AÑO

BURBUJA PUNTOCOM

Cuanto más dura la estabilidad de una economía, **mayor es la confianza** en el futuro.

↓

Cuanto mayor es la confianza en el futuro, **más préstamos se piden**.

↓

En una economía estable, **la deuda crece**, así como el riesgo crediticio y el precio de los activos.

↓

Los precios tocan techo, y después caen, y los prestatarios empiezan a no poder pagar. Hay un **colapso del crédito**, y la economía entra en recesión.

↓

Las economías estables contienen las semillas de la inestabilidad.

Ventaja comparativa

Cuando una persona o empresa produce bienes o servicios a menor coste que cualquier otra, esto se llama ventaja comparativa. El vendedor con dicha ventaja obtiene mayores beneficios, al ser mayores sus márgenes.

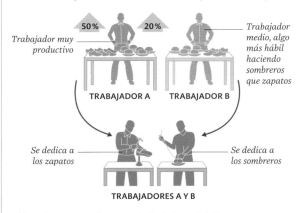

Trabajador muy productivo

50%   20%

Trabajador medio, algo más hábil haciendo sombreros que zapatos

TRABAJADOR A   **TRABAJADOR B**

Se dedica a los zapatos

Se dedica a los sombreros

TRABAJADORES A Y B

Ventaja comparativa entre trabajadores fabriles
Como el trabajador A es un 50% mejor haciendo zapatos que el trabajador B, pero solo un 20% mejor haciendo sombreros, que haga zapatos es la forma más rentable de usar su tiempo.

Elasticidad de la demanda

La elasticidad de la demanda es el grado en que el precio y otros factores influyen en el deseo del consumidor de adquirir un bien o servicio. Suele enfocarse en el precio, y se calcula dividiendo la variación porcentual en la cantidad demandada por la variación porcentual en el precio. Se da más elasticidad cuando pequeños cambios de precio ocasionan mayores cambios en la demanda.

Tipo de demanda
Al subir los precios, la demanda puede ser elástica, inelástica, perfectamente inelástica o perfectamente elástica. Se dice que es unitaria cuando precio y demanda cambian por igual.

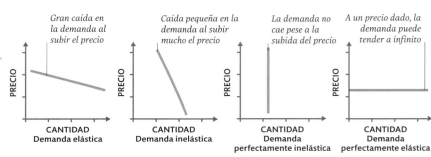

Gran caída en la demanda al subir el precio

PRECIO

CANTIDAD
Demanda elástica

Caída pequeña en la demanda al subir mucho el precio

PRECIO

CANTIDAD
Demanda inelástica

La demanda no cae pese a la subida del precio

PRECIO

CANTIDAD
Demanda perfectamente inelástica

A un precio dado, la demanda puede tender a infinito

PRECIO

CANTIDAD
Demanda perfectamente elástica

«La **inflación** es siempre y en todas partes un **fenómeno monetario.**»

MILTON FRIEDMAN, *The Counter-Revolution in Monetary Theory* (1970)

❶ Sube la demanda
Los consumidores han pospuesto la compra de portátiles, a la espera de una nueva generación de ordenadores de procesamiento más rápido.

❷ Manufactura a plena capacidad
La tecnología de nueva generación entra en producción, y se informa en los medios. Los consumidores que han esperado se disponen a comprar.

❸ La demanda supera a la oferta
Productores y vendedores calculan el mayor precio que los consumidores pagarán, dado el carácter único de los nuevos ordenadores y la demanda acumulada.

❹ Los precios suben
Hasta que se satisfaga la demanda y haya más portátiles a la venta que consumidores dispuestos a comprar, el precio se mantendrá alto.

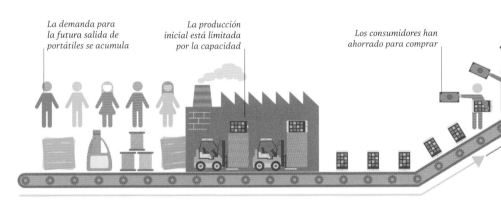

La demanda para la futura salida de portátiles se acumula

La producción inicial está limitada por la capacidad

Los consumidores han ahorrado para comprar

Gobierno e industria se suman a la demanda

Inflación de demanda
El aumento de la demanda puede hacer que suban los precios. Al competir más personas por un número limitado de bienes o servicios, se puede cobrar más por ellos.

División del trabajo

Al repartir la producción económica en tareas separadas, y al asignar cada una a la persona o empresa mejor equipada para la misma, el trabajo se divide. En el nivel más simple, supone que los individuos especializados en una tarea, como la cirugía, pueden comprar la especialización de otros, como la limpieza en seco.

La especialización aumenta la productividad
Al especializarse cada trabajador en una tarea dada, la producción de bienes es más eficiente, como en esta cadena.

> «Toda **expansión** de la división personal del trabajo **supone ventajas** para todos los **participantes.**»
>
> LUDWIG VON MISES, *El socialismo: análisis económico y sociológico* (1922)

Economías de escala

Cuando se produce una cantidad dada de artículos, no cuesta lo mismo producir cada una de las unidades: las primeras serán más caras, al haberse invertido dinero en poner en marcha la producción, pero el coste por cada nueva unidad se va reduciendo, al repartirse la inversión inicial entre un número de unidades mayor.

Gráfica de las economías de escala
Planteado en una curva, se aprecia cómo cambia el coste de producción por cada nueva unidad en las economías de escala.

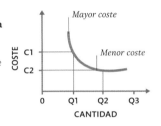

Mayor coste

Menor coste

COSTE — C1 — C2

0 — Q1 — Q2 — Q3

CANTIDAD

Teoría de juegos

Desarrollada por John Nash en la década de 1950, es un modelo matemático de la reacción probable de toda persona racional en una estructura competitiva. Aplicada a la economía, representa las creencias, preferencias y acciones potenciales de individuos u organizaciones, y determina cómo estas cambian en función de las elecciones de otros individuos u otras organizaciones. Los «jugadores» buscan maximizar su propia ventaja.

El dilema del prisionero

El dilema del prisionero es una situación teórica para representar cómo se aplica la teoría de juegos, y analiza los incentivos que tienen dos sospechosos de un delito para delatar a su compañero o afirmar su inocencia. El mejor resultado para ambos como conjunto es permanecer en silencio, pero es más probable que cada uno haga lo que más le beneficie individualmente, y por tanto se podrán traicionar el uno al otro.

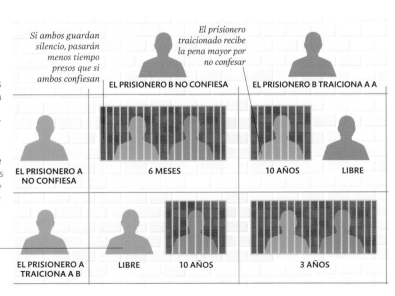

Si ambos guardan silencio, pasarán menos tiempo presos que si ambos confiesan

El prisionero traicionado recibe la pena mayor por no confesar

	EL PRISIONERO B NO CONFIESA	EL PRISIONERO B TRAICIONA A A
EL PRISIONERO A NO CONFIESA	6 MESES	10 AÑOS / LIBRE
EL PRISIONERO A TRAICIONA A B	LIBRE / 10 AÑOS	3 AÑOS

Confesar solo dará un resultado positivo para A si B no confiesa

Sociología

Como disciplina, la sociología tiene su origen en los profundos cambios sociales y políticos del siglo XIX. Estudia la sociedad humana y, más concretamente, cómo afectan la organización y estructura de los grupos, los sistemas y las instituciones sociales al modo en que los individuos piensan, actúan y establecen relaciones sociales. La sociología analiza procesos y estructuras como la clase social, el género, la sexualidad y la etnia, así como las formas de identidad colectiva.

Los sociólogos clásicos: concebir la sociedad

Nombre	Karl Marx
Fecha	1818–1883

Los escritos sociológicos de Karl Marx, filósofo, economista y teórico, se centran en el concepto de alienación. Este se relaciona con los procesos por los que los individuos y grupos se ven dominados por las consecuencias de su propia actividad. Al tener como fin dominante adquirir riqueza, y al organizarse en función de ello todos los grupos sociales, la sociedad capitalista moderna es muy alienante. Como resultado, se caracteriza por conflictos y desigualdades entre clases enfrentadas que compiten por el poder económico y social.

Nombre	Émile Durkheim
Fecha	1858–1917

Émile Durkheim, considerado el fundador de la sociología, definió esta como el estudio del hecho social. Este comprende los aspectos de la sociedad no reducibles a ningún individuo en particular que dan forma a todos los individuos. La religión, la cultura y el lenguaje son ejemplos de estructuras sociales; el suicidio es también una estructura social, por darse en todas las sociedades. El estudio clásico de Durkheim *El suicidio* (1897) expone las consecuencias terribles del fracaso de las estructuras sociales a la hora de integrar y regular a los individuos.

Nombre	Max Weber
Fecha	1864–1920

La obra del sociólogo Max Weber dio lugar a la sociología histórica. Weber insistió en el papel de los factores ideales frente a los materiales para conformar la acción social. Su estudio más conocido es *La ética protestante y el espíritu del capitalismo* (1905), donde explica el desarrollo histórico de la ética del trabajo surgida del protestantismo en el siglo XVI, hasta convertirse en motor de la búsqueda capitalista del éxito económico. Arraigada en el concepto de consecuencias imprevistas, la obra de Weber señala el carácter no intencionado de los cambios sociales e históricos que llevaron al auge del capitalismo en Occidente.

Nombre	Georg Simmel
Fecha	1858–1918

El análisis de la sociedad de Georg Simmel se centra en la distinción entre formas y contenidos de la acción social. La vida social se expresa en diversas formas generales de interacción social, como el conflicto, la cohesión, el yo y otras. Estas formas estructuran todas las interacciones sociales, aunque sus contenidos se expresen de forma distinta según los individuos, la sociedad y la época histórica. En sus estudios, Simmel analizó cómo se han desarrollado y han cambiado con el tiempo formas diferentes de interacción social.

La **sociología** surgió en Europa en el **siglo XIX**.

¿QUÉ HACEN LOS SOCIÓLOGOS?

En el ámbito académico, los sociólogos ejercen la docencia y la investigación y publican trabajos. Fuera del mismo, aportan sus conocimientos a servicios públicos como el trabajo social, la policía o la política. Comprender cómo funcionan los individuos y la sociedad resulta útil en áreas como el *marketing* y los recursos humanos.

Modelos estructuralistas y posestructuralistas

Nombre	Estructuralismo y posestructuralismo
Fecha	Década de 1960–presente

El estructuralismo enfatiza el papel de las estructuras sociales en la determinación de cómo piensan y actúan los individuos. Serían aquellas, y no los individuos, el objeto de estudio de la sociología. Los estructuralistas difieren en cuanto a que las estructuras sociales favorezcan o limiten el desarrollo del individuo: para Marx, estructuras como la clase social restringen la vida y la identidad; para Durkheim, estructuras como la religión y la cultura, al integrar y regular, son habilitantes. El posestructuralismo evolucionó en la década de 1960. El concepto del discurso –la relación entre lenguaje y poder– es fundamental en el pensamiento posestructuralista.

Nombre	Escuela de Fráncfort
Fecha	1918–presente

La escuela de Fráncfort designa a un grupo de sociólogos y filósofos judíos alemanes basado en la Universidad Goethe (Fráncfort del Meno). Sus miembros, refugiados del nazismo en EE UU en la década de 1940, eran críticos con la cultura y el entretenimiento capitalistas del país. La expresión «industria cultural» describe la comercialización de la cultura popular estadounidense por grandes organizaciones capitalistas, como Hollywood. La industria cultural apoya el capitalismo, promoviendo las ilusiones de libertad, de elección y de definir la identidad como consumidores. Según la escuela de Fráncfort, la industria cultural somete a los miembros de la sociedad capitalista a formas sutiles de manipulación social y política.

Nombre	Michel Foucault
Fecha	1926–1984

El teórico social e historiador Michel Foucault fue muy influyente en el desarrollo del pensamiento estructuralista y posestructuralista en Francia. Su estudio histórico *Vigilar y castigar* (1975) identifica el control y la coerción crecientes por parte de los gobiernos occidentales sobre la mente, en lugar del cuerpo, de los ciudadanos. Foucault subrayó las distintas formas que adopta el poder social. El lenguaje tiene un lugar central en su análisis, por definir cómo nos entendemos a nosotros mismos y a los demás. Por medio de formas potentes de discurso profesional, como la psiquiatría y la criminología, Foucault explica cómo, para determinar a las personas como cuerdas o locas, normales o criminales, se emplean las categorías y estructuras lingüísticas, fundamentales en su enfoque. En este, el poder en las sociedades modernas tardías se ejerce cada vez más por medio de la autoridad de categorías del discurso definidas y controladas por instituciones poderosas.

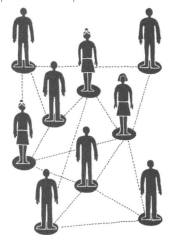

> «No hay nada en mi conocimiento de la **sociología** digno de ese nombre que no tenga **carácter** histórico.»
>
> ÉMILE DURKHEIM, «Debate sobre la explicación en historia y sociología» (1908)

Sociología centrada en el individuo

Nombre	Sociología centrada en el individuo
Fecha	Década de 1920–presente

La sociología centrada en el individuo analiza la sociedad desde la perspectiva individual. Está asociada al enfoque analítico de la vida social denominado individualismo metodológico. La sociedad se compone de conjuntos de individuos que trabajan en grupos pequeños como parte de colectivos más amplios. La cualidad ordenada y predecible de la mayoría de las situaciones sociales no es algo dado naturalmente, sino que los individuos y grupos logran y mantienen el orden social pensando y actuando de formas estructuradas. Esta variante de la

sociología apareció en la obra de Max Weber y Georg Simmel, y la desarrollaron sociólogos estadounidenses en direcciones diversas a partir de la década de 1920.

Nombre	Teoría de la acción racional
Fecha	Década de 1950-presente

La teoría de la acción racional concibe a los individuos como actores conscientes y racionales que persiguen objetivos. Arraigada en la filosofía política de pensadores como Thomas Hobbes y John Stuart Mill, predominó en la sociología estadounidense en la década de 1950.

En estudios como *The human group* (1950) y *Bringing men back in* (1964), George Homans y sus colegas de la Universidad de Harvard mantuvieron que todas las relaciones humanas se basan en el intercambio, criticando la perspectiva a su entender excesivamente socializada del comportamiento humano determinado por las estructuras sociales. La acción racional sigue presente en la sociología estadounidense, pero ha sido criticada desde perspectivas sociológicas diversas por no poder explicar el papel de los ideales y las expectativas en la regulación de la interacción social humana.

Nombre	Interaccionismo simbólico
Fecha	Siglo xx

El interaccionismo simbólico se desarrolló en la Universidad de Chicago a inicios del siglo xx. Pensadores como George Mead, Charles Cooley y Herbert Blumer insistieron en la importancia del lenguaje para comprender el fundamento ordenado de la interacción social. El lenguaje es clave en la formación de la identidad: solo percibimos la propia identidad a través de su uso para expresar a otros cómo pensamos y sentimos. Así, la identidad no es tanto personal como

▲ **Desfile de la Legión Estadounidense, década de 1950**
Se aprecian formas de asociación en la mayoría de las actividades de grupo, estructuradas o informales.

social. La obra de Erving Goffman amplió estas ideas a aspectos conductuales y no lingüísticos de la interacción social. En su trabajo comparó la interacción social con una obra de teatro diaria en la realidad. Como actores, usamos los guiones implícitos en las situaciones sociales, que nos aportan las entradas que usamos al interactuar con otros.

Crítica normativa

Nombre   Perspectivas críticas normativas

Fecha   Siglo XIX–presente

Pensar críticamente sobre la sociedad es parte fundamental de la sociología. Tales perspectivas, arraigadas en el análisis crítico marxista de la sociedad capitalista, tratan cuestiones de injusticia y desigualdad social y del reparto desigual de poder entre grupos. Marx se centró en las desigualdades económicas entre grupos de clases sociales altas y bajas, y los sociólogos han extendido sus ideas críticas al análisis de cómo las diferencias de poder entre individuos y grupos se expresan a través de las estructuras de género, raza y, más recientemente, sexualidad. Las perspectivas críticas normativas suelen ver la sociología como un medio para el cambio social progresista.

Nombre   Feminismo

Fecha   Siglo XIX–presente

El feminismo es un movimiento político que combate la opresión de las mujeres por los hombres. Una sociedad en la que la opresión sistemática de la mujer es característica de la mayoría de las situaciones e instituciones sociales se llama patriarcal. El trabajo de sociólogas como Anne Oakley, Dorothy Smith y de diversas marxistas ha inspirado reformas políticas para corregir la desigualdad de género. En *Sex, gender and society* (1972), Oakley identificó el papel desempeñado por los padres en el mantenimiento de las estructuras patriarcales a través del juego; el concepto de «línea de falla» de Smith expresa la alienación experimentada por las mujeres en una cultura de predominio masculino.

Nombre   Neomarxismo

Fecha   Siglo XX–presente

El neomarxismo es una escuela que adopta y desarrolla la obra de Marx y el marxismo occidental en general. Una vertiente particularmente influyente del neomarxismo es la representada por *El moderno sistema mundial* (1974) de Immanuel Wallerstein, quien desarrolló las ideas de Marx para criticar la desigualdad económica y política global. Comenzando por el legado colonial de los países de Europa occidental, Wallerstein describe la división del mundo en centro, semiperiferia y periferia. Europa occidental y América del Norte constituyen el centro, y este depende de países semiperiféricos como Brasil y Portugal para la mediación en sus relaciones de explotación con los países periféricos, que incluyen partes de África y América del Sur.

Nombre   Teoría crítica de la raza

Fecha   Década de 1980–presente

Según la teoría crítica de la raza, la etnicidad se refiere a formas de identidad colectiva basadas en factores históricos, religiosos y culturales, mientras que la raza es un término socialmente construido y sin base biológica. Sin embargo, los estereotipos y conflictos raciales operan aún como factores de división y desigualdad en la sociedad actual. La teoría crítica de la raza muestra cómo las categorizaciones institucionales y lingüísticas basadas en la raza sirven para dominar y ejercer el poder. En la obra *Seeing a colour-blind future* (1998), la feminista negra Patricia Williams mantiene que, incluso en sociedades multiculturales e igualitarias, la raza es un concepto fundamental para comprender la vida e identidad de grupos marginales.

la sociología figuracional aporta una comprensión detallada de cómo los procesos sociales a largo plazo moldean y son moldeados por las acciones e interacciones de los individuos.

Nombre	Norbert Elias
Fecha	1897–1990

En su estudio clásico de la sociología figuracional *El proceso de la civilización* (1939), Norbert Elias quiso mostrar cómo la difusión y evolución del comportamiento «civilizado», la templanza y la cortesía de la sociedad cortesana occidental en el siglo xv acabaron cambiando la sociedad en general: los individuos fueron impelidos unos por otros, pero también por sí mismos, a comportarse e interactuar de un modo considerado respetuoso, formal y civilizado. La tesis central es que los cambios en la estructura de la personalidad, las relaciones sociales y las convenciones culturales en Occidente son en gran medida el resultado no intencionado de procesos civilizadores duraderos.

Nombre	Pierre Bourdieu
Fecha	1930–2002

El concepto más influyente de Pierre Bourdieu, el «habitus», capta cómo la clase social de los individuos conforma íntimamente su identidad de maneras que en gran medida desconocen. El famoso estudio de Bourdieu *La distinción* (1979) empleó métodos estadísticos y entrevistas para mostrar cómo el grupo en que uno se haya socializado, basado en la clase, o habitus, determina los gustos personales en ámbitos culturales tan diversos como la música, la gastronomía, los pasatiempos y otros. Es el habitus social, no los rasgos de personalidad o las influencias tales como la publicidad, lo que dicta los gustos y las preferencias personales.

▲ **Estructura *Vessel*, en Nueva York**
Como en la sociedad, la gente puede moverse libremente por esta instalación pública, pero solo en un marco fijo.

Sociología figuracional

Nombre	Sociología figuracional
Fecha	Siglo xix–presente

La sociología figuracional, critica las perspectivas estructuralistas y centradas en el individuo, ve carente de significado la separación entre individuos y sociedad, y tiene en cuenta múltiples procesos en los que las acciones de los individuos dan como resultado cambios sociales, y estos a su vez transforman la manera de pensar, sentir y actuar de los individuos. Al enfatizar el carácter fluido de la experiencia humana y del cambio social,

Sociología hoy: desafíos y cambio

Nombre	Teoría social
Fecha	Siglos xx–xxi

En el siglo xxi, la sociología se ha expandido en varias direcciones que plantean cuestiones y problemáticas nuevas. Un indicador clave de estos cambios es el alejamiento de la teoría sociológica hacia las ideas más inclusivas e interdisciplinares de la teoría social. Esta combina conceptos teóricos y métodos de la sociología con otros tomados de diversas disciplinas del ámbito de las humanidades, entre

Los sociólogos recurren en sus estudios a datos y herramientas metodológicas muy diversos, como encuestas, estudios históricos, estadísticas, observación participante y entrevistas a integrantes de los grupos a los que estudian. La investigación sociológica se reseña en publicaciones periódicas profesionales.

ellas, la teoría literaria, los estudios sociales sobre ciencia y tecnología y los estudios poscoloniales. Los sociólogos se sirven de la teoría social para ampliar el espectro de sus intereses e incluir el estudio de los símbolos y significados culturales, la importancia creciente de la tecnología en la mediación de la experiencia social y el papel que desempeña la sociedad occidental en las desigualdades globales.

Nombre	Teoría del actor-red
Fecha	2000-presente

La teoría del actor-red (*actor-network theory*, ANT) ha adquirido un creciente protagonismo en la sociología, sobre todo en los campos de la ciencia y la tecnología. La ANT concibe la sociedad como un ente compuesto por múltiples redes, o colectivos, cuyos actores no son solo humanos, sino también animales y dispositivos tecnológicos como teléfonos inteligentes. La ANT es crítica con las perspectivas sociológicas tradicionales, que ignoran o reducen la importancia de los actantes no humanos para dar forma a las experiencias e interacciones de los individuos.

Nombre	Sociología cultural
Fecha	Siglo xx–presente

La sociología cultural fue fundada por el sociólogo estadounidense Jeffrey Alexander. En estudios como *The meanings of social life* (2003), Alexander señala el carácter modelado de los significados y valores, así como el papel de las estructuras culturales (en oposición a las sociales), en la configuración de cómo responden los individuos a las personas, las situaciones y los sucesos. Una idea central de la sociología cultural es que la vida social se organiza a partir de relatos emocional y simbólicamente potentes. Los sociólogos culturales atribuyen el conflicto y la cohesión entre grupos a diferencias de valores, y no al antagonismo de clase.

Los medios sociales son el rasgo definitorio de la cultura actual.

Nombre	Teoría poscolonial
Fecha	Siglo xix–presente

La teoría poscolonial tiene raíces en varias tendencias del pensamiento crítico, como la teoría crítica de la raza y el posestructuralismo. Su objetivo principal es explicar el papel del colonialismo y el imperialismo en el predominio global de la sociedad norteamericana y occidental. Pese a la liquidación general de los imperios coloniales europeos ya en la década de 1960, su legado opresor perdura. Teóricos coloniales, como el filipino Julian Go (radicado en EE UU), tratan de desarrollar conceptos críticos con los que construir un mundo más igualitario.

«Cada sociedad integra los materiales de la modernidad de modo distinto».

ARJUN APPADURAI, antropólogo, *La modernidad desbordada* (1996)

Véase también Grandes escritores pp. 440–441 ▶

Artes y ocio

Elementos de la música

La teoría musical estudia los elementos fundamentales –tono, ritmo, armonía y cualidades expresivas– por separado y en combinación. El lenguaje y la ejecución musical se pueden descomponer en una serie de partes componentes menores.

Tono

El sonido se produce al vibrar el aire, y una vibración regular de este se percibe como tono. La vibración rápida (frecuencias altas) produce tonos agudos, y la vibración lenta (frecuencias bajas), tonos graves.

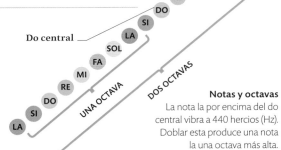

Do central

UNA OCTAVA
DOS OCTAVAS

Notas y octavas
La nota la por encima del do central vibra a 440 hercios (Hz). Doblar esta produce una nota la una octava más alta.

El pentagrama
El lugar de las notas sobre o entre las cinco líneas paralelas del pentagrama indica su nombre y tono. Se tocan de izquierda a derecha, y las más altas son más agudas.

Baja un semitono | **Sube un semitono**

BEMOL · BECUADRO · SOSTENIDO

Sostenidos y bemoles
El símbolo de sostenido indica que la nota debe tocarse un semitono más aguda (una tecla a la derecha en el piano), y el de bemol, uno más grave.

Semitono empleando solo teclas blancas (mi a fa) | *Semitono de tecla blanca a negra (la a sib)* | *Semitono de tecla negra a blanca (reb a re)*

Semitonos
Un semitono es el menor intervalo posible entre dos tonos, o notas, en la música occidental: dos notas o teclas contiguas en el teclado del piano.

La espiral de la clave de sol marca la posición de la nota sol

DO RE MI FA SOL LA SI DO RE MI FA SOL LA

CLAVE DE SOL

Los puntos a cada lado de esta línea fijan en ella la nota fa

MI FA SOL LA B DO RE MI FA SOL LA SI DO

CLAVE DE FA

Claves
Al comienzo de todo pentagrama hay una clave que determina el tono de las líneas y espacios. La clave de sol indica un rango de notas más agudo que la de fa, más grave.

La nota blanca do sube un tono entero hasta la nota blanca re | *La nota negra fa# sube un tono entero hasta la negra sol#* | *La nota blanca si sube un tono entero hasta la negra do#*

Tonos
Un tono es el intervalo, o distancia, creado al ascender o descender dos semitonos desde una nota dada. Una octava –llamada también octava justa– se divide en 12 semitonos.

Ritmo

El ritmo es la disposición de los sonidos en el tiempo. Disponer sistemáticamente el orden y la duración de sonidos musicales y silencios crea un ritmo reconocible. El ritmo puede tener un pulso regular o irregular.

Barras de compás
Los ritmos se dividen en compases, separados por barras. Cada compás es un grupo métrico de sonidos y silencios.

Cada compás contiene un número dado de pulsos | *La barra de compás indica volver a contar pulsos*

PRIMER COMPÁS | **SEGUNDO COMPÁS**

NEGRA CON PUNTILLO | BLANCA CON PUNTILLO | SILENCIO DE NEGRA CON PUNTILLO | SILENCIO DE CORCHEA CON PUNTILLO

Notas con puntillo
Un punto junto a la cabeza de la nota prolonga su duración en la mitad: una blanca con punto dura tres negras.

Silencios con puntillo
Un punto junto a un silencio indica que el silencio se alarga en la mitad. Un silencio de negra con puntillo dura negra y media.

Escalas

Una escala es una serie de notas ascendente o descendente, generalmente entre dos notas separadas por una octava. Su patrón de tonos y semitonos le confiere una cualidad sonora y un carácter únicos. Las notas sucesivas, separadas por intervalos, se designan con grados de la escala.

CLAVE
■ Tono
■ Semitono

ESCALA ASCENDENTE | ESCALA DESCENDENTE
Nota más alta
Nota inicial | Nota final

Escalas mayores
Las escalas ascendentes (como do-re-mi-fa-so-la-si-do) progresan de grado en grado hacia el agudo con el mismo patrón: tono, tono, semitono, tono, tono, tono y semitono.

CLAVE
■ Tono
■ Semitono
■ 2.ª aumentada

ESCALA ASCENDENTE | ESCALA DESCENDENTE

Escalas menores armónicas
El intervalo de tres semitonos entre los grados seis y siete crea el sonido característico de la escala menor armónica (así llamada por corregir la natural y basarse en sus acordes la armonía menor).

La **notación musical** más antigua que se conoce es de **Babilonia**, de c. 1400 a. C.

COMPÁS DE 2/2

Dos blancas por compás

Cuatro negras por compás

COMPÁS DE 4/4

Tres corcheas por compás

COMPÁS DE 3/8

Compases

La indicación métrica de tiempos por compás se llama también compás. La cifra superior indica el número de pulsos por compás, y la inferior, la unidad de pulso.

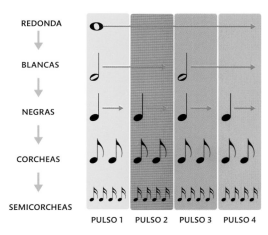

REDONDA
BLANCAS
NEGRAS
CORCHEAS
SEMICORCHEAS

PULSO 1 PULSO 2 PULSO 3 PULSO 4

Valor de las notas

Las notas se miden unas en relación con otras. Su duración se cuenta en pulsos: una redonda dura cuatro («1-2-3-4»); una blanca, la mitad («1-2»); una negra, la mitad de una blanca; y dos corcheas equivalen a una negra.

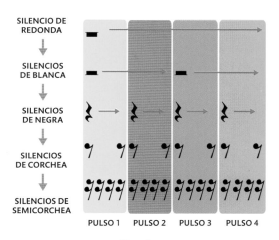

SILENCIO DE REDONDA
SILENCIOS DE BLANCA
SILENCIOS DE NEGRA
SILENCIOS DE CORCHEA
SILENCIOS DE SEMICORCHEA

PULSO 1 PULSO 2 PULSO 3 PULSO 4

Silencios

La duración de un silencio se mide y denomina igual que el sonido de la nota del valor correspondiente. Un silencio de redonda equivale a cuatro pulsos de silencio; uno de negra, a un pulso de silencio.

Armonía

Dos o más tonos que suenan simultáneamente, habitualmente con efecto grato al oído, crean la armonía. Esta proporciona una base musical a una pieza.

DO MAYOR

DO MENOR

Acordes mayores y menores

Estos acordes se forman a partir de las escalas de do mayor y do menor respectivamente, superponiendo los grados 1, 3, 5 y 8.

Armaduras

La música basada en una escala (una pieza «en re», por ejemplo) usa repetidamente los mismos sostenidos y bemoles, especificados en la armadura.

Los sostenidos en la armadura se escriben siempre en este orden

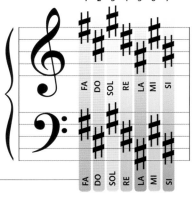

1 2 3 4 5 6 7

FA DO SOL RE LA MI SI

FA DO SOL RE LA MI SI

SOSTENIDOS EN LA ARMADURA

Los bemoles en la armadura se escriben siempre en este orden

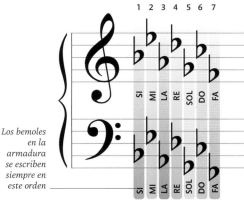

1 2 3 4 5 6 7

SI MI LA RE SOL DO FA

SI MI LA RE SOL DO FA

BEMOLES EN LA ARMADURA

Articulación

Estas notaciones comunican al músico detalles importantes aparte del tono y del ritmo, como el volumen, la intensidad y si las notas suenan fluidas o con una separación nítida entre ellas.

Expresión

Los músicos hábiles varían la energía aplicada a distintas notas y frases, con técnicas diversas para producir sonidos agresivos, delicados, con sostenimiento o un efecto menguante. Los intérpretes deciden al respecto guiados por las marcas de expresión del compositor.

Las notas suenan acortadas, con silencio entre ellas

STACCATO

No hay silencio entre las notas

LEGATO

Dinámica

La dinámica se refiere al volumen e intensidad de la música. Términos italianos como *piano* y *forte* indican al músico la intención del compositor acerca de cómo tocar una pieza.

Susurro   Habla normal   Grito

pp PIANISSIMO — *p* PIANO — *mp* MEZZO PIANO — *mf* MEZZO FORTE — *f* FORTE — *ff* FORTISSIMO

Tempo

El tempo es la velocidad a la que se ejecuta la música, que el compositor representa con indicaciones metronómicas numéricas de los pulsos por minuto, o con expresiones italianas.

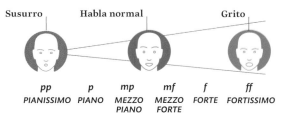

	GANANDO VELOCIDAD		RÁPIDO
ACCELERANDO		PRESTO	
PIU MOSSO		ALLEGRO	
STRINGENDO		MODERATO	
RITENUTO	PERDIENDO VELOCIDAD	ANDANTE	LENTO
RITARDANDO		ADAGIO	
RALLENTANDO		LENTO	

La música a través de la historia

La música es tan antigua como la humanidad. Los humanos adquirieron su rango vocal completo –y con él la capacidad de cantar– hace al menos 530 000 años, y los instrumentos musicales más antiguos son de hace unos 40 000 años. Valores sociales, tradiciones y tecnología han dado forma a la música, que ha servido para fines de todo tipo: rituales religiosos, recitados folclóricos y entretenimiento, entre otros. Hoy sigue siendo una forma de arte universal, y ha conformado una industria del entretenimiento popular, con estilos diversos en evolución por todo el globo.

Toro dorado

c. 2550 a. C. La antigua civilización sumeria produce instrumentos de viento y de cuerda en Ur (en el actual Irak).

Caja de resonancia con un asno tocando la lira

LIRA SUMERIA

Imágenes decorativas pintadas en el dorso

1538 El fabricante de violines Andrea Amati construye «El Rey», primer violonchelo conocido.

VIOLONCHELO «EL REY», DE CARLOS IX DE FRANCIA (DORSO)

c. siglos IX–XII El *organum*, canto religioso consistente en dos melodías simultáneas, se convierte en el primer ejemplo conocido de polifonía en la música occidental.

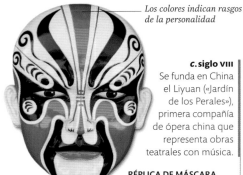

Los colores indican rasgos de la personalidad

RÉPLICA DE MÁSCARA DE ÓPERA CHINA

c. siglo VIII Se funda en China el Liyuan («Jardín de los Perales»), primera compañía de ópera china que representa obras teatrales con música.

c. siglo VIII En América del Sur, los músicos precolombinos tocan instrumentos de viento, cuerda y percusión en eventos sociales y religiosos.

Instrumento de viento fabricado en arcilla

OCARINA

Pintura de la tapa al estilo del pintor del siglo XVII Frans Francken

Inicios del siglo XVI La familia neerlandesa Ruckers construye clavecines de estructura pesada con dos teclados.

1655 La invención del piano permite a los ejecutantes variar la dinámica de las notas.

El apagador cae sobre la cuerda al soltar la tecla

El martillo golpea y hace vibrar la cuerda

La palanca eleva el martillo

La tecla acciona la palanca

MECANISMO DEL PIANO

1763 A sus 7 años, el compositor austríaco Wolfgang Amadeus Mozart realiza su primera gira de conciertos por Múnich, París y Londres.

WOLFGANG AMADEUS MOZART

A diferencia del piano, el clavecín es un instrumento de cuerda pulsada, no percutida

El elaborado armazón denota la categoría del dueño

1913 Estreno controvertido de *La consagración de la primavera*, ballet y obra orquestal del compositor ruso Ígor Stravinski, por su música, vestuario y coreografía de vanguardia.

Una doncella se sacrifica a la Tierra en este relato pagano ruso

LA CONSAGRACIÓN DE LA PRIMAVERA

Dos teclados, llamados manuales

Patas con adorno tallado

CLAVECÍN

Boquilla   **Válvulas**

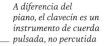

CORNETA

1920–1930 El jazz evoluciona a partir del ragtime y del blues hacia una nueva música popular de conjunto, influido por la estructura armónica europea y los ritmos africanos.

Década de 1950 Los primeros estudios de música electrónica emplean por primera vez sonidos sintetizados para crear obras musicales abstractas.

EL COMPOSITOR DE MÚSICA ELECTRÓNICA ALEMÁN KARLHEINZ STOCKHAUSEN

800 a. C. en adelante El *raga* –música clásica de India, Bangladés y Pakistán–, tocado en instrumentos de cuerda, crea «colores» anímicos con esquemas melódicos.

Las cuerdas se tañen

Calabaza resonadora en cada extremo

VEENA

230 d. C. en adelante La música de gamelán, el conjunto tradicional de Java y Bali (Indonesia), emplea gongs e instrumentos metalófonos afinados.

Gong sagrado que se golpea al final de una sección o pieza

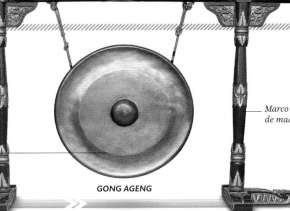

Marco de madera

GONG AGENG

c. siglo VIII en adelante Instrumento de cuerda árabe llegado a Europa desde el norte de África, el ud de madera fue el antecedente de los diversos laúdes europeos.

Tapa armónica en forma de pera con taracea

UD

618–c. 906 La música tocada con *pipa* (laúd), *sheng* (instrumento de viento), *konghou* (arpa) y tambores florece en China durante la dinastía Tang.

Sheng

Pipa

Konghou

ESTATUILLAS DE LA DINASTÍA TANG

c. 600 en adelante El canto gregoriano –melodía única cantada por un coro de niños y hombres al unísono– se incorpora a la misa católica romana.

1730–1820 La era de la música clásica populariza melodías destacadas sobre un acompañamiento armónico subordinado, y comienza el desarrollo de la orquesta.

Atril para las partituras

PIANO RECTANGULAR (1790)

1795–1827 El alemán Ludwig van Beethoven es el compositor más influyente de su tiempo.

LUDWIG VAN BEETHOVEN

1820–1910 Compositores como el polaco Frédéric Chopin crean música patriótica para responder a la ola de fervor nacionalista que recorre Europa.

Ajuste de aumento

PRISMÁTICOS DE ÓPERA

1895–1919 Pianistas del sur de EE UU empiezan a tocar ragtime, un estilo de música *ragged* (sincopado) y uno de los precursores del jazz.

PARTITURA DE «MAPLE LEAF RAG»

La armónica de doble lengüeta tiene una arriba y otra abajo

1850–1900 Nace el blues como música popular de las comunidades afroamericanas en EE UU.

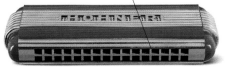

ARMÓNICA

c. 1800 La *grand opéra*, versión elaborada y a gran escala de la ópera occidental surge en París (Francia).

Desgaste debido al estilo de rasgueo enérgico de Elvis

Clavijas

GUITARRA MARTIN DE ELVIS PRESLEY

Década de 1950 Explosión del rock and roll, música popular influida por el blues y el country, en EE UU y Europa.

Década de 1960 Éxito masivo de la música soul, con artistas como la cantante estadounidense Aretha Franklin.

ARETHA FRANKLIN

Década de 1980 en adelante Se difunde la música electrónica hecha con cajas de ritmos, sintetizadores y software informático.

Los controles permiten manipular distintos sonidos

CAJA DE RITMOS ROLAND

Véase también La orquesta y los instrumentos musicales pp. 416–417 ▶ **Grandes compositores** pp. 418–419 ▶ **415**

La orquesta y los instrumentos musicales

Una orquesta es un conjunto de músicos tocando juntos combinaciones variadas de instrumentos de viento-madera, viento-metal, cuerda y percusión, que emplean cuerdas afinadas, membranas, resonadores o mecanismos de percusión diversos.

Orquesta clásica occidental
Los músicos se disponen en semicírculo, mirando al director, con los de mayor volumen detrás para lograr equilibrio sonoro.

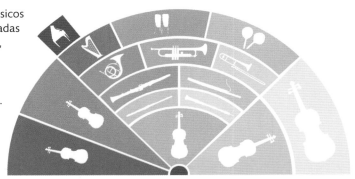

CLAVE

■ Director	■ Fagots
■ Primeros violines	■ Trompas
■ Segundos violines	■ Trompetas
■ Violas	■ Trombones y tubas
■ Violonchelos	■ Arpa
■ Contrabajos	■ Tambores
■ Flautas	■ Demás percusión
■ Oboes	
■ Clarinetes	■ Piano

Viento-madera
Los instrumentos de madera amplifican el sonido producido al pasar el aire por tubos de madera, metal o plástico. Algunos, como el clarinete, tienen una lengüeta de caña en la boquilla, que vibra al soplar.

FLAUTA

OBOE

CLARINETE

CORNO INGLÉS

CONTRAFAGOT

Viento-metal
El aire que recorre los instrumentos de metal de formas diversas se controla con los labios. Algunos como el trombón, tienen varas, y otros emplean válvulas.

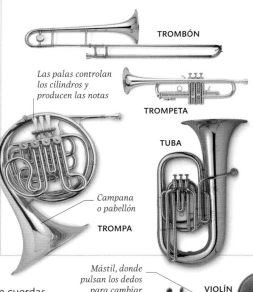

TROMBÓN

Las palas controlan los cilindros y producen las notas

TROMPETA

TUBA

Campana o pabellón

TROMPA

Percusión
Los instrumentos de percusión se agitan (como la pandereta) o golpean (como los timbales). Los hay afinados, como el xilófono, con piezas que dan tonos de frecuencia establecida; y otros son de sonido indeterminado, como los platillos.

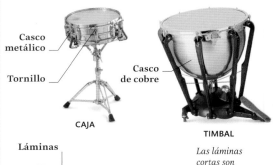

Casco metálico

Tornillo

Casco de cobre

CAJA

TIMBAL

Láminas

Las láminas cortas son más agudas

Resonadores

XILÓFONO

Cuerdas
Los instrumentos de cuerda producen sonido con cuerdas tensas amplificadas por una caja de resonancia. Las cuerdas de metal o tripa (de oveja) se tocan con los dedos o con un arco de crin de caballo sujeta sobre una vara, o arco.

EXTENSIÓN DE NOTAS
El violín es el menor y más agudo de los instrumentos de cuerda. La viola, el violonchelo y el contrabajo tienen la misma forma pero tamaño de forma progresiva mayor, con cuerdas más largas y un registro más grave de notas.

VIOLÍN

VIOLA

VIOLONCHELO

CONTRABAJO

DO CENTRAL

Mástil, donde pulsan los dedos para cambiar de nota

VIOLÍN

Las cuerdas más delgadas dan notas más altas

VIOLA

Tapa de pícea del violonchelo tradicional

VIOLONCHELO

Diapasón liso

CONTRABAJO

Abertura en «f» típica de la familia del violín

Mentonera

La **forma básica del piano de cola** no ha cambiado desde su **invención en 1709**.

Piano

El piano, que se toca pulsando el teclado con los dedos, produce sonido al golpear el martillo correspondiente las cuerdas del instrumento. Las teclas contrapesadas ayudan a controlar el volumen.

Las teclas negras están elevadas y retrasadas

TECLAS DEL PIANO

Un martillo golpea las cuerdas al pulsar la tecla

Teclas

PIANO DE COLA

El arpa

El arpa moderna de concierto suele tener 47 cuerdas afinadas en la misma extensión que el piano. Las cuerdas se pulsan o rasguean con el pulgar y los primeros tres dedos de cada mano. Los pedales modifican la tensión.

El arpa se usa en África, Asia y Europa desde aproximadamente 3000 a. C.

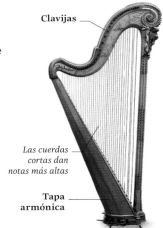

Clavijas

Las cuerdas cortas dan notas más altas

Tapa armónica

Instrumentos del mundo

Los instrumentos folclóricos y clásicos de todo el mundo producen sonidos muy diversos. Algunos usan escalas o intervalos distintos de los de la música occidental.

KOTO (JAPÓN)

Puentes móviles

Clavijas

SARASWATI VEENA (INDIA)

Placas de metal

LAMELÓFONO (TANZANIA)

Voluta

Laúd con trastes

YUEQIN (CHINA)

Parche tensado

DARBUKA (ORIENTE PRÓXIMO)

INSTRUMENTOS ELECTRÓNICOS

A mediados del siglo XX se inventaron instrumentos puramente electrónicos, como el sintetizador, el magnetófono de bobinas e incluso el ordenador, para generar y alterar sonidos.

Teclas

SINTETIZADOR

Familia de la guitarra

En la orquesta o el flamenco, la guitarra clásica puede ser instrumento solista o servir de acompañamiento armónico. En la música folclórica se rasguea o arpegia, y las guitarras eléctricas suenan a través de amplificadores que pueden distorsionar su sonido.

Mástil

Las cuerdas se pulsan o rasguean

UKULELE

Dos cuerdas afinadas al unísono

BALALAIKA

Tres cuerdas de nailon o tripa y tres entorchadas

GUITARRA CLÁSICA

Las cuerdas suelen ser de acero y níquel o cromo

El diapasón es la lámina en la parte superior del mástil

Los trastes dividen el diapasón en segmentos de un semitono cada uno

Las incrustaciones sirven de guía visual

Anclaje para sujetar la correa de la guitarra

El selector activa distintas pastillas, cambiando el sonido

Pastillas, transductores que convierten la vibración en señal eléctrica

Cuerpo, por lo general de madera maciza

Guitarra eléctrica

Las cuerdas de las guitarras eléctricas son metálicas, y las vibraciones producidas al tocar son convertidas por las pastillas en señal eléctrica. Un amplificador convierte luego la señal en sonido audible.

Véase también Grandes compositores pp. 418–419 ▶ **Música popular** pp. 420–421 ▶

Grandes compositores

En la Antigüedad, la música se transmitió por lo general de forma oral hasta el siglo X d. C., cuando los primeros sistemas de notación musical dieron paso a una nueva era en la que los compositores pudieron registrar su obra de forma permanente. Los siguientes mil años de la historia musical fueron definidos por compositores innovadores de géneros y culturas diversos. Algunos gozaron de fama, fortuna y adoración, mientras que otros fueron escasamente reconocidos en vida, pero fueron aclamados póstumamente a escala global. Más recientemente, algunos compositores han renunciado a la popularidad y han optado por la experimentación. En cada época histórica y lugar ha habido innovadores musicales. Abajo figuran solo algunos de los grandes compositores de la historia.

Ziryāb

Irak, Siria, Al Ándalus (789–857 d. C.)

Célebre músico árabe del califato omeya de Córdoba, en la actual España. Se decía que sabía 10 000 canciones de memoria.

Adémar de Chabannes

Francia (988–1034 d. C.)

Monje franco que creó el primer sistema de notación musical conocido con un eje vertical para indicar el tono.

Las llamas representan la inspiración divina

HILDEGARDA DE BINGEN

Hildegarda de Bingen

Alemania (1098–1179)

Abadesa y compositora, dijo estar inspirada por visiones divinas. Obra clave: *Symphonia armonie celestium revelationum.*

Jiang Kui

China (1155–1221)

Compositor de 17 *ci* (poemas líricos chinos), conocidos por su candidez y originalidad. Obras clave: *Anxiang; Shuying.*

Josquin des Prez

Francia (1450–1521)

Maestro de la polifonía vocal, compuso música tanto profana como religiosa. Obra clave: *Nymphes des bois.*

Juan Navarro

México (1550–1610)

Fraile franciscano y compositor de música sacra. Obra clave: *Liber in quo quatuor passiones Christ Domini continentur.*

Yatsuhashi Kengyō

Japón (1614–1685)

Compositor innovador e intérprete de koto (instrumento de cuerda japonés). Obras clave: *Shiki no kyoku; Rokudan no Shirabe.*

Barbara Strozzi

Italia (1619–1677)

Soprano conocida por su composición de arietas, arias y cantatas. Obras clave: *Madrigales, op. 1; Ariette a voce sola, op. 6.*

Antonio Vivaldi

Italia (1678–1741)

Maestro del barroco conocido sobre todo por sus conciertos de violín. Obras clave: *Gloria; Las cuatro estaciones.*

Johann Sebastian Bach

Alemania (1685–1750)

Compositor que enriqueció los estilos alemanes con influencias francesas e italianas. Obra clave: *Conciertos de Brandenburgo.*

Georg Friedrich Händel

Alemania (1685–1759)

Compositor renombrado de oratorios y más de 40 óperas. Obras clave: *Jerjes; El Mesías.*

Franz Joseph Haydn

Austria (1732–1809)

Pionero de los cuartetos de cuerda y las sinfonías clásicos. Obras clave: *Sinfonía n.º 45; Cuarteto de cuerda Op. 50 n.º 1.*

Isabelle de Charrière

Países Bajos (1740–1805)

Compositora ilustrada coetánea de la Revolución francesa. Obras clave: *Oeuvres complètes; L'Olimpiade.*

William Billings

EE UU (1746–1800)

El primer compositor coral de EE UU, de música imbuida de vitalidad rítmica. Obra clave: *The continental harmony.*

Wolfgang Amadeus Mozart

Austria (1756–1791)

Compositor prolífico y enormemente influyente. Obras clave: *Las bodas de Fígaro; Sinfonía n.º 41; La flauta mágica.*

Ludwig van Beethoven

Alemania (1770–1827)

Pianista virtuoso cuyas composiciones abarcan el clasicismo y el romanticismo. Obra clave: *Sinfonía n.º 5.*

WOLFGANG AMADEUS MOZART

> «**Si estaba** en mi cuerpo o **fuera del cuerpo** mientras lo escribía, no lo sé. **Dios lo sabe.**»
>
> GEORG FRIEDRICH HÄNDEL, sobre la composición del coro «Aleluya» de *El Mesías* (c. 1741)

Franz Schubert

Austria (1797–1828)

De producción vasta, compuso música compleja famosa por su lirismo y belleza. Obra clave: *Die schöne Müllerin.*

Fanny Hensel (de soltera, Mendelssohn)

Alemania (1805–1847)

Pianista pionera del género *Lieder ohne Worte* («canciones sin palabras»). Obra clave: *Cuarteto de cuerda en mi bemol mayor.*

Juan Pedro Esnaola

Argentina (1808–1878)

Músico nacionalista conocido sobre todo como revisor y arreglista del Himno Nacional Argentino.

Giuseppe Verdi

Italia (1813–1901)

Maestro de la ópera italiana, participó en el Risorgimento, movimiento por la unificación de Italia. Obra clave: *La traviata.*

Clara Wieck Schumann

Alemania (1819–1896)

Una de las pianistas más distinguidas de la era romántica. Obras clave: *Concierto para piano en la menor; Trío para piano en sol menor.*

Piotr Ilich Chaikovski

Rusia (1840–1893)

El compositor ruso más popular de la historia. Obras clave: *Sinfonía n.º 4; Concierto para piano n.º 1; El cascanueces.*

Antonín Dvořák

Bohemia (actual Rep. Checa), 1841–1904

Compositor versátil conocido por reflejar influencias populares en su música. Obras clave: *Sinfonía n.º 9; Rusalka.*

Gabriel-Urbain Fauré

Francia (1845–1924)

Pianista muy influyente y director del Conservatorio de París. Obras clave: *Clair de lune; Pelléas et Mélisande.*

ÍGOR STRAVINSKI

Toru Takemitsu

Japón (1930–1996)

Combina música clásica occidental e instrumentos tradicionales orientales. Obras clave: *November steps; Quatrain.*

Krzysztof Penderecki

Polonia (1933–2020)

Compositor contemporáneo conocido por su trabajo orquestal innovador e inusual. Obra clave: *Treno a las víctimas de Hiroshima.*

Arvo Pärt

Estonia (n. en 1935)

Músico cristiano ortodoxo devoto conocido por su sonido litúrgico medieval. Obras clave: *Fur Alina; Tabula rasa.*

Kaija Saariaho

Finlandia (n. en 1952)

Combina instrumentos tradicionales y música electrónica. Obras clave: *L'amour de loin; La passion de Simone.*

Tan Dun

China (n. en 1957)

Compositor clásico contemporáneo conocido sobre todo por sus bandas sonoras. Obra clave: *Tigre y dragón.*

TORU TAKEMITSU

Rachel Portman

Reino Unido (n. en 1960)

Ganadora de un premio Óscar, ha escrito más de cien partituras para cine, televisión y radio. Obras clave: *Emma; Chocolat.*

Liza Lim

Australia (n. en 1966)

Artista internacionalmente aclamada cuya obra abarca desde piezas orquestales hasta instalaciones. Obra clave: *Atlas of the sky.*

Muhammad Uthman

Egipto (1855–1900)

Vocalista conocido por componer música de cámara. Obras clave: *Ya Ma'nta Wahishni; Ishna w Shufna.*

Ethel Smyth

Reino Unido (1858–1944)

Compositora ecléctica y líder sufragista. Obras clave: *The wreckers; The march of the women; The boatswain's mate.*

Isaac Albéniz

España (1860–1909)

Pianista posromántico que empleó motivos populares españoles. Obras clave: *Cantos de España; Asturias; Iberia.*

Jean Sibelius

Finlandia (1865–1957)

Célebre compositor finlandés que produjo obras nacionalistas basadas en relatos populares. Obras clave: *Kullervo; Finlandia.*

Scott Joplin

EEUU (1867–1944)

Conocido como «rey del *ragtime*», compuso también óperas. Obras clave: *Maple leaf rag; The entertainer; Treemonisha.*

Amy Marcy Beach

EEUU (1867–1917)

Primera compositora con éxito de música clásica a gran escala. Obra clave: *Sinfonía en mi menor.*

Ralph Vaughan Williams

Reino Unido (1872–1958)

Sinfonista y compositor nacionalista inglés. Obras clave: *A sea symphony; English folk song suite.*

Manuel de Falla

España (1876–1946)

Aunó influencias de Wagner, Debussy y Stravinski con temas españoles. Obras clave: *El amor brujo; El sombrero de tres picos.*

Béla Bartók

Hungría (1881–1945)

Fundador del campo de la musicología comparativa. Obras clave: *El mandarín maravilloso; Concierto para orquesta.*

Ígor Stravinski

Rusia (1882–1971)

Compositor de vanguardia revolucionario internacionalmente aclamado. Obras clave: *Petrushka; La consagración de la primavera.*

Mana Zucca

EEUU (1885–1981)

Compositora de óperas y autora prolífica de canciones. Obras clave: *Fugato humoresque on the theme of Dixie; I love life.*

Kosaku Yamada

Japón (1886–1965)

Compositor orquestal célebre con más de 1600 obras. Obras clave: *Ochitaru tennyo; Ayame; Kurofune.*

Heitor Villa-Lobos

Brasil (1887–1959)

Violonchelista, guitarrista y compositor clave en la historia de la música latinoamericana. Obra clave: *Bachianas brasileiras n.º 1.*

Florence Price

EEUU (1887–1953)

En 1933, Price fue la primera mujer afroestadounidense con una sinfonía interpretada por una orquesta importante.

Aaron Copland

EEUU (1900–1990)

Compositor contemporáneo y expresivo de estilo accesible. Obras clave: *Concierto para piano; Billy the Kid; Appalachian spring.*

Fela Sowande

Nigeria (1905–1987)

Profesor de música y autor de música contemporánea nigeriana al estilo clásico europeo. Obras clave: *Six sketches; African suite.*

Ravi Shankar

India (1920–2012)

Maestro famoso del sitar y fundador de la Orquesta Nacional de India en 1949. Obras clave: *Saare Jahan Se Achchha; Arpan.*

Peter Sculthorpe

Australia (1929–2014)

Compositor muy influido por la música e instrumentación aborigen australiana. Obras clave: *Kakadu; Requiem.*

Véase también Música popular pp. 420-421 ▶   Grandes bailarines pp. 426-427 ▶   **419**

Música popular

La música popular abarca muchos géneros, desde el rock, la electrónica y el heavy metal al funk, el hip hop y el country. A menudo se confunde con la música pop, género de música popular basada en frases o motivos pegadizos surgido en la década de 1950. Dada su gran variedad, la música popular abarca desde himnos solemnes de protesta a canciones de amor ligeras. Producida por lo general por una industria musical multimillonaria, debe su popularidad a su accesibilidad y al atractivo de sus artistas famosos.

América del Norte
La música popular norteamericana bebe de diversas tradiciones arraigadas en su mezcla de culturas. Al ragtime, surgido en el sur de EE UU a mediados de la década de 1890, siguió el jazz, incorporando ritmos africanos e influencias europeas. En la década de 1920, la combinación de blues con folk de los Apalaches y canciones vaqueras del oeste dio lugar al country. A principios del siglo xx, las partituras del Tin Pan Alley de Nueva York llevaron las canciones del teatro musical a las masas, y consolidaron formas como el estribillo y los ganchos pegadizos. En la década de 1980 se popularizó el hip hop, basado en *loops* y poesía rítmica improvisada.

LA CANTANTE Y AUTORA POP TAYLOR SWIFT

◄ **El sonido Motown (1965)**
Estrellas del sello discográfico de soul y pop Motown, de EE UU, en un especial de televisión; aparecen, entre otros, Martha Reeves and the Vandellas, the Temptations, Dusty Springfield, Smokey Robinson and the Miracles, Stevie Wonder y las Supremes.

América Latina
Cada país de cultura latina del Caribe y el continente americano cuenta con tradiciones musicales únicas, desde la salsa y el tango argentino a la bossa nova (estilo nuevo) brasileña. Por separado y en combinación, estos estilos incluyen música rítmica de baile de muy diversos tipos, conocida en todo el mundo como música latina. Gran parte de la música de América Latina emplea instrumentos tradicionales, como la zampoña, en los Andes peruanos, y los tambores metálicos del calipso, en Trinidad. Estas tradiciones han dado lugar a cientos de subgéneros musicales latinos asimilados y fusionados, como el reguetón, la balada romántica y el merengue.

LOS BEATLES EN LONDRES EN 1967

Europa
Varias tendencias musicales populares surgieron a finales del siglo xx en Europa. Los Beatles, grupo de rock de gran éxito de Liverpool (Reino Unido), incorporaron influencias clásicas, indias y psicodélicas a su música. Con ello alimentaron la cultura juvenil de las décadas de 1960 y 1970, y también la llamada invasión británica de las listas de éxitos de EE UU. La década de 1970 fue la época de los grupos de rock que llenaban estadios, como Queen, y de la popularidad de los suecos ABBA. El europop melódico de baile de la década de 1980 se difundió junto con los sonidos electrónicos estadounidenses del tecno, house y otros subgéneros de baile. El festival anual de Eurovisión continúa celebrando música pop de todo tipo de toda Europa.

África
La música popular africana combina influencias indígenas y occidentales. En la década de 1940, las emisiones de radio de música cubana de raíces africanas la popularizaron en el Congo. Los músicos africanos siguieron adoptando estilos latinos en la década de 1970, cuando los músicos urbanos senegaleses combinaron salsa y *mbalax*, música de baile tradicional de Senegal. Grupos como Ladysmith Black Mambazo popularizaron en todo el mundo el *mbube*, género vocal sudafricano a cuatro voces sin acompañamiento.

Rusia
El pop y el rock crecieron en la URSS desde la década de 1960. En la de 1980, hasta 25 millones de personas escuchaban los éxitos de EE UU y Reino Unido en el programa de la BBC de Seva Novgorodsev, pese a los intentos de las autoridades de cortar la emisión. Tras la disolución de la URSS en 1991, el pop y el rock en ruso siguieron prosperando, y a principios de la década de 2000 el dúo pop t.A.T.u tuvo éxitos en Europa, Japón, EE UU y otros países.

Asia oriental
En Japón, en la década de 1980, el J-pop fusionó estilos japoneses y occidentales, música electrónica y, más adelante, influencias del hip hop. Artistas como Cui Jian (llamado padre del rock chino) despejaron el camino a la llegada a China de estrellas internacionales (como Beyoncé y Public Enemy) en la década de 2000. El K-pop de Corea del Sur se basa sobre todo en grupos de actores-modelos como ídolos adolescentes. «Gangnam Style», de Psy, fue el primer vídeo en alcanzar mil millones de visitas en internet.

LOS COREANOS BTS (BANGTAN BOYS)

India
Conocida como I-pop, la música popular india comenzó en la década de 1970 como fusión de folclore indio, música clásica y rock occidental. Hoy su sonido global incorpora elementos de música del mundo como el hip hop y el reggae. La música de Bollywood es popular gracias al atractivo de sus estrellas actores-cantantes y la espectacular fantasía de sus canciones y bailes. Estas canciones suelen contar con los sonidos del *sarangi*, de mástil corto y similar al violín, y la percusión de la tabla.

EL CANTANTE Y COMPOSITOR INDIO A. R. RAHMAN

Australia y Nueva Zelanda
Algunos de los artistas más famosos del mundo, entre ellos el grupo AC/DC y la cantante y autora Kylie Minogue, son australianos. La música bush band, con influencia de la música celta y del sonido country-folk, es de temática puramente australiana. La industria de la música popular neozelandesa es relativamente joven: su primer éxito fue «Blue smoke» en 1949, de Ruru Karaitiana y cantado por Pixie Williams. El neozelandés Richard O'Brien es autor del musical de 1975 The Rocky Horror Show, homenaje a los clásicos de culto de ciencia ficción y películas de terror de serie B.

DESCARGAS VS. *STREAMING*
A principios de la década de 2000, Apple introdujo un sistema práctico para almacenar música, el iPod, que popularizó las descargas. Se pagaba por descargar y guardar temas desde una biblioteca online al dispositivo del usuario. Los actuales servicios de *streaming* ofrecen acceso a la carta (a menudo a cambio de suscripción) a millones de archivos, sin necesidad de almacenarlos.

«La **música** [...] es una **expresión** explosiva de **humanidad**. Es algo que **emociona** a todos.» BILLY JOEL, cantautor estadounidense

MÚSICA

Historia de la danza

Desde sus orígenes rituales, la danza ha evolucionado a lo largo de los siglos para fines diversos: como expresión cultural en el mundo antiguo; como catalizador de alianzas familiares y políticas en la Edad Media; y como manifestación de la identidad social en el siglo xx. Los estilos de danza, al principio limitados a sus lugares de origen, trascendieron estos de la mano del comercio y las comunicaciones; y los estilos de moda, del vals a la música disco, se popularizaron por todo el globo.

Prehistoria

Los restos de pinturas rupestres en India indican que la danza era parte de la vida en comunidad hace unos 9000 años. En Europa, los hallazgos arqueológicos representan danzas anuales de la cosecha para garantizar la fertilidad humana y de la tierra. Había bailes para celebrar la mayoría de edad de hombres y mujeres, con coreografías que expresaban la fuerza masculina y la sexualidad femenina. En una época en que la mayoría era analfabeta, la danza era también una forma popular de comunicar relatos y acontecimientos.

Danza clásica india

Las formas más antiguas de danza clásica india, el *bharatanatyam*, de Tamil Nadu, y el *Odissi*, de Odisha, comenzaron en los templos. Después evolucionaron otras danzas formales en los distintos Estados, como el *kathak* de Uttar Pradesh, el *kathakali* de Kerala, el *kuchipudi* de Andhra Pradesh, el *manipuri* de Manipur y el *sattriya* de Assam. Cada una tiene un estilo y atuendo característicos, pero hay aspectos comunes a todas, como la postura diferenciada de hombres y mujeres, mantener el ritmo con los pies y los *mudras*, gestos simbólicos de la mano que cuentan una historia.

Pequeños cascabeles (ghungroos) suenan al ritmo de los pasos

Atadura en torno al tobillo

TOBILLERAS MUSICALES INDIAS

Danzas folclóricas

Los bailes folclóricos, con pasos aprendidos y trajes típicos, unen tradicionalmente a comunidades locales en celebraciones en las que participan pueblos o ciudades enteros, sin importar la experiencia. Transmitidos de generación en generación, reflejan los valores culturales y rasgos propios de sus lugares de origen. Entre los más conocidos están el *odori* de Japón, el *bhangra* del Punjab, la polca checa, el *reel* de Irlanda y Escocia, la danza Morris de Inglaterra y el *square dance* angloamericano.

**BAILE DE BODA (1566),
DE PIETER BRUEGEL EL VIEJO**

Danza en el África subsahariana

Los ritmos de los pueblos bantúes subyacen a las danzas del África subsahariana, en los que el cuerpo se convierte en un instrumento rítmico. Las danzas varían en función de sus fines, recreativos o rituales, y del sexo, la edad y la categoría social de los danzantes. El comercio de esclavos llevó estas danzas a América, donde generaron estilos nuevos como el *cakewalk*, creado por los esclavos para burlarse del modo en que bailaban los blancos, y que se apoderó de los salones de EE UU y Reino Unido hacia 1900.

Vals y baile de salón

El vals, que se supone evolucionó a partir de bailes populares austríacos y bávaros, fue una danza social formal de la corte vienesa de los Habsburgo. En el vals –del alemán *walzen*, «girar»–, dos personas bailan del brazo, girando al compás de tres por cuatro. A finales del siglo XVIII hacía furor por toda Europa, aunque se consideraba licencioso por el estrecho contacto físico. Su popularidad dio pie a la apertura de salones públicos, y los compositores escribían valses, de los que el más famoso es «El Danubio azul», de Johann Strauss.

Ballet

Derivado del italiano *ballare* («bailar»), el *ballet* tiene su origen en las danzas aristocráticas de la Italia renacentista del siglo XV, y se formalizó como técnica en Francia tras el matrimonio de Enrique II con Catalina de Médicis, quien introdujo allí los estilos de la corte florentina. Francia y, más tarde, Rusia desarrollaron el *ballet*, con la introducción de las puntas a principios del siglo XIX, y el atuendo, la coreografía y los escenarios de vanguardia de los Ballets Rusos a principios del siglo XIX.

Bailes latinos

Procedentes de América Latina en su mayoría, los bailes latinos hoy conocidos surgieron de la fusión de danzas indígenas tradicionales con influencias coloniales europeas y africanas. En las competiciones internacionales se representan cinco bailes: la samba, el chachachá, el jive, el pasodoble y la rumba. Derivada de la música y las danzas de los esclavos de África occidental en Brasil, la samba fue uno de los primeros géneros latinos popularizados en todo el mundo. Había escuelas de samba en Río de Janeiro ya en la década de 1920, y su debut internacional tuvo lugar en la Exposición Universal de Nueva York de 1939.

Swing

La mayoría de los bailes swing surgieron en las comunidades afroestadounidenses en las décadas de 1920 y 1930, al calor del jazz contemporáneo. Dos de los primeros fueron el *collegiate shag* sureño y el *lindy hop* del barrio neoyorquino de Harlem. Otros son el balboa, *lindy charleston, boogie woogie* e *East Coast swing*. Tienen en común una cuenta rítmica de seis u ocho, y movimientos vigorosos de ida y vuelta de los ejecutantes. El director de banda Cab Calloway popularizó la expresión *jitterbug* («bicho tembloroso») para referirse a los bailes swing.

EL *JITTERBUG*

Disco

La música disco fue el fenómeno cultural más influyente de la década de 1970 en las pistas de baile de los clubes nocturnos de EE UU. A diferencia de otros bailes sociales, es de estilo libre y no requiere bailar en pareja, lo cual tuvo un efecto profundo en la escena gay de Nueva York. Los DJ de los clubes gays ponían música sin pausa entre canciones, entre otras técnicas usadas aún hoy.

Danza moderna

La danza moderna, surgida en Europa y EE UU a principios del siglo XX, bebe de la cultura contemporánea para impactar al público con interpretaciones experimentales basadas en la oposición entre tensión y liberación. Entre sus pioneros estuvieron Isadora Duncan, Martha Graham (p. 426) y Merce Cunningham, y más tarde Twyla Tharp y Alvin Ailey.

▶ Danza guerrera masái en Kenia

Guerreros masái en una danza competitiva tradicional, en la que saltan al ritmo de cantos y percusión.

BAILE URBANO

En la década de 1970, en Nueva York se empezó a bailar literalmente en la calle la música de DJ pioneros como DJ Kool Herc, que empezó a extender y repetir partes de temas y a mezclar dos tocadiscos. El estilo acabaría siendo conocido como hip hop. El baile urbano ofrecía evasión ante las privaciones del centro urbano deprimido, y era un medio importante de expresión personal.

> «La danza es el **lenguaje oculto** del **alma** del cuerpo.»

MARTHA GRAHAM, *The New York Times* (1985)

Estilos de danza

Históricamente, la danza reflejó la cultura y las creencias religiosas locales, siendo por ello muy diversa, desde la danza del león china hasta el *haka* de Nueva Zelanda. Con la difusión de las influencias culturales, sin embargo, se ha internacionalizado. Las danzas cortesanas medievales de Italia dieron lugar al *ballet* en Europa, y desde mediados del siglo XIX, los ritmos africanos le inyectaron nueva energía.

c. 200 a. C. En los templos hindúes del sur de la India se practica el *bharatanatyam*, que combina el trabajo rítmico de los pies con *mudras*, gestos simbólicos de las manos.

Tinte rojo en las plantas de los pies

DANZA CLÁSICA INDIA

La gharana plisada facilita los movimientos

Los ghungroos en los tobillos marcan el ritmo

Abanico usado para realzar los movimientos

Década de 1700 De una mezcla de influencias culturales en Andalucía (sur de España) surge el baile flamenco, caracterizado por colores vivos, palmas y zapateado (percusión con los pies).

Las danzas sociales en pareja suelen incluir pasos enérgicos

ABANICO PINTADO A MANO

Década de 1700 Las cortes reales de Europa cultivan danzas sociales formales como el minué; de los bailes campesinos ingleses surgen cotillones y cuadrillas.

DANZA SOCIAL FORMAL

1800 El vals se populariza en Austria, y se convierte rápidamente en uno de los pasatiempos más populares de Europa. Es objeto de críticas conservadoras, por lo juntas que bailan las parejas.

CLAVE
Hombre Mujer

PASOS DEL VALS

1832 *La sílfide*, del coreógrafo italiano Filippo Taglioni, con su bailarina etérea y su temática sobrenatural, representa el nuevo gusto del *ballet* romántico, y es el primero con abundantes movimientos ejecutados sobre la punta del pie.

BALLET ROMÁNTICO

1933 El bailarín estadounidense Fred Astaire debuta en pantalla en la película *Dancing lady*, con Joan Crawford. El género de baile es uno de los de mayor éxito de Hollywood.

EL BAILE EN EL CINE

1923 El charlestón, baile popular afroamericano originario de Carolina del Sur (EE UU), hace furor tras su aparición en el espectáculo de teatro musical *Runnin' wild*.

EL CHARLESTÓN

c. 1920 Se populariza en Ghana y Nigeria el *highlife*, asociado a conjuntos de viento de jazz, guitarras y ritmos de percusión africana.

Tambor de madera con correajes que modulan el tono

HIGHLIFE AFRICANO

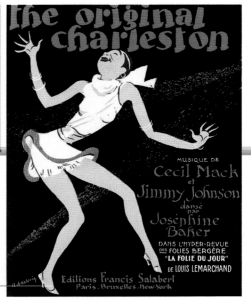

Década de 1960 El twist, con raíces en la danza congoleña, despega después de que el cantante estadounidense Chubby Checker lo baile con la canción «The twist» en televisión. No hay que bailarlo en pareja, y no hay pasos formales que aprender.

Dedos adentro, talón afuera

EL TWIST

Década de 1970 Las comunidades hispanas de Nueva York (EE UU) popularizan la salsa, estilo híbrido latino, en fiestas callejeras y clubes nocturnos. Es un baile de pareja rápido y rítmico con un compás de 4/4.

Baile caracterizado por mover las caderas

SALSA

Hay un danzante en la cabeza del león, y otro en la cola

DANZA DEL LEÓN CHINA

***c.* 200–700 d. C.** Las danzas en honor del león se popularizan en China. Suelen tener lugar en los festivales, con el fin de espantar espíritus malignos.

***c.* 1300** Los polinesios se asientan en Nueva Zelanda, donde se desarrolla la cultura maorí que practica la danza ceremonial del *haka*. La habilidad con la que las tribus interpretan esta danza refleja su poder y prestigio.

HAKA

Década de 1500
Nace como danza cortesana en Italia la gallarda, estilo enérgico que incluye patadas y saltos, sirviendo así para exhibir la buena forma física.

LA GALLARDA

1661 El rey Luis XIV crea la Academia Real de Danza en París (Francia), primera escuela dedicada al *ballet*, que inicia la transición de este baile de la corte a los escenarios.

BALLET CORTESANO

La ropa de los hombres indica el rango en la corte.

El atuendo elaborado refleja el estilo de la época

Década de 1600 En Japón, una compañía femenina comienza a practicar kabuki, teatro y danza a menudo erótica. En 1629 se prohíbe a las mujeres, y todos los papeles los interpretan hombres.

INTÉRPRETE DE KABUKI

***c.* 1600** Los esclavos africanos en Brasil desarrollan la capoeira, combinación de lucha, danza y música que sirve para ocultar técnicas de combate a los amos esclavistas.

CAPOEIRA

***c.* 1840** Se celebran en EE UU los primeros concursos de claqué, solapándose los competidores entre sí para demostrar su destreza y superioridad rítmica.

Placas metálicas clavadas o atornilladas

ZAPATOS DE CLAQUÉ

***c.* 1850** Autores europeos de viaje por Egipto documentan la danza social local de las bailarinas gawazi. Esta danza («del vientre») tiene sus raíces en el Oriente Próximo antiguo.

Movimientos sutiles de la mano

BAILARINA GAWAZI

1890–1900 Bailarinas como Loïe Fuller rechazan las normas del *ballet* clásico y experimentan con la improvisación y la expresión personal.

Cartel de Loïe Fuller

DANZA MODERNA

1913 El empresario de *ballet* Serguéi Diáguilev desata la polémica en París con *La consagración de la primavera*, por su temática primitiva y su coreografía de vanguardia.

LA CONSAGRACIÓN DE LA PRIMAVERA

1913 El escritor británico H. G. Wells llama a 1913 el año del tango, al hacer furor este baile argentino en las ciudades de toda Europa y EE UU.

1895 La nueva escenificación de *El lago de los cisnes* en San Petersburgo (Rusia), con música de Piotr Ilich Chaikovski y coreografía de Marius Petipa y Lev Ivánov, capta la esencia del *ballet* clásico ruso.

BALLET CLÁSICO

***c.* 1972** Los movimientos de lucha de las bandas de Nueva York se incorporan al baile improvisado del hip hop de los DJ, que mezclan discos con *breaks* repetidos.

Bailarín haciendo el típico giro de cabeza

BREAKDANCE

Faldas derivadas de la ropa gitana

DANZA DE BOLLYWOOD

2000 Surge un nuevo estilo vibrante de danza de Bollywood que combina danza clásica india e influencias de Broadway, la cultura del vídeo de MTV y el hip hop.

Véase también Grandes bailarines pp. 426–427 ▶   **Cine y películas** pp. 428–429 ▶   **Cine internacional** pp. 430–431 ▶

Grandes bailarines

La historia antigua conserva los nombres de algunos danzantes, pero el culto de estos empezó en el siglo XVII. En Europa, en el siglo XVIII, Jean-Georges Noverre y sus contemporáneos diferenciaron la danza de la ópera con *ballets* narrativos en los que los movimientos comunicaban el relato, en vez de ser una mera distracción estética. La popularidad creciente de la danza permitió a los ejecutantes forjarse una carrera a nivel global. A principios de la década de 1880, el nuevo estilo atlético de Auguste Vestris puso los cimientos de la danza moderna, en la que la formación y la técnica importan más que el argumento. Esta es solo una selección de los grandes bailarines de las cortes reales, los escenarios y la gran pantalla en los dos últimos milenios.

Zhao Feiyan

China (45 a.C.-1 d.C.)

Bailarina hábil, introdujo la agilidad en las danzas tradicionales de la corte de la dinastía Han.

Pílades de Cilicia

Antigua Roma (*c.* 22 a.C.)

Pionero de la danza de la pantomima trágica basada en mitos griegos, y conocido por su estilo grandioso.

Shizuka Gozen

Japón (1165-1211)

Shirabyoshi (bailarina de la corte) del período Heian que interpretaba danzas formales vestida de hombre.

Domenico da Piacenza

Italia (*c.* 1400-1476)

Formalizó seis movimientos y técnicas para los danzantes, como la coordinación y la conciencia espacial.

Will Kemp

Inglaterra (m. en 1603)

Popularizó la danza Morris, al recorrer danzando en nueve días los 177 km de Londres a Norwich y publicar la hazaña.

Luis XIV

Francia (1638-1715)

Bailó en *ballets* de compleja coreografía en la corte real, con elenco y público de la realeza y la aristocracia.

Pierre Beauchamps

Francia (1636-1705)

Bailarín, coreógrafo y compositor de *ballet* clásico. Definió las cinco posiciones básicas de los pies en el *ballet*.

John Weaver

Inglaterra (1673-1760)

Conocido por *ballet* pantomima, *ballet* experimental y danza narrativa. Obra clave: *The loves of Mars and Venus.*

Louis Dupré

Francia (1697-1744)

Maestro del estilo noble de *ballet*, con raíces en el anterior estilo cortesano, admirado por su físico elegante.

Ginger Rogers (1911-1995) y Fred Astaire protagonizaron juntos 10 películas

CARTEL DE *SOMBRERO DE COPA* (1935)

Marie Sallé

Francia (1707-1756)

Rechazó las pelucas y los atuendos pesados que debían llevar las bailarinas en su época. Obra clave: *Pygmalion.*

Marie Camargo

Bélgica (1710-1770)

Pionera de los *entrechats* y el trabajo complejo de los pies de las bailarinas de *ballet*, y de las faldas más cortas.

Barberina Campanini

Italia (1721-1799)

Bailarina de *ballet* famosa por su estilo atlético de movimientos precisos y saltos y giros rápidos.

Jean-Georges Noverre

Francia (1727-1810)

Creador del *ballet* de acción, con énfasis en el movimiento expresivo sobre el atuendo. Obra clave: *Psyché et l'Amour.*

Gaetano Vestris

Italia/Francia (1729-1808)

Bailarín y coreógrafo de *ballet* que elevó el papel del bailarín masculino principal.

Gasparo Angiolini

Italia (1731-1803)

Combinó danza, música y argumento en el *ballet* dramático. Obra clave: *Don Juan, ou le festin de pierre.*

Auguste Vestris

France (1760-1842)

Introdujo un nuevo estilo atlético en el *ballet*, basado en el entrenamiento riguroso y la barra.

Marie Taglioni

Suecia (1804-1884)

Destacó en el trabajo de puntas en *ballet*, y estableció el culto de la bailarina. Obras clave: *La sílfide; Pas de quatre.*

Isadora Duncan

EE UU/Francia (1877-1927)

Bailó descalza y destacó por movimientos naturales en lugar de técnica estricta de *ballet*. Obra clave: *The amazons.*

Bill «Bojangles» Robinson

EE UU (1878-1949)

Bailarín de claqué y actor de vodevil conocido por actuar en solitario y por el baile en escaleras.

Anna Pávlova

Rusia (1881-1931)

Bailarina rusa de *ballet* que realizó giras mundiales con su propia compañía. Obra clave: *La muerte del cisne.*

Vaslav Nijinski

Ucrania (1889-1950)

Bailarín moderno famoso por sus saltos. Obras clave: *La siesta de un fauno; La consagración de la primavera.*

Michio Ito

Japón (1892-1961)

Un pionero de la danza moderna, inspirado por la tradición dramática del *noh* (o *nó*). Obra clave: *Sylvia.*

Martha Graham

EE UU (1894-1991)

Bailarina moderna, creó un nuevo sistema de movimientos. Obra clave: *Appalachian spring.*

Fred Astaire

EE UU (1899-1987)

Combinó claqué, baile de salón y *ballet* en sus rutinas. Obras clave: *Sombrero de copa; Swing time; Royal wedding.*

Rukmini Devi Arundale

India (1904-1986)

Bailarín y coreógrafo que revivió y popularizó la danza clásica india *bharatanatyam.*

Carmen Miranda

Portugal/Brasil (1909-1955)

Bailarina de samba, samba *boogie* y fusión latina. Obras clave: *Down Argentine way; The gang's all here.*

RUDOLF NURÉYEV

> «Claro que [Fred Astaire] era grande, pero no olvides que **Ginger Rogers** hacía todo lo que hacía él [...] **hacia atrás y con tacones.**»
>
> BOB THAVES, en una de sus tiras cómicas de «Frank and Ernest (c.1982)

JIN XING CON EL JIN XING DANCE THEATRE DE SHANGHÁI

Jin Xing

China (n. en 1967)

Bailarina moderna y de *ballet* con papeles de género fluido. Obra clave: *Cross border-crossing the line (Cong dong dao xi).*

Vincent Mantsoe

Sudáfrica (n. en 1971)

Combina en su obra baile urbano, danza contemporánea, tradicional africana y afrofusión. Obra clave: *NDAA.*

Joaquín Cortés

España (n. 1969)

Bailarín formado en ballet clásico y flamenco, combina estos con danza contemporánea. Obra clave: *Pasión gitana.*

Akram Khan

Reino Unido (n. en 1974)

Bailarín contemporáneo que incorpora el *kathak* bengalí clásico en su trabajo. Obra clave: *XENOS.*

Les Twins (Laurent y Larry Nicolas Bourgeois)

Francia (n. en 1988)

Bailarines urbanos y de hip hop New Style, introdujeron el concepto del bailarín DJ.

Michaela DePrince

Sierra Leona/EE UU (n. en 1995)

Bailarina de *ballet* clásico de gran prestigio por su gran técnica y expresividad. Obra clave: *Mata Hari.*

Gene Kelly

EE UU (1912-1996)

Bailarín atlético de musicales que cambió la percepción del bailarín masculino. Obra clave: *Cantando bajo la lluvia.*

Hermanos Nicholas

EE UU, Fayard 1914-2006; Harold 1921-2000

Bailarines teatrales que integraban en sus actuaciones claqué, jazz, acrobacia y ballet. Obra clave: *Jumpin' jive.*

Margot Fonteyn

Reino Unido (1919-1991)

Renombrada por su caracterización y precisión técnica. Obras clave: *La bella durmiente; Sylvia; Ondine.*

Pearl Primus

Trinidad/EE UU (1919-1994)

Bailarina moderna que imbuyó su trabajo de influencias africanas. Obra clave: *The negro speaks of rivers.*

Merce Cunningham

EE UU (1919-2009)

Bailarín moderno cuyo estilo abstracto buscaba el movimiento puro, sin emoción. Obra clave: *El penitente.*

Bob Fosse

EE UU (1927-1987)

Bailarín de teatro musical famoso por su empleo del atrezo y la inspiración del jazz. Obras clave: *Cabaret; Chicago.*

Tatsumi Hijikata

Japón (1928-1986)

Creador del *butoh* (o *butô*), género de posguerra de gestos estilizados y movimientos lentos. Obra clave: *Colores prohibidos.*

George Balanchine

EE UU (1929-1983)

Creador de *ballets* abstractos sin argumento, fusionó *ballet* clásico y teatro musical. Obra clave: *El cascanueces.*

Mahmoud Reda

Egipto (n. en 1930)

Bailarín moderno cuyo trabajo se basa en tradiciones árabes, jazz, *ballet* y danzas populares hindúes y rusas.

Alvin Ailey

EE UU (1931-1989)

Bailarín moderno que incorporó estilos del *ballet* y del jazz en sus coreografías. Obra clave: *Revelations.*

Rudolf Nuréyev

Rusia (1938-1989)

Bailarín atlético de *ballet* clásico célebre por sus movimientos explosivos y giros rápidos. Obra clave: *El corsario.*

Pandit Birju Maharaj

India (n. en 1938)

Bailarín clásico indio y máximo exponente del estilo *gharana* Kalka-Bindadin de Kathak.

Pina Bausch

Alemania (1940-2009)

Bailarina moderna creadora del estilo surrealista llamado danza teatro. Obra clave: *La consagración de la primavera.*

Twyla Tharp

EE UU (n. en 1941)

Bailarina contemporánea cuyo estilo combina lo clásico, el jazz y el pop. Obra clave: *The Catherine wheel.*

Mijaíl Baríshnikov

Letonia (n. en 1948)

Bailarín de *ballet* clásico e impulsor de la danza moderna. Obra clave: *Opus 19/ The dreamer.*

Brazos en la quinta posición, con codos ligeramente doblados y muñecas relajadas

Pie sobre la punta

MICHAELA DePRINCE

Véase también Cine y películas pp. 428-429 ► El teatro a través de la historia pp. 432-433 ►

Cine y películas

La ciencia y el ingenio creativo han impulsado el desarrollo del cine, comenzando por la invención del cinematógrafo por los hermanos Lumière en Francia en 1895. Aunque se desarrollaron tradiciones cinematográficas en todo el mundo, Hollywood fue el foco dominante. A lo largo de la historia del cine, las películas reflejaron tendencias sociales, culturales y políticas que, a su vez, estuvieron influidas por poderosos mensajes vehiculados por actores, directores, guionistas, compositores y equipos de producción.

Manivela para fotografiar o proyectar imágenes

Carrete sobre la cámara-proyector

Ranuras por las que se ven imágenes

El hombre se inclina y la mujer hace una reverencia

DISCO DE ZOÓTROPO TITULADO *CORTESÍA*

Siglo XIX Varios ingenios, como el fenaquistiscopio francés, de 1833, y el zoótropo de Milton Bradley, de 1866, crean la ilusión de movimiento.

CÁMARA PROYECTOR BIOKAM

1895 En Francia, los hermanos Auguste y Louis Lumière hacen una demostración del cinematógrafo, cámara y proyector integrados.

1933 El lanzamiento de *King Kong* causa sensación, en parte por el uso pionero de maquetas, miniaturas y animación *stop-motion* desarrollados por Wills O'Brien.

CARTEL DE *KING KONG*

1929 La primera ceremonia de los Premios de la Academia (los Óscar) en Los Ángeles (EE UU) premia las mejores películas estrenadas en 1927 y 1928. Entre los ganadores figuran Emil Jannings, como mejor actor, y Janet Gaynor, como mejor actriz.

1929 El empresario estadounidense George Eastman exhibe la primera película realizada en Technicolor de tres tiras. Perfeccionado en 1932, se convierte en el estándar de las películas en color de Hollywood.

ANTIGUA CÁMARA TECHNICOLOR

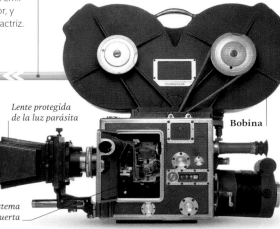

Lente protegida de la luz parásita

Bobina

El armazón contiene el sistema de bobinado y la puerta

1934 Se empieza a aplicar el Código Hays, con orientaciones sobre lo que es inaceptable mostrar en pantalla en EE UU. En 1968 será reemplazado por el sistema de calificaciones.

1937 *Blancanieves y los siete enanitos* es el primer largometraje de animación. Usa una cámara multiplano para obtener un efecto tridimensional.

1995 El debut como director del animador John Lasseter, *Toy Story* es el primer largometraje realizado íntegramente con imagen generada por ordenador.

1988 La película en hindi *Salaam Bombay!* retrata la dura vida de los niños de la calle en Bombay (India). Premiada en el Festival de Cannes, impulsa a la fama a su directora Mira Nair.

FOTOGRAMA DE *SALAAM BOMBAY!*

La montadora Marcia Lucas manejando una bobina

El director de Star Wars, *George Lucas, en la sala de edición*

1997 El cine digital se hace realidad al exhibirse en Hollywood el Proyector de Luz Digital (DLP) de Texas Instruments; dos años más tarde, George Lucas utiliza el DLP en *Star Wars: Episodio I – La amenaza fantasma*.

1997 *Titanic*, del director James Cameron, bate el récord de taquilla al recaudar más de mil millones de dólares, y lo mantiene durante más de una década. Nominada a 14 Óscars, gana 11, igualando a *Ben-Hur* (1959).

GEORGE LUCAS

RODAJE DE *TITANIC*

1903 Estreno de *Asalto y robo al tren*, de Edwin Porter, considerada el primer éxito de taquilla. Ambientada en el oeste americano, dura 11 minutos y fue rodada con un presupuesto de 150 dólares.

NICKELODEON

Taquilleros posando en el exterior de un nickelodeon

1905 El primer *nickelodeon*, uno de los primeros locales para proyectar películas, abre en Pittsburgh (EE UU), con sesiones continuas con acompañamiento de piano.

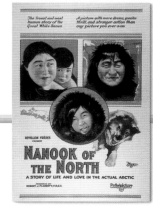

CARTEL DE *NANUK, EL ESQUIMAL*

1908 Después de protagonizar *The red girl*, de D. W. Griffith, la canadiense Florence Lawrence se convierte en la primera estrella de Hollywood. Actúa en más de 300 películas.

FLORENCE LAWRENCE

WALT DISNEY

1928 Estreno en el Colony Theatre de Nueva York (EE UU) de *El botero Willie*, primera película de Mickey Mouse de Walt Disney con sonido sincronizado. De solo ocho minutos, marca el fin de la animación muda.

1922 El cineasta estadounidense Robert J. Flaherty realiza el primer documental, *Nanuk, el esquimal*, sobre una familia inuit.

1919 El líder de la Unión Soviética Vladímir Lenin nacionaliza el cine soviético, y declara que de todas las artes, el cine es la más importante.

1913 Basado en un relato del texto épico indio *Mahabharata*, *Raja Harishchandra* es el primer filme indio estrenado en Bombay (India).

1954 El director japonés Akira Kurosawa estrena *Los siete samuráis*. Con su argumento de un equipo de guerreros con una misión, establece el género de acción.

CARTEL DE *LA DOLCE VITA*

El cartel informa al público del reparto y equipo

1960 La sátira de Federico Fellini *La dolce vita* difunde el cine italiano a un público global. Pese a su representación del exceso, es un éxito de taquilla en EE UU.

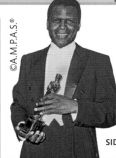

1964 Sidney Poitier es el primer actor afroestadounidense ganador del premio Óscar al mejor actor, por su papel en *Los lirios del valle* (1963).

SIDNEY POITIER

La cinta magnética almacena vídeo y audio

Bobina

1985 La franquicia Blockbuster transforma la manera de ver películas, operando como un supermercado y con un catálogo más amplio que las tiendas de vídeos existentes.

1981 La película bélica alemana *Das Boot*, de Wolfgang Petersen, seduce al público global con su estilo documental y sus primeros planos, que crean una sensación claustrofóbica.

FOTOGRAMA DE *DAS BOOT*

1971 Sony presenta el primer formato de videocasete con éxito, U-matic. Destinado en principio a los consumidores, en su lugar transforma la televisión grabada en directo.

CASETE DESMONTADO

Carcasa de plástico

2002 Por su papel en *Monster's Ball* (2001), Halle Berry es la primera mujer afroestadounidense en ganar el Óscar a la mejor actriz.

LOS GANADORES DEL ÓSCAR HALLE BERRY Y DENZEL WASHINGTON

2010 Kathryn Bigelow es la primera mujer en ganar el Óscar a la mejor dirección por el drama bélico *En tierra hostil* (*The hurt locker*, 2008), que analiza el estrés psicológico de combate en Irak.

CARTEL DE *EN TIERRA HOSTIL*

2019 La comedia de suspense coreana *Parásitos*, escrita, producida y dirigida por Bong Joon Ho, gana cuatro Óscares, entre ellos el de mejor película, otorgado por primera vez a una película en lengua no inglesa. También es el primer filme coreano en ganar la Palma de Oro del Festival de Cannes.

Cine internacional

Pese al predominio global de Hollywood, las industrias cinematográficas de otras partes del mundo desarrollaron un carácter propio, en muchos casos con una función social unificadora importante para ciudadanos de origen religioso y étnico diverso, como en India y la Unión Soviética. Con su difusión global, las películas inspiraron al público y a cineastas internacionales al mostrar otras culturas y reafirmar las esperanzas y temores compartidos por personas de todo el mundo.

América del Norte

Centrada en la soleada Los Ángeles, en California, la industria cinematográfica estadounidense se desarrolló de 1910 en adelante en Hollywood, empezando por las películas de D. W. Griffith. En 1919, Griffith, Charlie Chaplin, Mary Pickford y Douglas Fairbanks crearon la productora United Artists, enfocada en defender más los intereses de los artistas que los de los estudios. Con el paso del cine mudo al sonoro, el sistema emergente de estudios dominó la producción de películas, creando un aura de glamur con el control de sus estrellas y su imagen pública.

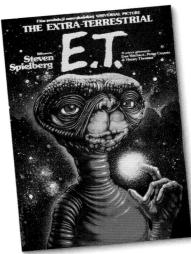

CARTEL DE *E. T. EL EXTRATERRESTRE*

Á frica

Al sur del Sáhara, no hubo producción propia hasta la independencia. El senegalés Ousmane Sembène es considerado el padre del cine africano, y su filme corto de 1963 *Borom sarret* («El carretero») es un hito en la historia del cine del continente. Burkina Faso se convirtió en un centro de producción destacado, centrado en temas de cultura de identidad, y fundó el mayor festival de cine africano en 1969, hoy día llamado FESPACO. En Nigeria, el director Ola Balogun ayudó a construir una industria nacional en las décadas de 1970 y 1980, adaptando obras teatrales yorubas. La industria nigeriana rivaliza hoy con Bollywood como segunda del mundo por volumen.

Europa occidental

Francia fue la pionera del cine y de su tecnología original. Al presentar cortos en París en 1895, los hermanos Lumière pusieron los cimientos del cine. La industria escandinava se desarrolló como forma de arte desde principios de la década de 1900. En la década de 1920, en Alemania surgió el estilo expresionista, y en Reino Unido, el documental y la comedia. El énfasis en el estilo y el concepto de directores posteriores, como Federico Fellini y Jean-Luc Godard atrajo a públicos de todo el mundo.

Oriente Próximo

La industria del cine de Egipto, donde abrió la primera sala en 1906, es una de las más antiguas del mundo. Floreció entre 1940 y 1970, atrayendo la atención internacional obras maestras del realismo como *Bab el hadid* (*Estación central*, 1958), de Youssef Chahine. Siria produjo su primer largometraje en 1928, y Líbano, en 1929; y la producción activa continuó en ambos países. Pese a las restricciones impuestas por los conflictos y la censura, cineastas árabes de Palestina, Yemen, Siria, Irán, Jordania, Argelia, Túnez y Líbano han logrado el éxito de crítica y público dentro y fuera de sus países.

LOS NIÑOS DEL PARAÍSO (IRÁN), DE 1997

Rusia y Asia central

Un hito del primer cine ruso fue el empleo pionero de dos cámaras en *Oborona Sevastopolya* («Defensa de Sebastopol», 1911). En 1925, *El acorazado Potemkin*, de Serguéi Eisenstein introdujo nuevas técnicas de edición y cámara, como el montaje y la yuxtaposición. Bajo Stalin, el cine fue una herramienta para reforzar la ideología estatal, y las repúblicas soviéticas de Asia central fueron centros de producción. Tras la independencia, algunas desarrollaron industrias propias.

China

El cine llegó a China en 1896, al proyectarse un cortometraje durante un espectáculo de variedades en Shanghái. Este inspiró las películas de ópera china de Ren Qingtai, cuyo éxito hizo proliferar los estudios cinematográficos. La cinematografía floreció en Hong Kong y Taiwán en las décadas de 1950 y 1960. En la década de 1970 dominó el género de las artes marciales, hasta que, con películas como *Tierra amarilla* (1984), la China continental regresó a la escena internacional. *Tigre y dragón* (2000), de Ang Lee, reunió el trabajo de profesionales del cine de China, Taiwán y Hong Kong.

> Walt Disney tuvo en **exclusiva** los **derechos** del **Technicolor** en **tres** tiras (colores) entre **1932** y **1935**.

América Latina

Ya en 1896 hubo proyecciones de cine en Río de Janeiro, Buenos Aires y Ciudad de México, y a lo largo de la década siguiente surgieron industrias latinoamericanas propias. La producción decayó en la década de 1950, aunque, después de un encuentro de directores experimentales con inquietudes sociales en Chile en 1967, el nuevo cine latinoamericano revigorizó la cinematografía en Cuba, Colombia y Brasil. Más recientemente, *Como agua para chocolate* (México, 1992), *Ciudad de Dios* (Brasil, 2002) y *Roma* (Argentina, 2004) lograron el reconocimiento internacional.

Europa del Este

Los cineastas polacos fueron activos a principios del siglo XX, entre ellos Ladislas Starévich, autor de películas de animación fotograma a fotograma (o *stop-motion*). En 1948 se fundó una escuela de cine en Łódź, con el ganador de la Palma de Oro Andrzej Wajda entre sus licenciados. Los miembros de la nueva ola checa Jiří Menzel y Miloš Forman fueron celebrados, hasta la invasión soviética de 1968. El cine de Europa del Este sería reprimido hasta el fin de la Guerra Fría, en 1991, que permitió crecer de nuevo a las cinematografías nacionales.

India

Con más de 1500 películas producidas al año en más de 20 idiomas, India tiene la mayor industria cinematográfica del mundo, que incluye el cine hindi de Bollywood. Dadasaheb Phalke realizó en 1913 el primer largometraje mudo, y Ardeshir Irani, el primer largometraje sonoro en 1931. Tras la independencia de Reino Unido en 1947, muchos filmes trataban sobre la identidad nacional. A partir de la década de 1960 hubo una nueva ola de cine realista, pero los éxitos de taquilla fueron películas «masala», así llamadas por combinar acción, romance y comedia con música y baile.

Japón

Muy influyente en cineastas de todo el mundo, el primer cine japonés demostró la eficacia del plano largo para expresar el estado emocional de los personajes, así como la interacción de luz y sombra. La década de 1950, considerada la edad de oro del cine japonés, fue dominada por los directores Akira Kurosawa, Yasujirō Ozu y Kenji Mizoguchi. En la década de 1980, Hayao Miyazaki cofundó Studio Ghibli, que realizó algunas de las películas de animación más relevantes de Japón, como *El viaje de Chihiro* (2001), la primera que obtuvo el Oso de oro en la Berlinale en 2002.

Interpretación artística de escenas como publicidad

CARTEL DE *EL VIAJE DE CHIHIRO*

Australia y Nueva Zelanda

Tras una explosión temprana, incluido el primer largometraje narrativo del mundo, *The story of the Kelly gang* (1906), la industria cinematográfica australiana decayó tras la Primera Guerra Mundial. Se recuperó en la década de 1970 gracias a incentivos estatales, y hubo una nueva ola de películas como *Picnic en Hanging Rock* (1975), *Mad Max* (1979) y *Cocodrilo Dundee* (1986). Algo análogo ocurrió en Nueva Zelanda, cuyo cine adquirió una reputación internacional desde la década de 1990, destacando Jane Campion con *El piano* (1993) y Peter Jackson con *El señor de los anillos* (2001).

El arca rusa (2002), de A. Sokurov, se rodó **en una** sola **toma de 99 minutos.**

▼ **Fotograma de *La casa de las dagas voladoras***

La casa de las dagas voladoras (2004), de Zhang Yimou, es una película china de artes marciales, género llamado *wuxia* y que se remonta a la década de 1920.

Véase también El teatro a través de la historia pp. 432–433 ▶ Grandes escritores pp. 440–441 ▶ Fotografía pp. 492–495 ▶

El teatro a través de la historia

En la historia del teatro se distinguen dos tendencias: el destinado a un público de elite, y otro pensado para atraer el gusto popular. En la antigua China, por ejemplo, las obras dramáticas se representaban en las cortes aristocráticas, mientras que en el Japón medieval las metáforas sutiles del nō estaban dirigidas a un público conocedor.

De forma paralela, el teatro reflejaba temas del interés de todos en la popular *commedia dell'arte* (farsa burlesca) de la Italia renacentista o en los teatros públicos del Londres de Shakespeare, donde los actores se burlaban de lo establecido y expresaban la gama completa de temores y otras emociones humanas en el entorno controlado del teatro.

Isis, hermana y esposa de Osiris, detrás del trono

Osiris, dios del inframundo y señor de los muertos

UN DIFUNTO ADORA A OSIRIS

c. 2686 a. C.–400 d. C. Antiguos escritos egipcios y relatos del historiador griego Heródoto describen la procesión anual en Abidos que relata el mito de Osiris.

La comedia del arte fue popular durante 300 años; estos personajes enmascarados son del siglo XVII

Siglo XVI En la Italia renacentista, *la commedia dell'arte* atrae públicos masivos con la acción cómica y el uso de la lengua vernácula en lugar del latín.

PERSONAJE PULCINELLA

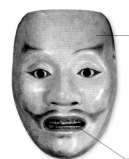

Madera de ciprés pintada con pigmentos naturales

Siglo XIV El nō japonés evoluciona como drama musical sofisticado que sugiere el argumento con el simbolismo y la metáfora, en lugar de explicarlo.

Dientes ennegrecidos, signo de la clase alta

MÁSCARA NŌ DE UN SAMURÁI

Siglo X En Europa, mientras las representaciones religiosas abordan temas folclóricos, el trovero francés Adam de la Halle crea teatro profano para la corte de Nápoles.

ADAM DE LA HALLE

Siglo XVI Representaciones ceremoniales de poder militar en el festival Ugie Oro, fundado por el *oba* (rey) rey Esigie de Benín (África occidental).

Siglo XVI Abren cuatro teatros en Londres (Inglaterra), entre ellos el *Globe*, a los que acude el público a ver obras de Shakespeare y otros autores.

EL TEATRO *GLOBE*

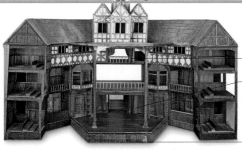

Balcón central para la famosa escena de Romeo y Julieta

Los actores esperan bajo el escenario

Escenario exterior proyectado al patio

1590–década de 1680 En el llamado Siglo de Oro español destacan los dramas en verso en tres actos de Lope de Vega y Calderón de la Barca.

Finales del siglo XIX *Ubú rey*, del francés Alfred Jarry, es un ejemplo extremo de uso simbolista del lenguaje y de los objetos para comunicar significados.

UBÚ REY

Finales del siglo XIX El dramaturgo noruego Henrik Ibsen causa sensación con el realismo de obras como *Casa de muñecas*.

HENRIK IBSEN

Finales del siglo XIX–siglo XX El crecimiento urbano en EE UU prepara el terreno al musical moderno, y a un siglo de espectáculos en Broadway.

CARTEL DE *OKLAHOMA!*

Oklahoma!, ambientada en 1906, incluye a un vaquero que vuelve al campo tras visitar la moderna Kansas City

Finales del siglo XIX El productor ruso Konstantin Stanislavski dirige a los actores de *La gaviota* con su «método», que amplía el espectro de la expresión emocional.

ESCENA DE *LA GAVIOTA*, DE A. CHÉJOV

«Madre Coraje: especias»

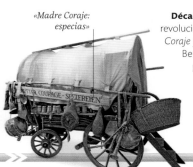

Década de 1930 En obras revolucionarias como *Madre Coraje y sus hijos*, el alemán Bertolt Brecht anima al público a cuestionar el argumento y la interpretación de los actores.

EL CARRO DE MADRE CORAJE

Cabello recogido en dos moños

Las amplias mangas realzan el movimiento de los brazos

Expresión exagerada para que el público distinga al personaje

Siglos VI-I a. C.
Las máscaras pintadas de los actores griegos ayudan a reconocer a los personajes y permiten a un actor interpretar más de un papel.

MÁSCARA TEATRAL

Pared del escenario de gran altura

Capacidad para 20 000 espectadores

No hay tejado, pero se podía cubrir con toldos

Siglo I a. C.-siglo V d. C.
En el primer teatro romano se representan tragedias y comedias completas con guion ante un público separado por categoría social. Es imitado en todo el imperio.

TEATRO DE POMPEYO, EN ROMA

Siglo VII
Durante la dinastía Tang, se representan los primeros clásicos del teatro chino, asentándose como géneros el drama militar, la farsa doméstica y la sátira política con tipos de personajes recurrentes.

INTÉRPRETE DE LA DINASTÍA TANG

Siglo VII
En Persia (la actual Irán), intérpretes vestidos para la ocasión cantan y recitan relatos populares y épicos en un formato dramático llamado *naqqāli*.

Barbad canta historias de la antigua gloria persa al rey

BARBAD CANTA PARA COSROES II

Siglos I-IX d. C.
Se escenifican dramas poéticos en sánscrito con música y danza en India. Un tema común es que un héroe alcance la prosperidad y el amor gracias a llevar una vida recta.

Década de 1600
Izumo no Okuni y su compañía de mujeres crean la nueva danza dramática kabuki. Considerado obsceno, se acaba prohibiendo a las mujeres.

Un actor interpreta a una mujer

ACTOR DE KABUKI

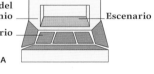

Arco del proscenio

Escenario

Auditorio

TEATRO A LA ITALIANA

Siglos XVII-XVIII
En Italia, los teatros introducen el arco del proscenio (espacio del escenario más cercano al público), a través de cual se ve la acción.

Mediados del siglo XVII
El dramaturgo francés Racine innova con el lenguaje poético y el énfasis en personajes movidos por el amor.

FEDRA E HIPÓLITO

Principios del siglo XIX
Después de la Revolución francesa se popularizan melodramas sobre la justicia, como *El perro de Montargis, o la selva de Bondy*.

Ilustración del decorado

EL PERRO DE MONTARGIS

1775-década de 1800
El inglés Richard Sheridan parodia la superficialidad de la alta sociedad en la comedia de costumbres *School for scandal*.

EL PROTAGONISTA, SIR PETER TEAZLE

1660-1710
Aphra Behn, primera dramaturga inglesa con éxito, escribe sátiras y farsas centradas en las peripecias de la sociedad de la Restauración.

APHRA BEHN

Décadas de 1950-1960
El teatro del absurdo abandona las convenciones y explora la existencia humana con comportamientos irracionales y poco argumento o acción.

Décadas de 1960-1970
Mientras el teatroW florece en el África independiente, Efua Sutherland combina tradición oral ghanesa y recursos dramáticos occidentales.

EL MATRIMONIO DE ANANSEWA

Décadas de 1960-2000
En la era posmoderna, los directores cuestionan las convenciones con experiencias teatrales de inmersión y participación del público.

Piscina suspendida sobre el público

FUERZA BRUTA

Véase también Historia de la literatura pp. 434-435 ▶ Los estilos cambiantes de la poesía pp. 438-439 ▶ **433**

فقال لهم الله الذي لهوى ان ينع وللصدق فحفف ان ينع انه ابوم لجيكم ولذا ليوم فال فكان الجماعه

ان ثابت بعروفه واب نصدي يودعوته فنوجس ما هجن في افكازهم وفطن لما بطن من استكانهم وحاذران

ARTES Y OCIO

Historia de la literatura

Litteratura, originalmente la actividad del *litterator* (maestro de escuela que enseñaba el alfabeto), pasó a significar todo texto, y más tarde la producción literaria como hoy día se entiende. En el mundo antiguo, el mérito de la literatura residía en la composición y expresión. En el siglo XVIII, el término dejó de referirse a toda escritura para aplicarse habitualmente a escritos con una intención estética, y no meramente práctica, como los históricos y científicos.

Literatura antigua

Dos escritos, ambos de Sumer (al sur de los actuales Irak y Kuwait) y datados en c. 2600–2500 a. C., se disputan el título de obra literaria más antigua: el *Himno al templo de Kesh* y la obra sapiencial de dichos y consejos *Instrucciones de Shurupak*. Varios siglos más tarde, en torno a 2100 a. C., se inscribieron en arcilla los primeros fragmentos de la obra épica *Epopeya de Gilgamesh*. En el cercano Egipto, el ascenso de una elite intelectual condujo al florecimiento de la narrativa, con obras inscritas en piedra y en papiro, material semejante al papel.

El período clásico

Desde el siglo VIII a. C. al siglo VI d. C., los autores antiguos exploraron las ideas de vida, verdad y belleza. En Grecia, Homero escribió la *Ilíada* y la *Odisea*, poemas épicos heroicos y profundos; y, en Roma, Virgilio contó el relato dramático de los orígenes de la ciudad en la *Eneida*. En la India, la literatura en sánscrito abarcó textos sagrados, obras de teatro, relatos eróticos y cuentos populares, mientras que en China la prosa rimada *fu* fue el modelo de la escritura creativa, y el monumental *Shiji*, un hito de la literatura histórica.

SAN JERÓNIMO

Atril

Estilo
Tablilla de cera

LA ANTIGUA POETISA GRIEGA SAFO

◄ **En la biblioteca**
El poeta y erudito Al Hariri (c. 1054–1122), leyendo pasajes de las *Maqamat* («Los encuentros»), una colección de relatos, en la biblioteca de Basora (en el actual Irak).

Europa en la Alta Edad Media

En Europa se empleó por primera vez la lengua vernácula, en lugar del latín. En Irlanda surgió la tradición europea más antigua de prosa y poesía en lengua propia, con relatos de santos y héroes, y Dallán Forgaill, del siglo VI, sería el poeta nacional. En Inglaterra se escribió en anglosajón el poema épico *Beowulf*. En Europa, los autores de cuentos tradicionales usaron la métrica como recurso dramático. En el siglo X destacó en Asia el poeta persa Rudaki.

Literatura tardomedieval

En la segunda parte de Edad Media se producen obras de las que ya se conoce su autoría. En el siglo XI, en Japón destacan dos relatos de la vida cortesana imperial escritos por mujeres: *Genji monogatari* («La historia de Genji»), de Murasaki Shikibu, y *Makura no sōshi* («El libro de cabecera») de Sei Shonagon. Entre los siglos XII y XIV, cabe destacar al francés Chrétien de Troyes, al español Juan Ruiz, arcipreste de Hita (autor de *Libro de buen amor*), al italiano Petrarca y al inglés Geoffrey Chaucer, así como la obra árabe *Las mil y una noches*.

Renacimiento y Barroco

Ya en el siglo XIV, obras como *Divina comedia*, de Dante, y *Decamerón*, de Giovanni Boccaccio, marcaron la transición del Medievo a una nueva era. La literatura renacentista se difundió desde Italia al resto de Europa, estimulada por el redescubrimiento de escritos antiguos y la difusión de la imprenta a partir de mediados del siglo XV. En esta época, son clave las obras de Shakespeare y de las grandes figuras del Siglo de Oro español Lope de Vega y Miguel de Cervantes, del francés Molière, así como los ensayos de Erasmo.

La Ilustración y el neoclasicismo

El Siglo de las Luces en Europa (pp. 346–347) estimuló a los escritores de finales del siglo XVIII e inicios del XIX, espoleados por un ánimo inquisitivo y el deseo de cambio social y político. Entre las obras clave se cuentan *Paraíso perdido* (1667) de John Milton, *El mundo resplandeciente* (1668), de Margaret Cavendish, *El contrato social* (1762), de Jean-Jacques Rousseau, y *Los derechos del hombre* (1791), de Thomas Paine, así como los haikus de Matsuo Basho. También tuvieron eco obras de autores africanos sobre la esclavitud, como el *Relato de la vida de Olaudah Equiano, el africano* (1789).

Los románticos

El romanticismo fue el estilo dominante en Europa durante la primera mitad del siglo XIX, con Goethe como inductor clave. La importancia de la imaginación del individuo y la idea de que la creatividad curaba heridas espirituales guiaron a muchos escritores de la época, como William Blake, William Wordsworth, Lord Byron y John Keats. *Frankenstein* (1818), de Mary Shelley, y *Cumbres borrascosas* (1847), de Emily Brontë, fueron novelas góticas populares, sobre lo sobrenatural y el equilibrio entre el amor y el odio y entre el bien y el mal.

Realismo

Los escritores realistas reaccionaron contra la literatura de mediados del siglo XIX retratando la vida cotidiana. Entre otros autores, destacaron Honoré de Balzac y Stendhal, en Francia, Aleksandr Pushkin y Antón Chéjov, en Rusia, y la británica George Eliot. El movimiento llegó también hasta EE UU, donde Henry James y Mark Twain, notablemente en *Huckleberry Finn*, desarrollaron enfoques propios. En Inglaterra, Charles Dickens llevó el realismo incluso a la denuncia social y de las mezquindades del individuo.

Modernidad

En respuesta a los rápidos cambios tecnológicos desde principios del siglo XX y a acontecimientos como las dos guerras mundiales (pp. 362–363), los escritores experimentaron con formas y temas nuevos, usando la primera persona para describir la experiencia del individuo y revelar los mecanismos del yo. Captaron el espíritu de la época *Mientras agonizo*, de William Faulkner, y *La señora Dalloway*, de Virginia Woolf, entre otros autores de la modernidad como Franz Kafka, James Joyce, F. Scott Fitzgerald y Gertrude Stein.

VIRGINIA WOOLF

Posmodernidad

Desde la década de 1950, un número creciente de escritores se rebeló contra las convenciones y fórmulas narrativas imperantes, combinando géneros diferentes, creando efectos ilusorios, disolviendo los límites entre realidad y ficción y desafiando al lector a aceptar el desorden. Entre los más influyentes se cuentan Jorge Luis Borges, Samuel Beckett, John Barth, Kurt Vonnegut y Julio Cortázar; y entre las obras clave, *Trampa 22* (1961), de Joseph Heller, y *El almuerzo desnudo* (1959), de William S. Burroughs. Novelas tan recientes como *Luna Park* (2005), de Bret Easton Ellis, y *Estados Unidos de Banana* (2011), de Giannina Braschi, se consideran clásicos posmodernos.

«**Describir directamente** la vida de la **humanidad** [...] parece **imposible**.»

LEÓN TOLSTÓI, *Guerra y paz* (1869)

Los libros a través de la historia

La escritura sirvió en sus comienzos para el comercio, los registros y la plasmación y difusión de leyes. Los ejemplos más antiguos de literatura se remontan a c. 2600–2500 a. C., en Sumer, y gran parte de la literatura antigua se considera elaborada a partir de tradiciones orales. A partir de entonces, la literatura ha adoptado muchas formas y registros, como poesía, prosa, novela, teatro, comedia, tragedia,

sátira... Sus fines fueron diversos en diferentes épocas, pero ciertas obras, como la *Ilíada*, de Homero, fueron más valoradas que otras, y tuvieron una gran influencia sobre la cultura y la sociedad. Los avances en el proceso de impresión y edición permitieron que un número mayor de lectores accediera a las obras, así como a la producción de libros que son obras de arte visual en sí mismos.

c. 750 a. C. El poema épico de Homero la *Ilíada* relata el asedio de Troya por los griegos. Tiene raíces en la tradición oral griega, y es considerado por muchos la primera obra maestra de la literatura europea.

LA ILÍADA

c. 1590 Basada en el viaje a India del sabio budista Xuanzang en el siglo VII, *Viaje al oeste* es una de las novelas chinas más conocidas. A lo largo del relato, el travieso Rey Mono vive muchas aventuras, antes de finalmente reformarse y redimirse.

El nacimiento de Mono

ILUSTRACIÓN DE *VIAJE AL OESTE*

1493 Con más de 1800 xilografías, las *Crónicas de Núremberg* es un ejemplo impresionante de impresión en el siglo XV, y un relato enciclopédico de acontecimientos bíblicos e históricos que incluye representaciones de ciudades de la época.

Ilustración de Dios creando las estrellas

ILUSTRACIÓN DE LAS CRÓNICAS DE NÚREMBERG

c. 1600 La caligrafía florece en Persia (actual Irán). Mir Emad Hassani perfecciona la escritura *nastaliq*, empleada para escribir poesía.

1755 *A Dictionary of the English Language*, de Samuel Johnson, contiene más de 40000 entradas y 114000 citas, y es la primera obra exhaustiva de su clase en inglés.

Primera página

DICCIONARIO DE JOHNSON

1813 En *Orgullo y prejuicio*, la inglesa Jane Austen reacciona contra el sentimentalismo de novelas anteriores con retratos realistas e ingeniosos de mujeres y del mundo en que viven.

JANE AUSTEN

Esta página combina tinta, acuarela y pan de oro

1902 *El cuento de Perico el conejo travieso*, de la inglesa Beatrix Potter, es la tierna y cómica historia de un conejito travieso. Ilustrado con acuarelas, se convierte en uno de los libros infantiles más vendidos del siglo XX.

BEATRIX POTTER

1901 Thomas Mann seduce a los lectores con el realismo de *Los Buddenbrook*, el relato de la decadencia de una familia burguesa alemana.

LOS BUDDENBROOK

HOJA DE ÁLBUM FIRMADA POR EMAD HASSANI

1905–1906 *Soy un gato*, de Natsume Soseki, usa el recurso cómico de un narrador animal para ofrecer otra perspectiva de los humanos en la sociedad moderna.

NATSUME SOSEKI

1935 Penguin es la primera editorial convencional en publicar en tapa blanda (o rústica). Con el inconfundible código de color de sus portadas, creó un nuevo mercado literario masivo.

El color naranja identifica la ficción

PENGUIN BOOKS

Líder del ejército Kaurava

La caracola anuncia que empieza la batalla

ILUSTRACIÓN DE *MAHABHARATA*

c. 400 a. C. Con más de 100 000 versos, el poema épico indio *Mahabharata* es el más largo que se haya escrito. Cuenta la rivalidad de las familias reales Pandava y Kaurava, y da noticia de la filosofía hindú antigua.

c. 150 a. C. Escritos en vitela, papiro y cobre, y descubiertos entre 1946 y 1956 en el desierto de Judea (Israel), los manuscritos del mar Muerto contienen textos de enorme valor para conocer el desarrollo del judaísmo.

PÁGINA DE LA BIBLIA DE GUTENBERG

1455 La Biblia latina, o Vulgata, del impresor alemán Johannes Gutenberg, es el primer libro impreso en Europa con tipos móviles. El proceso permite producir libros de una forma más económica y en mayor cantidad.

Letra capitular iluminada

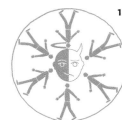

DIVINA COMEDIA

1321 Alegoría filosófica del viaje ficticio del poeta al más allá, la *Divina comedia*, de Dante, es la primera gran obra en toscano, a cuyo prestigio contribuye como lengua literaria de Italia.

ILUSTRACIÓN DE *THE BIRDS OF AMERICA*

1827-1838 Se publica en cuatro volúmenes *The birds of America*, de John Audubon, con 435 grabados a tamaño natural. El libro, de 1 m de altura, con ilustraciones pintadas a mano, fue la referencia para publicaciones de historia natural posteriores. Cada plancha de cobre fue grabada, impresa y coloreada a mano.

Nombres del ilustrador y del autor

Hombre de Hojalata y Espantapájaros

CUBIERTA DE EL MARAVILLOSO MAGO DE OZ

1900 *El maravilloso mago de Oz*, del estadounidense L. Frank Baum, es la historia de Dorothy, llevada por un ciclón a una tierra mágica. Fue adaptada al cine y al teatro.

1869 *Guerra y paz*, de León Tolstói, obra seminal de la literatura rusa, retrata con espléndido realismo las dificultades de la aristocracia imperial rusa durante la invasión napoleónica.

LEÓN TOLSTÓI

1851 Herman Melville publica *Moby Dick*, obra clave de la literatura estadounidense que relata el empeño obsesivo del capitán Ahab por dar caza y matar a la ballena blanca Moby Dick.

MOBY DICK

1951 *El guardián entre el centeno*, de J. D. Salinger, capta el desasosiego y la alienación de un adolescente enfrentado a la superficialidad de quienes le rodean.

Cubierta de la primera edición

CUBIERTA DE EL GUARDIÁN ENTRE EL CENTENO

1958 *Todo se desmorona*, de Chinua Achebe, una de las primeras grandes novelas africanas en inglés, es un relato de la Nigeria precolonial y la desintegración de la sociedad tradicional al llegar los europeos.

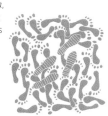

TODO SE DESMORONA

1985 La canadiense Margaret Atwood publica *El cuento de la criada*, historia distópica en la que algunas mujeres luchan por sobrevivir en una nueva sociedad patriarcal que las somete.

Cubierta de una edición en rústica

CUBIERTA DE EL CUENTO DE LA CRIADA

Los estilos cambiantes de la poesía

La poesía es una forma literaria que usa el efecto del sonido y ritmo del lenguaje, disponiendo habitualmente el texto en versos. Se presta a un simbolismo potente y a la alegoría, y a lo largo de la historia los poetas se han servido de ella para explotar hasta el límite las posibilidades de sus idiomas, lo cual dificulta mucho su traducción. Gran parte de las muy diversas formas poéticas empleadas a lo largo de los siglos tienen orígenes antiguos, y siguen creándose otras en la actualidad.

Fábulas en verso

Las fábulas en verso, uno de los géneros literarios más antiguos, suelen presentar animales (y en ocasiones incluso objetos inanimados) que tienen el don del habla y el raciocinio. Sus peripecias comunican una moraleja simple, como la virtud del trabajo en la fábula *La cigarra y la hormiga*, de Esopo, fabulista griego del siglo VI a. C. La cigarra pasa el verano cantando, mientras la diligente hormiga va reuniendo alimento; al llegar el invierno, la cigarra se ve obligada a pedirle algo de comida a la hormiga.

Poesía dramática

Los dramaturgos han recurrido a menudo a la poesía en sus obras, por ser tanto un uso más creativo del lenguaje como un medio más potente para transmitir emociones. Fueron pioneros en este sentido los antiguos dramaturgos griegos, como Esquilo, en el siglo VI a. C., y el formato alcanzó su máximo en el siglo XVI, en obras de dramaturgos del Siglo de Oro español y de William Shakespeare (p. 440), que usaba el verso pentámetro yámbico (a menudo sin rima) para dar viveza a los diálogos y soliloquios.

Poesía lírica

La poesía lírica consiste sobre todo en la expresión de emociones, reflexiones y estados de ánimo del yo, más que en contar historias. Su nombre deriva de la lira, el instrumento musical que solía acompañar tales poemas en la antigua Grecia. Refinada en obras latinas como las *Odas* de Horacio en el siglo I d. C., la lírica atrajo especialmente a los poetas románticos, como John Keats, cuya «Oda a una urna griega» es un ejemplo destacado del género. En la Europa medieval, los trovadores itinerantes ponían música a muchos poemas líricos, recogidos más tarde en antologías como el *Codex Manesse*, del siglo XIV.

Retrato del poeta o del tema — Manuscrito de poesía lírica

ILUSTRACIÓN DEL *CODEX MANESSE*

Poesía elegíaca

La elegía se desarrolló en la antigua Grecia, en la que el término se refería a poemas de asunto solemne, sobre todo lamentos y reflexiones sobre la pérdida. Los temas van desde la tristeza de un guerrero exiliado que rememora el tiempo pasado en la hueste de su señor, en el poema anglosajón del siglo X «The wanderer», a «Le lac», un lamento del poeta francés del siglo XIX Alphonse de Lamartine por la muerte de una amiga, expresado a través de la descripción evocadora del lago que solían visitar juntos.

Poemas en prosa

Los poemas en prosa incumplen uno de los principios fundamentales de la forma poética, al no dividirse en versos, pero emplean con gran efecto recursos poéticos como la rima, la aliteración, la repetición y las imágenes simbólicas. Aunque sus orígenes son más antiguos, no fue popular hasta la década de 1860, gracias sobre todo al francés Charles Baudelaire, en ejemplos como «Enivrez-vous» («Embriagaos»), y luego fue adoptada por generaciones posteriores de poetas, como Gertrude Stein y Pablo Neruda. Tras caer en desuso por un tiempo, la poesía en prosa resurgió a mediados del siglo XX, sobre todo entre poetas *beat* estadounidenses como Allen Ginsberg y Jack Kerouac, y sigue siendo valorada hoy.

ALLEN GINSBERG, DE LA GENERACIÓN BEAT

> «La verdadera poesía **comunica antes** de **comprenderse**».
>
> T. S. ELIOT, poeta británico-estadounidense (1929)

Narrativa poética

Tradicionalmente, los poemas que cuentan una historia solían acompañarse con música, como en el caso de las baladas que contaban la historia de Robin Hood, reunidas a finales del siglo XV. La poesía narrativa es un formato muy versátil, y la usó en el siglo XVIII el poeta escocés Robert Burns, en «Tam o'Shanter», y en el siglo XIX, tanto Edgar Allan Poe, en «El cuervo», como Alfred Tennyson, en «Enoch Arden».

ILUSTRACIÓN DE WILLIAM BLAKE DE *PARAÍSO PERDIDO*, DE JOHN MILTON

Épica

El poema épico es más largo que el narrativo, y versa generalmente sobre un héroe o una gesta. La mayoría de las culturas antiguas tenían tales formas, desde *Epopeya de Gilgamesh*, poema sumerio compuesto hacia 2100 a. C. en Mesopotamia, o los poemas épicos europeos más antiguos, como la *Ilíada* de Homero, hasta el *Mahabharata* indio, en sánscrito, iniciado alrededor de 400 a. C.

Poesía lúdica

Con temas triviales o jocosos, la poesía ligera busca divertir al lector con juegos de palabras o yuxtaposiciones absurdas de efecto humorístico. Entre sus maestros en el siglo XIX están el poeta y pintor Edward Lear, autor de *limericks* (un tipo de verso ligero) en su *A book of nonsense*, y el autor Lewis Carroll, quien incluyó poemas absurdos como «Jabberwocky» en su novela infantil fantástica *A través del espejo y lo que Alicia encontró allí*.

Sátira

Los poemas satíricos se burlan de las flaquezas y vicios de los poderosos o de personas eminentes de su tiempo, a menudo sin ocultar apenas su identidad como figuras alegóricas. Poetas romanos como Horacio y Juvenal los popularizaron en la Antigüedad, y, pese a la censura y a la Crítica de los satirizados, sigue siendo habitual en el comentario político en muchos medios.

Especulativa

Los poetas especulativos ambientan sus poemas en mundos imaginarios o situaciones fantásticas. Aunque la explosión de la ciencia ficción literaria a mediados del siglo XX le aportó una relevancia nueva, tiene raíces mucho más antiguas en obras del siglo XIX como «The hosting of the Sidhe», poema de hadas del poeta irlandés William Butler Yeats.

▶ **Visiones del más allá**
Esta escena del poema narrativo de Dante *Divina comedia* fue ilustrada en 1857 por Gustave Doré.

HAIKU

El haiku es un formato poético japonés consistente en tres versos con un patrón de 5-7-5 sílabas, que suele yuxtaponer dos imágenes para captar la esencia de un momento. Desarrollado en el siglo XVII por maestros como Matsuo Basho, además de convertirse en el estilo poético más famoso de Japón, se ha adoptado en otros idiomas.

ESCRITURA DE POESÍA, GRABADO DEL SIGLO XVII

Grandes escritores

En los últimos siete siglos han surgido muchas tradiciones literarias, a medida que los escritores reflejaban aquello que cambiaba y permanecía en sus sociedades y abordaban temas intemporales como el amor, la pérdida o la venganza. La literatura es un hecho común a todas las civilizaciones, algunas con raíces tan antiguas como las de China e India, pero solo desde época relativamente reciente conocemos fielmente los nombres y las obras de los escritores de numerosas culturas. Con los avances en las tecnologías y las comunicaciones, muchos autores llegan a ser leídos y valorados lejos de sus países, lo cual da fe de la hondura psicológica, la habilidad lingüística y la fuerza de los personajes de sus grandes creaciones. Esta es solo una selección breve de destacados escritores.

Dante Alighieri

Italia (1265-1321)

Poeta cuya obra maestra alegórica *Divina comedia* asentó el toscano como lengua literaria de Italia.

Geoffrey Chaucer

Inglaterra (*c.* 1340-1400)

Considerado el más grande de los poetas medievales ingleses, y famoso por sus *Cuentos de Canterbury.*

Christine de Pizan

Francia (1364-1430)

Poeta, novelista, biógrafa, y defensora muy temprana de los derechos de las mujeres. Obra clave: *El libro de la ciudad de las damas.*

Miguel de Cervantes

España (1547-1616)

Poeta, dramaturgo y el mayor novelista de España. *Don Quijote de la Mancha* se considera la primera novela moderna.

William Shakespeare

Inglaterra (1564-1616)

Poeta y el mejor dramaturgo inglés. Sus 37 obras incluyen obras maestras como *El rey Lear, Hamlet* y *Romeo y Julieta.*

J. W. von Goethe

Alemania (1749-1832)

Poeta, dramaturgo, novelista, filósofo y pionero del movimiento romántico alemán. Obra clave: *Fausto.*

Jane Austen

Reino Unido (1775-1817)

Exploró con ironía y realismo la exclusión social de la mujer. Obras clave: *Orgullo y prejuicio; Emma.*

Charles Dickens

Reino Unido (1812-1870)

Estilista consumado que trató cuestiones sociales, autor de 15 novelas, entre ellas *David Copperfield* y *Grandes esperanzas.*

Victor Hugo

Francia (1812-1885)

Poeta, novelista y dramaturgo. Eje del movimiento romántico francés, su obra maestra es *Los miserables.*

WILLIAM SHAKESPEARE

Charlotte Brontë

Reino Unido (1816-1855)

Novelista que exploró la lucha de las mujeres por liberarse de opresivas imposiciones sociales en *Jane Eyre.*

Fiódor Dostoievski

Rusia (1821-1881)

Autor de novelas de un gran poder de penetración psicológica en mentes patológicas. Obra clave: *Crimen y castigo.*

León Tolstói

Rusia (1828-1910)

Maestro del realismo que rechazaba el materialismo, y cuya obra maestra es *Guerra y paz.*

Emily Dickinson

Reino Unido (1830-1886)

Poeta cuya obra muy personal y elíptica combina sensibilidad metafísica y observación aguda.

Henry James

EE UU (1843-1916)

Virtuoso del realismo con una comprensión cabal de las motivaciones psicológicas en conflicto. Obra clave: *Retrato de una dama.*

Oscar Wilde

Reino Unido (1854-1900)

Poeta, novelista, dramaturgo y exponente del esteticismo de un ingenio deslumbrante. Obra clave: *La importancia de llamarse Ernesto.*

Joseph Conrad

Reino Unido (1857-1924)

Autor de historias sobre hombres rectos en situaciones morales comprometidas. Obra clave: *El corazón de las tinieblas.*

Selma Lagerlöf

Suecia (1858-1940)

Su estilo lírico y su idealismo contribuyeron al éxito del movimiento romántico sueco. Obra clave: *La leyenda de Gösta Berling.*

Rabindranath Tagore

India (1861-1941)

Polímata, pero sobre todo poeta, cuya mezcla de tradición y modernidad anunció un renacimiento literario en India.

Natsume Soseki

Japón (1867-1916)

Evocó la alienación profunda de un mundo en el que los valores tradicionales no son ya una referencia.

Lu Xun

China (1881-1936)

El escritor chino más grande del siglo XX usó el relato breve en críticas mordaces de la sociedad china.

James Joyce

Irlanda (1882-1941)

Novelista irlandés que usó la técnica experimental del monólogo interior. Obras clave: *Ulises; Finnegan's wake.*

Franz Kafka

I. austrohúngaro/Checoslovaquia (1883-1924)

Autor de vanguardia en alemán, unía con gran eficacia lo banal y lo fantástico. Obras clave: *El proceso; La metamorfosis.*

Gabriela Mistral

Chile (1889–1957)

Su poesía rechazó el esteticismo para expresar la experiencia real de los marginados. Obras clave: *Desolación; Ternura.*

Anna Ajmátova

Rusia (1889–1966)

Su poesía introdujo una expresión concreta y una elegancia opuestas al simbolismo dominante en Rusia.

F. Scott Fitzgerald

EE UU (1896–1940)

Maestro de la ficción de la modernidad de EE UU, reflejó los excesos de la era del jazz. Obra clave: *El gran Gatsby.*

Federico García Lorca

España (1898–1936)

Poeta y dramaturgo de rico simbolismo y representante del surrealismo. Obras clave: *Bodas de sangre; La casa de Bernarda Alba.*

Ernest Hemingway

EE UU (1899–1961)

Con una prosa espartana y una expresión lacónica, creó obras maestras como *Por quién doblan las campanas* y *El viejo y el mar.*

Christina Stead

Australia (1902–1983)

Empleó la sátira y la percepción psicológica en novelas ambientadas sobre todo en Australia. Obra clave: *El hombre que amaba a los niños.*

George Orwell

Reino Unido (1903–1950)

En la prosa lúcida de novelas como *1984* y *Rebelión en la granja*, atacó la injusticia social y el totalitarismo.

Pablo Neruda

Chile (1904–1973)

El poeta más eminente de América Latina; pasó del hermetismo inicial a una expresividad sencilla y directa.

Naguib Mahfouz

Egipto (1911–2006)

Autor de relatos de amplio espectro de la vida moderna egipcia, imbuidos de orgullo nacional y crítica social.

Patrick White

Australia (1912–1990)

Exploró el aislamiento y la propia identidad por medio de la alegoría, los distintos puntos de vista y el monólogo interior.

Aimé Césaire

Martinica (1913–2008)

Poeta, dramaturgo y máximo exponente de la negritud, el movimiento por definir la identidad cultural afrocaribeña.

Iris Murdoch

Reino Unido (1919–1999)

Novelista que aplicó perspectivas psicológicas a la vida interior de los personajes en *El mar, el mar.*

José Saramago

Portugal (1922–2010)

Usó la alegoría para subvertir el relato de la historia contemporánea desde una perspectiva socialista.

Italo Calvino

Italia (1923–1985)

Maestro de las fábulas de estilo neorrealista y fantástico, como *El barón rampante* y *Si una noche de invierno un viajero.*

Latifa al Zayyat

Egipto (1923–1996)

Documentó las presiones de los jóvenes por escapar del conformismo social durante la lucha nacionalista egipcia.

Wisława Szymborska

Polonia (1923–2012)

En una poesía de sencillez engañosa, contrapuso problemas eternos de la existencia y transitoriedad del presente.

NAGUIB MAHFOUZ

Nadine Gordimer

Sudáfrica (1923–2014)

Produjo crónicas poderosas del exilio y la alienación, sobre el fondo de la lucha contra el *apartheid.*

Gabriel García Márquez

Colombia (1927–2014)

Maestro del realismo mágico, combinó la ambientación realista con hechos fantásticos. Obra clave: *Cien años de soledad.*

Mariama Ba

Senegal (1929–1981)

Su prosa íntima ilustró el sufrimiento de las mujeres africanas sometidas a la desigualdad de los valores tradicionales.

Chinua Achebe

Nigeria (1930–2013)

Reflejó el impacto devastador de los valores occidentales en la estructura social tradicional africana. Obra clave: *Todo se desmorona.*

V. S. Naipaul

Trinidad (1932–2018)

Autor de prosa elegante que trata cuestiones de alienación personal y colectiva con el trasfondo del colonialismo.

Anita Desai

India (n. en 1937)

Emplea imágenes potentes y percepciones psicológicas de personajes en lucha con una sociedad en transición.

Ngugi wa Thiong'o

Kenia (n. en 1938)

Rechazó el inglés en favor del kikuyu como lengua para construir una auténtica literatura africana. Obra clave: *El brujo del cuervo.*

Margaret Atwood

Canadá (n. en 1939)

Los desastres futuros arrojan luz sobre el presente en ficciones distópicas como *El cuento de la criada.*

J. M. Coetzee

Sudáfrica (n. en 1940)

Sus novelas examinan el impacto del colonialismo y el modo en que el lenguaje puede esclavizar.

Halldór Laxness

Islandia (1945–1998)

Poeta y novelista que reflejó la dureza de la vida rural islandesa con realismo crudo, pero lírico, y estilo épico.

Lorna Goodison

Jamaica (n. en 1947)

Poesía con conciencia social que celebra la experiencia de la lucha jamaicana por la autodeterminación.

Elias Khoury

Líbano (n. en 1948)

Con múltiples narradores y monólogo interior, reflejó las catástrofes del Oriente Próximo de la posguerra.

Haruki Murakami

Japón (n. en 1949)

Aplica el realismo mágico a la alienación, la pérdida y el trauma en un mundo moderno cada vez más impersonal.

Orhan Pamuk

Turquía (n. en 1952)

Explora la identidad y la individualidad para reflejar el conflicto social entre modernidad y tradición. Obra clave: *Nieve.*

ARUNDHATI ROY

Arundhati Roy

India (n. en 1961)

Con saltos en el tiempo cuidadosamente estructurados, Roy ilustra la discriminación social en India tras la independencia.

Shin Kyung-Sook

Corea del Sur (n. en 1963)

Trata la pérdida y la alienación en las décadas de rápida modernización de Corea del Sur. Obra clave: *Por favor, cuida de mamá.*

Historia de la pintura

La pintura como arte comenzó con el descubrimiento de los pigmentos. Obtenidos de la tierra, y mezclados con grasa animal y otros lubricantes y fijadores naturales, proporcionaron a los primeros pintores su paleta de colores. Con el tiempo, los avances tecnológicos trajeron nuevos colores y texturas, junto con utensilios más refinados. A su vez, la constante evolución de los estilos pictóricos ha dado a los pintores nuevos modos de expresión con los que reflejar las ideas y los cambios sociales que los inspiran.

Prehistoria

Nuestra comprensión de la más antigua consciencia humana se basa casi por entero en las pinturas rupestres elaboradas hace al menos 40000 años, milenios antes de que apareciera la escritura. Estas pinturas en protegidas cavernas, así como algunos grabados primitivos en roca al aire libre, están entre las creaciones más duraderas y evocadoras de la Prehistoria, y demuestran que los humanos aplicaron de manera consciente su creatividad e imaginación a la producción de imágenes artísticas, y que no pintaban solo para registrar acontecimientos. Utilizaron pigmentos naturales, como los ocres rojo, amarillo y oscuro, y el negro del carbón quemado.

Superficie de la piedra · *Estos animales son probablemente domesticados*

PINTURA DE LA EDAD DEL BRONCE

Arte mobiliar

Coetáneas de las pinturas rupestres de la Edad de Piedra, se conservan también piezas menores de arte mobiliar (transportable), talladas en hueso o piedra y pintadas. Los ejemplos más antiguos, hallados en Namibia, son placas de piedra con rinocerontes, cebras y humanos pintados en ocre rojo, arcilla blanca, cáscara de huevo, hematita y yeso. En lo que hoy es Francia, España e Italia, la cultura Aziliense, de *c.*8000 a.C., produjo cantos rodados pintados con patrones geométricos. En la India de la Edad del Bronce, el arte mueble incluyó pinturas religiosas en placas o cajas pequeñas, y son ejemplos también la cerámica pintada de Mesopotamia (actual Irak) y los remos decorados vikingos.

La Antigüedad

La pintura artística maduró en las civilizaciones antiguas que desarrollaron sistemas de escritura, como China, India, Persia (actual Irán), Egipto, Grecia y Roma. Muchos avances estéticos y técnicos de este período tuvieron gran influencia en períodos artísticos posteriores, como el Renacimiento y el neoclasicismo. Las cortes imperiales de China favorecieron la pintura de paisajes, además del arte caligráfico, que aplicó los matices de la tinta negra y la pincelada a la creación de escritura expresiva. Los antiguos egipcios desarrollaron nuevos colores para pintar las paredes de tumbas y templos, y los griegos, una nueva y estilizada pintura sobre cerámica.

Murales

Como arte integrado en la arquitectura, la pintura mural fue una evolución natural de la pintura rupestre. Los antiguos egipcios utilizaron pigmentos sintéticos verdes y azules, mezclados con goma guar como fijador y aplicados sobre una capa lisa de yeso. Los murales adornaron los palacios de la civilización minoica de la Edad del Bronce, las cuevas de Ajantâ, en India, y el complejo maya de San Bartolo, en Guatemala. Fue habitual el uso del temple, consistente en mezclar pigmentos en polvo con yema de huevo y agua. Los antiguos griegos y romanos desarrollaron la encáustica, mezclando pigmentos con cera de abeja y aplicándolos en caliente.

Frescos

Como método de pintura mural que emplea pigmento diluido en agua sobre una capa de cal húmeda recién aplicada, el fresco se integra en el muro, más que meramente aplicarse por encima de este, como en la pintura mural. En primer lugar se marcan siluetas sobre la primera capa de mortero de cal, y una vez aplicada la

> «Si oyes a **una voz en tu interior** decir que **no sabes pintar,** entonces **pinta** a toda costa, y la voz será **silenciada.**»

VINCENT VAN GOGH, carta a su hermano Théo (1883)

segunda capa de cal húmeda, el pintor trabaja rápidamente sobre el contorno apenas visible, antes de que llegue a secarse del todo. Los antiguos minoicos desarrollaron una técnica antigua de fresco, pero fue en India cuando se fue refinando de forma gradual, entre los siglos III y VII. Alcanzó su máxima expresión en la Italia renacentista, de la que se conservan ejemplos en iglesias, palacios y edificios públicos.

IMPRESIÓN, SOL NACIENTE (1872), DE MONET

Perspectiva renacentista
Durante los siglos XV y XVI, los pintores europeos se interesaron en la ciencia y las matemáticas como fundamento de un enfoque racional del arte. Uno de sus objetivos era crear pinturas semejantes al modo en que el ojo humano percibe el mundo real, con profundidad y perspectiva. Los modelos de perspectiva se basaron en las ideas del arquitecto italiano Filippo Brunelleschi. En la denominada perspectiva lineal, se trataba de estructurar la composición en función de un punto de fuga en la línea del horizonte de la imagen. Para crear este efecto, el tamaño de los objetos se va reduciendo cuanto más cerca del punto de fuga estén. Pintores notables que utilizaron esta técnica fueron Leonardo da Vinci y Rafael.

Barroco
La pintura barroca surgió de los cambios en la vida política y religiosa europea. La Contrarreforma católica frente al protestantismo fue el telón de fondo de un nuevo movimiento artístico que incidía en formas dinámicas y osadas y en el vínculo emocional con el espectador. Coincidiendo con estas nuevas ideas, la pintura al óleo se convirtió en el medio predilecto gracias a mejoras en la tecnología del refinado. La tendencia había comenzado en el Renacimiento, pero arraigó en el Barroco, y pintores tales como Pedro Pablo Rubens, Diego Velázquez y Nicolas Poussin explotaron la textura lustrosa y el colorido profundo que ofrecía esta técnica.

Neoclasicismo
A partir de mediados del siglo XVIII, los artistas miraron a la época clásica en busca de inspiración, estimulados por el descubrimiento en Italia de las ruinas de Pompeya, y también por el malestar político debido a la desigualdad social. Los pintores neoclásicos querían oponer el valor de la virtud a la superficialidad, y

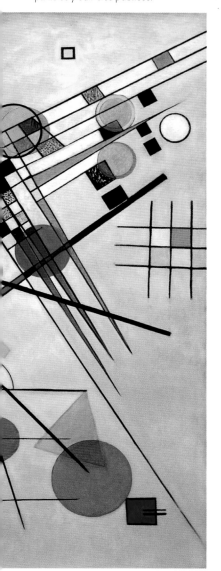

◄ *Composición 8* (1923), de Kandinski
Las formas geométricas reflejan el interés espiritual de Kandinski en las propiedades de las formas.

los temas elegidos como resultado fueron a menudo escenas históricas. Creían que el arte tenía el poder de transformar y civilizar a la sociedad, y sus obras tenían una dimensión moral. Entre los pintores más destacados figuran Joshua Reynolds, Anton Raphael Mengs y Jacques-Louis David, influyente al celebrar la causa de la Revolución francesa mediante escenas de la República romana.

Impresionismo
Los impresionistas rechazaron la monocromía en favor de los colores vibrantes de nuevas pinturas sintéticas, e influidos por obras japonesas de la vida urbana y rural. El amarillo girasol predominó para crear impresiones de luz y energía. J. W. M. Turner elaboró una nueva acuarela amarilla fluorescente, el amarillo indio, hecho con orina de vacas alimentadas con mangos. Se emplearon pigmentos a base de plomo, que eran tóxicos, y algunos pintores los molían por sí mismos para personalizarlos, como Francisco de Goya. Claude Monet adoptó como propio también el violeta. En 1841, se inventaron los tubos de pintura, que reemplazaron a las tradicionales vejigas de cerdo. El resultado fueron pinturas mucho más portátiles, que permitieron la creación de los paisajes que dominaron esta época del arte.

Modernidad
La revolución industrial trajo cambios radicales a la pintura. El ritmo de la vida cotidiana se aceleró, trenes, automóviles y bicicletas alteraron la perspectiva humana, y los artistas trasladaron a sus lienzos una mirada nueva sobre las cosas. Las imágenes se volvieron borrosas, abstractas o descompuestas en partes. Los fauvistas fueron de los primeros en experimentar con la pincelada espontánea y la pintura aplicada directamente del tubo. Al presentar objetos desde múltiples puntos de vista en el mismo lienzo, pintores cubistas como Pablo Picasso y Georges Braque fueron pioneros del arte abstracto. Otros pintores influyentes fueron Kazimir Malévich, Salvador Dalí, Piet Mondrian y Jackson Pollock.

Posmodernidad
Como reacción ante unos estilos vanguardistas de la modernidad ya establecidos, la posmodernidad surgió en la década de 1960 con los movimientos neodadaísta y pop en EEUU. Ambos cuestionaban las ideas tradicionales acerca del significado y valor del arte. Andy Warhol, por ejemplo, pintaba objetos mundanos e iconos de la cultura popular, elevando lo ordinario a una categoría «especial» al situarlos en un lienzo grande. La pintura posmoderna buscaba crear un espectáculo visual que chocara o provocara al espectador, y desafió también la jerarquía del arte, dominada por hombres blancos, preparando el terreno a la apreciación del arte feminista y de minorías.

> La pintura hecha a partir de **cobre y arsénico** resultó ser **altamente tóxica,** y fue luego **prohibida.**

◄ Véase también El Renacimiento pp. 338-339   Estilos pictóricos pp. 444-445 ►   Grandes pintores pp. 448-449 ►

Estilos pictóricos

El modo en que una pintura produce un impacto visual y suscita una respuesta en el espectador ha sido un reto para los pintores desde hace siglos. Explorando la forma, la línea, el color, el sombreado y la textura, crearon efectos ópticos diversos para cambiar la apariencia de sus obras. Algunos querían tratar sus temas con realismo, como los pintores de la dinastía Han o los maestros del siglo XVII; algunos aplicaron una visión más romántica y estilizada, evidente en el estilo *sumi-e* de Japón, hacia el siglo XV. Otros crearon técnicas nuevas para expresar la emoción pura, sobre todo desde mediados del siglo XX. Los experimentos con el medio en sí mismo y con sus métodos han conformado también la evolución estilística del arte pictórico.

44 000 a. C. La pintura figurativa de las cuevas de Maros-Pangkep (Indonesia), de pigmento negro, representa animales e híbridos de humano y animal.

PINTURA RUPESTRE MÁS ANTIGUA CONOCIDA

Uso limitado del color que enmarca la acción

Biombo pintado de Hasegawa Tōhaku

CACERÍA TÁRTARA

Cazadores mongoles (tártaros), un tema popular

1338–1537 Pintores japoneses como Hasegawa Tōhaku retoman la pintura china con tinta negra (*sumi-e*), para reflejar la esencialidad del budismo zen.

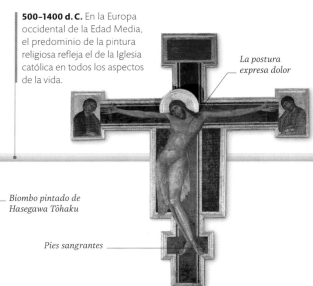

500–1400 d. C. En la Europa occidental de la Edad Media, el predominio de la pintura religiosa refleja el de la Iglesia católica en todos los aspectos de la vida.

La postura expresa dolor

Pies sangrantes

CRUCIFIJO DE CIMABUE, EN FLORENCIA (ITALIA)

c. década de 1800 Los pintores de la tribu indígena americana hopi, que usaban desde antiguo pigmentos naturales y pinceles de hoja de yuca en la cerámica, son ampliamente reconocidos en el siglo XIX.

1787 Elisabeth Louise Vigée-Le Brun pinta a María Antonieta en el estilo barroco de moda; pronto será nombrada retratista de la reina de Francia.

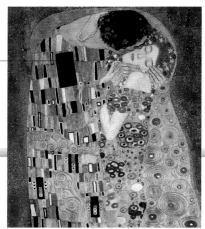

El pan de oro realza el brillo de la superficie

EL BESO, DE GUSTAV KLIMT

c. 1615-1868 En el período Edo de Japón, la xilografía *ukiyo-e* celebra la vida cotidiana urbana, que más adelante influyó a los impresionistas europeos. Se producen en masa, y son baratas.

PANEL CENTRAL DE UN TRÍPTICO DE XILOGRAFÍAS

1874 Paul Cézanne, Claude Monet y Berthe Morisot están entre los 30 pintores que exponen más de 200 obras en la primera exposición de pintura impresionista en París (Francia).

ARGENTEUIL, DE MONET

1897 Gustav Klimt funda la Secesión vienesa, grupo de pintores, escultores, diseñadores gráficos y arquitectos austríacos inspirados por el modernismo.

1905 Los pintores franceses Henri Matisse y André Derain inician un nuevo movimiento de vanguardia, el fauvismo, que usa colores intensos no naturalistas.

HENRI MATISSE

30 000–28 000 a. C. Se crean pinturas, grabados y dibujos trazados con el dedo de diversos animales con pigmentos blanco, negro y rojo, en composiciones estilizadas sobre las paredes de la cueva de Chauvet (Francia).

Pigmento aplicado a la pared

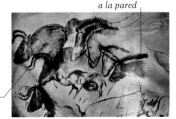

Animales, como uros y caballos

PINTURAS DE LA CUEVA DE CHAUVET

3100–30 a. C. Pintores egipcios decoran las paredes de las tumbas con pintura mineral, empleando pinceles de fibra de palmera datilera de distintos tamaños. Los colores se aplican sobre fondo blanco, para lograr un efecto luminoso.

Escena de un momento musical de ocio en la vida cotidiana egipcia

PINTURA MURAL DE LA TUMBA DE NEBAMUN, EN TEBAS (EGIPTO)

Dibujo de líneas finas

Representación precisa de la ropa

LA PINCELADA DEL GONGBI

206 a. C.–220 d. C. Durante la dinastía Han se desarrolla la pintura *gongbi* china, caracterizada por una pincelada precisa y un colorido sutil a fin de recrear la vida real.

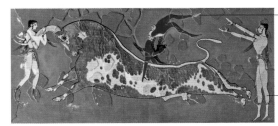

Imagen de salto del toro ceremonial

Las mujeres tienen la piel clara

RÉPLICA DE UN FRESCO DE CNOSOS, EN CRETA (GRECIA)

c. 1550 a. C.–c. 467 d. C. Los frescos que adornan las paredes de villas, tumbas y palacios en las antiguas Grecia y Roma revelan la familiaridad con pigmentos minerales como el albayalde, el minio, la púrpura de Tiro y la azurita.

1508–1512 En Italia, Rafael pinta *La escuela de Atenas*, que muestra un enfoque matemático de la proporción, principio que aplica Miguel Ángel al techo de la Capilla Sixtina.

1545 El pintor italiano Bronzino termina *Leonor de Toledo y su hijo*, usando recursos manieristas como la luz plana y la reproducción minuciosa de los detalles de la indumentaria.

LEONOR DE TOLEDO Y SU HIJO

Siglos XVI–XVII En el Imperio mogol de India, bajo el mecenazgo cortesano se desarrolla la pintura, sobre todo de miniaturas.

TECHO DE LA CAPILLA SIXTINA, EN EL VATICANO

Siglo XVII Maestros neerlandeses como Vermeer y Rembrandt aplican capas de pintura al óleo hecha a mano para crear variaciones tonales sutiles y captar los destellos de la luz natural.

LA JOVEN DE LA PERLA, DE VERMEER

MINIATURA MOGOL

1937 Pablo Picasso pinta el *Guernica*, combinando elementos cubistas y surrealistas, una manifestación política que ilustra el sufrimiento de la población civil inocente en tiempo de guerra.

1952 El estadounidense Jackson Pollock pinta *Convergence* arrojando y haciendo gotear pintura, un hito del expresionismo abstracto que canaliza la física y química de la pintura en movimiento para expresar emoción.

JACKSON POLLOCK

Finales del siglo XX Artistas estadounidenses como Keith Haring y Jean-Michel Basquiat ponen de moda el grafiti y el arte callejero, que convierten en alta cultura, y ponen de relieve subculturas urbanas a las que no se había prestado atención hasta entonces.

Pintura aplicada con plantillas

GRAFITI MODERNO

Véase también Elementos de la pintura pp. 446–447 ▶   Dibujo y pintura pp. 496–497 ▶

Elementos de la pintura

El aspecto de la obra acabada de un pintor depende de técnicas aplicadas a lo largo del proceso creativo. Los colores en capas, la manipulación de la viscosidad y opacidad de la pintura, el tipo de pincelada, y el tamaño y situación de los objetos están entre las herramientas más comunes que se usan.

Luz y sombra

El contraste entre luz y sombra puede centrar la atención del espectador en el tema, y a la vez reforzar la intensidad emocional del cuadro, pues los ojos se ven atraídos hacia las áreas más luminosas. Este efecto, conocido como claroscuro, se puede emplear para generar dramatismo y para conferir tridimensionalidad al cuadro. Los pintores construyen gradaciones tonales con capas de pintura, trabajando de lo oscuro a lo claro y empleando el sombreado y los matices.

> Entre 1912 y 1948, las competiciones de arte, incluida la pintura, fueron parte de los **Juegos Olímpicos.**

Dirección de la luz
En *Muchacha con sombrero rojo*, Jan Vermeer evoca una ventana fuera de la escena iluminando un lado de la cara.

Cualidad de la luz
Caspar David Friedrich graduó tonos del mismo color y punteó con pigmento azul para crear *Paisaje de invierno*.

Tema y composición

El tema de un cuadro es la figura o idea principal representada. Un tema puede determinar también la composición, esto es, la disposición de los elementos visuales. La composición incluye los recursos del pintor para dirigir la vista por el cuadro, como las líneas de fuerza y las reglas de la proporcionalidad.

Retrato
Jacques Louis-David contrastó la pose formal de Bonaparte con el cabello desaliñado y la intimidad de su estudio.

Paisaje
Constable enmarcó con árboles y cielo azul *La catedral de Salisbury, vista desde el jardín del palacio arzobispal*.

Naturaleza muerta
El volumen y la forma tridimensional de tela y frutas cargan de dinamismo *Naturaleza muerta con cortinas*, de Paul Cézanne.

Abstracto
En *Amarillo, rojo, azul*, Vasili Kandinksi empleó la fuerza del movimiento sobre un eje diagonal.

Punto de vista y perspectiva

El punto de vista de un cuadro –el lugar en que el pintor sitúa al espectador– se define por la perspectiva lineal, en la que las líneas de fuga convergen en un punto central del horizonte y generan la ilusión de espacio tridimensional.

Punto de vista
La dirección del flujo del río atrae la mirada del espectador en *Rotes Elisabeth-Ufer*, de Ernst Ludwig Kirchner.

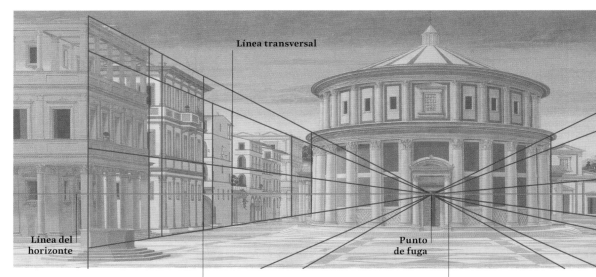

Línea transversal

Línea del horizonte

Punto de fuga

Las líneas transversales establecen la altura o anchura entre dos líneas ortogonales

La mirada se ve atraída hacia el punto de fuga, donde las líneas de fuga tocan el horizonte

Medios

El pintor puede manipular las propiedades químicas y físicas de los pigmentos y las pinturas para lograr un efecto determinado. Son aspectos a considerar la viscosidad o liquidez de la pintura sobre el lienzo, su transparencia u opacidad, el tiempo de secado y la textura o lustre que tiene al secar.

Temple de huevo

Duccio di Buoninsegna usó los tonos mate y semitraslúcidos del temple al huevo, el más usado durante el Renacimiento.

Acuarela

Al formar una capa fina, la superficie por debajo de la acuarela refleja la luz, como se ve en la obra de John Singer Sargent.

Óleo

Como se ve en las veladuras translúcidas de J. M. W. Turner, con el óleo puede obtenerse un acabado luminoso.

Acrílica

La pintura acrílica, en forma de emulsión, aporta claridad y espontaneidad, como en la obra de Nand Katyal.

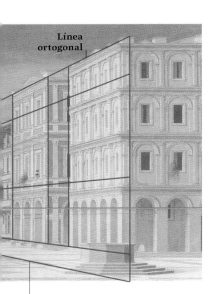

Línea ortogonal

Una serie de líneas imaginarias ortogonales (convergentes) siguen objetos del cuadro y desaparecen en el horizonte

Perspectiva

El cuadro renacentista *La ciudad ideal* ilustra las teorías de la perspectiva lineal del arquitecto Leon Battista Alberti.

REGLA DE LOS TERCIOS

Se atribuye al retratista inglés Joshua Reynolds la invención de la regla de los tercios, que sirve de orientación al proponer que para conseguir la composición ideal, un cuadro debe dividirse en tercios horizontal y verticalmente.

Color

Desde hace siglos, la pintura se basa en teorías sobre cómo funciona el color. El fundamento de estas teorías es la clasificación en matiz (color puro), tinte (matiz con blanco añadido), tono (matiz con gris añadido) y sombra (matiz con negro añadido).

12 matices, o colores puros

PRIMARIO

Pares de color opuesto

COMPLEMENTARIO

Rueda del blanco y el negro

Tres colores contiguos

ANÁLOGO

Todos los tintes de un matiz

MONOCROMO

Tono

Cuando se mezcla un matiz con el neutral gris, se reduce la intensidad, aunque el matiz original no cambie.

Pincelada y textura

El tamaño y anchura del pincel, el pelo del que está hecho, la forma de la punta, la cantidad de pintura sobre el mismo y cómo lo sostiene el pintor afectan a la profundidad de la pintura aplicada y a la textura resultante.

Invisible

Los pintores que desean obtener un efecto realista tienen que crear un acabado casi sin rastro de la pincelada. Para lograrlo, emplean pinceles finos y aplican pinceladas muy pequeñas para crear una superficie uniforme sin texturas que salten a la vista.

Pincelada casi imperceptible de Jan Weenix

Visible

Los gruesos remolinos de pintura de *La noche estrellada*, de Van Gogh, revelan la mano del pintor, y fue una técnica que usó de modo muy expresivo. La pincelada marcada aporta textura y expresa la inmediatez del momento, creando una superficie ondulada que refleja la luz.

Pincelada marcada y evidente

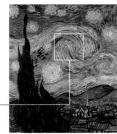

Pincelada china

Pintar con tinta en la tradición china requiere un pincel acabado en punta. El grosor de la pincelada se controla con la presión de la mano, y como el pincel trabaja sobre papel poroso o seda, los movimientos deben ser fluidos para crear formas lisas y dinámicas.

Colores oscuros obtenidos aplicando presión

Grandes pintores

Antes de quedar asentada la tradición de pintar sobre lienzo, se usaron superficies tan diversas como cerámica, paredes encaladas, tablas de madera, seda, vitela y rollos de papel. Con el progreso de la tecnología, los pintores usaron nuevos tipos de pintura y desarrollaron técnicas para expresar cómo veían el mundo. En lugar de imitar el modo en que el ojo ve una escena, el pintor chino del siglo XI Guo Xi trató de captarla desde múltiples perspectivas, mientras que los italianos renacentistas Leonardo da Vinci y Miguel Ángel recurrieron a la ciencia para plasmar su visión. Junto con la tecnología, han contribuido a dar forma a la pintura como arte las experiencias vitales de los pintores, de los que aquí hay solo una selección reducida.

Exequias

Grecia (c. 550 a. C.)

Considerado uno de los mayores artistas de la pintura de figuras negras en cerámica. Obra clave: ánfora del Vaticano (Aquiles y Áyax).

Apolodoro

Grecia (siglo V a. C.)

Creador de la esciagrafía, técnica para producir rápidamente sombras. Obras clave: Odiseo; Sacerdote rezando.

Zeuxis

Grecia (siglo V a. C.)

Pintor innovador conocido por su realismo. Obras clave: Helena; Zeus en el trono; Hércules niño estrangulando a la serpiente.

Gu Kaizhi

China (c. 344–406 d. C.)

Célebre por rollos de seda pintados. Obras clave: Admoniciones de las institutrices del palacio de las Damas; Ninfa del río Luo.

Fan Kuan

China (c. 950–c. 1032)

Pintor de paisajes de la dinastía Song. Obras clave: Viajeros entre montañas y arroyos; Sentado solo en el arroyo.

Maestro del Registrum Gregorii

Alemania (c. 972–1000)

Hábil iluminador de códices religiosos. Obras clave: Cartas de Gregorio Magno; Evangeliario de Egberto de Tréveris.

Guo Xi

China (c. 1020–1090)

Maestro paisajista de la dinastía Song del Norte. Obras clave: Primavera reciente; La llegada del otoño.

Aniko (Araniko)

Nepal (1245–1306)

Figura clave de la pintura nepalí y china durante la dinastía Yuan. Obra clave: decoración del complejo de templos de Lhakhang Chenmo.

Guan Daosheng

China (c. 1262–1319)

Famosa como calígrafa y por su papel en el desarrollo de la pintura de bambú. Obra clave: Arboleda de bambú en la niebla y la lluvia.

Teófanes el Griego

Imperio bizantino (1330–c. 1410)

Uno de los pintores más destacados de la época bizantina tardía. Obras clave: La transfiguración; Nuestra señora del Don (atribuido).

Jan van Eyck

Flandes (c. 1390–1441)

Creador de pinturas muy detalladas y con apariencia de vida. Obras clave: La adoración del cordero místico; El matrimonio Arnolfini.

Carboncillo sobre papel

RETRATO DE UN JOVEN, DE RAFAEL

Rogier van der Weyden

Flandes (1399–1464)

Conocido sobre todo como pintor religioso de gran intensidad emocional. Obra clave: San Lucas dibujando a la Virgen.

Leonardo da Vinci

Italia (1452–1519)

Polímata, pintor y figura clave del Renacimiento. Obras clave: La dama del armiño; La última cena; La Gioconda.

Tang Yin (Tang Bohu)

China (1470–1524)

Pintor excepcional de la dinastía Ming. Obras clave: Tau Gu presenta un poema; Señoras de la corte del Shu.

Miguel Ángel Buonarroti

Italia (1475–1564)

Uno de los artistas más venerados de su época, destacó como escultor y pintor. Obras clave: Tondo Doni; bóveda de la Capilla Sixtina.

Kanō Motonobu

Japón (1476–1559)

Creó una técnica que combinaba la pintura japonesa y la china. Obra clave: Aves y flores de las cuatro estaciones.

Rafael (Raffaello Sanzio)

Italia (1483–1520)

Pintor renacentista conocido por la sofisticación técnica y el realismo. Obras clave: La escuela de Atenas; La Madonna Sixtina.

Sultán Muhammad

Irán (primera mitad del siglo XVI)

Maestro persa de la miniatura. Obra clave: Shahnama («El libro de los reyes»), del sah Tahmasp I.

Kanō Eitoku

Japón (1543–1590)

Nieto de Kanō Motonobu que continuó desarrollando el estilo de su abuelo. Obras clave: Ciruelo; Leones chinos.

Dong Qichang

China (1555–1636)

Pintor principalmente de paisajes, combinó elementos de escuelas diversas de la pintura china. Obra clave: Monte Qingbian.

Artemisia Gentileschi

Italia (1593–c. 1656)

Pintora profesional de éxito en una época en la que se consideraba una vocación masculina. Obra clave: Susana y los viejos.

Manohar

India (finales del siglo XVI)

Pintor cortesano del Imperio mogol. Obras clave: El sah Yahangir recibiendo a sus dos hijos; Bala Kanda.

Rembrandt van Rijn

Países Bajos (1606–1669)

Maestro neerlandés conocido por su uso del claroscuro. Obras clave: La lección de anatomía del doctor Nicolaes Tulp; La ronda de noche.

Francisco de Goya

España (1746–1828)

Retratista famoso también por sus cuadros de la guerra y sus grabados. Obra clave: Los fusilamientos del tres de mayo.

Katsushika Hokusai

Japón (1760–1849)

Famoso creador de xilografías japonés. Obras clave: La gran ola de Kanagawa; Fuji rojo.

Joseph Mallord William Turner

Reino Unido (1775–1851)

Uno de los paisajistas más importantes del siglo XX. Obras clave: El «Temeraire»; Barco de esclavos.

Claude Monet

Francia (1840–1926)

Uno de los fundadores del movimiento impresionista. Obras clave: Impresión, sol naciente; series de Almiares y Lirios.

Iliá Repin

Ucrania, 1844–1930

Representó temas rusos, influido por técnicas europeas occidentales. Obra clave: Los sirgadores del Volga.

Mary Cassatt

EE UU, 1844–1926

Figura destacada del movimiento impresionista. Obras clave: Niñita en un sillón azul; El baño del niño.

«Encontré que podía **decir cosas con colores y formas** que no podía decir de otro modo, cosas para las que no tenía palabras.»

GEORGIA O'KEEFFE, en un catálogo de exposición (1926)

AUTORRETRATO, VINCENT VAN GOGH

Vincent van Gogh

Países Bajos (1853–1890)

Pintor influyente y prolífico, pero escasamente reconocido en vida. Obras clave: *La noche estrellada; Los lirios; autorretratos*.

Vasili Kandinski

Rusia (1866–1944)

Pintor abstracto pionero de obra caracterizada por los colores vibrantes. Obras clave: *Composición VII; Sobre blanco II*.

Piet Mondrian

Países Bajos (1872–1944)

Conocido por su empleo de bloques de color y líneas negras. Obras clave: *Cuadro I; Composición II en rojo, azul y amarillo*.

Pablo Picasso

España (1881–1973)

Pintor prolífico, creador del cubismo, junto con G. Braque. Obras clave: *Las señoritas de Avignon; Guernica; Mujer que llora*.

Georgia O'Keeffe

EE UU (1887–1986)

Pintora moderna que combinó elementos abstractos y figurativos. Obras clave: *Lirio negro III; Cráneo de vaca: Rojo, blanco y azul*.

Tamara de Lempicka

Polonia (1898–1980)

Pintó figuras estilizadas en estilo *art déco*. Obras clave: *Autorretrato (Tamara en un Bugatti verde); Muchacha con guantes*.

Mark Rothko

Letonia/EE UU (1903–1970)

Usó el color para evocar una respuesta emocional. Obras clave: *Centro blanco (amarillo, rosa y lavanda sobre rosa)*.

Willem de Kooning

Países Bajos/EE UU (1904–1997)

Figura destacada del expresionismo abstracto. Obras clave: *Excavación; Lunes de Pascua; El maullido del gato*.

Frida Kahlo

México (1907–1954)

Conocida sobre todo por autorretratos intensos. Obras clave: *Las dos Fridas; Autorretrato con collar de espinas y colibrí*.

Francis Bacon

Irlanda/Reino Unido (1909–1992)

Maestro de la pintura figurativa de intensidad psicológica. Obras clave: *Estudio del retrato del Papa Inocencio X de Velázquez; Cabeza VI*.

Jackson Pollock

EE UU (1912–1956)

Pintor expresionista abstracto conocido por sus cuadros de acción. Obras clave: *Ritmo de otoño (número 30); Convergencia*.

M. F. Husain (Maqbool Fida Husain)

India (1915–2011)

Pintor moderno que aplicó estilos europeos contemporáneos a temas tradicionales indios. Obra clave: *Ganesh retozando*.

Andy Warhol

EE UU (1928–1987)

Figura clave del arte pop de las décadas de 1950 y 1960. Obras clave: *latas de sopa Campbell's; Shot Marilyns; Símbolo del dólar*.

Ibrahim el Salahi

Sudán (n. en 1930)

Pintor que combina elementos de estilos pictóricos árabes, africanos y occidentales. Obra clave: *Autorretrato del sufrimiento*.

Bridget Riley

Reino Unido (n. en 1931)

Utiliza variaciones sutiles de formas y colores para crear movimiento. Obras clave: *Movimiento en cuadrados; Corriente*.

Paula Rego

Portugal/Reino Unido (n. en 1935)

Conocida sobre todo por figuras estilizadas en escenas de relatos populares. Obras clave: *Los bomberos de Alijo; El baile; Guerra*.

David Hockney

Reino Unido (n. en 1937)

Pintor conocido por su uso inventivo del color y la perspectiva. Obras clave: *El gran chapuzón; Señor y señora Clark y Percy*.

Anselm Kiefer

Alemania (n. en 1945)

Ha creado una obra intensamente personal que bebe de la historia alemana. Obras clave: *Operación león marino; Interiores; Osiris e Isis*.

Marlene Dumas

Sudáfrica (n. en 1953)

Aclamada por retratos perturbadores, en ocasiones angustiosos. Obras clave: *Las primeras personas; La pintora; El visitante*.

Jean-Michel Basquiat

EE UU (1960–1988)

Pintor y artista de grafiti cuyas intensas obras exploraron temas personales y sociales. Obras clave: *Cabalgando con la muerte*.

FRIDA KAHLO

Takashi Murakami

Japón (n. en 1962)

Conocido por combinar en su obra cultura popular y alta cultura. Obras clave: *El castillo de Tin Tin; Flores azules y cráneos*.

John Currin

EE UU (n. en 1962)

Combina lo tradicional y lo contemporáneo, a menudo con detalle hiperrealista. Obra clave: *Desnudo de luna de miel*.

Zeng Fanzhi

China (n. en 1964)

Uno de los pintores vivos de mayor éxito de Asia. Obras clave: *Tiananmen; Serie de máscaras 1996 N.º 6; Van Gogh III*.

Julie Mehretu

Etiopía/EE UU (n. en 1970)

Conocida sobre todo por grandes paisajes abstractos. Obras clave: *Stadia II; Mogamma, un cuadro en cuatro partes*.

Véase también La escultura a través de la historia pp. 450–451 ▶

La escultura a través de la historia

La evolución de la escultura puede entenderse como expresión creativa y como un experimento científico continuo en el que los artistas superan barreras tecnológicas para crear obras relevantes. Las figurillas trasportables de la Prehistoria pudieron tener un significado totémico, pero al volverse posibles obras a mayor escala, se realizaron esculturas monumentales como símbolo del poder político y religioso. Las esculturas a escala más humana, en cambio, encarnan tanto la fuerza como la fragilidad de la humanidad. En época reciente, el arte público en paisajes urbanos y rurales ha hecho de la escultura un arte influyente y vital.

Figura de 31 cm de altura

38000 a.C. El hombre-león hallado en 1939 en la cueva de Hohlenstein-Stadel (Alemania), y reconstruido más tarde, es la escultura figurativa más antigua que se conoce.

Hecho de marfil de mamut

HOMBRE-LEÓN DE HOHLENSTEIN-STADEL

El ángel apunta con una flecha de oro al corazón

Sensación de movimiento al levantar la ropa

Intensa expresión en sus ojos

1501 Desde los 26 años, Miguel Ángel tarda dos en terminar la estatua de David, a partir de un bloque de mármol de Carrara dañado y abandonado durante años.

DAVID, DE MIGUEL ÁNGEL

c. 1455 d.C. El escultor renacentista italiano Donatello talla la figura de María Magdalena en álamo blanco. Encargada para el baptisterio de San Juan de Florencia, la *Magdalena penitente* asombra por su realismo.

150–100 a.C. En la isla griega de Paros se extrae el mármol blanco para la *Venus de Milo*, cuyas partes se esculpen por separado antes de ser ensambladas.

La desnudez contrasta con la tela

VENUS DE MILO

1647–1653 Por encargo de la iglesia de Santa María de la Victoria de Roma (Italia), Lorenzo Bernini crea el grupo escultórico barroco en mármol que representa el encuentro espiritual de la monja y mística española Teresa de Ávila con un ángel.

La pierna relajada le confiere dinamismo

1875–1876 Por su naturalismo y la emoción pura que capta, *La edad de bronce*, del escultor francés Auguste Rodin, es considerada la primera escultura de la modernidad.

La mano cerrada transmite emoción intensa

Tamaño natural, de unos 1,8 m de alto

LA EDAD DE BRONCE

La tela parece caer en cascada

EL ÉXTASIS DE SANTA TERESA

1961 *Hombre que camina*, del escultor suizo Alberto Giacometti, se interpreta como emblema del existencialismo. Los rasgos anónimos y el aspecto frágil aluden a la falta de significado de la vida en la era posterior a la Segunda Guerra Mundial.

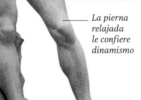

AUGUSTA SAVAGE

1939 Según los informes, *El arpa*, de la afroestadounidense Augusta Savage, es una de las obras más vistas en la Exposición Universal de Nueva York de 1939.

La hoz y el martillo representan a campesinos y obreros

1937 Esta obra monumental, de la letona Vera Mújina, se instala como símbolo político sobre el pabellón soviético en la Exposición Internacional de París.

OBRERO Y KOLJOSIANA

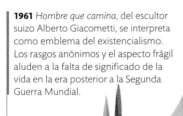

Escultura sin pintar

1967 La gran escala del arte público de Alexander Calder en Montreal (Canadá) es un esfuerzo colaborativo con metalúrgicos de una fundición francesa. La obra simboliza el progreso y el poder humanos.

TROIS DISQUES («TRES DISCOS»)

1977 El renombrado escultor británico Henry Moore establece la fundación que lleva su nombre para conservar y exponer su obra. Sus figuras de gran tamaño y formas orgánicas representan la integridad humana.

HENRY MOORE

38000-10000 a.C. En Europa y Asia se tallan estatuillas de figuras femeninas, las llamadas venus, en colmillos de mamut, asta, hueso y piedra. Se cree que eran símbolos de fertilidad.

VENUS DE LESPUGUE

5000 a.C. Considerada una obra maestra del arte neolítico, el *Pensador* de Cernavoda, en actitud meditabunda, fue hallado en un yacimiento funerario en Rumanía junto con una estatuilla femenina.

Hecho de arcilla horneada y pulida

Figura sobre un pequeño asiento

PENSADOR DE CERNAVODA

1345 a.C. El famoso busto de tamaño natural de la reina egipcia Nefertiti fue realizado en el taller del escultor y pintor cortesano Tutmose. La incrustación de cuarzo del ojo derecho falta en el izquierdo.

Restos del ureo, la cobra egipcia, un símbolo de la realeza

Tallado en caliza

Piedra caliza recubierta de estuco pintado

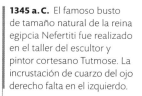

BUSTO DE NEFERTITI

210 a.C. Se entierran 8000 estatuas de terracota de los guerreros del primer emperador de China Qin Shi Huangdi. Se han exhumado unas dos mil, cada una con cabello y rasgos faciales únicos.

EJÉRCITO DE TERRACOTA DE XIAN (PROVINCIA DE SHAANXI)

1200–1000 a.C. En China, metalúrgicos de la Edad del Bronce refinan las aleaciones para hacer esculturas grandes, como las docenas de cabezas de la antigua civilización de Sanxingdui.

Rasgos faciales angulosos

CABEZA DE BRONCE DE SANXINGDUI

1881 *La pequeña bailarina de catorce años*, de Edgar Degas, es revolucionaria y de un realismo impactante. La estatua de cera incluye un tutú de seda, zapatillas de lino y cabello real.

Bronce a partir de la original de cera

LA PEQUEÑA BAILARINA DE CATORCE AÑOS

1886 Francia regala a EE UU la escultura hoy conocida como Estatua de la Libertad. El escultor Frédéric Auguste Bartholdi supervisa el montaje de las planchas de cobre sobre una estructura de acero.

ESTATUA DE LA LIBERTAD

c. 1907–16 El rumano-francés Constantin Brâncuşi avanza hacia la abstracción y anuncia el cubismo con su escultura *El beso*, que explora la separación entre la vida pública y privada.

Estatua de fundición en bronce, realizada póstumamente

La figura parece deformada por el viento y la velocidad

1917 *La fuente*, del francés Marcel Duchamp, ejemplo temprano de arte conceptual, subvierte la idea de los objetos artísticos como algo precioso y único, al presentar como arte un objeto encontrado, un urinario.

1913 La creación del italiano Umberto Boccioni es una obra clave del movimiento futurista que refleja la nueva era de velocidad e industria y el optimismo ante el progreso.

FORMAS ÚNICAS DE CONTINUIDAD EN EL ESPACIO

Las curvas expresan movimiento constante

Bronce con pátina de nitrato de plata

Patas acanaladas de bronce

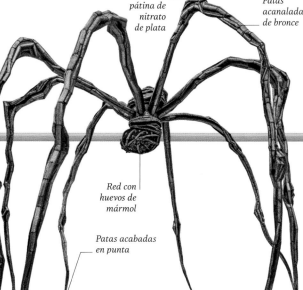

Red con huevos de mármol

Patas acabadas en punta

1996 La artista francoestadounidense Louise Bourgeois, la escultora más aclamada del siglo XX, crea la escultura *Mamá*, una araña de 9 m de altura, como un homenaje a la fuerza de su madre.

MAMÁ

2006 El británico Anish Kapoor funde arquitectura y arte en *Puerta de nube*, en Chicago (EE UU), obra de acero inoxidable que refleja la ciudad y se convierte en un espacio público interactivo.

ANISH KAPOOR

Véase también Técnicas de escultura pp. 452–453 ▶ **451**

Técnicas de escultura

Aunque los procesos empleados para esculpir sean diversos, en la mayoría de los casos han cambiado poco a lo largo del tiempo. Los más antiguos, desde la Edad de Piedra, son la talla y el modelado en arcilla. La fundición se emplea desde la Edad del Bronce, y solo desde el siglo XX se han aceptado entre las bellas artes técnicas como la construcción y el montaje.

La pose de la joven enjoyada expresa confianza

Bronce de Mohenjo-daro
Bailarina (c. 2500 a. C.), obra encontrada en el yacimiento de Mohenjo Daro, en el valle del Indo (actual Pakistán), se considera el ejemplo más antiguo de escultura en bronce a la cera perdida.

Fundición
Las esculturas de metal se hacen por fundición: el metal elegido –normalmente una aleación (p. 203), como el bronce– se funde a alta temperatura y se vierte en un molde de la escultura entera, o parte de ella. El metal se endurece al enfriarse, y después se retira el molde.

Bronce fundido
Artesanos de las antiguas civilizaciones del valle del Indo, China y Egipto fueron los primeros en dominar la fundición en bronce, ajustando la mezcla de estaño, cobre y plomo para obtener diversos colores y grados de dureza.

FUNDICIÓN CON OTROS MATERIALES
Aunque el bronce siga siendo el material preferido en las bellas artes, resulta caro, y los escultores han recurrido a alternativas más económicas, entre ellas yeso, resina, hormigón, goma o fibra de vidrio.

Técnica de la cera perdida
Hay varias versiones de esta técnica. Una consiste en forrar con cera un molde de yeso con núcleo de arcilla. La cera se retira en el horno, dejando una cavidad que se rellena con metal fundido.

ARTESANOS VIRTIENDO METAL FUNDIDO

Fundición en arena
Se colocan moldes de la escultura en bloques de arena compactados, o se vacían directamente las formas en arena húmeda para crear un molde. Se vierte bronce fundido, se deja enfriar, y se retira la arena cepillando.

Molde de yeso del modelo original / *Cavidad del molde forrada de cera y rellena de arcilla*
❶ MOLDE EXTERIOR ❷ SE AÑADE CERA

Molde horneado y cera vaciada / *Molde rellenado con metal fundido* / *Cabeza de bronce fundido* / *Se retiran los bebederos*
❸ HORNEADO ❹ METAL VERTIDO ❺ SE RETIRA EL MOLDE

Molde de silicona en el que se vierte yeso
MOLDE DE SILICONA

Detalles reproducidos a partir de silicona / *Se conservan las cavidades del molde*
ESCULTURA

Modelado
El modelado, un proceso aditivo, requiere que el artista dé forma a materiales maleables con las manos y un conjunto de herramientas para los detalles. La técnica sirve para crear esculturas acabadas, modelos preliminares o moldes para la fundición.

Construcción y montaje
Los artistas modernos han recurrido a técnicas como la soldadura, el remache, la costura, el tejido y el encolado, permitidas por la industrialización y una concepción ampliada de qué es escultura, para crear obras en materiales diversos, desde chatarra a cartón.

El soporte conectado a la armazón interna da estabilidad
Arcilla
Para modelar suele usarse arcilla polimérica, maleable hasta el horneado, y agujas, esponjas y vaciadores como herramientas.

Cera coloreada con efecto de carne
Cera
Como la arcilla, la cera puede trabajarse durante el modelado, con el fin de corregir errores o introducir cambios.

El soldador emplea presión y calor
Soldadura
La soldadura permite al escultor trabajar rápido y con materiales diversos, como chapa y hierro fundido.

Partes transportadas y montadas in situ
Acero de tipo corten
El artista británico Antony Gormley empleó a 20 obreros siderúrgicos para crear *El ángel del norte* con cobre y acero corten.

Los estudios apuntan a que las **estatuas griegas clásicas** se pintaban de **colores vivos.**

Talla

A diferencia del modelado, la talla es un proceso sustractivo: el artista comienza con una masa maciza de material, que reduce gradualmente para darle la forma de una figura u objeto emergente. Con un hacha de cantero se retira suficiente material para revelar la forma básica, impartiendo después los detalles con martillo y cincel. Luego puede pulirse para un acabado liso.

El beso

Basada en los amantes condenados del *Infierno* de Dante, la obra de Rodin se convirtió en un símbolo del amor.

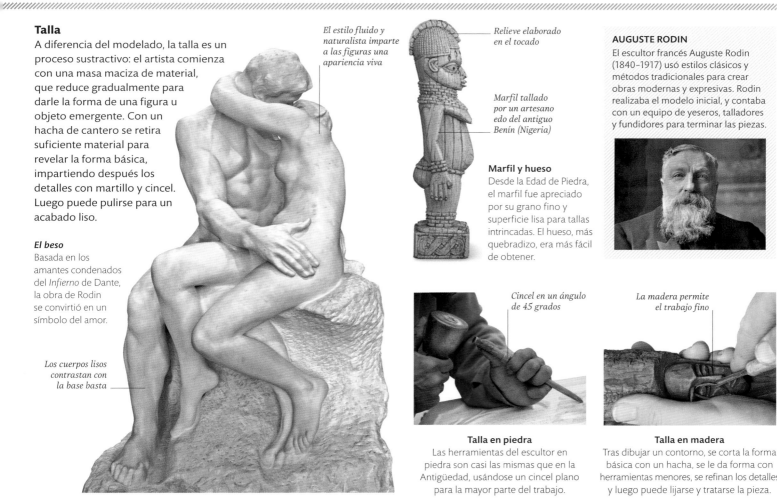

Los cuerpos lisos contrastan con la base basta

El estilo fluido y naturalista imparte a las figuras una apariencia viva

Relieve elaborado en el tocado

Marfil tallado por un artesano edo del antiguo Benín (Nigeria)

Marfil y hueso

Desde la Edad de Piedra, el marfil fue apreciado por su grano fino y superficie lisa para tallas intrincadas. El hueso, más quebradizo, era más fácil de obtener.

AUGUSTE RODIN

El escultor francés Auguste Rodin (1840-1917) usó estilos clásicos y métodos tradicionales para crear obras modernas y expresivas. Rodin realizaba el modelo inicial, y contaba con un equipo de yeseros, talladores y fundidores para terminar las piezas.

Cincel en un ángulo de 45 grados

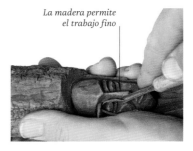

La madera permite el trabajo fino

Talla en piedra

Las herramientas del escultor en piedra son casi las mismas que en la Antigüedad, usándose un cincel plano para la mayor parte del trabajo.

Talla en madera

Tras dibujar un contorno, se corta la forma básica con un hacha, se le da forma con herramientas menores, se refinan los detalles y luego puede lijarse y tratarse la pieza.

Superficie decorada

Históricamente, muchos acabados escultóricos –en arenisca, terracota o madera, por ejemplo– se juzgaron poco refinados, y los artistas desarrollaron técnicas para decorar la superficie. La demanda de distintos efectos estéticos fue variando según los gustos de la época.

El **uso** del **mercurio para dorar** es **ilegal** en muchos países, al ser un **proceso muy tóxico.**

Relieve en la base

Figuras de la mitología griega

Dorado

El reloj de Claude Galle, de 1806, exhibe un dorado lujoso, una capa fina de oro aplicada al bronce usando oro molido y mercurio.

Lacado chino recubierto de oro

Lacado

La laca (o goma laca), obtenida de la savia de un árbol, se aplica en capas finas, hasta treinta o más. Se puede incrustar, tallar o rellenar.

En la cerámica de figuras rojas griega, el fondo está vidriado

Figuras no vidriadas

Vidriado

El vidriado de la terracota y otros tipos de cerámica puede impartir un colorido vivo o sutil a acabados opacos o traslúcidos.

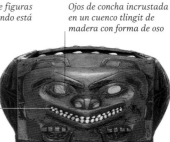

Ojos de concha incrustada en un cuenco tlingit de madera con forma de oso

Dientes incrustados

Incrustación

En esculturas de casi cualquier material se puede incrustar vidrio, concha, cuarzo, metales preciosos o madera.

Elementos de la arquitectura

Cuando proyectan un edificio nuevo, los arquitectos deben tomar decisiones sobre muchos aspectos, desde los materiales a usar hasta cómo encajará la estructura en el entorno. Los elementos del proyecto deben combinarse para crear una estructura funcional en lo práctico, y adecuada tanto estéticamente como al tiempo y presupuesto disponibles.

El **Panteón de Agripa**, en Roma, tiene la **mayor cúpula de hormigón sin armar** del mundo.

Materiales y técnicas

Los primeros constructores usaron materiales localmente disponibles como madera, piedra y adobe. En la antigua Roma, se usó hormigón para estructuras complejas como bóvedas y cúpulas, muchas todavía en pie. Materiales industriales como el acero, desde principios del siglo XX, permitieron construir grandes puentes y rascacielos.

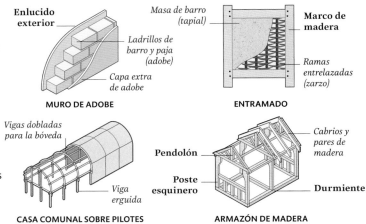

MURO DE ADOBE — Enlucido exterior, Ladrillos de barro y paja (adobe), Capa extra de adobe

ENTRAMADO — Masa de barro (tapial), Marco de madera, Ramas entrelazadas (zarzo)

CASA COMUNAL SOBRE PILOTES — Vigas dobladas para la bóveda, Viga erguida

ARMAZÓN DE MADERA — Pendolón, Poste esquinero, Cabrios y pares de madera, Durmiente

Estructura

La mayoría de los edificios tienen o bien muros macizos que soportan el peso de la estructura, o bien muros más ligeros sobre un armazón para el mismo fin. Los muros de carga tienen que ser más gruesos cuanto más alto sea el edificio, y partir de un armazón permite construir edificios más altos.

Acero, vidrio y hormigón

En muchos edificios modernos, como la Biblioteca Central de Seattle, el exterior es una piel de acero y vidrio, y el peso lo soporta un armazón de vigas de acero sobre unos cimientos de hormigón reforzado.

Para **construir** la Biblioteca Central de Seattle se **usaron** más de 3630 toneladas de acero.

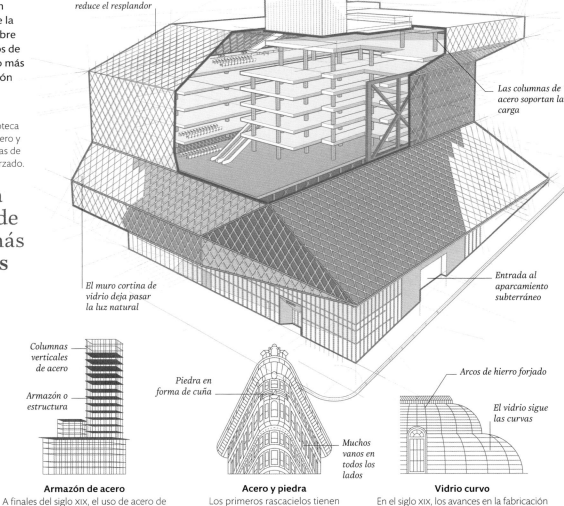

La malla metálica reduce el resplandor

Las columnas de acero soportan la carga

Entrada al aparcamiento subterráneo

El muro cortina de vidrio deja pasar la luz natural

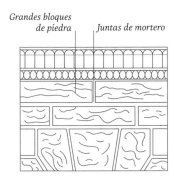

Grandes bloques de piedra — Juntas de mortero

Muro de piedra
Muchos edificios tradicionales tienen muros de piedra. Para soportar la carga, los muros deben ser macizos, lo cual limita el tamaño de las ventanas.

Columnas verticales de acero — Armazón o estructura

Armazón de acero
A finales del siglo XIX, el uso de acero de calidad suficiente para armazones rígidos y resistentes que soportaran muchas plantas permitió construir rascacielos.

Piedra en forma de cuña — Muchos vanos en todos los lados

Acero y piedra
Los primeros rascacielos tienen armazón de acero, pero el revestimiento es de piedra, más decorativa y acorde con el entorno urbano.

Arcos de hierro forjado — El vidrio sigue las curvas

Vidrio curvo
En el siglo XIX, los avances en la fabricación de vidrio en Inglaterra permitieron crear nuevas estructuras, insertando grandes hojas de vidrio en armazones de acero.

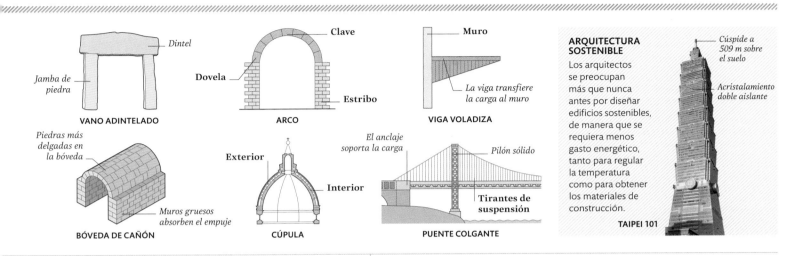

VANO ADINTELADO
- Dintel
- Jamba de piedra

ARCO
- Clave
- Dovela
- Estribo

VIGA VOLADIZA
- Muro
- La viga transfiere la carga al muro

BÓVEDA DE CAÑÓN
- Piedras más delgadas en la bóveda
- Muros gruesos absorben el empuje

CÚPULA
- Exterior
- Interior

PUENTE COLGANTE
- El anclaje soporta la carga
- Pilón sólido
- Tirantes de suspensión

ARQUITECTURA SOSTENIBLE

Los arquitectos se preocupan más que nunca antes por diseñar edificios sostenibles, de manera que se requiera menos gasto energético, tanto para regular la temperatura como para obtener los materiales de construcción.

TAIPEI 101
- Cúspide a 509 m sobre el suelo
- Acristalamiento doble aislante

Plano

Un plano de construcción establece el aspecto que tendrá un edificio, y guía su construcción. El modo de planificar edificios varía enormemente, desde la estricta simetría de una villa palladiana hasta plantas más informales, en las que la función o los rasgos del emplazamiento determinan la posición de cada estancia.

Planta simétrica

En el Taj Mahal –monumento funerario con tumbas de la dinastía mogol–, en Agra (India), la simetría del plano subraya el orden, el equilibrio y la solemnidad.

Planta asimétrica

La estructura urbana Setas de Sevilla (España) combina pasarelas aéreas con una plaza y un mercado públicos. Su asimetría contrasta con las líneas rectas de los edificios tradicionales circundantes.

- Cámara octogonal
- Cámara central con tumbas

TAJ MAHAL

- Pasarela aérea
- Nivel del restaurante y el mirador
- Núcleo de hormigón con monta-cargas

SETAS DE SEVILLA (METROPOL PARASOL)

ARQUITECTURA ORGÁNICA

El arquitecto estadounidense Frank Lloyd Wright creía en la arquitectura «orgánica». En 1935 diseñó la llamada Casa de la cascada, que parece surgir naturalmente de su entorno frondoso. En el interior, el tamaño de las habitaciones y los espacios varía según la necesidad.

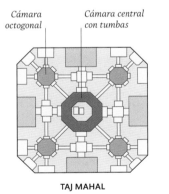

CASA DE LA CASCADA

Uso del espacio interior

Al definir el carácter de los espacios interiores de un edificio, un arquitecto considera el uso, la forma y tamaño, el aspecto y la iluminación. Los edificios diseñados para impresionar o inspirar reverencia, como las iglesias, pueden ser muy altos.

Westminster Hall
El techo de vigas jabalconadas de este imponente salón medieval para banquetes y parlamentos cubre un gran espacio sin columnas.

Pabellón Amalienburg
La estancia principal de este pabellón de caza es circular, ricamente decorada y cubierta de espejos para reflejar las vistas.

Catedral de Beauvais
Cuenta con la bóveda más alta de todas las catedrales medievales, reflejo del objetivo de los constructores góticos de atraer la mirada hacia el cielo.

El **Westminster Hall** tiene el **mayor** techo de madera **del norte de Europa.**

Estructuras en contexto

El entorno de un edificio puede ser desde una urbe congestionada hasta jardines de diseño, como los del palacio de Versalles. Algunos edificios, como los rascacielos, están pensados para destacar ocupando una sola manzana, mientras que otros se funden con su entorno.

JARDINES DE VERSALLES

Estilos arquitectónicos

En la Antigüedad, los estilos arquitectónicos de Asia, Europa, África y América evolucionaron de manera independiente. Cuando los europeos empezaron a colonizar otras partes del mundo a partir del siglo XVI, llevaron consigo los estilos Clásico, Barroco y Gótico. A partir del siglo XX, con la globalización creciente de la cultura, la arquitectura se volvió todavía más internacional. Muchos arquitectos realizan grandes proyectos por todo el mundo, y sin necesidad de ceñirse a los estilos locales.

c. 2580 a. C. Se construye en Egipto la gran pirámide de Guiza, tumba del faraón Keops. De 147 m de altura, está hecha de granito y piedra caliza.

438 a. C. Se completa en Atenas (Grecia) la construcción del Partenón en honor de la diosa de la ciudad Atenea, templo que ejemplifica el estilo clásico, de columnas dóricas acanaladas y sin basamento individual.

46 columnas de mármol exteriores sostienen el friso horizontal

Adornos, o acroteras, colocados sobre el frontón triangular

Dos niveles de columnas interiores

Estatua de Atenea

SECCIÓN DEL PARTENÓN

Terraza exterior

Terrazas circulares con pequeñas estupas

Gran estupa central

c. 842 Se construye la gran estupa budista de Borobudur, en Java (Indonesia), como una serie de nueve terrazas de piedra en forma de mandala, patrón simbólico sagrado del universo.

Cinco galerías inferiores con relieves budistas

PLANO DE BOROBUDUR

Inclinación debida a cimientos inestables

691 Se erige en Jerusalén (Israel) la Cúpula de la Roca, de madera revestida de metal. La roca en la que se asienta es sagrada para musulmanes y judíos.

CÚPULA DE LA ROCA

1010 Con su torre piramidal y sus altas puertas, el templo de Brihadeshwara, en el sur de India, ejemplifica el estilo arquitectónico dravídico, y está dedicado al dios hindú Shiva.

Torre de 13 pisos con cúpula redondeada

Esculturas de piedra de Shiva adornan el exterior

TEMPLO DE BRIHADESHWARA

1173 Se construye la torre inclinada de Pisa (Italia), campanario de planta circular, construido en el estilo románico de arcos de medio punto popular en Europa en los siglos X–XII.

TORRE INCLINADA DE PISA

1182 Con sus vidrieras de color y sus tallas, la catedral de Notre Dame, en París (Francia), es uno de los ejemplos más famosos del estilo gótico medieval.

GÁRGOLA

El añadido de la aguja de 55 m hacia del edificio Chrysler el más alto de la ciudad en su época

1930 El edificio Chrysler, en Nueva York (EE UU), de 319 m de altura, proyectado por el arquitecto William Van Alen en estilo *art déco*, abre como oficina central del fabricante de automóviles.

1929 La planta abierta y el innovador uso del vidrio y del hormigón hacen de Villa Savoye, en Poissy (cerca de París), una de las obras más conocidas del arquitecto moderno suizo-francés Le Corbusier.

1894 El Puente de la Torre de Londres combina el neogótico y técnicas de ingeniería modernas para elevar dos tramos de calzada y permitir el paso de barcos por el Támesis.

Las agujas y torretas góticas dan un aire de época

Hojas móviles accionadas por un mecanismo hidráulico

PUENTE DE LA TORRE

Corona metálica diseñada con precisión geométrica

EDIFICIO CHRYSLER

1973 La Ópera de Sídney (Australia), proyectada por el arquitecto danés Jørn Utzon, es famosa en todo el mundo por sus bóvedas de hormigón.

ÓPERA DE SÍDNEY

1977 Al diseñar el Centro Georges Pompidou, en París (Francia), los arquitectos Richard Rogers y Renzo Piano sitúan en el exterior las tuberías y escaleras mecánicas para despejar el interior.

1984 El edificio AT&T, en Nueva York (EE UU), presenta un frontón de reminiscencias clásicas, como nota lúdica posmoderna del arquitecto Philip Johnson.

c. 30–15 a. C. El ingeniero y arquitecto romano Vitruvio escribe *De architectura*, obra de referencia del estilo clásico y libro más antiguo sobre arquitectura que se conserva.

c. 128 d. C. En Roma, el emperador Adriano reconstruye el Panteón de Agripa, templo dedicado a todos los dioses, aún intacto hoy.

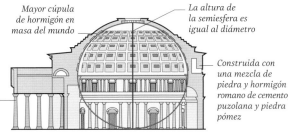

Mayor cúpula de hormigón en masa del mundo

La altura de la semiesfera es igual al diámetro

Construida con una mezcla de piedra y hormigón romano de cemento, puzolana y piedra pómez

Elaboradas columnas corintias en la entrada

CORTE TRANSVERSAL DEL PANTEÓN

PIRÁMIDE DEL SOL

c. 200 d. C. La pirámide del Sol, de cinco niveles, uno de los mayores templos de los pueblos mesoamericanos, domina la línea del horizonte en Teotihuacán (México).

607 Se funda el complejo de templos Horyu-ji en la prefectura de Nara (Japón). Un gran poste central sostiene la pagoda de madera.

Pagoda de más de 32 m de altura

Elegante curvatura de los tejados

PAGODA DE CINCO PISOS

537 d. C. Se construye en Constantinopla (la actual Estambul, en Turquía) la iglesia bizantina de Santa Sofía. El interior se decora con mosaicos y mármol.

SANTA SOFÍA

Cubierta de cúpulas y semicúpulas

Fachada central adornada con estatuas y torretas

ENTRADA DEL PALACIO DE MATEUS

Plataforma en tres niveles cubierta de mármol

Salón del trono

Tejado curvado

PABELLÓN DE LA SUPREMA ARMONÍA, EN LA CIUDAD PROHIBIDA

1420 Se construye en Pekín (China) la Ciudad Prohibida para albergar el palacio imperial y otros edificios religiosos y políticos importantes, muchos con estructura de madera.

PATIO DEL PALACIO MEDICI-RICCARDI

1444 Inspirándose en fuentes romanas, los arquitectos italianos utilizan el arco de medio punto y rasgos clásicos, como en el palacio Medici-Riccardi, en Florencia (Italia).

1739 El arquitecto italiano Nicolau Nasoni proyecta el Palacio de Mateus, de estilo barroco, construido en Vila Real (Portugal).

1889 El ingeniero francés Gustave Eiffel erige la construcción más famosa de París, la torre Eiffel, en hierro forjado, para la Exposición Universal de 1889.

CONSTRUCCIÓN DE LA TORRE EIFFEL

Pináculos ricamente decorados con mosaicos (trencadís) de vidrio de Murano

1881 En Barcelona (España), el arquitecto catalán Antoni Gaudí proyecta la iglesia de la Sagrada Familia, de estilo modernista inspirado en el gótico.

FACHADA DEL NACIMIENTO, DE LA SAGRADA FAMILIA

1808 El abogado y político Thomas Jefferson introduce el estilo neoclásico en EE UU en la reconstrucción de su casa, Monticello, cerca de Charlottesville (Virginia).

THOMAS JEFFERSON

1997 El arquitecto canadiense asentado en EE UU Frank Gehry proyecta el Museo Guggenheim Bilbao (España), con formas curvilíneas y planchas de titanio y un uso innovador del espacio en el interior.

FRANK GEHRY

2009 El Burj Khalifa, en Dubái (Emiratos Árabes Unidos), torre de uso múltiple reforzada por un núcleo central con planta en forma de «Y», de 828 m de altura, es el rascacielos más alto del mundo.

2012 El Centro Heydar Aliyev, en Bakú (Azerbaiyán), presenta una forma ondulante característica de la obra de la arquitecta iraquí-británica Zaha Hadid. Contiene un auditorio, un museo y oficinas administrativas.

Muro cortina de vidrio

Cubierta del tejado reforzada con fibra de vidrio

CENTRO HEYDAR ALIYEV

Detalles arquitectónicos

Todo edificio se compone de muchas partes diferentes, desde los suelos hasta los muros y tejados. El diseño de cada una no solo influye en el aspecto del edificio, sino también en la solidez estructural y la adecuación a sus fines. Los arquitectos deben considerar todos estos detalles y combinarlos en un diseño funcional como un todo.

Las **vidrieras** de la catedral metropolitana de Brasilia ocupan unos **2000 m²**.

Muros

Aprovechando la textura de la piedra y los distintos colores del ladrillo, los arquitectos pueden lograr muros atractivos, además de resistentes. Otra técnica decorativa es el revestimiento, por ejemplo con baldosas o azulejos de colores, fácil de mantener limpio, además de atractivo a la vista.

Azulejo islámico
En el mundo islámico se usan a menudo coloridos azulejos, como en este edificio de Samarcanda (Uzbekistán).

Almohadillado rústico renacentista
La sillería de edificios italianos, como el palacio Médicis Riccardi, en Florencia, tiene marcadas juntas entre los sillares.

Ladrillo policromado
Los ladrillos de diferentes arcillas o de cocción distinta se disponen en patrones polícromos, como en el palacio Ducal, en Venecia.

Brise soleil (parasol)
Esta estructura de hormigón del palacio de la Reunificación, en Vietnam, no es de carga; protege el interior del sol.

Tejados, cúpulas y agujas

Un tejado protege de las incidencias del clima, pero puede tener otras funciones, como albergar otras estancias o aportar un rasgo visual llamativo. Las cúpulas y agujas hacen visibles edificios como mezquitas, iglesias o ayuntamientos, que convierten en puntos de referencia.

Tejados

Un tejado a dos aguas no acumula agua o nieve, y acomoda espacio en el desván como almacén o habitación extra (buhardilla). Los tejados planos pueden usarse como terraza.

Chapiteles

Los chapiteles de piedra o madera fueron en un principio un modo sencillo de cubrir torres cuadradas, y en época medieval se convirtieron en estructuras decorativas de ocho lados que parecían apuntar al cielo. Algunos casi doblan la altura de la torre, creando una referencia visual llamativa y elegante.

Ligera inclinación para el drenaje del agua de lluvia

TEJADO PLANO

Mayor inclinación en zonas donde nieva regularmente

Muro vertical del hastial

TEJADO A DOS AGUAS

Tejado inclinado en los cuatro lados

TEJADO A CUATRO AGUAS

La parte empinada acomoda un ático o buhardilla

TEJADO ABUHARDILLADO

Cúpulas

Las cúpulas suelen ser semiesféricas, pero pueden ser también poliédricas, con varios segmentos de tejado. Las cúpulas bulbosas abundan en Rusia.

Los arbotantes refuerzan la estructura

CÚPULA POLIÉDRICA

Doble curva en forma de cebolla

CÚPULA BULBOSA

La cúpula reposa sobre un cilindro, el tambor

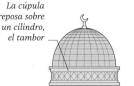

CÚPULA SEMIESFÉRICA

Chapitel rodeado por un parapeto

El parapeto oculta la base del chapitel

Base del chapitel unida a la cima de la torre

AGUJA

El broche sujeta la esquina

DE BROCHE

Los pináculos adornan las esquinas

Los pináculos dirigen el empuje hacia el suelo

CON PINÁCULOS

Los arbotantes refuerzan el chapitel

CON ARBOTANTES

Bóvedas

Una bóveda es un modo de construir un techo con ladrillo o piedra. Entre los siglos VIII y XI, los constructores desarrollaron técnicas para erigir bóvedas con estructuras de refuerzo, y así soportar piedra pesada y resistir el empuje lateral que de otro modo desharía la estructura.

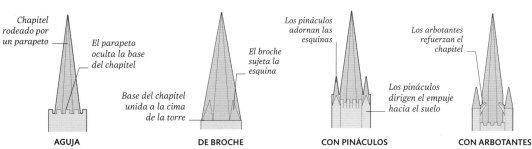

Muro grueso para soportar la carga y compensar el empuje

Perfil semicircular

DE CAÑÓN

Uniones o aristas diagonales de la mampostería

DE ARISTA

Nervio longitudinal
Nervio transversal
Arco apuntado

Los nervios sujetan las uniones entre arcos

DE CRUCERÍA

Nervios estrechos decorativos, no estructurales

DE ABANICO

«Como arquitecto, uno **diseña para el presente**, con **conciencia del pasado**, y para un **futuro** en lo esencial desconocido».

NORMAN FOSTER, charla TED (2007)

Arcos

Los arcos desvían la carga alrededor de un vano abierto en un muro. Se componen de bloques en forma de cuña llamados dovelas, que se equilibran entre sí para que la estructura soporte el peso.

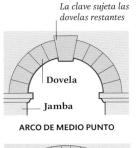

La clave sujeta las dovelas restantes

Dovela

Jamba

ARCO DE MEDIO PUNTO

Arco en punta en el vértice

Arco compuesto por dos segmentos de arco

ARCO OJIVAL

Curva inferior a 180 grados

ARCO ESCARZANO

Curva compuesta por dos arcos

ARCO CONOPIAL

El arco se estrecha por la base

ARCO DE HERRADURA

Sección escalonada de bloques solapados

FALSO ARCO

Columnas

Muchos edificios se apoyan sobre columnas, que pueden sostener arcos o dinteles horizontales. Aunque en algunos edificios la estructura oculte las columnas, estas pueden ser decorativas y de materiales diversos, como piedra u hormigón.

Arco semicircular

Capitel simple de columna dórica

Clásicas
Los antiguos griegos desarrollaron tres estilos (órdenes) de columnas, entre ellos el dórico, para sostener un dintel de piedra.

Capitel decorativo

Románicas
Las columnas románicas podían ser muy ornamentadas y rematadas por capiteles con intrincadas tallas.

Capitel jónico con volutas (formas espirales)

Frontón

Neoclásicas
En el siglo XVIII volvieron a estar de moda las columnas clásicas, como las del Capitolio del estado de Virginia (EEUU).

Columnas de hormigón formando una corona

Modernas
En el siglo XX, las columnas fueron desde cilindros sin adorno hasta soportes esculturales, como los de la catedral de Brasilia.

CARIÁTIDES
Los antiguos griegos utilizaron un tipo de columna, la cariátide, en forma de figura femenina erguida y con vestimenta drapeada. Las de la imagen sostienen parte del Erecteion, templo de la Acrópolis de Atenas. Con la vuelta a la arquitectura clásica en los siglos XVIII y XIX, algunos arquitectos diseñaron edificios con cariátides.

ERECTEION

Ventanas

El diseño de vanos ha variado radicalmente con el tiempo, al explorar arquitectos y constructores distintos materiales, formas y estructuras. En el gótico se impusieron las ventanas apuntadas (ojivales); hoy en día son más comunes las rectangulares.

Rosetón
Ventana circular con tracería y vidrieras, como esta de la Sainte-Chapelle de París.

Ventana de rascacielos
Rascacielos como el edificio Reliance, en Chicago, tienen una estructura de tramos verticales y horizontales.

Modernista
Algunos arquitectos prefieren las formas curvas, como Gaudí en la Casa Batlló (Barcelona).

Contemporánea
Al tener una piel exterior de vidrio, las ventanas del Museo Judío de Berlín adoptan cualquier forma.

TRACERÍA
La decoración de piedra en la parte superior de una ventana gótica se llama tracería. En Europa, la de las ventanas góticas se fue volviendo más intrincada, desde el siglo XIII hasta la curvilínea y flamígera del siglo XIV.

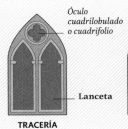

Óculo cuadrilobulado o cuadrifolio

Lanceta

TRACERÍA DE PLACAS

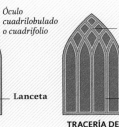

Los maineles están cruzados

Mainel

TRACERÍA DE INTERSECCIÓN

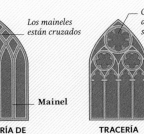

Círculos dispuestos simétricamente

TRACERÍA GEOMÉTRICA

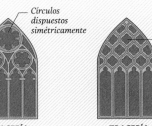

Patrón reticular

TRACERÍA RETICULADA

Formas fluidas con curvas conopiales (en «S»)

TRACERÍA CURVILÍNEA

La moda a través de la historia

La moda es tan antigua como la propia humanidad. En la Antigüedad, la ropa fue sobre todo un símbolo de categoría social y riqueza, y los estilos tardaban cientos de años en evolucionar. Más tarde, dicha evolución vino marcada por las nuevas tecnologías, como el hilado o las cremalleras, o por cambios políticos, como la Revolución francesa, que volvió obsoleta la moda extravagante, o sociales, como en los felices años veinte, cuando las mujeres lograron mayor independencia económica y, con ello, mayor libertad para vestir. Muchas personas han influido en la historia de la moda, desde el dandi «Beau» Brummell hasta la pionera del punk Vivienne Westwood.

5000–3000 a. C. Se domina en China la producción de seda mediante la cría de gusanos, o sericicultura. Los filamentos de los capullos se desenredan y se hilan, y luego se teje el hilo. Divulgar el secreto de la técnica se castiga con la muerte.

Postizo tradicional

Paisaje entretejido en la tela

KIMONO

1603–1868 En Japón, hombres y mujeres de todas las clases adoptan el kimono durante el período Edo. Los motivos del kimono indican el carácter de quien lo lleva y reflejan el cambio de las estaciones.

1500–1600 Catalina de Médicis e Isabel I de Inglaterra promueven la moda cortesana extravagante. Los estilos corresponden estrictamente a cada clase social.

ESPLENDOR RENACENTISTA

Pechera bajo el jubón escotado

Cuello vuelto con solapas

1450–1624 En el Imperio otomano, un Estado islámico que se extiende por gran parte de Europa suroriental, la ropa es de corte sencillo pero con ricas telas.

Colores vivos

ACUARELA DEL PERÍODO OTOMANO

1625–1789 A la rigidez y ornato del Barroco le sigue la ligereza y frivolidad del Rococó, bien ejemplificado por María Antonieta en la corte de Versalles.

MODA ROCOCÓ

Siglo XVII Los diseños batik de Java (Indonesia) llegan a África occidental gracias al comercio, donde se convierten en un perdurable elemento de la moda.

TELA BATIK CONTEMPORÁNEA

Década de 1930 Los minoristas explotan la popularidad de las estrellas de Hollywood para vender imitaciones de sus vestidos y maquillajes.

FRED ASTAIRE Y GINGER ROGERS

Dientes

Tirador

Piezas de tela unidas

CREMALLERA

Década de 1930 La cremallera, inventada a finales del siglo XIX, se difunde en la década de 1930, con dependientes que instruyen sobre su uso a la clientela.

1938 La invención del nailon revoluciona la moda con prendas fáciles de lavar que no se arrugan y tan baratas que pueden sustituirse cada temporada.

ANUNCIO DE MEDIAS DE NAILON

Tiras unidas entre ellas

Pequeños bucles

Ganchos para los bucles

VELCRO

1955 El ingeniero suizo Georges de Mestral inventa el cierre con dos tiras de nailon enganchadas una con otra, posteriormente denominado velcro.

Década de 1960 Los partidarios de la igualdad racial en EE UU celebran la herencia afroamericana adoptando el dashiki, túnica africana occidental.

Colores vivos en algodón

DASHIKI

En la **Inglaterra victoriana**, las mujeres se aclaran la piel con cosméticos **derivados del arsénico**.

2800 a. C. Comienza la evolución del sari, prenda del subcontinente indio. En la imagen, una figurilla de Mohenjo-daro (en el actual Pakistán) lleva una prenda precursora.

Chal en relieve sobre un solo hombro

ESTATUA DE REY SACERDOTE

1330 a. C. En Egipto se usan cosméticos como el kohl (agente antibacteriano que protege los ojos de infecciones), sombra de ojos, bálsamo labial y tinte de henna para las uñas y el pelo.

BUSTO DE NEFERTITI

750–30 a. C. El quitón, prenda rectangular unisex de lino o lana, envuelve el cuerpo ceñida por un cinturón y enganchada en el hombro.

QUITÓN GRIEGO

600–476 a. C. La expansión imperial lleva influencias de toda Eurasia a los diseños de la capital bizantina, Constantinopla, centro de la moda de la época.

VESTIDOS BIZANTINOS

Hilo retorcido a mano

Rueda

RUECA

Siglo XIII La rueca, originaria de Oriente Medio o China, se populariza en Italia y hace que progrese la producción de telas y alfombras en Europa.

600–1449 En Europa, los hombres visten una chaqueta ajustada, o jubón, y calzas sujetas al dobladillo de este.

206 a. C.–220 d. C. Durante la dinastía Han se refina la producción de seda en China, y las mujeres adineradas llevan prendas de seda ceñidas en la cintura.

Arcilla pintada

FIGURILLA CHINA

509 a. C.–476 d. C. La toga se convierte en distintivo de ciudadanía en la antigua Roma. Las mujeres visten túnica y *palla* (una especie de manto).

Palla

ESTATUA ROMANA

1800–1816 Antes y durante la Regencia inglesa, el dandi Beau Brummell impone nuevas tendencias para hombres urbanos que realzan el físico masculino.

Pañuelo subido

GEORGE BRYAN (BEAU) BRUMMELL

1790–1830 En la Francia posrevolucionaria, una moda más sencilla y menos extravagante refleja los ideales de democracia e igualdad.

Calzones ajustados

DUELISTA DE LA ÉPOCA REVOLUCIONARIA

1870–1890 El movimiento por la emancipación lleva a las mujeres a adoptar prendas masculinas que permiten mayor libertad de movimientos al practicar deportes.

Chaqueta ajustada

Traje de montar

LA EMPERATRIZ ISABEL DE AUSTRIA

Década de 1920 Gracias a su incorporación al mundo laboral y a las campañas por la igualdad de derechos, las mujeres adoptan líneas rectas y prendas masculinas.

Traje de crepé de China

ROPA ANDRÓGINA

1889 Singer lanza la primera máquina de coser eléctrica producida en masa. Un año después, la empresa vende el 80 % de las máquinas de coser del mundo.

Adorno dorado

ANUNCIO DE MÁQUINA DE COSER

1873 Al obtener la patente para los remaches en los pantalones de trabajo, Levi Strauss y Jacob Davis crean los vaqueros (o *jeans*).

Botas de tacón bajo

1977 Vivienne Westwood y su compañero Malcolm McLaren rechazan la estética *hippie* y crean moda subversiva inspirada en la historia, la música punk y la contracultura juvenil.

MALCOLM McLAREN Y VIVIENNE WESTWOOD

Décadas de 1980 y 1990 La ropa femenina adopta el lenguaje de la moda de los negocios y un aspecto que expresa el empoderamiento.

Cinturón

Hombreras

Pantalones blancos

MODA DE LA DÉCADA DE 1980

Década de 2000 La conciencia medioambiental mueve a algunos diseñadores a emplear materiales reciclados y a un enfoque ético que rechaza las pieles y la mano de obra barata.

Tela de producción ética

CONJUNTO DE MODA ÉTICA

Historia de la escritura

La escritura es fruto del ingenio humano. Una escritura coherente y reconocible permite mantener registros de actividad comercial, documentar sucesos históricos, difundir conocimientos y pensamientos e intercambiar ideas políticas y religiosas complejas. Los primeros sistemas de escritura surgieron independientemente en diversas partes de África, Asia y América, y tendían a basarse en representaciones visuales de objetos, aunque con el tiempo pasaron a representar también sonidos del lenguaje.

Pictogramas y cuneiforme

Fecha	c. 3400 a. C. –c. 100 d. C.
Lugar	Mesopotamia

Los sistemas de escritura más antiguos que se conocen se desarrollaron en Mesopotamia (actual Irak), basados en pictogramas, imágenes estilizadas que representaban personas, animales u objetos. Con el tiempo, los pictogramas se simplificaron y convirtieron en símbolos abstractos y glifos (imágenes simplificadas) fáciles de escribir en tablillas de arcilla húmeda con un estilo de caña; esta técnica, hoy conocida como cuneiforme, sirvió en un primer momento para registrar información numérica como ventas y recibos en tablillas de arcilla, y durante los primeros siglos de su existencia sirvió sobre todo para la contabilidad. Hacia 2800 a. C. incluyó símbolos que representaban sonidos de sílabas específicas, lo cual permitió expresar ideas más complejas. Los ejemplos más antiguos de literatura (el «Himno al templo de Kesh» y un texto con consejos para una vida virtuosa) son de entre 200 y 300 años después.

Tablilla acerca de la distribución de grano

PICTOGRAMAS MESOPOTÁMICOS

Jeroglíficos egipcios

Fecha	c. 3200 a. C.–c.400 d. C.
Lugar	Egipto

En el antiguo Egipto, los jeroglíficos («tallas sagradas») se usaron principalmente en monumentos, tumbas, textos religiosos y documentos formales. La escritura jeroglífica consiste en un sistema de logogramas (que representan palabras o ideas), símbolos que representan sílabas individuales y logogramas alfabéticos para consonantes. Los ejemplos más antiguos de la escritura jeroglífica datan de alrededor de 3200 a. C., y en su apogeo incluía más de mil caracteres. Una versión simplificada de esta escritura, denominada hierática, se adaptó para escribir con tinta sobre papiro, y pudo haber aportado algunos de los símbolos empleados más adelante en los primeros alfabetos.

> «El señor **principesco**, el señor **principesco** salió de la **casa.**»
>
> PRIMEROS VERSOS DE UN HIMNO SUMERIO, «Himno al templo de Kesh» (c. 2600–2500 a. C.)

Los primeros alfabetos

Fecha	c.1800 –c.1050 a. C.
Lugar	Egipto

El primer alfabeto conocido, de alrededor de 1800 a. C., procede de Egipto. Llamado protosinaítico, por haberse encontrado las inscripciones más conocidas en la península del Sinaí, deriva de los jeroglíficos egipcios, y posiblemente fue desarrollado por trabajadores hablantes de una lengua semítica. El alfabeto protosinaítico es un alifato, o abyad, cuyos grafemas son todos consonantes. Cada sonido consonántico se representaba con un solo carácter, y en su caso el número de caracteres podía reducirse a unos 30. Del alfabeto protosinaítico derivaron los alfabetos fenicio –antepasado del griego– y arameo, del que proceden el hebreo antiguo y, posteriormente, la escritura arábiga.

Ideogramas chinos

Fecha	c.1200 a. C.–actualidad
Lugar	China

Según la leyenda, los caracteres chinos fueron inventados por Cangjie, historiador de cuatro ojos al servicio del Emperador Amarillo. Los ejemplos más antiguos de la escritura china son de c.1200 a. C., y se han identificado más de 4500 símbolos diferentes inscritos en huesos de animales, probablemente con fines rituales. Los caracteres chinos modernos proceden del sistema desarrollado durante la dinastía Han (206 a. C.–220 d. C.). La china es una escritura logográfica, en la que cada carácter representa una unidad de lenguaje con significado, además de un sonido del habla. En Japón y Corea se asimilaron elementos de la escritura china como base de sistemas propios.

CANGJIE

El alfabeto latino

Fecha	c. 700 a. C.–actualidad
Lugar	Italia

Entre los siglos VIII y IV a. C., en Italia central, los etruscos desarrollaron un sistema de escritura propio adaptando el alfabeto griego. Al conquistar los romanos a los etruscos, adoptaron este alfabeto para escribir en su propio idioma, el latín. A medida que se expandía Roma, primero por Italia y luego por el resto del Mediterráneo y gran parte de Europa, también lo hizo el alfabeto romano o latino. Tras la caída del Imperio romano de Occidente en el siglo V, la escritura latina se siguió usando en gran parte de Europa; con el tiempo fue adoptada por hablantes de lenguas no latinas, y se añadieron nuevas letras y sonidos. En la actualidad, más de 2000 millones de personas usan alguna versión del alfabeto latino, lo cual lo convierte en el más extendido del mundo.

El alfabeto griego

Fecha	c. 800 a. C.–actualidad
Lugar	Antigua Grecia

Los antiguos griegos tomaron su alfabeto de los fenicios, quienes, como ellos, comerciaban por todo el Mediterráneo. En el alfabeto fenicio, cada letra representaba una única consonante sin caracteres especiales para las vocales. Los griegos modificaron este alfabeto adaptando algunos caracteres, añadiendo otros nuevos para las vocales y, a diferencia de los fenicios, escribiendo de izquierda a derecha. Hacia 400 a. C., el alfabeto griego se había estandarizado, y hoy día sigue usándose una variante del mismo en Grecia y Chipre. Además, sería la base del alfabeto etrusco, a partir del cual se desarrolló posteriormente el latino.

Innovaciones en la escritura

Los cambios más importantes en la escritura se dieron al pasar de sistemas basados en imágenes a otros que representaban sonidos. La difusión de muchos sistemas se debió a la expansión de sus respectivos imperios.

4000 a. C.

c. 2200 a. C. *La expansión del Imperio acadio difunde el uso de la escritura fonética sumeria.*

1450 a. C. *El primer sistema de escritura basado exclusivamente en sonidos silábicos, el lineal B, se usa para el griego micénico.*

c. 300 a. C. *Se desarrolla en América Central el sistema maya de escritura, basado en símbolos que representan palabras o sonidos.*

c. 400 d. C. *Primer uso de la escritura árabe, que contribuirá a la expansión del islam.*

1991 *Se introduce el Unicode para codificar la mayoría de los sistemas de escritura del mundo en la informática.*

2000

El sol alado es un símbolo de divinidad y poder

El ave Ba simboliza el alma de la persona difunta

▲ **Estela egipcia con jeroglíficos**
Esta estela de madera pintada (tablilla conmemorativa) data del siglo III a.C. Conmemora la muerte de un sacerdote egipcio, e incluye oraciones que rueguen por su felicidad en el más allá.

El texto jeroglífico incluye el nombre y los títulos del difunto, además de oraciones funerarias

> «La lectura vuelve al hombre **completo**, la conversación, **preparado**, y la escritura, **preciso**.»
>
> FRANCIS BACON,
> «De los estudios», en *Ensayos* (1625)

Escrituras indias

Fecha	268 a.C.–actualidad
Lugar	India

La mayoría de los sistemas de escritura del sur y sureste de Asia proceden de la escritura brahmi de la antigua India, cuyo primer uso consta en el Imperio Maurya en el siglo III a.C., durante el reinado del emperador Ashoka, quien lo empleó para sus edictos. En el siglo II a.C., el brahmi había dado lugar a otros sistemas, especialmente al gupta, del que procede el nagari (utilizado para escribir en sánscrito), que a su vez dio lugar al devanagari. Consistente en 48 caracteres (34 consonantes y 14 vocales), el devanagari casi no ha cambiado desde el siglo IX. Actualmente, este sistema se emplea para escribir más de cien idiomas modernos, entre ellos, hindi, nepalí, rayastani, maratí y sindi.

BRAILLE

Creado por Louis Braille (1809-1852) como código para permitir a los invidentes leer por el contacto de los dedos, el braille consiste en puntos en relieve para escribir en cualquier idioma. En 1808, el capitán francés Charles Barbier ideó un código de lectura táctil para que los soldados del frente pudieran leer mensajes de noche sin delatar su posición al usar lámparas. Posteriormente, Braille simplificó dicho código, y publicó su sistema en 1829.

Sistemas de escritura

Los primeros sistemas de escritura surgieron c. 3400–3100 a. C. en Egipto y Sumer, y sirvieron para plasmar transacciones comerciales. Con la expansión de rutas comerciales locales y de larga distancia, compradores y vendedores comprendieron la importancia de anotar los artículos que se intercambiaban. A partir de las meras anotaciones numéricas, los sistemas de escritura evolucionaron y se usaron para otros fines, desde redactar leyes hasta crear obras literarias.

PICTOGRAFÍA

La primera escritura conocida fue la pictografía sumeria, en torno a 3400 a. C. Los pictogramas se usaron inicialmente para registrar transacciones comerciales, y se empleaba un estilo para inscribir sobre tablillas de arcilla símbolos de los bienes y su número, así como los nombres de los compradores y los vendedores.

Inscripciones contables

TABLILLA ADMINISTRATIVA MESOPOTÁMICA

Cuneiforme

La evolución pictográfica en Mesopotamia (actual Irak) dio lugar a la escritura cuneiforme. En lugar de representar figuras, ahora se inscribían sobre arcilla blanda símbolos con forma de cuña usando un estilo de caña de extremo triangular. Esta técnica se utilizó en muchos sistemas de escritura de muchos idiomas durante los siguientes 3000 años.

Cuñas impresas

TABLILLA SUMERIA

Símbolo de la cantidad de cerveza vendida

TABLILLA BABILÓNICA

Marcas en forma de cuña

Grabado en sumerio y acadio

TABLILLA MESOPOTÁMICA

Símbolos del intercambio de bienes

TABLILLA HITITA

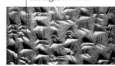

Incisiones en arcilla, del siglo XV a. C.

TABLILLA HURRITA

Listado de reyes, por época

TABLILLA ASIRIA

Jeroglíficos

Los jeroglíficos son símbolos del antiguo Egipto. Algunos representan sonidos, y se conocen como fonogramas. Otros, llamados logogramas, simbolizan conceptos (abajo).

Cesta   *Búho*   *Agua*

PANEL DE UN SARCÓFAGO EGIPCIO

MANO   SERPIENTE   BÚHO   CESTA   OJO DE HORUS

MECHA   AGUA   CHOZA DE CAÑA   SOPORTE DE VASIJA   CORONA

Escritura jeroglífica

Cartucho con el nombre del rey Tolomeo V

Piedra de Rosetta

La piedra de Rosetta (196 a. C.) es un decreto real con el mismo mensaje en tres escrituras diferentes, rasgo que permitió al estudioso francés Jean-François Champollion descifrar los jeroglíficos en 1822.

Escrituras griegas

La lineal B, antigua escritura griega de hacia 1450 a. C., derivó de la lineal A, no descifrada y considerada minoica. Estos sistemas de escritura preceden en varios siglos al alfabeto griego.

Idioma desconocido

TABLILLA LINEAL A

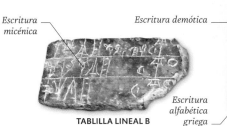

Escritura micénica

TABLILLA LINEAL B

Escritura demótica

Escritura alfabética griega

Alfabetos

Los alfabetos son conjuntos de caracteres que representan la fonética de la lengua hablada. Tienen su origen en lenguas semíticas del antiguo Oriente Próximo, y se engloban en dos grandes grupos: un alfabeto consonántico (alifato, o abyad), como el fenicio y el árabe, representa solo las consonantes, y las vocales están implícitas por el contexto o se indican con diacríticos; y un alfabeto pleno representa también las vocales con símbolos propios.

EL ALFABETO MÁS ANTIGUO

El alfabeto más antiguo conocido, denominado protosinaítico por encontrarse por primera vez en la península del Sinaí, surgió en Egipto alrededor de 1900-1700 a. C. Sus aproximadamente 30 caracteres se creen adaptados a partir de símbolos fonéticos egipcios, y representan una lengua semítica.

Símbolo del agua derivado de jeroglíficos

PRIMER ALFABETO

Fenicio

El alfabeto fenicio lo forman 22 consonantes, escritas de derecha a izquierda, con formas figurativas que recuerdan a los jeroglíficos egipcios de los que se cree evolucionaron.

| ALEF | BET | GUMEL | DALET | HE | UAU |

Griego

El primer alfabeto con letras asignadas tanto a las vocales como a las consonantes, el griego tiene el mismo orden de letras que el fenicio, con cuatro nuevos sonidos vocálicos.

A B Γ Δ E Z

| ALFA | BETA | GAMMA | DELTA | ÉPSILON | ZETA |

Etrusco

El comercio difundió el alfabeto griego entre los etruscos, quienes añadieron algunas letras y cambiaron otras, como «gamma», por ejemplo, que pasó a ser «C».

| A | B | C | D | E | F |

Latino

Los romanos añadieron nuevos cambios, abandonando la «Z», posteriormente añadida al final del alfabeto para no interrumpir el orden de letras ya establecido.

A B C D E F

| A | B | C | D | E | F |

Rúnico

También llamado *futhark* (por sus seis primeras letras), las runas, fonéticas pero también con significado simbólico, fueron el alfabeto de las tribus germánicas del norte de Europa.

| FEHU | URUZ | THURISAZ | ANSUZ | RAITHO | KAUNAZ |

Árabe

Escrito de derecha a izquierda y siempre en cursiva, el alfabeto árabe tiene 28 caracteres, 22 de los cuales proceden del semítico. Salvo «alif», son todos consonantes.

| ALIF | BA | TA | THA | GIM | HA |

Cirílico

Basado en las letras griegas, esta escritura se desarrolló en las regiones eslavas del primer Imperio búlgaro en los siglos IX y X por influencia de los misioneros cristianos. En su forma moderna lo usan el ruso y otras lenguas eslavas.

| AZŬ | BUKY | VĚDĚ | GLAGOLI | DOBRO | ESTŬ |

◀ Véase también Historia de la escritura pp. 462-463

Sistemas logográficos y otros relacionados

A diferencia de la escritura alfabética, en la que cada símbolo representa un sonido del habla, la logográfica –como la china– usa símbolos que representan morfemas, el menor componente de la lengua con significado, como una palabra o idea. Esto requiere muchos más símbolos que un alfabeto. Sin embargo, ningún sistema es enteramente logográfico, ya que todos incluyen algún componente fonético.

HUESOS ORACULARES

El ejemplo más antiguo de logogramas chinos son inscripciones en huesos oraculares que se remontan a c. 1200–1050 a. C. Se han identificado unos cinco mil caracteres en huesos de animales o caparazones de tortuga, empleados en antiguas ceremonias de adivinación.

Las inscripciones incluyen preguntas a deidades o antepasados

CAPARAZÓN DE TORTUGA

Caracteres chinos

Hay más de ocho mil logogramas chinos distintos. En su evolución, a los símbolos para significar unidades simples de lenguaje se unieron algunos de índole fonética.

BELLEZA

CLARIDAD

ÉLITE

DESTINO

FLOR

Escritura japonesa

La escritura japonesa adaptó la china, y añadió 46 caracteres *hiragana* para sonidos propios y 48 *katakana* para los de lenguas extranjeras.

A
Hiragana

KA
Hiragana

SA
Hiragana

A
Katakana

KA
Katakana

Escritura coreana

El *hangul* tiene 24 caracteres escritos en bloques de dos o tres: 14 consonantes y 10 vocales. Sustituyó a los logogramas chinos en Corea en el siglo xv.

P
Consonante hangul

H
Consonante hangul

YA
Vocal hangul

La línea vertical representa a una persona erguida

AW
Vocal hangul

La línea horizontal representa la tierra (yin)

YOO
Vocal hangul

Olmeca y zapoteca

Estos antiguos sistemas mesoamericanos son de aspecto similar a los jeroglíficos, y se leen también en columnas verticales de arriba abajo.

SEÑOR/FLOR
Olmeca

Serpiente enroscada

SERPIENTE
Olmeca

CAIMÁN
Olmeca

SEÑOR/FLOR
Zapoteca

Cara visible en el glifo

SERPIENTE
Zapoteca

Escritura maya

La escritura maya es el único sistema de escritura mesoamericano que se ha descifrado en gran medida. Consiste en unos 800 símbolos pictóricos de animales, personas u objetos que representan ideas (conceptos) y sonidos.

Colmillos

SERPIENTE

MUJER

Mano sembrando semillas

ESPARCIR

Superficie inscrita con glifos

Tres picos

MONTAÑA

Llamas

FUEGO

Pétalo de flor

SOL

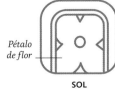

Placa de jade

PLACA MAYA DEL SIGLO V D. C.

Representación de llamas

La **escritura china** puede requerir un máximo de 64 trazos para representar **un solo carácter**.

Escrituras silábicas

En las escrituras silábicas, cada sílaba se representa con un símbolo diferente, y por esta razón muchos silabarios, como el cheroqui, requieren menos caracteres que los sistemas logográficos. En los sistemas indios (abajo), derivados del brahmi, los símbolos de las vocales son secundarios con respecto a los consonánticos. Este tipo de escritura se conoce como abugida o alfasilabario.

ESCRITURA DEL INDO

La escritura más antigua del subcontinente indio es la de la civilización de la Edad del Bronce del valle del Indo (actuales Pakistán e India). Se han identificado unos 400 pictogramas inscritos en sellos de arcilla y otros objetos, pero la escritura sigue sin ser descifrada.

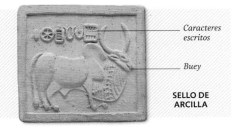
Caracteres escritos
Buey
SELLO DE ARCILLA

Brahmi

Esta escritura de izquierda a derecha se remonta al siglo VIII a. C., y probablemente deriva de uno o más sistemas semíticos.

 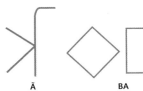

| A | Ā | BA | BHA | GA | GHA | DA |

   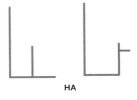 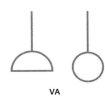 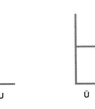

| DHA | DA | DHA | HA | VA | U | Ū |

Devanagari

En el devanagari, las consonantes se dividen según la parte del paladar empleada para pronunciarlas y la acción de la lengua para cada una.

| KA | KHA | GA | GHA |

| NA | CA | CHA | JA | JHA |

TEXTO DEL *BHAGAVATA PURANA* EN DEVANAGARI

Jemer

Derivado también del brahmi, el jemer tiene 33 consonantes y un largo inventario de vocales: 24 diacríticos (símbolos vocálicos) y 14 vocales independientes.

| KA | KHA | KO | KHO |

| NGO | CA | CO | CHA | CHO |

TEMPLO DE PREAH KO

Se encuentran ejemplos antiguos de inscripciones jemer en Preah Ko («Toro Sagrado»), templo erigido en 879 d. C. en Hariharalaya, en la época capital del Imperio jemer, situada en la actual Camboya.

INSCRIPCIONES JEMER

◀ Véase también Historia de la escritura pp. 462–463 ◀ Sistemas de escritura pp. 464–465 **467**

Deportes de pelota

Los deportes de pelota en equipo que se practican hoy tienen antecedentes en ancestrales prácticas deportivas de Asia, Europa y América con pelotas aproximadamente esféricas de materiales naturales. Hoy incluyen deportes con millones de seguidores. El más popular es el fútbol, y su mayor campeonato, la Copa Mundial, es uno de los acontecimientos deportivos que más expectación generan.

BALONMANO
Circunferencia: 59 cm
Diámetro: 18,8 cm

VOLEIBOL
Circunferencia: 66 cm
Diámetro: 21 cm

VÓLEY-PLAYA
Circunferencia: 67 cm
Diámetro: 21,3 cm

BALONRED
Circunferencia: 69 cm
Diámetro: 22 cm

FÚTBOL
Circunferencia: 69 cm
Diámetro: 22 cm

BALONCESTO
Circunferencia: 75 cm
Diámetro: 24,2 cm

Fútbol

Un partido se juega con 11 jugadores por equipo en dos tiempos de 45 minutos. Cada portería (o meta), de 7,32 m de ancho y 2,44 m de alto, la defiende un único portero (o guardameta), el único jugador que puede tocar la pelota con las manos y los brazos. Los jugadores marcan goles al introducir la pelota en la portería contraria, tras lo cual se reanuda el juego desde el centro del campo.

Punto de penalti

Línea de meta

Meta

Línea de banda

90–120 m

16,5 m

45–90 m

5,5 m

CAMPO DE FÚTBOL

CLAVE

1 Guardametas
2 Defensores
3 Mediocampistas
4 Delanteros

Formación 3-5-2
Formación 4-3-2-1

FORMACIONES

Los jugadores se agrupan por líneas de defensas, centrocampistas y delanteros, llamadas colectivamente formación. Las formaciones pueden ser más defensivas o más ofensivas.

Ataque

Los equipos atacan moviendo la pelota a los espacios y hacia la meta contraria para marcar un gol con el pie o la cabeza.

El atacante defiende la pelota con el cuerpo

El exterior del pie impulsa el balón

Regate
Con pies rápidos y buen equilibrio se puede maniobrar con el balón y superar a los contrarios en espacios reducidos.

El atacante cabecea el balón hacia la meta

Defensor contrario

Pelota enviada por alto al área de meta

Centro
Un jugador lanza el balón al área de meta contraria para que los delanteros puedan marcar goles.

Cabeza baja al patear con fuerza el balón

Pierna extendida

Chut
Chutar consiste en golpear fuerte el balón con el pie. Para el portero, los más difíciles de parar son rasos y junto al poste.

SEÑALES DEL ÁRBITRO

El árbitro controla el partido con la ayuda de dos asistentes, los jueces de línea. Emplean señales para comunicar sus decisiones, y para castigar las faltas concediendo tiros libres y penaltis.

LANZAMIENTO LIBRE DIRECTO

LANZAMIENTO LIBRE INDIRECTO

Defensa

Un equipo defensivo puede hacer entradas, interceptar balones y marcar al contrario para recuperar el balón y la iniciativa a fin de lanzar un ataque propio.

Barrida para recuperar el balón

Entrada en barrida
En la barrida, el jugador se lanza al suelo para sacar el balón de entre los pies del contrario. Si se hace de forma peligrosa, constituye falta.

La pierna extendida corta el pase

Intercepción
Los pases del contrario se pueden interceptar, o cortar, impidiendo que lleguen al jugador al que iban dirigidos.

El defensor marca al delantero de cerca

El atacante corre al espacio

Marcaje
Esta técnica consiste en permanecer muy cerca de un jugador contrario para impedirle hacerse con el control del balón.

TARJETA AMARILLA (AMONESTACIÓN)

TARJETA ROJA (EXPULSIÓN)

VENTAJA

- Cabello sujeto con una cinta
- Camiseta ligera de algodón para mayor movilidad
- Rodilleras para evitar rozaduras
- Pelota impulsada con brazos cruzados
- Suelas con buen agarre para mayor estabilidad

JUGADORA DE VOLEIBOL

Balonred

Este deporte rápido enfrenta a dos equipos de siete jugadores. Cada equipo pasa el balón hacia el aro con red del contrario, pero sin botar ni correr con la pelota, y sin contacto físico. Los puntos se obtienen por las canastas conseguidas.

Aro a 3,05 m de altura

Balonmano

Equipos de siete jugadores botan, pasan y lanzan el balón a una portería rectangular en partidos de 60 minutos con contacto permitido.

- La muñeca lanza el balón a la derecha

PASE DE MUÑECA

- Balón golpeado con lo alto del puño

PASE DE PUÑO

Voleibol

En este deporte, dos equipos de seis jugadores tratan de enviar el balón sobre una red para que bote en el campo contrario, y con un máximo de tres toques. Exceder este número y sacar el balón del área de juego son fallos comunes que conceden puntos al contrario.

Red

La red está a 2,4 m de altura para hombres y 2,2 m para mujeres. Tocar la red en cualquier momento supone un punto para el equipo contrario.

Red sujeta por varas de acero

9,5 m

- La mano alzada golpea con fuerza
- Giro de cadera al golpear por alto

SERVICIO

ATAQUE

Técnicas

Se defiende bloqueando los tiros del contrario y recuperando el balón antes de que toque el suelo, para que los compañeros envíen el balón sobre la red con un remate o un sutil toque de dedos.

- Balón empujado suavemente sobre la red

TOQUE DE DEDOS

VÓLEY-PLAYA

En esta variante del voleibol, de dos jugadores por equipo y sobre arena, cada equipo cubre el área entera de 16 × 8 m, y no se permiten cambios. Se juegan sets de 21 puntos, y gana el que antes consiga dos sets.

Baloncesto

Con cinco jugadores por equipo y cambios ilimitados, los jugadores controlan el balón botándolo sobre la cancha de madera, pasando y driblando. Los puntos se marcan encestando el balón por el aro, situado a 3,05 m de altura.

¿NBA O FIBA?

Los partidos de la FIBA (Federación Internacional de Baloncesto) se juegan en cuatro cuartos de 10 minutos; los de la liga privada NBA (National Basketball Association) se juegan en cuartos de 12 minutos, principalmente en EE UU y Canadá.

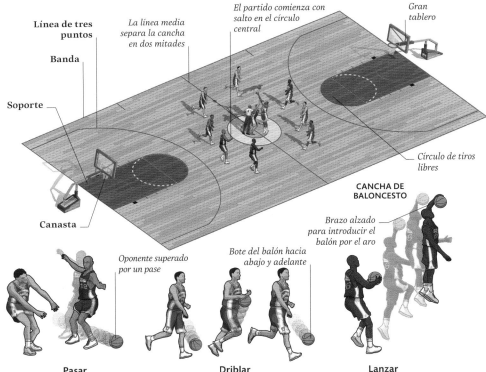

- Línea de tres puntos
- La línea media separa la cancha en dos mitades
- El partido comienza con salto en el círculo central
- Gran tablero
- Banda
- Soporte
- Círculo de tiros libres
- Canasta

CANCHA DE BALONCESTO

- Brazo alzado para introducir el balón por el aro
- Oponente superado por un pase
- Bote del balón hacia abajo y adelante

Pasar
Los jugadores envían el balón a sus compañeros con distintos pases, como sobre cabeza, picado (botando), de pecho o de faja.

Driblar
Los jugadores pueden moverse botando con una mano, pero al sostenerlo con dos no tienen permitido correr.

Lanzar
Los tiros desde fuera de la línea de tres puntos valen tres puntos, mientras que los realizados dentro de la misma valen dos.

Véase también Deportes de invierno pp. 480–481 ▶ Deportes acuáticos pp. 482–483 ▶ Deportes de precisión pp. 484–485 ▶

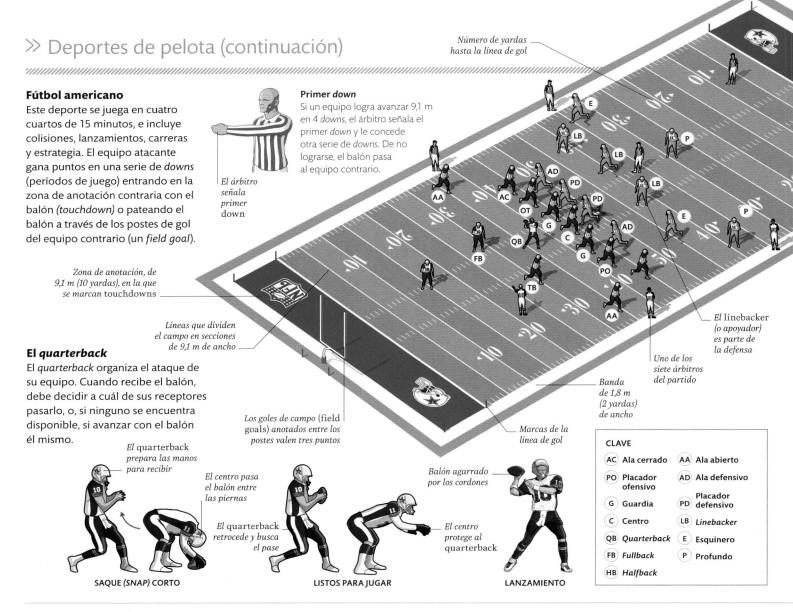

>> Deportes de pelota (continuación)

Fútbol americano

Este deporte se juega en cuatro cuartos de 15 minutos, e incluye colisiones, lanzamientos, carreras y estrategia. El equipo atacante gana puntos en una serie de *downs* (períodos de juego) entrando en la zona de anotación contraria con el balón *(touchdown)* o pateando el balón a través de los postes de gol del equipo contrario (un *field goal*).

El árbitro señala primer down

Primer *down*

Si un equipo logra avanzar 9,1 m en 4 *downs*, el árbitro señala el primer *down* y le concede otra serie de *downs*. De no lograrse, el balón pasa al equipo contrario.

Número de yardas hasta la línea de gol

Zona de anotación, de 9,1 m (10 yardas), en la que se marcan touchdowns

Líneas que dividen el campo en secciones de 9,1 m de ancho

El *quarterback*

El *quarterback* organiza el ataque de su equipo. Cuando recibe el balón, debe decidir a cuál de sus receptores pasarlo, o, si ninguno se encuentra disponible, si avanzar con el balón él mismo.

Los goles de campo (field goals) anotados entre los postes valen tres puntos

Marcas de la línea de gol

El linebacker (o apoyador) es parte de la defensa

Uno de los siete árbitros del partido

Banda de 1,8 m (2 yardas) de ancho

El quarterback prepara las manos para recibir

El centro pasa el balón entre las piernas

El quarterback retrocede y busca el pase

El centro protege al quarterback

Balón agarrado por los cordones

SAQUE (SNAP) CORTO   **LISTOS PARA JUGAR**   **LANZAMIENTO**

CLAVE

AC	Ala cerrado	AA	Ala abierto
PO	Placador ofensivo	AD	Ala defensivo
G	Guardia	PD	Placador defensivo
C	Centro	LB	*Linebacker*
QB	*Quarterback*	E	Esquinero
FB	*Fullback*	P	Profundo
HB	*Halfback*		

Rugby a 15 *(union)*

En este deporte de contacto de 15 jugadores por equipo, se anotan ensayos plantando el balón en el área de gol contraria o pateándolo entre los postes de gol. El balón puede moverse hacia delante con los pies, pero con las manos solo puede pasarse hacia atrás.

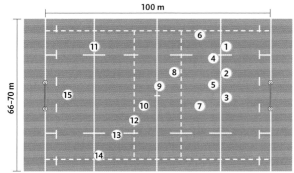

100 m

66-70 m

CLAVE

① Pilar izdo.	④ Segunda línea	⑦ Ala *(flanker)* dcho.	⑩ Apertura	⑬ Segundo centro
② Talonador	⑤ Segunda línea	⑧ Octavo (o 3.ª línea)	⑪ Ala cerrado	⑭ Ala
③ Pilar dcho.	⑥ Ala *(flanker)* izdo.	⑨ Medio melé	⑫ Primer centro	⑮ Zaguero

Melé

Los ocho delanteros se traban con sus contrarios formando un túnel central por el que un medio melé lanza el balón. Ambos grupos empujan para ganar la posesión. El árbitro puede señalar falta si el balón se lanza incorrectamente o si algún jugador causa de forma deliberada el colapso de la melé.

Saque de banda

Este reinicia el juego cuando el balón sale por la banda. El talonador de un equipo lanza el balón entre dos filas de ambos equipos, hasta que algún jugador la atrapa.

Primera línea de tres delanteros

Medio melé

Tercera línea

Salto para atrapar el balón del talonador

Postes de gol de 5,6 m de ancho

EQUIPACIÓN

Los jugadores (11 por equipo) usan protecciones para el pecho y los hombros con exterior de plástico duro y espuma por dentro. Los cascos de los *quarterbacks* pueden ir equipados con radio para recibir instrucciones del entrenador.

Casco con protección facial

Hombreras ajustables

Mus-leras

Rodi-lleras

EQUIPO DE PROTECCIÓN

Fútbol australiano

En este deporte de 18 jugadores por equipo, estos atrapan, placan, pasan con la mano y patean el balón durante cuatro cuartos de 20 minutos y acción casi continua. Se anota pateando el balón entre los postes en los extremos del gran campo ovalado.

135–185 m

110–155 m

6,4 m   6,4 m

3 m (mín.)   6 m (mín.)

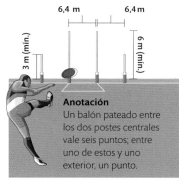

Anotación

Un balón pateado entre los dos postes centrales vale seis puntos; entre uno de estos y uno exterior, un punto.

Balón guiado con la mano

El balón gira por los extremos

Drop punt

Esta patada mueve el balón a distancias medias o largas campo arriba. La rotación del balón permite disparos precisos.

CLAVE

1 Full forward		7 Rover	
2 Forward pockets		8 Centre	
3 Centre-half forward		9 Wingmen	
4 Half-forward flanks		10 Centre half-back	
5 Ruckman		11 Half-back flanks	
6 Ruck rover		12 Back pockets	
		13 Full-back	

Tomar la marca

Atrapar un balón pateado desde 15 m o más permite al jugador patearlo de nuevo sin que lo obstaculice el contrario.

El jugador trata de golpear el balón antes de que el contario tome la marca

Fútbol gaélico

Esta combinación de fútbol y rugby atrae a públicos de hasta 80 000 personas en partidos de la All-Ireland Senior Final. Dos equipos de 15 jugadores compiten por el control del balón, que introducido con el pie o el puño en la portería contraria vale tres puntos, y uno si pasa sobre el travesaño.

Defensor

Balón bloqueado con manos extendidas

Golpe con el pie frustrado

Obtener la posesión

Es necesaria la posesión del balón para tratar de anotar goles. Los jugadores pueden placar o bloquear disparos o pases del contrario con el fin de hacerse con la posesión.

Consta que se jugaban **partidos de fútbol gaélico** en Irlanda ya en **1308.**

Rugby a 13 *(league)*

Surgido de la escisión en 1895 de los clubes de rugby del norte de Inglaterra, el rugby *league* es muy semejante al rugby *union*, pero con equipos de 13 jugadores que marcan ensayos de cuatro puntos, menos jugadas a balón parado y mayor énfasis en los pases y las carreras.

Las **reglas del rugby** se formalizaron tras **morir un jugador** en **1871** en un partido de entrenamiento.

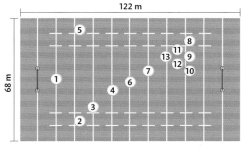

122 m

68 m

CLAVE

1 Defensa de cierre	6 Cinco octavo	11 Segunda fila
2 Ala derecho	7 *Halfback*	12 Segunda fila
3 Centro	8 Apoyo	13 Bloqueo
4 Centro	9 Talonador	
5 Ala izquierdo	10 Apoyo	

Balón en juego

Tras un placaje, el jugador que arrebata el balón lo hace rodar a un compañero. A los seis placajes, la posesión pasa al otro equipo. Por ello, antes del sexto placaje, el jugador en posesión del balón suele patearlo campo arriba para ganar terreno.

El balón se hace rodar atrás con la suela

JUEGO ACTIVO

Habilidades y estrategia

Un buen equipo de rugby *league* suele definirse por placajes duros y precisos en la defensa, lo cual se equilibra con la habilidad de manejo y las carreras incisivas de los jugadores ofensivos.

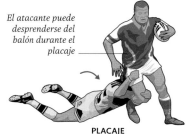

El atacante puede desprenderse del balón durante el placaje

PLACAJE

Véase también Los Juegos Olímpicos pp. 488–491 ▶

Deportes de bate y palo

ARTES Y OCIO

Los juegos basados en golpear pelotas o discos con bate o palo tienen una larga historia. Por ejemplo, hay piezas de museo del antiguo Egipto que representan una forma simple de hockey sobre hierba hace más de 4000 años, y los deportes de bate y palo modernos proceden todos de Europa, de los siglos XVIII y XIX.

Una pelota de **béisbol** tiene más de **108 costuras dobles.**

Poste de fuera (o de *foul*)

Línea de falta: toda pelota que la supere se declara mala

Jardinero central

CAMPO DE BÉISBOL

Jardinero derecho

Béisbol

El partido consiste en nueve entradas (o turnos) en las que ambos equipos tratan de completar el mayor número de carreras. Para ello, el bateador golpea la pelota, recorre las tres bases y regresa al *home*. La entrada acaba al eliminarse a tres bateadores, bien por fallar tres lanzamientos, por atrapar un contrario la pelota o por tocarle este con ella entre bases.

Bateo

El bateador trata de golpear la pelota desde el *home* y enviarla lo más lejos posible sin que la atrape el contrario, especialmente antes de tocar suelo.

Bate en ángulo tras la cabeza

Las caderas rotan al golpear

Brazos y bate marcan el movimiento

Pecho orientado hacia el lanzador (o pícher)

STANCE **SWING** **FOLLOW-THROUGH**

Bola rápida

El lanzador sujeta la pelota por arriba con dos dedos para que vuele rápido y recto. Los de la Major League Baseball (MLB) son capaces de superar los 145 km/h.

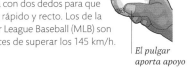

El pulgar aporta apoyo

Picheo

El lanzador, o pícher, elimina al bateador si este falla tres lanzamientos en la zona de *strike*, sobre el *home* y entre la altura de la rodilla y el pecho.

Pelota oculta tras el guante

La mano avanza rápido sobre la cabeza

La pista de gravilla advierte del muro

Pierna delantera elevada

Pelota soltada al extenderse el brazo

Peso del cuerpo sobre el pie adelantado

WIND UP **STRIDE** **LANZAMIENTO**

Críquet

Dos equipos de 11 se turnan para batear y anotar carreras por parejas o defender el campo. Para anotar, el bateador golpea y corre al otro extremo del *crease*. Los contrarios tratan de eliminarlos de varias maneras, como lanzando la pelota a los tres palos y atrapando la pelota una vez golpeada.

Boleo

Los boleadores lanzan seis pelotas consecutivas (un *over*), tratando de desviar o sacarlas del campo para derrotar al bateador.

El bateador protege los tres palos y trata de anotar carreras

El wicketkeeper recoge pelotas que falla el bateador

El boleador lanza desde lo alto

El crease de césped corto mide 20 m entre los stumps (tres palos) opuestos

Bateador a la espera

El árbitro determina las eliminaciones y carreras anotadas

Pelota agarrada con los dedos

Brazo delantero elevado al inicio del lanzamiento por alto

La pelota se suelta en el punto más alto

Peso cargado en la pierna adelantada

COIL **PASO PREVIO** **LANZAMIENTO**

Bateo

El bateador emplea distintos golpes para enviar la pelota a los huecos o más allá del límite del área de juego para anotar carreras.

Bate (o pala) de madera de sauce

Pierna con protección acolchada

BATEADOR

Sófbol

Este popular deporte recreativo guarda muchas similitudes con el béisbol, entre ellas, los nueve jugadores por equipo que anotan carreras recorriendo cuatro bases y el campo en forma de diamante, pero con 18,3 m de distancia entre bases. La pelota es mayor, se lanza por bajo, y puede ser rápida o lenta según la competición.

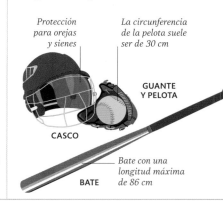

Protección para orejas y sienes

La circunferencia de la pelota suele ser de 30 cm

GUANTE Y PELOTA

CASCO

Bate con una longitud máxima de 86 cm

BATE

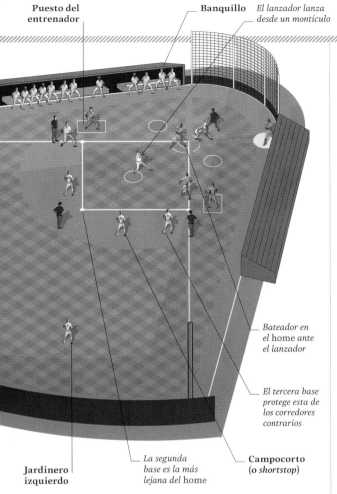

Puesto del entrenador

Banquillo

El lanzador lanza desde un montículo

El **hoyo en uno más largo** en el golf de competición ha sido de **473 m.**

Golf

En el golf se trata de acertar con la pelota en el hoyo –una copa hundida en el terreno– en el menor número de intentos. Suele haber 18 hoyos en un campo, además de árboles, cursos de agua y búnkeres (arenales) como obstáculos que el golfista debe evitar o superar a fin de alcanzar el *green*.

El palo se alza y luego barre hacia abajo

Un buen agarre ayuda a orientar la cara del palo

El swing continúa hacia arriba y atrás, mirando al suelo

El golfista se vuelve hacia la dirección de la pelota al final

POSTURAS DEL *DOWNSWING*

Palos

Los golfistas emplean hasta 14 palos, cada uno específico para distintas trayectorias a lo largo de distancias diversas.

Usado para el primer golpe en muchos hoyos lejanos

Los hierros se numeran del 1 al 9 según el ángulo de la cara

La cara en ángulo marcado eleva la pelota, que avanza menos que con otros palos

Hoja recta para enviar la pelota al hoyo por el green

DRIVER **HIERRO LARGO** **CUÑA** **PUTTER**

Bateador en el home ante el lanzador

El tercera base protege esta de los corredores contrarios

Jardinero izquierdo

La segunda base es la más lejana del home

Campocorto (o *shortstop*)

Campo de hockey sobre hierba
Una cancha de hockey de competición mide 91,4 m de largo y 55 m de ancho. Un área de tiro en forma de D rodea cada una de las porterías, y solo pueden marcarse goles desde estas áreas.

Hockey sobre hierba

En el hockey sobre hierba, jugado en más de cien países, equipos de 11 jugadores se disputan la posesión de una pelota que se pasan, disparan o driblan usando solo el lado plano del palo curvo. Un portero muy protegido defiende la portería.

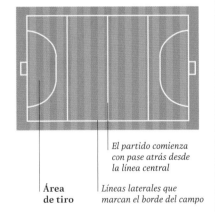

Área de tiro

El partido comienza con pase atrás desde la línea central

Líneas laterales que marcan el borde del campo

Hockey sobre hielo

En este deporte rápido y físico disputado a lo largo de tres tiempos de 20 minutos, equipos de seis patinadores compiten por un disco. Un portero defiende la portería de 1,8 m, mientras los demás jugadores realizan pases y disparos con un palo de 2 m y extremo de hoja plana. Se permiten cambios ilimitados de jugadores.

Casco equipado con visor

Accesorios y guantes protectores

CONTROL DEL DISCO

La hoja plana conecta con el disco

Vallas curvadas mantienen el disco en juego

La línea central divide en dos mitades la pista, de 61 m de largo

Portería en línea de gol

Líneas azules dividen la pista en tres

Lacrosse

Derivado de juegos nativos americanos practicados ya hacia 1100 d. C., al lacrosse juegan equipos de 10 hombres o 12 mujeres, provistos de un palo con red para atrapar, pasar y lanzar una pelota de espuma de poliuretano a la portería cuadrada de 1,8 m.

PELOTA

Bolsa para atrapar la pelota

Palo largo con agarre

PALO DE LACROSSE

PISTA DE HOCKEY SOBRE HIELO

Deportes de raqueta

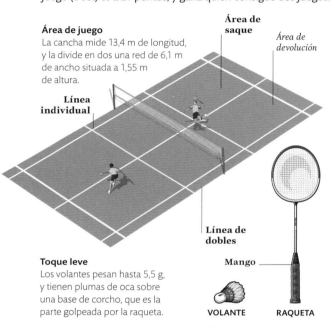

El primer deporte popular de raqueta fue el francés *jeu de paume* («juego de palma») de la Europa medieval. Los juegos practicados en Gran Bretaña en el siglo XIX evolucionaron gradualmente hacia los deportes modernos de raqueta o paleta y pelota o volante en cancha.

Bádminton

En este juego de interior, los jugadores marcan puntos golpeando un volante sobre una red al campo contrario. Cada juego (o set) es a 21 puntos, y gana quien consigue dos juegos.

Área de juego
La cancha mide 13,4 m de longitud, y la divide en dos una red de 6,1 m de ancho situada a 1,55 m de altura.

Área de saque

Área de devolución

Línea individual

Línea de dobles

Mango

VOLANTE   **RAQUETA**

Toque leve
Los volantes pesan hasta 5,5 g, y tienen plumas de oca sobre una base de corcho, que es la parte golpeada por la raqueta.

Servicio y *smash*
Para servir el volante, la raqueta debe tenerse bajo la altura del hombro. En el juego se dan golpes al derecho y revés, con el *smash* por alto como golpe más potente.

Hombro elevado

Se baja el brazo

SERVICIO   **GOLPEO**

El salto se da para golpear el volante a la mayor altura

Recorrido de la raqueta para imprimir potencia

La raqueta llega abajo

SMASH

Squash

Los jugadores se turnan para golpear una pequeña pelota de goma contra la pared frontal –y otras paredes– de una pista interior, creando ángulos difíciles de devolver al contrario. El servicio debe superar la línea de servicio de la pared, se gana un punto tanto si la pelota bota más de una vez en el suelo como si la del oponente toca el suelo antes que la pared frontal. El tanteo ganador son once puntos, o dos seguidos obtenidos después de un empate a 10.

Raqueta y pelota
Una raqueta de squash moderna puede pesar hasta 225 g, y el cordaje sintético puede impulsar una pelota hueca a más de 260 km/h.

Estructura de material compuesto

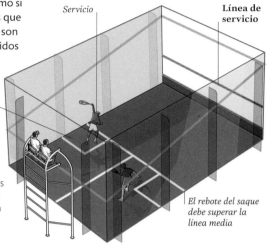

Servicio

Línea de servicio

El juego comienza en el área de saque

El rebote del saque debe superar la línea media

En la cancha
La cancha cerrada mide 9,75 × 6,4 m. Las canchas de competición tienen paredes transparentes con marcador y árbitro en posición elevada que observan el juego desde la pared trasera.

Tenis de mesa

En este deporte, los jugadores golpean una pelota ligera sobre una red de 15,25 cm de altura sobre una mesa de 2,75 × 1,5 m. Los partidos se disputan a 11 puntos, o dos seguidos tras un empate a 10.

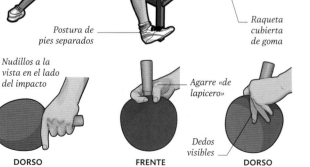

Red tensa

Superficie plana y oscura

Velocidad y fuerza
Los jugadores precisan rápidos pies, reacciones y movimientos de raqueta para golpear la pelota con efecto, colocación y fuerza y mantener así al oponente lejos de la mesa.

Devolución rápida

Raqueta cubierta de goma

Postura de pies separados

Agarre «apretón de manos»

Nudillos a la vista en el lado del impacto

Agarre «de lapicero»

Dedos visibles

FRENTE   **DORSO**

FRENTE   **DORSO**

Agarre ortodoxo
Apodado «apretón de manos» *(shakehand)*, este agarre con el índice extendido ofrece un buen equilibrio entre juego defensivo y ofensivo.

Agarre de lapicero
Desarrollado en Japón en la década de 1950, este favorece un ataque fuerte al derecho, pero requiere reacciones rápidas para el revés.

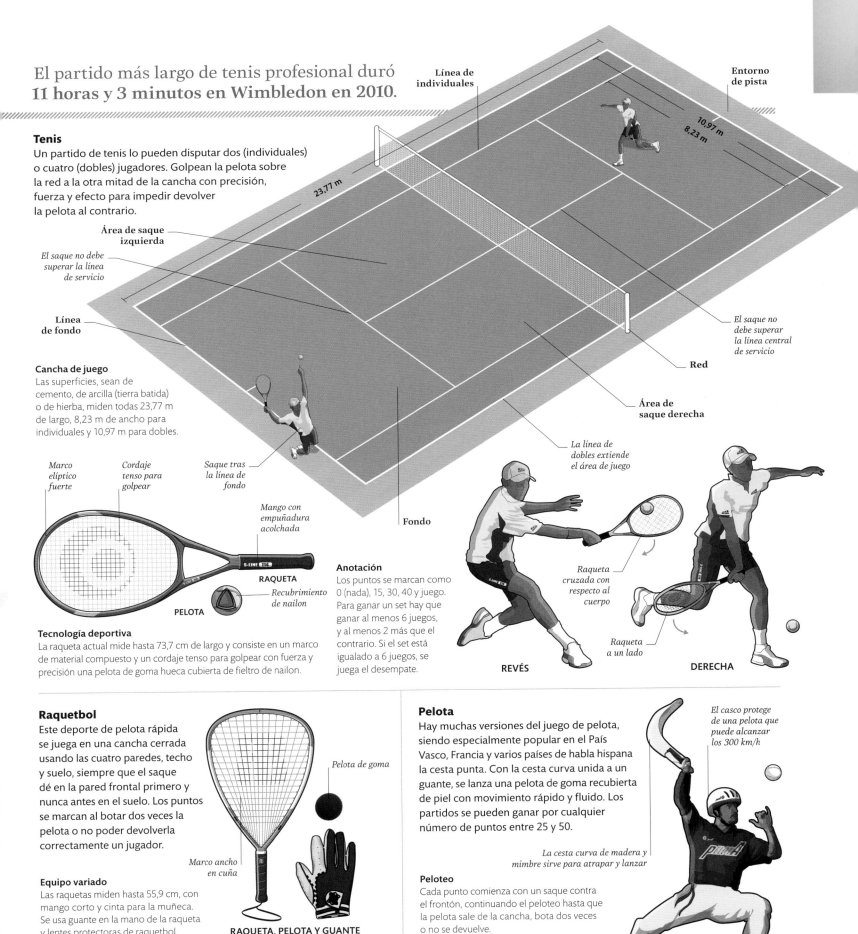

El partido más largo de tenis profesional duró **11 horas y 3 minutos** en Wimbledon en 2010.

Línea de individuales

Entorno de pista

10,97 m
8,23 m

Tenis
Un partido de tenis lo pueden disputar dos (individuales) o cuatro (dobles) jugadores. Golpean la pelota sobre la red a la otra mitad de la cancha con precisión, fuerza y efecto para impedir devolver la pelota al contrario.

23,77 m

Área de saque izquierda

El saque no debe superar la línea de servicio

Línea de fondo

El saque no debe superar la línea central de servicio

Red

Área de saque derecha

Cancha de juego
Las superficies, sean de cemento, de arcilla (tierra batida) o de hierba, miden todas 23,77 m de largo, 8,23 m de ancho para individuales y 10,97 m para dobles.

La línea de dobles extiende el área de juego

Marco elíptico fuerte

Cordaje tenso para golpear

Saque tras la línea de fondo

Mango con empuñadura acolchada

Fondo

S-LINE 114

RAQUETA

Recubrimiento de nailon

PELOTA

Tecnología deportiva
La raqueta actual mide hasta 73,7 cm de largo y consiste en un marco de material compuesto y un cordaje tenso para golpear con fuerza y precisión una pelota de goma hueca cubierta de fieltro de nailon.

Anotación
Los puntos se marcan como 0 (nada), 15, 30, 40 y juego. Para ganar un set hay que ganar al menos 6 juegos, y al menos 2 más que el contrario. Si el set está igualado a 6 juegos, se juega el desempate.

Raqueta cruzada con respecto al cuerpo

Raqueta a un lado

REVÉS

DERECHA

Raquetbol
Este deporte de pelota rápida se juega en una cancha cerrada usando las cuatro paredes, techo y suelo, siempre que el saque dé en la pared frontal primero y nunca antes en el suelo. Los puntos se marcan al botar dos veces la pelota o no poder devolverla correctamente un jugador.

Pelota de goma

Marco ancho en cuña

Equipo variado
Las raquetas miden hasta 55,9 cm, con mango corto y cinta para la muñeca. Se usa guante en la mano de la raqueta y lentes protectoras de raquetbol.

RAQUETA, PELOTA Y GUANTE

Pelota
Hay muchas versiones del juego de pelota, siendo especialmente popular en el País Vasco, Francia y varios países de habla hispana la cesta punta. Con la cesta curva unida a un guante, se lanza una pelota de goma recubierta de piel con movimiento rápido y fluido. Los partidos se pueden ganar por cualquier número de puntos entre 25 y 50.

El casco protege de una pelota que puede alcanzar los 300 km/h

La cesta curva de madera y mimbre sirve para atrapar y lanzar

Peloteo
Cada punto comienza con un saque contra el frontón, continuando el peloteo hasta que la pelota sale de la cancha, bota dos veces o no se devuelve.

Véase también Deportes ecuestres y de carreras pp. 486–487 ▶ **Los Juegos Olímpicos** pp. 488–491 ▶

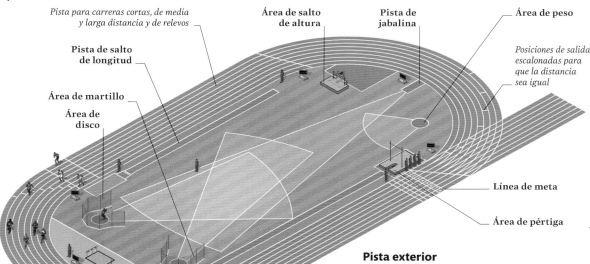

Atletismo

Las competiciones de carrera, salto y lanzamiento son de los deportes más antiguos. La carrera se practicó en las Olimpiadas griegas desde 776 a. C., y, junto con la marcha atlética, incluye una serie de modalidades de diferentes distancias en pista. Las competiciones de lanzamiento, salto y pértiga requieren un campo, y el heptatlón (de siete disciplinas) y el decatlón (de diez) incluyen pruebas de pista y campo.

Pista para carreras cortas, de media y larga distancia y de relevos

Área de salto de altura

Pista de jabalina

Área de peso

Pista de salto de longitud

Posiciones de salida escalonadas para que la distancia sea igual

Área de martillo

Área de disco

Línea de meta

Área de pértiga

Salida de los 100 m lisos y vallas

Salida de los 110 m vallas

Área de carrera con obstáculos

Pista exterior
La pista oval de 400 m se divide en ocho o más carriles. En muchas pruebas, los atletas son penalizados por salirse de su carril. Pruebas de campo como el salto de longitud, con pértiga y lanzamiento de disco suelen tener lugar dentro o cerca del óvalo.

Carreras de media y larga distancia
Estas pruebas de varias vueltas requieren velocidad, resistencia, pensamiento táctico y un esprín final. Se compite en distancias desde los 800 a los 10 000 m, y la maratón es de 42,2 km. Esta última suele disputarse en carreteras, pero en grandes competiciones, como los Juegos Olímpicos, culmina con una vuelta en la pista.

El atleta trata de caer tan lejos de la barrera como pueda

Las barreras de 3,66 m cruzan la pista

Foso en pendiente

SALTO DE RÍA

Carrera con obstáculos
Esta carrera de resistencia extenuante suele disputarse a lo largo de 3000 m. Los atletas deben pasar siete veces por encima o a través de una fosa de agua y franquear las cuatro vallas de la pista un total de 28 veces.

Carreras de velocidad
Estas carreras, bajo cubierta en los 60 m y al aire libre en los 100 m y 200 m, exigen una potencia explosiva a partir de los tacos para lanzarse a la postura erguida, correr hasta la meta y atravesarla por delante de los atletas rivales.

Agachado sobre una rodilla, pies sobre los tacos

Hombros por delante de las manos

La pierna atrasada da el impulso

«PREPARADOS» **«LISTOS»** **«YA»**

Vallas
En los 110 m (hombres) y 100 m (mujeres) vallas, y los 400 m vallas para ambos sexos hay 10 barreras que deben saltar los atletas del modo más eficiente manteniendo la velocidad todo lo posible.

Travesaño

Bases hacia el corredor

VALLA ALTA **VALLA INTERMEDIA**

Rodilla levantada al acometer

Cuerpo en ángulo al pasar el pie adelantado

El pie adelantado baja al suelo

SUPERAR UNA VALLA

El pie atrasado empuja

Tacos
Los tacos empleados para las carreras de velocidad son ajustables, y aportan una plataforma para que el velocista apoye los pies y obtenga impulso al realizarse el disparo de salida y empezar la carrera.

Los tacos se ajustan según el largo de las piernas

TACOS DE SALIDA

En la final olímpica de la **carrera con obstáculos masculina** de 1932, se perdió la cuenta y **se dio una vuelta de más.**

RELEVOS
Cuatro atletas por equipo corren cada uno 100 o 400 m antes de pasar el testigo a un compañero. Dejarlo caer o no lograr completar la entrega son motivo de descalificación.

ENTREGA DESCENDENTE

Salto de altura

Los atletas saltan sobre una pierna y tratan de salvar un listón sobre dos soportes. Se permiten tres intentos a cada uno para cada altura, y son eliminados si fallan. La barra se va elevando de forma progresiva, y el atleta capaz de saltar más alto es el ganador.

Impulso sobre la pierna exterior al listón

La otra pierna se lanza en el despegue

Las caderas rotan al salvar el brazo y el hombro interior el listón

Pies elevados juntos sobre el listón

Se arquea la espalda y se juntan las piernas

Caída sobre los hombros

Salto Fosbury
Popularizado por el atleta estadounidense Dick Fosbury a finales de la década de 1960, hoy día usan esta técnica todos los saltadores de élite.

El **salto de altura femenino** debutó en las **Olimpiadas** de **1928**.

Salto de longitud

Los atletas toman carrerilla y saltan a un foso de arena desde una tabla de batida más allá de la cual no pueden pisar. La distancia se mide desde el borde de la tabla hasta la primera marca dejada en la arena.

El pie no debe pasar del borde

TABLA DE BATIDA

Brazos elevados tras el despegue

Los brazos suben, y después se adelantan

Cabeza y piernas adelantadas al prepararse para aterrizar

Piernas dobladas y adelantadas al cuerpo

TÉCNICA DE VELA

Salto con pértiga

Los saltadores emplean una pértiga larga y flexible, uno de cuyos extremos se mete en el fondo de un cajetín. La pértiga se dobla inicialmente bajo el peso del saltador, y al enderezarse lo impulsa en posición invertida sobre el listón. Los saltadores tienen tres intentos.

Jabalina

Los atletas corren y lanzan una jabalina de 2,2–2,7 m dentro de un arco de caída. Deben lograr un ángulo perfecto al soltar la jabalina, dado que la punta debe tocar el suelo primero para que el lanzamiento cuente como válido.

100 m (aprox.)

Sector de caída

Pasillo

ÁREA DE LANZAMIENTO

Pierna adelantada

Brazo lanzador atrasado

Tirón brusco hacia delante

LANZAMIENTO

Lanzamiento de martillo

Los competidores usan una bola de acero (de 7,26 kg para hombres y 4 kg para mujeres) unida por un cable a un mango. El atleta gira en un círculo para ganar inercia antes de soltar el martillo.

Área de lanzamiento

CÍRCULO Y JAULA

Los hombros siguen el arco de la órbita del martillo

Se gira sobre los antepiés

Cara del martillo

Los músculos de las piernas y el tronco generan inercia

LANZAMIENTO CLÁSICO

El peso del saltador dobla la pértiga

Pértiga resistente y flexible de metal y material compuesto

Las piernas se elevan para adoptar la posición invertida

Lanzamiento de peso

Los atletas tienen varios intentos para lanzar (impulsar) una bola de metal lo más lejos posible. Los de élite son capaces de impulsarla más de 20 m.

4 kg
7, 26 kg

FEMENINO **MASCULINO**

El atleta mira en sentido opuesto al del lanzamiento

El cuerpo gira al cambiar el peso de lado

ARRANQUE

El brazo inactivo apunta adonde va el peso

Lado izquierdo quieto al soltar el peso

GIRO

Ángulo de 40°

LANZAMIENTO

Lanzamiento de disco

Tras una serie de vueltas en un círculo de lanzamiento de 2,5 m, el lanzador suelta el disco con el brazo extendido. La punta de los dedos presiona el borde del disco para controlar el ángulo y la trayectoria.

1 kg
2 kg

FEMENINO **MASCULINO**

El atleta sujeta el disco por arriba, con los dedos en el borde

LANZADOR EN EL CÍRCULO

Deportes de combate

La lucha libre, el boxeo y otras pruebas de lucha son muy antiguas, y las popularizaron ejércitos y otras fuerzas de combate. Hay deportes de combate con rutinas de exhibición basadas en posturas y técnicas, pero la mayoría enfrentan a dos oponentes en luchas cronometradas supervisadas por árbitros.

El luchador patea el suelo antes de cada encuentro, un ritual tradicional para espantar demonios

LUCHADOR DE SUMO

Lucha sumo

Este deporte tiene lugar en el *dohyō*, una plataforma elevada marcada con un círculo. Los luchadores ganan si expulsan del círculo al contrario o si le hacen perder el equilibrio y tocar el suelo con cualquier otra parte del cuerpo que los pies.

Con **288 kg**, Ōrora fue el **luchador de sumo más pesado** de 2017.

Judo

En el judo, el judoca trata de derribar, sujetar o inmovilizar al contrario en el suelo. Se gana logrando un *ippon* (punto pleno) con una inmovilización controlada de 25 segundos, o un derribo perfecto en el que el contrario cae de espaldas.

Oponente lanzado sobre el hombro

El color del cinturón, u obi, indica el rango

PROYECCIÓN DE HOMBRO

Contrario desplazado y derribado

YORITAOSHI

Contrario esquivado y empujado

HATAKIKOMI

Contrario expulsado del círculo

YOKIKI

Boxeo

En un cuadrilátero delimitado por cuerdas, los boxeadores anotan a base de golpes limpios en el cuerpo del contrario. Los jueces escogen al ganador tras un máximo de 12 asaltos (*rounds*) de tres minutos, salvo nocaut (*KO*) previo.

Brazo plenamente extendido

DIRECTO O *JAB*

Se recibe el golpe en el cuerpo

Giro sobre el antepié

GANCHO LATERAL

KICKBOXING

Esta mezcla de boxeo y artes marciales de ataque se practica en cuadriláteros de boxeo, empleando puños y piernas y anotando puntos por golpes con buen contacto. Los enfrentamientos se pueden ganar también por nocaut (*KO*) del contrario.

Casco acolchado

Espinilleras

EQUIPO DEFENSIVO

Kendo

En esta versión ritualizada de la esgrima tradicional japonesa se sustituye la espada de acero, o *katana*, por el *shinai*, de bambú. Se anotan puntos alcanzando siete partes permitidas del cuerpo, cabeza o muñecas.

El casco protege cara y garganta

El guante cubre la mano y el antebrazo

Pantalones anchos con pliegues

LUCHADOR DE KENDO

Taolu

En el taolu –disciplina importante del kung fu–, los patrones coreografiados de posturas, saltos y equilibrios expresan habilidad, precisión y destreza. Con o sin armas, estos se ejecutan en un tatami rectangular, y los valora un jurado compuesto por diez jueces.

GUN

QIANG

TAIJIJIAN

JIAN

DAO

NANDAO

Armas

Las diversas armas tradicionales van desde la vara *gun*, de 2,1 m, hasta el sable *nandao*, de 97 cm.

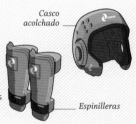

El modo de empuñar el arma varía durante la rutina

Postura agachada con pierna extendida

Espada jian de doble filo

Calzado de cuero y suela blanda

Borla ceremonial en la empuñadura

LUCHADOR DE KUNG FU

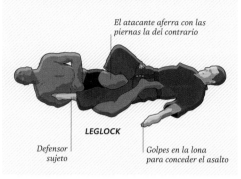

El **combate de lucha libre** más largo de la historia, en 1912, duró **11 horas** y **40 minutos**.

DEPORTES

Jiu-jitsu

Son dos los eventos principales: en uno se marcan puntos por puñetazos, patadas o derribos; en el otro, el árbitro juzga a los luchadores por cómo se defienden de los ataques.

El atacante rodea el cuello con los brazos

Atacante lanzado sobre el hombro

PROYECCIÓN DE HOMBRO

Lucha

La lucha suele practicarse en estilo libre o como lucha grecorromana, usándose en esta solo la parte superior del cuerpo. En ambas se inmoviliza, se derriba y se trata de mantener al oponente sobre la lona.

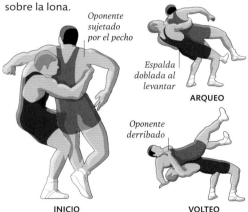

Oponente sujetado por el pecho

Espalda doblada al levantar

ARQUEO

Oponente derribado

INICIO

VOLTEO

SAMBO

Este deporte ruso se desarrolló en la década de 1920, a partir de distintos estilos influidos por elementos del karate y el judo. Los asaltos tienen lugar en una zona circular, juzgados por un árbitro. Los puntos se conceden por derribos, inmovilizaciones y *leglocks*, ganando el primero en obtener una ventaja de 12 puntos.

El atacante aferra con las piernas la del contrario

LEGLOCK

Defensor sujeto

Golpes en la lona para conceder el asalto

Karate

Hay más de 70 estilos de este arte marcial japonés sin armas con elementos competitivos diversos, como el *kumite* –que enfrenta a pares de oponentes– y el *kata* –exhibición coreografiada de técnicas de combate–. Ambos requieren gran concentración, equilibrio y control preciso de todo el cuerpo.

Antepié proyectado con los dedos atrasados

Puños juntos y pulgares arriba

Palma abierta y piernas separadas

Puño derecho a la altura del pecho

Golpea el puño derecho

El brazo izquierdo se extiende rápido

Nudillos de ambos puños hacia atrás

PATADA FRONTAL · **DOBLE PUÑO** · **BLOQUEO DE MANO DE CUCHILLO** · **BLOQUEO DE DORSO DEL PUÑO** · **PUÑO CONTRARIO** · **GOLPE CON EL BRAZO** · **BLOQUEO A DOS MANOS**

Esgrima

En los duelos se emplean tres tipos de arma roma: florete, sable y espada. Los esgrimistas usan fintas, estocadas y técnicas defensivas en duelos sobre una pista o plataforma de 14 m de largo. Ambos combatientes llevan sensores eléctricos que registran los contactos en el torso.

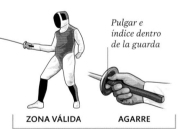

Pulgar e índice dentro de la guarda

ZONA VÁLIDA · **AGARRE**

FLORETE

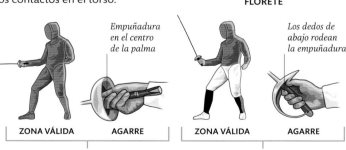

Empuñadura en el centro de la palma

Los dedos de abajo rodean la empuñadura

ZONA VÁLIDA · **AGARRE** · **ZONA VÁLIDA** · **AGARRE**

ESPADA · **SABLE**

Taekwondo

Originario de Corea y con estreno olímpico en 2000, este deporte de patadas, puño y mano abierta se desarrolla en un tatami cuadrado de 11 m. Cuatro jueces y un árbitro puntúan los combates.

Accesorios protectores

Los combatientes llevan varias protecciones sobre el *dobok* (uniforme de competición) blanco.

Casco para mandíbula y orejas

Protección del torso

Protección de los antebrazos

Equilibrio sobre pierna izquierda

Pierna derecha proyectada para golpear

Torso paralelo a la pierna

PREPARACIÓN · **PATADA LATERAL** · **Coquilla**

◀ Véase también Deportes de bate y palo pp. 472–473   Deportes de precisión pp. 484–485 ▶   Los Juegos Olímpicos pp. 488–491 ▶

Deportes de invierno

Los deportes con esquís, patines y trineos se desarrollaron a partir del uso de estos medios de transporte en entornos árticos y alpinos. Hay una serie de grandes competiciones internacionales cuyos participantes exhiben velocidad y destreza atlética, como los campeonatos y copas mundiales, los X Games y los Juegos Olímpicos de Invierno, celebrados cada cuatro años.

En los giros rápidos del esquí alpino se llega a **3,5 veces la fuerza de la gravedad.**

Esquí alpino

Los eventos que imitan el esquí del que disfrutan tantos entusiastas de los deportes de invierno incluyen descensos cronometrados en pistas de montaña. Los esquiadores precisan gran habilidad y fuerza para optimizar su forma y completar los descensos en el menor tiempo.

Acolchado

Exterior duro

Lentes tintadas antirreflejos

CASCO

BOTAS DE ESQUÍ

GAFAS

Arandela como tope para la nieve

BASTONES

Espátula ancha para giros rápidos

Cinta sujeta entre palma y empuñadura

ESQUÍ DE ESLALON

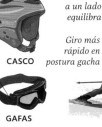

El bastón a un lado equilibra

Giro más rápido en postura gacha

Las puertas indican el trazado

Esquís paralelos para recuperar velocidad

Descenso

Esta es la prueba alpina más rápida. Los esquiadores alcanzan los 150 km/h y cubren grandes saltos en una pista de 2,5–5 km delimitada por puertas.

Giros cerrados y carreras más cortas

Los esquís pasan delante del poste

El esquiador aparta el poste flexible

Se cambia el peso para el siguiente giro

Eslalon y eslalon gigante

En estas pruebas técnicamente exigentes, los esquiadores tratan de completar un recorrido con numerosos giros y hasta 75 puertas en el menor tiempo.

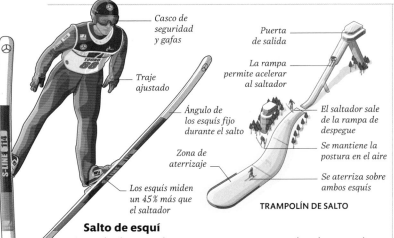

Casco de seguridad y gafas

Traje ajustado

Ángulo de los esquís fijo durante el salto

Zona de aterrizaje

Los esquís miden un 45 % más que el saltador

Puerta de salida

La rampa permite acelerar al saltador

El saltador sale de la rampa de despegue

Se mantiene la postura en el aire

Se aterriza sobre ambos esquís

TRAMPOLÍN DE SALTO

Salto de esquí

Los saltadores aceleran por una rampa antes de saltar grandes distancias –en 2017, el austríaco Stefan Kraft estableció un récord mundial de 253,5 m– y aterrizar con un esquí antes del otro. Se ganan puntos por distancia recorrida y estilo, es decir, buena posición del cuerpo en el despegue, vuelo y aterrizaje.

ESQUÍ DE FONDO

Popular en Escandinavia y Europa del Este, se cubren largas distancias con esquís estrechos y ligeros, incluidas las maratones de 50 km. Las pruebas incluyen relevos de equipos de cuatro.

Apoyo en el bastón izquierdo y avance del pie

El brazo derecho se adelanta

Se levanta la pierna atrasada

Movimiento deslizante

ZANCADA DIAGONAL

Patinaje artístico

Patinadores individuales o por parejas hacen movimientos enérgicos y elegantes, por lo general al compás de una pieza musical. El contacto con el hielo se produce solo con la hoja de 4 mm de los patines, y se restan puntos por errores y caídas.

Saltos

Los patinadores pueden rotar tres o cuatro veces antes de volver al hielo. En los saltos *axel*, los brazos se pegan al cuerpo.

Despegue del pie izquierdo

Aterrizaje sobre el pie derecho

Piruetas

Técnicas como la pirueta *biellmann* exhiben velocidad y control; la velocidad de giro determina el número de rotaciones posibles.

El patinador sujeta el patín

Pierna derecha levantada y sujeta

La pierna izquierda rota

Forma de lágrima

PATINAJE DE VELOCIDAD

Las carreras de velocidad sobre hielo exigen enorme fuerza y agilidad, y cubren distancias desde los 500 m a los 10 km de las pruebas de resistencia. Las pruebas largas se disputan en pistas ovales de 400 m; las pruebas cortas, en circuitos de 111,12 m, en los que son frecuentes las colisiones entre patinadores al competir por la posición y tomarse curvas cerradas.

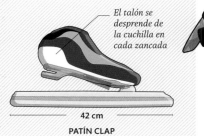

El talón se desprende de la cuchilla en cada zancada

42 cm

PATÍN CLAP

Esquí acrobático

Los jueces valoran la técnica, la precisión y el estilo de las acrobacias y los trucos en descensos en los que se usan distintas superficies: plataformas con rampa para los saltos aéreos que permiten giros y vueltas en el aire, y pistas con montículos (*moguls*) para la modalidad de baches, con rampas para ejecutar saltos y *twists*.

Se salta y se empieza a girar

Se gana velocidad en la pendiente antes de saltar

El esquiador completa un giro de 360° aún en el aire

Se mantienen juntos los esquís durante el giro

El esquiador sigue girando otros 180°

Las rodillas absorben el impacto al aterrizar

GIRO AÉREO DE 540 GRADOS

Puerta de salida

25 m

Montículos (moguls) separados por unos 3,5 m

Puerta de control

Rampas de salto

200-270 m

Área de meta y puestos de los jueces

Línea de meta

PISTA MOGUL

Mogul procede de la **palabra austríaca *Mugel*,** que significa **monte bajo** o **montículo.**

Ropa diseñada para la libertad de movimientos

Cuerpo fuerte para giros y saltos

La pierna atrasada dicta la rapidez de giro

Patinadora artística

Los competidores de élite hacen uso de sus habilidades gimnásticas, su flexibilidad, fuerza y equilibrio. Un jurado de 12 jueces les puntúa por el estilo y la precisión técnica.

El refuerzo en los tobillos aporta estabilidad

Bobsleigh

Equipos de dos o cuatro atletas esprintan antes de saltar rápidamente al trineo. El piloto, delante, conduce, y el trineo se precipita por una pista serpenteante de hormigón cubierta de hielo.

Patines delanteros para girar

TRINEO DE CUATRO

Luge

Los atletas se deslizan con los pies por delante en un trineo de fibra de vidrio a hasta 140 km/h. A lo largo del descenso, utilizan los hombros o los pies para ajustes leves de la dirección.

PILOTO DE LUGE

Skeleton

En el skeleton, algo más lento que el luge, los participantes van de cabeza y boca abajo en un trineo en forma de bandeja con amortiguadores en las esquinas. La pista debe medir al menos 1200 m.

Protección en las muñecas

Pantalones impermeables

SNOWBOARDER

Snowboard

Sobre una tabla equipada con botas y correajes, los practicantes compiten en travesías de montaña, eslálones cronometrados y saltos acrobáticos desde rampas o entre muros en instalaciones llamadas mediotubos.

Carrera inicial agachado

El atleta salta sobre el trineo

Postura aerodinámica con brazos pegados

ESPRÍN **SALTO** **TUMBADO**

Se dice que el **skeleton** debe su nombre al **aspecto huesudo de un trineo de acero** introducido en **1892.**

Deportes acuáticos

La natación y las carreras de balsas y canoas simples son de los deportes más antiguos, de miles de años. Los deportes acuáticos han sido parte de los Juegos Olímpicos desde sus inicios, en 1896. Algunos se practican en instalaciones cubiertas, y otros al aire libre, como la natación en aguas abiertas o las regatas.

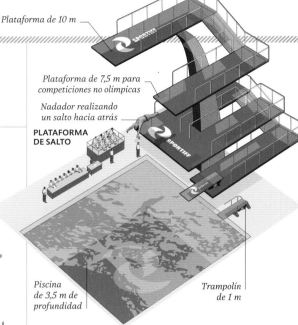

Plataforma de 10 m

Plataforma de 7,5 m para competiciones no olímpicas

Nadador realizando un salto hacia atrás

PLATAFORMA DE SALTO

Natación
Los nadadores compiten en pruebas de estilo único o en pruebas combinadas, en las que cada cuarto de la distancia se nada siguiendo solo uno de los cuatro estilos principales (abajo), uno detrás de otro. Las carreras en piscina van desde los rápidos 50 m hasta los agotadores 1500 m.

Piscina de 3,5 m de profundidad

Trampolín de 1 m

Braza
En este estilo, el nadador realiza movimientos semicirculares hacia fuera con los brazos, a la vez que encoge y estira las piernas.

Palmas hacia afuera
AGARRE Y TIRÓN

La cabeza emerge para respirar
RECOBRO Y ENTRADA

Rodillas dobladas y pies lanzados hacia fuera
EMPUJE

Espalda
En el estilo de espalda, los nadadores alternan las brazadas con un movimiento suave de los pies.

Cara hacia arriba al entrar el brazo en el agua
ENTRADA

El primer brazo tira mientras se alza el otro
AGARRE Y TIRÓN

El otro brazo avanza por el aire
RECOBRO

Crol
En el estilo más rápido, el cuerpo realiza sendos giros parciales del tronco (rolidos), y los pies baten justo debajo de la superficie.

Brazo extendido para entrar en el agua
ENTRADA Y AGARRE

Codo del otro brazo doblado
RECOBRO

Mientras un brazo se extiende se recobra el otro
TIRÓN

Mariposa
Este estilo, en el que brazos y piernas se mueven al unísono, requiere gran fuerza, resistencia y sincronía.

Brusca patada de delfín con las piernas
ENTRADA Y EMPUJE

Las manos dan impulso juntas
AGARRE

La cabeza emerge para respirar
TIRÓN Y RECOBRO

Salto
Los saltadores, individuales o como pareja sincronizada, realizan una serie de saltos puntuados por jueces según varios criterios, como los movimientos en el aire y la limpieza de la entrada al agua. Se realizan desde plataformas a varias alturas, o desde trampolines de menor tamaño al borde de la piscina.

Piernas recogidas
ENCOGIDA

CARPADA

Pies hacia abajo

RECTA

TORPEDO HUMANO

Maniobras de salto
Hay seis categorías de salto: adelante, atrás, inverso, adentro, tirabuzones y equilibrios (o parado de manos).

Waterpolo
Este deporte de siete jugadores por equipo se juega en cuatro tiempos de ocho minutos. En la piscina, los equipos se pasan un balón pequeño o nadan conduciéndolo, mientras el contrario trata de interceptarlo y hacerse con la posesión. Cada gol marcado vale un punto.

10-20 m

20-30 m

CLAVE
- **PE** Primer extremo
- **SE** Segundo extremo
- **PL** Primer lateral
- **SL** Segundo lateral
- **B** Boya (o pivote)
- **C** Central
- **P** Portero

Portería de 3 m de ancho a 90 cm sobre el agua

Primer lateral yendo a posición de ataque

El boya se dispone a pasar

PARTIDO DE WATERPOLO

Piragüismo
Los competidores impulsan sus canoas (o piraguas) con una pala de una sola hoja. Las carreras en aguas tranquilas van de los 200 m a los 5000 m, mientras que el *slalom* consiste en pruebas cronometradas en aguas bravas.

Cabina

Casco ligero de 3,6 m de longitud

CANOA DE *SLALOM* INDIVIDUAL

Proa estrecha en punta

Las bancadas refuerzan los lados

CANOA DE CARRERAS POR EQUIPOS

En 2017, el **surfista brasileño Rodrigo Koxa**
surfeó una ola de **24,4 m** en la costa de Portugal.

Windsurf

Los windsurfistas compiten en recorridos marcados por boyas, o realizan rutinas *freestyle* que incluyen saltos y giros. El mástil y la vela se unen a la tabla por un pie articulado que permite orientar la vela a voluntad. En esta especialidad se pueden alcanzar velocidades superiores a los 80 km/h.

Vela reforzada con varillas (sables) horizontales

Poliéster ligero

WINDSURFISTA

Surf

Sobre una tabla estrecha, los surfistas atrapan olas combinando equilibrio y elección del momento oportuno. En el surf de competición, los jueces valoran las maniobras y la duración.

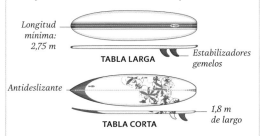

Longitud mínima: 2,75 m

TABLA LARGA

Estabilizadores gemelos

Antideslizante

1,8 m de largo

TABLA CORTA

Barco dragón

Puede haber 18 remeros en el casco estrecho de estas embarcaciones, que compiten con hasta seis otras tripulaciones en carreras desde los 200 m hasta los 50 km de las maratones.

El tambor marca el ritmo a los remeros

El timonel dirige

Casco de fibra de vidrio

BARCO DRAGÓN

Esquí acuático

Los esquiadores acuáticos se agarran a la empuñadura de una cuerda tirada por un barco a motor y compiten en pruebas diversas, como eslalon entre boyas sobre un solo esquí o saltos empleando rampas en el agua.

Extremo elevado

Cola corta y ancha

SALTOS

Botas gemelas

ESLALON

Botas laterales

Base cóncava

WAKEBOARD

Kayak

Los competidores, sentados, impulsan el kayak con palas de doble hoja. Compiten en línea recta (K1), por parejas (K2) o en tripulaciones de cuatro (K4), o en pruebas de eslalon cronometradas en las que cruzan puertas numeradas dispuestas en cursos complicados de aguas bravas.

Chaleco salvavidas

Casco resistente obligatorio en el eslalon

Remo ligero de materiales compuestos

Vela

La vela varía desde la embarcación de clase Laser, individual, al catamarán oceánico gigante. En las carreras se controla la velocidad y la dirección manipulando velas y aparejos.

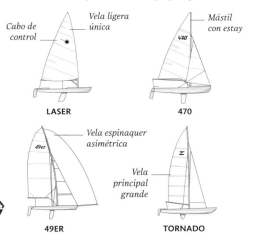

Cabo de control

Vela ligera única

Mástil con estay

LASER

470

Vela espinaquer asimétrica

Vela principal grande

49ER

TORNADO

Remo

Los remeros compiten en botes estrechos y recorridos rectos, por lo general de 2000 m. Sentados mirando hacia atrás, cada uno mueve un remo, o dos en la modalidad *scull*, para impulsar el bote por el agua.

Equipo

Los botes ligeros con bancos móviles y remos rígidos suelen construirse de fibra de carbono y otros materiales compuestos.

Caña

Funda de plástico

REMO DE *SKIFF*

REMO DE *SCULL*

BOTE

Brazos extendidos

❶ Preparación
Con las rodillas dobladas y el cuerpo inclinado hacia delante, la pala entra en el agua.

Se tira de los remos

❷ Palada
Se retrocede en el banco mientras el remo impulsa el bote por el agua.

Las manos empujan la empuñadura

❸ Salida
Una vez completada la palada, se saca el remo del agua.

El remo vuelve a la posición inicial

❹ Recuperación
El banco se adelanta mientras el remo vuelve a la posición inicial.

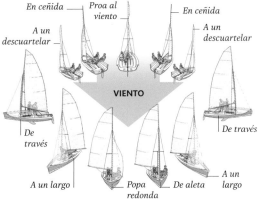

En ceñida

Proa al viento

En ceñida

A un descuartelar

A un descuartelar

VIENTO

De través

De través

A un largo

Popa redonda

De aleta

A un largo

Ángulos del viento y rumbos

Cada vez que cambia el ángulo de un barco con respecto al viento, hay que ajustar las velas en consecuencia. Cada ángulo corresponde a un rumbo con su propio nombre.

Deportes de precisión

En determinados deportes se valora por encima de todo la precisión. Estos pueden consistir en apuntar con una bola o disparar un proyectil a un objetivo de forma repetida. En otras disciplinas como las gimnásticas, la precisión se expresa en los movimientos exactos necesarios para completar rutinas exigentes. Los esfuerzos de los competidores en estas modalidades deportivas suelen ser valorados y puntuados por un comité de jueces.

Gimnasia artística

En la gimnasia artística se realizan acrobacias con aparatos diversos. Sus disciplinas, para hombres, mujeres o ambos, incluyen el caballo con arcos, las barras paralelas, la barra fija, el potro y el suelo.

El atleta se mueve de forma continua sobre el aparato

Las piernas se balancean sobre y alrededor del aparato

Arco agarrado para cambiar de dirección

El atleta lleva mallas con estribo

Aparato de 1,6 m de longitud

CABALLO CON ARCOS

Gimnasia rítmica

Las rutinas, gráciles y coreografiadas con la música, se ejecutan individualmente o en equipo sobre un tapiz. Los aparatos deben mantenerse constantemente en movimiento.

Cinta unida a una varilla en la mano

CINTA

Para balancear, lanzar y atrapar

MAZAS

Para equilibrios, rebotes y hacer rodar

PELOTA

El aro, de gran tamaño, envuelve el cuerpo o la mano

ARO

Trampolín

La cama elástica (o trampolín) fue inventada por George Nissen, gimnasta estadounidense, en la década de 1930. En la competición se gana altura con rebotes y ejecuta una rutina breve de saltos mortales y otras acrobacias aéreas.

Piernas y pies juntos

Rodillas contra el pecho

Cuerpo recto

METIDA

ENJORQUETADA

DOBLADO

Posturas

En *tumbling*, doble mini-tramp y cama elástica, los movimientos se inician con un salto básico, seguido de acrobacias y giros más elaborados.

Snooker

En una tanda de snooker, los jugadores ganan puntos embocando bolas en las troneras en cierto orden. En cada *break* (turno individual), un árbitro anuncia el número de puntos marcado en cada tacada. Una vez embocadas las 15 bolas rojas, se pasa a las seis de colores en un orden de puntos ascendente.

La bola blanca parte de cualquier lugar del semicírculo

MESA DE SNOOKER

1 2 3 4 5 6 7

Puntos por cada bola embocada

BOLAS

Taco

Una buena postura utiliza la mano como guía estable para mover el taco mientras el jugador determina el golpe que recibirá la bola.

La punta del taco impacta con la bola

PUENTE CERRADO

PUENTE ABIERTO

El puente mecánico ayuda en golpes difíciles

Mango de madera

PUENTE MECÁNICO (VIOLÍN O BURRA)

Ronnie O'Sullivan marcó el ***break* máximo** (147 puntos) más rápido, en **5 minutos y 8 segundos**.

Billar

Existen muchas versiones de este deporte, con mesa con troneras o sin ellas (carambola y tres bandas), y con distintos modos de puntuar. La bola blanca se golpea de maneras distintas a fin de dejarla en lugar propicio para atacar la bola (o la carambola) siguiente.

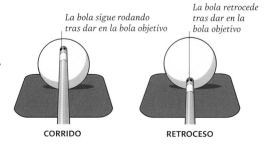

La bola sigue rodando tras dar en la bola objetivo

La bola retrocede tras dar en la bola objetivo

CORRIDO

RETROCESO

BILLARES FRANCÉS E INGLÉS

Tanto en el billar francés (sin troneras) como en el inglés clásico (con troneras) se utilizan tres bolas: blanca, roja y blanca con punto (arriba), o, más modernamente, amarilla (abajo). Cada jugador golpea su bola con la roja y la del oponente (carambola).

BOLAS DE BILLAR

El primer **torneo organizado de tiro con arco** tuvo lugar en Inglaterra en 1583, y atrajo a unos **tres mil participantes**.

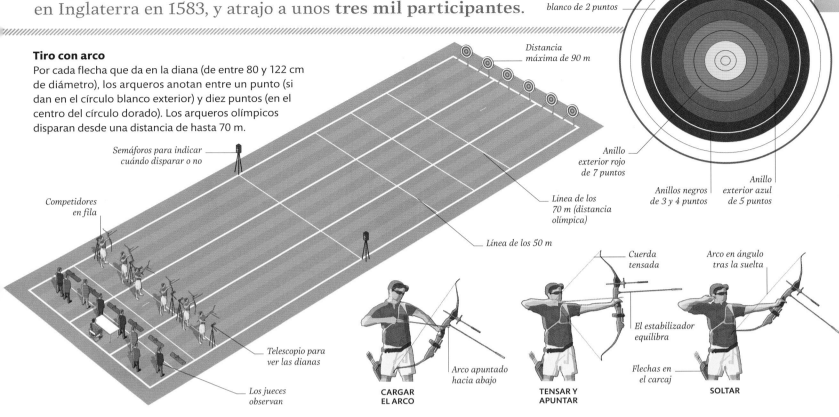

Anillo interior blanco de 2 puntos

Anillo exterior rojo de 7 puntos

Anillo exterior azul de 5 puntos

Anillos negros de 3 y 4 puntos

Tiro con arco
Por cada flecha que da en la diana (de entre 80 y 122 cm de diámetro), los arqueros anotan entre un punto (si dan en el círculo blanco exterior) y diez puntos (en el centro del círculo dorado). Los arqueros olímpicos disparan desde una distancia de hasta 70 m.

Distancia máxima de 90 m

Semáforos para indicar cuándo disparar o no

Competidores en fila

Línea de los 70 m (distancia olímpica)

Línea de los 50 m

Telescopio para ver las dianas

Los jueces observan

Cuerda tensada

Arco en ángulo tras la suelta

El estabilizador equilibra

Arco apuntado hacia abajo

Flechas en el carcaj

CARGAR EL ARCO

TENSAR Y APUNTAR

SOLTAR

Tiro (carabina)
Los tiradores apuntan en posición erguida, arrodillada o tumbada a una pequeña diana de anillos concéntricos a una distancia determinada, a menudo 50 o 100 m. En las pruebas de 50 m, el centro de la diana, de solo 0,5 cm de diámetro, vale 10 puntos.

La mira ayuda a apuntar

Culata apoyada en el hombro

Rodillera

POSICIÓN ERGUIDA

Dardos
Dos jugadores se turnan y lanzan tres dardos a una diana a 2,37 m de distancia. Comenzando con 301 o 501 puntos, los jugadores tratan de llegar a cero acertando en distintas partes de la diana. El centro rojo vale 50 puntos, y el anillo central verde, 25.

Punta de acero

Dar en el anillo exterior da puntos dobles

Dardo sujeto por los dedos medio y anular

Dardo sujeto con el índice y el pulgar

AGARRE ESTÁNDAR

AGARRE LÁPIZ

DARDO

DIANA

Croquet
Con mazos de mango largo, los jugadores golpean bolas que pasan por seis aros fijos en el área de juego, y se turnan hasta que uno supera todos los aros y envía la bola a la estaquilla central, llamada última.

BOLA

ÚLTIMA ESTAQUILLA

Aro 0,3 cm más ancho que la bola

46 cm de altura

AROS DE ALAMBRE

MAZO DE CROQUET

Bolos
Se trata de derribar diez bolos dispuestos en triángulo lanzando una bola pesada por una pista. Derribarlos todos en un solo intento es un *strike*, y vale puntos extra. Las partidas duran un máximo de 300 puntos.

No debe cruzarse la línea de falta

Pista de madera pulida

Punta redondeada

Agujero del pulgar

PISTA DE BOLOS

BOLA

BOLO

BOLOS SOBRE HIERBA
Sobre hierba o moqueta en interior, los jugadores lanzan entre dos y cuatro bolas, tratando de acercarse todo lo posible a una bola menor, el *jack*. El primer jugador en obtener 21 o 25 puntos gana.

Superficie pulida

Disco central

BOLA

Véase también Los Juegos Olímpicos pp. 488–491 ▶

Deportes ecuestres y de carreras

Las carreras y pruebas de habilidad a caballo tienen miles de años, mientras que los deportes sobre ruedas son más recientes. La invención de la bicicleta y de los vehículos a motor, como la motocicleta, el automóvil y el avión –todos del siglo XIX–, generó diversos deportes, a los que se incorporaron el monopatinaje y el ciclismo de montaña en el siglo XX.

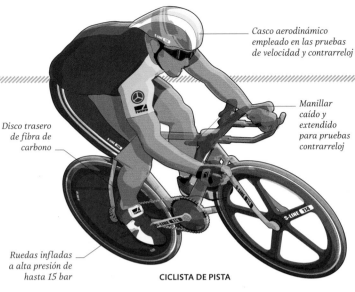

Casco aerodinámico empleado en las pruebas de velocidad y contrarreloj

Manillar caído y extendido para pruebas contrarreloj

Disco trasero de fibra de carbono

Ruedas infladas a alta presión de hasta 15 bar

CICLISTA DE PISTA

Ciclismo en ruta

Estas agotadoras pruebas de la velocidad y resistencia de los ciclistas incluyen escaladas empinadas, contrarrelojes y etapas largas por equipos. La más importante es el Tour de Francia, con 21 etapas (una por día) y que se disputa cada año.

Los ciclistas agrupados forman el pelotón

El coche del equipo transporta comida, bebida y repuestos

Director de carrera

Escapada de cuatro ciclistas que han dejado atrás al pelotón

EN CARRETERA

Ciclismo en pista

Las bicicletas de pista son ligeras, tienen una sola marcha fija, y no tienen frenos. Los ciclistas recorren una pista inclinada oval, de 250 m en las pruebas olímpicas. Las pruebas van desde carreras de dos ciclistas a la persecución por equipos y el omnium.

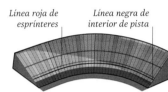

Línea roja de esprínteres

Línea negra de interior de pista

Curvas peraltadas
El peralte marcado de las curvas permite a los ciclistas mantener la velocidad en las mismas o lanzar ataques.

Ciclismo de montaña

Al introducirse estas bicicletas robustas de varias marchas a finales de la década de 1970, se utilizaron para carreras en entornos naturales y cuesta abajo, en contrarrelojes o pruebas de cuatro.

Suspensión trasera

Suspensión delantera

BICICLETA DE DOBLE SUSPENSIÓN

Sin suspensión trasera

Freno de disco

BICICLETA DE MONTAÑA *HARDTAIL*

La carrera ciclista de montaña más alta alcanza altitudes de **5200 m** sobre el nivel del mar.

Fórmula 1

Uno de los deportes de motor más populares es la serie anual de Fórmula 1 (F1), que cuenta con circuitos por todo el mundo. Los pilotos compiten por ser los primeros en completar el número de vueltas necesario para alcanzar los 305 km.

SECO · MOJADO MEDIO · MOJADO EXTREMO

Puntos de contacto
Los neumáticos están diseñados para maximizar el contacto con la pista, con labrado distinto según la humedad.

El alerón trasero aumenta la sustentación negativa y mejora el agarre

Chasis ligero y aerodinámico

Cabina del piloto

Neumáticos de compuesto de caucho

Vehículo de F1
El diseño de la F1 busca crear vehículos ligeros con buen agarre, reduciendo el rozamiento aerodinámico y maximizando la sustentación negativa.

Carreras aéreas

En este deporte, los pilotos navegan por una exigente pista de eslalon a la mayor velocidad posible. Gana el que completa las vueltas en menos tiempo.

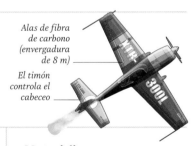

Alas de fibra de carbono (envergadura de 8 m)

El timón controla el cabeceo

Motonáutica

Este es el más rápido de todos los deportes acuáticos, con lanchas capaces de alcanzar los 225 km/h completando vueltas en un circuito fijado.

El alerón trasero aporta estabilidad a gran velocidad

Casco resistente y ligero

HIDROPLANO DE CLASE UNLIMITED

Motociclismo

Las carreras de motocicletas, de entre 95 y 130 km, según la longitud de la pista, se celebran habitualmente en circuitos construidos con ese fin.

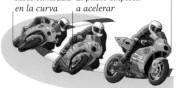

Posición vertical

Moto tumbada en la curva

El piloto empieza a acelerar

Skateboarding

Son dos los principales elementos competitivos de las pruebas de monopatín: *street*, en el que se compite en superficies llanas o mobiliario urbano, y *vert* (vertical), consistente en maniobras en y sobre una rampa, una estructura en forma de U con paredes en pendiente empinada.

El *ollie*

El monopatinador pica en la cola, elevando la nariz del patín mientras salta y lanzándolo en el aire.

PICAR LA COLA

El patinador se eleva · Pierna adelantada doblada

PIE ADELANTADO

Patinador en el aire · El pie pasa al extremo delantero

NIVELANDO

Patinaje sobre ruedas

Este deporte tiene muchas variantes, desde el patinaje de velocidad en pista oval al callejero, de trucos y maniobras en entornos urbanos. El patinaje artístico consiste en rutinas semejantes a las del patinaje sobre hielo.

La puntera reforzada protege los dedos · Bota ajustada bajo el tobillo · Ruedas de poliuretano duro · Las ruedas giran sobre cojinetes

PATÍN EN LÍNEA

Hockey sobre patines

En este deporte rápido basado en el hockey sobre hielo, los jugadores llevan patines tradicionales o en línea, y compiten sobre una pista dura llana y vallada. Equipos de cinco, con cambios ilimitados, realizan pases y disparos a la puerta contraria con una bola o un disco.

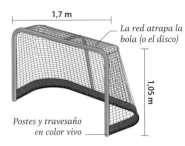

1,7 m · 1,05 m · La red atrapa la bola (o el disco) · Postes y travesaño en color vivo

Portería

Un portero defiende la meta, situada en un área semicircular de tres metros de diámetro.

Disco y palo

El hockey sobre patines se juega con una pelota o un disco de goma. Los palos son de madera, aluminio, fibra de carbono o grafito.

Hoja de hasta 7,6 cm de ancho en hockey en línea · 7,6 cm de diámetro

DISCO

En hockey en línea, el palo mide 163 cm de largo

PALO DE HOCKEY

Equitación

Las disciplinas de la equitación, consistentes en exhibir la habilidad y adiestramiento con el caballo en pruebas cronometradas o puntuadas, figuran en los Juegos Olímpicos desde 1912. En el *cross-country* y el salto, caballo y jinete salvan obstáculos tratando de evitar incurrir en penalizaciones por derribarlos.

Atuendo formal · Patas delantera y trasera a la misma altura

Doma
Caballo y jinete realizan una rutina coreografiada precisa de movimientos en pista.

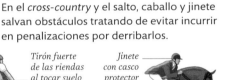

Tirón fuerte de las riendas al tocar suelo · Protección contra obstáculos en las patas

Concurso completo
Este comprende *cross-country* (recorrido cronometrado en un circuito largo), salto ecuestre y doma.

Jinete con casco protector

Salto ecuestre
Caballo y jinete recorren en el menor tiempo posible un circuito con obstáculos de agua y barreras.

Carreras ecuestres

Este deporte se divide en pruebas sobre hierba, sobre pistas de tierra y de saltos *(steeplechase)*, en las cuales los caballos, montados por *jockeys* menudos pero fuertes, deben salvar una serie de barreras.

El jockey viste los colores del dueño del caballo

SALTO DE STEEPLECHASE

Polo

Surgido en Persia hacia 600 a. C. para entrenar a la caballería, el polo suele disputarse al aire libre en campos de 275 × 180 m, como máximo. Los partidos se dividen en tiempos *(chukkas)*, y los equipos a caballo tratan de marcar en la portería contraria golpeando una pelota con un mazo.

Crin cortada para evitar enredarse · El atacante apunta a una portería de 7,3 m de ancho

POLO AL AIRE LIBRE

Hay distintas variantes del polo, con **yaks, camellos y elefantes** en lugar de caballos.

RODEO

Popular en EE UU y México, el rodeo incluye diversas disciplinas ecuestres y de lazo, como montar un bronco (caballo sin domar) o un toro, en las que se trata de permanecer sobre el animal todo el tiempo posible.

El jinete debe montar usando solo una mano · El caballo trata de derribar al jinete

RODEO MODERNO

Los Juegos Olímpicos

Los discos antiguos se hicieron de piedra, y luego de bronce, plomo o hierro

Los Juegos Olímpicos modernos son el mayor acontecimiento deportivo interdisciplinar del mundo. En los juegos de verano celebrados en Río de Janeiro en 2016, 11238 atletas compitieron en 306 eventos premiados. En los primeros Juegos Olímpicos celebrados, en Grecia hace 2800 años, hubo una sola prueba, una carrera de la longitud del estadio de Olimpia, unos 192 m. Los juegos de la Antigüedad dejaron de celebrarse en el siglo IV d. C., pero fueron recuperados a finales del siglo XIX. Los actuales se han celebrado en verano cada cuatro años desde 1896, con solo tres interrupciones: ambas guerras mundiales y la postergación por la pandemia del coronavirus en 2020. Los Juegos Olímpicos de Invierno también atraen cada cuatro años a atletas que sueñan con el oro y la gloria.

776 a. C. Se celebran los primeros juegos olímpicos en honor del dios griego Zeus. En 708 a. C. se incluye en los juegos el pentatlón, consistente en disco, jabalina, lucha, carreras y salto.

DISCÓBOLO LANCELLOTTI

Anuncio de los primeros Juegos Olímpicos de Invierno en un diario francés

Casco de carreras de cuero

25 enero–5 febrero 1924 Se celebran los primeros Juegos Olímpicos de Invierno en Chamonix (Francia), donde 258 atletas compiten en 16 disciplinas, como salto de esquí y curling.

PORTADA DE PRENSA, FEBRERO DE 1924

20 abril–12 septiembre 1920 Se iza por primera vez la bandera olímpica de cinco anillos en la VII Olimpiada en Amberes (Bélgica). Italia gana la persecución por equipos en ciclismo.

EL CICLISTA ITALIANO FRANCO GIORGETTI

La habilidad del tirador Oscar Swahn le vale la medalla de oro en ciervo móvil-disparo simple

5 mayo–27 julio 1912 Los Juegos de la V Olimpiada en Estocolmo (Suecia) introducen el cronometrado automático y la foto *finish*, el pentatlón moderno y la doma clásica.

EL TIRADOR SUECO OSCAR SWAHN

4 mayo–27 julio 1924 Se celebra la VIII Olimpiada en París (Francia). Paavo Nurmi –«el finlandés volador»– gana cinco medallas de oro en atletismo, dos de ellas con una diferencia de una hora entre ambas.

EL CORREDOR FINLANDÉS PAAVO NURMI

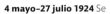

El número ayuda a jueces y espectadores a identificar al corredor

11–19 febrero 1928 Se celebran los II Juegos Olímpicos de Invierno en Sankt Moritz (Suiza). La noruega Sonja Henie gana la primera de sus tres medallas en patinaje artístico.

LA PATINADORA SONJA HENIE

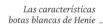

Las características botas blancas de Henie

19 julio–3 agosto 1952 Juegos de la XV Olimpiada, en Helsinki (Finlandia), sede de los juegos cancelados en 1940. Tiene lugar el debut olímpico de Indonesia, Israel y la República Popular China.

MEDALLA DE ORO (1952)

14–25 febrero 1952 En los VI Juegos de Invierno, en Oslo (Noruega), Hjalmar Andersen entusiasma a sus paisanos ganando tres de las cuatro pruebas de patinaje de velocidad.

29 julio–14 agosto 1948 Tras herirse la mano derecha con una granada defectuosa, el húngaro Károly Takács gana con la izquierda el tiro rápido con pistola en los Juegos Olímpicos de Londres (Reino Unido).

DIANA DE TIRO

30 enero–8 febrero 1948 En los V Juegos de Invierno, en Sankt Moritz (Suiza), y con la exclusión de Japón y Alemania tras la Segunda Guerra Mundial, compiten 28 naciones en 22 disciplinas.

EL ESQUIADOR ALPINO SUIZO KARL MOLITOR

Niké, antigua diosa griega de la victoria

26 enero–5 febrero 1956 VII Juegos de Invierno, en Cortina d'Ampezzo (Italia). La Unión Soviética domina el medallero en su debut, ganando 7 de los 24 eventos. Italia gana los de bobsleigh.

EUGENIO MONTI Y RENZO ALVERÀ (BOBSLEIGH)

El encargado de frenar va detrás

El trineo aerodinámico minimiza la resistencia

22 noviembre–8 diciembre 1956 En los Juegos de la XVI Olimpiada, en Melbourne (Australia), los primeros celebrados en el hemisferio sur, Australia gana ocho de las 13 medallas de oro de natación.

LA NADADORA AUSTRALIANA DAWN FRASER

6–15 abril 1896 Propuesta por el fundador del Comité Olímpico Internacional (COI) Pierre de Coubertin, comienza en Atenas (Grecia) la primera Olimpiada moderna, en la que participan 241 atletas de 14 países.

EL PEDAGOGO FRANCÉS
PIERRE DE COUBERTIN

14 mayo–28 octubre 1900 Se celebran en París (Francia) los Juegos de la II Olimpiada como parte de la Exposición Universal. Con eventos a lo largo de cinco meses, no pudieron mantener el interés del público. Por primera vez, en los juegos compitieron mujeres, en vela, tenis y golf.

La esgrima atrajo gran atención, con hasta 155 participantes en espada

CARTEL DEL CONCURSO DE ESGRIMA
DE LA II OLIMPIADA, DE 1900

Tres tipos de arma de esgrima: florete, sable y espada

Los medallistas de esgrima recibieron premios en metálico

21 abril–28 octubre 1908 Se construye un estadio específico para pruebas atléticas, como la maratón, en los Juegos de la IV Olimpiada en Londres (Reino Unido). El comité organizador establece la distancia de la maratón en 42,195 km.

EL CORREDOR DE MARATÓN
ITALIANO DORANDO PIETRI

1 julio–23 noviembre 1904 Se celebran los Juegos de la III Olimpiada en San Luis (EE UU). Se entregan medallas por primera vez, y el gimnasta George Eyser gana seis, pese a su pierna ortopédica.

GEORGE EYSER

17 mayo–12 agosto 1928 Los Países Bajos acogen la IX Olimpiada en Ámsterdam. Debuta el atletismo femenino, e India gana el primero de seis oros consecutivos en hockey.

CARTEL DE LA IX OLIMPIADA

4–15 febrero 1932 En los III Juegos de Invierno, en Lake Placid (EE UU), Eddie Eagan es el primer atleta olímpico en ganar un oro tanto en los juegos de verano como de invierno en deportes distintos, boxeo (1920) y bobsleigh (1932).

30 julio–14 agosto 1932 Los X Juegos Olímpicos, en Los Ángeles (EE UU), duran 16 días. Cuentan con una villa olímpica para los atletas masculinos y podios para la entrega de medallas.

JURAMENTO OLÍMPICO
DEL ESGRIMISTA GEORGE
CALNAN (1932)

1–16 agosto 1936 Los Juegos de la XI Olimpiada, en Berlín (Alemania), son los primeros con relevos de la antorcha olímpica desde Grecia. Los cuatro oros del estadounidense Jesse Owens desacreditan el discurso de Hitler de la superioridad de la raza aria.

Calzado especial con tacos más ligeros y cordones
EL ATLETA
JESSE OWENS

6–16 febrero 1936 En los IV Juegos de Invierno, en Garmisch-Partenkirchen (Alemania), debuta el esquí alpino con un descenso de eslalon combinado. El noruego Ivar Ballangrud gana tres oros en patinaje de velocidad.

EL PATINADOR DE VELOCIDAD
IVAR BALLANGRUD

18–28 febrero 1960 Los VIII Juegos de Invierno, en Squaw Valley (EE UU) incorporan biatlón y patinaje de velocidad femenino, y omiten el bobsleigh por única vez en la historia olímpica.

25 agosto–11 septiembre 1960 Roma (Italia) acoge la XVII Olimpiada. El esgrimista húngaro Aladár Gerevich gana su séptimo oro, y 400 atletas discapacitados participan en los eventos paralímpicos.

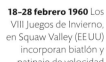
Un esgrimista esquiva una estocada
ESGRIMA OLÍMPICA

29 enero–9 febrero 1964 En los IX Juegos de Invierno, en Innsbruck (Austria), las hermanas Goitschel (Francia) acaban primera y segunda en eslalon y eslalon gigante, respectivamente.

10–24 octubre 1964 En la XVII Olimpiada, en Tokio (Japón), debutan el judo, el voleibol y el pentatlón femenino. La soviética (ucraniana) Larisa Latýnina gana seis medallas. Su total de 18 medallas permanecerá imbatido durante 48 años.

Representación del voleibol en un sello
SELLO DE
CORREOS

◀ Véase también Deportes de invierno pp. 480–481   ◀ Deportes ecuestres y de carreras pp. 486–487   **489**

» Los Juegos Olímpicos (continuación)

6–18 febrero 1968 Los Juegos Olímpicos se emiten por vez primera en color en los X Juegos de Invierno, en Grenoble (Francia). Noruega domina la tabla al ganar seis medallas de oro.

SALTO DE DICK FOSBURY

Se elevan los pies para salvar la barra

12–27 octubre 1968 La XIX Olimpiada, en Ciudad de México, es la primera celebrada en Latinoamérica. El saltador estadounidense Dick Fosbury gana con su personal técnica.

La fina tela sintética reduce la resistencia al viento

Pecho paralelo al suelo

Las botas sujetas permiten mover el tobillo

Esquís largos en ángulo aportan sustentación

EL SALTADOR DE ESQUÍ JAPONÉS YUKIO KASAYA

3–13 febrero 1972 Los XI Juegos de Invierno, en Sapporo (Japón), son los primeros celebrados fuera de Europa o América. Participan un total de 35 países.

---

17 septiembre–2 octubre 1988 En la XXIV Olimpiada, en Seúl (Corea del Sur), la alemana oriental Christa Luding-Rothenburger se convierte en la única atleta en ganar medallas en los Juegos de Invierno y Verano del mismo año.

Diana circular central

Ocho piedras por equipo

INTRODUCCIÓN DEL CURLING

13–28 febrero 1988 Los XV Juegos de Invierno se disputan por primera vez en Calgary (Canadá). Pese a no ganar medalla, el equipo jamaicano de bobsleigh logra gran fama y apoyo popular por participar. El curling figura como deporte de exhibición.

28 julio–12 agosto 1984 La natación sincronizada y la maratón femenina debutan en la XXIII Olimpiada, en Los Ángeles (EE UU). El estadounidense Carl Lewis logra cuatro medallas de oro.

NATACIÓN SINCRONIZADA

Casco protector

Botas sujetas a los esquís con fijaciones estándar

DEBUT OLÍMPICO DEL ESQUÍ ACROBÁTICO MOGUL

8–23 febrero 1992 Debut del descenso con baches, patinaje de velocidad en pista corta y biatlón femenino en los XVI Juegos de Invierno, en Albertville (Francia).

25 julio–9 agosto 1992 En la XXV Olimpiada, en Barcelona (España), fueron oficiales el béisbol y el judo femenino, y volvió a la competición el piragüismo en eslalon.

La indonesia Susi Susanti gana el oro en Barcelona

INTRODUCCIÓN DEL BÁDMINTON

12–27 febrero 1994 Lillehammer (Noruega) acoge los XVII Juegos de Invierno, primeros celebrados en un año distinto de los de Verano. El patinaje de velocidad pasa a cubierto.

Usain Bolt adoptando su característica pose de «rayo»

8–24 agosto 2008 El nadador de EE UU Michael Phelps gana ocho medallas de oro en la XXIX Olimpiada, en Pekín (China). Usain Bolt rompe los récords de 100 y 200 m.

10–26 febrero 2006 En los XX Juegos de Invierno, en Turín (Italia), Alemania domina el medallero, con 29 medallas. Enrico Fabris es el primer patinador de velocidad italiano que gana un oro.

Agachado para mantener la velocidad

El brazo atrasado reduce la resistencia al aire

Pierna a un lado y adelante

PATINAJE DE VELOCIDAD

12–28 febrero 2010 Debut del esquí campo a través en los XXI Juegos de Invierno, en Vancouver (Canadá), dominados por Canadá con 14 medallas.

Colores nacionales de Jamaica

EL VELOCISTA JAMAICANO USAIN BOLT

27 julio–12 agosto 2012 En la XXX Olimpiada, en Londres (Reino Unido), se establecen 38 récords mundiales y se introduce el boxeo femenino en tres categorías: 51 kg, 60 kg y 75 kg.

BOXEO FEMENINO

7–23 febrero 2014 Los XXII Juegos de Invierno, en Sochi (Rusia), presentan 12 disciplinas nuevas, como luge relevos, patinaje artístico por equipos y esquí medio tubo.

El arco recurvo dispara flechas a más de 200 km/h

Klammer llevó su propio traje amarillo, al encontrar demasiado ajustado el del equipo

26 agosto–11 septiembre 1972 Un atentado terrorista palestino en la XX Olimpiada, en Múnich (Alemania), provoca la muerte de once atletas y miembros del equipo olímpico israelí. Pese a los hechos, los juegos continúan.

El estabilizador largo mejora el equilibrio vertical

EL TIRO CON ARCO VUELVE A LAS OLIMPIADAS

4–15 febrero 1976 Los XII Juegos de Invierno se celebran en Innsbruck (Austria) por segunda vez en doce años. Debuta la danza sobre hielo, y las pruebas de luge y bobsleigh comparten pista por primera vez.

EL ESQUIADOR AUSTRÍACO FRANZ KLAMMER

17 julio–1 agosto 1976 La Unión Soviética gana 125 medallas en la XXI Olimpiada, en Montreal (Canadá). Nadia Comăneci es la primera gimnasta calificada con un 10 (puntuación perfecta).

LA RUMANA NADIA COMĂNECI

8–19 febrero 1984 Sarajevo (Yugoslavia) acoge los XIV Juegos de Invierno. En danza sobre hielo, los británicos Jayne Torvill y Christopher Dean logran 12 puntuaciones perfectas de seis por la interpretación artística.

Movimientos coreografiados con el Bolero, del compositor francés Ravel

JAYNE TORVILL Y CHRISTOPHER DEAN

19 julio–3 agosto 1980 En la XXII Olimpiada de Moscú (URSS), el soviético Aleksandr Ditiatin, primer gimnasta masculino en obtener una puntuación perfecta de 10, gana ocho medallas.

13–24 febrero 1980 En los XIII Juegos de Invierno, en Lake Placid (EE UU), el equipo anfitrión de hockey derrota a los cuatro veces campeones olímpicos soviéticos en el llamado «milagro sobre hielo».

EE UU VENCE 4-3 A LA URSS

La cuchilla más corta facilita los giros

9 julio–4 agosto 1996 En la XXVI Olimpiada, en Atlanta (EE UU), la francesa Marie-José Pérec es la primera mujer que gana los 400 m en dos Olimpiadas consecutivas, y gana también los 200 m.

LA MEDALLISTA OLÍMPICA MARIE-JOSÉ PÉREC

Pérec fue apodada «la gacela» por su velocidad y su esbelto físico

7–22 febrero 1998 En los XVIII Juegos de Invierno, en Nagano (Japón), vuelve a la sección oficial el curling, tanto masculino como femenino, y tiene lugar el debut olímpico del snowboard y el hockey sobre hielo femenino.

13–29 agosto 2004 En la XXVIII Olimpiada, los juegos vuelven a Atenas (Grecia). Los lanzadores de peso compiten en el antiguo estadio de Olimpia, y debutan la lucha libre femenina y el sable.

CEREMONIA DE APERTURA

8–24 febrero 2002 En los XIX Juegos de Invierno, en Salt Lake City (EE UU), participan 78 países. En patinaje de velocidad, Yang Yang consigue el primer oro de China en unos Juegos de Invierno.

15 septiembre–1 octubre 2000 La XXVII Olimpiada se celebra en Sídney (Australia). Cathy Freeman es la primera atleta en encender la antorcha olímpica y ganar un oro en la misma Olimpiada.

LA ATLETA AUSTRALIANA CATHY FREEMAN

5–21 agosto 2016 En la XXXI Olimpiada, en Río de Janeiro (Brasil), Michael Phelps concluye una carrera olímpica con 23 medallas de oro, 3 de plata y 2 de bronce antes de anunciar su retiro.

A Phelps suelen llamarle «el pez volador»

EL NADADOR MICHAEL PHELPS

9–25 febrero 2018 Seis naciones debutan en los XXIII Juegos de Invierno, en Pieonchang (Corea del Sur), llegando a 98 el total de equipos participantes. Entre las nuevas disciplinas figura el snowboard big air.

El atleta agarra la tabla por delante

Cuerpo sobre parte delantera

Se suelta la tabla

Tabla en ángulo para atacar la pendiente

TRUCO ALLEY-OOP DEL SNOWBOARD

2020 La XXXII Olimpiada, en Tokio (Japón), se suspende hasta 2021 debido a la pandemia del coronavirus. Está previsto el debut olímpico del estilo libre BMX.

Fotografía

ARTES Y OCIO

La fotografía comenzó en el siglo XIX como proceso en el que la luz desencadena reacciones químicas en una película recubierta con una emulsión. La cámara digital, inventada en 1975, sustituyó la película por sensores cuyas señales eléctricas de salida procesa la cámara para producir un archivo de imagen digital guardado en la memoria, descargable y editable con ordenador.

Tipos de cámara

Las cámaras digitales van desde compactas hasta voluminosas pero potentes DSLR (p. 271). La calidad de imagen depende de la lente y los sensores. Muchas personas hacen fotos usando las cámaras de los *smartphones*, con opciones cada vez más potentes.

Compacta de aficionado
Las cámaras compactas tienen una factura y una calidad de imagen excelentes, pero son caras, y a veces con rango de zoom corto.

Compacta avanzada
Estas cámaras con rango de zoom amplio son menos voluminosas que las DSLR, pero no es posible cambiar el objetivo.

Sin espejo
Menores, y más ligeras y silenciosas que las DSLR, estas cámaras permiten el uso de objetivos intercambiables.

DSLR
Las DSLR ofrecen control, imagen de alta calidad y capacidad para muy diversos objetivos intercambiables de alta calidad.

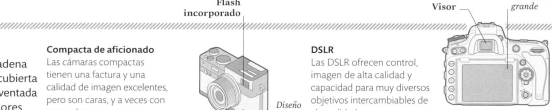

Flash incorporado | Visor | Pantalla LCD grande

Diseño retro

RESPALDO

Disparador | Flash | Disparador | Espejo interior

Dial de modo con opciones

Lente zoom incorporada

Disparador | *Objetivo intercambiable*

El objetivo se desprende de la montura

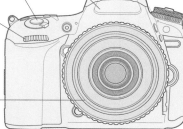

FRONTAL

ISO

Legado de las cámaras con película, la sensibilidad ISO determina la cantidad de luz necesaria durante la exposición. El rango típico es de 50 a 3200. Una ISO elevada refuerza la señal enviada desde el sensor, permitiendo captar imágenes con luz escasa, al coste de un mayor grano o «ruido» en la imagen resultante. El ruido es un tipo de interferencia que puede aparecer en la imagen como puntos de color.

Aumentar la ISO
En primer plano es claro el cambio del detalle a distintas sensibilidades ISO.

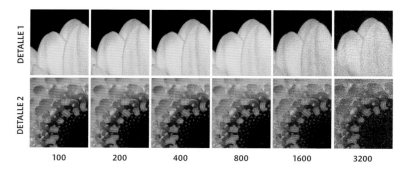

DETALLE 1 | DETALLE 2

| 100 | 200 | 400 | 800 | 1600 | 3200 |

Apertura

En el objetivo se abren y cierran unas láminas que dejan pasar más o menos luz. El tamaño de la apertura se ajusta en una escala de números «f» (que por lo general va de f/1,4 a f/22). Cuanto menor sea este, mayor es la apertura y más luz admite la cámara.

Cambiar la apertura
Una apertura pequeña, como f/16, aumenta la profundidad de campo, o proporción enfocada de la escena (p. 494); una apertura mayor, como f/4, genera un fondo borroso.

Láminas de la apertura

Las laminas cerradas dan una apertura menor

MÁS LUZ
f/2
f/4
f/5,6
f/8
f/11
f/16
MENOS LUZ

f/4

f/16

Velocidad de disparo

La velocidad de disparo determina el tiempo de exposición –la duración de la llegada de la luz al sensor–, y suele medirse en fracciones de segundo. Las velocidades altas producen imágenes nítidas de una acción rápida, pero suelen requerir mayor ISO o apertura para disponer de luz suficiente.

Dial del obturador
La velocidad de disparo se puede controlar de forma manual. El modo más rápido congelará el movimiento, y es el más adecuado con luz muy fuerte.

Velocidad alta | *Velocidad media* | *Velocidad baja*

1/500 SEGUNDOS | 1/125 SEGUNDOS | 1/15 SEGUNDOS

Exposición y movimiento
Cuanto menor es la velocidad de disparo, más desenfocados saldrán los elementos móviles de la imagen, y más luz es admitida por el obturador.

1/500 SEGUNDOS | 1/125 SEGUNDOS | 1/15 SEGUNDOS

El físico escocés **James Clerk Maxwell**
tomó la **primera fotografía en color** en 1861.

TÉCNICAS Y ARTESANÍA

Distancia focal

Esta es la distancia, que suele medirse en milímetros, entre objetivo y sensor de imagen con el sujeto enfocado. Los objetivos fijos tienen una sola, mientras que los zoom la tienen variable. La distancia focal determina el ángulo de visión que se capta de una escena.

Distancia focal y ángulo

Cuanto mayor sea la distancia focal del objetivo, más estrecho es el ángulo de visión (el área captada es menor) y mayor aparece el sujeto.

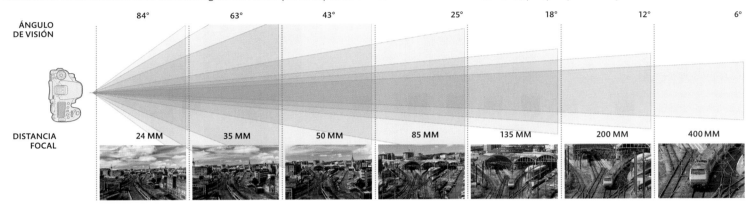

ÁNGULO DE VISIÓN

| 84° | 63° | 43° | 25° | 18° | 12° | 6° |

DISTANCIA FOCAL

| 24 MM | 35 MM | 50 MM | 85 MM | 135 MM | 200 MM | 400 MM |

Objetivos

Los objetivos pueden ser fijos (una sola distancia focal) o zoom (distancia focal variable). Los fijos tienden a tener una apertura máxima más rápida, y admiten más luz a mayor velocidad de disparo.

Gran angular

Las distancias focales menores de 35 mm dan un gran ángulo, útil en fotografía de paisajes, de viajes y creativa.

Ángulo amplio

Normal

Con objetivos de 35–50 mm se ven las escenas más o menos como las ve el ojo humano.

Perspectiva natural

Teleobjetivo

Las distancias focales por encima de los 75 mm, utilizadas en fotografía de animales salvajes, acercan sujetos lejanos.

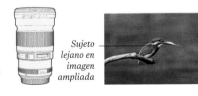

Sujeto lejano en imagen ampliada

Macro

Este permite enfocar a mucha menor distancia que otros objetivos para que sujetos u objetos pequeños llenen la imagen.

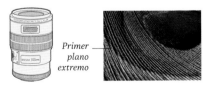

Primer plano extremo

En 2006 se vendió un teleobjetivo **Leica f/5.6 de 1600 mm** por más de **1700000 euros.**

Flash

El flash está incorporado en muchas cámaras digitales, pero también puede ser un accesorio externo, separado de la cámara o montado en esta. El flash aporta un fogonazo de luz breve pero intensa para iluminar una escena. La salida se mide en números de guía (*guide number*, GN): cuanto más elevado es el número, mayor es la potencia del flash.

La luz decrece con la distancia

Un número de guía adecuado para objetos cercanos puede no bastar a mayor distancia.

Sujeto bien iluminado

La luz mengua con la distancia

Sujeto cercano, GN reducido

Un flash de potencia menor ilumina un sujeto cercano poco iluminado o atenúa la sombra.

Sombra atenuada

Sujeto lejano, GN reducido

El flash no ilumina bien al sujeto; por tanto, a la imagen le falta exposición.

Sujeto mal iluminado

Sujeto lejano, GN elevado

Aumentar la sensibilidad ISO aumenta el GN del flash, dando suficiente luz a la exposición.

La luz alcanza al sujeto

Filtros

Los filtros se montan delante del objetivo para tareas diversas. Un filtro polarizador reduce los reflejos y ayuda a crear imágenes con colores saturados; otros difunden la luz, reduciendo la nitidez.

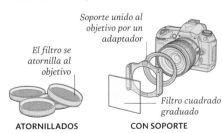

Soporte unido al objetivo por un adaptador

El filtro se atornilla al objetivo

Filtro cuadrado graduado

ATORNILLADOS

CON SOPORTE

TRÍPODES

Los trípodes ofrecen un apoyo estable a la cámara para que esta no se mueva durante la exposición. La altura se ajusta subiendo o bajando las patas.

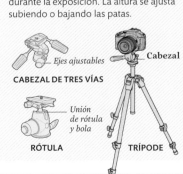

Ejes ajustables

Cabezal

CABEZAL DE TRES VÍAS

Unión de rótula y bola

RÓTULA

TRÍPODE

>> Fotografía (continuación)

Composición fotográfica

La composición consiste en una serie de decisiones acerca de la disposición y la importancia de los elementos en una imagen fotográfica. Puede requerir experimentar con distintos puntos de vista, técnicas de enmarcado, velocidades de disparo y profundidades de campo. Una gran apertura, por ejemplo, puede desenfocar muchos elementos, resaltando así los que se mantienen nítidos.

> «La cámara es para mí un **cuaderno de dibujo,** un instrumento de **intuición** y **espontaneidad.**»
>
> HENRI CARTIER-BRESSON,
> *The Mind's Eye* (1999)

Manipular la profundidad de campo

La profundidad de campo es la zona de relativa nitidez anterior y posterior al sujeto enfocado. Cambiar la apertura del objetivo modifica la profundidad de campo con el fin de enfocar claramente más o menos elementos.

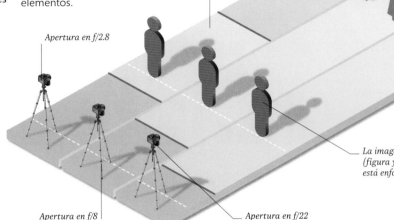

Apertura en f/2.8
Apertura en f/8
Apertura en f/22

La figura es la única parte enfocada de la imagen
El fondo de la imagen es borroso
La apertura f/8 da mayor profundidad de campo
Una gran apertura f/2.8 da una profundidad escasa
La figura enfocada por la cámara está a 10 m
La apertura pequeña de f/22 da una gran profundidad de campo
La imagen entera (figura y fondo) está enfocada

Composición de la imagen

Disponer y colocar los elementos dentro de una fotografía no es cosa tan fácil de dominar para los fotógrafos inexpertos. Una técnica compositiva sencilla, como seguir la regla de los tercios o buscar diagonales en la escena, puede resultar de utilidad a los fotógrafos novatos a la hora de determinar el punto de vista y la composición.

Cuerpo del sujeto centrado entre dos líneas horizontales

La diagonal del ave y la hoja guía la mirada del espectador

Regla de los tercios

La regla de los tercios consiste en dividir la escena en nueve partes con dos líneas verticales y dos horizontales, todas equidistantes. Situar los elementos de interés en estas líneas y su intersección ayuda a equilibrar la imagen.

Diagonales

Las líneas diagonales en una escena añaden dinamismo, al guiar la mirada hacia un punto de la imagen y crear otros puntos de interés en la intersección con otras líneas, y pueden resultar más atractivas que las horizontales y verticales.

Luz y contraste

El contraste es la diferencia de tono y color entre distintas partes de una escena. La luz dura produce contrastes fuertes, al acentuar contornos y sombras. La luz blanda, difusa, como la del sol a través de las nubes o una persiana, produce menos contraste, al difuminar los contornos. Diferentes temas requieren distintas calidades de luz.

Fuente de luz
Fuente de luz difusa
Reflejos intensos y nítidos
Reflejos tenues
Sombras bien delimitadas
Sombras pálidas y difusas

LUZ DURA   **LUZ BLANDA**

PROPORCIÓN ÁUREA

El número irracional 1,618034 es una aproximación de la proporción áurea (1:1,62), designado como *phi*. Común en la naturaleza, los antiguos griegos descubrieron el atractivo de los rectángulos cuyos lados largos y cortos guardan esta proporción. La proporción áurea, y la relacionada espiral áurea, se usan en fotografía para conseguir composiciones naturalmente agradables a la vista.

Punto focal de la imagen en el centro de la espiral

ESPIRAL ÁUREA

Rhein II, una fotografía de Andreas Gursky, se subastó en 2011 por **4 338 500** dólares.

Tipos de temas

Hay una gran variedad de temas en la fotografía, desde la astrofotografía (imágenes del cielo nocturno) hasta la arquitectura. Cada tipo plantea diferentes demandas en materia de composición, capacidad técnica y equipo utilizado. Algunos fotógrafos se especializan en una única área, desarrollando habilidades específicas de esta y adquiriendo equipo especializado.

POSPROCESADO

Las fotografías pueden transferirse desde la tarjeta de memoria de la cámara a un ordenador, que puede tener *software* de edición de archivos digitales para procesar y realzar imágenes. Se puede alterar la exposición o la saturación de color de elementos específicos, aplicar efectos o filtros y eliminar pequeños objetos no deseados de la imagen por completo.

Menú desplegable de muestreo de color

La ventana del documento muestra la imagen a editar

SOFTWARE DE PROCESADO DE IMAGEN

Paisaje

Captar a la perfección una escena natural requiere solidez en la composición, manejo del contraste, saturación y profundidad de campo. A veces se usan filtros para realzar los colores naturales del paisaje.

Urbana

La fotografía urbana documenta el espacio público como lo ve el fotógrafo. El foco puede estar en colores saturados y vibrantes, en ángulos arquitectónicos con gran angular o en captar la espontaneidad de la vida callejera.

Acción

Captar imágenes nítidas de deportes rápidos requiere una velocidad de disparo alta y teleobjetivos que acerquen la acción. El modo ráfaga toma múltiples imágenes por segundo.

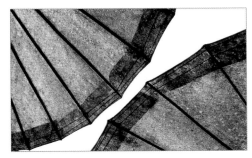

Abstracta

La fotografía abstracta busca texturas y perspectivas inusuales en la naturaleza o en objetos cotidianos. Puede usar la macrofotografía o exposiciones largas para difuminar o crear líneas de luz en movimiento.

Macro

Los primeros planos extremos, con una reproducción de 1:1 o superior, requieren a menudo objetivos específicos o tubos de extensión para aumentar los objetos y revelar texturas y detalles que el ojo no ve.

Retrato

Captar la personalidad y la expresión de las personas es un arte que requiere un uso cuidadoso de la luz, el contraste y el fondo. Los retratos pueden ser espontáneos, pero los hechos en estudio emplean equipo especializado.

Viajes

Las compactas avanzadas o DSLR con zoom aportan la versatilidad para captar imágenes en condiciones muy diversas. Es de gran valor saber captar lo inusual o llamativo, así como hacer un buen manejo de la luz.

Vida salvaje

Con gran paciencia y concentración intensa se pueden captar imágenes extraordinarias de la naturaleza. Los teleobjetivos sirven para captar animales a distancia, difuminando el fondo y destacando el tema.

Documental

Al buscar escenas que cuentan una historia, a veces se emplea el blanco y negro para lograr mayor impacto. En ocasiones, el hecho de valorar el interés de una situación y captarla en imágenes requiere de decisiones muy rápidas.

Dibujo y pintura

El dibujo y la pintura son dos de las manifestaciones artísticas más antiguas, y se practicaron ya en el Paleolítico. Desde entonces han servido para expresar ideas y emociones, contar historias y captar escenas y retratos de personas, animales y objetos. Estas formas de arte emplean medios muy diversos y muchas técnicas diferentes, como el tipo de pincelada. Hasta la invención de la fotografía en el siglo XIX, pinturas y dibujos constituyeron gran parte de los documentos visuales como testimonio de la historia.

Dibujo

Dibujar es un arte consistente en crear líneas y sombreados con herramientas diversas. Consiste en crear formas y contornos en vez de áreas de color, y es muy versátil. Los pintores suelen hacer esbozos y dibujos preparatorios para resolver la composición.

Utensilios

Los dibujantes pueden escoger entre lápices de grafito, plumas, carboncillos, lápices de colores o pasteles de varios tipos para crear dibujos.

PASTEL AL ÓLEO

LÁPIZ

TIZA PASTEL

LÁPIZ DE COLOR

CARBONCILLO

LÁPIZ DE CARBONCILLO

ESTILÓGRAFO

GRADO DE DUREZA DE LOS LÁPICES

Los lápices están graduados en una escala que va de lo ultrablando y oscuro (9B) a lo ultraduro y claro (9H), cualidades que determina la proporción de arcilla y grafito.

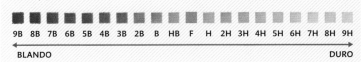

9B 8B 7B 6B 5B 4B 3B 2B B HB F H 2H 3H 4H 5H 6H 7H 8H 9H

BLANDO — DURO

BORRADOR

SACAPUNTAS

PAPEL PARA PASTEL

PAPEL BLANCO

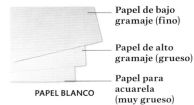

Papel de bajo gramaje (fino)

Papel de alto gramaje (grueso)

Papel para acuarela (muy grueso)

Encajar un dibujo

Muchos dibujos se pueden crear a partir de una serie de líneas y formas geométricas en proporción con el objeto o sujeto a representar, que sirven de orientación para la relación entre las distintas partes.

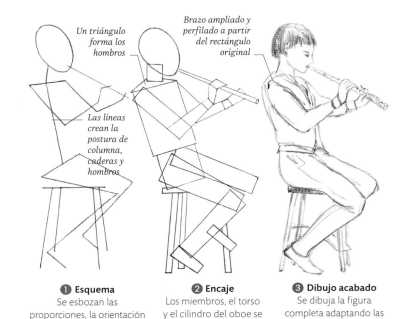

Un triángulo forma los hombros

Brazo ampliado y perfilado a partir del rectángulo original

Las líneas crean la postura de columna, caderas y hombros

1 Esquema
Se esbozan las proporciones, la orientación y los ángulos de las distintas partes de la figura.

2 Encaje
Los miembros, el torso y el cilindro del oboe se inscriben en formas geométricas.

3 Dibujo acabado
Se dibuja la figura completa adaptando las formas geométricas y añadiendo detalles.

Sujeción

Los lápices y carboncillos se sujetan menos firmemente que al escribir. El pastel se aplica por su extremo u horizontalmente.

Una mayor presión da un color más denso

LÁPIZ

CARBONCILLO

PASTEL

Rayados y tramas

Estas técnicas a base de líneas pueden añadir volumen o textura a un dibujo, o crear luces y sombras.

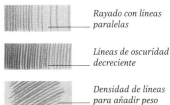

Rayado con líneas paralelas

Líneas de oscuridad decreciente

Densidad de líneas para añadir peso

RAYADO

Líneas paralelas en intersección en ángulo recto

TRAMADO

Añadir tono

La variación de tono (claro y oscuro) reproduce cómo incide la luz en un objeto desde direcciones distintas.

La intensidad del tono expresa las curvas

Tono más oscuro para sombras

LUZ DE FONDO

Luz frontal desde la derecha sobre el objeto

Sombreado oscuro para sombras

LUZ DE TRES CUARTOS

> En la cueva de Blombos, en Sudáfrica, se halló un **dibujo de hace 73 000 años.**

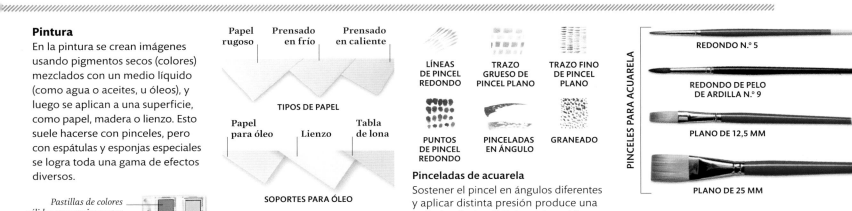

En 2017, la pintura de Leonardo da Vinci *Salvator mundi* se vendió por **450,3 millones de dólares.**

Pintura

En la pintura se crean imágenes usando pigmentos secos (colores) mezclados con un medio líquido (como agua o aceites, u óleos), y luego se aplican a una superficie, como papel, madera o lienzo. Esto suele hacerse con pinceles, pero con espátulas y esponjas especiales se logra toda una gama de efectos diversos.

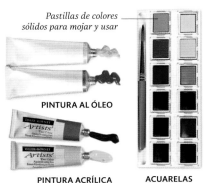

Pastillas de colores sólidos para mojar y usar

PINTURA AL ÓLEO

PINTURA ACRÍLICA

ACUARELAS

Pinturas

El óleo tarda en secar, y permite añadir capas y colores vibrantes. La acrílica seca rápido y puede oscurecerse. La acuarela queda mate.

Construir un cuadro

El boceto preliminar determina la composición y el punto focal al que se dirige primero la mirada del espectador. Es posible borrar y rehacer los dibujos en caso necesario. Las siluetas tenues del lienzo se llenan primero con capas de base desde los márgenes del lienzo o papel hacia el centro. Los detalles se añaden de manera gradual con utensilios diversos, como pinceles, espátulas o cuchillos.

❸ Se empiezan las flores
Con una espátula, se aplica una mezcla luminosa de pintura magenta y blanca como base de las anémonas.

Papel rugoso · Prensado en frío · Prensado en caliente

TIPOS DE PAPEL

Papel para óleo · Lienzo · Tabla de lona

SOPORTES PARA ÓLEO

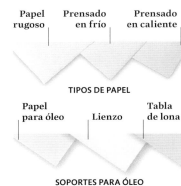

PALETA DE PAPEL

Las aceiteras contienen disolvente

PALETA DE COMPARTIMENTOS · **ACEITERAS**

Útiles

Los pinceles tienen forma y tamaños diversos para distintas pinturas. La paleta permite mezclar la pintura antes de aplicarla al papel o lienzo.

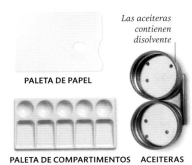

❶ Dibujo y fondo
Una vez esbozados los contornos, se rellena el fondo, trabajando desde los márgenes hacia el centro.

❹ Se añaden los azules
Los azules se aplican con pincel a las flores, al jarrón y, para crear pliegues sutiles, a la tela del mantel.

LÍNEAS DE PINCEL REDONDO · TRAZO GRUESO DE PINCEL PLANO · TRAZO FINO DE PINCEL PLANO

PUNTOS DE PINCEL REDONDO · PINCELADAS EN ÁNGULO · GRANEADO

Pinceladas de acuarela

Sostener el pincel en ángulos diferentes y aplicar distinta presión produce una serie de efectos distintos sobre el lienzo.

PUNTA DE PINCEL REDONDO · CAPAS DE PINCEL PLANO · PINCEL PLANO VERTICAL

PINCEL LENGUA DE GATO · COLOR A ESPÁTULA · TOQUE DE ESPÁTULA

Pinceladas en óleo

Los pinceles para óleo pueden ser redondos, planos, de lengua de gato, de abanico..., y pueden aplicarse al lienzo de varios modos.

❷ Fondo completo
El fondo entre las flores se rellena empleando una espátula o un cuchillo. El jarrón se frota con un trapo para lograr un color más claro.

❺ Cuadro completo
Un conjunto llamativo de flores y jarrón de colores vivos se presenta sobre un fondo sencillo.

PINCELES PARA ACUARELA
REDONDO N.º 5 · REDONDO DE PELO DE ARDILLA N.º 9 · PLANO DE 12,5 MM · PLANO DE 25 MM

PINCELES PARA ÓLEO
REDONDO N.º 2 · PLANO N.º 12 · LENGUA DE GATO (O FILBERT) N.º 4 · ABANICO N.º 6 · ESPÁTULA N.º 21

COLORES

Las relaciones entre los colores se pueden ver en un círculo cromático. Hay tres colores primarios (rojo, azul y amarillo) que pueden mezclarse para obtener los tres colores secundarios (verde, naranja y violeta). Pueden crearse otros seis colores intermedios añadiendo más del color primario a uno secundario, hasta obtener un círculo de 12 colores. Los pares opuestos se llaman complementarios.

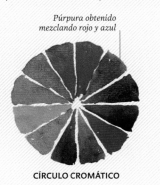

Púrpura obtenido mezclando rojo y azul

CÍRCULO CROMÁTICO

Costura, punto y ganchillo

La necesidad de obtener piezas de tela y combinarlas surgió ya en la Prehistoria, cuando se unían pieles de animales cosiéndolas con tendones o fibras vegetales a modo de hilo.

Se cree que el tejido de la lana con agujas surgió en Oriente Próximo hace unos 1500-2000 años. En cambio, el tejido con ganchillo es un invento más reciente, del siglo XIX.

CINTA MÉTRICA   **TIJERAS**   **DEDAL**

Abertura estrecha llamada ojo

ALFILERES   **AGUJAS**

Costura

Para unir tejidos o fijar objetos a un tejido se usan puntadas de hilo combinadas de distintas maneras, llamadas puntos de costura. La costura se utiliza para crear prendas, ropa del hogar y muñecos, así como para redimensionar la talla de las prendas o repararlas. También es la base de técnicas como el bordado, el acolchado, la tapicería y el encaje.

Hilos
Los hilos varían en color, grosor, material, acabado y elasticidad. El de algodón se estira menos que los de poliéster, por ejemplo.

El hilo tiene un aspecto mate

HILO DE ALGODÓN

Fuerte y resistente al desgaste

HILO DE POLIÉSTER

Gran lustre y resistencia

HILO DE BORDAR

Útiles
Una caja de costura suele contener agujas de distinto tamaño, tijeras para tela y alfileres para sujetar los tejidos antes de coserlos. Un dedal de metal o plástico protege el dedo medio o índice de las puntas afiladas.

Puntos de costura comunes
Para coser a mano se pueden emplear diversos puntos de costura, desde la sencilla, pero poco resistente bastilla hasta el punto invisible para dobladillos. Algunos puntos son puramente funcionales, mientras que otros tienen por objeto adornar la prenda o la tela.

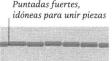

Puntadas fuertes, idóneas para unir piezas

PESPUNTE

Puntadas pequeñas y regulares para adorno o unión

BASTILLA

Las puntadas envuelven el borde para que no se deshilache

SOBREHILADO

El hilo forma nudos a lo largo del borde

PUNTO DE OJAL O FESTÓN

Puntadas cortas cruzadas

PUNTO DE ESCAPULARIO

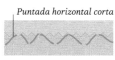

Las puntadas rectas sujeta dos capas de tela

PUNTO DE JARETA VERTICAL

Puntada horizontal corta

PUNTO DE DOBLADILLO INVISIBLE

Puntadas ocultas bajo el borde

PUNTO DE JARETA INVISIBLE

Las puntadas envuelven el borde de la tela

FESTÓN ABIERTO

Filas de puntadas en diagonal entrecruzadas

PUNTO DE CRUZ

Punto

Para hacer punto, o tricotar, se usan unas agujas largas (normalmente dos) con las que se anuda o entrelaza un hilo de lana formando lazadas (puntos) a fin crear un tejido. El tejido de punto suele estirarse más que la tela.

AGUJAS DE BAMBÚ

AGUJAS DE PLÁSTICO

AGUJAS DE METAL

AGUJAS DE BAMBÚ DE DOBLE PUNTA

MARCADOR

Útiles
Las agujas de punto pueden ser rectas o circulares y de diversos materiales. Las de plástico y bambú son ligeras, mientras que en las de metal, las lazadas se deslizan con más facilidad.

TABLA DE EQUIVALENCIA DE AGUJAS DE PUNTO
Hay agujas desde muy finas, para encaje, hasta de 2,5 cm de grosor, para tejer con hilos gruesos.

UE (MÉTRICO)	RU (ANTIGUO)	EEUU
1,5 mm	–	000 00
2 mm	14	0
2,25 mm 2,5 mm	13	1
2,75 mm	12	2
3 mm	11	s. d.
3,25 mm	10	3
3,5 mm	–	4
3,75 mm	9	5
4 mm	8	6
4,5 mm	7	7
5 mm	6	8
5,5 mm	5	9
6 mm	4	10
6,5 mm	3	10.5
7 mm	2	s. d.
7,5 mm	1	s. d.
8 mm	0	11
9 mm	00	13
10 mm	000	15
12 mm	–	17
15 mm	–	19
20 mm	–	35
25 mm	–	50

Hilos para punto
Para hacer punto se usan hilos de distinto peso (grosor) que pueden ser de fibras naturales (lana, algodón o seda) o artificiales (acrílico o poliéster), así como de mezclas de ambas.

Cálida y duradera

LANA

De oveja merina, muy suave

LANA MERINA

Suave y lavable a máquina

ACRÍLICO

Hacer un nudo corredizo
Hacer un nudo corredizo es el primer paso de muchas labores de punto. El nudo sujeta el hilo a la aguja y forma la primera lazada en torno a ella. Es una técnica esencial para montar la hilera de lazadas (puntos) sobre la que se teje la labor. En las labores de ganchillo se emplea para el mismo fin.

Anilla formada cruzando el hilo

Extremo del hilo

Hilo del ovillo

❶ **ANILLA DE HILO**

La aguja pasa por la anilla y recoge el hilo del ovillo

❷ **INSERTAR LA AGUJA**

Nudo abierto y flojo

❸ **SACAR EL HILO POR LA ANILLA**

Sujetando firmemente la aguja, se tira de los dos extremos de hilo

❹ **LAZADA EN LA AGUJA**

Nudo ajustado a la aguja

Hilo del ovillo

❺ **APRETAR EL NUDO**

Punta de la aguja

Queda un cabo suelto largo

❻ **LISTO PARA TEJER**

La **tejedora más rápida** del mundo, Miriam Tegels, completa **118 puntos por minuto** (lo habitual es hacer entre 20 y 30).

Ganchillo

El ganchillo, o croché, es una técnica para crear tejidos con textura a partir de cadenetas de hilo, trabajando con una sola aguja con un extremo en forma de gancho, llamada ganchillo. Además de ropa, se tejen a ganchillo gorros, juguetes, encaje y bolsas.

AMIGURUMI

Estos pequeños muñecos o animalitos de ganchillo originarios de Japón se suelen hacer trabajando en espiral con un ganchillo de pequeño calibre. Antes de rellenarlos, es habitual lastrarlos con piedrecitas en los pies para que tiendan a quedar erguidos.

Pieza de fieltro cosida

OSITO DE GANCHILLO

Útiles

Uno de los aspectos más atractivos del ganchillo es el poco equipo que requiere: solo ganchillos de distinto calibre y una aguja de punta roma para coser y ocultar cabos de hilo sueltos.

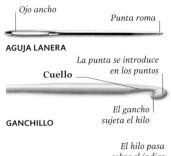

Ojo ancho — Punta roma

AGUJA LANERA

La punta se introduce en los puntos

Cuello

GANCHILLO

El gancho sujeta el hilo

Sujetar ganchillo e hilo

El ganchillo puede sujetarse como un cuchillo o como un lápiz (dcha.) El hilo se enrolla en el meñique y se pasa por debajo del medio y del anular para controlar su tensión al tejer.

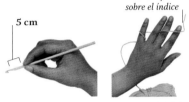

5 cm

El hilo pasa sobre el índice

SUJETAR EL GANCHILLO   **SUJETAR EL HILO**

Cerrar una hilera de puntos

Se retira el ganchillo, se agranda la última lazada, se pasa por ella el extremo del hilo y se tira de este para apretar el nudo.

El hilo se mete por la lazada y se tira de él para cerrar

Lazada aflojada para agrandarla e insertar el hilo

Hacer una cadeneta base

Una cadeneta base es la hilera de puntos inicial de la mayoría de las labores de ganchillo. Los puntos de la cadeneta crean espacios en los que se enlazan otros puntos.

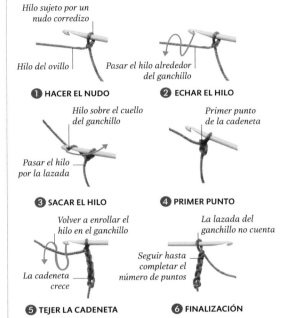

Hilo sujeto por un nudo corredizo

Hilo del ovillo — Pasar el hilo alrededor del ganchillo

❶ **HACER EL NUDO**   ❷ **ECHAR EL HILO**

Hilo sobre el cuello del ganchillo — Primer punto de la cadeneta

Pasar el hilo por la lazada

❸ **SACAR EL HILO**   ❹ **PRIMER PUNTO**

Volver a enrollar el hilo en el ganchillo — La lazada del ganchillo no cuenta

La cadeneta crece — Seguir hasta completar el número de puntos

❺ **TEJER LA CADENETA**   ❻ **FINALIZACIÓN**

Montaje con el pulgar

Es el método más sencillo para montar los puntos en la aguja. Se parte de una simple anilla de hilo en torno al pulgar a través de la cual se introduce la punta de la aguja de abajo arriba para sacar el hilo y hacer un nudo. Esta técnica se repite tantas veces como haga falta hasta tener en la aguja el número de puntos requerido.

Hacer punto del derecho

Se inserta la aguja derecha por detrás en la primera lazada de la izquierda; se echa el hilo sobre la aguja derecha envolviéndola de abajo arriba y luego se saca el hilo a través de la lazada para formar un nuevo punto. El hilo se sujeta firmemente (sin apretar) para lograr una tensión regular. Si algún punto se sale de la aguja se puede coser después.

Rematar por el derecho

Rematar es la técnica empleada para terminar una labor cerrando las lazadas de la última vuelta de modo que los puntos no se deshagan. Al final no quedará hilo en la aguja. En la técnica aquí mostrada, cada lazada se pasa sobre la siguiente con la punta de la aguja. Debe quedar suficiente hilo suelto para poder integrarlo después en la labor.

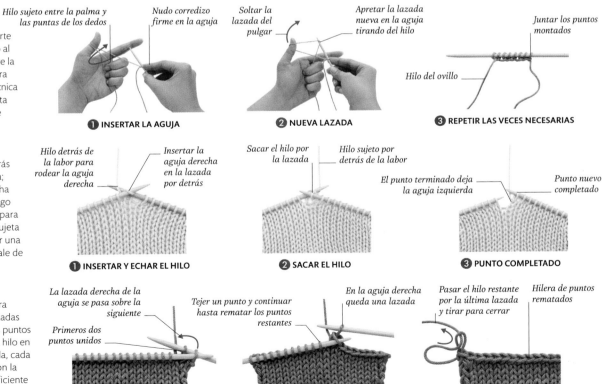

Hilo sujeto entre la palma y las puntas de los dedos — Nudo corredizo firme en la aguja

Soltar la lazada del pulgar — Apretar la lazada nueva en la aguja tirando del hilo — Juntar los puntos montados

❶ **INSERTAR LA AGUJA**

Hilo del ovillo

❷ **NUEVA LAZADA**   ❸ **REPETIR LAS VECES NECESARIAS**

Hilo detrás de la labor para rodear la aguja derecha — Insertar la aguja derecha en la lazada por detrás

Sacar el hilo por la lazada — Hilo sujeto por detrás de la labor

El punto terminado deja la aguja izquierda — Punto nuevo completado

❶ **INSERTAR Y ECHAR EL HILO**   ❷ **SACAR EL HILO**   ❸ **PUNTO COMPLETADO**

La lazada derecha de la aguja se pasa sobre la siguiente — Tejer un punto y continuar hasta rematar los puntos restantes — En la aguja derecha queda una lazada — Pasar el hilo restante por la última lazada y tirar para cerrar — Hilera de puntos rematados

Primeros dos puntos unidos

❶ **LEVANTAR EL PUNTO**   ❷ **REMATAR Y REPETIR**   ❸ **ANUDAR**

Véase también Nudos pp. 504–505 ▶
499

Carpintería

La madera es uno de los materiales de construcción más antiguos de la humanidad. Su enorme versatilidad permite doblarlo, perforarlo, darle forma y ensamblar partes de maneras muy diversas; y son igualmente numerosos los muchos fines para los que se puede emplear. Millones de personas disfrutan trabajando la madera para crear objetos útiles o decorativos, desde bancos, armarios, mesas y sillas hasta abalorios, juguetes y esculturas.

Tipos de madera

La madera y los materiales como el contrachapado tienen propiedades distintas. El pino y el cedro dan maderas blandas, y son más duras las de árboles caducifolios de crecimiento más lento, como tecas, nogales y hayas.

El nogal es resistente y de veta fina
MADERA DURA

El pino es ligero y resinoso
MADERA BLANDA

Hecho con chapas superpuestas
CONTRACHAPADO

Herramientas

Muchas herramientas de carpintería se manejan a mano. Con serruchos y formones se corta y se hacen ranuras y uniones; con herramientas percutoras, como el martillo, se clavan clavos y se golpean formones, escoplos y gubias; y los gatos y tornillos de banco se usan para sujetar.

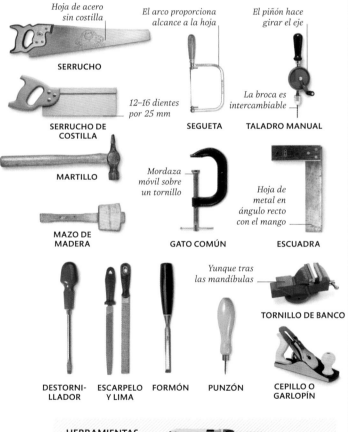

Hoja de acero sin costilla
SERRUCHO

El arco proporciona alcance a la hoja

El piñón hace girar el eje

12–16 dientes por 25 mm
SERRUCHO DE COSTILLA

La broca es intercambiable
SEGUETA

TALADRO MANUAL

MARTILLO

Mordaza móvil sobre un tornillo

Hoja de metal en ángulo recto con el mango

MAZO DE MADERA

GATO COMÚN

ESCUADRA

Yunque tras las mandíbulas
TORNILLO DE BANCO

DESTORNI-LLADOR
ESCARPELO Y LIMA
FORMÓN
PUNZÓN
CEPILLO O GARLOPÍN

HERRAMIENTAS ELÉCTRICAS

Estas herramientas ahorran el esfuerzo que exigen algunas herramientas manuales. Taladros y caladoras permiten realizar tareas difíciles para muchos con herramientas manuales.

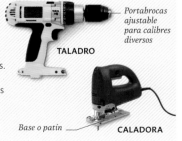

Portabrocas ajustable para calibres diversos
TALADRO

Base o patín
CALADORA

Serrar

Los dientes del serrucho abren un corte o canal en la madera, que se comporta de modo distinto si se corta al hilo (en el sentido de las fibras) o a contrahílo (a través de las fibras), por lo cual suelen usarse sierras diferentes. Siempre se deben medir y marcar las líneas de corte antes de realizar el primer corte hacia atrás. Los serruchos son adecuados para cortar tanto al hilo como a contrahílo.

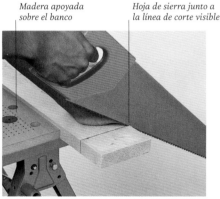

Madera apoyada sobre el banco

Hoja de sierra junto a la línea de corte visible

A contrahílo
Cortar a contrahílo requiere un serrucho con más dientes, que cortan limpiamente las fibras. La madera se puede sujetar con gatos o con una mano mientras la otra sierra.

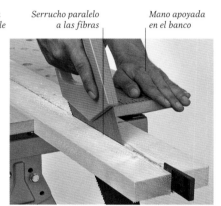

Serrucho paralelo a las fibras

Mano apoyada en el banco

Al hilo
Cortar en el sentido de las fibras, o al hilo, requiere un ritmo regular. Al usar un serrucho de dientes grandes, la hoja debe cortar dejando visible la marca de corte, no sobre esta, para luego poder lijar el exceso.

Cepillar

La cuchilla de acero del cepillo o de la garlopa (más grande) permite al carpintero retirar virutas delgadas de la madera con el fin de aplanarla, alisarla o reducir su grosor. La altura de la cuchilla se ajusta en función de la tarea a realizar. Con el cepillo se trabaja haciendo pasadas repetidas al hilo y en el sentido de la veta.

El mango trasero impulsa la garlopa

Presión hacia abajo en la empuñadura

USO DEL CEPILLO

Ajuste de la profundidad del cepillado

Cuña

AJUSTE DE LA ALTURA DE LA CUCHILLA

Se observan ejemplos de ensambladuras de **cola de milano** en muebles **egipcios** de la dinastía I (*c.* 3000 a. C.).

Sujeción

Las herramientas para sujetar se emplean para fijar piezas a serrar o perforar y para aplicar una presión uniforme al encolar y dejar secar ensambladuras o marcos. Existen varios tipos de ellas para distintas tareas. Los gatos de cinta o las prensas de fleje para esquinas son idóneas para ensamblar marcos a inglete.

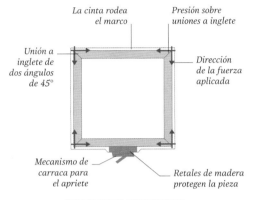

La cinta rodea el marco

Presión sobre uniones a inglete

Unión a inglete de dos ángulos de 45°

Dirección de la fuerza aplicada

Mecanismo de carraca para el apriete

Retales de madera protegen la pieza

GATO DE CINTA CON CARRACA PARA UNIONES A INGLETE

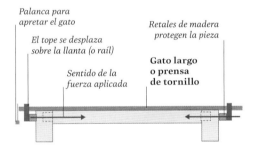

Palanca para apretar el gato

Retales de madera protegen la pieza

El tope se desplaza sobre la llanta (o raíl)

Gato largo o prensa de tornillo

Sentido de la fuerza aplicada

GATO PARA UNIONES DE CAJA Y ESPIGA

«Uno de los materiales más **íntimos** para **el ser humano** [...], la madera es **universalmente hermosa** para el hombre.»

FRANK LLOYD WRIGHT,
In the Cause of Architecture (1928)

TRABAJAR CON SEGURIDAD

Un taller ordenado, bien iluminado y ventilado ayuda a prevenir accidentes, y es importante tener el cabello recogido y los cables y herramientas afiladas bien guardados. Conviene evitar la ropa holgada y adornos colgantes que se puedan enganchar en los aparatos. Las gafas y viseras protegen los ojos de astillas, y las mascarillas, del polvo o de pequeñas partículas. Los pies se deben proteger con botas con puntera reforzada de acero, para el caso de la caída de objetos pesados.

Ensambladuras

La unión de piezas de madera puede ser tan simple como juntar bordes, o bien requerir el corte preciso de una cola de milano. La fuerza, la visibilidad y la facilidad de construcción pueden determinar la elección. Algunas uniones son mecánicas, mientras que otras requieren cola, tornillos o clavos.

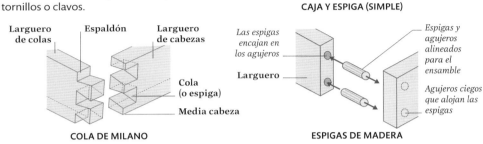

Larguero o cerco *Canto* **Espaldón (visible)**

Tope de caja

Peinazo de la espiga

Caja

Espiga

CAJA Y ESPIGA (SIMPLE)

Larguero de colas **Espaldón** **Larguero de cabezas**

Cola (o espiga)

Media cabeza

COLA DE MILANO

Las espigas encajan en los agujeros

Espigas y agujeros alineados para el ensamble

Larguero

Agujeros ciegos que alojan las espigas

ESPIGAS DE MADERA

TIPOS DE CABEZA DE TORNILLO

Los tornillos presentan distintas hendiduras de apriete, como ranuras, el sistema Phillips (llamados de estrella) o huecos hexagonales para apretar con llaves Allen o destornilladores de punta hexagonal.

RANURA **PHILLIPS** **HEXAGONAL (ALLEN)** **COMBINADA**

Encolado

Muchas ensambladuras de carpintería deben realizarse con cola. Las superficies a unir deben estar limpias de polvo, pintura o barniz, y lo mejor es una capa uniforme de cola. Algunas colas secan rápido, mientras que las de acetato de polivinilo (PVA, o cola blanca) pueden tardar hasta 12 horas.

La boquilla dirige el flujo *La brocha accede a partes difíciles* *Reparto uniforme de la cola*

CON BOTELLA **CON BROCHA** **CON RODILLO**

Lijado

La abrasión (desgaste) de la madera para crear un acabado liso suele practicarse con papel de lija. Este está disponible en una serie de granos distintos, desde 100 (grueso) a más de 240 (muy fino). Aunque las lijadoras eléctricas ahorren mucho tiempo, muchos prefieren lijar a mano con la ayuda de un taco.

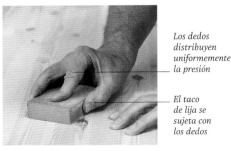

Los dedos distribuyen uniformemente la presión

El taco de lija se sujeta con los dedos

LIJAR UNA SUPERFICIE PLANA

Barnizado

A la madera se le aplican acabados diversos, como teñidos, barnices y pinturas. Barnizar consiste en aplicar una o más capas de líquido opaco, transparente o translúcido para lograr acabados mate, brillantes o satinados. Al secarse, el barniz protege la superficie contra la humedad y el sol.

Agarre suave de la brocha

Brochadas largas y regulares

BARNIZAR UNA SUPERFICIE

Cerámica y vidrio

La artesanía de la cerámica consiste en dar forma, endurecer y adornar objetos de arcilla. El término procede del griego *keramikos* («hecho de arcilla»), pero la rueda de alfarero se inventó hace unos 5500 años en Mesopotamia. El vidrio solo lo fabrican artesanos especializados, pero objetos prefabricados de vidrio como jarrones pueden decorarse en casa.

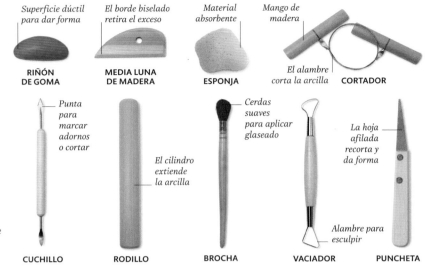

Superficie dúctil para dar forma
RIÑÓN DE GOMA

El borde biselado retira el exceso
MEDIA LUNA DE MADERA

Material absorbente
ESPONJA

Mango de madera · *El alambre corta la arcilla*
CORTADOR

Punta para marcar adornos o cortar
CUCHILLO

El cilindro extiende la arcilla
RODILLO

Cerdas suaves para aplicar glaseado
BROCHA

VACIADOR · *Alambre para esculpir*

La hoja afilada recorta y da forma
PUNCHETA

Cerámica

La cerámica es arcilla húmeda y trabajada a la que se da forma, se deja secar y se cuece a temperaturas muy altas en un horno especializado. El producto resultante, denominado bizcocho, es duro pero poroso. El esmaltado (aplicar material fundente que forma un recubrimiento liso y duradero), seguido de otra cocción en el horno, lo vuelven impermeable.

Herramientas

La cerámica requiere herramientas simples para cortar, enrollar, dar forma y adornar la arcilla. Algunas tienen más de un fin: los vaciadores, por ejemplo, sirven para modelar arcilla blanda u obtener churros que se superponen para formar un recipiente (abajo, dcha.).

A mano

La cerámica hecha a mano emplea técnicas diversas, desde el pellizco o el moldeado de arcilla húmeda en forma de ollas, cuencos y recipientes hechos con churros, hasta formar planchas para hacer baldosas, recipientes o cilindros que sirvan como tuberías.

Se sostiene la arcilla en una mano · *Apretando con los dedos, se forman paredes*
PELLIZCO

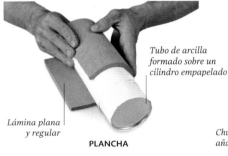

Tubo de arcilla formado sobre un cilindro empapelado · *Lámina plana y regular*
PLANCHA

Churro de arcilla añadido al borde · *Torneta de sobremesa como torno*
CHURROS

Torno de alfarero

Un disco horizontal giratorio, eléctrico o mecánico, permite trabajar la arcilla para crear objetos circulares muy diversos, con las manos o con la ayuda de herramientas de alfarería.

Asiento de alfarero

Altura del asiento ajustable

Tubo de drenaje del recipiente

El recipiente recoge barro suelto y agua

El motor mueve la correa · *Cable al pedal* · *El pedal controla la velocidad de rotación*

En el torno

La arcilla húmeda se centra en el disco del torno, y se trabaja aplicando presión hacia abajo y afuera, para abrir, moldear, elevar, adelgazar las paredes y dar a la pieza su forma general.

El pulgar hace de tope, y la presión desde dentro eleva la arcilla

La pieza se coloca sobre un plato de madera

Esmaltado ornamental aplicado con brocha

Esmaltado

El esmaltado sella la cerámica y la embellece. Las piezas pueden sumergirse en el esmalte, o bien este se aplica con aerosol o brocha.

Mosaicos

La decoración de superficies con pequeñas piezas de cerámica de colores, llamadas teselas, y objetos como conchas tiene una larga historia. Las teselas se disponen y cementan sobre una lechada formando patrones o escenas figurativas.

Herramientas y materiales

Son necesarias herramientas para cortar las teselas –de vidrio, piedra o cerámica– y aplicar cemento y lechada. Esta puede irritar la piel, y no debe aplicarse a mano.

CERÁMICA VIDRIADA

Hojas de corte de tungsteno

La punta retira el exceso de adhesivo

Extremo con paleta

TENAZAS DE CERÁMICA

RASPADOR DE AZULEJOS

Teselas uniformes de 2 cm de lado

VIDRIO

ORO, PLATA Y ESPEJO

Tamaño variable

CERÁMICA NO VIDRIADA

LECHADA DE CEMENTO

Los bordes pueden ser desiguales

MÁRMOL

ADHESIVO DE CEMENTO

MOSAICOS HISTÓRICOS

El mosaico, creado en Mesopotamia hace más de 4000 años, fue popular entre los antiguos griegos y romanos. Entre los restos de Pompeya hay un mosaico de 1,5 millones de teselas que representa a Alejandro Magno.

Teselas doradas de fondo

MOSAICO RUSO DE 1907

Esquema del diseño en la base

Cemento aplicado con paleta

Colocar teselas de mosaico

La base del mosaico se cubre con una capa de cemento sobre el que se presionan las teselas de una en una.

Lechada en las costuras

Aplicar la lechada

El mosaico se completa rellenando y sellando los espacios entre teselas con lechada aplicada a mano o con espátula.

Decoración de vidrio

Hay muchas maneras de decorar el vidrio, entre ellas aplicarle vinilo de color y tiras de plomo para crear una falsa vidriera. Más habitual es pintar el vidrio con esmaltes especializados o pintura acrílica. Para un diseño opaco, puede aplicarse una capa de base.

Herramientas y materiales

Además de pintura, cepillos, perfilador y cortadores, pueden usarse disolventes para desgrasar el vidrio y papel de calco para plantillas.

Cepillo fino en punta para adornos intrincados

PINCELES PARA ADORNOS

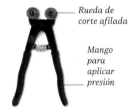

Rueda de corte afilada

Mango para aplicar presión

CORTADOR DE DOBLE RUEDA

Tapón hermético

ESMALTE PARA VIDRIO

Boquilla estrecha

PERFILADOR DE VIDRIO

Pintura aplicada entre el perfilado

Pintar vidrio

Tras aplicar un perfilador grueso en los márgenes de un diseño y dejarlo secar, se aplica la pintura con un pincel fino.

Vidriera policromada

Típicos de los lugares de culto, los vitrales suelen ensamblarse entre varillas de plomo para representar una escena al modo de un mosaico. El color se logra añadiendo sustancias químicas a la mezcla.

El plomo delimita los fragmentos de vidrio

VIDRIO SOPLADO

La técnica de soplar vidrio tiene más de dos mil años de antigüedad, y consiste en dar forma al vidrio fundido con la ayuda de un tubo largo de hierro o acero y una serie de herramientas a fin de crear recipientes. Entre otras herramientas, se usan maderos, palas y pinzas que pueden añadir vidrio fundido a la pieza. Pueden añadirse impurezas e hilos para crear distintos patrones y colores dentro del vidrio.

El artesano sopla por el tubo

El aire expande el vidrio fundido

SOPLADOR DE VIDRIO

◄ **Véase también Materiales** pp. 264-265   ◄ **La escultura a través de la historia** pp. 450-451   ◄ **Técnicas de escultura** pp. 452-453   **503**

Nudos

Los nudos son técnicas relativamente sencillas con muchas aplicaciones. Las vueltas de una cuerda o un sedal permiten sujetar o unir objetos, y hasta pueden salvar vidas, como con los arneses de rescate hechos con cuerdas de escalada o las suturas usadas para fijar o coser partes del cuerpo durante la cirugía. Históricamente, los nudos evolucionaron sobre todo en ciertos ámbitos de la actividad humana, como la construcción, el transporte de objetos pesados, la navegación y los textiles. La que sigue es una selección de nudos típicos.

HISTORIA DE LOS NUDOS

Se cree que se usan nudos desde hace al menos 15 000 años. Los pueblos antiguos empleaban fibras vegetales, tendones de animales y cabellos para hacer cuerdas. El quipu, un invento inca con cuerdas anudadas de longitudes, grosores y colores diversos, sirvió para transmitir información y mantener registros.

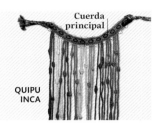

Cuerda principal

QUIPU INCA

Nudos de tope

Empleados en escalada y en otras actividades, estos nudos crean un engrosamiento en la cuerda que actúa como tope, impidiendo que la cuerda atraviese o se deslice por alguna abertura u otro nudo situado más abajo.

Cuatro vueltas

Se aprieta tirando del firme

BARRILETE

El extremo pasa dos veces por el bucle

El nudo forma un núcleo grande

NUDO SIMPLE DOBLE

Extremo activo

Los bucles cruzados forman un «8»

NUDO DE 8

Se tira del extremo para ajustar

La cuerda pasa por el bucle

Firme

NUDO SIMPLE (P. SIGUIENTE)

Nudos de unión

Estos nudos sirven para fijar o envolver objetos sueltos como ambos extremos de la misma cuerda, o cordones de calzado. Algunos, como el de trébol (dcha.) tienen una función puramente decorativa.

Cuerda alrededor y por debajo

Ajuste tirando del extremo

BALLESTRINQUE

La cuerda atraviesa un nudo simple con otro

Segunda cuerda en un nudo decorativo a juego

AMOR VERDADERO

Tres gazas (bucles) de igual tamaño

El bucle sujeta fuerte los extremos

Extremos paralelos

NUDO DE TRÉBOL

Extremos de la misma cuerda paralelos

NUDO DE RIZO (P. SIGUIENTE)

Ligadas

Las ligadas unen los extremos de dos cuerdas. Algunas, como la vuelta redonda, son indicadas para cuerdas de distinto grosor; otras, como el barrilito, sirven para unir sedales de pesca.

La otra cuerda gira en sentido opuesto

Cinco vueltas alrededor de la otra cuerda

NUDO BARRILITO

Se tira de los firmes para apretar

Las gazas (bucles) cierran el nudo

NUDO CAZADOR

Nudo simple amarrado

Dos nudos unidos

NUDO PESCADOR

Ambos extremos cortos al mismo lado

Bucle inicial

VUELTA DE ESCOTA (P. SIGUIENTE)

Nudos de amarre

Estos amarran una única cuerda a un objeto fijo, como un árbol, un anillo de amarre o un mosquetón de escalada. Las ligaduras son amarres que unen dos o más objetos. Estos nudos suelen servir para unir los anzuelos al sedal de pesca.

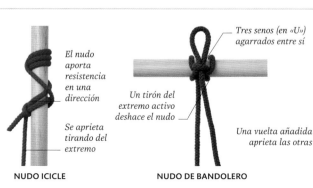

El nudo aporta resistencia en una dirección

Se aprieta tirando del extremo

NUDO ICICLE

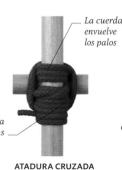

Tres senos (en «U») agarrados entre sí

Un tirón del extremo activo deshace el nudo

NUDO DE BANDOLERO

La cuerda envuelve los palos

Una vuelta añadida aprieta las otras

ATADURA CRUZADA

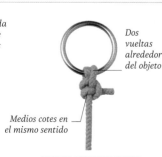

Dos vueltas alrededor del objeto

Medios cotes en el mismo sentido

VUELTA REDONDA Y DOS MEDIOS COTES (P. SIGUIENTE)

Al **nudo de rizo** se le atribuye una antigüedad de **más de 10 000 años**.

TÉRMINOS A RECORDAR

- **Extremos de la cuerda** El extremo que se mueve para anudar es el extremo activo, y el otro, el firme.
- **Formas de la cuerda** La cuerda puede describir bucles (gazas), vueltas y senos (tramo curvado que no se cruza.
- **Vueltas alrededor de un objeto** Pasar una cuerda alrededor de otra o de un objeto se llama vuelta.

Extremo activo

Firme

EXTREMOS DE LA CUERDA

Cuerda doble

La cuerda se cruza y forma un círculo

FORMAS DE LA CUERDA

La cuerda se cruza y forma un círculo

La cuerda rodea un objeto dos veces

VUELTA   VUELTA REDONDA

VUELTAS ALREDEDOR DE UN OBJETO

Nudo simple

Este es el nudo más sencillo de atar y el primero con el que suelen experimentar los niños. Consiste en una vuelta en un bucle, y es difícil de desatar una vez apretado. Forma parte de una serie de otros nudos.

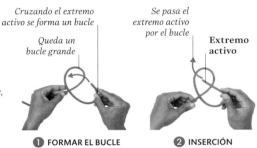

Cruzando el extremo activo se forma un bucle

Queda un bucle grande

1 FORMAR EL BUCLE

Se pasa el extremo activo por el bucle

Extremo activo

2 INSERCIÓN

El extremo activo sale por el bucle

Bucle bien sujeto

3 ANUDAR

Se retoma el extremo activo y se tira

El bucle se reduce

4 APRETAR

Se tira hasta que el nudo es firme

El bucle forma el núcleo del nudo

5 COMPLETAR

Nudo de rizo

Este nudo de unión común, rápido y sencillo, también llamado cuadrado o de Hércules, sirve para unir dos cuerdas o amarrar un objeto con una sola cuerda. Históricamente se usaba para atar las velas.

La cuerda pasa sobre extremo activo dcho.

Extremo por debajo

1 CRUZAR LOS EXTREMOS

Extremo hacia dentro

Se lleva un extremo hacia el otro

2 JUNTAR LOS EXTREMOS

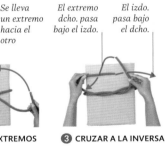

El extremo dcho. pasa bajo el izdo.

El izdo. pasa bajo el dcho.

3 CRUZAR A LA INVERSA

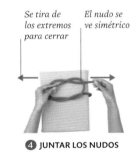

Se tira de los extremos para cerrar

El nudo se ve simétrico

4 JUNTAR LOS NUDOS

Nudo terminado cuadrado

Se aprieta tirando de los extremos

5 APRETAR

Vuelta de escota

Con variantes como el nudo del tejedor o el nudo Becket, este nudo sirve para unir cuerdas de grosor o materiales distintos. La más gruesa es la usada para el seno inicial.

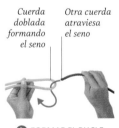

Cuerda doblada formando el seno

Otra cuerda atraviesa el seno

1 FORMAR EL BUCLE

Seno bien sujeto

El extremo activo pasa por detrás

2 PASAR POR ATRÁS

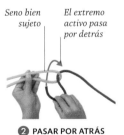

El extremo pasa por delante

Extremo bajo su propia cuerda

3 POR ABAJO Y ENCIMA

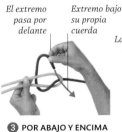

Ambos extremos al mismo lado del nudo

La cuerda cierra el seno al tirar

4 CIERRE DEL NUDO

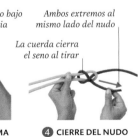

Bucle apretado tirando del extremo

Se ajusta el nudo tirando

5 APRIETE

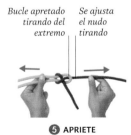

Vuelta redonda y dos medios cotes

Este nudo marinero común se usa sobre todo para amarrar cuerda a anillos, palos u otros soportes de los embarcaderos. Es bastante fuerte, y se puede desatar incluso cuando la cuerda soporta una carga pesada.

El extremo pasa por el anillo desde atrás

1 COMIENZA LA VUELTA

El extremo vuelve tras el anillo y lo atraviesa otra vez

2 SE ACABA LA VUELTA

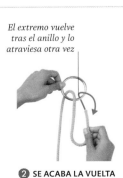

Anillo bien sujeto

El extremo pasa bajo y, luego, sobre el firme, y se aprieta

3 PRIMER AMARRE

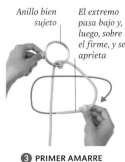

Firme agarrado

El extremo activo pasa bajo y, luego, sobre el firme

4 SEGUNDO AMARRE

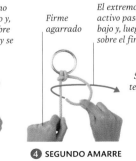

Se aprieta tirando del extremo activo

Se mantiene tenso el firme

5 COMPLETO

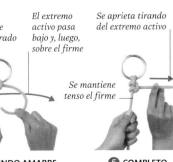

Glosario

El fin de este glosario es aclarar el significado de algunos términos seleccionados. En las definiciones, la *cursiva* indica los términos que tienen entrada propia.

ADN Abreviatura de ácido desoxirribonucleico, la sustancia química presente en las células de todos los seres vivos que determina sus características heredadas, exclusiva de cada organismo.

albinismo Trastorno hereditario consistente en la ausencia del pigmento que da color a la piel, el pelo, el plumaje y los ojos.

algas Organismos simples sin flores y principalmente acuáticos que contienen *clorofila*, un pigmento verde que les permite fabricar alimento empleando la energía de la luz solar, en ocasiones enmascarado por otros pigmentos, como en las algas rojas.

algoritmo Procedimiento sistemático empleado en matemáticas e informática para hallar solución a problemas.

almidón Sustancia blanca inodora que producen todas las plantas verdes como glúcido de reserva. El almidón –o fécula– de las patatas, el arroz y el trigo es una parte esencial de la dieta humana.

aminoácido Molécula simple utilizada por el organismo para construir proteínas. El sistema digestivo también descompone las proteínas de los alimentos en aminoácidos.

analógico, ca Que emplea señales o información representadas por un valor que varía continuamente, como una onda.

anarquía Estado de desorden debido a la ausencia o no acatamiento de la autoridad u otros sistemas de control.

animismo Creencia en que todas las plantas, objetos inanimados y fenómenos naturales poseen alma.

anión Átomo o grupo de átomos con carga negativa, formado cuando un átomo gana uno o más electrones en su capa externa.

año luz En astronomía, unidad de longitud que equivale a la distancia que recorre la luz en un año.

apartheid Política del gobierno de Sudáfrica durante el siglo XX basada en la segregación de la minoría blanca y la población negra mayoritaria, y en la discriminación de esta última.

apogeo Punto de la órbita de la Luna o de objetos como los satélites en que se encuentran más lejos de la Tierra.

arbóreo, a Relativo al árbol o que es semejante a un árbol.

arborícola Se dice del ser vivo (planta o animal) que vive siempre o parcialmente en los árboles.

Arcaico (eón) La división más antigua del Precámbrico que comenzó hace unos 4 millones de años y terminó hace unos 2,5 millones. Los primeros organismos vivos de la Tierra datan de este período.

aria Pieza musical para voz solista de una ópera u oratorio.

ARN Abreviatura de ácido ribonucleico, molécula que forma filamentos simples, únicos y largos de bases de nucleótidos y transporta «mensajes» entre el *ADN* y el resto de la célula.

art déco Estilo caracterizado por las formas geométricas y estilizadas en la arquitectura, el arte y el diseño, que surgió en Europa en la década de 1920 y floreció en la de 1930.

ateísmo Negación o no creencia en la existencia de Dios o seres espirituales.

autocracia Forma de gobierno en la que un solo individuo ejerce un poder ilimitado.

axioma En matemáticas, enunciado o proposición en que se basa una estructura definida abstractamente.

bárbaros Nombre que daban los antiguos griegos a todos los extranjeros, adoptado posteriormente por los romanos para referirse a todos los pueblos y tribus que vivían fuera del Imperio.

barroca (música) Música europea compuesta entre los años 1600 y 1750, caracterizada por la introducción de muchas formas musicales nuevas y complejas.

barroco (arte) Estilo artístico que floreció en Europa desde finales del siglo XVI hasta principios del siglo XVIII, caracterizado por el dinamismo, la intensidad emocional y los efectos teatrales, y en arquitectura, por las formas complejas.

base En béisbol y sófbol, cada uno de los cuatro puntos del diamante del campo de juego a los que debe llegar el jugador para anotar una carrera.

Bollywood Nombre con que se conoce la industria del cine en lengua hindi de Mumbai (Bombay) que comenzó en la década de 1930.

botrioide Se dice del mineral o la planta de forma globular que recuerda un racimo de uvas.

bráctea Hoja modificada con funciones de atracción o protección –por lo general de los capullos– situada en la base de la flor o de una inflorescencia.

cálculo Rama de las matemáticas que se ocupa de calcular el cambio de funciones continuas según sus variables cambian de estado (cálculo diferencial), o la suma de factores infinitamente pequeños para determinar un total (cálculo integral).

califa Líder político y religioso de un Estado islámico (califato), considerado sucesor de Mahoma.

cantata Pieza musical para una o más voces y orquesta que cuenta una historia, secular o religiosa.

capilares Vasos sanguíneos minúsculos que transportan sangre de las arterias a las venas y por los que pasan oxígeno, nutrientes y productos de desecho entre la sangre y los tejidos.

carabela Barco de vela rápido y ligero empleado por las flotas española y portuguesa entre los siglos XV y XVII.

carbonato Compuesto químico derivado del ácido carbónico o el dióxido de carbono.

Carbonífero Período geológico de la era paleozoica que duró aproximadamente 60 millones de años, entre el Pérmico y el Devónico.

carnívoro, a Se dice del animal que se alimenta de carne y de la planta que se alimenta de insectos.

carpelo Parte reproductora femenina de la flor, compuesta por ovario, estilo y estigma.

carraca Barco de vela ancho, de gran calado y habitualmente con tres mástiles utilizado por las flotas mercantes europeas de los siglos XIV al XVII.

catalizador Sustancia que acelera una reacción química, pero no es modificada por esta.

catión Átomo o grupo de átomos que porta carga positiva.

causación En filosofía, relación entre dos acontecimientos sucesivos cuando uno (la causa) produce el otro (considerado el efecto).

clado Grupo de seres vivos que comprende a todos los descendientes evolutivos (vivos y extintos) de un antepasado común (organismo, población o especie).

clásica (música) Música europea compuesta entre 1750 y 1820, de estilo más sobrio que la *barroca*. En esta época se asentaron la sinfonía, el concierto y la sonata. También se aplica este término a la música occidental destinada a contextos formales para distinguirla de otros estilos más informales.

clásico, ca Se dice de las manifestaciones artísticas de las antiguas Grecia y Roma, y de las de épocas posteriores en las que se emplean formas griegas o romanas.

clorofila Pigmento verde presente en las células de las plantas que les permite absorber luz y realizar la fotosíntesis.

cloroplasto Partícula de las células vegetales que contiene *clorofila* y donde se forma *almidón* durante la fotosíntesis.

cogito Abreviatura del argumento del filósofo René Descartes *cogito, ergo sum* («pienso, luego existo»), según el cual el conocimiento se alcanza por la razón, y no por la experiencia.

colonización Acción de establecerse en un lugar una planta o animal; también, establecimiento en un país de personas (colonos) procedentes de otro.

Compañía de Jesús Orden religiosa católica fundada por san Ignacio de Loyola y aprobada por el papa Pablo III en 1540.

comunismo Sistema político y económico en el que el pueblo es el dueño de la propiedad y la riqueza.

conquistador Nombre que se da en particular a los aventureros españoles que dirigieron o participaron en las conquistas del siglo XVI en América.

corona Capa exterior de la atmósfera del Sol u otra estrella, visible solo durante un eclipse solar como un halo blanco.

corteza Capa exterior delgada y rocosa de planetas como la Tierra o de satélites grandes que se hayan separado en capas.

cosmología Estudio del universo que combina varias ciencias naturales, en particular la astronomía y la física.

crecimiento primario Aumento de longitud de raíces, brotes y extremos de los tallos como resultado de la división celular.

crecimiento secundario Aumento del grosor del tallo y las raíces que sigue al *crecimiento primario* en las *plantas vasculares*.

cristal isométrico Cristal, también llamado cúbico, con tres ejes de igual longitud perpendiculares el uno al otro.

cromistas Microorganismos unicelulares o pluricelulares, la mayoría fotosintetizadores, que integran un reino del mismo nombre, que incluye a ciliados, diatomeas y algunas *algas*.

cubismo Estilo artístico, principalmente pictórico, creado por el francés Georges Braque y el español Pablo Picasso en 1907. Se caracteriza por la combinación de múltiples puntos de vista de los objetos, que produce imágenes fragmentadas y abstractas.

culombio Unidad de carga eléctrica transportada en un segundo por una corriente de un amperio cuando los objetos son atraídos o repelidos debido a su carga eléctrica.

declinación Distancia angular de un cuerpo celeste al norte o al sur del ecuador celeste. La declinación es positiva (+) si el objeto se encuentra al norte del ecuador celeste, y negativa (-) si se encuentra al sur.

deconstruccionismo Movimiento filosófico y teoría del análisis literario que arranca en la década de 1960 y cuestiona los supuestos de certeza, identidad y verdad.

democracia Sistema político en el que la ciudadanía de un país o Estado tiene el poder de controlar el gobierno, por lo general eligiendo a políticos que la representen.

descolonización Proceso de devolución del control político a una antigua colonia cuyo resultado es la independencia de esta.

dialéctica Aplicación de la investigación intelectual a la búsqueda de la verdad a través del debate y el razonamiento.

digital Se dice de las señales, datos y sonidos expresados en código binario, empleando solo los dígitos 0 y 1.

dinastía Familia que gobierna un país durante generaciones sucesivas.

dinoflagelados Protistas microscópicos semejantes a las plantas, con una cubierta rígida compleja (teca) y flagelos para desplazarse por el agua dulce o salada.

dórico Uno de los órdenes de la arquitectura clásica, desarrollado en la segunda mitad del siglo VII a.C. y caracterizado por las columnas de fuste acanalado y capitel sin adornos.

dravídico Estilo arquitectónico de los templos del sur de India desde el siglo VII al XVIII, caracterizado por santuarios cuadrados rematados por torres piramidales.

driblar En fútbol y otros deportes de pelota, regatear, es decir, maniobrar un jugador con el balón o la pelota mientras se desplaza en una dirección dada.

eclíptica Trayectoria que parece seguir el Sol por la esfera celeste en relación con las estrellas del fondo a lo largo de un año.

economía Situación de una región o un país en cuanto a producción, distribución y consumo de bienes en relación con la oferta de dinero.

ecuador Línea imaginaria que rodea un planeta por el centro, equidistante de sus polos norte y sur.

electrón Partícula subatómica de carga negativa que orbita alrededor del *núcleo* del átomo en una región llamada nube. La corriente eléctrica consiste en un flujo de electrones.

electrorreceptor Órgano que poseen algunos animales, capaz de detectar campos electrostáticos débiles de origen natural.

elemento nativo Elemento químico que puede darse en la naturaleza en estado libre, es decir, no combinado con otro, como el azufre, el oro y el carbono (en forma de diamante). Los gases atmosféricos no se consideran nativos.

empirismo Teoría filosófica según la cual el conocimiento solo puede derivar de la experiencia.

enanos helados Planetas de pequeño tamaño, también llamados plutoides, que orbitan más allá de Neptuno y con temperatura superficial baja. Los mayores son Plutón, Eris, Haumea y Makemake.

entradas Tiempos de un partido de béisbol o críquet, por ejemplo, cuando a uno de los equipos le toca batear.

epistemología Rama de la filosofía que se ocupa de qué es posible saber, cómo se sabe, y qué es exactamente el conocimiento.

escala de Mohs Escala cuantitativa de la dureza de los minerales. Todo mineral con un número más alto puede rayar a otro de número más bajo.

esencialismo Concepción filosófica en la que la esencia o propiedades de un objeto son más importantes que su existencia.

espora Estructura reproductora minúscula de las plantas sin flores, como los helechos y los musgos, y de los hongos.

estambre Parte reproductora masculina de la flor que consta de la antera productora de polen y el filamento que la sostiene.

estela Monumento de piedra o madera de carácter conmemorativo o funerario erigido por las culturas antiguas, a menudo con inscripciones o elementos decorativos.

estoicismo Escuela filosófica que considera que la percepción es la base del conocimiento verdadero, y que la virtud está en la indiferencia hacia la fortuna, el placer y el dolor.

estupa Monumento o santuario hemisférico budista que alberga reliquias sagradas.

exoesqueleto Esqueleto externo duro de algunos animales, como los insectos, que sostiene y protege el cuerpo.

expresionismo abstracto Movimiento pictórico de fuerte contenido expresivo y grado de abstracción variable surgido en Nueva York en la década de 1940.

exvoto Objeto depositado en un lugar sagrado como don u ofrenda a los dioses para obtener su favor o agradecer un beneficio recibido.

factor En matemáticas, cada uno de los números o cantidades que se multiplican para obtener otro (producto); de forma análoga, número o fracción que divide a otro exactamente, sin dejar resto.

fajina Haz de ramas largas atadas utilizado para reforzar orillas fluviales, llenar zanjas o construir caminos, terraplenes y fortificaciones.

fascismo Ideología y movimiento político que apoya el *nacionalismo* y valora la fuerza del Estado por encima del bienestar de la ciudadanía.

fenomenología Enfoque filosófico que estudia el mundo y los objetos de la experiencia (fenómenos) solo en la medida en que estos se manifiestan en la conciencia.

fisiología Estudio de las funciones normales de todas las partes de los seres vivos.

flamenco Estilo de canto, música instrumental (guitarra y percusión) y baile del sur de España, habitualmente asociado al pueblo gitano.

fonética Estudio de la cualidad acústica y fisiológica de los sonidos del habla y de cómo se combinan para formar sílabas, palabras y oraciones.

fosfato Compuesto químico que contiene fósforo.

fotón «Paquete» o cuanto de energía electromagnética que puede entenderse como partícula de luz. Cuanto más corta es la longitud de onda de la radiación y mayor la frecuencia, mayor es la energía del fotón.

fotosfera Fina capa gaseosa de la base de la atmósfera solar desde la que se emite la luz visible del Sol y que corresponde a su superficie visible.

galeón Barco de vela de tres o cuatro mástiles con la proa rematada en un largo pico (espolón), utilizado en los siglos XV y XVI con fines bélicos y comerciales.

germinación Conjunto de los cambios físicos y químicos que tienen lugar en una semilla y hacen que comience a brotar.

gigantes gaseosos Los planetas exteriores mayores Saturno y Júpiter, compuestos principalmente por helio e hidrógeno y con un pequeño núcleo de roca y hielo.

gigantes helados Los planetas exteriores Urano y Neptuno, que pese a estar formados en gran parte por helio e hidrógeno, tienen un núcleo de hielo y roca proporcionalmente mayor que el gas que contienen.

glucosa Hidrato de carbono o azúcar simple que circula por el torrente sanguíneo y es la principal fuente de energía de las células del organismo.

gótico Estilo artístico dominante en Europa en la Baja Edad Media. La arquitectura se caracteriza por el arco apuntado y los interiores elevados e iluminados a través de grandes vanos con vidrieras, y la pintura y la escultura, por el elegante naturalismo de las figuras.

>> Glosario (continuación)

haluro Compuesto químico que contiene un halógeno y algún otro elemento.

herbívoro, ra Se dice del animal que se alimenta solo de plantas o de *plancton* semejante a estas.

hibernación Período de letargo por el que pasan algunos animales durante el invierno, cuando sus procesos orgánicos se ralentizan.

hoplita Soldado de la infantería pesada griega introducida en el siglo VIII a.C.

hormona Mensajero químico producido por glándulas y transportado por la sangre que afecta al funcionamiento de otra parte del cuerpo.

iluminación En el budismo, estado mental (también llamado nirvana) alcanzado por Siddhartha Gautama, o Buda, a través de la meditación.

imperialismo Política consistente en extender el dominio de un Estado por intervención directa en los asuntos de otros, y conquista de territorios y sometimiento de sus habitantes que se da en el proceso de construcción de un imperio.

indehiscente Se dice del fruto que no se abre para dispersar las semillas al madurar, por ejemplo, la avellana.

infrasonidos Ondas sonoras de frecuencia tan baja que no las percibe el oído humano.

inmolar Sacrificar una víctima como ofrenda a una divinidad, o dar la vida o hacer un gran sacrificio por el bien de otros.

interferencia Perturbación de las señales que se produce al encontrarse dos o más ondas.

jubón Prenda ajustada y acolchada que cubría el tronco, con o sin mangas, que vestían sobre la camisa los hombres en Europa occidental del siglo XV al XVII.

kabuki Arte dramático tradicional japonés que se remonta al siglo XVII. Combina música, canto, danza y mimo con vestuario y decorados espectaculares.

kanato Territorio o entidad política de Asia central gobernada por un kan. Tras la muerte de Gengis Kan en 1227, el Imperio mongol se dividió en cuatro kanatos.

karma En sánscrito, «acto». En el hinduismo y el budismo es la fuerza generada por las acciones (buenas y malas) de una persona, que determinará su destino en existencias futuras.

kimono Prenda tradicional hasta el tobillo y con mangas largas y amplias que usaron hombres y mujeres en Japón desde el período Hakuho (c.645–c.710) hasta la actualidad.

larva Animal inmaduro de vida libre cuyo aspecto es completamente distinto del que tendrá de adulto y que adquiere por metamorfosis. En muchos insectos, este cambio se produce durante una fase de reposo (pupa).

leucismo Mutación genética que impide que se depositen melanina o pigmentos en las plumas, el pelo o la piel de los animales afectados, que presentan una coloración clara general o manchas de color claro.

liberalismo Filosofía política que antepone a todo la libertad del individuo. Considera que el gobierno es necesario para la protección de esa libertad, pero también una posible amenaza.

lógica inductiva En filosofía, método de razonamiento desde lo particular a lo general. Por ejemplo, si Sócrates, Platón y Aristóteles murieron, y todos los nacidos hace más de 130 años han muerto, todos los hombres son mortales y un día morirán.

luminosidad Cantidad de luz que emite un objeto, como una estrella.

magma Material líquido, fundido o parcialmente fundido, del *manto* de la Tierra que al enfriarse forma *rocas ígneas*.

magnetorrecepción Capacidad innata de determinados animales, como aves, peces, cetáceos y otros, para detectar y responder al campo magnético terrestre durante la *migración*.

magnetosfera Región del espacio en la que el campo magnético planetario controla el movimiento de las partículas con carga eléctrica.

magnitud Medida del brillo de objetos celestes como las estrellas. Cuanto mayor es el brillo del objeto, menor es la cifra que se le asigna.

manto Capa de roca caliente que se encuentra entre el *núcleo* y la *corteza* de un planeta rocoso o un satélite grande.

materia Sustancia física dotada de masa y que ocupa un espacio.

materialismo En filosofía, noción de que todo es causalmente dependiente de algo material.

mecánica Ciencia que se ocupa de la energía y las fuerzas, y su efecto sobre los cuerpos estacionarios y en movimiento.

mecanorreceptor Órgano sensorial que responde a estímulos mecánicos como la vibración, el tacto y el olfato.

melanismo Producción excesiva de gránulos de melanina en la piel, que causa el oscurecimiento o ennegrecimiento anormal de la piel, las plumas y el pelo de los animales.

mesófilo Tejido interno blando de la hoja, entre las capas superior e inferior de la epidermis, que contiene los *cloroplastos* para la fotosíntesis.

metafísica Rama de la filosofía que se ocupa de la naturaleza última de lo que existe, cuestiona el mundo natural «desde fuera» y a cuyas preguntas no puede responder la ciencia.

meteorito Fragmento de roca o metal procedente del espacio que entra en la atmósfera terrestre y cae al suelo sin consumirse. Según su composición, los meteoritos se clasifican en pétreos, metálicos y pétreo-metálicos.

meteoro También denominado estrella fugaz, es una partícula de polvo o roca procedente del espacio que arde al entrar en la atmósfera terrestre dejando una estela visible.

método socrático Método empleado por Sócrates para revelar las contradicciones de los pensamientos e ideas de sus contrarios y alumnos por medio del diálogo.

migración Viaje que realizan diversos animales a otra región siguiendo una ruta determinada, generalmente para aprovechar las mejores condiciones para criar de un lugar y encontrar alimento en invierno en otro.

mitocondria Órgano minúsculo, u orgánulo, de las células del organismo a las que mantiene vivas suministrándoles energía.

mitosis Proceso de duplicación celular por el que una célula se divide en dos genéticamente idénticas.

monofilético, ca Se dice del organismo o el grupo de organismos que descienden de un antepasado o grupo evolutivo no compartido con otros grupos.

monoteísmo Creencia en la existencia de un solo dios.

multituberculado Miembro de un grupo de pequeños mamíferos fósiles semejantes a los roedores, con tres hileras de molares, que vivieron desde mediados del Jurásico hasta principios del Eoceno.

mutación Alteración del material genético de una célula de un ser vivo (o de un virus) que puede ser transmisible a sus descendientes.

nacionalismo Ideología que insta a los individuos a apoyar la propia nación o nacionalidad, con exclusión de los intereses de cualquier otra.

nanotecnología Tecnología a una escala minúscula, atómica o molecular.

neoclasicismo Estilo artístico dominante en Europa a finales del siglo XVIII que recuperaba las formas arquitectónicas de la Antigüedad clásica.

Neolítico Período que se extiende aproximadamente entre 10 000 y 3000 a.C., caracterizado por el uso de herramientas de piedra pulimentada, los asentamientos permanentes y la domesticación de plantas y animales.

neutrón Partícula del *núcleo* de un átomo que no tiene carga eléctrica.

nihilismo Noción filosófica de que nada en el mundo tiene existencia real y que, por lo tanto, niega la posibilidad del conocimiento.

nominalismo Doctrina que floreció durante la Edad Media, basada en la creencia de que las ideas y los universales no implican existencia ni corresponden a la realidad.

núcleo (astronomía) Región central densa de un planeta, como la parte más profunda y caliente de la Tierra, que consiste en una capa exterior líquida y un centro sólido, ambos probablemente de hierro y níquel; también, región central de una estrella en la que se genera energía mediante reacciones nucleares de fusión, y concentración densa de material en una nube de gas.

núcleo (biología) Estructura que contiene el material genético en la mayoría de las células vegetales y animales.

núcleo (física) Parte central del átomo, compuesta de *protones* y *neutrones*.

oftalmoscopio Instrumento manual para examinar el interior del ojo.

omnívoro, ra Se dice del animal que se alimenta tanto de materia vegetal como de carne.

onda sísmica Tipo de onda que viaja por el suelo a consecuencia de terremotos o explosiones.

ontología Rama de la filosofía que se ocupa de lo que realmente existe y no de la naturaleza de nuestro conocimiento de ello, de lo cual se ocupa la *epistemología*.

oráculo Persona que transmitía los mensajes de los dioses de la Antigüedad clásica a quienes los consultaban, y también lugar al que se acudía para ello y el mensaje transmitido.

órbita Trayectoria de un objeto, como un planeta o un satélite, al girar alrededor de otro, como una estrella o un planeta.

órgano de Jacobson Órgano que tienen en el paladar algunos animales, sensible a las partículas transportadas por el aire. Las serpientes lo usan para detectar presas, y algunos mamíferos, para encontrar hembras dispuestas a aparearse.

oscilación Movimiento regular de ida y vuelta. En física, movimiento repetido en torno a un punto central, en particular de una corriente eléctrica.

osículo Hueso muy pequeño, en particular cada uno de los tres huesos del oído medio que transmiten el sonido del tímpano al oído interno.

óstracon Fragmento de cerámica o laja de caliza en la que los antiguos egipcios, griegos y hebreos escribían y representaban escenas de la naturaleza y la vida cotidiana. En Atenas se utilizaba para la votación con la que se decidía el destierro político (ostracismo) de alguien.

otoscopio Instrumento para examinar el oído externo y el tímpano.

óxido Compuesto formado por oxígeno y otro elemento.

Países Bajos Denominación histórica de los territorios de la llanura del noroeste de Europa contigua al mar del Norte, que comprendían los actuales Países Bajos, Bélgica, Luxemburgo y el noroeste de Francia.

patógeno, na Se dice del agente, en particular un microorganismo, que causa una enfermedad.

perigeo Punto más próximo a la Tierra de la órbita de la Luna o de otro objeto, como un satélite.

perihelio Punto más próximo al Sol de la órbita de un planeta o de otro cuerpo del Sistema Solar.

perspectivismo Concepto filosófico de que el punto de vista particular condiciona el conocimiento, la percepción y la experiencia.

pistilo Parte reproductora femenina de la flor, compuesta por uno o varios *carpelos*.

plancton Organismos (muchos de ellos microscópicos) que flotan a la deriva en aguas abiertas, en particular cerca de la superficie del océano.

planta vascular Planta que tiene tejidos conductores tanto de alimento (floema) como de agua (xilema).

plasma Parte líquida de la sangre que queda al retirar todos los componentes celulares. También, estado fluido de la materia eléctricamente cargada.

politeísmo Creencia en la existencia de varios dioses.

precipitación Agua (líquida o sólida) que cae de las nubes y alcanza el suelo.

principado País o Estado gobernado por un príncipe o una princesa, y fundamento de dichos títulos.

proteína Sustancia compleja presente en todos los organismos vivos, necesaria para su crecimiento y reparación.

protón Partícula del *núcleo* del átomo que tiene carga positiva.

protozoos Organismos unicelulares, generalmente microscópicos, con un *núcleo* definido rodeado por una membrana.

racionalismo Teoría filosófica según la cual el conocimiento del mundo se obtiene mediante la razón y no depende de la percepción sensorial. Lo opuesto es el *empirismo*.

radiación de cuerpo negro Espectro de radiación continuo remitido por los llamados cuerpos negros tras alcanzar la radiación su superficie.

reacción En química, proceso que altera las propiedades de una sustancia química o forma otra nueva; en física, fuerza de igual magnitud pero sentido opuesto a otra.

reactante Sustancia que cambia cuando se produce una *reacción* química.

república Sistema de gobierno en el que el poder suele residir en un presidente que puede, o no, haber sido elegido por el pueblo.

roca ígnea Roca formada a partir del material fundido del interior de la Tierra *(magma)*, que tras emerger a la superficie se enfría y solidifica.

roca metamórfica Roca preexistente transformada por efecto del calor, la presión y el estrés ambiental en una roca con materiales nuevos. La roca inicial puede ser *ígnea, sedimentaria* u otra roca metamórfica.

roca sedimentaria Roca formada por fragmentos de roca, restos orgánicos y otros materiales depositados en lechos oceánicos o lacustres y compactados con el tiempo.

rococó Estilo artístico de origen francés desarrollado en la primera mitad del siglo XVIII que combinaba rocalla y motivos de conchas en la decoración. La pintura y la escultura se caracterizan por los temas mundanos, las formas elegantes y delicadas, y los colores claros.

ROM (siglas de *read-only memory*, «memoria de solo lectura») Parte permanente de la memoria de un ordenador donde se almacena y «lee» la información, pero no puede cambiarse.

románico Estilo artístico dominante en Europa desde mediados del siglo XI hasta el *gótico*, caracterizado por las iglesias con bóveda de cañón, arcos de medio punto y pocos vanos, decoradas con pinturas y relieves de carácter narrativo destinados a instruir a los fieles.

romanticismo (música) Estilo musical dominante en Europa en el siglo XIX, caracterizado por el abandono de las formas tradicionales y la introducción de composiciones a gran escala.

sépalo Parte del cáliz de la flor, por lo general verde, que envuelve y protege el capullo.

socialización En sociología, proceso de interacción asociativa o disociativa.

sogunado Gobierno del sogún japonés, dictador hereditario al frente del ejército de 1192 a 1867.

sulfato Sal natural de ácido sulfúrico.

sulfuro Compuesto de azufre y otro elemento o grupo de elementos.

sultán En origen era el nombre que se daba a un líder espiritual islámico; luego adquirió una connotación política y a partir del siglo XI pasó a ser el título del soberano de un Estado islámico.

superhombre En alemán *Übermensch*, concepto propuesto por el filósofo alemán Friedrich Nietzsche del ser humano como individuo trascendental capaz de superarse a sí mismo y su naturaleza, y establecer su propio sistema de valores liberándose de toda doctrina.

sutura Tipo de articulación que solo aparece entre los huesos del cráneo.

teocracia Forma de gobierno cuyos líderes son miembros de la jerarquía religiosa, con un sistema legal basado en leyes religiosas.

topología Rama de las matemáticas que se ocupa de la continuidad de las figuras geométricas cuyas propiedades no cambian al estirarlas o comprimirlas.

tórax En los insectos y algunos artrópodos, parte central del cuerpo, entre la cabeza y el abdomen; en los mamíferos y otros vertebrados terrestres, parte superior del tronco que contiene el corazón y los pulmones.

totalitarismo Forma de gobierno centralizada y dictatorial que no tolera la libertad personal.

transpiración En las plantas, pérdida de agua por evaporación desde las hojas y tallos.

USB (siglas de *universal serial bus*, «bus universal en serie») Interfaz o puerto que conecta dispositivos externos a un ordenador.

utilitarismo Teoría ética y política que juzga la moralidad de los actos en función de sus consecuencias; de esta forma, un acto es correcto o moral si promueve la felicidad.

vanadato Mineral raro en la naturaleza, compuesto por vanadio, oxígeno y otros metales.

vítreo, a Que es semejante al vidrio por su aspecto o cualidades.

voladizo, za Se dice de la viga u otro elemento estructural que se apoya por un solo extremo y sobresale ampliamente del plano vertical.

Índice

B

Agradecimientos

Dorling Kindersley (DK) desea dar las gracias a Garima Agarwal, Sanjay Chauhan, Ankita Das, Meenal Goel, Arshti Narang, Pooja Pipil, Ira Sharma, Steve Woosnam-Savage y Francis Wong por su ayuda en el diseño; a Tom Booth, Sam Borthwick, Jemima Dunne, Peter Preston, Laura Sandford, Tia Sarkar y Marcus Weeks por su asistencia editorial; a Nand Kishore Acharya, Sonia Charbonnier, Jaypal Chauhan, Satish Gaur, Ashok Kumar, Mrinmoy Mazumdar, Tom Morse, Rajdeep Singh, Bimlesh Tiwary y Tanveer Zaidi por la asistencia técnica; a Suhita Dharamjit, Rakesh Kumar, Priyanka Sharma y Saloni Singh por la cubierta; a Vagish Pushp por su ayuda en la iconografía; a Suresh Kumar por su asistencia cartográfica; a Joy Evatt por la corrección de pruebas, y a Helen Peters por la indexación.

El editor agradecen a las siguientes personas e instituciones el permiso para reproducir sus fotografías:

(Clave: a-arriba; b-abajo; c-centro; e-extremo; i-izquierda; d-derecha; s-superior)

1 Alamy Stock Photo: agefotostock / J.D. Dallet (cdb). **Dreamstime.com:** Lateci (cda). **Fotolia:** valdis torms (cia). **2 Alamy Stock Photo:** imageBROKER / Oleksiy Maksymenko (cda). **DK:** Gary Ombler / Durham University Oriental Museum (cia); Gary Ombler / University of Pennsylvania Museum of Archaeology and Anthropology (cia). **Science Photo Library:** KTSDESIGN (cdb). **4–5 Getty Images:** Sabine Lubenow / LOOK-foto (cb). **6 SpaceX:** (si). **7 DK:** Gary Ombler / National Railway Museum, York / Science Museum Group (sd). **Science Photo Library:** Alfred Pasieka (si). **8 DK:** Angela Coppola / University of Pennsylvania Museum of Archaeology and Anthropology (sc). **Dreamstime.com:** Jaroslav Moravcik (si). **iStockphoto.com:** DigitalVision Vectors / ZU_09 (sd). **9 DK:** Dave King / Science Museum, London (si); Gary Ombler / National Music Museum (sc). **Getty Images:** De Agostini / DEA / G. CIGOLINI (sd). **12 123RF.com:** solarseven (cda). **NASA:** NASA / ESA and The Hubble Heritage Team STScI / AURA (cia). **12–13 M. Meyer, Linter, Germany:** http://www.comethunter.de/academie.html (s). **13 Alamy Stock Photo:** Panther Media GmbH / Shing Lok Che (cia/Asterism). **Dreamstime.com:** Neutronman (ca). **EHT Collaboration:** (cda/Black holes). **NASA:** CXC / M.Weiss (cdb); ESA / Hubble & NASA (cia); JPL-Caltech (cda, ecda). **16 DK:** Peter Bull / NASA (sd). **16–17 Dreamstime.com:** Vjanez (Used multiple times on the spread). **17 DK:** Peter Bull / NASA (cd). **18 NASA:** JPL (cb, cdb); NEAR Project, NLR, JHUAPL, Goddard SVS (cdb/Stony Asteroid). **19 Dreamstime.com:** Suyerry (cdb). **ESO:** H.H.Heyer https://creativecommons.org/licenses/by/4.0 (bd). **Getty Images:** AFP / George Shelton (cdb/COMET HYAKUTAKE). **NASA:** (ca/Eris, ca/Makemake, ca/Haumea, cda); JPL-Caltech / UCLA / MPS / DLR / IDA (cia); JPL / Johns Hopkins University Applied Physics Laboratory / Southwest Research Institute (cia/PLUTO). **20 NASA:** SDO (cda). **SOHO:** Courtesy of SOHO / LASCO consortium. SOHO is a project of international cooperation between ESA and NASA (cb). **21 Getty Images:** Steffen Schnur (cda). **23 NASA:** ESA, M. Livio and the Hubble 20th Anniversary Team (STScI) (bc). **Schlesinger Library, Radcliffe Institute, Harvard University:** (sd). **24 ESO:** ALMA (ESO/NAOJ/NRAO)/H. Kim et al., ESA/NASA & R. Sahai, https://creativecommons.org/licenses/by/4.0 (sd). **NASA:** J.P. Harrington and K.J. Borkowski (University of Maryland), and NASA / ESA (esd); NASA, ESA, N. Smith (University of Arizona) and J. Morse (BoldlyGo Institute) (bd). **25 NASA:** ESA, H. Bond (STScI) and M. Barstow (University of Leicester) (si); NASA, ESA, G. Dubner (IAFE, CONICET-University of Buenos Aires) et al.; (sd). **26 Dreamstime.com:** Zhasmina Ivanova / Zhasminaivanova (sc). **26–27 NASA:** JPL-Caltech (c). **28 ESO:** https://creativecommons.org/licenses/by/4.0 (cda, c/Fornax). **Getty Images:** The Image Bank / Derek Berwin (cia). **NASA:** Carnegie-Irvine Galaxy Survey / JPL-Caltech (ca/Horologium); The Hubble Heritage Team (AURA / STScI) / S. Smartt (Institute of Astronomy) and D. Richstone (U. Michigan) (ca); ESA / Hubble & NASA, A. Riess (STScI / JHU) (ci); ESA / Hubble & NASA / Judy Schmidt (cda/Pavo, cb); ESA, and The Hubble Heritage Team (STScI / AURA) (c, bi); ESA / Hubble & NASA (cd); NASA's Goddard Space Flight Center / ESO / JPL-Caltech / DSS (cd/Pavo); ESA, P. Goudfrooij (STScI) (cia); ESA, and The Hubble Heritage Team (STScI / AURA) / W. Keel (University of Alabama, Tuscaloosa) (cb/Draco); ESA and The Hubble Heritage Team (cdb); ESA / Hubble & NASA / J. Barrington (cdb/Telescopium); ESA / Hubble & NASA, J. Blakenslee, P Cote et al. (bc); ESA, and Z. Levay (STScI) (bc/M87 VIRGO); CXC / Penn State / G. Garmire (bd). **Sloan Digital Sky Survey (SDSS):** (bd/NGC 4623). **29 ESO:** ESO / WFI (Optical); MPIfR / ESO / APEX / A.Weiss et al. (Submillimetre); NASA / CXC / CfA / R.Kraft et al. (X-ray) https://creativecommons.org/licenses/by/4.0 (cd); VISTA VMC https://creativecommons.org/licenses/by/4.0 (sd); IDA / Danish 1.5 m / R. Gendler and J.-E. Ovaldsen https://creativecommons.org/licenses/by/4.0 (bd). **NASA:** ESA / Hubble & NASA / Judy Schmidt (si); ESA, and A. Aloisi (European Space Agency and Space Telescope Science Institute) (sc/I ZWICKY 18); ESA and the Hubble Heritage Team (STScI / AURA) / J. Gallagher (University of Wisconsin), M. Mountain (STScI) and P. Puxley (NSF). (sc); ESA, and D. Elmegreen (Vassar College), B. Elmegreen (IBM's Thomas J. Watson Research Center), J. Almeida, C. Munoz-Tunon, and M. Filho (Instituto de Astrofisica de Canarias), J. Mendez-Abreu (University of St. Andrews), J. Gallagher (University of Wisconsin-Madison), M. Rafelski (NASA Goddard Space Flight Center), and D. Ceverino (Center for Astronomy at Heidelberg University) (cia); ESA / Hubble & NASA, L. Ferrarese et al. (ca/M110); ESA / Hubble & NASA / Alessandra Aloisi (STScI) and Nick Rose (ca); ESA, and The Hubble Heritage Team (STScI / AURA) (esd, cda, cdb); ESA / Hubble and NASA / Judy Schmidt (ecda); ESA / Hubble & NASA (ci, bc); JPL-Caltech / Roma Tre Univ. (c); ESA / Hubble Heritage (STScI / AURA)-ESA / Hubble Collaboration (c/Perseus); ESA / Hubble & NASA / Judy Schmidt (Geckzilla) (ecd); ESA, the Hubble Heritage Team (STScI / AURA)-ESA / Hubble Collaboration, and W. Keel (University of Alabama, Tuscaloosa (ecdb, ebd). **30 2dF Galaxy Redshift Survey Team (www2.aao.gov.au/2dFGRS):** www.2dfgrs.net (bi). **32 Getty Images:** The LIFE Images Collection / Fred Rick (cdb). **NASA:** CXC / M.Markevitch et al. / STScI; Magellan / U.Arizona / D.Clowe et al. / STScI; ESO WFI; Magellan / U.Arizona / D.Clowe et al. (bc); ESA / Hubble (bd). **34 ESO:** https://creativecommons.org/licenses/by/4.0 (sd). **36 Alamy Stock Photo:** Zvonimir Atletić (ci); World History Archive (cia). **DK:** Jason Harding / TerraBuilder / squir (Turbosquid) (ca). **NASA:** (d). **37 Alamy Stock Photo:** DBI Studio (cia); Heritage Image Partnership Ltd / © Fine Art Images (sc); Everett Collection Historical (c); World History Archive (bi). **DK:** Bob Gathany / Space and Rocket Center, Alabama (sd). **NASA:** (cb); Jim Ross (ci). **38 NASA**. **39 ESA:** ATG Medialab (bd). **NASA:** (cia); JPL-Caltech / MSSS (c). **46–47 DK:** Peter Bull. **49 Alamy Stock Photo:** Tom Bean (cb); Science History Images / Photo Researchers (bd). **50 DK:** James Kuether (bi). **Dreamstime.com:** Dmitry Pichugin / Dmitryp (cdb). **Science Photo Library:** Mikkel Juul Jensen (c). **51 Dreamstime.com:** Matauw (bd). **iStockphoto.com:** Aunt_Spray (bc). **56 Alamy Stock Photo:** Stocktrek Images, Inc. / Stocktrek Images (cd). **Dreamstime.com:** Tusharkoley (cdb). **Science Photo Library:** NASA (bd). **57 Alamy Stock Photo:** Nature Picture Library / Alex Mustard / naturepl.com (cb). **DK:** Peter Bull / NASA: Earth Observatory / NOAA (bd). **59 DK:** Peter Bull / U.S. Geological Survey / Elevation data USGS NED (c). **60 DK:** Colin Keates / Natural History Museum, London (cd); Gary Ombler / Oxford University Museum of Natural History (cdb). **61 DK:** Harry Taylor / The Natural History Museum, London (bc). **Dreamstime.com:** Vlad3563 (bd).**62 DK:** Colin Keates / The Natural History Museum, London (ecdb, ebd). **Dreamstime.com:** Sdbower (cdb). **63 123RF.com:** welcomia / welcomia (sd). **DK:** Ruth Jenkinson / Holts Gems (bc). **65 © Caladan Oceanic:** (bc). **NOAA:** © Submarine Ring of Fire 2014 - Ironman, NOAA / PMEL, NSF (cd). **66 Alamy Stock Photo:** RKive (sd). **67 Dreamstime.com:** Puntasit Choksawatdikorn (sc/Copepod); Christopher Wood / Chriswood44 (cdb). **naturepl.com:** Visuals Unlimited (sc). **PunchStock:** Digital Vision / Tim Hibo (cb). **70 NASA:** (bc). **71 NASA:** NASA Ozone Watch (ecia, ecib, cib, cib/2019); NASA's Goddard Space Flight Center (cia). **72 Alamy Stock Photo:** The Picture Art Collection (bd). **PunchStock:** Digital Vision / Peter Adams (cia). **75 Ed Merritt / DK:** Merritt Cartographic: Ed Merritt (bc). **77 Dreamstime.com:** Fourleaflover (cia). **83 NASA:** NASA's Scientific Visualization Studio (sd). **86 Alamy Stock Photo:** Archive PL (bd); Sabena Jane Blackbird (cda). **DK:** Peter Minister and Andrew Kerr / Dreamstime.com: Xunbin Pan (cia). **87 123RF.com:** Corey A Ford (ecdb). **DK:** James Kuether (cb). **Dreamstime.com:** Anthony Aneese Totah Jr (cia). **Pavel Škaloud:** (cia). **Roman Uchytel:** (bd). **88 123RF.com:** Corey A Ford (bi). **89 DK:** Colin Keates / The Natural History Museum, London (sc); Colin Keates / Natural History Museum, London (cia). **90 123RF.com:** Mark Turner (bi/Plesiosaurs). **DK:** James Kuether (cib, cb). **Science Photo Library:** James Kuether (bi). **91 DK:** James Kuether (bi/Velociraptor, bi). **92 DK:** Jon Hughes (cb); Colin Keates / Natural History Museum, London (sc/Dog teeth). **Science Photo Library:** Jose Antonio Penas (bi). **93 DK:** Jon Hughes (cb, cdb/Early horse); James Kuether (cdb). **94 DK:** Kennis & Kennis / Alfons and Adrie Kennis (ecia, cia, ca, cda, ecda); Dave King / Natural History Museum, London (cdb); Royal Pavilion & Museums, Brighton & Hove (bd). **95 DK:** Kennis & Kennis / Alfons and Adrie Kennis (ecia, cia, ca, cda, ecda). **96 Alamy Stock Photo:** Don Johnston_PL (ca/Southern Ground Cedar). **DK:** Gary Ombler / Centre for Wildlife Gardening / London Wildlife Trust (ecda). **FLPA:** Arjan Troost, Buiten-beeld / Minden Pictures (cda). **Getty Images:** age fotostock / Daniel Vega (cia/Hornwort); J&L Images (cia/Haircap Moss). **iStockphoto.com:** Alkalyne (ca). **Science Photo Library:** Bjorn Svensson (ecia). **97 DK:** Alan Buckingham (bd). **Dreamstime.com:** Cloki (cd). **98 Bikash Kumar Bhadra:** (c). **Sandy Cleland:** (bc). **DK:** Colin Keates / The Natural History Museum, London (c/Clubmoss). **naturepl.com:** Adrian Davies (ca). **99 123RF.com:** Alfio Scisetti (cda). **DK:** Neil Fletcher (cda/Adder's-tongue Fern). **100 Dreamstime.com:** Chernetskaya (bi). **101 Fotolia:** Yong Hian Lim (d). **iStockphoto.com:** E+ / pixhook (ca). **102 DK:** Gary Ombler / Green and Gorgeous Flowers (bi); Gary Ombler: Centre for Wildlife Gardening / London Wildlife Trust (ebd). **Dreamstime.com:** Paop (esd). **iStockphoto.com:** Sieboldianus (ci). **103 Alamy Stock Photo:** Nigel Cattlin (esi); EyeEm / Birte Möller (cdb). **DK:** Gary Ombler / Green and Gorgeous Flowers (ecib). **Dreamstime.com:** Daniil Kirillov (ecdb); Voltan1 (esd); Yurakp (cd); Jan Martin Will (ecd). **Getty Images:** Getty RF / F. Lukasseck (sc). **104 Dreamstime.com:** Martin Green / Mrgreen (cia); Rasmapuspure (ecia). **106 DK:** William Bourland (ecib); David J Patterson (cb, cb/Arcella Bathystoma, cdb/Green Euglena); Guy Brugerolle (cdb); David Patterson / Linda Amaral Zettler / Mike Peglar / Tom Nerad (ecdb); Hwan Su Yoon (ecdb/Scaly Cercozoan). **Science Photo Library:** Alexander Semenov (c). **107 DK:** Linda Pitkin (c, ecib, bd). **Getty Images:** Universal Images Group / Auscape (eci). **NOAA:** Image courtesy of the NOAA Office of Ocean Exploration and Research, Deep-Sea Symphony: Exploring the Musicians Seamounts (ci). **SuperStock:** Universal Images (cia). **108 DK:** Linda Pitkin (ca, ca/Gorgonia Ventalina, cda, ecd). **109 DK:** Linda Pitkin (sc, ca/Cassiopea Andromeda, bd). **Dreamstime.com:** Eugene Sim Junying (ecib); Kristina Kostova (ca); Jolanta Wojcicka (cda); R. Gino Santa Maria / Shutterfree,LLC / Ginosphotos / Shutterfree,Llc (c); Lukas Blazek / Lukyslukys (cia). **110 DK:** Frank Greenaway / The Natural History Museum, London (bi); Linda Pitkin (cb, bd). **111 DK:** Linda Pitkin (si, ecib). **Dreamstime.com:** Stevenrussellsmithphotos (cb). **NOAA:** OAR / OER, 2016 Deepwater Wonders of Wake (bi). **112 123RF.com:** Eric Isselee / isselee (cdb). **DK:** Forrest L. Mitchell / James Laswel (ecib); The Natural History Museum, London (c, cd). **Dreamstime.com:** Henrikhl (ebd); Dmitrii Pridannikov (ebi). **113 123RF.com:** Andrey Pavlov (bi). **DK:** Frank Greenaway / The Natural History Museum, London (ecda, ecd, ecib, cib); Koen van Klijken (cd); Jerry Young (cb); Colin Keates / The Natural History Museum, London (esi, esd, cdb). **Dreamstime.com:** Aetmeister (si); Fotofred (ebi). **114 DK:** Linda Pitkin (cda, cb). **Getty Images:** NNehring (bc). **115 DK:** Shane Farrell (bi); Jens Schou (ecda); Jerry Young (ca); Paolo Mazzei (cda, cd). **Dreamstime.com:** Kerry Hill / Kezza53 (ecda/Australian Redback Spider). **116 Dreamstime.com:** Sneekerp (sc). **118 DK:** Dr. Peter M Forster (bi). **Dreamstime.com:** Greg Amptman / Thediver123 (bd). **119 123RF.com:** Corey A Ford (bc). **DK:** Colin Keates / The Natural History Museum, London (cia). **120 DK:** Jason Hamm (cdb); Jerry Young (sd, ca, ecib, cib); Professor Michael M. Mincarone (bi); Linda Pitkin (ecdb). **121 123RF.com:** Micha Klootwijk / michaklootwijk (bi). **DK:** Frank Greenaway / Weymouth Sea Life Centre (cb/Weedy Seadragon); Joseph McKenna (cia); Jerry Young (cib, cb); David Harasti (cdb); Linda Pitkin (ecdb, cib/Short dragonfish, ebi, bc, bd). **122 DK:** Twan Leenders (cdb); Harry Taylor / The Natural History Museum, London (cda). **FLPA:** Photo Researchers (cd). **naturepl.com:** Daniel Heuclin (bd). **123 DK:** Geoff Brightling / Booth Museum of Natural History (s); Twan Leenders (cb, cib, cb/Striated Salamander); Bill Peterman (bc). **124 DK:** Twan Leenders (si). **125 DK:** Twan Leenders (ecia, ecda, br). **Dreamstime.com:** Isselee (ecdb); Janpietruszka (ci); Ondřej Prosický (c). **126 DK:** Colin Keates / The Natural History Museum, London (cdb). **iStockphoto.com:** Somedaygood (cia). **127 DK:** Frank Greenaway / The Natural History Museum, London (c); Twan Leenders (ecia, ca); Jerry Young (ci); Colin Keates / The Natural History Museum, London (bi). **Dreamstime.com:** Peter Leahy / Pipehorse (sd); Stephanie Rousseau / Stephanierousseau (cda). **128 DK:** Colin Keates / The Natural History Museum, London (c). **129 Dreamstime.com:** Outdoorsman (sc). **130 DK:** Twan Leenders (ci); Gary Ombler / Cotswold Wildlife Park (cd). **131 Dreamstime.com:** Industryandtravel (bc). **Fotolia:** Steve Lovegrove (cb). **132–133 DK:** Jerry Young (s, b). **132 naturepl.com:** Anup Shah (cd). **133 Dreamstime.com:** Mikhail Blajenov / Starper (cia). **Getty Images:** Shubham Kumar Tiwari / EyeEm (bd); Chris Mattison (ca). **134 DK:** Andy Crawford / Senckenberg Nature Museum (ci). **iStockphoto.com:** igorkov (c); KenCanning (d). **135 DK:** Peter Chadwick / The Natural History Museum, London (cda/Tawny Owl Feather, ecd/Owl Feather). **136 DK:** Chris Gomersall Photography (cd); Roger Tidman (c). **Dreamstime.com:** Bouke Atema (bi); Steve Byland (ecib); Oleksandr Panchenko (cia); Teh Soon Huat / Shunfa (cb); Christopher Elwell / Celwell (ebi). **FLPA:** Jurgen & Christine Sohns (ebd). **137 DK:** E. J. Peiker (eci). **138 123RF.com:** BenFoto (ci); Keith Levit / keithlevit (ebi); Eric Isselee / isselee (ebd). **DK:** Jan-Michael Breider (bc); Jerry Young (ca); Mark Hamblin (c); Mike Lane (ecib); Gary Ombler / Cotswold Wildlife Park (cia); George Lin (cb); Roger Tidman (cdb); Liberty's Owl, Raptor and Reptile Centre, Hampshire, UK (bi). **Dreamstime.com:** Natalya Aksenova / Natalyaa (eci). **Getty Images:** Sjoerd Bosch (ecd); David Tipling / Digital Vision (sd). **naturepl.com:** Pete Oxford (bd). **139 DK:** Chris Gomersall Photography (si, sd); Hanne Eriksen / Jens Eriksen (sc, cb); Andy and Gill Swash (ecia); Mark Hamblin (cda, bc); E. J. Peiker (cd). **iStockphoto.com:** GlobalP (d); twildlife (ca). **naturepl.com:** Edwin Giesbers (ecib). **140 DK:** Dave King / Booth Museum of Natural History, Brighton (cdb); Jerry Young (cb). **141 123RF.com:** Eric Isselee / isselee (bd); Sommai Larkjit / sommai (bc). **DK:** Ramon Campos (ecd); Anahi Fornoso (cda); Tom Swinfield (cd). **Dreamstime.com:** Julian W / julianwphoto (ca); Marco Tomasini / Marco3t (cb). **Fotolia:** Mark Higgins (si). **Getty Images:** Heath Holden (sd). **142 Alamy Stock Photo:** Helen Davies (sd). **DK:** Blackpool Zoo (cdb); Malcolm Ryen (cb); Harry Taylor / The Natural History Museum, London (bc); Harry Taylor (bd). **Dreamstime.com:** Isselee (cia); Matthijs Kuijpers (ecib). **naturepl.com:** Michael & Patricia Fogden (bi). **143 123RF.com:** wrangel (bd). **Alamy Stock Photo:** Life on white (s). **DK:** Greg Dean / Yvonne Dean (cdb). **144 123RF.com:** Robert Eastman (ci). **DK:** Jerry Young (ca). **Dreamstime.com:** Broker (cia); Seadam (cdb); Isselee (ecdb); Derrick Neill / Neilld (bi); Scattoselvaggio (bc); Kajornyot (bd). **Getty Images:** Encyclopaedia Britannica / UIG (ecdb/Colugo). **145 123RF.com:** Eric Isselee / isselee (bi); wrangel (ecib). **Alamy Stock Photo:** Rick & Nora Bowers (bc). **DK:** Blackpool Zoo, Lancashire, UK (cb/Hydrochoerus Hydrochaeris); Frank Greenaway / Marwell Zoological Park, Winchester (c); Jerry Young (cia). **Dreamstime.com:** Musat Christian (bd); Isselee (eci). **Fotolia:** Matthijs Kuijpers / Mgkuijpers (cb). **146 Alamy Stock Photo:** GFC Collection (bc); Nature Picture Library / Andy Rouse (ebi). **DK:** Blackpool Zoo, Lancashire, UK (c). **Dreamstime.com:** Lukas Blazek (cdb); Dennis Van De Water (cb); Lukas Blazek / Lukyslukys (bi); Outcast85 (bd). **iStockphoto.com:** apple2499 (sc). **147 DK:** Cotswold Wildlife Park & Gardens, Oxfordshire, UK (cd); Andy and Gill Swash (bi, bc). **Dreamstime.com:** Lawrence Weslowski Jr / Walleyelj (cb). **148 123RF.com:** Maurizio Giovanni Bersanelli, / ajlber (ecib); Uriadnikov Sergei (cb/Bonobo). **Alamy Stock Photo:** imageBROKER / jspix (ecda); Juniors Bildarchiv GmbH / Juniors Bildarchiv / F279 (cda). **DK:** Blackpool Zoo, Lancashire, UK (cia).